致康纳和科莱特。爱你们的,咪咪。

——特蕾莎·L. 汤普森

致公平、正义和理性。愿它们终有一天能为所有人实现。

——南希·格兰特·哈灵顿

献给我们在2020年和2021年失去的所有挚爱亲朋和同行学者。

复旦新闻与传播学译库

劳特利奇健康传播研究手册

（第三版）

The Routledge Handbook of Health Communication

(The Third Edition)

[美] 特蕾莎·L. 汤普森（Teresa L. Thompson）　主　编
[美] 南希·格兰特·哈灵顿（Nancy Grant Harrington）

胡春阳　殷晓蓉　译

复旦大学出版社

谨以此译著致敬我们人生上半场的光荣与梦想，并召唤出人生下半场的诗意栖居！

——胡春阳　殷晓蓉

主编简介

特蕾莎·L. 汤普森（Teresa L. Thompson）博士，美国代顿大学传播学名誉教授，国际著名健康传播研究专家。她长期致力于健康传播、人际传播与性别传播等领域的教学与研究，在医患沟通、健康信息传播、疾病预防传播策略等方面具有深厚的学术积累。她曾担任国际权威期刊《健康传播》（*Health Communication*）主编长达35年，并与多家学术出版社合作主编相关书系，对推动健康传播学科发展具有重要影响。

南希·格兰特·哈灵顿（Nancy Grant Harrington）博士，美国肯塔基大学传播学教授。她的研究聚焦于健康行为改变干预措施中的说服性信息设计以及医疗保健中的艰难对话。她主持或参与了多个由美国国家卫生研究院（NIH）和美国疾病控制与预防中心（CDC）等机构资助的重要研究项目，涉及广泛的公共健康议题。她目前担任《健康传播》（*Health Communication*）和《预防科学》（*Prevention Science*）期刊的编委。

译者简介

胡春阳，复旦大学新闻学院教授、博士生导师，教育部人文社会科学重点研究基地"复旦大学信息与传播研究中心"研究员。长期从事文化研究、人际传播、修辞与话语分析等领域的教学与研究，是中国传播学界具有广泛影响力的学者。出版《人际传播：知识图谱与前沿实践》《人际传播学：理论与能力》《话语分析：传播研究新路径》等专著，以及《国际传播：沿袭与变迁》(第三版)、《人际传播研究手册》(第四版)等译著。

殷晓蓉，曾任复旦大学新闻学院教授、博士生导师。长期从事传播学理论与历史的教学、研究工作。曾作为教育部人文社科重点研究基地"复旦大学信息与传播研究中心"的核心成员，主持和参加多项重大科研项目。出版《战后美国传播学的理论发展》《网络传播文化：历史与未来》等专著，以及《传播学史》《知识社会》《话语与社会变迁》《卡斯特论媒介》等译著。

目　录

中译者序：去！追求精神、身体和社会幸福的完整状态　　001
序言　　001
前言　　001

第1部分　总论　　001

第1章　健康传播学术的本质：多学科性、交叉学科性和跨学科性　　003
- 第1节　健康传播：一个多层面、协作探究的领域　　004
- 第2节　健康传播学术的多学科路径　　005
- 第3节　健康传播学术的交叉学科路径　　006
- 第4节　健康传播学术的跨学科路径　　007
- 第5节　路径选择：生态学和认识论的考量　　009
- 第6节　寻求理论与应用：叙事的超越　　010
- 第7节　结论和未来研究方向　　011

第2章　健康传播中的理论和方法论问题　　015
- 第1节　理论问题　　015
- 第2节　方法论问题　　020
- 第3节　结论　　024

第3章　研究成果的转化、散播和实施　　028
- 第1节　转化科学概述　　028
- 第2节　语言和传播在转化科学中的作用　　030
- 第3节　知识-实践鸿沟的理论化：传播科学新前线　　032
- 第4节　结论　　036

第4章　叙事特征、形式和功能：讲故事促进幸福，使健康护理人性化，并酝酿变革　　040
- 第1节　叙事特征和形式　　041

第 2 节　促进幸福　042
   第 3 节　使健康护理人性化　044
   第 4 节　酝酿变革　045
   第 5 节　继续对话　048

第 2 部分　人际与家庭健康传播　055

第 5 章　精神健康、精神疾病与自杀　057
   第 1 节　患病率与风险因素　057
   第 2 节　精神健康护理差距　058
   第 3 节　精神健康诊断与治疗　058
   第 4 节　人际传播　059
   第 5 节　健康护理专业人员　060
   第 6 节　媒介、污名与自杀　060
   第 7 节　未来研究　063
   第 8 节　结论　064

第 6 章　污名、传播与健康　070
   第 1 节　污名对健康和幸福的影响　070
   第 2 节　制造污名　072
   第 3 节　实施：生产和抵制污名化　073
   第 4 节　应对污名和污名化：支持和耻辱　074
   第 5 节　消除既存污名　075
   第 6 节　未来发展方向　077
   第 7 节　结语　077

第 7 章　非正式护理者和被护理者的健康和关系结果　084
   第 1 节　护理者和被护理者在传播中面临的挑战和健康问题　085
   第 2 节　护理者的健康以及护理-被护理者传播　086
   第 3 节　干预和基于研究的项目：改善护理与被护理者的个人和关系健康结果　089
   第 4 节　结语及对未来研究的建议　090

第 8 章　家庭健康传播　097
   第 1 节　定义家庭以及影响健康传播的家庭因素　097
   第 2 节　未来研究方向和本章结论　104

第 9 章　姑息治疗和临终传播　109
   第 1 节　理解姑息治疗　109
   第 2 节　未来的担忧和争议　117
   第 3 节　未来研究方向和本章结语　118

第 10 章　社交支持、支持传播与健康　　123
第 1 节　支持传播与健康　　124
第 2 节　在线语境中的健康与支持传播　　126
第 3 节　支持传播和健康研究的未来方向　　128

第 11 章　关于健康和疾病的日常人际传播　　135
第 1 节　日常人际健康传播中涉及的人、主题和渠道　　135
第 2 节　人际传播对健康行为和决策的影响　　138
第 3 节　管理有关疾病和慢性症状的日常传播工作　　140
第 4 节　结语　　143

第 3 部分　患者-健康护理提供者传播　　149

第 12 章　相互劝服：作为患者中心的传播　　151
第 1 节　在患者中心传播中影响力的作用　　152
第 2 节　临床会面中的个人影响力　　152
第 3 节　相互劝服：作为患者中心的传播　　153
第 4 节　朝向共享心态　　157
第 5 节　未来的方向　　158
第 6 节　结论　　158

第 13 章　健康护理提供者与患者之间的艰难会话　　163
第 1 节　健康护理中艰难会话的类型　　163
第 2 节　研究健康护理中艰难会话的理论和方法　　166
第 3 节　成功参与健康护理领域艰难会话的策略　　168
第 4 节　健康护理中艰难会话的未来研究　　171

第 14 章　提高临床医生和患者的传播技能　　176
第 1 节　传播技能项目的哲学基础　　177
第 2 节　临床教育跨阶段的传播技能项目　　177
第 3 节　传播技能项目中使用的教学方法　　179
第 4 节　传播技能项目的评估和评价　　180
第 5 节　患者的传播技能项目　　181
第 6 节　人文和文化传播技能项目：从"工具包"转变为"滤镜"　　182
第 7 节　开发成功传播技能项目的挑战　　185
第 8 节　传播技能项目研究的未来方向　　186

第 15 章　患者与健康护理提供者之间的传播及其健康结果　　193
第 1 节　健康结果的重要性　　193
第 2 节　提供者-患者传播和患者依从性　　194
第 3 节　提供者-患者传播和患者满意度　　196

第 4 节	医疗事故与传播	197
第 5 节	患者变量、提供者-患者传播及其结果	198
第 6 节	途径：从传播到结果	199
第 7 节	未来研究方向	200
第 8 节	结论	200

第 4 部分　健康护理提供者和健康组织传播　205

第 16 章　健康护理传播的多种声音　207

第 1 节	护士、高级执业护士、护士科学家、认证护士助理	207
第 2 节	内科医生和内科医生助手	209
第 3 节	牧师和灵性治疗师	209
第 4 节	社会工作者	210
第 5 节	治疗师	211
第 6 节	遗传咨询师	211
第 7 节	药剂师	212
第 8 节	营养师	212
第 9 节	专业团队	213
第 10 节	内勤工作	213
第 11 节	志愿者	214
第 12 节	未来研究	214
第 13 节	结论	214

第 17 章　跨行业传播：健康护理团队、患者交接和多团队系统　221

第 1 节	健康护理团队	222
第 2 节	患者交接：护理错误最小化	224
第 3 节	多团队系统	226
第 4 节	意义和未来方向	228
第 5 节	结论	229

第 18 章　压力和倦怠：一份对健康组织研究的述评　234

第 1 节	健康护理行业中新出现的工作压力源	234
第 2 节	健康护理行业内持久的工作压力源	237
第 3 节	倦怠	238
第 4 节	健康行业内部的支持传播	240
第 5 节	未来研究建议	241
第 6 节	结论	242

第 5 部分　媒介化传播　　247

第 19 章　健康与媒介：新闻和娱乐的影响力　　249
- 第 1 节　文献综述　　249
- 第 2 节　结论　　255

第 20 章　消费广告与健康传播　　261
- 第 1 节　广告法规和指南　　261
- 第 2 节　讯息特征和效果　　263
- 第 3 节　直接面向消费者的药品广告　　264
- 第 4 节　减肥、营养和身份　　265
- 第 5 节　企业社会责任　　266
- 第 6 节　面向儿童和青少年的广告　　267
- 第 7 节　未来研究与本章结论　　268

第 21 章　社交媒介与健康　　275
- 第 1 节　社交媒介、健康信息与健康服务　　275
- 第 2 节　社交媒介、支持传播与在线健康社区　　276
- 第 3 节　公共健康中的社交媒介与危机传播　　278
- 第 4 节　社交媒介与健康运动　　278
- 第 5 节　社交媒介、心理幸福与精神健康　　279
- 第 6 节　健康传播中的社交媒介及其研究方法　　281
- 第 7 节　未来研究方向　　281

第 22 章　健康错误信息　　287
- 第 1 节　健康错误信息的来源　　287
- 第 2 节　健康错误信息的普遍性　　289
- 第 3 节　健康错误信息的特征　　290
- 第 4 节　健康错误信息的影响　　292
- 第 5 节　减轻健康错误信息的影响　　293
- 第 6 节　结论　　294
- 第 7 节　未来研究方向　　295

第 6 部分　运动、干预和技术运用　　301

第 23 章　公共健康传播运动　　303
- 第 1 节　走近运动设计　　303
- 第 2 节　目标受众　　305
- 第 3 节　预期反应　　306

  第 4 节 讯息类型 307
  第 5 节 选择适当的渠道和格式 310
  第 6 节 有影响力的人和健康环境 312
  第 7 节 评估 312
  第 8 节 结论 313

第 24 章 基于社区的健康干预 318
  第 1 节 健康信息技术干预 318
  第 2 节 基于社区规范的健康传播干预 319
  第 3 节 传播能力建设的干预措施 321
  第 4 节 讨论 324

第 25 章 基于技术的健康促进、疾病预防与治疗的干预措施 330
  第 1 节 基于技术的干预措施的综述和重要考量 330
  第 2 节 基于技术的干预措施的有效性 331
  第 3 节 影响干预效果的各种因素 333
  第 4 节 有效健康传播的相关原则 335
  第 5 节 差距与基于技术的健康传播 336
  第 6 节 与基于技术的健康干预措施相关的其他局限 337
  第 7 节 研究和实践的未来方向 337

第 26 章 技术在健康传播中的作用——趋势和轨迹 342
  第 1 节 电子健康 342
  第 2 节 移动健康 344
  第 3 节 环境健康 345
  第 4 节 在线健康的使用模式 347
  第 5 节 技术的特点和可供性 347
  第 6 节 概念挑战和理论机遇 348
  第 7 节 结论 351

第 7 部分 健康传播中的主要问题 357

第 27 章 健康信息寻求 359
  第 1 节 健康信息寻求的定义 359
  第 2 节 健康信息寻求研究的最新科学评价(2010—2020) 360
  第 3 节 理论 361
  第 4 节 语境 361
  第 5 节 人群 362
  第 6 节 研究方法 362
  第 7 节 健康信息寻求行为的测量 363

- 第 8 节　渠道　363
- 第 9 节　健康信息寻求的方法论发展：机会和挑战　364
- 第 10 节　健康信息寻求的概念挑战和理论　364
- 第 11 节　结论　365

第 28 章　进入健康决策：健康素养在健康传播中的作用　371
- 第 1 节　健康素养的定义　371
- 第 2 节　学科侵入和领地问题　372
- 第 3 节　健康素养范式　373
- 第 4 节　受到特别关注的人群　374
- 第 5 节　健康素养测量　375
- 第 6 节　适用的健康素养模型　375
- 第 7 节　健康素养倡导运动案例　376
- 第 8 节　未来的研究方向　377
- 第 9 节　结论　379

第 29 章　传播、健康和平等：结构的影响　383
- 第 1 节　不平等的社会驱动因素：概要　383
- 第 2 节　生态影响、健康传播和不平等　384
- 第 3 节　文化和传播如何影响健康和不平等　386
- 第 4 节　社会建构的危害：种族主义　387
- 第 5 节　政策、不平等与健康传播　388
- 第 6 节　社交网络、人际传播和健康不平等　388
- 第 7 节　生态影响在个体层面上的呈现　389
- 第 8 节　访问和参与健康信息及其平台　389
- 第 9 节　传播差距：一种多层次的现象　390
- 第 10 节　结论　391

第 30 章　跨文化健康传播：健康传播中的文化反思　396
- 第 1 节　健康语境中的文化概念化　396
- 第 2 节　作为世界观的文化　400
- 第 3 节　未来的研究方向　403

第 31 章　全球健康传播　409
- 第 1 节　优先事项和鸿沟　409
- 第 2 节　跨国理论研究和比较研究　411
- 第 3 节　规模影响的追求　414
- 第 4 节　两个案例研究　416
- 第 5 节　担忧和争议　418
- 第 6 节　未来的研究方向　419

第32章　公共健康危机 ... 425

第1节　公共健康危机传播研究的现状 ... 425
第2节　公共健康危机的类型 ... 427
第3节　理解公共健康危机的理论基础 ... 428
第4节　未来的研究 ... 431
第5节　结论 ... 432

第33章　关于环境和健康的传播 ... 438

第1节　环境和健康的社会建构 ... 438
第2节　影响公众对环境和健康问题反应的因素 ... 440
第3节　环境健康素养 ... 441
第4节　说服与讯息设计 ... 442
第5节　组织传播 ... 443
第6节　环境健康与正义运动 ... 445
第7节　未来的方向 ... 446

第8部分　健康传播研究和实践的挑战及其语境 ... 453

第34章　临床与数字环境和健康传播运动中的健康传播伦理问题 ... 455

第1节　伦理路径和指导原则 ... 455
第2节　临床环境 ... 456
第3节　数字媒介和社交媒介平台中的健康传播伦理问题 ... 458
第4节　信息倡导运动和社会营销中的伦理规范 ... 460
第5节　结论和挑战 ... 463

第35章　通过健康传播再思权力失衡：学者、从业人士和活动家面临的挑战 ... 468

第1节　非裔美国人和健康传播 ... 469
第2节　拉美裔和健康传播 ... 471
第3节　原住民、土著人、美洲印第安人／阿拉斯加原住民及其健康传播 ... 473
第4节　"彩虹"群体和健康传播 ... 475
第5节　对健康传播未来的启示 ... 477

第36章　会话分析和健康传播 ... 483

第1节　通过选择质化研究成果的会话分析的贡献 ... 484
第2节　从互动到结果 ... 494
第3节　结论 ... 496

第37章　促进健康传播研究：研究设计和数据分析中的问题和争议 ... 501

第1节　本章概述 ... 502
第2节　与关键变量相关的测量问题 ... 502
第3节　机器学习和自然语言处理方法 ... 504

第 4 节　模型开发和测试中的问题	506
第 5 节　其他统计学挑战	508
第 6 节　结论	509
第 38 章　政府、基金会、公共政策和非政府组织层面的健康传播研究与实践	513
第 1 节　健康传播的绝佳机会	513
第 2 节　结论：服务召唤	521
第 39 章　开展健康传播研究面临的挑战	526
第 1 节　获取对参与者和背景的访问权限	526
第 2 节　在社区工作	527
第 3 节　在国际上开展工作	529
第 4 节　解决机构审查委员会的担忧问题	529
第 5 节　紧跟科学知识生产的步伐	530

中译者序：去！追求精神、身体和社会幸福的完整状态

呈现在读者面前的是《劳特利奇健康传播手册》第三版的中译本，诚如英文原版编辑所慨叹的："谁能想到第三版《劳特利奇健康传播手册》会在连科幻小说都不可名状的一场全球性疫情暴发期间写成？"谁又能料到该中译本也有着同样诡谲的命运？——它在疫情中停滞不前，又在见证公共-私人生活的重创与重建中浴火重生。疫情及其干预之波诡云谲与迅疾，让该手册的原著和译著在非常短的时间内必须完成第二版向第三版的迭代。比起原著第二版、第三版均已出版，译者却没那么幸运：在第二版译稿即将完成交付出版社之际，原著第三版问世，无论理论、方法、研究对象、数据还是篇章结构与主题的轻重缓急安排都发生了极大变化。此情此景让译者的选项无多：要么偃旗息鼓，忍看翻译第二版的艰辛劳作与心血付诸东流；要么重整旗鼓，重组翻译团队，从此晨钟暮鼓、殚精竭虑，保质保量在短短数月之内完成第三版的翻译。无论怎么选择，都有种"风萧萧兮易水寒"的决绝意味。每每夜不成寐，想到对于大疫之后的人类生活及其秩序的重建，还有什么话题比健康传播更有意义、更为紧要、更需要科学和道德勇气呢？译者最终选择了后者，重新出发。

愿，功不唐捐！

一、健康传播宝藏的诱惑

该手册是健康传播知识与实践的百科全书，它扎根于广泛的健康语境中，对健康传播林林总总的问题及其不同见解进行了多层面的考察，既是个人、微观层面（人内的、人际的）上的，又是组织、中观层面（群体的、组织的）上的，还是人口、宏观层面（媒介的、文化的、社会系统的）上的。其理论之深厚、广袤，实践操作之具化、周全，无论对于从事健康传播工作的学生、研究人员、学者、政策制定者以及健康护理领域的专业人士来说，还是对于进行健康传播实践的生活世界的人们来说，它都堪称一座宝藏。尤其在当下中国健康传播学术与实践语境中，这座远未得到认识的宝藏在一定程度上既迷人又迷惑人，值得已上路的少数先行者去深度重访，值得还未上路的更多人去广泛探秘。读者完全可以从社会、专家和非专业人士这三种身份与角度，来思考这样三个大问题：公共健康和风险传播，医疗互动，关涉健康和幸福的自我管理讯息（Parrott, 2004, 2009）。

译者分享如下几点，希望得到读者的共鸣。这几点既是值得学术界和实践界加快、加深、加重观照与解决的问题，也在一定程度上解释了译者翻译该手册的理论旨趣。

1. "健康""健康传播"等：那些颠覆我们误以为知的概念

作为本手册关键词中的关键词，"健康""健康传播""健康护理"等概念人们耳熟能详，且含义不言自明，无论是在日常生活层面上还是在学术领域里。岂不知这些词汇的内涵与外延之丰富与大相径庭，竟至于颠覆了我们的常识。对这些词汇的不解与误解，本身就构成了该学科及其实践领域发展的重大阻滞。

关于"**健康**",《1948年世界卫生组织章程》并没有把它简单地定义为没有疾病,而是定义为"不仅是没有疾病或羸弱,而且是精神、身体和社会幸福的一种完整状态"(Callahan,1973,第77页)。

遗憾的是,无论是健康传播研究还是政策与干预,都集中在疾病和风险因素上,而不是幸福和促进幸福上。那么,传播在更广泛的幸福中到底扮演什么角色?希望该译本能够有助于把这个话题的相关洞见传递到中国传播学术界的集体显意识中。

关于"**健康传播**",斯基亚沃(Schiavo,2013:9)这样定义道:"一个多面向、多学科的领域,在研究、理论和实践层面上莫不如此。该领域涉及与从事健康信息、观念和方法交流的不同人口和群体接触,从而对个人、社区、健康护理专业人士、患者、决策者、组织机构、特殊群体和公众施加影响,促进参与,予以赋权,提供支持,以便他们优选、援引、采纳或保持一种健康或社会行为、一种实践或政策,这些行为、实践和政策最终将改善个人、社区和公共健康结果。"

显然,这个定义所揭示的健康传播的参与者主体、功能、过程与意义都远远超过当前理论界与实践界的认知,不断革新的健康传播技术和健康传播及其干预的全球化,使这些原本彼此纠葛在一起的领域变得更为复杂、更富有挑战性。当然,这种多元性和复杂性也向理论界与实践界展示了一个充满机遇和责任的世界。健康传播学者与公共健康、医学、社会心理学、政治政策学和商业等其他学科的学者展开合作,通过利用多学科、交叉学科和跨学科的路径来理解来自不同学科的新兴思想。这些新的理解将阐明传播系统如何影响与个人、人群的健康和幸福相关的复杂问题并在实践中改进。全书的总体脉络都围绕这种多元性,第1章给出了更详细的操作指南。

2. 宏观着力点:公共健康危机、健康公平、素养、跨文化健康因素

COVID-19是该手册出第三版的重大且几乎是唯一的语境,也是该手册解释诸多健康问题时援引的例证。"**公共健康危机**"由来已久,COVID-19既不是开始,更不是结束。它不会因为人类整体为此付出了惨重代价就不再来,也不会在人们敢上九天揽月、敢下五洋捉鳖的勇力中自动败下阵来。当下一次危机来临时,我们能否比今天做得更科学、更从容、更具有道德勇气、更富有人性?围绕COVID-19,诸多事件发生了,与健康传播相关的现实挑战出现在家庭、社区、组织、政府以及专家群体中。如何最好地平衡安全与生活之间的矛盾?这导致了生活诸多方面的决策冲突。所有关涉健康传播的理论与实践主体都应比从前更紧密合作,更加有科学理性与健康素养和伦理,努力为社区、组织和政府的决策者以及自己的生活决策提供更有效的指导。

关于更宏观的社会因素如何塑造个体和人群健康,以及传播在加剧或弥合"**健康不平等**"(科学试验、公共资源分配等)以及健康护理差距等方面的作用,本手册反复重申:传播是解决分歧的强大力量。解决"**传播不平等**"问题,为公平健康提供了巨大的希望。鉴于全球日益加剧的健康不平等,传播学学者应当更为迫切地通过理论、政策和实践探讨来面对并解决这些不平等,而不是视而不见,甚至粉饰太平。

作为总体的健康传播观,不仅是一个医疗体系,也是社会各种组织架构的(新)设置与资源的重(再)分配等复杂体系,包括政府与非政府组织之间的张力关系,政府与医疗机构、信息传播体系、国民财富分配等之间的关系,以及医学科学与盈利集团之间的关系,等等,都需要作出更科学、更符合伦理、更具有道德勇气的研究与调整,不仅为个体提供更公平的健康护理机会,更为下一次一定会到来的公共健康危机付出更小的代价准备条件。

"**精神健康**"与"**精神疾病**"是现代都市化由来已久的问题,特有的转型时期激烈内卷造成的消耗以及疫情之中、之后此类疾病增长的明显趋势,使得有关这个问题的资源、组织安排显得更为迫切。显然,宏观层面还没有形成快速干预的机制。

当人们谈到生死、健康保健这样的问题时,多半想到的是良医妙方治病救人,甚至长期困扰中国医患关系的问题被粗暴地简化为身体机能的维护问题,殊不知包括对该问题的全面、深入理解在内的健康素养对于政府官员、医疗工作者、家庭护理者以及患者都有着至关重要的影响。人们热衷于谈论的医患问题,既事关如何看待社会利益分配的宏观问题,又涉及人们如何看待医疗机构的社会功能这样的中观问题,还与人们对生-死、健康-疾病、治愈-非治愈等微观问题的认知,而不仅仅是生理机能与物质样态。例如,消费主义意识形态使人们深信花钱就能买到命,买到健康、美丽甚至长寿,杜绝死亡与残破,罔顾科学、技术的局限性。因此,本书对"**健康素养**"有浓墨重彩的论述。

围绕健康与疾病,无论是在紧急状态之下还是在常态下,都必然会开展健康运动,调动社会总体资源干预健康进程,这既需要公共健康机构在宏观制度层面上的设计,又需要中观层面上的社区驱动策略,以及个体养生保健常识的革新。这些都是亟待回答并实践的问题。于是,本书给予"**健康运动**"很重的篇章分量。

新冠疫情的肆虐更凸显公共健康危机的"**跨文化传播**"问题,用传统的帝国疆域的应对模式去面对没有疆域、并不服膺于单一文化的伟大意志的传染病,到底效果如何,新冠疫情的全球治理已经给了答案!是重蹈覆辙,还是跨过文化藩篱,选择合作去面向未来?人类无可逃避的共同生存之境在紧逼中国健康传播学者与实践界去回答这些问题。本书第 31,32,33 章会给我们重大启迪。

3. 中观层面的着力点:完备要素,强化支持传播

在中国语境下谈论健康传播,人们更习惯性地指向医患关系与传播,而且医者多半只指向医生、护士这种狭义的健康专业人士。殊不知,研究健康传播,需要对健康护理界的所有成员进行考察,包括那些在健康护理系统里做出独特、重要贡献,但并不总是被视为健康护理团队之一部分的从业人员。比如,在护士领域的高级职业护士、护士科学家、认证护士助理等,在医生队伍中的内科医生助手,在健康护理的广泛领域还包括心理治疗师、社会工作者、营养师、遗传咨询师、内勤人员。去了解这些被忽视角色的优势以及他们的互动传播方式,通过他们的独特方法,可能会提高患者-家属的总体满意度,并同时改善医者-患者的健康护理体验,进而改善作为失序的社会关系之一种的医患关系以及医疗机构内部不同层级之间的关系。健康护理领域出现大量让人大失所望的问题,尽管原因非常复杂多样,但健康护理队伍角色配置与分工的不完备应该是重要的原因之一,这种不完备只能产生简单的、单一的、无个性甚至缺少人性温度的健康护理结果,导致了由于满意度、信任度的缺失而来的种种问题。本书花了大量篇章在谈论医疗机构内部的人才物力资源的协调以及制度、团队和人际所能提供的"**支持性传播**"问题,第四部分还特别详尽地解释了患者与健康护理提供者之间的传播,这些内容都可以为中国健康护理尚未提上议事日程的话题与实践提供观照。

4. 微观层面要补的第一课:人际和家庭层面的健康传播

一说起健康护理,我们大概最直接、最清晰的画面是:一名医院的护士和一位患者之间围绕疾病进行的传播互动以及由此形成的关系。作为科学的健康护理系统,除了补充发展如上第三点提到的各类专业角色,本手册让读者了解了非正式护理者可能面临的正面和负面经历,指出这种主要由家人和亲近朋友提供的护理,会带给这些非正式护理者及被护理者怎样的健康结果和关系结果,以及导致这些结果的文化和人口因素,并提出诸多改善非正式护理体验的实际干预措施。

也就是说,我们比以往任何时候都更加确信将家庭、家庭关系与传播视为健康轨迹的一个重要组成部分有多么重要。每个个体不会孤立地体验幸福和疾病,对大多数人来说,陪伴他们一生的是家人,这是一种本来状态;再加上由于社会总体的健康护理系统欠发达,大部分护理工作不得不由家人来完成。然而,作为"**健康护理体系**"不可或缺的补充部分,该领域却几乎无人问津。

同时,在真实的家庭护理画面中,这种非专业护理的结局往往两头都不讨好——家庭护理人员不仅要花费大量时间、精力和金钱,甚至还可能会牺牲个人事业与个体健康、幸福,有可能他们自己的生活与生命活力毁了从而成为新患者不说,还可能遭遇家庭患者的埋怨,家庭冲突频仍,导致患者病情由于传播和关系压力而加重。因此,在家庭护理中如何表达关爱、如何照顾家庭成员、如何谈论健康问题(谈论内容与方式反过来影响患者个体与作为护理者的家人)、如何谈论疾病与家庭幸福,就成为家庭护理需要提高的专业技能。由于传播、健康素养的长期匮乏,健康护理专业人士尚且缺失这种技能,家庭非专业护理者更不擅长。公共医疗资源本身的匮乏,伴随着老龄化、慢性病高发的长期趋势,居家护理与沟通的专业化、人性化问题就愈发显得紧要。这一课,愿不愿意,都得补上。否则,患者和作为护理者的家人都要同时应对疾病情境和传播谈话的双重痛苦。本书第二部分用了 7 个章节专门谈论这个话题以及无穷子话题。

5. 微观层面要补的第二课：医与患各自的沟通技能

在过去不短的时间线里，在整个社会层面谈论医患关系之广泛，几乎掩盖了健康护理领域里诸多话题，而这种谈论更多聚焦于宏观层面上的讨论，少有在微观层面上具体到一对"**医-患之间的沟通**"互动的流程，更罕见针对医生、患者的改进沟通的干预方案及其训练。本书第三部分用了7个篇章对医患互动流程进行了描述，对医生如何改进与患者进行诸如绝症、死亡、临终关怀等艰难话题的沟通提供了丰富的干预策略，对患者的沟通技能也提供了干预方案。同时，对影响医患沟通质量与医患关系的医务人员的荣誉感、职业(新)压力与倦怠做了详细探究，为医务人员提供支持性传播成为制度设计考量的重点。这可以为有关医患关系的讨论以及改进提供重要的参照系。

6. 微观层面要补的第三课：健康叙事

健康传播学者对"**健康语境下的叙事转向**"做出了有意义的贡献，服务于健康相关语境的叙事有着三个重要目的：促进幸福、人性化健康护理以及酝酿变革。也就是说，叙事理论不仅是健康传播学者的研究资源、理论与方法，也是在宏观、中观、微观层面上进行健康干预的手段。

该手册强调，当个人面临不可避免的疾病和死亡时，讲故事是一种必要的生存策略。在讲故事中并通过讲故事，个人直面自己和他人的不幸，并重新设计优先事项，组织和实施关怀，并扰乱停滞不前的剧本，重新为生命确立新的剧本，使生命以另一种有意义的方式延续下去。在最精彩的时刻，讲故事打破了生物医学模型狭隘的目光，并在脆弱中增长了个人幸福。

在中观层面上，健康护理提供者如何讲故事也是医患传播中的重要一环。医患传播不仅仅是用医学手段面对疾病与治疗，更多时候甚至以我们没有意识到的重要方式减轻患者及其家人的压力并增进其对生命的价值感与幸福感。医学的局限性决定了健康护理专业领域这样的现实："偶尔治愈，常常帮助，总是安慰。"而讲故事是一种非常高级、微妙的帮助和安慰力量！

在宏观的社会意义上，讲故事可以将个人联系起来，开启原本可能处于休眠状态的对话，并为集体行动设置出舞台。比如，有关健康素养、健康公平的叙事如何形成行动，有关各种疾病的健康运动、干预与技术应用中如何运用不可或缺的叙事手法，本手册第三、四部分给予了详细的理论阐释与精彩的案例操作指南。

7. 传播技术的冷与暖：在信息疫情、行业与职业压力之下

尽管健康信息传播技术为健康护理服务带来了好处，例如提供者之间以及患者与提供者之间的透明度和可及性更高，但研究文献表明，由于"**健康信息传播技术**"极大地强化了健康提供者的传播负担，从而加剧了提供者的压力和倦怠。例如，供应者在遵守高度结构化的文档要求和计算机化的医嘱时，一旦遇到难以导航的用户界面，就会体会到点击负担和挫败感，这些行为比传统的纸质图表和口头嘱咐花费更多的时间(Babbott et al., 2014)，诸如此类的负荷加剧了医生的身体疲惫和认知疲倦。

"**健康错误信息**"对公共健康危机的应对与社会整体以及个体的健康护理结果产生了致命的负面影响，我们从新冠病毒大流行中也体会颇深，认识这种影响并认识错误信息的讯息特征以及有效干预策略就尤为紧迫、重要。

本手册用了第五、六、七、八部分近20个篇章讨论了"**媒介化的健康传播**"与"**健康运动**"，包括通过大众媒体以及自媒体、社交媒体进行健康信息传播的历史与现实、挑战与机遇，并用典型案例探讨了电子健康、移动健康、在线健康对于社会整体幸福与作为健康护理主体的医-患双方的个体幸福的影响，既从微观层面上提出干预策略，又为宏观制度上进行变革贡献了方案。这些都是值得中国健康传播研究与实践借鉴的宝贵经验。

二、关键词的翻译说明

大多数翻译著作都会对一些语义复杂词汇的翻译作出说明，本译著却要对一些简单的常规词汇、也是本书关键词的翻译作出复杂说明。

1. health

没有人不知道它是"健康",本书基本沿用这个翻译,如健康传播、健康护理等。但在一些公共领域里,与"健康"相关的组织与政策均已被约定俗成指称、翻译为"卫生",如"卫生条例""卫生事业""世界卫生组织"等,在这种约定俗成背景下,如果为了追求把"health"译为"健康"的统一性——比如,"世界卫生组织"翻译为"世界健康组织"——虽未尝不可,但译者实在担心读者对此感到错愕,误以为是另一个不同组织。因此,health 一词仅在大家耳熟能详被称作"卫生"的对象上翻译为"卫生",其他地方都译为"健康"。反之,是否可以都统一翻译为官方用语"卫生"呢?——那更容易引发误解,比如,health communication,作为一门学术分支,译作"健康传播"已经约定俗成,如果译为"卫生传播",既突兀,让读者不解,又显得译者非常缺乏专业性。

2. health organization

直译是"健康组织";用于官方机构时,比如"World Health Organization",中文已经习惯叫"卫生组织"了。在本书第五部分讨论"健康组织"时,既包括医疗机构,又包括居家养老护理商业与社区机构,显然,把居家养老护理商业与社区机构这样的 health organization 翻译为"卫生组织",中文读者一定觉得别扭、蹩脚。那么,翻译为"医疗机构"如何呢?——中文读者约定俗成指称的医疗机构显然更窄,并不包括居家养老、护理商业与社区机构。所以,除了上文"health"一词中说明的用法,本书使用的"健康组织""健康机构"都是对 health organization 的翻译。

3. communication 和 dissemination

作为学科,"传播""传播学""人际传播""家庭传播""健康传播"已成定式用法,但在更广阔的社会语境里,人们更常使用"交流""沟通"。本译著在学科层面上统一译作"传播",在很多地方又遵从读者习惯的词组固定搭配,译作"沟通""交流"。

从词语本意和前后文搭配以及国内一些习惯译法,communication 和 dissemination 都可作"传播",但由于本书第 3 章第 2 节专门在对比意义上对这两个词作了学术阐述,因此,必须作出翻译区分,dissemination 译为"散播"。

4. healthcare

这是该书的高频词,除了单独使用,还包括很多搭配词,如 healthcare provider,国内译法五花八门,且都在使用,如"健康保健""卫生保健"。由于 healthcare 这个领域的行为主体(尤其是中国语境下)是医疗机构与医务人员,国内译作"医疗保健"也常见。但由于本书主题和标题中的 health 都是健康传播领域里人们耳熟能详的专业术语,作"健康传播"的"健康",而不是"卫生传播"的"卫生";加上上面词条 1 和 2 说明的理由,译者将 healthcare 翻译为"健康护理"。

译者也考虑过译作"健康护理"依然会引起误解,比如,人们一听"护理"可能马上联想到"nurse"(护士)领域,实际上,读完该文,读者应该很清楚,护士提供的护理只是 healthcare 的一小部分,只不过在中国语境下,我们直觉地指向这个专业护理领域。

这个简单的词组,怎么翻译都有遗憾。权衡所有因素,仍统一译为"健康护理"。

5. healthcare provider 和 patient-provider

这两个高频词组既单独使用,也在各种搭配上使用,如 patient-provider relationship, patient-provider communication。人们耳熟能详的译法分别为"医务工作人员""医-患",本书译者开始也使用这种译法,既简单明了,读者也非常清楚其所指。但反复推敲后,本书将这两个词统译为"健康护理提供者""患者-健康护理提供者",为何舍弃简单明了而选择这种似乎有些拗口的翻译呢?原因有三:

第一,纵观全书,healthcare provider 和 patient-provider 无论是内涵还是外延都比"医疗人员""医-患"的意指丰富、深刻得多。healthcare provider 既指人,又指机构。指人时又远远超过了我们常规认为的医护人员,还包括:社会工作者,治疗师(身体、文化、语言等),遗传咨询师,药剂师,营养师,志愿者,内勤人员,商业、社区护理机构的家政人员(请参照 16 章),"医护人员"一词显然无法涵盖该词指向的领域。在指机构时,既包括医院,又包括商业、社区、非赢利的护理机构,翻译为"医疗机构"显然使该英文词的指向大大窄化。

第二,在不同章节,该书对健康传播的细化领域进行深耕,同时交叉使用了多个近义词组,如 provider-patient、physician-patient、doctor-patient、clinician-patient。如果把 provider 和 provider-patient 分别翻译为"医护人员""医-患",那么 provider-patient、physician-patient、doctor-patient、clinician-patient 这三个词组又该怎么翻译呢?在本书中,有时候,provider 指向除医护人员之外更大的健康护理系统,有时又的确在狭义上指称"医护人员"。

第三,在笔者看来,尽管翻译为"医护人员""医-患"更省事,但却极可能导致人们继续误读、误解这些词所涵盖的实践领域,而误读本身可能就是中国语境下健康事业变革缺乏方向与动力的原因、结果与症候。笔者最终选择把 provider-patient 直译为"健康护理提供者-患者"。正如言语行为理论所指出的那样——说话就是做事! 陌生的词会召唤出一个在人们意识之外却又是未来必须建立、完善的新实践领域。

另外三对词 physician-patient、doctor-patient、clinician-patient,直译为"医-患",基本就是中国语境下惯常指向的那个"医-患"的狭义领域。

三、翻译过程与致谢

该译本是译者筹划的系列丛书翻译出版计划——"传播学与在世牵挂"之一部,该计划缘起于笔者在个体生命与学术(传播研究)生命追求历程中对诸般问题的追问与牵挂。传播与传播学是多解的,笔者从根本上认为,传播就是人类群体以及个体持续地与来自自身与周遭的混乱无序进行抗争、尔后通向可能的和解之路。因此,牵挂的问题有大有小:全球化、移动性、碎片化裹挟我们身处的社会,并深入到个人生活与选择当中,有没有可走的道路去突破狭隘的民族、种族、自我甚至物种(人、细菌、人工智能)的围域?

所牵挂的宏大之处如:人与自然的生态平衡,"环境传播""风险传播"的主题可以给出一些答案;我与他者之间的公平传播与社会正义,"健康传播""公共传播"的主题可以管中窥豹;知识、权力的生产与再生产,"组织传播""领导力传播"等主题可以见微知著;世界中的中国与中国里的世界之"美美与共",理论与历史对当代说话,"国际传播""全球传播""跨文化传播"等主题可以滴水映天光。

所牵挂的细微处是个体面对时代、社会、生活、时空、人格心理的巨大动荡,何以安身立命? 如何通过传播修复个体日常生活的种种磨难与失序?"人际传播""家庭传播"这样的主题能够提供一支解毒剂。

事实上,笔者的这些牵挂,与国内传播学发展的逻辑一致:自传播学引入中国已有 40 余年,但在中国新闻传播学教育和研究领域里,学科细化进展缓慢,研究领域不够多元,研究视野不够开阔,研究范式不够规范。仅仅停留于新闻学、传播学这样笼统的知识分类脉络,是无法应对现实的"狡黠"的。是故,知识领域的细化成为继续引领中国传播学继往开来的支撑点。我们无法做出认知之外的事,笔者如此认知,也就有了翻译出版这样一套丛书的策划与执行。

由于美国是新闻传播学的发源地和教育研究重镇,本翻译丛书选书是以美国最权威的国家研究委员会、国家传播协会、国际传播协会对传播学科领域的分类标准为依据,书的作者是该领域的翘楚,出版社是国际知名出版社,再版次数较多且在国际大专院校通用,且是近期出版的作品。已出版的有:《人际传播手册》(胡春阳、黄红宇翻译,复旦大学出版社出版),《家庭传播手册》(由胡春阳等翻译,即将由复旦大学出版社出版),《健康传播手册》(正是读者手上的这一本,由胡春阳、殷晓蓉翻译,复旦大学出版社出版)。至于组织传播、跨文化传播、政治传播、劝服与社会影响、修辞与公共传播、风险传播、视觉传播、传播和技术、批评/文化研究、性别与传播等传播领域,限于精力和能力,一时难以顾及。

随着这几年包括传播学在内的学术界对人工智能发展的忧虑,更兼 2020 年暴发的新冠疫情以及与之相伴的信息疫情滥觞之局势,值得牵挂的问题更多、更广、更深、更复杂,本研究者将继续发问,并与各位读者共同探讨。

遗憾的是,由于疫情造成的时间、空间的挤压以及工作、生活秩序的紊乱,无论单打独斗的个人教学、科研,还是团队工作的组织与协调,都产生了诸多困难,译者这个宏大计划的整体推进受阻,作为计划之一部分的这本《健康传播手册》也是一波三折。

当笔者提出这个翻译计划以及在翻译遇到各种挫折时,得到复旦大学出版社资深编辑章永宏博士一如既往的支持。在出版之际,特别致谢章永宏博士的长期支持以及为该书的出版付出的精力,一并致谢复旦大学出版社。

该手册拿到版权时是第二版,所谓"嘤其鸣矣,求其友声",相似的学术旨趣与牵挂,让我和上海医科大学的王宴青教授与当时任教于华东师范大学的王帆教授(现任复旦大学研究员)结缘。这两位教授和我组队,各自承担该书的部分翻译工作,彼此勉励前行。但就在快要完稿之际,该手册第三版问世。当本译者决定另起炉灶翻译第三版时,由于该主题的时效性,出版社和本译者都希望尽快出版第三版中文版,而原班人马中的王宴青教授和王帆教授既承担着繁重教学、科研任务,又担当一些项目的行政主管工作,难以全心投入第三版的翻译工作,遂退出。在此,特别感谢这两位教授曾经的加盟,当初在各种场合探讨"健康传播"话题的场景历历在目,彼此头脑风暴,智识激荡。虽然第二版没有出版,但他们为健康传播知识的推进曾经付出的努力不应该被忘记,在这里,一并感谢他们!

本译者正困窘于迅速重新组队担纲第三版之际,传播学术资深翻译人殷晓蓉教授刚刚完成罗杰斯《传播学史》新版译稿,本译者遂向她发出邀请,她欣然应允。胡春阳教授负责从前言直到第5部分结束的所有章节的翻译,殷晓蓉教授负责第6部分到第8部分的翻译,组稿、统稿和校译由胡春阳完成。由于有诸多专业词汇与领域,对国内读者来可能是陌生的,译者还加了几百个注释,这是由胡春阳负责完成的。两位译者,一个是我,在加拿大女王大学访学,隐身心于漫天飞雪包裹的蜗居里,几个月足不出户,每日晨钟暮鼓,月黑灯深,只为翻译一事劳;另一个是殷晓蓉教授,在上海、美国之间奔波,照看90多岁高龄的母亲与小家,夜阑人静,灯火无眠,也只为翻译一事累。

在此,深深地向殷晓蓉教授致敬并致谢!没有她的加盟分担,本译本面世可能还要推迟一阵。

还要感谢我的家人对我的支持与理解,在我全心投入翻译工作的几个月里,常常忘记年迈母亲和年轻女儿的呼唤与需要,她们均毫无怨言,轻描淡写她们的需要,温柔一笑谅解我的疏忽。在一些诘屈聱牙的英语表达搅扰我心烦之际,我的女儿也给予了我翻译指点与启迪,同样感谢她的智识贡献!

对以上提及的人们,"感谢"一言难尽情义,感谢他们在环境以及自身经历的所有不确定性和混乱之中,对该译本问世的确定性行为与意志!没有他们,我的传播学在世牵挂无所附丽!没有什么比大疫更能说明健康传播在我们所有人生活中的中心地位了!

胡春阳

2023年8月 于加拿大女王大学

序　言

谁能想到《劳特利奇健康传播手册》第三版会在连科幻小说都无可名状的一场全球性疫情暴发期间写成？随着围绕新冠病毒大流行的各种事件的发生，与健康传播相关的现实挑战出现在家庭、社区、组织、政府以及专家群体中。如何最好地平衡安全与生活之间的矛盾，导致了生活诸多方面的决策冲突。突然之间，上学、工作、做礼拜、购买生活用品这些司空见惯的日常活动，以及娱乐和休闲活动，都再也不能随心所欲地进行了。有关责任、不平等以及无处不在的不公正现象的争论烈焰，在我们面前真真假假、虚虚实实地燃烧。健康传播研究人员和教师加入了专家阵营，努力为社区、组织和政府的决策者以及为他们自家事务的决策者提供实用指导。其中一些专家为本书做出了贡献，让人们了解了这个发展中的学科的范围，使得本书的问世既及时又有意义。这些贡献反映了传播科学和修辞学、公共卫生和风险沟通、医疗互动以及与健康和幸福相关的自我管理领域的范畴，体现了诸如健康传播学会（www.societyforhealthcommunication.org/）这种组织中其成员的成就。

本版本的研究回顾在努力理解健康传播并解释和预测相关结果方面堪称革命性的。第一版的健康传播主要聚焦于有关媒介使用以及与组织、社区和健康护理提供者开展合作的知识与技能，以及驾驭这些知识与技能的策略讲究，从而解释并预测与健康相关的传播结果（Thompson et al., 2003）。到了第二版，关于传播能否预测在改变与健康和幸福相关的政策或习惯方面取得广泛成功的假设减少了，承认需要进行更多的跨学科研究，这可以超越辅助学科的界限和术语（Thompson et al., 2011）。本书作为第三版，反映了关于健康传播的一个总体真理：促进科学和健康素养的努力与避免标签化及诊断所带来的身份威胁和污名化相互交织。为了配合这一真理，第三版明确将精神健康作为健康传播主题的一个补充，并涵盖了幸福感。

这个时代的健康传播承认，甚至有助于重建与健康状况相关的身份，其话题不胜枚举：从事关健康的艰难会话到技术创新，到健康和护理的可得性，再到致力于充实更具生态效力的方法论（Kelley, 2020）。经过反思，我意识到了如上现实并且这种现实吸引我来到这个领域，继续激励我呼吁人们关注并研究健康传播。作为20世纪80年代初期的研究生，我在当时相对较新的健康传播领域里开展研究，我把我的论文重点放在新生儿父母未能按照处方规定的时间安排进行儿童健康检查上。我的直觉假设是这样的："家长们没能带孩子去做检查，并非故意伤害他们的孩子。"临床观察以及与家长们的对话对我很有帮助，我理解了阻碍他们行动的现实因素，比如，有限的门诊时间对预约和履约构成了明显挑战。此外，家长们指出，由于无法使用公共或私人交通工具前往诊所，这耽搁了他们对儿科医生医嘱的依从。最后，他们承认，在为一个看似健康的孩子发起预约时，他们会忘记或拖延。有些人甚至提到，要进入一个其他病孩已身处其中的等候区时，他们会犹疑沉默，因为这种情形可能会使他们自己的孩子染病。这些现实并非指向父母疏忽大意，恰恰相反，它表明他们才是孩子健康和护理的积极参与者。

当我在健康传播领域的事业日趋成熟时，我希望将健康传播的本质概念化，这促使我从社会、专家和非专业人士的角度，来思考这样三个问题：公共健康和风险传播，医疗互动，关涉健康、幸福的自我管理讯息（Parrott, 2004, 2009）。这个框架很好地呈现了《劳特利奇健康传播手册》第三版的内容范围，并反映了我的学识的实际进程：进行论文研究，通过在临床环境中录像进行论文推理,以及在移民和农场社区进行成因评估研究。本书强调的健康传播揭示了这样一个现实:对健康产生影响的隐性因素很复杂——这些复杂性在我的理解中纷至沓来,打从我做儿科诊所相关论文时就开始了,那时,我与那些父母坐在一起,与他们交谈并观察他们。我知道我无法解决父母们的交通问题,但我会提倡改变诊所营业时间,并为健康儿童提供等候约见的单独空间,这些倡导拓展了我对健康传播的聚焦点,并引导我决定在博士研究期间辅修健康政策。我还设计了一张钱包大小的提醒卡,上面印有健康儿童体检时间表,并请求研究治疗组中的父母们立下一份遵守处方例行常规检查的保证书。由此,我开始了毕生的追求,如同许多健康传播专家所做的那样,又如本书的写作者们所昭示的那样:尝试理解一种情形;倡导因时因地制宜做出改变;用理论来支撑更宏大的理解——这些或许能够引发行动,也或许不能。

健康传播研究和实践强调避免责备和羞辱个人的重要性。本书的最新科学综述展示了健康传播知识的进步,这些知识都可用于实现这个目标。这种关切的范围涉及健康传播的一个共同主题,即将个人行为纳入诸多现代健康和健康护理讯息中,其中,多数讯息直接或间接地阐明了健康与否,皆取决于个人行为。然而,在21世纪为努力争取参与医学研究方面,这种呼吁远不止于此,即使是在利他主义呼吁的情况下,比如,"如果您正在考虑参与人类生物标本研究,谢谢!尽管您不会从中获得实惠,但您将帮到未来的患者"(https:// biobankonline.com)。以上说法出现在"在线生物库"(BioBankOnline)网站的患者/捐赠者链接下。新冠病毒的大流行把一个关键焦点明白无误地暴露在全球健康传播者眼前,即必须努力招募参与者进入临床试验。迄今为止,我已经参加了两项临床试验,一项是新药测试,另一项是术后活体样本分析试验。这样,我参与试验的亲身经历也就融入了我的教科书和现场洞察中。

公共健康和风险的讯息传播可能旨在解说临床试验的意义,以及招募代表性样本,但用于获得参与数据的语言会妨碍与这些研究相关的持久信念及其叙事。这一切取决于我们在提供生活方式信息、家庭健康史、个人医疗信息以及生物标本方面的合作性。用于支持未来遗传学和蛋白质组学研究的一个可用的中心化的国家生物标本库面临这样一个现实问题:由于活体组织的归属无法识别,重新联系捐赠者就显得困难重重。此外,在患者发病期间,疾病在不断发展,使得基于新的研究成果的治疗方法不太可能用在他们身上。如何获得参与研究的机会——这个问题具有伦理性——依然是一个挑战。在通过提供个人信息进行合作的过程中,我们面临个人、社会、就业和保险歧视的风险。如果在信息传播时不能考虑到对身份构成威胁的这些因素,健康传播者就会成为社会排斥的同谋,排斥包括当差别对待发生时,不仅可能与生物、遗传因素相关,还可能与价值体系(例如宗教信仰)、文化背景或社会群体成员资格有关。同时,我们应该注意不要延续或物化有关差异的神话,以便缩小医学研究的差距。群体不应**仅仅**因为他们的差异而被视为独特又重要的。每种形式的健康传播都需要检查其隐含的和明确的伦理内容,尤其是那些旨在促进和延续一种特定行动事业而进行的战略传播努力。

关于健康和幸福的知识传播所做的努力及其效果仍然构成了很多健康传播研究的内容,这是当之无愧的,因为我们努力"把问题搞对"("get it right")。为了达到这个目标,新的见解涌现出来,涉及健康和科学素养的沟通。这些新见解不仅涉及事实和数据的翻译,还涉及伴随这些翻译而产生的情感,以及重要信息,确保我们不会失败。对社交网络和环境的关注通常主导着健康传播研究和项目,因为正如本书所强调的那样,证据已表明,(来自社交网络和环境的)这种支持颇为重要。政策辩论中出现了对物理环境的关注,而作为此类讯息而显现的公共健康政策表明了健康传播者参与这些事业的必要性(Parrott, 2018)。在这里,我的亲身参与再次为我提供了无与伦比的洞察力。由于对本书涵盖的健康传播知识作出贡献的研究者如此之多,因此,对研究资助的寻求就上升了。之所以如此,部分原因在于研究者认识到了健康传播的新增价值,由此,我们走上了原本不会或无法探索的道路。这些年来,为我提供合作及其经验机遇(这些让我感触颇深)的资助来自如下机构:国家职业安全与健康研究所(National Institute of Occupational Safety and Health, NIOSH)、疾病控制与预防中心(the Centers for Disease Control and Prevention, CDC)、国家健康研究院(the National Institutes of Health, NIH)等,还包括国家人类基因组研究所(the National Human Genome Research Institute, NHGRI)、国家癌症研究所(the National Cancer Institute, NCI)、医学院协会(the Association of Medical Colleges, AAMC)、Alpha-1基金会(Alpha-1 Foundation)以及宾夕法尼亚州卫生局(Pennsylvania's Department of Health)。这些团队合作努力成为专业上彼此学习的场所,丰富了我对投身健康传播事业的理解,丰富了我对传播可能在健康中发挥的作用的理解,同时为我提供了一个平台去促使他人对这些问题有更丰富的理解。

健康传播研究人员还经常担任资助机构的评阅人,资助机构明确指出申请主题是健康传播,或者健康传播与申请人的研究重点间接相关。像受资助的合作一样,各种机构的评阅人身份为我提供了一个平台,可以介绍这个领域的多维形式和功能,类似于这本手册。这些机构之一是国家科学基金会(the National Science Foundation, NSF),它要求我在风险传播领域进行评阅。通过评阅工作,我不仅揭示了类似于本手册中引用的健康传播努力的影响力,还暴露了我们在许多领域工作的曝光度不足的问题。作为评阅人,我还展示了一些研究工作——如本书所概括的那些——在国际上所产生的深远影响。例如,我曾担任荷兰NWA-ORC——"关涉荷兰国家科学议程的最大资助项目"(https://fundament.eu/nwa-orc-insights-part-2-the-knowledge-chain/)的评阅人。我还作为美国国家科学院(the National Academies of Sciences, NAS)医学研究所(Institute of Medicine, IOM)(现为美国国家医学院)委员会成员,参与了专题报告《谁将保护公众健康?——为21世纪培养公共健康职业人士》(Gebbie et al., 2003)的写作。编写这份报告需要听取无数专家和利益相关者的意见——包括提供公共健康学位的大学管理人员,其认证可能会受到报告的影响。每个委员会成员都有责任起草报告的一部分,供小组阅读和辩论,然后指导医学研究所的专业人员提出修改要求。我对传播的关注确保了国家公共健康研究计划的课程将包括我们这个学科,尽管我知道实现这一目标并不容易。实现路径包括增加拥有健康传播博士学位的教师,或让一些核心课程增加有关健康传播的内容。只有时间才能证明21世纪的公共健康职业人士是如何理解、使用本手册中所介绍的知识的。在任职医学研究所(IOM①)委员会委员后,我收到了美国国家科学院的邀请,担任其人口健康与公共健康实践委员会(Board on Population Health and Public Health Practice)(www.nationalacademies.org/bph/board-on-population-health-and-public-health-practice)委员,一做就做了四年。在那段时间里,我审阅了时任委员会及其专业人员正在起草的一些研究报告,这些研究涉及橙剂②、疫苗和自闭症等问题。我还轮流向委员会其他成员做报告,例如,向他们解释公众在理解复杂的健康概念与经历时是如何依赖叙事的。

作为一项应用型、跨学科的活动,健康传播远远超出了学术环境。例如,在美国,疾病控制与预防中心的论文《健康人》从30年前就包含了健康传播的观点:

> 《健康人》提供以科学为基础的10年国家目标,以改善所有美国人的健康。30年来,《健康人》建立了基准,并随着时间的推移监测进展情况,从而鼓励跨社区和部门合作,使个人能够做出信息周全的健康决定,并衡量预防活动的影响。
> (www.healthypeople.gov/2020/About-Healthy-People)

《健康人》框架(www.cdc.gov/mmwr/preview/mmwrhtml/00001462.htm)于1979年首次采纳,自那以后,该框架设定了一项国家预防议程,并且在《健康人》2010年的目标中有一章专谈"健康传播"(www.ncbi.nlm.nih.gov/pmc/articles/PMC1127182/)。2010年的总报告将健康传播的目标表述为"战略性地使用传播来改善健康"(www.cdc.gov/nchs/data/hpdata2010/hp2010_final_review_focus_area_11.pdf)。与本手册第一版强调的一样,2010年总体目标强调了实现行为和政策改变的战略。本手册的第二版和《健康人2020》报告反映出这样的认识:过于频繁地向人们传达并影响健康知识和行为的努力往往无法惠及人们。因此,该报告指出:

> 将鼓励和支持健康信息技术(IT)和健康传播,它们是实施并成功实现"健康人2020"的一个不可或缺的部分。所要

---

① IOM, Institute of Medicine,美国医学研究所的简称。——译者注
② 或译**橘剂**,是除草剂和落叶剂化学品,也是"战术用途"的彩虹除草剂之一。它被广为人知是因为1961年至1971年的越南战争期间,美军用来除去敌人藏身的丛林树叶。飞机从空中喷洒除草剂,接触到除草剂的植物会在两天内死亡。直到1969年才发现橙剂和其他除草剂含有二噁英中毒性最强的四氯二苯并对二噁英。——译者注

进行的努力将包括：在可行的情况下，构建和整合与全国卫生信息网相结合的公共健康信息技术基础设施。

（www.healthypeople.gov/sites/default/files/HP2020Framework.pdf）

随着《健康人2030》计划的制定，先前关于健康的传播出现了某些变化，比如，报告说健康护理提供者参与了他们的决策的人数在增加；报告说与健康护理提供者沟通质量差的人数在减少；使用宽带接入互联网并使用信息技术跟踪健康护理数据以及与健康护理提供者进行沟通的人数在增加。这些目标进一步确定了增加成人数量的目标，即，增加表示与朋友和/或家人谈论过健康问题的成人数量，以及增加紧急和危机讯息数量——包括减少人身威胁的步骤、表达同理心和承诺施援。目标还包括州卫生部门和临床医生的角色（www.healthypeople.gov/sites/default/files/ObjectivesPublicComment508_1.17.19.pdf）的相关工作。就像本手册第三版的目标一样，这些目标承认了一个更精细的框架，在这个框架内可以构想健康传播的现实。最终，我们可以观察到健康传播在不断发展，而像本书这样的资源有助于人们努力跟上这种发展的步伐。无论读者是使用这本论文集来提高他们自己在研究和教学中的效用，还是前赴后继地致力于促进公共健康或提高公众在共同决策、知情选择和知情同意方面的能力，《劳特利奇健康传播手册》第三版都应是一部富有价值的参考文献。

罗克珊·帕罗特（Roxanne Parrott）博士

宾夕法尼亚州立大学杰出名誉教授

参考文献

Gebbie, K., Rosenstock, L., Hernandez, L., & Committee on educating public health professionals for the 21st century (2003). *Who will keep the public healthy? Educating public health professionals for the 21st century*. National Academies of Sciences Press.

Kelley, D. L. (2020). The person within the mask: Mask-wearing, identity, and communication. *American Journal of Qualitative Research*, 4(3), 111-130.

Parrott, R. (2004). Emphasizing "communication" in health communication. *Journal of Communication*, 54(4), 751-787.

Parrott, R. (2009). Multiple discourses in the management of health and illness: Why does it matter? In D. E. Brashers & D. J. Goldsmith (Eds.), *Communicating to manage health and illness* (pp. 322-338). Routledge.

Parrott, R. (2018). Health and risk policymaking. In R. Parrott (Ed.), *Encyclopedia of health and risk message design and processing* (Vol. 2, pp. 105-133). Oxford University Press.

Thompson, T. L., Dorsey, A., Miller, K. I., & Parrott, R. (Eds.). (2003). *The handbook of health communication*. Routledge/Taylor & Francis.

Thompson, T. L., Parrott, R., & Nussbaum, J. F. (Eds.). (2011). *The Routledge handbook of health communication* (2nd ed.). Routledge/Taylor & Francis.

前　言

欢迎阅读《劳特利奇健康传播手册》第三版。第一版于2003年出版，旨在认可健康传播领域在过去25年中的发展情况，以及该领域如何需要对健康传播学者所完成的杰出研究进行全面考察。第二版于2011年出版，旨在彰显健康传播学术的非凡增长，以及该手册如何成为传播研究人员以及公共健康、医学、护理以及健康护理联合行业的重要资源。又一个十年过去了，是时候再次更新我们学科的核心纲要了。

对于第三版，我们牢记两个主要目标。当然，首要的是，我们想全面概述健康传播领域的现状。鉴于研究的多样性，这是一项不小的任务。我们回顾了第一版和第二版中的章节，考察了学术在我们的专业会议和期刊中的表现，并制定了一个框架来展示健康传播主要焦点的研究。其次，我们希望确保这个版本能够表征这个领域的学术的广度和多样性。这就意味着要广泛招募学者来撰写这些章节，并要求他们在对文献的评述中，反思他们选择的研究是否隐晦地论证了哪个研究者的想法更要紧或更不要紧，反思他们涵盖的这些研究的类型和来源是否反映了多种认识方式，以及反思这些主题是否与广泛的经验相关。在写作风格方面，我们选择凸显有色人种，少使用白种人案例，以此来拒绝白人民族主义，同时为有色人种兄弟姐妹提供切实的团结行动。对于就特定主题领域（第2到第7部分的章节）的文献进行述评的作者，我们特别要求他们考虑采用跨科学的、解释性的以及批判文化的范式进行研究，并特别要求他们强调理论是如何指导他们所在领域的研究的。

本手册分为八个部分。第1部分阐述了健康传播中的基本问题。这些章节侧重于健康传播研究的多学科、交叉学科和跨学科性质，核心理论和方法问题，研究转化、实施与扩散，以及叙事在健康传播中的中心地位。第2部分回顾了人际、家庭健康传播。其章节探讨了从精神健康与疾病到污名化，再到支持传播和临终传播等林林总总问题，以及健康传播问题是如何波及日常生活并影响非正式护理者与被护理者的健康结果与关系结果的。第3部分聚焦于患者-健康护理提供者的传播研究。这些章节涵盖了患者中心传播、有关健康的艰难会话、临床医生和患者进行沟通的技能培训，以及与患者-健康护理提供者之间的传播相关的健康结果。第4部分涉及与健康护理提供者和健康组织传播相关的主题。其中的章节考察了提供健康护理所涉及的专业范围以及跨行业传播的问题、压力与倦怠。第5部分转向媒介化的健康传播。其中章节深入描述了新闻和娱乐媒介、消费者广告、社交媒介与健康，以及健康错误信息的状况。第6部分涵盖健康运动、干预和技术应用。其中的章节考察了公共健康传播运动、基于社区和技术的健康干预措施以及技术在健康传播中的作用趋势和轨迹。第7部分涉及适用于多种情况的广泛问题。其中的章节回顾了健康信息寻求、健康素养、健康公平性、跨文化健康传播、全球健康传播、公共健康危机以及环境传播。最后，第8部分考量了健康传播研究和实践中的挑战以及挑战性产生的语境。前两章讨论伦理问题和权力失衡问题，其余章节集中讨论方法论路径及其问题，政府、基金会、公共政策和非政府组织层面的健康传播研究和实践，以及健康传播研究人员在开展研究时面临的多重挑战。贯穿这八个部分，我们致力于提供一种深入、全面、最新科学进展的述评，这将为理解奠定基础，并为未来的研究提供起跳板。

与之前的版本一样，本手册主旨在于健康传播、公共健康、护理、医学和相关健康领域，以及广泛的社会行为健康科学领域。虽然它主要针对研究生和教师，但研究人员和从业人员、健康护理提供者以及政策制定者也应该对它感兴趣。

特别致谢

当我们在2019年11月与出版商会面讨论手册的计划时，我们不知道接下来的几个月会发生什么。对章节作者的邀请于2020年1月发出，当时没有人预料到世界会在几周内跑偏侧翻。在世界卫生组织于2020年3月11日宣布新冠病毒全球大流行之前，作者们已经整装待发。本手册是在病毒大流行期间完成的。正是由于作者们的奉献精神和毅力，我们才得以在2021年春季将这本书付梓。我们亏欠他们无数的感谢，我们要感谢他们在所有的不确定性和混乱中为完成本书的章节所开展的坚韧不拔的工作，尤其是那些在这段时间面临个人艰难和损失的人们。没有什么比病毒大流行更能说明健康传播在我们所有人生活中的中心地位了。

除了感谢章节的出色作者外，我们还要感谢出版人费利萨·萨尔瓦戈-凯斯(Felisa Salvago-Keyes)和编辑助理格兰特·沙茨曼(Grant Schatzman)，感谢她们在整个过程中提供的支持和耐心。我们感谢她俩以及劳特利奇、泰勒和弗朗西斯出版商(Routledge/Taylor & Francis Books)，正是他们成就了《劳特利奇健康传播手册》第三版。

特蕾莎·L.汤普森

南希·格兰特·哈灵顿

第1部分
总　　论

第1章
健康传播学术的本质：多学科性、交叉学科性和跨学科性

艾丽西亚·科恩（Elisia L. Cohen）

在健康传播、医学传播以及影响健康、幸福的相关传播系统中，存在的问题颇为复杂，需要具有技能、能力和才华的研究人员去驾驭健康护理、公共健康以及医学、健康信息在其中得以传递的复杂传播环境。毕竟，为研究导航是一段旅程。为健康传播紧迫问题寻找答案并不是学术研究唯一的目标。与任何旅程一样，有时候，学科问题会在一个熟悉的研究领域里开辟出康庄大道。而其他时候，我们并不总是知道我们要去向何方，但与那些共享兴趣的同道们相会的快感激发我们前行。行进的路上跌宕起伏，沟壑纵横。经验丰富的旅行者会意识到，康庄大道并不总能将我们带到视野最为开阔的目的地。一个研究伙伴可能会开启一条尚未探索的道路，为学术研究提供新视角。而且，通常会有一些有趣的发现，如果我们没有兴趣或不愿意离开舒适区，从空中视角去看新的地点，就不会有这些体验。如果我们无兴趣或无意下车去登高望远新场景，那么通常不会体会到探索发现的乐趣。

通向研究复杂传播环境（健康护理、公共健康以及医疗和健康信息传递，都存在于这样的环境中）的旅程并非没有挑战。健康传播领域在过去十年中取得了长足进步，为支持研究人员的研究目标提供了多学科、交叉学科以及跨学科的途径。每一种这样的途径都为研究人员参与这个旅程提供了不同机遇，该旅程基于这样一个前提：来自单一学科视角的知识不太可能解决传播环境的复杂性问题，而正是传播环境对个体和群体产生影响。

健康传播领域在进行学术研究时，其理论和方法路径也颇为宽泛。与其他传播专业领域不同，它的研究领域通常对健康和幸福具有实际影响。许多学者采用生态学视角，这就意味着，他们的研究要考察个人之间、家庭之间或者群体之间和社区之间的联系与关系，以及它们所处的更广泛的物质、文化和社会环境。这种研究人与其生存环境之间的关系和联系的导向，致使学者们进行涉及多种理论视角的研究。这些理论视角，或称为解释健康传播的智识原则、方法和方式，源于人文科学、社会科学和医学科学的研究。健康传播学者与公共健康、医学、社会心理学和商业等其他学科的学者展开合作（Maibach & Holtgrave, 1995; Rogers, 1993）。本章立足于健康传播学者为该领域绘制的知识图谱旅程，考察了健康传播学术成果的多学科、交叉学科和跨学科的性质。

为确定健康传播的性质，学者们还描述了研究活动是如何反映不同的范式观点或世界观的，这些表述了学术界的关注点，以及他们用来识别和组织证据以支持其研究的路径。诸多研究对生物医学和公共健康影响力（强调测量、预测和控制个体和群体的健康行为）很大，其方向仍然是后实证主义的或科学的，并且依赖量化数据。然而，研究人员研究了健康和幸福对个人、社区、文化和健康护理系统的意义，这就为该领域带来了解释性和批判文化范式的视角。这些学者由此就在他们的研究中整合了一系列理论和方法视角。这些健康传播路径，从相对表层的交叉性到更深层次的不同学科知识整合，不一而足。

第1节　健康传播：一个多层面、协作探究的领域

鉴于健康传播的研究范围,该领域的问题考察了传播过程的影响力。这种考察是在广泛的健康语境中、在多层面(人内的、人际的、群体的、组织的、媒介的、文化的、社会系统的)上进行的。有一种研究路径叫多层次研究——它整合来自个人或微观层面、组织或中观层面以及人口或宏观层面的不同见解来研究健康传播问题。多层次研究考虑不同层次观念之间的关系,并经常使用不同的数据收集方法来研究每个层次的观念及其相互之间的关系。实际上,斯基亚沃(Schiavo, 2013)将健康传播定义为:

> 一个多面向、多学科的领域,在研究、理论和实践层面上莫不如此。该领域涉及与进行着健康信息、观念和方法交流的不同人口和群体接触,从而对个人、社区、健康护理专业人士、患者、决策者、组织机构、特殊群体和公众施加影响,促进参与,予以赋权,提供支持,以便他们优选、援引、采纳或保持一种健康或社会行为、一种实践或政策,这些行为、实践和政策最终将改善个人、社区和公共健康结果。
>
> (第9页)

健康传播作为一个应用性研究领域,具有多层面性质,这驱使学者们借鉴多个学科,以了解各种传播与健康及幸福结果之间的关系。

在传播领域,研究人员传统上利用不同层面上的一系列研究活动来识别、批判、解释、预测和理解相关的人内、人际、群体、组织、文化、媒介以及社会系统的动态。例如,在考虑两人之间二元层面上的互动时,研究人员越来越多地探索社交网络和社交媒介为理解人际健康传播提供语境的方式(Duggan, 2019; Duggan & Street, 2015; Head & Bute, 2018;另见本书第12章)。群体和组织健康传播学者依靠中观层面的研究,来检验个人、团体和组织之间的关系,以了解个人是如何在工作场所行使个人健康身份(Dailey & Zhu, 2017;另请参见本书第17章)并实现个人和组织健康的(Burke, 2016;另请参见本书第18章)。健康传播学者还关注与社区利益相关者一道开展以文化为中心的工作,以开发社区可获得的干预措施(见本书第24章)。考尔-吉尔(Kaur-Gill et al., 2020)针对低收入马来人实施的基于社区的心脏健康干预,就是这样一项以文化为中心的研究。该干预措施在个人、微观层面上开发了有益心脏健康的、以马来人饮食习惯为主的食谱,以便开发宏观、文化层面上"具有文化责任感的信息基础设施,从而了解心肌梗死的病理"(第16页)[1]。那些研究通过宏观的媒介和社会系统进行健康信息传播的健康传播学者,已经着力解释了在线信息系统是如何通过传播融合来增强健康结果的(Kreps, 2017),这个过程是在当个人将大众媒介和人际传播结合起来以满足其需要时发生的。新兴学术研究还揭示了通过此类系统共享的错误信息和虚假信息是如何挑战公共健康的(South well et al., 2019;另请参见本书第22章)。

那些将其他学科的理论、视角和研究传统引入健康传播领域的学者,能够解决一系列休戚相关的健康护理问题和健康生态学。该领域的基础研究发展并测试了理论,以推进健康传播科学发展。此类研究采用科学范式的视角来进行探索发现,并可能在公共健康或医学传播背景下这样做。然而,健康传播研究的基本方法很少是纯粹的。斯托克斯(Stokes, 1997)在《巴斯德象限》(*Pasteur's Quadrant*)一书中,描述了弥合基础理论研究和应用研究之间差距的那些发现(比如,路易斯·巴斯德发现细菌致病)是如何产生非同凡响的意义的。巴斯德(Louis Pasteur)在开发微生物新科学知识方面的研究为疾病的科学细菌理论做出了贡献。然而,在推动科学理论的同时,也带来了明显的实际好处——他的理论洞见导致了我们现在所知的巴斯德

---

[1] 除标明"本书"的夹注之外,其余夹注均为引用文献页码。

消毒法的产生,从而预防了社会上的疾病。那些兼具重大实际使用价值和纯理论贡献的研究——如巴斯德对巴氏杀菌过程的应用——是应用启发出来的研究(Stokes, 1997)。

巴斯德象限提供了一种研究分类法,旨在寻求对科学问题的理论理解,并寻求社会实际应用。在这样一种象限中,应用和基础健康传播研究可以被认为是正交的,分别在 x 和 y 轴上(Stokes, 1997)。这种应用启发出来的研究通常为解决问题的实际应用提供了理论框架。其他一些理论适用性强但应用价值弱的研究,可以看作是纯基础研究。相比之下,实用性高但理论、科学进步程度低的研究属于纯应用研究象限。

推进知识进步的旅程通常会有的放矢,在那里,研究人员会发现直接的社会用途。许多健康传播学者研究了科学理论可以改善人群和个人健康状况的方式。当学者在社区工作时,健康传播者进行研究工作所依赖的理论和实践会与之进行持续的相互商榷。当健康传播者将他们的工作置于社区和实践文化中时(见本书第 24、29—31 章和 35 章),他们进行的研究之旅,就是为了在健康环境中理解、解释、批判以及应用传播概念。在这条路上,他们经常面临挑战——重新考虑他们对医疗系统和公共健康的信念,重新考虑他们进行实践的科学方法。在这个过程中,他们利用了这些学科的认识方式(认识论假设)以及研究者的主观价值观和信念(价值论假设),这些主观价值观和信念是其相关理论、概念、应用和视角的基础。

第 2 节　健康传播学术的多学科路径

健康传播领域里多学科(multidisciplinary)研究的基础性内核是:通过把来自不同学科的概念应用到问题上来,合作解决一个健康问题。正如哈灵顿(Harrington, 2015)所解释的那样:"健康传播中的多学科研究涉及来自多个学科的研究人员,他们**独立地对**一个健康问题做传播维度的考察。"(第 11 页)多学科研究的基础是它如何利用不止一个学科,从不同学科专家那里拿取相关技能,并通过独立探究考察,以解决一个健康问题的多个方面。根据帕罗特和克鲁特(Parrott & Kreuter, 2011)的说法,此类研究"可能会按序列进行,构筑于一个学科发现的科学知识基础之上,以引发另一个学科的假设或研究问题"(第 6 页),也可能涉及同步行为。

当科学进步导致一种洞见出现,随后这种洞见推进了健康传播研究时,我们就可以观察到多学科研究影响健康传播的经典案例。例如,与"孕前健康护理"(即女性在受孕前接受的健康护理)相关的生物医学研究表明,在受孕前至少一个月开始补充叶酸可以改善妊娠结果并可以预防神经管缺陷(Brundage, 2002,第 2507 页)。这一发现反过来促使美国出生缺陷基金会(March of Dimes)开展健康促进与传播活动,以促进育龄妇女摄入叶酸(Parrott & Kreuter, 2011)。另一些时候,政策目标或公共政策的变化可能会引发多学科研究。例如,美国提出了"健康人 2020"(Healthy People 2020)目标,这促成了鲁滕及其同事(Rutten, 2020)完成多学科健康传播学术考察报告,在该报告中,患者对健康传播的参与并未达标。或者,烟草广告限制和警示标签法规,促使研究人员制定干预措施以纠正有关烟草产品的错误信息(Cappella et al., 2015),并考察这些监管变化对公众针对健康行为结果和健康传播实践的看法所产生的影响(Burton et al., 2010)。

当不同领域或分支学科的研究团队中的不同成员独立地考察他们所面临的传播问题时,就会同时展开多学科研究。多学科环境及其团队在慢性病管理和临终关怀传播方面很常见。在这种情况下,研究团队将他们在传播方面的专业知识带入健康或医疗领域。例如,克尔等人(Kerr et al., 2019)的研究整合了家庭药物和传播领域的见解,探讨了医学专家如何影响儿科慢性病护理就诊期间儿童父母的不确定感。我们可能会注意到其他例子——健康传播研究人员将专业知识带入人际、群体或组织环境中。例如,有些研究使用多学科方法来调查员工在产假和其他残疾休假后重返工作岗位后所获得的支持性人际、群体和组织动力。庄等人(Zhuang et al., 2018)的多学科研究团队涵盖了传播、护理和伦理学领域,调查了诸如同事支持或对做母亲的员工污名化这样的人际因素在多大程度上影响了重返工作的体验。

在公共健康传播领域,传播学者与环境科学家合作,检视了对全氟辛酸(一种与乳腺癌相关的环境风险因素)的相关科学讯息的转译是如何影响个人态度和信念的(Smith et al., 2017;另见本书第33章)。在史密斯及其同事(Smith et al., 2017)的多学科研究中,"生物学家创造知识,传播学者转化和测试讯息,倡导者是践行者、讯息传播者"(第279页)。其最终发现运用了社会心理学概念,以确定能力、动机和处理过程是如何导致风险信念的。具体而言,该研究确定了使参与度更高、使启发式线索(用于做决定的心理捷径;参见Chaiken, 1980)评分更高的那些讯息是如何导致更大的风险感知的,并为"苏珊·拉夫博士女兵研究基金会"(Susan Love Foundation's Army of Women)提供了讯息散播的经验教训(Smith et al., 2017)。

在另一些时候,医学、护理、公共健康和药学领域的研究人员正在独立地运用多学科调查方法对传播现象进行考察。在冠状病毒大流行的语境中,多学科路径被同时采用,以处理病毒大流行导致的诸多健康传播维度。这场大疫为确定多学科路径如何帮助研究人员发现优先事项提供了语境,即,要优先理解影响复工的政策传播的动力机制具有交叉性,使精神健康(心理)的、社会的、政治的、教育的以及公共健康的因素彼此交叉(Holmes et al., 2020)。来自不同学科的专家对交叉心理健康动力机制的理解技能与专业知识各有千秋,都可能为政策方案以及方案的传播作出重要的独立贡献。

第3节　健康传播学术的交叉学科路径

与从多个学科独立研究一个问题不同,当学者们共同努力解决一个共同的健康传播问题时,这称之为交叉学科(Interdisciplinary)研究。交叉学科研究所产生的健康学术成果是学者们囊括其学科的理论、方法和概念,共同努力来合作解决一个问题。正如哈灵顿(Harrington, 2015)所解释的那样:"交叉学科研究涉及来自多个学科的研究人员**合作**考察一般健康问题或健康问题的多向度传播面。"(第11页)这种学术成果的目的是将知识及其联系从一个学科的视角转移到另一个学科,从而产生跨越学科边界的创新成果。

健康传播讯息设计和干预的交叉学科路径很常见(见本书第16、18章和23章)。例如,一个由传播学、心理学和神经科学专家组成的多学科团队合作开发了"感觉寻求靶向"(the sensation seeking targeting, SENTAR)方法,该方法成为设计大规模反大麻媒介运动的基本策略(Palmgreen et al., 2001)。感觉寻求靶向方法建议讯息设计者和运动策划者为高感觉寻求者(high sensation seekers, HSS)创建高感觉价值(high sensation value, HSV)讯息。随着研究人员根据他们对心理学和传播学的学科理解,开发并验证了可知讯息的感觉价值(perceived message sensation value, PMSV)测量法,在这里就出现了交叉学科视角(Palmgreen et al., 2002)。高感觉价值的讯息通常包括以下特质:"① 新颖的、有创意的或不寻常的;② 复杂的;③ 情绪强烈或强烈刺激身体兴奋的;④ 图形的或直白的;⑤ 有点模棱两可的;⑥ 非常规的;⑦ 快节奏的;⑧ 充满悬念的。"(Noar et al., 2010,第24页)随着研究团队设计出研究计划,研究人员就从确定这些高感觉讯息价值影响通常行为以及行为意图结果的方式,转移到还要考察"使用功能核磁共振(fMRI)的高、低感觉寻求者在处理具有高、低讯息感觉值的禁毒公共服务通告时的神经基础"(Donohew et al., 2018,第1004页)。

这种对感觉寻求的研究路数也证明了,多学科的努力是如何为交叉学科理论扩展以及本学科理论扩展铺平道路的。首先是信息回应与唤起得到独立研究,结果就出现了多学科对感觉寻求和心理逆反展开研究。原本是多学科团队分别研究相同的现象(信息反应和唤起),后来,信息回应与唤起这两个路数被一起用来预测早期成人群体的其他健康风险,包括青少年吸烟(Helme et al., 2007)。"信息接触激活模型"(the activation model of information exposure)还建立了信息回应和唤起的个体差异法,这成为后来的感觉寻求研究的基础(Donohew et al., 1980;另见本书第27章)。此类研究有计划地引导交叉学科团队将时间视角和感觉寻求作为吸烟者戒烟行动的预示器(Hall et al., 2012)。传播学、心理学和神经科学团队的研究人员采用类似的方法,将人格和社会心理方法结合起来,为更安全的性行为设计出有效讯息(Noar et al., 2006)。

交叉学科的学术研究之旅可能涉及不同领域中的传播和健康职业人士之间彼此纵横交错;这种旅程通常将来自不同领域的学者联系起来,利用不同的方法收集数据并建立循证实践。你去观察跨学科研究团队在医疗服务不足的社区努力强化免疫接种和癌症筛查的需求中,就会发现此类纵横交错的现象很常见(Bachman et al., 2018; Cohen et al., 2016a、2016b; Record et al., 2017;也参见本书第 35 章)。例如,来自传播和公共健康领域的研究人员使用"社区参与研究法"(community-engaged research)(见本书第 24 章)和"参与式启发解释法"(engaged elicitation interpretive methods)(Cohen & Head, 2013, 2014; Head & Cohen, 2012),共同确定了有效讯息,以支持青少年接种疫苗(Cohen et al., 2015),支持年轻人坚持多剂量艾滋疫苗接种方案(Vanderpool et al., 2013),以及支持巴氏试验以预防和检测宫颈癌(Vanderpool et al., 2013)。由此便产生了基于社区的疫苗传播干预试验法,它们被称为"涂片三步检查"("1-2-3 Pap")(Vanderpool et al., 2013)和"保护她们的未来"(Cohen et al., 2018),都在基于社区的干预试验中得以实施;实施方案利用了科学评估方法,这些评估方法在论证公共健康领域的循证干预措施中必不可少。作为一种循证干预措施,"涂片三步检查法"还为在初始干预的直接招募区域外的实施和传播做了设计改造(Cohen et al., 2015)。

传播和医学研究人员的交叉学科团队也共同努力确定方法、概念和理论见解,以解决阿片类药物处方传播的问题。一个传播和学术医学团队采访了创伤性外科住院医师,并合作分析了阿片类药物处方传播中多个相互竞争的目标,以及阿片类药物警示与患者中心护理和传播之间的紧张关系(Adams et al., 2018, 2020)。这种采用交叉学科方法来解决传播问题的研究,与仅由医学学科所能提供的研究截然不同。医学学科的视角可能会探究"阿片类药物手术处方的驱动因素、信念和障碍"(Sceats et al., 2020,第 86 页),重点是处方行为。两相对比,亚当斯等人提出的跨学科考量(Adams et al., 2018)将处方作为一种传播过程进行了考察。在该过程中,住院医生参与意义建构过程,以整合、超越或调和术后有时相互冲突的多个传播目标。这种以协作方式打通基于田野的知识的方法,对于开发传播工具和干预措施,从而改善住院医师的处方惯例至关重要。

与健康相关的组织和工作场所流程研究的共同特点也是交叉学科研究。例如,对基于雇主的健康干预措施来说,传播学者和药剂师之间的合作有助于对组织传播结果进行评估提供指导。斯蒂芬斯等人(Stephens et al., 2015)的跨学科研究考察了组织认同(和归属感)是如何影响员工在各种组织环境中向同事传播健康信息的意图的。在研究过程中,来自传播、广告与公共关系、公共卫生和医学等不同学科领域的研究团队共同合作,对个体态度、群体认同、信息素养、心血管疾病知识、健康行为以及由雇主赞助的健康心脏传播活动的结果进行了全面评估。交叉学科团队在组织环境中共同解决一系列健康、设计和传播问题的另一个例子,雷亚尔等人(Real et al., 2018)的研究,他研究了集中式和分散式单元设计是如何影响护理传播和团队合作的(参见本书第 17 章)。

最后,交叉学科研究致力于对研究成果进行系统评价和元分析,这也可能图绘出健康传播学术的新领域。一个新近的例子是传播监管科学领域(Noar et al., 2019)。为了扩展健康传播调查的证据库,这些研究人员通过合作推动了该领域发展,其成果是:① 确定了非卷烟烟草产品(Cornacchione Ross et al., 2019)和无烟烟草(Wackowski et al., 2018)的健康传播干预策略;② 为小雪茄和水烟烟草等非卷烟产品制定了销售点干预措施和运动(例如,Sutfin et al., 2019);③ 测试产品警示,以及测试有潜在低风险的信息传播(Mays et al., 2018; Moran et al., 2018; Noar et al., 2017);④ 评估干预措施的有效性,这些干预措施关涉修订过的风险声明和警示,以及关涉有潜在低风险的烟草和电子烟产品(Katz et al., 2017)。

第 4 节 健康传播学术的跨学科路径

比多学科和交叉学科研究策略更综合的是跨学科(transdisciplinary)研究方法。正如哈灵顿(Harrington, 2015)指出的那样:"跨学科研究是跨越学科界限的研究,旨在创造新的理论和方法,整合来自多个学科的知识来解决复杂的社会问题。"(第 13 页)这种综合方法以超越学科的认识方式,产生了新的假设、理论、框架、模型以及方法论应用。跨学科研究通常以利益相关者为导向(Bracken et al., 2015),并且此类研究的驱动力是渴望对复杂社会问题做出及时、创新的回应。当研究人员在集合学科的交叉点从事研究时,他们可能会更充分地掌握复杂的理论机制,并针对集体发现的问题制定新颖或加速问题解决的方案(Cram & Phillips, 2012)。

尽管在传播与健康领域里,真正整合知识并创造出新理论和方法的探索较为罕见,但传播、公共健康和医学学科之间的勾连已经产生了重要的跨学科成果。跨学科团队研究的目标是引入一个"总体性知识"框架或路径,以创建综合性的研究问题,这些问题通常从自然、社会和健康传播科学角度提出。

通常,研究人员刚开始时是在交叉学科语境中展开合作的,然后把通用方法联系起来并进行理解,这些通用方法可以解决复杂的健康问题。正如特雷斯等人(Treise et al., 2016)详细阐述的:"跨学科合作解决复杂健康问题的好处已被广泛接受;然而,承认那些合作之路上固有的磕磕碰碰通常被视为禁忌。"(第194页)新闻与传播学院的传播学研究人员和医学院的医学研究人员在佛罗里达大学创立了一个显然是跨学科的 STEM① 科学中心,这些研究人员为团队科学、交叉学科研究以及长期综合研究合作提供了实践典范(见本书第3章)。上述交叉学科研究工作致力于建立跨学科结构,以支持多学科、交叉学科和跨学科的项目参与。然而,前面提到的烟草监管科学的案例——其中一个知识领域是从多个交叉学科团队的研究中发展而来的,这些研究围绕彼此关联的主题而展开——确实揭示了一个异质的协作社区如何能够可能围绕一个共同问题或应用而综合其共享的知识(Noar et al., 2018)。

很少有证据证明真正跨学科的方法和成果来自健康传播学术领域。当多个学科的研究不仅受到重视,而且还提供了一种靠孤立现象无法获得的视角时,这种复杂的学术研究通常就出现了。一个明显的例子是斯特里特与其在医学、心理学和肿瘤学里的同事进行的研究,旨在为临床医生开发传播技能培训(见本书第12章和第14章)。斯特里特等人(Street et al., 2019)考察了癌症幸存者在临床医生或健康组织出现"状况"时的传播经历。由此产生的研究检视了影响以患者为中心的癌症患者护理的传播障碍这一维度,并确定了临床医生和健康护理机构可以评估、提供和满足患者信息和情感需求的方式。

重症监护室的疼痛管理是一个复杂现象,这是研究人员采取综合方法来理解有效治疗策略的另一个语境。正如穆拉尔斯基等人(Mularski et al., 2009)详细阐述的:"高质量的疼痛管理是最佳治疗的一部分,需要药理、行为、社会和传播策略方面的知识和技能,而这一切又根植于整体姑息治疗方法。"(第1360页)他们从药学、传播学、行为科学和姑息治疗护理领域进行的跨学科评估,为理解学科方法和跨学科调查要点之间的交叉部位提供了关键点,包括"对患者-家庭这个单位要具有传播和文化敏感性"(Mularski et al., 2009,第1360页)以及"在 ICU 环境中提供最佳疼痛管理和姑息治疗"的其他方法(第1366页)。

第三个跨学科范例是韦格弗及其同事(Wigfall and colleagues, 2020)的研究,他们考察了"为那些与艾滋感染者生活在一起的人、男-男性行为者以及其他弱势群体提供服务的人士——作为代理人寻求者和健康信息行家的服务人士"(第23页)。在这项研究中,来自社区 HIV/AIDS 服务组织的非临床艾滋病毒感染的服务人士完成了一项关于人乳头瘤病毒、癌症和健康传播的调查。研究者对生成的数据进行了考察,以便从综合角度去理解"健康信息行家"的含义,并理解"非临床艾滋病毒感染的服务人士是如何认识和思考他们与弱势群体所共享的健康信息的"(Wigfall et al., 2020,第23页)。该团队的研究考察了与人乳头瘤病毒相关的癌症信息及其传播质量——信息是由社区 HIV/AIDS 服务组织提供的——以及在疾病预防、治疗和存活率语境中,健康公平与传播所具有的跨学科影响力。

重要的是,考虑多学科、交叉学科和跨学科之间的合作关系的健康传播学者认识到了公共健康和医学领域之间的差异。也许最重要的是,医学的科学起源侧重于个人层面的现象(和结果),而公共健康则面向人群层面的现象(和结果)。医学和公共健康领域生态学的这些差异影响了研究人员在方法论和数据收集方面的选择,并且可能在研究者之间制造摩擦——这些研究者通常立足于其自身学科背景中,寻求将他们的方法与其他方法整合。例如,医学研究人员对临床环境中的个体展开研究(例如,随机临床试验),而公共健康研究人员将针对社区环境中的人群进行评估调查或流行病学网络分析。这些方法上的

---

① STEM 是科学(science)、技术(technology)、工程(engineering)、数学(mathematics)四门学科英文首字母的缩写。该缩写英文词在中国已非常常见,学术圈对其意思也耳熟能详。——译者注

根本差异应该提前认识到并予以承认,以避免潜在的误解和冲突。

汉纳瓦等人(Hannawa et al.,2015)提供了一项实证调查,以确定知识来源、研究对象、占主导地位的思想传统以及指导健康传播调查的行为。该研究的主要发现显示,随着时间的推移,会有一种转向,这种转向表明,在该领域的领军期刊上,后实证研究论文更多,而解释性和批判性研究论文更少。作者认为,可以利用合作和元理论评估的增长来超越科学范式,进而采用其他认识方式。汉纳瓦等人这样总结道:"与其将健康护理传播和健康传播视为不同的领域,不如让学者们转换视角,以推动其研究走上从善如流的协作之路。"(第529页)

尽管通过健康传播领域的跨学科协作可以扩展研究考察及其方法,更重要的是要认识到,公共健康和健康护理领域有着不同的研究传统,正是这些传统塑造了当前领域。随着时间的推移,医学发生了转型:患者从作为被动的"医生命令接受者"的传统角色转变为"以患者为中心"的护理团队中的积极参与者。这种转型已经改变了健康护理传播实践中使用的研究方法,包含了更多的质化、解释性研究设计,以考察健康护理团队成员之间的意义沟通。同样,在公共健康传播领域,随着时间的推移,参与社区的研究人员通过开发创新性的研究策略来应对持续存在的健康不平等现象——是那些与社区知识及其历史相关的信息启发了这些研究策略——从而更好地为所有公众服务并解决这些不平等问题。学者们解释健康传播问题,有两种截然不同的路径:一种是学者将个体作为参与者,将健康行为作为结果;另一种是学者将组织、健康护理系统以及传播系统作为参与者,将社会变革作为结果。学者们的研究兴趣是单一层次上的分析(个体)还是多层次上的分析(嵌套在社交网络中的个人),会影响他们对社会变革的手段的识别、干预策略——这些变革是为了解决健康传播中的复杂问题。

第5节 路径选择:生态学和认识论的考量

顾名思义,研究探索就是把学者带到新天地,因此,学者们该如何准备以选择一条路径呢?从根本上说,全面的健康传播研究需要探索者的思维方式。考察该领域的生态可以揭示一系列本质上是多层面、多理论和多学科的路径,这些路径都是围绕复杂的健康问题的。一条路径意味着进行人群研究,这些研究聚焦于宏观层面的公共健康传播及其信息问题,这就需要收集大规模数据源,以便做出人群层面上的推论。为了充分探索所有可能的生态维度,公共健康传播作为一个领域,提供了"多层面的传播策略和干预措施,例如,个人层面的定制信息,群体层面的针对性信息,社区层面的社会推广,政策层面的媒介倡导,以及人口层面的媒介传播"(Bernhardt,2004,第2051页)。相比之下,医学传播领域提供的是较狭窄的途径,更多利用个体或微观层面的过程,因为医学关注个体身体与疾病之间的关系。在医学传播学的探索过程中,也许会发现一系列中观层面的关系和曲折路径,它们就像是围绕个人健康护理系统与社区医疗系统之间形成的一道道迷宫。在这样的旅程中,学者们可能会准备好识别个性化的、临床的、基于社区的医疗方法,以解决与传播、生病和疾病相关的复杂问题。

与医学学者合作的交叉学科领域的健康传播研究人员,最有可能开启这个旅程:在临床环境中使用民族志和深入访谈,以便在自然环境中结识人们。事实上,医学作为一门科学或实践,其目标是在"循证实践"中锻造能力(Institute of Medicine,2003,第45页;另见本书第14章)。因此,那些在研究中纳入更多患者报告结果(见本书第11、15章)以解释异质性的人,可能会采取一种更多基于利益相关者的生态学方法。与公共健康学者合作的交叉学科健康传播研究人员,更有可能进行调查研究,执行大规模社交网络化以及大数据媒介研究,这些都是后实证主义或科学的研究。这些研究还可能侧重于识别大规模的传播不平等以及健康差异,以产生可普遍化的知识。大规模或大数据研究对于考察社会、语境因素也至关重要,这些因素是传播流对健康结果产生影响的基础。

公共健康和医学在社区层面彼此交叉,许多交叉学科的社区医疗项目由医学和公共健康领域联合任命的教师指导。事实上,公共健康医学的出现扩大了个人和社区在研究过程中的参与广度。可以说,那些与社区和转化合作伙伴接触最多的人,更有可能使用这样的路径,即让社区成员作为利益相关者参与研究问题的形成和知识的收集(见本书第24章)。

第6节　寻求理论与应用：叙事的超越

多学科、交叉学科和跨学科的旅程，通常可以引导研究人员超越已知的理论和实证研究界限。叙事健康学展示了一种理论概念可以被改编并应用于各种多学科、交叉学科和跨学科探索的方式中（见本书第4章）。费舍尔（Fisher, 1987）的叙事范式认为，人类本质上是讲故事的人，他们使用故事与他人相连并理解世界；因此，人类通过故事对共享经验赋予价值，根据故事的连贯性和保真度来评估故事。前者是指一个故事在细节、人物和事件内部一致性方面靠谱的程度；后者是一个故事与过去的故事相吻合的程度，一个人从其日常经历就知道这一点。费舍尔认为，叙事中的这些连贯性和保真度概念为理解如下问题提供了洞见：为什么有些故事被接受，而另一些故事不被接受？

由健康传播研究人员组成的多学科团队，考察了叙事可用于改善健康结果的方式。例如，一系列多学科方法为行为改变领域提供了知识，从而可以制作叙事、测试讯息并衡量特定环境下的改变行为。此类研究的一个范例出现在研究叙事传播科学的研究人员的研究中。一位社会心理学家独立展开研究，发展了"进入叙事世界"的理论（Green, 2004），然后她将其应用于癌症传播语境（Green, 2006）。大约在同一时间，在公共健康和健康行为改变领域，其他研究人员正在考察作为一种改变健康行为的工具的叙事传播及其理论和经验证据（Hinyard & Kreuter, 2007）。后来的交叉学科努力将这些学者的研究汇聚在一起，并聚焦于基于叙事的癌症预防策略。公共健康、传播和社会心理学家共同确定了在各自学科中发现的理论机制，这些理论机制可以指导从癌症预防到控制这整个区间的研究和应用（Kreuter et al., 2007）。

叙事理论化的另一种用途，可以从潘伯恩（Pangborn, 2017）如何将"叙事灵感"引入其研究得到启发，通过这种引入，她用质化方法考察了临终关怀中的交叉学科团队的传播。她使用人种学方法，研究了临终关怀环境中（在该环境中，护士、牧师、健康护理提供者以及社会工作者将学科知识带进临终关怀）交叉学科的团队合作。她观察到，是"传奇场合，称为丰盈时刻（Enrichment Moments）"（第455页）激发了合作，这些合作超越了临终关怀团队护理角色及其常规。她的研究发展了一种具有实际意义的交叉学科的理解，其实际意义在于"敦促对指导健康护理机构化的元叙事进行评估，发展叙事医学的整体观（包括所有在护理语境中的参与经验），以及在健康组织中采用叙事逻辑能力"（第455页）。民族志研究为未来的调查提出了交叉学科的两个问题："交叉学科的护理故事是如何促进代表不同行业领域的团队成员之间的凝聚力的？"以及"健康护理专业人员在护理他人时，如何使用创造性策略来讲述他们自己的经历？"（第470页）。此外，该研究最后强调了可以从跨学科角度考虑的第三个问题："旨在整合患者、患者家属和健康护理志愿者的声音的协作路径有哪些以及这些整合努力如何改变团队传播？"（Pangborn, 2017, 第470页）从实践角度来看，该问题为研究团队和利益相关者进行知识整合确认了其他机会；完全解决这最后一个的问题，则需要对知识生成做出跨学科承诺。

出现在具有多学科、交叉学科和跨学科性质并突破了领域界限的健康传播研究中的这些叙事探究例子，揭示了愿意采取多种方法论和认识论方向的研究人员如何使用叙事范式（作为人类传播的众多理论之一）。健康传播研究者使用叙事理论，以检视采用后实证主义和解释认识论双重方法的研究问题，并使用不同的数据收集方式来回答这些研究问题。批判性视角可以进一步推动这种考察，即提出这样一些问题：在这些健康护理互动中，谁的叙事或声音被听到？叙事权力和影响力之间有何关系？对于健康传播研究的范式定位来说，最重要的是需要解决的问题，问题的复杂性，以及通过超越学科界限的路径产生新知识所带来的好处。从多学科团队开始的问题可能会导致一种需要协作的交叉学科视角。然而，它也可能产生跨学科的问题，促进团队成员学习，并激发这样一种愿望，即对公共健康传播现象创造出一种新颖的、综合性的理解。

第 7 节　结论和未来研究方向

　　健康传播理论与实践的整合发生在这样的语境中：多学科、交叉学科和跨学科的内容、认识论以及实践。尽管学科有其自身产生知识、创造意义和探索发现的方式，但它们也应该是务实的——在走过漫长或风雨如晦的道路后到达某些终点。在健康传播领域，未来的学者肯定会不断带来不同的理论方法和传统，识别不同形式的证据、阐释和解释，并了解为他们提供研究环境的机构、行业和社区结构。健康传播的路径和方法将继续发展，以促进人们对传播健康和幸福的理解。学者们通过利用多学科、交叉学科和跨学科的路径来整合知识，理解来自不同学科的新兴思想。这些新的理解将使研究者接触到研究发现的新路径，并阐明传播系统如何影响与个人、人群的健康和幸福相关的复杂问题。踏上这条研究之路，就开始了一段只受想象力限制的旅程。当您阅读本书的其余章节时，我希望您能从所描述的不同学科途径中找到灵感，并与之一路相随！

参考文献

Adams, E. T., Cohen, E. L., Bernard, A., Darnell, W., & Helme, D. W. (2018). Trauma trainees' multiple competing goals in opioid prescription communication. *Qualitative Health Research*, 28(13), 1983-1996.

Adams, E. T., Cohen, E. L., Bernard, A., Darnell, W. H., & Oyler, D. R. (2020). Can opioid vigilance and patient-centered care coexist? A qualitative study of communicative tensions encountered by surgical trainees. *Journal of Opioid Management*, 16(2), 91-101.

Bachman, A. S., Cohen, E. L., Collins, T., Hatcher, J., Crosby, R., & Vanderpool, R. C. (2018). Identifying communication barriers to colorectal cancer screening adherence among Appalachian Kentuckians. *Health Communication*, 33(10), 1284-1292.

Bernhardt, J. M. (2004). Communication at the core of effective public health. *American Journal of Public Health*, 94(12), 2051-2053.

Bracken, L. J., Bulkeley, H. A., & Whitman, G. (2015). Transdisciplinary research: Understanding the stake-holder perspective. *Journal of Environmental Planning and Management*, 58(7), 1291-1308.

Brundage, S. C. (2002). Preconception health care. *American Family Physician*, 65(12), 2507-2514.

Burke, R. J. (2016). *The fulfilling workplace: The organization's role in achieving individual and organizational health*. Routledge.

Burton, D., Graham, J. W., Johnson, C. A., Uutela, A., Vartianen, E., & Palmer, R. F. (2010). Perceptions of smoking prevalence by youth in countries with and without a tobacco advertising ban. *Journal of Health Communication*, 15(6), 656-664.

Cappella, J. N., Maloney, E., Ophir, Y., & Brennan, E. (2015). Interventions to correct misinformation about tobacco products. *Tobacco Regulatory Science*, 1(2), 186-197.

Chaiken, S. (1980). Heuristic versus systematic information processing and the use of source versus message cues in persuasion. *Journal of Personality and Social Psychology*, 39(5), 752-766.

Cohen, E. L., & Head, K. J. (2013). Identifying knowledge-attitude-practice gaps to enhance HPV vaccine diffusion. *Journal of Health Communication*, 18(10), 1221-1234.

Cohen, E. L., & Head, K. J. (2014). Identifying knowledge-attitude-practice gaps in parental acceptance of adolescent vaccinations in Appalachian Kentucky: Implications for communication interventions. *Journal of Communication in Healthcare*, 7(4), 295-302.

Cohen, E. L., Head, K. J., McGladrey, M., Hoover, A., Vanderpool, R. C., Bridger, C., Carman, A., Crosby, R. A., Darling, E., Tucker-McLaughlin, M., & Winterbauer, N. (2015). Designing for dissemination: Lessons in message design from "1-2-3 Pap." *Health Communication*, 30(2), 196-207.

Cohen, E. L., Head, K. J., Westgate, P., Vanderpool, R. C., Parrish, A., Reno, J., Bachman, A., Vos, S., & Wombacher, K. (2018). An evaluation of the "protect their future" video on parents' intentions to immunize adolescents. *Journal of Communication in*

Healthcare, 11(4), 288-296.

Cohen, E. L., Scott, A. M., Record, R., Shaunfield, S., Jones, M. G., & Collins, T. (2016a). Using communication to manage uncertainty about cervical cancer screening guideline adherence among Appalachian women. *Journal of Applied Communication Research*, 44(1), 22-39.

Cohen, E. L., Wilson, B. R., Vanderpool, R. C., & Collins, T. (2016b). Identifying sociocultural barriers to mammography adherence among Appalachian Kentucky women. *Health Communication*, 31(1), 72-82.

Cornacchione Ross, J., Noar, S. M., & Sutfin, E. L. (2019). Systematic review of health communication for non-cigarette tobacco products. *Health Communication*, 34(3), 361-369.

Cram, F., & Phillips, H. (2012). Claiming interstitial space for multicultural, transdisciplinary research through community-up values. *International Journal of Critical Indigenous Studies*, 5(2), 36-49.

Dailey, S. L., & Zhu, Y. (2017). Communicating health at work: Organizational wellness programs as identity bridges. *Health Communication*, 32(3), 261-268.

Donohew, L., DiBartolo, M., Zhu, X., Benca, C., Lorch, E., Noar, S. M., Kelly, T. H., & Joseph, J. E. (2018). Communicating with sensation seekers: An fMRI study of neural responses to antidrug public service announcements. *Health Communication*, 33(8), 1004-1012.

Donohew, L., Palmgreen, P., & Duncan, J. (1980). An activation model of information exposure. *Communication Monographs*, 47(4), 295-303.

Duggan, A., & Street, R. L., Jr. (2015). Interpersonal communication in health and illness. In K. Glanz, B. K. Rimer, & K. Viswanath (Eds.), *Health behavior: Theory, research, and practice* (5th ed., pp. 243-267). Jossey-Bass/Wiley.

Duggan, A. P. (2019). *Health and illness in close relationships*. Cambridge University Press.

Fisher, W. R. (1987). *Human communication as narration: Toward a philosophy of reason, value and action*. University of South Carolina Press.

Green, M. C. (2004). Transportation into narrative worlds: The role of prior knowledge and perceived realism. *Discourse Processes*, 38(2), 247-266.

Green, M. C. (2006). Narratives and cancer communication. *Journal of Communication*, 56, S163-S183.

Hall, P. A., Fong, G. T., Yong, H. H., Sansone, G., Borland, R., & Siahpush, M. (2012). Do time perspective and sensation-seeking predict quitting activity among smokers? Findings from the international tobacco control (ITC) four country survey. *Addictive Behavior*, 37(12), 1307-1313.

Hannawa, A. F., García-Jiménez, L., Candrian, C., Rossmann, C., & Schulz, P. J. (2015). Identifying the field of health communication. *Journal of Health Communication*, 20(5), 521-530.

Harrington, N. G. (2015). Health communication: An introduction to theory, method, and application. In N. G. Harrington (Ed.), *Health communication: Theory, method, and application* (pp. 1-27). Routledge.

Head, K. J., & Bute, J. J. (2018). The influence of everyday interpersonal communication on the medical encounter: An extension of Street's ecological model. *Health Communication*, 33(6), 786-792.

Head, K. J., & Cohen, E. L. (2012). Young women's perspectives on cervical cancer prevention in Appalachian Kentucky. *Qualitative Health Research*, 22(4), 476-487.

Helme, D. W., Donohew, R. L., Baier, M., & Zittleman, L. (2007). A classroom-administered simulation of a television campaign on adolescent smoking: Testing an activation model of information exposure. *Journal of Health Communication*, 12(4), 399-415.

Hinyard, L. J., & Kreuter, M. W. (2007). Using narrative communication as a tool for health behavior change: A conceptual, theoretical, and empirical overview. *Health Education & Behavior*, 34(5), 777-792.

Holmes, E. A., O'Connor, R. C., Perry, V. H., Tracey, I., Wessely, S., Arseneault, L., Ballard, C., Christensen, H., Silver, R.

C., Everall, I., & Ford, T. (2020). Multidisciplinary research priorities for the COVID-19 pandemic: A call for action for mental health science. *The Lancet Psychiatry*. https://www.thelancet.com/journals/lanpsy/article/PIIS2215-0366(20)30168-1/fulltext.

Institute of Medicine (US) Committee on the Health Professions Education Summit Board on Health Care Services (2003). Chapter 3—The core competencies needed for health care professionals. In A. Greiner & E. Knebel (Eds.), *Health professions education: A bridge to quality* (pp. 45-73). National Academies Press. https://www.ncbi.nlm.nih.gov/books/NBK221528/pdf/Bookshelf_NBK221528.pdf.

Katz, S. J., Lindgren, B., & Hatsukami, D. (2017). E-cigarettes warning labels and modified risk statements: Tests of messages to reduce recreational use. *Tobacco Regulatory Science*, 3(4), 445-458.

Kaur-Gill, S., Dutta, M. J., & Bashil, M. B. (2020, March 31). A community-based heart health intervention: Culture-centered study of low-income Malays and heart health practices. *Frontiers in Communication*, 5, 16.

Kerr, A. M., Harrington, N. G., & Scott, A. M. (2019). Communication and the appraisal of uncertainty: Exploring parents' communication with credible authorities in the context of chronic childhood illness. *Health Communication*, 34(2), 201-211.

Kreps, G. L. (2017). Online information and communication systems to enhance health outcomes through communication convergence. *Human Communication Research*, 43(4), 518-530.

Kreuter, M. W., Green, M. C., Cappella, J. N., Slater, M. D., Wise, M. E., Storey, D., Clark, E. M., O'Keefe, D. J., Erwin, D. O., Holmes, K., Hinyard, L. J., Houston, T., & Woolley, S. (2007). Narrative communication in cancer prevention and control: A framework to guide research and application. *Annals of Behavioral Medicine*, 33(3), 221-235.

Maibach, E., & Holtgrave, D. R. (1995). Advances in public health communication. *Annual Review of Public Health*, 16, 219-238.

Mays, D., Villanti, A., Niaura, R., Lindblom, E., & Strasser, A. A. (2018). The effects of varying electronic cigarette warning label design features on attention, recall, and product perceptions among young adults. *Health Communication*, 34(3), 317-324.

Moran, M. B., Heley, K., Pierce, J. P., Niaura, R., Strong, D., & Abrams, D. (2018). Ethnic and socioeconomic disparities in recalled exposure to and self-reported impact of tobacco marketing and promotions. *Health Communication*, 34(3), 280-289.

Mularski, R. A., Puntillo, K., Varkey, B., Erstad, B. L., Grap, M. J., Gilbert, H. C., Li, D., Medina, J., Pasero, C., & Sessler, C. N. (2009). Pain management within the palliative and end-of-life care experience in the ICU. *CHEST*, 135(5), 1360-1369.

Noar, S. M., Bell, T., Kelley, D., Barker, J., & Yzer, M. (2018). Perceived message effectiveness measures in tobacco education campaigns: A systematic review. *Communication Methods & Measures*, 12(4), 295-313.

Noar, S. M., Cappella, J. N., & Price, S. (2019). Communication regulatory science: Mapping a new field. *Health Communication*, 34(3), 273-279.

Noar, S. M., Francis, D. B., Bridges, C., Sontag, J. M., Brewer, N. T., & Ribisl, K. M. (2017). Effects of strengthening cigarette pack warnings on attention and message processing: A systematic review. *Journalism & Mass Communication Quarterly*, 94(2), 416-442.

Noar, S. M., Palmgreen, P., Zimmerman, R. S., Lustria, M. L., & Lu, H. Y. (2010). Assessing the relationship between perceived message sensation value and perceived message effectiveness: Analysis of PSAs from an effective campaign. *Communication Studies*, 61(1), 21-45.

Noar, S. M., Zimmerman, R., Palmgreen, P., Lustria, M. L., & Horosewski, M. (2006). Integrating personality and psychosocial theoretical approaches to understanding safer sexual behavior: Implications for message design. *Health Communication*, 19(2), 165-174.

Palmgreen, P., Donohew, L., Lorch, E. P., Hoyle, R. H., & Stephenson, M. T. (2001). Television campaigns and adolescent marijuana use: Tests of sensation seeking targeting. *American Journal of Public Health*, 91(2), 292-296.

Palmgreen, P., Stephenson, M. T., Everett, M. W., Baseheart, J. R., & Francies, R. (2002). Perceived message sensation value (PMSV) and the dimensions and validation of a PMSV scale. *Health Communication*, 14(4), 403-428.

Pangborn, S. M. (2017). Reimagining interdisciplinary team communication in hospice care: Disrupting routinization with narrative inspiration. *Journal of Applied Communication Research*, 45(5), 455-473.

Parrott, R., & Kreuter, M. W. (2011). Multidisciplinary, interdisciplinary, and transdisciplinary approaches to health communication: Where do we draw the lines? In T. L. Thompson, R. Parrott, & J. F. Nussbaum (Eds.), *The Routledge handbook of health communication* (2nd ed., pp. 3-17). Routledge.

Real, K., Santiago, J., Fay, L., Isaacs, K., & Carll-White, A. (2018). The social logic of nursing communication and team processes in centralized and decentralized work spaces. *Health Communication*, 34(14), 1751-1763.

Record, R. A., Scott, A. M., Shaunfield, S., Jones, M. G., Collins, T., & Cohen, E. L. (2017). Lay epistemology of breast cancer screening guidelines among Appalachian women. *Health Communication*, 32(9), 1112-1120.

Rogers, E. (1993). *Diffusion of innovations*. Free Press.

Rutten, L. J. F., Blake, K. D., Matthews, M. R., Hesse, B. W., & Moser, R. P. (2020). Patient reports of involvement in health care decisions: Falling short of Healthy People 2020 objectives. *Journal of Health Communication*, 25(6), 484-489.

Sceats, L. A., Ayakta, N., Merrell, S. B., & Kin, C. (2020, March 1). Drivers, beliefs, and barriers surrounding surgical opioid prescribing: A qualitative study of surgeons' opioid prescribing habits. *Journal of Surgical Research*, 247, 86-94.

Schiavo, R. (2013). *Health communication: From theory to practice* (2nd ed.). Jossey-Bass.

Smith, S. W., Hitt, R., Russell, J., Nazione, S., Silk, K., Atkin, C. K., & Keating, D. (2017). Risk belief and attitude formation from translated scientific messages about PFOA, an environmental risk associated with breast cancer. *Health Communication*, 32(3), 279-287.

Southwell, B. G., Niederdeppe, J., Cappella, J. N., Gaysynsky, A., Kelley, D. E., Oh, A., Peterson, E. B., & Chou, W. Y. S. (2019). Misinformation as a misunderstood challenge to public health. *American Journal of Preventive Medicine*, 57(2), 282-285.

Stephens, K. K., Pastorek, A., Crook, B., Mackert, M., Donovan, E. E., & Shalev, H. (2015). Boosting healthy heart employer-sponsored health dissemination efforts: Identification and information-sharing intentions. *Health Communication*, 30(3), 209-220.

Stokes, D. E. (1997). *Pasteur's quadrant: Basic science and technological innovation*. Brookings Institute.

Street, R. L., Jr., Spears, E., Madrid, S., & Mazor, K. M. (2019). Cancer survivors' experiences with break-downs in patient-centered communication. *Psycho-Oncology*, 28(2), 423-429.

Sutfin, E. L., Cornacchione Ross, J., Lazard, A. J., Orlan, E., Suerken, C. K., Wiseman, K. D., Reboussin, B. A., Wolfson, M., & Noar, S. M. (2019). Developing a point-of-sale health communication campaign for cigarillos and waterpipe tobacco. *Health Communication*, 34(3), 343-351.

Treise, D., Baralt, C., Birnbrauer, K., Krieger, J., & Neil, J. (2016). Establishing the need for health communication research: Best practices model for building transdisciplinary collaborations. *Journal of Applied Communication Research*, 44(2), 194-198.

Vanderpool, R. C., Cohen, E. L., Crosby, R. A., Bates, W., Jones, M. G., Collins, T., & Casey, B. R. (2013). "1-2-3 Pap" intervention improves HPV vaccination. *Journal of Communication*, 63(1), 95-115.

Wackowski, O. A., Manderski, M. B., Lewis, M. J., & Delnevo, C. D. (2018). The impact of smokeless tobacco risk information on smokers' risk perceptions and use intentions: A news media experiment. *Health Communication*, 34(3), 325-332.

Wigfall, L. T., Goodson, P., Cunningham, G. B., Harvey, I. S., Gilreath, T. D., Adair, M., Gaddist, B. W., Julious, C. H., & Friedman, D. B. (2020). Understanding community-based HIV/AIDS service organizations: An invaluable source of HPV-related cancer information for at-risk populations. *Journal of Health Communication*, 25(1), 23-32.

Zhuang, J., Bresnahan, M., Yan, X., Zhu, Y., Goldbort, J., & Bogdan-Lovis, E. L. (2018). Keep doing the good work: Impact of coworker and community support on continuation of breastfeeding. *Health Communication*, 34(11), 1270-1278.

第 2 章
健康传播中的理论和方法论问题
——为当前和未来方向导航

南希·格兰特·哈林顿（Nancy Grant Harrington）　黛安·弗朗西斯（Diane B. Francis）
奥罗·拉奥卡（Aurora Occa）

在计划去某个新地方旅行时，人们通常会使用地图来给自己定位。无论地图是在手机屏幕上还是在纸上，他们都需要知道它的参照点、使用的符号、比例尺以及想去的地方。作为学者，在规划健康传播研究议程时，我们需要类似的工具和知识。我们用理论和方法来理解这个领域，并朝着正确的方向前进。

为了帮助您在研究道路上向前迈进，在本章中，我们要介绍健康传播学者在设置研究议程时应该理解和考虑的理论和方法论问题。这些问题在所有研究中具有本质意义，无论它们是否被研究人员承认或解决。作为健康传播学者，如果您对这些问题以及它们如何影响您的研究有扎实的理解，那么在进行深思熟虑、进退有据的实际研究时，就处于极为有利的位置，这不仅会推动学科发展，而且也促进有效实践。

我们将本章分为两个主要部分。第一部分涵盖理论、元理论和范式视角这些问题。在定义了这些基本概念之后，我们将讨论如何根据人际传播和大众传播中的某些核心维度将传播概念化。然后，我们通过回顾人际传播、大众传播以及新划分的大众个人传播（masspersonal communication）的范例研究，来说明范式视角。第二部分涵盖了一系列方法论问题。我们从跨文化健康传播研究开始，关注在这个领域经常招致忽视的方法论的复杂性问题。以此为出发点，我们继续讨论多样性和代表性问题，包括交叉性概念。接下来，我们对推进健康传播知识至关重要的研究设计事项进行考察。最后，我们直面研究报告的标准问题，这些标准旨在加强理解和促进知识积累，却往往被忽视。

第 1 节　理 论 问 题

在这部分中，我们的目标不是提供对理论、元理论以及范式的深入回顾，而是提供一个方向，在您阅读后续章节并进行自己的原创研究时，这个方向会对您有所助益。尽管已发表的研究很少注意到范式视角，但正是知识和存在具有本质性这样的假设，构成了通过理论和方法进行所有研究的基础。了解这些假设及其含义颇有助益，这样您就可以评估已发表的研究在多大程度上具有内在连贯性，以及逻辑上是否站得住脚。

库尔特·勒温（Kurt Lewin）是一位著名的心理学家，被认为是传播学科的"鼻祖"之一（Schramm, 1997），他曾说过，没有什么比一个好理论更实用。一个好理论是实用的,因为它有助于指导研究。尽管纯粹的描述性理论研究可以为传播现象提供重要且有趣的信息,但如果没有理论提供指导和结构,就很难知道从哪里开始、要问什么问题、去发现哪些重要问题,以及如何为收集到的任何数据赋予意义,甚至很难知道要收集什么样的数据。因此,为了更好地对传播知识增添有用的信息,明智的做法就是利用理论,即"关于现象的一组组织良好的概念和解释"(Littlejohn, 2001,第19页)。

一、元理论

Meta是一个前缀,意思是"关于",所以元理论的意思是关于理论的理论。元理论反映了范式视角,即"看世界"的方式。范式的核心是关于四个哲学问题的特定假设:现实的本质(本体论),知识的本质(认识论),获取知识的路径(行动论),以及获取知识的价值(价值论)。这些假设很重要,因为它们会影响研究人员开展研究的方式。也就是说,一个人的范式视角应该指导所提出的研究问题的种类,以及用于回答问题的方法门类。

从广义上讲,传播研究有三种范式路径:科学范式,阐释范式,以及批判文化范式。每一种范式都反映了一组特定的本体论、认识论、行为论和价值论信念。安德森和比姆(Anderson and Baym, 2004)对传播研究中所表述的哲学取向进行了详细而深刻的分析,他们讨论了这些信念,以及这些信念是如何在他们称之为"引力丛"(gravitational clusters)(第601页)中得到表述的。"引力丛"类似于范式:基础主义的(科学的)、可传播的(阐释的),以及话语的(批判-文化的)。安德森和比姆还讨论了传播学科中的人们是如何划分为两个主要阵营立场的,即基础主义的或反思性的,这是根据他们在这些信念上的立场来定义的。我们会简要描述本体论、认识论、行动论和价值论中的这些立场,接着简要描述范式视角。

1. 本体论

本体论解决存在的本质,质疑我们研究"对象"的性质。基础主义视角认为有一个"真实"的现实原本就在那里,这个"真实"现实具有稳定的且可观察的模式,可以通过研究发现这些模式。反思性的观点认为根本没有"真实";相反,只有"在地化的、特异的、建构的意义",通过传播构成这些意义,并且意义是不断变化的。

2. 认识论

认识论解决知识的本质,质疑我们如何知道我们所知以及我们如何决定何为真。一种基础主义视角认为,人类有能力感知独立于他们自己而存在的事物的"现实的"和"真实的"本质。反思性视角则认为,人类通过他们的传播行为,创造并保持被视为"真理"的多重社会现实,然后通过传播"启用"或"限制"这些现实。

3. 行为论

行为论解决了研究人员开展研究的方式。它质疑指导研究人员从事研究的理论和方法,质疑他们生产的知识,以及质疑这些知识的用途。基础主义视角主张构造性理论,并且这些理论可通过客观、可量化的方法测量,即便这些研究人员可能在一种形成性意义上使用质化方法。反思性观点主张对探索观念的理论少做限制,这些理论使用的是深度的、情形化的质化方法。

4. 价值论

价值论强调价值观在研究中的作用,质疑研究人员的动机以及他们潜在的价值结构在知识生产中扮演的角色。基础主义视角认为知识是客观的(价值中立的),描述那里"是"什么,而不管研究人员的信仰和价值观如何。反思性视角认为知识是主观的(承载价值的),描述"应该是"什么,不可避免地反映了研究者的信念和价值观。

二、范式

如前所述,范式是关于本体论、认识论、行动论和价值论的一系列信念,它们建立了一种看待世界的方式。使用安德森和比姆(Anderson and Baym, 2004)的术语,这些信念倾向于聚集成三种范式视角。**科学的**(或客观主义的,或后实证主义的)范式包含基础主义视角。该范式的目标是发展描述、预测和解释经验规律的理论,这些规律可以从样本推广到总体。**解释的**范式包含反思视角。该范式的目标是解释和理解情境化的人类行为的意义,以及传播如何产生共享意义。**批判的-文化的**范式也包含一种反思性视角,但它强调权力和霸权在研究事业中的作用,认为所有知识都具有政治性,并以牺牲边缘群体为代价来造福强者。

三、定义传播研究

除了范式视角和元理论问题之外,我们还需要考虑定义问题:当我们说我们在研究传播时指的是什么。事实上,当我们努力定义我们研究的是什么时,可以从许多不同的角度来考虑传播。一种标准路径——反映在我们行业的组织部门中——是考虑传播的语境或主题。例如,本手册侧重于健康传播,但其他研究领域则强调语境,如环境传播、家庭传播、组织传播、政治传播、风险和危机传播以及体育传播。从这个角度来考虑的话,传播研究就是考察在这些特定语境中彼此相关的传播过程和结果。

不过,考虑传播研究的另一种路径,是通过传统上被确定为两个不同层次的传播:人际传播和大众传播。这种路径可以说提供了一个更好的机会来识别和调查基本的传播问题,这些问题广泛适用于语境差别中。正如奥沙利文和卡尔(O'Sullivan and Carr, 2018)所总结的那样,人际传播和大众传播层面由以下因素区分:所涉及的人(很少或很多;彼此认识或不认识),所涉及的渠道(面对面或中介),以及传播的方向(单向或双向)。尽管许多研究人员历来接受这种区分(并且这种区分反映在我们最大的专业传播协会中的两大部门中),但一些人却称其为"错误的二分法"(参见 Reardon & Rogers, 1988,第284页)。此外,随着以计算机为中介的传播和社交媒介的出现,这两个层次之间的传统界限已经明显模糊(Cappella, 2017;O'Sullivan, 1999)。

为了助力发展更全面、更具包容性的传播理论,奥沙利文和卡尔(O'Sullivan and Carr, 2018)引入了大众个人传播(masspersonal communication)的概念并开发了大众个人传播模型。大众个人传播模型考虑如何根据两个维度来区分传播:感知到的可访问性与讯息个性化。感知到的可访问性与受众规模和范围有关,规模和范围分布于这样一个区间上:从私人环境中两个人之间交换的讯息到"任何人和每个人"都可以访问的讯息(第1165页)。讯息个性化与讯息接收者所感知到的讯息的定制程度有关,从完全只为他们发送的一条讯息到为碰巧在接收端的任何人发送的一条讯息,不一而足。沿 x 轴和 y 轴放置这些维度,会出现一个三象限模式,包含无穷的传播形式(请参阅 O'Sullivan & Carr, 2018,第1167页的模型,以及第1174页对为什么目前没有第四象限的解释)。象限 I,私人的和个人的,包含传统的人际传播讯息以及讯息传递行为,如脸书上的直接讯息和推特上的定向推文。象限 II,即公众的和非个人的,包含传统的大众传播讯息以及诸如播客和群发邮件等讯息传递行为。最后,象限 III,即公众的和个人的,包括大众个人传播,诸如脸书评论/点赞、推特提及和无线电呼入节目等讯息传递行为。

四、人际的、大众的和大众个人的传播范式研究

为了展示范式路径如何在研究中得到反映,为了强调人际、大众和大众个人传播研究中考察的研究问题类型,我们选择了九篇发表在《健康传播》杂志上的范例文章,以反映通过交叉范式和象限创建的类别。在下文中,我们简要描述这些研究,并解释为什么我们将它们归入各自的类别。

1. 人际传播象限

(1) 科学的

阿菲菲等人(Afifi et al., 2019)的研究旨趣在于:了解在长期不确定的条件下,共同应对可能会如何运作。他们使用"共同应对"(communal coping)的理论模型,提出了一系列假设来探索父母间冲突和创伤对共同应对、精神健康和绝望的调节作用,以及个人不确定性程度如何与这些变量相互作用。他们收集到的问卷数据来自生活在黎巴嫩贝鲁特两个难民营之一的185名巴勒斯坦青少年。他们发现,在低度和中度父母冲突而非高度父母冲突的情况下,共同应对与更好的

精神健康和更少的绝望呈正相关;他们还发现,在青少年经历更高水平的共同应对和创伤的情况下,更高的个人不确定性对精神健康有害。这项研究证明了考虑可能调节被预测为简单变量关系的因素的重要性。它符合大众个人传播模型的人际传播象限,因为它专注于亲子/家庭传播;并且,由于使用量化测量和统计分析来测试变量之间的预测关系,所以是科学范式。

(2) 解释性的

霍格等人(Hoegg et al., 2020)着手探索在儿童肥胖干预经历中,家庭对传播真实性的看法。真实性的理论结构被定义为"一种多维现象,(即)意义协商的过程"(第111页),该理论结构为他们的研究提供了基础。他们想了解的是:当家庭认为他们与健康护理提供者的互动是真实的而非相反的时候,他们是否更有可能依从干预方案。研究人员采访了21个家庭,试图辨别干预的哪些方面(基层医院就诊,个性化定制治疗计划,护士随访)被认为是真实的,为何是真实的,以及真实性是否影响了一个家庭对治疗方案的执行力。访谈的主题分析揭示了很多感知到的不真实;然而,当家属确实察觉到真实性时,他们似乎更有可能尝试依从治疗计划。这项研究符合大众个人传播模型的人际传播象限,因为它侧重于家庭传播,并符合解释范式——通过深入、质化的方式,探讨了家庭对一种干预方案的多个方面是真实或不真实的看法。

(3) 批判的-文化的

艾林森和波拉夫卡(Ellingson and Borofka, 2020)将他们的研究重点放在长期癌症幸存者身上。很少有人意识到癌症幸存者在癌症治疗过程中面临着"晚期效应",但"晚期效应"可能产生既持久又急性的损害,这些损害通常非常严重并能够致残。因此,一对矛盾关系出现了:主流社会观点认为癌症幸存者"已治愈",而长期癌症幸存者却面临新的、持续的和可能使人衰弱的健康挑战。作者使用"管理具身体验(embodied experience)的意义理论"来指导其研究,他们使用照片语音(photovoice)的参与式方法采访了10名长期癌症幸存者,以了解他们如何"描述其健康与疾病的日常具身体验"(第182页)。作者确定了三个彼此关联的主题:相关的身体部位,与生物医学行为主体纠缠在一起的身体部位,以及动态的具身。这些主题强调了LTS(长期生存者)具有"与癌症患者不同的合法性与不同的沟通需求和适应能力"。这些主题强调了他们"比起癌症患者来说,具有合情合理、差异化的传播需求和韧性"(第188页),并且正是通过(与家人和健康护理提供者)传播互动,"长期癌症幸存者理解了他们的具身体验,并为他们的身体本身构建可能性"(第188页)。这篇文章符合大众个人传播模型的人际传播象限,因为作者承认"与他人传播的关键作用是理解我们的生理现实以及为具化的自我想象出另类可能性"(第182页),并且由于使用了批判的女性主义理论和批判的女性主义建构路径,该人际传播象限符合批判的-文化的范式。

2. 大众传播象限

(1) 科学的

田和柳(Tian and Yoo①, 2020)使用培养理论来指导他们的研究,调查了收看医疗电视剧节目与对医生的信任度的关系。他们提出了八个假设,在参与者低—中—高健康素养组层面上,探讨医疗剧收看、医疗剧现实感知与对自己私人医生、医疗剧中的医生以及现实世界中的医生的信任度之间的直接、间接关系。他们预测变量之间具有正相关关系,并且健康素养具有调节作用。研究人员通过分析收集到的数据——来自983名成人完成Qualtrics② 小组调查——发现他们所有的假设在三个层面上都得到支持,只有一个例外(对低健康素养参与者来说,医疗剧收看与对医疗剧中医生的信任度无关)。这项研究符合大众个人传播模型的大众传播象限,因为它关注电视收看,并且符合科学范式——努力探索变量之间的直接、中介以及调节关系。

(2) 解释性的

苏布拉曼尼(Subramanian, 2019)的研究旨趣在于,探讨印度的日报如何报道精神疾病。她使用"媒介框架"作为研究的

---

① Yoo,韩国姓,为"柳","刘"。——译者注
② Qualtrics,是一款国外比较普遍的、具有强大功能的在线调查平台,国内目前以问卷星为主。——译者注

理论框架,指出框架通过呈现一个让故事得以组织起来的中心思想来提供意义。她对印度销量最大的英文日报上发表的177篇关于精神疾病的报道进行了质化框架分析,使用演绎法和归纳法以确定报道是否符合先前文献中确定的四个主题(危险/犯罪,治疗/恢复,因果因素,系统性治疗问题),以及揭示"印度文化背景下特有的污名和非污名传播的各个方面"(第1809页)。她发现了两个包罗万象的主题:①"患有精神疾病的人对自己和他人构成危险"(第1809页);②"精神疾病可以通过多种方式引起并得到治疗"(第1810页)。此外,污名化问题在整个故事中都很普遍。这项研究符合大众个人传播模型的大众传播象限,因为它专注于印刷报纸,并且它符合解释范式——它使用质化编码方法来揭示故事中的意义框架。

(3) 批判的-文化的

曼(Mann, 2019)着手调查了在线新闻文章如何报道麻疹系(MMR)(麻疹,腮腺炎和风疹)疫苗与自闭症的争议,该争议是在一项欺诈性研究——声称二者之间存在联系——发表后引发的。曼以女性主义学者艾莉森·卡弗(Alison Kafer)关于蹩脚未来主义(crip futurism)(一种关于未来的愿景,即对残疾身体不要边缘化,不要刻板化)的研究作为一种理论滤镜,分析了新闻文章是如何为健全人赋权的,如何以建议自闭症应该被社会消除的方式来报道自闭症的。他在10个最流行的在线新闻来源中搜索出与自闭症和疫苗接种相关的文章,获得了153篇可以分析叙事主题的文章样本。曼使用"六步主题分析法",发现了三个主题:死亡与存活、对社会幸福的威胁,以及自闭症预防。他凸显了此类报道如何使围绕自闭症的污名长期存在,如何强调消除残疾,以及如何忽视未能为自闭症患者提供支持的社会条件,如教育和健康护理。这篇文章符合大众个人传播模型的大众传播象限,因为它关注在线新闻文章;并且它符合批判的-文化的范式,因为它关注媒介如何延续对残疾的污名化观点,同时媒介如何忽视那些把自闭症患者的需求边缘化的结构性政治力量。

3. 大众个人传播象限

(1) 科学的

卡西安和雅格布森(Kashian and Jacobson, 2020)的学术旨趣在于,探索乳腺癌四期患者参与Facebook支持小组、关乎参与的因素、健康期待这三者之间的关系。他们使用"压力和社交支持的最佳匹配模型"和"弱联系强度理论"以及"感知同质性结构"来探索参与及其结果。他们假设参与度和最佳社交支持、联系强度和同质性有正相关关系,以及参与度和健康期望之间存在正相关关系,由此提出了一个研究问题,探讨哪些因素最能预测参与度。他们使用了来自私人Facebook群组——四期HER2[①]阳性乳腺癌患者的74名女性的匿名调查数据,发现除了同质性和参与度之间的关系外,所有假设都得到支持;并且,他们发现,最佳社交支持是最能预测参与度的因素。这项研究符合大众个人传播模型的大众个人象限,因为它聚焦于通过脸书进行的社交支持讯息传递;并且,因其致力于隔离并评估变量之间的关系,所以符合科学范式。

(2) 解释性的

史密斯-弗里赫里(Smith-Frigerio, 2020)调查了社会资本的理论结构是如何通过精神疾病在线博客创建或增强的。她采访了五位博主,并分析了六个个人博客博主和博客上的878条读者评论,以回答四个研究问题:博主为何决定发布有关精神疾病的帖文?怎样发布?博主这样做时,考量的是什么——一种为了在个人、互动和体制层面上创造社会资本的方式?或者是增加社会资本的一种方式?史密斯-弗里赫里发现:通过发布有关精神疾病的博文,博主寻求赋权和宣泄;这些都是增强其社会资本的方法。她进一步发现,博客和随后的读者评论发展了互动社会资本,这是通过建立联系和一种社区感、共享资源和减少污名来达到的。最后,社会资本得以在体制层面上发展起来,是通过这种方式,即将那些被诊断为患有精神疾病的人表述为一个完整的人(与他们在媒介上的形象形成对比)并推进倡导工作(线上和线下)。这项研究符合大众个人传播模型的大众象限,因为它关注博文;并且它符合解释范式,由于它致力于利用博主的生活经验来深入地、情境性地理解博文的创作发表是如何发展社会资本的。

[①] HER2,人类表皮生长因子受体2(human epidermal growth factor receptor 2,缩写为HER2。由于国内医学界已普遍使用这个英文缩写,后文不再做转化与说明。——译者注

(3) 批判的-文化的

昆兰和约翰逊(Quinlan and Johnson, 2020)在分享她们作为白人顺性别女性(ciswomen)①和学者的产后经历时,考察了短信和社交媒介帖子。从应对婴儿是否达到特定成长里程碑的担忧,到面对哺乳和应对母亲角色所带来的极度疲惫,这些研究人员揭示了美国社会中许多与育儿相关的固有紧张和弱点,因此他们提出了这个主题标签:#母爱碎了一地(#Motherhoodishard)。她们指出,尽管社会赞扬母性,但它为相关挑战"并没有提供真正的结构性支持"(第782页),其结果是,当母亲没有满足期待时(例如,母乳喂养有困难,为了自我护理休息片刻),就会导致剧烈矛盾。她们还这样呐喊:美国具有"工业化世界中产后孕产妇最高死亡率"(第782页),有色人种女性的早期产后死亡率是白人女性的四倍,这还是在没有考虑变性人的情况下。这篇文章由于关注社交媒介而符合大众个人传播模型的大众象限;并且它符合批判的-文化的-范式,因为它强调结构性特征,是这些结构性特征使处于产后危机中的母亲边缘化。

五、进一步讨论

我们相信奥沙利文和卡尔(O'Sullivan and Carr, 2018)通过发展大众个人传播模型为传播学科做出了重要贡献,因为它向研究人员发起挑战,让他们更批判性地思考受众和渠道之外的传播特征。随着传播技术的不断发展,该模型应该可以帮助研究人员去设计研究,以提高对传播核心原则(如信息交换、共享意义的创造)的理解,提高对这些原则的影响因素的理解。随着传播学学术的进步,我们鼓励研究人员也留意他们的范式视角,以便他们使用的理论及方法与相关的本体论、认识论、价值论和行动论信念相一致。我们还鼓励研究人员留意四个重要方法论问题,接下来我们将讨论这些问题。

第2节 方法论问题

本节目标是要涵盖我们认为在做出方法论决策时必须考虑的一些问题。这些问题与参与研究的人员有关,与如何从他们那里收集数据有关。留意这些问题,将使研究人员能够设计出对我们学科文献有重大贡献的研究,这是通过接受文化及其多样性问题以及扩展数据收集方法来实现的。在本节中,我们还要阐述遵循研究报告标准的重要性。

一、健康传播中的文化

文化差异会对人与人之间的互动产生巨大影响。从人际传播的角度来看,大多数跨文化健康研究都集中于在族群或种族不和谐的医患互动过程中可以观察到的挑战和障碍。例如,萩(Hagiwara et al., 2017)通过"问卷调查、录像和语言查询与词频(Linguistic Inquiry and Word Count)"软件,分析了医生与患者的互动。他们发现隐含的种族偏见会影响医生的用词选择和参与度。一些学者专注于开发和评估培训计划,以减少此类偏见并改善患者与健康护理提供者之间的跨文化传播(Delgado et al., 2013; vonLersener et al., 2019)。其他学者则关注文化调节因素的作用或者包括双语转化者的影响(Hsieh, 2010; Pines et al., 2020)。对特定文化叙事的分析也在多个领域发挥着重要作用。例如,已有研究着手理解文化信仰如何影响食物消费选择(Dorrance Hall et al., 2021)或女性健康的(Magaña, 2020)。

从大众传播的角度来看,学者们关注的是媒介如何发生影响,即,如何影响公众对少数群体和移民的看法,以及影响对特定人群中个体的一些健康问题的风险因素产生偏见的看法。就这方面,研究人员研究了对艾滋病不公开审理的刑事案件(Mykhalovskiy et al., 2016)以及对自闭症(Tang & Bie, 2016)进行偏见报道所造成的污名。同样重要的是,进行的研究有助

---

① 顺性别女性:一个人的性别认同是女性并且出生时就被指定为女性,这个人就是顺性别女性。使用"顺"字来强调,其目的在于在性别多元化的当代西方社会文化生活中,破除"人人皆为顺性别"的预设。——译者注

于理解媒介和文化趋势与个体健康行为的相互影响。这方面的研究例子包括男性气质与女性气质对癌症预防的影响(Helme et al., 2012),以及围绕心脏病(Champion et al., 2016)和身体形象(Melki et al., 2015)进行的媒体报道。对媒介、健康和文化的研究也强调了社交媒介在提供对话空间(Francis, 2021)或在被贴上差异标签的他人身上引发恐惧和担忧(Sastry & Lovari, 2017)方面的作用。如想更广泛地了解媒介对健康传播的影响,我们邀请您阅读本手册的第五部分。

关于文化在健康传播中的影响作用的讨论,还包括如何创建讯息以提高运动和干预措施的有效性。使用特定文化变量设计的讯息被定义为**文化敏感讯息**(Dutta, 2007; Resnicow et al., 2000)或**文化恰当讯息**(Kreuter et al., 2003)。使用社区个人文化身份的特定方面来定制和靶向发送讯息,已显示出积极的结果(Huang & Shen, 2016)。例如,伊泽尔及其同事(Yzer et al., 2018)使用多种视觉线索,为美洲印第安人量身定制了人乳头瘤病毒疫苗的推广讯息,这些定制讯息包括从肤色到社区玩的传统长曲棍球游戏,不一而足。麦克法兰和摩根(McFarlane and Morgan, 2021)开发并评估了具有文化针对性的恐惧诉求讯息,以劝服牙买加妇女使用自采样进行人乳头瘤病毒的检测。通常,用于文化定制讯息的变量是通过形成性研究确定的,并且,对这些讯息的评估是通过诸如焦点小组(McFarlane & Morgan, 2021)和实验(Yzer et al., 2018)方法以及其他方法进行的。

跨文化研究是用来比较和观察不同群体之间的差异,以扩展我们对人类传播的理解的策略之一。谢(Hsieh, 2018)对比研究了中国台湾地区和美国的语言不和谐情况,结果显示,这两个区域的语言不和谐导致了不同的影响。奥卡和萨格斯(Occa & Suggs, 2016)比较了瑞士和意大利年轻女性样本中的叙事和说教讯息的效果,获得的结果与美国类似研究中通常观察到的结果不同。刘及其同事(Liu et al., 2020)考查了美国白人和非裔美国人的信息搜索行为,发现他们所使用的信源数量和类型存在差异。

行文至此,您可能已经注意到,所引的诸多研究都是在世界各地进行的,而不仅仅是在美国。然而,进行跨文化健康传播研究并不仅仅意味着处理多样化的人口样本或非美国个人样本。这意味着要识别那些影响人类传播的文化元素,并将它们纳入我们的研究和实践中;这意味着在尊重、珍视地方差异及其解决方案的同时,要进行识别共同模式和行为的、以理论为基础的研究。至关重要的是,有关文化在健康传播中的作用,我们应给予更多的关注和空间。为了将来不断提高对跨文化差异的理解,我们应该促进研究团队的多样性并建立全球协作。为了继续讨论跨文化健康传播研究,我们邀请您阅读本手册的第30章。

二、健康传播研究中的样本代表性

健康传播研究在理论多元化方面取得了长足进步。健康传播学者已经开发了模型和框架来检验人类和中介传播在临床和公共健康结果中的重要作用。他们还确定了传播可以改善(或恶化)健康的关键途径(Street et al., 2009; Wilkin, 2013;另请参见本书第15章)。癌症、艾滋病毒/艾滋病和烟草使用可以说是疾病中的祸首,并且是健康传播领域最常研究的健康问题之一(Beck et al., 2004; Kim et al., 2010; Nazione et al., 2013)。通过在这些领域展开研究——比如,患者与健康护理提供者之间的传播,大众媒介活动的影响,娱乐教育节目,电子健康/移动健康干预,以及媒介、互联网和社交媒介的作用——健康传播正在为消除健康差异、促进健康公平做出重大贡献(Freimuth & Quinn, 2004)。然而,关于不同健康问题的学术研究并不总是转化成包容样本多样性的健康传播研究,因此,我们必须扩大关注范围,纳入来自不同文化的样本,以识别和研究那些因狭隘的世界观而错误地认为是普遍存在的行为现象(Henrich et al., 2010)。

随着健康传播学术的成熟和发展,我们不能忽视对样本代表性的关注。样本代表性的概念指的是社会科学方法的一个核心问题——"确保样本包含科学家希望将其发现推广到的人群范围"(Afifi & Cornejo, 2020,第238页)。传播学科日益承认,建立学科知识库所依据的样本和数据并不具有代表性(Afifi & Cornejo, 2020; Davis, 2020)。由于许多研究没有报告样本人口统计信息,因此,在健康传播调查中,样本的代表性基本上依然处于未知状态。纳兹翁尼等人(Nazione et al., 2013)发现,发表在《健康传播》和《健康传播杂志》上的研究(2000—2009),只有三分之二报告了样本人口统计数据;在报告了人口统计数据的受访者中,82%的参与者居住在美国,61%是白人。这些期刊上发表的研究中的种族和族裔样本与他们在美国人口中的百分比相似。然而,许多重大健康问题的疾病负担与代表性不足,与弱势群体的数量并不成比例。例如,在美国按性别和种族分层的所有群体中,非裔美国人的预期寿命最低(Bond and Herman, 2016)。然而,他们很少出现在健康传播研究的已发表文章的样本中。

健康传播中的样本代表性不可避免地会导致交叉性。交叉性是批判女性主义学者金伯利·克伦肖(Kimberlé Crenshaw, 1989)创造的一个术语,出现在她关于将种族、性别的交叉地带去边缘化的论著中,该术语已经演变为:

> 一个理论框架,用于理解诸如种族、性别、性取向、社会经济地位以及残疾等多重社会身份如何在个人经历的微观层面上彼此交叉,以反映在宏观社会结构层面上的特权和压迫连锁系统(即种族主义、性别歧视、异性恋、阶级主义)。

(Bowleg, 2012,第1267页)

许多健康传播学者研究了具有交叉社会身份的人群(例如,Francis, 2018; Francis et al., 2021; Occa et al., 2018)。例如,帕默等人(Palmer et al., 2020)调查了农村癌症幸存者的健康信息需求。最需要信息支持的是年轻的、少数民族、受教育程度较低且经济拮据的农村幸存者。交叉路径可以考虑这些具有交叉并列身份的人们的健康信息需求,而不是分别研究每个群体。然而,很少有健康传播研究专门采用交叉性作为理论框架。2020年6月18日,我在《健康传播》和《健康传播杂志》中搜索关键词——交叉性(intersectionality),分别得到173项和64项研究。然而,经过仔细检查,发现没有一项研究使用交叉性作为理论框架。相反,该搜索包括的研究是在各种身份(如种族、族裔、性别)、语境(如地点)或模型(如以文化为中心的路径)的交叉点上写就的。交叉性非常适合加入健康传播研究使用的其他理论行列中,作为一个通用的框架。

夏夫(Sharf, 1999)认为,健康传播学者的目标"应该是改变现状,让我们的专业知识得到认可,并有所作为,无论是在教育健康职业人士、培养有健康能力的公民方面,抑或是在影响健康政策方面"(第195页)。为了实现这些目标,我们需要在学术研究中注入三个C——情境化(contextualization)、复杂性(complexity)和后果(consequences)。健康传播学者需要找到"最有意义而不是最方便的人和情形,以此出发去推导数据"(Sharf, 1999;第199页)。这可以通过解决样本代表性问题和采用交叉性作为框架来实现。从本质上讲,健康传播学术应该关注内部和外部有效性、过程以及人。样本的代表性和交叉性可能通向更详细的传播描述,以及对各种健康语境中传播的作用做出解释。

三、方法论的多样性

我们已经讨论了在进行健康传播研究时一些问题的重要性,即注意范式视角,考虑跨文化视角,以及包括不同人群。此外,对于研究人员来说,重要的是要对采用更多样化的方法保持开放性,以扩展我们的健康传播知识及对其的理解。我们期刊上发表的大部分研究都是基于传统的质化方法(如访谈、文本分析以及焦点小组)和量化方法(如调查、内容分析以及实验),而且绝大多数是横断面的。然而,为了提高健康传播领域的代表性和包容性,也为了推进理论发展,重要的是要考虑和应用广泛的方法。有关健康传播中研究设计和分析的更多信息,我们邀请您阅读第37章。

1. 观察研究法

观察研究法可以揭示在自我报告中缺失的隐藏模式,从而促进我们对个人健康行为以及健康护理实践的理解(Visvanathan et al., 2017)。观察研究法还可以补充传统设计,例如随机试验(Visvanathan et al., 2017)或焦点小组研究(Real et al., 2018)。例如,雷亚尔和同事(Real et al., 2018)进行了116小时的量化观察,以了解护士在医院工作岗位上的行为和传播交流。这些研究人员将他们的观察结果与访谈和焦点小组数据相结合,就如何在健康护理环境中设计物理空间和推进组织传播理论提出了实用建议。作为另一个例子,哈梅尔及其同事(Hamel et al., 2020)使用运动监测软件和素朴观察者方式,来研究非语言同步对医生与黑人和白人患者之间互动的影响。他们的研究揭示了建立医患友善关系的重要意义,包括医患的非语言同步与情感、友善的关联。

2. 纵向研究

纵向研究也可以促进我们对传播过程和健康结果的理解。纵向研究涉及在两个以上的时间点收集有关结果的变量的数据，其目的是描述变化模式并识别因果关系的方向与大小。例如，范德苏尔及其同事（vander Schuur et al., 2019）收集了1 441名11—15岁青少年的三波数据（相隔约三到四个月），以评估社交媒介使用、社交媒介压力与随时间推移的睡眠之间的关系。他们发现社交媒介压力与难入睡和白天嗜睡成正相关，但这仅限于女孩。因此，青春期女孩比男孩更容易受到社交媒介压力对睡眠的长期影响。作为另一个例子，诺尔及其同事（Noar et al., 2016）使用系统性评述和元分析，来研究加强香烟包装警示的纵向影响。他们的评述包括在20个国家/地区进行的多达12个数据点的32项研究。他们得出的结论是，加强警示在纵向上与知识、戒烟热线呼叫增加有关，且与吸烟行为减少有关。

3. 未充分利用的创新方法

正如应该在统计分析方面拥有坚实的基础，以便能够恰当地分析和解释数据一样，研究人员也应该了解多种数据收集方法，更全面地推进对传播现象的理解。具体来说，我们认为，未来十年的研究应该扩大以下数据收集策略的使用。第一，应该进行更多基于社区的参与性研究，以确定以文化为中心的解决方案（Dutta, 2007；另请参见本书第24章），并促进个人在我们研究中的代表性。例如，杜塔及其同事（Dutta et al., 2017）使用一系列参与式方法（如焦点小组、社区研讨会、市政厅会议）调查美国印第安纳州两个非裔美国人社区的健康叙事和健康信息能力建设。第二，诸如照片语音和让参与者画画等创造性方法，可能有助于吸引难以接触到的人群或有特殊需求的人群的参与。例如，巴格特和霍华德（Bhagat and Howard, 2018）将儿童访谈和绘画相结合，以更好地理解儿童对健康的概念化认知。第三，制作二元互动的视频记录，然后使用受刺激的回忆，通过让参与者解释他们为什么这样做可以促进我们对传播过程的理解。例如，沃尔德伦和爱坡盖特（Waldron and Applegate, 1994）对有口头分歧的参与者录了音，然后他们收集并分析了参与者对其对话行为的解释，评估了对话计划的特异性、复杂性、精密性，并进行了编辑，以探讨在规划与对话能力方面存在的个体差异，并对个体差异进行了具有张力的理论解释。第四，收集电生理反应（如心率、皮肤电导）、眼动追踪和功能性磁共振成像数据可以增加传统自我报告之外的新型理解维度。例如，多诺修等人（Donohew et al., 2018）使用功能性磁共振成像，研究高感觉和低感觉寻求者对高感觉值讯息和低感觉值讯息的神经反应差异。最后，正如卡佩拉（Cappella, 2017）指出的那样："大数据、计算方法以及社交媒介的融合，在新千年的研究议程中创造了关于传播本质的洞解，并重新配置问题。"（第545页）他指出，来自诸多领域的学者正在对这些领域进行研究，包括"网络科学、计算社会科学、市场营销以及计算机科学"（第546页）。因为健康传播研究从根本上说是一个跨学科的事业，通常涉及的团队不仅代表传播学者，还代表来自公共健康、护理、药学和医学等领域的学者，我们的研究人员已经准备好利用一种基于团队的方法来提升我们在这些前沿领域的健康传播知识。我们强烈主张走出去，与从事大数据、计算方法和社交媒介工作的同事建立联系，利用他们的专业知识来解决健康和幸福问题。

四、做研究报告的标准

即使研究人员留意到我们在本章中提出的所有理论和方法论问题，但如果他们没有恰当地对其研究进行报告，这些理论和方法也无济于事。正如有格式化手稿和参考文献指南一样，也有写研究报告的指南。出于多种原因，这种标准化报告很重要，包括促进读者理解，促进元分析和系统评价（参见 Francis et al., 2017；Occa & Morgan, 2018；Wang et al., 2020）。我们之前有提到过纳兹翁尼等人（Nazione et al., 2013）是如何发现在我们两份顶级健康传播期刊上发表的文章中有三分之一没有报告参与者的基本人口统计信息的。报告不明确或报告有缺失的其他问题包括：抽样和参与者招募程序，变量和方法，数据收集协议，以及数据分析方法；缺乏清晰阐述的理论、缺乏明确陈述的假设和研究问题，也会带来问题。

一项已发表的研究应该以这样的方式进行报告：让读者理解研究做了什么，为什么做，有何发现，以及发现在更广泛的文献语境中意味着什么。阅读一项研究后，读者应该有足够的信息来复刻它。这种透明度提高了结果的严谨性和可重复性。

对于报告量化和质化研究来说,获得指南轻而易举[例如,包含在美国心理学学会(APA)手册第七版中的期刊文章写作报告标准(JARS)]。如果我们要推进知识并积累健康传播文献,作者必须遵循既定的报告标准——(遵不遵守)审稿人和编辑都必定执行。

第3节 结 论

在本章中,我们提出了在健康传播背景下研究问题时,关乎理论基础和范式观的几个问题。我们讨论了跨文化研究的复杂性以及研究参与者的多样性和代表性。我们在研究设计中强调了与方法多样性和严谨性相关的问题,并在我们发表的研究中遵循了报告标准。

作为传播学者,本手册的读者处于独特的位置,可以推动传播行为的知识与理解进步,正是传播行为塑造并赋予我们社会世界以实质内容。将此类努力应用于健康领域,意味着积累的知识和理解不仅有可能改善人们的健康和幸福,而且有可能挽救生命。我们期待看到您研究之旅去向的地方。

参考文献

Afifi, T. D., Afifi, W. A., Acevedo Callejas, M., Shahnazi, A., White, A., & Nimah, N. (2019). The functionality of communal coping in chronic uncertainty environments: The context of Palestinian refugees in Lebanon. *Health Communication*, 34(13), 1585-1596.

Afifi, W. A., & Cornejo, M. (2020). #CommSoWEIRD: The question of sample representativeness in interpersonal communication research. In M. L. Doerfel & J. L. Gibbs (Eds.), *Organizing inclusion: Moving diversity from demographics to communication processes* (pp. 238-259). Routledge.

Anderson, J. A., & Baym, G. (2004). Philosophies and philosophic issues in communication, 1995-2004. *Journal of Communication*, 54(4), 589-615.

Beck, C. S., Benitez, J. L., Edwards, A., Olson, A., Pai, A., & Torres, M. B. (2004). Enacting "health communication": The field of health communication as constructed through publication in scholarly journals. *Health Communication*, 16(4), 475-492.

Bhagat, K., & Howard, D. E. (2018). The dominant obesity discourse versus children's conceptualizations of health: A comparison through dialogue and drawings. *Qualitative Health Research*, 28(7), 1157-1170.

Bond, M. J., & Herman, A. A. (2016). Lagging life expectancy for Black men: A public health imperative. *American Journal of Public Health*, 106(7), 1167-1169.

Bowleg, L. (2012). The problem with the phrase women and minorities: Intersectionality—an important theoretical framework for public health. *American Journal of Public Health*, 102(7), 1267-1273.

Cappella, J. N. (2017). Vectors into the future of mass and interpersonal communication research: Big data, social media, and computational social science. *Human Communication Research*, 43(4), 545-558.

Champion, C., Berry, T. R., Kingsley, B., & Spence, J. C. (2016). Pink ribbons and red dresses: A mixed methods content analysis of media coverage of breast cancer and heart disease. *Health Communication*, 31(10), 1242-1249.

Crenshaw, K. (1989). Demarginalizing the intersection of race and sex: A Black feminist critique of antidiscrimination doctrine, feminist theory and antiracist politics. *University of Chicago Legal Forum*, 1989(1), 139-165.

Davis, S. M. (2020). Evoking issues of race and ethnicity in discussions about physiology and interpersonal communication. In L. Aloia, A. Denes, & K. Crowley (Eds.), *The Oxford handbook of the physiology of interpersonal communication* (pp. 261-287). Oxford University Press.

Delgado, D. A., Ness, S., Ferguson, K., Engstrom, P. L., Gannon, T. M., & Gillett, C. (2013). Cultural competence training for clinical staff: Measuring the effect of a one-hour class on cultural competence. *Journal of Transcultural Nursing*, 24(2), 204-213.

Donohew, L., DiBartolo, M., Zhu, X., Benca, C., Lorch, E., Noar, S. M., Kelly, T. H., & Joseph, J. (2018). Communicating with sensation seekers: An fMRI study of neural responses to antidrug public service announcements. *Health Communication*, 33(8), 1004-1012.

Dorrance Hall, E., Ma, M., Azimova, D., Campbell, N., Ellithorpe, M., Plasencia, J., Chaven, M., Zeldes, G. A., Takahashi, B., Bleakley, A., & Hennessy, M. (2021). The mediating role of family and cultural food beliefs on the relationship between family communication patterns and diet and health issues across racial/ethnic groups. *Health Communication*, 36(5), 593-605.

Dutta, M. J. (2007). Communicating about culture and health: Theorizing culture-centered and cultural sensitivity approaches. *Communication Theory*, 17(3), 304-328.

Dutta, M. J., Sastry, S., Dillard, S., Kumar, R., Anaele, A., Collins, W., Roberson, C., Dutta, U., Jones, C., Gillespie, T., & Spinetta, C. (2017). Narratives of stress in health meanings of African Americans in Lake County, Indiana. *Health Communication*, 32(10), 1241-1251.

Ellingson, L. L., & Borofka, K. G. E. (2020). Long-term cancer survivors' everyday embodiment. *Health Communication*, 35(2), 180-191.

Francis, D. B. (2018). Young Black men's information seeking following celebrity depression disclosure: Implications for mental health communication. *Journal of Health Communication*, 23(7), 687-694.

Francis, D. B. (2021). "Twitter is really therapeutic at times": Examination of Black men's Twitter conversations following hip-hop artist Kid Cudi's depression disclosure. *Health Communication*, 36(4), 448-456.

Francis, D. B., Cates, J. R., Wagner, K. P. G., Zola, T., Fitter, J. E., & Coyne-Beasley, T. (2017). Communication technologies to improve HPV vaccination initiation and completion: A systematic review. *Patient Education and Counseling*, 100(7), 1280-1286.

Francis, D. B., Zelaya, C. M., Fortune, D. A., & Noar, S. M. (2021). Black college women's interpersonal communication in response to a sexual health intervention: A mixed methods study. *Health Communication*, 36(2), 217-222.

Freimuth, V. S., & Quinn, S. C. (2004). The contributions of health communication to eliminating health disparities. *American Journal of Public Health*, 94(12), 2053-2055.

Hagiwara, N., Slatcher, R. B., Eggly, S., & Penner, L. A. (2017). Physician racial bias and word use during racially discordant medical interactions. *Health Communication*, 32(4), 401-408.

Hamel, L. M., Moulder, R., Penner, L., Albrecht, T. L., Boker, S., Dougherty, D. W., & Eggly, S. (2020). Nonconscious nonverbal synchrony and patient and physician affect and rapport in cancer treatment discussions with black and white patients. *Journal of Clinical Oncology*, 38(Suppl 15), 12116.

Helme, D. W., Cohen, E. L., & Parrish, A. J. (2012). Health, masculinity and smokeless tobacco use among college-aged men. *Health Communication*, 27(5), 467-477.

Henrich, J., Heine, S. J., & Norenzayan, A. (2010). The weirdest people in the world? *Behavioral and Brain Sciences*, 33(2-3), 61-83.

Hoegg, D., Mortil, A. M. A., Hansen, M. L., Teilmann, G. K., & Grabowski, D. (2020). Families' adherence to a family-based childhood obesity intervention: A qualitative study on perceptions of communicative authenticity. *Health Communication*, 35(1), 110-118.

Hsieh, E. (2010). Provider—interpreter collaboration in bilingual health care: Competitions of control over interpreter-mediated interactions. *Patient Education and Counseling*, 78(2), 154-159.

Hsieh, E. (2018). Reconceptulizing language discordance: Meanings and experiences of language barriers in the US and Taiwan. *Journal of Immigrant and Minority Health*, 20(1), 1-4.

Huang, Y., & Shen, F. (2016). Effects of cultural tailoring on persuasion in cancer communication: A meta-analysis. *Journal of Communication*, 66(4), 694-715.

Kashian, N., & Jacobson, S. (2020). Factors of engagement and patient-reported outcomes in a stage IV breast cancer Facebook group. *Health Communication*, 35(1), 75-82.

Kim, J.-N., Park, S.-C., Yoo, S.-W., & Shen, H. (2010). Mapping health communication scholarship: Breadth, depth, and agenda of published research in health communication. *Health Communication*, 25(6-7), 487-503.

Kreuter, M. W., Lukwago, S. N., Bucholtz, D. C., Clark, E. M., & Sanders-Thompson, V. (2003). Achieving cultural appropriateness in health promotion programs: Targeted and tailored approaches. *Health Education & Behavior*, 30(2), 133-146.

Littlejohn, S. (2001). *Theories of human communication* (7th ed.). Wadsworth.

Liu, J., King, A. J., Margolin, D., & Niederdeppe, J. (2020). Information seeking and scanning about colorectal cancer screening among Black and White Americans, ages 45-74: Comparing information sources and screening behaviors. *Journal of Health Communication*, 25(5), 402-411.

Magaña, D. (2020). Praying to win this battle: Cancer metaphors in Latina and Spanish women's narratives. *Health Communication*, 35(5), 649-657.

Mann, B. W. (2019). Autism narratives in media coverage of the MMR vaccine-autism controversy under a crip futurism framework. *Health Communication*, 34(9), 984-990.

McFarlane, S. J., & Morgan, S. E. (2021). Evaluating culturally-targeted fear appeal messages for HPV self-sampling among Jamaican women: A qualitative formative research study. *Health Communication*, 36(7), 877-890.

Melki, J. P., Hitti, E. A., Oghia, M. J., & Mufarrij, A. A. (2015). Media exposure, mediated social comparison to idealized images of muscularity, and anabolic steroid use. *Health Communication*, 30(5), 473-484.

Mykhalovskiy, E., Hastings, C., Sanders, C., Hayman, M., & Bisaillon, L. (2016). "Callous, cold and deliberately duplicitous": Racialization, immigration and the representation of HIV criminalization in Canadian mainstream news-papers. https://pdfs.semanticscholar.org/c30f/2038062333f00cc89d92752c82b0322c3c22.pdf.

Nazione, S., Pace, K., Russell, J., & Silk, K. (2013). A 10-year content analysis of original research articles published in health communication and journal of health communication (2000-2009). *Journal of Health Communication*, 18(2), 223-240.

Noar, S. M., Francis, D. B., Bridges, C., Sontag, J., Schmitt, S., Brewer, N. T., & Ribisl, K. M. (2016). The impact of strengthening cigarette pack warnings: Systematic review of longitudinal observational studies. *Social Science & Medicine*, 164, 118-129.

Occa, A., & Morgan, S. E. (2018). Training programs for improving communication about medical research and clinical trials: A systematic review. In M. Prostran (Ed.), *Clinical trials in vulnerable populations* (pp. 177-197). IntechOpen.

Occa, A., Morgan, S. E., & Potter, J. E. (2018). Underrepresentation of Hispanics and other minorities in clinical trials: Recruiters' perspectives. *Journal of Racial and Ethnic Health Disparities*, 5(2), 322-332.

Occa, A., & Suggs, L. S. (2016). Communicating breast cancer screening with young women: An experimental test of didactic and narrative messages using video and infographics. *Journal of Health Communication*, 21(1), 1-11.

O'Sullivan, P. B. (1999). Bridging the mass-interpersonal divide synthesis scholarship in HCR. *Human Communication Research*, 25(4), 569-588.

O'Sullivan, P. B., & Carr, C. T. (2018). Masspersonal communication: A model bridging the mass-interpersonal divide. *New Media & Society*, 20(3), 1161-1180.

Palmer, N. R., Avis, N. E., Fino, N. F., Tooze, J. A., & Weaver, K. E. (2020). Rural cancer survivors' health information needs post-treatment. *Patient Education and Counseling*, 103(8), 1606-1614.

Pines, R. L., Jones, L., & Sheeran, N. (2020). Using family members as medical interpreters: An explanation of healthcare practitioners' normative practices in pediatric and neonatal departments in Australia. *Health Communication*, 35(7), 902-909.

Quinlan, M. M., & Johnson, B. (2020). #Motherhoodishard: Narrating our research and mothering in the postpartum stage through texting and social media. *Health Communication*, *35*(6), 782-786.

Real, K., Santiago, J., Fay, L., Isaacs, K., & Carll-White, A. (2018). The social logic of nursing communication and team processes in centralized and decentralized work spaces. *Health Communication*, *34*(14), 1751-1763.

Reardon, K. K., & Rogers, E. M. (1988). Interpersonal versus mass media communication: A false dichotomy. *Human Communication Research*, *15*(2), 284-303.

Resnicow, K., Soler, R., Braithwaite, R. L., Ahluwalia, J. S., & Butler, J. (2000). Cultural sensitivity in substance use prevention. *Journal of Community Psychology*, *28*(3), 271-290.

Sastry, S., & Lovari, A. (2017). Communicating the ontological narrative of Ebola: An emerging disease in the time of "epidemic 2.0". *Health Communication*, *32*(3), 329-338.

Schramm, W. (1997). *The beginnings of communication study in America: A personal memoir*. Sage.

Sharf, B. F. (1999). The present and future of health communication scholarship: Overlooked opportunities. *Health Communication*, *11*(2), 195-199.

Smith-Frigerio, S. (2020). Coping, community and fighting stereotypes: An exploration of multidimensional social capital in personal blogs discussing mental illness. *Health Communication*, *35*(4), 410-418.

Street, R. L., Jr., Makoul, G., Arora, N. K., & Epstein, R. M. (2009). How does communication heal? Pathways linking clinician-patient communication to health outcomes. *Patient Education and Counseling*, *74*(3), 295-301.

Subramanian, R. (2019). Frames of mental illness in an Indian daily newspaper. *Health Communication*, *34*(14), 1806-1815.

Tang, L., & Bie, B. (2016). The stigma of autism in China: An analysis of newspaper portrayals of autism between 2003 and 2012. *Health Communication*, *31*(4), 445-452.

Tian, Y., & Yoo, J. H. (2020). Medical drama viewing and medical trust: A moderated mediation approach. *Health Communication*, *35*(1), 46-55.

van der Schuur, W. A., Baumgartner, S. E., & Sumter, S. R. (2019). Social media use, social media stress, and sleep: Examining cross-sectional and longitudinal relationships in adolescents. *Health Communication*, *34*(5), 552-559.

Visvanathan, K., Levit, L. A., Raghavan, D., Hudis, C. A., Wong, S., Dueck, A., & Lyman, G. H. (2017). Untapped potential of observational research to inform clinical decision making: American society of clinical oncology research statement. *Journal of Clinical Oncology*, *35*(16), 1845-1854.

von Lersener, U., Baschin, K., & Hauptmann, N. (2019). Evaluating a programme for intercultural competence in psychotherapist training: A pilot study. *Clinical Psychology in Europe*, *1*(3), 1-21.

Waldron, V. R., & Applegate, J. L. (1994). Interpersonal construct differentiation and conversational planning: An examination of two cognitive accounts for the production of competent verbal disagreement tactics. *Human Communication Research*, *21*(1), 3-35.

Wang, X., Shi, J., & Kong, H. (2020). Online health information seeking: A review and meta-analysis. *Health Communication*. Advance online publication.

Wilkin, H. A. (2013). Exploring the potential of communication infrastructure theory for informing efforts to reduce health disparities. *Journal of Communication*, *63*(1), 181-200.

Yzer, M., Rhodes, K., McCann, M., Harjo, J., Nagler, R. H., LoRusso, S. M., & Gollust, S. E. (2018). Effects of cultural cues on perceptions of HPV vaccination messages among parents and guardians of American Indian youth. *Preventive Medicine*, *115*, 104-109.

第 3 章
研究成果的转化、散播和实施

珍妮丝·克里格(Janice L. Krieger)　李东熙(Donghee Lee)
梅丽莎·维拉罗(Melissa J. Vilaro)　丹耶尔·威尔逊-霍华德(Danyell Wilson-Howard)
安塔·基莱莎(Aantaki Raisa)　叶万德·瑞莎(Yewande O. Addie)

传播有着悠久的传统,产生了理论,并严格测试了富有理论价值的观念,然后将研究发现转化为可用于解决实际问题的信息。在现代社会里,这个过程被称为研究转化、散播和实施科学。在许多情况下,传播对转化、散播和实施科学领域的巨大贡献被忽视了;因此,重要的是健康传播领域要明确阐明这一点:相对于其他学科而言,传播科学在推进这类学术研究方面具有独特地位(Petronio, 2007)。因此,本章的目标是将传播科学和生物医学中的关键概念融合在一起,以揭示共同发展和协同的机会。本章开篇对转化科学的兴起做一个简要概述,并对基础框架做一个选择性回顾。然后,我们要解决与语言和传播使用相关的关键问题,以解决研究成果的转化问题。最后,本章批判性地检视了用于理解转化过程的隐喻,并引入了一个新隐喻——该隐喻强调传播理论、研究与实践在推进健康和幸福科学方面的彼此联系。

第 1 节　转化科学概述

传播学者使用"转化学术"("translational scholarship")一词首次出现于 1998 年国家传播协会(NCA)的会前会议上(Petronio, 1999)。它一直是该学科的一个中心主题,也结出了硕果:多个会议主题,两期《应用传播研究杂志》特刊,以及一期《语言与社会心理学杂志》特刊。目前,所有主要的传播专业协会(美国国家传播协会、国际传播协会,以及新闻与大众传播教育协会)都设有专门部门,致力于健康和/或应用传播的学术发展。两年一度的肯塔基健康传播会议和哥伦比亚特区健康传播会议的成功,进一步扩大了以这些重要领域为研究对象的学者的广度。最后,许多行业健康传播组织致力于改善健康护理领域的转化传播,包括健康传播协会、健康护理传播协会以及美国公共健康协会健康传播工作组。

在生物医学研究领域,2005 年美国国家健康研究院(NIH)发布了《医学研究路线图》,明确了对转化学术的关注(Zerhouni, 2005)。国家健康研究院的路线图旨在加快一项科学发现对临床护理发挥有意义的影响的步伐(Institute of Medicine, 2001)。2011 年,"公共健康服务法"得以修订,国家转化科学促进中心(NCATS)得以成立,成为国家健康研究院 26 个研究所及中心之一。国家转化科学促进中心的使命是促进研究转化,其定义为"将实验室、诊所和社区的观察结果转化为改善个人和公众健康的干预措施——从诊断、治疗到医疗程序和行为改变"(2020,第 1 页)。换句话说,转化科学旨在缩小知识与实践之间的鸿沟,即现有科学证据表明应该做的事情与实践中实际做的事情之间的鸿沟(Pablo-Mendez & Shademani, 2006)。

缩小知识与实践之间的鸿沟需要科学家、医疗实践者、社区成员和政策制定者等不同团队的合作。特雷斯及其同事(Treise et al., 2016)认为,生物医学和传播科学家之间的合作将变得越来越普遍。事实上,国家健康研究院有许多专项投入对传播科学项目进行资助。持这种观念的另一个发展方向是,把改善健康传播这一国家目标纳入《健康人2030》,《健康人2030》是"健康人健康与公共服务(HHS)"系列的第五版,优先考虑的是公共健康。

转化科学的多学科性质反映在用于描述该过程的模型和框架中。虽然对这些模型的全面回顾超出了本章的范围,但我们还是简要介绍了三个最常见的转化研究框架,以及传播学者在其中作出突出贡献的重点领域。这些模型包括:转化研究区间,知识到行动(knowledge to action)(K2A)框架,以及RE-AIM框架(Milat & Li, 2017)。

一、转化科学区间

转化科学(也称为"T")区间侧重于识别科学发现走向应用时产生的知识-实践差距。T区间将转化科学定义为:一个始于基础研究、终于实际应用的线性过程;因此,它通常被概括为研究发现从"坐冷板凳到病床边"("bench to bedside"①)的过程(Drolet & Lorenzi, 2011)。它有五个不同的发展阶段(T0—T4)。当一项发现在从一个阶段迈向另一个阶段时,如果遇到独特的传播挑战,就会出现知识-实践鸿沟。

T0是指基础研究,包括临床前的动物研究。为了使研究取得进展,基础科学家必须就基础发现如何具有生物医学应用性这一点,与其他领域的专家进行传播互动;另一个常见的传播挑战是,过早将有希望的发现传达给媒体,会导致公众对科学状况过度自信。例如,一项使用小鼠进行的实验揭示了疾病进展的一种潜在机制,但媒体有可能错误地将其转化为这代表了一种疾病可治愈。

T1研究就是将基础研究转向人。T1包括测试一种新疗法安全性的1期临床试验。这个阶段面临着与跨行业传播以及与媒介相关的类似挑战。其他问题包括早期临床试验的科学优先事项在多大程度上反映了人群的健康护理优先事项。促进科学家和利益相关者组织、临床医生和代表性不足的人群之间互动的机会,可以确保科学优先事项与健康护理提供者-患者的优先事项保持一致。

T2研究将发现转向患者。T2通常采用2期和3期临床试验形式,来测试新疗法的安全性和有效性。T2阶段的一个独特挑战是与健康护理提供者、患者及其家属就参与临床试验进行传播互动。在某些情况下,此类临床试验可能仅由主要研究机构提供,这会引出人群中的公平及其可得性问题。即使患者可以进行临床试验,但招募患者也非常困难。在临床试验可得性和招募领域中,需要持续改善对话沟通工作,这也是迈向T3之所必需。

T3研究将发现转化为医疗实践。在T3中,主要的传播关注点聚焦于散播研究发现并将其实施于健康组织的问题上。特别是,通常需要采取多种干预措施来解决健康护理决策的多面性,包括诊所、健康护理提供者和患者层面上的决策。这个领域出现的一个问题,是要就如何不再实行原有护理形式这个问题进行沟通。例如,通常建议女性每年进行一次乳房X光检查,这不再是护理标准了,但必须将此类更改深思熟虑地传播给各个层面上的目标受众。成功的散播和实施是迈向T4的必要步骤。

T4将发现转向社区。关键的传播挑战包括以一种适合决策者、媒介和公众的方式散播发现。重要的是,这些努力必须以促进不同人群健康公平的方式进行。总之,T区间概述了科学发现的不同阶段如何作为转化成果以获得传播的机会。接下来,我们转向另一种理解转化科学的流行模型,即知识到行动框架。

---

① bench是实验室的桌子,bedside是病床,意思就是从实验室到医院,更通俗的意思是从科研到临床,从基础研究到临床应用。基础研究行为与过程是艰辛的、长期的甚至是乏味的,中文对此状况有一个形象的表达——"坐冷板凳"。此处译者采取了意译,而非直译。——译者注

二、知识到行动框架

知识到行动(K2A)框架将转化科学工作定义为具有两个不同但相互关联的周期：知识创造与行动(Graham et al., 2006)。知识创造周期被表示为一个由三个部分组成的漏斗：知识查询(即初步研究)，知识综合(即汇总和解释初步研究的结果)，以及知识工具(即综合信息以呈现给利益相关者)。行动周期在视觉上表示为一个包围漏斗的圆圈。尽管此循环以反复形式呈现，但这些步骤是线性推进的，就是向特定利益相关者散播、实施并评估以文化为基础的讯息。

传播学者对知识到行动模型有两种可能的应用。最显而易见的应用是，当知识创造周期侧重于生物医学研究时，传播科学可以发挥明显作用，即利用专业知识来指导行动周期内的讯息开发、散播与评估。第二个不太明显的应用是，知识到行动模型有如下两种时刻的使用方式和使用时间：当知识创造周期聚焦于创造、综合并转化传播科学时；当行动周期聚焦于散播和实施这些研究发现时，即散播和实施于跨目的(如行为改变)、跨利益相关者(如政策制定者)以及跨背景(如健康护理)的语境中。一个范例是药物滥用干预项目"保持真实"(Keepin'it REAL, kiR)①，它围绕叙事在参与运动讯息时的作用构建理论，进行严格的功效和有效性研究，并通过国家计划在学校实施该项目(Miller-Day et al., 2020)。

三、RE-AIM 五要素框架

RE-AIM(reach, efficacy, adoption, implementation, and maintenance 五个单词首字母缩写)框架假定，将科学成功地散播并实施到现实世界环境中有五个基本要素(Gaglio et al., 2013)。第一个是**覆盖面**，指的是一项健康干预、项目或政策的目标人群，必须对受众进行细化，以确定利益相关者。第二个要素是**功效**，指一个给定干预在理想或现实条件下所产生的预期结果的程度(即有效性)。第三个要素是**采纳**，指愿意实施干预的个人、组织和环境的绝对数量。第四个要素是**实施**，指评估目标受众接受干预的程度(如剂量)、干预是否按计划进行(如保真度)，以及在进行过程中做了哪些类型的调整。第五个要素是**保持**，指检查特定干预是否成为组织中的常规做法，以及个人是否能够在接受干预后六个月或更长时间保持其行为改变。

T 区间和 K2A 解决了从基础知识发展到散播和实施过程的转化区间，而 RE-AIM 框架则特别侧重于将研究转化为实践。这种针对性的方法有一个关键优势，即它对影响传播努力成败的语境因素提供了更多细节。该模型有两个局限性：它假设被转化的知识是静态的(与科学不断发展的本质相反)；并且它没有清晰的反馈环节，而正是反馈环节使应用能够为知识创造提供更丰富的信息。例如，通过接触信息，传播具有引起注意、促进理解、激励行为改变的作用，这一点并没有得到正式承认。

总而言之，T 区间、K2A 和 RE-AIM 是理解知识转化过程的宏观框架，它们是传播科学家和生物医学研究人员跨学科协作的一个重要基础。为了成功实施转化干预，研究人员必须仔细考虑传播环境的特征，如受众细分、信息创建、渠道选择以及反馈环节。因此，传播专业知识是转化过程的核心。接下来，我们转向语言在转化科学中的重要性。

第 2 节　语言和传播在转化科学中的作用

尽管很少有人会质疑弥合知识与实践之间鸿沟的重要性，但最能代表实际运行过程的术语仍存在争议。这个过程通常被称为知识转化(knowledge translation)；然而，**知识**和**转化**这两个术语的含义常被强烈抨击。格林哈尔和维林加(Greenhalgh and Wieringa, 2011)认为，转化科学语境下的**知识**一词专门指经验科学证据，因此不包括其他认识方式(如技能)。埃斯塔布

---

① 该项目内容以及名称中的 REAL 含义，这里首次出现且未做解释，读者可能有些困惑。本手册第 24 章有专节做详细介绍，这里不多做解释。——译者注

鲁克斯及其同事(Estabrooks et al., 2006)有过类似的关注,认为最强大的利益相关者(如科学家)决定哪些知识有价值并由此决定转化的资源分配。在传播学中,这种知识转化路径被称为信息缺陷模型①(information deficit model)(Krieger & Gallois, 2017)。基于缺陷模型路径的传播努力普遍依赖一种知识转化策略,这种策略由一个高态讯息源(high-status message source)组成,把某种简化了的观念提供给既定接收者。

恩格布雷森及其同事(Engebretsen et al., 2017)认为,**转化**一词也可能存在问题,因为它假设知识的生产可以与其转移分开。在他们看来,转化一词假设了知识只要被简单地总结、打包以及恰当地呈现,就可以在新的语境中得到有效利用。他们认为,知识转化是一个复杂的过程,需要双向讯息交换,为目标文化中的目标受众提供语境化知识。这个想法体现了对话模型,该模型将转化过程概念化为知识共创(Krieger & Gallois, 2017)。共创要求所有利益相关者既是信息的来源,又是信息的接受者。从这个角度来看,科学是一种文化语境,具有给定言语社区使用的语言和文化符号。在许多情况下,不同的科学领域可以反映不同的言语社区(如基础生物医学研究人员),正如科学反映的言语社区不同于公众反映的言语社区一样。因此,转化过程需要训练有素的传播学者的专业知识,以充当了解科学语言、文化的经纪人,同时还需要其他利益相关者的专业知识(Petronio, 2007)。

缺陷和对话视角受到挑战的一个例子是,使用通俗易懂的语言向患者和公众传播信息。通俗易懂的语言指的是一种传播策略,它依赖于使用没有技术术语的文字语言以及简单语法结构(Stableford & Mettger, 2007)。出于这个原因,使用通俗易懂语言的转化研究,常常被错误地描述为是对技术信息的"弱智化"("dumbing down")。虽然可以通过减少使用过于专业或难懂的术语来提高信息的清晰度,但在某些情况下,可能需要其他战略传播方法。例如,大量证据表明,隐喻有助于信息处理(Kendall-Taylor et al., 2013)。甚至在某些情况下,隐喻比通俗易懂的语言更能有效地解释复杂信息(例如, Krieger et al., 2010)。因此,传播科学为解决转化目标提供了细致入微的策略。接下来,我们聚集于传播理论是如何与知识的转化、散播和实施彼此滋养的。

正如第一部分所讨论的,转化科学发展的动力是使基础科学更快地付诸实践。为此,必须对知识进行转化,将其散播给目标利益相关者,并将其付诸实践。因此,散播和实施是知识转化区间总体目标中的重要概念。在本节中,我们选择性地回顾了传播理论如何与这些重要目标相关联。

1. 知识转化:讯息精准化策略

在本章中,我们把这个过程称为讯息精准化(precision messaging):使用有关目标受众的循证数据制定健康干预措施。我们借用的是精准医学②中的术语,该术语于2015年引入,旨在改善个体患者的医疗结果,这是通过利用特定患者的生物学和心理社会学特征进行更精确的治疗来实现的,这些特征将他们与具有相同临床状况的其他患者区分开来(Scherr et al., 2017)。伴随精准化讯息的过程是:为目标受众提供定制化、靶向化的讯息。在讯息精准化过程中,定制与超个性化治疗方案保持一致。在量身定制的干预措施中,每位受众都会收到基于个人数据的一套独特的健康信息组合(Davis & Resnicow, 2012)。精准化讯息经常会考虑行为特征,这些特征包括一个群体或一个人的身份归属、宗教信仰、灵性、健康素养水平、宿命观以及变化阶段。

尽管讯息精准化在许多情况下都行之有效,但既不总是可能,也不总是必要。与实施讯息精准化的干预相关的是后勤需求,例如,个人数据的收集以及数百(或数千)条独特讯息的开发和传递。因此,这种精准度所需的人力、财力、技术和时间资源并不总是唾手可得的(Schmid et al., 2008)。此外,就像精准医疗一样,讯息精准化并不总是必要的。事实上,当目标受众

---

① 在科学传播中广泛流行着信息缺陷模式,该模式假设,公众对于科技的误解与反对,是由于他们缺乏科学知识,无法处理晦涩的科学概念;一旦他们了解了科学后,自然就会像科学界自身一样拥抱科学观点。但调查发现,对某些领域的认知程度和态度强度的确相关,但无法预测态度是正面还是负面,比如,核能和转基因食品。——译者注

② precision medicine,精准医学,也称为个性化医疗,是一种针对病患的个别情形,进行健康护理定制化的医学模式,包括医学决策、治疗、实务以及药品都是针对此病患的情形所规划的。——译者注

是异质性的,抑或讯息是针对目标人群中的异常值定制的,讯息精准化才是最恰当的(Davis & Resnicow, 2012)。对于具有更同质化特征的群体来说,靶向化讯息可能更恰当,更可行。

2. 知识转化：传播与散播策略的理论化

我们从讯息内容的观念转向散播。尽管信息散播作为一个概念在历史上植根于传播理论,但健康传播与散播及其实施路径往往存在分歧。有一些研究对健康传播与散播进行了比较,对这些研究做一个系统化梳理,就会发现传播中的散播研究主要侧重于讯息及其传递策略(如讯息框架、叙事、靶向、定制)。相反,从散播及其实施的视角来看,散播研究强调结果评估(比如,侧重于讯息覆盖的统计证据,以及受众成员改变其行为的能力和动机；McCormack et al., 2013)。为了更详细地理解该概念,我们要对一个基础性的、但最终也是有局限性的散播理论——创新扩散(Diffusion of innovation)——进行文献回顾。

创新扩散是最古老的社会科学理论之一,并已成为许多公共健康运动的框架(例如,疾病控制与预防中心的工作场所艾滋病计划,世界卫生组织的艾滋病毒/艾滋病运动)。根据创新扩散,新知识在一个社会系统中的传播是持久的、缓慢的,会经历这样的阶段：意识,劝服,决策,实施,采用(Rogers, 1995)。重要的是,创新扩散描述了一个新观念或行为如何随着时间推移在社区中传播开来,并强调了受众细分的重要性。先锋派(即组织内的关键管理人员以及采用计划的决策者)和意见领袖的背书,使得在扩散加速的过程中,社交网络发挥了重要作用(Backer & Rogers, 1998)。随着时间的推移,通过扩散实现了知识动员,这在很大程度上是一种被动的单向过程(Kerner and Hall, 2009)。

尽管该理论具有号召力并且引入了许多重要思想,但在将其用作知识转化的整体框架之前,应考虑一些重要的局限性。首先,将扩散等同于知识吸收,这一点与之前讨论的信息缺陷路径具有相似性(Luke, 2012)。除非发生相互的双向传播,否则可能不会导致态度或行为的改变(Dearing, 2009)。此外,扩散往往不均衡,很可能将弱势社区排除在外(Balas & Chapman, 2018)。一项指导创新扩散研究的系统性回顾文献指出了创新扩散的有限影响,其中大多数研究没有考虑影响扩散过程的语境和互动效应(Fleuren et al., 2004; Greenhalgh et al., 2004)。例如,一个显著的公共健康运动所面临的障碍包括：组织者和采纳创新的组织之间存在着文化冲突；方案被认为过于复杂；以及未能充分利用现有资源(Backer & Rogers, 1998)。认识到诸如新知识等创新对各种利益相关者群体具有符号意义,并理解如何能够利用这种意义来促进对话,是传播学者推进传播科学之转化的重要途径。我们现在来做个示范,探索转化科学的隐喻如何塑造我们对传播过程的思考,以及如何提出一个新隐喻来指导理论和实践。

第3节 知识-实践鸿沟的理论化：传播科学新前线

隐喻是传播新概念的有力工具；因此,隐喻对于解决诸如知识与实践差距之类的棘手问题特别有用。隐喻发挥作用,是通过触发相似性,即在听众对熟知概念的理解与新概念或观念之间找到相似之处。转化研究最常见的两个隐喻是**管道系统**(pipeline)和**循环**(loop)。本节回顾这些隐喻的优点和局限性,并提出一个新的隐喻来推进知识转化科学。

转化研究的管道系统隐喻始于国家健康研究院(NIH)的《医学研究路线图》(Zerhouni, 2005)。它源于学术知识和应用实践的概念化,是一个区间或"管道"("pipe")上的两个端点。在一个管道系统中,物质能够通过使用控制其流动的泵和阀门,进行长距离传输,直到"排空"("emptying")进入一个可以让它们发挥作用的新语境中。因此,管道系统隐喻描绘了这样一幅图景,即基础生物医学研究进入一个"管道系统"的过程,在这个过程中,通过考察人类及其实践转化的研究来控制知识的流动,然后"排空"进入临床医生和患者准备利用的一种临床或社区环境中(Green, 2014)。在T区间(T0-T4)的每个阶段都会出现知识-实践鸿沟,这种鸿沟为管道内容物的倾倒创造了机遇,或者让内容物在抵达最终目的地之前打了折扣。

对管道系统隐喻的一个主要批评是,它一种线性进展,表明转化研究过程始于与实用问题无关的基础研究问题。因此,一些学者认为,转化研究实践最好理解为一个循环(Ginexi & Hilton, 2006)。循环隐喻通过视觉手段,呈现出公共健康需求(如对疫苗的需求)或临床护理需求是如何能够晓喻科学家所探索的基础研究类型的,从而解决了管道线性问题。全球新冠病毒大流行是循环的一个理想例子。一场公共健康危机引发了直接的科学反应,即了解冠状病毒的运行原理、免疫机制和疫苗发放系统,以及疫苗项目的散播与实施。从实验室到社区的疫苗注射,整个转化过程在不到一年的时间里就完成了。

传播学者很快就会认识到,我们用来理解知识与实践鸿沟的隐喻已经(甚至可能在不知不觉中)塑造了我们用来解决它的传播路径(Krieger, 2014; Krieger et al., 2010)。当鸿沟被概念化为一个管道系统时,这意味着知识转化的主要目标是填补临床实践中的信息缺陷(Pablos-Mendez & Shademani, 2006)。因此,转化传播的努力就集中在散播研究的单向传播路径上,如科学会议或网络教学研讨会。尽管这种情形——需要单向散播科学信息(如紧急情形、流行病)——是明确的例子,但现有证据表明,对话传播实践更有可能成功地缩小知识鸿沟(Krieger & Gallois, 2017)。

当鸿沟被概念化为一个循环时,它意味着知识生产是周期性循环的。虽然知识转化过程在一条线性路径上继续(例如,T1导致T2,然后导致T3等),但人们认识到知识的"终端用户"(例如,社区/T4)在两个重要方面影响知识转化过程。首先,循环表明社区有机会影响科学的优先选项(即管道系统开始的地方)。其次,它假设来自T4研究的数据对重启管道系统有直接影响。例如,如果发现一种药物在特定人群中有意想不到的副作用,循环隐喻会表明,基础研究试图理解为什么会观察到这种结果并找到补救措施。尽管循环隐喻相对于管道隐喻是一项重大进步,但它可能会造成一种错觉,即科学过程是线性的,并且进展平稳。现实情况是,很少有科学发现通过转化区间就得以实现,因为,要么这些想法未能兑现其承诺,要么科学界未能很好地传播其研究发现以保持不断发展。

管道系统和循环隐喻除了对实际过程的表述不准确,还制造了一种期望,即所有科学都**应该被**转化到其他利益相关者,以促进信息流动。这种期望在两个方面可能存在问题。一是它会导致信息过载,因为许多新观念都在争夺利益相关者的注意力。在拥挤的信息环境中,某些类型知识的转化对利益相关者来说比其他知识更有价值。转化所有科学,无论其与特定利益相关者的关联性如何,都可能会产生意想不到的后果,即阻碍个人的知识获得,而知识获得对个人而言更为重要。

第二个问题是,在错误的时间将研究向某些利益相关者转化,可能会产生负面后果。例如,过早传播的知识可能会产生虚假的希望或对科学状况寄予不切实际的期望。当现实辜负了期待时,利益相关者可能会感到"受骗"并开始贬低科学的价值。因此,在拥挤的信息环境中,最好仔细考虑什么知识最重要,以及应该在哪个阶段进行转化。

为了以这种战略方式促进转化传播过程的概念化,我们提出了线性和对话模型的杂糅体,我们称其为协商模型(deliberative model)。与对话模型一样,协商模型强调利益相关者之间的双向传播,强调科学知识和应用实践是共生的,对传播科学的发展具有同等价值。然而,正如稍后会更详细解释的那样,协商路径识别转化语境中的选项和权衡。协商模型可以视觉化为无穷极符号(见图3.1)。图的右侧代表研究转化的特定语境;左侧代表传播理论和实践;中间点是为一组慎重的利益相关者进行知识转换的特定实例。信息是单向方式流动的,但在交叉点,有机会改变流动的方向和/或合并其他观念。

图3.1 趋于无穷性,作为转化传播科学双向性质的一种隐喻(从下向上和向右移动)。

该图建立在管道系统隐喻的优势之上,因为它包含一条连续的线,表示信息从一个语境传输到一个不同的语境或应用。然而,它也利用了循环隐喻的优势,这样知识在新的语境中应用时就会发生变化,而这些变化会给首创这个想法的利益相关者带来新的问题。

除了借鉴管道系统和循环隐喻的优势之外,该图还为隐喻景观增添了两个独特的特点。第一个增加的是交叉循环的概念。在循环隐喻中,所有利益相关者都以顺序和线性的方式做出贡献,就像装配线一样。在该图中,每一边代表一个特定知识领域的地形。图中两端的线条变粗,代表每个领域内发展起来的理论、方法、内容或实践知识的丰富性和深度。

越往中心点,线条变得越细,这表明随着知识进展到应用于一个新领域,专业性不断提高。

第二个独特特点是交叉点。该点左右两侧的空间代表知识与实践鸿沟的面积。右侧空间代表特定一个生物医学领域内的专业知识和经验。左侧空间代表一个特定健康传播领域内的专业知识和经验。两边都代表专业领域,没有哪一边有特权。两边之间的连接点代表弥合知识鸿沟的慎重传播行为。这个连接点可以定义为铁路道岔。道岔是表示一对相连的锥形火车轨道的术语,有助于将火车引导到正确的轨道。特定道岔的特性决定了一辆火车从一个位置移动到另一个位置的速度。

将这个中间点定义为铁路道岔可能会有用,因为它说明了知识创造和应用之间不确定的联系。例如,"kiR"药物滥用干预项目植根于这样的基础研究,即叙事参与(即最左边的循环)对运动讯息的有效性发挥作用(Miller-Day et al., 2020)。该团队开始检视在青少年药物滥用语境中的这些叙事,从而开始研究通往转变之路。与此同时,预防研究(例如,Donovan, 2004)展示了父母和同伴的认可如何影响药物滥用实验(最右边的环)。这项研究指出,对于加速或减速实验开端,社交网络具有举足轻重的作用,这也就在区间上开始将工作转向道岔。传播团队开始与预防团队讨论相互协作的时刻就代表道岔。

一旦知识转化过程达到道岔,就必须决定在两个领域的知识状态是否有潜力相互转化。如果这个想法不可行,道岔会引导知识流返回到原始领域,以进一步完善。如果知识已准备好进行转化,则道岔将以一件意图明确的传播事件作为形式,将来自每个领域的利益相关者聚集在一起,创建一组新的轨道,让知识开始越来越深入地进入新领域。随着这些知识在应用过程中发生转变,它最终会返回到原始领域以激发更多发现。接下来,我们讨论在当代数字语境中,健康信息技术(HIT)是如何促进传播干预的应用与散播的,而这种传播干预又是以理论为驱动的。

尽管散播侧重于信息的扩散,但实施往往需要专门针对用户的需求,制定或调整干预措施。通常,有效实施的干预措施利用参与者伙伴关系并使用以用户为中心的设计。本节描述如何在健康信息技术语境中进行有效实施,并强调策略方法对有效转化依据发挥的独特作用,即利益相关者可以轻松获得、理解并使用。

对于有效的健康传播散播策略来说,健康信息技术正在成为Web2.0时代的一个新颖又必要的部分,它被定义为存储、共享和分析健康信息的任何技术(Buntin et al., 2011; KruseandBeane, 2018)。它可以采用多种形式(如电子健康记录、电子医疗、患者门户网站、基于网络的社交媒介),并为诸多终端用户/利益相关者(如医学研究人员、患者、医生、公共健康组织)提供服务。健康信息技术的灵活性本质上增加了它的调适程度,即调适到能够促进健康传播努力(Jen et al., 2020)。

健康信息技术正在帮助健康传播学者以三种创新方式散播健康信息,这些信息可用于产生行动。首先,健康信息技术可以提高一个用户为了行动而消费信息的**便利性**和**效率**。基于网络的研究注册登记①是中心数据库,它使研究人员能够有效地识别出符合条件的研究参与者。数据表明,80%的临床试验未达到招募目标,这种情况更凸显出健康研究登记注册的作用(McDonald et al., 2006)。随着系统化研究——对基于网络的招聘过程的各个方面进行评估——有了重大发现,有证据表明,健康研究登记注册的使用量在不断增长(Flood-Grady et al., 2020)。目前,基于网络的健康研究登记注册,有效地将人们与正在进行的研究联系起来,提高不同人群对研究机会的认识,并在不同患者人群中间增加被招募参与到临床试验的机会。将受众细分等健康传播方法与可访问的基础设施——就像这些注册登记所做的那样——相结合,这将继续增强招募的科学性,为研究的持之以恒以及临床试验的未来参与赋予意义。

其次,健康信息技术可以通过有效使用文化符号,增加不同受众获取策略性定制的健康信息机会。动作捕捉技术就是一种将文化符号融入讯息设计的一种方式,它是通过在健康传播的视觉组件中描绘真实的手势和非语言行为来完成的(Robb

---

① 注册登记(registry)又称注册登记研究/注册研究/登记研究(registry study),后来统称registry。近来,注册登记研究作为医学临床研究界的宝藏,被越来越多的研究者所熟知;与随机对照试验(randomized controlled trials, RCT)不同,这种研究主要是用观察性研究方法,收集病理材料以及有关的临床、实验、X线和专门病理资料,并将这些资料分门别类进行恰当整理以供研究。常见的注册登记类型有疾病或健康状况的注册登记、医疗服务的注册登记以及产品的注册登记。——译者注

et al., 2015)。动作捕捉是对动作进行数字化记录,以准确描绘运动的过程。尽管动作捕捉在包括电影制作、体育和游戏开发在内的广泛语境中得以使用,但刚刚才成为一种在健康干预中通过虚拟主体促进视觉传播的策略(Vilaro et al., 2020)。例如,疾病控制与预防中心提供与虚拟乳腺癌幸存者的互动对话(CDC, 2020)。在另一个例子中,一个跨学科研究团队正在一项促进结直肠癌筛查的临床试验中,测试虚拟健康助手(Griffin et al., 2019)。拜动作捕捉技术赋能所赐,真实的非语言行为可能在通过动作传递身份和意义方面发挥重要作用,并提高讯息参与度(Portanova, 2017)。

再次,言语的语言特征使之可以传递身份和意义,并对谈话的技术以及用户使用信息的能力产生持续影响。Siri①、Alexa②或其他声音激活设备等,可以传输语音提示,如词汇重音、语调以及表明群体成员身份的语音类别结构。研究技术如何适应各种声音和言语模式(如 AAVE、口音、语言等)可能会改善用户体验,即对基于网络的健康信息的体验(Lewandowski & Nygaard, 2018)。这一领域有着广泛的未开发空间,这为其应用于健康散播准备了条件。与语言学家和计算机科学家协作的健康传播学者,在塑造健康信息技术和传播研究议程方面有着得天独厚的地位。

讯息接收者在社交媒介平台上发表评论、创建相互对话的能力,是健康信息技术重塑人们对原始讯息的看法、允许人们重新创建讯息的一种方式。缤趣(Pinterest)③上与疫苗相关的传播就是一个例子。2015 年,大多数与疫苗相关的钉图(pins)都是反疫苗的(Guidry et al., 2015),随着反疫苗运动取得进展,以及先前得以控制的儿童疾病发病率开始在美国蔓延,反疫苗问题才得到关注(Poland & Jacobson, 2011)。到 2019 年,缤趣和公共健康倡导者采取措施,打击反疫苗钉图,打击用户围绕循证医学知识传播错误信息的行为。现在的政策只允许来自官方卫生组织的疫苗相关传播(Culliford, 2019)。缤趣是最早限制并因此改变有关疫苗搜索结果叙事的社交媒介平台之一。

1. 共享信息

有了健康传播技术,共享信息变得越来越容易,例如,将用户生成数据实时集成到电子健康记录中,就可以促进健康护理系统中的信息交换。新冠病毒大流行期间,远程医疗的使用越来越多,这进一步提高了各种健康信息技术帮助患者共享信息、改变护理体验以及进行信息交换的水平(Assistant Secretary for Public Affairs, 2020)。通过健康信息技术共享信息有助于定位疾病传播的潜在高风险区域,在新冠病毒传播的各个阶段都是如此(Qin, 2020)。其他的范例还有:增强诊断能力和转诊系统(referral systems),将人们引导至可信赖的资源,以及加快研究步伐(Merchant & Lurie, 2020)。

健康信息技术还大大拓宽了互动网络,这些互动网络促成潜在的散播合作伙伴(Bernhardt et al., 2011)。自 20 世纪 90 年代初以来,作为美国知名的科学教育者,科学小子比尔·奈(Bill Nye the Science Guy④)以短视频应用 TikTok 来传播一分钟的基于证据的讯息,内容涉及口罩如何在新冠疫情期间防止新冠病毒传播等主题(Georgiou, 2020)。奈的讯息短时间内在年轻用户群体中产生了很高的参与度(数百万次观看和数千次分享)。

2. 参与型伙伴关系

参与型伙伴关系可以采取多种形式,具体取决于参与实施工作的利益相关者的类型。在某些情况下,在创建和维护不同利益相关者之间的双向传播渠道方面,基于社区的参与式研究方法(参见本书第 24 章)和社区咨询委员会非常管用。参与型伙伴关系是一项基本的健康传播策略(也是有效定制的先决条件),在使用健康信息技术时可以而且应该考虑该策略(Campbell et al., 2011)。有一个这样的例子:医学研究人员、健康传播学者、计算机科学家和患者/患者倡导者通力合作,致力于在美国农村成人中推广结直肠癌筛查(Vilaro et al., 2020)。通过对患者、护理者和研究人员进行访谈和焦点小组讨

---

① Siri,苹果公司开发的智能语音助手。——译者注
② Alexa,是亚马逊公司推出的一款智能助理,最初用于 Amazon Echo 智能音箱。它具有语音交互、音乐播放、待办事项列表、闹钟、流播客、播放有声读物以及提供天气、交通、体育和其他实时信息(如新闻)的功能。Alexa 还可用作智慧家庭系统来控制多个智能设备。——译者注
③ Pinterest,2010 年正式上线,总部位于美国旧金山。"Pinterest"是由"Pin"及"interest"两个字组成,在社交网站中的访问量仅次于 Facebook、YouTube、VKontakte 以及 Twitter。这是一个网络与手机的应用程序,是一家主打图片社交分享的"超级独角兽",世界上有 5 亿用户。其使用的网站布局为瀑布流(Pinterest-style layout)。——译者注
④ 网站是:https://www.billnye.com/——译者注

论,利益相关者的观点得以廓清。社区咨询委员会定期开会,审查和综合各种视角并找出转化鸿沟。利益相关者在整个过程中进行互动,从内容开发到散播过程(如延长利益相关者的参与)。这个有意寻求利益相关者的意见并将意见用于健康促进工作的过程,催生了一种可接受的、技术支持的方法——提供与文化相关、与指南一致的筛查信息。

3. 以用户为中心的设计

增加干预方案可实施性的第二个策略是以用户为中心的设计,这是一种从计算机科学中出现的方法。其关键是,干预措施从规划之初就该考虑满足终端用户的需求。传统上,健康传播干预措施是使用一种所谓的瀑布方法开发的。在瀑布方法中,目标受众就主题提供意见,干预内容得以开发,然后软件开发人员创建应用程序。以用户为中心的设计方法的迭代性强多了,终端用户在整个过程中不断提供反馈。以用户为中心的设计方法,不仅增加了干预措施以满足用户期望的机会,而且增加了产生同理心的机会;同理心引向解决方案,这些方案优先考虑隐私、相关性、实用性和文化敏感性(Griffin et al., 2019)。此外,利益相关者能够推动发达的健康信息技术与现有系统(例如,包括电子健康记录在内的健康护理系统)和网络的整合,并且有始有终地确保目标受众被覆盖到。

第4节 结 论

构成转化传播科学基础的文献多元又互补,本章的目标是将它们汇编在一起。一方面,这种方法基于转化科学的跨学科视角。鉴于这个原因,对于传播学者来说,日益重要的是要了解用于指导转化研究工作的通用框架(即 T 区间、K2A 框架、RE-AIM),要了解那些传播科学在其中可以起到杠杆作用的领域,从而形成有意义的协作。

传播科学目前正以多种方式应用于满足转化研究的需求。传播学者正在(并且必须继续)领导一些大型资助项目和中心,这些资助项目和中心的重点是推进研究转化的科学与实践。他们服务于产生新规划的研究部门,并为多学科研究项目做出宝贵贡献。其做法是带来战略规划知识和恰当的方法知识,例如,以用户为中心的设计,参与型伙伴关系,相关利益相关者识别,对利益相关者进行系统考量,文化定制,以及散播和实施工作。战略性地使用传播理论和方法,可以提高知识转化和散播的有效性(如快速、准确、可用),并最大限度地减少意外后果。例如,无论是利益相关者接受的渠道(如 Facebook、抖音、虚拟人技术)还是技术发挥的能力,健康信息技术的发展都极为迅猛。因此,仔细规划并经常重新评估传播策略对于实现实施和散播目标,都至关重要。

尽管传播理论和研究可以改善健康科学的研究转化过程,但转化研究的语境也可以为传播学科的发展和扩展提供广阔机会。例如,对使用隐喻作为转化工具的成败研究,对影响信息处理的个人、社会以及语境因素提出了令人兴奋的新问题。新型冠状病毒大流行表明,国际社会在获得高质量、易于理解的新兴科学发现的转化方面,面临着巨大的挑战。传播学者已做好准备迎接当今转化研究重要问题的挑战。一个例子是,与生物医学合作开发和散播以文化为基础的健康信息技术,以便及时为患者提供信息和资源帮助。事实上,利用本土知识与传播方法的努力,将是一个持续的挑战,却是改善全球社区健康的巨大机遇。

参考文献

Assistant Secretary for Public Affairs (2020, July 15). *Telehealth: Delivering care safely during COVID-19*. www.hhs.gov/coronavirus/telehealth/index.html.

Backer, T. E., & Rogers, E. M. (1998). Diffusion of innovations theory and work-site AIDS programs. *Journal of Health Communication*, 3(1), 17-28.

Balas, E. A., & Chapman, W. W. (2018). Road map for diffusion of innovation in healthcare. *Health Affairs*, 37(2), 198-204.

Bernhardt, J. M., Mays, D., & Kreuter, M. W. (2011). Dissemination 2.0: Closing the gap between knowledge and practice with new media and marketing. *Journal of Health Communication*, 16(Supp 1), 32-44.

Buntin, M. B., Burke, M. F., Hoaglin, M. C., & Blumenthal, D. (2011). The benefits of health information technology: A review of the recent literature shows predominantly positive results. *Health Affairs*, 30(3), 464-471.

Campbell, M. K., Tessaro, I., Gellin, M., Valle, C. G., Golden, S., Kaye, L., Ganz, P. A., McCabe, M. S., Jacobs, L. A., Syrjala, K., Anderson, B., Jones, A. F., & Miller, K. (2011). Adult cancer survivorship care: Experiences from the livestrong centers of excellence network. *Journal of Cancer Survivorship*, 5(3), 271-282.

Centers for Disease Control and Prevention (2020, April 20). *Cancer simulations*. www.cdc.gov/cancer/dcpc/resources/simulations.htm.

Culliford, E. (2019, August 29). *Pinterest will direct vaccine searches to major health groups*. www.reuters.com/article/us-pinterest-vaccines/pinterest-will-direct-vaccine-searches-to-major-health-groups-idUSKCN1VJ03R.

Davis, R. E., & Resnicow, K. (2012). The cultural variance framework for tailoring health messages. In H. Cho (Ed.), *Health communication message design: Theory and practice* (pp.115-135). Sage.

Dearing, J. W. (2009). Applying diffusion of innovation theory to intervention development. *Research on Social Work Practice*, 19(5), 503-518.

Donovan, J. E. (2004). Adolescent alcohol initiation: A review of psychosocial risk factors. *Journal of Adolescent Health*, 35(6), 529.e7-529.e18.

Drolet, B. C., & Lorenzi, N. M. (2011). Translational research: Understanding the continuum from bench to bedside. *Translational Research*, 157(1), 1-5.

Engebretsen, E., Sandset, T. J., & Ødemark, J. (2017). Expanding the knowledge translation metaphor. *Health Research Policy and Systems*, 15, Article 19.

Estabrooks, C. A., Thompson, D. S., Lovely, J. J. E., & Hofmeyer, A. (2006). A guide to knowledge translation theory. *Journal of Continuing Education in the Health Professions*, 26(1), 25-36.

Fleuren, M., Wiefferink, K., & Paulussen, T. (2004). Determinants of innovation within health care organizations: Literature review and Delphi study. *International Journal for Quality in Health Care*, 16(2), 107-123.

Flood-Grady, E., Liu, J., Paige, S. R., Lee, D., Nelson, D. R., Shenkman, E., Hough, D., & Krieger, J. L. (2020). Audience segmentation as a strategy for enhancing the use of research registries for recruiting patients into clinical trials. *Contemporary Clinical Trials Communications*, 17, 100510.

Gaglio, B., Shoup, J. A., & Glasgow, R. E. (2013). The RE-AIM framework? A systematic review of use over time. *American Journal of Public Health*, 103(6), e38-e46.

Georgiou, A. (2020, July 9). *Bill Nye shares TikTok video on importance of face masks: "They are literally life and death."* www.newsweek.com/bill-nye-tiktok-coronavirus-masks-1516591.

Ginexi, E. M., & Hilton, T. F. (2006). What's next for translation research? *Evaluation & the Health Professions*, 29(3), 334-347.

Graham, I. D., Logan, J., Harrison, M. B., Straus, S. E., Tetroe, J., Caswell, W., & Robinson, N. (2006). Lost in knowledge translation: Time for a map? *Journal of Continuing Education in the Health Professions*, 26(1), 13-24.

Green, L. W. (2014). Closing the chasm between research and practice: Evidence of and for change: L. W. Green. *Health Promotion Journal of Australia*, 25(1), 25-29.

Greenhalgh, T., Robert, G., Macfarlane, F., Bate, P., & Kyriakidou, O. (2004). Diffusion of innovations in service organizations: Systematic review and recommendations. *The Milbank Quarterly*, 82(4), 581-629.

Greenhalgh, T., & Wieringa, S. (2011). Is it time to drop the "knowledge translation" metaphor? A critical literature review. *Journal of the*

Royal Society of Medicine, 104(12), 501-509.

Griffin, L., Lee, D., Jaisle, A., Carek, P., George, T., Laber, E., Lok, B., Modave, F., Paskett, E., & Krieger, J. (2019). Creating an mHealth app for colorectal cancer screening: User-centered design approach. *JMIR Human Factors*, 6(2), e12700.

Guidry, J. P. D., Carlyle, K., Messner, M., & Jin, Y. (2015). On pins and needles: How vaccines are portrayed on Pinterest. *Vaccine*, 33(39), 5051-5056.

Institute of Medicine. (2001). *Crossing the quality chasm: A new health system for the 21st century*. National Academies Press.

Jen, M. Y., Kerndt, C. C., & Korvek, S. J. (2020, September 16). Health information technology. In *StatPearls [Internet]*. StatPearls Publishing. www.ncbi.nlm.nih.gov/books/NBK430685/

Kendall-Taylor, N., Erard, M., & Haydon, A. (2013). The use of metaphor as a science communication tool: Air traffic control for your brain. *Journal of Applied Communication Research*, 41(4), 412-433.

Kerner, J. F., & Hall, K. L. (2009). Research dissemination and diffusion: Translation within science and society. *Research on Social Work Practice*, 19(5), 519-530.

Krieger, J. L. (2014). Last resort or roll of the die? Exploring the role of metaphors in cancer clinical trials education among medically underserved populations. *Journal of Health Communication*, 19(10), 1161-1177.

Krieger, J. L., & Gallois, C. (2017). Translating science: Using the science of language to explicate the language of science. *Journal of Language and Social Psychology*, 36(1), 3-13.

Krieger, J. L., Parrott, R. L., & Nussbaum, J. F. (2010). Metaphor use and health literacy: A pilot study of strategies to explain randomization in cancer clinical trials. *Journal of Health Communication*, 16(1), 3-16.

Kruse, C. S., & Beane, A. (2018). Health information technology continues to show positive effect on medical outcomes: Systematic review. *Journal of Medical Internet Research*, 20(2), e41.

Lewandowski, E. M., & Nygaard, L. C. (2018). Vocal alignment to native and non-native speakers of English. *The Journal of the Acoustical Society of America*, 144(2), 620-633.

Luke, D. A. (2012). Viewing dissemination and implementation research through a network lens. In R. C. Brownson, G. A. Colditz, & E. K. Proctor (Eds.), *Dissemination and implementation research in health: Translating science to practice*. Oxford Scholarship Online.

McCormack, L., Sheridan, S., Lewis, M., Boudewyns, V., Melvin, C. L., Kistler, C., Lux, L. J., Cullen, K., & Lohr, K. N. (2013). *Communication and dissemination strategies to facilitate the use of health-related evidence*. Evidence Report/Technology Assessment No. 213. AHRQ Publication No. 13(14)-E003-EF. Agency for Healthcare Research and Quality.

McDonald, A. M., Knight, R. C., Campbell, M. K., Entwistle, V. A., Grant, A. M., Cook, J. A., Elbourne, D. R., Francis, D., García, J., Roberts, I., & Snowdon, C. (2006). What influences recruitment to randomised controlled trials? A review of trials funded by two UK funding agencies. *Trials*, 7(1), 9.

Merchant, R. M., & Lurie, N. (2020). Social media and emergency preparedness in response to novel Coronavirus. *Jama*, 323(20), 2011-2012.

Milat, A. J., & Li, B. (2017). Narrative review of frameworks for translating research evidence into policy and practice. *Public Health Research and Practice*, 27(1), 2711704.

Miller-Day, M., Hecht, M. L., & Pettigrew, J. (2020). Developing an adolescent substance use prevention intervention: Keepin' it REAL. In M. E. Feinberg (Ed.), *Designing evidence-based public health and prevention programs* (pp. 39-54). Routledge.

National Center for Advancing Translational Sciences (NCATS) (2020, March 19). *Translational science spectrum*. https://ncats.nih.gov/translation/spectrum.

Pablos-Mendez, A., & Shademani, R. (2006). Knowledge translation in global health. *The Journal of Continuing Education in the Health Professions*, 26(1), 81-86.

Petronio, S. (1999). "Translating scholarship into practice": An alternative metaphor. *Journal of Applied Communication Research*, *27*(2), 87-91.

Petronio, S. (2007). *JACR* Commentaries on translating research into practice: Introduction. *Journal of Applied Communication Research*, *35*(3), 215-217.

Poland, G. A., & Jacobson, R. M. (2011). The age-old struggle against the antivaccinationists. *New England Journal of Medicine*, *364*(2), 97-99.

Portanova, S. (2017). Putting identity on hold: Motion capture and the mystery of disappearing blackness. *Computational Culture*, *6*. http://computationalculture.net/putting-identity-on-hold-motion-capture-and-the-mystery-of-the-disappearing-blackness/.

Qin, L., Sun, Q., Wang, Y., Wu, K. F., Chen, M., Shia, B. C., & Wu, S. Y. (2020). Prediction of number of cases of 2019 novel Coronavirus (COVID-19) using social media search index. *International Journal of Environmental Research and Public Health*, *17*(7), 2365.

Robb, A., White, C., Cordar, A., Wendling, A., Lampotang, S., & Lok, B. (2015). A comparison of speaking up behavior during conflict with real and virtual humans. *Computers in Human Behavior*, *52*, 12-21.

Rogers, E. M. (1995). *Diffusion of innovations*. Free Press.

Scherr, C. L., Dean, M., Clayton, M. F., Hesse, B. W., Silk, K., Street, R. L., & Krieger, J. (2017). A research agenda for communication scholars in the precision medicine era. *Journal of Health Communication*, *22*(10), 839-848.

Schmid, K. L., Rivers, S. E., Latimer, A. E., & Salovey, P. (2008). Targeting or tailoring? *Marketing Health Services*, *28*(1), 32-37.

Stableford, S., & Mettger, W. (2007). Plain language: A strategic response to the health literacy challenge. *Journal of Public Health Policy*, *28*(1), 71-93.

Treise, D., Baralt, C., Birnbrauer, K., Krieger, J., & Neil, J. (2016). Establishing the need for health communication research: Best practices model for building transdisciplinary collaborations. *Journal of Applied Communication Research*, *44*(2), 194-198.

Vilaro, M. J., Wilson-Howard, D. S., Griffin, L. N., Tavassoli, F., Zalake, M. S., Lok, B. C., Modave, F. P., George, T. J., Carek, P. J., & Krieger, J. L. (2020). Tailoring virtual human-delivered interventions: A digital intervention promoting colorectal cancer screening for Black women. *Psycho-Oncology*, *29*(12), 2048-2056.

Zerhouni, E. A. (2005). US biomedical research: Basic, translational, and clinical sciences. *JAMA*, *294*(11), 1352-1358.

第 4 章
叙事特征、形式和功能：讲故事促进幸福，使健康护理人性化，并酝酿变革

林恩·哈特(Lynn M. Harter)　吉尔·山崎(Jill Yamasaki)　安娜·M. 克尔(Anna M. Kerr)

  我叫安吉拉·迪娜，2012 年 5 月 30 日，我的家庭世界发生变故。我们当时四岁的儿子查理肚子疼了好几天，我只能告诉你，上帝在引导这件事，把我们引向家附近的得克萨斯州立儿童急诊室。就在那天，我们收到了查理的诊断结果。然而，对此我们毫无准备——高危神经母细胞瘤第四期。我们已知的生活永远改变了。当询问我儿子这种情况可能康复的概率时，他们给了我们约为 50/50 的统计数据。我只记得我当时在想，好吧，我们必须站在好的可能性这一边；我们必须成为充满希望的一方。已有五个孩子活下来了，为什么我儿子不能成为活着的那个？那段日子你有多绝望，有多少疑问与不解，所有的感受，一切的一切都一言难尽。没有什么比听到有人活下来了这个消息更让人心情好了。因此，如果查理和我们家的故事，如果我们能成为幸存者，让所有正在与病魔做斗争的孩子过得好一些，那么，我会为查理的个中经历感到高兴。如果不是因为查理和我们家的征程，这个组织(TIG)肯定不会存在。在这种意义上，TIG 不仅仅是为了我家的查理，也是为了所有的查理——所有明天将被诊断成这个病的孩子，今天正在与之搏斗的孩子，以及之前已过世的孩子。

  [安吉拉·迪娜，TIG 运动联合创始人兼执行董事，摘自哈特等人《真实的童话结局：TIG 运动》(Harter et al., 2017)]

  叙事将过去、现在的情况与未来的可能性交织在一起(Ricoeur, 1984)。讲故事与叙事冲动相呼应。对于像查理这样面对生命中重大变故的个人来说，讲故事是一种强有力的意义建构资源。与此同时，安吉拉依靠讲故事来挑战健康不公平现象并设想其他选项。想想她纪录片中的开篇见证："点石成金"(Turn It Gold，以下简称 TIG)是一个非营利组织，由一个受到艰难困苦直接影响并寻求解决之途的家庭(及其朋友们)所创立。与大多数慈善组织的主管一样，安吉拉是一位讲故事的高手。她逢人便讲其个人经历和系统性挑战，她在报纸文章里讲，向电视主持人讲，在足球比赛及其动员会上讲，对政策制定者和普罗大众讲。在这些过程中，她阐释了问题，阐明了解决方案，并提出了行动建议，正如学术期刊《健康事务》(*Health Affairs*)在其题为"叙事很重要"("Narrative Matters")的专题中所强调的那样(Mullan et al., 2006)。故事为社会互动提供信息，搅动并活跃社会互动(Frank, 2010)，因此，故事可以作为赋予力量和/或危险的同伴。弗兰克(Frank, 2010)认为，"故事与人合作，为人服务，并对人发挥作用"，"影响人们把什么看作真实、可能的，以及何事值得做或最好避而远之"(第 13 页；原文是强调句)。

在本章中，我们探讨了与健康相关的叙事理论及其实践范围。首先，我们概述了叙事活动的基本特征和形式。然后，我们将注意力转向讲故事的功能。作为健康传播学者，我们感兴趣的是故事对个人和群体有啥**用处**。正如我们在本章中所展示的那样，叙事提供了一种令人信服的方式，以便理解、分享和学习有关疾病与治疗的鲜活经验。反过来，讲故事可以使健康护理人性化，挑战社会秩序，并调动资源进行变革。迪娜家和TIG的故事贯穿全章，故事是全国辛迪加纪录片《真实的童话结局：TIG运动》(Realistically Ever After: A TIG Movement)的节选(Harter et al., 2017)，揭示了层层解说的力量，即在第一人称叙事与分析文字之间来来去去(参见Ellis et al., 2011)。这部影片通过公共广播服务附属公司发行，并可在亚马逊上购买。正如任何叙事一样，读者/观众应该记住：(这个故事)也有故意的沉默或缺口，有个人选择不分享以及/或制作人选择不凸显的经历。正如哈特(Harter, 2013)所指出的："叙事者是分享自己东西的策展人，就像守门人有权选择、表征和解释他人的经历一样。"(第6页)所有的故事都是局部的和不确定的(Harter et al., 2005)，应该被认为是情境化的、偶然的并有着开放式结局的。随着自我和情况的变化，故事也会发生变化。我们邀请读者观看这部纪录片以增强阅读体验。

第1节 叙事特征和形式

叙事的一个决定性特征是伯克(Burke, 1969)式的，即可以用大写字母T标记麻烦(Trouble)。危及生命的疾病扰乱了我们理解世界并存于世界的条件性常规方式，个体——作为天生的讲故事者(Fisher, 1987)——就利用并创造故事来为生活的一团糟赋予意义。简而言之，叙事是"有讲述者、听者、时间进程、情节和要点的故事"(Charon, 2006，第3页)。TIG的故事从查理的诊断开始，直到今天依然是体育运动式行动(athletic activism)，旨在提高对儿童癌症的认识和资助，该故事揭示了这种修辞形式被广泛认可的特征。查理和他的家人是主角。然而，其他一些人在持续的讲解中，会在不同时间、从不同角度共同构建、讲述故事，并凸显自己的声音，这些人包括：健康护理提供者，顾问，社区朋友，学校管理人员和学生，体育运动教练和运动员，捐助者，电影制作人，以及研究人员。每个叙事者都表达了动机、恐惧、愿望和选择，它们策划了一系列事件——通过将正在发生的事情连接进布局，揭示这些事件的意义并对随后的行动产生影响。通过家庭、医院、运动场所、学校和公共领域这些不断变化的场景，层层递进、拼凑而来的故事最终诞生了。

归根结底，没有任何故事是纯粹个人的、组织的或公共的(Sharf et al., 2011)。情节说明了事件发生的历史语境。物理的社会环境与角色(如患者、健康护理提供者、活动家、运动员、非营利组织)扮演方式密不可分。行动(及其象征意义)在其中展开的物理空间扩大或限制了一些可能性；随着情况的发展，新的故事会出现。查理的诊断、治疗和缓解让位于癌症晚期效应和儿童癌症研究资金严重不足这样的现实。这些故事激发了TIG的开启和行动：在小学、中学、大学以及专业水平层面上展开体育行动，为受困于儿童癌症的其他家庭、医学研究人员以及社区联盟提供支持。因此，在对健康传播学术研究的调查中，我们撒了一张大网，其中包括讲故事的过程、自传故事、组织故事、主叙事和反叙事，这些都承认意义形成的互文性质(Sharf et al., 2011)。

叙事语境也超越了真实事件的活生生语境，延伸到故事本身的对话建构。当观众将情景化的身份和文化过滤器带入阐释过程时，意义创造就是一种语境性的理解，这就承认了叙事形式的本质：**关联性**、**条件性**和**无定性**(relational, conditional, and indeterminate)(Harter, 2013)。事实上，叙事学者认可对话式的认知方式，这种方式强调个人如何"在某个共享的时间和空间中聚集在一起，并对彼此产生各式各样的影响"(Frank, 2005，第968页)。例如，《健康传播》期刊的"决定性时刻"("Defining Moments")论坛展示了讲故事所具有的社会、物质力量(Harter et al., 2020)，同时其配套播客的特点是作者与主持人以及整个社区成员进行对话(Harter, 2019)。

健康传播研究自然倚重书面形式的叙事(Sharf et al., 2011)。鉴于人们以无数种方式表达关于健康和疾病的日常故事，叙事学者继续扩大传统研究的合理性，把审美、情感和具身体验包括进来。这些叙事形式既包含过程(如对话时刻和讲故事的场合),也包含产品(如音乐、电影或艺术)。重要的是,它们还为传统上被边缘化或表述性不足的声音腾出空间,以挑战习以为常的表述和普遍假设(Sharf et al.,2011)。有关婴儿丢失、残疾、不育、父母衰老、儿童期性虐待、癌症以及种族和社会经济隔离这些问题需要决策,有一些著名例子理解并保障了这些决策,这些例子包括艺术(Willer,2019)、民族志小说(Ellingson,2005)、音乐(Quinlan et al.,2020)、诗歌(Drummond,2018;Gallardo,2017)、互动戏剧和纪录片(Beach,2021)、摄影(Dutta et al.,2013;Ellingson,2017),甚至舞蹈的具身行为(Quinlan & Harter,2010)以及跑步(Smith-Tran,2021;Weller,2018;Willer et al.,2019)。

博赫纳(Bochner,2014)为叙事理论提供了审慎的历史,这与他自己的学术之旅交织在一起,可追溯到各种交叉学科传统,其深度超出了本述评的范围。同样,威利(Whaley,1999)研究了解释疾病的目的、作用和方法,该研究仍然是一个基础性来源,用于传播(和讲述)相关健康的意义与不确定性。我们推荐这两个研究资源。在本章的其余部分,TIG 故事的展开与健康语境中活泼的叙事理论的例子齐头并进。具体来说,我们专注于故事在苦难、不确定性、关怀和转型中的作用,即促进幸福,将健康护理人性化,以及酝酿变革。

第 2 节 促 进 幸 福

彼得:你好,我叫彼得。

查理:你好,我叫查理·迪娜。

彼得:我 5 岁时被诊断出患有癌症。

查理:我大约 4 岁时得了癌症。我们要做的就是振作、振作、再振作。

彼得:我们要打很多针,输很多液。所以,我总挂着这个叫袋子的东西。这个叫袋子的东西供液给我。

查理:还有,我俩都有袋子,这真的好难。

彼得:你有个袋子?

查理:是的。(笑)

彼得:明天我的袋子要取出来了。但不妙的是我的手臂流血了。我讨厌流血。

(彼得·伊万斯(Peter Evans)和查理·迪娜(Charlie Dina),儿童癌症幸存者,摘自《真实的童话结局:TIG 运动》,Harter et al.,2017)

长期以来,促进幸福一直被认为是健康和疾病叙事的基本功能(Sharf & Vanderford,2003)。处于创伤、失丧或慢性疾病中的人遭受的不仅仅是身体上或精神上的痛苦,其关系、身份、自主性、安全感以及连贯现实都会受到影响。弗兰克(Frank,1995)将这些破碎定位成故事召唤,将受苦的个人定位成伤痕累累的故事讲述者,讲述者通过故事来理解他们的**不-易**(dis-ease)①,讲故事的过程能够使其伤痛愈合。重要的是,正如彼得和查理之间的交流所揭示的那样,即使故事是通过身体讲述的,身体变化也会引发对新故事的需求(参见 Ellingson,2017)。例如,伊丽莎白·西尔弗(Elizabeth Silver,2017)在她的回忆录中描述了故事的价值,这个故事是她的女宝宝遭受系列癫痫发作后她寻找答案的历程。她写道:"我想要文学、散文和短篇小说、回忆录以及叙事类非小说作品,它们能让我在走类似的道路时得到安慰","或如法炮制轻易避开这条道路"(第 120 页)。

---

① 英文词汇疾病(disease)拆开为 dis-ease,直译为"不-易",无论从词源还是本文前后文来看,都具有双关的意思。一个人生活中的诸般"不-易"(dis-ease)导致"疾病"(disease)。——译者注

鉴于慢性病的性质，即使是治愈，也可能对患者及其支持者产生影响（Ellis，2018）。例如，查理的治疗使迪娜一家分开，因为查理的父母陪他一起住在医院，而亲戚则在家里照看他的妹妹卡罗琳。卡罗琳分享道："查理的病症在缓解，我依然还在康复中。"——她为捕捉自己作为兄弟姐妹的经历而精心制作了两个"六字故事"（six-word story），这是其中的一个。她接着说："不好也没关系。"缓解带来了令人痛苦的不确定性，即为了掌握病症新情况而进行定期扫描的不确定性。癌症存活率也很复杂。劳拉·埃林森（Laura Ellingson，2017）本人也是一名儿童癌症幸存者，她认为幸存者从此幸福快乐这样的故事，未能承认对幸存者的健康和幸福造成"后期影响"的物理现实——由化疗、放疗、手术、药物、其他治疗以及疾病本身所造成的损害。

一、为了自己

人们有时会叫个体在一个没有意义的世界中活下来，特别是当不确定性和悲伤伴随着那些改变生活轨迹的变故发生时（Harter，2013）。讲故事是贯穿于生活转变中的传播资源（Frank，2010），个体参与叙事意义建构，以应对出现偏差的期望，并想象另类未来（Seeger & Sellnow，2016）。因此，大多数叙事研究都侧重于故事的意义建构功能（即从意外事件中创造意义的叙事能力；Sharf & Vanderford，2003）。例如，美国黑人有很强的口头传统，有研究调查了他们在如下情况中是如何自然而然地倚重讲家庭故事的：理解不完整的家庭健康史，在家庭内部传播健康风险，以及应对与健康相关的困难挑战（Yamasaki & Hovick，2015）。这种叙事性意义建构通常是事后诸葛亮式的，时间上的距离使讲故事的人能够反思过去的事件，然后以传播的方式做出回应，并以新的方式来构建经验、赋予意义以及赋予行为合情合理性（Yamasaki & Hovick，2015）。

当慢性病或严重疾病或创伤加剧痛苦、剥夺个人自主性并带来诸如挫折、尴尬和耻辱等情绪反应时，叙事性的意义建构还可以帮助个人坚称有控制力（Sharf & Vanderford，2003）。污名反映的是显著差异或者社会不适格属性，这些属性表示被败坏或者有污点的身份（Goffman，1963）。说明性叙事研究探讨了对非裔美国人家庭使用临终关怀予以污名化，并使这些家庭的差距扩大化的文化偏好和视角（Dillon & Basu，2019）；探讨了弥漫于恐同和恐跨性别叙事中的压制性（Spencer，2020），以及既改善又强化精神疾病污名的家庭叙事（Flood-Grady & Koenig Kellas，2019）。有时，正是在讲故事的过程中，个人宣称对曾经使他们无能为力的经历有了掌控力（Koenig Kellas et al.，2020）。加拉多（Gallardo，2017）用诗歌强有力地表达了自我揭示，她在诗歌中描述了母性如何最终将她从童年时遭受的家庭性虐待的耻辱中解放出来。山崎（Yamasaki，2020）也反思了故事如何帮助她应对与动物救援相关的同情疲劳。

当创伤——痛苦、恐惧、失落、悲伤——打破了一个有意义和清晰的现实时，想象新的常态颇费力气和创造力（Harter，2013）。事实上，严重的疾病常常会破坏一个人既定的自我形象，需要重新协商或重塑关系、角色以及行为改变（Sharf & Vanderford，2003）。从伴随致命疾病而来的模糊性和苦难中产生的叙事（既是过程又是产物），使个体能够公开表达自己并在社会意义上构建偏好的身份。这一领域著名的叙事研究考察了为调适生平而进行的传播努力，其特点是"创造和整合一个有价值的新身份，重新评估关系，并获得意义感和平衡感，以应对一个人的生命破败"（Iannarino，2018a，第493页，2018b）；它还考察过去和现在之间的叙事联系，以驾驭、管理当下情形，而这些当下情形会威胁个人偏好的或连贯的生平身份（Yamasaki & Sharf，2011）。其他研究通过讲故事、艺术和跑步的具身行为，从疾病、悲伤和失落的深度，来揭示身份认同的努力和自我表达（Scott，2019；Willer et al.，2019）。

二、和他人

威胁生命或使生活发生变故的情况会塑造和改变人际关系，无论是通过加深家庭关系和友谊，还是通过使个人与互惠的社交网络隔绝和脱节（Harter et al.，2020）。健康和疾病的叙事通过增强复原力，在情况相似的人们之间建立认同感并培养归属感，从而在社交隔离之地创建一种社区感，可以扩展伤痕累累的故事讲述者的应对资源，并增进他们的幸福（Sharf & Vanderford，2003）。叙事研究的典范已经表明，癌症幸存者是如何在在线社区（Banerjee et al.，2018）和博客（Iannarino，

2018b)中找到支持的。有丧亲之痛的家庭在有组织的散步或跑步中分享叙事,这些叙事为这些家庭提供了纪念逝婴的空间(Willer et al., 2019);受癌症影响的个人培养并建立了联系(Weller, 2018);黑人女性在培育社区的同时对健康统计数据提出了挑战,改变了主流叙事,并直面"在白人为多数的空间中作为少数种族所遇到的相关挑战和影响"(Smith-Tran, 2021,第1页)。这种"讲故事的场合"(Weller, 2018,第510页)使个人的感受合理化、正常化,同时也提供了相互支持并设想新生活可能性的机会。

最后,关于健康和疾病的叙事可以培养理解力,促进情感联系,从而增进幸福并增加对他人的同理心。弗兰克(Frank, 2010)认为,故事包含一种内在的道德,改变了人们对什么是可能的,什么是被允许的,以及什么是负责任的看法。该领域的研究主要关注故事产生的力量:健康护理提供者对种族差异的反应(Burgess et al., 2019),印度的家庭暴力预防(Muralidharan & Kim, 2019),以及在线医疗众筹(Xu & Wang, 2019)。

第3节 使健康护理人性化

2020年5月9日,《美国医学学会杂志》(Journal of the American Medical Association)庆祝其专栏"我的一片心声"("A Piece of My Mind")成立40周年——该专栏致力于发表纪念医学人文的故事(Malani & Zylke, 2020)。编辑们指出:"发表在医学期刊上的大多数文章都是充满技术方法和统计数据的研究,却在设计中故意规避对情感作出研究","但医生治疗的是患者,而不仅仅是疾病……仅限于研究的期刊将无法承载完整体验"(第1651页)。迄今为止,该专栏收录了1 300多篇由医生、医学生、患者以及家庭成员撰写的医学叙事文章。这些文章呼应了无数临床医生持有的观点,即相信在患者护理人性化以及管理患者烦恼方面,需要故事手法(Defenbaugh & Dickey, 2020)。

医学的叙事方法可以抵消健康护理商品化对医-患治疗关系产生的看似不可避免的后果(Charon, 2006)。健康护理系统要求在提高效率的同时最大限度地降低成本,这就使旨在建立一种互信治疗关系的医生的努力——哪怕是来自最富有同情心的医生——变得复杂(Roscoe, 2018);并且,工作量的增加和自主性的降低会导致医生的职业倦怠(West et al., 2018;另见本书第18章)。这种健康护理模式的结果被弗兰克(Frank, 1995)称为**叙事投降**(narrative surrender),或生物医学叙事优先于个人疾病叙事。叙事投降反映了将复杂的患者故事简化为有助于确诊的临床相关事实。然而,就其本质而言,临床推理是一种阐释性的叙事实践(Hunter, 1991),临床医生必须学会在整个医疗过程中利用故事的力量。这样做不会降低诊断的准确性;相反,它提高了诊断性和依从性,并产生深度个性化的健康护理(Charon et al., 2020)。

一、讲述医疗故事

医学中最具仪式化的讲故事形式之一是案例呈现:关于患者主诉、症状、家族和药物史以及体检结果的临床故事(Hunter, 1991)。这种案例呈现是医生对临床相遇(产物)的叙事,并且是医生参与叙事谋划(过程),将患者的故事和治疗事件以及患者更广泛的生活语境联系起来的结果(Mattingly, 1991)。马丁利(Mattingly, 1991)认为,"在图表讨论中,重点是关于疾病。疾病是主角","但在讲故事时,患者的情况或疾病经历才是临床问题的中心"(第11页)。因此,成功的案例呈现需要一种基于叙事的医学访谈方法,这种访谈把生物医学视角与患者视角整合起来(Haidet & Paterniti, 2003),即将患者叙事的作者从医生转移到医生和患者双方(Hunter, 1991)。

就像其他必要的临床技能一样,临床护理的叙事方法需要教学和评估的具体能力。丽塔·卡伦博士(Rita Charon, 2001)是叙事医学领域的先驱和知名权威,她呼吁医生通过对叙事过程进行反思和自我拷问,"承认、吸收、阐释他人故事,并对他人的困境与故事采取行动"(第1897页)。这样做可以使反思性从业者"识别和阐释其自身对患者的情绪反应,可以理解其自身的人生旅程,因此可以在面对生病甚至病危的患者时给予他们所求——以及所愿"(第1899页)。当医生**听**(listen to)

患者的故事时,他们依靠自己掌握的科学知识来寻找故事要素,这些要素确认或否定有关疾病的一般真实。当医生**仔细听**(listen for)患者的故事时,他们会利用人物、情节、背景和观点这些叙事技巧来理解和同情每个患者的独特经历(Charon,2006;Charon et al.,2016)。

叙事医学在实践中的著名例子包括平行图表(Charon,2006)、单页摘要(Anderson & Hanna,2020)以及可编辑日历(Anderson & Kaye,2009),所有这些都将患者的治疗方案统合进患者的主观经验与医生的反思性反应的协调中。当临床医生邀请患者和家属撰写自己的临床故事时,他们认识到患者是生活在多个复杂现实中的复杂个体,叙事可以使他们能够创造"超越客观事件"(如血细胞计数和CT扫描)的个人疾病故事(Bianco,2011,第301页)。研究还检视了虚拟预约(Anderson & Hanna,2020)、移动医疗诊所(Carmack et al.,2017)和临终关怀机构(Tullis et al.,2017)这些叙事空间,它们以显著方式重新构想护理,并使之人性化。

二、讲故事促成联结

鉴于叙事医学的重要性,一些医学院设计了叙事课程或选修课来实践慈悲关怀。例如,在俄亥俄大学的骨科医学遗产学院(Heritage College of Osteopathic Medicine),开放图书项目(Open Book Project)通过检视描述与社会正义和包容相关问题的小说作品、绘画、照片、诗歌和歌词,来教授医学院学生叙事技能(Casapulla et al.,2020)。在小组形式中,学生可以在讲和听那些医学生代表经历的故事时,学习仔细阅读和反思性写作的技能。其他项目使用读者的戏剧或戏剧艺术来教授临终传播和姑息治疗(Kerr et al.,2020),使用案例研究以协商临终生物伦理(Roscoe & Schenk,2017),以及使用专业会议上的医生自述民族志(Foster,2014)。

学生对叙事医学干预反应积极,并且重视医学教育中经常被忽视的自我反思时间(Barber & Moreno-Leguizamon,2017)。事实上,学生们常常渴望通过集体分享和见证故事来建立联结。以医学生伊莎·波拉坎帕利(Aiesha Polakampalli)和萨曼莎·南迪亚尔(Samantha Nandyal)为例,他们为同龄人创立了"白大褂背后:讲故事之夜"(*Behind the White Coat: A Night of Storytelling*)(Polakampalli & Nandyal,2019)。在第一场活动中,有八位同学分享了失落、成长、家庭、爱情、欢笑的故事,两位分享了关于家乡的诗歌,另一位谈到失去祖父母后才意识到珍惜生命有多重要。

第4节 酝酿变革

几年前,在被称为CAC2的儿童癌症联盟(Coalition Against Childhood Cancer)会议上,我们有机会见到了格雷格·奥恩博士,他是一名医生,也是儿童期癌症幸存者。他的谈话引人入胜之处在于,在青少年晚期从儿童癌症中幸存下来后,他随即陷入了严重的后遗症境况。

我永远不会忘记那种强烈悲伤的感觉。我的儿子服用了同样的心脏毒剂,那对他可能意味着何种现实啊,但这一点真的有助于在我们的机构中形成一个重点,即我们想把研究资金投向哪里。我们真的希望开始在长期幸存者的后遗症领域进行投资,以期能够更大幅度地提高幸存率,但过去20年或30年,我们给予这些孩子的有毒和过时的化疗药物依然操控着我们的这种愿望。

[安吉拉·迪娜,TIG运动联合创始人兼执行董事,摘自哈特等人《真实的童话结局:TIG运动》(Harter et. al.,2017)]

传播学科见证了讲故事研究的增长,这些研究揭示了个人和组织如何拿讲故事作为杠杆,来撬动习惯性的冒险模式并改善公共健康。一些著名的研究探讨了这些过程:讲故事促进了个人态度和行为改变(例如,Miller-Day & Hecht,2013),改变了家庭模式(Koenig Kellas,2018),激发了健康倡议(例如,Ivancic,2021)。这些倡议的语境包括生殖正义(Hernandez & Upton,2020)、立法领域(Beck et al.,2015)以及全球公共健康倡议(例如,Barbour et al.,2016)。一个颇有意义的例子是:大多数公众仍然没有意识到癌症是儿童疾病死亡的主要原因,国家癌症研究所的预算中只有4%用于儿童癌症研究(参见 https://cac2.org)。癌症患者远非"从此幸福",通常是与无疾病症状相伴随,80%的幸存者长期生活在治疗后的后遗症中(Ellingson,2017)。迪娜家的故事作为TIG的叙事起源发挥了作用,虽然其运作目的是为了改变幸存者的主导叙事并投资于为儿童开发的治疗法。与许多叙事一样,他们的叙事展示了故事如何发挥作用:① 让公众**参与**(engage)并将他们**带入**(transport)叙事现实;② **打破**(disrupt)惯常性理解和规范,并为想象的另类方案**动员**(mobilize)资源。

一、参与和带入

> 某个人首先是与人的因素关联,然后才是通过统计数据和数字得以验证。起初,你不太可能与数字统计产生联系。你不会写支票。你也不会想与朋友分享统计数据。但是,一旦你与那个故事或那种情感相联,这些统计数据将使你采取行动。讲故事全关乎人,不必关乎一种颜色。这就是为什么你得到如此多的支持,因为你的妻子讲了如此多的故事。
>
> [阿丽莎·韦尔登(Alyssa Weldon),"卓越营销"(Well+Done Marketing)项目的创始人兼总裁,摘自哈特等人《真实的童话结局:TIG运动》(Harter et.al.,2017)]

几十年来,从业者一直在健康改善讯息中使用叙事,包括与TIG合作的"卓越营销"项目(Well+Done)。幸存者的故事和统计信息与公共服务公告中的金丝带并列,在9月全国儿童癌症宣传月期间广为流传。在多大程度上,叙事有效地提高了人们对讯息的意识并减少了信息障碍以及个人对变革的抵制(如反驳、对主张打折扣、忽略信息)?学者们在娱乐教育工作(Moyer-Guse et al.,2011)、健康运动(Niederdeppe et al.,2014)以及社会推广(例如,Kreuter et al.,2007)中探索了这些问题。布雷多克和迪拉德(Braddock and Dillard,2016)对叙事研究的元分析表明,接触叙事具有劝服力,并会在信念、态度、意图和行为方面产生与故事一致的变化。他们的述评还表明,传播媒介似乎并没有协调叙事接触与结果之间的关系,而且数据通常与虚构的重要性具有模糊关联。

从叙事接触到有劝服力的结果,影响路径是什么?理论考量了诸如带入(例如,Barbour et al.,2016)、讯息设计特征(Dillard et al.,2010)以及心智模型构建(Miller-Day & Hecht,2013)等机制,以减少危险的性行为(Moyer-Guse et al.,2011),培养戒烟意愿(Kim et al.,2012),防止青少年滥用药物(Shin et al.,2019),支持肥胖政策(Niederdeppe et al.,2014),并增加对受污名群体的同情(Oliver et al.,2012)。各个项目的研究表明,叙事将观众带入故事世界,并通过与故事角色建立联系来使观众参与,这是通过戏剧化过程中煽情的个人证词和超社会互动来完成的。

二、打破和动员

> 我所知的另一件事对我们来说很重要,那就是从感觉良好的讯息到更大胆的讯息。这是一个转折,是我们传播方式的转变,是从只把信息发放出去到大胆发放信息的转变。
>
> 体育运动式行动对于我们所行之事非常重要,即让它成为一项全国性运动。运动员在传递信息方面拥有不可思议的力量。你知道,我们喜欢看运动员,他们的勇敢,他们的承诺,他们的力量——我们认为,癌症患者正是从这些言说中受益匪浅。
>
> 在运动员的积极行动方面,我们通过行动筹集到了资金。而筹集资金意味着扶持他人,而这些资金只是影响着底线。
>
> [米歇尔·佩恩,TIG运动联合创始人兼营销总监,摘自哈特等人《真实的童话结局:TIG运动》(Harter et al.,2017)]

打破对现实做出宽泛归因解说的故事,是健康倡导及其实际行动的关键要素。私人叙事转变为公共叙事提升了类似查理人群的体验,可以动员公众采取行动并做出改变。知名研究已探索如下方面:传记叙事如何将环境健康运动中的风险政治化(Zoller, 2012);建立多元化社区并注入对话(LeGreco & Douglas, 2017);以及如何为公共健康政策制定提供信息(Bute, 2021)。随着社交媒介平台的发展,个人故事在公共领域的流传激增(Beck et al., 2015)。例如,贝克及其同事(Beck et al., 2015)描绘了名人叙事——通过个人揭示或作为盟友——在提高意识和筹措资金方面的作用。同样,TIG与运动队合作,利用他们的知名度来打破癌症研究和治疗的现状,并动员球迷在他们自己的影响范围内采取行动(Yamasaki et al., 2019)。同时,其大胆努力对于如何避免"快乐暴政"具有指导意义,这种暴政经常渗透到社会推广活动中(King, 2006,第122页)。名为"♯谅你也不敢♯说出真相并♯点石成金"("♯I Dare You to ♯Discover The Truth and ♯Turn It Gold")的运动是TIG运动的一部分,它发布的信息图表带有令人不爽且不便的事实。

主叙事通过构建信念和使行为合法化来激发个人和群体的活力(Frank, 2010)。叙事学者会问如下问题(参见Harter, 2013):在讲故事中,人们维护或反驳了哪些价值体系?服务于(或不服务于)谁的利益?谁的声音被最小化或完全消失了?一些知名调查已批评了企业家和新自由主义叙事的局限性:将疾病定位为适销对路的产品(Dubriwny, 2013),把医疗资源私有化(Ivancic, 2017),让个人为健康担责(Shugart, 2016),以及将系统性不平等最小化(Dutta, 2015; Dutta et al., 2017)。学者们还考察了有关女性健康和生殖保健的公共与私人叙事的交界面,包括乳腺癌(Keranen, 2010)、受孕和不孕症(Johnson & Quinlan, 2019)以及性教育(Jensen, 2010)。这些研究揭示,为健康和身体赋予意义,具有意识形态争议的本质。例如,研究探讨了"好母性"("good motherhood")的叙事如何告知女性怎样经历产后抑郁(Dubriwny, 2013)、奶库(Quinlan & Johnson, 2020)以及剖腹产手术(Cripe, 2018)。总的来说,这类研究揭示了一些身份和选择是如何享有特权的,而另一些身份和选择是如何被污名化的,甚至一些个体的发声被拒斥:不认同自己女性身份的母亲,同性恋母亲、父亲和父母,领养父母,以及许多其他人。

重要的是,主叙事不是静态的,且事实上是会走样的——通常随着反叙事扰乱停滞不前的剧本以及挑战规范性实践而发生(Frank, 2010)。尼尔森(Nelson, 2001)将反叙事定义为:将历史、轶事和其他片段交织在一起聚合成丛,从而打破支配性故事。反过来,传播学者探索了反叙事活动如何改变健康组织(Harter et al., 2017)以及如何挑战权力关系(Ellingson, 2017)。例如,分娩在美国已被医学化,但学者们将社会分娩情景化为抵制方式,即抵制将分娩病态化、限制女性能动性的主叙事(Wolf, 2021)。学者们图绘了在粮食困难语境下的依赖性叙事,这种叙事是缺陷驱动的,不但无法解决不公正的全球粮食系统问题(Schraedley et al., 2020),还使饥饿的人蒙羞,使白人特权永久化(de Souza, 2019)。即便如此,研究指出了打破食物"施者"和"受者"之间错误的二元关系的故事组织过程(Ivancic, 2021),强调了为寻求食物正义,"积极偏差"实践会提升非规范性组织过程(Okamoto, 2020),甚至将食品储藏室重新想象为反叙事流传的空间,为反叙事提供信息的是那些为边缘人群发声者(deSouza, 2019)。

最后,对于一些学者来说,叙事既是一个有趣的现象,也是一种干预形式。本章中的专题片是哈特(Harter)通过芭芭拉·杰拉德斯叙事与社会影响研究所(Barbara Geralds Institute for Storytelling and Social Impact)领导的众多校园社区项目之一。埃林森(Ellingson, 2017)是该影片中的一位癌症幸存者,通过使用照片语音,他提高了在美国癌症协会组织的生命接力赛项目中的其他幸存者的声音。"研究与评估文化聚焦方法中心"(Center for Culture-Centered Approach to Research and Evaluation, CARE)主任杜塔(Dutta, 2020)也使用照片语音,结合其他叙事形式——包括博客和纪录片——为"边缘之边缘"的社区发声创造机会(https://www.massey.ac.nz/~wwcare/)。讲故事打破了规范并调动起人们的进取心,部分原因在于它能够让观众全神贯注于动作顺序和场景中,而且——由于其角色驱动的性质——角色可以解决两难困境,证明动机,并随着时间的推移改变角色的自我感。例如,米勒戴和赫克特(Miller-Day and Hecht, 2013)的叙事参与理论优先考虑学生的故事,这些故事是在其"保持真实"的青少年毒品课程框架中流传的,该课程在美国及其他地区采用。比奇(Beach, 2021)对一个家庭成员癌症自然进展过程中的家庭对话进行了分析,并将分析转化为戏剧作品。比奇是传播、健康和公共利益中心的主任,他的学术也依赖于包括电影在内的其他叙事形式。科尼格·凯拉斯(Koenig Kellas, 2020)以类似的方式,创立并指导一个叫内布拉斯加叙事(Narrative Nebraska)的研究实验室,探索个人和家庭讲故事与幸福之间的联系,并促进对关乎老人护理、育儿等问题的故事讲述进行转化,从而达到干预目的。总之,叙事使复杂的信息更容易理解;因此,它们非常适合非学术观众使用。

第 5 节 继 续 对 话

叙事服务于健康相关语境的重要目的,是从促进幸福到人性化健康护理并酝酿变革。传播领域有着丰富的叙事理论历史,正如本章所揭示的,健康传播学者对健康语境下的叙事转向做出了有意义的贡献。通过讲故事,个人直面自己和他人的不幸,并重新设计优先事项,组织和实施关怀,以及扰乱停滞不前的剧本。在最精彩的时刻,讲故事打破了生物医学模型的狭隘目光,并在脆弱中增长了个人幸福。同时,讲故事可以将个人联系起来,开启原本可能处于休眠状态的对话,并为集体行动设置出舞台。

我们仍然相信,当个人面临不可避免的疾病和死亡时,讲故事是一种必要的生存策略。个人可以想象新常态并在不确定的环境中成长,这是对人性的颂歌(Harter, 2013)。即便如此,有些时候,个人和团体应该挑战把痛苦集体正常化。例如,我们应该感到愤怒的是,饥饿在丰裕的粮食系统中依然存在,并对少数群体造成格外大的影响(de Souza, 2019)。我们向叙事学者发起挑战,要他们采用反种族主义议程寻求促进公正公平的健康政策、护理及其结果。交叉、流动的身份结构——性别和性身份、种族/族裔、阶级、年龄、能力——影响讲何种故事以及如何使用它们来组织资源。叙事理论应该摒弃以白人、异性恋和健全至上主义为特权的讲故事实践,要促进具有包容性和可接近性的关怀。积极偏差框架(Singhal, 2014)、以文化为中心的方法(Dutta, 2020)、奇卡纳女性主义者(Hernandez & Upton, 2020)以及敬业的学者(Beach, 2021),为叙事学者如何与社区成员一道工作以提高被压制的声音,提供了充满希望的愿景。与此同时,新的唯物主义和女性主义路径,揭示了叙事学者如何探索符号世界和物质世界之间的生成性张力,就像在身体中以及经过身体所经历的张力那样——身体与其他身体、技术和环境相互作用(Ellingson & Sotirin, 2020)。例如,如果不改变物质环境(如临床空间的重组、时间约束、法律责任),就很难实施叙事医学。通过突出身体与社会文化和物质过程之间的相互作用,叙事理论能够得到充实,这些相互作用塑造了人们对健康和治疗的理解和体验方式。朝着这些方向迈进,可以为如下行为设置舞台:向不同个体学习,致力于系统性变革,以及丰富个人生活。

(本章前两位作者为纪录片制作组成员,参与了构想本片的田野工作。第三位作者花了大量时间与抗儿童癌症的家庭打交道,对影片中的故事情节非常熟悉。)

参考文献

Anderson, P., & Kaye, L. (2009). The therapeutic alliance: Adapting to the unthinkable with better information. *Health Communication*, 24(8), 775-778.

Anderson, P. M., & Hanna, R. (2020). Defining moments: Making time for virtual visits and catalyzing better cancer care. *Health Communication*, 35(6), 787-791.

Banerjee, S. C., D'Agostino, T. A., Gordon, M. L., & Hay, J. L. (2018). "It's not JUST skin cancer": Understanding their cancer experience from melanoma survivor narratives shared online. *Health Communication*, 33(2), 188-201.

Barber, S., & Moreno-Leguizamon, C. J. (2017). Can narrative medicine education contribute to the delivery of compassionate care? A review of the literature. *Medical Humanities*, 43(3), 199-203.

Barbour, J. B., Doshi, M. J., & Hernandez, L. H. (2016). Telling global public health stories: Narrative message design for issues management. *Communication Research*, 43(6), 810-843.

Beach, W. A. (2021). Defining moments, revisited. *Health Communication*, 36(8), 1044-1048.

Beck, C. S., Chapman, S. M. A., Simmons, N., Tenzek, K. E., & Ruhl, S. M. (2015). *Celebrity health narratives and the public health*. McFarland & Company.

Bianco, J. A. (2011). Narrative empowerment and the talking cure. *Health Communication*, 26(3), 297-301.

Bochner, A. P. (2014). *Coming to narrative: A personal history of paradigm change in the human sciences*. Routledge.

Braddock, K., & Dillard, J. P. (2016). Meta-analytic evidence for the persuasive effect of narratives on beliefs, attitudes, intentions, and behaviors. *Communication Monographs*, 83(4), 446-467.

Burgess, D. J., Bokhour, B. G., Cunningham, B. A., Do, T., Gordon, H. S., Jones, D. M., & Gollust, S. E. (2019). Healthcare providers' responses to narrative communication about racial healthcare disparities. *Health Communication*, 34(2), 149-161.

Burke, K. (1969). *A grammar of motives*. University of California Press.

Bute, J. J. (2021). Public and private revisited: Storied reflections from a food allergy parent. *Health Communication*, 36(8), 1053-1054.

Carmack, H. J., Bouchelle, Z., Rawlins, Y., Bennet, J., Hill, C., & Oriol, N. E. (2017). Mobilizing a narrative of generosity: Patient experiences on an urban mobile health clinic. *Communication Quarterly*, 65(4), 419-435.

Casapulla, S. L., Bianco, J. A., Harter, L. M., Kropf, K., Shaub, T. L., Kerr, A. M., Blais, F. X., Newburn, R., Nandyal, S., Ofei-Tenkorang, N. A., Biechler, M., & Baker, B. (2020). Moving toward narrative competence and inclusive healthcare through the Open Book Project. *Health Communication*, 35(2), 257-261.

Charon, R. (2001). Narrative medicine: A model for empathy, reflection, profession, and trust. *JAMA*, 286(15), 1897-1902.

Charon, R. (2006). *Narrative medicine: Honoring the stories of illness*. Oxford University Press.

Charon, R., Hermann, N., & Devlin, M. J. (2016). Close reading and creative writing in clinical education: Teaching attention, representation, and affiliation. *Academic Medicine*, 91(3), 345-350.

Charon, R., Ship, A., & Asch, S. M. (2020). Arts, humanities, medicine, and discovery: A creative calling. *Journal of General Internal Medicine*, 35(2), 407-408.

Cripe, E. T. (2018). "The scarlet C": Exploring Caesarean section stigma. *Health Communication*, 33(6), 782-785.

Defenbaugh, N., & Dickey, L. A. (2020). Flattening the curve of emotional distress during COVID-19. *International Journal of Academic Medicine*, 6(2), 110-115.

de Souza, R. (2019). *Feeding the other: Whiteness, privilege, and neoliberal stigma in food pantries*. MIT Press.

Dillard, A. J., Fagerlin, A., Dal Cin, S., Zikmund-Fisher, B. J., & Ubel, P. A. (2010). Narratives that address affective forecasting errors reduce perceived barriers to colorectal cancer screening. *Social Science & Medicine*, 71(1), 45-52.

Dillon, P. J., & Basu, A. (2019). African Americans and hospice care: On social risk, privacy management, and relational health advocacy. In P. Kellett (Ed.), *Narrating patienthood: Engaging diverse voices on health, communication, and the patient experience* (pp. 63-84). Lexington Books.

Drummond, D. K. (2018). The decision: A creative autoethnographic account with poetry. *Health Communication*, 33(4), 507-509.

Dubriwny, T. N. (2013). *The vulnerable empowered woman: Feminism, postfeminism, and women's health*. Rutgers University Press.

Dutta, M. J. (2015). *Neoliberal health organizing: Communication, meaning, and politics*. Routledge.

Dutta, M. J. (2020). *Communication, culture, and social change: Meaning, co-option and resistance*. Palgrave Macmillan.

Dutta, M. J., Anaele, A., & Jones, C. (2013). Voices of hunger: Addressing health disparities through the culture-centered approach. *Journal of Communication*, 63(1), 159-180.

Dutta, M. J., Sastry, S., Dillard, S., Kumar, R., Anaele, A., Collins, W., Roberson, C., Dutta, U., Jones, C., Gillespie, T., & Spinetta, C. (2017). Narratives of stress in health meanings of African Americans in Lake County, Indiana. *Health Communication*, 32(10), 1241-1251.

Ellingson, L. L. (2005). *Communicating in the clinic: Negotiating frontstage and backstage teamwork*. Hampton Press.

Ellingson, L. L. (2017). Realistically ever after: Disrupting dominant narratives of long-term cancer survivorship. *Management Communication Quarterly*, 31(2), 321-327.

Ellingson, L. L., & Sotirin, P. (2020). *Making data in qualitative research: Engagements, ethics, and entanglements*. Routledge.

Ellis, C. (2018). *Final negotiations: A story of love, loss, and chronic illness* (2nd ed.). Temple University Press.

Ellis, C., Adams, T. E., & Bochner, A. P. (2011). Autoethnography: An overview. *Historical Social Research*, 36(4), 273-290.

Fisher, W. R. (1987). *Human communication as narration: Toward a philosophy of reason, value, and action*. University of South Carolina Press.

Flood-Grady, E., & Koenig Kellas, J. (2019). Sense-making, socialization, and stigma: Exploring narratives told in families about mental illness. *Health Communication*, 34(6), 607-617.

Foster, E. (2014). Physicians' stories: Autoethnography, presence, and rhizomatic inquiry. *International Review of Qualitative Research*, 7(3), 290-301.

Frank, A. W. (1995). *The wounded storyteller: Body, illness, and ethics*. University of Chicago Press.

Frank, A. W. (2005). What is dialogical research, and why should we do it? *Qualitative Health Research*, 15(7), 964-974.

Frank, A. W. (2010). *Letting stories breathe: A socio-narratology*. University of Chicago Press.

Gallardo, S. Y. (2017). How I learned to count. *Health Communication*, 32(12), 1584.

Goffman, E. (1963). *Stigma: Notes on the management of spoiled identity*. Prentice-Hall.

Haidet, P., & Paterniti, D. A. (2003). "Building" a history rather than "taking" one: A perspective on information sharing during the medical interview. *Archives of Internal Medicine*, 163(10), 1134-1140.

Harter, L. M. (2013). The poetics and politics of storytelling in health contexts. In L. M. Harter & Associates (Eds.), *Imagining new normals: A narrative framework for health communication* (pp. 3-27). Kendall Hunt.

Harter, L. M. (2019). Storytelling in acoustic spaces: Podcasting as embodied and engaged scholarship. *Health Communication*, 34(1), 125-129.

Harter, L. M., Beck, C. S., & Japp, P. M. (Eds.). (2005). *Narratives, health, and healing: Communication theory, research, and practice*. Erlbaum.

Harter, L. M., Ellingson, L. E., Yamasaki, J., Hook, C., & Walker, T. (2020). Defining moments... Telling stories to foster well-being, humanize healthcare, and advocate for change. *Health Communication*, 35(2), 262-267.

Harter, L. M., Pangborn, S. M., & Shaw, E. (Producers/Directors). (2017). *Realistically ever after: A TIG movement*. WOUB Public Media Center.

Hernandez, L. H., & Upton, S. D. L. S. (2020). Insider/outsiders, reproductive (in)justice, and the U.S.-Mexico border. *Health Communication*, 35(8), 1046-1050.

Hunter, K. M. (1991). *Doctors' stories: The narrative structure of medical knowledge*. Princeton University Press.

Iannarino, N. T. (2018a). "It's my job now, I guess": Biographical disruption and communication work in supporters of young adult cancer survivors. *Communication Monographs*, 85(4), 491-514.

Iannarino, N. T. (2018b). "My insides feel like Keith Richards' face": A narrative analysis of humor and biographical disruption in young adults' cancer blogs. *Health Communication*, 33(10), 1233-1242.

Ivancic, S. R. (2017). Gluttony for a cause or feeding the food insecure? Contradictions in combating food insecurity through private philanthropy. *Health Communication*, 32(11), 1441-1444.

Ivancic, S. R. (2021). "No one's coming to save us": Centering lived experiences in rural food insecurity organizing. *Health Communication*, 36(8), 1039-1043.

Jensen, R. (2010). *Dirty words: The rhetoric of public sex education, 1870-1924*. University of Illinois.

Johnson, B. L., & Quinlan, M. M. (2019). *You're doing it wrong! Mothering, media, and medical expertise*. Rutgers University Press.

Keranen, L. (2010). *Scientific characters: Rhetoric, politics, and trust in breast cancer research*. University of Alabama Press.

Kerr, A. M., Biechler, M., Kachmar, U., Palocko, B., & Shaub, T. (2020). "Confessions of a reluctant caregiver" palliative educational program: Using readers' theater to teach end-of-life communication in undergraduate medical education. *Health Communication*, 35(2), 192-200.

Kim, H. S., Bigman, C. A., Leader, A. E., Lerman, C., & Cappella, J. N. (2012). Narrative health communication and behavior change: The influence of exemplars in the news on intention to quit smoking. *Journal of Communication*, 62(3), 473-492.

King, S. (2006). *Pink ribbons, inc.: Breast cancer and the politics of philanthropy*. University of Minnesota Press.

Koenig Kellas, J. (2018). Communicated narrative sense-making theory: Linking storytelling and well-being. In D. O. Braithwaite, E. A. Suter, & K. Floyd (Eds.), *Engaging theories in family communication: Multiple perspectives* (2nd ed., pp. 62-74). Routledge.

Koenig Kellas, J., Morgan, T., Cassidy, T., Minton, M., Forte, J., & Husmann, E. (2020). Narrative connection: Applying CNSM theory's translational storytelling heuristic. *Journal of Family Communication*, 20(4), 360-376.

Kreuter, M. W., Green, M. C., Cappella, J. N., Slater, M. D., Wise, M. E., Storey, D., Clark, E. M., O'Keefe, D. J., Erwin, D. O., Holmes, K., Hinyard, L. J., Houston, T., & Woolley, S. (2007). Narrative communication in cancer prevention and control: A framework to guide research and application. *Annals of Behavioral Medicine*, 33, 221-235.

LeGreco, M., & Douglas, N. (2017). Everybody eats: Carrying and disrupting narratives of food (in)security. *Management Communication Quarterly*, 31(2), 307-313.

Malani, P. N., & Zylke, J. W. (2020). Forty years of a piece of my mind. *JAMA*, 323(17), 1651-1652.

Mattingly, C. (1991). The narrative nature of clinical reasoning. *American Journal of Occupational Therapy*, 45(11), 998-1005.

Miller-Day, M., & Hecht, M. L. (2013). Narrative means to preventative ends: A narrative engagement framework for designing prevention interventions. *Health Communication*, 28(7), 657-670.

Moyer-Guse, E., Chung, A. H., & Jain, P. (2011). Identification with characters and discussion of taboo topics after exposure to an entertainment narrative about sexual health. *Journal of Communication*, 61(3), 387-406.

Mullan, F., Ficklen, E., & Rubin, K. (Eds.). (2006). *Narrative matters: The power of the personal essay in health policy*. The Johns Hopkins University Press.

Muralidharan, S., & Kim, E. A. (2019). Can empathy offset low bystander efficacy? Effectiveness of domestic violence prevention narratives in India. *Health Communication*, 35(10), 1229-1238.

Nelson, H. L. (2001). *Damaged identities, narrative repair*. Cornell University Press.

Niederdeppe, J., Shapiro, M. A., Kim, H. K., Bartolo, D., & Porticella, N. (2014). Narrative persuasion, causality, complex integration, and support for obesity policy. *Health Communication*, 29(5), 431-444.

Okamoto, K. E. (2020). "First you feast with your eyes": An aesthetic approach to food and risk. *Health Communication*. https://doi.org/10.1080/10410236.2020.1773706.

Oliver, M. B., Dillard, J. P., Bae, K., & Tamul, D. J. (2012). The effect of narrative news format on empathy for stigmatized groups. *Journalism & Mass Communication Quarterly*, 89(2), 205-224.

Polakampalli, A., & Nandyal, S. (2019, March 28). *Behind the white coat: A night of storytelling*. Ohio University Medicine. https://www.ohio.edu/medicine/news-center/blog/behind-white-coat-night-storytelling-ohio-university-medicine.

Quinlan, M. M., & Harter, L. M. (2010). Meaning in motion: The Embodied Poetics and Politics of Dancing Wheels. *Text and Performance*

Quarterly, *30*(4), 374-395.

Quinlan, M. M., Harter, L. M., & Johnson, B. L. (2020). DooR to DooR's acoustics of care: Interrupting and transforming the biomedical landscapes of western hospitals. *Health Communication*, *35*(9), 1113-1122.

Quinlan, M. M., & Johnson, B. (2020). #Motherhoodishard: Narrating our research and mothering in the postpartum stage through texting and social media. *Health Communication*, *35*(6), 782-786.

Ricoeur, P. (1984). *Time and narrative*. University of Chicago Press.

Roscoe, L. A. (2018). I feel pretty. *Health Communication*, *33*(8), 1055-1057.

Roscoe, L. A., & Schenck, D. P. (2017). *Communication and bioethics at the end of life: Real cases, real dilemmas*. Springer.

Schraedley, M. K., Bean, H. K., Dempsey, S. E., Dutta, M. J., Hunt, K. P., Ivancic, S. R., LeGreco, M., Okamoto, K., & Sellnow, T. (2020). Food (in)security communication: A "Journal of Applied Communication Research" forum addressing current challenges and future possibilities. *Journal of Applied Communication Research*, *48*(2), 166-185.

Scott, J.-A. (2019). The visceral remains: Revealing the human desire for performance through personal narratives of Alzheimer's disease. *Text and Performance Quarterly*, *39*(2), 116-134.

Seeger, M. W., & Sellnow, T. L. (2016). *Narratives of crisis: Telling stories of ruin and renewal*. Stanford University Press.

Sharf, B. F., Harter, L. M., Yamasaki, J., & Haidet, P. (2011). Narrative turns epic: Continuing developments in health narrative scholarship. In T. L. Thompson, R. Parrott, & J. F. Nussbaum (Eds.), *Routledge handbook of health communication* (2nd ed., pp. 36-51). Routledge.

Sharf, B. F., & Vanderford, M. L. (2003). Illness narratives and the social construction of health. In T. L. Thompson, A. Dorsey, K. I. Miller, & R. Parrott (Eds.), *Handbook of health communication* (pp. 9-34). Erlbaum.

Shin, Y., Miller-Day, M., & Hecht, M. L. (2019). Differential effects of parental "drug talk" styles and family communication environments on adolescent substance use. *Health Communication*, *34*(8), 872-880.

Shugart, H. A. (2016). *Heavy: The obesity crisis in cultural context*. Oxford University Press.

Silver, E. L. (2017). *The tincture of time: A memoir of (medical) uncertainty*. Penguin Press.

Singhal, A. (2014). The positive deviance approach to designing and implementing health communication interventions. In D. K. Kim, A. Singhal, & G. Kreps (Eds.), *Health communication: Strategies for developing global health programs* (pp. 174-189). Peter Lang.

Smith-Tran, A. (2021). "Finally something for us": Black Girls Run! and racialized space-making in recreational running. *Journal of Sport and Social Issues*, *45*(3), 235-250.

Spencer, L. G. (2020). Stares and prayers. *Health Communication*, *35*(7), 921-923.

Tullis, J. A., Roscoe, L. A., & Dillon, P. J. (2017). Resisting the hospice narrative in pursuit of quality of life. *Qualitative Research in Medicine and Healthcare*, *1*(2), 63-72.

Weller, M. R. (2018). Relay for life as a storytelling occasion: Building community in the midst of suffering. *Health Communication*, *33*(4), 510-512.

West, C. P., Dyrbye, L. N., & Shanafelt, T. D. (2018). Physician burnout: Contributors, consequences and solutions. *Journal of Internal Medicine*, *283*(6), 516-529.

Whaley, B. B. (Ed.). (1999). *Explaining illness: Research, theories, and strategies*. Routledge.

Willer, E. K. (2019). The hea/r/tist part: Turning the point of mothering toward 100%. *Health Communication*, *34*(9), 1069-1073.

Willer, E. K., Krebs, E., Castaneda, N., Hoyt, K. D., Droser, V. A., Johnson, J. A., & Hunniecutt, J. (2019). Our babies['] count [er story]: A narrative ethnography of a baby loss remembrance walk ritual. *Communication Monographs*, *87*(2), 179-199.

Wolf, J. H. (2021). Witnessing birth, giving birth, researching birth, bettering birth. *Health Communication*, *36*(7), 924-926.

Xu, K., & Wang, X. (2019). "Kindhearted people, please save my family": Narrative strategies for new media medical crowdfunding.

Health Communication, *35*(13), 1605-1613.

Yamasaki, J. (2020). Response-ability and the trauma of animal rescue. *Health Communication*, *35*(2), 253-256.

Yamasaki, J., Eldridge, S. S., & Estes, V. M. (2019). Brave. Bold. Gold: Athletic activism and the realities of childhood cancer. *Health Communication*, *35*(11), 1431-1434.

Yamasaki, J., & Hovick, S. R. (2015). "That was grown folks' business": Narrative reflection and response in older adults' family health history communication. *Health Communication*, *30*(3), 221-230.

Yamasaki, J., & Sharf, B. F. (2011). Opting out while fitting in: How residents make sense of assisted living and cope with community life. *Journal of Aging Studies*, *25*(1), 13-21.

Zoller, H. M. (2012). Communicating health: Political risk narratives in an environmental health campaign. *Journal of Applied Communication Research*, *40*(1), 20-43.

第 2 部分
人际与家庭健康传播

第 5 章
精神健康、精神疾病与自杀

罗莎莉·S. 奥尔德里奇(Rosalie S. Aldrich)

杰西·M. 昆特罗·约翰逊(Jessie M. Quintero Johnson)

精神健康研究是复杂的。在与健康传播学者的对话中,一位学者认为:"影响精神健康及其治疗的因素有很多,包括生物、生理成分,心理和人的内在过程,关系问题,健康护理提供者-患者互动,社交网络/社会资本影响因素,医疗组织的特征,文化影响因素以及媒介"(Fisher et al., 2012,第 542 页)。研究这些力量如何共同生产并再生产精神健康的意义,传播学者具有天然优势。从根本上说,精神健康是一种由传播建构而成的现象(Mokros, 1993)。

致力于精神健康的研究需要跨学科性,即来自自然科学、社会科学和健康科学领域里的哲学、理论与方法的"智力整合"(Parrott & Kreuter, 2011,第 11 页)。精神健康研究需要加入不同理论与方法论视角,还需要关注一系列传播现象。在接下来的文献回顾中,我们考察了精神疾病的患病率与如下问题的相关文献:自杀,健康护理差距,精神健康诊断与治疗,以及不同语境下的精神疾病与自杀。

第 1 节 患病率与风险因素

美国约有 4 600 万成人患有精神疾病(MI; NIMH, 2019),1 120 万人患有严重精神疾病,这种疾病被定义为:严重干扰生命活动并导致严重功能性损害的精神、行为或情感障碍(NIMH, 2019)。自杀和精神疾病之间有着密切关联,尽管对于没有精神疾病史的人来说,在危机时刻冲动自杀的也很多。全世界每年大约有 800 000 人死于自杀。在美国,自杀是第十大死因,2019 年,有 47 173 人死于自杀(WHO, 2019)。每年还有更多人严肃地考虑过自杀(1 070 万),企图自杀(330 万),并制定了自杀计划(140 万)(CDC, 2020a)。2017 年,死于自杀的人数是死于凶杀的人数的两倍(CDC, 2020b)。由于枪支自杀占自杀死亡的绝大部分,一些研究者和健康护理政策顾问建议,自杀预防措施应该要求限制枪支的获得(Andres & Hempstead, 2011)。

某些人群特别容易受到精神疾病的影响。例如,年轻人的精神疾病患病率明显高于老年人。事实上,近 50%的青少年会经历某种类型的精神疾病,其中,22.2%有严重的功能性损害(NIMH, 2019)。女性的精神疾病发病率高于男性,来自医疗服务不足和边缘化社区的人可能更容易患上更严重的持续性精神疾病(Kreps, 2020; NIMH, 2019)。有证据表明,在美国,尽管也有明显的例外,包括原住民社区的创伤后应激障碍和酒精依赖的较高患病率,以及黑人社区中的精神分裂症,但不同种族和族裔群体之间的精神障碍患病率大致相似(McGuire & Miranda, 2008)。

关于患病率的流行病学研究提出了这样的问题：在精神障碍诊断方面，少数种族以及少数族群社区存在何种程度的差距(Atdjian & Vega, 2005)。尽管如此，研究人员认为，精神疾病的包袱格外影响拉丁裔和黑人，他们比白人更有可能经历持续性的慢性精神疾病(Breslau et al., 2005; McGuire & Miranda, 2008)。

更高的自杀率也发生在弱势群体中，例如，难民和移民，土著人和LGBTQIA①社区成员(WHO, 2019)，正在/曾经被欺负的青少年(vanGeel et al., 2014)，那些经历着/经历过童年虐待的人(Schonfelder et al., 2019)，亲密伴侣实施的暴力受害女性(Cavanaugh et al., 2011)，曾在武装部队服役的男性和女性(美国退伍军人事务部，US Department of Veterans Affair, 2019)，以及医生(Dutheil et al., 2019)。一般来说，白人的自杀率较高，为每10万人中有16.8人，而黑人为每10万人中有7.0人，其他少数族裔为每10万人中有7.5人。中年白人男性的自杀率最高。事实上，男性死于自杀的可能性是女性的三倍，尽管女性更有可能尝试自杀(AFSP, 2020)。

第2节 精神健康护理差距

尽管精神疾病患病及其自杀率都很高，但精神健康的专业护理率却低得惊人：只有大约一半的精神疾病患者接受了治疗(NIMH, 2019)。在美国，获得精神健康护理的机会和质量方面的差距有据可查，并且这种差距加剧了精神障碍的脆弱性及其后果(Kreps, 2020; Link & Phelan, 1995)。要对这些精神健康护理的可得性及其质量方面的差距进行理解，社会生态学可以提供最好的视角。该视角表明，个人、社会和环境因素共同创造了条件，使得传统边缘群体的精神健康护理体验不佳(Cook et al., 2017)。个人层面的因素包括易感特征，例如，对精神健康护理系统与医疗服务提供者抱有负面看法和不信任；以及能力特征，包括获得健康保险、语言流利、精神健康素养(Atdjian & Vega, 2005; Cook et al., 2017)。社会条件包括精神健康评估、干预工具以及精神健康护理实践中的系统性偏见，这些系统性偏见导致的歧视严重地影响穷人、亚裔、黑人、拉丁裔和土著人(McGuire & Miranda, 2008; Snowden, 2003)。环境因素包括生活条件的影响，这些影响使得在地方和州一级难以提供易得的精神健康护理(Cook et al., 2017)。健康传播学者在努力更好地理解产生精神健康差异的复杂条件以及最终改善这些条件的多方面解决方案方面，可以发挥重要作用。

第3节 精神健康诊断与治疗

精神健康诊断需要询问和揭示心理社会功能——对许多人来说，这些信息是私密的。传播语境中的隐私管理研究表明，重要的是要考虑个人是如何就如下问题作出策略性决策的：如何以及何时向健康护理提供者披露私人精神健康信息(Petronio & Child, 2020)。尽管有相当多的研究对其他健康语境下的传播过程与私人信息的管理给予了关注，但仍需要对精神健康诊断的语境给予更多的传播学术关注(Milton & Mullan, 2014)。重要的是，应考虑精神疾病的传播性质以及污名后果是如何与某些诊断标签相关的，因为这些东西既对精神健康护理中的诊断过程，也对相关研究构成了独特挑战。

内在于精神疾病诊断行为中的传播过程，远比简单地应用诊断标准复杂得多。《精神疾病诊断与统计手册》(DSM-5)对精神疾病进行了分类，并详细说明了其相关标准，是健康职业人士诊断精神疾病的主要工具。根据《精神疾病诊断与统计手

---

① LGBTQIA是如下自我认同性别者单词首字母的组合：女同性恋者(L: lesbians)，男同性恋者(G: gays)，双性恋者(B: bisexuals)，跨性别者(T: transgender)，疑性恋者(Q: questioning)，雌雄同体恋者(I: intersex)，直男直女并支持LGBTQIA者(A: ally)和无性恋者(A: asexual)。——译者注

册》,精神障碍"是一种综合征,其特征是个体认知、情绪调节或行为出现临床上的显著障碍,反映了心理、生理或发育过程中的一种功能性失调,而这些过程是发挥精神功能的基础"(APA,2013,第20页)。

即便精神健康与疾病的含义是社会建构的,但《精神疾病诊断与统计手册》等诊断工具依然假定存在与精神障碍相关的(几乎)普遍性的特征(Hinshaw,2007;Mokros,1993)。尽管这些诊断工具在美国精神疾病诊断中的应用无处不在,但并不总是充分地考虑了社会、环境条件(如贫困、歧视)以及文化规范对精神健康体验的影响(Manderscheid et al.,2010)。因此,跨文化传播能力以及精神健康素养必须处于精神健康诊断的最前沿(Furnham & Swami,2018;Ulrey & Amason,2001)。

污名是一种通过各种传播过程产生并再现的现象,对精神疾病的污名性质及其影响进行考察,是精神健康、疾病和治疗研究不可或缺的一部分(Kreps,2020)。戈夫曼(Goffman,1963)关于身份管理的开创性著作首次对污名做出了解释,污名被定义为一种"严重抹黑的"属性(第3页;另见本书第6章)。戈夫曼的研究旨趣在于人们用来管理"被败坏的"身份的各种策略,比如,试图隐藏或淡化污名化状况;这种旨趣阐明了与污名相关的社会伎俩及其代价。

围绕精神疾病的污名常常阻碍精神健康护理;阻止人们寻求并接受诊断和治疗的,是害怕和回避:那些出现精神疾病症状的人会害怕并回避加诸于自己身上的诊断标签的负面影响(Ben-Zeevetal,2010;Corrigan,2007)。一些研究表明,出现精神疾病症状的人不太可能获知对他们的诊断结果,因为健康职业人士不愿给患者贴上污名化的标签。当诊断结果更为严重时,尤其如此(例如,精神分裂症;Outram et al.,2014)。尽管使用诊断标签存在使患有精神疾病的人受到污名化的风险,但这些标签可以用来为精神疾病经历赋予意义,并使之正常化。研究人员已经提出,应该实施沟通协议,指导和促进关于心理健康诊断的支持性患者与医生的讨论(Milton & Mullan,2014)。研究人员建议应实施传播协议,以指导和促进患者-提供者就精神健康诊断进行支持性讨论(Milton & Mullan,2014)。需要更多的学术关注来解释隐含在精神健康诊断有效传播中的那些重要因素,并指导诊断实践。

传播也是精神健康治疗的核心。事实上,传播是精神保健的**主要**治疗工具之一。研究表明,能够预示患者参与并遵从治疗方案的因素是:患者-精神健康提供者之间的传播质量(如协作传播、倾听、共情),参与式决策风格的使用,以及适合患者偏好的对传播实践作出的刻意裁剪(例如,使用不太正式的语言)(Aggarwal et al.,2016;Thompson & McCabe,2012)。科学家们呼吁对精神健康治疗进行更严格的考察,其中应包括调查传播方式与技能的作用,精神健康护理提供者和患者都会用到这些方式和技能——无论是在谈话治疗中还是在治疗情景之外的互动中(Holmes et al.,2014)。健康传播学者在精神健康研究领域有很多可以贡献的东西。

传播也是自杀预防与干预工作的核心,包括通过健康运动提高公众意识以及提供把关人培训计划,不一而足。还有一些精神健康计划,例如,为正有自杀念头的人提供咨询。还有一些努力是以家庭和同伴社交支持的形式出现的,这些支持通过亲身和在线方式得以提供(McClay et al.,2020)。以计划行为理论(Ajzen,1987)为指导的研究表明,来自亲密他人的干预是预防自杀的可行途径(Aldrich,2015)。

第4节 人际传播

一、社会关系

低质量和/或低数量的社会关系与不良的健康结果有关,包括精神疾病(Umberson & Montez,2010)和死亡(Holt-Lunstad et al.,2010)。在一项研究社会关系对死亡风险影响的元分析中,霍尔特·伦斯塔德(Holt-Lunstad et al.,2010)分析了148项研究(n = 308 849),通过控制年龄、性别、初始健康状况、死因和随访期,他们发现,当个体具有更强的社会关系时,他们的生存可能性增加50%。这些结果可能得到压力缓冲假说(stress-buffering hypothesis)(Cohen & Pressman,2004)的支持;该假说表明，社会关系提供了信息、情感支持和/或有形支持等资源，以帮助个人对生活压力源作出调适，如疾病。因此，这些不同类型的支持可以缓冲压力源的有害影响。

个体之间缺乏有意义的社会联系可能会导致孤立感、疏离感和孤独感。有关自杀的人际关系理论认为，感到关系联结缺乏互惠（即受挫的归属感），以及感到人际关系是一种责任（即可感知的负担），这些都与自杀意念有关（Joiner, 2005）。众所周知，社会孤立会导致许多负面的健康结果，包括心血管问题，认知能力下降以及抑郁（Bhatti & Haq, 2017）。

二、家庭

家庭动态与互动也会影响身心健康（Amato, 2000）。父母在影响孩子的精神健康方面发挥着特别重要的作用（King et al., 2018）。较高水平的父母支持与较低水平的抑郁症、较低自杀企图相关（Lecloux et al., 2016）。这种影响不会在儿童时期结束，而是会持续到青春期（Flynn et al., 2014）。父母与青少年的依恋关系可以作为精神健康问题的保护因素；然而，家庭中的负面事件，例如离婚，可能会成为激发精神健康问题的风险因素（Bannink et al., 2013）。

其他家庭成员的精神健康也会显著地影响个人的社会精神健康。例如，被诊断出患有精神疾病的父母与其子女所经历的心理压力之间存在联系（Riebschleger, 2004; Siegenthaleretal, 2012）。尽管一些压力可能与父母精神健康状况产生的影响有关——对日常功能、家庭传播模式的影响，以及关系不和的增加——但证据也表明，对精神疾病的污名化会影响育儿方式、自尊心，以及整个家庭成员对社交回避与/或排斥/歧视的体验（Hinshaw, 2005）。

这表明，需要对可能影响精神健康的家庭关系特征（如传播模式）进行更细致的考察。

第 5 节　健康护理专业人员

护理患有精神疾病的人会产生心理伤害。精神健康职业人士容易倦怠，其特点是在履行工作职责中极度疲惫，有疏离感，有愤世嫉俗之感，以及无效感和/或缺乏成就感（Newell & MacNeil, 2010；另见本书第 18 章）。似乎与工作相关的压力源——包括对个人安全的担忧和刚刚进入精神护理行业——可能特别预示着倦怠感（Devilly et al., 2009）。接触患者和/或客户的创伤性损伤会导致继发性创伤压力，表现为创伤后压力症状的出现（Newell & MacNeil, 2010）。护理有精神病症状的人需要加强对个人情感的管理以及对同情和同理心进行管理；因此，精神健康护理工作者也存在同情疲劳的风险，这是"承受他人痛苦"的结果（Figley, 2002, 第 1434 页）。

不幸的是，精神病与自杀的研究变得相当复杂，是因为有相当大的"培训缺口、恐惧、决策复杂性、操作障碍、缺乏可用的评估工具以及评估工具违反心理测量原则"（Kene et al., 2018, 第 1 页）。传播学者在从事跨学科研究方面具有得天独厚的优势，这对于解决精神疾病与自杀研究中的理论-经验鸿沟是必要的，无论是在评估还是预防方面。为了帮助精神健康护理专业人员在医疗互动期间进行风险评估并做出复杂决策，有必要创建并验证具有文化敏感性的精神健康与自杀风险评估体系，这一点尤为重要。

第 6 节　媒介、污名与自杀

传播研究在论证精神疾病的污名化讯息的性质与影响方面发挥了重要作用，这些污名化讯息出现在新闻、娱乐和社交媒介中。框架分析为研究人员提供了工具，用于探索媒介信息是如何以特定的方式得以建构和呈现的。这些方式塑造并激活了对精神健康问题和精神健康问题患者的精神表征（即认知图式），从而使这些表征更容易被人们记住（Scheufele &

Tewksbury，2007）。媒介效果研究扎根于这样的理论框架：媒介内容如何通过影响与精神疾病相关的受众信念、态度和行为来塑造公众对精神疾病的污名化。

一、新闻媒体

关于精神疾病与自杀的新闻信息通常充斥着污名化的内容，并以隐喻、典范、标语、描述以及视觉图像为特征，将精神疾病患者描述为异常的、危险的、肮脏的并且应对他们自己的疾病负责的（Niederkrotenthaler et al.，2014；Sieff，2003）。新闻故事往往会让精神疾病产生轰动，并强调危险的主题，强调有必要"保护"人们免于精神疾病患者的威胁（例如，Aragonès et al.，2014）。通常，新闻故事将患有精神疾病的人与犯罪行为以及人际暴力、自我伤害暴力联系起来，尽管事实上患有精神疾病的人往往是暴力的受害者，而不是施暴者（例如，Murphy et al.，2013；Whitley & Berry，2013）。

一项系统分析表明，新闻媒体确实助长了精神疾病的污名（Ross et al.，2019）。接触强调精神疾病患者具有危险性的负面新闻故事会导致负面态度和刻板印象（Reavley et al.，2016）。瓜扬斯基和帕罗特（Gwarjanski & Parrott，2018）揭示了有关精神疾病的新闻信息具有规范性效应，即新闻读者在阅读带有污名化内容的新闻故事时，会以更多的诽谤性言论来发表评论。阅读含有精神健康护理系统出问题信息的新闻故事，会对精神疾病产生负面态度（Corrigan et al.，2013）。

对报纸内容的调查还显示，关于精神疾病的新闻信息质量通常不准确，语气消极且不完整，尤其是有关精神健康治疗的信息（Gwarjanski & Parrott，2018；Sieff，2003）。严重精神疾病（如精神分裂症）的新闻报道往往具有更多的污名化内容，而有关其他疾病（如焦虑和抑郁）的报道则会提供更细致、翔实的健康信息（Goulden et al.，2011）。

无论就报道数量还是内容来说，对自杀的新闻报道都与自杀率的增加有关，这被称为自杀传染（Romer et al.，2006；Sisask & Varnik，2012）。菲利普斯和卡斯登森（Phillips & Carstensen，1986）证明，在知晓度很高的自杀故事之后的一周内，自杀率高于预期。当个人的背景与媒介报道的自杀受害者相似时，可能会产生对受害者的认同并模仿自杀（Lee，2019）。

冲着与新闻故事生产有关的新闻实践而来的有针对性的干预措施——例如，对记者进行精神疾病与自杀相关的教育——可以对精神疾病的新闻报道产生积极影响（Maiorano et al.，2017；Nairn et al.，2001）。世界卫生组织（WHO，2000）提出了关于如何恰当报道自杀的建议，明确制止对自杀方法进行描述，明确制止使用图片标题或影像，明确制止对死亡事件进行耸人听闻的渲染（Pirkis & Blood，2001）。（世卫组织提出的）这份指南还建议鼓励弱势群体去寻求帮助（Bohanna & Wang，2012）。媒体是否遵守了这些指南建议呢？有少量研究对此进行了考察，研究结果表明，媒体经常违背这些原则（Chiang et al.，2016）。

包含不同类型信息的商讨性决定也有助于减少新闻内容对精神疾病产生污名效果。有关精神健康康复以及精神疾病可愈的新闻信息可以让读者对精神疾病的看法产生积极影响（McGinty et al.，2015）。例如，当新闻故事特写挑战污名化的内容时，读者的评论更可能突出那些挑战污名化的言论，以及对个人经历做更多披露。这可能会减轻通常与精神疾病经历相关的社交回避（Gwarjanski & Parrott，2018）。新闻故事的结构也可以减少污名化的反应；使用叙事形式讲述处于污名化情形中的人的故事，可能会引起移情反应（Oliver et al.，2012）。除了探索针对新闻制作者的反污名干预措施外，还需要加强培育批判性新闻读者。阅听人可能更容易相信，新闻内容对他人关于精神健康问题的看法产生的负面影响要比对自己的影响更大（Hoffner et al.，2017）。为了有效地打击精神疾病污名化，可能需要采用既以受众为中心的方法，如增强媒介素养，也需要以信息为中心的方法，包括呈现与刻板印象不符的内容（Ramasubramanian，2007）。

二、娱乐媒介

与新闻媒体一样，娱乐媒介也充满了负面的、不准确的和刻板的描述，这些描述扭曲了精神疾病的性质、患病者以及精神健康护理提供者（Diefenbach & West，2007；Stuart，2006）。以儿童和成人为目标受众的有关精神疾病的各种类型的描绘充满了危险的、暴力的以及不受社会欢迎的特征（Lawson & Fouts，2004；Pirkis et al.，2006）。娱乐媒介倾向于将精神疾病体验戏剧化,部分是通过描绘患有严重精神疾病(如精神分裂症)及其症状(如幻觉;Quintero Johnson & Riles, 2016)的人物。有精神疾病的人物往往被描述为比其他人犯下更多的罪行(Parrott & Parrott, 2015)。娱乐节目对精神疾病的描绘通常是性别化的:患有精神疾病的女性人物被塑造成是心理脆弱的,因而更有同情心,而男性人物往往被描绘成有更危险、更严重的精神病(Quintero Johnson & Miller, 2016)。事实上,精神病态经常被用作一种修辞手段,将患有精神疾病的男性故事人物描述为道德败坏、离经叛道,并应对社会暴力负责的(Merskin, 2012)。当一些患精神疾病的人物不被描绘成危险的罪犯时,会被描绘成反社会规范的、思想自由、有叛逆精神的——这些描绘有可能最大限度地减少与精神疾病相关的心理、社会代价(Pirkis et al., 2006)。这些描述与媒体通常将精神疾病琐碎化的方式异曲同工,其手法是过度简化、嘲讽,甚或将疾病视为一种好处(Myrick & Pavelko, 2017)。

研究人员还论述了娱乐媒介中对精神健康提供者进行刻板化描述的频率,这些刻板描述通常认为,精神健康提供者所提供的帮助不实用或干脆就是有害的(Pirkis et al., 2006)。一项对电影中的心理治疗作出的研究表明,尽管对精神健康提供者的不道德和操纵行为的描述相对频繁,但其负面刻板印象并不常见(Wahl et al., 2018)。

人们运用各种理论框架去研究有关精神疾病的娱乐媒介讯息的性质及其效果,但有两个理论得到研究文献的特别重视:培养理论和社会认知理论。培养理论预言,重复接触具有重复主题的讯息会扭曲现实的本质,从而导致错误的信念以及与这些信念相一致的态度(Gerbner et al., 2002);社会认知理论预言,受众通过观看媒介榜样来替代学习,然后根据某些心理、社会条件实施习得的行为(Bandura, 2002)。接触对精神疾病患者做污名化处理的描述,会导致对精神疾病患者持有负面和刻板化看法(Diefenbach & West, 2007)。娱乐媒介中对精神疾病的污名化描述也与态度和行为效果有关,包括对精神疾病患者的不容忍和不适意(Granello & Pauley, 2000; Quintero Johnson & Riles, 2016)。一些研究也注意到,娱乐媒介中的污名化内容对寻求精神健康帮助的行为以及参与精神健康治疗的意愿产生负面影响。接触有关精神疾病患者及其精神健康提供者的双重负面描绘,也会导致对寻求帮助有更高程度的自我污名化(Maier et al., 2014)。

尽管娱乐媒介在对精神疾病进行持续污名化方面发挥了重要作用,但有证据表明,娱乐性信息也有助于改善精神疾病污名化。娱乐教育策略(EE;参见本书第19章)涉及有意将有劝服力的教育信息整合到娱乐节目中,这些策略在如下方面尤其有效:增加受众对精神疾病的了解,改善对被诊断为精神疾病的人的态度,甚至降低人们与精神疾病患者采取社交疏离行为的意愿(Caputo & Rouner, 2011)。

减少对精神疾病描述的污名化反应的方法之一是,创造引人入胜且具有亲和力的精神疾病患者人物。当个体与已知被诊断为精神疾病的人物发展出准社会关系时,他们对精神疾病的刻板印象联想就较少,且有报告说与精神疾病患者保持社交距离的想法降低,并且寻求精神健康治疗的意愿增加(Hoffner & Cohen, 2015)。

接触名人所披露的与精神疾病患者共同生活的信息,会减少对精神疾病的刻板印象,增加对精神疾病的信息寻求,并采取更多的寻求帮助的行为(Calhoun & Gold, 2020; Francis, 2018)。然而,名人自杀令人担忧,因为有关名人自杀的报道与自杀率增加有关(Ramchand et al., 2019)。罗宾·威廉姆斯(Robin Williams①)自杀身亡后,研究人员检查了准社会关系与媒体曝光的作用,发现媒体污名化的曝光与更重的抑郁刻板印象有关,例如,认为抑郁症患者应该"振作起来"(Hoffner & Cohen, 2018, 第1576页)。另一项研究考察了对罗宾·威廉姆斯死亡的情绪反应。结果表明,将健康信息嵌入有关该名人的材料中,可能会将社交媒介的流量推向一般健康信息出口(Carpentier & Parrot, 2016)。

三、社交媒介

大约72%的美国成人至少使用一种社交媒介平台(Pew Research, 2019)。关于这一主题的研究通常侧重于如下几个方

---

① 罗宾·威廉姆斯(Robin Williams, 1951年7月21日—2014年8月11日),出生于美国伊利诺伊州芝加哥市,美国影视演员。代表作如喜剧电影《窈窕奶爸》(1994)、《勇敢者的游戏》(1995)等。2014年8月11日,罗宾·威廉姆斯在自己的加州寓所中自杀身亡。——译者注

面：社交媒介对精神健康的影响，人们如何使用社交媒介揭示和分享健康信息，他们如何与他人互动并接受他人的支持，以及他们如何参与对健康信息的监测(Moorhead et al., 2013)。关于社交媒介对精神健康影响的问题往往集中于使用社交媒介所产生的潜在效果，即，通过置换机制(比如，花费在"现实生活"面对面互动中的时间被取代)以及向上攀比不切实际和/或理想化的形象与用户，强化了精神烦恼(Pantic, 2014)。有证据表明，互联网使用与自杀率(尤其是男性)呈正相关，并且社交媒介平台(如 Instagram)被用于交流自杀和自残问题(Carlyle et al., 2018)。

社交媒介确实具有增进精神健康的潜力——通过促进关系发展、关系维护以及社交支持的方式(Pantic, 2014)。社交媒介的使用与精神健康之间的关系仍不清楚。一些研究表明，社交媒介的使用与不良的精神健康结果(如抑郁、焦虑)有关；而另一些研究则指出社交媒介的使用对精神健康有着积极影响(如自尊、社交支持；Best et al., 2014; Weinstein, 2018)。现有文献中观察到的一些分歧，可能归因于研究人员对重要用户特征(如年龄、精神健康易感性)、社交媒介使用(如在不同平台上花费的时间和使用情况)以及与社交媒介平台互动的性质(如被动与主动使用)的关注和处理方法的不同。

正如将社交媒介数据用于公共精神健康监测和预测具有巨大潜力一样，使用社交媒介助力公共精神健康教育并致力于减少污名化也大有希望。除了扩大传统健康运动事业的受众范围之外，社交媒介平台还为用户提供了一种分享自己的精神健康故事以及了解他人精神健康故事的方式；这种拓展除了促进受精神疾病影响的人们之间的社会联系和同伴支持外，还可能通过将精神疾病的个人体验正常化来减少对精神疾病的污名化(Betton et al., 2015; Naslund et al., 2016)。健康传播学术领域具有得天独厚的优势，可以引领旨在了解社交媒介对精神健康的影响的研究事业。

第 7 节　未 来 研 究

尽管传播研究有助于我们了解精神健康、疾病与自杀，但在这一领域仍有许多工作要做。传播学者应继续探索文化和个体特征对精神疾病诊断的影响，并在理解围绕精神健康差异的复杂条件及解决方案方面发挥作用。仍然需要确定有效的策略来减少媒介、健康护理系统以及人际关系中围绕精神疾病与自杀的污名化。

更好地了解导致精神健康差异的复杂情况并努力消除差异至关重要。随着美国人口结构的不断变化，尤其需要进一步研究弱势种族、族裔和其他边缘化社会群体的精神健康与自杀风险(Radford, 2019)。研究人员需要进一步探索不同社会关系对精神健康的影响，例如抑郁和焦虑。研究表明，社会联系和关系对于减轻创伤事件对抑郁和焦虑的影响可能特别重要(Allen et al., 2012)。当这个世界继续经历创伤性环境事件以及全球健康流行病时，情况尤其如此。例如，在新冠病毒大流行期间，前线的健康护理专业人员一直面临着无与伦比的压力(Tsamakis et al., 2020)。基层健康护理工作者面临的持续压力肯定会影响他们的精神健康以及人际关系。这是健康传播研究人员应该继续考察的问题，尤其是在确认长期精神健康效果方面。

研究人员研究精神健康所采用的理论和方法论视角，会影响人们去理解并解决如何改善影响精神疾病与自杀的社会、个人因素。在用后实证主义范式来研究精神健康时，研究人员依靠科学观察来验证是否存在精神疾病。例如，标准化问卷和评估工具被用于评估心理症状，预先确定的分数刻度将人们分为患有轻度、中度或重度的某种特定精神疾病。尽管后实证主义方法允许经验测量，控制无关变量，探索因果关系以及结果的普遍性，但一些护理学者认为这种精神健康经验检测方法是非人性的，未能充分捕捉精神健康体验的细微差别(Weaver & Olson, 2006)。

研究精神健康的另一种方法是批判性研究范式，旨在质疑并挑战产生、具化权力结构的力量，从而改变社会。这种范式的核心是考察影响疾病体验并导致、加剧精神健康问题的诸多社会、政治和文化因素(Doucet, 2010)。然而，对精神健康研究采取批判性方法可能会遭到批评，说它对复杂的生物心理社会(biopsychosocial)现象的考察缺乏客观性，是一种非科学方法。

精神健康研究的第三种主要方法是解释性研究范式,这种范式承认精神健康与疾病具有社会建构性质。这种视角让精神健康研究人员和从业者能够探索正在经受精神健康挑战的人的生活体验,由此产生的丰富数据可用于指导精神健康护理的供应。尽管学者可以使用解释性研究范式这种研究方法,因为该方法"在奠定精神健康服务研究的科学基础方面提供了巨大潜力"(Palinkas,2014,第851页),但这种范式并不看重对理论进行实证检验,抑或对研究结论进行普遍化。说到底,在理解和论述影响精神健康、疾病与自杀的复杂因素时,有赖于使用这三种研究范式,它们提供了独特的理论视角、研究问题和方法。

第8节 结　　论

对精神健康、精神疾病与自杀的研究范围广泛且复杂。传播学者可以而且应该继续考察那些产生并再现这些多面向主题之含义的变量。正如本综述所论证的那样,传播研究人员有很多机会在各种社会、关系以及信息语境中探索精神疾病与自杀这个主题。正如传播在塑造对精神疾病与自杀的感知方式方面发挥着核心作用一样,传播学可以而且应该成为我们理解与处理这些现象之不可或缺的部分。

参考文献

Aggarwal, N. K., Pieh, M. C., Dixon, L., Guarnaccia, P., Alegria, M., & Lewis-Fernandez, R. (2016). Clinician descriptions of communication strategies to improve treatment engagement by racial/ethnic minorities in mental health services: A systematic review. *Patient Education and Counseling*, 99(2), 198-209.

Ajzen, I. (1987). Attitudes, traits, and actions: Dispositional prediction of behavior in personality and social psychology. In L. Berkowitz (Ed.), *Advances in experimental social psychology* (Vol. 20, pp. 1-63). Academic Press.

Aldrich, R. S. (2015). Using the theory of planned behavior to predict college students' intention to intervene with a suicidal peer. *Crisis*, 36(5), 332-337.

Allen, A., Marcelin, L. H., Schmitz, S., Hausmann, V., & Shultz, J. M. (2012). Earthquake impact on Miami Haitian Americans: The role of family/social connectedness. *Journal of Loss and Trauma*, 17(337), 337-349.

Amato, P. R. (2000). The consequences of divorce for adults and children. *Journal of Marriage and Family*, 62(4), 1269-1287.

American Foundation for Suicide Prevention (2020). *Suicide statistics*. https://afsp.org/suicide-statistics/.

American Psychiatric Association (2013). *Diagnostic and statistical manual of mental disorders* (DSM-5). American Psychiatric Publishing.

Andres, A. R., & Hempstead, K. (2011). Gun control and suicide: The impact of state firearm regulations in the United States, 1995-2004. *Health Policy*, 101(1), 95-103.

Aragonès, E., López-Muntaner, J., Ceruelo, S., & Basora, J. (2014). Reinforcing stigmatization: Coverage of mental illness in Spanish newspapers. *Journal of Health Communication*, 19(11), 1248-1258.

Atdjian, S., & Vega, W. A. (2005). Disparities in mental health treatment in US racial and ethnic minority groups: Implications for psychiatrists. *Psychiatric Services*, 56(12), 1600-1602.

Bandura, A. (2002). Social cognitive theory of mass communication. In J. Bryant & D. Zillmann (Eds.), *Media effects: Advances in theory and research* (2nd ed., pp. 121-154). Erlbaum.

Bannink, R., Broeren, S., van de Looij-Jansen, P. M., & Raat, H. (2013). Associations between parent-adolescent attachment relationship quality, negative life events and mental health. *PLOS ONE*, 8(11), e80812.

Ben-Zeev, D., Young, M. A., & Corrigan, P. W. (2010). DSM-V and the stigma of mental illness. *Journal of Mental Health*, *19*(4), 318-327.

Best, P., Manktelow, R., & Taylor, B. (2014). Online communication, social media and adolescent wellbeing: A systematic narrative review. *Children and Youth Services Review*, *41*, 27-36.

Betton, V., Borschmann, R., Docherty, M., Coleman, S., Brown, M., & Henderson, C. (2015). The role of social media in reducing stigma and discrimination. *The British Journal of Psychiatry*, *206*(6), 443-444.

Bhatti, A. B., & Haq, A. U. (2017). The pathophysiology of perceived social isolation: Effects on health and mortality. *Cureus*, *9*(1), e994.

Bohanna, I., & Wang, X. (2012). Media guidelines for the responsible reporting of suicide: A review of effectiveness. *Crisis*, *33*(4), 190-198.

Breslau, J., Kendler, K. S., Su, M., Gaxiola-Aguilar, S., & Kessler, R. C. (2005). Lifetime risk and persistence of psychiatric disorders across ethnic groups in the United States. *Psychological Medicine*, *35*(3), 317-327.

Calhoun, A. J., & Gold, J. A. (2020). "I feel like I know them": The positive effect of celebrity self-disclosure of mental illness. *Academic Psychiatry*, *44*(2), 237-241.

Caputo, N. M., & Rouner, D. (2011). Narrative processing of entertainment media and mental illness stigma. *Health Communication*, *26*(7), 595-604.

Carlyle, K. E., Guidry, J. P. D., Williams, K., Tabaac, A., & Perrin, P. B. (2018). Suicide conversations on Instagram: Contagion or caring? *Journal of Communication in Healthcare*, *11*(1), 12-18.

Carpentier, F. R. D., & Parrott, M. S. (2016). Young adults' information seeking following celebrity suicide: Considering involvement with the celebrity and emotional distress in health communication strategies. *Health Communication*, *31*(11), 1334-1344.

Cavanaugh, C., Messing, J., Del-Colle, M., O'Sullivan, C., & Campbell, J. (2011). Prevalence and correlates of suicidal behavior among adult female victims of intimate partner violence. *Suicide and Life-Threatening Behavior*, *41*(4), 372-383.

Centers for Disease Control and Prevention (2020a). *Preventing suicide*. https://www.cdc.gov/violenceprevention/suicide/fastfact.html.

Centers for Disease Control and Prevention (2020b). *Assault or homicide*. https://www.cdc.gov/nchs/fastats/homicide.htm.

Chiang, Y., Chung, F., Lee, C., Shih, H., Lin, D., & Lee, M. (2016). Suicide reporting on front pages of major newspapers in Taiwan violating reporting recommendations between 2001 and 2012. *Health Communication*, *31*(11), 1395-1404.

Cohen, S., & Pressmen, S. D. (2004). The stress-buffering hypothesis. In N. B. Anderson (Ed.), *Encyclopedia of health & behavior* (2nd ed., pp. 780-782). Sage.

Cook, B. L., Zuvekas, S. H., Chen, J., Progovac, A., & Lincoln, A. K. (2017). Assessing the individual, neighborhood, and policy predictors of disparities in mental health care. *Medical Care Research and Review*, *74*(4), 404-430.

Corrigan, P. W. (2007). How clinical diagnosis might exacerbate the stigma of mental illness. *Social Work*, *52*(1), 31-39.

Corrigan, P. W., Powell, K. J., & Michaels, P. J. (2013). The effects of news stories on the stigma of mental illness. *The Journal of Nervous and Mental Disease*, *201*(3), 179-182.

Devilly, G. J., Wright, R., & Varker, T. (2009). Vicarious trauma, secondary traumatic stress or simply burnout? Effect of trauma therapy on mental health professionals. *Australian & New Zealand Journal of Psychiatry*, *43*(4), 373-385.

Diefenbach, D. L., & West, M. D. (2007). Television and attitudes toward mental health issues: Cultivation analysis and the third-person effect. *Journal of Community Psychology*, *35*(2), 181-195.

Doucet, S. A., Letourneau, N. L., & Stoppard, J. M. (2010). Contemporary paradigms for research related to women's mental health. *Health Care for Women International*, *31*(4), 296-312.

Dutheil, F., Aubert, C., Pereira, B., Dambrun, M., Moustafa, F., Mermillod, M., Baker, J. S., Trousselard, M., Lesage, F. X., &

Navel, V. (2019). Suicide among physicians and health-care workers: A systematic review and meta-analysis. *PLOS ONE*, *14*(12), e0226361.

Figley, C. R. (2002). Compassion fatigue: Psychotherapists' chronic lack of self care. *Journal of Clinical Psychology*, *58*(11), 1433-1441.

Fisher, C. L., Goldsmith, D., Harrison, K., Hoffner, C. A., Sergrin, C., Wright, K., & Miller, K. (2012). Communication and mental health: A conversation from the CM café. *Communication Monographs*, *79*(4), 539-550.

Flynn, H., Felmlee, D., & Conger, R. D. (2014). The social context of adolescent friendships: Parents, peers, and romantic partners. *Youth & Society*, *49*(5), 679-705.

Francis, D. B. (2018). Young Black men's information seeking following celebrity depression disclosure: Implications for mental health communication. *Journal of Health Communication*, *23*(7), 687-694.

Furnham, A., & Swami, V. (2018). Mental health literacy: A review of what it is and why it matters. *International Perspectives in Psychology: Research, Practice, Consultation*, *7*(4), 240-257.

Gerbner, G., Gross, L., Morgan, M., Signorielli, N., & Shanahan, J. (2002). Growing up with television: Cultivation processes. In J. Bryant & D. Zillmann (Eds.), *Media effects: Advances in theory and research* (pp. 43-68). Lawrence Erlbaum Associates.

Goffman, E. (1963). *Notes on the management of spoiled identity*. Prentice Hall.

Goulden, R., Corker, E., Evans-Lacko, S., Rose, D., Thornicroft, G., & Henderson, C. (2011). Newspaper coverage of mental illness in the UK, 1992-2008. *BMC Public Health*, *11*(796), 1-8.

Granello, D. H., & Pauley, P. S. (2000). Television viewing habits and their relationship to tolerance toward people with mental illness. *Journal of Mental Health Counseling*, *22*(2), 162-175.

Gwarjanski, A. R., & Parrott, S. (2018). Schizophrenia in the news: The role of news frames in shaping online reader dialogue about mental illness. *Health Communication*, *33*(8), 954-961.

Hinshaw, S. P. (2005). The stigmatization of mental illness in children and parents: Developmental issues, family concerns, and research needs. *Journal of Child Psychology and Psychiatry*, *46*(7), 714-734.

Hinshaw, S. P. (2007). *The mark of shame: Stigma of mental illness and an agenda for change*. Oxford University Press.

Hoffner, C. A., & Cohen, E. L. (2015). Portrayal of mental illness on the TV series monk: Presumed influence and consequences of exposure. *Health Communication*, *30*(10), 1046-1054.

Hoffner, C. A., & Cohen, E. L. (2018). Mental health-related outcomes of Robin Williams' death: The role of parasocial relations and media exposure in stigma, help-seeking, and outreach. *Health Communication*, *33*(12), 1573-1582.

Hoffner, C. A., Fujioka, Y., Cohen, E. L., & Atwell Seate, A. (2017). Perceived media influence, mental illness, and responses to news coverage of a mass shooting. *Psychology of Popular Media Culture*, *6*(2), 159-173.

Holmes, E. A., Craske, M. G., & Graybiel, A. M. (2014). Psychological treatments: A call for mental-health science. *Nature News*, *511*(7509), 287-289.

Holt-Lunstad, J., Smith, T. B., & Layton, J. B. (2010). Social relationships and mortality risk: A meta-analytic review. *PLoS Medicine*, *7*(7), e1000316.

Joiner, T. E. (2005). *Why people die by suicide*. Harvard University Press.

Kene, P., Yee, E. T., & Gimmestad, K. D. (2018). Suicide assessment and treatment: Gaps between theory, research, and practice. *Death Studies*, *43*(3), 164-172.

King, K. A., Vidourek, R. A., Yockey, R. A., & Merianos, A. (2018). Impact of parenting behaviors on adolescent suicide based on age of adolescent. *Journal of Child and Family Studies*, *27*(12), 4083-4090.

Kreps, G. L. (2020). The chilling influence of social stigma on mental health communication: Implications for promoting health equity. In L. R. Lippert, R. D. Hall, A. E. Miller-Ott, & D. Cochece Davis (Eds.), *Communicating mental health: History, contexts, and perspectives* (pp. 11-26). Lexington Books.

Lawson, A., & Fouts, G. (2004). Mental illness in Disney animated films. *The Canadian Journal of Psychiatry*, 49(5), 310-314.

Lecloux, M., Maramaldi, P., Thomas, K., & Wharff, E. (2016). Family support and mental health service use among suicidal adolescents. *Journal of Children & Family Studies*, 25(8), 2597-2606.

Lee, S. Y. (2019). Media coverage of adolescent and celebrity suicides and imitation suicide among adolescents. *Journal of Broadcasting & Electronic Media*, 63(1), 130-143.

Link, B. G., & Phelan, J. (1995). Social conditions as fundamental causes of disease. *Journal of Health and Social Behavior*, 36, 80-94.

Maier, J. A., Gentile, D. A., Vogel, D. L., & Kaplan, S. A. (2014). Media influences on self-stigma of seeking psychological services: The importance of media portrayals and person perception. *Psychology of Popular Media Culture*, 3(4), 239-256.

Maiorano, A., Lasalvia, A., Sampogna, G., Pocai, B., Ruggeri, M., & Henderson, C. (2017). Reducing stigma in media professionals: Is there room for improvement? Results from a systematic review. *The Canadian Journal of Psychiatry*, 62(10), 702-715.

Manderscheid, R. W., Ryff, C. D., Freeman, E. J., McKnight-Eily, L. R., Dhingra, S., & Strine, T. W. (2010). Evolving definitions of mental illness and wellness. *Preventing Chronic Disease*, 7(1), A19.

McClay, M. M., Brausch, A. M., & O'Connor, S. S. (2020). Social support mediates the association between disclosure of suicide attempt and depression, perceived burdensomeness, and thwarted belongingness. *Suicide and Life-Threatening Behavior*, 50(4), 884-898.

McGinty, E. E., Goldman, H. H., Pescosolido, B., & Barry, C. L. (2015, February). Portraying mental illness and drug addiction as treatable health conditions: Effects of a randomized experiment on stigma and discrimination. *Social Science & Medicine*, 126, 73-85.

McGuire, T. G., & Miranda, J. (2008). New evidence regarding racial and ethnic disparities in mental health: Policy implications. *Health Affairs (Project Hope)*, 27(2), 393-403.

Merskin, D. (2012). Smooth operator: The compensated psychopath in cinema. In L. Rubin (Ed.), *Mental illness in popular media* (pp. 44-63). McFarland.

Milton, A. C., & Mullan, B. A. (2014). Communication of a mental health diagnosis: A systematic synthesis and narrative review. *Journal of Mental Health*, 23(5), 261-270.

Mokros, H. B. (1993). Communication and psychiatric diagnosis: Tales of depressive moods from two contexts. *Health Communication*, 5(2), 113-127.

Moorhead, S. A., Hazlett, D. E., Harrison, L., Carroll, J. K., Irwin, A., & Hoving, C. (2013). A new dimension of health care: Systematic review of the uses, benefits, and limitations of social media for health communication. *Journal of Medical Internet Research*, 15(4), e85.

Murphy, N. A., Fatoye, F., & Wibberley, C. (2013). The changing face of newspaper representations of the mentally ill. *Journal of Mental Health*, 22(3), 271-282.

Myrick, J. G., & Pavelko, R. L. (2017). Examining differences in audience recall and reaction between mediated portrayals of mental illness as trivializing versus stigmatizing. *Journal of Health Communication*, 22(11), 876-884.

Nairn, R., Coverdale, J., & Claasen, D. (2001). From source material to news story in New Zealand print media: A prospective study of the stigmatizing processes in depicting mental illness. *Australian & New Zealand Journal of Psychiatry*, 35(5), 654-659.

Naslund, J. A., Aschbrenner, K. A., Marsch, L. A., & Bartels, S. J. (2016). The future of mental health care: Peer-to-peer support and social media. *Epidemiology and Psychiatric Sciences*, 25(2), 113-122.

National Institute of Mental Health (2019). *Mental health information*. https://www.nimh.nih.gov/health/statistics/mental-illness.shtml.

Newell, J. M., & MacNeil, G. A. (2010). Professional burnout, vicarious trauma, secondary traumatic stress, and compassion fatigue. *Best Practices in Mental Health*, 6(2), 57-68.

Niederkrotenthaler, T., Reidenberg, D. J., Till, B., & Gould, M. S. (2014). Increasing help-seeking and referrals for individuals at risk for suicide by decreasing stigma: The role of mass media. *American Journal of Preventative Medicine*, 47(3 Suppl 2), S235-S243.

Oliver, M. B., Dillard, J. P., Bae, K., & Tamul, D. J. (2012). The effect of narrative news format on empathy for stigmatized groups. *Journalism & Mass Communication Quarterly*, 89(2), 205-224.

Outram, S., Harris, G., Kelly, B., Cohen, M., Sandhu, H., Vamos, M., Levin, T. T., Landa, Y., Bylund-Lincoln, C. L., & Loughland, C. (2014). Communicating a schizophrenia diagnosis to patients and families: A qualitative study of mental health clinicians. *Psychiatric Services*, 65(4), 551-554.

Palinkas, L. A. (2014). Qualitative methods in mental health services research. *Journal of Clinical Child and Adolescent Psychology*, 43(6), 851-861.

Pantic, I. (2014). Online social networking and mental health. *Cyberpsychology, Behavior, and Social Networking*, 17(10), 652-657.

Parrott, R., & Kreuter, M. W. (2011). Multidisciplinary, interdisciplinary, and transdisciplinary approaches to health communication: Where do we draw the lines? In T. L. Thompson, R. Parrott, & J. F. Nussbaum (Eds.), *The Routledge handbook of health communication* (pp. 3-17). Routledge.

Parrott, S., & Parrott, C. T. (2015). Law & disorder: The portrayal of mental illness in U.S. crime dramas. *Journal of Broadcasting & Electronic Media*, 59(4), 640-657.

Petronio, S., & Child, J. T. (2020). Conceptualization and operationalization: Utility of communication privacy management theory. *Current Opinion in Psychology*, 31, 76-82.

Pew Research Center (2019). *Social media fact sheet*. https://www.pewresearch.org/internet/fact-sheet/social-media/.

Phillips, D. P., & Carstensen, L. L. (1986). Clustering of teenage suicides after television news stories about suicide. *New England Journal of Medicine*, 315(11), 685-689.

Pirkis, J., & Blood, R. W. (2001). Suicide and the media: Part 1. Reportage in nonfictional media. *Crisis*, 22(4), 146-154.

Pirkis, J., Blood, R. W., Francis, C., & McCallum, K. (2006). On-screen portrayals of mental illness: Extent, nature, and impacts. *Journal of Health Communication*, 11(5), 523-541.

Quintero Johnson, J. M., & Miller, B. (2016). When women "snap": The use of mental illness to contextualize women's acts of violence in contemporary popular media. *Women's Studies in Communication*, 39(2), 211-227.

Quintero Johnson, J. M., & Riles, J. (2016). "He acted like a crazy person": Exploring the influence of college students' recall of stereotypic media representations of mental illness. *Psychology of Popular Media Culture*, 7(2), 146-163.

Radford, J. (2019). *Key findings about U.S. immigrants*. Pew Research Center. https://www.pewresearch.org/fact-tank/2019/06/17/key-findings-about-u-s-immigrants/.

Ramasubramanian, S. (2007). Media-based strategies to reduce racial stereotypes activated by news stories. *Journalism & Mass Communication Quarterly*, 84(2), 249-264.

Ramchand, R., Cohen, E., Draper, J., Schoenbaum, M., Reidenberg, D., Colpe, L., Reed, J., & Pearson, J. (2019). Increases in demand for crisis and other suicide prevention services after a celebrity suicide. *Psychiatric Services in Advance*, 70(8), 728-731.

Reavley, N. J., Jorm, A. F., & Morgan, A. J. (2016). Beliefs about dangerousness of people with mental health problems: The role of media reports and personal exposure to threat or harm. *Social Psychiatry and Psychiatric Epidemiology*, 51(9), 1257-1264.

Riebschleger, J. (2004). Good days and bad days: The experiences of children of a parent with a psychiatric disability. *Psychiatric Rehabilitation Journal*, 28(1), 25-31.

Romer, D., Jamieson, P. E., & Jamieson, K. H. (2006). Are news reports of suicide contagious? A stringent test in six U.S. cities. *Journal of Communication*, 56(2), 253-270.

Ross, A. M., Morgan, A. J., Jorm, A. F., & Reavley, N. J. (2019). A systematic review of the impact of media reports of severe mental illness on stigma and discrimination, and interventions that aim to mitigate any adverse impact. *Social Psychiatry and Psychiatric Epidemiology*,

54(1), 11-31.

Scheufele, D. A., & Tewksbury, D. (2007). Framing, agenda setting, and priming: The evolution of three media effects models. *Journal of Communication*, *57*(1), 9-20.

Schonfelder, A., Hallensleben, N., Spangenberg, L., Forkmann, T., Rath, D., & Glaesmer, H. (2019). The role of childhood abuse for suicidality in the context of the interpersonal theory of suicide: An investigation in German psychiatric inpatients with depression. *Journal of Affective Disorders*, *245*, 788-797.

Sieff, E. (2003). Media frames of mental illnesses: The potential impact of negative frames. *Journal of Mental Health*, *12*(3), 259-269.

Siegenthaler, E., Munder, T., & Egger, M. (2012). Effect of preventive interventions in mentally ill parents on the mental health of the offspring: Systematic review and meta-analysis. *Journal of the American Academy of Child & Adolescent Psychiatry*, *51*(1), 8-17.

Sisask, M., & Varnik, A. (2012). Media roles in suicide prevention: A systematic review. *International Journal of Environmental Research and Public Health*, *9*(1), 123-138.

Snowden, L. R. (2003). Bias in mental health assessment and intervention: Theory and evidence. *American Journal of Public Health*, *93*(2), 239-243.

Stuart, H. (2006). Media portrayal of mental illness and its treatments. *CNS Drugs*, *20*(2), 99-106.

Thompson, L., & McCabe, R. (2012). The effect of clinician-patient alliance and communication on treatment adherence in mental health care: A systematic review. *BMC Psychiatry*, *12*(1), 87.

Tsamakis, K., Rizos, E., Manolis, A., Chaidou, S., Kympouropoulous, S., Spartalis, E., Spandidos, D. A., Tsiptsios, D., & Triantafyllis, A. S. (2020). COVID-19 related stress exacerbates common physical and mental pathologies and affects treatment (review). *Experimental and Therapeutic Medicine*, *19*(6), 3451-3453.

Ulrey, K. L., & Amason, P. (2001). Intercultural communication between patients and health care providers: An exploration of intercultural communication effectiveness, cultural sensitivity, stress, and anxiety. *Journal of Health Communication*, *13*(4), 449-463.

Umberson, D., & Montez, J. K. (2010). Social relationships and health: A flashpoint for health policy. *Journal of Health and Social Behavior*, *51*(Suppl), S54-S66.

U. S. Department of Veterans Affairs (2019). *2019 National veteran suicide prevention annual report*. Office of Mental Health and Suicide Prevention. https://www.mentalhealth.va.gov/docs/data-sheets/2019/2019_National_Veteran_Suicide_Prevention_Annual_Report_508.pdf.

van Geel, M., Vedder, P., & Tanilon, J. (2014). Relationship between peer victimization, cyberbullying, and suicide in children and adolescents: A meta-analysis. *JAMA Pediatrics*, *168*(5), 435-442.

Wahl, O., Reiss, M., & Thompson, C. A. (2018). Film psychotherapy in the 21st century. *Health Communication*, *33*(3), 238-245.

Weaver, K., & Olson, J. K. (2006). Understanding paradigms used for nursing research. *Journal of Advanced Nursing*, *53*(4), 459-469.

Weinstein, E. (2018). The social media see-saw: Positive and negative influences on adolescents' affective wellbeing. *New Media & Society*, *20*(10), 3597-3623.

Whitley, R., & Berry, S. (2013). Trends in newspaper coverage of mental illness in Canada: 2005-2010. *The Canadian Journal of Psychiatry*, *58*(2), 107-112.

World Health Organization (2019). *Suicide fact sheet*. https://www.who.int/news-room/fact-sheets/detail/suicide.

World Health Organization (2000). *Preventing suicide: A resource for media professionals*. https://www.who.int/mental_health/media/en/426.pdf.

第 6 章
污名、传播与健康

朱迅（Xun Zhu）　雷切尔·A. 史密斯（Rachel A. Smith）

自 21 世纪以来，世界见证了几次重大流行病，例如，SARS、H1N1、埃博拉病毒、寨卡病毒，以及最近的新冠病毒大流行。这些流行病之间有一个惊人的相似之处，即都出现了污名化。污名化破坏了受流行病冲击的社会，加剧了分裂，阻碍了团结，并扰乱了公共健康事业。世界卫生组织（WHO）总干事谭德塞（Tedros Adhanom Ghebreyesus）博士认为："污名……比病毒本身更危险……污名是最危险的敌人"（WHO, 2020, 第 12 页）。

传播与污名以多种方式和社会生活的多个层面联系在一起。在制造、实施、应对以及消除与健康相关的污名化方面，传播至关重要（Smith, 2007; Smith et al., 2011）；在人际、群体、机构、社区与公共层面上，传播与污名产生交集（Pescosolido & Martin, 2015）。污名化涉及与被污名化群体有着动态联系并作出反应的人（Smith, 2012a; Thompson & Seibold, 1978）。污名、传播与健康不可避免地交织在一起，本章对其基本交织过程进行述评。我们使用克雷格（Craig, 1999）的类型学，回顾了传播理论里那些社会心理学的、批判的以及修辞传统成果。我们优先考虑文献中的理论发展，特别是那些综合了来自不同传播研究领域的知识与传统观念。我们还留意到仍有待未来研究的问题。首先，我们简要回顾污名对健康、幸福的影响，并定义本章使用的概念术语。之后，我们回顾传播、健康与污名之间的四个交汇点——制造、实施、应对以及消除。最后，我们讨论未来研究方向，以总结陈词结束。

第 1 节　污名对健康和幸福的影响

污名对健康和幸福有着深远的影响。对个人而言，污名是一种压力源，是一种具有短期和长期影响的障碍。与其他压力源一样，污名会损害心理和身体健康——它与较低的自尊心（Schmitt et al., 2014）、更大的焦虑和痛苦（Herek et al., 2013）以及疼痛（Chen et al., 2008）有关。污名也使人们面临暴力风险（Herek, 2009）。污名有着巨大的危害性。经历社会痛苦，如同经历身体疼痛发生的神经过程一样（Eisenberger et al., 2003）。一个区别是，当人们回忆起他们的身体疼痛时，他们很难重新体会那种疼痛。然而，当人们回忆起他们的社会痛苦时，他们会以相似甚至更大强度去重新体验它（Chen et al., 2008）。

污名也是一个障碍，不仅阻碍人们获得长足发展的资源，而且也阻碍人们获得基本的、根本的健康服务和人权。事实上，正如戈夫曼（Goffman, 1963）所说："我们认为带有污名的人根本不是人。基于这个假设，我们实施了各种歧视；通过这些歧视,我们有效地(经常不假思索地)削减了他的[原文如此]生活机遇"(第5页)。当一个人在生命早期经历污名时,其发育轨迹就会被扰乱(Masten et al., 2012)。从长远来看,长期承受压力、较贫乏的社交网络以及较少的关键资源会导致人的衰败,衰败使人年少老成并经历更高的疾病发病率和死亡率(Geronimus et al., 2010)。污名的影响甚至可以在死后出现,例如,跨性别者死后被非自愿地变性(Whitestone et al., 2020),葬于圣地之外(Magilton et al., 2008),以及那些出现某种健康状况的人干脆被殡仪馆拒之门外(Wojcik, 2000)。

林克及其同事(Link et al., 2017)将污名描述为"健康不平等的根本原因"(第53页)。污名会损害社交支持网络,并限制获得健康护理、工作机会、住房选择以及教育成就(Major et al., 2018)。污名会持续导致健康不平等,就算某种健康状况影响社区的机制(如风险因素)被阻止或消除,情况还是如此。最终,污名的影响与社会权力交织在一起(Parker & Aggleton, 2003)并制度化(Hatzenbuehler & Link, 2014)。例如,哈兹布勒(Hatzenbuehler et al., 2009)发现,在对性少数群体有政策保护的州(与无保护政策的州对比),性取向状态与精神疾病之间的关联明显较弱。正如布莱克希尔(Blacksher, 2018)所说,污名违背了分配正义(公平地分享健康和社会决定性因素)和认可正义(在公共生活中被视为同伴)。

污名存在一个重要争议。一些学者和政策制定者认为,故意对健康状况污名化是为了促进行为改变,或提高对推荐行为的依从性;例子包括戒烟(Bayer, 2008)和减肥(Callahan, 2013)。这种(错误的)逻辑假定,对健康状况进行污名化会激励人们做出改变,以避免污名化带来的痛苦。即使不考虑这种策略的伦理,现有证据也并不支持这种逻辑。污名信息会引起心理反应,从而限制了对讯息建议的依从性(Erceg-Hurn & Steed, 2011)。污名限制了人们获得行为改变所必需的支持资源,从而画地为牢。例如,对传染病的研究表明,污名会阻碍人们获得公共健康福利与支持(Reluga et al., 2019; Smith & Hughes, 2014)。诱发健康运动的污名也会抑制自主性动机,而自主性动机对于行为的长期改变至关重要(Choi & Noh, 2019)。污名限制了人际支持,并导致骚扰。例如,研究表明,对体重的污名增加了体重者在体育锻炼中被嘲弄的机会,而对体重的嘲弄会降低运动参与度,以及更偏好久坐和孤僻行为(Hayden-Wade et al., 2005)。此外,污名化不会随着如下情况的发生而消逝:疾病的康复,确认成员身份搞错了(例如,对于一种带有污名的感染的假阳性结果),或成功地改变了行为。例如,在新冠病毒大流行感染中幸存下来的人即使在康复后仍面临污名(John & Hennessy-Fiske, 2020)。先前的瘾君子仍然会遭受与污名相关的歧视,例如失去工作机会(Stuber et al., 2008)。简而言之,证据并不支持将污名作为一种获得顺服的策略或政策:它不道德且无效(另见本书第34章)。

总而言之,充足的证据表明,污名会引发伤害的恶性循环,这些伤害通过多种途径威胁健康和幸福。污名的影响体现在个人、人际、制度以及社会层面上。我们确定了传播、污名与健康之间的四个基本交叉点:① 制造;② 实施;③ 应对;④ 消除与健康相关的污名。在讨论每个交叉点之前,我们略作停顿来检视一下词汇表。

定义污名并非多此一举,抑或一目了然。污名研究因没有明确的概念定义和边界而招致批评(例如,Link & Phelan, 2001)。用曼佐(Manzo, 2004)的话来说,污名是"定义不足,且被过度使用"(第401页)。

挑战之一是,污名可以被视为一种个人、人际或社会现象。从传播的角度来看,污名可以被视为一类讯息,一种讯息效果(即对污名讯息做出的反应)或影响讯息生产的社会规范。准确地说,在本章中,我们指派了独特的术语来指涉特定的概念。**污名**(stigma)一词是指对一个特定社会群体及其已经扩散到更大社区的成员所遭受的深刻耻辱进行固化、简化描述(Smith, 2007; Smith et al., 2016)。因此,污名是集体规范(Rimal & Lapinski, 2015)或社会事实(Durkheim, 1982),它们在社会层面运作并有能力影响人们的信念和行为。如果人们在污名不存在的情况下实施污名化,他们可能会因非人地对待他人而受到社会惩罚(Thompson & Seibold, 1978)。反之,如果存在污名但人们不实施污名化,他们可能会被视为叛徒而受到惩罚(Phelan et al., 2008; Thompson & Seibold, 1978)。

污名化(stigmatization)一词是指这类信息:用于进行贬低和歧视的语词或非语词传播(如辱骂、排斥;Smith et al., 2016)。因此,污名化与其他类型的伤害性讯息叠加,包括人格攻击(Icks et al., 2019)和仇恨言论(Haas, 2012; Waltman & Mattheis, 2017)。**内化的污名**(Internalized stigma)是经历污名化或意识到污名化状态的一类后果:它涉及将(社会)污名(如刻板印象和贬低)纳入一个人的自我感或身份感(Livingston & Boyd, 2010)。相比之下，**制度性污名**(institutional stigma)是一种不同的后果：它是"处于权力位置上的私人和公共体的法则、政策及其程序,这些权力限制了[被污名的]人们的权利和机会"(Livingston & Boyd, 2010, 第2151页)。**污名**一词指的是一种突出标记,用于识别一个遭污名的群体成员身份。把术语归置妥当后,我们转向污名、传播与健康之间的四个交叉点,首先是传播在制造污名中的作用。

第 2 节 制 造 污 名

传播、健康与污名之间的第一个交叉点是制造污名。污名理论长期以来一直假设(Goffman, 1963; Pescosolido et al., 2008)：污名是通过人际传播以及各种媒介来源而得以社会化的(例如,新闻报道; Pescosolido et al., 2008)。污名传播模型(The model of stigma communication, MSC; Smith, 2007, 2011; Smith et al., 2019)旨在解释,为什么某些私人偏见而非别的表达会在社区内扩散,并成为集体规范(Rimal & Lapinski, 2015)或社会事实(Durkheim, 1982)。污名传播模型认为,污名讯息(即污名诉求)制造污名的途径是：在社交中传播识别和贬低一个社会群体的方式；动员社区采取集体行动并进行社会扩散。

根据污名传播模型,一条污名讯息包括四个内在特征：标记,标签,病因和危险。**标记**(marks)是用于识别污名化群体成员的非语言内容(Smith, 2007)。标记可以是附在被污名化群体身上的符号(如纹身),抑或一种设想出来的属性,用于反映该群体的一种健康状况(如开放性溃疡)或刻板印象。可见的且令人生厌的标记易引起强烈的反应,因为这样的标记更容易被识别、被记忆。引起厌恶的标记也与孤立或远离污名化群体的行为取向有关(Smith, 2007)。

标签(Labels)是污名制造者制造和使用的术语,用于指称被污名化的群体(Smith, 2007)。例如,患有精神分裂症的人可能会被贴上"精神分裂患者"的标签。尽管在语法上差异极小,但还是会有后果。贴标签剥夺了人的主体性和尊严；它毫无缘由地把被污名化的群体看成俨然是一个与众不同的同质体,这个同质体被打上非人的刻板化的烙印。标签把污名本质化。事实上,世界卫生组织(2015)发布了指导意见,反对针对特定群体贴上一种新型疾病的标签,以纠正数百年来以大流行病的起源来命名一种流行病并污名化这些群体的健康实践(Hoppe, 2018)。

病因学(Etiology)描述了人们是如何与一个被污名化的群体发生关联的(Smith, 2007)。健康状况的病因千变万化；也就是说,人们可能因为许多原因而与被污名化的状况联系在一起,如生物因素、环境暴露、个人选择、社会决定因素、制度政策,等等。病因内容并没有将健康状况视为一种多元、复杂力量的产物,而是为了贴标签就罗织一条理由：一个人的决定具有主体性,是自愿且可控的。例如,体重污名讯息将体重视为个人选择的结果(Heuer et al., 2011),而忽略了一些证据——基因-环境因素相互作用以及生物因素形成体重(Puhl & Brownell, 2003)。在污名讯息中,病因内容可能与科学证据无关；其功能是进行社会建构。由于标签建构了一个有同样健康状况且被污名的群体,病因内容就构成了一个被污名群体的特征。病因内容将一种污名状况的兴替置于受其冲击的人的能力与可控力之下,这就进一步强化了对污名化群体的刻板印象：他们本性上是有缺陷的,道德上是有恶意的；这就会引起怒火并怂恿对被污名群体采取报复性反应(Smith et al., 2016)。

危险(Peril)描述了一个被污名群体对社区其他人构成的危险(Smith, 2007)。危险内容重在强调,是人自己导致了危险(Smith et al., 2019),被污名群体的行为对社区幸福和生活方式产生了影响。危险内容包括建议限制(被污名群体)获取社区资源,建议避免与那些被贴上污名标签的人接触(Smith, 2007)。因此,危险内容关注一个被污名群体构成的威胁,并寻求通过集体力量把他们排除在社区之外。

这四种讯息成分结合起来就会引发认知和情绪反应；反之,这就导致了与污名相关的结果(如信念、污名化),包括讯息进一步蔓延,从而促进了讯息的扩散(Smith, 2007)。对污名传播模型的早期研究提出了一个复杂的因果解释,涉及多种认知反应,例如,可感知的危险性,群体本体性,责任归因,以及诸如害怕、讨厌和愤怒这些情绪反应。新近出现的概念——基于进化心理学的发展(Neuberg & DeScioli, 2015)以及污名传播模型的实验测试(例如, Smith, 2012b, 2014)——已经将中心机制整合为以人为中心的危险评估(Smith et al., 2019)。这种危险评估是一种普遍化的监测系统导致的结果(Neuberg & DeScioli, 2015)。人类发展出的这种监测系统,使人类能够识别生存威胁,并把跟物理环境相关的危险(如病原体)与跟其他人群相关的危险区别开来。为了保护本群体的有效运作,危险评估包括感知他人具有危险性以及感受到来自他们的威胁(Smith et al., 2019)。把人为危险评估为强烈,会导致更强的污名化,例如支持制定规则去跟踪、隔离和消除被污名群体(Smith et al., 2019)。

然而,仅仅是危险评估,不足以预示污名讯息会在社会扩散。为了在社区内扩散,污名讯息还需要具备与心理目标相一致的特质:了解该威胁,保持对他人的积极印象,或增强社区内群体联系(Smith et al., 2019; Zhu & Smith, 2016)。最近的一项实验发现,人们倾向于分享的污名讯息是那种被看作更令人震惊并与讯息接收者有更多共同点的内容(Smith et al., 2019)。危险评估准备好了一种普遍的回应:人们认出了威胁,进行刻板化,并参与污名化;然后,对讯息的评判促进微调反应,以向特定接收者散播污名讯息。

当以人为中心的认知上升为一种制造新污名的中心机制时,新近出现的理论整合了性格这一概念。性格动力学理论(the theory of character dynamics, TCD; Smith & Eberly, 2021)借鉴了古老的性格概念,断定性格依三个属性而异:灵活性、主体性和集中性。就**灵活性**(flexibility)**而言**,性格可以是静止的或流动的;就**主体性**(agency)来说,性格可以被他人强加或强制,也可以由个人按照他人视角而创造出的角色扮演。就**集中性**(centralization)而言,性格可以是统一、简化和本质性的,抑或是多面的、既存的和高度复杂的。根据性格动力学理论的说法,通过传播制造污名的核心过程就是在这个性格空间中启动、强化并维持从一端到另一端的转变:"从变动的、主体性的、复杂的、分散的性格转变为固定的、依于行动的、统一的、本质的性格。"(Smith & Eberly, 2021, 第149页)这种转变助长了刻板印象,即支撑着偏见、种族主义和污名化的核心过程,同时剥夺了被污名者讲述自己是谁的权利,把他们置于人权和尊严极易丧失的危险境地。

总而言之,在形成、传播和维持与健康相关的污名作为集体规范或社会事实方面,讯息如何描述一种健康状况以及带有该状况的人是会产生后果的。尽管污名作为一种社会现象受到了很多关注,但它也塑造了人际互动,我们将在下面讨论。

第3节 实施:生产和抵制污名化

传播、健康与污名之间的第二个交叉点表现为贬低和歧视。污名化可以在人际间或通过媒介形式(如新闻报道)发生。例如,媒体将患有精神疾病的人物描绘为变化无常的(Wahl et al., 2002)、扭曲的、精神错乱的、非理性的以及犯罪的(Wilson et al., 2000)。传播期刊中关于污名的最早研究集中在"正常人"与被污名者之间的人际传播中(Thompson & Seibold, 1978)。戈夫曼(Goffman, 1963, 第5页)首次使用"正常"一词来指称那些不属于被污名群体且支持该污名的人。戈夫曼的类型学包括两类他群体:"自己人"("own")(第30页)和"智者"("wise")(第19页)。前者共有一个污名;后者不共有该污名观念且同情那些共有者。在本章中,我们保留了戈夫曼研究中的大部分类型学,但使用**污名施者**(stigmatizers)(对照正常人)、**污名受者**(stigmatized)(自己人)以及**同情者**(sympathizers)(智者)等术语。汤普森和赛博尔德(Thompson & Seibold, 1978)在他们的开创性文章中指出,污名施者和污名受者之间的人际传播很少受到传播学者的关注,今天依然如此(Smith et al., 2016)。

现在的有限研究提出了污名化的四个特征及其预示因素。根据第一个特征,污名化表明人们试图平衡其个人偏见与规范压力之间的紧张关系,从而人道地行事(Thompson & Seibold, 1978)。这种紧张与回避行为(如互动时间缩短、身体距离拉开)、紧张的身体表现(如腿或脚的运动;例如, Kleck, 1968; Thompson & Seibold, 1978)关联在一起,也可能与健康护理提供者拒绝接受患者(生物伦理委员, Committee on Bioethics, 2009)或懈怠于为患者提供保护(Stringer et al., 2016)有关。第二个特征(来自有关人格攻击的联合研究)将污名化看作是一种对明显的不公正进行报复的手段,或者作为一种获得社会或物质奖励的手段——通过降低他人的社会资本和社会地位来实施(Icks & Shiraev, 2014; Icks et al., 2019)。第三个特征将污名化视为人际影响力,试图劝服一个目标对象接受实施者的信念,该目标对象是一个名誉扫地、一文不名的社会群体的成员(Smith & Bishop, 2019)。第四个特征将污名化看作是价值表达:允许污名施者表达其个人对污名的信念和情感(Herek, 2000)。与第一个特征相比,污名化的第二、第三和第四个特征(攻击、影响力和价值表达)与更明目张胆的行为相关,包括嘲弄、人格攻击和身体暴力(Herek, 2000; Icks et al., 2019)。

诚然,明目张胆地展示污名化较容易被识破,但也存在许多微妙的污名化版本。例如,语言掩饰模型(the linguistic masking model)描述了用于掩饰诸如污名化等负面行为的语言装置,如断章取义、抽象化(Ng, 2007)。例如,污名施者可以使用抽象语言来描述社会群体的负面属性;抽象(相对于具体)语言会引起对负面属性带有倾向性的归因,以及引起对刻板印象更强有力的支持(Maass et al., 1989)。

在健康传播中,没有污名化类型学(Smith et al., 2016),但在性格攻击研究中有丰富的策略目录(Icks et al., 2019),这对于创建污名化类型学具有启发性(Smith & Eberly, 2021)。艾克斯和希雷夫(Icks & Shiraev, 2014)根据人格攻击的范围(个人还是团体)、时机(在一个人生前还是死后)和动能(自发的还是有预谋的)对性格攻击形式进行了分类。例如,**辱骂**(name-calling)涉及"一种快速、简短的侮辱、嘲弄,或使用特定的妖魔化标签"(Samoilenko, 2016,第116页)。相比之下,**抹黑运动**(smear campaigns)是"为了破坏个人或团体的声誉和信誉而进行的蓄意、有预谋的努力……以无法证实的谣言和曲解、半真半假甚至是彻头彻尾的谎言等形式进行人身攻击"(Samoilenko, 2016,第117页)。事实上,在试图制造一种新的污名时,抹黑运动可能与污名传播有更多相似之处;但在污名已经存在时,抹黑运动与实施污名化有更多相同之处。艾克斯和希雷夫的类别还描述了在健康传播中受到较少关注的污名化形式,例如,消音(silencing)(也称为擦除),这是性格攻击的一种善后(post-mortem)策略,"试图在集体记忆中擦除(被污名群体的)公共记录"(Samoilenko, 2016,第116页)。抹去被污名社区的例子有很多(例如, Whitestone et al., et al., 2020; Wojcik, 2000)。

最近的几项研究进展聚焦于人们在遭受污名化时所使用的传播策略。污名管理传播(Stigma management communication, SMC; Meisenbach, 2010)基于两个维度对一系列策略进行了分类:接受或拒绝该污名的存在,以及接受或拒绝与该被污名群体之间的个人联系。例如,那些拒绝与被污名群体建立个人关系、却认可该种情形污名的人,可能使用回避策略,比如,隐藏污名,避免与危险遭遇。相比之下,那些挑战污名并挑战任何适用于自身的污名的人,可能使用否定策略,比如,拒绝该污名的存在,攻击污名施者的精神气质,抑或教育其他人(Meisenbach, 2010)。污名管理传播已成为分析污名化传播伎俩的一种指导性框架,例如,在烧伤(Noltensmeyer & Meisenbach, 2016)、家庭虐待(Brule & Eckstein, 2016)以及精神健康(Roscoe, 2020)等问题上。

污名化、实施污名化以及抵制污名化是一种复杂的传播行为,理应受到学术关注。在下一节中,我们将重点介绍人们所使用的传播方式,以应对因经历或预计会经历污名化而产生的压力和痛苦情绪。

第4节 应对污名和污名化:支持和耻辱

传播、健康和污名之间的第三个交叉点是应对被污名化或知道存在污名的问题。在健康领域内,斯干布勒和霍普金斯(Scambler & Hopkins, 1986)将**感觉到污名存在**(felt stigma)定义为害怕以及"一种耻辱感"。前者是指,害怕去经历污名化和歧视,害怕来自污名化和歧视的经历;后者与将自己视为一个被污名群体之一员相关(第33页)。感到耻辱是痛苦的,并且会引起生理应激反应,例如膨胀的皮质醇和促炎细胞因子,这可能对免疫功能产生短期影响,并对健康产生长期影响(Dickerson et al., 2004)。

从广义上讲,这种交叉在两个传播过程中发挥作用:披露和社交支持。为了获得支持,人们需要披露其与一个污名群体的可能联系(例如,接收到一种被污名状况的检测结果)或其个人遭受污名化的经历。应对与健康相关的污名,在健康传播研究中得到了充分的理论和实证关注。事实上,一些传播理论——例如,披露决策模型(the disclosure decision-making model)(Greene, 2009)明确包括这样的看法,即把一种健康状况污名化当作一种预示器,预示了人们是否向他人披露其健康状况。由于我们在其他地方会考察应对问题(参见本书第 10 章),这里就重点考察耻辱。

耻辱与污名理论及其研究密切相关(Rains, 2014)。耻辱感是个人的,即当一个人因自己的失败或缺点而感到"颜面尽失"时(Izard, 1977, 第 386 页),他会感到耻辱。事实上,耻辱与自我认知是如此密切相关,以至于伊扎德(Izard et al., 2000)认为,"在孩子形成一种自我意识之前,耻辱不会出现"(第 24 页)。耻辱,就像感觉到污名一样,与身份有关:斯干布勒和霍普金斯(Scambler and Hopkins, 1986)以癫痫症为例,认为"癫痫发作"与确认为"患癫痫症"并不相关(第 33 页)。其他学者(例如,Planalp et al., 2000)明确区分了耻辱与基于身份的内疚:"耻辱涉及**存在**(being),而内疚涉及**行动**(doing)"(第 4 页,原文重点强调)。戈夫曼(Goffman, 1963)甚至这样写道:"耻辱成为一种中心可能性,源于个人把他[原文如此]自身的一个属性看作是拥有一种污秽物"(第 7 页)。雷恩斯(Rains, 2014)指出,耻辱的中心化也出现在测量中:与感觉到的耻辱相关的词条至少出现在十个不同量表中,这些量表是为特定健康主题所创建的。

耻辱可能是人们寻求支持的一个原因。事实上,总的来说,社交支持可能助益良多(Livingston & Boyd, 2010),例如,缓解情绪困扰(Burleson & GoldSmith, 1998)和减少孤独感(Nachega et al., 2012)。然而,对于被污名的健康状况,多项元分析揭示了社交支持与健康之间的复杂关系(Livingston & Boyd, 2010; Rains et al., 2015; Smith et al., 2008)。披露一种污名化的健康状况与其说与接收支持有关,不如说与接收污名化更加持续相关(Livingston & Boyd, 2010; Smith et al., 2008)。雷恩斯等人的元分析结果(Rains et al., 2015)显示了支持类型的差异。对于更强的污名状况来说,支持者会提供更多自尊支持(如增强一个人的自我价值),但提供的情感支持(如同情、鼓励或喜爱)和网络支持较少。只有自尊支持从善如流,才可能有助于解决与污名相关的耻辱感。霍姆斯特罗姆的研究(例如,Holmstrom, 2012)表明,人们在收到自尊支持的信息后会感觉更糟。此外,如果一个人正在经历与污名相关的耻辱,那么,缺乏温情的社会联系可能会进一步降低他们的自我价值感。

总而言之,健康污名会影响披露和社交支持的过程,并且它们是破坏人们支持网络的主要压力源(Zhu et al., 2017),并威胁到他们的基本自我价值感。面对如此恶劣的伤害,学者们试图通过传播来消除既存的污名,也就不足为奇了。接下来我们转向这方面的学术研究。

第 5 节 消除既存污名

传播、健康和污名之间的第四个交叉点涉及消除既存污名的尝试。科里根及其同事(Corrigan et al., 2012)将减少污名化策略分为三组:抗议、教育和接触。对策略有效性的元分析表明,(还)没有一种可靠的方法可以显著地减少或消除污名(Corrigan et al., 2012, 2015)。由于我们会在其他地方评述减少污名的策略(例如,Corrigan et al., 2012; Smith et al., 2016),这里就专注于考察接触策略和讯息诱导的共情(message-induced empathy)。之所以考察前者,是考量到其广受理论关注(Harwood, 2010; Harwood et al., 2013; Pettigrew et al., 2011),而后者引起传播研究兴趣的趋势方兴未艾(Oliver et al., 2012)。

在恰当条件下,与污名受者互动(Allport, 1954),可以促进相互学习,减少群体间的焦虑,并激励人们将外群体重新归入内群体,最终就会减少污名(Pettigrew et al., 2011)。接触也可能引发认知失调,这会促使人们改变污名化态度,以便与被污名群体进行积极互动(Pescosolido & Manago, 2018)。在科里根等人(Corrigan et al., 2012)的一项元分析中,他们发现,接触干预,尤其是面对面的接触干预,会小幅度地减少污名信念和行为。尽管如此,接触的效果可能是教育的两倍多,教育旨在用事实信息来反驳那些有关被污名群体的错误看法。有效的接触干预需要在最佳条件下进行,例如,群体之间有平等地位,有强大的机构支持(Pettigrew Corrigan et al., 2011),而保障这些条件的后勤工作很复杂,且需要密集的资源(Watson et al., 2014)。

在创造群体间接触机会模式中,传播研究可以找到一条令人兴奋的途径。接触可以通过各种渠道进行,包括面对面的互动和相关媒介平台,以及通过不同类型的互动,如直接的和观察的。例如,当人们在媒介上观察外群体成员时,就会发生准社会接触(Schiappa et al., 2005),而当人们观察到其他内群体成员与外群体成员接触时,就会发生带入接触(Herek & Capitanio, 1997)。这些研究中的一个核心问题是:接触模式为什么以及怎样塑造接触对污名产生的效果。这些研究提供了对新的中介变量(mediators)的见解,例如,叙事搬运工(Wong et al., 2017),但大多数研究关注的还是调节变量(moderators①)。

有两个潜在的调节变量,它们是丰富的自我外群体经验以及接触中的自我投入(Harwood, 2010)。与面对面接触相比,准社会接触的丰富程度较低,因为媒介(如电视节目)限制了准社会接触中观众的语言和非语言交流线索。观察者在进行带入性接触(vicarious contact)时,个人对相遇的投入较少。相比之下,准社会接触要求人们将自己想象为互动的一部分,这可能会导致更多的个人投入。有一种论调是,通过更丰富、更多的自我投入模式进行的接触会增强接触对污名结果的效果;然而,元分析证据发现,在减少污名方面,准社会接触与带入性接触并没有差异(Banas et al., 2020)。

另一种传播研究的路数探讨了使用讯息来引发同理心作为消除污名的策略。同理心被广泛视为人们理解、感受他人并与他人建立联系的一个过程(Shen, 2010)。那些了解他人视角并替代性地体验他人痛苦的人,可能不太可能将自己的状况归咎于他人(Chung & Slater, 2013)。研究发现,讯息引发同理心与以下因素相关:更少的贬低(Peng et al., 2020)、更积极的态度(Oliver et al., 2012)以及帮助污名受者有更强烈的意图(Batson et al., 2002)。但是,小心驶得万年船。同理心可能与怜悯(pity)交织在一起,这是一对矛盾的情绪(Fiske et al., 2002)。怜悯会鼓励亲社会行为,例如帮助他人,但它也会产生一种优越感,这种优越感威胁包容性(Bartsch et al., 2018)并可能导致幼稚化(Corrigan et al., 2001)。另一个潜在的问题是,理解一个被污名的外群体的视角——同理心的一种认知成分(Shen, 2010)——可能会通过联想而加剧刻板印象(Skorinko & Sinclair, 2013)。例如,体重污名研究发现,引发同理心的讯息会增加恐肥症(Gloor & Puhl, 2016)。

很少有研究聚焦于减轻那些拥有污名化特征个体内化污名问题(Mittal et al., 2012)。内化污名植根于人们以其自我身份为耻,根植于觉得他人强加给自己的污名身份具有合理性(Corrigan & Watson, 2002)。因此,对内化污名的干预旨在提升自我价值,并去除污名的自适用合理性(Mittal et al., 2012)。有一种传播策略叫叙事强化(narrative enhancement)(Yanos et al., 2011),它假设,内化污名不仅仅是对自我有不准确的信念,还包括了塑造新个人叙事能力的减弱。在叙事强化中,具有内在污名化的人受邀展开并分享故事,这些故事对其个人有意义且与他人相关;并且在其污名化经历中强调自我控制和韧性(Yanos et al., 2011)。叙事参与与认知疗法相结合,在干预介入那一刻以及干预六个月后都减弱了内化污名(Hansson Hansson et al., 2017)。

总之,传播可能是影响支持污名的人以及内化污名的人的一种关键方式,但现有的干预措施在减少污名方面收效有限(Corrigan et al., 2012; Mittal et al., 2012)。接下来,我们强调未来研究的几个方向。

---

① moderators(调节变量)和mediators(中介变量)这两个英文单词都跟统计学的回归分析有关,很多时候被人们混(误)用。这里,两个词同时在上下文中出现时,就必须对差别做出区分。如果还不清楚,读者可进一步探究统计知识。中介变量——考虑自变量X对因变量Y的影响,如果X通过影响变量M来影响Y,则称M为中介变量。例如,上司的归因研究:下属的表现——上司对下属表现的归因——上司对下属表现的反应,其中的"上司对下属表现的归因"为中介变量。调节变量——如果变量Y与变量X的关系是变量M的函数,称M为调节变量。就是说,Y与X的关系受到第三个变量M的影响。M影响因变量和自变量之间关系的方向(正或负)和强弱。例如,原本夫妻关系和谐,因为第三者插足,使之原来的关系变差,那么第三者就相当于调节变量,改变了两个变量之间关系的强度或方向。——译者注

第 6 节　未来发展方向

传播学者长期以来一直对污名感兴趣，例证是汤普森和赛博尔德（Thompson & Seibold, 1978）关于污名和社会互动的开创性文章，该文章出现在《人类传播研究》（*Human Communication Research*）的早期号上。正如该评述和其他评述（例如，Smith, 2011; Smith et al., 2016）所表明的那样，研究揭示了传播、污名和健康之间存在错综复杂而又互为结果的关系。在本节中，我们重点介绍未来研究的三个方向。

首先，未来研究需要了解污名讯息在社交网络中随时间推移的扩散（Zhu & Smith, 2016）。一个重要问题是：是什么驱使人们选择某些接收者去接收污名讯息？最近的一项研究将共享的目标对象与感知到的讯息特征联系起来（Smith et al., 2019）。人们倾向于与那些可以通过较少中间人就能影响整个社区的成员分享他们认为令人震惊的污名讯息。相比之下，当一条污名讯息被认为与接收者有共识时，人们倾向于将其分享给具有社会权力的成员。此外，研究表明，污名讯息的内容随着讲述和复述的步骤而发展（Ganesan & Dar-Nimrod, 2021）。

其次，我们注意到，在污名学术中存在忽略同情者的问题。在传播研究中，同情者主要出现在这样的学术研究中，即应对预期或经历过的污名化。在遭遇污名化时怎么办？当污名化发生时，为什么一些同情者充当了旁观者，而另一些人则积极而直接地与污名化对象站在一起？其他领域的研究则强调了盟友的重要性或"拥有相对的社会权力或特权的人，以及那些站出来反对将不公施加给缺乏此类特权的人"（DeTurk, 2011, 第570页；另见Adams et al., 1997; Forbes & Ueno, 2020）。在未来的污名研究中应该考虑该学术研究方向。

最后，反污名运动可能会导致意想不到的后果。接触干预可能会使被污名社区的成员面临遭受污名化的风险，并通过这些干预进一步耗尽他们已经开发出的资源。试图通过关注某个特定的人来解决迷思或引发同理心的运动，可能会使此人处于巨大的风险中［参见Guttman（1997）的关于剥削困境的讨论］。未来需要关注反污名化努力的意外后果；这些研究努力可能会受益于现有的类型学（Cho & Salmon, 2007）和有关健康传播运动的伦理讨论（Guttman, 1997；另见本书第34章）。

第 7 节　结　语

本章评述了健康传播与污名彼此交叉的四个基本过程。带有污名内容的讯息会产生严重抹黑的漫画，污名由此而生。人们使用林林总总的语言和非语言行为来进行贬低。生活在被污名状况下的人们使用传播来应对与污名相关的耻辱，聚集盟友以抵制污名化，并重构社会身份。传播也可能有助于减少污名化的盛行，并消除现有的污名。传播、污名和健康之间的交界面是动态的、复杂的和多层次的，影响个人、人际、群体和体制层面上的因素，并受这些因素影响。

在本章结束时，我们提出了推进关于污名的健康传播研究方法。首先，我们需要综合来自不同研究路数的观点。传播中污名研究的一大优势是其跨越范式、方法和语境。例如，在2020年的全国传播协会大会上，49个部门中就有24个部门的论文探讨了污名或受到污名化的群体。正如我们希望在本章中展示的那样，理论的多样性丰富了我们对污名、传播和健康之间基本联系的理解。然而，现有的学术研究却是支离破碎的，打上了特定范式假设、传统和语言烙印。我们鼓励研究人员跨越理论领域，去拓展和综合各种观念。

其次，现有理论将污名研究分为不同层面（如个人的、人际的和群体的），并聚焦于一个层次内的过程。然而，污名是一种内涌现象，"它起源于个体的认知、情感、行为或其他特征，并通过它们的相互作用得以放大，且显明于社会层面"（Kozlowski & Klein, 2000, 第55页）。我们鼓励研究人员发展能够解释污名传播跨层次过程的理论。

现有的研究已经描述了传播在有关健康的污名中的强大作用。传播制造并扩散新污名,并有助于实施、维持和加强污名。如果做得正确和合乎道德,传播还可能有助于抵制污名化、应对污名以及减少或消除污名。新近的研究推动了理论进步,带来了令人信服的经验证据,并提高了对干预的伦理意义的认识,以抗击污名。我们希望,这项工作将使我们更接近一个没有污名的多元、包容和平等的社会。

参考文献

Adams, M., Bell, L. A., & Griffin, P. (1997). *Teaching for diversity and social justice*. Routledge.

Allport, G. W. (1954). *The nature of prejudice*. Doubleday.

Banas, J. A., Bessarabova, E., & Massey, Z. B. (2020). Meta-analysis on mediated contact and prejudice. *Human Communication Research*, 46(2-3), 120-160.

Bartsch, A., Oliver, M. B., Nitsch, C., & Scherr, S. (2018). Inspired by the Paralympics: Effects of empathy on audience interest in para-sports and on the destigmatization of persons with disabilities. *Communication Research*, 45(4), 525-553.

Batson, C. D., Chang, J., Orr, R., & Rowland, J. (2002). Empathy, attitudes, and action: Can feeling for a member of a stigmatized group motivate one to help the group? *Personality and Social Psychology Bulletin*, 28(12), 1656-1666.

Bayer, R. (2008). Stigma and the ethics of public health: Not can we but should we. *Social Science & Medicine*, 67(3), 463-472.

Blacksher, E. (2018). Public health and social justice: An argument against stigma as a tool of health promotion and disease prevention. In B. Major, J. F. Dovidio, & B. G. Link (Eds.), *The Oxford handbook of stigma, discrimination, and health* (pp. 439-453). Oxford University Press.

Brule, N. J., & Eckstein, J. J. (2016). "Am I really a bad parent?": Adolescent-to-parent abuse (AtPA) identity and the stigma management communication (SMC) model. *Journal of Family Communication*, 16(3), 198-215.

Burleson, B. R., & Goldsmith, D. J. (1998). How the comforting process works: Alleviating emotional distress through conversationally induced reappraisals. In P. A. Anderson & L. K. Guerrero (Eds.), *Handbook of communication and emotion: Research, theory, applications, and contexts* (pp. 245-280). Academic Press.

Callahan, D. (2013). Obesity: Chasing an elusive epidemic. *Hastings Center Report*, 43(1), 34-40.

Chen, Z., Williams, K. D., Fitness, J., & Newton, N. C. (2008). When hurt will not heal: Exploring the capacity to relive social and physical pain. *Psychological Science*, 19(8), 789-795.

Cho, H., & Salmon, C. T. (2007). Unintended effects of health communication campaigns. *Journal of Communication*, 57(2), 293-317.

Choi, J., & Noh, G. Y. (2019). The effects of a stigmatizing anti-smoking campaign on autonomous vs. controlled motivation: The case of South Korea. *Health Communication*, 35(9), 1073-1080.

Chung, A. H., & Slater, M. D. (2013). Reducing stigma and out-group distinctions through perspective-taking in narratives. *Journal of Communication*, 63(5), 894-911.

Committee on Bioethics (2009). Physician refusal to provide information or treatment on the basis of claims of conscience. *Pediatrics*. https://pediatrics.aappublications.org/content/124/6/1689.

Corrigan, P. W., Edwards, A. B., Green, A., Diwan, S. L., & Penn, D. L. (2001). Prejudice, social distance, and familiarity with mental illness. *Schizophrenia Bulletin*, 27(2), 219-225.

Corrigan, P. W., Michaels, P. J., & Morris, S. (2015). Do the effects of antistigma programs persist over time? Findings from a meta-analysis. *Psychiatric Services*, 66(5), 543-546.

Corrigan, P. W., Morris, S. B., Michaels, P. J., Rafacz, J. D., & Rüsch, N. (2012). Challenging the public stigma of mental illness: A meta-analysis of outcome studies. *Psychiatric Services*, *63*(10), 963-973.

Corrigan, P. W., & Watson, A. C. (2002). The paradox of self-stigma and mental illness. *Clinical Psychology: Science and Practice*, *9*(1), 35-53.

Craig, R. T. (1999). Communication theory as a field. *Communication Theory*, *9*(2), 119-161.

DeTurk, S. (2011). Allies in action: The communicative experiences of people who challenge social injustice on behalf of others. *Communication Quarterly*, *59*(5), 569-590.

Dickerson, S. S., Gruenewald, T. L., & Kemeny, M. E. (2004). When the social self is threatened: Shame, physiology, and health. *Journal of Personality*, *72*(6), 1191-1216.

Durkheim, E. (1982). *The rules of sociological method and selected texts on sociology and its method*. Macmillan.

Eisenberger, N. I., Lieberman, M. D., & Williams, K. D. (2003). Does rejection hurt? An fMRI study of social exclusion. *Science*, *302*(5643), 290-292.

Erceg-Hurn, D. M., & Steed, L. G. (2011). Does exposure to cigarette health warnings elicit psychological reactance in smokers? *Journal of Applied Social Psychology*, *41*(1), 219-237.

Fiske, S. T., Cuddy, A. J., Glick, P., & Xu, J. (2002). A model of (often mixed) stereotype content: Competence and warmth respectively follow from perceived status and competition. *Journal of Personality and Social Psychology*, *82*(6), 878-902.

Forbes, T. D., & Ueno, K. (2020). Post-gay, political, and pieced together: Queer expectations of straight allies. *Sociological Perspectives*, *63*(1), 159-176.

Ganesan, A., & Dar-Nimrod, I. (2021). Experimental examination of social transmission of health information using an online platform. *Health Communication*, *36*(3), 392-400.

Geronimus, A. T., Hicken, M. T., Pearson, J. A., Seashols, S. J., Brown, K. L., & Cruz, T. D. (2010). Do US black women experience stress-related accelerated biological aging? *Human Nature*, *21*(1), 19-38.

Gloor, J. L., & Puhl, R. M. (2016). Empathy and perspective-taking: Examination and comparison of strategies to reduce weight stigma. *Stigma and Health*, *1*(4), 269-279.

Goffman, E. (1963). *Stigma: Notes on the management of spoiled identity*. Prentice-Hall.

Greene, K. (2009). An integrated model of health disclosure decision making. In T. D. Afifi & W. A. Afifi (Eds.), *Uncertainty and information regulation in interpersonal contexts: Theories and applications* (pp. 226-253). Routledge.

Guttman, N. (1997). Ethical dilemmas in health campaigns. *Health Communication*, *9*(2), 155-190.

Haas, J. (2012). Hate speech and stereotypic talk. In H. Giles (Ed.), *The handbook of intergroup communication* (pp. 128-140). Routledge.

Hansson, L., Lexén, A., & Holmén, J. (2017). The effectiveness of narrative enhancement and cognitive therapy: A randomized controlled study of a self-stigma intervention. *Social Psychiatry and Psychiatric Epidemiology*, *52*(11), 1415-1423.

Harwood, J. (2010). The contact space: A novel framework for intergroup contact research. *Journal of Language and Social Psychology*, *29*(2), 147-177.

Harwood, J., Hewstone, M., Amichai-Hamburger, Y., & Tausch, N. (2013). Intergroup contact: An integration of social psychological and communication perspectives. In C. T. Salmon (Ed.), *Communication yearbook 36* (pp. 55-102). Routledge.

Hatzenbuehler, M. L., Keyes, K. M., & Hasin, D. S. (2009). State-level policies and psychiatric morbidity in lesbian, gay, and bisexual populations. *American Journal of Public Health*, *99*(12), 2275-2281.

Hatzenbuehler, M. L., & Link, B. G. (2014). Introduction to the special issue on structural stigma and health. *Social Science & Medicine*, *103*, 1-6.

Hayden-Wade, H. A., Stein, R. I., Ghaderi, A., Saelens, B. E., Zabinski, M. F., & Wilfley, D. E. (2005). Prevalence, characteristics, and correlates of teasing experiences among overweight children vs. non-overweight peers. *Obesity Research*, *13*(8), 1381-

1392.

Herek, G. M. (2000). The social construction of attitudes: Functional consensus and divergence in the U. S. public's reactions to AIDS. In G. R. Maio & J. M. Olson (Eds.), *Why we evaluate: Functions of attitudes* (pp. 325-364). Erlbaum.

Herek, G. M. (2009). Hate crimes and stigma-related experiences among sexual minority adults in the United States: Prevalence estimates from a national probability sample. *Journal of Interpersonal Violence*, 24(1), 54-74.

Herek, G. M., & Capitanio, J. P. (1997). AIDS stigma and contact with persons with AIDS: Effects of direct and vicarious contact. *Journal of Applied Social Psychology*, 27(1), 1-36.

Herek, G. M., Saha, S., & Burack, J. (2013). Stigma and psychological distress in people with HIV/AIDS. *Basic and Applied Social Psychology*, 35(1), 41-54.

Heuer, C. A., McClure, K. J., & Puhl, R. M. (2011). Obesity stigma in online news: A visual content analysis. *Journal of Health Communication*, 16(9), 976-987.

Holmstrom, A. J. (2012). What helps—and what doesn't—when self-esteem is threatened?: Retrospective reports of esteem support. *Communication Studies*, 63(1), 77-98.

Hoppe, T. (2018). "Spanish flu": When infectious disease names blur origins and stigmatize those infected. *American Journal of Public Health*, 108(11), 1462-1464.

Icks, M., & Shiraev, E. (2014). *Character assassination throughout the ages*. Palgrave Macmillan.

Icks, M., Shiraev, E., Keohane, J., & Samoilenko, S. A. (2019). Character assassination: Theoretical framework. In S. A. Samoilenko, M. Icks, J. Keohane, & E. Shiraev (Eds.), *Routledge handbook of character assassination and reputation management* (pp. 11-24). Routledge.

Izard, C. E. (1977). *Human emotions*. Plenum.

Izard, C. E., Ackerman, B. P., Schoff, K. M., & Fine, S. E. (2000). Self-organization of discrete emotions, emotion patterns, and emotion-cognition relations. In M. D. Lewis & I. Granic (Eds.), *Emotion, development, and self-organization* (pp. 15-36). Cambridge University Press.

John, P. S., & Hennessy-Fiske, M. (2020). The scarlet C: Coronavirus survivors face the stigma and discrimination. *Los Angeles Times*. www.latimes.com/california/story/2020-04-18/fear-and-stigma-around-coronavirus-deliver-harm-and-control.

Kleck, R. (1968). Physical stigma and nonverbal cues emitted in face-to-face interaction. *Human Relations*, 21(1), 19-28.

Kozlowski, S. W. J., & Klein, K. J. (2000). A multilevel approach to theory and research in organizations: Contextual, temporal, and emergent processes. In K. Klein & S. Kozlowski (Eds.), *Multilevel theory, research, and methods in organizations: Foundations, extensions, and new directions* (pp. 3-90). Jossey-Bass.

Link, B. G., & Phelan, J. C. (2001). Conceptualizing stigma. *Annual Review of Sociology*, 27(1), 363-385.

Link, B. G., Phelan, J. C., & Hatzenbuehler, M. L. (2017). Stigma as a fundamental cause of health inequality. In B. Major, J. F. Dovidio, & B. G. Link (Eds.), *The Oxford handbook of stigma, discrimination, and health* (pp. 53-67). Oxford University Press.

Livingston, J. D., & Boyd, J. E. (2010). Correlates and consequences of internalized stigma for people living with mental illness: A systematic review and meta-analysis. *Social Science & Medicine*, 71(12), 2150-2161.

Maass, A., Salvi, D., Arcuri, L., & Semin, G. R. (1989). Language use in intergroup contexts: The linguistic intergroup bias. *Journal of Personality and Social Psychology*, 57(6), 981-993.

Magilton, J., Kenny, J., & Boylston, A. (2008). *Lepers outside the gate: Excavations at the cemetery of the hospital of St James and St Mary Magdalene, Chichester, 1986-87 and 1993*. Council for British Archaeology.

Major, B., Dovidio, J. F., Link, B. G., & Calabrese, S. K. (2018). Stigma and its implications for health: Introduction and overview. In B. Major, J. F. Dovidio, & B. G. Link (Eds.), *Oxford handbook of stigma, discrimination and health* (pp. 3-28). Oxford University Press.

Manzo, J. F. (2004). On the sociology and social organization of stigma: Some ethnomethodological insights. *Human Studies*, 27(4), 401-

416.

Masten, C. L., Telzer, E. H., Fuligni, A., Lieberman, M. D., & Eisenberger, N. I. (2012). Time spent with friends in adolescence relates to less neural sensitivity to later peer rejection. *Social Cognitive and Affective Neuroscience*, 7(1), 106-114.

Meisenbach, R. J. (2010). Stigma management communication: A theory and agenda for applied research on how individuals manage moments of stigmatized identity. *Journal of Applied Communication Research*, 38(3), 268-292.

Mittal, D., Sullivan, G., Chekuri, L., Allee, E., & Corrigan, P. W. (2012). Empirical studies of self-stigma reduction strategies: A critical review of the literature. *Psychiatric Services*, 63(10), 974-981.

Nachega, J. B., Morroni, C., Zuniga, J. M., Sherer, R., Beyrer, C., Solomon, S., Schechter, M., & Rockstroh, J. (2012). HIV-related stigma, isolation, discrimination, and serostatus disclosure: A global survey of 2035 HIV-infected adults. *Journal of the International Association of Physicians in AIDS Care*, 11(3), 172-178.

Neuberg, S. L., & DeScioli, P. (2015). Prejudices: Managing perceived threats to group life. In D. M. Buss (Ed.), *The handbook of evolutionary psychology* (pp. 669-683). Wiley.

Ng, S. H. (2007). Language-based discrimination: Blatant and subtle forms. *Journal of Language and Social Psychology*, 26(2), 106-122.

Noltensmeyer, C. J., & Meisenbach, R. J. (2016). Emerging patterns of stigma management communication strategies among burn survivors and relational partners. *American Behavioral Scientist*, 60(11), 1378-1397.

Oliver, M. B., Dillard, J. P., Bae, K., & Tamul, D. J. (2012). The effect of narrative news format on empathy for stigmatized groups. *Journalism & Mass Communication Quarterly*, 89(2), 205-224.

Parker, R., & Aggleton, P. (2003). HIV and AIDS-related stigma and discrimination: A conceptual framework and implications for action. *Social Science & Medicine*, 57(1), 13-24.

Peng, L., Shen, L., Vanderbilt, R. R., Kim, Y., & Foley, K. A. (2020). The impact of fear versus state empathy on persuasion and social stigma. *Media Psychology*, 23(1), 1-24.

Pescosolido, B. A., & Manago, B. (2018). Getting underneath the power of "contact": Revisiting the fundamental lever of stigma as a social network phenomenon. In B. Major, J. F. Dovidio, & B. G. Link (Eds.), *The Oxford handbook of stigma, discrimination, and health* (pp. 397-411). Oxford University Press.

Pescosolido, B. A., & Martin, J. K. (2015). The stigma complex. *Annual Review of Sociology*, 41, 87-116.

Pescosolido, B. A., Martin, J. K., Lang, A., & Olafsdottir, S. (2008). Rethinking theoretical approaches to stigma: A framework integrating normative influences on stigma (FINIS). *Social Science & Medicine*, 67(3), 431-440.

Pettigrew, T. F., Tropp, L. R., Wagner, U., & Christ, O. (2011). Recent advances in intergroup contact theory. *International Journal of Intercultural Relations*, 35(3), 271-280.

Phelan, J. C., Link, B. G., & Dovidio, J. F. (2008). Stigma and prejudice: One animal or two? *Social Science & Medicine*, 67(3), 358-367.

Planalp, S., Hafen, S., & Adkins, A. D. (2000). Messages of shame and guilt. *Annals of the International Communication Association*, 23, 1-65.

Puhl, R. M., & Brownell, K. D. (2003). Psychosocial origins of obesity stigma: Toward changing a powerful and pervasive bias. *Obesity Reviews*, 4(4), 213-227.

Rains, S. (2014). The implications of stigma and anonymity for self-disclosure in health blogs. *Health Communication*, 29(1), 23-31.

Rains, S. A., Peterson, E. B., & Wright, K. B. (2015). Communicating social support in computer-mediated contexts: A meta-analytic review of content analyses examining support messages shared online among individuals coping with illness. *Communication Monographs*, 82(4), 403-430.

Reluga, T. C., Smith, R. A., & Hughes, D. P. (2019). Dynamic and game theory of infectious disease stigmas. *Journal of Theoretical*

Biology, *476*, 95-107.

Rimal, R. N., & Lapinski, M. K. (2015). A re-explication of social norms, ten years later. *Communication Theory*, *25*(4), 393-409.

Roscoe, R. A. (2020). The battle against mental health stigma: Examining how veterans with PTSD communicatively manage stigma. *Health Communication*. Advance online publication.

Samoilenko, S. A. (2016). Character assassination. In C. Carroll (Ed.), *The encyclopedia of corporate reputation* (pp. 115-118). Sage.

Scambler, G., & Hopkins, A. (1986). Being epileptic: Coming to terms with stigma. *Sociology of Health & Illness*, *8*(2), 26-43.

Schiappa, E., Gregg, P. B., & Hewes, D. E. (2005). The parasocial contact hypothesis. *Communication Monographs*, *72*(1), 92-115.

Schmitt, M. T., Branscombe, N. R., Postmes, T., & García, A. (2014). The consequences of perceived discrimination for psychological well-being: A meta-analytic review. *Psychological Bulletin*, *140*(4), 921-948.

Shen, L. (2010). Mitigating psychological reactance: The role of message-induced empathy in persuasion. *Human Communication Research*, *36*(3), 397-422.

Skorinko, J. L., & Sinclair, S. A. (2013). Perspective taking can increase stereotyping: The role of apparent stereotype confirmation. *Journal of Experimental Social Psychology*, *49*(1), 10-18.

Smith, R. A. (2007). Language of the lost: An explication of stigma communication. *Communication Theory*, *17*(4), 462-485.

Smith, R. A. (2011). Stigma communication and health. In T. L. Thompson, R. Parrott, & J. F. Nussbaum (Eds.), *The Routledge handbook of health communication* (2nd ed., pp. 455-468). Routledge.

Smith, R. A. (2012a). Segmenting an audience into the own, the wise, and the normal: A latent class analysis of stigma-related categories. *Communication Research Reports*, *29*(4), 257-265.

Smith, R. A. (2012b). An experimental test of stigma communication content with a hypothetical infectious disease alert. *Communication Monographs*, *79*(4), 522-538.

Smith, R. A. (2014). Testing the model of stigma communication with a factorial experiment in an interpersonal context. *Communication Studies*, *65*(2), 154-173.

Smith, R. A., & Bishop, R. E. (2019). Insights into stigma management communication theory: Considering stigmatization as interpersonal influence. *Journal of Applied Communication Research*, *47*(5), 571-590.

Smith, R. A., & Eberly, R. E. (2021). Advancing character assassination and stigma communication: A dynamics of character. *Journal of Applied Social Theory*, *1*(3), 134-157.

Smith, R. A., & Hughes, D. (2014). Infectious disease stigmas: Maladaptive in modern society. *Communication Studies*, *65*(2), 132-138.

Smith, R. A., Rossetto, K., & Peterson, B. L. (2008). A meta-analysis of disclosure of one's HIV-positive status, stigma and social support. *AIDS Care*, *20*(10), 1266-1275.

Smith, R. A., Zhu, X., & Fink, E. L. (2019). Understanding the effects of stigma messages: Danger appraisal and message judgments. *Health Communication*, *34*(4), 424-436.

Smith, R. A., Zhu, X., & Quesnell, M. (2016, June 9). Stigma and health/risk communication. *Oxford research encyclopedia of communication*. Retrieved June 14, 2020, from https://oxfordre.com/communication/view/10.1093/acrefore/9780190228613.001.0001/acrefore-9780190228613-e-96.

Stringer, K. L., Turan, B., McCormick, L., Durojaiye, M., Nyblade, L., Kempf, M. C., Lichtenstein, B., & Turan, J. M. (2016). HIV-related stigma among healthcare providers in the deep south. *AIDS and Behavior*, *20*(1), 115-125.

Stuber, J., Galea, S., & Link, B. G. (2008). Smoking and the emergence of a stigmatized social status. *Social Science & Medicine*, *67*(3), 420-430.

Thompson, T. L., & Seibold, D. R. (1978). Stigma management in "normal"-stigmatized interactions: A test of the disclosure hypothesis and a model of stigma acceptance. *Human Communication Research*, *4*(3), 231-242.

Wahl, O. F., Wood, A., & Richards, R. (2002). Newspaper coverage of mental illness: Is it changing? *Psychiatric Rehabilitation Skills*, 6(1), 9-31.

Waltman, M., & Mattheis, A. (2017). Understanding hate speech. In H. Giles & J. Harwood (Eds.), *Oxford encyclopedia of intergroup communication* (Vol. 2, pp. 461-483). Oxford University Press.

Watson, A. C., Corrigan, P., & Kosyluk, K. (2014). Challenging stigma. In P. Byrne & A. Rosen (Eds.), *Early intervention in psychiatry: EI of nearly everything for better mental health* (pp. 358-372). Wiley.

Whitestone, S. B., Giles, H., & Linz, D. (2020). Overcoming ungrievability: Transgender expectations for identity after death. *Sociological Inquiry*, 90(2), 316-338.

Wilson, C., Nairn, R., Coverdale, J., & Panapa, A. (2000). How mental illness is portrayed in children's television: A prospective study. *British Journal of Psychiatry*, 176(5), 440-443.

Wojcik, J. E. (2000). Discrimination after death. *Oklahoma Law Review*, 53, 389-435.

Wong, N. C., Lookadoo, K. L., & Nisbett, G. S. (2017). "I'm Demi and I have bipolar disorder": Effect of parasocial contact on reducing stigma toward people with bipolar disorder. *Communication Studies*, 68(3), 314-333.

World Health Organization (2015, May). *WHO issues best practices for naming new human infectious diseases*. www.who.int/mediacentre/news/notes/2015/naming-new-diseases/en/.

World Health Organization (2020, March 2). *WHO press conference on COVID-19*. www.who.int/docs/default-source/coronaviruse/transcripts/who-audio-emergencies-coronavirus-press-conference-final-02mar2020.pdf?sfvrsn=cf76053d_2.

Yanos, P. T., Roe, D., & Lysaker, P. H. (2011). Narrative enhancement and cognitive therapy: A new group-based treatment for internalized stigma among persons with severe mental illness. *International Journal of Group Psychotherapy*, 61(4), 576-595.

Zhu, X., & Smith, R. (2016). Advancing research on the spread of stigmatizing beliefs with insights from rumor transmission. *American Behavioral Scientist*, 60(11), 1342-1361.

Zhu, X., Smith, R. A., & Parrott, R. L. (2017). Living with a rare health condition: The influence of a support community and public stigma on communication, stress, and available support. *Journal of Applied Communication Research*, 45(2), 179-198.

第 7 章
非正式护理者和被护理者的健康和关系结果

杰奎琳·哈维(Jacquelyn Harvey)　米拉·H. 佛(Meara H. Faw)
伊丽莎白·帕克斯(Elizabeth S. Parks)

贝琪是一名49岁的护理者,护理着她72岁患有失智症的母亲。贝琪的父母以前住在亚利桑那州,但在父亲去世后不久,母亲便回到了家乡明尼苏达州,因为她几乎记不起每天要吃东西,更不必说服用所需的处方药了。随着时间的推移,眼见母亲失智症加重:家人来看她,她会忘记他们的名字,或者把孙女误认作女儿,即使两个人都在她面前。贝琪将母亲安置在了附近的辅助生活机构中。尽管有这样一家机构提供护理,贝琪仍然每天从全职工作中抽身出来,给母亲喂饭,给她买生活必需品,并让她参与拼图和拼字游戏,以保证她过得充实。当被问及她对这种经历的感受时,贝琪回答说:"看着你的家人生命如此这般……是生活中最艰难的事情之一。你做了你认为你可能做的一切,但在回首往事时,依然遗憾自己没有做更多。"她的经历与许多护理者相似。贝琪每周花20—25小时提供护理。测算在护理上花了多少钱时,她无法算出一个数字,只是说在她对母亲的五年护理中花了有"好几千",但她还是觉得不够。

非正式护理者是在健康护理环境之外,花费大量时间和精力照顾亲人的人群中的一小部分。最常见的是,这些护理者在使用自己的资源支付健康护理费用的同时,还免费护理被护理者。虽然这些行为通常是出于对被护理者(通常是家庭成员或密友)的爱和关心,抑或尊重和责任感,但因为这种护理经历可能穿越不同的人生阶段,会对个人产生许多积极和消极影响。在本章中,我们讨论其中的一些经历以及它们对护理者与被护理者之间传播的影响。我们首先概述护理统计数据,以描绘当前护理需求的状况。鉴于数据的可得性及非正式护理的组织方式,因语境、国籍、文化价值观、可用的支持资源以及家庭和社会责任的不同而不同,我们主要把这一概述聚焦于美国的护理。接着,我们讨论护理者面临的独特挑战和机遇,以及它们如何影响美国跨越共存文化和关系的护理者和被护理者。最后,我们概述旨在帮助护理者提高自身健康和幸福感的循证项目案例,因为这往往会改善护理者与被护理者之间的传播和关系幸福感。我们希望本章能够清晰地描绘出,在整个护理经历中,护理者和被护理者的福祉可能受影响的方式。

大约40%的美国居民报告说曾为一位年长的亲人提供过护理,其中四分之一的人每周花在护理上的时间与从事全职工作时间相匹敌(Titus et al., 2020)。此外,研究表明,大约六分之一的儿童经历发育障碍,可能需要比没有类似身份特征的儿童更多的护理(Boyle et al., 2011)。此外,研究表明,大约六分之一的儿童经历发展障碍。事实上,一些人报告说要同时护理年迈的父母和年幼的孩子。2017年人们总共提供了340亿小时的护理,无偿护理估值为4 700亿美元(Reinhard et al., 2019)。如今,考虑到需要护理的老年人的比例在多个人口稠密的国家中都在增加,这个数字无疑是相似的,甚至可能更高。

事实上,预计到2050年,需要护理的人数估计将接近1 900万,而在21世纪之初需要护理的人数是800万(卫生与公众服务部,Department of Health and Human Services, 2003)。

一般护理者多为中年人,且已婚并育有子女;他们每周大约有20—24小时花在护理上,护理时长约为4—5年(家庭护理者联盟,Family Caregiver Alliance, 2009)。女性护理者(58%)略多于男性(the Centers for Disease Control and Prevention, 2018)。被护理者的健康问题各不相同,但最突出的领域包括失智/阿尔茨海默病、癌症、心理疾病、心血管疾病、中风和发育障碍(Liddle et al., 2018; Schulz & Tompkins, 2010)。尽管护理语境范围非常广泛,但提供的护理职责通常具有相似性。通常,护理者报告的职责包括:交通协助,家庭清洁,杂货采购,膳食准备,移动和洗澡协助,以及药物依从性协助(Gillespie et al., 2014; Schulz & Tompkins, 2010)。这些以任务为导向的职责通常与传播相关的活动相伴随,例如,情感支持与护理、协调与护理、临终相关的决策,以及充当被护理者和健康护理提供者之间的联络人(Schulz & Tompkins, 2010)。护理者和被护理者的关系以多种方式受到护理经验的影响,这取决于每个人如何协商和管理疾病经历(Braun et al., 2009; Vess et al., 1985)。在接下来的部分中,我们将讨论护理者面临的各种挑战和健康问题,以及它们如何影响护理者与被护理者之间的传播。然后,我们将继续讨论在护理经验中可能产生的亲社会成果。

第1节 护理者和被护理者在传播中面临的挑战和健康问题

一、身体健康问题

尽管护理者报告在整个护理过程中会有个人和关系成长(Hogstel et al., 2006),但仍可能出现许多挑战,特别是与护理者健康有关的挑战。事实上,一些研究表明,由于这种角色所伴随的压力,护理者面临更大的全因早亡的风险(all-cause mortality)(Schulz & Beach, 1999)。

护理者往往会经历长期的烦恼,这会破坏生理功能(Pinquart & Sörensen, 2007)。研究表明,在极端情况下,即使在控制了对个人健康的其他影响因素之后,也会导致死亡率增加63%(Schulz & Beach, 1999)。身体健康受影响的极端情况还是比较少的,但并非就不重要,这些影响包括:免疫反应抗体增加,压力荷尔蒙分泌增加,以及全面健康的总体状况下降(Vitaliano Vitaliano et al., 2003)。一项关于护理的元分析表明,如果护理者从事对体力要求很高的工作,这也可能导致肌肉骨骼问题,加重关节炎或其他先前存在的身体状况,或导致急性身体损伤(Pinquart & Sörensen, 2007; Russell, 2008)。此外,护理的压力会导致心血管或荷尔蒙紊乱、免疫系统能力下降以及随压力而来的加倍疲劳(Andres-García et al., 2012; Capistrant et al., 2012; Faw, 2018)。总体而言,护理对身体的影响程度可能取决于感知、时长以及个人所承担的护理职责的程度大小;因此,感知到自己力不从心的护理者更有可能遇到身体健康问题——与那些没有报告力不从心或困难的护理者相比(Schulz et al., 1997)。

这些身体健康问题可能出现在所有人群中,但在已经存在较高健康风险的社区中尤为突出。例如,研究表明,非裔美国人患有并出现高血压、糖尿病和阿尔茨海默病合并症的可能性是白人的两倍;他们更不可能获得优质医疗保健,尤其是在临终阶段;但他们也更可能为年迈的家庭成员提供家庭内的初级护理,而不是选择养老院护理(Aaron, 2016; Dillon & Basu, 2016)。这些模式也具有经济影响,包括工资损失和其他类型的系统性不平等,特别是对更可能护理非配偶家庭成员的女性家庭角色(如妻子和母亲)来说,更是如此(Baus et al., 2005; Dilworth-Anderson et al., 2005)。当然,这取决于个人在担当护理角色方面的经验和采取的方法。尽管如此,护理的生理效应自然会影响护理者和被护理者之间的关系,这些关系是在更广泛的文化语境下进行的,这也会影响支持过程(Feng & Burleson, 2006)以及产生心理和情绪问题的可能性。

二、心理和情绪健康问题

护理者也会经历各种心理和情感问题,据报道,这类问题很多时候比护理本身造成的生理劳累还要大(Pinquart & Sörensen, 2007)。通常,护理者报告的症状有:抑郁并体会到高度孤独(Beeson, 2003; Faw & Leustek, 2015),倦怠(尤其是面对可恶的行为或攻击行为时;Hiyoshi-Taniguchi et al., 2018),情感掏空和人格解体(Ybema et al., 2002),韧性和应对产生困难(Wilks et al., 2011),自我效能感下降并伴随整体幸福感降低(Pinquart & Sörensen, 2005)。

在所有种族和族裔群体中,护理者通常都会感到忧虑和压力;然而,由于文化因素的不同,不同的群体可能更易受到这些健康问题的影响(Dysart-Gale, 2007)。例如,疾病的污名可能导致如下问题:社交保密和个人负担加重(如亚洲护理者),偏向于不提供灵性或信仰支持(如白人护理者),语言障碍以及阻碍获得所需支持服务的歧视(如西班牙裔护理者),以及家庭文化价值观与主流健康护理机构的一套专业规范之间的认知失调(如非裔美国人护理者;Feng & Burleson, 2006; Vickrey et al., 2007; Yoo et al., 2010)。此外,护理者的人口统计因素如社会经济阶层、种族身份、移民和社会融合状况等,可能会影响获得额外支持或治疗的个人的和结构性的机遇,而这些支持或治疗使他们能够更好地应对护理压力,并创造进行自我保养的喘息余地(Basnyat & Chang, 2017; Dillon & Basu, 2016; Gallart et al., 2012)。事实上,作为护理者,不仅会对自己的生活轨迹产生负面影响——在身体、心理和情感健康方面,而且在生活选择、经济状况以及更广泛、长期的职业生涯和关系选择方面(Ivery & Muniz, 2017)。因此,处于弱势社会地位的护理者在充当亲人的长期护理者和协商者时会变得更加脆弱。

第 2 节 护理者的健康以及护理-被护理者传播

前面描述的经历对即使在护理语境之外的关系也是有害的,但是,当护理包括管理疾病时,压力阻碍关系传播的机会就更大。研究表明,护理者和被护理者之间的传播模式与双方的幸福感直接相关(Edwards & Noller, 1998);而社会交换和公平理论表明,个人对互惠/互利的看法,塑造了关系伙伴在一种关系中的共同交流和整体满意度(Cook & Rice, 2006)。从本质上讲,以不平衡的给予和接受为特征的关系(即护理者和被护理者),会在成员之间造成更大的关系裂痕(Sprecher, 2001)。此外,对关系渠道的期待——互惠和交流通过这些渠道发生——可能因文化价值观、规范和传播实践而异(Parks, 2019)。在护理语境中,尤其护理者可能会感受到关系中的不公平,当这种情况发生时,两个人往往都会体验到更大的不满意(Brackbill & Kitch, 1991)。持续缺乏平衡以及额外压力,会影响护理者以支持和亲社会方式传播关爱的能力和意愿(Harvey & Faw, 2018; Williamson & Shaffer, 2001)。另一方面,对互惠的看法可以大大减轻困难以及对负担的看法(Reid et al., 2005)。具体来说,从交流的角度来看,更大的亲密感和更健康的关系感知等同于护理者感知到更少的代价(Walker et al., 1992)。因此,如果个人因不平等而感受到压力,专注于改善关系可能有助于减轻不利影响,尤其是在几乎无法改变互惠状态的情况下。

除了与不平等互惠相关的困难之外,关系辩证法理论(relational dialectics theory, RDT; Baxter & Montgomery, 1996)提供了一个框架,来识别护理者可能遇到的其他问题。具体而言,关系辩证法理论假设关系成员经常经历竞争的欲望,并因此进行彼此反对的话语交锋,这就增加了冲突观点影响关系的可能性(Ebert, 2000)。例如,尽管护理者和被护理者都可能希望疾病消退或希望提高被护理者的幸福,但对于如何实现这一目标可能会出现相互竞争的观点。伴侣一方可能会建议健康饮食和锻炼可以实现这一目标,而另一方则认为放松和减压是必要的。诸如此类的竞争性话语可能会导致更少支持性、更多冲突性的互动,这不仅发生在护理者和被护理者之间,而且发生在一个既定家庭的多个成员之间,他们都对如何最好地提供护理有自己的看法。事实上,瑞芬及其同事(Riffin et al., 2018)认为存在两种护理类型:支持的和反对的。支持性关系包括在决策制定、疾病管理、任务导向和相互理解方面存在高度一致性的关系。反对性关系的特点是在这些问题上存在分歧,并对护理者和被护理者的个体体验缺乏认同(Riffin et al.,2018)。

相互竞争的观点也可能内生,且只能由一个人表达。例如,巴克斯特(Baxter et al.,2002)为那些丈夫患有失智症的妻子识别出相互竞争的辩证关系。他们的研究表明,妻子在开放-封闭方面体会到矛盾,因为她们希望与丈夫进行公开传播,但他们也希望避免可能引起情绪困扰的对话。这些妻子们还报告说,她们体会到一种在场-缺席的矛盾,因为其丈夫身体在场,但在情感上却不在场。同时在有关其配偶认知是否在场方面,她们感受到了确定性与不确定性之间的矛盾。还有,在对他们关系的过去与现在的看法方面也有矛盾。这些内部竞争性对话既会在个体层面上,也会在关系层面上影响关系,因为成员必须努力协商和管理相互矛盾的感受和看法,即有关关系的、有关护理/接受护理体验的感受和看法。

综上所述,前面提到的研究表明,对于护理者和被护理者来说,重要的是彼此要就一些方法进行沟通,即如何建立更互惠和更平衡的关系,抑或如何减轻与现有失衡有关的负面感受,在他们的二元关系中以及在他们更广泛的支持网络语境中都要如此。当出现紧张和相互竞争的话语时,护理者和被护理者可以努力理解彼此的观点并减少紧张程度。

尽管在护理者和被护理者的健康和传播方面,存在前述困难和损害,但研究还是概述了在这种语境下出现的一些积极结果。事实上,一些研究人员认为,研究高估了与护理相关的负担,并且认为护理角色与如下积极方面有关:延年益寿(Roth et al.,2015),护理者的幸福感增进(Schwartz & Hadar,2007;Semiatin & O'Connor,2012),以及护理者、被护理者与更广泛的家庭和社区网络之间的关系加强(Baus et al.,2005;Yoo et al.,2010)。我们现在转而更详细地讨论这些研究中所告知的益处。

一、护理语境中的个人和关系益处

研究一致发现,护理者报告了与其护理角色有关的复杂感受(Roscoe et al.,2009;Roth et al.,2018);尽管与护理相关的挑战不应被最小化或忽视,但重要的是,要认识到护理也可以带来许多积极结果。在护理期间经历小的"提升"、积极的时刻和个人成就感可以减弱负面影响(Cohen et al.,2002)。事实上,尽管那些具有有色人种社区身份的人倾向于比白人同伴更快、更频繁地报告护理的益处(Vickery et al.,2007),但大多数看护者认识到,其护理经历至少拥有一个积极方面。此外,来自几项大规模研究的证据越来越多,这些证据表明,与非护理者相比,家庭护理者的死亡率可能会**降低**(Roth et al.,2018)。这项发现导致一些研究者提出,护理他人可能是减轻压力负面效应的一个潜在缓冲因素,从而使护理与幸福的关系复杂化(Brown & Brown,2015;Roth et al.,2018)。

概述与护理相关的潜在效益的研究,主要基于强调亲社会帮助行为对健康和幸福的影响框架。这些研究表明,提供情感或实际形式的帮助,可以改善各种指标的幸福感,包括心理、身体和关系健康(Brown et al.,2003;Brown & Brown,2015)。亲社会帮助行为创造和维持人际关系的价值,也体现在几种传播理论中,包括情感交换理论(affection exchange theory)(Floyd et al.,2010),韧性和关系负荷理论(theory of resilience and relational load)(Afifi et al.,2016),以及人际关系中的关系维护理念(Canary & Stafford,1992)。共同应对模型(Afifi et al.,2020;Lyons et al.,1998)也强调了个人承担护理角色时可能产生的潜在效益。当两个或两个以上的人同意分担对给定压力源的责任和对这些给定压力源进行管理时,就会发生共同应对(Lyons et al.,1998)。对慢性病和其他健康挑战采取共同导向与护理者的积极成果相关,包括加强关系维护和调整,以及效率感和个人成长(Koenig Kellas et al.,2019;Lyons et al.,1998)。本章的以下部分进一步阐明研究中记录的与护理相关的益处。

二、精神/情感效益

许多概述护理积极方面的研究都集中在精神和情感的益处上。在许多语境中,个人成长感或成就感在非正式护理者中很常见(Anderson & White,2018;Kang et al.,2013)。例如,一项涉及肌营养不良症儿童的父母护理人的研究发现,

72%的参与者经历某种形式的个人成长(例如,成为更强大的人;Magliano et al.,2014)。另一项考察癌症护理者的研究发现,护理者通过他们的护理经历指出,其个人掌控感和信心增强(Kang et al.,2013)。在各项研究中,个人成长可能体现为获取或发展新的技能,比如,学会成功为受护理者奔走呼号或参与艰难的会话(Anderson & White, 2018)。事实上,与护理相关的能力感和掌控感通常是护理者身份的重要组成部分(Miller et al.,2008)。个人成长也与不太具体但在某些情况下却更有意义的经历有关,这些经历与护理者性格变化(如变得更有耐心)或培养了更大的自我效能感有关(Tarlow et al.,2004)。

除了个人成长之外,护理者报告说他们经历了与其总体生活前景相关的积极变化(Tarlow et al.,2004)。许多研究(Kang et al.,2013;Miller et al.,2008;Rosco et al.,2009)表明,护理者通过他们的护理角色找到了新的意义或目的感。在一项对1 200多名失智症的护理者进行的研究中,大约72%的人认为他们的护理角色让他们能够更懂得对生活感恩,63%的人认为护理让他们拥有更积极的前景(Tarlow et al.,2004)。此外,护理者报告了对优先事项和价值观的重新评估,因此他们的护理生活会专注于"真正重要的事情"(Kang et al.,2013,第567页)。护理经历还可以创造新的幽默空间,在为个人应对转折性生命阶段时提供了舒缓时刻(Sparks Miller et al.,2005)。其他研究发现,给予护理与灵性及宗教连接产生一种全新感,这二者之间存在着重要联系,最终使护理者在创伤后得以成长并获得韧性,特别是在有色人种社区中(Baus et al.,2005;Teahan et al.,2018;Vickrey et al.,2009)。护理带来的更大意义感是宏大理论框架中的一个重要部分,这些框架将利他行为或帮助行为与积极的健康结果联系起来(Brown et al.,2003)。

三、关系益处

护理者除了从他们的护理角色中获得个人益处之外,还会获得关系益处。事实上,一些研究强调,护理者通过护理过程与被护理者、家人甚至更广泛的社区变得更加亲近(Anderson & White, 2018;Bute et al.,2007;Cohen et al.,2002;Li & Loke, 2013)。有一项研究考察了为传播衰弱(communication-debilitating)疾病(显著改变或降低一个人的传播能力的疾病)患者提供护理的经历,护理者报告说与被护理者的关系发生了积极变化。事实上,一些参与者报告说,他们与被护理者的传播互动变得**更多**、**更好**,即便(或甚至由于)被护理者处于生病这种状态(Bute et al.,2007)。其他一些对癌症护理者进行的研究(Kang et al.,2013;Li & Loke, 2013)发现,参与者提到了对受护理者更加感激和充满爱的感觉,其中一位护理者解释道:"时光更短,她病得更重,但我们爱得更深"(Hudson, 2006,第669页)。护理者体验到的另一个积极的关系益处来自于:感觉自己有用,被珍视,被欣赏,以及从更广泛的关系网络中的他人那里获得了支持(Tarlow et al.,2004;Vickrey et al.,2007)。在所有研究中,护理者报告称,自己对满足被护理者的需求并以有意义的方式支持他们而感觉良好(Tarlow et al.,2004),护理者享受他们因扮演这一角色而体验到的欣赏和感激(Anderson & White, 2018;Li & Loke, 2013)。

在护理者/被护理者关系之外,一些护理者体会到与其家庭成员以及广泛社区的关系得到了加强。几项研究(Amaro, 2017;Anderson & White, 2018;Kang et al.,2013;Li & Loke, 2013;Tarlow et al.,2004)概述了护理经历如何使护理者与家庭成员建立联系,拉近人与人之间的距离。一项研究考察了兄弟姐妹在护理生病父母中的角色,发现兄弟姐妹之间的感激之情可以促进关系建立并改善护理者状况的结果(Amaro, 2017)。另一项研究发现,护理者使用积极的框架(或从积极的角度而不是从压力或负担的角度来传播他们的护理经历),让他们能够以有意义的方式重新与家庭成员关联,并促进应对的积极性(Alpert & Womble, 2015)。除了家庭单元,护理可以在更大的社区中创造一种联系感(Faw et al.,2020;Magliano et al.,2014)。尽管一些护理者可能出于其文化价值观考虑而不愿寻求家庭网络(在人际和家庭传播中,交往的网络圈层是核心内容)之外的支持,但他们可能更愿意加强家庭纽带和亲密性,以展示包容和家庭和谐(Feng & Burleson, 2006;Yoo et al.,2010)。正如一项概述重病患者护理经历的研究所解释的那样:"参与者报告说,与患者相处的时间加深了他们的关系,增进了对家庭成员角色的欣赏,并强化了非家庭关系,包括同龄人团体和志愿者机会。"(Anderson & White, 2018,第268页)

第 3 节 干预和基于研究的项目：改善护理与被护理者的个人和关系健康结果

之前列出的结果可能同时共存，护理者或被护理者可能会同时体验到护理关系的好处和坏处。尽管有潜在的好处，但压力源很可能会出现，因此研究人员已将注意力转向具有成本效益的干预措施，这些干预措施可以改善护理者和被护理者的幸福。其中许多干预措施是基于家庭或社区的，它们往往与健康和人际关系的改善同时发生。我们现在要重点与您分享对护理者与被护理者进行干预的三类措施及其细节、成分和结果，以此来说明日常活动的微小改变如何为增强护理者和被护理者的健康提供机会。此外，我们希望这些讨论能够促进多样化干预策略的进一步发展，因为正如埃弗里和穆尼兹（Ivery and Muniz, 2017）所指出的那样，护理干预措施必须多样化，以便在"家庭责任、支持网络和资源"视角内吸引参与者（第 319 页）。这一点尤其重要，因为以家庭为中心的干预变得越来越普遍，而且它们的成功通常取决于提高跨文化能力和意识（Vigil & Hwa-Froelich, 2004）。

一、基于正念的干预

正念包括一个注意过程，在这个过程中，人们将他们的思想集中在当下发生的事情和刺激上，而不是耽于过去或担心可能会出现的未来情景。这种保持专注于当下的相对简单的概念可能对个人健康和幸福产生深远的影响。很多想法是自动的，往往集中在过去或未来的事情上。事实上，人类只有大约一半的时间专注于当下（Killingsworth & Gilbert, 2010）。对于护理者来说，这通常意味着他们的时间花在对被护理者的需求和幸福的担忧上面，或者可能意味着聚焦于护理给护理者及其家人带来的压力和紧张。正念行为似乎是一种提高生活质量以及减轻可能时不时就出现的痛苦想法的有效方法（Paller et al., 2015; Waelde et al., 2004）。

为减轻压力的基于正念的干预（Mindfulness-based interventions, MBI）包括冥想、身体扫描、呼吸练习和专注的步行/饮食练习等活动（Kabat-Zinn, 1990）。许多实证研究发现，这种正念练习在医疗和社区环境中的功效得到了支持（元分析参见格罗斯曼：Grossman et al., 2004; Khoury et al., 2015）。针对护理的研究发现，基于正念的干预在改善压力、抑郁和焦虑上明显非常有效（Li et al., 2016）。此外，遵从基于正念的干预，对负担的看法较低，对社交支持和精神健康的看法得到改善（Whitebird et al., 2013）。重要的是，提高护理者的正念水平，不仅可以提高护理者自身的幸福，还可以提高被护理者的幸福。例如，对严重残疾者的研究发现，如果他们得到完成正念训练的人的护理，他们会报告说更幸福（Singh et al., 2004）。此外，在其中一名成员患肺癌的夫妻之间，正念更可能与进行公开传播有关（Schellekens et al., 2017）。这些研究共同揭示了，一种相对简单的、免费的并以家庭为基础的实践，如何能够显著地改善护理者和被护理者的结果。

二、表达性写作干预

向自己或一对护理者/被护理者表达自己的恐惧、沮丧、希望和梦想，也会对护理者的幸福感产生深远的影响。最近的一项元分析（Riddle et al., 2016）表明，专注于情绪表达的研究发现，压抑情绪的释放与精神健康和创伤减少的显著改善有关。表达围绕护理的情绪可以作为个人的情绪发泄口，否则他们会自己屏住想法和感受（Pennebaker & Chung, 2011）。这种情绪释放往往会大大改善各种幸福指标。例如，护理者在表达与护理经验相关的想法后，对负担、压力和抑郁的感知会降低（Harvey et al., 2018）。此外，护理接受者和护理者进行情感写作，可以改善焦虑、抑郁和记忆/学习（Cash & Lageman, 2015）。然而，这些效果可能取决于个人使用的表达类型，下面详述。

大多数关于情感表达的研究都遵循了彭内贝克和比尔（Pennebaker and Beall, 1986）首次提出的"表达性写作"

("expressive writing")范式。这种范式表明,关于创伤事件的正面或负面的写作,可以在情绪释放后不同程度地改善一个人的健康(King & Miner, 2000)。关于创伤经历的积极写作被称为"寻找益处"("benefit-finding"),与更好的心情、就诊次数减少以及积极情绪增加有关(Burton & King, 2004; King & Miner, 2000)。关于创伤经历的负面写作被称为"创伤性披露"("traumatic disclosure"),也与健康改善有关,包括减少就诊次数以及增强免疫和自主神经系统功能(Pennebaker & Chung, 2011)。一些研究人员仍然对此持有争议:积极地书写创伤会抑制压力的短期增加,与压力增加相伴的是消极表达形式(King, 2002)。其他人则认为,在改善整体健康方面,创伤披露优于寻找益处(Lyubomirsky et al., 2006)。无论采用何种写作方法,这两种形式似乎都能为护理者的幸福创造积极的结果。此外,大量研究发现,表达性写作可以帮助那些自己正患病的人(Stanton & Danoff-Burg, 2002),并有助于提高护理者对被护理者提供支持信息(Harvey et al., 2019)。鉴于表达性写作在多种场合和语境中的有效性,它可以是一种行之有效的方法,供护理者或被护理者寻求一种经济实惠的方式来改善健康。

三、基于社区的艺术参与干预

从社区角度来看,以社区为基础的艺术参与(community-based arts engagement)干预,还可以为加强护理者和被护理者之间的传播提供重要途径,同时促进整体幸福(Brotons & Marti, 2003; Camic & Chatterjee, 2013)。以社区为基础的艺术参与干预通常涉及为护理者和被护理者提供公共场所的创意体验,例如,引导游览艺术博物馆或艺术课程(Camic et al., 2016; Griggs et al., 2020),运动或舞蹈课程(Koch et al., 2015; Sharp & Hewitt, 2014),抑或音乐或戏剧活动(Davalos et al., 2019)。这些项目的目的是为护理者和被护理者提供一起体验趣味、一起参与环境的机会,同时获得与创意企业相关的情感的、精神的,有时甚或是身体的效益(国家精神健康协调中心, National Collaborating Centre for Mental Health, 2007)。

有证据表明,来自以社区为基础的艺术参与干预可以为护理者和被护理者带来许多积极的结果。例如,一项以社区为基础的艺术参与项目,为患有失智症的成年人及其护理者推出了口罩制作活动,该项目为维持关系和加强二人之间的传播提供了机会。此外,在制作口罩的同时,与他人互动的能力刺激了失智症参与者的记忆,并导致护理者和被护理者在活动期间的传播数量和质量更高(Griggs et al., 2020)。例如,在数量上,失智症参与者与他们的护理者或其他人在活动中的传播次数更多;而在质量上,失智症参与者会记住并讨论他们过去的生活片段,比如一次旅行经历或家里有过的宠物的名字。

以社区为基础的艺术参与对护理者和被护理者的体验产生积极影响还有一个例证,就是一项被称为 B Sharp 项目的多年干预(Davalos et al., 2019; Faw et al., 2020)。B Sharp 项目为患有失智症的成年人及其护理者提供社区交响音乐会的免费门票。在每场音乐会之前,双双都会被邀请参加一个免费的社交时段,在那里,他们可以与他人以及研究团队的成员和社区合作伙伴进行互动。有证据表明,护理者从这些干预措施中受益匪浅,因为他们体验到了社交支持和社区联系的增强、正面性的提升以及逃离其日常护理的庸常的宝贵时刻(Faw et al., 2020)。这些发现与其他以社区为基础的艺术参与项目的结果一致,这些结果表明,当护理者能够与其护理对象一起参与以社区为基础的干预措施时,他们对污名的看法减少了(Bienvenu and Hanna, 2017; Lepp et al., 2003),社会包容感增加了(Camic & Chattterjee, 2013)。护理者还报告了他们的关系质量以及与被护理者交流的益处,因此,这都表明了以社区为基础的艺术参与是一种有益的干预方法,可培养多种亲社会结果(Brodaty et al., 2003; Camic et al., 2016)。

第 4 节 结语及对未来研究的建议

总体而言,本章旨在让读者了解非正式护理者可能面临的广泛经历,包括正面和负面的,同时指出可能影响这些结果的文化和人口因素。此外,我们试图提供应用干预措施的具体例子,这些干预措施的共同目标是在面临挑战时改善护理者和被护理者的生活。同时我们还需要有更多的研究。我们希望传播学者能够接受这种呼吁,研究传播理论如何指导这些领域的互动、干预及其结果。具体而言,该领域的未来研究应考虑调查个人、二元(护理者-被护理者)和社区层面上的辩证关系,如何不同程度地影响护理者/被护理者的健康和人际关系结果。此外,需要更多的纵向和二元研究来评估这个问题:随着时间推移,贯穿于护理者/被护理者关系中的那些感知到的交换及其不平衡所发生的变化。

从干预方法来看,虽然正念对护理结果的积极影响是强劲有力的,但鉴于目前对二元互动结果的研究仍然相对较少,未来的研究应该继续考察正念实践的二元效果和基于互动的效果。此外,更多的研究应该考察二者——表达性写作与写作可能改善二元关系幸福感的方式——之间彼此依赖的结果;我们希望传播研究人员去研究这些效果。传播学者对此类项目的设计、实施和评估有着独特的看法;同时,还有一些研究应该考察,护理者和被护理者在参与我们所概述的正念、表达性写作和以社区为基础的艺术参与干预类型时,他们经历的关系和传播结果。最后,要注意到,抽样策略和构成非正式护理的定义各自都影响研究结果和解释(Schulz et al.,1997)。因此,要真正确定护理对个人和人际关系幸福的影响,我们需要注意研究设计方法及其对结果普遍化所产生的相应影响,以及这些选择如何限制或扩大我们对跨越各种人口统计因素、文化和语境的护理的理解。

参考文献

Aaron, C. S. (2016). Recruitment of African Americans with type 2 diabetes who care for persons with dementia. *Clinical Nursing Research*, 25(1), 3-8.

Afifi, T. D., Basinger, E. D., & Kam, J. A. (2020). The extended theoretical model of communal coping: Understanding the properties and functionality of communal coping. *Journal of Communication*, 70(3), 424-446.

Afifi, T. D., Merrill, A. F., & Davis, S. (2016). The theory of resilience and relational load. *Personal Relationships*, 23(4), 663-683.

Alpert, J. M., & Womble, F. E. (2015). Coping as a caregiver for an elderly family member. *Health Communication*, 30(7), 714-721.

Amaro, L. M. (2017). Dyadic effects of gratitude on burden, conflict, and contribution in the family caregiver and sibling relationship. *Journal of Applied Communication Research*, 45(1), 61-78.

Anderson, E., & White, K. (2018). "It has changed my life": An exploration of caregiver experiences in serious illness. *American Journal of Hospice & Palliative Care*, 35(2), 266-274.

Andres-García, S., Moya-Albiol, L., & Gonzalez-Bono, E. (2012). Salivary cortisol and immunoglobin A: Responses to stress as predictors of health complaints reported by caregivers of offspring with autistic spectrum disorder. *Hormones and Behavior*, 62(4), 464-474.

Basnyat, I., & Chang, L. (2017). Examining live-in foreign domestic helpers as a coping resource for family caregivers of people with dementia in Singapore. *Health Communication*, 32(9), 1171-1179.

Baus, R., Dysart-Gale, D., & Haven, P. (2005). Caregiving and social support: A twenty-first century challenge for college students. *Communication Quarterly*, 53(2), 125-142.

Baxter, L. A., Braithwaite, D. O., Golish, T. D., & Olson, L. N. (2002). Contradictions of interactions for wives of elderly husbands with adult dementia. *Journal of Applied Communication Research*, 30(1), 1-26.

Baxter, L. A., & Montgomery, B. M. (1996). *Relating: Dialogues and dialectics*. Guilford Press.

Beeson, R. (2003). Loneliness and depression in spousal caregivers of those with Alzheimer's disease versus noncaregiving spouses. *Archives of Psychiatric Nursing*, 17(3), 135-143.

Boyle, C., Boulet, S., Schieve, L., Cohen, R., Blumberg, S., Yeargin-Allsopp, M., Visser, S., & Kogan, M. (2011). Trends in the prevalence of developmental disabilities in U.S. children, 1997-2008. *Pediatrics*, 127(6), 1034-1042.

Brackbill, Y., & Kitch, D. (1991). Intergenerational relationships: A social exchange perspective on joint living arrangements among the elderly and their relatives. *Journal of Aging Studies*, 5(1), 77-97.

Braun, M., Scholz, U., Bailey, B., Perren, S., Hornung, R., & Martin, M. (2009). Dementia caregiving in spousal relationships: A dyadic perspective. *Aging and Mental Health*, *13*(3), 426-436.

Brodaty, H., Green, A., Hons, B., & Koschera, A. (2003). Meta-analysis of psychosocial interventions for caregivers of people with dementia. *Journal of the American Gerontological Society*, *51*(5), 657-664.

Brotons, M., & Marti, P. (2003). Music therapy with Alzheimer's patients and their family caregivers: A pilot project. *Journal of Music Therapy*, *40*(2), 138-150.

Brown, S., & Brown, M. (2015). Connecting prosocial behavior to improved physical health: Contributions from the neurobiology of parenting. *Neuroscience & Biobehavioral Reviews*, *55*, 1-17.

Brown, S., Nesse, R., Vinokur, A., & Smith, D. (2003). Providing social support may be more beneficial than receiving it: Results from a prospective study of mortality. *Psychological Science*, *14*(4), 320-327.

Burton, C., & King, L. (2004). The health benefits of writing about intensely positive experiences. *Journal of Research in Personality*, *38*(2), 150-163.

Bute, J. J., Donovan-Kicken, E., & Martins, N. (2007). Effects of communication-debilitating illnesses and injuries on close relationships: A relational maintenance perspective. *Health Communication*, *21*(3), 235-246.

Camic, P., Baker, E., & Tischler, V. (2016). Theorizing how art gallery interventions impact people with dementia and their caregivers. *Gerontologist*, *56*(6), 1033-1041.

Canary, D. J., & Stafford, L. (1992). Relational maintenance strategies and equity in marriage. *Communication Monographs*, *59*(3), 243-267.

Capistrant, B., Moon, J., Berkman, L., & Glymour, M. (2012). Current and long-term spousal caregiving and onset of cardiovascular disease. *Journal of Epidemiology and Community Health*, *66*(10), 17-26.

Cash, T., & Lageman, S. (2015). Randomized controlled expressive writing pilot in individuals with Parkinson's disease and their caregivers. *BMC Psychology*, *3*, 1-12.

Centers for Disease Control (2018). *Caregiving: 2015-2016 behavioral risk factor surveillance system (BRFSS) data from adults in 38 states, Puerto Rico, and the district of Columbia*. www.apa.org/pi/about/publications/caregivers/faq/cdc-factsheet.pdf.

Cohen, C., Colantonio, A., & Vernich, L. (2002). Positive aspects of caregiving: Rounding out the caregiver experience. *International Journal of Geriatric Psychiatry*, *17*(2), 184-188.

Cook, K., & Rice, E. (2006). Social exchange theory. In J. Delamater (Ed.), *The handbook of social psychology* (pp. 53-76). Springer.

Davalos, D., Luxton, I., Thaut, M., & Cross, J. (2019). B Sharp-cognitive effects of a community music program for people with dementia-related disorders. *Alzheimer's & Dementia: Translational Research & Clinical Interventions*, *5*(1), 592-596.

Department of Health and Human Services (2003). *The future supply of long-term care workers in relation to the aging baby boom generation: Report to Congress*. https://aspe.hhs.gov/system/files/pdf/72961/ltcwork.pdf.

Dillon, P. J., & Basu, A. (2016). African Americans and hospice care: A culture-centered exploration of enrollment disparities. *Health Communication*, *31*(11), 1385-1394.

Dilworth-Anderson, P., Brummett, B., Goodwin, P., Williams, S., Williams, R., & Siegler, I. (2005). Effect of race on cultural justifications for caregiving. *The Journals of Gerontology. Series B, Psychological Sciences and Social Sciences*, *60*(5), S257-S262.

Dysart-Gale, D. (2007). Respite: Cultural values in North American and Caribbean caregiving. *Canadian Journal of Communication*, *32*(3), 401-415.

Edwards, H., & Noller, P. (1998). Factors influencing caregiver-care receiver communication and its impact on the well-being of older care receivers. *Health Communication*, *10*(4), 317-341.

Erbert, L. (2000). Conflict and dialectics: Perceptions of dialectical contradictions in marital conflict. *Journal of Social and Personal*

Relationships, 17(4-5), 638-659.

Family Caregiver Alliance, National Center on Caregiving (2009). *Caregiving*. www.caregiver.org/caregiving.

Faw, M. H. (2018). Supporting the supporter: Social support, stress, and well-being among caregivers of children with severe disabilities. *Journal of Social and Personal Relationships*, 35(2), 202-223.

Faw, M. H., Cross, J., Luxton, I., & Davalos, D. (2020, February). *Surviving and thriving: Exploratory results from a multi-year, multidimensional intervention to promote well-being among caregivers of adults with dementia* [Paper presentation]. 2020 Western States Communication Association Annual Conference, Denver, CO, United States.

Faw, M. H., & Leustek, J. (2015). Sharing the load: An exploratory analysis of the challenges experienced by parents of children with disabilities. *The Southern Communication Journal*, 80(5), 404-415.

Feng, B., & Burleson, B. R. (2006). Exploring the support seeking process across cultures: Toward an integrated analysis of similarities and differences. *International & Intercultural Communication Annual*, 29, 243-266.

Floyd, K., Pauley, P. M., & Hesse, C. (2010). State and trait affectionate communication buffer adults' stress reactions. *Communication Monographs*, 77(4), 618-636.

Gallart, A., Cruz, F., & Zabalegui, A. (2012). Factors influencing burden among non-professional immigrant caregivers: A case-control study. *Journal of Advanced Nursing*, 69(3), 642-654.

Gillespie, R., Mullan, J., & Harrison, L. (2014). Managing medications: The role of informal caregivers of older adults and people living with dementia: A review of the literature. *Journal of Clinical Nursing*, 23(23-24), 3296-3308.

Griggs, A., Faw, M. H., & Malinin, L. H. (2020). The art of love: Using participatory community arts engagement to facilitate relational maintenance among couples with dementia. In K. Afary & A. Fritz (Eds.), *Communication research on expressive arts and narrative as forms of healing: More than words* (pp. 213-240). Lexington Books.

Grossman, P., Niemann, L., Schmidt, S., & Walach, H. (2004). Mindfulness-based stress reduction and health benefits: A meta-analysis. *Journal of Psychosomatic Research*, 57(1), 35-43.

Harvey, J., & Faw, M. H. (2018). Caregiver social support quality when interacting with cancer sufferers: Advancing the dual-process model of supportive communication. *Supportive Care in Cancer*, 26(4), 1281-1288.

Harvey, J., Manusov, V., & Sanders, E. (2019). Improving cancer caregivers' emotion regulation and supportive message characteristics: Results of a randomized controlled expressive writing intervention. *Communication Monographs*, 86(1), 1-22.

Harvey, J., Sanders, E., Ko, L., Manusov, V., & Yi, J. (2018). The impact of written emotional disclosure on cancer caregivers' perceptions of burden, stress, and depression: A randomized controlled trial. *Health Communication*, 33(7), 824-832.

Hiyoshi-Taniguchi, K., Becker, C., & Kinoshita, A. (2018). What behavioral and psychological symptoms of dementia affect caregiver burnout? *Clinical Gerontologist*, 41(3), 249-254.

Hogstel, M., Curry, L., & Walker, C. (2006). Caring for older adults: The benefits of informal family caregiving. *Journal of Theory Construction and Testing*, 9(2), 55-60.

Hudson, P. (2006). How well do family caregivers cope after caring for a relative with advanced disease and how can health professionals enhance their support? *Journal of Palliative Medicine*, 9(3), 694-703.

Ivery, J., & Rivera Muniz, G. (2017). Caregiving transitions: Developmental and gendered perspectives. *Journal of Human Behavior in the Social Environment*, 27(4), 311-320.

Kabat-Zinn, J. (1990). *Full catastrophe living: Using the wisdom of your body and mind to face stress, pain, and illness*. Random House.

Kang, J., Shin, D., Choi, J., Sanjo, M., Yoon, S., Kim, H., Oh, M., Kwen, H., Choi, H., & Yoon, W. (2013). Factors associated with positive consequences of serving as a family caregiver for a terminal cancer patient. *Psycho-Oncology*, 22(3), 564-571.

Khoury, B., Sharma, M., Rush, S. E., & Fournier, C. (2015). Mindfulness-based stress reduction for healthy individuals. *Journal of*

Psychosomatic Research, 78(6), 519-528.

Killingsworth, M. A., & Gilbert, D. (2010). A wandering mind is an unhappy mind. *Science*, 330(6006), 932.

King, L. A. (2002). Gain without pain? Expressive writing and self-regulation. In S. J. Lepore & J. M. Smyth (Eds.), *The writing cure: How expressive writing promotes health and emotional well-being* (pp. 119-134). American Psychological Association.

King, L. A., & Miner, K. N. (2000). Writing about the perceived benefits of traumatic events: Implications for physical health. *Personality and Social Psychology Bulletin*, 26(2), 220-230.

Koch, S. C., Mehl, L., Sobanski, E., Sieber, M., & Fuchs, T. (2015). Fixing the mirrors: A feasibility study of the effects of dance movement therapy on young adults with autism spectrum disorder. *Autism*, 19(3), 338-350.

Koenig Kellas, J., Castle, K. M., Johnson, A. Z., & Cohen, M. Z. (2019). Cancer as communal: Understanding communication relationships from the perspective of survivors, caregivers, and health care providers. *Health Communication*, 1-13.

Lepp, M., Ringsberg, K. C., Holm, A-K., & Sellersjö G. (2003). Dementia—involving patients and their caregivers in a drama programme: The caregivers' experiences. *Journal of Clinical Nursing*, 12(6), 873-881.

Li, G., Yuan, H., & Zhang, W. (2016). The effects of mindfulness-based stress reduction for family caregivers: A systemic review. *Archives of Psychiatric Nursing*, 30(2), 292-299.

Li, Q., & Loke, A. Y. (2013). The positive aspects of caregiving for cancer patients: A critical review of the literature and directions for future research. *Psycho-Oncology*, 22(11), 2399-2407.

Liddle, M., Birkett, K., Bonjour, A., & Risma, K. (2018). A collaborative approach to improving health care for children with developmental disabilities. *Pediatrics*, 142(6), 1-8.

Lyons, R. F., Mickelson, K. D., Sullivan, M. J., & Coyne, J. C. (1998). Coping as a communal process. *Journal of Social and Personal Relationships*, 15(5), 579-605.

Lyubomirsky, S., Sousa, L., & Dickerhoof, R. (2006). The costs and benefits of writing, talking, and thinking about life's triumphs and defeats. *Journal of Personality and Social Psychology*, 90(4), 692-708.

Magliano, L., Patalano, M., Sagliocchi, A., Scuttifero, M., Zaccaro, A., D'Angelo, M. G., Civati, F., Brighina, E., Vita, G., Vita, G. L., Messina, S., Sframeli, M., Pane, M., Lombardo, M. E., Scalise, R., D'Amico, A., Colia, G., Catteruccia, M., Balottin, U., ... Politano, L. (2014). "I have got something positive out of this situation": Psychological benefits of caregiving in relatives of young people with muscular dystrophy. *Journal of Neurology*, 261(1), 188-195.

Miller, K. I., Shoemaker, M. M., Willyard, J., & Addison, P. (2008). Providing care for elderly parents: A structurational approach to family caregiver identity. *Journal of Family Communication*, 8(1), 19-43.

National Collaborating Centre for Mental Health (2007). *Therapeutic interventions for people with dementia: Cognitive symptoms and maintenance of functioning*. www.ncbi.nlm.nih.gov/books/NBK55462/.

Paller, K., Creery, J., Florczak, S., Weintraub, S., Mesulam, M., Reber, P. J., Kiragu, J., Rooks, J., Safron, A., Morhardt, D., O'Hara, M., Gigler, K. L., Molony, J. M., & Maslar, M. (2015). Benefits of mindfulness training for patients with progressive cognitive decline and their caregivers. *American Journal of Alzheimer's Disease and Other Dementias*, 30(3), 257-267.

Parks, E. S. (2019). *The ethics of listening: Creating space for sustainable dialogue*. Lexington Books.

Pennebaker, J., & Beall, S. (1986). Confronting a traumatic event: Toward an understanding of inhibition and disease. *Journal of Abnormal Psychology*, 95(3), 274-281.

Pennebaker, J., & Chung, C. (2011). Expressive writing: Connections to physical and mental health. In H. S. Friedman (Ed.), *The Oxford handbook of health psychology* (pp. 417-437). Oxford University Press.

Pinquart, M., & Sörensen, S. (2005). Caregiving distress and psychological health of caregivers. In K. V. Oxington (Ed.), *Psychology of stress* (pp. 165-206). Nova Biomedical Books.

Pinquart, M., & Sörensen, S. (2007). Correlates of physical health of informal caregivers: A meta-analysis. *Journals of Gerontology. Series B, Psychological Sciences and Social Sciences*, *62*(2), 126-137.

Plöthner, M., Schmidt, K., de Jon, L., Zeidler, J., & Damm, K. (2019). Needs and preferences of informal caregivers regarding outpatient care for the elderly: A systematic literature review. *BMC Geriatrics*, *19*(1), 28-40.

Reid, C., Moss, S., & Hyman, G. (2005). Caregiver reciprocity: The effect of reciprocity, carer self-esteem, and motivation on the experience of caregiver burden. *Australian Journal of Psychology*, *57*(3), 186-196.

Reinhard, S., Feinberg, L., Houser, A., Choula, R., & Evans, M. (2019). Valuing the invaluable: 2019 update. *Insight on the Issues, AARP Public Policy Institute*, 1-32.

Riddle, J., Smith, H., & Jones, C. (2016). Does written emotional disclosure improve the psychological and physical health of caregivers? A systematic review and meta-analysis. *Behaviour Research and Therapy*, *80*, 23-32.

Riffin, C., Van Ness, P., Iannone, L., & Fried, T. (2018). Patient and caregiver perspectives on managing multiple health conditions. *Journal of the American Geriatrics Society*, *66*(10), 1992-1997.

Roberts, H., Halpin-Healy, C., McGinnis, R., & Noble, J. (2020). Museum-based creative arts programming is associated with less dementia patient apathy and better caregiver well-being. *Neurology*, *82*(10 supplement), P1.002.

Roscoe, L. A., Corsentino, E., Watkins, S., McCall, M., & Sanchez-Ramos, J. (2009). Well-being of family caregivers of persons with late-stage Huntington's disease: Lessons in stress and coping. *Health Communication*, *24*(3), 239-248.

Roth, D., Brown, S., Rhodes, J., & Haley, W. (2018). Reduced mortality rates among caregivers: Does family caregiving provide a stress-buffering effect? *Psychology and Aging*, *33*(4), 619-629.

Roth, D., Fredman, L., & Haley, W. (2015). Informal caregiving and its impact on health: A reappraisal from population-based studies. *The Gerontologist*, *55*(2), 309-319.

Russell, R. (2008). Their story, my story: Health of older men as caregivers. *Generations*, *32*(1), 62-67.

Schellekens, M., Karremans, J., van der Drift, M., Molema, J., van den Hurk, D., Prins, J., & Speckens, A. (2017). Are mindfulness and self-compassion related to psychological distress and communication in couples facing lung cancer? A dyadic approach. *Mindfulness*, *8*(2), 325-336.

Schulz, R., & Beach, S. (1999). Caregiving as a risk factor for mortality: The caregiver health effects study. *Journal of the American Medical Association*, *282*(23), 2215-2219.

Schulz, R., Newsom, J., Mittelmark, M., Burton, L., Hirsch, C., & Jackson, S. (1997). Health effects of caregiving: The caregiver health effects study: An ancillary study of the cardiovascular health study. *Annals of Behavioral Medicine*, *19*(2), 110-116.

Schulz, R., & Tompkins, C. (2010). *The role of human factors in home health care: Workshop summary*. National Academies Press.

Schwartz, C., & Hadar, L. (2007). Parents caring for adult children with physical disabilities: The impact of hope and closeness on caregiving benefits. *Families in Society*, *88*(2), 273-281.

Semiatin, A., & O'Connor, M. (2012). The relationship between self-efficacy and positive aspects of caregiving in Alzheimer's disease caregivers. *Aging and Mental Health*, *16*(6), 683-688.

Sharp, K., & Hewitt, J. (2014). Dance as an intervention for people with Parkinson's disease: A systematic review and meta-analysis. *Neuroscience and Biobehavioral Reviews*, *47*, 445-456.

Singh, N., Lancioni, G., Winton, A., Wahler, R., Singh, G., & Sage, M. (2004). Mindful caregiving increases happiness among individuals with profound multiple disabilities. *Research on Developmental Disabilities*, *25*(2), 207-218.

Sparks, L., Travis, S., & Thompson, S. (2005). Listening for the communicative signals of humor, narratives, and self-disclosure in the family caregiver interview. *Health and Social Work*, *30*(4), 340-343.

Sprecher, S. (2001). Equity and social exchange in dating couples: Associations with satisfaction, commitment, and stability. *Journal of*

Marriage and Family, *63*(3), 599-613.

Stanton, A., & Danoff-Burg, S. (2002). Emotional expression, expressive writing, and cancer. In S. J. Lepore & J. M. Smyth (Eds.), *The writing cure* (pp. 31-51). American Psychological Association.

Tarlow, B., Wisniewski, S., Belle, S., Rubert, M., Ory, M., & Gallagher-Thompson, D. (2004). Positive aspects of caregiving: Contributions of the REACH project to the development of new measures for Alzheimer's caregiving. *Research on Aging*, *26*(4), 429-453.

Teahan, Á., Lafferty, A., McAuliffe, E., Phelan, A., O'Sullivan, L., O'Shea, D., & Fealy, G. (2018). Resilience in family caregiving for people with dementia: A systematic review. *International Journal of Geriatric Psychiatry*, *33*(12), 1582-1595.

Titus, J., Malato, D., Benz, J., Kantor, L., Bonnell, W., Okal, T., Smith, C., Tompson, T., Swanson, E., & Fingerhut, H. (2020). *Long term caregiving: The true costs of caring for aging adults* (pp. 1-20). The Associated Press-NORC Center for Public Affairs Research.

Vess, J., Moreland, J., & Schwebel, A. (1985). A follow-up study of role functioning and psychological environment of families of cancer patients. *Journal of Psychosocial Oncology*, *3*(2), 1-14.

Vickrey, B., Hays, R., Maines, M., Vassar, S., Fitten, J., & Strickland, T. (2009). Development and preliminary evaluation of a quality of life measure targeted at dementia caregivers. *Health and Quality of Life Outcomes*, *7*(1), 56-67.

Vickrey, B., Strickland, T., Fitten, L., Rodriguez Adams, G., Ortiz, F., & Hays, R. (2007). Ethnic variations in dementia caregiving experiences. *Journal of Human Behavior in the Social Environment*, *15*(2-3), 233-249.

Vigil, D., & Hwa-Froelich, D. (2004). Interaction styles in minority caregivers: Implications for intervention. *Communication Disorders Quarterly*, *25*(3), 119-126.

Vitaliano, P., Zhang, J., & Scanlan, J. (2003). Is caregiving hazardous to one's health? A meta-analysis. *Psychological Bulletin*, *129*(6), 946-972.

Waelde, L., Thompson, L., & Gallagher-Thompson, D. (2004). A pilot study of a yoga and meditation intervention for dementia caregiver stress. *Journal of Clinical Psychology*, *60*(6), 677-687.

Walker, A., Martin, S., & Jones, L. (1992). The benefits and costs of caregiving and care receiving for daughters and mothers. *Journal of Gerontology*, *47*(3), S130-S139.

Whitebird, R., Kreitzer, M., Crain, A., Lewis, B., Hanson, L., & Enstad, C. (2013). Mindfulness-based stress reduction for family caregivers. *Gerontologist*, *53*(4), 676-686.

Wilks, S., Little, K., Gough, H., & Spurlock, W. (2011). Alzheimer's aggression: Influences on caregiver coping and resilience. *Journal of Gerontological Social Work*, *54*(3), 260-275.

Williamson, G., & Shaffer, D. (2001). Relationship quality and potentially harmful behaviors by spousal caregivers: How we were then, how we are now. *Psychology and Aging*, *16*(2), 217-226.

Ybema, J., Kuijer, R., Hagedoorn, M., & Buunk, B. (2002). Caregiver burnout among intimate partners of patients with a severe illness: An equity perspective. *Personal Relationships*, *9*(1), 73-88.

Yoo, J., Jang, S., & Choi, T. (2010). Sociocultural determinants of negative emotions among dementia caregivers in the United States and in Korea. *The Howard Journal of Communications*, *21*(1), 1-19.

第 8 章
家庭健康传播

莫林・基利（Maureen P. Keeley）　　劳伦・李（Lauren Lee）

对健康进行传播是一种司空见惯的做法，家庭定期都会参与其中，并随着家庭成员年龄的增长以及人生各阶段的阅历因时而发展。对话的主题范围覆盖从日常生活方式和健康选择到有关生命周期的通常健康对话，以及由突发、慢性和/或绝症引发的传播。有关健康的家庭谈论可谓林林总总：从相对平易近人的关于健康的对话（如饮食和锻炼；参见 Young & Burke, 2017），到更具挑战性的关于疾病治疗方案选择的对话（Parrott, 2009），甚至参与临终对话（Keeley & Generous, 2017）。

家庭里的健康传播行为可能被诸如新冠病毒大流行这样的事件突然引爆（例如，谈论社交距离、戴口罩以避免病毒），或者是关于慢性病的持续对话（例如，"您吃了控制糖尿病或双相情感障碍的药了吗？"）。因此，家庭系统中的个人是相互关联的，并且经常亲密地参与对亲人的健康做出日常决定以及长期决策。此外，家庭对社交和情感技能的发展具有重要的社会生物学影响，这些技能是适应压力情形所必需的（Luecken et al., 2013）。具体来说，在充满爱、凝聚力和支持性的家庭氛围中长大的孩子会被植入重要的保护因素，以促进良好的身心健康；相反，消极、有毒和充满压力的环境会对孩子的整个生命周期的健康造成有害消耗（Luecken et al., 2013）。理想情况下，家庭通过游戏、角色表率、回答孩子的问题、纠正社交不良行为以及教导他们如何协商冲突和应对压力情况，来教导孩子具有适应性社交和情感技能（Luecken et al., 2013）。

毫无疑问，童年时期在家庭语境里发生的事情，会影响人一生就健康事件和问题所采取的行为和做出的反应。例如，具有凝聚力和支持性的家庭创造了重要的保护机制，促进了积极的身心健康结果（Luecken et al., 2013）。相反，压力和有毒的童年环境和经历，如虐待、忽视、冲突、父母精神疾病、成瘾和不堪的离婚，会对健康产生长期的有害影响（Luecken et al., 2013）。因此，检查家庭语境和家庭问题，对于评估健康影响至关重要。因此，在本章中，我们将强调家庭成员在下面六个因素上是如何相互影响的，这六个因素对健康传播至关重要：① 提供护理和社交支持；② 社会化；③ 意义赋予；④ 关于健康和病痛的传播模式；⑤ 发展韧性；⑥ 探索家庭健康道德困境。

第 1 节　定义家庭以及影响健康传播的家庭因素

什么是家庭？就本章而言，家庭被定义为长期共同生活的人们的网络，受婚姻关系、合法或承诺、法律或其他方面的约束，他们自视为家庭，并分享作为一个家庭运作的重要历史和可预期的未来。

(Galvin et al., 2019，第 8 页)

家庭的广义定义很重要,因为它反映了家庭的当前状态。这个定义超越了有一个或多个孩子的传统双亲家庭(无论是异性恋或是同性恋)。家庭还包括无子女家庭、单亲家庭、继父母家庭、多代家庭和合意家庭(intentional family)(比如,成员没有法律或血缘关系,但视彼此为家庭,共有一段重要历史和可期未来)(Galvin et al., 2019)。

一、家庭护理、系统与社交支持

家庭护理者执行一系列必不可少的任务,包括提供陪伴、日常生活协助、烹饪、居室清洁卫生、健康护理以及为无法自理的家庭成员提供形式多样的身体护理(Pew Research, 2015)。护理者最常见的是那些需要持续医疗援助的个体的配偶/伴侣或其他家庭成员(Care Giver Alliance, 2019)。有超过6 500万美国人,相当于美国人口的29%,为慢性病、残疾或年长家庭成员提供护理服务。这些护理者每周平均花费20小时为他们所爱的人提供非正式护理(National Alliance for Caregiving, 2009)。最近的研究表明,美国有十分之一的父母是多代护理者,他们也为成年人提供无偿护理(Pew Research, 2018)。需要家庭护理的一些最常见疾病包括癌症、阿尔茨海默病、帕金森病、发育障碍、创伤性脑或脊髓损伤、艾滋病、中风、哮喘、精神健康障碍、晚期心脏病、糖尿病和晚期关节炎(AARP, 2015)。所有这些健康状况都需要在护理生病的家人身上花费大量时间、注意力、精力、金钱以及(与患者和医学专家)沟通。正如家庭系统框架所表明的那样,这些统计数据说明了一个家庭的高度互赖性,尤其是在健康语境下。

系统理论至关重要,它强调了个体成员之间互为牵挂,并强调了传播的重要性,因为传播是成员创造、维持和改变家庭健康行为,决策和结果的主要方式。家庭成员对健康、疾痛和整体健康问题的行动和反应会影响整个家庭(Rosland et al., 2012)。将家庭视为一个系统包含七个相关因素:相互依赖性、完整性、自我调节模式、互动复杂性及标点化、开放性、复杂关系和殊途同归性(Galvin et al., 2019)。**相互依赖性**(interdependence)强调了这样一种观念,即家庭成员的任何变化——如经历一次健康危机——都会影响所有家庭成员。**完整性**(wholeness)强调整体大于部分之和;相应地,拥有强大家庭支持系统的个人通常在健康危机中表现得更好,并且比独自应对的个体更长寿(Parrott, 2009)。**自我调节模式**(self-regulating patterns)是规则、纠错机制和行动协调,这些可以提供可预测性和意义。此外,奖励和惩罚被用来强化对行为的期待和规范。**互动复杂性及标点化**(interactive complexity and punctuation)是相互依存的概念,侧重于个人行为刺激行动和反应这一事实。标点化强调个人感知行动发生于何处,但人们通常以不同的方式为事件加注标点。他们因此为行动分派不同的含义。**开放性**(openness)强调这种观点:家庭成员受到外部力量及其影响因素的影响。**复杂关系**(complex relationships)的概念强调每个家庭中都有多个子系统,个人受到自身经历的影响。最后,**殊途同归性**(equifinality)强调通常有不止一个答案、行动和/或方法可以达到相同的结论或最终状态。总而言之,系统视角使个人能够将象征性的互动形式联系起来,这些互动形式联合起来形成了家庭的性格、气质、行动以及对外部世界的反应。与本章相关,家庭作为一个系统,提供了一个框架来描述和考察家庭成员的健康传播及其经历。

对于生病的家庭成员和患有慢性病的家庭成员来说,社交支持对他们取得良好健康结果很重要(Rosland et al., 2012)。具体而言,被认为重要、有用和有益的实际/具体(行动服务)和情感社会支持水平,与改善的自我管理行为、改善的疾病控制以及更低的死亡风险相关联(Rosland et al., 2012)。此外,对病痛进行坦诚、开放和有益的讨论,以及使用"我们"语言而不是"我"语言,与更好的健康结果、改进生存风险以及患者症状的改善相关联。这是因为它展示了将疾病管理重构为家庭问题而不是个人问题(Rohrbaugh et al., 2008)。能够改善病痛结果的传播是这样的:使用积极的、以问题为中心的应对策略和专注的反应,而不使用回避策略(Rosland et al., 2012)。有利于个体更多采取健康行为并且健康结果得以改善的社交支持,是鼓励和尊重家庭成员的自主性、自立自强、能力、个人成就、强大的家庭凝聚力以及共享情感(Rosland et al., 2012)。

先前的家庭传播研究已表明,家庭成员通常是癌症幸存者和绝症患者的主要支持手段(Hilton, 1994; Keeley & Yingling, 2007),并且对幸存者的社会心理调适以及与健康相关的生活质量颇为重要(Mitschke, 2008)。家庭护理体验取决于家庭动态,以及家庭护理者和幸存者独特的健康需求、压力源和恐惧(Koenig Kellas et al., 2017)。由于家庭护理者面临持续又强烈的身体、精神和情绪压力,其健康风险增加,幸福感降低(CDC, 2020)。家庭护理者面临的健康风险包括:焦虑和抑郁水平升高,治疗药物滥用量增加,免疫功能受损,自我报告说身体健康状况较差,以及过早死亡的风险(CDC, 2020)。此外,担任成年家庭成员的护理者有27%的人报告说,他们因护理责任而出现中度至重度的经济困难(CDC, 2020)。

毫无疑问,家庭护理者也需要社交支持。不幸的是,大多数家庭护理者几乎没有机会利用正式的支持服务来最大程度地减少负面健康结果(NIH, 2020)。因此,家庭护理者必须改善他们在家人、朋友和支持网络中的传播,以找到创造性的方法来减轻他们的压力,提高他们的缓解水平;与其他家庭成员分担他们的负担,并增加他们为家庭成员提供健康护理的资源。具有讽刺意味的是,恰好由于护理传播通常是匮乏的,才产生了家庭中谁成为主要护理者的假设(Willyard et al., 2008)。这种在开始时和整个护理期间缺乏沟通的情况,凸显了在更大的家庭系统中,有必要就家庭护理的角色和任务进行更多沟通和协商。直接解决这些问题的传播,有助于降低倦怠程度,并让家庭成员分担工作负荷,从而抵消负面的健康结果。因此,家庭要对抗非正式护理的负面影响,也许最重要的资源是就健康和健康决策展开公开又共情的沟通。这就要求所有家庭成员都参与这样的传播。即使已成为主要护理者的人试图发起此类传播,一些家庭成员拒绝这样做的情况并不少见(T. Thompson, personal communication①,《个人传播》, July 29, 2020)。

换句话说,对于许多人来说,为身体虚弱的家庭成员提供护理会激发满足感,加强关系纽带,并提供有关自己和他人的宝贵见解(CDC, 2020)。效益包括团聚增多,家庭纽带增强,友谊升温,内在力量增强,以及应对能力提高(Stolz et al., 2006)。社交支持是否被认为是有益的,是寻求还是避免,是提供还是留存,通常取决于家庭系统如何将其成员社会化以参与并珍视社交支持。

二、(非)健康行为的社会化

家庭成员是相互影响的力量,他们的传播和身份在时间中得以反思性地塑造。家庭在如下方面发挥着关键作用:担当社会化的代理人,意义建构的促进者,人际影响的亲密源。社会化包括人际关系中的亲密他者展现出的传播和重复行为,这些传播和重复行为教导个体如何行动并作出情景回应。在家庭互动过程中,有关健康和不健康行为的规则和规范会老调重弹,从而向家庭成员灌输健康信念和行为(Hesse et al., 2017)。

通过社会化视角的应用,有几种传播语境得以阐明,包括家庭层面的肥胖经历(Moore et al., 2017)和药物滥用(Kam & Perez Torres, 2018)。儿童是否肥胖特别说明了家庭在使成员朝向疾病或是远离疾病的社会化方面所起的作用。例如,就食物选择及其消费的根深蒂固的家庭传播,以及有关遗传倾向和生理活动的传播,都会影响青少年体重状况和未来生活潜力的结果(Moore et al., 2017)。家庭在药物滥用相关问题的社会化方面也发挥着重要作用,包括:家庭如何谈论药物滥用,父母行为作了怎样的表率,有关奖惩的沟通,对讯息合法性的看法,以及有可能无意中推动了对酒精和其他药物的持续不良使用(参见后面关于作为控制的不一致培养理论的讨论)。例如,在拉丁裔家庭中,当青少年认为父母的沟通是合情合理的(即诚实、开放并与他们的言行一致;Kam & Perez Torres, 2018)时,他们就会发现反药物滥用的讯息最有效。然而,当青少年认为父母虚伪时,这些讯息就失效,例如,当父母的行为与他们的言辞不一致时(Kam & Perez Torres, 2018)。因此,在家庭回应和健康结果方面,行为和讯息的一致性和/或不一致性是重要考量因素。

李普拉(LePoire, 1995)提出了作为控制的不一致养育理论(inconsistent nurturing as control theory, INC),其侧重点是将家庭成员作为人际影响的来源,这些成员没有意识到自己使用了不一致的传播(例如,零零星星地使用奖惩策略)。家庭提供两种传播功能:养育和控制(LePoire, 2006)。养育行为是创造支持、健康和关怀环境的言行,这些环境最能促进家庭成员的进步和发展。控制行为旨在抑制消极行为并限制功能失调的复发。此外,不一致的传播通常是关系中双方共依

---

① 原文如此,疑为作者在列入参考文献时的疏忽。——译者注

(codependency①)的结果。具体来说,家庭养育者为药物滥用者的不良行为赋能,因为养育者不自觉的愿望是被需要。在共依关系中,这种不一致的养育模式会导致依赖于这种不稳定养育者的个体面临更大的不良行为结果风险(LePoire, 1995)。

作为控制的不一致养育理论认为,养育和控制的讯息功能经常相互冲撞,特别是当为此吃苦头的家庭成员冲动行事时,这种冲撞会影响该个体和作为集体的家庭系统的幸福。尽管家庭有良好的意愿劝阻令人反感的行为,但他们还是在不经意间鼓励了药物滥用行为;相应地,时而使用控制、时而使用惩罚的讯息模式会增加药物滥用持续的可能性(LePoire, 2006)。因此,尽管家庭成员试图减轻不利的健康行为和结果,但他们不太可能有效地长期保持他们的有益控制尝试(Duggan & LePoire, 2006)。

来自作为控制的不一致养育框架的研究,为善意但无效的传播模式提供了有价值的视角,解释了家庭社会化和控制企图如何导致传播不一致的健康信息。具体而言,在口头将孩子的饮酒行为称为有问题后,父母采用不一致方式应对,包括与其年轻的成年子女就狂饮(如过度饮酒)行为沟通、使用强化行为(例如,一起饮酒,为孩子买酒)和惩罚行为(例如,表达关心以引起孩子的悔恨感)(Glowacki, 2016)。

兄弟姐妹也会通过发送混合讯息来传递不一致讯息,这些混合讯息包括:强化行为(例如,饮酒是一种联谊活动和话题回避)、惩罚行为(如对抗),间歇性表达他们对无力改变兄弟姐妹饮酒行为的挫败感,把行为的严重性最小化,以及避免谈论他们的担忧(Glowacki, 2017)。

尽管作为控制的不一致养育理论的建立是为了考察药物滥用失序框架中的传播模式(LePoire, 1995),但其理论范围已经扩大到包括家庭禁忌传播在内的语境,例如,性强迫和成瘾(Wright, 2011)、抑郁症(Duggan & LePoire, 2006),以及母亲/患有饮食失调障碍的女儿配对(Prescott & LePoire, 2002)。这组研究结果表明,关于药物滥用的持续惩罚性传播会同时强化另类行为的选择,并产生多重积极结果。具体来说,它降低了复发率,增强了饱受折磨的关系伴侣的清醒度,并减少了伴侣的功能性抑郁症(Duggan & LePoire, 2006)。正如家庭成员在彼此对健康和不健康行为的社会化中发挥关键作用一样,他们在帮助家庭成员理解和创造有关健康担忧和话题的意义时也同样重要。

三、意义赋予和家庭健康叙事

叙事理论采用以意义为中心的传播路径,来审视故事的散播作为意义生成的来源(McAdams, 2006;另见本书第4章)。叙事理论关注的是个人利用故事的方式,即个人如何用故事去理解、展开他人身份、人际关系、生命历程以及社交(Koenig Kellas & Trees, 2013)。叙事是意义赋予的重要来源,因为它们允许个人将复杂和多面的生活事件组织成更清晰、更易消化的讯息片段,这些讯息片段将个体置于个人、关系和文化语境中。人们通过分享患病的叙事来应对,这些叙事随挑战性的患病经历而展开(Wittenberg-Lyles et al., 2010),并在人们承受特别压力时帮助他们理解发生在自己身上的事情(Koenig Kellas & Trees, 2013)。

引入传播的意义赋予叙事理论(communicated narrative sensemaking theory)(CNSM; Koenig Kellas & Kranstuber Horstman, 2015),旨在剖析传播伙伴之间的社交和意义赋予的现象。传播的意义赋予叙事理论的主要目标是阐明故事的内容、讲故事的过程以及讲故事的结果,从而考察健康和幸福是如何在个人和关系层面上形成的(Koenig Kellas & Kranstuber Horstman, 2015)。例如,家庭谈论共渡难关,就是共同进行故事讲述,这是为了帮助他们理解事件的意义和对彼此经历的看法。视角采纳对于支持、确认他人角度很重要,它增加了这样的想法——感到被家庭成员支持(Krouse & Afifi, 2007)。

叙事连贯性(即叙事解说之间的相似性)和视角采纳(即对传播伙伴的观点予以承认并视之合情合理),对于促进富有成效的意义赋予过程特别重要的。它们允许家庭系统成员之间一起创造共享的意义并实现理解(Horstman & Holman, 2018)。

---

① 两个形、意接近的英语词汇 codependency 和 interdependency,在这里不得不作出区分。虽然意思都是"相互依赖",但前者带有不健康依赖之贬义,后者是中性和略褒义的依赖。正是这种差异,codependency 作为关系中不健康面成为传播研究的一个重要议题。——译者注

许多学者利用叙事分析探索了各种健康语境,以了解家庭是如何理解慢性健康事件的。首先,自闭症叙事被看作是一种强有力的变革方式,它使家庭成员能够使用话语策略,共创预想的未来、想象的目标,以及发现愿望(Manoogian et al., 2010)。其次,失智症叙事对家庭成员很有价值,可以作为与失智症患者联结的方式,也可以作为彼此只若初见的一种方式,而不是要求他们以不再可能的方式行事(Johnson et al., 2017)。再次,配偶之间分享流产叙事是有益的,因为这可以让配偶们更好地理解彼此的视角,从而提高在失去做父母的角色时彼此支持的能力,并提升他们关系的幸福感(Horstman & Holman, 2018)。

在许多疾病的发展轨迹中,有关希望的叙事是不可避免的,它也是哀婉的力量(Koenig Kellas et al., 2017)。在健康和家庭护理的叙事中,有两种类型的希望尤为突出:特定的希望和一般的希望。具体来说,特定的希望侧重于疾病的特定治疗或参与实验室试验的可能性;一般的希望强调控制疼痛,为患者赋权,并强调家庭的重要性以及患者身体、精神和情感的需求。因此,特定的希望主要侧重于保持乐观的叙事和对治愈疾病的执着,而一般的希望平衡希望和诚实的竞争张力,促进接纳的心态,并专注于对善终的渴望(Koenig Kellas et al., 2017)。

持久表达特定希望有一个担忧,就是它可能导致彼此伪装。彼此伪装需要回避的互动模式,其特点是轻描淡写或不承认健康状况的严重性,从而导致疾病叙事中的虚假希望(Gold Smith & Ragan, 2017)。因此,彼此伪装可能是一种适应不良的传播模式,涉及家庭成员、患者和医疗专业人员之间的对话协调和修正。因此,彼此伪装的参与维持了一种对疾病治疗及其结果的虚假的、共创的未来乐观主义态度,在最需要真实和诚实沟通的时候,却阻碍了参与者之间这么做(Koenig Kellas et al., 2017)。

不幸的是,优先考虑希望的叙事有几个潜在的负面性,会限制家庭成员之间就个人健康状况进行开诚布公的交流。这种限制性传播可能会让幸存者或家庭成员在诚实地承认患者疾病状况时无能为力,造成否认现实并寄予虚假希望的局面(Koenig Kellas et al., 2013),从而剥夺家庭成员进行最后对话的机会(Keeley, 2007),并阻碍了绝症患者在管理护理以及临终决定问题上的真实愿望表达(Ragan & Goldsmith, 2008;另见本书第9章)。

尽管传播回避可能依情境而发生(取决于具体的语境因素;Magsamen-Conrad et al., 2015),但对幸存者而言,通常更为健康的方式是把负面情绪表述为恐惧、焦虑、悲伤、愤怒和情感烦恼(American Cancer Society, 2016)。在关于疾病的叙事中,公开传播有一些明显的效益,这些效益包括:关系联结和安慰(Keeley, 2007),共同努力去应对并增强了心理、社会调适力(Magsamen-Conrad et al., 2015),以及缓解和宣泄压力(Goldsmith & Ragan, 2017)。关于健康问题的公开传播有一些建议,这些建议带出了这样一个问题:个人在何处学习以及如何学习就家庭健康问题进行沟通。形成家庭成员传播的一种主要方式是通过家庭内反复出现的传播模式。

四、关于幸福和疾病的家庭传播模式

家庭健康讯息侧重于饮食、锻炼和健康的生活行为(如年度检查、适时体检)。从童年开始的家庭传播模式在整个青少年和成年时期都持续存在。毫不奇怪,家庭健康传播会影响健康饮食以及对健康运动习惯的态度(Baiocchi-Wagner & Talley, 2013;另见本书第11章)。有关家庭健康和幸福的对话气氛,无论是积极的还是消极的,在很大程度上都取决于家庭传播模式。

家庭传播模式理论(family communication patterns theory, FCPT; Ritchie, 1991)侧重于家庭内的传播模式,基于对话和一致性(conformity)这两个取向。对话取向是指家庭成员被鼓励传播和参与家庭互动的程度。高对话家庭鼓励大量开放、频繁的互动,鼓励家庭成员彼此自由地谈论其想法、情感和生活经历。另一方面,低对话家庭互动很少,隐私优先,并且避免分享想法和感受。低对话倾向家庭的年轻人往往不会向父母透露他们的健康问题(Hays et al., 2017)。一致性取向是指家庭在价值观、态度和信仰方面的氛围。一致性高的家庭具有凝聚力,强调对父母和权威人物的服从,高度相互依赖,并期望家庭成员具有同质性观点。高一致性家庭往往对话程度较低(Hays et al., 2017),这可能是因为期望儿童/年轻人必须服从和尊重权威人物(即不予争论)。相反,低一致性家庭凝聚力较差,重视独立性、个人空间、外在关系和个人兴趣。对话和一致性相互作用解释了四种家庭类型：保护性家庭(高一致性-低对话)，情投意合家庭(高一致性-高对话)，多元化家庭(低一致性-高对话)，以及自由放任家庭(低一致性-低对话)(详细述评参见 Koerner & Fitzpatrick, 2002)。家庭传播模式理论非常适合探索健康语境下的家庭互动，因为这些模式在所有家庭成员的脑海中根深蒂固。它们规定了谈话的规范和期待：谈话数量，谈话频率，以及一个人什么可以谈、什么不可以谈。这些经久不衰的家庭传播模式可以在祖孙之间的代际间看到(Rauscher et al., 2020)，也可以在关于幸福和疾病的对话中看到(Baiocchi-Wagner & Talley, 2013)。

情投意合的家庭更有可能就良好行为进行积极和有益的对话，这些良好行为影响未来的健康习惯，之所以如此，部分原因是健康活动有典范可循(Baiocchi-Wagner & Talley, 2013)。这些互动是令人难忘的、言传身教的时刻，因为家人一起参与健康活动(Hall et al., 2016)。然而，多元化家庭通常会对他们的健康产生负面的长期影响，因为尽管可能会发生对话，但不会做出或强制执行健康行为的决定，并且允许娇纵(Hall et al., 2016)。保护性家庭在健康对话中的确认、批评和判断水平较低(Baiocchi-Wagner & Talley, 2013)。此外，高度一致似乎间接抑制了有关健康问题的揭示，因为对话受到限制和抑制(Hays et al., 2017)。自由放任的父母最不可能就运动和饮食进行任何对话(Hall et al., 2016)。总体而言，鼓励开放和频繁传播的家庭通常具有更好的身心健康(Schrodt et al., 2008)。

家庭疾病讯息聚焦于范围广泛的健康主题，从急性到慢性健康状况，以及从普通疾病到危及生命的疾病。例如，经常无拘无束地进行传播的家庭会更多地分享个人健康史(Campbell-Salome et al., 2019)、基因检测结果(Rauscher et al., 2015)以及管理悲伤的方法(Carmon et al., 2010)。此外，对话取向程度高的家庭被看作是更胜任的传播者(Schrodt et al., 2008)，这样的家庭会更多地对健康作出共同决策(Rauscher et al., 2015)，最终，他们更心满意足、更彼此期许，遵循护理者对疾病治疗的建议概率更高(Koerner et al., 2010)。

高一致性模式与负面的家庭健康结果有关。由于高一致性取向表明服从和尊重权威人物，因此，高一致性取向高于平均水平的人往往不信任自己的决策能力(Koerner & Fitzpatrick, 2002)，较少自我护理(Koesten, 2004)，且不太愿意公开传播其健康史(Campbell-Salome et al., 2019)。黑塞等人(Hesse et al., 2017)通过将一致性结构分为两种类型而扩展了家庭传播模式理论：冷一致和暖一致。冷一致与该概念原有意思一致。具有这种传播模式的家庭具有高度的相互依存性，以及对彼此有相当大的影响和控制力。暖一致仍然侧重于维持规则和保持一致的家庭价值观、信仰和纪律，但它也鼓励开放并拥抱家庭亲昵行为(Hesse et al., 2017)。温暖、亲昵和开放的规则与边界保持平衡，减少了一致性对儿童幸福的负面影响(Hesse et al., 2017)。因此，在家庭中使用暖一致取向(如，对积极的权威的强调)，有可能使个人更多地参与其自身的健康护理决策，为双方的健康行动和结果考虑，从而增强了共同权力和共同责任(Rauscher et al., 2020)。由于根深蒂固的行为模式是自动运行的，家庭传播模式可能会影响家庭成员在健康危机期间的韧性。此外，在压力重重时刻，进行真实传播的家庭传播模式可以增强韧性，并使家庭更强大，能够更好地适应各种急性和慢性疾病病程中经历的动荡(Donovan-Kicken, 2012)。

五、家庭韧性

所有家庭都会承受源于既要管理平凡生活事件，又要管理重大生活事件的压力，这些事件在严重性和持久性上不一而足。当日常生活或特定任务变得不堪重负时，家庭系统就会超荷，人际关系的管理可能会变得越来越困难。因此，包括家庭成员在内的伙伴必须努力投身于维持彼此关系，且这种投入经年累月、日复一日。亲社会关系投入(例如，使用任务共享、正面性、安心性、开放性和社交网络的策略来维持关系)，也称为关系维持行为，有助于促进对关系的感知，从而在关系轨迹中受益。韧性被定义为当个人面临重大生命困苦时的积极行为和心理的社会调适(Luthar, 2003)，抑或是在逆境困厄之际重回稳定的能力(Ardnt & Parker, 2016)。

家庭压力源在塑造家庭传播和关系的能力方面非常强劲有力。人们是以规范性的、非规范性的和不可预测的形式经历压力源的，并且每个压力源都会对家庭系统产生独特的挑战(见 Segrin & Flora, 2011)。整个生命周期的过渡阶段是规范性的家庭压力源，例如，分娩，经历荷尔蒙变化，与青春期和更年期为伴的行为变化，随着年龄增长而发生的身心变化，以及老人的故去。非规范性家庭压力源通常包括流产、早产、急性和/或慢性疾病，抑或意外事故和早逝。值得注意的是，尽管所有家庭都经历过生活压力，但并不太会以类似方式经历类似的压力源或出现类似的修复结果。

韧性影响个人如何体验日常生活，如何团结起来促进共同应对，如何相互帮助，以及如何以实质性和变革性的方式与他人建立联系(Arndt & Parker, 2016)。在家庭等小群体中，理想的韧性是从逆境中恢复过来，且是以助长生机的方式恢复过来的(比如，拓展了个人视角，提高了应对功效，获得了新教训，在经历压力后发展了社交关系；Afifi et al., 2019)。研究者引入韧性和关系负荷理论(the theory of resilience and relational load, TRRL)来探索压力与韧性及亲昵关系如何共存(参见 Afifi et al., 2016)。该理论认为压力经历有多种来源，包括重大生活事件、日常挣扎、健康挑战或一连串事件，所有这些都可能是急性或慢性的。韧性和关系负荷理论将投入定义为：个人实施的社会可接受的刻意安排的惯常行为，以维持和支持他们的各种关系。该理论断言，由于所有家庭都经历压力，个人必须持续地投入到他们的关系中，以维持它们并培育韧性结果的产生。然而，如果人际关系缺乏投入资源，压力体验可能会阻碍人们的集体应对能力。这同时威胁到个人和人际关系的健康。

韧性和关系负荷理论关注关系负荷和情感资本的关键变量(Afifi et al., 2016)。关系负荷是，随着在时间中投入资源的消耗，个人容易受到精神、身体和关系健康状况不佳的影响。情感资本包括在关系中投入积极传播，这使关系能够承受情绪压力。因此，随着看待关系维持和情感资本可获得性的正面性的增长，个人将压力源评估为负面的程度会降低(导致安全-威胁评估)，并且家庭更有可能从亲社会传播中受益。随着时间的推移，这增强了关系运行的功能(Afifi et al., 2016)。

复原力是家庭健康传播体验的重要组成部分。例如，儿童时期的逆境与日后生活中身心健康状况的风险增加相关(Luecken et al., 2013)。鼓励家庭通过分享现实主义乐观叙事——有关生活经历和想象中的未来——来参与自闭症儿童的生命历程(Sirota, 2010)。此外，关于医疗和技术设备的早期干预和恰当的社会化有利于听力或视力受损的个人适应逆境或压力源(Arndt & Parker, 2016)。

2020年的新冠病毒大流行就是这样一个当代例子，它说明家庭内的复原力模式如何抵消高水平的意外压力。传播是在危机期间管理压力和治愈的一种特别有意义的机制。例如，大流行以前所未有的方式破坏了日常生活的现状；因此，要鼓励家庭谈论他们的压力源(例如，个人卫生行为讲究，社会隔离做法，疾病的遗传易感性)以增加应对能力(Venetis, 2020)。面对新冠病毒大流行，威尼提斯(Venetis, 2020)推荐了几件人们可做之事，以提高他们的复原力、快乐和健康。首先，家庭成员可以讨论如何在日常生活中保持或发展新的常态感。他们也可能采纳乐观的视角，并尽可能运用幽默感。其次，最好是个人认识到这种情况是暂时的，并维护他们的传播网络，以便更轻松地共渡难关。在这种情况下，韧性和关系负荷理论是了解家庭如何共同应对本地和全球压力源的一个透视镜。

在健康危机造成的高压力时期，家庭成员可能会被要求做出生死攸关的决定，因与道德问题有关，这样的决策就变得复杂起来。道德往往不是一个明确的判断，经常根据个人在家庭、文化、宗教和信仰体系中的经历得以评估。此外，在复杂且通常是神秘的健康护理语境中，关于什么是道德的或不道德的判断，并非所有家庭成员都会一致。

六、家庭中有关健康/医疗决策的道德困境

道德是关于对与错、好与坏的评估，以及对个人是否具有美德的评价(Waldron et al., 2014)。为了塑造儿童道德并发展一套清晰价值观，家庭是第一个且在许多方面也是最重要、最持久的语境(Waldron & Kelley, 2017)。父母是好行为和坏行为的模版，并且在整个生命周期中都会参与到重要的、令人难忘的对话中(Waldron et al., 2014)。在多种语境中，兄弟姐妹经常充当做出重大决策的回音板，尤其是在健康语境中(Waldron & Kelley, 2017)。其中包括对年迈父母的健康干预，如拿走他们的车钥匙，选择居家方案，确定疾病治疗方案和/或做出临终决定(Fisher & Wolfe, 2015)。此外，同龄人、教育工作者、宗教领袖、工作伙伴以及具有专业知识且休戚相关的人(如医生和其他受人尊敬的专业健康人士)都会影响其道德价值观和信仰(Waldron & Kelley, 2017)。这些道德协商也是相互的，如同长辈也可能会受到子孙辈的影响(Waldron & Kelley, 2015)。

一种考察家庭、健康和道德的传播理论是协商道德理论(the negotiated morality theory, NMT；Waldron & Kelley, 2008,

2017)。该理论为探索家庭成员如何协商伦理话题提供了途径,这些话题通常是日常和终身的、急性和慢性的健康行为之一部分。协商道德理论的用途是,作为理解解释性数据的一种框架,解释个人如何通过传播来创造、维护、评估甚至改变其价值观、信仰和行为(更多细节参见 Waldron & Kelley, 2017)。作者断言,家庭做出的决定,有很多都具备道德基础,这些道德基础引导家庭成员的思想和行动。这些道德基础首先在家庭中建立,并在一个人的一生中得以不断打磨,这是通过与家庭成员交谈、与同龄人互动以及生活经历来完成的。最终,家庭的道德讯息应该使个人能够为自己和家人做出持久、实用、健康和有益的决定。

在瞬息万变的医学世界中,家庭成员一生必须做出无数决定。与道德决定有着错综复杂关系的一些健康问题始于受孕(Mucciaroni et al., 2019),终于死亡,包括有尊严地死去的权利(Pullman, 2004)和预防自杀(Yamplosky & Kushner, 2020)。日常养生法也经常与幸福及疾病行为的道德标准纠缠在一起。例如,健康活动(例如,节制饮食和饮酒,定期锻炼,骑自行车时戴头盔)与有害的或不良的行为(例如,暴饮暴食,社交药物使用,拒绝按处方服药)经常透过道德滤镜被谈论(Parrott, 2009)。此外,性态度和行为(例如,婚前性行为,婚外性行为和/或同性恋性行为,抑或观看色情内容)长期以来一直与家庭、健康、宗教和文化语境中的讨论彼此关联(Baker et al., 2020)。

基因检测的进步以及家庭检测试剂盒的广泛使用(例如,Ancestry.com, 23 & Me)也提出了家庭成员和医务人员需要考虑的伦理讨论。例如,虽然在子宫内测试可用于确定严重的出生缺陷,以告知父母做出有关终止怀孕的决定,但它也可能用于鉴定孩子的性别,这可能为某些文化中的终止怀孕决定提供了依据。其他伦理考虑包括隐私问题(例如,应该向受影响的潜在亲属披露哪些信息以及披露多少)和/或雇主或保险公司滥用医疗信息(Rabino, 2003)。新冠病毒大流行凸显了个人必须做出的道德决定,例如,在公共场合或与朋友外出时选择佩戴口罩和保持社交距离,以及可能把家人置于高危群体中。同样,如果医院出现重症监护床位和设备短缺的情况,医生必须选择哪些患者有最好的生存机会并因此接受治疗,而哪些人被送回家等死。健康护理专业人士和绝症患者的家属经常面临艰难的治疗决定,引发了对维护生命的数量还是质量之间的关注(Fisher & Wolf, 2015)。这些例子表明,医学科学正在阔步向前,其探索发现或被当作积极的或消极的,都取决于个人对各种现象的道德评估。

家庭成员需要参与这些关于健康问题的讨论,以便对这些问题做出合理又合道德的决定,否则将由健康专业人员和/或公共政策为他们做出这些决定(Parrott, 2009)。毫无疑问,关于健康、家庭和道德问题的商谈将继续成为未来几十年的一个重要研究领域。至关重要的是意识到,家庭语境通常是关于健康、道德和日常生活讨论及其交锋的第一个也是最后一个地方(Parrott, 2009)。最后,协商道德理论对这些商谈传播过程的关注,强调了道德谈话对家庭健康讨论的终生作用,并解释了这些讨论如何影响和重塑家庭关系。

第 2 节　未来研究方向和本章结论

对于关涉健康问题的家庭传播,作为研究者的我们有责任去打破压倒性的白人异质性中心,并使之多元化。发生在健康和家庭交叉点的研究必须考虑到,把技术和计算机中介的传播纳入诊断、治疗和学术研究中的普遍性和重要性。由于新冠病毒大流行引发的挑战,远程医疗预约的激增正在重塑个人参与健康护理的方式。家庭医生需要通过技术讨论许多敏感话题。自相矛盾的是,远程医疗预约使医生能够灵活地与患者进行更深入的对话,因为他们努力通过"瞩目"平台(Zoom)或其他类似方法与患者及其家人建立联系(National Cancer Institute, 2020)。尽管远程医疗不太可能取代面对面的医生就诊,但它为家庭医生和患者添加了一个重要且有用的工具(National Cancer Institute, 2020)。对于家庭健康传播学者来说,研究医生如何通过屏幕而不是面对面的互动与患者及其家人建立可信度、融洽关系、信任感和人际温暖,将会是一项引人入胜的研究课题。许多医生都在努力就艰难话题展开诚实对话,努力让他们的患者诚实地披露对健康产生负面影响的习惯,以及努力让他们的患者定期服药并遵医嘱。

未来的研究需要考虑社会经济、区域和文化因素,以全面了解影响家庭健康的社会决定因素(如教育、财务、健康护理、建筑环境、社会和社区语境)(Healthy People, 2020)。例如,当前一项名为网络健康(NETWORX Health)(Villagran, 2020)的项目,将处境不利的母亲和婴儿与当地市县的免费的、低成本的保健资源联系起来(参见 https://www.facebook.com/NetworxHealthHays/)。这种有关健康和家庭的循证、转化研究至关重要,因为它满足了那些居家和居于社区的家庭需要。它以非威胁的、平易近人的方式将信息带给社区,从而与家庭分担健康和疾病的控制权和责任。

在完成对有关家庭健康语境文献的述评后,我们比以往任何时候都更加确信,将家庭视为健康轨迹的一个重要组成部分有多么重要。个人不会孤立地体验幸福和疾病,对大多数人来说,陪伴他们一生的是家人。这种观点突出了家庭的重要作用,而不是将家庭视为一种在健康决策和健康传播背景中的力量。强调家庭传播的重要性,符合当前以患者为中心的趋势(Wittenberg et al., 2017),从而使患者及其家人能够分担责任,进行开放式传播,并在管理他们的治疗及其结果方面采取积极主动的态度。

参考文献

Afifi, T., Granger, D., Ersig, A., Tsalikian, E., Shahnazi, A., Davis, S., Harrison, K., Callejas, M. A., & Scranton, A. (2019). Testing the theory of resilience and relational load (TRRL) in families with type 1 diabetes. *Health Communication*, 34(10), 1107-1119.

Afifi, T. D., Merrill, A. F., & Davis, S. (2016). The theory of resilience and relational load. *Personal Relationships*, 23(4), 663-683.

American Cancer Society (2016, April 28). *Telling others about your cancer*. https://www.cdc.gov/nchs/fastats/leading-causes-of-death.htm.

Arndt, K., & Parker, A. (2016). Perceptions of social networks by adults who are deafblind. *American Annals of the Deaf*, 161(3), 369-383.

Baiocchi-Wagner, E. A., & Talley, A. E. (2013). The role of family communication in individual health attitudes and behaviors concerning diet and physical activity. *Health Communication*, 28(2), 193-205.

Baker, J. O., Molle, A., & Bader, C. D. (2020). The flesh and the devil: Belief in religious evil and views of sexual morality. *Review of Religious Research*, 62(1), 133-151.

Campbell-Salome, G., Rauscher, E. A., & Freytag, J. (2019). Patterns of communicating about family health history: Exploring differences in family types, age, and sex. *Health Education & Behavior*, 46(5), 809-817.

Carmon, A. F., Western, K. J., Miller, A. N., Pearson, J. C., & Fowler, M. R. (2010). Grieving those we've lost: An examination of family communication patterns and grief reactions. *Communication Research Reports*, 27(3), 253-262.

Donovan-Kicken, E., Tollison, A. C., & Goins, E. S. (2012). The nature of communication work during cancer: Advancing the theory of illness trajectories. *Health Communication*, 27(7), 641-652.

Duggan, A., & Le Poire, B. A. (2006). One down, two involved: An application and extension of inconsistent nurturing as control theory to couples including one depressed individual. *Communication Monographs*, 73(4), 379-405.

Fisher, C. L., & Wolf, B. (2015). Morality and family communication when coping with cancer. In V. R. Waldron & D. Kelley (Eds.), *Moral talk across the lifespan: Creating good relationships* (pp. 55-74). Peter Lang.

Galvin, K. M., Braithwaite, D. O., Schrodt, P., & Bylund, C. L. (2019). *Family communication: Cohesion and change*. Routledge.

Glowacki, E. M. (2016). Communication about problematic drinking between young adults and their parents: An application of inconsistent nurturing as control theory. *Health Communication*, 31(9), 1135-1144.

Glowacki, E. M. (2017). Examining sibling communication about problematic drinking: An application of inconsistent nurturing as control theory. *Journal of Family Communication*, 17(1), 65-87.

Goldsmith, D. J., Miller, L. E., & Caughlin, J. P. (2008). Openness and avoidance in couples communicating about cancer. In C. Beck (Ed.), *Communication yearbook* (31st ed., pp. 62-115). Taylor & Francis.

Goldsmith, J., & Ragan, S. L. (2017). Palliative care and the family caregiver: Trading mutual pretense (empathy) for a sustained gaze (compassion). *Behavioral Sciences*, 7(2), 1-13.

Hall, E. D., Ruth-McSwain, A., & Ferrara, M. (2016). Models of health: Exploring memorable messages received from parents about diet and exercise. *Journal of Communication in Healthcare*, 9(4), 247-255.

Hays, A., Maliski, R., & Warner, B. (2017). Analyzing the effects of family communication patterns on the decision to disclose a health issue to a parent: The benefits of conversation and dangers of conformity. *Health Communication*, 32(7), 837-844.

Hesse, C., Rauscher, E. A., Goodman, R. B., & Couvrette, M. A. (2017). Conceptualizing the role of conformity behaviors in family communication patterns theory. *Journal of Family Communication*, 17(4), 319-337.

Hilton, B. A. (1994). Family communication patterns in coping with early breast cancer. *Western Journal of Nursing Research*, 16(4), 366-391.

Horstman, H. K., & Holman, A. (2018). Communicated sense-making after miscarriage: A dyadic analysis of spousal communicated perspective-taking, well-being, and parenting role salience. *Health Communication*, 33(10), 1317-1326.

Johnson, C., Kelch, J., & Johnson, R. (2017). Dementia at the end of life and family partners: A symbolic interactionist perspective on communication. *Behavioral Science*, 7(3), 1-10.

Kam, J., & Perez Torres, D. (2018). Perceived parental legitimacy as a moderator of parent-hild communication's effects on Latina/o adolescent substance use. *Health Communication*, 33(6), 743-752.

Keeley, M. (2007). Turning toward death together, The functions of messages during final conversations in close relationships. *Journal of Social and Personal Relationships*, 24(2), 225-253.

Keeley, M. P., & Generous, M. A. (2017). Final conversations: Overview and practical implications for patients, families and healthcare workers. *Behavioral Sciences*, 7(2), 1-9.

Koenig Kellas, J., Castle, K., Johnson, A., & Cohen, M. (2017). Communicatively constructing the bright and dark sides of hope: Family caregivers experiences during end of life cancer care. *Behavioral Sciences*, 7(2), 1-12.

Koenig Kellas, J., & Horstman, H. K. (2015). Communicated narrative sense-making: Understanding family narratives, storytelling, and the construction of meaning through a communicative lens. In L. H. Turner & R. West (Eds.), *The SAGE handbook of family communication* (pp. 76-90). SAGE Publications, Inc.

Koenig Kellas, J., Willer, E. K., & Trees, A. R. (2013). Communicated perspective-taking during stories of marital stress: Spouses' perceptions of one another's perspective-taking behaviors. *Southern Communication Journal*, 78(4), 326-351.

Koerner, A. F., & Fitzpatrick, M. A. (2002). Understanding family communication patterns and family functioning: The roles of conversation orientation and conformity orientation. In B. Gudykunst (Ed.), *Communication yearbook* (26th ed., pp. 36-65). Taylor & Francis.

Koerner, A. F., LeRoy, B., & Veach, P. M. (2010). Family communication patterns. In C. L. Gaff & C. L. Bylund (Eds.), *Family communication about genetics: Theory and practice* (pp. 184-198). Oxford University Press.

Koesten, J. (2004). Family communication patterns, sex of subject, and communication competence. *Communication Monographs*, 71(2), 226-244.

Krouse, S. S., & Afifi, T. D. (2007). Family-to-work spillover stress: Coping communicatively in the workplace. *Journal of Family Communication*, 7(2), 85-122.

Le Poire, B. A. (1995). Inconsistent nurturing as control theory: Implications for communication based research and treatment programs. *Journal of Applied Communication Research*, 23(1), 60-74.

Le Poire, B. A. (2006). The influence of drugs and alcohol on family communication: The effects that substance abuse has on family members and the effects that family members have on substance abuse. In A. Vangelisti (Ed.), *Handbook of family communication* (pp. 609-628). Lawrence Erlbaum.

Luecken, L. J., Roubinov, D. S., & Tanaka, R. (2013). Childhood family environment, social competence, and health across the lifespan. *Journal of Social and Personal Relationships*, 30(2), 171-178.

Luthar, S. S. (2003). *Resilience and vulnerability: Adaptation in the context of childhood adversities*. Cambridge University Press.

Magsamen-Conrad, K., Checton, M. G., Venetis, M. K., & Greene, K. (2015). Communication efficacy and couples' cancer management: Applying a dyadic appraisal model. *Communication Monographs*, 82(2), 179-200.

McAdams, D. P. (2006). *The redemptive self: Stories Americans live by*. Oxford University Press.

Mitschke, D. B. (2008). Cancer in the family: Review of the psychosocial perspectives of patients and family members. *Journal of Family Social Work*, 11(2), 166-184.

Moore, E. S., Wilkie, W. L., & Desrochers, D. M. (2017). All in the family? Parental roles in the epidemic of childhood obesity. *Journal of Consumer Research*, 43(5), 824-859.

Mucciaroni, G., Ferraiolo, K., & Rubado, M. E. (2019). Framing morality policy issues: State legislative debates on abortion restrictions. *Policy Sciences*, 52(2), 171-189.

National Cancer Institute (2020). *Telehealth: What you need to know about a virtual doctor visit*. www.cancer.gov/rare-brain-spine-tumor/blog/2020/telehealth.

Parrott, R. (2009). *Talking about health: Why communication matters*. Wiley-Blackwell.

Pew Research Center (2015, November 18). *5 facts about family caregivers*. www.pewresearch.org/fact-tank/2015/11/18/5-facts-about-family-caregivers/.

Pew Research Center (2018, November 29). *More than one-in-ten U.S. parents are also caring for an adult*. www.pewresearch.org/fact-tank/2018/11/29/more-than-one-in-ten-u-s-parents-are-also-caring-for-an-adult/.

Prescott, M. E., & Le Poire, B. A. (2002). Eating disorders and mother-daughter communication: A test of inconsistent nurturing as control theory. *Journal of Family Communication*, 2(2), 59-78.

Pullman, D. (2004). Death, dignity, and moral nonsense. *Journal of Palliative Care*, 20(3), 171-178.

Rabino, I. (2003). Genetic testing and its implications: Human genetics researchers grapple with ethical issues. *Science, Technology, & Human Values*, 28(3), 365-402.

Ragan, S., & Goldsmith, J. (2008). The ritual drama of pretense in the talk of dying patients and their doctors. In K. B. Wright & S. D. Moore (Eds.), *Applied health communication* (pp. 207-227). Hampton Press.

Rauscher, E. A., Hesse, C., & Campbell-Salome, G. (2020). Applying family communication patterns to patient-provider communication: Examining perceptions of patient involvement, satisfaction, and medical adherence, *Journal of Health Communication*, 25(2), 180-189.

Rauscher, E. A., Hesse, C., Miller, S., Ford, W., & Youngs, E. (2015). Privacy and family communication about genetic cancer risk: Investigating factors promoting women's disclosure decisions. *Journal of Family Communication*, 15(4), 368-386.

Ritchie, L. D. (1991). Family communication patterns: An epistemic analysis and conceptual reinterpretation. *Communication Research*, 18(4), 548-565.

Rohrbaugh, M. J., Mehl, M. R., Shoham, V., Reilly, E. S., & Ewy, G. A. (2008). Prognostic significance of spouse we talk in couples coping with heart failure. *Journal of Consulting and Clinical Psychology*, 76(5), 781-789.

Rosland, A., Heisler, M., & Piette, J. D. (2012). The impact of family behaviors and communication patterns on chronic illness outcomes: A systematic review. *Journal of Behavioral Medicine*, 35(2), 221-239.

Schrodt, P., Witt, P. L., & Messersmith, A. S. (2008). A meta-analytical review of family communication patterns and their associations with information processing, behavioral, and psychosocial outcomes. *Communication Monographs*, 75(3), 248-269.

Segrin, C., & Flora, J. (2011). *Family communication*. Routledge.

Sirota, K. G. (2010). Narratives of transformation: Family discourse, autism and trajectories of hope. *Discourse & Society*, 21(5), 544-564.

Venetis, M. K. (2020, March 26). *Interpersonal communication and resilience during COVID-19 chaos*. Brian Lamb School of Communication at Purdue. https://cla.purdue.edu/academic/communication/blog/interpersonal-communication-and-resilience-during-covid-19-chaos/.

Villagran, M. M. (Principal Investigator). (2017-2020). *Networx health* [Grant]. St. David's Foundation. www.networxhealth.org.

Waldron, V. R., & Kelley, D. L. (2015). Epilogue: Good relationship talk. In V. R. Waldron & D. L. Kelley (Eds.), *Moral talk across the lifespan: Creating good relationships* (pp. 203-209). Peter Lang Publishing.

Waldron, V. R., & Kelley, D. L. (2017). Negotiated morality theory: How family communication shapes our values. In D. O. Braithwaite & L. Baxter (Eds.), *Engaging theories in interpersonal communication: Multiple perspectives* (pp. 233-243). Taylor & Francis.

Waldron, V. R., Kloeber, D., Goman, C., Piemonte, N., & Danaher, J. (2014). How parents communicate right and wrong: A study of memorable moral messages recalled by emerging adults. *Journal of Family Communication*, 14(4), 374-397.

Willyard, J., Miller, K., Shoemaker, M., & Addison, P. (2008). Making sense of sibling responsibility for family caregiving. *Qualitative Health Research*, 18(12), 1673-1686.

Wittenberg, E., Borneman, T., Koczywas, M., Del Ferraro, C., & Ferrell, B. (2017). Cancer communication and family caregiver quality of life. *Behavioral Sciences*, 7(2), 1-12.

Wittenberg-Lyles, E., Goldsmith, J., Regan, S. L., & Sanchez-Reilly, S. (2010). *Dying with comfort: Family illness narratives and early palliative care*. Hampton Press.

Wright, P. J. (2011). Communicative dynamics and recovery from sexual addiction: An inconsistent nurturing as control theory analysis. *Communication Quarterly*, 59(4), 395-414.

Yamplosky, E., & Kushner, H. I. (2020). Morality, mental illness, and the prevention of suicide. *Social Epistemology*, 34(6), 533-543.

Young, V. J., & Burke, T. J. (2017). Self, partner, and relationship motivations for healthy and unhealthy behaviors. *Health Psychology Report*, 5(3), 219-226.

第 9 章
姑息治疗和临终传播

伊莱恩·维滕贝格（Elaine Wittenberg）　乔伊·V. 戈德史密斯（Joy V. Goldsmith）

2013 年冬天，47 岁的马尔文·萨默斯（Malvin Summers）出现尿频和勃起困难。他认为这是一种与年龄有关的症状，就忽略了几个月。但在 2014 年春天，他的伴侣达利乌斯（Darius）决定去咨询一位泌尿科医生，以了解他的主要症状，那时他们住在底特律。泌尿科医生迪亚兹（Diaz）博士检查了马尔文的前列腺特异性抗原（PSA），发现异常增高。他上一次抗原测试是在近两年前，指标正常。迪亚兹医生怀疑是癌症，就将马尔文转给肿瘤科医生做进一步的检测和治疗。

肿瘤医生马丁内斯（Martinez）博士确诊马尔文患了前列腺癌，并指令其做系列检查（全身骨扫描、正电子发射断层扫描、血液检查、体检）以确定该诊断。检查完成一周后，马尔文和达利乌斯没听到任何回音。

马尔文和达利乌斯将我们带入了患者及其护理者的生活体验，这对于姑息治疗和临终传播研究至关重要。本章将分享他们的故事，以说明姑息治疗中的传播，具体针对急性、慢性和绝症。传播在姑息治疗中的作用是一种核心临床实践，因此是一个重要的研究领域。安慰（COMFORT）传播模型是一种专门针对临床传播的一种传播研究路径，是本章的核心理论结构。该模型本身引导我们识别姑息治疗过程中利益相关者的传播障碍。安慰传播模型包括提高健康素养和解决健康不平等问题的途径。在对模型的描述中，我们囊括了示范性出版物，以探讨研究类型的广泛分布（基础类：知识进步；应用类：解决某个问题；转化类：将知识直接应用于实践）以及与模型每个组成部分相关的范式（批判性、解释性、科学性）。最后，我们探讨了一系列具有挑战性的问题，这些问题为未来十年进行姑息治疗和临终关怀研究准备了条件。

第 1 节　理解姑息治疗

姑息治疗（palliative care①）不应与临终关怀混为一谈，尽管我们看到这种混淆仍在继续发生——尤其是临床医生和患者/家庭。实际上，临终关怀是**一类**特殊的姑息治疗。姑息治疗的重点是减轻痛苦和提高生活质量；患者并不因其诊断或预后就被纳入或排除。姑息治疗使患者在接受延长生命的有效治疗的同时，还接受可提高生活质量的护理。这是一种治疗整

---

① 译者对本书中出现的"care"一词均统一翻译为护理，这里的 palliative care 则做例外处理，遵从了国内医学界的惯常说法，即"姑息治疗"。——译者注

个人的全人关怀(holistic care),不仅是治疗疾病,还涉及由医生、护士和其他健康护理提供者提供的有疗效的健康护理,以及由包括社工、心理学家和牧师在内的专家团队提供的情感、心理和精神关怀。在姑息治疗中,目标不是治愈、加速或延缓死亡(Bennardi et al., 2020);相反,其重点是在人生病时实现其最高和最想要的生活质量。

这种护理分类侧重于由专家来评估和管理疼痛和其他症状,专家评估并支持护理者的需求,以及专家对护理进行协调。这是一种以个人和家庭为中心的护理方法,通过早期融入重症患者的护理计划,姑息治疗可提高患者和家人的生活质量。姑息治疗适用于重症疾病的任何阶段,根据患者的需求而非预后进行跨时间提供,并且可以在所有护理环境和组织(如医师实践、健康系统、癌症中心、透析单位、家庭保健机构、临终关怀机构以及长期护理机构)中予以实施;姑息治疗旨在优先考虑对患者、家庭和护理者最重要的事情,并找到实现它的途径(国家优质姑息治疗共识项目,National Consensus Project for Quality Palliative Care, 2018)。任何护理重症患者的临床医生都可以在任何环境中提供姑息治疗原则和实践——这为传播研究人员的工作留下了大量的空间。所有临床医生都被鼓励去获得有关姑息治疗的核心传播技能和知识,并根据需要将患者转诊给姑息治疗专家(Ferrell et al., 2018)。

临终关怀是针对被诊断为末期(在美国定义为有六个月或更短的时间可活;Wittenberg et al., 2020)的个体,是姑息治疗的一个子集。它提供给患者和家人,包括关注临终者的身体、心理、精神和情感需求。它在包括家庭、疗养院、辅助生活设施或住院医院在内的诸多环境中得以提供。尽管美国医疗保险临终关怀福利为绝症患者提供六个月的临终关怀,但大多数患者使用临终关怀的时间都少于24天(国家临终关怀和姑息治疗组织,National Hospice and Palliative Care Organization, 2019)。

姑息治疗和临终关怀都包括临终传播。临终关怀仅在患者生命/疾病之途结束时才介入,而姑息治疗则从初诊就开始就疾病进行讨论。理想状况是在确诊时就实施姑息治疗,那么,末期生命决策的对话就会大大减少(Anderson et al., 2019)。患者的意愿会得到讨论,并根据患者的偏好和优先事项做出护理决定。为此,关于姑息治疗的传播应包括有关诊断/病情和护理选择的信息,有关家庭参与决策的信息,以及有关使用通俗易懂的语言促进理解的信息(Bennardi et al., 2020)。

一、与患者和家属传播姑息治疗

姑息治疗提供者、患者和家人之间大约有一半的传播涉及关于姑息治疗的可得性、要素以及效益信息(Albizu-Rivera et al., 2016)。即使对于姑息治疗的熟练提供者来说,讨论姑息治疗的任务仍然是一项复杂的事业(Collins et al., 2018)。在如下情形中,讨论可能会很困难:当患者不接受预后时;当患者询问还剩多少时间时;当健康护理提供机构和(家庭)护理者之间不存在任何关系时(Clayton et al., 2019)。医生们担忧,引入姑息治疗会干扰以延长生命为重点的治疗。另一些人认为,不需要姑息治疗专家来提供良好的姑息治疗(Perrin & Kazanowski, 2015)。此外,用于定义和解释姑息治疗的语言前后不一,会造成患者及其家庭对癌症护理期间包括姑息治疗在内的一些事项的犹疑不定(Hui et al., 2012)。已发表的研究使用了16种不同的姑息治疗定义(Hui et al., 2012),这加剧了人们的困惑。

当姑息治疗团队和医生在护理计划上存在分歧时,就会延迟向患者及其家属介绍姑息治疗。当患者和家属收到关于恰当治疗过程的混合信息时,就面临忠于初级护理医生/肿瘤学家还是与"新的"姑息治疗提供者合作的选择。如果不是从诊断时就介入恰当的综合护理,而是在病程后期才介入姑息治疗,患者和家属就会将其解释为临终关怀或安宁疗护(Partridge et al., 2014)。尤其是在肿瘤学中,姑息治疗因此被视为"非此即彼"的选项;患者和家属认为他们必须选择疾病缓解治疗方案还是姑息治疗(Meier et al., 2015)。由于以下原因,姑息治疗未得到充分利用:对医生转诊的依赖,关于姑息治疗的语言使用前后不一致,医生和姑息治疗团队之间有分歧,以及在疾病后期才引入姑息治疗。

患者、家人和健康护理提供者的传播对于姑息治疗方法至关重要。姑息治疗传播包括:参与有关诊断的回应传播,讨论影响治疗决定的因素,传递和调解家庭成员之间的沟通,以及提供有关艰难话题的社会心理咨询。姑息治疗通过以下方式改善与患者和家属的传播:① 明确护理目标;② 帮助选择符合其目标的治疗和护理环境;③ 协助做出出院、留置或撤销不符合患者临终目标的延缓死亡治疗方案的决定。提供姑息治疗的最大障碍包括:健康护理提供者缺乏技能或信心,与姑息治疗服务和其他专业人员缺乏沟通,以及与患者和家人就姑息治疗事项缺乏沟通(Carey et al., 2019)。传播挑战会影响健康护理的利用,并关乎治疗延误和临终关怀延迟(Bennardi et al., 2020)。有如此之多的传播挑战需要探究和改进,这里我们要突出安慰传播模型,把它作为姑息治疗传播研究的一种理论驱动型资源。

二、传播的"安慰"模型

"安慰"传播模型最初于2013年引介给护士(Wittenberg-Lyles et al., 2013),它不是仅由护士按顺序实施的线性指南、算法、协议或规则;相反,它是一套整体原则,所有健康护理提供者都可以在患者/家庭护理期间的整个疾病历程中进行实践,而不仅仅是在临终护理时。安慰传播模型包含七个基本的传播原则:C——联结(Connect),O——选项(Options),M——赋予意义(Making Meaning),F——家庭护理者(Family Caregivers),O——开放性(Openings),R——相处(Relating),以及T——团队(Team)(Wittenberg, Goldsmith, Ragan et al., 2020)。在过去五年中,安慰传播模型已在全国范围内传授给健康护理提供者,他们将课程和概念整合到自己的机构中,并通过培训培训师的方法,将该模型的组成部分交付给全美10 000多家健康护理提供者实施(Wittenberg, Goldsmith, Ferrell et al., 2020)。在接下来的部分中,我们将介绍安慰的七项原则(见表9.1)——与马尔文和达利乌斯的叙事交织在一起——并包含一些表格,这些表格展示了已发表的研究样本,这些样本揭示了当前健康传播研究中与安慰原则一致的一系列研究范式。

表 9.1 "安慰"传播模型总览

安慰传播模型	理论根基/主题	应用实践
联结(C)	• 与患者/家属分享困难信息 • 叙事性临床实践 • 以人为中心的讯息	**与患者/家庭故事联结** 提供者在发布艰难话题消息方面起着至关重要的作用。倾听患者和家属的担忧并捕捉他们所看重的信息以建立信任。鼓励讲故事是联结人防和分享讯息的一种方式。
选项(O)	• 健康素养 • 文化谦逊 • 传播调适	**分享选项** 患者及其护理者都是独一无二的,医生和护士不应根据患者的外貌、种族或出身来假设偏好。提供者应该认识到,简单地提供信息并不总是等于理解。患者和护理者的健康素养是从提供者、系统和社区之间的互动中产生的。
赋予意义(M)	• 苦难的意义 • 正念 • 关系聆听 • 灵性	**为苦难赋予意义** 患者、家属和同事如果能在苦难中找到意义,他们都可以忍受苦难。患者和家属把严重疾病和生命终结与影响他们的人际关系和日常生活的方式联系起来。表现出治愈和同情,包括深入倾听以分享情感,并满含同情心地回应。
家庭护理者(F)	• 以患者和家庭为中心的护理 • 家庭护理者传播类型 • 家庭会议	**认识到家庭护理者是合作伙伴** 提供者的一个关键作用是对家庭中存在的不同决策结构具有适应性和灵活性。当家人不在时,提供者就像家人一样。
开放性(O)	• 传播隐私管理 • 为患者/家属引入姑息治疗	**对感觉、恐惧和目标开诚布公地对话** 促进开放性的亲密对话,可以对患者的苦难和恐惧产生深远而积极的影响。患者可能会害怕歧视并感到受威胁,因为他们在美国处于边缘地位,或者因为他们的文化、宗教或语言习俗和价值观。
相处(R)	• 不确定性递减理论 • 有关护理对话的目标 • 性健康与希望	**与这种共享体验的不确定性相处** 如果不首先接收和倾听患者/家属的反应或视角,提供者就无法了解他们。要接受这一点,并非所有患者或家庭成员都能够处理消息或做出决定。真正与患者及其家人相处,可以创造机会了解他们与不确定性相关的恐惧。
团队(T)	• 交叉学科协作 • 交叉职业实践 • 群组思维	**与同事组队** 在团队环境中对角色和责任保持适应性和灵活性,这表示对行业同事的信任和尊重。对于健康护理提供者来说,重要的是让团队成员知道什么对他们有用,并与其他团队成员分享对这些经历的感受。分享对其他团队成员优势的看法也很重要。

联结

马尔文：在我看来，真是一头雾水。没有任何我需要的信息。有很多事情，不得不靠我们自己做大量研究。从我第一次有症状去看医生开始，整个诊断过程大约花了三个月的时间，当时只是觉得我不过就是遇上了我这个年纪的人都可能遇到的典型问题。结果证实是前列腺肥大，最终我们发现那里有癌症。

达利乌斯：马尔文来做物理检查时，我们发现他前列腺特异性抗原升高，当时认为是膀胱感染。我们被送到泌尿科医生那里。我们不得不等待首选的健康护理提供者，这增加了我们的等待时间。他们首先为他治疗了尿路感染。一旦前列腺特异性抗原检查结果出来，他们就倾向于是癌症的诊断。泌尿科医生的临床态度很糟糕。

马尔文：他粗鲁、鲁莽、单刀直入，不讲策略，他触摸病灶的动作也很粗鲁。在与我们的谈话中，他非常直接，没有太多信息。活检后，他的确说过，过三四天来复查。大概就是这么说的。复查吧，你应该在三四天内给我们信息。如果不需要复查，就请联系我们。嗯，我们就等。超过一个星期没有任何信息，我们就打电话给他，他似乎无法找到任何信息。于是，我们最终决定改天去他办公室，定要不枉此行，直到我们能够找出活检结果说明了什么。我们占据了其中一间检查室，直到他们能够找到这位医生并让他进来与我们会面，为我们进行诊断。

达利乌斯：这是四期转移，我的意思是非常糟糕。但他们没有任何反应。他们没有及时与我们在一起。

马尔文：这几乎就像他宁愿寄信或让他的一位护士告诉我们一样。几乎就像他不舒服，不想亲自和我们见面。

联结就是在传播中达成共同理解。面临严重、慢性疾病或绝症，患者和家属想要分享他们的故事(Wittenberg et al., 2017)。他们希望与他们的健康护理提供者有关联，并且需要被理解，尤其是在他们患病过程中遇到挑战时。学习深入聆听患者/家人的故事并捕捉他们所看重的信息，这可以与患者/家人关联起来。鼓励讲故事、倾听生活质量问题并实践以人为本的传播是姑息治疗传播的基石。这些原则共同作用以完成叙事性临床实践。这一原则的核心是"二位一体"的传播公理：关系传播(信任的基础，建立在非语言行为之上，对于富有成效的传播交流至关重要)和任务传播(工具性行为，完成列表事项，实现和完成，建立在口头言语行为之上)。马尔文和达利乌斯描述了他们在进行诊断争夺战过程中，关系和任务传播方面存在的瑕疵。

表9.2 安慰传播模型"联结"原则的相关研究

出 版 物	研究类型	范式视角
M. 阿尔沙马里等人：《沙特阿拉伯护士-患者传播的障碍——一项综述》，《BMC 护理》2019 年第 61 期。	转化的	批判性的
C. 拉夫特里等人：《在发起临终传播以减少新冠病毒大流行期间过度治疗方面，护士和社工发挥着关键作用》，《老年学》，2020 年第 5 期，第 427—430 页。	基础性的	阐释的
布洛克、特拉切夫斯基和赫巴尔(Brock, K. E., Tracewsk, M., Allen, K. E., Klick, J., Petrillo, T., & Hebbar, K. B.)：《面向儿科重症护理员的基于模拟的姑息治疗传播》，《美国临终医院和姑息治疗杂志》2019 年第 9 期，第 820—830 页。	应用性的	科学的

选项

达利乌斯：他们从来没有真正做过的事就是解释，坐下来并和我们交谈。我们得到了一份书面报告，显示多个部位异常增生，这些区域包括右肩胛骨、多根后肋骨和前肋骨、腰椎多节段、右翼①和左髂骨。

---

① 这句话原文使用的是 right wing(右翼)，通过多个知识渠道了解，这个术语通常并不用来描述人体解剖结构。在这种情况下，"right wing"可能是一种错误或者非常规的描述。可能是指肩胛骨的某个部分，但不太常见。——译者注

马尔文：所以，还没有人解释我们得到的骨扫描。进行初步测试的病理学家告诉我们，他的建议是现在就上所有治疗。你能想到的所有治疗，前列腺切除术、放射治疗、睾丸切除等，要做就全做，现在就做，而且要快。

达里乌斯：我们试图找人来考虑做这个手术，你知道，切除前列腺，但没有人愿意考虑。他们都说一旦从前列腺转移了，做这些就是浪费时间和金钱。

马尔文：布朗博士相信"三倍封闭"。实际上超过三倍。所以这个理论是生活质量理论，但后面所要发生的以及最终的问题就是在某个点癌症发生变异，激素停止工作。一旦发生这种情况，二级护理就真的不够了。所以，你可以一直做局部放疗，但你的骨头会被破坏掉。所以，嗯，一旦激素停止工作，就会有一些临床试验，但其中很多只会增加一两个月的预期寿命。所以，真的没有下一步可以做的事情了。所以我决定从服用亮丙瑞林和维甲酸开始，它们都是高度实验性的。我服用了三个月。

马尔文和他的伴侣展示了高水平的健康素养和知识。但知道术语和信息只是健康素养的一部分。患者和护理者的健康素养是在提供者、系统和社区之间共同养成的(Wittenberg et al., 2020)。这种健康素养路径发生了转型，即对患者的健康教育，从基于信息的关注转变为让患者认识到知识不等同于理解，更重要的是，理解不等同于行为。在姑息治疗中，患者和家属的学习需求跨越了整个护理过程(Christensen, 2017)，而对姑息治疗的知识和理解不足可能成为就医的障碍(Chou et al., 2016)。

选项是临床医生可以提供的护理项目，主要通过成功创建和共享讯息。患者和家庭文化、传统以及对疾病的理解，是真正理解护理选项的核心。文化和语言偏好不能也不应该基于外貌、种族、出身或其他个性化变量，本质化或假设。提供患者中心传播中的一个重要组成部分，是有能力识别健康素养较低的患者及其家庭成员(参见本书第20章)。健康素养的障碍包括患者的身体和情绪状态、之前的健康护理经历以及害怕提问(Christensen, 2017)。此外，一个人处理和留置信息的能力还受到信息交换环境的影响。

表9.3 "安慰传播模型""选项"原则的相关研究

出 版 物	研究类型	范式视角
P. 斯布瑞克等：《文化谦逊：一种减少LGBTQ临终时健康差距的方法》，《美国临终关怀和姑息治疗杂志》2021年第6期，第404—408页。	转化的	批判的
A. S. 爱泼斯坦等：《在整个癌症过程中向患者言明价值观：一种由护士主导的新型干预措施》，《疼痛和症状管理杂志》2019年第1期，第72—79页。	应用性的	阐释的
E. 维滕贝格等：《家庭护理者传播类型方面的健康素养变量》，《心理肿瘤学》2019年第11期，第2181—2187页。	基础性的	科学的

创造意义

达利乌斯：四期癌症很要命，对结果的预期很快，而且预后非常宽泛，只是他们不知道而已，这也是我们不明白之处。我们只好让生活继续下去……继续现在的所思所想——除此之外还能干啥呢。就是还有更多的担心，因为三年已过去了。我们正在努力保持相当的自信，但时钟的滴答声越来越响。

马尔文：我不知道我是否有这种感觉。因为你知道，我没有感到任何痛苦，我们可以看到前列腺特异性抗原下降了，并且知道它为何下降，以及我们可以让它下降。

达利乌斯：但在某些时候它不会下降。

马尔文：嗯，对。但我没有任何疼痛，如果骨扫描没有新的斑点的话，我只是想弄清楚事情正在按照它们应该的方式进行着。直到我开始感觉不好并伴有疼痛,或者说在看到那些外部指征之前,我不太关心它已经持续了多长时间。我没想过它已过去了多久,直到这个话题摆到面前。

在以上对话中,潜藏的话题是病情恶化和生命即将结束这样的问题。面对关于不再活着或其他任何话题的互动,大多数健康护理提供者会选择讨论治疗计划、临床试验、天气——任何事都可谈,就是不谈濒死和死亡。此外,服务提供者对医疗话题的讨论做的准备远比临终话题多。提供者之间最舒适的讨论主题仍然是症状管理(Clayton et al., 2019)。

创造意义的预想是基于这样的观念,即帮助患者及其家庭理解他们的苦难是姑息治疗提供者可以做出的一种宝贵贡献。米什勒(Mishler, 1984)做出了最好的解释,即好像患者/家庭生活世界的声音与医学的声音步调一致。在场(presence)是这样一种品质,即患者或家庭成员就在那里(无论是身体到场还是心理在场,或两者兼而有之),并且是不带偏见的、不带剧本的且自然而然的。因此,有意识的存在意味着提供者完全专注于此时此地的环境,无论过去经历了什么抑或预计会发生什么。这是一种重视"存在"而不是"行动"的方式,因为其信念是,以富有同情心的方式见证患者/家人的苦难可能是一个提供者可以提供的最大礼物。

表9.4 安慰传播模型"创造意义"原则的相关研究

出 版 物	研究类型	范式视角
J. 安吉洛等:《家庭护理者表达其需求:一项照片语音研究》,《姑息的支持性治疗》2014年第3期,第701—712页。	应用的	批判的
科佩尔森:《垂死的美德:医生关于如何死的流行修辞学》,《健康与医学修辞》2019年第3期,第259—290页。	基础性的	阐释的
J. 格哈特等:《以正念为基础的传播培训先导测试,以增强姑息治疗专业人员的韧性》,《语境行为科学杂志》2016年第2期,第89—96页。	转化的	科学的

家庭护理者

达利乌斯:我认为我们没有咨询过他们(达利乌斯和马尔文各自上一段婚姻的成年子女)或询问他们的感受、想法或意见。呃,关于事态,我们跟惠特尼和泰勒谈了两三次……除了一开始就通知德谢和安吉之外,我认为我们并没有谈太多。安吉是那个为我们找到最后一位医生的人。所以我不知道,我认为之所以情况如此,是因为她的工作更忙了。然后,她想怀孕却流产了。所以,你知道,我认为他们的生活……泰勒有两个小孩。

马尔文:是的,他们有自己的生活。另外,他们并没有真正看到我出现的任何身体变化。我似乎和他们年轻时住在家里时看到的我没啥两样。

家庭已经建立了直接转换到疾病语境下的传播模式,这些模式塑造并影响了对患者进行传播和护理的负担。临床医生是传播的促进者,对患者/家人进行有关疾病和疗程的教育,逼着家庭成员去考虑治疗后果,并鼓励人们意识到患者会随着时间的推移而虚弱。当亲人患重病、慢性病或绝症时,家庭会受到重大影响——认识到这一点可以促进伙伴关系,并为家庭的护理经历带来支持性、清晰的传播。对于以患者及其家庭为中心的护理来说,了解家庭史、家庭背景、主要护理者的家庭角色以及家庭的需求至关重要。家庭系统及其传播模式先于任何疾病经历。这种传播模式为具体护理者的传播行为设置了舞台,这些传播行为影响患者的护理及其结果。

表 9.5　反映安慰传播模型"家庭护理者"原则的相关研究

出　版　物	研究类型	范式视角
科赫等：《患有生活障碍疾病的儿童及其家庭的传播和文化敏感性》，《临终关怀与姑息护理杂志》2020年第4期，第270—275页。	应用性的	批判的
罗杰茨等：《将自适应传播方法应用于医疗决策》，《疼痛和症状管理杂志》2019年第1期，E4—E7。	应用性的	阐释的
韦登伯格等：《探索家庭护理者的传播困难和生活质量》，《美国临终关怀与姑息医学杂志》2020年第2期，第147—153页。	基础性的	科学的

开放性

达利乌斯：我发现我们越来越累了。马尔文比以往任何时候都更容易忘记吃药。我很难记住他的治疗细节。其中的劳累有多少是因为年龄或抑郁症，有多少是慢性病疲惫，我不知道。我们已经讨论过使用小型机车让他更独立，更少拴在家里。马尔文一直说他不想成为负担，宁愿走进荒野，再也不见踪影。有一次骑摩托车出行时，我们看到了一个可能让他的电动机车从一个观景台向下滑的地方。那是一个提议，建议他多留一段时间，如果那是他真正想要的，我会帮助他。他曾谈论过一次摩托车事故。我注意到，如果他还能骑摩托车，那么他还有很多时间。我不想让他过早结束。

表 9.6　安慰传播模型"开放性"原则的相关研究

出　版　物	研究类型	范式视角
迪隆等：《非洲裔美国人与临终关怀：对入院差异进行文化聚焦的探索》，《健康传播》2016年第11期，第1385—1394页。	应用性的	批判的
西奥-阿萨莫亚等：《沟通禁忌健康主题：以组织领导、临床心理学和社会工作为考察视角》，史密斯等主编：《改变全球健康》，斯普林格出版社2020年版，第193—211页。	基础性的	阐释的
K. 李等：《对非洲裔美国人癌症患者临终关怀改进的评述和考察》，《美国临终关怀与临终医学杂志》，网址：https://journals.sagepub.com/doi/10.1177/1049909120930205。	应用性的	科学的

达利乌斯在讨论死亡、治疗和护理者的疲惫不堪时，有一种清晰的开放性。开放性提供了特定的工具，以帮助提供者度过充满挑战却又奖励丰厚的过渡时刻，这需要与患者/家庭进行亲密传播开放性的临床实践。在帮助患者/家庭接受姑息治疗期间，至关重要的是不要逃避，而是找机会进入张力(tension)和回避。对张力的观察可能清楚地表明需要进行护理过渡。与患者及其家人的复杂互动与护理过渡彼此吻合，需要患者/家人和提供者之间进行深入的披露性交流。从医院-家庭护理或医院-临终关怀护理向姑息治疗过渡，这种传播需要护士、医生和其他提供者解决患者/家人的恐惧和绝望感，并就姑息治疗及其服务进行教育。在急性、慢性和绝症疾病的传播互动中，发挥重要作用的因素有：促进对私人健康信息的恰当使用，在生活和护理方面创造亲密的开放性以便应对过渡，以及了解披露对患者/家庭关系的影响。

相处

马尔文：我想让达利乌斯处理所有这些事情[医疗问题]。我关心这些问题，但也不关心。随着几个月时间的推移，我对它们的关注越来越少。我无法持续地关注下去。我想做的是专业工作。所以，让达利乌斯去处理这些问题，可能是不公平的。他也在工作，但同时还要处理我的医疗事务、整理图表和打电话。

相处涉及加入与患者/家属的关系,以促进和追求姑息治疗的工具性目标。在这里,马尔文想继续工作,但同时也在为达利乌斯所肩负的医疗责任而苦恼。急性、严重疾病和绝症中始终变动不居的问题是:患者/家属接受一种疾病状态的现象;了解患者/家人对适应新信息的看法。颇为重要的是,要检查不确定性的作用以及它如何影响护理讨论的目标和最终的决策过程。与患者/家庭相处创造了这样的机会,即了解一个诊断/预后的可接受性,了解与不确定性相关的恐惧,以及了解面对严重疾病时个人目标之间不可避免的协调困境。多个相互冲突、无法实现的目标是临床医生必须去引导的一种现实,也是患者和家人须共同努力,以承认不断变化的生活和身份时必须面对的一种现实。

表 9.7 安慰传播模型"相处"原则的相关研究

出 版 物	研究类型	范式视角
布林德曼:《叙事的姑息疗法:理解和尊重我们患者的独特价值观和目标》,《姑息医学杂志》2020年第6期,第744—745页。	基础性的	批判的
戈德史密斯等:《安慰传播模型:提高组织健康素养的护理学资源》,《临终关怀与姑息护理学杂志》2020年第3期,第229—237页。	应用性的	阐释的
博韦罗等:《与临终癌症患者尊严相关的存在烦恼:患病率、潜在因素和相关应对策略》,《心理肿瘤学》2018年第11期,第2631—2637页。	基础性的	科学的

团队

达利乌斯:记录都在电脑上,所以他[医生]在进来之前甚至都没有看过病历。他在电脑上查找了马尔文。事实上,他搞错了,他查的是别人的。

马尔文:他开始谈论毫无意义的事情。并不是说他无能……他很受人尊敬,只是很忙,工作过度。

达利乌斯:每把椅子都坐满了人,每个房间都是满的……这次我们换了一个护士,上次我们没有见过的护士,并且他也不认识我们。他不知道我们是谁。他不知道马尔文得了癌症,你知道,他一无所知。所以,你知道此医生和彼医生之间的巨大差别:一个是在看你之前就完成了准备工作的医生,一个是不知道你是谁的医生。

表 9.8 安慰传播模型"团队"原则的相关研究

出 版 物	研究类型	范式视角
罗森伯格等:《权力、特权和挑衅:当今公共健康临终关怀》,《临终关怀进展:科学与护理艺术》2020年第2期,第75—77页。	转化的	批评的
托马斯等:《肿瘤学家和临终关怀临床医生之间的传播差异:对晚期癌症患者早期综合临终关怀的定性分析》,《临终医学杂志》2019年第1期,第41—49页。	基础性的	阐释的
帕拉迪诺等:《使用结构化指南培训临床医生进行严重疾病传播:对三个健康系统的培训项目的评估》,《临终医学杂志》2020年第3期,第337—345页。	转化的	科学的

与患者、家人和同事之间的信息不一致都是由于专家之间缺乏协调,尤其是当医生有不同的治疗建议方案时(Ho et al., 2016)。一个协调的交叉学科团队对每个姑息治疗提供者的工作都至关重要。如果没有协调的护理,每个团队成员的信誉都会受到损害,患者/家属会发现他们的信任和信心遭受侵蚀。提供者需要团队传播技能来引领姑息治疗团队并在团队内建立领导力。团队建设技能包括:鼓励其他团队成员在团队决策过程中积极做出贡献,在护理安排中出现相反的观点时增进相反观点,以及评估团队目标和传播过程。真正协作的团队,会利用智力资源,会致力于交叉职业护理,团队成员彼此尊重,

包容持有不同观点的个体,领导者的会晤有效,有相互支持和问责制的系统,以及高效的时间管理——这种时间管理聚焦关涉患者/家庭护理的新信息。

第 2 节　未来的担忧和争议

自《劳特利奇健康传播手册》第一版以来,姑息治疗和临终传播研究领域取得了长足进步。在这里,我们要识别对优质护理造成传播限制的问题。在这里,我们要分享的领域相互重叠,但我们将它们描述为独立的主题,以便清楚地阐明需要探索的紧迫挑战。

一、提供者传播障碍

一些健康护理提供者不了解,姑息治疗服务的范围应该如何以及何时将姑息治疗介绍给患者及其家人。如果医生不要求姑息治疗护理,那么患者/家属通常不会接受姑息治疗,或者在病程很晚时才接受,从而降低姑息治疗的益处。同样,医生必须将患者转诊到临终关怀医院,而大多数提供者在进行临终关怀沟通方面存在困难,或难以确定转诊到临终关怀医院的最佳时间(Hawley,2017)。提供者继续使用模棱两可和技术性的语言来含蓄地讨论死亡或避免详细讨论它,而患者/家属则估摸着姑息治疗是用来谈论临死的术语,是死亡的委婉说法(Collins et al.,2018)。在许多情况下,关于生命终结的讨论中缺少关于死亡过程的细节(Anderson et al.,2019)。如果在管理症状方面缺乏信心,在解决护理的心理/社会面时就会缺乏信心,在识别损失和悲伤方面缺乏信心,以及总体缺乏启动预后和临终护理讨论的传播技能(Carey et al.,2019),那么,提供者将避免讨论姑息治疗或临终关怀(Bennardi et al.,2020)。

二、患者/家庭传播障碍

尽管一般公众认为,姑息治疗是健康护理系统中的一项重要服务,但许多患者并不想要它(Centerto Advance Palliative Care,2019)。为什么呢?因为许多患者及其家庭成员对姑息治疗感到痛苦且无知:在一项全国性调查中,54%的家庭护理者从未听说过姑息治疗(Dionne-Odom et al.,2019)。在对姑息治疗曾有所了解的45%的人中,40%对姑息治疗的性质存在严重误解,认为姑息治疗等同于临终关怀,他们同意这样的说法:"当我想到姑息治疗时,我会自动想到死亡"(第1页)。造成这种误解的一个原因是,健康护理提供者用来谈论姑息治疗的术语不一致,也不好理解(Collins et al.,2018)。少数族裔和没有大学学位的人不太可能了解姑息治疗(Dionne-Odom et al.,2019)。当姑息治疗没有得到充分解释时,不那么优质的提供者-患者/家庭传播就会限制姑息治疗的获取和接受(Boucher et al.,2018)。

患者和家庭是相当复杂的,安慰传播模型确定了相关问题研究的切入点:抵制获得姑息治疗,意识到姑息治疗的可得性,以及在姑息治疗获得方面存在明显不公。家庭关系的动力机制可能很复杂,阻碍了姑息治疗的讨论机会(Carey et al.,2019)。影响每个人参与尝试获得优质护理的障碍增加了,因为患者和家人之间有未表达的悲伤,患者/家庭不愿意使用某些服务,以及患者/家庭对全科医生知道该怎么做有期待(Carey et al.,2019)。姑息治疗供应方面存在严重不平等,那些患有复杂合并症的人与那些很少面临健康挑战的人之间存在的差距在扩大,从而少数族裔被逼无奈,越来越远离优质护理,特别是在预防、维持和姑息护理方面。

获得姑息治疗服务仍然是一个挑战。转诊的时间脉络趋势表明,患者和家属仍未获得姑息治疗的益处(Hawley,2017),而且仍有许多人群无法获得姑息治疗。尽管在诊断时可获得,但患者倾向于在病程后期才接受姑息治疗。一项系统评价得出结论说,恰当的转诊是在诊断为晚期疾病后的三个月内(Hui et al.,2015),而不是等待症状恶化或生命即将结束时。姑息治疗转诊的时机需要进一步明确,要有更多关于姑息治疗整合方面的研究(Hui et al.,2015)。具体来说,有必要了解如何将临终关怀引入临床实践,以便患者和家庭护理者在病程早期阶段就能接受到临终关怀。

三、系统传播障碍

患者和家属通常会收到来自不同专业团队(例如,姑息治疗与肿瘤学之间或初级医师与姑息治疗之间;Newlin & Michener, 2019)相互矛盾的信息。因此,面对必须在专业团队和初级护理医生之间进行选择,患者/家属无法获得决策支持。由于涉及慢性病护理有多个健康护理提供者,有关转诊到临终关怀医院的临床信息可能会在健康护理团队成员之间误传。使用技术性和模棱两可的语言以及不同程度的单刀直入,导致了关于生命终结的传播困难(Anderson et al., 2019)。时间不足或其他时间压力,可能削弱了开展姑息治疗的能力,也影响了启动临终谈话或与家属会面的能力(Carey et al., 2019)。

患者/家属的理解程度、对信息的渴望程度以及患者当前症状程度,都会影响有关预后和濒亡的传播(Anderson et al., 2019)。健康素养是获得优质护理诸多障碍和途径的症结所在。健康信息是健康素养面临的挑战之一部分,但单单知晓健康信息不等同于理解,不等同于实行健康行为(GoldSmith et al., 2020)。健康素养研究的蓬勃发展领域必须受到健康传播研究的严格指导。文化背景影响对姑息治疗和临终关怀服务的理解和反应(Mayeda & Ward, 2019)。健康素养越低,越难获得医疗资源,且由于文化或语言差异,缺乏有效传播能力——这些是大多数绝症患者及其家庭面临的深层次障碍(Mayeda & Ward, 2019)。

四、供需障碍

尽管姑息治疗被认为是重症患者护理的黄金标准,并且大多数美国医院都有姑息治疗计划(Center to Advance Palliative Care, 2018 年 2 月 28 日),但目前的资源无法满足未来的需求。人们对全科医生的要求日益增长,要求他们在提供姑息治疗传播方面是有备而来的,但对提供者进行这种传播技能的培训仍然乏善可陈(Bennardi et al., 2020)。目前,姑息治疗传播培训往往以内科医生为中心,只有很少部分的培训是专门针对护士和其他临床医生的(Wittenberg et al., 2018)。对提供者进行姑息治疗护理传播的教育应包括信息分享方式,即如何分享关于诊断/病情和护理选项的信息,如何让家人参与决策的信息,以及使用通俗易懂的语言促进患者及其家属的理解的重要性(Bennardi et al., 2020)。重新审视劳动力准备条件,使所有提供者都配备姑息治疗传播资源,这意味着本科训练要包括这个方向的课程内容。对护理交付流程分配额外资源,包括用于姑息治疗传播的远程医疗和可视电话交付设施,这也是护理供给中不可避免的转变;但在将护理转移到数字平台方面,提供者和被护理者都需要引导(Jess et al., 2019)。

第 3 节　未来研究方向和本章结语

我们看到姑息治疗和临终传播研究在三个领域展开并不断成长(Wittenberg-Lyles et al., 2015)。首先,传播学者可以为健康护理提供者和临床医生的姑息治疗和临终传播做出教育和培训贡献。有关姑息治疗报告数量的最多因子之一是关于传播和心理社会问题的教育(Carey et al., 2019);然而,初级护理提供者的培训需求仍不清楚(Hasson et al., 2020)。传播研究人员可以将传播主题的范围扩展到突发坏消息之外(Wittenberg et al., 2015),并探索对所有患者都适用的姑息治疗传播的"标准"内容。

关于肿瘤学实践中高质量的姑息治疗,《美国临床肿瘤学会/美国临终关怀和姑息医学学会指导声明》(The American Society for Clinical Oncology/ American Academy of Hospice and Palliative Medicine Guidance Statement)确定了对癌症临床医生进行姑息治疗传播技能培训的必要性(Bickel et al., 2016)。专家组的建议强调了继续教育的必要性,以便向癌症护理提供者传授初级姑息治疗技能,包括如何与患者及其家属进行"诚实和富有同情心的沟通,即就治疗方案以及在疾病晚期护理提供者的局限性进行沟通"(Hui et al.,2016,第8页)。需要关于姑息治疗传播的讲座和课程,以便其他临床医生可以学习如何介绍和解释姑息治疗,并向姑息治疗医院转诊。即使是在该领域有超过五年从业经验的老练的临终关怀护士,也需要额外的传播培训(Clayton et al.,2019)。

本章介绍的安慰传播模型是应用传播学研究改进健康传播培训的一个例子。需要更多的传播学术来解决将传播研究整合进继续教育和本科健康护理课程体系中的问题(Carey et al.,2019)。一项针对临终传播的应用服务学习课程表明,服务学习可以降低对死亡和临终传播的忧虑,并提高学生与临终患者及其家人互动的意愿(Pagano,2016)。

培训健康护理提供者,仍然是改善护理流程与提高传播技能的最佳方法,但研究结果并未显示护理结果的差异(如死亡地点、疼痛控制、患者烦恼),并且患者结果(如生活质量)表现出不一致的差异(Selim et al.,2020)。因此,尽管研究表明培训可以提高提供者的传播技能、信心等,但仍然缺乏证据证明改进了的传播技能会带来更好的患者护理。尚待确定的问题是:初级护理提供者的培训需求,以及此类培训如何对患者和家庭护理产生影响(Hasson et al.,2020)。

其次,需要研究姑息治疗环境跨语境传播,以便为传播实践和护理协调建立一个证据库。为了改进整个姑息治疗全流程谱系的实践和结构,以及为这种改进提供信息,必不可少的是:姑息治疗团队与其他行业服务之间的传播;跨学科传播;姑息治疗团队与患者、健康护理服务者和家庭之间的传播;以及患者及其家人之间关于从积极治疗和姑息治疗过渡到临终关怀的传播(Hasson et al.,2020)。

与患者及其家人讨论护理目标时,整个护理轨迹中的协调尤其重要。设定护理传播目标是一个持续的过程,需要重复(Anderson et al.,2019)和患者/家属的理解;需要患者、家属和提供者之间进行传播;以及需要所有健康护理提供者之间进行合作(Bennett & O'Conner-Von,2020)。"护理目标",这个描述与患者和家人对话的术语,在文献中没有得到很好的定义,通常乔装改扮为决策对话(Edmonds & Ajayi,2019)。从提供者的角度来看,对话是有关决策中的得失问题,而患者及其家人同时要尝试应对情形和对话带来的烦恼。此外,需要建立健全的"护理目标"传播措施(Bennett & O'Conner-Von,2020),不仅在姑息治疗团队与患者/家庭之间,而且在患者/家庭与初级护理提供者之间。

最后,临终传播研究应侧重于开发和测试传播干预措施。姑息治疗研究中很大程度上缺少患者的视角(Hasson et al.,2020),目前还没有关于护士在姑息治疗中的作用的观察性研究(Anderson et al.,2019)。姑息治疗中的传播学术需要更好地解释正在发生的各种对话的组成部分(如护理目标、预后等),并开始制定与传播质量以及患者/家庭健康结果相关的测量指标。

患者决策辅助以及患者与提供者之间的传播增加了参与度和协作性,患者、提供者和家属之间的标准化协议最有利于促进传播(Bennett & O'Conner-Von,2020)。患者决策辅助工具增加了患者和家属对治疗风险和益处的了解(Bennett & O'Conner-Von,2020),但在这一领域还需要做更多的工作。然而,也需要更多地关注家庭成员的角色以及参与关于姑息治疗的讨论(Anderson et al.,2019)。研究有必要更多地了解家庭护理的参与,包括参与决策,包括护理角色的影响以及丧亲支持需求(Hasson et al.,2020)。

姑息治疗的障碍来自患者及其家属,以及提供者。障碍包括:对姑息治疗缺乏认识;健康护理提供者/团队成员之间缺乏传播和协作;提供者与患者/家属或患者与家属之间的情感关系使得他们不愿讨论临终问题;以及对姑息治疗的态度和信念(Bennardi et al.,2020)。由于健康护理系统反映了社会不平等现象,因此传播研究的未来之路必须优先考虑那些不在网络或部分系统中的人群——他们最受贫困和复杂合并症的压制——以及那些最不可能接受姑息治疗和临终关怀的人群。

参考文献

Albizu-Rivera, A., Portman, D. G., Thirlwell, S., Codada, S. N., & Donovan, K. A. (2016). Implementation of NCCN palliative care guidelines by member institutions. *Supportive Care in Cancer*, 24(2), 929–932.

Anderson, R. J., Bloch, S., Armstrong, M., Stone, P. C., & Low, J. T. (2019). Communication between healthcare professionals and relatives of patients approaching the end-of-life: A systematic review of qualitative evidence. *Palliative Medicine*, 33(8), 926–941.

Bennardi, M., Diviani, N., Gamondi, C., Stussi, G., Saletti, P., Cinesi, I., & Rubinelli, S. (2020). Palliative care utilization in oncology and hemato-oncology: A systematic review of cognitive barriers and facilitators from the perspective of healthcare professionals, adult patients, and their families. *BMC Palliative Care*, 19(1), 47.

Bennett, F., & O'Conner-Von, S. (2020). Communication interventions to improve goal-concordant care of seriously ill patients: An integrative review. *Journal of Hospice & Palliative Nursing*, 22(1), 40–48.

Bickel, K. E., McNiff, K., Buss, M. K., Kamal, A., Lupu, D., Abernethy, A. P., Broder, M. S., Shapiro, C. L., Acheson, A. K., Malin, J., Evans, T., & Krzyzanowska, M. K. (2016). Defining high-quality palliative care in oncology practice: An American Society of Clinical Oncology/American Academy of Hospice and Palliative Medicine guidance statement. *Journal of Oncology Practice*, 12(9), e828–e838.

Boucher, N. A., Bull, J. H., Cross, S. H., Kirby, C., Davis, J. K., & Taylor, D. H., Jr. (2018). Patient, caregiver, and taxpayer knowledge of palliative care and views on a model of community-based palliative care. *Journal of Pain & Symptom Management*, 56(6), 951–956.

Carey, M. L., Zucca, A. C., Freund, M. A., Bryant, J., Herrmann, A., & Roberts, B. J. (2019). Systematic review of barriers and enablers to the delivery of palliative care by primary care practitioners. *Palliative Medicine*, 33(9), 1131–1145.

Center to Advance Palliative Care (2018, February 28). *Palliative care continues its annual growth trend*. www.capc.org/about/press-media/press-releases/2018-2-28/palliative-care-continues-its-annual-growth-trend-according-latest-center-advance-palliative-care-analysis/.

Center to Advance Palliative Care (2019). *Key findings on the perceptions of palliative care* [Webinar]. www.capc.org/events/recorded-webinars/briefing-key-findings-perceptions-palliative-care/.

Chou, S., Gaysynsky, A., & Persoskie, A. (2016). Health literacy and communication in palliative care. In E. Wittenberg, B. Ferrell, J. Goldsmith, T. Smith, S. L. Ragan, M. Glajchen, & G. Handzo (Eds.), *Textbook of palliative care communication* (pp. 90–101). Oxford University Press.

Christensen, D. (2017). The impact of health literacy on palliative care outcomes. *Journal of Hospice & Palliative Nursing*, 18(6), 544–549.

Clayton, M. F., Iacob, E., Reblin, M., & Ellington, L. (2019). Hospice nurse identification of comfortable and difficult discussion topics: Associations among self-perceived communication effectiveness, nursing stress, life events, and burnout. *Patient Education & Counseling*, 102(10), 1793–1801.

Collins, A., McLachlan, S. A., & Philip, J. (2018). Communication about palliative care: A phenomenological study exploring patient views and responses to its discussion. *Palliative Medicine*, 32(1), 133–142.

Dionne-Odom, J. N., Ornstein, K. A., & Kent, E. E. (2019). What do family caregivers know about palliative care? Results from a national survey. *Palliative & Supportive Care*, 17(6), 643–649.

Edmonds, K. P., & Ajayi, T. A. (2019). Do we know what we mean? An examination of the use of the phrase "goals of care" in the literature. *Journal of Palliative Medicine*, 22(12), 1546–1552.

Ferrell, B. R., Twaddle, M. L., Melnick, A., & Meier, D. E. (2018). National consensus project clinical practice guidelines for quality palliative care guidelines, 4th edition. *Journal of Palliative Medicine*, 21(12), 1684–1689.

Goldsmith, J. V., Wittenberg, E., & Parnell, T. (2020). The COMFORT communication model: A nursing resource to advance health literacy in organizations. *Journal of Hospice and Palliative Nursing*, 22(3), 229–237.

Hasson, F., Nicholson, E., Muldrew, D., Bamidele, O., Payne, S., & McIlfatrick, S. (2020). International palliative care research priorities: A systematic review. *BMC Palliative Care*, 19(1), 16.

Hawley, P. (2017). Barriers to access to palliative care. *Palliative Care: Research and Treatment*, *10*. https://doi.org/10.1177/1178224216688887.

Ho, A., Jameson, K., & Pavlish, C. (2016). An exploratory study of interprofessional collaboration in end-of-life decision-making beyond palliative care settings. *Journal of Interprofessional Care*, *30*(6), 795–803.

Hui, D., & Bruera, E. (2016). Integrating palliative care into the trajectory of cancer care. *Nature Reviews Clinical Oncology*, *13*(3), 159–171.

Hui, D., Kim, Y. J., Park, J. C., Zhang, Y., Strasser, F., Cherny, N., Kaasa, S., Davis, M. P., & Bruera, E. (2015). Integration of oncology and palliative care: A systematic review. *Oncologist*, *20*(1), 77–83.

Hui, D., Mori, M., Parsons, H. A., Kim, S. H., Li, Z., Damani, S., & Bruera, E. (2012). The lack of standard definitions in the supportive and palliative oncology literature. *Journal of Pain & Symptom Management*, *43*(3), 582–592.

Jess, M., Timm, H., & Dieperink, K. B. (2019). Video consultations in palliative care: A systematic integrative review. *Palliative Medicine*, *33*(8), 942–958.

Mayeda, D. P., & Ward, K. T. (2019). Methods for overcoming barriers in palliative care for ethnic/racial minorities: A systematic review. *Palliative & Supportive Care*, *17*(6), 697–706.

Meier, D., McCormick, E., & Arnold, R. M. (2015). Benefits, services, and models of subspecialty palliative care. *Up To Date*. www.uptodate.com/contents/benefits-services-and-models-of-subspecialty-palliative-care.

Mishler, E. (1984). *The discourse of medicine: The dialectics of medical interviews*. Ablex.

National Consensus Project for Quality Palliative Care (2018). *Clinical practice guidelines for quality palliative care*. www.nationalcoalitionhpc.org/ncp.

National Hospice and Palliative Care Organization (2019). *Facts & figures: Hospice care in America*. https://nhpco.org.

Newlin, E., & Michener, C. (2019). *Barriers to hospice referral and opinions regarding the primary role of palliative care in gynecologic oncology*. https://consultqd.clevelandclinic.org/barriers-to-hospice-referral-and-opinions-regarding-the-primary-role-of-palliative-care-in-gynecologic-oncology/.

Pagano, M. P. (2016). Learning about dying and living: An applied approach to end-of-life communication. *Health Communication*, *31*(8), 1019–1028.

Partridge, A. H., Seah, D. S., King, T., Leighl, N. B., Hauke, R., Wollins, D. S., & Von Roenn, J. H. (2014). Developing a service model that integrates palliative care throughout cancer care: The time is now. *Journal of Clinical Oncology*, *32*(29), 3330–3336.

Perrin, K. O., & Kazanowski, M. (2015). Overcoming barriers to palliative care consultation. *Critical Care Nurse*, *35*(5), 44–52.

Wittenberg, E., Goldsmith, J., Ferrell, B., Buller, H., Mendoza, Y., & Ragan, S. L. (2020). Palliative care communication: Outcomes from COMFORT, a train-the-trainer course for providers. *Clinical Journal of Oncology Nursing*, *24*(1), E1–E6.

Wittenberg, E., Goldsmith, J., Ragan, S., & Parnell, T. A. (2020). *Communication in palliative nursing: The COMFORT model* (2nd ed.). Oxford University Press.

Wittenberg, E., Goldsmith, J., & Ragan, S. L. (2015). Epilogue: Walking through the door. In J. Nussbaum, H. Giles, & A. K. Worthington (Eds.), *Communication at the end of life* (pp. 211–216). Peter Lang.

Wittenberg, E., Goldsmith, J., Ragan, S. L., & Parnell, T. A. (2021). *Caring for the family caregiver: Palliative care communication and health literacy*. Oxford University Press.

Wittenberg, E., Goldsmith, J. V., Ragan, S. L., & Parnell, T. (2020). *Communication in palliative nursing* (2nd ed.). Oxford University Press.

Wittenberg, E., Ragan, S. L., Ferrell, B., & Virani, R. (2017). Creating humanistic clinicians through palliative care education. *Journal of*

Pain & Symptom Management, 53(1), 153–156.

Wittenberg, E., Reb, A., & Kanter, E. (2018). Communicating with patients and families around difficult topics in cancer care using the COMFORT communication curriculum. *Seminars in Oncology Nursing*, 34(3), 264–273.

Wittenberg-Lyles, E., Goldsmith, J., Ferrell, B., & Ragan, S. (2013). *Communication in palliative nursing*. Oxford University Press.

第 10 章
社交支持、支持传播与健康

埃琳娜·麦乔治（Erina L. MacGeorge） 周颜梦谦（Yanmengqian Zhou）

当公共健康和医学领域的领军思考者开始就社交支持与健康之间的关系进行理论探讨时(Cassel, 1976; Cobb, 1976; Moss, 1973)，他们可能没有预见到随后会发展出跨学科、跨理论的视角、方法和应用。对社交支持过程的学术兴趣产生了数千项研究，这些研究表明，来自家庭成员、朋友和其他社交网络成员的支持，对健康和幸福、延长寿命、预防疾病和帮助康复以及改善精神健康具有积极影响（参见 Uchino et al., 2018、2020）。早期争论是：不考虑压力水平或压力出现时有种"缓冲"效应，社交支持是否对健康有直接影响(Cohen & Wills, 1985)。这种早期争论已经让位于进行精细化的理论，即有关社交支持运作的多种因果机制的理论 (Uchino et al., 2018)。这些机制可以是行为上的(例如，社交支持影响接受者对健康相关行为的采纳、保持或终止)，心理上的(例如，社交支持影响诸如这些因素：压力源评估，情绪困扰和精神疾病)或生物学上的(例如，社交支持直接或间接影响心血管、神经内分泌、代谢和免疫功能)。

大量研究文献表明，社交支持与健康之间的关联随着社交支持的概念化和测量方式的不同而发生显著变化。"社交支持"现在是一个跨多学科使用的术语，用于表示相关但又差异明显的结构(MacGeorge et al., 2011; Taylor, 2011)。社交支持的结构定义和功能定义之间有一个关键区别(Uchino et al., 2018)。社会学家和流行病学家经常使用结构性定义及其操作化，这种定义强调关系的数量、类型或配置，人们通过这些因素可获得援助(例如，某人是否已婚或他们的社交网络是如何安排的；参见 Fink et al., 2015)。心理学和传播学学者经常使用的功能定义及其操作化强调了被提供的帮助，但功能路径在重要方面也有所不同。一种路径强调**感到支持可获得**(perceived availability of support)，或相信关心他人就是在他人需要时出现并给予帮助(Wills, 1991)。其他功能路径侧重于行为，强调**接收支持**(received support)(例如，通常由接收者报告的行为)或**施予支持**(enacted support)(例如，涉及某种客观测量或操作)。大量证据表明，"感到支持可获得"有别于实际的支持行为，尤其是情感支持，它与更好的健康结果有着可靠、积极的关联(综述见 Taylor, 2011)。"接收支持"和"施予支持"表现出更多可变效果：它们更有可能与健康结果无关甚至负相关(Taylor, 2011; Uchino et al., 2018)。在某种程度上，这种变化反映了面对压力源时会发生支持寻求和提供行为，但支持意图明显的行为也可能产生负面影响，因为其效果取决于接收者的解释和偏好，取决于与提供者的关系和提供者的人际交往能力，以及支持行为本身的特征，如敏感性或直接性(Uchino et al., 2018)。

支持传播被描述为"有意的语言和非语言行为，旨在向被认为需要援助的他人提供帮助"(Burleson & MacGeorge, 2002, 第374页; MacGeorge et al., 2011)。因此，对支持传播的研究反映了社交支持的接收视角和施予视角，这取决于传播的操作定义。心理学和相关领域的学者通常关注支持传播的接收数量(例如，获得情感支持的频率)，而在传播学科安营扎寨的学者更经常强调施予支持的质量(例如，支持提供者在与接收者互动时表达的情绪敏感度水平)。与有关施予支持的研究相比，有关接收支持的研究有着更长、更宽泛的历史,这些接收支持研究直接处理健康状况、健康相关行为或纵向结果问题。施予支持的研究(尤其是在传播学科内进行的研究)倾向于强调并非特别与健康问题相关的压力源、即时讯息评估(如感知有效性)以及心理或关系结果(例如,应对能力增强,喜欢支持提供者)。然而,越来越多的关注点放在与健康压力源相关的施予支持上(例如,Ray & Veluscek, 2018)以及支持互动产生的直接生理影响上(有关述评,请参见 Priem, 2020)。无论采用何种方法,关于支持传播和健康的研究通常都会考察特定健康压力源语境下的支持传播,而不是考察其维持整体健康的能力。这种关注是有道理的:当特定的压力源很明显时,人们更需要公开的支持行为,更需要实际得到支持,并且,无论是接收支持还是施予支持,都不如感知到的支持更能预测总体健康结果方面(如全因死亡)。

以下部分概述了将接收-施予支持的传播与健康关联的研究,强调了新近研究成果,并指出了解释支持的质量及其影响的关键理论。我们专注于由社交网络成员(如家人、朋友)而不是从事专业帮助角色的人(如医生、治疗师)提供的支持。这些研究中的绝大多数完全符合科学范式,强调从施予或接收支持方面预测健康相关结果。偶尔,会有一些研究反映了解释性或批判-文化路径,这些研究利用质化方法,阐明参与者如何把社交网络成员的行为赋值为是支持的(Carlson, 2014; Fisher, 2010),并反对在寻求和提供支持方面存在着"万精油"式的建议(GoldSmith & Miller, 2015)。考虑到现在有关健康的支持传播在线开展程度及其独特性,本章第一部分侧重于"离线"或面对面传播,第二部分侧重于以计算机为中介的支持。最后,我们讨论了两种语境下的未来研究方向。

第1节 支持传播与健康

在支持行为的类别之间,支持的施-受研究通常是分开的(Cutrona & Russell, 1990),有时侧重于一种类型或比较几种类型的效果。除了情感和信息支持之外,大多数类型还包括有形支持(实际帮助,也称为工具性支持),以及网络支持(将支持接收者与其他帮助者联系起来)。这都是些对有健康之虞的人有益的支持形式(Bennich et al., 2017),但考察其中所涉传播的研究要少得多。以下讨论首先处理情感支持(包括尊重支持)和信息支持(包括建议),然后简要介绍其他形式的支持。

一、情感和尊重支持

情感支持,通常定义为表达关心、牵挂、同情或同理心,是支持传播的一种关键形式。尊重支持通常被定义为情感支持的一个方面,但区别在于它比情感支持更窄,侧重于提高接收者对自己及其特质、能力或成就的感觉(Holmstrom & Burleson, 2011)。大量研究表明,有健康状况的人很重视从配偶、伴侣、家人和朋友那里获得情感和尊重支持,这些健康状况包括Ⅱ型糖尿病(Bennich et al., 2017)、乳腺癌(Fisher, 2010)、膝关节置换手术(GoldSmith et al., 2017)和意外怀孕(Gray, 2014)。报告说,获得更多情感支持通常与积极的心理和行为结果相关。例如,对癌症患者而言,其结果是更高的健康能力、自我效能感和创伤后成长(Arora et al., 2007; Schroevers et al., 2010),艾滋病患者在被诊断后更快地接受医疗服务(Cook et al., 2018),以及糖尿病患者的自我护理得到了改善(Graven & Grant, 2014)。同样,作为糖尿病患者干预的一部分而提供的尊重支持讯息,与平均血糖水平的降低有关(Robinson et al., 2019);并且,来自朋友的尊重支持,预示着大学生有更多的体育活动(Belanger & Patrick, 2018)。

大量支持传播理论和研究都集中于识别高质量和低质量的情感支持特征(Burleson, 2003; MacGeorge et al., 2011)。本研究文献中的一个关键概念是言语的人本性(verbal person centeredness, VPC),可以把它定义为:一个苦恼人的感受和视角得到承认、阐述和合情合理化的程度(Burleson, 2003)。三十多年来,一直有研究在检验"人本理论"("person-centered theory")(Jones & Bodie, 2014),这些研究证明了言语的人本性与以下结果之间存在强烈、一致和积极的联系:感知的有效性,压力源重估,情绪改善以及对支持提供者予以赞赏(High & Dillard, 2012; Samter & MacGeorge, 2017)。尽管这类研究的大部分内容并未明确聚焦于健康,但最近的研究表明,言语的人本性在那些承受健康压力源的群体中产生了类似结果。乳腺癌患者认为,更高的言语人本性讯息可以提供更高质量的情感支持,产生更多的情绪改善、更少的负面关系后果;言语人本性低的讯息被评估为类似于根本没有获得支持(Ray et al., 2020; Ray & Veluscek, 2018)。人本范式之外的研究指出了,情感支持有着同样的属性,即对健康问题经历者的幸福有积极影响。例如,面对意外怀孕的年轻女性报告说从积极、无偏见、体贴的情感支持中获益,这些支持传达了积极的关心(Gray, 2014)。

为解释尊重支持的独特特征和效果,尊重支持讯息的认知情感理论(Holmstrom & Burleson, 2011)认为,当这些讯息以情感为中心而不是以问题为中心时(比如,强调接收者视角的改变,而不是压力源本身或应对压力的行动),当它们鼓励而不是试图强迫这种改变时,这些讯息在减少烦恼时就更有效。这一论点在很大程度上得到了经验证据的支持(例如,Holmstrom et al., 2015),尽管以问题为中心的尊严支持比预想的更有效(Shebib et al., 2020)。然而,迄今为止,针对健康压力源的研究仍乏善可陈。

尽管接收有关健康担忧的情感支持和尊重支持通常会产生积极效果,尤其是当施予的支持质量很高时,但其效益也存在重要的调节因素,包括支持提供者、接收者及其关系特征(Gold-Smith & Miller, 2015; Uchino, 2018)。一个关键影响是接收者对支持的愿望或偏好。越来越多的研究与最佳匹配理论(optimal matching theory)(Cutrona et al., 2007)和"支持沟"(support gaps)概念相一致,这些研究表明,接收对健康问题的情感支持,其结果取决于与支持接收者的偏好的匹配度。同时,表达出情感支持需要却没得到支持的癌症患者更容易受到心理困扰——与那些需要情感支持并得到了支持的人相比(Merluzzi et al., 2016),而意外怀孕者收到太多或太少的情感支持,其心理方面的改善就会较少(Crowley et al., 2019)。多余的情感支持可能会让人担心其诚意或引发不必要的依赖感。

二、信息支持和建议

信息支持,通常定义为提供信息和建议,是与健康相关的另一种受-施社交支持的常见形式。这种形式的支持被认为对许多健康问题都很有价值。例如,当其他昔日患者提供了有关外科医生、治疗类型、锻炼以及恢复策略和疗程的信息时,正在从全膝关节置换术中康复的患者会从中发现价值(GoldSmith et al., 2017)。同样,患有Ⅱ型糖尿病的年长非裔美国人报告说,患有糖尿病的同龄人向他们提供了有关饮食和药物治疗的有用建议(Brown & Shorter, 2020)。接收信息支持也与各种健康问题的积极心理、行为结果有关。例如,对于患有乳腺癌的女性,朋友的信息支持与治疗后五个月的社交、家庭幸福感上升有关(Arora et al., 2007)。针对心力衰竭患者的社交支持和自我护理的多项研究表明,信息支持有助于他们保持自我护理行为,从而增强健康和幸福感(Graven & Grant, 2014)。然而,很明显的是,信息支持,尤其是建议,可能会导致接收者产生矛盾或消极的回应,并且比情感支持更有可能产生这些反应。例如,患有乳腺癌的女性对管理口干和脱发等副作用的建议反应不一(Fisher, 2010),而青年人则既感谢又选择性地忽略父母的建议(Carlson, 2014)。

作为支持传播形式的建议理论,有助于解释接收者对建议的回应差异。建议回应理论(advice response theory)(Feng & MacGeorge, 2010; MacGeorge, Guntzviller, et al., 2016)表明,建议讯息内容及其风格特征与建议者特点会影响建议的评估和结果。特别是,如果建议的行动被认为是有效和可行的并且不涉及太多的限制,如果讯息风格是礼貌的(例如,承载着对自主性的喜欢和尊重),并且如果建议者具有表明建议可靠性的品质(如讨人喜欢、专业性和可信度),那么,建议更可能被接收者感激并遵照实施。尽管该理论主要针对"日常"问题进行了测试,但最近的研究表明,它适用于解释父母让青年人参加锻炼建议的接收情况(Carlson, 2016; Guntzviller et al., 2017)。这些研究还强调了,当接收者需要或征求建议时,在多大程度上建议取得更积极的结果,并且关系质量(如年轻人与其父母之间的正常张力)如何影响对建议的回应。

三、其他形式的接收和施予支持

尽管大多数研究都集中在情感和信息支持上,但有充分的证据表明,其他形式的帮助对有健康问题的人也很有价值。这些帮助包括有形的支持(Bennich et al., 2017;Gold Smith et al., 2017)和网络(化)支持(Peterson et al., 2012)。不幸的是,尽管一些研究表明,有形支持可以以如下方式提供——接收者对帮助感到更舒服,更有能力进行恰当的自我关爱,并且更感激支持提供者(GoldSmith et al., 2012),但在很大程度上还是忽略了这些支持类型的施予。另一些研究表明,对不那么醒目的"支持"传播进行研究很重要。例如,有各种健康状况的人将探访和社交活动视为情感支持的重要形式(Gold Smith et al., 2017),而缺乏理想的陪伴水平与负面的健康结果相关(Thong et al., 2007)。这些研究指出了结合"日常谈话"研究支持传播的价值(Barnes & Duck, 1994;另见本书第11章)。

第2节 在线语境中的健康与支持传播

近几十年来,随着新传播技术的发展,在线场所正成为寻求和接收社交支持的一种越来越有吸引力的选择(Walther & Boyd, 2002)。互联网用户通过参与在线支持小组或通过各种技术(如社交网站、即时讯息和电子邮件),就各种健康主题进行支持性互动(Attai et al., 2015;Coulson, 2005)。据估计,8%的患有慢性病的美国互联网用户和7%的无病用户参加了在线支持小组(Fox & Purcell, 2010)。此外,5%的慢性病互联网用户获得了与健康相关的信息,2.5%的人在社交网站上参与了与健康相关的群组(Fox & Purcell, 2010)。

考虑到与以计算机为中介的传播(CMC)渠道相关的独特可供性,支持交流在线上平台上的流行并不令人惊讶。首先,以计算机为中介的传播渠道使人们能够轻松、方便地访问支持网络,这些网络超越了时间和地理障碍,并将用户连接到带有异质信息的扩展网络(Wright & Bell, 2003)。从最佳匹配的角度来看,这种访问是有益的,因为它可以使人们更容易地获得满足个人期望和需求的支持(Turner et al., 2006)。人们还可以更容易地在网上结识具有相似经历的他人,从而体验到更多的理解和归属感(Tanis, 2008)。在线渠道的另一个相关优势是可以访问弱纽带网络(例如,定期与彼此不那么亲近的人进行沟通)。从弱纽带强度理论角度来看,个人可以通过弱纽带获得更多样化的观点和信息,同时减少人际风险和社交复杂性(Wright & Miller, 2010)。此外,在线渠道提供的匿名性,使其成为人们可以更舒适地寻求和接收支持的环境,同时减少了自我意识并降低了污名化的风险(DeAndrea, 2015;Joinson, 2001)。根据社会身份去个体化(social identity deindividualization, SIDE)理论(Reicher et al., 1995),在以计算机为中介的传播中,由于缺乏个人身份线索,这也可能使一个群体(如在线支持社区)共享的共同社会身份更加突出,进一步加强相似感,增加人际信任,增强群体规范(Tanis, 2008)。最后,由于以计算机为中介的传播主要基于文本,支持异步性,并且比面对面传播具有更少的非语言线索,因此它为互动管理提供了相当大的空间。例如,以计算机为中介的传播超个人模型(The hyperpersonal model of CMC),确定了在线传播过程的四个组成部分,它们可能使中介化的人际传播比平行的离线互动更具社交吸引力或亲密感:① 发送者选择性的自我展示;② 接收者理想化的感知;③ 渠道特征使讯息组构得以优化(例如,异步系统和讯息可编辑性促进了理想讯息的创建,减少的非语言线索重新把认知资源指向讯息撰写中);④ 一个强化动态性的反馈系统,每个组件都以反映行为确认过程的方式对该动态作出贡献(Walther, 1996)。以计算机为中介的传播的这种可管理性和可控性被认为是在线支持的另一大吸引力(Walther & Boyd, 2002)。

大量研究强调了社交支持与健康关联起来的心理、行为途径,表明在线支持可以作为一种有用的资源,促进应对能力并有助于健康结果(Wright, 2016)。例如,研究发现,从在线支持社区获得的支持与如下结果有关:减轻了压力和抑郁,赋能更有力,提升了创伤后成长,感受到生命质量,以及癌症幸存者有更强烈的心理社会幸福感(Hong et al., 2012)。在各种社交网站上获得支持,也可以预测积极的健康结果(例如,Cole et al., 2017)。例如,最近的一项系统述评表明,接收基于Facebook的支持可以改善整体的身心健康和幸福,并减少与精神疾病相关的症状(Gilmour et al., 2020)。

在线支持传播语境下的大量研究强调参与支持小组,包括同伴之间的支持交流。瑞恩斯和杨(Rains & Young, 2009)的元分析表明,参与以计算机为中介的支持小组可以增强感知到的支持,减少抑郁,提高生活质量,并提高管理个人健康状况的自我效能。这种参与还能改善心情和应对技巧(Rodgers & Chen, 2005),促进减肥(Kim et al., 2017),并增进赋能(Mo & Coulson, 2012)。事实上,参与在线支持小组与许多赋能体验相关联,例如,获取信息和建议,建立与健康职业人士互动的信心,促进与治疗相关的决策,提高应对挑战的能力,以及增进乐观和自尊(Holbrey & Coulson, 2013; vanUden-Kraan et al., 2008)。这些赋能体验与接收支持的过程有关,尤其是信息和情感支持(Barak et al., 2008)。一些研究进一步指出,参与对健康结果的影响与各种因素相关,例如,个体差异(如情感表达能力),社会比较和认同策略(如向下与向上),以及参与方式(如"潜水",即一个人只阅读而不发布讯息; Batenburg & Das, 2014, 2015; Han et al., 2014)。

以计算机为中介的支持研究数量相当可观,与面对面环境研究类似,也探索了人们于在线语境中接收和看重的各类支持(Rains et al., 2015)。在支持类型中,情感支持和信息支持是最常见的。例如,在减肥手术论坛上,通常会为患者提供情感支持,以鼓励他们遵守手术指南和减肥进程,并把他们的经验和观点合情合理化;患者还获得信息支持和建议,这些信息和建议为应对过程提供了实际数据和帮助(Atwood et al., 2018)。克罗恩病(Crohn's disease)或溃疡性结肠炎在线支持小组的成员经常收到情感支持,表现为关系支持、鼓励、同理心和理解,以及有关症状管理和治疗的信息支持(Britt, 2017)。用户还可以从在线支持社区获得类似的情感和信息支持——有关肠易激综合征(Coulson, 2005)、癌症(Donovan et al., 2014)和帕金森病(Attard & Coulson, 2012)等的健康状况。虽然尊重支持(如赞美、肯定)和网络支持(如陪伴、群组转介)频率相对较低,但也可以在线获得。出于在线环境的缘故,有形支持(例如,为回应一个需求而发布采取行动的帖子)最不常见(例如,Atwood et al., 2018; Britt, 2017)。

大量证据表明,接收以计算机为中介的不同类型的支持,有各种方式与广泛的健康结果相关联。例如,研究表明,在在线团体中接收情感支持,可以缓解受生育问题影响的个体的孤立感,并使情绪反应正常化(Malik & Coulson, 2008),减少因药物使用失序正处于康复状态的个体对非法药物的使用(Y. Liu et al., 2020),以及改善了乳腺癌女性的生活质量并减少了抑郁症(Moon et al., 2017)。乳腺癌在线群组通过宗教语言表达的情感支持,通过增进了的关联感,直接增加了乳腺癌女性应对和规划的积极性并间接强化了重构的正面性(McLaughlin et al., 2016)。一些研究进一步表明,在线接收情感支持,对健康结果的影响因提供者(比如,性别)和接收者特征而异(如,情感传播能力; Spottswood et al., 2013; Yoo et al., 2014)。

由于大学生增加了在线健康信息搜索行为,其获得的信息支持改善了健康饮食(McKinley & Wright, 2014)。信息支持还增加了对乳腺癌的了解,并减少了患者的焦虑(Attai et al., 2015)。参与者还报告说,在不孕症在线小组中获得的信息支持,使他们能够对自己的情况产生更强的控制感,并在决策和克服不孕症方面更加积极主动(Malik & Coulson, 2008)。然而,在线收到的信息支持或建议的质量差异很大,这对用户的医疗决策和健康结果具有重要影响(Robillard & Feng, 2017)。

社交网站让人们增强了社区意识,由此获得的尊重支持与生活满意度相关(Oh et al., 2014)。从在线健康社区中获得的尊重支持增强了个人对社区的归属感,这进一步促进了他们的"价值共创"行为(例如,参与社区公民活动——如共享信息和提供反馈; S. Liu et al., 2020)。来自在线社区的尊重支持也是赋能感强有力的预示器,这反过来又会增加患者与其医生积极传播的意愿(Oh & Lee, 2012)。在线自尊支持和网络支持也直接增加了接收者的体育锻炼活动和健康行为,并降低在线精神健康社区成员的自杀意念风险(Cavallo et al., 2014; DeChoudhury & Kiciman, 2017; Oeldorf-Hirsch et al., 2019)。

然而,接收在线支持或参与在线支持小组并非总是产生有益的结果(例如,Eysenbach et al., 2004; Utz & Breuer, 2017)。例如,冯·恩伯根(van Eenbergen et al., 2017)对文献做了一个系统述评,表明大多数情况下,参与在线癌症社区产生的影响并不显著,在某些情况下还会适得其反。许多研究已经确证,参与在线支持小组还会产生各种无力感体验,包括:阅读他人的负面经历,接收不准确的信息,感觉像一个局外人,过于痴迷于参与,以及群组成员之间的误解和分歧(Attard & Coulson, 2012; Holbrey & Coulson, 2013; Malik & Coulson, 2008)。马洛赫和赫瑟(Malloch & Hether, 2019)聚焦在线成瘾支持论坛,他们的研究发现,对于健康污名化程度较低的参与者而言,接收低质量的、以人为本的支持会让他们感到在线情感支持的可得性减弱,从而降低了他们的健康自我效能;研究还发现,对于健康污名化程度高的用户,如果接收的情感支持少于他们的期望(即情感支持不足),就会让他们感到支持的可得性减弱,从而降低他们的健康自我效能(Malloch & Hether, 2019)。这些发现共同指出了在线语境中的社交支持效益更多(或更少)的边界条件。

第3节 支持传播和健康研究的未来方向

如前所述,离线和在线环境中的支持传播,通常通过影响支持接收者的心理或行为回应,从而影响各种健康状况和问题的健康结果。此外,传播理论对支持质量颇有见地,支持质量对健康相关结果很重要。然而,未来的研究在理论和应用的提高上仍有多个重要面向。

一个必不可少的方向是对理论进行更多检验,这些理论已被开发用于解释支持传播的有效性的变化,但在健康问题及其结果方面尚未得到充分检验。除了人本理论(Jones & Bodie, 2014)、建议回应理论(MacGeorge, Guntzviller, et al., 2016)和最佳匹配或支持沟视角(Cutrona et al., 2007)之外,学者们还应该研究其他理论与健康问题及其结果的相关性——讯息有效性理论(例如,尊重支持讯息的认知情绪理论;Holmstrom & Burleson, 2011),讯息接收理论(Bodie & Burleson, 2008),支持互动理论(Burleson & GoldSmith, 1998; Feng, 2009),以及关系过程(关系动荡)理论。这样的检验不仅会提高原始理论的范围和有效性,而且还会为干预措施提供更详细的指导,从而为经历健康压力源的人们传送高质量的支持。

还需要关注的研究是:提供者视角;在确定支持传播产生健康相关结果时,寻求支持的行为所起的作用。不幸的是,即使是善意的支持提供者有时也会提供低质量的情感支持,例如这种支持:对女性担心的健康后果不以为然(Meyer, 2016; Rubinsky et al., 2020)。为了干预并减少低质量支持的负面影响,至关重要的一点是:了解提供者提供有效支持的能力和动机之间的相互作用(Ray et al., 2019)。与提供支持相比,更加关注寻求支持的传播尚未被充分研究,这其实是有价值的课题(MacGeorge et al., 2011)。特别是有迹象表明,寻求支持的行为会影响提供给健康状况被污名化群体的支持质量(Steuber & High, 2015;另见本书第6章)。未来的研究还需要扩展关注点——从关注寻求者-帮助者之间的传播,延伸到解释大众个人传播的动态(在大众个人传播中,在线支持寻求者可能与多个支持提供者进行互动,并且提供者之间可能会进行互动)(MacGeorge, Feng et al., 2016)。

需要更多的研究着眼于在线环境,把与以计算机为中介的传播相关的可供性——尤其是那些超越特定技术的可供性——与健康结果联系起来。未来的研究也将受益于调查与情态相关(modality-related)的因素如何与讯息特征、关系动态以及其他语境因素相互作用,从而形成以计算机为中介的支持结果。然而,我们也同意一些学者的观点,他们呼吁对社交支持采取生态方法,这样对在线支持效果的调查就不会与线下资源分开进行,而是与线下资源相结合(Pan et al., 2019; Rains & Wright, 2016)。事实上,对于那些获得大量线下支持的人来说,在线平台是一种相对多余的社交支持来源(Cole et al., 2017)。因此,采用生态方法将有助于我们更好地理解:对于我们的观察结果,线上和线下资源如何以及为何各自都有助益。这种路径还可以检查给予支持和接收支持之间的关系,例如,在线提供支持行使接收离线支持的功能。具体到信息支持和建议,一种生态路径还会促进这种调查:来自不同在线和离线来源的多种甚至相互冲突的讯息,如何对个人健康决策产生影响(Sellnow et al., 2008)。

最后,如前所述,关于支持传播的研究主要集中在将社交支持与健康联系起来的心理和行为途径上。目前,知之甚少的是接收或施予的支持产生的生物或生理影响。然而,有趣的证据表明,互动中情感支持的质量会影响对压力经历的生理修复(Priem, 2020; Priem & Solomon, 2015)。聚焦于此的研究最终可能有助于阐明接收支持和施予支持对健康结果的长期影响。

参考文献

Arora, N. K., Finney Rutten, L. J., Gustafson, D. H., Moser, R., & Hawkins, R. P. (2007). Perceived helpfulness and impact of social support provided by family, friends, and health care providers to women newly diagnosed with breast cancer. *Psycho-Oncology*, *16*(5), 474-486.

Attai, D. J., Cowher, M. S., Al-Hamadani, M., Schoger, J. M., Staley, A. C., & Landercasper, J. (2015). Twitter social media is an effective tool for breast cancer patient education and support: Patient-reported outcomes by survey. *Journal of Medical Internet Research*, *17*(7), e188.

Attard, A., & Coulson, N. S. (2012). A thematic analysis of patient communication in Parkinson's disease online support group discussion forums. *Computers in Human Behavior*, *28*(2), 500-506.

Atwood, M. E., Friedman, A., Meisner, B. A., & Cassin, S. E. (2018). The exchange of social support on online bariatric surgery discussion forums: A mixed-methods content analysis. *Health Communication*, *33*(5), 628-635.

Barak, A., Boniel-Nissim, M., & Suler, J. (2008). Fostering empowerment in online support groups. *Computers in Human Behavior*, *24*(5), 1867-1883.

Barnes, M. K., & Duck, S. (1994). Everyday communicative contexts for social support. In B. R. Burleson, T. L. Albrecht, & I. G. Sarason (Eds.), *Communication of social support: Messages, interactions, relationships, and community* (pp. 175-194). Sage.

Batenburg, A., & Das, E. (2014). Emotional coping differences among breast cancer patients from an online support group: A cross-sectional study. *Journal of Medical Internet Research*, *16*(2), e28.

Batenburg, A., & Das, E. (2015). Virtual support communities and psychological well-being: The role of optimistic and pessimistic social comparison strategies. *Journal of Computer-Mediated Communication*, *20*(6), 585-600.

Belanger, N. M., & Patrick, J. H. (2018). The influence of source and type of support on college students' physical activity behavior. *Journal of Physical Activity and Health*, *15*(3), 183-190.

Bennich, B. B., Røder, M. E., Overgaard, D., Egerod, I., Munch, L., Knop, F. K., Vilsbøll, T., & Konradsen, H. (2017). Supportive and non-supportive interactions in families with a type 2 diabetes patient: An integrative review. *Diabetology & Metabolic Syndrome*, *9*(1), 57.

Bodie, G. D., & Burleson, B. R. (2008). Explaining variations in the effects of supportive messages: A dualprocess framework. In C. Beck (Ed.), *Communication yearbook 32* (pp. 354-398). Routledge.

Britt, R. K. (2017). Online social support for participants of Crohn's and ulcerative colitis groups. *Health Communication*, *32*(12), 1529-1538.

Brown, N. R., & Shorter, S. R. (2020). A qualitative investigation of peer advice in the context of diabetes management. *Journal of Communication in Healthcare*, *13*(2), 169-176.

Burleson, B. R. (2003). Emotional support skills. In J. O. Greene & B. R. Burleson (Eds.), *Handbook of communication and social interaction skills* (pp. 551-594). Erlbaum.

Burleson, B. R., & Goldsmith, D. J. (1998). How the comforting process works: Alleviating emotional distress through conversationally induced reappraisals. In P. A. Andersen & L. K. Guerrero (Eds.), *Handbook of communication and emotion: Research, theory, applications, and contexts* (pp. 245-280). Academic Press.

Burleson, B. R., & MacGeorge, E. L. (2002). Supportive communication. In M. L. Knapp & J. A. Daly (Eds.), *Handbook of interpersonal communication* (3rd ed., pp. 374-424). Sage.

Carlson, C. L. (2014). Seeking self-sufficiency: Why emerging adult college students receive and implement parental advice. *Emerging Adulthood*, *2*(4), 257-269.

Carlson, C. L. (2016). Predicting emerging adult college students' implementation of parental advice: Source, situation, relationship, and message characteristics. *Western Journal of Communication*, *80*(3), 304-326.

Cassel, J. (1976). The contribution of the social environment to host resistance. *American Journal of Epidemiology*, *104*(2), 107-123.

Cavallo, D. N., Brown, J. D., Tate, D. F., DeVellis, R. F., Zimmer, C., & Ammerman, A. S. (2014). The role of companionship, esteem, and informational support in explaining physical activity among young women in an online social network intervention. *Journal of Behavioral Medicine*, *37*(5), 955-966.

Cobb, S. (1976). Social support as a moderator of life stress. *Psychosomatic Medicine*, *38*(5), 300-314.

Cohen, S., & Wills, T. A. (1985). Stress, social support, and the buffering hypothesis. *Psychological Bulletin*, *98*(2), 310-357.

Cole, D. A., Nick, E. A., Zelkowitz, R. L., Roeder, K. M., & Spinelli, T. (2017). Online social support for young people: Does it recapitulate in-person social support; can it help? *Computers in Human Behavior*, *68*, 456-464.

Cook, C. L., Canidate, S., Ennis, N., & Cook, R. L. (2018). Types and delivery of emotional support to promote linkage and engagement in HIV care. *Patient Preference and Adherence*, *12*, 45-52.

Coulson, N. S. (2005). Receiving social support online: An analysis of a computer-mediated support group for individuals living with irritable bowel syndrome. *CyberPsychology and Behavior*, *8*(6), 580-584.

Crowley, J. L., High, A. C., & Thomas, L. J. (2019). Desired, expected, and received support: How support gaps impact affect improvement and perceived stigma in the context of unintended pregnancy. *Health Communication*, *34*(12), 1441-1453.

Cutrona, C. E., & Russell, D. W. (1990). Types of social support and specific stress: Toward a theory of optimal matching. In B. R. Sarason, I. G. Sarason, & G. R. Pierce (Eds.), *Social support: An interactional view* (pp. 319-366). Wiley.

Cutrona, C. E., Shaffer, P. A., Wesner, K. A., & Gardner, K. A. (2007). Optimally matching support and perceived spousal sensitivity. *Journal of Family Psychology*, *21*(4), 754-758.

DeAndrea, D. C. (2015). Testing the proclaimed affordances of online support groups in a nationally representative sample of adults seeking mental health assistance. *Journal of Health Communication*, *20*(2), 147-156.

De Choudhury, M., & Kiciman, E. (2017). The language of social support in social media and its effect on suicidal ideation risk. *Proceedings of the International AAAI Conference on Weblogs and Social Media. International AAAI Conference on Weblogs and Social Media*, *2017*, 32-41.

Donovan, E. E., LeFebvre, L., Tardif, S., Brown, L. E., & Love, B. (2014). Patterns of social support communicated in response to expressions of uncertainty in an online community of young adults with cancer. *Journal of Applied Communication Research*, *42*(4), 432-455.

Eysenbach, G., Powell, J., Englesakis, M., Rizo, C., & Stern, A. (2004). Health related virtual communities and electronic support groups: Systematic review of the effects of online peer to peer interactions. *BMJ*, *328*, 1166.

Feng, B. (2009). Testing an integrated model of advice-giving in supportive interactions. *Human Communication Research*, *35*(1), 115-129.

Feng, B., & MacGeorge, E. L. (2010). The influences of message and source factors on advice outcomes. *Communication Research*, *37*(4), 576-598.

Fink, E. L., High, A. C., & Smith, R. A. (2015). Compliance dynamics within a friendship network II: Structural positions used to garner social support. *Human Communication Research*, *41*(1), 21-54.

Fisher, C. L. (2010). Coping with breast cancer across adulthood: Emotional support communication in the mother—daughter bond. *Journal of Applied Communication Research*, *38*(4), 386-411.

Fox, S., & Purcell, K. (2010). *Social media and health*. https://www.pewresearch.org/internet/2010/03/24/social-media-and-health/#fn-455-35.

Gilmour, J., Machin, T., Brownlow, C., & Jeffries, C. (2020). Facebook-based social support and health: A systematic review. *Psychology of Popular Media*, *9*(3), 328-346.

Goldsmith, D. J., Bute, J. J., & Lindholm, K. A. (2012). Patient and partner strategies for talking about lifestyle change following a cardiac event. *Journal of Applied Communication Research*, *40*(1), 65-86.

Goldsmith, D. J., & Miller, G. A. (2015). Should I tell you how I feel? A mixed method analysis of couples' talk about cancer. *Journal of Applied Communication Research*, 43(3), 273-293.

Goldsmith, L. J., Suryaprakash, N., Randall, E., Shum, J., MacDonald, V., Sawatzky, R., Hejazi, S., Davis, J. C., McAllister, P., & Bryan, S. (2017). The importance of informational, clinical and personal support in patient experience with total knee replacement: A qualitative investigation. *BMC Musculoskeletal Disorders*, 18(1), 127.

Graven, L. J., & Grant, J. S. (2014). Social support and self-care behaviors in individuals with heart failure: An integrative review. *International Journal of Nursing Studies*, 51(2), 320-333.

Gray, J. B. (2014). Social support communication in unplanned pregnancy: Support types, messages, sources, and timing. *Journal of Health Communication*, 19(10), 1196-1211.

Guntzviller, L. M., Ratcliff, C. L., Dorsch, T. E., & Osai, K. V. (2017). How do emerging adults respond to exercise advice from parents? A test of advice response theory. *Journal of Social and Personal Relationships*, 34(6), 936-960.

Han, J. Y., Hou, J., Kim, E., & Gustafson, D. H. (2014). Lurking as an active participation process: A longitudinal investigation of engagement with an online cancer support group. *Health Communication*, 29(9), 911-923.

High, A. C., & Dillard, J. P. (2012). A review and meta-analysis of person-centered messages and social support outcomes. *Communication Studies*, 63(1), 99-118.

Holbrey, S., & Coulson, N. S. (2013). A qualitative investigation of the impact of peer to peer online support for women living with polycystic ovary syndrome. *BMC Women's Health*, 13(1), 51.

Holmstrom, A. J., Bodie, G. D., Burleson, B. R., McCullough, J. D., Rack, J. J., Hanasono, L. K., & Rosier, J. G. (2015). Testing a dual-process theory of supportive communication outcomes: How multiple factors influence outcomes in support situations. *Communication Research*, 42(4), 526-546.

Holmstrom, A. J., & Burleson, B. R. (2011). An initial test of a cognitive-emotional theory of esteem support messages. *Communication Research*, 38(3), 326-355.

Hong, Y., Peña-Purcell, N. C., & Ory, M. G. (2012). Outcomes of online support and resources for cancer survivors: A systematic literature review. *Patient Education and Counseling*, 86(3), 288-296.

Joinson, A. N. (2001). Self-disclosure in computer-mediated communication: The role of self-awareness and visual anonymity. *European Journal of Social Psychology*, 31(2), 177-192.

Jones, S. M., & Bodie, G. D. (2014). Supportive communication. In C. R. Berger (Ed.), *Interpersonal communication* (pp. 371-394). Walter de Gruyter.

Kim, H., Ray, C. D., & Veluscek, A. M. (2017). Complementary support from facilitators and peers for promoting mHealth engagement and weight loss. *Journal of Health Communication*, 22(11), 905-912.

Liu, S., Xiao, W., Fang, C., Zhang, X., & Lin, J. (2020). Social support, belongingness, and value co-creation behaviors in online health communities. *Telematics and Informatics*, 50, 101398.

Liu, Y., Kornfield, R., Shaw, B. R., Shah, D. V., McTavish, F., & Gustafson, D. H. (2020). Giving and receiving social support in online substance use disorder forums: How self-efficacy moderates effects on relapse. *Patient Education and Counseling*, 103(6), 1125-1133.

MacGeorge, E. L., Feng, B., & Burleson, B. R. (2011). Supportive communication. In M. L. Knapp & J. A. Daly (Eds.), *Handbook of interpersonal communication* (4th ed., pp. 317-354). Sage.

MacGeorge, E. L., Feng, B., & Guntzviller, L. M. (2016). Advice: Expanding the communication paradigm. *Annals of the International Communication Association*, 40(1), 213-243.

MacGeorge, E. L., Guntzviller, L. M., Hanasono, L. K., & Feng, B. (2016). Testing advice response theory in interactions with friends.

Communication Research, 43(2), 211-231.

Malik, S. H., & Coulson, N. S. (2008). Computer-mediated infertility support groups: An exploratory study of online experiences. *Patient Education and Counseling*, 73(1), 105-113.

Malloch, Y. Z., & Hether, H. J. (2019). The dark side of addiction support forums: Impacts of poor quality and insufficient emotional support on perceived support availability and health efficacy. *Journal of Health Communication*, 24(4), 432-441.

McKinley, C. J., & Wright, P. J. (2014). Informational social support and online health information seeking: Examining the association between factors contributing to healthy eating behavior. *Computers in Human Behavior*, 37, 107-116.

McLaughlin, B., Yang, J., Yoo, W., Shaw, B., Kim, S. Y., Shah, D., & Gustafson, D. (2016). The effects of expressing religious support online for breast cancer patients. *Health Communication*, 31(6), 762-771.

Merluzzi, T. V., Philip, E. J., Yang, M., & Heitzmann, C. A. (2016). Matching of received social support with need for support in adjusting to cancer and cancer survivorship. *Psycho-Oncology*, 25(6), 684-690.

Meyer, M. D. (2016). The paradox of time post-pregnancy loss: Three things not to say when communicating social support. *Health Communication*, 31(11), 1426-1429.

Mo, P. K., & Coulson, N. S. (2012). Developing a model for online support group use, empowering processes and psychosocial outcomes for individuals living with HIV/AIDS. *Psychology and Health*, 27(4), 445-459.

Moon, T.-J., Chih, M.-Y., Shah, D. V., Yoo, W., & Gustafson, D. H. (2017). Breast cancer survivors' contribution to psychosocial adjustment of newly diagnosed breast cancer patients in a computer-mediated social support group. *Journalism & Mass Communication Quarterly*, 94(2), 486-514.

Moss, G. E. (1973). *Illness, immunity, and social interaction*. Wiley.

Oeldorf-Hirsch, A., High, A. C., & Christensen, J. L. (2019). Count your calories and share them: Health benefits of sharing mHealth information on social networking sites. *Health Communication*, 34(10), 1130-1140.

Oh, H. J., & Lee, B. (2012). The effect of computer-mediated social support in online communities on patient empowerment and doctor—patient communication. *Health Communication*, 27(1), 30-41.

Oh, H. J., Ozkaya, E., & LaRose, R. (2014). How does online social networking enhance life satisfaction? The relationships among online supportive interaction, affect, perceived social support, sense of community, and life satisfaction. *Computers in Human Behavior*, 30, 69-78.

Pan, W., Feng, B., & Li, S. (2019). Online support groups dedicated to specific health problems. In N. Egbert & K. B. Wright (Eds.), *Social support and health in the digital age* (pp. 109-127). Lexington Books.

Peterson, J. L., Rintamaki, L. S., Brashers, D. E., Goldsmith, D. J., & Neidig, J. L. (2012). The forms and functions of peer social support for people living with HIV. *Journal of the Association of Nurses in AIDS Care*, 23(4), 294-305.

Priem, J. S. (2020). Emotional support processes and physiology. In L. Aloia, A. Denes, & J. P. Crowley (Eds.), *The Oxford handbook of the physiology of interpersonal communication* (pp. 172-190). Oxford.

Priem, J. S., & Solomon, D. H. (2015). Emotional support and physiological stress recovery: The role of support matching, adequacy, and invisibility. *Communication Monographs*, 82(1), 88-112.

Rains, S. A., Peterson, E. B., & Wright, K. B. (2015). Communicating social support in computer-mediated contexts: A meta-analytic review of content analyses examining support messages shared online among individuals coping with illness. *Communication Monographs*, 82(4), 403-430.

Rains, S. A., & Wright, K. B. (2016). Social support and computer-mediated communication: A state-of-the-art review and agenda for future research. *Annals of the International Communication Association*, 40(1), 175-211.

Rains, S. A., & Young, V. (2009). A meta-analysis of research on formal computer-mediated support groups: Examining group characteristics and health outcomes. *Human Communication Research*, 35(3), 309-336.

Ray, C. D., Floyd, K., Tietsort, C. J., Veluscek, A. M., Otmar, C. D., Hashi, E. C., & Fisher, R. (2020). Mixed messages: I. The consequences of communicating negative statements within emotional support messages to cancer patients. *Journal of Patient Experience*, 7(4), 593-599.

Ray, C. D., Manusov, V., & McLaren, R. M. (2019). "Emotional support won't cure cancer": Reasons people give for not providing emotional support. *Western Journal of Communication*, 83(1), 20-38.

Ray, C. D., & Veluscek, A. M. (2018). Nonsupport versus varying levels of person-centered emotional support: A study of women with breast cancer. *Journal of Cancer Education*, 33(3), 649-652.

Reicher, S. D., Spears, R., & Postmes, T. (1995). A social identity model of deindividuation phenomena. *European Review of Social Psychology*, 6(1), 161-198.

Robillard, J. M., & Feng, T. L. (2017). Health advice in a digital world: Quality and content of online information about the prevention of Alzheimer's disease. *Journal of Alzheimer's Disease*, 55(1), 219-229.

Robinson, J. D., Turner, J. W., Tian, Y., Neustadtl, A., Mun, S. K., & Levine, B. (2019). The relationship between emotional and esteem social support messages and health. *Health Communication*, 34(2), 220-226.

Rodgers, S., & Chen, Q. (2005). Internet community group participation: Psychosocial benefits for women with breast cancer. *Journal of Computer-Mediated Communication*, 10(4), JCMC1047.

Rubinsky, V., Gunning, J. N., & Cooke-Jackson, A. (2020). "I thought I was dying:" (Un)supportive communication surrounding early menstruation experiences. *Health Communication*, 35(2), 242-252.

Samter, W., & MacGeorge, E. L. (2017). Coding comforting behavior for verbal person centeredness. In A. Van Lear & D. Canary (Eds.), *Researching interactive communication behavior: A sourcebook of methods and measures* (pp. 107-128). Sage.

Schroevers, M. J., Helgeson, V. S., Sanderman, R., & Ranchor, A. V. (2010). Type of social support matters for prediction of posttraumatic growth among cancer survivors. *Psycho-Oncology*, 19(1), 46-53.

Sellnow, T. L., Ulmer, R. R., Seeger, M. W., & Littlefield, R. (2008). *Effective risk communication: A messagecentered approach*. Springer Science & Business Media.

Shebib, S. J., Holmstrom, A. J., Mason, A. J., Mazur, A. P., Zhang, L., & Allard, A. (2020). Sex and gender differences in esteem support: Examining main and interaction effects. *Communication Studies*, 71(1), 167-186.

Spottswood, E. L., Walther, J. B., Holmstrom, A. J., & Ellison, N. B. (2013). Person-centered emotional support and gender attributions in computer-mediated communication. *Human Communication Research*, 39(3), 295-316.

Steuber, K. R., & High, A. (2015). Disclosure strategies, social support, and quality of life in infertile women. *Human Reproduction*, 30(7), 1635-1642.

Tanis, M. (2008). What makes the internet a place to seek social support? In E. A. Konijn, S. Utz, M. Tanis, & S. B. Barnes (Eds.), *Mediated interpersonal communication* (pp. 290-308). Routledge Taylor & Francis Group.

Taylor, S. E. (2011). Social support: A review. In H. S. Friedman (Ed.), *The Oxford handbook of health psychology* (pp. 198-214). Oxford University Press.

Thong, M. S., Kaptein, A. A., Krediet, R. T., Boeschoten, E. W., & Dekker, F. W. (2007). Social support predicts survival in dialysis patients. *Nephrology, Dialysis, and Transplant*, 22(3), 845-850.

Turner, J. W., Grube, J. A., & Meyers, J. (2006). Developing an optimal match within online communities: An exploration of CMC support communities and traditional support. *Journal of Communication*, 51(2), 231-251.

Uchino, B. N., Bowen, K., de Grey, R. K., Mikel, J., & Fisher, E. B. (2018). Social support and physical health: Models, mechanisms, and opportunities. In E. B. Fisher, L. D. Cameron, A. J. Christensen, U. Ehlert, Y. Guo, B. Oldenburg, & F. J. Snoek

(Eds.), *Principles and concepts of behavioral medicine* (pp. 341-372). Springer.

Uchino, B. N., Cronan, S., Scott, E., Landvatter, J., & Papadakis, M. (2020). Social support and stress, depression, and cardiovascular disease. In P. D. Chantler & K. T. Larkin (Eds.), *Cardiovascular implications of stress and depression* (pp. 211-223). Elsevier.

Utz, S., & Breuer, J. (2017). The relationship between use of social network sites, online social support, and well-being: Results from a six-wave longitudinal study. *Journal of Media Psychology*, 29(3), 115-125.

van Eenbergen, M. C., van de Poll-Franse, L. V., Heine, P., & Mols, F. (2017). The impact of participation in online cancer communities on patient reported outcomes: Systematic review. *JMIR Cancer*, 3(2), e15.

van Uden-Kraan, C. F., Drossaert, C. H., Taal, E., Shaw, B. R., Seydel, E. R., & van de Laar, M. A. (2008). Empowering processes and outcomes of participation in online support groups for patients with breast cancer, arthritis, or fibromyalgia. *Qualitative Health Research*, 18(3), 405-417.

Walther, J. B. (1996). Computer-mediated communication: Impersonal, interpersonal, and hyperpersonal interaction. *Communication Research*, 23(1), 3-43.

Walther, J. B., & Boyd, S. (2002). Attraction to computer-mediated social support. In C. A. Lin & D. J. Atkin (Eds.), *Communication technology and society: Audience adoption and uses* (pp. 153-188). Hampton Press.

Wills, T. A. (1991). Social support and interpersonal relationships. In M. S. Clark (Ed.), *Prosocial behavior* (pp. 265-289). Sage.

Wright, K. B. (2016). Communication in health-related online social support groups/communities: A review of research on predictors of participation, applications of social support theory, and health outcomes. *Review of Communication Research*, 4, 65-87.

Wright, K. B., & Bell, S. B. (2003). Health-related support groups on the internet: Linking empirical findings to social support and computer-mediated communication theory. *Journal of Health Psychology*, 8(1), 39-54.

Wright, K. B., & Miller, C. H. (2010). A measure of weak-tie/strong-tie support network preference. *Communication Monographs*, 77(4), 500-517.

Yoo, W., Namkoong, K., Choi, M., Shah, D. V., Tsang, S., Hong, Y., Aguilar, M., & Gustafson, D. H. (2014). Giving and receiving emotional support online: Communication competence as a moderator of psychosocial benefits for women with breast cancer. *Computing and Human Behavior*, 30, 13-22.

第 11 章
关于健康和疾病的日常人际传播

凯瑟琳·J. 海德(Katharine J. Head)　詹妮弗·J. 布特(Jennifer J. Bute)
凯瑟琳·E. 雷德利-梅里韦瑟(Katherine E. Ridley-Merriweather)

人们从哪里了解健康和疾病?个人怎么知道如何解释来自身体的迹象,比如体温升高是某种不正常的迹象吗?是什么促使他们寻求帮助或与健康护理提供者预约?也许,与本章读者最密切相关的是:人们如何与生命中的他人交流这些事情?

皮尤研究中心(Pew Research Center)的苏珊娜·福克斯(Susannah Fox,2011)在反思人与人之间的相互联系以及他们如何管理自己的健康时指出:"点对点健康护理承认患者和护理者都懂行——懂自己,懂彼此,懂治疗方法——并想要分享各自所知来帮助他人。"(第 15 段)换句话说,非专业人士拥有专业知识,他们在其社交网络中传播这些专业知识,并且依靠这些专业知识来管理日常健康和慢性病症。人们每天参与的有关健康和疾病的人际传播,是我们了解和管理健康和疾病的一个重要且常见的基础性渠道。在本章中,我们将广泛探讨就健康和疾病进行的日常人际传播(以下称为日常人际传播)如何在人们生活中发挥作用(包括在亲密社交网络中的谈论),如何能够影响个人的健康行为和决定,以及这些传播行为如何能够成为一种传播劳动形式。

第 1 节　日常人际健康传播中涉及的人、主题和渠道

想想你上次与生活中的人讨论一个健康话题是什么时候。与你交谈的人是谁?你们谈到了哪些健康话题?这是你第一次还是第四十次讨论这个话题?在你的日常生活中,可能不难看到人们谈论健康的情形——这种谈论应该是大量的。在本节中,我们将讨论有关健康和幸福的日常人际传播,包括与个体交谈的人,个体所谈论的主题,以及他们分享这些信息的渠道。

一、我们在与谁传播互动?

1. 家庭

家庭成员之间进行重要的日常人际传播,会对家庭成员产生巨大的、终生的影响,即对其健康行为、人身安全以及身心健康前景的影响(Bylund & Duck,2004)。随着孩子的成长,让他们参与有关自己健康的决策对话,会影响他们在青少年后期做出良好行为决定的能力(Boone,2015),这可能会增加他们避免危险行为的可能性。此外,随着家庭圈子范围的扩大,日常健

康谈话产生的潜在影响力和效益也在增加,即便是随意的谈话。例如,卡普兰等人(Kaplan et al., 2006)研究了代际传播,他们发现,当孩子、父母和祖父母谈论健康饮食时,每个群体都从彼此那里学到了有关健康饮食习惯的知识。家庭关系的持续性除了对学习健康知识和维持健康有影响之外,还意味着家庭成员能够通过他们的日常人际传播展开健康社交支持(Yang & Wendorf, 2017)。

聚焦于家庭日常人际传播的文献经常强调婚姻关系。例如,对已婚人士日常人际传播的研究表明,这种传播会以重要的方式影响他们的精神和情感健康。每个伴侣各自谈他们对关系的看法,这可能会影响婚姻伴侣的感受和关系认知(Robles et al., 2013)。例如,一位妻子可能会表示,当夫妻俩共度时光时,她会感到被珍视,这可能会让其配偶明白优质时间的重要性。当人们进入亲密关系(如婚姻)时,他们有时会共同向其他人(如朋友、其他家庭成员和关系咨询师)讲述他们的共同压力以及面临挑战的故事(Koenig et al., 2010)。这种共同讲述的故事与这对夫妇的精神健康有关——无论是各自的健康还是作为一对的健康,并且是一个重要的叙事对话,对他们的健康和他们的关系都至关重要(Hughes et al., 2005; Koenig Kellas et al., 2010)。

2. 亲近的社交网络

社交网络的功能类似于家庭,因为它们由共享亲近关系的人组成。例如,老年女性经常讨论健康和衰老,她们反对将衰老标记为生物和社会衰退状态这样的话语。鲍尔森和威利格(Paulson & Willig, 2008)发现,这些女性日常的人际传播对话,帮助她们制定个人的实用策略来管理她们日益老化的身体。例如,她们谈论规划当天的活动,而不是在镜子前盯着老化的身体,或者为了舒适和方便,选择长裤而不是短裤,因为随着年龄的增长,她们更容易受寒(Paulson & Willig, 2008)。当她们确实遇到健康挑战时,年长女性愿意与有类似情况的人分享(Roberto & McCann, 2011)。例如,琼斯等人(Jones et al., 2018)发现,患有高血压的黑人女性想要帮助其他有同样情况的人,其结果就是通过社交网络及其传播建立起联系,从而使彼此受益。她们成为点对点信息共享的大力支持者,感到似乎最为成功的时刻是与"说同一种语言"的人分享信息(Jones et al., 2018)。

3. 种族和族裔

由种族和/或少数族裔群体成员组成的美国家庭的日常人际传播实践,通常植根于其不同的文化背景。文化差异可能是导致家庭内部具有独特传播方式的原因(Xu et al., 2017)。例如,一些文化不鼓励谈论家族健康史、病痛或疾病。在某些文化中,个人对话必须是间接而不是直接进行,尤其是涉及老一代时(Xu et al., 2017)。

许多人在维护隐私与共享个人信息方面小心翼翼,尽管这具有文化恰当性,但并非是所有群体都遵循的规范。例如,菲律宾家庭在与朋友分享信息方面,通常相当开放,或许部分原因是集体主义文化使然(Abad et al., 2017)。对菲律宾家庭来说,这种开放感可能意味着在某些日常人际传播情形下——例如,必须共享遗传信息时——其压力水平较低(Abad et al., 2017)。那些决定帮忙解决黑人器官捐赠者严重短缺问题的美国黑人家庭,在其讨论中表现出同样的开放性。摩根(Morgan, 2004)发现,黑人家庭在鼓励强化家庭传播方面很成功,这有助于指导捐赠决定,从而挽救像他们一样的人的生命。

在考察许多种族/族裔家庭中父母和青少年进行健康日常人际传播时,文化因素的作用颇为重要,因为在养育实践和价值观方面可能存在显著差异(Chao & Tseng, 2002)。例如,大多数具有非白人背景的家庭比白人家庭更重视尊重和服从,而白人家庭往往更重视个人独立(Boone, 2015)。出现这种情况的一个主要原因是,基于对系统性种族主义固有危险的考量——系统性种族主义使黑色和棕色人种在公共场所中受伤害的风险不断增长——美国有色人种家庭希望确保孩子的人身安全并受到"管束"。

二、哪些主题得以讨论?

人们想要讨论的日常人际传播主题不仅与疾病有关,而且与广泛的健康责任、愿望和目标有关(Young et al., 2001)。许多对话都是关于疾病的预防和管理的。在琼斯等人(Jones et al., 2018)考察患有高血压的黑人女性的研究中,他们发现女性通过分享饮食和锻炼技巧以相互支持,也会谈论有助于管理自身状况以保持健康的策略。

现如今,已成为高科技、高预算的饮食和运动,正式成为人际传播日常健康对话的热门话题(Zhu et al., 2017)。苹果手表和Fitbit①等可穿戴设备以及与之相连的社交媒介网站,无处不在。这些设备是健康社区得以建立的枢纽,是朋友、同事和家人可以相互督促、相互促进以及进行友好竞争的大本营(Epstein et al., 2015)。除了减肥和其他身体效益之外,日常人际传播有关健康饮食和锻炼的谈话还与心理/情绪健康、压力和健康行为——日常人际传播中关于健康的其他主要话题——正相关。徐和马萨加尼斯(Seo & Matsaganis, 2013)假设,人际传播与促进健康的行为直接相关。例如,由媒体(电视、印刷物、互联网)激发的一个健康行为展示,如果朋友之间也予以讨论,因为产生信息强化效果,则更有可能付诸行动(Seo & Matsaganis, 2013)。

除了一般的健身和饮食,人们还在日常人际传播中关注各种其他健康主题。米勒-戴和多德(Miller-Day & Dodd, 2004)进行了一项研究,考察了关于冒险行为(药物、酒精等)的非正式、持续人际传播对话,以及对话如何把话题正常化,如何使对话更轻松(Miller-Day & Dodd, 2004)。此外,现在许多关于健康的人际传播日常对话包含了交流基因检测结果并交流其含义,至少有部分原因是科学家于2003年4月成功完成了人类基因组图谱,参与基因检测的人就相应地增加了(Phillips et al., 2018)。携带1号或2号乳腺癌易感(BRCA1/2②)基因突变的女性,在面对将阳性检测结果传达给兄弟姐妹时会感到非常痛苦,她们会谨慎地选择告诉谁以及何时告诉(Daly et al., 2016)。在儿童患有先天性肾上腺增生症(CAH)的菲律宾家庭中,研究发现,母亲是获取信息的主要渠道。她首先将诊断结果告知丈夫,随后告知自己的母亲,然后确定何时告知其他家庭成员(Abad et al., 2017)。公开与否是很多人在处理基因诊断时的一个重要问题;大多数人报告说,快速披露遗传信息最强烈的动机是挽救某人的生命(Vavolizza et al., 2015)。

三、社会如何共享健康信息?

人们会选择用于进行有关健康的日常人际传播对话的渠道和情态,因为渠道和情态满足了人们对身体或情感舒适、便利或达成目标的特定需求。有时人们会仔细选择渠道和情态,就像患有高血压的黑人女性一样,她们强烈感觉到必须在面对面的环境中进行分享(Jones et al., 2018)。有点令人惊讶的是,大学生也表达了与同龄人面对面谈论健康的愿望(Baxter et al., 2008)。但是,对于某些人来说,在某些时期(如在新冠病毒大流行期间),在线传播可能是首选甚至是强制性的。在线健康讨论和信息共享小组很受欢迎,尤其是当参与者保持开放并愿意与他人交流知识时。这一点被一项研究证实——研究对象是就饮食失调正在寻求帮助和支持的年轻人(Kendal et al., 2015)。在线社交分享还允许人们建立友谊网络来讨论和比较健身数据(Zhu et al., 2017),并获得如下方面的支持:帮助控制行为,管理疾病,以及调整身心健康目标(Chung et al., 2017)。

讲故事虽然被描述为一种方法而不是一种渠道,但它仍然是日常人际传播健康谈话的重要渠道。就像口耳相传一样,讲故事发生在所有场所,但叙事在提供舒适和清晰度方面特别有效。已婚夫妇的应对技巧受益于协作讲故事,这通过提供讲述(并因此减轻)压力的机会对意义建构产生了积极影响(Koenig Kellas et al., 2010)。此外,威尔金等人(Wilkin et al., 2015)发现,通过社区讲故事网络让社区成员参与到改善其健康的活动中,有助于社区成员改变饮食习惯以及减少肥胖症的患病率。尤其是在美洲原住民文化中,人们在日常人际传播中讲故事的历史非常悠久。美洲原住民女性的谈话圈——她们聚集在圈里一起分享信息,并通过健康故事彼此支持——证明了这一点(Cesario, 2001)。在美洲原住民部落中,讲故事被用来重塑人们对疾病的看法。例如,美洲原住民糖尿病项目将故事作为该项目的统一主题整合了进去(Carter et al., 1999)。

家庭内部和亲近社交网络中有关健康的日常人际传播对话频繁且持久,这有多种原因。在下一节中,我们将考察一些理论模型,这些模型阐明了健康日常人际传播动机,以及在参与健康日常人际传播时,人们彼此影响的运行机制是什么。

---

① Fitbit:全名Fitbit, Inc.,是美国消费电子产品和健身公司,总部位于加州旧金山,主要产品包括活动追踪器、智能手表和无线可穿戴式智能产品等。根据国际数据信息(IDC)在2020年3月10日发表的报告,截至2019年,Fitbit是出货量第五大的可穿戴公司。——译者注
② BRCA1/2,是乳腺癌易感(breast cancer susceptibility) 1号或2号的简称。——译者注

第 2 节　人际传播对健康行为和决策的影响

除了人们生活中发生的自然日常对话之外,传播学、心理学、公共健康以及医学领域的学者早就认识到,日常人际传播能够积极影响健康行为和健康决策。在本节中,我们呈现了来自已有理论模型的三个重要观点——创新扩散(diffusion of innovation,DOI)模型、健康信念模型(the health belief model,HBM),以及最近研发的医疗就诊生态模型(the ecological model of medical encounters),它们突出了日常人际传播的作用。

一、意见领袖的角色和作用

1846 年,匈牙利妇产科医师伊格纳兹·塞麦尔维斯(Ignaz Semmelweis)意识到,在接生前护士洗手可以减少产妇的感染率和死亡率。几十年后,传奇护士弗洛伦斯·南丁格尔(Florence Nightingale)采用了手部消毒流程,得到细菌理论研究者路易斯·巴斯德(Louis Pasteur)和约瑟夫·李斯特(Joseph Lister)的支持,此后,洗手成为一项重要的卫生实践,不仅在医学界,而且成为普通人的日常生活卫生实践的一部分。今天,世界各地的父母每天都在与他们的小孩进行关于饭前洗手的斗争。

塞麦尔维斯博士与跟随他的医学研究人员和从业者的故事,体现了埃弗雷特·罗杰斯(Everett Rogers)的创新扩散理论模型(DOI),该模型被定义为"这样一个过程:① 一项**创新**;② 通过某些**渠道**得以**传播**;③ 随着**时间**推移;④ 扩散到一个**社会系统**的成员"(Rogers, 2003,第 11 页)。在这个过程中,不仅是传播,更重要的是人际传播发挥了重要作用。罗杰斯在其著作的前言中指出:"有关一项创新的信息通常是从同伴那里得到的,尤其是……对创新的主观评价。"(第 X X 页)换句话说,虽然这个理论模型有助于我们了解人们如何采用新的观念、实践和产品,但扩散本身是通过"一个社会过程在人与人之间……得以传播"(第 X X 页)。这个社会过程包括向他人传授该创新的知识并促进采纳(例如,父母对他们的孩子),以及对采纳或不采纳这种行为进行主观评价(例如,议论那些在使用公共盥洗室后从不洗手的人)。

在罗杰斯(Rogers, 2003)的创新扩散模型中,他将意见领袖定义为社会系统内具有影响力和可信度,能够影响他人采纳该创新的个体。例如,弗洛伦斯·南丁格尔、细菌理论研究人员,以及父母和老师这样一些人。罗杰斯解释说:"意见领袖最醒目的特征是他们在其系统性传播结构中处于独特而有影响力的地位:他们处于人际传播网络的中心。"(第 27 页)迪尔林(Dearing, 2004)补充说,意见领袖的影响力和领导力取决于预先存在的关系。也许更常见的是,健康领域的意见领袖并不总是专家或专业人士。已有研究发现,在一个社交网络中受欢迎的人在促进更安全行为(Kelly et al., 1992)、在社区中推广服用多种维生素(Boster et al., 2012)这些方面是有效的意见领袖。在在线语境下,乳腺癌支持小组的意见领袖是具有较高乳腺癌知识水平和乐观应对态度的患者(Kim et al., 2017)。

意见领袖对于确保采用新的循证健康护理实践和产品至关重要,但他们也很容易通过充当抵制者在传播中发挥负面作用(Hietschold, 2020;Leonard-Barton, 1985)。以新冠病毒大流行和戴口罩为例。与洗手不同,戴口罩以减少病毒传播对于亚洲文化以外的大多数非专业人士来说是相对较新的事物。根据创新扩散理论,意见领袖由此在推动或减缓这种行为的采纳方面可能特别重要。一些意见领袖,如纽约州前州长安德鲁·科莫(Andrew Cuomo)或演员汤姆·汉克斯(Tom Hanks),发出了强烈的支持戴口罩的讯息,而其他意见领袖则拒绝在公共活动中戴口罩,甚至对使用口罩发表负面言论。创新扩散模型提供了一个框架,以理解这些意见领袖在将这种创新扩散到整个人际网络中的关键作用。将来的研究需要揭示,这些意见领袖如何对戴口罩行为的接受和采纳产生影响,奎因(Quinn, 2020)正在开展这样的研究——考察当地意见领袖在提高戴口罩的采纳率方面的作用。

二、通过人际讯息提示人们采取行动

有时,弄清楚为什么某人不采取健康行为这一点是重要的。这推动了健康信念模型这一著名理论框架的发展。在20世纪50年代,美国公共健康局的研究人员和从业人员试图了解,为什么许多健康个体放弃了预防性健康行为,例如,结核病检测和脊髓灰质炎疫苗接种(Rosenstock,1974)。该模型确定了影响一个健康行为被采纳的几种心理因素,但也承认了一个重要的传播变量:行动线索(cues to action,以下简称CTA)。早期的健康信念模型研究人员声称,尽管行动线索可以采取多种形式(例如,人际互动、媒介、身体状态变化等内部线索),但"试图将人际影响评估为线索存在着困难"(Rosenstock,1974,第333页)。有趣的是,正如钱皮恩和司金纳(Champion & Skinner,2008)所指出的那样,公共健康研究人员继续挣扎于衡量和解释人际行动线索的想法中:"我们对行动线索抑或其相对影响力知之甚少,因为该结构在研究中尚未得到清晰识别。"(第62页)事实上,即便有一项元分析研究了使用健康信念模型变量的历史,但还是没有对行动线索进行编码,因为作者认为没有足够的研究对其进行测量(Carpenter,2010)。

这与关于健康信念模型的大量研究实际上并不一致,尤其是依赖健康信念模型为干预设计提供信息的研究,因为大多数干预依赖某种形式的讯息(或线索)作为激活"乐意"的策略(Champion & Skinner,2008,第48页)。可能是传播研究者和从业者受到的学术训练使然,我们从讯息知情的角度来处理这种研究。我们毫不费力地识别出并研究了行动线索——特别是人际关系线索——在影响行为方面的作用。正如琼斯等人所指出的那样(Jones et al.,2015),尽管来自其他领域的研究人员经常将行动线索视为模型中的平行预测变量,但"传播研究人员更有可能将(采取行动的)外部线索定义为预示变量(如接触健康运动)"(第5页)。因此,为达本章(以及我们自己研究)之目的,我们在很大程度上依赖于马特森(Mattson,1999)对行动线索在人际层面上的定义,它承认:

> 个人对健康和疾病的信念、看法和行为是社会建构的,并受与他人的互动的影响……行动的传播线索除了以粗略的方式影响对疾病威胁的看法之外,还可以提高健康意识,并可能影响其他与健康相关的看法,包括受推崇的行动的好处与障碍以及自我效能感。

(第258页)

通常,健康中的人际行动线索采用两种形式之一。首先,干预可能有目的地依靠人际线索来鼓动行为。例如,在一项针对中国青少年的多成因自伤预防干预中,研究人员对父母进行伤害自伤教育培训,并鼓励他们在干预期间对孩子进行自伤预防教育(Cao et al.,2014)。其次,行动线索可以来自与社交网络中的个体进行的自然而然的日常互动。例如,研究人员已发现,朋友或同事的口耳相传是开始练习瑜伽的线索(Atkinson et al.,2009),而伴侣/配偶则是开始使用持续性正压呼吸器的线索,此机器是用来解决睡眠呼吸暂停问题的(Olson et al.,2010)。总之,人际行动线索很常见,可以是正式干预的一部分,也可以是自然互动的一部分,作为激励个人以健康方式行事的一种重要机制。

三、日常人际交往对医疗就诊的影响

个人参与的有关健康的日常人际传播,不仅会影响他们的日常健康行为(例如洗手),还会影响他们与健康护理提供者之间的传播。我们大学本科健康传播课程中实施的一项活动,就是该观点的一个绝佳例子。如果你让学生想想他们上次生病是什么时候,以及他们是否去健康护理提供者那里就诊,大多数人会这样来说事:"嗯,我先打电话给我妈妈,看看她认为我应该怎么做。"

第一版《劳特利奇健康传播研究手册》突出了斯特雷特(Street,2003)的医疗就诊生态模型,该模型作为一个有影响力的框架,用于理解患者和提供者之间的互动(如医疗就诊)如何受到许多变量和外部环境的影响。斯特雷特最初对该模型的概括包括患者和提供者的人际关系语境,以及四种外部背景:媒介、组织、文化和政治-法律。然而,这个模型缺少的是人们与朋友、家人和同龄人的日常人际传播。因此,我们发表了斯特雷特模型的扩展版,主张增加第五个外部语境:日常人际传播(Head & Bute, 2018)。

日常人际传播对医疗就诊的影响出现在三个主要领域。首先,朋友、家人和同龄人可以影响人们寻求开启健康护理。例如,斯科特等人(Scott et al., 2019)发现,家庭成员,尤其是配偶,在帮助脑癌患者意识到他们的行为正在经历微妙变化(如手抖、麻木、健忘)方面发挥着关键作用,他们需要咨询健康护理提供者。其次,关于健康和疾病的日常人际传播会影响人们对健康护理者说什么以及怎么说。在我们最近对年轻的癌症幸存者及其亲密关系支持者进行的调查研究中,一位母亲解释说,在儿子接受癌症治疗期间,照顾儿子改变了她与健康护理提供者之间的传播方式,包括在她不同意健康护理提供者意见时会提出更多问题并挑战健康护理者们(Head & Iannarino, 2019)。再次,正如本章其他部分讨论的,有关健康的决定受到日常人际传播的影响。例如,青年女性报告说,她们之所以能够在医生办公室做出接种人乳头瘤病毒疫苗的决定,是因为其与母亲、姐妹和其他女性同龄人就预防宫颈癌的重要性进行的日常对话发挥了重要作用(Cohen & Head, 2013)。

在本章讨论的所有主题领域中,我们认为,未来学术研究最容易取得丰硕成果的领域,是日常人际传播对患者与健康护理提供者会面状态产生的影响。我们必须努力填补这个研究领域文献中的空白,这些空白可以更好地突出日常人际传播在影响医疗就诊中的作用。鉴于在美国和其他发达国家中,健康护理利用率极高,大量使用处方药和手术治疗方案,并且几乎所有有关健康的护理成本都颇高昂,因此,有必要了解在这些医疗就诊会面与做决定的过程中,会话所受到的影响,这是一种重要的影响力,却未得到充分研究。

在结束本节时,重要的是要承认这里描述的三种人际影响——意见领袖,人际行动线索,以及对就诊会面产生的日常人际影响——并非不同的概念。尽管它们源自使用不同模型的研究,但这三种概念都在本质上认识到日常人际传播对人们是否实施健康行为发挥着作用。也许最重要的是,将这些类型的影响置于这些模型中,可以让我们以及健康传播领域之外的研究人员承认日常人际传播在健康方面的力量。在下一节中,我们将专注考察的问题是:关于疾病和慢性症状的日常人际传播如何成为一项重要且通常具有挑战性的事业的。

第3节 管理有关疾病和慢性症状的日常传播工作

随着年龄增长,人们会遇到无数的健康问题、病痛和慢性症状,必须得到正确的诊断、管理和治疗,并且与周围人进行传播互动——这是与本节密切相关的话题。日常谈论健康和病痛已被概念化为一种传播劳动形式。在这种情况下,"劳动"是指当患者及其网络面临严重的健康状况时必做的工作,即管理与健康相关的互动和信息——这些信息伴有身份问题、关系目标和期待——以及管理疾病本身(Donovan-Kicken et al., 2012; Iannarino, 2018)。在科尔宾和斯特劳斯(Corbin & Strauss, 1987)的病程理论(theory of illness trajectories)中,他们首先提出了工作的概念,以便描述管理慢性或严重疾病所涉及的劳动。他们概念化了三种类型的工作:与疾病相关的工作(例如管理药物、监测症状、履行医疗预约),个人生平工作(例如将疾病融入个人的生活故事和认同感),以及日常生活工作(例如赚取收入、管理一个家庭)。多诺万-基肯等人(Donovan-Kicken et al., 2012)提议扩展这三条工作脉络,认为传播是一种独特的工作形式。尽管科尔宾和斯特劳斯最初将传播概念化为主要是完成疾病、生平和日常生活工作的一种手段,但多诺万-基肯及其同事对癌症患者的研究表明,患者及其家人所从事的传播劳动性质使得传播成为一项单独且独特的工作。他们将这种谈话形式所需的劳动定义为繁重费心的,其特点是有一种责任感或有义务感去分享一个人的疾病信息(包括做准备和做规划),有时,很典型的是患者和亲人之间的任务分工,以及需要有目的地设计讯息(Donovan-Kicken et al., 2012)。简而言之,传播工作涉及信息、与他人互动,并把人们为此类工作所付出的努力加以概念操作化(Love et al., 2013)。

传播工作可以包括日常人际传播中展开的各种任务以及管理疾病所需的对话,这些任务包括诊断的初步披露、对病情的持续讨论,以及寻求或阻止社交支持(Bute et al., 2020;Donovan-Kicken et al., 2012;Iannarino, 2018)。这种形式的日常人际传播很费力,不仅因为它让人感觉是强制性的和无休止的,还因为传播工作不仅仅涉及传递信息:身份和关系目标可能与慢性病语境下的传播期待发生冲突。正如多诺万(Donovan, 2019)所指出的那样,传播工作是高度复杂和多面向的,因为它"需要大多数人不具备的信息、关系和情感努力"(第238页)。

尽管人们对传播工作缺乏准备,它却是管理慢性健康状况不可避免的一部分,并且由患者及其伴侣和家庭成员以及护理者来执行(Bute et al., 2020;Donovan-Kicken et al., 2012;Iannarino, 2018)。这种劳动包括:披露诊断,谈论持续的症状,对亲人保持信息更新或回应有关疾病进展的询问,指导他人如何协助疾病管理,以及讨论长期预后、治疗计划和成功率(Donovan-Kicken et al., 2012;Hintz, 2019)。传播工作具有挑战性,不仅因为努力本身,还因为这种对话的情感代价。在日常谈话中讨论身体症状可能会让人精疲力竭和尴尬,例如,当患者用身体疼痛来就亲密行为进行讨价还价时(Hintz, 2019)。患者可能会感到有责任把症状披露、告知给他人,同时又对这些要求有重负感——尤其是当他们需要保护他人(如他们的孩子)免受潜在毁灭性消息的影响时,还要同时保留其身份价值,例如,自主性或控制感(Donovan-Kicken et al., 2012;Robinson et al., 2015)。例如,在工作场所,患者报告说感到不得不透露他们的癌症诊断,不仅是为了求得通融,而且随着他们的癌症及其治疗变得让人注目时,在与同事的日常对话中也要这么做(Robinson et al., 2015)。与此同时,患者的目标是保持某种表面上的控制力,通过管理其情绪以显得稳定,或只对受选的少数人有限披露以保持人之为人的一种私密身份感。

一、管理隐私

事实上,隐私管理是传播工作的一个重要方面(Donovan-Kicken et al., 2012)。尽管大量有价值的学术研究使用了传播隐私管理(communication privacy management, CPM;Petronio, 2002),作为了解人们如何管理个人健康信息的框架,但我们还需要拓展该路径,即还要把它视为一种额外的传播劳动形式。这种拓展可以阐明在日常人际传播中管理隐私的努力是如何展开的,并揭示这类对话的代价(包括涉及隐私管理的准备工作)(Rafferty et al., 2019)。拉弗蒂及其同事(Rafferty et al., 2019)揭示了孩子患有重疾的父母所承受的种种重担——在管理孩子的私人健康信息时,在承担与疾病相关、为协调健康护理之必需的工作时。对夫妻应对流产的研究表明,夫妻在日常谈话中要做的工作是相互协调隐私规则,例如,讨论谁知道谁不知道,以及何时透露将来的怀孕信息等(Bute & Brann, 2015)。此外,隐私管理的"未竟之事"(Bute & Vik, 2010)与一个观念有关,即关于健康和疾病的传播工作需要持续努力。在应对慢性病时,关系伴侣会参与持续的披露对话(即在披露初诊后发生的披露),并且伴侣们的反应模式(如支持、情绪反应、回避以及互惠)与关系质量相关(Magsamen-Conrad et al., 2019)。

二、管理支持

虽然披露一个人的疾病提供了获得社交支持的可能性,但一些研究表明,伴侣、父母和近亲在充当社交支持的守门人时会参与传播工作(Iannarino, 2018;Rafferty et al., 2019)。此类工作涉及纠正或阻止可能对患者及其家人无益甚至有害的社交支持,例如,阻止其他人在社交媒介上发布有关患者的信息,对负面信息进行重构,甚至阻止他人接近患者(Iannarino, 2018;Rafferty et al., 2019)。

三、管理身份

日常谈话中的传播工作可以包括努力保持身份价值感,例如,调整一个人的传播以使其看起来好像没有生病(Martin, 2016),也包括"信誉工作"这样的负担(Werner & Malterud, 2003),"信誉工作"被定义为有意识地努力表现为一个值得信赖、有信服力的患者。汤普森和她的同事(Thompson & Duerringer, 2019; Thompson et al., 2018; Thompson & Parsloe, 2019)探索了亲属和关系伙伴怀疑患者"喊狼来了"的情形,"喊狼来了"迫使或可能迫使一些患者使用传播工作来让亲人相信他们的健康担忧是合理的。汤普森和杜林格(Thompson & Duerringer, 2019)指出,"对于那些可能遭受最大痛苦的人而言,对那些做了大量信誉工作看起来让人相信其是健康的人而言",传播工作"尤其要求严格且费心力"(第17页),因为这些患者面临这样的负担:以确保其可信度的方式来管理症状。患有慢性疼痛、某些过敏或精神健康挑战等无形疾病的患者,可能面临在使其疾病合情合理化方面承担额外劳动的情况,因为这些病的身体症状和身体变化真是不明显(Bute et al., 2020; Thompson et al., 2018)。日常人际传播中的可信度工作也与性别和种族相关,因此,女性,尤其是黑人女性,在进行信誉工作以便被当作是可信的患者时面临额外的障碍(Pryma, 2017; Thompson & Duerringer, 2019)。

四、管理家庭工作

儿科健康挑战从根本上(重新)塑造了家庭中的日常传播(Rafferty et al., 2019)。家庭使用传播工作作为家庭单位管理的一种形式,并且传播工作本身有赖于疾病语境,可能是疾病工作的一个必要方面。海斯和科兰德(Hays & Colaner, 2016)考察了被诊断为儿童自闭症谱系障碍的儿童家庭传播,研究发现,家庭的日常对话是话语工作的一个重要场所,这些话语工作塑造了家庭成员以及外界人士对家庭身份的认知。使用"自闭症"一词,家庭讨论以及讲故事,都是内部交谈模式,这些交谈有助于家庭在诊断后的正常化和调适。此外,与家人以外的人进行日常交谈,有助于家庭解释孩子的行为并教会人们了解儿童自闭症谱系障碍(Hays & Colaner, 2016)。在威胁生命的食物过敏语境中,家庭成员之间的日常谈话不仅是传播工作的重要方面,也是疾病工作的重要方面(Bute et al., 2020)。讨论膳食计划,去日常生活用品店购物,外出就餐以及家庭活动很有必要,可以避免食物引起的反应。事实上,食物过敏语境中的大量疾病管理都涉及世俗对话中的传播工作。例如,食物过敏儿童的父母报告了这些负担:询问食物成分,解读食品标签,确保器具、炊具和盘子未被过敏原污染,以及指导非父母护理者如何确保食物过敏儿童的安全(Bute et al., 2020)。

五、管理大众个人传播

关于健康的日常人际传播也可以在媒介化环境中展开,包括学者认为的"大众个人"传播(O'Sullivan & Carr, 2018),其中,互动者在大众可接触的语境中进行人与人之间的传播,例如,在线论坛(Love & Donovan, 2013)。这种互动说明了使用多种平台或技术来管理与健康相关的人际传播涉及的努力。此外,患者报告说使用了传播技术抑或大众个人互动去进行信息准备,以期面对面对话(Love & Donovan, 2013; Love et al., 2013)。例如,接受癌症治疗后身体发生变化的年轻癌症患者报告称,他们在网上寻求建议,以准备与朋友和家人就食物选择、营养以及饮食限制进行面对面的对话,这就展示了日常人际传播涉及的对话安排(Love et al., 2013)。

六、管理传播工作的两难困境

最后,关于健康的日常对话可能会带来两难,因为谈论疾病虽然通常是必要的,但可能会让人不快地想起疾病的幽灵,并引发人的一种无助感。一对患有心脏病的夫妇描述了在日常对话中积极避免谈论疾病的情形,他们想要以此忘却生活已发生重大变化的事实(Gold Smith et al., 2006)。同样,对老年女性应对慢性病的社会经历进行的研究表明,女性认为,她们的家人普遍支持她们,但她们并没有定期与亲戚讨论自己的健康状况,因为正如一位女性所说:"这有何益?"(Roberto & McCann, 2011,第98页)。食物过敏儿童的父母在试图将食物过敏视为一种可能危及生命的疾病时表达了徒劳的感觉,他们接受了这样一个事实,即有些人永远不会完全理解或认可这种疾病(Bute et al., 2020)。

总之,大量研究表明,日常人际传播在健康方面发挥着重要作用,包括在应对和管理健康挑战方面的作用。然而,传播工作滤镜提醒我们,如此费心力的谈话并非没有成本,包括与这种工作如影随形的负担和倦怠。

第 4 节 结 论

在本章中,我们回顾了大量的研究、概念和理论模型,这些研究凸显了就健康和疾病进行日常人际传播的普遍性。我们希望将看似不同的健康传播领域汇集于关于健康和疾病的日常人际传播类别之下,让读者可以看到关于这个主题的大量研究,并更好地了解它们之间的联系。本章还展示了日常人际传播在影响健康各个方面的作用,从日常生活中的健康管理到日常人际传播在健康决策中的影响作用,再到患有疾病和慢性病时进行的传播工作。

对本章中不同但相关的文献领域的简要回顾表明,就健康和疾病进行的日常人际传播无处不在。尽管如此,探索这一现象的未来工作,仍有广阔天地。鉴于生物家庭关系在该健康主题中的核心作用,聚焦于遗传的传播是一个关键领域,将得到进一步发展。随着更多以遗传学为重点的生物医学研究的出现,伴随着"23 与我"(23andMe)①等面向公众的基因检测公司的能力不断增强,研究家庭如何讨论和管理遗传信息将成为传播学的一个重要领域。另一个成熟的研究领域是,更精细地考察传播技术设施如何促进有关健康的日常人际传播。尽管越来越多的文献展示了如何在社交媒介平台上交换健康信息,但人们对短信、电子邮件和瞩目(Zoom)或视频通话(FaceTime)等电话会议技术的作用知之甚少。最后,必须更多地关注作为后台的文化背景——家庭和社交网络用以进行健康传播的方式。我们呼吁健康传播学者考虑一个人的文化背景(如种族、民族、性别、性取向、宗教、政治意识形态等)在所有关于健康的人际对话中所起的作用,而不是将文化视为单一的变量,甚至是健康传播的一个单独研究子域。

分开来说,健康、幸福、疾病、理论、人际传播,每个都很重要。健康传播学科将它们放在一起,探索人们与周围人的日常互动如何影响他们的健康,这将继续吸引人们去关注日常人际传播对健康的重要作用。

参考文献

Abad, P. J. B., Anonuevo, C. A., Daack-Hirsch, S., Abad, L. R., Padilla, C. D., & Laurino, M. Y. (2017). Communication about congenital adrenal hyperplasia: Perspective of Filipino families. *Journal of Genetic Counseling*, 26(4), 763-775.

Atkinson, N. L., & Permuth-Levine, R. (2009). Benefits, barriers, and cues to action of yoga practice: A focus group approach. *American Journal of Health Behavior*, 33(1), 3-14.

Baxter, L., Egbert, N., & Ho, E. (2008). Everyday health communication experiences of college students. *Journal of American College Health*, 56(4), 427-436.

Boone, D. M. (2015). *The effects of parent-adolescent communication and parenting style on the physical activity and dietary behaviors of Latino adolescents* [Master's thesis, University of South Florida]. Scholar Commons. https://scholarcommons.usf.edu/etd/5914.

Boster, F. J., Carpenter, C. J., Andrews, K. R., & Mongeau, P. A. (2012). Employing interpersonal influence to promote multivitamin use. *Health Communication*, 27(4), 399-407.

Bute, J. J., Bowers, C., & Park, D. (2021). Parents' communication work in the management of food allergies. *Health Communication*. Advanced online publication. https://doi.org/10.1080/10410236.2021.1880051.

Bute, J. J., & Brann, M. (2015). Co-ownership of private information in the miscarriage context. *Journal of Applied Communication Research*, 43(1), 23-43.

---

① 谷歌出资的网络公司 23andMe 于 2007 年上线。该公司提供价值 999 美元的 DNA 测试服务。用户可以在网上注册进行 DNA 唾液测试,在把样本寄给该公司四到六周后,用户就可以在网上查到结果,了解自己的遗传学特点、血统,并有可能在医学专家的帮助下找到患某种遗传病的风险。该公司的名字 23andMe("23 与我")的寓意为,人类的 23 对染色体组成了每个人的基因组。——译者注

Bute, J. J., & Vik, T. A. (2010). Privacy management as unfinished business: Shifting boundaries in the context of infertility. *Communication Studies*, *61*(1), 1-20.

Bylund, C. L., & Duck, S. (2004). The everyday interplay between family relationships and family members' health. *Journal of Social and Personal Relationships*, *21*(1), 5-7.

Cao, Z. J., Chen, Y., & Wang, S. M. (2014). Health belief model based evaluation of school health education programme for injury prevention among high school students in the community context. *BMC Public Health*, *14*(1), 26.

Carpenter, C. J. (2010). A meta-analysis of the effectiveness of health belief model variables in predicting behavior. *Health Communication*, *25*(8), 661-669.

Carter, J. S., Perez, G. E., & Gilliland, S. S. (1999). Communicating through stories: Experience of the Native American Diabetes Project. *The Diabetes Educator*, *25*(2), 179-188.

Cesario, S. K. (2001). Care of the Native American woman: Strategies for practice, education, and research. *Journal of Obstetric, Gynecologic, & Neonatal Nursing*, *30*(1), 13-19.

Champion, V. L., & Skinner, C. S. (2008). The health belief model. In K. Glanz, B. K. Rimer, & K. Viswanath (Eds.), *Health behavior and health education: Theory, research, and practice* (4th ed., pp. 45-65). Jossey-Bass.

Chao, R., & Tseng, V. (2002). Parenting of Asians. In M. H. Bornstein (Ed.), *Handbook of parenting* (Vol. 4, pp. 59-93). Erlbaum.

Chung, C. F., Agapie, E., Schroeder, J., Mishra, S., Fogarty, J., & Munson, S. A. (2017, May 6-11). *When personal tracking becomes social: Examining the use of Instagram for healthy eating* [Paper presentation]. The 17th ACM CHI Conference on Human Factors in Computing Systems. Denver, CO, United States.

Cohen, E. L., & Head, K. J. (2013). Identifying knowledge-attitude-practice gaps to enhance HPV vaccine diffusion. *Journal of Health Communication*, *18*(10), 1221-1234.

Corbin, J., & Strauss, A. L. (1987). Accompaniments of chronic illness: Changes in body, self, biography, and biographical time. In J. A. Roth & P. Conrad (Eds.), *Research in the sociology of health care: The experience and management of chronic illness* (Vol. 6, pp. 249-381). JAI Press.

Daly, M. B., Montgomery, S., Bingler, R., & Ruth, K. (2016). Communicating genetic test results within the family: Is it lost in translation? A survey of relatives in the randomized six-step study. *Familial Cancer*, *15*(4), 697-706.

Dearing, J. W. (2004). Improving the state of health programming by using diffusion theory. *Journal of Health Communication*, *9*(S1), 21-36.

Donovan, E. E. (2019). The communication work of conversations about health and illness. In S. R. Wilson & S. W. Smith (Eds.), *Reflections on interpersonal communication research* (pp. 231-250). Cognella.

Donovan-Kicken, E., Tollison, A. C., & Goins, E. S. (2012). The nature of communication work during cancer: Advancing the theory of illness trajectories. *Health Communication*, *27*(7), 641-652.

Epstein, D. A., Jacobson, B. H., Bales, E., McDonald, D. W., & Munson, S. A. (2015, March 14-18). *From "nobody cares" to "way to go!" A design framework for social sharing in personal informatics* [Paper presentation]. The 18th ACM Conference on Computer Supported Cooperative Work & Social Computing, Vancouver, Canada.

Fox, S. (2011). *Medicine 2.0: Peer-to-peer healthcare*. Pew Research Center. www.pewresearch.org/internet/2011/09/18/medicine-2-0-peer-to-peer-healthcare/.

Goldsmith, D. J., Lindholm, K. A., & Bute, J. J. (2006). Dilemmas of talking about lifestyle changes among couples coping with a cardiac event. *Social Science & Medicine*, *63*(8), 2079-2090.

Hays, A., & Colaner, C. (2016). Discursively constructing a family identity after an autism diagnosis: Trials, tribulations, and triumphs. *Journal of Family Communication*, *16*(2), 143-159.

Head, K. J., & Bute, J. J. (2018). The influence of everyday interpersonal communication on the medical encounter: An extension of Street's ecological model. *Health Communication*, 33(6), 786-792.

Head, K. J., & Iannarino, N. T. (2019). "It changed our outlook on how we want to live": Cancer as a transformative health experience for young adult survivors and their family members. *Qualitative Health Research*, 29(3), 404-417.

Hietschold, N., Reinhardt, R., & Gurtner, S. (2020). Who put the "NO" in innovation? Innovation resistance leaders' behaviors and self-identities. *Technological Forecasting and Social Change*, 158, 120177. Advance online publication.

Hintz, E. A. (2019). The vulvar vernacular: Dilemmas experienced and strategies recommended by women with chronic genital pain. *Health Communication*, 34(14), 1721-1730.

Hughes, P. C., Scholl, J. C., & Walker, K. L. (2005). The influence of expectations for health-related talk on reports of marital satisfaction. *Communication Research Reports*, 22(3), 167-174.

Iannarino, N. T. (2018). "It's my job now, I guess": Biographical disruption and communication work in supporters of young adult cancer survivors. *Communication Monographs*, 85(4), 491-514.

Jones, C. L., Jensen, J. D., Scherr, C. L., Brown, N. R., Christy, K., & Weaver, J. (2015). The health belief model as an explanatory framework in communication research: Exploring parallel, serial, and moderated mediation. *Health Communication*, 30(6), 566-576.

Jones, L. M., Wright, K. D., Wallace, M. K., & Veinot, T. (2018). "Take an opportunity whenever you get it": Information sharing among African-American women with hypertension. *Journal of the Association for Information Science and Technology*, 69(1), 168-171.

Kaplan, M., Kiernan, N. E., & James, L. (2006). Intergenerational family conversations and decision making about eating healthfully. *Journal of Nutrition Education and Behavior*, 38(5), 298-306.

Kelly, J. A., St Lawrence, J. S., Stevenson, L. Y., Hauth, A. C., Kalichman, S. C., Diaz, Y. E., Brasfield, T. L., Koob, J. J., & Morgan, M. G. (1992). Community AIDS/HIV risk reduction: The effects of endorsements by popular people in three cities. *American Journal of Public Health*, 82(11), 1483-1489.

Kendal, S., Kirk, S., Elvey, R., Catchpole, R., & Pryjmachuk, S. (2017). How a moderated online discussion forum facilitates support for young people with eating disorders. *Health Expectations*, 20(1), 98-111.

Kim, E., Scheufele, D. A., Han, J. Y., & Shah, D. (2017). Opinion leaders in online cancer support groups: An investigation of their antecedents and consequences. *Health Communication*, 32(2), 142-151.

Koenig Kellas, J., Trees, A. R., Schrodt, P., LeClair-Underberg, C., & Willer, E. K. (2010). Exploring links between well-being and interactional sense-making in married couples' jointly told stories of stress. *Journal of Family Communication*, 10(3), 174-193.

Leonard-Barton, D. (1985). Experts as negative opinion leaders in the diffusion of a technological innovation. *Journal of Consumer Research*, 11(4), 914-926.

Love, B., Thompson, C. M., Crook, B., & Donovan-Kicken, E. (2013). Work and "mass personal" communication as means of navigating nutrition and exercise concerns in an online cancer community. *Journal of Medical Internet Research*, 15(5), e102.

Magsamen-Conrad, K., Venetis, M. K., Checton, M. G., & Greene, K. (2018). The role of response perceptions in couples' ongoing cancer-related disclosure. *Health Communication*, 34(9), 999-1009.

Martin, S. C. (2016). The experience and communicative management of identity threats among people with Parkinson's disease: Implications for health communication theory and practice. *Communication Monographs*, 83(3), 303-325.

Mattson, M. (1999). Toward a reconceptualization of communication cues to action in the health belief model: HIV test counseling. *Communication Monographs*, 66(3), 240-265.

Miller-Day, M., & Dodd, A. H. (2004). Toward a descriptive model of parent—offspring communication about alcohol and other drugs. *Journal of Social and Personal Relationships*, 21(1), 69-91.

Morgan, S. E. (2004). The power of talk: African Americans' communication with family members about organ donation and its impact on the willingness to donate organs. *Journal of Social and Personal Relationships*, *21*(1), 112-124.

Olsen, S., Smith, S., Oei, T. P., & Douglas, J. (2010). Cues to starting CPAP in obstructive sleep apnea: Development and validation of the cues to CPAP use questionnaire. *Journal of Clinical Sleep Medicine*, *6*(3), 229-237.

O'Sullivan, P. B., & Carr, C. T. (2018). Masspersonal communication: A model bridging the mass-interpersonal divide. *New Media & Society*, *20*(3), 1161-1180.

Paulson, S., & Willig, C. (2008). Older women and everyday talk about the ageing body. *Journal of Health Psychology*, *13*(1), 106-120.

Phillips, K. A., Deverka, P. A., Hooker, G. W., & Douglas, M. P. (2018). Genetic test availability and spending: Where are we now? Where are we going? *Health Affairs*, *37*(5), 710-716.

Pryma, J. (2017). "Even my sister says I'm acting like a crazy to get a check": Race, gender, and moral boundary-work in women's claims of disabling chronic pain. *Social Science & Medicine*, *181*, 66-73.

Quinn, K. G. (2020). Applying the popular opinion leader intervention for HIV to COVID-19. *AIDS and Behavior*, *24*(12), 3291-3294.

Rafferty, K. A., Hutton, K., & Heller, S. (2019). "I will communicate with you, but let me be in control": Understanding how parents manage private information about their chronically ill children. *Health Communication*, *34*(1), 100-109.

Roberto, K. A., & McCann, B. R. (2011). Everyday health and identity management among older women with chronic health conditions. *Journal of Aging Studies*, *25*(2), 94-100.

Robinson, L., Kocum, L., Loughlin, C., Bryson, L., & Dimoff, J. K. (2015). I wanted you to know: Breast cancer survivors' control of workplace communication about cancer. *Journal of Occupational Health Psychology*, *20*(4), 446-456.

Robles, T. F., Slatcher, R. B., Trombello, J. M., & McGinn, M. M. (2014). Marital quality and health: A meta-analytic review. *Psychological Bulletin*, *140*(1), 140-187.

Rogers, E. M. (2003). *Diffusion of innovations* (5th ed.). Simon & Schuster Free Press.

Rosenstock, I. M. (1974). Historical origins of the health belief model. *Health Education Monographs*, *2*(4), 328-335.

Scott, S. E., Penfold, C., Saji, S., Curtis, S., Watts, C., Hamilton, W., Joannides, A. J., & Walter, F. M. (2019). "It was nothing that you would think was anything": Qualitative analysis of appraisal and help seeking preceding brain cancer diagnosis. *PLOS ONE*, *14*(3), e0213599.

Seo, M., & Matsaganis, M. D. (2013). How interpersonal communication mediates the relationship of multichannel communication connections to health-enhancing and health-threatening behaviors. *Journal of Health Communication*, *18*(8), 1002-1020.

Street, R. L., Jr. (2003). Communication in medical encounters: An ecological perspective. In T. L. Thompson, A. M. Dorsey, K. I. Miller, & R. Parrott (Eds.), *Handbook of health communication* (pp. 63-89). Lawrence Erlbaum.

Thompson, C. M., & Duerringer, C. M. (2020). Crying wolf: A thematic and critical analysis of why individuals contest family members' health complaints. *Communication Monographs*, *87*(3), 291-311.

Thompson, C. M., Lin, H., & Parsloe, S. (2018). Misrepresenting health conditions through fabrication and exaggeration: An adaptation and replication of the false alarm effect. *Health Communication*, *33*(5), 562-575.

Thompson, C. M., & Parsloe, S. (2019). "I don't claim to be the world's foremost expert, but ...": How individuals "know" family members are not experiencing health issues as severely as they claim. *Qualitative Health Research*, *29*(10), 1433-1446.

Turner, R. A., Irwin, C. E., Tschann, J. M., & Millstein, S. G. (1993). Autonomy, relatedness, and the initiation of health risk behaviors in early adolescence. *Health Psychology*, *12*(3), 200-208.

Vavolizza, R. D., Kalia, I., Aaron, K. E., Silverstein, L. B., Barlevy, D., Wasserman, D., Walsh, C., Marion, R. W., & Dolan, S. M. (2015). Disclosing genetic information to family members about inherited cardiac arrhythmias: An obligation or a choice? *Journal of Genetic Counseling*, *24*(4), 608-615.

Werner, A., & Malterud, K. (2003). It is hard work behaving as a credible patient: Encounters between women with chronic pain and their doctors. *Social Science & Medicine*, *57*, 1409-1419.

Wikgren, M. (2003). Everyday health information exchange and citation behaviour in internet discussion groups. *The New Review of Information Behaviour Research*, *4*(1), 225-239.

Wilkin, H. A., Katz, V. S., Ball-Rokeach, S. J., & Hether, H. J. (2015). Communication resources for obesity prevention among African American and Latino residents in an urban neighborhood. *Journal of Health Communication*, *20*(6), 710-719.

Xu, L., Jacobs, W., Odum, M., Melton, C., Holland, L., & Johnson, K. (2017). Are young adults talking about their family health history? A qualitative investigation. *American Journal of Health Studies*, *32*(2), 60-69.

Yang, Q., Chen, Y., & Wendorf Muhamad, J. (2017). Social support, trust in health information, and health information-seeking behaviors (HISBs): A study using the 2012 Annenberg national health communication survey (ANHCS). *Health Communication*, *32*(9), 1142-1150.

Zhu, Y., Dailey, S. L., Kreitzberg, D., & Bernhardt, J. (2017). "Social networkout": Connecting social features of wearable fitness trackers with physical exercise. *Journal of Health Communication*, *22*(12), 974-980.

第 3 部分
患者-健康护理提供者传播

第 12 章
相互劝服：作为患者中心的传播

詹妮弗·弗莱塔格(Jennifer Freytag)　理查德·L. 斯特雷德(Richard L. Street, Jr.)

患者中心**护理**是一种医疗方法，其中护理不仅受到科学证据的影响，而且受到患者偏好、目标和需求的影响(Epstein & Street, 2007)。患者中心护理可以追溯到考虑患者个体素质的早期医疗模式。最具影响力的模型之一是恩格尔(Engel)的生物心理社会模型，该模型假定临床医生必须关注患者得病时经历的生物、心理和社会维度，以提供充足的护理(Borrell-Carrió et al., 2004)。医学研究所(Institute of Medicine)在 2001 年发布了一份名为《跨越质量鸿沟》(*Crossing the Quality Chasm*)的报告，聚焦于健康护理的质量改进标准，将患者中心护理描述为患者和临床医生之间的一种伙伴关系，在这种伙伴关系中，患者的需求、目标、偏好和价值观指导医疗决策。更近一些时候，朗贝格(Langberg et al., 2019)立足于米德和鲍尔(Mead & Bower, 2000)的研究，系统地进行了一番评述，其结论是，患者中心护理涉及五个维度——关注健康的生物心理社会方面，了解患者的真实情况，共担权力和责任，建立治疗联盟，以及协调患者护理(Langberg et al., 2019)。

之所以要求患者中心传播，是为了实现患者中心护理目标(Street, 2019)。爱泼斯坦和斯特雷特(Epstein & Street, 2007)定义了患者中心传播的核心概念，包括：① 引出和理解患者的视角；② 在患者独特的社会心理和文化语境下理解患者；③ 对患者的问题和治疗达成共识，以符合患者价值观。基于这些核心概念，传播是必须做且做好的"工作"，包括：有效地交换信息，培养治疗关系，回应情绪，做出高质量的决策，管理不确定性，以及实现自我护理(Epstein & Street, 2007)。

患者中心传播"工作"已经以多种方式付诸实施。患者中心传播的测量包括：患者和临床医生在会面期间的谈话量(Agha et al., 2009)，患者报告说临床医生有建立融洽关系的谈话情况(Street et al., 2007)，以及观察到的临床医生旨在了解患者视角的传播行为(Stewart et al., 2000)。尽管这些测量侧重于患者中心传播要素，但它们测量的都是不同的结构，这些结构尚未嵌入到一个聚合模型中。

斯特雷特(Street, 2017)认为，患者中心传播的聚合模型应基于三个本体论假设。首先，患者中心传播在临床互动过程中必然涉及患者和临床医生**二者**的传播。当只有临床医生或患者一方参与互动时，该模式不会发生——两者都必须参与。其次，患者中心传播既可以描述为**过程**，也可以描述为**结果**。也就是说，患者中心传播可以通过患者和临床医生在互动过程中所行之事来衡量(如传播过程)，也可以通过患者和临床医生是否有互动来举例说明患者中心传播元素(例如访问结果显示患者中心传播发生了)。最后，患者中心传播也可以同时具有**行为**和**判断**的特征。例如一个研究对象可能涉及观察临床医生积极参与患者互动的策略(例如他们在互动期间为促进患者中心传播所行之事)。另一种路径可能涉及评估患者对临床医生是否采用了策略来促使患者积极参与的看法(例如患者对患者中心传播执行得**有多好**进行评估)。

基于这些假设，斯特雷特(Street, 2017)提倡采用多维方法来处理患者中心传播模型。其中，患者中心护理目标是通过以下传播来实现的：① 揭示患者的视角，包括他们的信仰、偏好和需求；② 探索患者健康和幸福的生物心理社会语境；③ 在临床医患关系中建立或加强信任和相互尊重；④ 包括以患者理解的方式来解释疾病和治疗方案；⑤ 鼓励患者积极参与对话和决策过程；⑥ 建立对问题和行动过程的共同理解；⑦ 做出基于证据、符合患者价值观且切实可行的决策。

第1节 在患者中心传播中影响力的作用

这种患者中心传播的多维度路径背后有一个基本概念，那就是**影响力**：在患者中心传播中，临床医生和患者通过传播来影响彼此的想法、感受和行动。临床医生试图影响患者的想法（例如，健康状况知识，治疗的风险和效益，最受科学支持的治疗，预防行为的价值）、情感和动机（例如，对治疗计划的承诺、信心）以及行为（例如，筛查疾病，恰当服药，改变生活方式，坚持治疗；Duggan & Bradshaw, 2008；Ong et al., 2003）。患者也试图影响临床医生的理解（例如，患者与健康相关的偏好、担忧和信息需求）、情感（如同理心、同情）和行为（例如，适应患者的要求，提倡患者接触专家，支持患者参与决策；Cegala & Post, 2009；Lambert et al., 1997）。

当患者中心传播发生时，作为传播者的患者有机会（如果选择该机会的话）积极倡导所需的治疗过程，强调其护理目标或愿望，甚至裁剪或留置信息以便可以得到所需的诊断、程序或治疗（Entwistle et al., 2010；Krupat et al., 1999；Street et al., 2005）。就临床对话涉及患者和临床医生同时发挥影响的程度而言，可以把临床对话看作是**相互劝服**的实践。

在本章中，我们将探讨相互劝服在患者中心传播中的作用。乍一看，这似乎自相矛盾。我们倾向于将劝服视为一个人试图影响另一个人——一个个体做的事，而不是"相互"做的事。此外，声称临床会面是一种相互劝服的实践可能会让一些人认为于事无补，因为它使问题复杂化：每个参与者的劝服传播行为何时以及如何成为"好的"或"坏的"，符合伦理的还是不符合伦理的（Barton & Eggly, 2009；Rubinelli, 2013）。

临床会面中的劝服可能会让人联想到临床医生由于其专业知识和在"健康护理提供者"关系中的权力而对患者产生影响，同时患者处于"求助者"地位。在极端情况下，患者的自主性就打了折扣；也许他们会被迫接受一种激进、昂贵又痛苦的治疗方案，或者他们会受到过于悲观的预后指导（Shaw & Elger, 2013）。另一方面，一位仁慈的临床医生温和地引导患者改掉不良习惯，或强烈推荐有证据的治疗方法（Gold & Lichtenberg, 2012）。

由于临床医生-患者作为帮助提供者和寻求帮助者的角色不同，每个互动者在一个互动过程中可能会施加不同程度的影响（例如患者的影响较小）。然而，与大多数社会互动一样，临床会面仍然是涉及双方相互影响的过程。一个互动者的传播行为会影响另一个互动者的后续回应（Street, 2003）。

在实现患者中心护理目标（例如协作做决定）的临床医患关系中，患者和临床医生都会倡导他们的视角，以及他们的目标和价值观；因此，医疗会面中的传播可以被描述为相互劝服。在本章中，我们首先区分个体影响和相互影响。然后，我们秉持一种相互劝服的视角，讨论患者中心传播的两个重要结果，即共同决策和关系自治。最后，我们讨论相互劝服在最终达成共识中的作用。

第2节 临床会面中的个人影响力

作为**个人影响力**的劝服被用作各种健康语境中的影响力模型，最明显的是公共健康运动，运动会向目标人群发送某种形式的讯息，以促使他们采取特定的健康的行为，例如避免吸烟（Carter et al., 2011；Rossi & Yudell, 2012；另请参见本书第23章）。在这种情况下，很明显，劝服是一种刻意的努力，是利用影响力来改变他人的信念、态度或行为（Cameron, 2009）。奥基夫(O'Keefe,2004)认为,这种有劝服力的传播,从最简单的角度来说,旨在改变他人的态度和精神状态。

临床医生可能会使用劝服策略来提供新信息(例如描述一种新型减肥治疗方法的好处),以支持决策(例如推荐一个支持小组来帮助充满动力的患者控制体重)或改变信念(例如劝服父母为他们的孩子接种疫苗;Cameron,2009)。同样,患者可能打算通过提供新信息来进行劝服(例如描述不想要的药物的副作用)、支持决策(例如描述一种药物对治疗疾病多么有帮助)或改变信念(例如让临床医生相信患者在做定期锻炼)。

在医疗会面中,作为**个人影响力**的劝服,乍一看似乎是一个合适的模型(见图12.1)。例如临床医生向患者推荐"应该"采取的促进健康的行动,这是司空见惯的事(例如接种疫苗或服用降压药)。在这些情况下,临床医生正在利用他们的专业知识为患者做一些有益的事情——劝服反映了临床医生的善行(Swindell et al.,2010)。这种观点侧重于将劝服作为临床医生的个人劝服策略。它没有考虑到,临床医生将如何根据患者对劝服尝试的反应来调整他或她的传播。

图 12.1　单方面劝说

类似地,患者通常会试图劝服临床医生接受某种信念(例如,适度升高的血压不足挂怀)或采取某些行动(例如,开某种抗生素,预约磁共振扫描,提供一份工作请假条)。这种考量劝服的方式也没有考虑到,患者将如何根据临床医生对劝服尝试的回应方式来调整他或她的信息。

第 3 节　相互劝服:作为患者中心的传播

在理想状况下,临床医生和患者的劝服努力是以一种协作方式展开的。史密斯和贝提格鲁(Smith and Pettigrew,1986)认为这种**协作**表明了**相互劝服**内在于患者与临床医生的对话中。换句话说,要让患者和临床医生参与讨论,**双方**都必须参与相互劝服的过程。在临床会面中,每个人都必须愿意劝服对方,重要的是愿意被对方劝服。

从概念上讲,相互劝服反映了临床会面期间互动的本质。发送者和接收者通过各自的话轮转换推进互动,以此来扮演**双方**的角色(Duggan & Bradshaw,2008;Orth et al.,1987)。在轮到自己时,双方会相互影响,因为每个人都会根据对方所说来调整回应的内容(Duggan & Bradshaw,2008;Street,1992)。

当参与者打算改变彼此的思维方式时,他们就实施了劝服策略。如果将医疗会面视为相互劝服的实践,这种考量就反映了个人对彼此的劝服策略做出反应的方式,并改变了他们自己的回应策略。这种视角与个人劝服视角形成对比,后者将临床医生和患者之间的关系视为对立的,就好像每一方都**需要**被劝服,因为他们的观点彼此不一致。

患者中心传播的核心原则整合了涉及相互劝服的传播过程(见图12.2)。例如,"以患

图 12.2　相互劝服

者想要或需要的程度来让他们参与其护理",这句话可能包括患者这方面的说服努力,他们努力在关于他或她的护理决定中发挥重要作用(例如,是进行手术还是观察等待)。

一、约翰逊夫人的案例

例如,假设约翰逊夫人患有乳腺导管原位癌,这是一种非侵入性的乳腺癌。她的肿瘤科医生纳森(Nathan)博士为她提供了两种治疗选择:她可以进行观察等待,在此期间她会接受定期检查,除非她的病情发生变化,否则她的医生不会采取任何行动;或者她可以接受激进的治疗,例如放疗或手术。约翰逊夫人立即表达了她希望进行手术的愿望,因为它提供了"治愈"的希望。她说她想要手术,这样她就不必考虑癌症或担心最终会患上癌症。纳森医生告诉她,由于副作用和可能出现的并发症,放疗和手术通常会引起更多焦虑,因此他不建议这样做。他引用了不建议手术的证据,并讲述了一位与约翰逊夫人有同样感受的患者的故事,这位患者接受了手术,并对自己的选择感到后悔。两人继续讨论,约翰逊夫人透露她家族有浸润性乳腺癌史,她的决定很坚定,即便同样会遗憾,但她愿意冒险。纳森医生说,他看到许多有癌症家族史的女性决定放弃手术,但最终选择权在约翰逊夫人手中。

在这个例子中,患者和临床医生各自使用说服策略来表达他们的观点。约翰逊夫人说明了她做出决定的理由,并调整了她的推理以回应纳森医生提出的不建议手术的理由,反之亦然。约翰逊夫人的推理是情绪性的,是基于她的家族病史而来的;而纳森博士则结合了医学证据和轶事。无论对每个互动者的论点或证据质量看法如何,双方都试图说服对方并调整他们的论点以回应对方。

重要的是,相互劝说并不一定会产生双方都能接受的决定,但患者中心传播仍然可以说发生了。事实上,即使纳森医生尊重约翰逊夫人的决定并理解她的理由,但拒绝进行手术,相互劝说的尝试还是发生了。他可能将约翰逊夫人转诊给另一位肿瘤科医生,后者更乐意尊重她的意愿。不管互动的结果如何,患者和临床医生都会使用劝服策略,并改变他们的讯息以回应对方的讯息。

此外,如前所述,患者和临床医生的劝服能力不一定匹配。尽管约翰逊夫人宣称她有决策能力,但她的策略可能会被认为不如纳森博士有劝服力。最后,重要的是要注意患者可以表达一种推迟决策的愿望(Levinson et al., 2000)。这种情况可能涉及约翰逊夫人希望纳森博士为她做出决定,因为他掌握的证据更可靠。

二、患者中心传播中作为共同决策的相互劝服

虽然这听起来可能违反直觉,但在共同决策中是有相互劝服的。医疗决策的本质不仅仅是认知的,它还是社交的(Street, 2007)。临床医生和患者之间的共同决策是一种协作过程,旨在产生高质量的医疗决策。决策的质量可以通过做出的决策来判断。然而,共同决策学者采用了一种关注决策过程的视角(Elwyn et al., 2000; Epstein & Street, 2007; Sepucha et al., 2007)。在这样的视角下,高质量的医疗决策有如下特征:① 基于最佳临床证据;② 结合患者的价值观和偏好;③ 在患者希望或需要的程度上让患者参与决策过程;④ 实施起来是切实可行的。将共同决策视为一个过程,清楚地表明了该过程涉及相互劝服。

1. 高质量决策

医生在共同决策中的作用是帮助患者了解他们的医疗选择,在患者需要时提供指导,并阐明医生的偏好(Elwyn et al., 2014)。专注于患者决策的学术研究通常考察医生在影响(或试图避免影响)患者决策方面的作用(Karnieli-Miller & Eisikovits, 2009; Shay & Lafata, 2015)。然而,协作决策涉及临床医生提出他们的建议、专业知识和观点(Jacobsen et al., 2018)。当临床医生试图使用支持他们观点的劝服策略来劝服患者时,可能会遇到患者的抵制。在约翰逊夫人的案例中,纳森医生宣称证据支持观察等待法,并使用轶事证据来劝服约翰逊夫人放弃手术,但遭到了约翰逊夫人的抵制。在这种情况下,每个人都试图通过坚持自己的观点来劝服对方。

尽管约翰逊夫人和纳森博士都试图劝服对方采取"正确"的行动路线,但约翰逊夫人在对各个选项的了解方面处于劣势。因此,考虑到医疗会面中患者和临床医生权力的不平衡,很难做出真正的**协作**决策(Eggly, 2009)。决策环境中的权力不平衡通常是指患者缺乏健康素养,他们在健康护理系统中势单力薄,或者他们更喜欢临床医生主导的决策(Rubinelli, 2013; Street et al., 2003)。此外,共同决策文献的侧重点是,由于临床医生依据患者最大利益以及在最极端状况下(例如,停止无效治疗)具有最终决定权,由此可以一锤定音(Epstein & Entwistle, 2014)。

使用现有的最佳医学证据可以做出更高质量的决策,而决策过程中的相互劝服通常涉及医学证据的呈现(Politi & Street, 2010)。

在临床会面中,能够用证据支持其建议的临床医生被认为更可信,也更能参与决策(Labrie & Schulz, 2015)。但是,当证据如此复杂以至于外行人难以理解时,问题就出现了。在这种情况下,临床医生可能会使用解释技巧,例如用隐喻和图形呈现(Carter et al., 2011)。

例如,统计数据通常很难有意义地得以传达,尤其是那些与预后相关的统计数据(例如,癌症复发的概率为40%)。研究表明,患者倾向于积极地构建统计数据(例如,还有60%的机会处于缓解状态呢;Hagerty et al., 2005)。另一个问题是分析证据与患者拥有的叙事或轶事证据相冲突的情形(Winterbottom et al., 2008)。证据也可能是稀缺的、不确定的,或者不能支持一种治疗优于另一种治疗的(Street et al., 2009)。

提供证据的责任主要落在临床医生身上,因为患者需要他们的专业知识来提供和解释证据。因此,像纳森博士这样的临床医生处于优势地位,可以使用更多证据来劝服患者。然而,患者和临床医生考虑证据的相互行为也涉及患者这一方发起的劝服。首先,患者确实会从外部来源寻求健康信息,因此患者可能将自己找到的信息展示给临床医生以劝服他们(Tan & Goonawardene, 2017)。不过,更重要的是,患者在权衡临床医生提供的证据时拥有很强的主体性。换句话说,患者可以自由选择他们认为最有劝服力的内容。他们的选择通常反映情感,也反映逻辑(Epstein, 2013)。例如,患者可能更看重轶事而非分析证据。约翰逊夫人的决策受到了她所关心的一位家庭成员的经历的影响,她可能从未被纳森博士劝服去采用观察等待治疗法。

考虑患者的价值观和偏好也是做出高质量决策的一部分,在理想状况下高质量决策整合了相互劝服。然而,临床医生往往不知道对患者来说什么是最重要的。患者的价值观、需求和偏好引导其使用劝服策略。患者价值观通常分为不同的类别,包括与他人共度时光、享受爱好或学习活动、管理健康以及不依靠他人(Naik et al., 2016)。这些价值观彰显了患者对其健康持有的目标(例如,我想保持活动状态,这样我就可以和我的孙子/女们一起玩),以及对其健康护理的偏好(例如,因为有副作用,我不会服用那种药)。然而,临床医生在做决定时通常不会考虑患者的价值观、目标和偏好,这会对医疗决策的质量产生负面影响。

这些就是在临床会面中协作做决定的因素,是许多临床医生不习惯并且不讨论的方面(Fried et al., 2008)。有些决策比其他决策对偏好更敏感,尤其是当每个选项都有优点和缺点时(Llewellyn-Thomas & Crump, 2013)。约翰逊夫人的案例提供了一个偏好敏感的选择例子。观察等待和更激进的治疗都是选项。在这种情况下,对纳森医生可能有帮助的做法是:仔细引导约翰逊夫人说出驱动她做出决定的价值观、偏好和需求,从而劝服她进行观察等待。

2. 共同理解和解释选项

为了实现相互劝服,共同决策必须遵循建立共同理解的原则。这些原则包括以下内容:在患者和临床医生之间有效地交换信息,引出并重视患者的视角,回应患者的情绪,以及激活患者成为其护理的一部分(Epstein et al., 2005)。共同理解意味着患者和临床医生可以看到彼此的视角,分享他们的信念,并了解彼此的价值观和偏好(Street et al., 2009)。建立共同理解的挑战在于:患者和临床医生有不同的经验,以不同方式解释信息,对情况做出不同的反应,并以不同的健康护理价值观和信念进入临床会面(Politi & Street, 2011)。

患者和临床医生之间的对话涉及共享不同类型的信息。研究已聚焦于临床医生向患者提供复杂的信息,例如,治疗选项的风险和效益,描述病因不明的疾病,以及解释预后。重点通常放在临床医生收集和传播生物医学信息上(Fried et al.,2003;Hagerty et al.,2005)。反过来,医生期待患者提供足够的信息,以便做出诊断并制订治疗计划。

信息交换中的相互劝服是由内容驱动的,即临床医生和患者认为对方"需要知道"的东西,无论是关于一项实验结果、诊断、健康担忧、医疗流程、偏好、工作,还是家庭情况等。将临床会面视为相互影响的产物,反而是将信息交换**过程**置于中心位置。临床医生和患者都有助于在会面期间共享信息。这并不是说,他们在理解有助于健康护理的个人和医疗信息方面具有相同的视角、素养或认知框架。相反,过程模型侧重于患者和临床医生对双方各自提供的信息进行共同理解(Charles et al.,1997)。

从这个角度来看,患者和临床医生有意地提供信息,这些信息在互动过程中与每个人所实施的劝服策略具有同等价值。尽管临床医生拥有患者可能不具备的医学知识,但患者对其疾病体验的了解会以同样有价值的方式影响这个互动过程(Smith & Pettigrew,1986)。例如,患者关于他们经历的故事——他们的健康叙事——揭示了重要的社会心理信息,这些信息同样具有说服力,甚至更有影响力(Gordon et al.,2006;另见本书第4章关于健康叙事)。在约翰逊夫人的案例中,她的家庭经历推动了她的决策,尽管纳森博士试图用医学证据来劝服她。

3. 积极参与

协作关系是通过患者积极参与临床会面而建立的。患者的积极行为包括:提问(为什么我要连续服用十天抗生素?),宣示主张(我不想服用那种药物),以及表达担忧(我担心那个步骤的费用;Street,1992)。反过来,临床医生通过建立伙伴关系(我们将一起做出这个决定)和支持性谈话(您对这种治疗的担忧很重要)来回应患者。积极的传播行为是患者和临床医生相互影响的机制(Duggan & Bradshaw,2008;Street,1992)。积极的患者行为往往会促使临床医生做出回应。这些行为会根据参与者相对的传播偏好(例如,更喜欢多说或少说)、他们的自我意识(例如,在谈话中判断自己的主导地位)以及他们的传播风格(例如,注意不要打断另一方参与者;Street et al.,2005)而呈现出不同的外观和语气。

根据定义,相互劝服涉及积极参与互动,因为它是有意在互动中发挥自己的影响力。因此,积极的患者传播行为和临床医生的回应是互动者相互影响的行为。一种相互劝服的视角有助于建立患者积极参与的模型,因为它提供了另一种方式来解释参与者如何以及为什么可以积极参与临床会面。

三、患者中心传播中作为关系自主性的相互劝服

关系自主性是对患者自主性的重新概念化,它考虑了个人得以表达其偏好的社会过程(Dove et al.,2017;Walter & Ross,2014)。关系自主性假设个人独特的观点或愿望受到其与他人的关系的影响。与重视患者完全独立地做出决定而无需他人参与的传统自主观念不同,关系自主性认为个人**不能**脱离社会语境来做出决定(Epstein,2013;Epstein & Street,2011)。因此,其他人必然参与到个人决策中来。乍一看,约翰逊夫人的案例似乎是自主决策的一个鲜明例子。她下定决心要进行手术,尽管有证据表明观察等待可能是一个更安全的选择。然而,关系自主性考虑了她做决定的社会面,包括她和纳森博士都试图劝服对方接受各自的偏好是更好的选项。这种互动可能没有改变她的观点,但可能强化了她的观点,增强了她对自己决定的信心。

正如爱泼斯坦(Epstein,2013)指出的那样,围绕患者的自主性划定理论界限,可能意味着对患者行使决策权所蕴含的意义下了一个有限且最终是不准确的定义。例如,一位患者可能会带一位同伴来就诊,而这位同伴在临床会谈中多次主动提出关于治疗方案的意见,说这个方案不好,"就是不适合我们"。人们可能会得出结论说,同伴通过激烈地分享自己的观点,侵犯了甚至剥夺了患者的自主性。但爱泼斯坦和其他人认为,自主性的行使是微妙的,并且深受文化、信仰和语境因素的影响(Epstein,2013;Epstein & Street,2011;Laidsaar-Powell et al.,2016)。为同伴的介入腾出空间可以是患者行使自主性的一个功能,患者可能更愿意让他们的同伴做出健康护理决定。从这个意义上说,患者选择分享了他们的决策权,但仍然在进行相互劝服。同伴对自主决策的影响也可能不那么直接。患者可能依赖其同伴与临床医生进行传播的能力(例如,同伴必须帮

患者翻译或适应患者的听力障碍)。在这些情况下,同伴参与患者和临床医生之间的传播会影响做出决策的方式。

1. 揭示患者的视角

在这种情况下,相互劝服的一个重要因素是理解和阐明患者的视角。对临床医生来说,特别具有挑战性的一个因素是承认并回应患者的情感。患者和临床医生的大部分决策至少部分是由情感驱动的(Weilenmann et al., 2018)。情感通常不会直接表达,而是可以通过口头或非语言行为以间接方式传达(Levinson et al., 2000)。患者对负面情感的口头表达尤其容易引起临床医生的不适,因为这表明互动已失控(Patel et al., 2019)。临床医生也经常试图在临床会面中压抑或隐藏自己的情感(Weilenmann et al., 2018)。

尽管患者和临床医生的决策涉及情感,但情感通常被认为是一种糟糕的劝服策略。关于医疗会面期间劝服的诸多文献,都将理性影响和理性决策作为讨论健康护理最合乎道德和最"正确"的方式(Rubinelli, 2013)。然而,健康护理偏好通常至少部分地受到情感的影响。要理解约翰逊夫人和纳森博士的观点和劝服策略,重要的是要识别出他们各自视角的情感因素。约翰逊夫人争辩说,她想做手术是因为她的家人有患乳腺癌的危险因素。她这样做,表明她害怕进行观察等待。纳森医生还讲述了一个接受手术后后悔的患者的故事。在讲述这个故事时,他表达的是另一个患者的糟糕经历搅扰了他。

2. 探索生物心理社会性

除了考虑患者的疾病经历外,考虑患者对世界的体验也是患者中心护理的基本组成部分。有一种生物心理社会路径,考虑患者的健康状况和其他因素,例如,他们的生活环境,他们的社会功能,疾病产生的心理影响,以及形成他们对世界体验的其他特征(Borrell-Carrió et al., 2004)。在治疗计划中包括生物心理社会因素,有助于根据患者的生活方式和诊所外的其他情况量身定制护理方案。不服药的患者可能被认为是不依从的,但生物心理社会学路径会询问是否有诊所以外的原因导致患者不服药,例如,没有去药房的交通工具或某个副作用限制了患者的依从能力。因此,临床医生应该询问患者不坚持治疗的原因,并对这些原因做出回应。

生物心理社会路径侧重于患者的生活经历,并将患者对自身情况的了解视为与临床医生的专业知识等同的专业知识(Lambert et al., 1997)。例如,在约翰逊夫人的案例中,她利用自己的家族史来支持手术方案——担心自己会像家里的其他女性一样患上浸润性乳腺癌。了解这些信息后,临床医生可以调整他的劝服策略,并量身定制后续的讯息来消除她的恐惧。生物心理社会方法还可以帮助患者通过诊所外的共享经验建立联系和融洽关系,并更好地了解自己的偏好(Epstein & Street, 2007)。对于协商治疗计划,做出相互知情的决定以及对该劝服语境达成共识来说,生物心理社会信息也很有用。

3. 建立信任并相互尊重

信任和相互尊重有助于形成劝服行为中每个参与者的精神气质。信任是发展医患关系的关键因素(Berrios-Rivera et al., 2006)。为了建立融洽和互相尊重的关系,信任必须是相互的(Fiscella et al., 2004)。信任可以帮助患者减轻焦虑并增强患者对决策的参与度(Dang et al., 2017)。当患者和临床医生之间缺乏信任时,患者与临床医生之间的对话就会受到限制。如果一位临床医生认为其患者在撒谎,可能就会问患者是否在坚持服药,而忽略其对问题的回答。同样,当一名患者认为其临床医生无缘无故对某种治疗持有偏见时,她也不太可能表达其担忧。信任和相互尊重对于相互劝服也是必不可少的。信任使互动者能够积极地表达他们的观点并诚实地回应彼此。没有信任,相互劝服就会被可能的错误陈述和错误信息所掩盖。

第4节 朝向共享心态

患者中心传播的一个重要目标是让患者和临床医生达成**共享心态**(shared mind)(Epstein et al., 2009)。共享心态是一种状态,在这种状态下,患者和临床医生对患者的健康有共同的理解,了解彼此的观点,就最佳治疗方案达成一致,并且与彼此的感受"同步"(Epstein & Street, 2011)。为了达成共享心态,患者和临床医生必须协商他们在知识和观点上的差异(Epstein

& Street,2007)。理想的情况是,当他们形成共同理解并协作做出决策时,他们会在相互影响中达到平衡。换句话说,相互劝服导致了思维过程、影响和精神模式的相互性。

相互的精神过程由两个人共享;两者都不能对结果做出主张。通过分享想法和感受以及调整相互影响而产生的新想法属于集体(即共享心态)。实现共享心态涉及用多种策略来调整影响力,包括:共同叙事决策过程(例如,当我们仔细考虑这个决定时,让我们关注你关心的事),确定对要做出的决定产生影响的外部因素(例如,这个决定会影响你生活中的谁),以及统一认知框架(例如,让我们谈谈这种疾病的病程以及这个决定的重要性)。

约翰逊夫人和纳森博士并没有达成一种共享心态,但他们的案例表明,相互劝服是实现共享心态的一种方式。如果纳森博士帮助约翰逊夫人阐明了她对家族病史的担忧以及这些担忧如何影响她的治疗决定,如果约翰逊夫人询问了有关病程的具体问题以更好地了解观察等待的影响,或者,如果双方都以明确的词汇表达了他们的情感,他们的互动可能会导致一种心态交汇。从相互劝服的角度看待互动,有助于去识别他们如何达成共享心态。

第5节 未来的方向

我们已经介绍了相互劝服作为重新思考患者中心传播的方式,强调了临床互动的关系动态。相互劝服的视角在几个方面有利于患者中心传播的研究。

首先,它特别强调提供者和患者的主体性。每个人都以"劝服者"和"被劝服者"的身份进入一场临床互动,这将两个参与者都定位为强大的(施加影响)并受制于另一个互动者的力量(被影响)。尽管患者中心传播的大部分研究都集中在临床医生的责任上,但相互劝服提醒研究人员,在与临床医生的互动中,患者有力量进行劝服,研究应侧重于患者对患者中心传播要素做出的劝服性贡献。

其次,相互劝服也提醒研究人员,劝服不是单向的。这是一个涉及双方参与者的动态过程,不仅要注意患者和临床医生试图相互劝服的方式,还要注意他们各自调整劝服策略以回应彼此的方式。伦理学和劝服方面的研究倾向于关注临床医生用来劝服患者采取特定行动的策略。更多的研究可以关注患者和临床医生不仅使用劝服策略,而且在动态互动中对彼此的劝服策略做出回应的方式。

最后,相互劝服可用于评估患者中心传播、共同决策以及关系自主性。相互劝服可以在概念上将这些视角联系在一起。使用一个聚合测量系统将这些概念联系在一起还有一个方法,那就是考察和衡量"劝服者"使用的劝服策略,"被劝服者"收到的回应,以及每一方为适应对方所做的调整。

第6节 结 论

我们将相互劝服视为思考患者中心传播的方式。从这个角度来看,我们可以考察患者和临床医生对临床互动施加影响的方式。在实现患者中心护理目标(例如做出协作决策)的临床医患关系中,传播可以被描述为相互劝服。这种观点有助于理解患者与临床医生互动的动态机制。

参考文献

Agha, Z., Roter, D. L., & Schapira, R. M. (2009). An evaluation of patient-physician communication style during telemedicine consultations. *Journal of Medical Internet Research*, 11(3), e36.

Barton, E., & Eggly, S. (2009). Ethical or unethical persuasion? *Written Communication*, 26(3), 295-319.

Berrios-Rivera, J. P., Street, R. L., Popa-Lisseanu, M. G. G., Kallen, M. A., Richardson, M. N., Janssen, N. M., Marcus, D. M., Reveille, J. D., Warner, N. B., & Suarez-Almazor, M. E. (2006). Trust in physicians and elements of the medical interaction in patients with rheumatoid arthritis and systemic lupus erythematosus. *Arthritis Care and Research*, 55(3), 385-393.

Borrell-Carrió, F., Suchman, A. L., & Epstein, R. M. (2004). The biopsychosocial model 25 years later: Principles, practice, and scientific inquiry. *The Annals of Family Medicine*, 2(6), 576-582.

Cameron, K. A. (2009). A practitioner's guide to persuasion: An overview of 15 selected persuasion theories, models and frameworks. *Patient Education and Counseling*, 74(3), 309-317.

Carter, S. M., Rychetnik, L., Lloyd, B., Kerridge, I. H., Baur, L., Bauman, A., Hooker, C., & Zask, A. (2011). Evidence, ethics, and values: A framework for health promotion. *American Journal of Public Health*, 101(3), 465-472.

Cegala, D. J., & Post, D. M. (2009). The impact of patients' participation on physicians' patient-centered communication. *Patient Education and Counseling*, 77(2), 202-208.

Charles, C., Gafnv, A., & Whelan, T. (1997). Shared decision-making in the medical encounter: What does it mean? (Or it takes at least two to tango). *Social Science & Medicine*, 44(5), 681-692.

Dang, B. N., Westbrook, R. A., Njue, S. M., & Giordano, T. P. (2017). Building trust and rapport early in the new doctor-patient relationship: A longitudinal qualitative study. *BMC Medical Education*, 17(1), 32.

Dove, E. S., Kelly, S. E., Lucivero, F., Machirori, M., Dheensa, S., & Prainsack, B. (2017). Beyond individualism: Is there a place for relational autonomy in clinical practice and research? *Clinical Ethics*, 12(3), 150-165.

Duggan, A. P., & Bradshaw, Y. S. (2008). Mutual influence processes in physician-patient communication: An interaction adaptation perspective. *Communication Research Reports*, 25(3), 211-226.

Eggly, S. (2009). Can physicians both persuade and partner? A commentary on Karnieli-Miller and Eisikovits. *Social Science & Medicine*, 69(1), 9-11.

Elwyn, G. J., Dehlendorf, C., Epstein, R. M., Marrin, K., White, J., & Frosch, D. L. (2014). Shared decision making and motivational interviewing: Achieving patient-centered care across the spectrum of health care problems. *The Annals of Family Medicine*, 12(3), 270-275.

Elwyn, G. J., Edwards, A., Kinnersley, P., & Grol, R. (2000). Shared decision making and the concept of equipoise: The competences of involving patients in healthcare choices. *British Journal of General Practice*, 50(460), 892-899.

Entwistle, V. A., Carter, S. M., Cribb, A., & McCaffery, K. (2010). Supporting patient autonomy: The importance of clinician-patient relationships. *Journal of General Internal Medicine*, 25(7), 741-745.

Epstein, R. M. (2013). Whole mind and shared mind in clinical decision-making. *Patient Education and Counseling*, 90(2), 200-206.

Epstein, R. M., & Entwistle, V. A. (2014). Capacity and shared decision making in serious illness. In T. E. Quill & F. G. Miller (Eds.), *Palliative care and ethics* (pp. 162-187). Oxford University Press.

Epstein, R. M., Franks, P., Fiscella, K., Shields, C. G., Meldrum, S. C., Kravitz, R. L., & Duberstein, P. R. (2005). Measuring patient-centered communication in patient-physician consultations: Theoretical and practical issues. *Social Science & Medicine*, 61(7), 1516-1528.

Epstein, R. M., Peters, E., & Alerts, E. (2009). Beyond information: Exploring patients' preferences. *JAMA-Journal of the American Medical Association*, 302(2), 195-197.

Epstein, R. M., & Street, R. L. (2007). *Patient-centered communication in cancer care: Promoting healing and reducing suffering*. National Cancer Institute.

Epstein, R. M., & Street, R. L. (2011). Shared mind: Communication, decision making, and autonomy in serious illness. *Annals of Family Medicine*, 9(5), 454-461.

Fiscella, K., Meldrum, S., Franks, P., Shields, C. G., Duberstein, P., McDaniel, S. H., & Epstein, R. M. (2004). Patient trust. *Medical Care*, 42(11), 1049-1055.

Fried, T. R., Bradley, E. H., & O'Leary, J. (2003). Prognosis communication in serious illness: Perceptions of older patients, caregivers, and clinicians. *Journal of the American Geriatrics Society*, 51(10), 1398-1403.

Fried, T. R., McGraw, S., Agostini, J. V., & Tinetti, M. E. (2008). Views of older persons with multiple morbidities on competing outcomes and clinical decision-making. *Journal of the American Geriatrics Society*, 56(10), 1839-1844.

Gold, A., & Lichtenberg, P. (2012). Don't call me "Nudge": The ethical obligation to use effective interventions to promote public health. *American Journal of Bioethics*, 12(2), 18-20.

Gordon, H. S., Street, R. L., Sharf, B. F., Kelly, P. A., & Souchek, J. (2006). Racial differences in trust and lung cancer patients' perceptions of physician communication. *Journal of Clinical Oncology*, 24(6), 904-909.

Hagerty, R. G., Butow, P. N., Ellis, P. M., Dimitry, S., & Tattersall, M. H. N. (2005). Communicating prognosis in cancer care: A systematic review of the literature. *Annals of Oncology*, 16(7), 1005-1053.

Institute of Medicine (U.S.), Committee on Quality of Health Care in America (2001). *Crossing the quality chasm: A new health system for the 21st century*. National Academy Press.

Jacobsen, J., Blinderman, C., Alexander Cole, C., & Jackson, V. (2018). "I'd recommend..." how to incorporate your recommendation into shared decision making for patients with serious illness. *Journal of Pain and Symptom Management*, 55(4), 1224-1230.

Karnieli-Miller, O., & Eisikovits, Z. (2009). Physician as partner or salesman? Shared decision-making in real-time encounters. *Social Science & Medicine*, 69(1), 1-8.

Krupat, E., Irish, J. T., Kasten, L. E., Freund, K. M., Burns, R. B., Moskowitz, M. A., & McKinlay, J. B. (1999). Patient assertiveness and physician decision-making among older breast cancer patients. *Social Science & Medicine*, 49(4), 449-457.

Labrie, N. H. M., & Schulz, P. J. (2015). The effects of general practitioners' use of argumentation to support their treatment advice: Results of an experimental study using video-vignettes. *Health Communication*, 30(10), 951-961.

Laidsaar-Powell, R., Butow, P., Bu, S., Dear, R., Fisher, A., Coll, J., & Juraskova, I. (2016). Exploring the communication of oncologists, patients and family members in cancer consultations: Development and application of a coding system capturing family-relevant behaviours (KINcode). *Psycho-Oncology*, 25(7), 787-794.

Lambert, B. L., Street, R. L., Cegala, D. J., Smith, D. H., Kurtz, S., & Schofield, T. (1997). Provider-patient communication, patient-centered care, and the mangle of practice. *Health Communication*, 9(1), 27-43.

Langberg, E. M., Dyhr, L., & Davidsen, A. S. (2019). Development of the concept of patient-centredness—A systematic review. *Patient Education and Counseling*, 102(7), 1228-1236.

Levinson, W., Gorawara-Bhat, R., & Lamb, J. (2000). A study of patient clues and physician responses in primary care and surgical settings. *Journal of the American Medical Association*, 284(8), 1021-1027.

Llewellyn-Thomas, H. A., & Crump, R. T. (2013). Decision support for patients: Values clarification and preference elicitation. *Medical Care Research and Review: MCRR*, 70(1 Suppl), 50S-79S.

Mead, N., & Bower, P. (2000). Patient-centredness: A conceptual framework and review of the empirical literature. *Social Science & Medicine*, 51(7), 1087-1110.

Naik, A. D., Martin, L. A., Moye, J., & Karel, M. J. (2016). Health values and treatment goals of older, multimorbid adults facing life-threatening illness. *Journal of the American Geriatrics Society*, 64(3), 625-631.

O'Keefe, D. J. (2004). Trends and prospects in persuasion theory and research. In J. S. Seiter & R. H. Gass (Eds.), *Persuasion: Theory and research* (pp. 31-43). Pearson/Allyn and Bacon.

Ong, L. M. L., de Haes, J. C. J. M., Hoos, A. M., & Lammes, F. B. (2003). Doctor-patient communication: A review of the literature. *Social Science & Medicine*, 40(7), 903-918.

Orth, J. E., Stiles, W. B., Scherwitz, L., Hennrikus, D., & Vallbona, C. (1987). Patient exposition and provider explanation in routine interviews and hypertensive patients' blood pressure control. *Health Psychology: Official Journal of the Division of Health Psychology, American Psychological Association*, 6(1), 29-42.

Patel, S., Pelletier-Bui, A., Smith, S., Roberts, M. B., Kilgannon, H., Trzeciak, S., & Roberts, B. W. (2019). Curricula for empathy and compassion training in medical education: A systematic review. *PLOS ONE*, 14(8), e0221412.

Politi, M. C., & Street, R. L. (2010). The importance of communication in collaborative decision making: Facilitating shared mind and the management of uncertainty. *Journal of Evaluation in Clinical Practice*, 17(4), 579-584.

Rossi, J., & Yudell, M. (2012). The use of persuasion in public health communication: An ethical critique. *Public Health Ethics*, 5(2), 192-205.

Rubinelli, S. (2013). Rational versus unreasonable persuasion in doctor-patient communication: A normative account. *Patient Education and Counseling*, 92(3), 296-301.

Sepucha, K., Ozanne, E., Silvia, K., Partridge, A., & Mulley, A. G. (2007). An approach to measuring the quality of breast cancer decisions. *Patient Education and Counseling*, 65(2), 261-269.

Shaw, D., & Elger, B. (2013). Evidence-based persuasion: An ethical imperative. *JAMA—Journal of the American Medical Association*, 309(16), 1689-1690.

Shay, L. A., & Lafata, J. E. (2015). Where is the evidence? A systematic review of shared decision making and patient outcomes. *Medical Decision Making*, 35(1), 114-131.

Smith, D. H., & Pettigrew, L. S. (1986). Mutual persuasion as a model for doctor-patient communication. *Theoretical Medicine*, 7(2), 127-146.

Stewart, M., Brown, J. B., Donner, A., McWhinney, I. R., Oates, J., Weston, W. W., & Jordan, J. (2000). The impact of patient-centered care on outcomes. *Journal of Family Practice*, 9(9), 796-804.

Street, R. L. (1992). Communicative styles and adaptations in physician-parent consultations. *Social Science & Medicine*, 34(10), 1155-1163.

Street, R. L. (2003). Communication in medical encounters: An ecological perspective. In T. L. Thompson, A. M. Dorsey, K. I. Miller, & R. Parrott (Eds.), *Handbook of health communication* (pp. 63-89). Routledge/Taylor & Francis.

Street, R. L. (2007). Aiding medical decision making: A communication perspective. *Medical Decision Making*, 27(5), 550-553.

Street, R. L. (2017). The many "disguises" of patient-centered communication: Problems of conceptualization and measurement. *Patient Education and Counseling*, 100(11), 2131-2134.

Street, R. L. (2019). Mapping diverse measures of patient-centered communication onto the conceptual domains of patient-centered care. *Patient Education and Counseling*, 102(7), 1225-1227.

Street, R. L., Gordon, H., & Haidet, P. (2007). Physicians' communication and perceptions of patients: Is it how they look, how they talk, or is it just the doctor? *Social Science & Medicine*, 65(3), 586-598.

Street, R. L., Gordon, H. S., Ward, M. M., Krupat, E., & Kravitz, R. L. (2005). Patient participation in medical consultations: Why some patients are more involved than others. *Medical Care*, 43(10), 960-969.

Street, R. L., Krupat, E., Bell, R. A., Kravitz, R. L., & Haidet, P. (2003). Beliefs about control in the physician-patient relationship: Effect on communication in medical encounters. *Journal of General Internal Medicine*, 18(8), 609-616.

Street, R. L., Makoul, G., Arora, N. K., & Epstein, R. M. (2009). How does communication heal? Pathways linking clinician—patient communication to health outcomes. *Patient Education and Counseling*, 74(3), 295-301.

Swindell, J. S., Mcguire, A. L., & Halpern, S. D. (2010). Beneficent persuasion: Techniques and ethical guidelines to improve patients' decisions. *Annals of Family Medicine*, *8*(3), 260-264.

Tan, S. S. L., & Goonawardene, N. (2017). Internet health information seeking and the patient-physician relationship: A systematic review. *Journal of Medical Internet Research*, *19*(1), e9.

Walter, J. K., & Ross, L. F. (2014). Relational autonomy: Moving beyond the limits of isolated individualism. *Pediatrics*, *133* (Supplement), S16-S23.

Weilenmann, S., Schnyder, U., Parkinson, B., Corda, C., von Känel, R., & Pfaltz, M. C. (2018). Emotion transfer, emotion regulation, and empathy-related processes in physician-patient interactions and their association with physician well-being: A theoretical model. *Frontiers in Psychiatry*, *9*(12), 2079-2088.

Winterbottom, A., Bekker, H. L., Conner, M., & Mooney, A. (2008). Does narrative information bias individual's decision making? A systematic review. *Social Science & Medicine*, *67*(12), 2079-2088.

第 13 章
健康护理提供者与患者之间的艰难会话

艾莉森·M. 斯科特（Allison M. Scott）

健康护理中的一些对话，对提供者及其患者来说尤其具有挑战性。从历史上看，"健康护理中的艰难会话"主要被定义为那些涉及"难相处的患者"（这个称谓忽略了对话的二元性质）或涉及某种形式的"坏消息发布"的对话，例如，医生向患者传达绝症诊断或披露医疗失误（这忽略了谈话主题之外的困难来源）。然而，越来越多的研究试图更广泛地识别是什么让健康护理中的某些对话变得艰难，并提供解决这些问题的建议。基于这项新兴工作，"艰难会话"的定义已经扩展到包括具有如下特征的对话：关键或复杂信息，概率或风险，不受欢迎或敏感话题，强烈的负面情感，患者和提供者之间的分歧或冲突，以及身份认同或关系威胁。

在本章中，我总结了健康护理中艰难会话的主要类型，用于研究艰难会话的理论和方法（包括科学、解释和批判范式），以及成功参与艰难会话的策略。本章主要侧重于传播学科内部的研究，但也有一些来自其他领域的研究。艰难的会话可以在不同的环境场景中采用不同的形式，并且可以包含不同类型的参与者。本章重点介绍患者和健康护理提供者之间的面对面对话。本手册的其他章节解决了家庭成员（见第 7 章和第 8 章）和健康护理提供者（见第 17 章）之间关于健康的艰难互动。本章重点关注那些自认为是考察健康护理对话之"艰难""挑战""有问题""敏感"或"微妙"面的研究。许多研究调查了本章中描述的特定类型的对话，但不一定考察了对话的难度，并且这些研究未在本述评中出现。

第 1 节 健康护理中艰难会话的类型

根据对艰难会话的现有研究，艰难的根源可以归类为敏感话题披露、具有挑战性的健康语境、高风险决策和具有强烈情感的话题。这些类型的讨论之所以艰难，一个常见的原因是它们都会引发强烈的负面情感（例如，失败感、愤怒、恐惧、悲伤、防备、沮丧、无助、尴尬、困惑），需要提供者和患者调节他们的情绪以便于进行对话（Kafetsios et al., 2014; Kennifer et al., 2009）。

一、敏感信息披露

敏感信息披露涉及共享难以披露的信息，可能是因为有人不想听，信息很复杂，或者容易使某人遭受负面评价或容易引发某人的负面行动。坏消息传递是此类研究中最大的领域，它需要披露那些以极端、消极的方式改变患者对未来看法的信息

(Buckman，1984)，例如，披露如下不利信息：有关患者诊断或预后的，治疗失败的，不想要的副作用的，或不符合临床试验资格的。坏消息传递文献中的一个共同主题是，谈话的艰难在于这样的两难处境：如何说出全部令人痛苦的真相，同时又为患者及其家人保留希望(例如，Curtis et al.，2008；Del Vento et al.，2009)。此外，坏消息的传递会产生相关的其他对话目标，这些目标可能难以同时实现，包括管理负面情绪，避免治疗关系中的误解或障碍，管理医疗不确定性，以及帮助患者做出没有赢家的决定。

对敏感披露的研究，还考察了对导致患者死亡或重伤的医疗失误或不良事件进行披露(和道歉)的情况。过去，许多健康护理机构积极劝阻临床医生披露医疗失误或为错误道歉，担心此类对话会使组织面临诉讼风险。然而，研究表明，披露错误实际上有助于减少医疗事故诉讼(Helmchen et al.，2010；另请参见本书第 15 章)，并且这些研究发现，披露错误促使健康护理机构进行文化转型：从保密转向患者安全(Kohn et al.，1999)。此外，许多州都采用了"道歉法"来为提供者对错误表示遗憾时提供保护(McDonnell et al.，2008)，这引发了就如何有效地为错误道歉展开的进一步研究。研究已经确定，有效地进行错误披露，至少包含四个部分：明确描述错误，解释错误发生的原因，总结如何防止错误再次发生，以及为伤害道歉(Bonnema et al.，2012)。然而，尽管从业者对什么是有效的道歉有清晰的了解，始终赞成对医疗失误进行"公开、坦诚的传播"是最佳实践(Noland & Carmack，2015，第 1237 页)，且更有能力披露错误，但这样的对话仍然具有挑战性。例如，一些健康护理提供者报告说，被动和随意(而不是直接和正式)的传播通常是在实际报告错误时采取的最佳方式，因为不作断言可以解决这样的困境：确保错误得到处理，同时不会威胁到组织的等级结构(Noland & Carmack，2015)。

还有其他几种类型的敏感信息披露会导致健康护理领域的对话变得艰难。一些研究调查了这样一些情形：患者不愿向其提供者揭示重要健康信息(Anderson et al.，2019)，医生必须向患者披露自己的疾病(Klitzman & Weiss，2006)，或者患者与一个提供者分享信息。这会造成一种保密困境：是否向其他提供者披露该信息(Petronio & Sargent，2011)。其他研究将遗传风险披露视为一场艰难的会话(Ashida et al.，2009；Guan et al.，2018)。这些披露对话通常以进退两难为标志，比如说，以一种全面的方式共享复杂的信息而又不会让患者不知所措，或者在尊重患者或提供者的保密性的同时对患者的护理质量不打折扣。

二、具有挑战性的语境

一些患者与提供者的对话很困难，因为它们发生在特定的健康护理语境中。关于临终关怀的对话一直被认为是艰难的(见本书第 9 章)，这表明，即使在提供者惯常性地必须讨论临终诊断的医疗实践领域，对话仍然具有挑战性。临终谈话标志着无数两难困境，包括在保持希望的同时保持坦诚(Curtis et al.，2008)，当提供者不同意患者的决定时尊重患者的自主性(Marcus & Mott，2014)，提供者不把自己对医疗决策的价值观强加于人，同时拥有患者的信任(Meyer et al.，2012)，并在保持专业和个人界限的同时提供支持性和富有同情心的护理(Main，2013)。这些目标很难同时实现，这使得临终对话特别艰难。

可能导致对话困难的另一串语境，包括怀孕、流产、分娩和新生儿重症监护。在这些语境下的讨论也给提供者带来了两难困境，包括告诉一位女性流产了，还要帮助她做出时间敏感的治疗决定(例如，是否使用观察等待、医疗管理或手术管理；Brann & Bute，2017)，并促进分娩女性的最佳健康结果(这可能与妇女的生育计划偏好相矛盾)，同时拥有患者的信任(Dalton et al.，2020)。

三、高风险的决定

第三类艰难会话包括患者与提供者关于高风险决策的讨论。健康护理对话充满了决策，但有些决策特别重要、复杂或敏感，因此关于这些决策的对话尤其具有挑战性。其中一项决策是参与临床试验的知情同意。对大多数提供者来说，这些对话的主要目标是知情同意,但令从业者通常颇费周章的是,他们需要提供不太多也不太少,只是刚刚好的信息量,使患者得到最优知情保障。对患者和医生之间的知情同意讨论的观察性研究表明,这些对话往往达不到知情同意的理想状态。例如,有时讨论中完全遗漏了知情同意的关键要素(Jenkins et al., 1999),一些临床医生明里暗里地试图劝服患者参与一项试验(Brown et al., 2004),以及有些提供者拒绝就有关试验向符合条件的患者给予警示,因为担心这会损害他们之间的关系(Curbow et al., 2006)。

几项关于艰难会话的研究调查了临床医生和患者如何谈论强化治疗的决定,例如,进入对阿尔茨海默病做积极管理的阶段(Karnieli-Miller et al., 2007),或开始胰岛素治疗或糖尿病的其他形式的自我管理(Rose et al., 2009;White et al., 2016)。其他高风险决策包括是否接种疫苗(Heiss et al., 2015;Reno et al., 2018)、捐赠器官(Traino & Siminoff, 2016)或进行基因检测(Dean & Davidson, 2018)。此外,当患者和提供者意见不同时,任何决定都可能变成艰难的会话,例如,当患者抵制或拒绝提供者的建议方案时(Marcus & Mott, 2014;Stivers, 2005)。关于高风险决策的对话通常具有挑战性,因为提供者帮助患者实现最佳健康结果的目标,可能与患者自己的健康护理目标相左。

四、情绪火爆的主题

最后,一些患者与提供者的互动很困难,因为谈话的主题是"情绪炸裂的"("charged"),它带有浓重的身份意味,使讨论变得不舒服、难为情、尴尬,甚至污名化或触碰禁忌,即使在健康护理互动中也是如此(见本书第 6 章)。在健康护理中被确定为艰难会话的话题有:肥胖和体重管理(Thille, 2019),性和性健康(Banerjee et al., 2018;Utamsingh et al., 2016;Venetis et al., 2017),灵性(Canzona et al., 2015),药物滥用(包括阿片类药物处方及其减量)(Matthias et al., 2017),残疾(Duggan et al., 2010)和精神健康(Kanaan et al., 2009)。这些谈话之挑战在于其两难性,例如,在劝服患者改变不健康行为的同时给予支持,在讨论这些话题的健康意味的同时还要应对潜在的面子威胁,在探查必要信息的同时尊重患者的隐私。在讨论"情绪炸裂"话题时面临两难境地的不仅仅是提供者。丹佛(Denvir, 2014)发现,如果患者有问题要向他们的医生披露的生活方式信息(例如,药物滥用,不良饮食),他们会经历两难处境:对医生实言相告以便医生可以恰当地治疗他们,同时防止医生对他们做出不讨喜的归因。

另一个难以对话的话题是费用。费用对话的主要目标是降低费用并使用性价比高的药物(Brick et al., 2019;Ekberg et al., 2017;Wolfson et al., 2014),但司各特等人(Scott et al., 2020)发现,医生在与患者进行费用讨论时有许多其他相关目标,这些目标可能相互竞争并使对话具有挑战性,包括:做出治疗决定,促进患者依从性,成为一名"好医生",管理医疗资源,为患者发声,防止患者难为情,以及保护医患关系。

一些研究已经发现关于依从性的讨论是困难的。谈论依从性可能会威胁到患者作为"好患者"的身份(Watermeyer & Penn, 2012),并且还需要临床医生劝服患者改变其行为,这并不总是一项受欢迎的任务(Mishra et al., 2006)。同样,提供者如何与孩子父母谈论孩子的健康,有时被认为是一场艰难的会话,因为孩子的健康意味着养育质量,而劝服父母改变自己的行为以促进孩子的健康,可能是一项精细活(Brown et al., 2007;Shue et al., 2016)。

值得注意的是,即使是老生常谈的话题,讨论起来也可能是艰难的。例如,斯特雷卡洛娃等人(Strekalova et al., 2017)和特雷西(Tracy, 2004)考察了在一场艰难会话的医生回应——对患者所披露的个人健康史做出回应;特雷斯等人(Treise et al., 2016)研究了患者要求医生在开始检查前洗手这种艰难谈话。

五、小结

马丁等人(Martin et al., 2015)观察到,"对艰难的健康护理对话进行分类比下定义更容易"(第 1248 页),但一项对艰难会话类型进行审慎考察的研究发现它们有一个潜在的共性:所有艰难的会话在一定程度上都有两难特征,即源于相互冲突的目标(并且几乎总是使前面提到的目标——管理强烈的负面情感——成为必要)。尽管不同类型的对话及其参与者的特殊目标可能有所差别,但使这些对话变得艰难的决定性特征是相互冲突的多个目标的相关性,这造成如何实现所有目标的困境。

第 2 节　研究健康护理中艰难会话的理论和方法

来自不同学科的学者对健康护理中的艰难会话进行了研究,其中大部分研究来自行为、社会科学以及医学的各个领域。尽管传播学以外的研究缺乏理论基础,而传播学内部的研究一直被理论所浇铸,这增加了在各种研究中得出更普遍结论的困难。研究人员使用跨学科的多元方法调查艰难会话,由此产生的对艰难会话的学术理解颇为活跃。

一、理论框架

用于构建艰难会话研究框架的理论因学科而异。在医学领域,最常用的概念框架是传播技能训练协议,例如,SPIKES①(Reed & Sharma, 2016; Seifart et al., 2011)或明智选择运动(Choosing Wisely campaign)(Wolfson et al., 2014)。医学研究中的其他一般理论观点包括：患者中心传播范式(Mast et al., 2005)、共同决策(Brown et al., 2004; Ekberg et al., 2017)或生物伦理学原则(Kanaan et al., 2009)。然而,医学领域的大部分研究并没有明确地受到任何理论或理论结构的指导,这使得确定基础解释——某些艰难会话为何多少都有些成功之处——变得充满挑战性。

在传播领域,形塑艰难会话研究最为常见的理论视角是：多目标理论视角(Dalton et al., 2020; du Pré, 2002; Scott et al., 2020),传播隐私管理理论(Canzona et al., 2015; Petronio & Sargent, 2011; Venetis et al., 2017),以及细化可能性模型(the elaboration likelihood model)(Curbow et al., 2006; Shue et al., 2016)。这是有道理的,因为这些理论解释了目标困境——健康护理中艰难会话的一个决定性特征。学者们用来研究艰难会话的其他传播理论包括：不确定性管理理论(Dean & Davidson, 2018), 关系辩证法理论 2.0 版(Bute & Brann, 2019), 令人难忘的讯息框架(Noland & Carmack, 2015), 决策披露模型(Venetis et al., 2017),以及传播调适理论(Watson et al., 2015)。很明显,问题是传播学之外的领域如何有效利用这些理论开展艰难会话的研究。

二、方法论

从方法论的角度来看,艰难会话研究中使用的研究方案多种多样,这是文献的优势。然而,艰难会话的定义和衡量标准千差万别,这是此类研究的一个弱点。

1. 设计

针对健康护理研究中艰难会话的研究,已经涌现出许多研究方案,包括民族志观察、话语和对话分析、对话编码和评级、内容分析、个人和焦点小组访谈、调查、实验和干预。为了说明这些不同的方法如何回答有关艰难会话的不同问题,表 13.1 总结了使用各种方法发布坏消息的具体研究。该表说明了研究结果因方法而异,以及使用不同方法研究相同的艰难会话如何有助于更深入地理解会话。

---

① SPIKES 协议是临床医学中用来向患者和家属通报坏消息的一种方法。该协议于 2000 年由百乐等人在肿瘤学背景下首次提出。SPIKES 协议是六个英文单词的首字母组合词：setting(环境),即恰当设置咨询场所,这意味着永远不要通过电话或在走廊上发布坏消息；perception(感知),即评估患者对情况的看法；invitation(邀请),即推动患者邀请临床医生传递消息,措辞很重要,因为医生实质上是在请求允许与他们分享不愉快的消息；knowledge(知识),即向患者提供相关知识,请注意不要立即添加额外的细节；empathy(同理心),即同情消息对患者产生的影响；strategy(策略),即为下一步做什么制定策略。每种情况都是独一无二的,最好通过考虑患者的需求和期望的最大利益来行事。——译者注

表 13.1　坏消息发布的研究

方　法	研　究　案　例
民族志	卡涅利-米勒等(Karnieli-Miller et al., 2010)观察了14次阿尔茨海默病披露诊断的会面,发现医生对于披露诊断将造成的影响表现得比较木讷,他们把讨论弄得很简短,使用破碎的句子,谈论症状而不是说"阿尔茨海默病",回避细节,并迅速把主题从诊断过渡为管理。
披露分析	格罗高等人(Graugaard et al., 2011)分析了23名医生和89位患者之间进行的坏消息对话,他们发现,医生很少问病人对于坏消息他们有何愿望,而是使用含蓄策略(如暗示),这就需要病人请求获得进一步的信息。
编码对话	肯尼弗等人(Kennifer et al., 2009)对264次肿瘤科医生与患者的对话进行编码,包括:患者情绪的类型/严重程度和移情/非移情回应。他们发现,肿瘤学家有同理心地回应了患者1/3的负面情绪表露,最少有同理心的时候是回应恐惧,最有同理心的时候是回应悲伤。
内容分析	拉米亚尼等人(Lamiani et al., 2012)分析了304名医生的传播策略,发现医生使用更多以关系为中心(而非以任务为中心)的策略来传达坏消息,他们是从个人经验而非医学教育中学到了这些策略。
访谈	奥科诺米杜等人(Oikonomidou et al., 2017)采访了25位医生,发现医生认识到恰当又有效地进行坏消息发布(他们将其定义为针对每个患者的个别化定制)很重要,并认为坏消息发布应该是跨学科和协作的。
调查	罗格等人(Rogg et al., 2009)对1 605名医生进行了调查,发现他们认为传递坏消息会给他们带来压力,可能威胁到他们的声誉,并且他们对乐观地歪曲预后信息具有很高的容忍度。
试验	德尔文托等人(Del Vento, et al., 2009)用实验法让8名医生向16名患者披露好消息或坏消息,发现医生发布坏消息时使用含蓄语言的比例更高,在发布好消息时使用直率语言的比例更高。
干预	戈尼维茨等人(Gorniewicz et al., 2017)评估了针对66名住院医生和健康专业学生进行的传播技能培训,发现比起对照组参与者来说,干预组参与者在积极倾听技巧和面对患者感受方面的得分提高了更多。

2. 艰难会话的测量

在现有研究中,艰难的会话已经以多种方式被操作化。最常见的测量是测量有/没有(presence/absence),即捕捉对话是否发生,例如,向参与者询问这样的问题:"您和您的医生是否讨论过您对临终时想要的特别护理的愿望?"(Wright et al., 2008,第1666页)。其他有/没有的量表包括:评估是否推荐了疫苗(Heiss et al., 2015),或是否揭示了敏感信息(Ashida et al., 2009;Farber et al., 2017)。

一些研究通过实验操控艰难会话是否发生,例如,布雷克等人(Brick et al., 2019)考察了参与者更喜欢一位讨论还是不讨论费用的医生。一些研究使用了微观层面的在场/缺席量表,对一次艰难会话是否表现出某些特征——如对话动作(例如,索要信息,表达支持,披露情感;Brown et al., 2007;Guan et al., 2018;Mast et al., 2005)或语言元素(Hesson & Pichler, 2018;Strekalova et al., 2017)——进行编码。

艰难的会话也对数量标记进行测量,如对话长度(Reno et al., 2018;Traino & Siminoff, 2016)、对话次数(Shue et al., 2016)或讨论的主题数量(Fleissig et al., 2001)。其他研究评估了艰难会话中传播的开放程度(Banerjee et al., 2018)、从属或主导程度(Grant et al., 2000)、共情或非共情程度(Kennifer et al., 2009)、关系程度(Kafetsios et al., 2014),或基本能力程度(Rose et al., 2009;White et al., 2016)。还有其他研究对传播高、质量低的各个方面进行了评级(Brown et al., 2004;Doyle et al., 2011)。简而言之,对于如何最好地测量困难对话,几乎没有达成共识。

值得注意的是,当针对有/没有或其他数量特征进行操作时,对话结果往往是积极的、消极的和不显著效果的混合。例如,默克特等人(Merckaert et al., 2009)在知情同意讨论中测量了十种临床医生传播行为的有/没有,发现只有一种行为对患者利益结果有影响,并且效果与预期的方向相反(比如,检查患者的理解情况导致患者焦虑的增加,作者推测这可能是因为检查促使患者更加关注医疗决定的风险)。里诺等人(Reno et al., 2018)在一项研究中测量了医生向年轻患者的父母推荐疫苗的对话长度,发现医生和对疫苗犹疑不决的父母交谈的时间实际上少于与普通父母交谈的时间。

相比之下,当衡量艰难会话中的传播**质量**时,发现模式更加一致,因此更高质量的对话会带来更好的结果。例如,格兰特等人(Grant et al., 2000)在知情同意讨论中根据亲和风格和支配风格来测量医生的传播行为,发现医生的亲和传播能够成功地预测了患者是否同意参加临床试验。怀特等人(White et al., 2016)衡量了糖尿病讨论期间医生的传播质量,就清晰度、关心、伙伴关系、尊重和同情方面进行测量,发现患者对医生的不信任与较差的传播质量有关。简而言之,在艰难会话中考虑传播的质量(而不是数量),似乎会导致一种更为一致的模式,将传播和结果关联起来。

三、小结

从广义上讲,在艰难会话的研究中,科学范式和解释范式之间存在一种平衡。最近的一项研究采用了一种批判性的方法来检视艰难会话。乌塔辛格等人(Utamsingh et al., 2016)通过实验法,比较了医生对异性恋和非异性恋的传播,发现女同性恋、男同性恋和双性恋参与者更不信任他们的医生,也不太可能向医生披露相关的健康信息,异性恋的情况比非异性恋的情况要好些。然而,批判范式在跨学科的艰难会话研究中并没有得到很好的体现。

第3节 成功参与健康护理领域艰难会话的策略

对健康护理艰难对话的研究往往集中在四种主要类型的研究问题或假设上:① 识别艰难会话的障碍;② 描述艰难会话的内容;③ 解释艰难会话的各种特征的含义和功能;④ 根据艰难会话是否发生或对话质量来预测结果。这些重点领域中的每一个,对于成功参与艰难会话的功效都有特定含义。

一、识别艰难会话的障碍

尽管大多数研究集中于提供者的角度,但患者和提供者之间的艰难会话存在许多障碍。使对话难以启动的最常见障碍之一是提供者的不确定性。从业者报告说,他们不确定的是:进行艰难会话的最佳时机(Farber et al., 2017),提供建议的行动路线或如何回答患者的问题(Buckman, 1984),以及在对话中实际说什么和不说什么(Nordby & Nøhr, 2011)。克里兹曼和魏斯(Klitzman & Weiss, 2006)采访了50名医生,询问他们是否向患者披露自身的健康状况(27名医生是艾滋病阳性,23名医生患有癌症、心脏病或肝炎等其他疾病)。他们发现,医生不确定的是:在患者没有询问的情况下,是否要告诉患者;是说真话、撒谎还是歪曲信息。他们还发现,患者不确定的是:是否询问医生的诊断以及他们是否有知情权。这些发现表明,克服艰难会话障碍的策略,可能因医生和患者而异。

临床医生还报告说,负面情绪是启动困难谈话的障碍,他们将这些谈话描述为"令人不快、不悦,让人沮丧和烦人的"以及"困难、疲惫和费神的"(Wallace et al., 2006, 第8520页)。此外,一些提供者承认,艰难会话(例如,披露医生自己被诊断为患有艾滋病、癌症、心脏病或肝炎)会带来关系代价,可能导致患者对提供者失去信任或不再依赖他们的指导(Klitzman & Weiss, 2006)。然而,布雷克等人(Brick et al., 2019)发现,患者更喜欢那些发起费用讨论的医生,而不是那些没有发起费用讨论的医生,而且费用对话不会损害医患关系。许多临床医生担心艰难的会话太耗时(Farber et al., 2017; Karnieli-Miller et al., 2010)。然而,杜普雷(du Pré, 2002)发现,讨论艰难的话题并没有延长平均就诊时间;肯尼弗等人(Kennifer et al., 2009)发现,以同理心(与非同理心相比)回应患者的情感披露会使患者与提供者的讨论平均延长21秒。

这项关于障碍的研究暗示的策略包括意识到潜在障碍并直接处置这些障碍的一般建议。然而,关于究竟**如何**解决障碍(尤其是如何通过传播来解决这些障碍)提供的见解相当稀少。许多关于艰难会话障碍的研究得出的结论是"需要更多培训"(例如 Karnieli-Miller et al., 2007; Nordby & Nøhr, 2011),但问题仍然存在:在这些艰难会话中,提供者究竟应该受训做些什么？此外，值得注意的是，技能培训研究往往衡量的是参与者对技能改进的自我感知，例如，在艰难会话中感觉准备充分、自信、舒适、有效或胜任（Bonnema et al.，2012；Reed & Sharma，2016）；然而，"成功"的培训几乎没有在患者身上产生实际结果（Doyle et al.，2011；Langewitz，2017）。此外，安德森等人（Andersen et.，2019）认为，在某些情况下，从业者不应使用传播策略来克服患者在艰难会话中的障碍（例如，不愿透露个人信息），因为这会破坏患者的自主性，并且不利于患者在自我健康护理中增强能力。显然，需要有更多的研究来确定培训的最佳方法，以帮助医生有效、恰当地克服艰难会话的障碍。

二、描述艰难会话的内容

许多研究试图描述健康护理中艰难会话的内容，例如，识别提供者和患者在进行艰难会话时使用的各种传播策略。例如，根据对27位家庭医生的采访，堪佐纳等人（Canzona et al.，2015）发现，当患者向医生询问灵性问题时，医生通过使用个人披露、一般披露、拒绝披露、转移话题、合理化患者的问题或委托另类渠道讨论等方式，策略性地构建隐私边界；他们选择策略是基于对最佳平衡点的感知，即如何在对患者的专业责任与自我保护需要之间取得最佳平衡。他们需要避免成为潜在具有挑战性信息的共有人。蒂勒（Thille，2019）对初级护理医生与患者的29次就诊录音进行了对话分析，发现一些医生会解释血压结果并与患者讨论高血压的潜在预示因素，但很少解释体重结果或讨论体重有问题的预示因素。在没有医生解释的情况下，患者对自己的体重提出了自己的解释，而他们的解释往往会延续反脂肪的污名化话语（例如，将其体重描述为个人失败），而医生不会对此提出异议。斯蒂弗斯（Stivers，2005）还使用会话分析检查了360次儿科医生与父母的会面，发现儿科患者的父母使用接受、保留接受，或积极抵制的策略，对想要的（但不是医学上指示的）抗生素处方进行讨价还价。

其他对艰难谈话内容的研究都集中在谈话的微观特征上。例如，德尔文托等人（Del Vento et al.，2009）分析了8名医生和16名患者之间的对话，发现医生发布坏消息时比发布好消息时更多地使用含蓄语言（例如，使用替代术语给出诊断，修饰他们的评估，低估确定性，并巧妙地将患者与疾病分开），发布好消息时使用直率语言的比率高于发布坏消息时。然而，含蓄语言并没有干扰信息的真实性，这表明含蓄语言代表了一种解决两难困境的方案，即在分享坏消息时如何既诚实表达又保留希望。

一些研究关注健康护理艰难对话的实际内容和理想内容之间的脱节。例如，布朗等人（Brown et al.，2004）考察了59次咨询，这是肿瘤学家提供的一次参与临床试验的机会。他们发现，在三分之一的讨论中，肿瘤学家发表了支持一种选择而不是另一种选择的陈述（尽管必须让患者做出自己的知情选择）。卡南等人（Kanaan et al.，2009）采访了22位神经科医生，发现医生们报告说，针对每个患者定制化传播，意味着有时停止说出关于污名化精神健康诊断的真相，根本不披露诊断或披露不同的（不正确的）诊断，以避免让患者不安，这一发现证明了定制传播的潜在代价（即提供者可能会裁剪太多，甚至于不会说出他们真正相信的东西）。同样，罗格等人（Rogg et al.，2009）发现，尽管医生同意开放式传播最能支持患者的自主性，但他们倾向于偏好朝乐观方向扭曲预后信息，并可能向患者隐瞒坏消息的真实内容。

总的来说，对艰难会话内容的研究暗示了两种可能违反直觉的有效传播策略。最艰难的会话研究假设，为每个患者量身定制的信息会产生最有效的对话，并且直接和明确的传播比含蓄或私下里说要好，因为含蓄的谈话会给整体真实带来风险，而明确的谈话不会威胁关键的对话结果（例如 Stein et al.，2019）。然而，一些研究结果表明，定制并不总是会产生最真实的对话（例如 Kanaan et al.，2009；Rogg et al.，2009），并且有证据表明，含蓄传播并不一定需要对真实性打折扣，这可能是解决艰难会话中两难困境——诚实和同理心——的有效方法（例如 Del Vento et al.，2009）。

三、解释艰难会话的含义和功能

第三组研究侧重于健康护理的艰难会话的意义和功能。这类研究表明，根据对话对患者和提供者的意义，参与艰难会话的策略或多或少地有效。例如，迈耶等人（Meyer et al.，2012）发现，当儿科重症患者的父母问医生："如果这是你的孩子，你会怎么做？"医生不愿意回答，有些人认为不回答这个问题是可以接受的，甚至是合乎道德的，因为回答可能会过度影响患者的决策。然而,不要从字面来理解患者的问题的意思,而要将问题理解为一种求助诉求,当问题没有得到回答时,父母有可能避免在未来询问医生的建议,认为医生不可接近,或者体验到一种被弃的感觉。

此外,对艰难会话含义的研究表明,传播行为与其含义之间不存在一种对应关联;相反,根据策略对患者和提供者的意义,可以制定不同的策略来进行艰难会话,从而产生不同的效果。例如,黑森和皮希勒(Hesson & Pichler, 2018)分析了95次精神科医生与儿童的互动,发现当患者说"我不知道"时,它可以发挥"认知"功能(即患者真的不知道接下来说什么)或"抵抗"功能(例如,患者正在挽回面子,减轻公开反对或拒绝招来不受待见的结局,保持他们的谈话话轮,或结束讨论)。知道如何区分"我不知道"的这两种功能,可以使提供者明白何时进一步探查或何时接受患者的主张。

同样,毕奇和普里克特(Beach & Prickett, 2017)研究了医患对话的"微妙"方面,发现患者会用笑声和幽默来解决令人不安的谈话话题,但医生不会受邀分享,也不会回应这种笑声或幽默。懂得患者的笑声,通常表示患者把某个话题看作"令人不安的",这使医生能够辨别,患者不一定是在邀请医生分享这种幽默(这在不那么困难的对话中可能具有社交恰当性),而是在邀请医生承认并处置他们的担忧;事实上,**不笑**是医生在艰难会话中与患者合盟和尊重患者的一种关键资源。

斯科特等人(Scott et al., 2020)采访了36位初级护理医生,发现他们与患者的费用对话涉及许多目标(例如,降低护理费用,做出治疗决定,促进患者依从性,加强他们作为一名"好医生"的专业身份,管理医疗资源,为患者发声,防止患者难为情,保护医患关系)。他们发现,医生使用如下策略如直接处置费用、避免讨论费用以及错误地向患者担保不要为费用担忧等,来实现这些目标,但医生的目标并不会导致以一种一致的方式来使用某些策略;一些医生在同一次谈话中使用看似矛盾的策略来实现相同的目标(例如,试图通过直接讨论费用和避免讨论费用来保护治疗关系)。斯科特等人发现这是医生诉求的对话**含义**(例如,费用对话为的是培养患者参与,提供整体健康护理,勾选方框,与患者争论,分散患者注意力),这与他们的策略关联,为的是以一致的方式进行艰难会话。

四、预测艰难会话的结果

最后,一些研究侧重于艰难会话带给患者的结果。例如,在艰难会话中更高质量的提供者传播(稍后描述操作化)与更好的患者健康行为相关,包括更好的依从性(Mishra et al., 2006),更高的疫苗接种率(Heiss et al., 2015),患者更高比率地披露相关个人健康信息(Ashida et al., 2009; Utamsingh et al., 2016),以及在生命终结时使用不必要(且昂贵)的生命维持治疗方法的比率更低(Wright et al., 2008)。更高质量的提供者传播也与更高水平的患者满意度(Kafetsios et al., 2014; Mast et al., 2005)和信任度(Curbow et al., 2006; Utamsingh et al., 2016)以及更低的患者抑郁和焦虑程度(Stein et al., 2019)相关。罗斯等人(Rose et al., 2009)的发现揭示,艰难会话的影响通常是复杂的:研究人员调查了105名糖尿病患者,发现患者对血糖自我监测的效能感与医生传播之间存在着一种明显的相互作用,就是说,当患者自我效能高时,医生较高质量的传播会加强患者对血糖水平做自我监测的意愿;但当患者自我效能低时,医生较高质量的传播会削弱患者的自我监测的意愿。这表明,对患者低自我效能敏感的医生,其行动在不经意间降低了患者的自我管理。

通过研究如何操作化传播以观察其影响,可以推断出在进行困难对话时成功参与的策略。具体而言,艰难会话中的有效传播似乎是直接的、清晰的、理性的,而不是回避的或仓促的(例如,以任务为中心; Heiss et al., 2015; Mishra et al., 2006; Stein et al., 2019; Wright et al., 2008),是友好的、支持的和适应情感问题的(例如,以关系为中心; Curbow et al., 2006; Kafetsios et al., 2014; Mast et al., 2005),是尊重患者的自主性和非污名化的(即以身份为中心; Rose et al., 2009; Utamsingh et al., 2016)。

五、小结

从广义上讲,前面总结的研究表明,在艰难谈话中追求各种目标,对于互动的相对成功影响力十足。尽管推荐的各种策略因语境、主题或参与者而异,但研究结果所暗示的有效策略都有一个基本假设,在艰难会话中,与忽略相关目标相比,关注多个(且可能相互冲突的)目标的传播更为成功。

第4节 健康护理中艰难会话的未来研究

近年来,关于健康护理中艰难会话的文献明显增加。这是一个富有成果的探究领域,因为这些发现实际上对改善健康护理的重要方面具有巨大潜力。随着这一研究领域的不断发展,未来对艰难会话的研究至少可以通过三种方式向前迈出有意义的步伐。

首先,需要持续地测量跨学科的艰难会话。操作化的多样性,可能是由于在艰难会话中缺乏什么才算"好"传播的一致概念。大多数研究实际上并没有定义好传播,而实实在在做出定义的研究又是众说纷纭。由于在概念化和操作化传播方面缺乏共识,因此很难在研究中得出确切结论,从而难以利用研究结果来改善实践中的艰难会话。展望未来,如果传播能够在理论上一致性地概念化和操作化,并且以考虑传播质量(而不仅仅是数量)的方式进行,那么艰难会话的文献将会得到加强。此外,进行艰难会话研究的各个学科需要对话,而不是各自为战。这种合作将利用每个领域的专业知识,并促进使用更一致的传播定义和传播测量方法。

其次,该领域已经发展到需要改变方法论的地步。尽管探索艰难互动的新语境和新话题是有裨益的,但需要进行调查以确定使跨语境和话题的艰难会话成功的因素。具体来说,必须有更多的纵向和观察性研究、二元分析甚至三元分析,以及将艰难会话的特定信息特征与实际患者健康结果联系起来的研究(而不仅仅是对一个会话有多令人满意或多有帮助的看法)。此外,研究已经确定了大量参与艰难会话的策略,现在需要进行实验研究来评估这些策略的相对有效性。

最后,研究已经开始考虑导致艰难会话有效性较高还是较低的那些文化差异(例如,Krieger, 2014; Mishra et al., 2006; Oikonomidou et al., 2017),并且这种趋势应该继续下去,以便为最佳实践提供信息。例如,潘纳克等人(Kpanake et al., 2016)发现,只有2%的多哥患者希望他们的医生总是说出坏消息的全部真相,33%的人希望医生只说出部分真相,42%的人希望医生只向亲属透露全部真相(并且不告诉患者)。这样的结果并不是多哥人独有的;在许多亚洲和中东文化中可能会发现类似的模式(例如,Rosenberg et al., 2017)。像这样的发现说明,如果医生使用基于西方价值观(例如,自主决定,个人自由)的策略,他们的传播可能会导致不同文化价值观的患者及其家属的负面情绪、不信任和误解。这些发现为成功参与艰难会话提供了洞见。

参考文献

Andersen, N. Å., & Pors, J. G. (2019). When no is not an option: The immunization against silence in a motivational interview about marijuana use. *Social Theory & Health*, 17(4), 443-462.

Ashida, S., Koehly, L. M., Roberts, J. S., Chen, C. A., Hiraki, S., & Green, R. C. (2009). Disclosing the disclosure: Factors associated with communicating the results of genetic susceptibility testing for Alzheimer's disease. *Journal of Health Communication*, 14(8), 768-784.

Banerjee, S. C., Walters, C. B., Staley, J. M., Alexander, K., & Parker, P. A. (2018). Knowledge, beliefs, and communication behavior of oncology health-care providers (HCPs) regarding lesbian, gay, bisexual, and transgender (LGBT) patient health care. *Journal of Health Communication*, 23(4), 329-339.

Beach, W. A., & Prickett, E. (2017). Laughter, humor, and cancer: Delicate moments and poignant interactional circumstances. *Health Communication*, 32(7), 791-802.

Bonnema, R. A., Gonzaga, A. M. R., Bost, J. E., & Spagnoletti, C. L. (2012). Teaching error disclosure: Advanced communication skills training for residents. *Journal of Communication in Healthcare*, 5(1), 51-55.

Brann, M., & Bute, J. J. (2017). Communicating to promote informed decisions in the context of early pregnancy loss. *Patient Education and Counseling*, 100(12), 2269-2274.

Brick, D. J., Scherr, K. A., & Ubel, P. A. (2019). The impact of cost conversations on the patient-physician relationship. *Health Communication*, 34(1), 65-73.

Brown, R. F., Butow, P. N., Ellis, P., Boyle, F., & Tattersall, M. H. N. (2004). Seeking informed consent to cancer clinical trials: Describing current practice. *Social Science & Medicine*, 58(12), 2445-2457.

Brown, T. N., Ueno, K., Smith, C. L., Austin, N. S., & Bickman, L. (2007). Communication patterns in medical encounters for the treatment of child psychosocial problems: Does pediatrician-parent concordance matter? *Health Communication*, 21(3), 247-256.

Buckman, R. (1984). Breaking bad news: Why is it still so difficult? *British Medical Journal*, 288(6430), 1597.

Bute, J. J., & Brann, M. (2019). Tensions and contradictions in interns' communication about unexpected pregnancy loss. *Health Communication*, 35(5), 529-537.

Canzona, M. R., Peterson, E. B., Villagran, M. M., & Seehusen, D. A. (2015). Constructing and communicating privacy boundaries: How family medicine physicians manage patient requests for religious disclosure in the clinical interaction. *Health Communication*, 30(10), 1001-1012.

Curbow, B., Fogarty, L. A., McDonnell, K. A., Chill, J., & Scott, L. B. (2006). The role of physician characteristics in clinical trial acceptance: Testing pathways of influence. *Journal of Health Communication*, 11(2), 199-218.

Curtis, J. R., Engelberg, R., Young, J. P., Vig, L. K., Reinke, L. F., Wenrich, M. D., McGrath, B., McCown, E., & Back, A. L. (2008). An approach to understanding the interaction of hope and desire for explicit prognostic information among individuals with severe chronic obstructive pulmonary disease or advanced cancer. *Journal of Palliative Medicine*, 11(4), 610-620.

Dalton, E. D., Pjesivac, I., Eldredge, S., & Miller, L. (2020). From vulnerability to disclosure: A normative approach to understanding trust in obstetric and intrapartum nurse-patient communication. *Health Communication*, 36(5), 616-629.

Dean, M., & Davidson, L. G. (2018). Previvors' uncertainty management strategies for hereditary breast and ovarian cancer. *Health Communication*, 33(2), 122-130.

Del Vento, A., Bavelas, J., Healing, S., MacLean, G., & Kirk, P. (2009). An experimental investigation of the dilemma of delivering bad news. *Patient Education and Counseling*, 77(3), 443-449.

Denvir, P. (2014). Saving face during routine lifestyle history taking: How patients report and remediate potentially problematic conduct. *Communication & Medicine*, 11(3), 263-274.

Doyle, D., Copeland, H. L., Bush, D., Stein, L., & Thompson, S. (2011). A course for nurses to handle difficult communication situations: A randomized controlled trial of impact on self-efficacy and performance. *Patient Education and Counseling*, 82(1), 100-109.

Duggan, A., Bradshaw, Y. S., & Altman, W. (2010). How do I ask about your disability? An examination of interpersonal communication processes between medical students and patients with disabilities. *Journal of Health Communication*, 15(3), 334-350.

Du Pré, A. (2002). Accomplishing the impossible: Talking about body and soul and mind during a medical visit. *Health Communication*, 14(1), 1-21.

Ekberg, K., Barr, C., & Hickson, L. (2017). Difficult conversations: Talking about cost in audiology consultations with older adults. *International Journal of Audiology*, 56(11), 854-861.

Farber, J. G., Prieur, M. G., Roach, C., Shay, R., Walter, M., Borowitz, D., & Dellon, E. P. (2018). Difficult conversations: Discussing prognosis with children with cystic fibrosis. *Pediatric Pulmonology*, 53(5), 592-598.

Fleissig, A., Jenkins, V., & Fallowfield, L. (2001). Results of an intervention study to improve communication about randomised clinical trials of cancer therapy. *European Journal of Cancer*, *37*(3), 322-331.

Gorniewicz, J., Floyd, M., Krishnan, K., Bishop, T. W., Tudiver, F., & Lang, F. (2017). Breaking bad news to patients with cancer: A randomized control trial of a brief communication skills training module incorporating the stories and preferences of actual patients. *Patient Education and Counseling*, *100*(4), 655-666.

Grant, C. H., Cissna, K. N., & Rosenfeld, L. B. (2000). Patients' perceptions of physicians communication and outcomes of the accrual to trial process. *Health Communication*, *12*(1), 23-39.

Graugaard, P. K., Rogg, L., Eide, H., Uhlig, T., & Loge, J. H. (2011). Ways of providing the patient with a prognosis: A terminology of employed strategies based on qualitative data. *Patient Education and Counseling*, *83*(1), 80-86.

Guan, Y., Roter, D. L., Erby, L. H., Wolff, J. L., Gitlin, L. N., Roberts, J. S., Green, R. C., & Christensen, K. D. (2018). Communication predictors of patient and companion satisfaction with Alzheimer's genetic risk disclosure. *Journal of Health Communication*, *23*(8), 807-814.

Heiss, S. N., Carmack, H. J., & Chadwick, A. E. (2015). Effects of interpersonal communication, knowledge, and attitudes on pertussis vaccination in Vermont. *Journal of Communication in Healthcare*, *8*(3), 207-219.

Helmchen, L. A., Richards, M. R., & McDonald, T. B. (2010). How does routine disclosure of medical error affect patients' propensity to sue and their assessment of provider quality? Evidence from survey data. *Medical Care*, *48*(11), 955-961.

Hesson, A. M., & Pichler, H. (2018). Breaking down barriers in pediatric mental health consultations: Understanding patients' use of I DON'T KNOW. *Health Communication*, *33*(7), 867-876.

Jenkins, V. A., Fallowfield, L. J., Souhami, A., & Sawtell, M. (1999). How do doctors explain randomised clinical trials to their patients? *European Journal of Cancer*, *35*(8), 1187-1193.

Kafetsios, K., Anagnostopoulos, F., Lempesis, E., & Valindra, A. (2014). Doctors' emotion regulation and patient satisfaction: A social-functional perspective. *Health Communication*, *29*(2), 205-214.

Kanaan, R., Armstrong, D., & Wessely, S. (2009). Limits to truth-telling: Neurologists' communication in conversion disorder. *Patient Education and Counseling*, *77*(2), 296-301.

Karnieli-Miller, O., Werner, P., Aharon-Peretz, J., & Eidelman, S. (2007). Dilemmas in the (un)veiling of the diagnosis of Alzheimer's disease: Walking an ethical and professional tight rope. *Patient Education and Counseling*, *67*(3), 307-314.

Kennifer, S. L., Alexander, S. C., Pollak, K. I., Jeffreys, A. S., Olsen, M. K., Rodriguez, K. L., Arnold, R. M., & Tulsky, J. A. (2009). Negative emotions in cancer care: Do oncologists' responses depend on severity and type of emotion? *Patient Education and Counseling*, *76*(1), 51-56.

Klitzman, R., & Weiss, J. (2006). Disclosures of illness by doctors to their patients: A qualitative study of doctors with HIV and other serious disorders. *Patient Education and Counseling*, *64*(1-3), 277-284.

Kohn, L. T., Corrigan, J. M., & Donaldson, M. S. (2000). Errors in health care: A leading cause of death and injury. In M. S. Donaldson, J. M. Corrigan, & L. T. Kohn (Eds.), *To err is human: Building a safer health system* (pp. 26-48). National Academies Press.

Kpanake, L., Sorum, P. C., & Mullet, E. (2016). Breaking bad news to Togolese patients. *Health Communication*, *31*(11), 1311-1317.

Krieger, J. L. (2014). Last resort or roll of the die? Exploring the role of metaphors in cancer clinical trials education among medically underserved populations. *Journal of Health Communication*, *19*(10), 1161-1177.

Lamiani, G., Barello, S., Browning, D. M., Vegni, E., & Meyer, E. C. (2012). Uncovering and validating clinicians' experiential knowledge when facing difficult conversations: A cross-cultural perspective. *Patient Education and Counseling*, *87*(3), 307-312.

Langewitz, W. (2017). Breaking bad news: Quo vadis? *Patient Education and Counseling*, *100*(4), 607-609.

Main, D. C. (2013). Communication in difficult situations: What would a friend say? *British Medical Journal*, *347*, f5037.

Marcus, J. D., & Mott, F. E. (2014). Difficult conversations: From diagnosis to death. *Ochsner Journal*, *14*(4), 712-717.

Martin, E. B., Jr., Mazzola, N. M., Brandano, J., Luff, D., Zurakowski, D., & Meyer, E. C. (2015). Clinicians' recognition and management of emotions during difficult healthcare conversations. *Patient Education and Counseling*, 98(10), 1248-1254.

Mast, M. S., Kindlimann, A., & Langewitz, W. (2005). Recipients' perspective on breaking bad news: How you put it really makes a difference. *Patient Education and Counseling*, 58(3), 244-251.

Matthias, M. S., Johnson, N. L., Shields, C. G., Bair, M. J., MacKie, P., Huffman, M., & Alexander, S. C. (2017). "I'm not gonna pull the rug out from under you": Patient-provider communication about opioid tapering. *The Journal of Pain*, 18(11), 1365-1373.

McDonnell, W. M., & Guenther, E. (2008). Narrative review: Do state laws make it easier to say "I'm sorry"? *Annals of Internal Medicine*, 149(11), 811-815.

Merckaert, I., Libert, Y., Bron, D., Jaivenois, M. F., Martiat, P., Slachmuylder, J. L., & Razavi, D. (2009). Impact of life-threatening risk information on the evolution of patients' anxiety and risk recall: The specific context of informed consent for experimental stem cell transplant. *Patient Education and Counseling*, 75(2), 192-198.

Meyer, E. C., Lamiani, G., Foer, M. R., & Truog, R. D. (2012). "What would you do if this were your child?": Practitioners' responses during enacted conversations in the United States. *Pediatric Critical Care Medicine*, 13(6), e372-e376.

Mishra, P., Hansen, E. H., Sabroe, S., & Kafle, K. K. (2006). Adherence is associated with the quality of professional-patient interaction in directly observed treatment short-course, DOTS. *Patient Education and Counseling*, 63(1-2), 29-37.

Noland, C. M., & Carmack, H. J. (2015). "You never forget your first mistake": Nursing socialization, memorable messages, and communication about medical errors. *Health Communication*, 30(12), 1234-1244.

Nordby, H., & Nøhr, Ø. N. (2011). Care and empathy in ambulance services: Paramedics' experiences of communicative challenges in transports of patients with prolonged cancer. *Journal of Communication in Healthcare*, 4(4), 215-226.

Oikonomidou, D., Anagnostopoulos, F., Dimitrakaki, C., Ploumpidis, D., Stylianidis, S., & Tountas, Y. (2017). Doctors' perceptions and practices of breaking bad news: A qualitative study from Greece. *Health Communication*, 32(6), 657-666.

Petronio, S., & Sargent, J. (2011). Disclosure predicaments arising during the course of patient care: Nurses' privacy management. *Health Communication*, 26(3), 255-266.

Reed, D. J.-W., & Sharma, J. (2016). Delivering difficult news and improving family communication: Simulation for neonatal-perinatal fellows. *MedEdPORTAL*, 12.

Reno, J. E., O'Leary, S., Garrett, K., Pyrzanowski, J., Lockhart, S., Campagna, E., Barnard, J., & Dempsey, A. F. (2018). Improving provider communication about HPV vaccines for vaccine-hesitant parents through the use of motivational interviewing. *Journal of Health Communication*, 23(4), 313-320.

Rogg, L., Loge, J. H., Aasland, O. G., & Graugaard, P. K. (2009). Physicians' attitudes towards disclosure of prognostic information: A survey among a representative cross-section of 1605 Norwegian physicians. *Patient Education and Counseling*, 77(2), 242-247.

Rose, V., Harris, M., Ho, M. T., & Jayasinghe, U. W. (2009). A better model of diabetes self-management? Interactions between GP communication and patient self-efficacy in self-monitoring of blood glucose. *Patient Education and Counseling*, 77(2), 260-265.

Rosenberg, A. R., Starks, H., Unguru, Y., Feudtner, C., & Diekema, D. (2017). Truth telling in the setting of cultural differences and incurable pediatric illness: A review. *JAMA Pediatrics*, 171(11), 1113-1119.

Scott, A. M., Harrington, N. G., & Spencer, E. (2020). Primary care physicians' strategic pursuit of multiple goals in cost-of-care conversations with patients. *Health Communication*, 36(8), 927-939.

Seifart, C., Hofmann, M., Bär, T., Riera Knorrenschild, J., Seifart, U., & Rief, W. (2014). Breaking bad news—what patients want and what they get: Evaluating the SPIKES protocol in Germany. *Annals of Oncology*, 25(3), 707-711.

Shue, C. K., Whitt, J. K., Daniel, L., & Shue, C. B. (2016). Promoting conversations between physicians and families about childhood obesity: Evaluation of physician communication training within a clinical practice improvement initiative. *Health Communication*, 31(4),

408-416.

Stein, A., Dalton, L., Rapa, E., Bluebond-Langner, M., Hanington, L., Stein, K. F., Ziebland, S., Rochat, T., Harrop, E., Kelly, B., & Bland, R. (2019). Communication with children and adolescents about the diagnosis of their own life-threatening condition. *The Lancet*, *393*(10176), 1150-1163.

Stivers, T. (2005). Parent resistance to physicians' treatment recommendations: One resource for initiating a negotiation of the treatment decision. *Health Communication*, *18*(1), 41-74.

Strekalova, Y. A., Krieger, J. L., Neil, J., Caughlin, J. P., Kleinheksel, A. J., & Kotranza, A. (2017). I understand how you feel: The language of empathy in virtual clinical training. *Journal of Language and Social Psychology*, *36*(1), 61-79.

Thille, P. (2019). Managing anti-fat stigma in primary care: An observational study. *Health Communication*, *34*(8), 892-903.

Tracy, C. S., Drummond, N., Ferris, L. E., Globerman, J., Hébert, P. C., Pringle, D. M., & Cohen, C. A. (2004). To tell or not to tell? Professional and lay perspectives on the disclosure of personal health information in community-based dementia care. *Canadian Journal on Aging*, *23*(3), 203-215.

Traino, H. M., & Siminoff, L. A. (2016). Keep it going: Maintaining health conversations using relational and instrumental approaches. *Health Communication*, *31*(3), 308-319.

Treise, D., Weigold, M. F., Birnbrauer, K., & Schain, D. (2016). The best of intentions: Patients' intentions to request health care workers cleanse hands before examinations. *Health Communication*, *31*(4), 425-433.

Utamsingh, P. D., Richman, L. S., Martin, J. L., Lattanner, M. R., & Chaikind, J. R. (2016). Heteronormativity and practitioner-patient interaction. *Health Communication*, *31*(5), 566-574.

Venetis, M. K., Meyerson, B. E., Friley, L. B., Gillespie, A., Ohmit, A., & Shields, C. G. (2017). Characterizing sexual orientation disclosure to health care providers: Lesbian, gay, and bisexual perspectives. *Health Communication*, *32*(5), 578-586.

Wallace, J. A., Hlubocky, F. J., & Daugherty, C. K. (2006). Emotional responses of oncologists when disclosing prognostic information to patients with terminal disease: Results of qualitative data from a mailed survey to ASCO members. *Journal of Clinical Oncology*, *24*(18 suppl), 8520-8520.

Watermeyer, J., & Penn, C. (2012). "Only two months destroys everything": A case study of communication about nonadherence to antiretroviral therapy in a South African HIV pharmacy context. *Health Communication*, *27*(6), 602-611.

Watson, B. M., Angus, D., Gore, L., & Farmer, J. (2015, March). Communication in open disclosure conversations about adverse events in hospitals. *Language & Communication*, *41*, 57-70.

White, R. O., Chakkalakal, R. J., Presley, C. A., Bian, A., Schildcrout, J. S., Wallston, K. A., Barto, S., Kripalani, S., & Rothman, R. (2016). Perceptions of provider communication among vulnerable patients with diabetes: Influences of medical mistrust and health literacy. *Journal of Health Communication*, *21*(2 suppl), 127-134.

Wolfson, D., Santa, J., & Slass, L. (2014). Engaging physicians and consumers in conversations about treatment overuse and waste: A short history of the choosing Wisely campaign. *Academic Medicine*, *89*(7), 990-995.

Wright, A. A., Zhang, B., Ray, A., Mack, J. W., Trice, E., Balboni, T., Mitchell, S. L., Jackson, V. A., Block, S. D., Maciejewski, P. K., & Prigerson, H. G. (2008). Associations between end-of-life discussions, patient mental health, medical care near death, and caregiver bereavement adjustment. *Journal of the American Medical Association*, *300*(14), 1665-1673.

第 14 章
提高临床医生和患者的传播技能

布里安娜·R. 库桑诺(Brianna R. Cusanno)　尼维塔·凯西斯瓦兰(Nivethitha Ketheeswaran)
卡尔玛·L. 拜伦德(Carma L. Bylund)

患者、家属和临床医生通过互动和分享故事来了解健康和疾病(Harter & Bochner, 2009)。归根结底,医学本质上是一种传播事业,其核心是人际传播。对临床医生与患者传播的重要性的认识产生了传播技能项目(communication skills programs, CSP)以改善临床传播。在本章中,我们回顾了设计、实施和评估传播技能项目的方法。我们还强调了传播技能项目背后的哲学范式和传播概念,并提出了未来的研究方向。

在 20 世纪的大部分时间里,临床医生很少接受正式的传播指导(Hart, 2010; Makoul, 1999)。像 1910 年的《弗莱克斯纳报告》(*Flexner Report*)①这样有影响力的文件,导致了医生培训更加关注技术技能和科学推理,但并不强调传播在医学中扮演的角色(Duffy, 2011)。同样,护理教育强调科学方法,很少关注发展人际关系或传播技能。然而,在 20 世纪中叶,像希尔德加德·佩普劳(Hildegard Peplau)这样的护理领袖提倡关系在护理中的重要性,并更加重视培养护士的"人际关怀"能力(Hart, 2010,第 7 页)。此外,在 20 世纪六七十年代,研究人员开始关注医患传播中的差距(Korsch et al., 1968)。这些努力导致人们对研究临床医患互动的兴趣增加(Makoul, 1999)。

许多研究已经证明良好的临床传播的重要性,并将其与满意度(Batbaatar et al., 2017)、患者安全(Wu & Rawal, 2017)、更少的医疗事故索赔(Levinson et al., 1997)以及健康结果(Street, 2013;另请参见本书第 15 章)联系起来。研究还论述了临床医患传播中的挑战。例如,医生往往主导咨询(Pilnick & Dingwall, 2011),在就诊期间说的话大约是患者的两倍(Rhoades et al., 2001)。此外,临床医生往往无法确定患者的主要担忧(Maguire et al., 1996),一项研究发现,临床医生仅在 36% 的就诊中成功地引出了患者议程(Singh Ospina et al., 2019)。

为了响应这类研究以及为患者、家属和临床医生发声,传播技能项目现在是临床医生培训的重要组成部分。全球的认证机构,包括加拿大、印度和美国在内(AACN, 1998; Frank et al., 2015; Makoul, 1999; Modi et al., 2016),已将沟通列为临床受训人员的核心技能。对执业临床医生的培训还有更多机会。因此,传播技能项目已广泛纳入国家和国际层面的临床教育阶段。

传播技能项目可以为患者和临床医生带来诸多好处,包括提高医生之间的同理心表达(Bonvicini et al., 2009)、护士和

---

① 《弗莱克斯纳报告》(*Flexner Report*)是一本关于美国和加拿大医学教育的里程碑式报告,由亚伯拉罕·弗莱克斯纳(Abraham Flexner)撰写,并于 1910 年在卡内基基金会的支持下出版。当今美国医学界的诸多方面都源于《弗莱克斯纳报告》及其影响下的结果。——译者注

药剂师之间的决策支持质量(Murray et al., 2010)、肿瘤学护士之间的情感交流的水平(Canivet et al., 2014)以及患者满意度(Boissy et al., 2016)。然而,一些关于传播技能项目的研究已产生了混合结果(Moore et al., 2018),关注点保持在如何最有效地开发传播技能项目并评估其结果(Bylund et al., 2018; Kerr et al., 2020)。

传播技能项目可以是干预或教育计划。传播技能**干预**通常包括在单组或对照组设计中对参与者的自我效能和/或技能进行事前事后评估,并且可能包括对患者结果的干预影响评估。传播技能干预往往侧重于特定的专业或健康问题,例如,培养动机性访谈技能以促进戒烟。相比之下,传播技能**教育**通常是通过多年医学及护理教育课程,或通过继续专业教育来提供。传播技能教育倾向于更普遍地关注传播技能,而评估不那么严格。在本章中,我们在需要做出区分的地方使用术语"传播技能干预"或"传播技能教育",用术语"传播技能项目"来涵盖这两种类型。

贯穿本章始末,我们将讨论:① 传播技能项目的哲学基础;② 跨教育阶段的传播技能项目;③ 传播技能项目中使用的教学方法;④ 传播技能项目的评估和评价;⑤ 面向患者的传播技能项目;⑥ 人文和文化传播技能项目;⑦ 开发成功传播技能项目的挑战;⑧ 传播技能项目研究的未来方向。

第 1 节 传播技能项目的哲学基础

所有的教育项目都基于基本的价值观以及关于我们这个共同世界的性质的假设。尽管这些假设通常并没有得到明确阐明,但对这些问题的审视可以提高我们理解、批判和完善传播技能项目的能力。大多数传播技能项目反映了后实证主义哲学,专注于开发有效和可靠的评估工具并围绕因果概念来进行导向(比如,假设改善传播可以直接影响其他结果;Creswell, 2013)。这些传播技能项目通常采用确定的规范性方法,依靠以患者或关系为中心的护理框架来开发一套可供推荐的传播技能。通常,传播技能项目旨在使参与者的传播行为与这些规定模型保持一致。

传播技能项目的主导概念与基于能力的医学教育(competency-based medical education, CBME)的趋势相对应,基于能力的医学教育是一项课程设计运动,旨在培养学习者的标准化能力(Frank et al., 2010)。在这里,"能力"被定义为"一个健康职业人士的可观察的能力,整合了诸如知识、技能、价值观和态度等多个组成部分"(Frank et al., 2010,第641页)。这些传播技能项目将传播定位为一种工具包,临床医生和患者可以在健康互动中利用、掌握并实施。

另一种视角认为,传播是人类理解健康互动的一个滤镜。在本章中,我们主要关注将传播构建为工具包的传播技能项目。但是,稍后我们将进一步区分作为一种滤镜的传播和作为一种工具包的传播。

第 2 节 临床教育跨阶段的传播技能项目

一、护理教育

跨行业的患者传播被广泛认为是护理实践的重要方面。在临床健康护理中,护士与患者相处的时间最多(Butler et al., 2018),并且与患者建立信任、富有同情心的关系是护理的一个重要组成部分(Hart, 2010)。然而,传统上,护理教育只包含了有限的关于传播技能的正式课程(Hart, 2010)。一些护理教育工作者批评了这种缺失(Rosenzweig et al., 2008),在护理教育中越来越多地纳入了传播技能项目——包括那些使用标准化和/或模拟患者的项目(MacLean et al., 2017)。例如,一种模式是将传播技能教学整合到为期四年的护理教学计划中(Üstün, 2006),包括用于传播实验室实践和临床的时间(Rosenzweig et al., 2008)。护理课程中涵盖的传播主题包括表达感受、提问、倾听、咨询、与愤怒的患者沟通、突发坏消息、临终关怀和艰难会话(Smith et al., 2018; Üstün, 2006)。

二、护理的继续教育

执业护士的传播技能项目通常聚焦于为护士与患者的沟通做准备,即就困难话题或在挑战性语境中进行传播。涉及护士的传播技能项目通常包括其他临床医生,并可能通过招募跨行业团队的成员来寻求培养传播技能(Merckaert et al., 2015; Murray et al., 2010)。尽管一些传播技能项目已经证明,它们对使用开放式提问和患者中心传播策略有积极影响(Kruijver et al., 2001; van Weert et al., 2011),但需要更严谨的研究来了解传播技能项目对执业护士的影响,尤其是在非癌症语境中(Kerr et al., 2020)。

三、本科医学教育

在过去40年里,传播技能项目已被纳入全球的本科医学教育(如医学院),包括美国、加拿大、中国、印度、澳大利亚、卡塔尔以及整个欧洲(Bylund et al., 2020; Liu et al., 2015; Modi et al., 2016; Phillips, 2008)。因此,人们普遍认为,传播是一项核心临床技能,必须在医学院期间传授和评估(Kurtz et al., 2005/2017)。

在美国,这种认可导致2005年将临床技能考试被纳入美国医学执照考试(Medical Licensing Examination, USMLE)阶段二的测试中。学生们通常在医学院最后一年参加该考试,考试时要求他们通过在12个不同护士台与标准化患者(演员)互动,来展示他们进行体检、收集信息并向患者提供信息以及与同事传播的能力(Rider, 2010)。尽管一些研究人员批评了这种考试的有效性(McGaghie et al., 2011),但纳入标准化患者这一点,已要求医学院比过去更加关注传播技能项目。

虽然每个医学院都有自己的传播技能项目路径,但通常前两年包括一些关于传播、专业主义和/或伦理的课程(医学生临床技能教育工作组, Task Force on the Clinical Skills Education of Medical Students, 2005)。通常,本科医学教育的后两年专注于临床轮转,用于课程作业的时间较少。然而,一些医学院一直致力于将传播技能项目整合到本科医学教育的临床轮转中(Egnew et al., 2004; Towle & Hoffman, 2002)。

医学院的大多数传播技能项目侧重于基本的传播技能,通常在初级护理咨询语境中传授。这些技能可能包括学习建立就诊流程、提出鉴别诊断以及沟通治疗方案选项(Task Force on the Clinical Skills Education of Medical Students, 2005)。在以后的几年里,学生可能会参加传播技能项目,讨论更专业的主题,例如,就精神健康、健康素养、性行为以及坏消息进行传播互动(Task Force on the Clinical Skills Education of Medical Students, 2005; Towle & Hoffman, 2002)。

四、研究生医学教育

医学院毕业生在选定的专业完成为期三到五年的住院医师培训计划,之后可能会进入分支专业领域的一个奖学金项目,在住院医师和同事们的监督下行医。这对传播技能项目来说是一个特别有用的时期,因为住院医师和同事们拥有丰富的临床经验,但他们的传播实践不一定牢靠(Bragard et al., 2006)。传播技能是美国研究生医学教育委员会颁布的三项核心能力(人际关系和传播技能、专业主义、患者护理)的焦点。美国要求经过认证的研究生医学教育项目证明它们正在传授、评估这些技能。通过里程碑式的评估系统——用于评价受训人员取得的进步——这些能力得以整合(Eno et al., 2020)。项目主管能够开发或选择最适合其项目和学习者需求的教学方法和评估方法。

由于在研究生医学教育中有机会传授、评价传播技能项目,这就产生了许多相关主题的研究成果,并已公开发表。最近有一项研究系统地回顾了研究生医学教育中测量传播行为变化的传播技能项目,该述评发现,自2001年以来,国际上已经发表了75项研究(Bylund et al., 2019)。总体来看,作者的结论是:很显然,项目可以在短期内、在模拟环境中改变行为,但还需要做更多的工作来揭示这些技能如何转移到临床环境中。

五、医学继续教育

医生在完成培训项目后,传播对于他们来说仍然是一个重要问题。针对经验丰富的医生的传播技能项目,通常侧重于特定的传播挑战和语境。例如,一项医学继续教育计划侧重于帮助急诊医师,学会更好地与重症患者就放弃心肺复苏术指令进行传播互动(Cheng et al., 2019)。医学继续教育通常是针对特定专业的,也可能针对跨专业团队,而不仅仅是医生。例如,肖及其同事(Shaw et al., 2014)帮助重症监护室的跨专业团队改善与患者家属的沟通。医学继续教育项目通常由组织和协会提供,如健康护理传播院(Academy of Communication in Healthcare)、国际健康护理传播协会(The International Association for Communication in Healthcare)、健康护理传播研究所(Institute for Health care Communication)和"重要交谈"(VitalTalk①),以及依托机构的项目和研究。

第3节 传播技能项目中使用的教学方法

接下来,我们将介绍传播技能项目中的一些常用方法。这不是一个完全列表,许多其他技巧——如教育轮询(Corless et al., 2009)、案例研究、反思性写作(Pangh et al., 2019)和一对一辅导(Niglio de Figueiredo et al., 2018)——都在强调良好传播的重要性,并可整合到传播技能项目中。无论采用何种方法,大多数传播技能项目都是在小组学习环境中提供的,包括小组讨论和进行反思的时间。所讨论的许多方法都可以在各种环境中得以提供,包括在线或亲身,通过短期研讨会系列或务虚会,或通过临床教育课程提供。

传播技能项目的基础是概念模型的选择。模型为传播技能项目提供了框架,阐明了教育工作者如何将"良好"传播概念化,并确保传播技能干预的评估结果与所教授的课程内容相对应(Brown et al., 2017)。大多数咨询模型是基于实践临床医生的咨询经验,参考了以患者和/或以关系为中心的护理概念,而不是基于传播理论。几个最主要的模型采用了"基于任务的方法",这意味着模型提出了要完成的传播任务列表,并建议临床医生可以用来完成每项任务的技能或策略(Makoul, 2001)。例如,广泛使用的《卡尔加里-剑桥指南》(*Calgary-Cambridge Guide*)是一个用于教授传播和临床技能的模型,它规定了五项连续的任务(例如,"开始会话"和"收集信息")以及两项持续的任务("提供结构"和"建立关系"),并提供了临床医生可用于完成每项任务的传播技能列表(Kurtz et al., 2003)。其他模型也使用首字母缩略词或其他助记设备作为一种组织结构。

一、教学方法:讲座、阅读材料和视频

许多传播技能项目包括教学材料,如讲座、阅读材料和视频。通常,教学材料不是独立的干预措施,但可用于概览关键概念并鼓励参与者购买(Kurtz et al., 1998)。**讲座**(lectures)可用于为传播技能项目提供基本原理,并描述一套推荐的沟通传播策略和/或技能。**阅读材料**(readings)可以在传播技能项目之前分发,让参与者做好准备,或者在传播技能项目之后分发,以总结和强化所讨论的技能和/或策略(Zabar et al., 2010)。此外,许多传播技能项目使用**演示视频**(demonstration videos)来描绘临床医患互动。一些项目使用视频来说明如何成功应用被荐技能,而其他项目则使用描绘缺乏传播技能的视频来引发讨论(Kurtz et al., 1998)。

---

① VitalTalk 是一家培训机构,是许多临床医生寻求传播技能的重要机构。无论是通过面对面还是在线,临床医生都可以安全地通过 VitalTalk 的循证培训方法使用模拟患者练习新学到的技能,所有这些都是在保密环境中进行的。——译者注

二、体验式方法：角色扮演、模拟患者和标准化患者

角色扮演(也称为模拟)已成为许多传播技能项目的核心部分,为参与者提供练习特定策略和/或技能的机会(MacLean et al., 2017)。在角色扮演过程中,参与者将获得一个预先制定的场景,并被要求扮演患者或临床医生的角色。这些场次可能由主持人引导,同行观察并提供反馈(Bylund, et al., 2010);其他的场次是一个参与者和一个标准化患者进行一对一模拟。

尽管临床参与者有时会在角色扮演课程中扮演患者,但许多传播技能项目会雇用标准化或模拟患者——训练有素的志愿者、演员或在传播技能项目会面中扮演患者角色的康复患者。尽管术语"标准化的"和"模拟的"患者经常互换使用,但它们具有不同的含义。**标准化患者**通常需要遵循正式的脚本。相比之下,**模拟患者**只有有关患者病例的背景信息,并应当在传播技能项目会面期间根据自己的看法——在这种情况下患者怎样行动以及作何感受——做出动态反应。通常,标准化患者受雇于优先考虑一致性和可靠性的传播技能项目,如评估参与者的表现或评价传播技能项目的结果时(Austin et al., 2006)。当优先考虑动态性和真实性时,模拟患者可能更有用(Austin et al., 2006)。

技能项目可以向参与者提供口头及书面反馈,或者使用标准化规则评估参与者的表现(MacLean et al., 2017)。此外,可能会对技能项目会面进行录像和回顾,以促进反思。视频回顾可以让学习者更准确地了解自己的长处和短处,并能够给予具体的、量身定制的反馈(Kurtz et al., 1998)。

角色扮演是有益的,因为它为学习者创造了在低风险环境中练习技能和获得反馈的机会——技能项目可以提供患者的观点(Nestel et al., 2010; Smith et al., 2018)。然而,使用技能项目也有缺点,特别是当它触及学生的评估时。首先,技能项目会面中记录的社会语言模式往往与现实世界会面中发现的社会语言模式不同,限制了在高风险的传播技能评估中使用技能项目的有效性(Atkins, 2019)。其次,一些研究人员认为,使用技能项目进行的评估不利于以英语为第二语言的参与者,根据他们的临床背景,他们可能主要使用另一种语言与患者进行传播互动(Atkins et al., 2016)。再次,技能项目收到的指示可能是如何提供反馈,这就意味着它们的评价通常会反映机构的优先事项,而不是真正的患者视角(Peters, 2019)。

三、角色建模和隐藏课表

即使实施了正式的传播技能项目课程,角色建模继续强烈影响临床医生的传播方式。事实上,一些研究表明,是角色建模而不是正式的传播技能项目,才是临床受训人员学习专业和传播技能的首选方法(Byszewski et al., 2012)。

隐藏课表是通过组织文化和结构产生的,包括角色建模,以及"习俗、仪式以及那些被当作理所当然的因素等从制度中存活下来的隐性规则"(Lempp & Seale, 2004,第770页)。在某些情况下,通过隐藏课表学习的课程与通过传播技能项目教授的课程会自相矛盾(Wear & Skillicorn, 2009)。隐藏课表对学生专业身份的形成和传播策略具有强大的影响(Monrouxe, 2010)。从历史上看,这些影响一直被认为是负面的,人们认为隐藏课表是临床受训人员丧失理想主义和人道主义的根源(Martimianakis et al., 2015)。然而,近期有些作者认为隐藏课表也可用于促进患者中心传播(Hafferty et al., 2015)。

第4节 传播技能项目的评估和评价

对于成功的传播技能项目来说,评估和评价至关重要,尽管它们在教育计划或干预中的使用方式可能有所不同。由于传播技能教育更有可能被整合到常规课程中,因此并不总是包含正式评估。然而,在理想情况下,传播技能教育应该包括形成性评估(formative assessment)和总结性评估(summative assessments)。**形成性评估**包括努力制定一幅参与者传播技能的"基

线"图,或在低风险环境中向学生提供反馈。**总结性评估**(Summative assessments)包括考试,旨在对学生进行评分或提供执照认证。传播技能干预更可能具有一种评价成分,这与关于改变传播行为的研究问题或假设有关。与侧重于个体学习者的**评估**(assessments)不同,**评价**(evaluations)用于了解传播技能干预措施在实现其既定目标方面的功效。

传播技能项目可以从评价模型中受益。我们发现其中一个特别有用的是柯克帕特里克评估模型(Kirkpatrick evaluation model)(Kirkpatrick, 1967; Konopasek et al., 2017)。这个三角形状的模型概述了四个评价层次,从下到上分别是:反应,学习,行为,结果(见表14.1)。评价级别越高,被评价的行为变化就越复杂。

第1级,**反应**,关注学习者对传播技能项目的满意度。第2级,**学习**,侧重于学习者因参加传播技能项目而获得的知识,其中2A级指的是态度和自我效能的变化,2B级指的是知识和技能(Konopasek et al., 2017)。第3级,**行为**,评价学习者是否能够掌握所学知识并将之应用到工作场所。第4级,**结果**,关注传播技能项目可能影响哪些远端结果。毫不奇怪,很难显示传播技能项目对4级等远端结果的影响,因为还有许多其他因素会影响这些结果。表14.1表明2—4级的评价可以由该学习者、一名患者或一项技能项目,抑或一个外部观察者进行,该表描述了此类测量及其示例。

表14.1 柯克帕特里克的三角模型评价

		自我报告测量	患者评价	外部观察者评价
第1级:反应		关于对课程组成部分的满意度的课后调查问卷	—	—
第2级:学习	2A: 态度和自我效能	对传播的态度 传播技能的自我效能感	—	—
	2B: 知识和技能	知识测试 行为意图或技能使用	技能项目报告:关于在一位标准化患者评估期间使用的传播技能	一位教员或训练有素的编码员在一位标准化患者评估期间报告传播技能的使用情况
第3级:行为		参与者报告他们对真实患者的技能使用情况	真实患者或家属报告临床医生的技能使用情况	教员根据与真实患者进行的实时就诊或录制就诊评估临床医生的技能使用情况
第4级:结果		感知到压力 倦怠 同理心	满意 信任 依从	患者投诉数量 医疗事故索赔数量

为了真正测量一个项目对学习的影响,必须在2—4级的结果上使用恰当的研究设计。对于单组研究,需要使用事前事后设计,而对照组研究可以在事前事后或仅在事后测量。

第5节 患者的传播技能项目

临床传播至少涉及两个人:临床医生和患者。因此,改善临床传播,患者以及陪伴患者的家人或朋友也需要做出努力,这一点很重要。在过去的20年里,患者传播技能项目变得越来越普遍。

第一个患者传播技能项目使用PACE[①]框架来提高患者传播技能(Cegala、McClure et al., 2000)。PACE框架包含患者有效传播的四个组成部分。第一,**提供详细信息**(presenting detailed information),意味着在每次咨询时都准备好知识、信息

[①] PACE框架的PACE,可以从后文看出,是一个四步骤中的每一步骤词组的首字母组成的。——译者注

和/或资源,以一种具体和准确的方式回应临床医生的询问。第二,**提问**(asking questions),包括技巧,例如,在咨询前准备一个问题清单,鼓励患者问一些可能只出现在会诊室的问题。第三,**检查理解**(checking understanding),包括回溯信息、总结理解了的信息以及要求临床医生重复或澄清信息等技能。这些技巧旨在提高记忆力并确保患者和临床医生对提供的信息有共同的理解。第四,**表达担忧**(expressing concerns),涉及分享可能干扰治疗和/或传播的冲突、问题或担忧。拜伦德及其同事后来在 PACE 课程中添加了第五个组成部分,称之为 PACES 课程。新组件为患者参与共享决策做好准备,通过患者明确对如下事项**言明偏好**(stating preferences)来实现:信息,决策角色和/或治疗过程(Bylund、D'Agostino et al.,2010;Bylund et al.,2017)。

相比于那些只收到关键点简要版或什么也没收到的患者,接受 PACE 工作手册的患者在有效和高效传播方面显著提高(对照条件;Cegala、McClure et al.,2000)。受过训练的患者更加依从行为建议(例如,饮食、锻炼、戒烟)和跟进后续预约和转诊(Cegala、Marinelli et al.,2000)。然而,切加拉(Cegala)及其同事还发现,种族和文化可能在患者对此类传播技能项目的回应中发挥着作用(Post et al.,2001)。

尽管观察实际行为可以更好地评估患者的实际实践,但这种测量并不总是切实可行的,特别是当医生是与来自不同健康护理系统的患者合作时。因此,拜伦德及其同事开发了一种评价工具叫**传播行为患者报告**(Patient Report of Communication Behavior),可用于测量患者自我报告的干预前后技能使用情况以及使用 PACES 技能的意图。拜伦德及其同事使用这一测量标准,证明了该课程对患者学习和使用技能的意图有影响,目前已启动一个旨在提高护理者传播技能的项目。(Bylund,D'Agostino et al.,2010)

达戈斯蒂诺及其同事(D'Agostino et al.,2017)的系统回顾发现,大多数干预措施都为患者提供培训材料,让他们自己做(41%),或者提供材料并加上某种形式的个人辅导(41%)。只有 38% 的干预措施具有经验成分。正如 PACES 模型所定义的,几乎所有的干预措施都侧重于多种类型的传播技能。总体而言,作者得出结论,患者传播技能项目是增加患者积极参与健康护理互动的有效方法。此外,他们指出,聚焦情感的传播行为(如表达担忧)可能对训练反应特别灵敏。值得注意的是,他们得出的结论是,与未完成传播技能干预的患者相比,完成传播技能干预的患者不会有更长的就诊时间,也不会从临床医生那里获得更多信息。

第 6 节 人文和文化传播技能项目:从"工具包"转变为"滤镜"

迄今为止讨论的传播技能项目,将传播技能概念化为临床医生可以在他们的健康护理互动中使用的一个"工具包"。然而,许多传播学者认为,这种概念化把对传播的一种理解混淆为人类构建共享社会现实这样一种持续现象(Craig,1999)。这种混淆使得包括临床医生在内的会话者很难确定他们是如何通过传播被带进共享现实的建构过程的。因此,一些学者提倡在传播技能项目中对传播概念的操作化方式予以转型。随着对解释性和以文化为中心的传播方法的日益重视(Dutta & Zoller,2008),这些非传统传播技能项目不再将传播定位为一种工具包,而是人类理解健康和彼此的一个滤镜。

使用传播工具包的传播技能项目,允许每个会话者了解他们如何改变特定的知识、技能和行为来影响传播结果。使用传播作为滤镜的传播技能项目,允许每个会话者了解互动的现实是如何通过所有会话者的知识、技能和行为以及文化和结构语境得以持续构建的。尽管在健康护理互动中可以战略性地使用传播工具包,然后"束之高阁",但传播滤镜却用于整个健康系统以及每个会话者的生活。表 14.2 总结了不同的传播技能项目范式是如何对传播进行概念操作的。稍后,我们以迄今为止对传播技能项目所做的描述为基础,概述从工具包到滤镜区间上的一系列项目。

表 14.2 比较传播技能项目的哲学基础

传播技能项目类型	传播的概念化	文化的概念化	欲求的结果	挑 战
传统的	工具包	文化可以通过患者的行为和态度来识别,并转化为西方生物医学健康的结果 文化被认为是理想健康结果的障碍	改善西方生物医学健康的成果 提高患者满意度得分	对传播的简单理解 将非白人西方文化群体成员边缘化
文化能力	典型地作为一个工具包操练,趋于滤镜	文化可以通过患者的行为和态度来识别,并转化为西方的生物医学健康结果 文化被认为是理想健康结果的障碍	处置即刻传播的障碍,例如语言差异 患者与健康职业人士之间的人际关系	非白人中产阶级文化"他者" 文化本质化
文化谦逊	滤镜	一个人应该对其文化规范进行终生的自我反省和批判 靠的是文化安全感	终生致力于自我反省和批评,即对权力动态和主流文化规范去自然化 与社区保持非家长式的互惠互利伙伴关系 在社区内/西医以外寻找健康专业知识	本质化文化混淆了文化群体之间的结构性不平等 难以使用规范性评价方法进行评价
结构能力	典型地作为一个工具包操练,趋向于滤镜	文化不是不平等经历的原因,而是结构性后果	将健康结果视为结构的后果 文化间健康不公平的去自然化 在临床和社区层面上持续致力于结构性干预	在不承认个人主体性的情况下将个人本质化为一种结构性体验 可以将胜任结构设立为"终极"目标,并把该目标作为一个知识板块
人文路径	主要是滤镜,有时是工具包	通过艺术和人文的方法对文化进行反思和自我批判	反思,使人达到对这个问题的理解,即文化传播、社会地位和个人经历如何影响健康传播	难以用规范性的评价方法进行评价

一、人文的传播技能项目

在医学教育中,"医学人文"指的是交叉学科路径,即应用人文学科(如哲学、文学和艺术)的方法、概念和内容研究健康和疾病,目的是促进受训者和临床医生的反思性、自我意识、同理心、倾听技巧和伦理行为(Shapiro et al., 2009)。通过关注患者和临床医生的情感、价值观和生活经历,医学人文通常被定位为生物医学简化论的解毒剂(Charon, 2006; Harter & Bochner, 2009)。一般来说,医学人文项目会邀请参与者阅读或观赏艺术作品(如诗歌、短篇小说或绘画),并反思性地进行讨论和写作以回应这些作品(Charon, 2006)。

人文主义路径并不总是需要参与艺术或文学。例如,潘格及其同事(Pangh et al., 2019)要求护士每周写一些反思,反思与患者进行积极和消极传播的经历,结果发现,参与者在评估传播技能的问卷中的平均分数有了明显提高。然而,一些人本主义路径的支持者认为,量化结果的测量与作为人文学科核心的反还原论伦理是不相容的,这就难以根据经验对这些传播技能项目的影响进行评估(Ousager & Johannessen, 2010)。人文传播技能项目主张传播的一种概念化叫滤镜,并鼓励对临床医生和患者如何使用这种滤镜有反思。有关文化在健康传播中的作用,人文主义路径强化了反思;此外,还有其他几个传播技能项目范式,沿着从工具包到滤镜的区间,把文化作为一种传播场地而加以中心化。

二、文化的传播技能项目

学者和从业者早就知道文化在健康行为中发挥作用,这使得跨文化传播对于临床传播来说至关重要。全球化使健康护理劳动力日益多样化,人们对健康结果按照种族、阶级和性别等身份进行分层的意识不断增强,这些都进一步凸显了文化在健康护理互动中的重要性(Betancourt et al., 2002; Metzl & Roberts, 2014)。医疗实践是复杂的文化景观,这种意识催生了各种文化传播技能项目的开发和实施。此类传播技能项目包括文化能力、文化谦逊、文化安全和结构能力。尽管这些传播技能项目中的每一个都有不同的基本假设和目标,但它们都认为文化对健康传播有很大影响。一些文化传播技能项目依赖于与传统的、基于能力的医学教育项目相同的哲学基础,将"知识、技能和态度"的三元组扩展到作为传播场地的文化语境。

在文化传播技能项目中,**知识**指的是对个人和群体的多元文化世界观的理解,**技能**指的是应用在文化意义上是恰当的传播,**态度**指的是理解一个人自己的文化如何影响特定的信仰、价值观和看法(Sue, 2016)。然而,每种文化传播技能项目对传播和文化的概念化,都因从工具包到滤镜这个区间所处位置的不同而异。

1. 文化能力传播技能项目

文化能力是文化传播的一种方法,包括范围广泛的传播技能项目,旨在促进"个人建立有效的人际关系和工作关系的能力,(通过)认识到社会和文化对患者产生影响的重要性,这种能力可克服文化差异"(Beach et al., 2005,第356页)。通常,文化能力传播技能项目依靠工具包概念,认定文化和传播是产生健康差异的原因。文化能力传播技能项目培训临床医生根据患者的文化背景调整其传播策略,并/或识别临床医生可能对特定文化群体存在的隐性偏见(Kumagai & Lypson, 2009)。

文化效能工作坊(Cultural Proficiency Workshop)是文化能力传播技能项目的一个例子(Carter et al., 2006)。该工作坊旨在提高对健康差异的认识,改善提供健康护理时对待文化因素的态度和信念,改善临床医生与患者的跨文化传播。可以通过教育资源、教学、交互式自我评估练习以及体验式角色扮演活动来实现这些结果,教育资源旨在培训临床医生与多元文化患者群体进行互动,教学事关文化能力和健康差异。一项评价研究表明,在参与传播技能项目之后,工作坊的参与者在文化意识测量方面的得分有所提高(Carter et al., 2006)。

然而,与其他工具包传播技能项目类似,文化能力传播技能项目因提出还原论传播观点而受到批评。这些批评认为,文化能力将文化构建为一个有限的知识体系,需要通过学习一套技能工具来掌握,这些技能可以通过标准化的量化测试进行评估(Tervalon & Murray-García, 1998)。在这些批评的启发下,新的文化传播技能项目模型转而关注:为接纳非白人中产阶级文化创造空间,以及为临床医生批判性地反思创造空间——即反思他们自身的文化是如何塑造他们的看法的。文化谦逊是这种方法的一个例子,即把传播和文化概念化为一种滤镜。

2. 文化谦逊传播技能项目

文化谦逊传播技能项目是在土著社区的健康护理语境下创建的,旨在处理占主导地位的文化传播技能项目如何把持续的殖民本质强加给土著人。文化谦逊要求健康职业人士戴着彻底谦逊的滤镜,终身实践自我反省、自我考问和负责任,彻底重新定义他们在健康系统中的位置(Tervalon & Murray-García, 1998)。除了持续自我评价并批评自身文化外,文化谦逊传播技能项目的目标是平衡患者和临床医生之间典型的家长式权力动态,并与社区保持互惠互利的伙伴关系(Foronda et al., 2016)。文化谦逊传播技能项目将这些"目标"概念化,不是要抵达终点,而是不断追求一种一直在变化的动态。

塔瓦隆和默里·加西亚(Tervalon & Murray-García, 1998)概括了文化谦逊的几种实践。第一种实践是承诺一种终身学习者模式,在这种模式下,谦逊允许一个人真诚地说"我不知道什么是最好的",并与患者一起寻求最合适的健康途径。第二种实践涉及患者中心的访谈和护理,其中,人们不断努力识别表现在健康互动中的权力失衡并加以纠正。第三种实践是以社区为基础的护理与倡导,其中,临床医生与社区领袖和组织机构之间保持着非家长式的伙伴关系。通过这些伙伴关系,临床医生开始了解健康专业知识如何真正属于社区,并走出西方医疗实践的围域。第四种实践强调机构与前面提到的承诺保持一致性,其中,反思和批评不仅针对个人也针对机构,这种实践关注临床医生的人群构成和持续的多元文化培训工作。

对文化谦逊的这些承诺得到创造"文化安全"环境的加持。文化安全指的是一个环境,其中"对他们(患者)的身份没有攻击、挑战或否定,这种身份有关他们是谁或他们所需"(Barlow et al., 2008,第5页)。文化谦逊传播技能项目的一个例子是QIAN模型(Chang et al., 2012)。QIAN(谦,汉语谦卑)是一个首字母缩写词,强调"自我质疑与批判、双向**文化沉浸**、**相互积**

极倾听、**协商**的**灵活性**"(Self-Questioning, Immersion, Active-listening, Negotiation;第269页)。尽管该项目体现了对文化谦逊目标的追求,但也遭致批评,因为它把健康差异本质化为文化,而没有认识到结构是如何塑造文化的。为了解决这一批评,"结构能力"传播技能项目得以开发,该项目将健康传播表述为是在更大的结构中而不是在文化中得以协商的。

3. 结构能力传播技能项目

结构能力是对这个问题的理解:临床定义的症状、态度或疾病是怎样成为更大结构的产物的?比如,"健康护理和食品输送系统、分区法规、城市和农村基础设施、医疗化①,甚至就是疾病和健康的定义"(Metzl & Hansen, 2014,第128页)。结构还指认识论假设,这些假设塑造生物医学互动,并且这些假设对一些患者来说是传播通途,而对其他患者来说则是障碍。考虑到这些都是技能,健康职业人士在把它们应用于健康互动中时可能很娴熟,因此结构能力传播技能项目通常更符合一种工具包概念。

梅茨和汉森(Metzl & Hansen, 2012)概括了结构能力传播技能项目的五项技能:

- 承认在临床互动之外存在影响患者做健康决策的普遍结构。
- 有关结构如何影响健康,需要培养交叉学科理解的顺畅性[例如,理解这个问题的能力:可能仅仅被视为具有临床特征(如高皮质醇水平)的疾病,是如何在现实中受到种族主义经历影响的]。
- 有关结构如何塑造患者文化,需要培养理解力,同时不忽视文化对患者的重要性。
- 观察和想象结构干预措施,通过让自己参与社区倡导,从而组织和创建新的干预措施来解决结构性不平等对健康的影响。
- 实践结构谦逊,类似于文化谦逊,承诺持续不断地检查自己的知识局限,并检查患者对结构的动态经历,而不是将结构一成不变地应用到他们身上。

尽管结构能力与工具包概念化一致,但一些结构能力传播技能项目也采用滤镜概念,在这种概念中,一个人变得"胜任"是无止境的,进而言之,就是一个人致力于终身追求认识结构对健康的影响,并不断参与干预。

本节讨论的传播技能项目都将文化视为传播的场地,结构能力扩展到文化如何受到宏观层面上的传播的影响。尽管这些方法有相似之处,但在从工具包到滤镜的区间内,每个传播技能项目如何对传播进行概念操作的方式有所不同,从而使健康职业人士能够考察诊所外健康传播的不同方面。

第7节 开发成功传播技能项目的挑战

传播技能项目已在临床传播和患者治疗结果方面取得了许多进展。尽管如此,在开发有效的传播技能项目方面仍然存在局限性和挑战。在本节中,我们回顾一些主要挑战,并对传播技能项目的成熟文献展开批评。

首要的挑战是,许多传播技能项目缺乏坚实的传播理论基础(Brown & Bylund, 2008)。这是可以理解的,因为大多数传播技能项目不是由具有传播背景的研究人员开发的。许多传播技能项目由于缺乏理论基础,依然在制造难题。例如,如果没有理论,就很难知道临床传播过程中哪些部分最重要或为什么重要。两个值得注意的例外是康姆斯基尔(Comskil)模型和舒适(COMFORT)模型,前者使用规划目标行动和社会语言学理论(Brown & Bylund, 2008),后者借鉴了传播调适理论(Goldsmith et al., 2020;另请参见本书第9章)。这些模型和其他一些借鉴传播理论的传播技能项目正在激励该领域发展。

传播技能项目的第二个挑战是,在临床实践中推动行为改变有困难。尽管许多传播技能项目在促进模拟语境中的行为

---

① 医疗化,是指将本来并非医疗的问题定义成医疗问题,将本来并非疾病的现象当成疾病来处理。医疗化是从社会学角度来提出问题,探讨医疗工作者、病患以及组织的角色以及权力关系,也探讨这些因素对于一般人的影响——一般人的自我认同以及生活决策会取决于这些有关健康及疾病的概念。——译者注

改变方面很有效,但它们在改变临床实践行为和患者结果方面却不太成功(Bylund et al., 2018)。此外,尽管医学和护理教育中包含了传播技能项目,但研究表明,医学生的传播技能随着他们在培训中取得的进步反而**下降**(Rosenbaum, 2017)。这种下降可能归因于隐藏课表和受训者越来越依赖医学术语(Rosenbaum, 2017)以及系统问题——比如,要求缩减预约时间和报销比例,这让程序获得的回报水平高于诊疗(Rider et al., 2018; Rosenthal, 2018)。

第三个挑战是,运用于传统的、基于能力的传播技能项目中的传播和传播技能的概念操作问题。本章讨论的大多数传播技能项目将传播定位为要在互动中实施的技能套件或工具包。然而,一些作者质疑这种传播技能的概念化,并质疑使用术语"培训"来描述传播技能项目的任务。例如,萨尔蒙和杨(Salmon & Young, 2011, 2017)认为,大多数传播技能项目暗示传播可以划分为标准化、分散的技能或工具,这反映了对传播的理解过于简单化。当传播技能项目将传播简化为一组推荐的技能时,就可能会混淆过去30年诸多传播学术研究的一个关键前提:传播不仅仅是讯息的交换,也是人类构建共享现实的过程(Craig, 1999; Dutta & Zoller, 2008)。

此外,将预先识别的任务或行为指定为首选"传播技能"可能会使传播偏离路线,传播在其中是一种动态现象并且与关系、制度和文化背景深刻关联(Bylund, 2017)。正如萨尔蒙和杨(Salmon & Young, 2017)揭示的那样,像保持目光接触(许多传播技能项目推荐的"技能")这样简单的姿势都可以传达不同的讯息——从威胁到侵扰再到同情——这取决于语境因素。拜伦德(Bylund, 2017)扩展了对已发表文献的批评,指出"培训"一词表明,与传播技能项目"专家型"讲师相比,传播技能项目参与者是传播新手,如果是这样的话,就低估了参与者一生中积累的知识。将传播技能作为预先设定的行为这种普遍的观念,可能部分源于这种压力,即在基于能力的医学教育时代中,要为传播技能项目发展出可靠的评估方法(Ousager & Johannessen, 2010)。然而,一些批评家认为,传播技能的这种概念化,无论用意多么好,最终都会加剧传播的还原论观点,并使传播技能项目参与者"去技能化"(Salmon & Young, 2017)。考虑到这些批评,另类的传播技能项目——如那些促进文化谦逊的传播技能项目——从一种工具包思路转型,转向传播的一种滤镜概念。这使得理解这个问题成为可能,即健康互动中的所有现实是如何通过传播这个滤镜共同构建的,以及如何受到诊所之外的传播影响的。

第8节 传播技能项目研究的未来方向

通过对传播技能项目研究文献的综合分析,我们现在要提出五个具体领域供进一步研究。

首先,特别是对于患者传播技能项目,需要研究循证项目的散播和实施。利用技术进行散播和实施的努力对于亲身访问传播技能项目有障碍的患者来说至关重要,这有助于促进健康公平。

其次,重要的后续研究步骤是,检视传播技能向现实世界实践的可转移性以及此类转移的可持续性。尽管传播技能项目对参与者表现的影响已得到充分论证——无论是在技能项目会面中的表现,还是使用技能项目观察结构化的临床考试中的表现——但将技能转移到现实世界实践的证据仍然有限。同样,也缺乏对传播技能项目的长期影响进行检验的纵向研究(Kissane et al., 2012)。该类研究有一个充满前途的领域,即可以关注传播技能基线水平较低的临床医生,因为这些临床医生更有可能从参与传播技能项目中受益(Bylund et al., 2018)。

再次,需要进一步研究的另二个领域是传播技能组成的多层次干预。传播技能干预可能限制了其向现实世界语境的转移,原因之一是它们通常只处置个人行为问题,而不会改变临床医患互动得以展开的组织机构语境(Martimianakis et al., 2015; Rider et al., 2018)。未来的研究应该考察多层次干预如何影响传播技能及其结果,除了考察患者和临床医生的传播技能项目之外,还包括组织层面的变化。

鉴于现代健康护理系统的复杂性和关联性,未来研究还有一个优先事项,应该是为专职健康人员联合体开发额外的传播技能项目。尽管针对药剂师、物理治疗师和其他专职健康人员联合体的传播技能项目研究有所增加(Parry, 2008; Wallman et al., 2013;另请参见本书第16章),但这些领域仍需要更多研究,尤其是当护理协调和交叉职业合作越来越成为健康护理服务的核心议题时(见本书第17章)。

最后,未来的研究工作需要在一个全球化、文化多元化的世界语境中探索传播技能项目并评估其影响。在提供什么是良好沟通的标准化定义时,一些传播技能项目可能会掩盖患者、家庭和临床医生的传播价值观和行为的深刻多样性。需要更多的研究来开发尊重不同的传播实践并以公平公正的方式评估参与者的传播技能项目。

传播学者在影响临床医患传播的改变方面处于独特地位。通过运用我们在健康、人际和组织传播方面的理论专业知识,我们可以与临床医生同事们合作开发创新的传播技能项目,使患者、家庭和临床医生都能够受益。

参考文献

AACN (1998). *The essentials of baccalaureate education for professional nursing practice*. American Association of Colleges of Nursing. https://www.aacnnursing.org/Portals/42/Publications/BaccEssentials08.pdf.

Atkins, S. (2019). Assessing health professionals' communication through role-play: An interactional analysis of simulated versus actual general practice consultations. *Discourse Studies*, 21(2), 109-134.

Atkins, S., Roberts, C., Hawthorne, K., & Greenhalgh, T. (2016). Simulated consultations: A sociolinguistic perspective. *BMC Medical Education*, 16(1), Article 16.

Austin, Z., Gregory, P., & Tabak, D. (2006). Simulated patients vs. standardized patients in objective structured clinical examinations. *American Journal of Pharmaceutical Education*, 70(5), Article 119.

Barlow, K., Loppie, C., Jackson, R., Akan, M., MacLean, L., & Reimer, G. (2008). Culturally competent service provision issues experienced by Aboriginal people living with HIV/AIDS. *Pimatisiwin*, 6(2), 155-180.

Batbaatar, E., Dorjdagva, J., Luvsannyam, A., Savino, M. M., & Amenta, P. (2017). Determinants of patient satisfaction: A systematic review. *Perspectives in Public Health*, 137(2), 89-101.

Beach, M. C., Price, E. G., Gary, T. L., Robinson, K. A., Gozu, A., Palacio, A., Smarth, C., Jenckes, M. W., Feuerstein, C., Bass, E. B., Powe, N. R., & Cooper, L. A. (2005). Cultural competency: A systematic review of health care provider educational interventions. *Medical Care*, 43(4), 356-373.

Betancourt, J. R., Green, A. R., & Carrillo, E. (2002). *Cultural competence in health care: Emerging frameworks and practical approaches*. The Commonwealth Fund.

Boissy, A., Windover, A. K., Bokar, D., Karafa, M., Neuendorf, K., Frankel, R. M., Merlino, J., & Rothberg, M. B. (2016). Communication skills training for physicians improves patient satisfaction. *Journal of General Internal Medicine*, 31(7), 755-761.

Bonvicini, K. A., Perlin, M. J., Bylund, C. L., Carroll, G., Rouse, R. A., & Goldstein, M. G. (2009). Impact of communication training on physician expression of empathy in patient encounters. *Patient Education and Counseling*, 75(1), 3-10.

Bragard, I., Razavi, D., Marchal, S., Merckaert, I., Delvaux, N., Libert, Y., Reynaert, C., Boniver, J., Klastersky, J., Scalliet, P., & Etienne, A.-M. (2006). Teaching communication and stress management skills to junior physicians dealing with cancer patients: A Belgian interuniversity curriculum. *Supportive Care in Cancer*, 14(5), 454-461.

Brown, R. F., & Bylund, C. L. (2008). Communication skills training: Describing a new conceptual model. *Academic Medicine*, 83(1), 37-44.

Brown, R. F., Wuensch, A., & Bylund, C. L. (2017). Models of communication skills training and their practical implications. In D. W. Kissane, B. D. Bultz, P. N. Butow, C. L. Bylund, S. Noble, & S. Wilkinson (Eds.), *Oxford textbook of communication in oncology and palliative care* (pp. 16-22). Oxford University Press.

Butler, R., Monsalve, M., Thomas, G. W., Herman, T., Segre, A. M., Polgreen, P. M., & Suneja, M. (2018). Estimating time physicians and other health care workers spend with patients in an intensive care unit using a sensor network. *The American Journal of Medicine*, *131*(8), 972.e9–972.e15.

Bylund, C. L. (2017). Taking the "training" out of communication skills training. *Patient Education and Counseling*, *100*(7), 1408–1409.

Bylund, C. L., Adams, K.-A., Sinha, T., Afana, A., Yassin, M. A., El Geziry, A., Nauman, A., Al-Romaihi, S., & Anand, A. (2020). The impact of a communication skills workshop on doctors' behavior over time. *Advances in Medical Education and Practice*, *11*, 289–294.

Bylund, C. L., Banerjee, S. C., Bialer, P. A., Manna, R., Levin, T. T., Parker, P. A., Schofield, E., Li, Y., Bartell, A., Chou, A., Hichenberg, S. A., Dickler, M., & Kissane, D. W. (2018). A rigorous evaluation of an institutionally-based communication skills program for post-graduate oncology trainees. *Patient Education and Counseling*, *101*(11), 1924–1933.

Bylund, C. L., Brown, C., di Ciccone, L., & Konopasek, L. (2010). Facilitating skills practice in communication role play sessions: Essential elements and training facilitators. In D. W. Kissane, B. D. Bultz, P. N. Butow, & I. G. Finlay (Eds.), *Handbook of communication in oncology and palliative care* (pp. 597–606). Oxford University Press.

Bylund, C. L., D'Agostino, T. A., Ho, E. Y., & Chewning, B. A. (2010). Improving clinical communication and promoting health through concordance-based patient education. *Communication Education*, *59*(3), 294–311.

Bylund, C. L., Patel, A., Elnashar, M., & Abdelrahim, H. (2017, October). *Improving patients' communication skills through the use of an innovative training mobile app* [Paper presentation]. International Conference on Communication in Healthcare, Baltimore, MD.

Bylund, C. L., Peterson, E. B., Ansell, M., Bylund, K., Ditton-Phare, P., Hines, A., Manna, R., Singh Ospina, N., Vasquez, T., Wells, R., & Rosenbaum, M. (2019, October). *The effect of experiential communication skills education on graduate medical trainees' communication behaviors: A systematic review* [Paper presentation]. International Conference on Communication in Healthcare, San Diego, CA.

Byszewski, A., Hendelman, W., McGuinty, C., & Moineau, G. (2012). Wanted: Role models-Medical students' perceptions of professionalism. *BMC Medical Education*, *12*, Article 115.

Canivet, D., Delvaux, N., Gibon, A.-S., Brancart, C., Slachmuylder, J.-L., & Razavi, D. (2014). Improving communication in cancer pain management nursing: A randomized controlled study assessing the efficacy of a communication skills training program. *Supportive Care in Cancer*, *22*(12), 3311–3320.

Carmack, H. J., & Harville, K. L. (2019). Including communication in the nursing classroom: A content analysis of communication competence and interprofessional communication in nursing fundamentals textbooks. *Health Communication*, *35*(13), 1656–1665.

Carter, M. M., Lewis, E. L., Sbrocco, T., Tanenbaum, R., Oswald, J. C., Sykora, W., Williams, P., & Hill, L. D. (2006). Cultural competency training for third-year clerkship students: Effects of an interactive workshop on student attitudes. *Journal of the National Medical Association*, *98*(11), 1772–1778.

Cegala, D. J., Marinelli, T., & Post, D. (2000). The effects of patient communication skills training on compliance. *Archives of Family Medicine*, *9*(1), 57–64.

Cegala, D. J., McClure, L., Marinelli, T. M., & Post, D. M. (2000). The effects of communication skills training on patients' participation during medical interviews. *Patient Education and Counseling*, *41*(2), 209–222.

Chang, E., Simon, M., & Dong, X. (2012). Integrating cultural humility into health care professional education and training. *Advances in Health Sciences Education: Theory and Practice*, *17*(2), 269–278.

Charon, R. (2006). *Narrative medicine: Honoring the stories of illness*. Oxford University Press.

Cheng, Y.-H., Chen, C.-H., Chen, F.-J., Huang, E.-Y., Liu, P.-M., Kung, C.-T., Huang, H.-L., Yang, L.-H., Chien, P.-C., & Hsieh, C.-H. (2019, April). The training in SHARE communication course by physicians increases the signing of do-not-resuscitate orders for critical patients in the emergency room (cross-sectional study). *International Journal of Surgery*, *68*, 20–26.

Corless, I. B., Michel, T. H., Nicholas, M., Jameson, D., Purtilo, R., & Dirkes, A. M. A. (2009). Educating health professions students about the issues involved in communicating effectively: A novel approach. *Journal of Nursing Education*, 48(7), 367-373.

Craig, R. T. (1999). Communication theory as a field. *Communication Theory*, 9(2), 119-161.

Creswell, J. W. (2013). *Qualitative inquiry and research design: Choosing among five approaches* (3rd ed.). SAGE Publications, Inc.

D'Agostino, T. A., Atkinson, T. M., Latella, L. E., Rogers, M., Morrissey, D., DeRosa, A., & Parker, P. A. (2017). Promoting patient participation in healthcare interactions through communication skills training: A systematic review. *Patient Education and Counseling*, 100(7), 1247-1257.

Duffy, T. P. (2011). The Flexner Report — 100 years later. *The Yale Journal of Biology and Medicine*, 84(3), 269-276.

Dutta, M. J., & Zoller, H. (2008). Theoretical foundations: Interpretive, critical, and cultural approaches to health communication. In H. Zoller & M. J. Dutta (Eds.), *Emerging perspectives in health communication: Meaning, culture, and power* (pp. 1-27). Routledge.

Egnew, T. R., Mauksch, L. B., Greer, T., & Farber, S. J. (2004). Integrating communication training into a required family medicine clerkship. *Academic Medicine*, 79(8), 737-743.

Eno, C., Correa, R., Stewart, N. H., Lim, J., Westerman, M. E., Holmboe, E. S., & Edgar, L. (2020). *Milestones guidebook for residents and fellows*. Accreditation Council for Graduate Medical Education.

Foronda, C., Baptiste, D.-L., Reinholdt, M. M., & Ousman, K. (2016). Cultural humility: A concept analysis. *Journal of Transcultural Nursing*, 27(3), 210-217.

Frank, J. R., Snell, L., & Sherbino, J. (2015). *CanMEDS 2015: Physician competency framework*. Royal College of Physicians and Surgeons of Canada.

Frank, J. R., Snell, L. S., Cate, O. T., Holmboe, E. S., Carraccio, C., Swing, S. R., Harris, P., Glasgow, N. J., Campbell, C., Dath, D., Harden, R. M., Iobst, W., Long, D. M., Mungroo, R., Richardson, D. L., Sherbino, J., Silver, I., Taber, S., Talbot, M., & Harris, K. A. (2010). Competency-based medical education: Theory to practice. *Medical Teacher*, 32(8), 638-645.

Goldsmith, J. V., Wittenberg, E., & Parnell, T. A. (2020). The COMFORT communication model: A nursing resource to advance health literacy in organizations. *Journal of Hospice & Palliative Nursing*, 22(3), 229-237.

Hafferty, F. W., Gaufberg, E. H., & O'Donnell, J. F. (2015). The role of the hidden curriculum in "on doctoring" courses. *AMA Journal of Ethics*, 17(2), 129-137.

Hart, V. A. (2010). Communication and nursing: Historical roots and related theory. In V. A. Hart (Ed.), *Patient-provider communications: Caring to listen* (pp. 1-42). Jones and Bartlett Publishers, LLC.

Harter, L. M., & Bochner, A. P. (2009). Healing through stories: A special issue on narrative medicine. *Journal of Applied Communication Research*, 37(2), 113-117.

Kerr, D., Ostaszkiewicz, J., Dunning, T., & Martin, P. (2020). The effectiveness of training interventions on nurses' communication skills: A systematic review. *Nurse Education Today*, 89, Article 104405.

Kirkpatrick, D. L. (1967). Evaluation of training. In R. L. Craig & L. R. Bittel (Eds.), *Training and development handbook* (pp. 87-112). McGraw-Hill.

Kissane, D. W., Bylund, C. L., Banerjee, S. C., Bialer, P. A., Levin, T. T., Maloney, E. K., & D'Agostino, T. A. (2012). Communication skills training for oncology professionals. *Journal of Clinical Oncology*, 30(11), 1242-1247.

Konopasek, L., Rosenbaum, M. E., Encandela, J., & Cole-Kelly, K. (2017). Evaluating communication skills training courses. In D. W. Kissane, B. D. Bultz, P. N. Butow, C. L. Bylund, S. Noble, & S. Wilkinson (Eds.), *Oxford textbook of communication in oncology and palliative care* (pp. 399-404). Oxford University Press.

Korsch, B. M., Gozzi, E. K., & Francis, V. (1968). Gaps in doctor-patient communication: Doctor-patient interaction and patient satisfaction. *Pediatrics*, 42(5), 855-871.

Kruijver, I. P. M., Kerkstra, A., Kerssens, J. J., Holtkamp, Chantal, C. M., Bensing, J. M., & van de Wiel, H. B. M. (2001). Communication between nurses and simulated patients with cancer: Evaluation of a communication training programme. *European Journal of Oncology Nursing*, 5(3), 140-150.

Kumagai, A. K., & Lypson, M. L. (2009). Beyond cultural competence: Critical consciousness, social justice, and multicultural education. *Academic Medicine*, 84(6), 782-787.

Kurtz, S. M., Draper, J., & Silverman, J. (2017). *Teaching and learning communication skills in medicine* (2nd ed.). CRC Press. Original work published 2005.

Kurtz, S. M., Silverman, D. J., & Draper, J. (1998). *Teaching and learning communication skills in medicine* (1st ed.). Radcliffe Medical Press Ltd.

Kurtz, S. M., Silverman, J., Benson, J., & Draper, J. (2003). Marrying content and process in clinical method teaching: Enhancing the Calgary—Cambridge guides. *Academic Medicine*, 78(8), 802-809.

Lempp, H., & Seale, C. (2004). The hidden curriculum in undergraduate medical education: Qualitative study of medical students' perceptions of teaching. *BMJ: British Medical Journal*, 329(7469), 770-773.

Levinson, W., Roter, D. L., Mullooly, J. P., Dull, V. T., & Frankel, R. M. (1997). Physician-patient communication. The relationship with malpractice claims among primary care physicians and surgeons. *JAMA*, 277(7), 553-559.

Liu, X., Rohrer, W., Luo, A., Fang, Z., He, T., & Xie, W. (2015). Doctor—patient communication skills training in mainland China: A systematic review of the literature. *Patient Education and Counseling*, 98(1), 3-14.

MacLean, S., Kelly, M., Geddes, F., & Della, P. (2017). Use of simulated patients to develop communication skills in nursing education: An integrative review. *Nurse Education Today*, 48, 90-98.

Maguire, P., Faulkner, A., Booth, K., Elliott, C., & Hillier, V. (1996). Helping cancer patients disclose their concerns. *European Journal of Cancer*, 32(1), 78-81.

Makoul, G. (1999). *Contemporary issues in medicine: Communication in medicine* (Report III). Association of American Medical Colleges.

Makoul, G. (2001). Essential elements of communication in medical encounters: The Kalamazoo consensus statement. *Academic Medicine*, 76(4), 390-393.

Martimianakis, M., Michalec, B., Lam, J., Cartmill, C., Taylor, J., & Hafferty, F. (2015). Humanism, the hidden curriculum, and educational reform: A scoping review and thematic analysis. *Academic Medicine*, 90(11), S5-S13.

McGaghie, W. C., Cohen, E. R., & Wayne, D. B. (2011). Are United States medical licensing exam step 1 and 2 scores valid measures for postgraduate medical residency selection decisions? *Academic Medicine*, 86(1), 48-52.

Merckaert, I., Delevallez, F., Gibon, A.-S., Liénard, A., Libert, Y., Delvaux, N., Marchal, S., Etienne, A.-M., Bragard, I., Reynaert, C., Slachmuylder, J.-L., Scalliet, P., Van Houtte, P., Coucke, P., & Razavi, D. (2015). Transfer of communication skills to the workplace: Impact of a 38-hour communication skills training program designed for radiotherapy teams. *Journal of Clinical Oncology*, 33(8), 901-909.

Metzl, J. M., & Hansen, H. (2014). Structural competency: Theorizing a new medical engagement with stigma and inequality. *Social Science & Medicine*, 103, 126-133.

Metzl, J. M., & Roberts, D. E. (2014). Structural competency meets structural racism: Race, politics, and the structure of medical knowledge. *AMA Journal of Ethics*, 16(9), 674-690.

Modi, J. N., Anshu-, Chhatwal, J., Gupta, P., & Singh, T. (2016). Teaching and assessing communication skills in medical undergraduate training. *Indian Pediatrics*, 53(6), 497-504.

Monrouxe, L. V. (2010). Identity, identification and medical education: Why should we care? *Medical Education*, 44(1), 40-49.

Moore, P. M., Rivera, S., Bravo-Soto, G. A., Olivares, C., & Lawrie, T. A. (2018). Communication skills training for healthcare professionals working with people who have cancer. *Cochrane Database of Systematic Reviews*, 7, 1.

Murray, M. A., Stacey, D., Wilson, K. G., & O'Connor, A. M. (2010). Skills training to support patients considering place of end-of-life care: A randomized control trial. *Journal of Palliative Care*, 26(2), 112-121.

Nestel, D., Clark, S., Tabak, D., Ashwell, V., Muir, E., Paraskevas, P., & Higham, J. (2010). Defining responsibilities of simulated patients in medical education. *Simulation in Healthcare*, 5(3), 161-168.

Niglio de Figueiredo, M., Krippeit, L., Ihorst, G., Sattel, H., Bylund, C. L., Joos, A., Bengel, J., Lahmann, C., Fritzsche, K., & Wuensch, A. (2018). ComOn-Coaching: The effect of a varied number of coaching sessions on transfer into clinical practice following communication skills training in oncology: Results of a randomized controlled trial. *PLOS ONE*, 13(10), 1-20.

Ousager, J., & Johannessen, H. (2010). Humanities in undergraduate medical education: A literature review. *Academic Medicine*, 85(6), 988-998.

Pangh, B., Jouybari, L., Vakili, M. A., Sanagoo, A., & Torik, A. (2019). The effect of reflection on nurse-patient communication skills in emergency medical centers. *Journal of Caring Sciences*, 8(2), 75-81.

Parry, R. (2008). Are interventions to enhance communication performance in allied health professionals effective, and how should they be delivered? Direct and indirect evidence. *Patient Education and Counseling*, 73(2), 186-195.

Peters, G. (2019). The role of standardized patient assessment forms in medical communication skills education. *Qualitative Research in Medicine & Healthcare*, 3(2), 76-86.

Phillips, S. P. (2008). Models of medical education in Australia, Europe and North America. *Medical Teacher*, 30(7), 705-709.

Pilnick, A., & Dingwall, R. (2011). On the remarkable persistence of asymmetry in doctor/patient interaction: A critical review. *Social Science & Medicine*, 72(8), 1374-1382.

Post, D. M., Cegala, D. J., & Marinelli, T. M. (2001). Teaching patients to communicate with physicians: The impact of race. *Journal of the National Medical Association*, 93(1), 6-12.

Rhoades, D. R., McFarland, K. F., Finch, W. H., & Johnson, A. O. (2001). Speaking and interruptions during primary care office visits. *Family Medicine*, 33(7), 528-532.

Rider, E. A. (2010). Interpersonal and communication skills. In E. A. Rider & R. H. Nawotniak (Eds.), *A practical guide to teaching and assessing the ACGME core competencies* (2nd ed., pp. 1-123). HCPro, Inc.

Rider, E. A., Gilligan, M. C., Osterberg, L. G., Litzelman, D. K., Plews-Ogan, M., Weil, A. B., Dunne, D. W., Hafler, J. P., May, N. B., Derse, A. R., Frankel, R. M., & Branch, W. T. (2018). Healthcare at the crossroads: The need to shape an organizational culture of humanistic teaching and practice. *Journal of General Internal Medicine*, 33(7), 1092-1099.

Rosenbaum, M. E. (2017). Dis-integration of communication in healthcare education: Workplace learning challenges and opportunities. *Patient Education and Counseling*, 100(11), 2054-2061.

Rosenthal, E. (2018). *An American sickness: How healthcare became big business and how you can take it back*. Penguin Press.

Rosenzweig, M., Hravnak, M., Magdic, K., Beach, M., Clifton, M., & Arnold, R. (2008). Patient communication simulation laboratory for students in an acute care nurse practitioner program. *American Journal of Critical Care*, 17(4), 364-372.

Salmon, P., & Young, B. (2011). Creativity in clinical communication: From communication skills to skilled communication. *Medical Education*, 45(3), 217-226.

Salmon, P., & Young, B. (2017). A new paradigm for clinical communication: Critical review of literature in cancer care. *Medical Education*, 51(3), 258-268.

Shapiro, J., Coulehan, J., Wear, D., & Montello, M. (2009). Medical humanities and their discontents: Definitions, critiques, and implications. *Academic Medicine*, 84(2), 192-198.

Shaw, D. J., Davidson, J. E., Smilde, R. I., Sondoozi, T., & Agan, D. (2014). Multidisciplinary team training to enhance family communication in the ICU. *Critical Care Medicine*, 42(2), 265-271.

Singh Ospina, N., Phillips, K. A., Rodriguez-Gutierrez, R., Castaneda-Guarderas, A., Gionfriddo, M. R., Branda, M. E., & Montori, V. M. (2019). Eliciting the patient's agenda-secondary analysis of recorded clinical encounters. *Journal of General Internal Medicine*, 34(1), 36-40.

Smith, M. B., Macieira, T. G. R., Bumbach, M. D., Garbutt, S. J., Citty, S. W., Stephen, A., Ansell, M., Glover, T. L., & Keenan, G. (2018). The use of simulation to teach nursing students and clinicians palliative care and end-of-life communication: A systematic review. *American Journal of Hospice and Palliative Medicine*, 35(8), 1140-1154.

Street, R. L., Jr. (2013). How clinician—patient communication contributes to health improvement: Modeling pathways from talk to outcome. *Patient Education and Counseling*, 92(3), 286-291.

Sue, D. W. (2016). Multidimensional facets of cultural competence. *The Counseling Psychologist*, 29(6), 790-821.

Task Force on the Clinical Skills Education of Medical Students (2005). *Recommendations for clinical skills curricula for undergraduate medical education*. Association of American Medical Colleges.

Tervalon, M., & Murray-García, J. (1998). Cultural humility versus cultural competence: A critical distinction in defining physician training outcomes in multicultural education. *Journal of Health Care for the Poor and Underserved*, 9(2), 117-125.

Towle, A., & Hoffman, J. (2002). An advanced communication skills course for fourth-year, post-clerkship students. *Academic Medicine*, 77(11), 1165-1166.

Üstün, B. (2006). Communication skills training as part of a problem-based learning curriculum. *Journal of Nursing Education*, 45(10), 421-424.

van Weert, J. C. M., Jansen, J., Spreeuwenberg, P. M. M., van Dulmen, S., & Bensing, J. M. (2011). Effects of communication skills training and a question prompt sheet to improve communication with older cancer patients: A randomized controlled trial. *Critical Reviews in Oncology/Hematology*, 80(1), 145-159.

Wallman, A., Vaudan, C., & Sporrong, S. K. (2013). Communications training in pharmacy education, 1995-2010. *American Journal of Pharmaceutical Education*, 77(2), Article 36.

Wear, D., & Skillicorn, J. (2009). Hidden in plain sight: The formal, informal, and hidden curricula of a psychiatry clerkship. *Academic Medicine*, 84(4), 451-458.

Wu, M. S., & Rawal, S. (2017). "It's the difference between life and death": The views of professional medical interpreters on their role in the delivery of safe care to patients with limited English proficiency. *PLOS ONE*, 12(10), e0185659.

Zabar, S., Hanley, K., Stevens, D. L., Ciotoli, C., Hsieh, A., Griesser, C., Anderson, M., & Kalet, A. (2010). Can interactive skills-based seminars with standardized patients enhance clinicians' prevention skills? Measuring the impact of a CME program. *Patient Education and Counseling*, 80(2), 248-252.

第 15 章
患者与健康护理提供者之间的传播及其健康结果

凯利·哈斯克德-约尔内雷克（Kelly Haskard-Zolnierek）
摩根·斯奈德（Morgan Snyder）　拉贝卡-金伯利·埃尔南德斯（Rabecca-Kimberly Hernandez）
特蕾莎·L. 汤普森（Teresa L. Thompson）

　　患者与提供者的沟通是全面健康护理的核心组成部分。研究已发现，当提供者和患者之间的相互沟通有效时（如交换信息、更多地参与护理、表达同理心等），包括临床结果、患者依从性、患者满意度和医疗失误在内的健康结果，均在各种医疗环境中受到积极影响。此外，值得考虑其他因素，例如，健康差异和患者特征（如肥胖和药物滥用）以及这些因素如何影响患者的健康结果。为了促进在患者身上产生积极的治疗结果，患者-提供者关系应被视为是他们之间协商共同目标而达成的一种协作（Tekeste et al., 2019；另请参见本书第 12 章）。考虑到健康护理提供者有机会处理大量患者的各种问题这一现实，有效的沟通对于确保为所有患者提供高效的护理必不可少。

第 1 节　健康结果的重要性

　　许多研究人员考察了与身心健康相关的结果和患者-护理者传播之间的关系。该研究领域固有的挑战之一是患者-护理者传播测量的异质性。另一个考量因素是所考察的健康结果具有多样性——包括康复、应对疼痛、日常功能、生活质量、糖尿病相关结果以及血压。

　　卡普兰等人（Kaplan et al., 1989）有一项最早的研究，研究提供者与患者之间的沟通与健康结果之间的关系。研究人员对患有不同慢性疾病的患者进行了四项研究，在所有情况下，医生与患者的互动都被录音，并且评估其沟通方面的情况，包括控制、信息共享和情感表达。得到检查的健康结果包括患者的健康状况以及自我报告的糖尿病和高血压的健康、生理指标，如血红蛋白 A1c（HbA1c）和血压。调查结果表明，在四个研究样本中，当患者更多地参与就诊时，他们的糖尿病和血压得到了更好的控制；医生更多地表达情感和更频繁地提供信息也与更好的健康结果相关。这些结果是通过生理测试和自我报告同时得出的。

　　斯图尔特（Stewart, 1995）为最早对该主题进行量化评估的人中之一。她在其述评中纳入了 21 项研究，发现了与患者健康结果相关的有效病史采集的几个要素。重要的病史采集要素包括医生询问许多关于患者及其视角的问题，并表现出同理心。在病史采集过程中，这一点也很重要：让患者充分表达自己的想法并让他们相信自己所担忧的问题会得到全面讨论。

其他重要的沟通要素包括与管理计划相关的有效讨论,其中鼓励患者提问并在决策过程中收集信息也很重要。斯图尔特回顾了21项研究的结果,其中大部分表明病史采集的要素确实与健康结果相关。例如,有两项研究的结果表明,当医生提供信息时,患者的血压会降低(Orth et al., 1987);当医生将患者纳入决策过程中时,患者的焦虑也会降低(Fallowfield et al., 1990)。

继这项工作之后,迪布拉西(Di Blasi et al., 2001)进行了另一个述评。他检查了25项随机对照试验,其中大部分集中在患有高血压和身体疼痛的患者身上。这些作者专注于"语境效果"的研究,"语境效果"是指源于患者-护理者关系的安慰效果。纳入的研究检视了患者期待值的影响,这些期待形成于医生关于健康和治疗的积极沟通过程以及医生叫人放心的仪态。其中一半的研究发现期待值对健康结果有积极影响。这些作者提到了研究异质性和方法论的问题,将其解释为产生混合结果的原因(Di Blasi et al., 2001)。

最近,里德尔和舒布勒(Riedl & Schubler, 2017)完成了对患者-提供者传播与健康结果之间关系的系统回顾,重点关注的是2000年至2015年间发表的40项研究。这些研究使用了多种设计,包括质化方法和随机对照试验。作者考察了衡量医患传播各方面的研究,包括提供信息和建立牢固的医患关系。在一项述评研究中,卡本拉(Cabana et al., 2006)通过哮喘健康护理教育课程,培训医生的传播技能。受过培训的医生会询问患者的担忧,向患者推荐良好的健康行为,并与患者一道制定目标。结果表明,医生提供的信息水平越高,患者的哮喘症状越少。在该述评包含的另一项研究中,帕奇曼等人(Parchman et al., 2010)使用观察方法进行了一年的追踪访问,以检查糖尿病患者的患者激活状况和医生与患者的共同决策,以及这些因素与三种临床结果之间的关联。研究人员完成了一项路径分析,表明医生的决策风格与患者激活状况相关,而患者激活状况又与药物依从性以及糖化血红蛋白(HbA1c)和低密度脂蛋白胆固醇水平的改善相关。

并非所有研究都发现了医患传播对健康结果有影响。库珀等人(Cooper et al., 2011)进行了一项随机对照试验,其中,医生和患者都接受了传播技能培训,以促进共同决策、患者参与护理。他们关注的是一个社会经济地位低的少数民族人群的血压控制结果。干预组的血压控制在统计学上没有明显降低,但变化是在预期的方向上,并且可算是具有临床意义的变化(Cooper et al., 2011)。

很少有研究检查非语言传播与健康结果的关系。亨利等人(Henry et al., 2012)对非语言传播与患者健康结果之间的关系进行了文献回顾与元分析,包括心理(n=6项研究)和身体健康状况(n=5项研究),但未发现一致关系。作者恳切建议有必要进行长期研究,以检查非语言温情传播与结果——比如患者依从性这样的结果——之间的关系,这可能会在非语言传播与健康结果之路上起到中介作用。

除了经典研究和文献综述之外,重要的是要考虑该领域的更多最新研究。丹巴-米勒等人(Dambha-Miller et al., 2019)考察了2型糖尿病患者对提供者的同理心的感知与心血管病发作和死亡率之间的关系。研究人员发现,医生同理心得分较高与患者心血管事件发生率较低相关,但差异无统计学意义。研究人员确实发现,在十年的随访中,那些报告说获得提供者较高同理心的患者的死亡风险有所降低。

在最近的另一项研究中,鲁本等人(Ruben et al., 2018)报告了他们关于医患传播与疼痛结果之间关系的发现。在这项针对退伍军人的研究中,参与者报告了其健康护理提供者的传播和人际交往技能,还报告了患者身体的疼痛强度及其对日常活动的干扰。研究人员发现,提供者更积极的沟通与疼痛强度较低和源于疼痛的限制较少有关。

第2节 提供者-患者传播和患者依从性

健康护理提供者除了关注提供者-患者沟通产生的实际健康结果外,还极为关注的沟通结局之一是患者对治疗建议的依从性。尽管关于该主题的早期研究更可能使用**顺从性**(compliance)一词,这与父权制、控制力和以提供者为中心的视角相一致,但转向以患者为中心的医学却强调了提供者与患者之间的共同决策,并意识到患者的行为与商定的治疗之间具有一致性,**依从性**(adherence)这个术语就是对这种转向更为充分的概念化。依从性可能包括服用药物等行为,改变与饮食、运动或吸烟相关的生活方式,履约后续预约,并寻求筛查或免疫接种。缺乏患者依从性是护理提供者感到非常沮丧的根源,并且对患者健康有严重影响。依从性还与医疗费用高昂和浪费稀缺的医疗资源有关。患者不依从的比率高,这尤其值得关注(Thompson & Haskard-Zolnierek, 2020)。

许多因素会影响患者对治疗建议的依从性,其中只有一些与传播过程有关。许多护理提供者将缺乏依从性归咎于患者,将他们描述为不依从的患者。集中于这一点就忽略了结构和相互作用的影响,这些影响通常在不同程度的患者依从性中发挥更大的作用。正如汤普森和哈斯卡-若内雷克(Thompson & Haskard-Zolnierek, 2020)的评论文章总结的那样,这种关注点忽略了药物花费、治疗方案的复杂性以及减肥、锻炼和戒烟等行为改变的难度。它还忽略了家庭和同伴因素,这些因素影响患者在离开医疗环境时的行为方式。家人和同伴可能会鼓励依从性抑或可能使依从性更加困难。患者更有可能遵循简单且成本较低的治疗方案,而不是更复杂的方案。同样,患者也更容易遵循治疗建议。一般来说,对于急性疾病的治疗,患者通常更容易依从,而对于慢性病情况则不太容易(DiMatteo, 2004)。

缺乏依从性也可能是有意或无意的。患者可能打算每天进行物理治疗锻炼,但最终因为要承担太多其他责任而没有这样做。患者可能打算按计划服药,但可能忘记了。患者可能计划戒烟,但发现很难一以贯之。相反,患者可能没有意愿去遵循医-患显然达成共识的治疗计划。或者患者可能最初打算遵守该计划,然后自我感觉好多了,觉得实际上不需要服完抗生素处方药或降压药。患者可能否认精神健康问题而不服用抗抑郁药。当然,所有这些更极端的选项都有程度差异。

测量依从性是困难的,也是千变万化的,这是由于在描述一个人可能不依从的不同方式时存在模糊性。研究人员最常依赖患者自我报告的治疗依从性数据。与任何自我报告测量一样,这取决于社会期待偏见和记忆问题。研究人员可能会评估患者是否已按处方配药,但这并不能告诉他们患者是否服用了处方药,是否按计划服用或服完处方药。有时,研究人员能够检查患者血液中的药物水平或其他代谢物测量值,以确定药物依从性。少数研究依赖于实际观察患者在诊所服用抗逆转录病毒药物,但这也还是很困难(参见 Thompson & Zolnierek, 2020)。

充分测量依从性与传播的研究很少,而且由于难以同时测量传播和依从性,这就使问题变得复杂了(见本书第36章,详细阐述了宏观层面的传播测量,这些测量是不充分的,因为它们遗漏了意义的关键细微差别)。关于该主题有一些质化研究,这难以得出因果关系结论。其中,一些研究是由受过医学训练而非传播学训练的学者进行的,他们对"良好"传播或"更多"传播进行了广泛评估,这掩盖了人类传播行为那些重要的理论面向。然而,对传播-依从性联系的元分析和系统述评考察了研究质量,并证明了传播的某些方面与患者依从性之间存在明显关系。最著名的是由迪马泰奥等人(DiMatteo, 2004;另见 DiMatteo et al., 2002; Zolnierek & DiMatteo, 2009)和海恩斯等人(Haynes et al., 2008)所做的研究。

若内雷克和迪马泰奥(Zolnierek & DiMatteo, 2009)做了一项元分析,对与依从性相关的传播过程的细节进行了最彻底的检视。该元分析共纳入55项成果,既测量了传播的任务面,又测量了社会心理相关面。例如,涉及任务相关面的传播研究,使用的是评分法,让患者对医生的解释或医嘱或医生对协作的使用情况进行评分。社会心理面的传播研究,使用的是评判法,即评判过滤掉内容的语调(评价为正面性)。数据表明,有几个变量与依从性的提高有关,包括:提供详尽的信息,给出明确的解释,积极倾听,友好,团结,声明非医疗信息,免费提供信息。与较低依从性相关的一个变量是缺乏有关药物令人不快的副作用的信息。

除了传播和依从性的要害关系之外,一些研究还检查了调节这种关联的变量。种族和语言不协调以及健康素养水平是相关因素,医疗状况的污名化性质同样如此。例如,艾滋病阳性患者常常因为污名化而不愿意去公共诊所或药店接受治疗。健康护理提供者的类型也可能调节依从性与传播的关系,例如,对物理治疗师的依从性可能低于对肿瘤学家。肿瘤学家治疗生死攸关的问题,而物理治疗师则不是。

研究还检视了提供者和患者对依从性的看法。尽管有证据表明传播对依从性有作用,但并不罕见的是,患者将依从性看作是他们做出的一项自主决定(Laws et al., 2012)。提供者经常不准确地估计患者的依从性,并且不愿意开始讨论这个问题,直到缺乏患者依从性变得太明显以至于不能忽视之际(Thompson & Haskard-Zolnierek, 2020)。

已有一些干预措施来培训提供者,使其更有效地与患者传播,以改善共同决策和随后的依从性。在已发表的关于该主题的研究中,只有大约一半的研究显示出依从率有所提高。在对旨在提高依从性的干预措施进行系统审查时,纽瓦特等人(Nieuwlaat et al., 2014)发现了几个促进性特征。解决依从性多重障碍的干预措施——这些干预措施被定制出来,是为了考察患者缺乏依从性的具体原因,同时简化了治疗方案——增强了患者对养生方案的理解,并解决了可以提高患者依从性的所有信念问题。到目前为止,最有效的是量身定制的干预措施。至少有一项研究对患者传播的各个方面进行了训练,效果非常好,患者的依从性增加了(Cegala et al., 2000)。令人惊讶的是,这种方法并没有得到频繁采用。

在过去的几十年里,测量、影响和监测依从性已经有了更精密的方法。据称,互联网随访(通过在互联网上联系患者来评估患者依从性)、移动应用程序、短信、依从性电子监测器、智能药盒和自动呼叫提醒器等技术都可以提高依从性,尽管许多研究是基于假设而非实际测量依从性。因此,在这些研究中,依从性并不是真正的因变量,必须把结论看作是值得探讨的。然而,这些发现确实出现在"依从与传播"的内容搜索中。

总体而言,很明显,提供者-患者互动与患者依从性之间存在某种关系。患者依从性对健康结果很重要,这表明有必要做进一步研究。

第 3 节　提供者-患者传播和患者满意度

患者满意度是该领域另一种常用的结果衡量标准,通常用作健康护理整体质量的指示器(Ong et al., 1995)。在几项开创性研究中,提供者-患者传播与患者满意度密切相关(例如,Buller & Buller, 1987; Ong et al., 1995)。健康护理提供者必须有效地与患者传播症状、诊断和治疗方案等相关信息,同时表现出友善、同理心和温情,因为提供者与患者传播的这些方面也与患者满意度高度相关(Buller & Buller, 1987)。研究表明,提供者与患者传播的诸多方面都与患者满意度有关,而改善传播技能的干预措施可以提高患者满意度。本节将讨论这些研究。

提供者与患者有效传播生物医学信息非常重要,包括收集有关症状和病史的信息以及提供有关诊断和治疗方案的信息。然而,健康护理提供者给患者充足时间分享体验也很重要,从而确保患者积极参与自身的护理,因为已有研究发现,以提供者为主导的传播方式与患者满意度呈负相关(Buller & Buller, 1987; Burgener, 2020)。事实上,一项研究发现,患者满意度与患者推动的信息提供有关,而不是医生推动的信息提供(Ishikawa et al., 2017)。提供者的倾听和回应也被证明与患者满意度有关(Henry et al., 2012; Richmond et al., 2009)。倾听患者并让患者在讨论中发挥积极作用是患者中心传播的重要方面,可能会在患者满意度和健康结果中发挥作用。事实上,已有证据表明,患者满意度可以调节患者中心传播与情感幸福之间的关系(Jiang, 2017)。

研究还表明,在就诊期间,医患传播的情感和人际方面极为重要。撒迦利亚等人(Zachariae et al., 2003)的研究表明,医生的注意力和同理心与肿瘤就诊期间的患者满意度有关。黑赛和劳舍尔(Hesse & Rauscher, 2019)的研究表明,就诊时的亲切交流(包括关心的表达和倾听行为)与患者满意度有关。一种附带的传播风格也被证明与患者的满意度有关。这包括来自提供者的友善、同理心和鼓励等行为(Buller & Buller, 1987)。非语言传播也与患者满意度相关(DiMatteo et al., 1986; Griffith et al., 2003),例如,积极的非语言传播,如温暖和支持的语调(Haskard et al., 2008a; Henry et al., 2012)以及显示有能力并感兴趣的语调(Haskard et al., 2008a)。因此,虽然就诊的技术方面很重要,但提供者与患者传播的人际方面也与患者对护理的满意度有关。

一些研究表明,旨在改善健康护理提供者与患者之间传播方式的干预措施可以有效提高患者满意度(Dwamena et al.,

2012)。在一项研究中,干预措施包括演示、互动教学场次以及专注于以关系为中心的传播实操场次。这种干预增加了医生的同理心并提高了患者满意度(Boissy et al., 2016)。另一项研究表明,医师传播培训提高了患者对信息提供和整体护理的满意度(Haskard et al., 2008b)。如果通过计算机提供传播技能培训干预措施,也可能有效,这会增加实施的便利性。例如,罗特等人(Roter et al., 2012)报告说,通过计算机提供的传播技能培训可有效提高患者满意度。综上所述,这些研究表明,传播技能培训干预措施有利于提高患者满意度。

第 4 节　医疗事故与传播

医疗事故诉讼和引起诉讼的感知错误是几乎所有健康护理服务领域的重要问题。实际上,在医疗事故的诉讼中,只有极少数量指控的要点是医疗失误(Beez et al., 2019)。

传播与医疗事故之间的联系经常通过考察一个特定医学领域中已结诉讼案件的记录来研究。这些已结案件是匿名的,并且由经过严格培训的专家确立案件主题。相反,关于这个问题的一些研究依据质化访谈法,对患者、管理人员和护理提供者进行访谈。在这些研究中,传播和文档记录问题是最常见的主题。传播与医疗事故至少以三种显著方式相互关联:直接的,中介的/调节的,以及在预计到有诉讼恶战状况下采用防御式的。许多研究表明,传播问题会导致错误真实地发生,从而导致医疗事故诉讼。当健康护理提供者没有与患者充分共享信息时,就会发生这种情况(Moore & Slabbert, 2013)。当患者未向提供者提供相关信息时,也会出现错误(Mindachew et al., 2014)。那么,这些就是传播与诉讼之间的直接联系。

当患者对提供者的传播不满意时,更有可能提起医疗事故诉讼,很少有研究证据证明这种直接联系。同样的医疗失误可能发生在两个不同的提供者-患者二元组中,但是,随后提起诉讼可能性更小的是那种收到更充分信息(Moore & Slabbert, 2013),并且提供者与之互动时更有同情心的患者(Quirk et al., 2008)。信任是传播与医疗事故诉讼可能性之间的调节变量。传播行为会影响信任,进而影响起诉的可能性(Choy & Ismail, 2017)。提供者缺乏相关技能或医学知识的情况很少见(Beez et al., 2019)。针对护士的研究发现,可能成为医疗事故并可能导致诉讼的情况是:在指令不明确时没有要求澄清,没有报告患者状态的变化,或者没有对其他提供者的行为提出担忧(Brown, 2016)。

诸如打断患者等行为与诉讼可能性呈正相关,这意味着提供者对患者的打断次数越多,如果出现医疗失误,患者提起诉讼的可能性就越高(Moore et al., 2017)。细微的措辞差异也会产生影响,例如,护士说剖腹产是"紧迫的"("urgent",必须在30分钟内完成)还是"紧急的"("emergent",可以在30分钟后完成)。医疗事故文献中充满了这样一些例子:护理提供者更改原提供者使用的措辞。这些都是团队问题,必须通过团队内更有效的信息共享来缓解(参见本书第17章)。提供者未能获得足够的病史也与诉讼有关,因为在这种情况下更可能发生医疗失误。另请注意,这里提到的一些因素(如缺乏信息共享)是导致实际错误的因素,而其他因素则是传播问题(如缺乏同情心),一旦发生错误,患者更有可能提起诉讼。

医疗事故与传播更为复杂的第三个关系是基于防御性。拉比诺维奇-埃尼(Rabinovich-Einy, 2011)指出,近几十年来发展起来的诉讼文化导致防御性传播,随后造就了诉讼语境。由于害怕诉讼,医生不会做出预后判断,因此不会向患者提供完整的信息。对医疗事故指控的恐惧实际上会导致医疗事故指控的行为:一种自我实现预言。拉比诺维奇-埃尼恰当地将其描述为医疗事故法的阴影,并认为:其一,防御性传播是她所研究的急诊室中的主要传播形式;其二,它也起到了一种防身符的作用。因此,它是专业权威以及自我保护的一种来源。

注意到医疗事故与传播之间有关系,并非研究人员的专利。医疗事故律师很清楚传播在诉讼中的作用。文献中充斥着并非基于数据的文章,而是医疗事故律师提出建议的文章,这些律师建议护理提供者参与前面提到的各种正面传播行为。同样,风险管理专家现在是大多数健康组织的一部分。在解决医疗失误时,他们会给提供者和患者建议并与他们共同面对。当然,了解医疗事故问题的基础是了解实际的医疗失误。有些错误本身是由传播问题引起的,而另一些则不是。在手术过程中切开动脉是一种医疗失误，但在弄错的腿上动刀则可能与传播问题有关。提供者之间出现误传时情况尤其如此。患者交接也是可能导致诉讼的传播问题常见来源(Bulau, 2013；另请参见本书第 17 章)。

如前所述，传播和病历资料是几乎所有医疗事故研究中提到的两个关键主题。与病历资料相关的是电子健康记录的问题。更多地依赖健康护理信息技术与更少的诉讼相关(Sharman et al., 2019)。

许多项目和干预措施被开发出来，旨在培训护理提供者采取传播行为，以避免可能引发诉讼的负面反应。尽管专家推动的"传播及其解决方案"项目比大多数其他人提出的项目更有效，但其中很少有项目取得长期成功并具有可持续性(Kass & Rose, 2016)。大多数健康护理机构现在都意识到需要立即坦率地进行医疗失误沟通(Bell et al., 2015)。总体而言，很明显，避免医疗事故诉讼的最佳方式是患者中心护理。正如我们接下来要描述的，患者方面的一些变量与此相关。

第 5 节　患者变量、提供者-患者传播及其结果

一、种族/族裔

以前的一些研究已经论述了在不同种族和族裔群体之间，提供者与患者之间的传播存在差异，这些提供者与患者传播的差异可能导致健康结果的不平等和依从性的差异(van Ryn, 2002)。一项研究考察了被诊断患有前列腺癌的男性患者与提供者之间的传播，结果发现，在测试对医生的信任程度以及治疗人际关系的好坏时，白种人患者报告的得分高于非裔美国患者(Song et al., 2014)。另一项研究分析了录音就诊——医生在访谈中与患者讨论抗逆转录病毒药物的依从性——发现了在这方面患者具有种族差异(Laws et al., 2014)。具体而言，就抗逆转录病毒药物依从性而言，医师与黑人和西班牙裔患者的讨论多于与白人患者的讨论，并且他们对黑人患者表现出更大的语言支配性。

一些研究表明，患者中心传播可能因人口群体而异。过去的研究表明，西班牙裔和亚洲人报告说他们的患者中心传播低于白种人(Singh et al., 2018)。就诊期间重要的是，将患者作为积极参与者包括在内，并积极倾听以克服障碍。如果在历史上，传播的这些积极面很少发生于享受服务不足的人群中，那么健康结果出现不平等的可能性就更大(见本书第 35 章)。

健康护理提供者持有的内隐态度和偏见可能会导致提供者与患者传播的差距，并最终导致临床结果的差距。内隐态度是在没有意识的情况下持有的，并且可能为健康护理提供者所持有(Sabin et al., 2009)。梅纳及其同事(Maina et al., 2018)做了一项系统述评，讨论了健康护理提供者隐含的种族偏见。本综述中讨论的研究表明，持有较高水平种族或族裔内隐偏见的健康护理提供者表现出较少的支持传播以及较少以患者为中心(Blair et al., 2013；Penner et al., 2016)。在其中一项研究中，其医生的内隐偏见较高的黑人患者满意度较低，并预示了在依从性方面会面临更大挑战(Penner et al., 2016)。

二、社会经济地位

研究已表明，社会经济地位与提供者-患者传播的各个方面有关。一项系统回顾表明，提供者在与社会经济地位较低的患者传播时，其提供的与诊断和治疗相关的信息较少，并且使用更多的生物医学谈话和较少的社会情感谈话(Willems et al., 2005)。此外，一项采用更大规模代表性的全国样本的研究发现，收入较低的参与者更有可能报告传播质量不良(即解释不清，缺乏倾听和尊重)，并且参与决策较少，同时还报告说对其健康护理提供者的满意度降低(Okunrintemi et al., 2019)。

三、肥胖和体重污名

有一些证据表明，患者的体重可能会影响提供者-患者传播的某些方面，从而影响结果。一项研究表明，肥胖患者报告说

他们的医生没有花足够的时间陪伴他们,也没有仔细听他们说话(Richard et al.,2014)。尽管本研究未涉及医疗结果,但其他研究已经检查了肥胖患者的依从性和满意度等结果。

一项研究表明,健康护理提供者认为体重指数(BMI)较高的患者对药物的依从性较低(Huizinga et al.,2010)。这些负面看法可能会导致健康护理提供者与超重或肥胖患者之间的传播出现差异,并可能导致患者被污名化。一些常见的污名化情形包括健康护理提供者告诉患者减肥,但没有为患者提供任何具体建议,并且健康护理提供者将不相关的身体问题归咎于患者的体重状况(Ferrante et al.,2016)。这些污名化的情形可能会影响患者满意度等结果。

以前的一些研究已经论证了,提供者与超重或肥胖患者的传播存在差异。一项研究表明,提供者与这些患者建立的情感融洽程度较低(Gudzune et al.,2013)。建立融洽的关系是提供者与患者传播的一个重要方面,并且与重要的健康护理结果相关(Beck et al.,2002)。另一项研究考察了产前检查期间提供者与患者之间的传播。研究人员使用罗氏相互作用分析系统(Roter Interaction Analysis System)对就诊录音进行编码,发现医生与超重、肥胖女性的传播和与没有超重、肥胖的女性之间的传播有差异。具体而言,健康护理提供者在与肥胖女性的会话中使用较少的自我披露表述,并且对超重女性使用较少的认可和关注表述(Washington Cole et al.,2017)。提供者与患者传播的这些情感成分,包括融洽关系、自我披露、赞同和关注表述,是患者中心护理的重要方面,并且与患者满意度相关(Williams et al.,1998)。这些因素对于超重或肥胖患者的预后同样重要。

关于体重的传播是就医的一个重要方面。重要的是,关于患者体重状况的讨论要深思熟虑、小心谨慎,以避免患者因体重而感到被污名化。健康护理提供者在与患者讨论体重时使用的语言很重要。最近的一项系统述评发现:"不健康的体重"或"BMI"等词是最受欢迎的,而"胖"和"肥胖"等词特别不适合与体重相关的讨论(Puhl,2020)。使用的特定语言可以预测结果,例如,患者对护理的满意度,对治疗的依从性。

四、物质使用

提供者在护理患者时可能面临的另一个特定传播主题是物质使用。在这些情况下,提供者有机会有效地处理患者成问题的物质使用及其行为,并在必要时提供简要干预。传统上,物质使用的治疗是通过一个持续数周或数月的咨询疗程进行的;然而,提供者有机会向物质使用成问题的患者提供直接和即刻的简短干预(U. S. Department of Health and Human Services,2005)。简短干预是短暂的一对一咨询会话,目的是将个人的物质使用降低到更合适的水平(Moyer & Finney,2005)。当患者的总体物质使用状况较低时,他们不太可能经历与危险物质使用相关的负面结果,例如,伤害、家庭暴力或与药物滥用相关的医疗问题(U. S. Department of Health and Human Services,2005)。简短的干预措施已被证明可以有效地减少物质使用,并促进那些有物质使用风险的人的健康状况得到整体改善(Kaner et al.,2009;Moyer & Finney,2005)。

尽管之前的研究已经证明在讨论药物滥用时,患者与提供者之间的传播很重要,但这种传播的障碍会对所提供的护理质量产生负面影响(Denny et al.,2003;Hingson et al.,2013)。丹尼等人(Denny et al.,2003)在研究中证明了这一点,该研究调查了在例行检查期间提供者对成人患者做戒烟或戒酒建议的普遍程度。这些研究人员发现建议的频率非常低,表明提供者可能会错失为高危患者提供简短干预的机会(Baldwin et al.,2006;Denny et al.,2003;Hingson et al.,2013)。这种失去的机会可能意味着,那些处于危险中的患者不太可能得到他们需要的传播,以便做出对健康有重大影响的行为改变。

第6节 途径:从传播到结果

依赖斯特雷特及其同事的研究——最近舒尔茨和江(Schulz & Jiang,2021)对此做了概要——可能会促进将所有这些结果与传播过程联系起来的尝试。爱泼斯坦和斯特雷特(Epstein & Street,2007)在讨论提供者与患者互动的六个关键维度(促进治疗关系、交换信息、回应情感、管理不确定性、做出决策以及实现患者自我管理)的基础上,为患者中心传播提供了一个框架(另请参见 Street et al., 2009 和本书第 12 章)。

这一块的研究确定了将传播变量与健康结果直接和间接联系起来的途径。在某些情况下,传播行为会直接影响健康结果,例如,明确的解释和放心保证可以缓解焦虑并改善睡眠。这些更为直接的结果是近端结果。作为提供者各近端结果可能会让患者对提供者感到更满意,并体验到更多的信任。然而,影响健康的是这些近端结果具有的中介(中间)调节效应。我们在本章前面提到过,传播会影响依从性,但解释的清晰度才能影响依从性,并最终影响健康。不理解解释的患者无法对解释有依从性,因此他们的健康不太可能得到改善。提供者的决策风格也会影响患者的自我效能,进而影响患者的控制力和不确定性(Schulz & Jiang, 2021)。患者的控制力和不确定性最终会影响患者的生活质量(Arora et al., 2009)。江(Jiang, 2017)最近证明了患者中心传播会影响患者满意度,接着影响情感管理,进而影响患者的情感幸福。

对这些近端和中间途径的了解应该是有裨益的,因为我们正朝着更全面地了解传播行为对相关健康结果影响的方向前进。

第 7 节 未来研究方向

未来对患者-提供者传播与健康结果的研究可能包括,将对言语和非言语传播的评估纳入临床互动的研究中,这些评估测量健康结果与患者依从性。测量传播及其结果的各个方面(例如,依从性)对解释该领域的研究结果很重要;因此,有必要使用经过验证的测量工具进行研究。在提供者与患者传播中,患者满意度是一项常见的研究结果,因为它既是一种基于自我报告的测量(因此相对容易收集),也是与健康护理质量相关的测量。然而,更多关注临床健康结果与依从性的研究将推动该领域向前发展,特别是由于在检验传播与临床健康结果之间关系的过往研究中存在一些不一致的发现。纵向研究设计也有利于评估随时间变化的传播因素和提供者-患者关系因素,以及依从性和健康状况等长期结果。最后,继续研究未受到充分关注的人群以及在健康结果上存在差异的人群将是有价值的,因为传播障碍可能是一个重要的中介因素。

第 8 节 结 论

总而言之,本章为这对关系提供了广泛证据,即提供者与患者的传播及对健康护理过程具有重要意义的各种结果之间的关系。对于提供者和患者而言,重要的是关注彼此有效传播的重要性,通过参与共同决策、交换信息、提供有情的社会情感传播,从而建立融洽关系。如果健康结果是健康护理的终极终点,那么传播过程为实现更好的结果提供了一条切实可行之路。

参考文献

Arora, N. K., Weaver, K. E., Clayman, M. L., Oakley-Girvan, I., & Potosky, A. L. (2009). Physicians' decision-making style and psychosocial outcomes among cancer survivors. *Patient Education and Counseling*, 77(3), 404-412.

Baldwin, J. A., Johnson, R. M., Gotz, N. K., Wayment, H. A., & Elwell, K. (2006). Perspectives of college students and their primary health care providers on substance abuse screening and intervention. *Journal of American College Health*, 55(2), 115-120.

Beck, R. S., Daughtridge, R., & Sloane, P. D. (2002). Physician-patient communication in the primary care office: A systematic review. *Journal of the American Board of Family Medicine*, 15(1), 25-38.

Beez, T., Steiger, H-J., Weber, B., & Ahmali, S. A. (2019). Pediatric neurosurgery malpractice claims in Germany. *Child's Nervous System*, *35*(2), 337-342.

Bell, S. K., Mann, K. J., Truog, R., & Lantos, J. D. (2015). Should we tell patients we've made an error? *Pediatrics*, *135*(1), 159-163.

Blair, I. V., Steiner, J. F., Fairclough, D. L., Hanratty, R., Price, D. W., Hirsch, H. K., Wright, L. A., Bronsert, M., Karimkhani, E., Magid, D. J., & Havranek, E. P. (2013). Clinicians implicit ethnic/racial bias and perceptions of care among Black and Latino patients. *Annals of Family Medicine*, *11*(1), 43-52.

Boissy, A., Windover, A. K., Bokar, D., Karafa, M., Neuendorf, K., Frankel, R. M., Merlino, J., & Rothberg, M. B. (2016). Communication skills training for physicians improves patient satisfaction. *Journal of General Internal Medicine*, *31*(7), 755-761.

Brown, G. (2016). Averting malpractice issues in today's nursing practice. *The ABNF Journal: Official Journal of the Association of Black Nursing Faculty in Higher Education*, *27*(2), 25-27.

Bulau, J. M. (2013). Liability of ineffective patient handoffs that cause patient harm or death. *Journal of Legal Nurse Consulting*, *24*(2), 43-44.

Buller, M. K., & Buller, D. B. (1987). Physicians' communication style and patient satisfaction. *Journal of Health and Social Behavior*, *28*(4), 375-388.

Burgener, A. M. (2020). Enhancing communication to improve patient safety and increase patient satisfaction. *Health Care Manager*, *39*(3), 128-132.

Cabana, M. D., Slish, K. K., Evans, D., Mellins, R. B., Brown, R. W., Lin, X., Kaciroti, N., & Clark, N. M. (2006). Impact of physician asthma care education on patient outcomes. *Pediatrics*, *117*(6), 2149-2157.

Cegala, D., Marinelli, T., & Post, D. (2000). The effects of patient communication skills training on compliance. *Archives of Family Medicine*, *9*(1), 57-64.

Choy, H. H., & Ismail, A. (2017). Indicators for medical mistrust in healthcare—A review and standpoint from Southeast Asia. *Malaysian Journal of Medical Science*, *24*(6), 5-20.

Cooper, L. A., Roter, D. L., Carson, K. A., Bone, L. R., Larson, S. M., Miller, E. R., III, Barr, M. S., & Levine, D. M. (2011). A randomized trial to improve patient-centered care and hypertension control in underserved primary care patients. *Journal of General Internal Medicine*, *26*(11), 1297-1304.

Dambha-Miller, H., Feldman, A. L., Kinmonth, A. L., & Griffin, S. J. (2019). Association between primary care practitioner empathy and risk of cardiovascular events and all-cause mortality among patients with type 2 diabetes: A population-based prospective cohort study. *Annals of Family Medicine*, *17*(4), 311-318.

Denny, C. H., Serdula, M. K., Holtzman, D., & Nelson, D. E. (2003). Physician advice about smoking and drinking: Are U.S. adults being informed? *American Journal of Preventive Medicine*, *24*(1), 71-74.

Di Blasi, Z., Harkness, E., Ernst, E., Georgiou, A., & Kleijnen, J. (2001). Influence of context effects on health outcomes: A systematic review. *Lancet*, *357*(9258), 757-762.

DiMatteo, M. R. (2004). Variations in patients' adherence to medical recommendations: A quantitative review of 50 years of research. *Medical Care*, *42*(3), 200-209.

DiMatteo, M. R., Giordani, P. J., Lepper, H. S., & Croghan, T. W. (2002). Patient adherence and medical treatment outcomes: A meta-analysis. *Medical Care*, *40*(9), 794-811.

DiMatteo, M. R., Hays, R. D., & Prince, L. M. (1986). Relationship of physicians' nonverbal communication skill to patient satisfaction, appointment compliance, and physician workload. *Health Psychology*, *5*(6), 581-594.

Dwamena, F., Holmes-Rovner, M., Gaulden, C. M., Jorgenson, S., Sadigh, G., Sikorskii, A., Lewin, S., Smith, R. C., Coffey,

J., Olomu, A., & Beasley, M. (2012). Interventions for providers to promote a patient-centered approach in clinical consultations. *Cochrane Database of Systematic Reviews*, 2012(12), 1-157.

Epstein, R. M., & Street, R. L. (2007). *Patient-centered communication in cancer care: Promoting healing and reducing suffering*. National Cancer Institute.

Fallowfield, L. J., Hall, A., Maguire, G. P., & Baum, M. (1990). Psychological outcomes of different treatment policies in women with early breast cancer outside a clinical trial. *BMJ*, 301(6752), 575-580.

Ferrante, J. M., Seaman, K., Bator, A., Ohman-Strickland, P., Gundersen, D., Clemow, L., & Puhl, R. (2016). Impact of perceived weight stigma among underserved women on doctor-patient relationships. *Obesity Science & Practice*, 2(2), 128-135.

Griffith, C. H., III., Wilson, J. F., Langer, S., & Haist, S. A. (2003). House staff nonverbal communication skills and standardized patient satisfaction. *Journal of General Internal Medicine*, 18(3), 170-174.

Gudzune, K. A., Beach, M. C., Roter, D. L., & Cooper, L. A. (2013). Physicians build less rapport with obese patients. *Obesity*, 21(10), 2146-2152.

Haskard, K. B., Williams, S. L., DiMatteo, M. R., Heritage, J., & Rosenthal, R. (2008a). The provider's voice: Patient satisfaction and the content-filtered speech of nurses and physicians in primary medical care. *Journal of Nonverbal Behavior*, 32(1), 1-20.

Haskard, K. B., Williams, S. L., DiMatteo, M. R., Rosenthal, R., White, M. K., & Goldstein, M. G. (2008b). Physician and patient communication training in primary care: Effects on participation and satisfaction. *Health Psychology*, 27(5), 513-522.

Haynes, R. B., Ackloo, E., Sahota, N., McDonald, H. P., & Yao, X. (2008). Interventions for enhancing medication adherence. *Cochrane Database of Systematic Reviews*, 2008(2), 1-127.

Henry, S. G., Fuhrel-Forbis, A., Rogers, M. A. M., & Eggly, S. (2012). Association between nonverbal communication during clinical interactions and outcomes: A systematic review and meta-analysis. *Patient Education and Counseling*, 86(3), 297-315.

Hesse, C., & Rauscher, E. A. (2019). The relationships between doctor-patient affectionate communication and patient perceptions and outcomes. *Health Communication*, 34(8), 881-891.

Hingson, R. W., Zha, W., Iannotti, R. J., & Simons-Morton, B. (2013). Physician advice to adolescents about drinking and other health behaviors. *Pediatrics*, 131(2), 249-257.

Huizinga, M. M., Bleich, S. N., Beach, M. C., Clark, J. M., & Cooper, L. A. (2010). Disparity in physician perception of patients' adherence to medications by obesity status. *Obesity*, 18(10), 1932-1937.

Ishikawa, H., Son, D., Eto, M., Kitamura, K., & Kiuchi, T. (2017). The information-giving skills of resident physicians: Relationships with confidence and simulated patient satisfaction. *BMC Medical Education*, 17(34), 1-6.

Jiang, S. (2017). Pathway linking patient-centered communication to emotional well-being: Taking into account patient satisfaction and emotion management. *Journal of Health Communication*, 22(3), 234-242.

Kaner, E. F., Dickinson, H. O., Beyer, F., Pienaar, E., Schlesinger, C., Campbell, F., Saunders, J. B., Burnand, B., & Heather, N. (2009). The effectiveness of brief alcohol interventions in primary care settings: A systematic review. *Drug and Alcohol Review*, 28(3), 301-323.

Kaplan, S. H., Greenfield, S., & Ware, J. E., Jr. (1989). Assessing the effects of physician-patient interactions on the outcomes of chronic disease. *Medical Care*, 27(3 Suppl), S110-S127.

Kass, J. S., & Rose, R. V. (2016). Medical malpractice reform—historical approaches, alternative models, and communication and resolution programs. *American Medical Association Journal of Ethics*, 18(3), 299-310.

Laws, M. B., Lee, Y., Rogers, W. H., Beach, M. C., Saha, S., Korthuis, P. T., Sharp, V., Cohn, J., Moore, R., & Wilson, I. B. (2014). Provider-patient communication about adherence to anti-retroviral regimens differs by patient race and ethnicity. *AIDS and Behavior*, 18(7), 1279-1287.

Laws, M. B., Rose, G. S., Bezreh, T., Beach, M. C., Taubin, T., Kogelman, L., Gaithers, M., & Wilson, I. B. (2012). Treatment acceptance and adherence in HIV disease: Patient identity and the perceived impact of physician-patient communication. *Patient Preference and Adherence*, 6, 893-903.

Maina, I. W., Belton, T. D., Ginzberg, S., Singh, A., & Johnson, T. J. (2018). A decade of studying implicit racial/ethnic bias in healthcare providers using the implicit association test. *Social Science & Medicine*, 199, 219-229.

Mindachew, M., Deribew, A., Memaha, P., & Biadgilign, S. (2014). Perceived barriers to the implementation of Isoniazid preventive therapy for people living with HIV in resource constrained settings: A qualitative study. *Pan African Medical Journal*, 17, 26-32.

Moore, J., Bismark, M., & Mello, M. M. (2017). Patients' experiences with communication-and-resoution programs after medical injury. *JAMA Internal Medicine*, 177(11), 1595-1603.

Moore, W., & Slabbert, M. (2013). Medical information therapy and medical malpractice litigation in South Africa. *South African Journal of Bioethics and Law*, 6(2), 60-63.

Moyer, A., & Finney, J. W. (2005). Brief interventions for alcohol problems: Factors that facilitate implementation. *Alcohol Research & Health*, 28(1), 44-50.

Nieuwlaat, R., Wilczynski, N., Navarro, T., Hobson, N., Jeffery, R., Keepanasseril, A., Agoritsas, T., Mistry, N., Iorio, A., Jack, S., Sivaramalingam, B., Iserman, E., Mustafa, R. A., Jedraszewski, D., Cotoi, C., & Haynes, R. B. (2014). Interventions for enhancing medication adherence. *Cochrane Database of Systematic Reviews*, 2014(11), 1-521.

Okunrintemi, V., Khera, R., Spatz, E. S., Salami, J. A., Valero-Elizondo, J., Warraich, H. J., Virani, S. S., Blankstein, R., Blaha, M. J., Pawlik, T. M., Dharmarajan, K., Krumholz, H. M., & Nasir, K. (2019). Association of income disparities with patient-reported healthcare experience. *Journal of General Internal Medicine*, 34(6), 884-892.

Ong, L. M. L., De Haes, J. C. J. M., Hoos, A. M., & Lammes, F. B. (1995). Doctor-patient communication: A review of the literature. *Social Science & Medicine*, 40(7), 903-918.

Orth, J. E., Stiles, W. B., Scherwitz, L., Hennrikus, D., & Vallbona, C. (1987). Patient exposition and provider explanation in routine interviews and hypertensive patients' blood pressure control. *Health Psychology*, 6(1), 29-42.

Parchman, M. L., Zeber, J. E., & Palmer, R. F. (2010). Participatory decision making, patient activation, medication adherence, and intermediate clinical outcomes in type 2 diabetes: A STARNet study. *Annals of Family Medicine*, 8(5), 410-417.

Penner, L. A., Dovidio, J. F., Gonzalez, R., Albrecht, T. L., Chapman, R., Foster, T., Harper, F. W. K., Hagiwara, N., Hamel, L. M., Shields, A. F., Gadgeel, S., Simon, M. S., Griggs, J. J., & Eggly, S. (2016). The effects of oncologist implicit racial bias in racially discordant oncology interactions. *Journal of Clinical Oncology*, 34(24), 2874-2880.

Puhl, R. M. (2020). What words should we use to talk about weight? A systematic review of quantitative and qualitative studies examining preferences for weight-related terminology. *Obesity Reviews: An Official Journal of the International Association for the Study of Obesity*, 21(6), e13008.

Quirk, M., Mazor, K., Haley, H. L., Philbin, M., Fischer, M., Sullivan, K., & Hatem, D. (2008). How patients perceive a doctor's caring attitude. *Patient Education and Counseling*, 72(3), 359-366.

Rabinovich-Einy, O. (2011). Escaping the shadow of malpractice law. *Law and Contemporary Problems*, 74(3), 241-278.

Richard, P., Ferguson, C., Lara, A. S., Leonard, J., & Younis, M. (2014). Disparities in physician-patient communication by obesity status. *INQUIRY: The Journal of Health Care Organization, Provision, and Financing*, 51, 0046958014557012.

Richmond, V. P., Smith, R. S., Jr., Heisel, A. D., & McCroskey, J. C. (2009). The association of physician socio-communicative style with physician credibility and patient satisfaction. *Communication Research Reports*, 19(3), 207-215.

Riedl, D., & Schubler, G. (2017). The influence of doctor-patient communication on health outcomes: A systematic review. *Zeitschrift fur Psychosomatische Medizin und Psychotherapie*, 63(2), 131-150.

Roter, D. L., Wexler, R., Naragon, P., Forrest, B., Dees, J., Almodovar, A., & Wood, J. (2012). The impact of patient and physician computer mediated communication skill training on reported communication and patient satisfaction. *Patient Education and Counseling*, 88(3), 406-413.

Ruben, M. A., Meterko, M., & Bokhour, B. G. (2018). Do patient perceptions of provider communication relate to experiences of physical pain? *Patient Education and Counseling*, 101(2), 209-213.

Sabin, J. A., Nosek, B. A., Greenwald, A. G., & Rivara, F. P. (2009). Physicians' implicit and explicit attitudes about race by MD race, ethnicity, and gender. *Journal of Health Care for the Poor and Underserved*, 20(3), 896-913.

Schulz, P. J., & Jiang, S. (2021). Theoretical frameworks of provider-patient interaction. In T. L. Thompson & P. J. Schulz (Eds.), *Health communication theory*. Wiley/Blackwell.

Sharman, L., Queenan, C., & Orzturk, O. (2019). The impact of information technology and communication on medical malpractice lawsuits. *Production and Operations Management*, 28(10), 2552-2572.

Singh, S., Evans, N., Williams, M., Sezginis, N., & Baryeh, N. A. K. (2018). Influences of socio-demographic factors and health utilization factors on patient-centered provider communication. *Health Communication*, 33(7), 917-923.

Song, L., Weaver, M. A., Chen, R. C., Bensen, J. T., Fontham, E., Mohler, J. L., Mishel, M., Godley, P. A., & Sleath, B. (2014). Associations between patient-provider communication and socio-cultural factors in prostate cancer patients: A cross-sectional evaluation of racial differences. *Patient Education and Counseling*, 97(3), 339-346.

Stewart, M. A. (1995). Effective physician-patient communication and health outcomes: A review. *CMAJ: Canadian Medical Association Journal*, 152(9), 1423-1433.

Street, R. L., Makoul, G., Arora, N. K., & Epstein, R. M. (2009). How does communication heal? Pathways linking clinician-patient communication to health outcomes. *Patient Education and Counseling*, 74(3), 295-301.

Tekeste, M., Hull, S., Dovidio, J. F., Safon, C. B., Blackstock, O., Taggart, T., Kershaw, T. S., Kaplan, C., Caldwell, A., Lane, S. B., & Calabrese, S. K. (2019). Differences in medical mistrust between Black and White women: Implications for patient-provider communication about PrEP. *AIDS and Behavior*, 23(3), 1737-1748.

Thompson, T. L., & Haskard-Zolnierek, K. (2020). Adherence and communication. In R. Parrott (Ed.), *Oxford encyclopedia of communication*. Oxford University Press.

U. S. Department of Health and Human Services (2005). Brief interventions. *Alcohol Alert*, 66, 1-7.

van Ryn, M. (2002). Research on the provider contribution to race/ethnicity disparities in medical care. *Medical Care*, 40(1), I140-I151.

Washington Cole, K. O., Gudzune, K. A., Bleich, S. N., Cheskin, L. J., Bennett, W. L., Cooper, L. A., & Roter, D. L. (2017). Providing prenatal care to pregnant women with overweight or obesity: Differences in provider communication and ratings of the patient-provider relationship by patient body weight. *Patient Education and Counseling*, 100(6), 1103-1110.

Willems, S., De Maesschalck, S., Deveugele, M., Derese, A., & De Maeseneer, J. (2005). Socio-economic status of the patient and doctor-patient communication: Does it make a difference? *Patient Education and Counseling*, 56(2), 139-146.

Williams, S., Weinman, J., & Dale, J. (1998). Doctor-patient communication and patient satisfaction: A review. *Family Practice*, 15(5), 480-492.

Zacharie, R., Pedersen, C. G., Ehrnrooth, E., Rossen, P. B., & von der Maase, H. (2003). Association of perceived physician communication style with patient satisfaction, distress, cancer-related self-efficacy and perceived control over the disease. *British Journal of Cancer*, 88(5), 658-665.

Zolnierek, K. B. H., & DiMatteo, M. R. (2009). Physician communication and patient adherence to treatment: A meta-analysis. *Medical Care*, 47(8), 826-834.

第 4 部分
健康护理提供者和健康组织传播

第 16 章
健康护理传播的多种声音

玛格丽特·F. 克莱顿(Margaret F. Clayton)　皮尔曼·D. 帕克(Pearman D. Parker)
李·艾灵顿(Lee Ellington)

　　传播是一个动态的、不断发展的过程,发生在整个健康护理系统中。传播对于促进患者护理和护理协调以及促进患者所期待的结果至关重要。本章不仅关注提供者方面的传播观点,还会讨论那些在健康护理服务中扮演重要角色的人的各种声音。我们提出了医疗沟通的目标、相似性和挑战,这些对提供者以及对患者和家庭的健康护理体验至关重要。

　　作为健康护理团队的一部分,与患者及其家人传播的提供者包括护士、高级职业护士、护士科学家、认证护士助理、医师和医师助理、牧师和灵性治疗师、社会工作者、治疗师(娱乐的、职业的、言语的、物理的)、遗传咨询师、药剂师、营养师和专业团队(透析、放射、牙科、验光)。在健康护理系统内与患者及其家人互动的其他人,包括房间内勤服务人员和志愿者。所有这些人都有助于解决患者及其家属的个性化问题。

　　请不要以为本章囊括了所有可能的健康护理专业人员或所有在健康护理系统内工作的人员。例如,我们不涉及由心理学家和其他人提供的心理治疗传播,因为这种类型的传播交流通常被视为治疗。由于健康护理中涉及的员工角色数量众多,我们也不探究与职员进行的传播,例如,与食品服务人员或患者运输人员的传播。但是,根据患者的规律性和一致性,我们包括了内勤管理以及事实上与担任这一重要角色的人接触的提供者,尤其是在大流行病期间。

第 1 节　护士、高级执业护士、护士科学家、认证护士助理

一、护士

　　护士在其从业的州获得执照。护理实践范围由教育准备与护理执照类型部决定(例如,执业护士,LPN[①];注册护士,RN;或高级执业注册护士,APRN)。护士持有的教育学位从护理副学士学位到护理学士学位,到多种类型的硕士学位(如护理教育、护理信息学),再到两个终极学位:护理实践博士和哲学博士。前者意味着具有诊断和处方特权的高级护理实践,后者意味着进行科学准备并对护理科学做出贡献。一些护士拥有两个终极学位;护理学校正在迅速转向提供这种双学位。高

[①] LPN,licensed practical nurse 的缩写,指的是美国未经许可不能接触药品的职业操作护士、职业临床护士。——译者注

级实践护理的专业证书通常以证书的形式出现,通常由美国护理学院协会(American Association of Colleges of Nursing, AACN)管理,证书会指出持证者在助产、儿科、家庭、成人或急症护理等领域进行过高级培训和考试,以及要求他们有高级护理实践并取得执照。

护士受到公众的信任,会以患者的最大利益行事,并且护士行业始终是最受信任的健康护理行业之一(Gallup, 2019)。护士传播内容广泛,因为他们的首要任务是护理个人、家庭和社区,解决有助于身体、社会心理、灵性甚至财务福祉的问题。护士比其他团队成员更频繁地与患者互动,不断推进关系,并就身体、情感和灵性问题进行传播,这些问题可能随着疾病的进展因时而变(Clayton et al., 2017a; Ellington et al., 2018)。当患者家庭成员们情绪激动、发生敏感生活事件时,护士还要为他们提供支持,例如,孩子的出生和生命的尽头,就对护士应用传播技能构成了特别挑战(Clayton et al., 2017b; Molenaar et al., 2018)。常见的护理传播会面涉及指导患者及其家属何时报告症状,如何服药,解释与健康相关的事件,以及帮助解释、强化有关诊断和预后的信息。其他传播会面包括向家庭护理环境中的护理者传授临床技能,如静脉给药和换药方法。尽管大多数护士乐于讨论身体问题及其担忧,但挑战领域还包括讨论灵性、社会心理问题以及患者的自杀念头和计划(Clayton et al., 2017b; Clayton et al., 2019)。传播挑战还受到患者独一无二的语境差异的影响,如护理环境、患者诊断和预后。最后,护士与交叉学科团队的所有成员互动,在需要和恰当的时候向健康护理团队成员传达信息以及患者/家属的担忧。在认识到需要强大的传播技能才能完成这些任务后,过去几十年间基本的护理教育传播能力得以确立。这些能力包括建立治疗关系,传授和提供信息,提供支持和同理心,激发患者/家庭的价值观和偏好,对情绪做出回应,以及与交叉学科团队互动(American Association of Colleges of Nursing, 2015、2018; Enlow et al., 2010)。至少20年来,传播技能已被纳入就业后教育项目,通常侧重于肿瘤护理、临终关怀和姑息治疗护理等专业领域的传播(Barrere & Durkin, 2014)。

二、高级执业护士

准备成为高级执业护士(也称为护士从业人员)的特有传播问题,与医生和医生助理的传播问题类似,包括时间约束以及诊断和预后解释。与医生类似,高级执业注册护士还必须处置潜在的诉讼问题。已有证据表明,构成诸多诉讼的问题中有一个要素,即是否清晰传播和表达同理心,而不是护理性质本身(Yankowsky, 2017;另见本书第15章)。

三、护士科学家

准备攻读博士学位的护士在研究护理科学期间,会与患者、家属、交叉学科健康护理提供者以及其他研究团队成员互动。护士科学家将他们的科学准备和临床经验带到研究团队,以首席调查员和合作调查员的双重角色提供宝贵的专业知识。护理研究包括研究的概念化、设计、实施和评估,考察与患者、家庭和社区护理相关的问题。由于共同的研究兴趣和研究设计、方法和理论的共性,护士和健康传播学者之间的合作是理想的,这增强了对传播过程和结果的科学探索的丰富性。除了开展行为研究外,护士科学家还使用质化、量化、比较和其他恰当的方法进行实施研究、基准科学和侧重临床的研究。

四、认证护士助理

认证护士助理,也称为认证护士助手,为患者提供支持护理,例如,协助患者日常生活活动(如吃饭和洗澡),并且必须受一名执业护士监督。认证护士助理教育因州而异,但通常包括培训课程和能力考试。可能需要,也可能不需要高中文凭。尽管认识到认证护士助理需要有效的传播技能,但针对适用于他们的传播过程进行的研究很少,而且认证课程中的传播技能内容也很少。提供一些与就业相关的传播知识这种情况的确存在,特别是对于与失智症患者等特殊人群打交道的认证护士助理(Beer et al., 2012)。迄今为止,以认证护士助理为重点的传播研究很少,现有的研究通常探索护士与认证护士助理的协作,并在疗养院或扩展护理环境中进行,在这些机构中,认证护士助理提供80%—90%的常规护理(Eaton et al., 2020; Madden et al., 2017; Pennington et al., 2003)。健康护理团队内部的交叉学科传播是认证护士助理面临的已知挑战

(Clayton et al., 2021)。交叉学科团队传播之所以困难,原因是其他工作人员对认证护士助理的态度,聚焦于认证护士助理对患者或住院结果做出贡献的相对优点,以及他们与其他团队成员之间的权力差异(Lai et al., 2018)。

第 2 节　内科医生和内科医生助手

一、内科医生

内科医生(医学博士,MD;整骨疗法医学博士,DO)是获得许可的健康护理提供者,他们已完成高级研究生临床教育,并随后在专业领域担任住院医师或研究员。内科医生以多种方式与患者及其家人互动,包括信息共享、引发关切、做决策、制定治疗计划以及传达好消息和坏消息(Clayton、Dingley et al., 2017；Song et al., 2017；另请参阅本书第 12 章和第 13 章)。随着健康护理的重点转向患者/家庭中心的传播,即采用整体护理方法,医生越来越被看作是健康护理团队的重要成员,而不是单一的领导者。事实上,医学教育通常包括与多个学科(如护理学和药学)的其他学生进行交叉专业教育,以此作为更好地了解其他健康护理团队成员的角色和责任的一种方式(Babiker et al., 2014；Foronda et al., 2019；Head et al., 2014；Reis et al., 2015)。

许多就业网站和专业教育项目都包括基本的传播技能培训(Coyle et al., 2015；Markin et al., 2015；Pehrson et al., 2016)。这些例子包括使用视频录制进行以课程为基础的学习,随后对初级护理咨询以及培训项目进行讨论。这是一些以传播技能为基础的、针对现有员工开发的更正式的培训项目。其中一项是 UCope(犹他州姑息治疗教育证书——Utah Certificate of Palliative Care Education,由犹他大学提供),旨在解决交叉学科提供者在姑息治疗方面的艰难会话问题。"重要交谈"(VitalTalk)是另一种技能培训选项,提供的课程旨在帮助临床医生以文化敏感的方式,有效地、富有同理心地就严重疾病进行传播互动。

二、内科医生助手

内科医生助手是经过认证的,而不是已完成专业研究生教育的持证健康护理提供者。与高级执业注册护士类似,内科医生助手提供初级专业护理。尽管有大量关于患者与内科医生助手传播的文献,但可以认为,内科医生助手带来的传播好处和面临的挑战与高级执业注册护士和内科医生的情况相似(Taylor et al., 2019)。

第 3 节　牧师和灵性治疗师

一、牧师

灵性关怀是许多患者疾病经历中不可或缺的一部分。即使是那些通常不参加宗教仪式的人,在遇到苦恼时也可能会求助于医院牧师。在 20 世纪 60 年代之前,大多数牧师都接受过新教神学教育,但此后,牧师教育和执业范围有所扩大(Cadge, 2019)。这种演变要求牧师提供不同信仰的灵性关怀,以满足患者及其家人多样化的宗教和灵性需求(Liefbroer et al., 2017)。目前,个人和家庭的文化、宗教以及治疗偏好成为健康护理不可或缺的一部分,临终和姑息治疗文献已经报告了大量有关灵性牧养的健康护理传播研究(Sinclair, 2015；Speck & Herbert, 2017)。事实上,由于解决灵性问题是姑息治疗的核心组成部分,牧师长期以来一直被认为是所有临终关怀和/或姑息治疗团队的重要成员(Damen et al., 2019；National

Coalition for Hospice and Palliative Care, 2018)。健康护理团队的其他成员,以及重症监护病房和儿科病房的患者和家属,也认可在解决生之烦恼中牧师做出的贡献(Simeone et al., 2020)。

在教育健康护理专业人士重视对患者灵性需求的评估上,尽管已做出努力,但这项任务可能依然令人望而生畏。许多提供者报告说在确认灵性需要中感到不舒服,因为他们在两个方面缺乏培训和信心:如何与患者和家人就他们的灵性进行会话,以及灵性如何与健康护理的决策和信念交界(Best et al., 2016; Clayton et al., 2019; Isaac et al., 2016)。更多研究和临床工具的开发方兴未艾,以支持提供者了解其患者的灵性需求(例如,灵性筛查,灵性史记录,灵性评估;Balboni et al., 2017)。至关重要的是,所有健康护理提供者都能够参与有关灵性需求、信仰及其实践的基础会话,并且是以患者为中心的。基本的灵性历史/评估可以帮助健康护理团队评估何时让牧师和其他灵性治疗师参与传播咨询(Puchalski & Romer, 2003)。牧师是训练有素的专业人员,他们可以独特而全面地解决患者及其家庭在存在、关系和情感方面的需求(Cunningham et al., 2017)。

除了支持患者及其家庭外,牧师还支持员工和健康护理团队(Timmins et al., 2018)。例如,医院护士经常面对死亡和悲痛欲绝的家人,他们的压力、倦怠和同情疲劳由此增加(另见本书第18章)。在一位为护士提供关怀的医院牧师身上发生了这样一件轶事:他给重症监护室护士——他们刚刚度过一个漫长的夜晚,他们在重症监护室和多名死亡患者待在一起且不可能有晚餐休息时间——带来比萨饼并坐了一会儿,这些护士对他一顿盘问。这种完全出乎意料的牧养关怀证明了对人们护理压力的认识,强化了护士与牧师的关系,说明对护士进行灵性关怀的价值;并且出现了更多的护士要求对患者提供灵性咨询,这促进了患者及其家人的安康。新近的经验研究结果表明,在健康护理团队中配备牧师或与牧师交谈,可以减轻护士的压力并提高工作满意度(Liberman et al., 2020)。总的来说,尽管越来越多的证据表明灵性可能成为患者、家人以及有可能是健康护理提供者的一种重要力量来源,但仍需要更多的研究来了解牧师传播如何能够提高幸福感和社会联系,无论具体的信仰如何(Ellington et al., 2015、2017; Waubanewquay et al., 2018)。

二、灵性治疗师

尽管牧师对患者及其家人的传播做出了很大贡献,但也需要考虑其他灵性治疗师。纳瓦霍部落的萨满巫师、夏威夷按摩治疗师、泰国土著治疗师和德国自然医学医师(Heilpraktiker)等灵性治疗师提供着独特的灵性指导和支持,直接促进了患者的健康和幸福(Juntaramano et al., 2019; Matthews, 1887; Stöckigt et al., 2015; Waubanewquay et al., 2018)。

一个经典例子说明了在与健康护理团队传播时需要灵性治疗师加入,这就是李莉亚(Lia Lee)的例子,她是一名患有年龄依赖性癫痫性脑病(Lennox-Gastaut)综合征的苗族儿科患者,安妮·法迪曼(Anne Fadiman)的书《魂灵抓住你,你就跌倒》(Fadiman, 1997)记录了这件事。莉亚的治疗最终经受了其父母的灵性信仰与西医之间的传播碰撞,结果是毁灭性的。莉亚在4岁时癫痫综合征大发作,失去了大部分高级脑功能,直到30岁,一直处于植物人状态,最终死于癫痫并发症。法迪曼在她的书中捕捉到了传统医学和现代医学的冲突,这本书现在被美国各地的医学院和医学人类学项目所使用,以证明将文化敏感性(包括使用灵性治疗师)整合到健康护理传播中的重要性(Fox, 2012)。

第4节 社会工作者

在各种住院部、门诊部和社区健康护理机构中,社会工作者是医生、患者和家庭之间传播不可或缺的一部分。当患者面临疾病使生活受限,对护理协调有复杂需求以及家庭冲突和虐待时,社工的不可或缺性更是如此。社会工作者的专业角色可能有所不同,但往往包括管理患者护理计划,将患者与社区资源联系起来,以及为患者和家庭提供临床干预,这些都是健康与社会和行为问题的交叉部分(Fraser et al., 2018)。与健康护理团队的其他成员相比,社会工作者在咨询、危机干预和患者倡导方面接受了强化的教育培训。这种教育培训使社会工作者为复杂的人与环境情况做好准备。健康护理团队成员经常向社会工作者寻求帮助,以应对具有挑战性的患者及其家庭情况,社会工作者为此提供了大量时间和干预资源(例如,家庭会议、随访会议;Coquillette et al., 2015)。

社会工作者的护理方法通常包括对患者及其家庭语境进行生态评估,调动社区资源以及识别和解决健康的社会决定性因素(Maramaldi et al., 2014; Muskat et al., 2017)。社会工作者将独特的教育背景、临床视角和技能带入他们与交叉学科健康护理团队的传播中,并带入对患者及其家庭的照顾中。他们将传播列为最高优先级的专业活动之一(Glajchen & Gerbino, 2016; Weisenfluh & Csikai, 2013)。

第5节 治疗师

治疗师实施物理、职业、言语和娱乐治疗,被鼓励采用一种以患者为中心的方法,尽可能让患者及其家人参与进来,并成为健康护理团队不可或缺的成员。所有类型的治疗师都需要出色的传播技能来建立与患者的关系并实现患者中心护理,从而实现患者目标(Leach et al., 2009; Miciak et al., 2018)。娱乐治疗师的核心能力包括与患者进行有效的人际传播;由于在娱乐疗法治疗过程的开发、实施和评估中必不可少,这些能力极其受到重视(Austin, 2009)。职业治疗师研究了传播技能如何影响治疗,并鼓励掌握娴熟的人际交往技能(Borghi et al., 2016; Yu et al., 2018)。与其他健康护理团队成员的教育准备类似,治疗师的教育准备通常包括交叉专业教育,因此每个治疗学生都可以学习其他健康护理团队成员的角色(Fleischer et al., 2019)。治疗师通常作为健康护理团队的一部分从事工作,随着患者需求的变化,将重点从一种治疗专业转移到另一种治疗专业。因为大多数治疗是一个涉及不止一次会面的过程,因此与患者的有效传播可以在治疗过程中提供反馈(Corey, 2008)。然而,当患者、家庭和提供者的目标不同时,就会出现麻烦,可能会造成极其艰难的会话(Clayton, 1996)。可以看到这样一个例子:一个配偶护理者希望患者接受治愈性治疗,但提供者建议临终关怀,知道治愈是不现实的,而该患者既否认疾病又否认预后,并由此不参与与目标相关的讨论——讨论治疗和/或姑息治疗可能的选项。治疗师处于独特的位置,可以帮助家庭理清选项,并帮助家庭管理与不同护理目标相关的强烈情绪。

物理、职业、语言和娱乐治疗师面临多重传播挑战(例如,为那些可能由于身体和/或认知能力障碍而无法完全参与讨论的患者设定目标)。失语症患者和脑血管意外(中风)患者为他们提出了独特的传播挑战,包括确保理解和引出患者偏好(Leach et al., 2009)。那些失去正常语言能力(可能由于中风或脑外伤)的人可能需要额外的时间来组织语言,并且可能需要技术辅助(Cooper & Ireland, 2018)。瘫痪者,尤其是面瘫患者,可能无法提供传播过程中不可或缺的非语言线索。当没有非语言线索时,如面部麻痹的情况,其结果就是情感性的面部表情丧失。这种面部表情的丧失,引发了对计算机辅助创新技术的评估研究,以及对改善传播互动方法的研究(Ayoub et al., 2020; Dusseldorp et al., 2019; Salari et al., 2020)。

第6节 遗传咨询师

咨询业有很多专长。我们关注遗传咨询师,因为他们经常面临传播挑战。遗传咨询师的作用是与个人和家庭一道共事,帮助他们了解遗传对健康和疾病的影响。在过去十年中,提供者和患者都可以获得大量遗传信息。这包括有关基因测序的信息,基于肿瘤护理中基因变异和突变的精准医疗,以及可供消费者购买的热门产品,例如 23andMe 和 AncestryDNA[①]。这

[①] 全球第一的消费者基因测试网站。——译者注

种科学发展对传播学者产生了巨大的需求,以帮助提供者和患者理解并有效地使用基于风险的遗传信息(Peterson et al., 2018)。它还造成了道德困境,因为意想不到的结果或家庭"秘密"可能会曝光。这就要求对提供者和咨询师进行传播技能的培训,以便为患者家庭提供情感支持。

遗传咨询流程需要提供患者不熟悉的抽象遗传信息,并且咨询师会遇到患者及其家人对疾病脆弱性的焦虑和不确定性(Peterson et al., 2018)。在这些充满情绪的情况下如何使用词语变得尤为重要。例如,考虑以下术语的情感效价:流产与终止妊娠,心智发育迟滞与整体发育迟缓,传递坏消息与讨论意外消息,携带基因突变与基因改变,以及事件风险的量化与事件发生的概率。此外,遗传基因检测可能会对患者以外的家庭成员产生影响,但通常并不会向家庭成员传达有相对风险的信息。这会造成无法进行早期筛选和测试的情况。想一想解释以下内容所需的传播技能:虽然一位女性没有导致她患乳腺癌的已知乳腺癌基因突变(BRCA1 和 BRCA2 突变),但她的基因检测结果却是"不确定"。这种情况可以粗略地转化为"你仍然存在风险,但我们不知道原因",并且对血亲进行早期和全面检测具有重要影响。研究表明,当女性不理解其不确定的基因检测结果的相对风险和重要性时,她们可能不会与家人分享这一重要的遗传信息。结果之一可能是,检测结果不确定的女性可能不鼓励随后对姐妹和女儿进行跟进检测(Himes et al., 2016、2019)。受到遗传性非多发性结直肠癌影响的家庭出现同样现象:由于对相对风险缺乏理解,没有共享遗传测试结果(Ersig et al., 2011)。

鉴于遗传信息的快速突破和可用性,再加上两个因素——一是遗传信息和术语对普通公众来说很新奇,二是提供者倾向于使用大量数学陈述的教导方法,于是,健康素养就成为一个重要的考量因素,对所有临床遗传护理提供者提出了挑战(Peterson et al., 2018)。本手册的其他部分对健康素养进行了深入介绍(见第28章)。罗特及其同事(Roter et al., 2007)的早期研究得出结论说,遗传咨询师需要简化他们的词汇和句子结构,并参与更具互动性的会话,以增加患者和家人的理解。鉴于那些健康素养技能较低的人对基因检测的了解较少,并且可能做出与他们的个人价值观实际上不一致的基因相关的决定,因此,这些建议仍然特别重要(Peterson et al., 2018)。

第7节 药剂师

药剂师与大多数服用药物的患者互动,无论是在医院、临终关怀机构还是在社区药房(即连锁店、杂货店、独立药房)。不同环境下的传播需求差异很大(Shah & Chewning, 2006; Tjia et al., 2015)。医院药剂师与患者的互动一旦发生,可能会迅速而复杂,药剂师会提供药物教育(例如,剂量和时间,可能的副作用和潜在药物的相互作用),解决患者的顾虑,讨论药物的变化,并培养依从性(Chevalier et al., 2017)。尽管社区药剂师可能会讨论与医院药剂师相同的问题,但他们也可能在促进健康方面发挥重要作用。除了回答与特定药物直接相关的问题外,社区药剂师可能会被问及治疗小毛小病的健康相关问题或有关饮食和运动的问题(Al Aqeel et al., 2018)。无论环境如何,过去二十年的学术研究和实践都强调一种以患者为中心的药剂师-患者传播路径,这包括高度重视健康素养技能(de Oliveira & Shoemaker, 2006; Wali et al., 2016)。2016年,患者中心传播被纳入药学教育认证委员会药学教育标准(Accreditation Council for Pharmacy Education, 2015)。尽管传播技能培训在药学项目中取得了进展,但仍然很少有研究针对药剂师-患者传播如何影响患者的治疗效果;这会激发未来的研究机会(Chevalier et al., 2019)。

第8节 营养师

营养师是患者护理和健康不可或缺的一部分。关于营养师扮演的角色,许多早期传播文献都集中在糖尿病的教育和管理上(Cant & Aroni, 2008)。最近, 营养师在急性和慢性疾病营养管理中的作用越来越受到认可。示例包括接受了减肥手术和减肥的患者, 或患有晚期心血管疾病、克罗恩病和其他具有显著营养后果的确诊患者(Endevelt et al., 2013; Endevelt & Gesser-Edelsburg, 2014)。当使用整体的、以患者为中心的量身定制方法, 而不是营养师指导教育的那种早期模型时, 营养师与患者传播显示出更大效果(Endevelt & Gesser-Edelsburg, 2014)。

第9节 专业团队

透析团队、放射部门、牙科服务等许多专业提倡以患者为中心的交叉学科传播(Halkett et al., 2016; Reilly et al., 2013; Walker et al., 2019)。我们以透析远程健康护理为例。一些患者报告说, 在远程医疗平台上与他们的透析团队在一起感到安全和舒适, 类似于他们在面对面就诊时的体验, 而其他患者则更喜欢亲身传播(Rygh et al., 2012)。此外, 远程医疗是一种护理提供模式, 可能需要提供者接受强化培训才能驾轻就熟地使用这种模式。

牙科专业团队的传播作用延伸到公共健康领域。例如, 牙医很适合讨论接种人乳头瘤病毒疫苗, 以降低与艾滋病毒相关的口咽癌的风险(Walker et al., 2019)。牙医有能力促进其患者接种艾滋病毒疫苗——有关这方面的功效, 证据多少是含混不清的, 但许多专业组织承认牙医在提高意识和教育方面的作用(Walker et al., 2019)。类似地, 眼科护理专家如验光师, 可能与其他健康护理团队成员合作, 并且处于独特的位置, 能够将因常规眼部检查而发现的高血压、糖尿病护理以及其他疾病的疑似诊断患者转诊给专科医生(Handler et al., 2015; Long et al., 2020; Vernon et al., 2011)。

第10节 内勤工作

医院、疗养院/延伸护理机构和康复中心雇用的内勤人员会定期与患者互动。传统上, 这些角色被视为工资微薄、工作条件差的"低地位"工作(Lund, 2011)。然而, 这些一线工作人员对患者护理的贡献越来越受到认可。轶事证据表明, 内勤人员经常陪伴患者并提供与生活质量相关的必要护理, 例如, 调电视频道、音量和温度设置, 拿一条毯子, 给床头柜换个位置。临床经验还表明, 对于在长期护理机构中的常住者而言, 与内勤人员会话的价值就在于, 常住者作为独一无二的个体"被了解"。例如, 一位来自当地大学的著名教授在生命即将结束时成为一家专业护理机构的常住者。有一次, 这一家人来探视作为常住者的父亲, 内勤人员在楼道里对这位常住者的女儿说: "哦, 你来探视。我总是称他为博士, 你知道, 这是他的头衔, 让他感觉很好。"这段简短的会话说明了内勤人员和常住者之间的关系, 以及内勤人员在常住者入住专业护理机构之前已开始努力了解常住者的生活。

内勤人员的非正式职责范围可以超出这些多少有限的行动。首先, 由于一直在单位出现, 内勤人员可能为患者提供稳定感(Swanberg et al., 2016)。在某些情况下, 尤其是在医院, 内勤人员可能比其他工作人员或临床医生更持续不断地见到患者并与患者互动(Swanberg et al., 2016)。正如15分钟的纪录短视频《内勤人员》(*Keepers of the House*)(Klevansky et al., 2019)所记录的那样, 内勤人员和患者建立起有意义的关系。其次, 对于那些身处如南非这样的国家——那里的临床工作人员不能理解各种各样的方言——的临床医师来说, 内勤人员还可以充当临床医生的非正式口译员(Smith et al., 2013)。内勤人员不仅会翻译患者的语言, 还会在查房完成后就患者在病房内的行为进行传播互动(Smith et al., 2013)。尽管关于内勤人员传播的实证文献有限, 但不应忽视他们对患者生活质量的宝贵贡献。事实上, 医院管理团队已经注意到内勤管理的重要性, 它是患者整体体验不可或缺的一部分(McCaughey et al., 2012)。这一点从新冠病毒大流行得到进一步验证, 内勤人员通过对健康护理环境进行必要的清洁和消毒, 为患者和提供者的安全做出了一种至关重要的贡献, 他们付出的这些努力的重要性甚至远超平时。

第11节 志愿者

志愿者在医院和社区环境中服务,为患者和家庭提供所需的服务和支持。无论环境或服务如何,志愿者的共同点是愿意通过分享他们的专业知识和时间与患者及其家人互动,但这一必不可少的贡献仍未得到充分研究。志愿者为儿童读书,当父母不在时抱新生儿,陪伴患者及其家人度过患者生命的最后时光,为老人提供社交支持,帮助性侵犯受害者,帮助智障成人发展促进身体、社会融合的技能(Brighton et al., 2017; Cameron et al., 2020; Mihelicova et al., 2019; Venema et al., 2018)。

许多基金会和组织都有针对特定诊断的志愿者项目。例如,美国癌症协会征集乳腺癌幸存者在他们的项目——"达到康复"(Reach to Recovery)——中帮助新确诊的乳腺癌患者(American Cancer Society, 2020)。这些幸存者可以更好地通过同情地倾听、共情地分享,来支持新确诊的乳腺癌患者。名为"处处心手相伴为孩子"(Hearts Everywhere Reaching Out for Children, Inc.)(H.E.R.O.①)的组织致力于改善感染或受艾滋病毒影响的儿童和青少年的生活(H.E.R.O. for Children, 2020a)。有超过250个"英雄"(H.E.R.O.)志愿者在专门为儿童和青少年设计的项目中贡献出时间、精力和同情心——这些项目包括返校狂欢和"高五营"(Camp High Five)(H.E.R.O. for Children, 2020b)。这些志愿者运用有效的技能来帮助儿童和青少年战胜与艾滋病毒/艾滋病相关的恐惧、忧虑和污名。

志愿者,无论他们感兴趣的具体领域如何,都在提供信息方面发挥了健康传播的重要性,他们提供社交支持,充当一种治疗纽带,以帮助患者及其家人以及护理者去管理患者与各种疾病共存的生活。鉴于他们在健康护理传播过程中的重要性,针对志愿者的研究也为未来的研究提供了机会。

第12节 未来研究

提供和研究健康传播,需要对健康护理界的所有成员进行考察,包括那些在健康护理系统里做出重要贡献,但并不总是被视为健康护理团队之一部分的从业人员(如认证护士助理、内勤人员和志愿者)。这一点在文献中反映出来。为了推动健康护理传播科学向前发展,我们必须考虑深入探索每一种角色中的每个人做出的独特贡献,以及他们之间相互依存的关系。去了解被忽视角色的优势,是一种独特的方法,可能会提高患者-家属的总体满意度,并改善患者的健康护理体验。

第13节 结 论

不同角色的健康护理的成员增强了健康护理体验,促进了安全,优化了健康,并最大限度地减少了疾病对患者及其家人甚至社区的影响。健康护理的这种改进和优化需要与患者及其家人进行人际传播,以及健康护理提供者和研究人员需要进行交叉专业和交叉学科的传播。尽管大多数提供者都乐于讨论自己的专长和/或专业知识,但许多人不愿意走出自己的领

---

① H.E.R.O成立于2003年,使命是通过丰富的项目、令人难忘的经历分享以及与社区的联系,改善感染艾滋病毒和患有艾滋病的儿童的生活质量。——译者注

域,例如,参与灵性讨论或传达遗传风险。交叉专业教育可以提供一种提高团队角色意识的方法,从而促进健康护理团队成员之间的转诊和协作,最终使患者及其家庭受益,并为未来的研究提供机会(Bonello & Morris, 2020; Peiris-John et al., 2020)。

然而,即使在学科内,挑战依然存在。一个例子是讨论基因检测结果,这需要大量的计算能力和健康素养技能,并对信息进行剪裁,以确保提供者和患者都能理解。此外,当人们考虑其他因素时——如健康的社会决定因素(如贫困、种族主义)、合并症、家庭冲突和远程医疗服务(远程医疗,无论是为居住在偏远地区的患者所期待,还是因为新冠病毒大流行相关的限制所必需)——进一步的挑战就会出现。这些附加因素要求所有提供者,无论学科如何,都要检查自己的隐性偏见,并接受有关如何有效使用电子交付平台的实用教育。这种培训将有助于提供者与患者及其家属建立融洽关系,为患者提供教导,讨论治疗方案,提供安慰并与健康护理系统的其他成员交谈。同样,尽管这一点已为人所知,即诸如内勤人员和认证护士助理这样的角色做出了贡献,但考察为何某些健康护理角色被健康护理团队成员边缘化很有意义。应当考察在健康护理团队内部与种族主义、文化偏见和社会经济地位相关的那些因素,不仅对这些因素如何影响患者护理做更通常的调查考察,还要了解它们如何影响交叉学科协作。总而言之,最佳的健康护理服务需要以患者及其家庭为中心的良好传播技能,以及对整个健康护理系统中不同角色的理解。

参考文献

Accreditation Council for Pharmacy Education (2015). *Accreditation standards and key elements for the professional program in pharmacy leading to the doctor of pharmacy degree*. Retrieved July 21, 2020, www.acpe-accredit.org/ pdf/ Standards2016FINAL. pdf.

Al Aqeel, S., Abanmy, N., AlShaya, H., & Almeshari, A. (2018). Interventions for improving pharmacist-led patient counselling in the community setting: A systematic review. *Systematic Reviews*, 7(1), 71-84.

American Association of Colleges of Nursing (2015). *The doctor of nursing practice: Current issues and clarifying recommendations*. www. aacnnursing. org/ Portals/ 42/ DNP/ DNP-Implementation. pdf.

American Association of Colleges of Nursing (2018). *Standards for accreditation of baccalaureate and graduate nursing programs*. www. aacnnursing. org/ Portals/ 42/ CCNE/ PDF/ Standards-Final-2018. pdf.

American Cancer Society (2020). *Reach to recovery*. www. cancer. org/ involved/ volunteer/ reach-to-recovery. html.

Austin, D. R. (2009). *Therapeutic recreation: Processes and techniques*. Sagamore Publishing.

Ayoub, N. F., Abdelwahab, M., Zhang, M., Ma, Y., Stranberg, S., Okland, T. S., & Pepper, J. P. (2020). Facial paralysis and communicative participation: The importance of facial symmetry at rest. *Annals of Otology, Rhinology and Laryngology*, 129(8), 788-794.

Babiker, A., El Husseini, M., Al Nemri, A., Al Frayh, A., Al Juryyan, N., Faki, M. O., Assiri, A., Al Saadi, M., Shaikh, F., & Al Zamil, F. (2014). Health care professional development: Working as a team to improve patient care. *Sudanese Journal of Paediatrics*, 14(2), 9-16.

Balboni, T. A., Fitchett, G., Handzo, G. F., Johnson, K. S., Koenig, H. G., Pargament, K. I., Puchalski, C. M., Sinclair, S., Taylor, E. J., & Steinhauser, K. E. (2017). State of the science of spirituality and palliative care research part II: Screening, assessment, and interventions. *Journal of Pain and Symptom Management*, 54(3), 441-453.

Barrere, C., & Durkin, A. (2014). Finding the right words: The experience of new nurses after ELNEC education integration into a BSN curriculum. *Medsurg Nursing*, 23(1), 35-43, 53.

Beckman, H. B., & Frankel, R. M. (2003). Training practitioners to communicate effectively in cancer care: It is the relationship that counts. *Patient Education and Counseling*, 50(1), 85-89.

Beer, L. E., Hutchinson, S. R., & Skala-Cordes, K. K. (2012). Communicating with patients who have advanced dementia: Training nurse aide students. *Gerontology and Geriatrics Education*, 33(4), 402-420.

Best, M., Butow, P., & Olver, I. (2016). Doctors discussing religion and spirituality: A systematic literature review. *Palliative Medicine*, 30(4), 327-337.

Bonello, M., & Morris, J. (2020). Institutionalizing interprofessional education in small states: Perspectives from faculty and key stakeholders in Malta. *Journal of Interprofessional Care*, 34(1), 36-43.

Borghi, L., Johnson, I., Barlascini, L., Moja, E. A., & Vegni, E. (2016). Do occupational therapists' communication behaviours change with experience? *Scandinavian Journal of Occupational Therapy*, 23(1), 50-56.

Brighton, L. J., Koffman, J., Robinson, V., Khan, S. A., George, R., Burman, R., & Selman, L. E. (2017). 'End of life could be on any ward really': A qualitative study of hospital volunteers' end-of-life care training needs and learning preferences. *Palliative Medicine*, 31(9), 842-852.

Cadge, W. (2019). Healthcare chaplaincy as a companion profession: Historical developments. *Journal of Health Care Chaplaincy*, 25(2), 45-60.

Cameron, A., Johnson, E. K., Willis, P. B., Lloyd, L., & Smith, R. (2020). Exploring the role of volunteers in social care for older adults. *Quality in Ageing & Older Adults*, 21(2), 129-139.

Cant, R. P., & Aroni, R. A. (2008). Exploring dietitians' verbal and nonverbal communication skills for effective dietitian-patient communication. *Journal of Human Nutrition and Dietetics*, 21(5), 502-511.

Chevalier, B., Watson, B. M., Barras, M. A., & Cottrell, W. N. (2019). Developing preliminary steps in a pharmacist communication—patient outcome pathway. *Canadian Journal of Hospital Pharmacy*, 72(4), 271-281.

Chevalier, B. A. M., Watson, B. M., Barras, M. A., & Cottrell, W. N. (2017). Investigating strategies used by hospital pharmacists to effectively communicate with patients during medication counselling. *Health Expectations*, 20(5), 1121-1132.

Clayton, M. (1996). Caring for Carl at home. *Home Healthcare Nurse*, 14(8), 605-608.

Clayton, M. F., Dingley, C., & Donaldson, G. (2017a). The integration of emotional, physiologic, and communication responses to medical oncology surveillance appointments during breast cancer survivorship. *Cancer Nursing*, 40(2), 124-134.

Clayton, M. F., Hulett, J., Kaur, K., Reblin, M., Wilson, A., & Ellington, L. (2017b). Nursing support of home hospice caregivers on the day of patient death. *Oncology Nursing Forum*, 44(4), 457-464.

Clayton, M. F., Iacob, E., Reblin, M., & Ellington, L. (2019). Hospice nurse identification of comfortable and difficult discussion topics: Associations among self-perceived communication effectiveness, nursing stress, life events, and burnout. *Patient Education and Counseling*, 102(10), 1793-1801.

Clayton, M. F., Utz, R., Iacob, E., Towsley, G. L., Eaton, J., Fuhrmann, H. J., Dassel, K., Caserta, M., & Supiano, K. (2021 online ahead of print). Live hospice discharge: Experiences of families and hospice staff. *Patient Education and Counseling*. PMID: 33454147, https://doi.org/10.1016/j.pec.2021.01.002.

Cooper, A., & Ireland, D. (2018). Designing a chat-bot for non-verbal children on the autism spectrum. *Studies in Health Technology and Informatics*, 252, 63-68.

Coquillette, M., Cox, J. E., Cheek, S., & Webster, R. A. (2015). Social work services utilization by children with medical complexity. *Maternal and Child Health Journal*, 19(12), 2707-2713.

Coyle, N., Manna, R., Shen, M., Banerjee, S. C., Penn, S., Pehrson, C., Krueger, C. A., Maloney, E. K., Zaider, T., & Bylund, C. L. (2015). Discussing death, dying, and end-of-life goals of care: A communication skills training module for oncology nurses. *Clinical Journal of Oncology Nursing*, 19(6), 697-702.

Cunningham, C. J. L., Panda, M., Lambert, J., Daniel, G., & DeMars, K. (2017). Perceptions of chaplains' value and impact within hospital care teams. *Journal of Religion and Health*, 56(4), 1231-1247.

Damen, A., Labuschagne, D., Fosler, L., O'Mahony, S., Levine, S., & Fitchett, G. (2019). What do chaplains do: The views of palliative care physicians, nurses, and social workers. *American Journal of Hospice and Palliative Care*, 36(5), 396-401.

de Oliveira, D. R., & Shoemaker, S. J. (2006). Achieving patient centeredness in pharmacy practice: Openness and the pharmacist's natural attitude. *Journal of the American Pharmacists Association*, 46(1), 56-64.

Dusseldorp, J. R., Guarin, D. L., van Veen, M. M., Jowett, N., & Hadlock, T. A. (2019). In the eye of the beholder: Changes in perceived emotion expression after smile reanimation. *Plastic and Reconstructive Surgery*, 144(2), 457-471.

Eaton, J., Cloyes, K., Paulsen, B., Madden, C., & Ellington, L. (2020). Certified nursing assistants as agents of creative caregiving in long-term care. *International Journal of Older People Nursing*, 15(1), e12280.

Ellington, L., Billitteri, J., Reblin, M., & Clayton, M. F. (2017). Spiritual care communication in cancer patients. *Seminars in Oncology Nursing*, 33(5), 517-525.

Ellington, L., Clayton, M. F., Reblin, M., Donaldson, G., & Latimer, S. (2018). Communication among cancer patients, caregivers, and hospice nurses: Content, process and change over time. *Patient Education and Counseling*, 101(3), 414-421.

Ellington, L., Reblin, M., Ferrell, B., Puchalski, C., Otis-Green, S., Handzo, G., Doyon, K., & Clayton, M. F. (2015). The religion of "I don't know": Naturalistic pilot observations of spiritual conversations occurring during cancer home hospice nurse visits. *OMEGA-Journal of Death and Dying*, 72(1), 3-19.

Endevelt, R., Ben-Assuli, O., Klain, E., & Zelber-Sagi, S. (2013). The role of dietician follow-up in the success of bariatric surgery. *Surgery for Obesity and Related Disorders*, 9(6), 963-968.

Endevelt, R., & Gesser-Edelsburg, A. (2014). A qualitative study of adherence to nutritional treatment: Perspectives of patients and dietitians. *Patient Preference and Adherence*, 8, 147-154.

Enlow, M., Shanks, L., Guhde, J., & Perkins, M. (2010). Incorporating interprofessional communication skills (ISBARR) into an undergraduate nursing curriculum. *Nurse Educator*, 35(4), 176-180.

Ersig, A. L., Hadley, D. W., & Koehly, L. M. (2011). Understanding patterns of health communication in families at risk for hereditary nonpolyposis colorectal cancer: Examining the effect of conclusive versus indeterminate genetic test results. *Health Communication*, 26(7), 587-594.

Fadiman, A. (1997). *The spirit catches you and you fall down: A Hmong child, her American doctors, and the collision of two cultures*. Farrar, Straus and Giroux.

Fleischer, A., Fisher, M. I., & O'Brien, S. P. (2019). Creating an interprofessional collaborative research opportunity for physical and occupational therapy students. *Journal of Allied Health*, 48(4), e117-e122.

Foronda, C. L., Walsh, H., Budhathoki, C., & Bauman, E. (2019). Evaluating nurse-physician communication with a rubric: A pilot study. *Journal of Continuing Education in Nursing*, 50(4), 163-169.

Fox, M. (2012). Lia Lee dies; life went on around her, redefining care. *The New York Times*. www.nytimes.com/2012/09/15/us/life-went-on-around-her-redefining-care-by-bridging-a-divide.html.

Fraser, M. W., Lombardi, B. M., Wu, S., de Saxe Zerden, L., Richman, E. L., & Fraher, E. P. (2018). Integrated primary care and social work: A systematic review. *Journal of the Society for Social Work and Research*, 9(2), 175-215.

Gallup (2019). Nurses maintain #1 spot in Gallup's 2019 most honest and ethical professions poll. *Gallup*. https://news.gallup.com/poll/274673/nurses-continue-rate-highest-honesty-ethics.aspx.

Glajchen, M., & Gerbino, S. B. (2016). Communication in palliative social work. In E. Wittenberg, B. R. Ferrell, J. Goldsmith, T. Smith, S. L. Ragan, M. Glajchen, & G. F. Handzo (Eds.), *Textbook of palliative care communication* (pp. 35-43). Oxford University Press.

Halkett, G., O'Connor, M., Aranda, S., Jefford, M., Merchant, S., York, D., Miller, L., & Schofield, P. (2016). Communication skills training for radiation therapists: Preparing patients for radiation therapy. *Journal of Medical Radiation Sciences*, 63(4), 232-241.

Handler, J., Mohan, Y., Kanter, M. H., Reynolds, K., Li, X., Nguyen, M., Young, D. R., & Koebnick, C. (2015). Screening for high blood pressure in adults during ambulatory nonprimary care visits: Opportunities to improve hypertension recognition. *The Journal of Clinical Hypertension (Greenwich)*, 17(6), 431-439.

Head, B. A., Schapmire, T., Hermann, C., Earnshaw, L., Faul, A., Jones, C., Kayser, K., Martin, A., Shaw, M. A., Woggon, F., & Pfeifer, M. (2014). The interdisciplinary curriculum for oncology palliative care education (iCOPE): Meeting the challenge of interprofessional education. *Journal of Palliative Medicine*, 17(10), 1107-1114.

H. E. R. O. for Children (2020a). *Our mission & vision*. https://heroforchildren.org/index.php/about-h-e-r-o/mission.

H. E. R. O. for Children (2020b). *Volunteer opportunities*. https://heroforchildren.org/index.php/get-involved/volunteer-opportunities.

Himes, D. O., Clayton, M. F., Donaldson, G. W., Ellington, L., Buys, S. S., & Kinney, A. Y. (2016). Breast cancer risk perceptions among relatives of women with uninformative negative BRCA1/2 test results: The moderating effect of the amount of shared information. *Journal of Genetic Counseling*, 25(2), 258-269.

Himes, D. O., Davis, S. H., Lassetter, J. H., Peterson, N. E., Clayton, M. F., Birmingham, W. C., & Kinney, A. Y. (2019). Does family communication matter? Exploring knowledge of breast cancer genetics in cancer families. *Journal of Community Genetics*, 10(4), 481-487.

Isaac, K. S., Hay, J. L., & Lubetkin, E. I. (2016). Incorporating spirituality in primary care. *Journal of Religion and Health*, 55(3), 1065-1077.

Juntaramano, S., Swangareeruk, J., & Khunboonchan, T. (2019). The wisdom of Thai indigenous healers for the spiritual healing of fractures. *Journal of Holistic Nursing*, 37(1), 18-29.

Klevansky, R., Prose, N., & Talenti, F. (2019). *Keepers of the house*. Health Humanities Lab Franklin Humanities Institute. https://sites.fhi.duke.edu/healthhumanitieslab/portfolio/keepers-of-the-house/.

Lai, D., Cloyes, K. G., Clayton, M. F., Doyon, K., Reblin, M., Beck, A. C., & Ellington, L. (2018). We're the eyes and the ears, but we don't have a voice: Perspectives of hospice aides. *Journal of Hospice and Palliative Nursing*, 20(1), 47-54.

Leach, E., Cornwell, P., Fleming, J., & Haines, T. (2009). Patient centered goal-setting in a subacute rehabilitation setting. *Disability and Rehabilitation*, 32(2), 159-172.

Liberman, T., Kozikowski, A., Carney, M., Kline, M., Axelrud, A., Ofer, A., Rossetti, M., & Pekmezaris, R. (2020). Knowledge, attitudes, and interactions with chaplains and nursing staff outcomes: A survey study. *Journal of Religion and Health*, 59(5), 2308-2322.

Liefbroer, A. I., Olsman, E., Ganzevoort, R. R., & van Etten-Jamaludin, F. S. (2017). Interfaith spiritual care: A systematic review. *Journal of Religion and Health*, 56(5), 1776-1793.

Long, J. C., Blakely, B., Mahmoud, Z., Ly, A., Zangerl, B., Kalloniatis, M., Assaad, N., Yapp, M., Clay-Williams, R., & Braithwaite, J. (2020). Evaluation of a hospital-based integrated model of eye care for diabetic retinopathy assessment: A multimethod study. *BMJ Open*, 10(4), e034699.

Lund, F. (2011). Hierarchies of care work in South Africa: Nurses, social workers and home-based care workers. *International Labour Review*, 149(4), 495-509.

Madden, C., Clayton, M., Canary, H. E., Towsley, G., Cloyes, K., & Lund, D. (2017). Rules of performance in the nursing home: A grounded theory of nurse-CNA communication. *Geriatric Nursing*, 38(5), 378-384.

Maramaldi, P., Sobran, A., Scheck, L., Cusato, N., Lee, I., White, E., & Cadet, T. J. (2014). Interdisciplinary medical social work: A working taxonomy. *Social Work in Health Care*, 53(6), 532-551.

Markin, A., Cabrera-Fernandez, D. F., Bajoka, R. M., Noll, S. M., Drake, S. M., Awdish, R. L., Buick, D. S., Kokas, M. S., Chasteen, K. A., & Mendez, M. P. (2015). Impact of a simulation-based communication workshop on resident preparedness for end-of-life communication in the intensive care unit. *Critical Care Research and Practice*, *2015*, 534879.

Matthews, W. (1887). *The mountain chant: A Navajo ceremony*. Smithsonian Institution.

McCaughey, D., McGhan, G., Kim, J., Brannon, D., Leroy, H., & Jablonski, R. (2012). Workforce implications of injury among home health workers: Evidence from the national home health aide survey. *Gerontologist*, *52*(4), 493-505.

Miciak, M., Mayan, M., Brown, C., Joyce, A. S., & Gross, D. P. (2018). The necessary conditions of engagement for the therapeutic relationship in physiotherapy: An interpretive description study. *Archives of Physiotherapy*, *8*, 3-15.

Mihelicova, M., Wegrzyn, A., Brown, M., & Greeson, M. R. (2019). Stressors of rape crisis work from the per-spectives of advocates with and without sexual assault victimization history. *Journal of Interpersonal Violence*, https://doi.org/10.1177/0886260519876715.

Molenaar, J., Korstjens, I., Hendrix, M., de Vries, R., & Nieuwenhuijze, M. (2018). Needs of parents and professionals to improve shared decision-making in interprofessional maternity care practice: A qualitative study. *Birth*, *45*(3), 245-254.

Muskat, B., Craig, S. L., & Mathai, B. (2017). Complex families, the social determinants of health and psy-chosocial interventions: Deconstruction of a day in the life of hospital social workers. *Social Work in Health Care*, *56*(8), 765-778.

National Coalition for Hospice and Palliative Care (2018). *Clinical practice guidelines for quality palliative care* (4th ed.). National Consensus Project for Quality Palliative Care.

Pehrson, C., Banerjee, S. C., Manna, R., Shen, M. J., Hammonds, S., Coyle, N., Krueger, C. A., Maloney, E., Zaider, T., & Bylund, C. L. (2016). Responding empathically to patients: Development, implementation, and evaluation of a communication skills training module for oncology nurses. *Patient Education and Counseling*, *99*(4), 610-616.

Peiris-John, R., Selak, V., Robb, G., Kool, B., Wells, S., Sadler, L., & Wise, M. R. (2020). The state of quality improvement teaching in medical schools: A systematic review. *Journal of Surgical Education*, *77*(4), 889-904.

Pennington, K., Scott, J., & Magilvy, K. (2003). The role of certified nursing assistants in nursing homes. *Journal of Nursing Administration*, *33*(11), 578-584.

Peterson, E. B., Chou, W. S., Gaysynsky, A., Krakow, M., Elrick, A., Khoury, M. J., & Kaphingst, K. A. (2018). Communication of cancer-related genetic and genomic information: A landscape analysis of reviews. *Translational Behavioral Medicine*, *8*(1), 59-70.

Puchalski, C., & Romer, A. (2003). Taking a spiritual history allows clinicians to understand patients more fully. *Journal of Palliative Medicine*, *3*(1), 129-137.

Reilly, J. B., Marcotte, L. M., Berns, J. S., & Shea, J. A. (2013). Handoff communication between hospital and outpatient dialysis units at patient discharge: A qualitative study. *The Joint Commission Journal on Quality and Patient Safety*, *39*(2), 70-76.

Reis, P. J., Faser, K., & Davis, M. (2015). A framework for web-based interprofessional education for midwifery and medical students. *Journal of Midwifery & Women's Health*, *60*(6), 713-717.

Roter, D. L., Erby, L. H., Larson, S., & Ellington, L. (2007). Assessing oral literacy demand in genetic counseling dialogue: Preliminary test of a conceptual framework. *Social Science & Medicine*, *65*(7), 1442-1457.

Rygh, E., Arild, E., Johnsen, E., & Rumpsfeld, M. (2012). Choosing to live with home dialysis-patients' experiences and potential for telemedicine support: A qualitative study. *BMC Nephrology*, *13*(13).

Salari, E., Freudenburg, Z. V., Vansteensel, M. J., & Ramsey, N. F. (2020). Classification of facial expressions for intended display of emotions using brain-computer interfaces. *Annals of Neurology*, *88*(3), 631-636. https://doi.org/10.1002/ana.25821.

Shah, B., & Chewning, B. (2006). Conceptualizing and measuring pharmacist-patient communication: A review of published studies. *Research in Social and Administration Pharmacy*, *2*(2), 153-185.

Simeone, I. M., Berning, J. N., Hua, M., Happ, M. B., & Baldwin, M. R. (2020). Training chaplains to provide communication-board-guided spiritual care for intensive care unit patients. *Journal of Palliative Medicine*, *24*(2), 218-225. https://doi.org/10.1089/jpm.2020.0041.

Sinclair, S. (2016). Spiritual communciation. In E. Wittenberg, B. R. Ferrell, J. Goldsmith, T. Smith, S. L. Ragan, M. Glajchen, & G. F. Handzo (Eds.), *Textbook of palliative care communication* (pp. 301-310). Oxford University Press.

Smith, J., Swartz, L., Kilian, S., & Chiliza, B. (2013). Mediating words, mediating worlds: Interpreting as hidden care work in a South African psychiatric institution. *Transcultural Psychiatry*, 50(4), 493-514.

Song, L., Tyler, C., Clayton, M. F., Rodgiriguez-Rassi, E., Hill, L., Bai, J., Pruthi, R., & Bailey, D. E., Jr. (2017). Patient and family communication during consultation visits: The effects of a decision aid for treatment decision-making for localized prostate cancer. *Patient Education and Counseling*, 100(2), 267-275.

Speck, P., & Herbert, C. (2017). Communication issues in pastoral care and chaplaincy. In D. W. Kissane, B. D. Bultz, P. N. Butow, C. L. Bylund, S. Noble, & S. Wildenson (Eds.), *Oxford textbook of communication in oncology and palliative care* (pp. 324-327). Oxford University Press.

Stöckigt, B. M., Besch, F., Jeserich, F., Holmberg, C., Witt, C. M., & Teut, M. (2015). Healing relationships: A qualitative study of healers and their clients in germany. *Evidence-Based Complementary Alternative Medicine: eCAM*, 2015, 145154.

Swanberg, J. E., Nichols, H. M., & Perry-Jenkins, M. (2016). Working on the frontlines in U.S. hospitals: Scheduling challenges and turnover intent among housekeepers and dietary service workers. *Journal of Hospital Administration*, 5(4), 76-86.

Taylor, F., Halter, M., & Drennan, V. M. (2019). Understanding patients' satisfaction with physician assistant/associate encounters through communication experiences: A qualitative study in acute hospitals in England. *BMC Health Services Research*, 19(1), 603-614.

Timmins, F., Caldeira, S., Murphy, M., Pujol, N., Sheaf, G., Weathers, E., Whelan, J., & Flanagan, B. (2018). The role of the healthcare chaplain: A literature review. *Journal of Health Care Chaplaincy*, 24(3), 87-106.

Tjia, J., Ellington, L., Clayton, M. F., Lemay, C., & Reblin, M. (2015). Managing medications during home hospice cancer care: The needs of family caregivers. *Journal of Pain and Symptom Management*, 50(5), 630-641.

Venema, E., Vlaskamp, C., & Otten, S. (2018). The role of volunteers in the social integration of people with intellectual disabilities. *Research and Practice in Intellectual and Developmental Disabilities*, 5(2), 154-167.

Vernon, S. A., Hillman, J. G., Macnab, H. K., Bacon, P., van der Hoek, J., Vernon, O. K., & Bhargarva, A. (2011). Community optometrist referral of those aged 65 and over for raised IOP post-NICE: AOP guidance versus joint college guidance-an epidemiological model using BEAP. *British Journal of Ophthalmology*, 95(11), 1534-1536.

VitalTalk. *Vitaltalk*. www.vitaltalk.org/

Wali, H., Hudani, Z., Wali, S., Mercer, K., & Grindrod, K. (2016). A systematic review of interventions to improve medication information for low health literate populations. *Research in Social and Administrative Pharmacy*, 12(6), 830-864.

Walker, K. K., Jackson, R. D., Sommariva, S., Neelamegam, M., & Desch, J. (2019). USA dental health providers' role in HPV vaccine communication and HPV-OPC protection: A systematic review. *Human Vaccines & Immunotherapies*, 15(7-8), 1863-1869.

Waubanewquay, D. D., Silva, D. K., & Monroe, A. O. (2018). The wisdom of indigenous healers. *Creative Nursing*, 24(1), 118-127.

Weisenfluh, S. M., & Csikai, E. L. (2013). Professional and educational needs of hospice and palliative care social workers. *Journal of Social Work in End-of-Life & Palliative Care*, 9(1), 58-73.

Yankowsky, K. W. (2017). Avoiding unnecessary litigation: Communication and documentation. *Advances in Skin & Wound Care*, 30(2), 66-70.

Yu, M. L., Brown, T., White, C., Marston, C., & Thyer, L. (2018). The impact of undergraduate occupational therapy students' interpersonal skills on their practice education performance: A pilot study. *Australian Occupational Therapy Journal*, 65(2), 115-125.

第 17 章
跨行业传播：健康护理团队、患者交接和多团队系统

凯文·雷亚尔(Kevin Real)　安妮·雷·斯特里特(Anne Ray Streeter)
马歇尔·斯科特·普尔(Marshall Scott Poole)

对于大多数健康护理提供者而言，与其他行业进行传播是他们工作的常规内容。然而，跨行业传播存在许多障碍，包括交叉学科不合作和地位悬殊，这些都会降低护理质量和患者护理交接的有效性(O'Daniel & Rosenstein, 2008; Poole & Real, 2003; Real & Poole, 2011)。因此，医学研究所[Institute of Medicine (IOM), 2015]和联合委员会(Joint Commission, 2005)对这些问题的关注日益增长，强调了跨行业传播过程对健康护理系统结果的重要性。在健康护理团队、患者交接和多团队系统中进行有效的跨行业传播，可以使健康护理专业人员能够更好地了解情况，正确解释他们收到的信息并提出问题，以及减少等级制或学科地位在他们与其他行业人士互动中的影响(IOM, 2015; O'Daniel & Rosenstein, 2008)。

跨行业传播在临床环境中至关重要，在临床环境中，即使是对单个患者的护理，参与其中的各种健康护理从业者之间也必须清楚地传达患者信息。奥丹尼尔和罗森斯坦(O'Daniel & Rosenstein, 2008)估计，在为期四天的住院期间，患者可能会与多达 50 名不同的员工互动，包括护士、技术人员、医生和内勤人员。健康护理协作的挑战是众所周知的：团队成员换班，时间不稳定，边界流动，等级制度，以及同时跨不同楼层、单元甚至建筑物护理多名患者(IOM, 2015; Real et al., 2020)。应对这些挑战一直是健康护理质量改进运动的主要焦点(Weaver et al., 2017)。例如，TeamSTEPPS[①] 等团队合作方法旨在提高团队合作和跨行业传播能力(Cooke, 2016)。尽管传播通常被视为医学中的信息交换，但传播学者对复杂又多面的跨行业传播提供了更为精细的理解。

我们在本章中的目标是检查健康护理团队、患者交接和多团队系统中的跨行业传播。我们之所以专注于这些领域，因为它们与健康护理机构的传播系统交织在一起。健康护理专业人员经常在各种具有挑战性的环境中，在交叉专业团队内部和交叉专业团队之间开展工作。患者转移(如团队内部和团队之间的交接)是患者护理系统中的关键传播过程。很明显，在开创性的报告《人非圣贤，孰能无过》(Kohn et al., 2000)出现之后，跨行业传播一直是美国健康护理的焦点。这是一项关于医疗失误的研究，具有里程碑意义。它建议在健康护理机构中改善传播和以团队为中心的护理。随后的研究表明，有效的跨行业传播与护理质量有关(Rosen et al., 2018; Weaver et al., 2017)。因此，我们这里的重点是更好地理解团队、交接和多团队系统中的跨行业传播过程。

---

① TeamSTEPPS，是团队增进表现和患者安全的策略和工具(Team Strategies and Tools to Enhance Performance and Patient Safety)的简称。——译者注

第1节 健康护理团队

在本手册的第一版中,普尔和瑞尔(Poole & Real, 2003)区分了群体(group)和团队(team),群体是指分配到工作单位或任务的个体,而团队旨在"实现高水平的团结、目标和统一"(第370页)。作者描述了健康护理团队的一种类型学,该类型学是奠基于团队结构、相互依赖性、边界性、集中性和多样性这些变量的。每种团队类型都会产生自己的传播,这可能取决于其任务、患者护理的复杂性、健康护理实践标准以及更广泛系统之目标(如部门、组织、行业)。普尔和瑞尔(2011)以本手册第二版中的观念为基础,利用系统理论来揭示传播输入(正式团队会议、走廊会议、交接等)是如何塑造传播过程(信息交换、非正式谈话、后台传播等)的,如何影响输出(护理质量、不良事件等)和患者结果的。本节以这些观念为基础,利用系统理论(Ilgen et al., 2005; Mathieu et al., 2018; Tschan et al., 2011)来探究一个相对较新的调查领域:健康护理的物理布局如何影响团队传播。首先,我们简要回顾一下团队理论。

一、团队理论

小群体研究拥有丰富的理论历史,这些理论依然适用于今天(Mathieu et al., 2018)。勒温(Lewin, 1947)等学者的经典研究考察了社会对作为群体成员的个体的影响。费斯廷格等人(Festinger et al., 1950)研究了与物理位置和生产力相关的传播。莱维特(Leavitt, 1951)调查了由物理结构形成的群体及网络中的传播模式。随着时间的推移,群体研究更加简洁地利用系统理论来理解群体动力学。麦格拉舍(McGrath, 1964)开发了一个输入—过程—输出(IPO)的早期版本,用于理解已被许多学者使用和完善的群体过程和结果。在健康护理领域,医师兼学者多纳贝迪安(Donabedian, 1966)发展出了结构—过程—结果理论,以了解健康护理结果如何受到输入和过程的影响。因此,系统理论,尤其是输入—过程—输出理论,已被许多人用来理解群体和健康护理团队中的传播(Ilgen et al., 2005; Mathieu et al., 2018; Real & Poole, 2011)。这些文献主要是以量化和质化这两种社会科学视角为特色,很少有批判的文化研究。因此,我们主要聚焦于社会科学范式内的研究来展开述评。

健康护理团队并非孤军作战,而是在更广泛的系统中运作,包括部门、患者护理特区(如心血管)、医院、更广泛的健康护理系统以及社会。用于研究健康护理团队的系统理论包括结构—过程—结果系统(Donabedian, 1966)、多团队系统(Mathieu et al., 2001)以及为患者安全考虑启动计划的人力因素系统(SEIPS; Carayon et al., 2006; Peavey & Cai, 2018)。每种理论都确定了健康护理工作相互依存的本质,而这些护理工作又影响传播和团队工作。

将团队视为使用输入—过程—输出模型的系统,会引起人们对团队过程的关注,以及对输入、过程和团队绩效之间关系的关注。长期以来,研究人员一直注意到,比起团队合作的其他要素,小群体/团队研究对团队过程(如传播)的关注和证据都较少(Poole & Real, 2003; Weaver et al., 2017)。由于该模型是动态的,因此在理解一些问题时就可能面临挑战——结构如何促进团队过程,以及结构和过程如何影响结果。尚及其同事(Tschan et al., 2011)建议摆脱静态模型,使用纵向和动态方法来检查输入—过程—输出。伊尔根及其同事(Ilgen et al., 2005)建议考察某些结果因素如何影响输入,从而创建新的或循环模型。例如,一个团队可能一起工作,并发现在其生命周期的早期就有了凝聚力。这种高水平的凝聚力(通常是一种输出)可以带来信任(最初是一种输入)和更好的传播(过程)。了解某些过程随时间出现的条件,可以为理解健康护理团队提供新洞见。因此,我们要考察的是新近的创新研究,这些研究使用系统理论考察了健康护理中的建筑环境如何影响团队传播。

二、健康护理建筑环境中的团队传播

尽管针对健康护理团队的研究数量庞大且范围广泛,但健康组织的物理布局(几乎没有明显例外)在团队传播研究中基本上了无影踪。然而,最近的传播研究强调了物理布局对健康护理团队传播的作用。金特及其同事(Guinther et al., 2014)对入住区规划使用后状况进行了深度评估(in-depth post-occupancy evaluation)。他们认为,为了更好地了解这些采用开放式中央核心区设计的城市医院急诊科的传播隐私与机密,使用多种方法很有价值。瑞尔等人(Real et al., 2014)也专注于急诊科布局,其研究报道了规模和距离是如何阻碍良好的面对面、跨行业传播的。从更广泛的角度来看,迪恩及其同事(Dean et al., 2016)阐述了医院布局如何影响传播,并报告说"案例谈话"和"安慰谈话"形式的话语与物理空间、职业和性别有关。巴伯等人(Barbour et al., 2016)还发现了性别话语的证据,这些性别话语源于职业身份、传播风格以及设计——这种设计将护士安置在固定护士站,却为医生提供行动自由。

检查护士站设计时,瑞尔及其同事(Real et al., 2017)发现分散式护士站(通常位于病房外)导致护士与护士之间的传播减少,护士与其他健康护理职业的相互依赖性增加。费伊等人(Fay et al., 2017)报告说,工作人员认为集中护士站单元的优势在于这些单元可以显著增强团队合作,而分散单元的优势在于它们能够更接近患者。哈里森等人(Harrison et al., 2018)指出,在一线员工如何执行复杂的前、后台传播实践以完成他们在健康诊所的工作中,物理空间发挥了作用。

瑞尔及其同事(Real et al., 2018a)发现,患者更喜欢较新的分散式单元,因为单人入住的房间更大,可以提供隐私感和舒适感;然而,护理者的评估则参差不齐,他们认为新的分散单元拥有更好的病房和更好的整体环境,但其指导水平和团队传播水平较低。瑞尔及其同事(Real and colleagues, 2018b)报告说,护士描述了集中单元的团队传播,使用了接近、团队合作和关系这样的主题,而分散单元的护士用距离、碎片化和信息交换来描述传播。费伊等人(Fay et al., 2019)对分散式护理站研究做了一项系统性述评,该述评报告说,这种配置使护理团队合作较少,但通常(并非总是)产生更好的患者体验。费伊及其同事(Fay et al., 2020)发现,病房区的设计关乎如何看待效率与交叉行业护理过程。

上述许多研究使用了一种系统理论框架,考察了健康护理团队的传播和设计。贝威和蔡(Peavey & Cai, 2018)最近有一项系统化综述,利用为患者安全考虑启动计划的人力因素系统(Carayon et al., 2006),考察了健康护理设计研究中的传播和团队合作。他们的综述说明,作为系统组件的物理环境如何在一种更广泛的输入—过程—输出框架内与健康护理团队过程发生关联。贝威和蔡都是建筑学者,他们注意到设计因素,尤其是邻近性和可见性,对健康护理团队的传播非常重要。

多项研究已发现,在健康护理环境中,距离和团队合作之间存在一种关联。例如,几项研究(例如,González-Martínez et al., 2016)报告说,邻近为非正式会议空间(如走廊和其他工作空间)中的即时互动创造了机会。詹金斯等人(Jenkins et al., 2016)发现接近性与药剂师和团队其他成员(如护士、医生)之间的互动增加有关。然而,当团队分开较远时,他们体会到更多的孤单(Real et al., 2017)和更低的团队协调性(Nanda et al., 2015)。马德森和布劳(Madsen & Burau, 2021)发现,较远的距离是健康护理团队成员之间非正式关系的结构性障碍。瑞尔及其同事的研究(Real and colleagues, 2017、2018b)表明,当团队成员工作区域靠得更近并且可以看到彼此时,他们更有可能体验到支持性团队合作环境。然而,随着团队成员分散得更远或可见度降低,他们报告说会感到孤单或社交支持减少(Nanda et al., 2015)。加瑞威尔斯及其同事(Gharaveis & colleagues, 2020)发现,提高可见度可以加强急诊科的团队合作。在其他护士看不见的地方工作的临时护士,即使面临繁重的工作量也不太可能寻求帮助,这说明了物理空间与医院文化相结合是如何影响护士的传播方式的(Batch & Windsor, 2015)。

研究已将健康护理中的建筑环境与塞拉斯等人(Salas et al., 2005)所谓的"5大"("big five")团队合作要素(团队领导、相互绩效监督、后备行为、适应性以及团队导向)联系起来,这五大要素有三种支持机制(共享的心智模型、信任以及闭环传播;Peavey & Cai, 2018; Real & Pilny, 2017; Real et al., 2020)。例如,邻近性和可见性可能会影响所有"5大"元素。当健康护理团队成员离得更近和/或可以看到其他人时,团队领导力——协调、评估并建立积极团队氛围的一种能力(Salas et al., 2005)——更可能出现,相互绩效监督(即照看团队绩效的能力)得到加强。这些同样的动态机制会影响后备行为和团队导向(个体认为自己是团队一部分的程度),因为在同一空间中紧密合作的团队成员,更有可能支持他人并将自己视为团队成员。当团队成员可以看到彼此时,他们更有可能感受到是团队的一部分,感到得到支持并与团队中的其他人保持联系(Nanda et al., 2015; Real et al., 2017)。对于那些不在同一地点的人,团队成员使用技术与其他成员保持联系,已适应接近度/可见性的变化(Real et al., 2014)。

此外,瑞尔等人(Real et al., 2020)直接回应了"闭环传播"这个具有局限性的概念。他们基于对两家医院150多个小时的观察,提供了更复杂、更精细的团队传播示例。这种传播的分布不一而足:从问候、团队介绍、与患者一起评估护理计划,到建立融洽关系、团队成员发声、发言时间分配、信息共享、倾听,等等。对交叉学科查房(interdisciplinary rounding, IDR)团队的研究,提供了一种说明团队合作中传播价值的途径。这些团队通常由医生、药剂师、护士、患者护理/病例管理员和患者/家属组成,通过定期查看患者并与之互动,来改善与患者的传播(另见 Apker et al., 2018)。在这些研究中观察到的健康护理团队,创造性地将团队传播的概念扩展,超出查房团队中的闭环沟通。瑞尔及其同事还发现,积极的团队传播行为如建立融洽关系、征集问题、寻求意见以及与患者平起平坐等,更有可能发生在按地理位置组建的团队的环境中。

这项进展性研究说明,健康护理建筑环境是如何成为重要的系统元素,塑造跨行业传播和团队合作的。在考虑信息如何在团队中流动时,探索这个主题显得很重要。健康护理中有一种关键的信息交换,涉及患者交接,下一节的主题即为此。

第2节 患者交接:护理错误最小化

患者交接可能会在很长一段时间内涉及多个环境中的各种健康职业人士。这些交接是"健康职业人士之间交换有关患者的信息,这伴随着对患者的控制权或责任的转移"(Cohen & Hilligoss, 2010,第94页)。交接提供了一个机会来建立对患者需求的共同理解(一种共享的心智模型),以及促进交叉学科团队成员之间的协作与团队合作(Jiang et al., 2017)。

患者交接经常多次发生,因为患者转移发生在健康护理提供者(如护士、医生和专职健康护理提供者)之间,以及跨部门单位和健康护理机构等环境中。在每次转移时,对患者护理至关重要的信息都可能丢失、遗漏或错误传达,可能导致患者护理中出现不良的错误,有时甚至危及生命。

联合委员会(The Joint Commission, TJC)——作为一家国家健康护理认证机构——对3 800起患者护理不良事件进行了评估,结果表明,65%的事件是由传播问题引起的;这些问题中至少有一半发生在患者交接期间("改善交接沟通"——"Improving Handoff Communications," 2005)。联合委员会提出了一份《2006年全国患者安全目标》,要求健康护理机构的交接传播标准化以提高患者安全(Joint Commission, 2005)。同样,研究生医学教育认证委员会要求,所有医师研究生课程都要提供交接培训并监督交接过程的有效性,作为患者护理和安全的一部分(Starmer et al., 2014)。

联合委员会的指导方针是通用的,要求每个组织确定促进有效交接的具体策略("Improving Handoff Communications," 2005)。建议使用情况—背景—评估—建议模型(Situation-Background-Assessment-Recommendation; Haig et al., 2006)等记录组织工具来收集、组织患者的关键信息。交接参与者必须有一个提问和回答问题的机会,这就强调了双向信息交换对于减少患者护理错误的重要性(Perry, 2004)。联合委员会还希望患者信息是可验证的并包括相关的历史数据,也希望减少传播障碍(如打断)以确保患者关键信息不会丢失或遗忘(Arora & Johnson, 2006)。更好地理解和改进患者交接的需求,推动了临床上基于传播的研究,这些研究几乎检查了患者交接的各个方面,包括过程、工具、内容、位置和传播行为。以下部分为观察患者交接提供了一种语境理论,这是从传播能力和协作传播的角度出发的。

一、交接传播理论框架

传播能力(Cooley & Roach, 1984)和协作传播模型(Clark, 1996)是患者交接研究的两个理论框架。传播能力被定义为"在给定情景中使用恰当传播模式的知识,以及运用这些知识的能力"(Cooley & Roach, 1984,第25页)。其中的概念包括:传播模式(例如,语言结构、话语模式、非语言行为),恰当性(基于文化规则)以及针对特定情况使用的传播策略。斯皮兹伯格

(Spitzberg,1983)认为能力是一种"人际印象"(第326页),通过在特定情境下对自我和他人传播的恰当性和有效性的感知来衡量。斯皮兹伯格(2000)指出:"既有效又恰当的传播可能比那种只具备一方面而不具备另一方面的传播质量更高"(第109页,加了强调)。

护理交接传播能力量表(The Nursing Handoff Communication Competence Scale)(Streeter et al., 2015)已被开发出来,旨在识别护士表明的反映换班交接期间有效的传播行为。该量表基于切加拉(Cegala,1997)提出的在医学语境下的传播能力概念,使用了信息交换(信息提供、寻求和验证)和社会情感(培养信任、温情和关怀)这样的传播行为。由于联合委员会要求健康护理提供者参与患者信息的双向流动,因此了解信息交换过程非常重要。护士在换班时使用这些行为被认为与最佳质量(传播能力)交接有关(Streeter et al., 2015)。

协作传播模型(Tomasello,2008)为研究医、护人员之间的交接传播共识提供了一个框架,这些健康护理提供者联合参与将患者从急性程度高的环境转移到程度低的环境(Toccafondi et al., 2012)。交叉职业信息流的中断,尤其是在医生和护士之间,可能会使患者处于危险之中。托卡冯迪及其同事(Toccafondi et al., 2012)发现,一些领域对患者状况缺乏共同理解、相关知识和假设,部分原因在于交接前的谈话中缺乏护理人员的参与。高急性度和低急性度单位共享患者有关诊断和结果假设的关键信息。然而,由于护理人员不参与交接前的谈话,护士依赖的患者记录和转院/出院表格经常遗漏相关信息。托卡冯迪等建议,发展共同的传播基础需要不同护理单位的健康护理团队的所有成员参与,并注意使用技术来获取口头共享信息。

二、交接研究的特点

许多交接研究都集中在护士身上,因为他们提供了大约80%的患者护理工作(Keenan et al., 2008)。他们参与各种类型的患者交接,包括患者从一个设施转移到另一个设施(例如,疗养院到医院),以及部门间转移(例如,术后手术到重症监护),这二者都是多团队系统交接的例子(本章后面回顾)。然而,最常见的交接形式发生在护理部门换班时(Blouin,2011)。轮班结束交接方法包括面对面交接(在不同地点,包括在患者床边或护士站)、记录交接和书面交接(Pillow,2007),都越来越多地使用患者电子记录和其他基于技术的工具。一项文献回顾发现:"尽管护理交接不当会产生众所周知的负面后果",但很少有研究去识别最佳实践(Riesenberg et al., 2009,第24页)。

交接传播失败是多因素的结果。事实上,与健康护理转型联合委员会合作的10家医院确定了此类失败的几个根本原因(Blouin,2011)。这些原因包括:不具有支持性的组织文化(例如,缺乏团队合作、尊重),不同的期待,错误的患者转移交接时间,缺乏时间,中断,缺乏标准化流程,不准确或不完整的信息,信息发送者无法跟进问题,以及接收者由于优先级冲突而无法集中注意力。导致交接失败的因素还有:令人困惑的语言或行话,信息丢失或遗忘("Improving Handoff Communication",2005),以及提供的信息太少、太多、不准确或不一致(Welsh et al., 2010)。另一些因素包括使用单向信息传输而不是双向信息交换(Perry,2004),以及使用冗长的交接报告流程和表格(Riesenberg et al., 2009)。为了减少这些错误因素,重要的是关注所涉及的传播过程,特别是信息交换和社会情感传播,以及考虑在交接过程中使用的工具。接下来我们转向这些主题。

1. 信息交换

斯特里特(Streeter et al., 2015)的一项量化研究发现,护士认为最好的患者交接是那些可以被称为有效信息交换的交接。这包括:回应直接问题时**给出信息**或不经催促就提供信息,通过直接提问和间接探询来**寻求信息**,以及通过澄清、重复、总结和预报信息来**验证信息**。这些行为的重要性因角色而异(例如,发送者/交班护士,接收者/接班护士)。例如,提供信息不仅仅是交班护士的责任,她正在转移对患者的责任;接班护士也在高质量的交接中提供信息。接班护士的主要责任是通过提问寻求信息,验证被提供的信息是否正确、完整,以及对信息做出恰当理解。亚伯拉罕等人(Abraham et al., 2016)同样发现,交互的传播和提问有助于防止信息误传,促进协作的负担主要落在接班护士的身上,他们必须理解交班护士提供的信息。

2. 社会情感交流

虽然交接的主要目的是信息性质的,但它也是社交、讨论组织关注点和学习的机会(Kerr, 2002),是与同事表达对垂死患者的感受的机会(Hopkinson, 2002),是分享一种价值体系以增强一个团队的社会凝聚力和专业性的机会(Lally, 1999)。最好的护理交接包括社会情感行为,例如,热情友好,使用易于理解的语言,促进信任关系,帮助其他护士感到舒适和放松,表现出同情心,以及开诚布公(Streeter et al., 2015)。

3. 促进交接传播的工具

难有共识的问题是:在促进有效交接方面,是否有某种标准化的交接工具格式(例如,情况—背景—评估—建议模型)优于另一种格式(Staggers & Blaz, 2013)。盖拉赞和卡林顿(Galatzan & Carrington, 2018)在对文献的回顾中发现,研究主要强调格式和结构,而不是患者信息的内容;而且他们没有发现直接证据,表明使用标准化交接工具可以改善患者的预后。然而,标准化交接结构提高了护理人员的满意度。在交接中使用情况—背景—评估—建议模型来促进护士、医生、员工和患者之间的协作沟通,确实明显改善了传播、团队合作和安全氛围(Beckett & Kipnis, 2009)。

一项涉及九家医院儿科住院医师的交接改进倡议(Starmer et al., 2014)使用了一种基于助记的结构,叫作 I-PASS——疾病严重程度(illness severity),患者摘要(patient summary),行动列表(action list),情形意识和应急计划(situation awareness and contingency planning)以及接收者综合(synthesis by receiver)。I-PASS 既用于口头也用于书面(内置于电子病历程序或文字处理程序中)交接。将 I-PASS 绑定于培训和流程,明显减少了 10 740 名入院患者的医疗失误(23%)和可预防的不良事件(30%),并且对工作流程没有负面影响(即没有增加完成交接的时间)。住院医师的口头和书面传播也有所改善,住院医师对其交接质量的满意度也有所提高。在儿科临床教学单位使用 I-PASS 进行的交接培训也改善了交接参与者之间的协作和组织,并正确识别出需要加强监测的重症监护患者(Huth et al., 2016)。超过 50 家医院采用了 I-PASS 项目,初步分析表明口头和书面交接质量得到提高,以及员工报告说与交接相关的不良事件在减少(Starmer et al., 2017)。

将交接工具整合进电子健康记录中的研究比较有限(Galatzan & Carrington, 2018),这些有限研究表明,护士更喜欢使用纸质工具,更有经验的护士依靠他们的记忆和纸质图表来回忆患者信息。姜等人(Jiang et al., 2017)发现,使用电子交接工具——专为儿科重症监护病房的跨交叉学科团队开发的——并没有改善共享信息的叠床架屋;事实上,尽管差异在统计学上并不显著,但信息走样(例如,剂量、治疗、患者症状)的平均数量在实施后几乎翻了一番。因此,在开发用于交接传播的高质量工具方面,还有更多的工作需要去完成。

本节说明了传播能力对于患者交接的重要性。它显示了有效的交接工具和过程如何使交接传播质量得以提高。下一节将探讨跨行业传播的另一个重要元素,即多团队系统。

第 3 节 多团队系统

多团队系统(MTS; Mathieu et al., 2001)在健康护理环境中运行,在这种环境中,团队必须与其他团队合作才能实现更广泛的患者护理目标。这些"团队中的团队"在患者护理中发挥着核心但往往未被认可的作用,并通过输入—过程—输出这种相互依赖模式联系在一起。在马修等人的研究(Mathieu et al., 2001)中有一个经常使用的例子,该例子对于描述多团队系统的复杂功能很有用。一场车祸发生了,有一个人受伤。医务辅助人员团队到达现场处理,然后将患者送往一间当地急诊室。急诊科团队接收和治疗患者。如果患者需要住院治疗,急诊科团队和医院楼层团队之间会进行一次额外的交接。在此示例中,至少有三个(可能有四个)团队参与了患者护理。乔莱特及其同事(Chollette and colleagues, 2020)给出了第二个例子,该例子说明了癌症多团队系统的运作方式,患者和患者倡导团队处于一组团队的中心,其中包括初级护理、肿瘤学和姑息治疗团队。

一、多团队系统理论与团队类型

多团队系统是紧密耦合的团队网络,参与实现至少一个总体目标以及单团队目标(Mathieu et al., 2001)。多团队系统是复杂的组织结构,它根据语境、任务和相互依赖性将团队与其他团队联系起来。协调团队目标与更广泛的系统目标,对于多团队系统理论至关重要(Ilgen et al., 2005; Mathieu et al., 2018; Tschan et al., 2011)。多团队系统交接中的一个基本传播问题涉及每个学科如何关注或突出对他们来说重要的信息。一个给定的团队可能并不总是传播下一个团队在接收患者时需要的信息。这就是为何在这些情况下,团队之间的交接过程中要理解传播至关重要。

因此,在现有的团队类型中考虑多团队系统可能很有用,每个团队都有不同的传播流程。根据普尔和瑞尔(Poole & Real, 2003)的类型学,多团队系统可以被视为分布于一个具有相互依赖性、界限性、集中性和多样性的区间上。每种团队类型都会生成可能因这些因素而异的传播,并且可能代表一种不同的多团队系统。例如,可以创建一个专为解决一个或多个特定问题而成立的**特别行动**(ad hoc)团队,以降低护理人员腰背部受伤的风险。该团队可能在医院内运作,在医院内与其他团队互动,例如,患者处理安全团队、材料/供应团队和护士关怀评审团队。这些团队之间的传播将围绕任务(减少伤害)组织起来。其他团队将从这个特别行动安全团队中受益,因为他们会更好地了解与伤害相关的系统因素(与可以提供帮助的其他人的接近性减弱了;缺乏抬高患者的材料;以艰苦的体力工作为荣的护理文化)。如果工作人员受伤,他们可能会得到一个名义上的护理团队的照顾,这是一个由一名初级护理医生协调的小组,该小组可能会将患者(指受伤的工作人员。——译者注)移交给一个**单学科**团队,如由物理治疗师或职业治疗师组成。遵循多团队系统理论,该名义团队的输出将是该单学科团队的输入。由于初级护理医生将与咨询团队协作制定诊断和治疗计划,因此这种协调需要将传播流转回转诊医生。

如果受伤的工作人员需要手术,他们将被转诊到一个**交叉学科**团队(成员在同一环境中合作)。这项手术需要相互依存的多个团队之间的协调——从术前团队到手术室团队再到术后恢复团队。这些团队之间的传播通常会从一个团队流向另一个团队。手术后,患者将被转移到医院病房,由护士和物理治疗师组成的**多学科**团队(成员联合协调但不同时)进行护理,他们协同作战,为的是让患者还在医院时就能走动(如行走、移动)。这种类型的多团队系统中的传播相互依赖,因为团队要协调其行动、共享信息并管理不断发展的治疗计划。它们在输入时彼此依赖,这种输入包括供给、资源和物理空间(Mathieu et al., 2001; Rosen et al., 2018)。

交叉学科团队的特点是不同的职业/职别的工作人员一起工作,协作水平比典型的健康护理团队高得多。高尔文等人(Galvin et al., 2014)将跨学科护理描述为由许多不同类型的提供者(医生、护士、医生助理、社会工作者、心理学家、治疗师、健康教育者、其他专职健康护理提供者;见本书第 16 章)组成的团队,他们协同作战,帮助患者及其家人。以患者需求和临床医生的专业知识为基础,这种类型的团队具有更灵活、更流动的边界。他们的特点是团队成员之间的高质量传播和信任。对于多团队系统中的所有团队,关键挑战是团队之间的有效协调,以及单一团队目标与整个系统目标之间恰如其分的平衡。

健康护理的建筑环境

建筑环境会影响多团队系统跨行业传播。例如,欧文及其同事(Ervin et al., 2018)注意到物理设计如何影响重症监护病房中的团队传播和护理。"几乎持续不断的警报,不均匀的照明,放置不当的设备以及空间局促,都意味着物理环境对基于团队的重症监护目标,说好听一点是无益,说难听点儿是有害"(Ervin et al., 2018,第 469 页)。欧文和他的同事建议改变重症监护病房的设计,包括"开放式楼层,患者病床周边转圈方便,护理站和房间之间的视线清晰,以及单人病房",因为这些改变"可以改善传播和提高家庭对护理的满意度"(第 469 页)。在多团队系统中,邻近性很重要。例如,由于团队和网络之间的传播延迟,团队之间的距离较远会降低多团队系统的有效性(Johnson, 2019)。帕奇洛娃等人(Pachilova et al., 2017)检查了医院布局,发现工作空间的位置和它们之间的距离会影响医生和护士团队/网络之间的传播(频率、持续时间和等级性质)。赛勒及其同事(Sailer et al., 2013)考察了两家英国医院的护理者之间的传播网络,并解释了接近性(近或远)如何影响传播频率。

二、多团队系统和网络

多团队系统可以作为更大网络的一部分来运行。这些由多个团队组成的网络通常根据同质性运作,即蒙哥和康提莱克特(Monge & Contractor, 2003)确定的网络生成机制之一。同质性描述了人们寻找相似的人或归属于相似的人的倾向。例如,皮内利(Pinnelli, 2015)发现,初级护理护士倾向于与其他接受过类似培训和专业化的护士联系。马莎及其同事(Mascia et al., 2015)报告说,同质性是医生转诊网络中的一个解释因素。他们的研究表明,转诊模式受医生是否具有相似的专业兴趣或在同一机构执业的影响。尽管同质性有好处,例如,增加关系的形成和合作,但它的一个问题是会加剧职业间的差异,从而导致更大的分裂。交叉职业团队中的这些"裂痕线"(Johnson, 2019; Lau & Murnighan, 1998)通常植根于诸如职业、部门甚至白班/夜班属性,基于同质性的传播边界增加了团队内的传播而减少了跨团队的互动。尽管许多团队都有基于职业的裂痕线,但当由此产生的冲突水平和传播水平不足威胁到患者护理和安全时,团队内部和跨团队的裂痕线就变得尤其危险。

值得注意的是,在健康护理网络中建立联系是有好处的。莫利和卡谢尔(Morley & Cashell, 2017)研究了一个促进协作网络的健康护理机构,发现职业之间的循证实践的共享状态改善了,创新增加了,医疗决策提高了。这些效益在交叉专业团队中比在多功能团队中更明显,在多功能团队中,专业人士都处于各自的"孤岛"中,并且没有尝试相互传授护理实践。如果工作的组织方式使职业人士能够相互依存地一起工作,而不是走马灯似的经过患者,那么知识共享和创新就会得到提高。同样,萨缪尔森等人(Samuelson et al., 2012)认为区分多职业协作和交叉职业协作很重要。在多职业协作中,各方各自留在自己的职业范围内,分别进行自己职业的活动;而在交叉职业协作中,各方则学习并参与其他职业的活动。协作取决于工作的结构,这样职业人士就不会忙于单独的任务,并且有机会与他人会面并参与定期的联合活动。萨缪尔森及其同事的研究现场,包括用于讨论和参与的结构化场所,这些场所可以使职业人士建立协作关系。

网络对于跨行业传播也很重要,因为团队实施的传播活动模式是为了获得护理患者所需的信息(Johnson, 2019)。皮内利及其同事(Pinnelli et al., 2015)发现,护理者和患者都知道住院医师在出院过程中最重要,其次是初级护士和护理协调员。皮内利等人报告说,在出院期间,传播主要是同步的,发生在实习医生、初级护士和患者之间。因此,优化传播网络和限制信息流动,帮助团队了解在哪里、如何以及从谁那里找到信息,并且促进团队内部交互记忆的发展(Johnson, 2019)。

第4节 意义和未来方向

在本章中,我们通过健康护理团队、患者交接和多团队系统这个透视镜审视了跨行业传播。在研究健康护理团队时,强调了一组新兴的传播研究,以展示物理设计如何塑造健康护理系统中的跨行业传播与团队合作流程。最近的观察性研究被用来说明团队传播的多面性。源于这次综述的一个重要启示就是将物理结构和设计纳入健康传播研究。未来的研究可能会通过观察以及其他方法,研究健康护理团队如何在不同的物理布局中进行传播。此外,本研究可以探究物理设计如何影响风险认知、团队心理安全(Edmondson, 1999)以及了解团队成员的心声。

患者交接对患者护理质量和安全至关重要。自从联合委员会将改善交接作为减少与传播相关的不良事件的一种方式以来,来自广泛的健康护理学科的研究人员都将注意力集中在患者交接上(Joint Commission, 2005)。那么,本章的第二个启示涉及有效的传播行为如何在患者交接时改善信息交换和社会情感传播。此外,本章还说明了如何使用有效的交接工具和流程来改进交接传播。未来的研究需要确定这些改进是否可以增强传播,减少医疗失误并提高患者安全(Galatzan & Carrington, 2018)。姜等人(Jiang et al., 2017)主张,未来要研究健康信息技术是否可以提高交叉学科团队之间交接中的信息传输一致性,以及是否可以提高心智模型的共享。此类研究将促进我们更好地了解健康护理提供者在背景和护理方法上的差异,以及更好地了解如何改善跨行业传播。

无论对健康保健团队还是患者交接来说，多团队系统都是跨行业传播的一个重要组成部分。这些团队协同工作，因为他们有一个更高的目标：护理患者。本章的第三个含义揭示了如何使用普尔和瑞尔（Poole & Real, 2003）的类型学，来说明团队如何定期传播和跨团队运作以护理患者。本章考察了网络，并审查了同质性对跨行业传播和交叉职业团队裂痕线形成的影响。未来的研究可以考察，健康护理建筑环境及其网络对多团队系统中的传播有何重要意义，例如，可以调查传播渠道和方位。巴雷特等人（Bar-rett et al., 2020）发现，电子邮件和语音邮件等异步渠道加剧了传播过载，而团队会议等同步渠道则改善了这种情况。未来的研究可以检验特定的结构——如日常会议、团队汇报、团队成员之间的反馈以及他们的物理环境——如何增强团队传播能力。

第 5 节 结　　论

这篇综述提出了多种跨行业传播的路径。随着健康传播学者不断拓宽他们的学科视野，很显然，来自建筑和设计等其他领域的路径将为团队传播、交接传播和多团队系统中的传播提供独特洞见。由于健康护理中的建筑环境是动态因素，可以促进或阻碍有效的团队传播、患者交接和跨团队传播，因此，它们为健康传播学者提供了许多研究跨行业传播的机会。

参考文献

Abraham, J., Kannampallil, T., Brenner, C., Lopez, K. D., Almoosa, K. F., Patel, B., & Patel, V. L. (2016). Characterizing the structure and content of nurse handoffs: A sequential conversational analysis approach. *Journal of Biomedical Informatics*, 59, 76-88.

Apker, J., Baker, M., Shank, S., Hatten, K., & VanSweden, S. (2018). Optimizing hospitalist-patient communication: An observation study of medical encounter quality. *The Joint Commission Journal on Quality and Patient Safety*, 44(4), 196-203.

Arora, V., & Johnson, J. (2006). A model for building a standardized hand-off protocol. *Journal on Quality and Patient Safety*, 32(11), 646-654.

Barbour, J. B., Gill, R., & Dean, M. (2015). Work space, gendered occupations, and the organization of health. In T. R. Harrison & E. A. Williams (Eds.), *Organizations, communication, and health* (pp. 101-118). Routledge.

Barrett, A. K., Ford, J., & Zhu, Y. (2020). Sending and receiving safety and risk messages in hospitals: An exploration into organizational communication channels and providers' communication overload. *Health Communication*, 1-12. Advanced online publication.

Batch, M., & Windsor, C. (2015). Nursing casualization and communication: A critical ethnography. *Journal of Advanced Nursing*, 71(4), 870-880.

Beckett, C. D., & Kipnis, G. (2009). Collaborative communication: Integrating SBAR to improve quality/patient safety outcomes. *Journal for Healthcare Quality*, 31(5), 19-28.

Blouin, A. S. (2011). Improving hand-off communications: New solutions for nurses. *Journal of Nursing Care Quality*, 26(2), 97-100.

Carayon, P., Hundt, A. S., Karsh, B-T., Gurses, A. P., Alvarado, C. J., Smith, M., & Flatley Brennan, P. (2006). Work system design for patient safety: The SEIPS model. *Quality Staff Health Care*, 15, 50-58.

Cegala, D. J. (1997). A study of doctors' and patients' communication during a primary care consultation: Implications for communication training. *Journal of Health Communication*, 2(3), 169-194.

Chollette, V., Weaver, S. J., Huang, G., Tsakraklides, S., & Tu, S. P. (2020). Identifying cancer care team competencies to improve care coordination in multiteam systems: A modified Delphi study. *JCO Oncology Practice*, 16(11), e1324-e1331.

Clark, H. H. (1996). *Using language*. Cambridge University Press.

Cohen, M. D., & Hilligoss, P. B. (2010). The published literature on handoffs in hospitals: Deficiencies identified in an extensive review. *Quality & Safety in Health Care*, *19*(6), 493-497.

Cooke, M. (2016). TeamSTEPPS for health care risk managers: Improving teamwork and communication. *Journal of Healthcare Risk Management*, *36*(1), 35-45.

Cooley, R. E., & Roach, D. A. (1984). A conceptual framework. In R. N. Bostrom (Ed.), *Competence in communication: A multidisciplinary approach* (pp. 11-32). Sage.

Dean, M., Gill, R., & Barbour, J. B. (2016). "Let's sit forward": Investigating interprofessional communication, collaboration, professional roles, and physical space at EmergiCare. *Health Communication*, *31*(12), 1506-1516.

Donabedian, A. (1966). Evaluating the quality of medical care. *Milbank Memorial Fund Quarterly*, *44*(3), 166-206.

Edmondson, A. (1999). Psychological safety and learning behavior in work teams. *Administrative Science Quarterly*, *44*(2), 350-383.

Ervin, J. N., Kahn, J. M., Cohen, T. R., & Weingart, L. R. (2018). Teamwork in the intensive care unit. *American Psychologist*, *73*(4), 468.

Fay, L., Cai, H., & Real, K. (2019). A systematic literature review of empirical studies on decentralized nursing stations. *Health Environments Research & Design Journal*, *12*(1), 44-68.

Fay, L., Carll-White, A., Schadler, A., Isaacs, K. B., & Real, K. (2017). Shifting landscapes: The impact of centralized and decentralized nursing station models on the efficiency of care. *Health Environments Research & Design Journal*, *10*(5), 80-94.

Fay, L., Santiago, J. E., Real, K., & Isaacs, K. (2020). Designing for efficiency: Examining the impact of centralized and decentralized nurse stations on interdisciplinary care processes. *Journal of Nursing Administration*, *50*(6), 335-342.

Festinger, L., Schachter, S., & Back, K. (1950). *Social pressures in informal groups: A study of a housing community*. Stanford University Press.

Galatzan, B. J., & Carrington, J. M. (2018). Exploring the state of the science of the nursing hand-off communication. *CIN: Computers, Informatics, Nursing*, *36*(10), 484-493.

Galvin, J. E., Valois, L., & Zweig, Y. (2014). Collaborative transdisciplinary team approach for dementia care. *Neurodegenerative Disease Management*, *4*(6), 455-469.

Gharaveis, A., Pati, D., Hamilton, D. K., Shepley, M., Rodiek, S., & Najarian, M. (2020). The influence of visibility on medical teamwork in emergency departments: A mixed-methods study. *Health Environments Research & Design Journal*, *13*(2), 218-233.

González-Martínez, E., Bangerter, A., Lê Van, K., & Navarro, C. C. (2016). Hospital staff corridor conversations: Work in passing. *Journal of Advanced Nursing*, *72*(3), 521-532.

Guinther, L., Carll-White, A., & Real, K. (2014). One size does not fit all: A diagnostic post-occupancy evaluation model for an emergency department. *Health Environments Research & Design Journal*, *7*(3), 15-37.

Hopkinson, J. B. (2002). The hidden benefit: The supportive function of the nursing handover for qualified nurses caring for dying people in the hospital. *Journal of Clinical Nursing*, *11*(2), 168-175.

Huth, K., Hart, F., Moreau, K., Baldwin, K., Parker, K., Creery, D., Aglipay, M., & Doja, A. (2016). Realworld implementation of a standardized handover program (I-PASS) on a pediatric clinical teaching unit. *Academic Pediatrics*, *16*(6), 532-539.

Ilgen, D. R., Hollenbeck, J. R., Johnson, M., & Jundt, D. (2005). Teams in organizations: From input-process-output models to IMOI models. *Annual Review of Psychology*, *56*, 517-543.

Improving Handoff Communications. (2005). *Joint Commission Perspectives on Patient Safety*, *68*, 9-15.

Institute of Medicine (IOM). (2015). *Measuring the impact of interprofessional education on collaborative practice and patient outcomes*. National Academies Press.

Jenkins, A. I., Hughes, M. L., Mantzourani, E., & Smith, M. W. (2016). Too far away to work with each other: Does location impact on pharmacists' perceptions of interprofessional interactions? *Journal of Interprofessional Care*, 30(5), 678-681.

Jiang, S. Y., Murphy, A., Heitkemper, E. M., Hum, R. S., Kaufman, D. R., & Mamykina, L. (2017). Impact of an electronic handoff documentation tool on team shared mental models in pediatric critical care. *Journal of Biomedical Informatics*, 69, 24-32.

Johnson, J. D. (2019). Network analysis approaches to collaborative information seeking in inter-professional health care teams. *Information Research*, 24(1), online publication.

Joint Commission. (2005). Joint Commission announces 2006 National Patient Safety Goals and requirements. *Joint Commission Perspectives*, 25(7), 1-10.

Keenan, G. M., Tschannen, D., & Wesley, M. L. (2008). Standardized nursing terminologies can transform practice. *JONA*, 38(3), 103-106.

Kerr, M. P. (2002). A qualitative study of shift handover practice and function from a sociotechnical perspective. *Journal of Advanced Nursing*, 37(2), 125-134.

Kohn, L. T., Corrigan, J., & Donaldson, M. S. (2000). *To err is human: Building a safer health system*. National Academy Press.

Lally, S. (1999). An investigation into the functions of nurses' communication at the inter-shift handover. *Journal of Nursing Management*, 7(1), 29-36.

Lau, D. C., & Murnighan, J. K. (1998). Demographic diversity and faultlines: The compositional dynamics of organizational groups. *Academy of Management Review*, 23(2), 325-340.

Leavitt, H. J. (1951). Some effects of certain communication patterns on group performance. *The Journal of Abnormal and Social Psychology*, 46(1), 38-50.

Lewin, K. (1947). Frontiers in group dynamics, II: Channels of group life; social planning and action research. *Human Relations*, 1(2), 143-153.

Madsen, S. B., & Burau, V. (2021). Relational coordination in inter-organizational settings. How does lack of proximity affect coordination between hospital-based and community-based healthcare providers? *Journal of Interprofessional Care*, 35(1), 136-139.

Mascia, D., Di Vincenzo, F., Iacopino, V., Fantini, M. P., & Cicchetti, A. (2015). Unfolding similarity in interphysician networks: The impact of institutional and professional homophily. *BMC Health Services Research*, 15(1), 92-99.

Mathieu, J. E., Luciano, M. M., & DeChurch, L. A. (2018). Multiteam systems: The next chapter. In N. Anderson, D. Ones, H. K. Sinangil, & C. Viswesvaran (Eds.), *International handbook of work and organizational psychology* (pp. 333-353). Sage.

Mathieu, M. A., Marks, J. E., & Zaccaro, S. J. (2001). A temporally based framework and taxonomy of team process. *Academy of Management Review*, 26(3), 356-376.

McGrath, J. E. (1964). *Social psychology: A brief introduction*. Holt, Rinehart and Winston.

Monge, P. R., & Contractor, N. S. (2003). *Theories of communication networks*. Oxford University Press.

Morley, L., & Cashell, A. (2017). Collaboration in health care. *Journal of Medical Imaging and Radiation Sciences*, 48(2), 207-216.

Nanda, U., Pati, S., & Nejati, A. (2015). Field research and parametric analysis in a medical—surgical unit. *Health Environments Research & Design Journal*, 8(4), 41-57.

O'Daniel, M., & Rosenstein, A. H. (2008). Professional communication and team collaboration. In R. G. Hughes (Ed.), *Patient safety and quality: An evidence-based handbook for nurses* (pp. 271-284). Agency for Healthcare Research and Quality.

Pachilova, R., Sailer, K., & King, M. (2017, July). *The dynamic nature of caregiver communication networks and spatialised work processes in hospital wards* [Paper presentation]. 11th International Space Syntax Symposium, Lisbon.

Peavey, E., & Cai, H. (2018). A systems framework for understanding the environment's relation to clinical teamwork: A systematic literature review of empirical studies. *Environment and Behavior*, 52(7), 726-760.

Perry, S. (2004). Transitions in care: Studying safety in emergency department signovers. *Focus on Patient Safety*, 7(2), 1-3.

Pillow, M. (2007). *Improving hand-off communication*. Joint Commission Resources.

Pinelli, V. A., Papp, L. L., & Gorgolo, J. D. (2015). Interprofessional communication patterns during patient discharges: A social network analysis. *Journal of General Internal Medicine*, *30*(9), 1299-1306.

Poole, M. S., & Real, K. (2003). Groups and teams in health care: Communication and effectiveness. In T. L. Thompson, A. M. Dorsey, K. I. Miller, & R. Parrott (Eds.), *Handbook of health communication* (pp. 369-402). Routledge.

Real, K., Bardach, S. H., & Bardach, D. R. (2017). The role of the built environment: How decentralized nurse stations shape communication, patient care processes, and patient outcomes. *Health Communication*, *32*(12), 1557-1570.

Real, K., Bell, S., Williams, M. V., Latham, B., Talari, P., & Li, J. (2020). Patient perceptions and real-rime observations of bedside rounding team communication: The interprofessional teamwork innovation model (ITIM). *The Joint Commission Journal on Quality and Patient Safety*, *46*(7), 400-409.

Real, K., Fay, L., Isaacs, K., Carll-White, A., & Schadler, A. (2018a). Using systems theory to examine patient and nurse structures, processes, and outcomes in centralized and decentralized units. *Health Environments Research & Design Journal*, *11*(3), 22-37.

Real, K., Guinther, L., & Carll-White, A. (2014, November). "There's no good face-to-face communication unless we go hunt them down": Analyzing communication in emergency department design [Paper presentation]. Healthcare Design Conference, San Diego, CA.

Real, K., & Pilny, A. (2017). Health care teams as agents for change in health and risk messaging. In R. Parrott (Ed.), *The Oxford encyclopedia of health and risk message design and processing*. Oxford University Press, Online publication.

Real, K., & Poole, M. S. (2011). Health care teams: Communication and effectiveness. In T. L. Thompson, R. Parrott, & J. Nussbaum (Eds.), *The Routledge handbook of health communication* (2nd ed., pp. 100-116). Routledge.

Real, K., Santiago, J., Fay, L., Isaacs, K., & Carll-White, A. (2018b). The social logic of nursing communication and team processes in centralized and decentralized work spaces. *Health Communication*, *34*(14), 1751-1763.

Riesenberg, L. A., Leitzsch, J., & Little, B. W. (2009). Systematic review of handoff mnemonics literature. *American Journal of Medical Quality*, *24*(3), 196-204.

Rosen, M. A., DiazGranados, D., Dietz, A. S., Benishek, L. E., Thompson, D., Pronovost, P. J., & Weaver, S. J. (2018). Teamwork in healthcare: Key discoveries enabling safer, high-quality care. *American Psychologist*, *73*(4), 433-450.

Sailer, K., Pachilova, R., Kostopoulou, E., Pradinuk, R., MacKinnon, D., & Hoofwijk, T. (2013). *How strongly programmed is a strong programme building? A comparative analysis of outpatient clinics in two hospitals*. 9th International Space Syntax Symposium, Seoul.

Salas, E., Sims, D. E., & Burke, C. S. (2005). Is there a "big five" in teamwork? *Small Group Research*, *36*(5), 555-599.

Samuelson, M., Tedeschi, P., Aarendonk, D., de la Cuesta, C., & Groenewegen, P. (2012). Improving interpro-fessional collaboration in primary care: Position paper of the European forum for primary care. *Quality in Primary Care*, *20*, 303-312.

Spitzberg, B. H. (1983). Communication competence as knowledge, skills, and impression. *Communication Education*, *32*(3), 323-329.

Spitzberg, B. H. (2000). What is good communication? *Journal of the Association for Communication Administration*, *29*(1), 103-119.

Staggers, N., & Blaz, J. W. (2013). Research on nursing handoffs for medical and surgical settings: An integrative review. *Journal of Advanced Nursing*, *69*(2), 247-262.

Starmer, A. J., Spector, N. D., Srivastava, R., West, D. C., Rosenbluth, G., Allen, A. D., Noble, E. L., Tse, L. L., Dalal, A. K., Keohane, C. A., & Lipsitz, S. R. (2014). Changes in medical errors after implementation of a handoff program. *The New England Journal of Medicine*, *371*(19), 1803-1812.

Starmer, A. J., Spector, N. D., Srivastava, R., West, D. C., Sectish, T. C., & Landrigan, C. P. (2017). Integrating research, quality improvement and medical education for better handoffs and safer care: Disseminating, adapting, and implementing the I-PASS program. *The Joint Commission Journal on Quality and Patient Safety*, *43*(7), 319-329.

Streeter, A. R., & Harrington, N. G. (2017). Nurse handoff communication. *Seminars in Oncology Nursing*, *33*(5), 536-543.

Streeter, A. R., Harrington, N. G., & Lane, D. (2015). Communication behaviors associated with the competent nursing handoff. *Journal of Applied Communication Research*, 43(3), 293-314.

Toccafondi, G., Albolino, S., Tartaglia, R., Guidi, S., Molisso, A., Venneri, F., Peris, A., Pieralli, F., Magnelli, E., Librenti, M., & Morelli, M. (2012). The collaborative communication model for patient handover at the interface between high-acuity and low-acuity care. *BMJ Quality & Safety*, 21(Suppl 1), i58-i66.

Tomasello, M. (2008). *The Jean Nicod lectures. The origins of human communication*. MIT Press.

Tschan, F., Semmer, N. K., Vetterli, M., Gurtner, A., Hunziker, S., & Marsh, S. U. (2011). Developing observational categories for group process research based on task and coordination requirement analysis: Examples from research on medical emergency driven teams. In M. Boos, M. Kolbe, P. M. Kappeler, & T. Ellwart (Eds.), *Coordination in human and primate groups* (pp. 93-115). Springer.

Weaver, S. J., Benishek, L. E., Leeds, I., & Wick, E. C. (2017). The relationship between teamwork and patient safety. In J. Sanchez, P. Barach, J. Johnson, & J. Jacobs (Eds.), *Surgical patient care* (pp. 51-66). Springer.

Welsh, C. A., Flanagan, M. E., & Ebright, P. (2010). Barriers and facilitators to nursing handoffs. Recommendations for redesign. *Nursing Outlook*, 58(3), 148-154.

第 18 章
压力和倦怠：一份对健康组织研究的述评

詹妮弗·普塔切克（Jennifer Ptacek）　朱莉·阿克（Julie Apker）

自本手册上一版出版以来，十年间的研究表明，压力和倦怠仍然是健康护理机构研究人员和从业者的重要关注点。在新的语境下，人际角色压力问题被进一步研究；对健康护理提供者而言，对健康信息传播技术的采纳不断增长，与并购、收购相关的健康系统的重组和物理空间的使用，都成为不断出现的新压力源。研究已表明，近年来，健康护理提供者的职业倦怠率上升，工作与生活平衡的满意度下降。例如，莎娜菲尔特等人（Shanafelt et al., 2015）发现，所有专业学科的医生职业倦怠都在增加，在短短三年内，许多人倦怠增加了10%以上。他们指出："在过去三年中，医生职业倦怠的增加和对工作与生活平衡满意度的下降，与同期美国一般工作人口的趋势背道而驰"（Shanafelt et al., 2015，第1606页）。显然，健康护理专业人员继续承受着更高水平的压力和倦怠，而新出现的组织压力源加剧了这种压力和倦怠。

本章首先审查了有关新兴工作压力源的最新文献，例如，健康信息传播技术与健康系统重组，以及与患者、团队和跨行业传播相关的持久工作压力源。然后，我们讨论在健康护理行业及其职能中，职业倦怠的维度和结果，以及可能有助于减轻工作压力和职业倦怠的支持传播来源。最后，我们为未来研究提供了一些见解，这些研究关涉健康护理提供者的压力、倦怠和支持传播。

第 1 节　健康护理行业中新出现的工作压力源

自本手册上一版出版以来，两大类角色压力源——健康信息传播技术需求与健康系统重组——受到越来越多的研究关注，这两大压力源是导致健康护理提供者压力和倦怠的因素。

一、健康信息传播技术

健康信息传播技术是指电子健康记录和患者门户网站。它们是同一枚硬币的两面，作为独立但相关的技术，专注于存储和共享患者护理信息。电子健康记录作为患者纸质病历的数字等价物，存档并传送与患者病史和治疗相关的所有数据，这些数据来自所有参与患者护理的临床医生（healthIT.gov, 2019）。此外，电子健康记录包括健康职业人士在提供护理时使用的资源、工具和工作流程。只有授权用户才能使用电子健康记录，旨在让他们立即安全地使用信息。患者门户网站是指在线安全网站，患者登录上去可查看个人健康信息，直接与临床医生传播互动，安排预约，请求充值等(healthIT.gov, 2017)。尽管健康信息传播技术为健康护理服务带来了好处,例如,提供者之间以及患者与提供者之间的透明度和可接触性更高,但研究文献表明,由于健康信息传播技术极大地强化了提供者的传播负担,从而加剧了提供者的压力和倦怠。

1. 传播负荷压力源

传播负荷是指信息处理(如诊断、医疗决策)和记录(如彻底性、导航、准确性)的复杂性。例如,提供者在遵照高度结构化的文档要求和对遗嘱进行计算机化处理时,一旦遇到难以导航的用户界面,就会体会到点击负担和挫败感,这些活动比传统的纸质图表和口头嘱咐花费更多的时间(Babbott et al., 2014)。研究还报告了信息混乱的问题,或者信息量超过了临床医生在与患者会面期间能够轻松、快速地面对和理解的同样问题(Arndt et al., 2017;Gardner et al., 2019)。对医生和护士的单独研究表明,异步提醒(收件箱通知)会产生特有的工作不满和压力,这种提醒从测试结果到来自其他健康护理专业人员的讯息,等等,不一而足(Apker et al., 2020;Gregory et al., 2017;Lieu et al., 2019)。其中,格雷戈里等人(Gregory et al., 2017)发现,一般提供者"每天收到超过 56 个提醒,并花费 49 分钟响应异步提醒"(第 688 页),这样的负荷加剧了医生的身体疲惫和认知疲倦。阿普克尔等人(Apker et al., 2020)对家庭医学临床医生进行了质化研究,在研究报告中,一位医生描述说,他刚刚清空收件箱,立即页面刷新,出现几个新的患者请求,这个时候真"想一拳砸向(计算机)屏幕"。这些形式的传播负荷会降低临床医生的自主性或对工作的控制感,降低他们的工作满意度,增加工作挫败感,所有这些都是导致倦怠的已知原因(Murphy et al., 2019;Tai-Seale et al., 2019)。

传播负荷也与时间压力有关,例如,与健康信息传播技术互动的频率、持续时间和响应能力。如本章其他地方所述,电子健康记录的记录义务和大量患者需要提供者持续关注和管理,这些都会蔓延进非工作时间。这部分负载还涉及传播提供者通过电子门户与患者打交道。对于一些患者来说,更多、更方便地接近提供者,导致他们不切实际的期待,即期待每周 7 天、每天 24 小时的即时传播(Apker et al., 2020)。希望避免亲自就诊的患者可能会向他们的健康护理提供者发送症状信息和图像,频繁、紧急地要求在线诊断和治疗(Lieu et al., 2019)。尽管这种形式的负荷压力在患者与提供者的传播互动中更常见,但研究也报告了提供者与提供者之间的传播也存在这种形式的负荷。例如,护理研究表明,健康信息传播技术阻碍有效的跨行业传播和协作,这是由于护士感到负面压力和缺乏幸福感(例如,Boyle et al., 2019)。

2. 传播负载的结果

现有研究表明,尽管健康信息传播技术增加了临床医生的传播负担,但他们通常并没有从管理部门获得额外时间(Shanafelt et al., 2016)。因此,当临床医生在指定工作时间之外工作时,传播负荷会导致工作和生活领域之间的界限模糊或缺乏。来自多个医学领域的研究表明,医生在下班后、周末和休息日还要与健康信息传播技术互动,以满足电子传播需求(例如,Gardner et al., 2019;Tai-Seale et al., 2019)。例如,一项时间和行为研究发现,初级护理医生除了与患者会面,在工作时间内以及下班后,还要花费近 6 个小时(超过他们工作日的一半时间)处理电子健康记录任务(Arndt et al., 2017)。尽管在家处理健康信息传播技术任务使提供者能够跟上雇主和患者对传播的期望,但这样做减少了他们自我护理和与朋友和家人互动的时间(Apker et al., 2020)。

持续不断的工作蔓延到非工作生活,加上很少或根本没有时间来缓解工作压力,对健康护理提供者、他们的雇主和他们的患者都造成了有害影响。对临床医生最明显的结果包括:长期紧张和倦怠,物质滥用,以及可能造成身心健康问题的状况(Harris et al., 2018)。这些困难以健康护理提供者缺勤、离职甚至短缺这样的方式影响健康组织,结果是产生了高昂的人力和财力成本的情况(Shanafelt et al., 2016)。患者护理也可能受到影响,因为健康护理专业人员的压力和倦怠与医疗失误、治疗延误和其他安全威胁有关(Murphy et al., 2019)。

二、传播与健康系统重组的交叉点

自本手册上一版出版以来,健康系统重组变得更加普遍,随之而来的是健康护理专业人员面临新的传播压力源。健康系统重组的一种方式是组织合并和收购,出自健康保健组织竭力改善其服务和市场定位等原因。健康系统也对其物理空间进行了重组。例如,一些医院对其楼层进行了重组,从拥有一个集中的护士站到拥有多个分散的护士站。随着这些变化,健康护理专业人员面临着许多传播挑战和压力。

1. 与并购和收购相关的传播压力源

健康护理机构内部的并购和收购正在稳步增长,同时也给健康护理专业人员带来了诸多压力源。当"两个或多个以前独立的组织合并为一个单一的法人"时,一桩合并就发生了;而当"一个组织获得第二个组织的所有权"时,一桩收购就发生了,但这些术语通常可以互换使用(Postma & Roos, 2016,第122页)。美国的健康护理机构之间的并购和收购交易激增,从2010年的74起增加到2017年的115起(Kaufman, Hall & Associates, LLC, 2018)。波斯蒂玛和罗斯(Postma & Roos, 2016)指出,合并最常见的目的是改善健康护理供应,例如,提供更多的健康护理服务,以及加强组织在竞争市场中的市场地位或议价地位。其他不太常见的动机包括效率和财务原因。

然而,并购的结果喜忧参半。由于前面列出的原因,并购和收购对于一些医院来说可能是明智之举,但没有证据表明许多医院的营业边际效益在合并后会下降(Noles et al., 2015)。并购和收购失败被归咎于传播延迟、缺乏清晰愿景和"文化冲突"等问题——这可能导致两种文化融合过程中的传播不畅——所有这些都会对临床医生的压力产生负面影响(例如,Creasy & Kinard, 2013)。例如,并购和收购通常会导致员工某种失落感,包括身份和文化的丧失,这是管理压力大、要求高的健康护理职业的重要组成部分(Piper & Schneider, 2015)。此外,健康护理专业人员不仅会因为合并或收购后的职位变化而面临不确定性,而且他们还经常会因为裁员或组织变动而失去社交支持来源(Creasy & Kinard, 2013)。

2. 与物理重组相关的传播压力源

健康护理空间的物理重组最近也加剧了健康护理专业人员之间的传播压力。健康传播学者以及其他学者已经将注意力转向考察组织中物理空间与传播之间的关系,特别是在健康护理领域(例如,Dean et al., 2016; Real et al., 2017)。物理空间是指"各种房间、办公室和走廊的布局和使用方式如何传达特定运动模式和情感,这些因素本身关涉促进该组织中专业人员以及组织本身的身份和目标",它可以塑造传播,指示地位甚至"所有权"(Dean et al., 2016,第1508页)。例如,虽然医生倾向于更自由地在医院中走动,但护士——尽管他们经常移动——往往被限制在一个一般区域(Dean et al., 2016)。这种限制对护士来说尤其有压力,因为他们要同时跨时间和空间来管理各种类型的传播活动。

健康护理空间的物理重组倾向于从一种集中式设计转变为更分散的设计,在集中式设计中,健康护理专业人员用于制图、会合和互动的护士站被安放在一个中心位置;分散式设计则在一整个楼层中安放一些较小的护士站(Real et al., 2017)。集中式护士站允许护士彼此之间以及护士与提供者之间进行更多的传播互动,相互提供更多支持,并实现一种更好的团队合作意识,但有了集中式护士站,护士往往会花更多时间走到患者和楼层周边的其他区域(Pati et al., 2015; Real et al., 2018)。另一方面,新设计的分散式护士站可以让护士们有更多时间陪伴患者,提高患者的安全水平,但会减少护士的传播、学习和团队合作,而且不一定会减少护士的步行量,因为护士仍然会走到其他护士站和区域(Pati et al., 2015; Real et al., 2017、2018)。尽管一些健康护理专业人员认为分散式设计可以改善患者护理和传播,但护士发现分散式空间存在问题,并在许多方面对他们的工作产生负面影响(Real et al., 2017)。

获得社交支持往往更多地发生在医院的集中空间,这是降低健康护理专业人员压力水平的一个主要因素(Real et al., 2018)。如前所述,分散的护士站减少了护士之间的传播和团队合作,这对护理实践社区产生负面影响,即在护士们尝试促进非正式学习和指导方面产生负面影响(Real et al., 2017)。传播在学习和减轻压力方面的重要性怎么强调都不为过,尤其是在健康护理等压力大的职业中。兹博罗夫斯基等人(Zborowsky et al., 2010)指出:"在分散的护理单元中,员工咨询和社交互动的机会较少,这可能会减少在这些单元中工作的护士的社交支持并增加压力"(第38页)。迪恩等人(Dean et al., 2016)认为,任何物理空间的重组都应考虑"物理空间的安排如何反映既定的、宏观的话语结构,即成为一名健康护理专业人员意味着什么"(第1506页)。

第 2 节　健康护理行业内持久的工作压力源

除了管理工作超负荷,时间限制以及相互冲突的需求和期待(Perez et al., 2015)外,健康护理提供者还会经历许多持久的人际角色压力。人际关系紧张的定义是"由于过度的社交和情感压力而导致的跟工作伙伴的关系有不适感和疏离感",这已被确定为职业倦怠中人际关系的焦点成分(Consiglio, 2014,第69页)。人际关系紧张可以适用于健康护理中的各种工作场所的传播关系,例如,患者、团队成员和一个人所直属的工作团队之外的其他个人。这些群体中的每一个群体都存在大量人际压力源,接下来进行讨论。

一、与患者相关的传播压力源

健康护理提供者与患者及其家人的频繁互动给健康护理提供者带来了许多压力体验。除了护理患者的身体需求外,管理与患者及其家人的人际关系也会有情感消耗。护士和其他健康职业人士必须与患者进行相对富有情感的传播互动,这需要恰当地表现出同理心和关怀。恰当的水平因患者不同而异。情感劳动使用面部和身体展示来恰当地管理工作中的感受(Hochschild, 1983)。尽管一个护士可能会感到沮丧、疲惫和被忽视,但在处理多个患者和其他任务时,仍然被人们期待表现出同情心和友善。表面行为发生于这样的时刻:即使护士在那一刻并没有感觉但仍然在脸上挂着微笑并表现出关心(Goussinsky&Liyne, 2016)。处理真实情感和恰当表达情绪之间的差异,会造成情绪不和谐,这是服务行业工作中压力最大的一个部分(Consiglio, 2014)。然而,如果护士试图有真情实感,同时又调整其感受以配合他们的表情,那么他们就是在进行深度表演。然而,深度表演也可能让人情绪上筋疲力尽并压力重重,如果某人已经出现玩世不恭和精疲力尽等倦怠症状时,要做到这一点就非常困难。

在处理超级困难的患者时,情感劳动已被证明尤其具有挑战性。与其他职业相比,健康护理专业人员遭受患者侵犯的风险更高(Lanctôt & Guay, 2014)。坎帕纳和哈穆德(Campana & Hammoud, 2015)发现,护士每天在工作中都会遇到某种形式的不文明行为,这会影响他们的幸福。此外,埃斯特林-贝哈尔等人(Estryn-Behar et al., 2008)发现,22%的护士经常遭受来自患者或其家人的暴力;埃克尔等人(Eker et al., 2012)发现,在他们的研究中,66.8%的健康护理提供者在过去一年中曾遭受过暴力和侵犯。遭受患者虐待的健康职业人士更可能展开情感劳动,尤其是表面表演(Grandey et al., 2012)。一旦情感劳动的压力水平得不到行政部门的支持或理解,就会造成护士更容易出现倦怠的情况(Campana & Hammoud, 2015)。

此外,在管理有寻求药物行为和期待未被满足的患者时,健康护理提供者会感到压力。在针对姑息治疗临床医生的研究中,佩雷斯等人(Perez et al., 2015)发现,当患者经历顽固性疼痛或成瘾时,大多数临床医生会遇到管理患者及其家人期待的问题。这种情况会给提供者和患者带来压力,如果提供者无法提供有效治疗,可能会让提供者感到失望和悲伤。贾米森等人(Jamison et al., 2014)还指出,使用阿片类药物来管理疼痛的患者,其药物滥用和顺服性警报会不断拉响。贾米森等人对初级护理提供者的研究发现,89%的提供者担心药物滥用,84%感到与管理慢性疼痛患者有关的压力,82%担心他们的患者上瘾。健康护理专业人员也会遇到与药物协调(medication reconciliation)相关的压力(例如,确保一名患者当前的用药符合用药单),即使患者没有表现出成瘾行为。纳兹(Nazi, 2013)采访了健康护理提供者、护士和药剂师,发现传播始终是药物协调的核心,因为患者的药物清单通常不准确或不是最新的。

二、与团队相关的跨行业传播压力源

首先,与患者相关的压力源普遍存在于健康护理行业中,提供者在与组织内的同事和其他人互动时也会遇到压力源。例如,健康护理提供者经常要应对同事的无礼和欺凌行为。虽然大多数不文明行为的强度较低,但它可能会频繁发生并产生有

害后果,例如,工作和心理困扰,焦虑,认知分心以及离职(D'Ambra & Andrews, 2014; Lanctôt & Guay, 2014)。斯皮里等人(Spiri et al., 2016)发现,在他们的研究中,88%的护士在过去一年经历了同事的不文明行为,常见的不文明行为包括使用居高临下的语言,对问题表现出不耐烦,不愿或拒绝回答问题或回电/传呼。其他护士是不文明行为的最常见来源,但从业者(包括医生)和护理管理人员也是违规者之一(Hamblin et al., 2016; Spiri et al., 2016)。健康护理专业人员之间的不礼貌可能是由于权力失衡造成的,并且可能是世代相传的,常常是较高阶成员欺负初来乍到的健康护理团队成员,尽管研究文献也承认横向暴力的普遍存在(Hamblin et al., 2016)。

再者,健康护理提供者遇到与团队相关的压力源,其表现形式是缺乏机构和同事的支持。埃克尔等人(Eker et al., 2012)发现,经历过职场暴力的健康护理提供者中,有90.2%没有得到现行适用法律的保护,88.3%的健康护理提供者在遭受暴力后得不到所在组织的支持。健康护理提供者也会遇到相互矛盾的期待以及缺乏同事的支持。例如,佩雷斯等人(Perez et al., 2015)采访了姑息治疗临床医生,发现他们对质疑他们的决定,并持有不切实际的工作期望的同事感到不知所措。这种缺乏同事支持的感觉会加剧健康护理行业人员的工作压力,从而导致倦怠感。

最后,健康护理专业人员要忍受其直属工作团队之外的与传播相关的压力源。例如,医生和其他健康护理专业人员每周都会花几个小时与健康保险公司传播互动,不仅要让程序获得批准,还要服从大量质量项目的要求(Reith, 2018)。花在与保险公司传播互动上的时间不仅会带来压力,还会占用与患者相处的时间(Shanafelt et al., 2015)。此外,在患者交接(将患者从一个提供者转移到另一个提供者)期间,不同部门或健康护理提供者之间传播不畅的问题非常普遍,并且可能为工作场所平添压力。阿普克尔等人(Apker et al., 2016)探讨了急诊医生、住院医生与住院医学生之间的竞争话语。他们发现了角色辩证法的存在,例如自主-协作,不确定性-确定性。自主-协作凸显了需要独立执行、思考与采取合作态度的协作之间的矛盾;不确定性-确定性表明,要摆平由于缺乏足够信息产生的不确定性与做出医疗决定时必须展示的确定性之间的冲突。这种动态会增加交接双方的工作压力。接下来,我们讨论倦怠的各个方面。

第3节 倦 怠

倦怠的定义侧重于这样的负面体验:慢性、长期的压力引起的身体、情感和精神紧张。倦怠影响了大约一半的护士、医生和其他临床医生(Shanafelt et al., 2015),其突出原因包括:紧张、持续和不断增加的工作量(包括传播负荷),工作时间过长,以及工作与生活缺乏平衡。在本节中,我们要考量职业倦怠的多个维度,以及职业倦怠如何损害健康护理提供者及其患者以及健康组织雇主的利益。

一、倦怠的维度

社会心理学家克里斯蒂娜·马斯拉赫及其同事的研究(例如,Leiter & Maslach, 2003; Maslach & Jackson, 1981; Maslach et al., 2016)极大地影响了跨学术学科对倦怠的理解,包括健康传播。马斯拉赫职业倦怠量表(The Maslach Burnout Inventory, MBI)是使用最广泛的倦怠衡量标准,包括个人成就感降低、人格解体和情感耗竭维度(Loera et al., 2014)。

1. 情感耗竭

情感耗竭包括由于各种形式的慢性、强烈压力而感到严重的情感疲劳。当健康护理提供者持续护理患者及其家人的情感、身体和精神需求,同时又要护理同事、朋友以及他们自己的家人等其他人时,就可能会出现这种倦怠维度。研究发现,诸如健康护理团队成员之间缺乏信息共享,与情绪亢奋的患者交谈以及讨论敏感话题这样的传播因素,都会耗尽护理者的情感(Apker et al., 2020; Clayton et al., 2019)。研究还表明,女性健康职业人士比男性健康职业人员更容易感到情感耗竭,但需要更多的研究来了解原因(Chung et al., 2020; Oreskovich et al., 2015; Shanafelt et al., 2017)。

2. 人格解体

这个维度指的是提供者在与职场中的人互动时，自我疏离或自我分离。当健康护理提供者对与他们互动的人（包括患者及其家人、团队成员）表现出愤世嫉俗和/或冷漠时，人格解体可能就出现了。例如，加莱塔等人（Galletta et al., 2016）对重症监护医生和护士进行了研究，他们发现，来自工作的疏远或人格解体会降低团队协作，并减少团队成员信息共享，从而影响团队效率。

3. 个人成就感降低

第三个倦怠维度包括感到缺乏职业效率和/或有效性，以及感到工作生产力下降。当健康护理提供者对自己的工作缺乏控制，工作自主性较低以及对患者护理产生积极影响的能力较低时，个人成就感降低可能就出现了（Kutluturkan et al., 2016；Oreskovich et al., 2015）。这种感觉，如果与超高数量患者和不断增加的组织规章制度相叠加，就可能导致提供者质疑他们的职业价值和个人自我价值（Apker et al., 2020）。

二、倦怠的结果

现有的跨学科学术成果显示，倦怠对健康护理提供者及其患者以及他们的组织雇主都产生了广泛的不良影响。这一类文献表明，倦怠会造成短期和长期伤害。

1. 提供者倦怠的结果

职业倦怠以多种方式对健康护理提供者的幸福产生负面影响，包括他们的身体、精神、情感和职业健康。在身体健康方面，倦怠的临床医生会出现头痛、失眠、紧张、疲劳、记忆力受损以及注意力下降（Melnyk, 2020）。波特罗·迪拉·克鲁兹等人的研究（Portero de la Cruz et al., 2020）表明，急诊科护士倦怠会导致躯体症状（压力的身体表现），如消化问题、疼痛、头晕和昏厥。职业倦怠问题影响临床医生的精神、情感和关系健康。例如，奥列斯科维奇等人（Oreskovich et al., 2015）发现医生倦怠与抑郁、自杀意念、酒精滥用或依赖有关，女医生比男医生遭受的伤害更大。莎娜菲尔特及其同事的多项医学研究（例如，Shanafelt et al., 2012、2015、2016、2019）表明，倦怠会导致抑郁和自杀倾向，女性和初级护理医生更有可能经历这两种情况。不幸的是，健康护理提供者的倦怠也会导致他们的家庭关系出现问题。例如，在一项针对医生伴侣/配偶的全国调查中，莎娜菲尔特等人（Shanafelt et al., 2013）发现，医生疲劳、工作分心和因工作压力而对家庭生活缺乏兴趣，会导致健康护理提供者的婚姻缺乏关系满意度。

最后，职业倦怠有害地影响健康护理提供者的职业健康。跨健康专业和职业阶段的学术成果表明，倦怠会降低提供者的满意度、士气、韧性和工作乐观情绪（例如，Kutluturkan et al., 2016；Robbins et al., 2019）。这些结果降低了健康护理提供者的工作-生活质量，也使患者护理以及患者报告反映的患者与提供者的传播体验欠佳状况加剧（Chung et al., 2020）。

2. 提供者倦怠对患者产生的结果

倦怠的负面影响超出了提供者的幸福，对患者体验也产生了不良影响。陶菲克等人（Tawfik et al., 2019）对145项健康护理研究的元分析表明，提供者倦怠与患者护理质量之间存在一种强有力的关系，总体趋势是高倦怠与低质护理相关。健康护理提供者的倦怠与医疗失误和开出不恰当的药物有关（Bodenheimer & Sinsky, 2014；Chung et al., 2020）。由于职业倦怠会影响提供者与患者传播的质量，因此它也与较低的患者依从性有关（Bodenheimer & Sinsky, 2014）。

提供者倦怠对提供者-患者互动的影响是另一个值得注意的研究领域。跨健康专业的研究文献表明，经历过倦怠的临床医生难以表现出建立关系的技能（例如，倾听、融洽），难以讨论具有挑战性的健康话题和表现出同理心（Clayton et al., 2019；Robbins et al., 2019；Wright et al., 2010）。此类行为会导致不良的临床会面和患者的不满，这是触发患者不顺服和相关负面健康结果的已知因素（例如，Halbesleben & Rathert, 2008；另请参见本书第15章）。

3. 提供者倦怠对健康组织产生的结果

提供者倦怠也给健康组织雇主带来了实质性问题。提供者离职成本可能是研究文献中揭示得最多的影响。例如，对于雇主来说,更换一名持照注册护士的成本可能高达护士年薪的3倍(Unruh & Zhang, 2014),而更换一名医生则大约需要500 000美元(Shanafelt et al., 2017)。除了已知的招聘、培训新员工的财务支出之外,还有隐性成本:失去了解其工作和组织文化的合格的经验丰富的员工(Dyrbye et al., 2017)。离职的负面影响在以提供者短缺著称的初级护理行业中尤为明显,因为这些影响可能导致进一步的短缺(Bodenheimer & Sinsky, 2014)。提供者短缺会对患者安全造成威胁,例如治疗延误(Green et al., 2013; Loerbroks et al., 2017)。

倦怠的临床医生如果留在工作岗位上并继续为雇主工作,他们可能会降低自己和他人的工作-生活条件质量。例如,加莱塔等人的研究(Galletta et al., 2016)报告说,患有情感枯竭和人格解体的护士不太愿意合作、共享信息;这种行为会降低团队传播的有效性。海温斯(Havens et al., 2018)、尼科特拉和马洪(Nicotera & Mahon, 2013)提供了另外两项针对护士团队传播的研究,这两项研究表明,职业倦怠的护士更有可能责备他人,表现出不尊重和卷入冲突。最后,莫兰德和阿普克尔(Moreland & Apker, 2016)的研究结果表明,缺乏参与解决问题的讯息以及来自其他护士的不支持讯息加剧了冲突和压力,导致护士职业倦怠。结果还表明,尊重性传播有助于冲突管理并减轻护士压力,而不尊重的话语会加剧功能失调的冲突,并增加护士的压力。

第4节 健康行业内部的支持传播

传播和健康文献一致认为支持传播是对抗压力的重要缓冲。本手册第10章提供了有关社交支持的更多信息,因此本章特别关注工作中的健康护理提供者的支持功能和来源。由于健康护理提供者比其他职业的人承受更高水平的压力和倦怠(Dyrbye et al., 2017),因此,支持传播对于减轻负面影响尤为重要。事实上,为了处置健康护理提供者承受的高压力,博登海默和辛斯基(Bodenheimer & Sinsky, 2014)建议将三重目标方法(Triple Aim approach)升级为四重目标(Quadruple Aim)。三重目标方法是通过改善人群健康、改善患者体验和减少健康护理成本,以达到优化健康系统绩效的目标;把健康护理提供者的工作-生活包括在内就成为四重目标。他们认为,这反过来将有助于实现其他三个目标。接下来,我们讨论支持传播的一些功能。

一、支持传播的功能

支持传播在健康护理工作中发挥着很多功能。例如,健康护理专业人员面临的不确定性与这些问题有关:组织重组,实施新系统,与同事和患者传播信息,以及工作的其他诸多部分(例如,Apker et al., 2016; Creasy & Kinard, 2013)。然而,研究发现,社交支持可以减少健康护理提供人员的不确定性并减轻压力感(例如,Wright et al., 2010)。如前所述,电子健康记录系统成为健康护理提供者的压力源。巴雷特和斯蒂芬斯(Barrett & Stephens, 2017)发现,同事的支持帮助员工接受了新的电子健康记录系统,这使得实施电子健康记录变得更加容易。研究还表明,支持传播可以减轻压力,并改善健康护理提供者的问题,例如,与此相关的问题有:不文明行为和欺凌行为(Campana & Hammoud, 2015; Eker et al., 2012),情感劳动(Grandey et al., 2012),新毕业生留任(D'Ambra & Andrews, 2014)。此外,社交支持可以作为减少倦怠症状的策略,帮助建立韧性(Kumar, 2016)。

二、支持传播的来源

支持传播不仅来自朋友、家人、配偶和工作场所以外的其他人,还来自健康组织内部的许多来源,如主管、同事和工作朋友。其他健康护理专业人员是有用的支持来源,因为他们了解独特的压力源和组织环境(Perez et al., 2015)。健康护理专业人员通常通过倾听同事的发泄、表现出同理心和/或建立尊重来相互提供情感社交支持;通过分享信息或给予建议来提供信息性社交支持;通过提供实际帮助来提供工具性社交支持(duPré,2010;Taylor,2011)。此外,情感支持领域里得到较少讨论的部分是跟同事与组织传播共享的价值观,因为价值观的一致性使医生在工作中感觉不那么疲惫(Babbott et al.,2014)。健康组织还通过各种压力教育和福利计划提供支持来源(Perez et al.,2015)。尽管健康护理专业人员确实会利用组织提供的项目来应对压力,但他们最常寻求同事的支持(Hu et al.,2015)。

支持传播的其他考虑因素包括归属支持、在线空间支持、韧性和健康危机期间的支持。首先,类似于在工作中与他人分享价值观,归属支持可以帮助健康护理专业人员更强烈地认同并感觉到与他们的组织和同事有更多联系,这可以减少倦怠症状(例如,Vieira et al.,2013)。其次,健康护理提供者正在转向在线空间寻求支持,通过在论坛或博客中与其他健康护理提供者传播互动,来分享经验和信息并寻求建议,这可以建立关系和情感/尊重支持,有助于缓解压力(例如,Robinson et al.,2016;Valaitis et al.,2011)。再次,健康护理专业人士报告说,他们需要支持来建立应对工作压力的韧性(Perez et al.,2015)。促进韧性技能的组织项目有助于管理患者、工作负荷以及承受的其他压力。最后,由于诸如新冠病毒大流行这样的危机把一线健康护理提供者置于相当大的风险和压力中,因此,可以通过建立韧性组织、重新分配工作负荷以及关注情感和精神幸福来提供支持(American Medical Association,2020)。

第 5 节 未来研究建议

自本章上一版出版以来,健康护理系统发生了很大变化,包括患者-提供者动态机制、健康组织和提供者角色重组,以及持续、广泛的技术进步。这些变化继续影响着健康护理提供者与患者及其家人、健康护理团队成员和其他组织成员的传播互动,从而加剧提供者角色压力和倦怠。基于当前的综述,我们在三个主要领域为未来的传播研究提出建议。

第一个领域,我们注意到,明显需要就健康行业压力、倦怠和社交支持展开更多的传播研究。我们发现,关于这些主题的大多数研究都是由传播领域以外的学者完成的。同样的情形出现在哈林顿等人(Harrington et al.,2020)就护理费用会话做的一项系统述评中,他们发现,出现在其综述中的220位研究作者中,只有4位拥有传播学博士学位。尽管非传播学者进行的研究值得关注,但明显缺乏传播理论化,而理论化对彻底理解如下问题非常必要:提供者如何、为何经历压力和倦怠,以及对他们自己、患者和组织雇主产生的与此相关的结果。该研究还代表了一个主要的后实证主义范式视角。健康传播学者,无论是个人还是多学科研究团队,都拥有充分掌握健康语境下的传播所需的必要理论和应用专业知识。传播学者的工作也基于更多样化的范式,将解释的、批判文化的以及后实证主义的观点引入他们的研究。例如,我们与临床医生研究人员的合作有效地整合了基于传播的理论,如关系辩证法和意义建构,并使用了既有的研究传播的技能(例如,质化访谈、话语分析;例如,Apker et al.,2014、2016)。此类学术贡献扩大了调查的可能性,并提供了数据驱动的行动工具(Gibson et al.,2010;Welch et al.,2013)。我们认为,许多其他传播理论同样可以为未来研究添砖加瓦,研究可以就健康行业中的压力、倦怠和支持传播这样的话题展开。例如,认同和社会化理论可以用来探索讯息如何能够减轻提供者的压力并促进他们的幸福,这些讯息承载着职业价值、组织归属和同事/领导的支持。

第二个也是更具体的研究,关注领域涉及传播压力源和因健康信息传播技术迅速增长而发生的相关倦怠。由于电子健康记录和患者门户网站等技术的进步,健康护理提供者经历了飞速增长的传播负荷。本章总结的研究文献表明,健康信息传播技术需求的数量、频率、复杂性和持续时间增加了健康护理提供者的角色压力。这些压力会溢出到下班时间后还要继续工作,并降低提供者工作与生活的平衡,而工作-生活平衡却是众所周知的职业倦怠缓解因素。健康传播学者有足够能力研究这个日益严重的问题。例如,来自媒介丰富理论、问题整合理论以及角色理论的概念都是以传播为中心的,可能有助于解释与健康信息传播技术相关的压力和倦怠的广度和深度,并提供技术驱动的支持传播(例如,社交媒介网络等解决方案)。

我们对未来研究的第三个也是最后一个建议,涉及压力、倦怠和支持传播研究的匮乏,尤其是研究健康行业中的女性以及代表性不足的群体的经历。本章回顾的几项医学研究表明,性别是医生压力和倦怠经历中的一个重要变量(例如,Oreskovich et al., 2015; Portero de la Cruz et al., 2020)。尽管我们确实知道跨特长专业的女性医生比男性同行报告的压力、倦怠和离职意向水平更高,但这些趋势背后的性别传播动态仍未得到充分探索。我们可能会问几个问题:患者及其家人与女性和男性护理者的谈话方式是否有所不同,从而增加了女性的角色压力?相互冲突的工作与生活责任如何导致女性健康护理提供者的角色冲突?健康组织雇主可以提供哪些有针对性的干预措施,来改善女性健康护理提供者的工作条件质量,尤其是在她们占主导地位的高流动性健康职业(如初级护理、护士)中?我们还发现,关于来自代表性不足群体的健康护理专业人员的压力和倦怠的研究很匮乏。因此,我们敦促健康传播研究人员探索代表性不足的人群,以此作为吸引和留住合格健康护理人员的一种方式。我们想知道种族、文化和族群因素如何在健康护理提供者的传播角色压力源和相应的倦怠中发挥作用。此外,健康护理团队、领导者和组织如何为来自代表性不足的群体的健康护理提供者提供社交支持传播,以减轻压力和倦怠的负面影响?这些领域的研究必须向前推进,以帮助处置当前健康行业中的种族、族群和文化差异。

第 6 节 结 论

本章涵盖了过去十年对健康护理提供者压力和倦怠的研究。尽管一些压力源继续在健康护理组织环境中蔓延,但健康信息传播技术和组织重组等新问题也增加了独特的压力源。支持传播继续提供有助于减轻这些压力因素的方法,以在不同程度上得到应用并取得成功。

随着最近健康护理职业压力源的变化,学术研究的新机会也随之而来。需要对健康职业的压力、倦怠和社交支持进行更多的基于传播的研究,以进一步了解提供者如何体验和管理压力。随着健康信息传播技术在健康护理工作中变得越来越普遍,对其影响和有效性进行研究的需求也越来越大。此外,仍然缺乏针对女性和有色人种在健康职业中的经历的研究。这些机遇为健康护理研究的未来提供了令人兴奋的希望。

参考文献

American Medical Association (2020, March 16). *Caring for our caregivers during COVID-19*. Retrieved July 12, 2020, https://www.ama-assn.org/delivering-care/public-health/caring-our-caregivers-during-covid-19.

Apker, J., Beach, C., O'Leary, K., Ptacek, J., Cheung, D., & Wears, R. (2014). Handoff communication and electronic health records: Exploring transitions in care between emergency physicians and internal medicine/hospitalist physicians. *Proceedings of the International Symposium on Human Factors and Ergonomics in Health Care*, 3(1), 162-169. SAGE Publications.

Apker, J., Brim, L., & Isacksen, R. (2020). Exploring workplace communication contributors to primary care provider experiences of role engagement. *Health Communication*. https://doi.org/10.1080/10410236.2020.1751382.

Apker, J., Ptacek, J., Beach, C., & Wears, R. (2016). Exploring role dialectics in inter-service admission hand-offs: A qualitative analysis of physician communication. *Journal of Applied Communication Research*, 44(4), 399-414.

Arndt, B. G., Beasley, J. W., Watkinson, M. D., Temte, J. L., Tuan, W. J., Sinsky, C. A., & Gilchrist, V. J. (2017). Tethered to the EHR: Primary care physician workload assessment using EHR event log data and time-motion observations. *The Annals of Family Medicine*, 15(5), 419-426.

Babbott, S., Manwell, L. B., Brown, R., Montague, E., Williams, E., Schwartz, M., Hess, E., & Linzer, M. (2014). Electronic medical records and physician stress in primary care: Results from the MEMO study. *Journal of the American Medical Informatics Association*, 21(E2), 100-106.

Barrett, A. K., & Stephens, K. K. (2017). Making electronic health records (EHRs) work: Informal talk and workarounds in healthcare organizations. *Health Communication*, *32*(8), 1004-1013.

Bodenheimer, T., & Sinsky, C. (2014). From triple to quadruple aim: Care of the patient. *Annals of Family Medicine*, *12*(6), 573-576.

Boyle, D. K., Baernholdt, M., Adams, J. M., McBride, S., Harper, E., Poghosyan, L., & Manges, K. (2019). Improve nurses' well-being and joy in work: Implement true interprofessional teams and address electronic health record usability issues. *Nursing Outlook*, *67*(6), 791-797.

Campana, K. L., & Hammoud, S. (2015). Incivility from patients and their families: Can organisational justice protect nurses from burnout? *Journal of Nursing Management*, *23*(6), 716-725.

Chung, S., Dillon, E. C., Meehan, A. E., Nordgren, R., & Frosch, D. L. (2020). The relationship between primary care physician burnout and patient-reported care experiences: A cross-sectional study. *Journal of General Internal Medicine*, *35*(8), 2357-2364.

Clayton, M. F., Iacob, E., Reblin, M., & Ellington, L. (2019). Hospice nurse identification of comfortable and difficult discussion topics: Associations among self-perceived communication effectiveness, nursing stress, life events, and burnout. *Patient Education and Counseling*, *102*(10), 1793-1801.

Consiglio, C. (2014). Interpersonal strain at work: A new burnout facet relevant for the health of hospital staff. *Burnout Research*, *1*(2), 69-75.

Creasy, T., & Kinard, J. (2013). Health care mergers and acquisitions: Implications of robbers cave realistic conflict theory and prisoner's dilemma game theory. *The Health Care Manager*, *32*(1), 58-68.

D'Ambra, A. M., & Andrews, D. R. (2014). Incivility, retention and new graduate nurses: An integrated review of the literature. *Journal of Nursing Management*, *22*(6), 735-742.

Dean, M., Gill, R., & Barbour, J. B. (2016). "Let's sit forward": Investigating interprofessional communication, collaboration, professional roles, and physical space at EmergiCare. *Health Communication*, *31*(12), 1506-1516.

du Pré, A. (2010). *Communicating about health: Current issues and perspectives* (3rd ed.). Oxford University Press.

Dyrbye, L. N., Shanafelt, T. D., Sinsky, C. A., Cipriano, P. F., Bhatt, J., Ommaya, A., West, C. P., & Meyers, D. (2017). Burnout among health care professionals: A call to explore and address this underrecognized threat to safe, high-quality care. *National Academy of Medicine Perspectives*. https://nam.edu/burnout-among-health-care-professionals-a-call-to-explore-and-address-this-underrecognized-threat-to-safe-high-quality-care

Eker, H. H., Özder, A., Tokaç, M., Topçu, I., & Tabu, A. (2012). Aggression and violence towards health care providers, and effects thereof. *Archives of Psychiatry and Psychotherapy*, *4*, 19-29.

Estryn-Behar, M., Van Der Heijden, B., Camerino, D., Fry, C., Le Nezet, O., Conway, P. M., & Hasselhorn, H. M. (2008). Violence risks in nursing—results from the European 'NEXT' study. *Occupational Medicine*, *58*(2), 107-114.

Galleta, M., Portoghese, I., D'Aloja, E., Mereu, A., Contu, P., Coppola, R. C., Finco, G., & Campagna, M. (2016). Relationship between job burnout, psychosocial factors and health care-associated infections in critical care units. *Intensive and Critical Care Nursing*, *34*(1), 59-66.

Gardner, R. L., Cooper, E., Haskell, J., Harris, D. A., Poplau, S., Kroth, P. J., & Linzer, M. (2019). Physician stress and burnout: The impact of health information technology. *Journal of the American Medical Informatics Association*, *26*(2), 106-114.

Gibson, S. C., Ham, J. J., Apker, J., Mallak, L. A., & Johnson, N. A. (2010). Communication, communication, communication: The art of the handoff. *Annals of Emergency Medicine*, *55*(2), 181-183.

Goussinsky, R., & Livne, Y. (2016). Coping with interpersonal mistreatment: The role of emotion regulation strategies and supervisor support. *Journal of Nursing Management*, *24*(8), 1109-1118.

Grandey, A., Foo, S. C., Groth, M., & Goodwin, R. E. (2012). Free to be you and me: A climate of authenticity alleviates burnout from emotional labor. *Journal of Occupational Health Psychology*, 17(1), 1-14.

Green, L. V., Savin, S., & Lu, Y. (2013). Primary care physician shortages could be eliminated through use of teams, nonphysicians, and electronic communication. *Health Affairs*, 32(1), 11-19.

Gregory, M. E., Russo, E., & Singh, H. (2017). Electronic health record alert-related workload as a predictor of burnout in primary care providers. *Applied Clinical Informatics*, 8(3), 686-697.

Halbesleben, J. R., & Rathert, C. (2008). Linking physician burnout and patient outcomes: Exploring the dyadic relationship between physicians and patients. *Health Care Management Review*, 33(1), 29-39.

Hamblin, L. E., Essenmacher, L., Ager, J., Upfal, M., Luborsky, M., Russell, J., & Arnetz, J. (2016). Worker-to-worker violence in hospitals: Perpetrator characteristics and common dyads. *Workplace Health & Safety*, 64(2), 51-56.

Harrington, N. G., Scott, A. M., & Spencer, E. A. (2020). Working toward evidence-based guidelines for cost-of-care conversations between patients and physicians: A systematic review of the literature. *Social Science & Medicine*, 258(1), 1-11.

Harris, D. A., Haskell, J., Cooper, E., Crouse, N., & Gardner, R. (2018). Estimating the association between burnout and electronic health record-related stress among advanced practice registered nurses. *Applied Nursing Research*, 43(1), 36-41.

Havens, D. S., Gittell, J. H., & Vasey, J. (2018). Impact of relational coordination on nurse job satisfaction, work engagement and burnout: Achieving the quadruple aim. *Journal of Nursing Administration*, 48(3), 132-140.

HealthIT.gov (2017, September 29). *What is a patient portal?* Retrieved July 12, 2020, www.healthit.gov/faq/what-patient-portal.

HealthIT.gov (2019, September 10). *What is an electronic health record (EHR)?* Retrieved July 12, 2020, www.healthit.gov/faq/what-electronic-health-record-ehr.

Hochschild, A. R. (1983). *The managed heart: Commercialization of human feeling*. University of California Press.

Hu, Y. Y., Fix, M. L., Hevelone, N. D., Lipsitz, S. R., Greenberg, C. C., Weissman, J. S., & Shapiro, J. (2012). Physicians' needs in coping with emotional stressors: The case for peer support. *Archives of Surgery*, 147(3), 212-217.

Jamison, R. N., Sheehan, K. A., Scanlan, E., Matthews, M., & Ross, E. L. (2014). Beliefs and attitudes about opioid prescribing and chronic pain management: Survey of primary care providers. *Journal of Opioid Management*, 10(6), 375-382.

Kaufman, Hall & Associates, LLC (2018). 2017 in review: The year M&A shook the healthcare landscape. *kauf-manhall.com*. Retrieved July 12, 2020, www.kaufmanhall.com/sites/default/files/legacy_files/2017-in-Review_The-Year-that-Shook-Healthcare.pdf.

Kumar, S. (2016). Burnout and doctors: Prevalence, prevention and intervention. *Healthcare*, 4(3), 37-46.

Kutluturkan, S., Sozeri, E., Uysal, N., & Bay, F. (2016). Resilience and burnout status among nurses working in oncology. *Annals of General Psychiatry*, 15(1), 1-9.

Lanctôt, N., & Guay, S. (2014). The aftermath of workplace violence among healthcare workers: A systematic literature review of the consequences. *Aggression and Violent Behavior*, 19(5), 492-501.

Leiter, M. P., & Maslach, C. (2003). Areas of worklife: A structured approach to organizational predictors of job burnout. *Research in Occupational Stress and Well Being*, 3(1), 91-134.

Lieu, T. A., Altschuler, A., Weiner, J. Z., East, J. A., Moeller, M. F., Prausnitz, S., Reed, M. E., Warton, E. M., Goler, N., & Awsare, S. (2019). Primary care physicians' experiences with and strategies for managing electronic messages. *JAMA Network Open*, 2(12), e1918287.

Loera, B., Converso, D., & Viotti, S. (2014). Evaluating the psychometric properties of the Maslach Burnout Inventory-Human Services Survey (MBI-HSS) among Italian nurses: How many factors must a researcher consider? *PLOS ONE*, 9(12), e114987.

Loerbroks, A., Glaser, J., Vu-Eickmann, P., & Angerer, P. (2017). Physician burnout, work engagement and the quality of patient care. *Occupational Medicine*, 67(5), 356-362.

Maslach, C., & Jackson, S. E. (1981). The measurement of experienced burnout. *Journal of Organizational Behavior*, 2(1), 99-113.

Maslach, C., Jackson, S. E., Leiter, M. P., Schaufeli, W. B., & Schwab, R. L. (2016). *Maslach Burnout inventory manual* (4th ed.). Mind Garden, Inc.

Melnyk, B. M. (2020). Burnout, depression and suicide in nurses/clinicians and learners: An urgent call for action to enhance professional well-being and healthcare safety. *Worldviews on Evidence-Based Nursing*, 17(1), 2-5.

Moreland, J. J., & Apker, J. (2016). Conflict and stress in hospital nursing: Improving communicative responses to enduring professional challenges. *Health Communication*, 31(7), 815-823.

Murphy, D. R., Giardina, T. D., Satterly, T., Sittig, D. F., & Singh, H. (2019). An exploration of barriers, facilitators, and suggestions for improving electronic health record inbox-related usability: A qualitative analysis. *JAMA Network Open*, 2(10), 1-12.

Nazi, K. M. (2013). The personal health record paradox: Health care professionals' perspectives and the information ecology of personal health record systems in organizational and clinical settings. *Journal of Medical Internet Research*, 15(4), e70.

Nicotera, A. M., & Mahon, M. M. (2013). Between rocks and hard places: Exploring the impact of structurational divergence in the nursing workplace. *Management Communication Quarterly*, 27(1), 90-120.

Noles, M. J., Reiter, K. L., Boortz-Marx, J., & Pink, G. (2015). Rural hospital mergers and acquisitions: Which hospitals are being acquired and how are they performing afterward? *Journal of Healthcare Management*, 60(6), 395-407.

Oreskovich, M. R., Shanafelt, T., Dyrbye, L. N., Tan, L., Sotile, W., Satele, D., West, C. P., Sloan, J., & Boone, S. (2015). The prevalence of substance use disorders in American physicians. *American Journal on Addictions*, 24(1), 30-38.

Pati, D., Harvey, T. E., Jr., Redden, P., Summers, B., & Pati, S. (2015). An empirical examination of the impacts of decentralized nursing unit design. *HERD: Health Environments Research & Design Journal*, 8(2), 56-70.

Perez, G. K., Haime, V., Jackson, V., Chittenden, E., Mehta, D. H., & Park, E. R. (2015). Promoting resiliency among palliative care clinicians: Stressors, coping strategies, and training needs. *Journal of Palliative Medicine*, 18(4), 332-337.

Piper, L., & Schneider, M. (2015). Merger or acquisition: Is there a difference? *Nurse Leader*, 13(6), 37-39.

Portero de la Cruz, S., Cebrino, J., Herruzo, J., & Vaquero-Abellán, M. (2020). A multicenter study into burnout, perceived stress, job satisfaction, coping strategies, and general health among emergency department nursing staff. *Journal of Clinical Medicine*, 9(4), 1007-1022.

Postma, J., & Roos, A. F. (2016). Why healthcare providers merge. *Health Economics, Policy and Law*, 11(2), 121-140.

Real, K., Bardach, S. H., & Bardach, D. R. (2017). The role of the built environment: How decentralized nurse stations shape communication, patient care processes, and patient outcomes. *Health Communication*, 32(12), 1557-1570.

Real, K., Santiago, J., Fay, L., Isaacs, K., & Carll-White, A. (2018). The social logic of nursing communication and team processes in centralized and decentralized work spaces. *Health Communication*, 34(14), 1751-1763.

Reith, T. P. (2018). Burnout in United States healthcare professionals: A narrative review. *Cureus*, 10(12), 1-9.

Robbins, R., Butler, M., & Schoenthaler, A. (2019). Provider burnout and patient-provider communication in the context of hypertension care. *Patient Education and Counseling*, 102(8), 1452-1459.

Robinson, J. D., Turner, J. W., Morris, E., Roett, M., & Liao, Y. (2016). What residents say about communicating with patients: A preliminary examination of doctor-to-doctor interaction. *Health Communication*, 31(11), 1405-1411.

Shanafelt, T., Goh, J., & Sinsky, C. (2017). The business case for investing in physician well-being. *JAMA Internal Medicine*, 177(12), 1826-1832.

Shanafelt, T. D., Boone, S., Tan, L., Dyrbye, L. N., Sotile, W., Satele, D., West, C. P., Sloan, J., & Oreskovich, M. R. (2012). Burnout and satisfaction with work-life balance among US physicians relative to the general US population. *Archives of Internal Medicine*, 172(18), 1377-1385.

Shanafelt, T. D., Boone, S. L., Dyrbye, L. N., Oreskovich, M. R., Tan, L., West, C. P., Satele, D. V., Sloan, J. A., & Sotile,

W. M. (2013). The medical marriage: A national survey of the spouses/partners of US physicians. *Mayo Clinic Proceedings*, 88(3), 216-225.

Shanafelt, T. D., Dyrbye, L. N., Sinsky, C., Hasan, O., Satele, D., Sloan, J., & West, C. P. (2016). Relationship between clerical burden and characteristics of the electronic environment with physician burnout and professional satisfaction. *Mayo Clinic Proceedings*, 91(7), 836-848.

Shanafelt, T. D., Hasan, O., Dyrbye, L. N., Sinsky, C., Satele, D., Sloan, J., & West, C. P. (2015). Changes in burnout and satisfaction with work-life balance in physicians and the general US working population between 2011 and 2014. *Mayo Clinic Proceedings*, 90(12), 1600-1613.

Shanafelt, T. D., West, C. P., Sinsky, C., Trockel, M., Tutty, M., Satele, D. V., Carlasare, L. E., & Dyrbye, L. N. (2019). Changes in burnout and satisfaction with work-life integration in physicians and the general US working population between 2011 and 2017. *Mayo Clinic Proceedings*, 94(9), 1681-1694.

Spiri, C., Brantley, M., & McGuire, J. (2016). Incivility in the workplace: A study of nursing staff in the military health system. *Journal of Nursing Education and Practice*, 7(3), 40-46.

Tai-Seale, M., Dillon, E. C., Yang, Y., Nordgren, R., Steinberg, R. L., Nauenberg, T., Lee, T. C., Meehan, A., Li, J., Chan, A. S., & Frosch, D. L. (2019). Physicians' well-being linked to in-basket messages generated by algorithms in electronic health records. *Health Affairs*, 38(7), 1073-1078.

Tawfik, D. S., Scheid, A., Profit, J., Shanafelt, T., Trockel, M., Adair, K. C., Sexton, J. B., & Ioannidis, J. P. A. (2019). Evidence relating health care provider burnout and quality of care a systematic review and meta-analysis. *Annals of Internal Medicine*, 171(8), 555-567.

Taylor, S. E. (2011). Social support: A review. In H. S. Friedman (Ed.), *The Oxford handbook of health psychology* (pp. 189-214). Oxford University Press.

Unruh, L. Y., & Zhang, N. J. (2014). Newly licensed registered nurse job turnover and turnover intent. *Journal for Nurses in Professional Development*, 30(5), 220-230.

Valaitis, R. K., Akhtar-Danesh, N., Brooks, F., Binks, S., & Semogas, D. (2011). Online communities of practice as a communication resource for community health nurses working with homeless persons. *Journal of Advanced Nursing*, 67(6), 1273-1284.

Vieira, A., Alves, M., Monteiro, P. R. R., & García, F. C. (2013). Women in nursing teams: Organizational identification and experiences of pleasure and suffering. *Revista Latino-Americana de Enfermagem*, 21(5), 1127-1136.

Welch, S. J., Cheung, D. S., Apker, J., & Patterson, E. S. (2013). Strategies for improving communication in the emergency department: Mediums and messages in a noisy environment. *Joint Commission Journal on Quality and Patient Safety*, 39(6), 279-286.

Wright, K., Banas, J., Bessarabova, E., & Bernard, D. (2010). A communication competence approach to examining health care social support, stress, and job burnout. *Health Communication*, 25(4), 375-382.

Zborowsky, T., Bunker-Hellmich, L., Morelli, A., & O'Neill, M. (2010). Centralized vs. decentralized nursing stations: Effects on nurses' functional use of space and work environment. *HERD: Health Environments Research & Design Journal*, 3(4), 19-42.

第 5 部分
媒介化传播

第 19 章
健康与媒介：新闻和娱乐的影响力

凯瑟琳·A. 福斯（Katherine A. Foss）

2018 年 1 月，美国广播公司（NBC）首播了虚构剧《这就是我们》中的一集《终有一日》（"That'll Be the Day"），这是一部非常受欢迎的电视剧。这一集以一个有故障的慢炖锅突然着火而告终。以前的剧集说明了房屋火灾是家族族长杰克·皮尔森的死因，这就放大了这一刻叙事的意义。近 900 万观众观看了这一集，其中许多人在社交媒介上表达了他们的悲痛，将杰克的死归咎于慢炖锅龙头品牌 Crock-Pot，尽管这个品牌从未在剧集中出现过（This Is Us, 2019）。Crock-Pot 制造商的股价在这一集播出后的两天内下跌了 24%（Ciolli, 2018）。

媒介内容和行为之间的这种直接相关性很少受到研究关注，因为经过一系列复杂的变量，这种相关性通常被减弱。也就是说，媒介讯息确实会影响我们所知、所想、所感、所喜欢、所不喜欢以及所做——这些影响在健康问题上变得尤为重要。媒介讯息还可以捕捉并保存时间之流中一个瞬间。例如，大多数美国人在 2020 年 1 月对社交距离的了解与他们在 2020 年 6 月的了解大不相同。考察在不同时间段甚至同一年内产制的媒介内容，可以一窥有关一组主题的主导性与竞争性话语。这种管窥还可以告诉我们，哪些内容不会被公共议程前置。

媒介效果可以在消费后立即发生，例如，通过扩展特定主题的知识；它们也可以稍后出现。关于性责任的亲社会故事情节可能会促使观众在看到讯息几周后考虑使用保护措施。时间之流中的媒介内容和无意的描述也会影响人们的态度和行为。本章深入探讨各种媒介平台上的健康内容及其对消费者知识、态度和行为的影响。此外，还将讨论强调这些效果的相关理论。在本章中，"媒介"既指大量生产消费内容的行业，也指跨平台生产和消费的新闻和娱乐内容。

第 1 节 文 献 综 述

我们知道媒介讯息很重要。书籍、杂志、报纸、电影、电视、音乐和网站中的内容会影响其消费者。同时，消费者也有自己的信念和看法，这形塑了他们自身对讯息本身的解释。但是这些过程是如何发生的呢？什么可以塑造并预测谁将接触到一条特定信息，消费者从中得到了什么，以及它在多大程度上影响了他们的短期和长期行动？在讨论媒介对健康的影响时，这些因素更加突出。对疾病、危险行为或药物治疗、预防性护理以及许多其他因素的认识、知识和看法，可以明显影响个人和整个社区的状态和幸福。观察健康和媒介领域中的特定主题，有助于理解信息与知识、态度、看法和行为之间的关系。

一、暴力描写

关于暴力图像的流行及其影响力的问题,随着每一种新媒介技术的出现而出现。在20世纪四五十年代,人们反对漫画书,将犯罪和暴力列为不道德的内容。视觉媒介中的内容引发了类似的担忧,人们质疑电影、电视和互动视频游戏美化暴力和其他危险行为。社交媒介和便携式技术的使用带来了新的担忧,包括网络欺凌和对未成年人的引诱。

这种担忧并非空穴来风。媒介变得更加暴力,讯息针对的是越来越年轻的观众。在过去的几十年里,电影中枪支暴力的泛滥显著增加,特别是在PG-13级的电影中(Romer et al., 2017)。与现实世界的统计数据相比,虚构的电视节目过多地表现了谋杀、性侵犯、抢劫和其他类型的暴力犯罪,而淡化了财产犯罪(Soulliere, 2003)。

暴力在流行的视频游戏中泛滥,其中许多游戏将女主角物化、性感化并予以贬低(Burgess et al., 2007; Dill & Thill, 2007; Downs & Smith, 2010; Haninger & Thompson, 2004)。这些游戏还承载着为暴力做出解释或为之辩护的行为,把对手非人化,并将后果降至最低(Hartmann et al., 2014)。然而,某些类型的暴力行为在某媒介上的出现比其他类型更为频繁。例如,电视节目和电影经常描绘陌生人实施暴力犯罪。虚构剧中的犯罪受害者清一色是白人女性主角;这些角色也最有可能遭受性侵犯(Parrott & Parrott, 2015)。电视节目经常使强奸迷思永久化,即使是在针对一群女性观众的频道上也是如此(Merken & James, 2020)。然而,被性侵的男性受害者不大在小说中出现,尽管男性也会经历性暴力(Smith et al., 2018)。

对亲密伴侣暴力的描述因来源和类型而异。犯罪真人秀经常包括家庭暴力,尽管是以一维框架强化着有关虐待关系的刻板印象(Carmody, 1998)。虚构的媒介没有充分反映家庭暴力的普遍性。电影描述通常将男性作为施虐者,将他们的女性配偶作为受害者,并以"逃跑"场景(包括杀害女性)作为结局(Lenahan, 2009; Wheeler, 2009)。在现实生活中,大约1/3的女性和1/4的男性经历过来自伴侣的某种形式的身体暴力(Black et al., 2011)。亲密伴侣暴力行为占暴力犯罪的15%(Truman & Morgan, 2014)。将近一半的被性侵的受害者报告说强奸他们的人是熟人(Breiding, 2014)。

媒介内容也扭曲了谁在犯罪,谁在保护社会。迪克松(Dixon, 2017)发现,在电视新闻的随机样本中,白人被过度表征为受害者和官员,而不太可能被描述为肇事者。相比之下,电视新闻中非裔美国人受害者、官员和肇事者的百分比反映了犯罪报道的状况,而拉丁裔受害者和官员的代表性不足。看暴力电影和电视会显著影响人们对现实生活中暴力观念的态度。一方面,消费暴力媒介可以塑造一个人对现实生活中犯罪可能性的信念——培养效应,正如格伯纳及其同事在20世纪70年代首次证明的那样(Gerbner & Gross, 1976)。重度消费观众受到的影响最大,他们感知到一个媒介化世界。人们也注意到某些类型的电视也有这种影响。卡洛和伊斯廷(Kahlor & Eastin, 2011)发现,观看肥皂剧与对强奸迷思的接受度呈正相关,而消费犯罪节目则与对强奸迷思的接受度负相关。较高的电视节目消费量也与相信强奸迷思呈正相关,即性侵犯受害者助长了强奸者的犯罪行为(Kahlor & Morrison, 2007)。这种联系在某些类型的电视中尤为强烈。例如,在电视上观看ESPN上的足球、篮球或体育节目与对女性的性物化、性别敌意和强奸迷思的接受度呈正相关(Custers & McNallie, 2016)。

暴力媒介的消费与同理心减少,攻击性增加以及对暴力的不敏感关联(Anderson & Bushman, 2001; Engelhardt, Bartholow, Kerr, & Bushman, 2011; Greitemeyer & Mügge, 2014)。暴力媒介的使用与攻击行为之间的这种相关性已在各种文化中得到关注(Anderson et al., 2017)。此外,性感化的视频游戏还会引发对女性的在线性骚扰(Burnay et al., 2019)。对虚构媒介内容的接触增多也会降低父母的敏感性,他们会允许低龄孩子观看此类主题的电影(Romer et al., 2014)。这种效果也已在其他形式的媒介中得到证明。已有证据表明,随着时间推移,玩电子游戏会对强奸迷思的接受度增加,并伴有对女性的敌意和侵犯(Fox & Potocki, 2016)。

媒介还在传播有关暴力行为和不公正的信息方面发挥作用。例如,诸如乔治·弗洛伊德(George Floyd)被杀这样的警察暴行案件,通过个人社交媒介账户得以散播,在世界各地引发了数周的抗议活动(Taylor, 2020)。通过社交媒介,人们可以团结起来打击暴力行为和不公正行为。#"黑人的命也是命"(#BlackLivesMatter)以及其他当代社会运动,通过在各种社交媒介网站上病毒式传播而兴起。许多普通人分享的市民拍摄到的警察暴行和其他不公正行为的视频进入公共领域,使得人们对暴力行为的认识增长。

在反骚扰和反性侵犯运动方面,社交媒介也被用来争取广泛支持。2017 年,名人艾丽莎·米兰诺(Alyssa Milano)使用活动家塔拉娜·伯克(Tarana Burke)的短语"我也是"(♯MeToo),作为一种手段来团结遭受过性骚扰和性侵犯的女性并为她们发声(Harris, 2018)。"♯MeToo"运动的病毒式传播有助于推动女性站出来讲述她们的经历,并促使政府出台了大约 200 项反对工作场所骚扰的法案,其中 15 个州批准了进行保护的形式(Johnson et al., 2019)。与暴力问题一样,新兴技术也被用来提高人们对环境问题的认识。

二、对环境问题的描述

媒介端口有助于提高公众对环境问题的认识和信念,这也与健康有关(见本书第 33 章)。从保护到气候变化,新闻媒介在提高认识、支持和行动方面发挥了作用。在 20 世纪初期,美国、加拿大、瑞士、新西兰和其他国家/地区开始建立第一批国家公园并发展非营利组织来保护野生动物,环保行动主义聚焦的是保护(Sood, 2012)。在 20 世纪,通过公共政策和基层行动,环保运动扩展到涵盖环保主义的其他领域(Dykstra, 2008)。还出现了应对特定威胁的行动,例如,由女性领导的反对印度森林砍伐的契普克运动(Chipko movement)(Shiva & Bandyopadhyay, 1986);又如,不久前的 2016—2017 年,在立岩印第安人保留地(Standing Rock Indian Reservation)附近开展的有关达科他州输油管(Dakota Access Pipeline)的抗议活动(Hunt & Gruszczynski, 2019)。

媒介对环境问题的报道很少有统一性,因为行动主义常常被政治和经济议程笼罩。环境问题经常引起争议,因为有关气候变化、水力压裂①和其他环境问题的讯息相互矛盾且高度政治化(Boykoff & Boykoff, 2004; Hmielowski et al., 2014; Mercado et al., 2014)。报道范围通常因地区而异。例如,雷多及其同事(Ladle & colleagues, 2010)发现,巴西报纸对亚马孙森林砍伐的报道比英国报纸多得多,而且更彻底地处理了关系到经济发展问题这样的主题。同样,与许多其他发展中国家不同,印度媒体制作的内容普遍支持气候正在变化这样的观点(Billett, 2010)。

媒介讯息确实会影响消费者对不同环境问题和事件的认识和看法。例如,阿德(Ader, 1995)确定,《纽约时报》关于污染的文章数量与污染作为一项公共问题的认知显著度之间存在正相关关系。观看自然纪录片和基于事实的电视与对环境的关注度增加有关(Holbert et al., 2003)。

扩展了的技术为主流新闻媒体之外的公众辩论开辟了新的机会。社交媒介已被用作讨论环境问题的渠道。安德森和欧曼(Andersson & Öhman, 2017)研究了一个瑞典在线社区中青少年对全球变暖问题的讨论,发现内容丰富、有理有据的论点提高了人们对政治、道德和世界问题的认识。在达科他州输油管抗议活动中,立岩印第安人苏族(Sioux)部落和盟友使用♯NoDAPL 扩大了面对面行动主义的范围,将问题扩大到包括"捍卫土著土地权利,保护环境以及批评新自由主义治理"(Deem, 2019,第 114 页)。换句话说,社交媒介端口可以为主流新闻报道之外的讨论提供公共空间。这种效果也适用于针对媒体对身体形象影响的担忧。

三、身体形象

学者和公共健康倡导者一直关注媒介对想入非非的美丽理想的青睐,将苗条的白人女性视为美丽的典范(Redmond, 2011)。男性也面临着想入非非的媒介形象,这些形象呈现出对男性气质和体形的狭隘定义,而且媒介对他们的表征日益物化(Jung, 2011; Rohlinger, 2002)。斯莱特和蒂格曼(Slater & Tiggemann, 2014)发现,杂志和肥皂剧的消费增加了青春期男孩对瘦身的渴望。阅读男性杂志也会影响对肌肉体格的渴求,并导致年轻成年男性饮食失调,尤其是单身男性(Giles &

---

① 水力压裂是一种从页岩中回收天然气和石油的技术。它涉及钻入地球并将水、沙子和化学物质的高压混合物注入岩层,以释放内部的气体。——译者注

Close, 2008)。

媒介内容可以塑造对身体形象的看法,定义什么是"有吸引力的特征",然后这些特征通常会被(尤其是青春期早期的)消费者内化(Tatangelo & Ricciardelli, 2017; Te'eni-Harari & Eyal, 2015)。特别是,媒介内化与身体不满之间存在很强的相关性,尤其是在青少年中(Rodgers et al., 2014)。自我调节和其他因素减轻了这种影响的程度。女孩更有可能在外表方面与同龄人进行比较,而男孩则更倾向于比较运动能力(Tatangelo & Ricciardelli, 2017)。影响不仅限于青少年。与对照组中的孕妇相比,花五分钟时间阅读以迷人的孕妇/产后女性为特色的杂志的准妈妈们,对自己的身体形象感到更加消极(Coyne et al., 2018)。社交媒介参与也会影响青少年对身体形象的看法。霍格和米尔斯(Hogue & Mills, 2019)发现,在社交媒介上与有吸引力的女性同龄人互动会导致年轻成年女性对自身身体形象的负面看法增加。

与此同时,出现了挑战媒介对美的狭隘定义的运动。例如,多芬香皂的"追求真正美丽的运动"有意让不同年龄、种族和能力的女性代言他们的产品。这场广泛成功的活动跨越了多个平台并持续了十多年,使公司的销售额翻了一番(Bahadur, 2017)。其他公司也纷纷效仿,开始使广告运动中的人物多样化(Bue & Harrison, 2019)。也就是说,即便扩大范围的角色仍然延续传统上理想之美的诸多方面,例如体形、肤色和理想特质,但媒介讯息也还是有助于健康行为的。

四、对危险行为的描述

在20世纪50年代,吸烟与癌症之间存在联系这个问题,首次有研究成果发表(Hammond & Horn, 1954)。在接下来的几十年里,研究开始扩展到处理其他行为对健康的影响,例如饮食和运动对心血管系统的影响。媒介讯息可以在危险行为的实施程度上发挥重要作用。观看电影中吸烟的人会显著增加青少年尝试吸烟的可能性(Glantz, 2003)。电视观看时间的增加也与初次尝试吸烟的年龄较年轻呈正相关(Gutschoven & Van den Bulck, 2005)。同样,青少年吸电子烟与频繁、大量接触电子烟广告有关(Cho et al., 2019; Dai & Hao, 2016)。潘等人(Phua et al., 2018)发现,Instagram上的电子烟广告,有名人代言的比没有名人代言的更显著地引发人们的态度转向正面。

五、媒介和健康信息的多样性

从历史上看,主流媒体节目一直局限于多样化的讯息和表现形式。边缘化群体要么几乎不可见(如西班牙裔美国人),要么被严重嘲笑和刻板化(比如,中世纪对非裔美国人的描述;或比如,以古怪的"吉卜赛"角色出现的罗姆人被他者化)(Clark, 1969; Schneeweis & Foss, 2016)。近年来,一些边缘群体的代表开始更多地出现在电影和电视中,首先是作为搭档或象征,然后是各种各样的角色。并非所有他者化的群体在媒介表征中都受到同样的对待。例如,正如何(Ho, 2016)在分析丧尸剧《行尸走肉》中的角色格伦时解释的那样,亚裔美国人角色主要被描绘成"模范少数族裔"。即使是所谓的积极刻板印象也存在问题,因为它们既限制又泛化了对一类人群的假设。媒介还提供了不平等的残疾人代表。例如,在其他类型的残疾得以呈现之前很久,患有唐氏综合征的角色就由患有唐氏综合征的演员真实地扮演(Rider, 1994)。

对"彩虹群体"的表述也各不相同。哈特(Hart, 2000)概述了男同性恋者如何从20世纪60年代的不被承认转变为在20世纪七八十年代变得更引人注目却又遭到嘲笑,最终在20世纪90年代后期开始得到更广泛和准确的描述。对酷儿角色的描述在2000年代进一步扩大,特别是在奇幻类型中(Dhaenens, 2013)。在美国,规范性的跨性别身份几乎不可见,直到近几年才有所改观——因为这个群体在新闻和娱乐中都受到污名化(Billard, 2016)。"彩虹"或其他处于边缘化交叉地位的有色人种甚至更为隐蔽。因此,对有色人种变性女性——如演员拉文·考克斯(Laverne Cox)——进行正面表征显得尤为重要(Glover, 2016)。

角色的扩展体现在医疗剧类型的转变上。直到20世纪70年代,电视上的医生都是白人、异性恋、身体健全的男性(Turow, 2010)。渐渐地,有色人种男性和白人女性开始出现,要么以象征性的角色,要么以单集故事情节出现,其中"他者化"角色犯了严重错误(Foss, 2014)。80年代的戏剧开始包含象征性的多样化角色,包括菲利普·钱德勒医生(由丹泽尔·

华盛顿饰演)和几位女医生。到 90 年代,医疗剧以有色人种、"彩虹"角色和残障医生为特色,这种趋势在 21 世纪初期随着《实习医生格蕾》(Grey's Anatomy)的出现而更加明显(Foss, 2014)。事实上,珍妮和斯莱特(Jain & Slater, 2013)发现,女性医生在医疗剧中的代表性不再不足。然而,像《良药》(Big Medicine)①和《90210 博士》(Dr. 90210)②这样的真人秀节目依然主要以男医生为主角(Jain & Slater, 2013)。

为什么表征很重要,尤其是在健康方面?虚构的叙事已被证明可以有效地向观众传授医学术语和概念,并示范一个人在医院可能遇到的做决定的各种可能性(Gauthier, 1999; Østbye et al., 1997)。娱乐也被用作医学生的教学工具(Rothman, 1999)。

媒介不仅传送特定信息,还塑造人们对不同群体的看法。流行文化中不断变化的表现形式有助于挑战对边缘群体的污名化。这当然不会一下子发生,也不会在各个社会交界面步调一致地发生。媒介讯息可能有助于挑战污名化和歧视。斯基亚帕等人(Schiappa et al., 2006)发现,经常观看电视节目《威尔与格蕾丝》(Will & Grace)③,并与角色进行了超社会互动,与较低的性偏见相关,特别是对于那些在现实生活中与男同性恋者很少接触的人。社交媒介端口也可以作为赋权空间。跨性别男性和女性使用推特分享有用的健康信息,这些信息是有关一般健康护理、饮食、精神健康、跨性别健康护理和幸福的(Karami et al., 2018)。

六、名人对观念和行为的影响

我们不应低估名人对健康认知、态度和行为的影响。他们甚至比战争英雄、政治人物和其他类型的领导人更有影响力(Brown & Fraser, 2004)。甚至在"影响者"时代之前,人们已被他们最喜欢的运动员、演员和其他人的言行所塑造。例如,在 20 世纪 80 代,在前第一夫人南希·里根(Nancy Reagan)进行了乳房切除术而不是保乳手术后,保乳手术率下降了 25%(Nattinger et al., 1998)。又如,篮球明星"魔术师"约翰逊("Magic" Johnson)宣布自己感染艾滋病毒后,拨打美国疾病控制与预防中心全国艾滋病热线的电话从过去 90 天的 7 372 人次上升到单日的 28 000 多人次(Centers for Disease Control, 1992)。他的粉丝也表达了对性责任的更大担忧(Brown & Basil, 1995)。20 世纪 90 年代后期,认同并钦佩棒球运动员马克·麦奎尔(Mark McGuire)的人更有可能了解他认可的一种补充剂并关注虐待儿童问题,这反映了他对这一事业的倡导(Brown et al., 2003)。在《今日秀》(Today Show)主持人凯蒂·库利克(Katie Couric)开展为期一个月的结直肠癌意识宣传活动之后,结肠镜检查率显著提高(Cram et al., 2003)。一个人对一个名人或虚构人物的认同,与采取榜样人物的行为呈正相关(Brown & Fraser, 2004)。

2013 年 5 月 14 日,《纽约时报》发表了演员安吉丽娜·朱莉(Angelina Jolie)的专栏文章《我的医疗选择》,其中,她解释了她的母亲是如何死于癌症的,她对增加癌症风险的乳腺癌 1 号基因(BRCA1)突变进行了筛查,结果呈阳性,这促使朱莉接受了降低风险的双乳房切除术(Jolie, 2013)。朱莉的决定被广泛流传,这引发女性寻求更多关于基因突变的信息,并考虑进行基因检测。在朱莉宣布这一讯息后的一周内,美国国家癌症研究所关于预防性乳房切除术的网页的在线访问量增加了 795 倍(Juthe et al., 2015)。乳腺癌 1 号基因的检测也急剧增加(Liede et al., 2018)。此外,降低风险的乳房切除术也在统计数字上明显增加(Liede et al., 2018)。其他国家也注意到了这种影响。一项针对英国 21 个区域遗传学中心的研究表明,在这个故事被报道后的几个月内,转诊率翻了一番以上(Evans et al., 2014)。在德国,人们发现"安吉丽娜·朱莉效应"可以增加

---

① Big Medicine,是一档美国真人秀节目,旨在考察减肥手术对肥胖症患者的身体和情感产生的影响。它还记录了患者选择减肥手术曾经的磨难。它于 2007 年 5 月 28 日至 2009 年 11 月 18 日在 TLC 播出。——译者注

② Dr. 90210,是一部美国真人秀电视连续剧,主要讲述加利福尼亚州比弗利山庄富人区的整形手术。该系列从 2004 年到 2008 年在 E! 播出了六个赛季。Dr. 90210 得名于比弗利山庄核心区的邮政编码。第七季于 2020 年开播。该节目由 E! 制作,但在其他几个主要有线网络上播出,如时尚网络(Style Network)。每集大约一小时。——译者注

③ Will & Grace 是由麦克斯·慕驰尼克(Max Mutchnick)和大卫·科翰(David Kohan)创作的一部美国电视连续剧。该剧以纽约市为背景,讲述了同性恋律师威尔·杜鲁门和异性恋室内设计师格蕾丝·阿德勒之间的友谊。该剧于 1998 年 9 月 21 日至 2006 年 5 月 18 日在 NBC 播出,共八季,2017 年 9 月 28 日回归 NBC,2020 年 4 月 23 日结束。Will & Grace 一直是最为成功的以同性恋为主角的电视剧之一。——译者注

对乳腺癌1号基因的了解,刺激女性与遗传咨询师遵守预定的约见,并鼓励男性陪同伴侣去诊所就诊(Evers et al., 2017)。因为这些影响是基于人们从一位名人那里学到的东西,而不是从精心策划的活动中学到的东西,所以可能会引发对此类宣告的后果的担忧。例如,它们的劝服效果可能有限。此外,信息可能无法准确或完整地传达。例如,在一项全国代表性调查中,虽然3/4的美国人知道朱莉的新闻报道,但只有不到10%的人了解乳腺癌1号基因突变以及发展成癌症的风险(Borzekowski et al., 2014)。对于那些对名人宣告的劝服效果抱有希望的健康活动家来说,可能需要提供补充信息。

即使撇开这个问题,也并非所有名人影响都会产生积极影响,演员珍妮·麦卡锡(Jenny McCarthy)反对免疫接种的运动就证明了这一点。她的斗争源于她证据不充分的主张,即疫苗导致了她儿子的自闭症(Kata, 2012)。就算如此,可为什么名人会对消费者的态度和行为产生影响呢?正如您将在本章后面读到的那样,准社会互动或人们与名人形成的片面关系,为名人们的整体影响力添砖加瓦(Horton & Wohl, 1956)。人们越认同名人并渴望和名人在一起,名人们的影响程度就越大,即使名人们在特定问题上缺乏专家知识或专业知识(Brown & Fraser, 2004)。

七、娱乐-教育

使用娱乐来传递教育健康信息或"寓教于乐"("edutainment")是一种覆盖并影响消费者的有效方式。辛哈尔和罗杰斯(Singhal & Rogers, 1999)将娱乐教育描述为"有目的地设计和实施一种既娱乐又教育的媒介讯息的过程,目的是增加观众成员对教育问题的了解,创造有利的态度,并公开改变行为"(第9页)。寓教于乐的活动最初是由电视作家米格尔·萨比多(Miguel Sabido)发起的,他用了一系列肥皂剧叙事来教导观众识字、计划生育以及其他亲社会问题(Sabido, 2004)。许多其他寓教于乐的活动注意到它的有效性,采用了萨比多的方法(Poindexter, 2004)。寓教于乐的活动旨在对个人产生积极影响并塑造整体文化氛围。它们有助于突破混乱、饱和的媒介环境,有利于覆盖青少年或其他抵制性受众。这种方法在识字率较低的地区也很有帮助,在这些地区,现场表演、歌曲和广播被用来传达健康信息。

通过寓教于乐,倡导团体或个人与娱乐制片人合作,以便向目标受众传达有关某个特定问题的准确信息。这是如何运作的呢?对于使用电视作为发布系统的活动来说,团体或个人联系一个特定节目的制作人,了解在即将播出的剧集中嵌入一条讯息的可能性。如果制片人同意,他们将与倡导小组的成员合作编写剧本,确保讯息清晰、准确并符合节目的参数。剧集播出后,倡导小组可能会做观众调查或其他后续行动,以衡量讯息的影响范围和有效性。例如,在2001年的热门情景喜剧《老友记》中,有一集的故事情节是有关安全套功效与怀孕的。观众有所不知的是,这个故事情节是一项关于家庭传播研究的一部分,随后针对该故事情节进行了一项全国调查(Collins et al., 2003)。结果表明,与成人一起观看和谈论这一集的青少年从亲社会故事情节中学到了更多,这既揭示了娱乐教育的价值,也揭示了向青少年传播此类讯息的价值(Collins et al., 2003)。当寓教于乐的策略执行得当时,观众会从节目中学习,甚至不会意识到他们正在观看健康运动。例如,20世纪80年代后期的哈佛大学酒精项目利用新闻和娱乐媒介,成功地引入了代驾司机的概念(Winsten, 1994)。像《干杯》(Cheers)这样的电视节目,专题讲述有关使用代驾的海报和故事内容,以有效地教育公众重视安全驾驶。

娱乐如何影响健康态度和行为?类社会互动突出了娱乐影响消费者的一种方式。霍顿和沃尔(Horton & Wohl, 1956)首次提出类社会互动(parasocial interaction, PSI)的概念,描述了人们如何识别名人和虚构人物并与他们形成熟悉的联系(Brown & Fraser, 2004)。一个人或角色的吸引力、品质和行为可以强化这种关系,感知到一个角色的"真实性",不同的摄像机角度和审美特征都可以增进这种关系(Rubin & Perse, 1987; Rubin & McHugh, 1987)。消费体验会影响类社会关系的强度,因为刷剧可以放大这种联系。图卡钦斯基和艾亚尔(Tukachinsky & Eyal, 2018)解释说:"观众观看剧集越多,他们与角色的互动,对角色的反思和同情就越多。"这一点解释了"刷剧"的影响(第11—12页)。在线参与也可以加强这种关系,因为"社交媒介为观众提供了直接与名人积极进行类社会互动的能力,以及靠近对同一媒介人物有类社会依恋关系的他人"(Sanderson & Cheong, 2010, 第329页)。

这种情感纽带强化了杰出艺人对人们的影响。因此,当名人去世或虚构人物离开一场秀时,观众可能会感到悲伤,就好像他们在现实生活中失去了某个人一样。科恩(Cohen, 2004)阐明了这种影响:"因为依恋关系提供了亲昵和安全感,所以它们的解体很可能伴随着苦恼。"(第190页)这种悲伤可以激励粉丝在名人死后继续其社会事业。2016年,嘉丽·费希尔(Carrie Fisher)去世后,人们在推特上发布了#纪念嘉丽(#InHonorOfCarrie)活动,既是为了表达敬意,也是为了提高人们对精神健康问题的认识,继续这位演员的倡议(Park & Hoffner, 2020)。埃尔维斯·普雷斯利(Elvis Presley)去世几十年后,他留给人们的记忆继续塑造着人们。弗雷泽和布朗(Fraser & Brown, 2002)对"猫王"模仿者的人种学研究表明,这些粉丝会修改自己的价值体系和生活方式来模仿"猫王"。

八、未来研究

媒介效果研究的兴起与新技术的扩张和发展并行。在过去十年中,学者们一直关注社交媒介平台在健康问题上的使用和功能。例如,社交媒介平台上的帖子可用于跟踪信息的散播甚至疾病的传播——正如2020年初对新冠病毒大流行的研究所指出的那样(Qin et al., 2020)。学者们还考虑了新型媒介的功能及其在健康护理和社会中的地位,例如,远程医疗就诊。而且,正如《这就是我们》事件表明的那样,当代平台的交互性使消费者能够从观看虚构的电视转变为在社交媒介上公开发表自己的意见,从而影响他人的体验。未来的研究将继续深入数字空间,研究行业生成的媒介和公民制作的内容的效果。

此外,还需要更多研究来处理媒介对边缘人群的健康知识、观念和行为的影响。例如,学者应该研究残疾人使用和创建媒介内容的方式,以便理解新冠病毒大流行。随着新冠病毒疫苗的分发,克服犹豫运动的有效性值得研究,特别是对于服务欠缺的社区。对与大流行相关的行业生成和公民制作的内容展开研究,将在如何捕捉和记住这场大流行方面发挥重要作用。

第2节 结 论

尽管我们经常听到"媒介"一词,指的是一组同质媒介,但媒介是一个广义术语,包括许多不同的大众和个人表达渠道。新闻和娱乐的普遍作用意味着人们不断地消费讯息。因此,广告、书籍、文章、模因(memes)、歌曲和其他产品的内容塑造了人们的所知、所思和所信,以及他们的决定和行动。于是,关于健康,这些讯息变得更加重要,具有潜在的短期和长期影响。研究人员通常可能看不到一条媒介讯息与公众行为之间的直接关联,正如《这就是我们》和Crock-Pot证明的那样,但这种影响一直存在且不断变化。

参考文献

Ader, C. R. (1995). A longitudinal study of agenda setting for the issue of environmental pollution. *Journalism & Mass Communication Quarterly*, 72(2), 300-311.

Anderson, C. A., & Bushman, B. J. (2018). Media violence and the general aggression model. *Journal of Social Issues*, 74(2), 386-413.

Anderson, C. A., Suzuki, K., Swing, E. L., Groves, C. L., Gentile, D. A., Prot, S., Lam, C. P., Sakamoto, A., Horiuchi, Y., Krahé, B., Jelic, M., Liuqing, W., Toma, R., Warburton, W. A., Zhang, X., Tajima, S., Qing, F., & Petrescu, P. (2017). Media violence and other aggression risk factors in seven nations. *Personality and Social Psychology Bulletin*, 43(7), 986-998.

Andersson, E., & Öhman, J. (2017). Young people's conversations about environmental and sustainability issues in social media. *Environmental Education Research*, 23(4), 465-485.

Bahadur, N. (2014, January 21). Dove 'real beauty' campaign turns 10: How a brand tried to change the conversation about female beauty. *Huff Post*. www.huffpost.com/entry/dove-real-beauty-campaign-turns-10_n_4575940.

Billard, T. J. (2016). Writing in the margins: Mainstream news media representations of transgenderism. *International Journal of Communication*, *10*, 4193-4218.

Billett, S. (2010). Dividing climate change: Global warming in the Indian mass media. *Climatic Change*, *99*(1-2), 1-16.

Black, M., Basile, K., Breiding, M., Smith, S., Walters, M., Merrick, M., Chen, J., & Stevens, M. (2011). *National intimate partner and sexual violence survey: 2010 summary report*. Center for Victim Research Repository. https://ncvc.dspacedirect.org/handle/20.500.11990/250.

Borzekowski, D. L., Guan, Y., Smith, K. C., Erby, L. H., & Roter, D. L. (2014). The Angelina effect: Immediate reach, grasp, and impact of going public. *Genetics in Medicine*, *16*(7), 516-521.

Boykoff, M. T., & Boykoff, J. M. (2004). Balance as bias: Global warming and the US prestige press. *Global Environmental Change*, *14*(2), 125-136.

Breiding, M. J. (2014). Prevalence and characteristics of sexual violence, stalking, and intimate partner violence victimization—national intimate partner and sexual violence survey, United States, 2011. *Morbidity and Mortality Weekly Report*, *63*(8), 1-18.

Brown, W. J., & Basil, M. D. (1995). Media celebrities and public health: Responses to 'Magic' Johnson's HIV disclosure and its impact on AIDS risk and high-risk behaviors. *Health Communication*, *7*(4), 345-370.

Brown, W. J., Basil, M. D., & Bocarnea, M. C. (2003). The influence of famous athletes on health beliefs and practices: Mark McGwire, child abuse prevention, and androstenedione. *Journal of Health Communication*, *8*(1), 41-57.

Brown, W. J., & Fraser, B. P. (2004). Celebrity identification in entertainment-education. In A. Singhal, M. J. Cody, E. M. Rogers, & M. Sabido (Eds.), *Entertainment-education and social change: History, research, and practice* (pp. 97-115). Routledge.

Bue, A. C. C., & Harrison, K. (2019). Empowerment sold separately: Two experiments examine the effects of ostensibly empowering beauty advertisements on women's empowerment and self-objectification. *Sex Roles*, *81*(9-10), 627-642.

Burgess, M. C., Stermer, S. P., & Burgess, S. R. (2007). Sex, lies, and video games: The portrayal of male and female characters on video game covers. *Sex Roles*, *57*(5-6), 419-433.

Burnay, J., Bushman, B. J., & Larø, F. (2019). Effects of sexualized video games on online sexual harassment. *Aggressive Behavior*, *45*(2), 214-223.

Carmody, D. (1998). Mixed messages: Images of domestic violence. In M. Fishman & G. Cavender (Eds.), *Entertaining crime: Television reality programs* (pp. 159-174). Taylor & Francis.

Centers for Disease Control. (1992, April). Demand for information remains high following "Magic" Johnson announcement of HIV infection. *CDC HIV/AIDS Prevention Newsletter*, *3*, 7-8.

Cho, Y. J., Thrasher, J. F., Reid, J. L., Hitchman, S., & Hammond, D. (2019). Youth self-reported exposure to and perceptions of vaping advertisements: Findings from the 2017 international tobacco control youth tobacco and vaping survey. *Preventive Medicine*, *126*, 105775.

Ciolli, J. (2018, January 25). The maker of Crock-Pot is plunging as people freak out over a character's shocking death on 'This Is Us.' *Markets Insider*. http://markets.businessinsider.com/news/stocks/newell-brands-stock-price-Crock-Potmaker-plunging-after-guidance-this-is-us-death-2018-1-1014028128.

Clark, C. (1969). Television and social controls: Some observations on the portrayals of ethnic minorities. *Television Quarterly*, *8*(2), 18-22.

Cohen, J. (2004). Parasocial break-up from favorite television characters: The role of attachment styles and relationship intensity. *Journal of Social and Personal Relationships*, *21*(2), 187-202.

Collins, R. L., Elliott, M. N., Berry, S. H., Kanouse, D. E., & Hunter, S. B. (2003). Entertainment television as a healthy sex educator: The impact of condom-efficacy information in an episode of Friends. *Pediatrics*, *112*(5), 1115-1121.

Coyne, S. M., Liechty, T., Collier, K. M., & Sharp, A. D. (2018). "It's just not very realistic": Perceptions of media among pregnant and postpartum women. *Health Communication*, *33*(7), 851-859.

Custers, K., & McNallie, J. (2017). The relationship between television sports exposure and rape myth acceptance: The mediating role of sexism and sexual objectification of women. *Violence Against Women*, *23*(7), 813-829.

Dai, H., & Hao, J. (2016). Exposure to advertisements and susceptibility to electronic cigarette use among youth. *Journal of Adolescent Health*, *59*(6), 620-626.

Deem, A. (2019). Mediated intersections of environmental and decolonial politics in the No Dakota Access Pipeline movement. *Theory, Culture & Society*, *36*(5), 113-131.

Dhaenens, F. (2013). The fantastic queer: Reading gay representations in *Torchwood and True Blood* as articulations of queer resistance. *Critical Studies in Media Communication*, *30*(2), 102-116.

Dill, K. E., & Thill, K. P. (2007). Video game characters and the socialization of gender roles: Young people's perceptions mirror sexist media depictions. *Sex Roles*, *57*(11-12), 851-864.

Dixon, T. L. (2017). Good guys are still always in white? Positive change and continued misrepresentation of race and crime on local television news. *Communication Research*, *44*(6), 775-792.

Downs, E., & Smith, S. L. (2010). Keeping abreast of hypersexuality: A video game character content analysis. *Sex Roles*, *62*(11-12), 721-733.

Dykstra, P. (2008). History of environmental movement full of twists, turns. *CNN*. www.cnn.com/2008/TECH/science/12/10/history.environmental.movement/index.html.

Engelhardt, C. R., Bartholow, B. D., Kerr, G. T., & Bushman, B. J. (2011). This is your brain on violent video games: Neural desensitization to violence predicts increased aggression following violent video game exposure. *Journal of Experimental Social Psychology*, *47*(5), 1033-1036.

Erbring, L., Goldenberg, E. N., & Miller, A. H. (1980). Front-page news and real-world cues: A new look at agenda-setting by the media. *American Journal of Political Science*, *24*(1), 16-49.

Evans, D. G. R., Barwell, J., Eccles, D. M., Collins, A., Izatt, L., Jacobs, C., Donaldson, A., Brady, A. F., Cuthbert, A., Harrison, R., Thomas, S., Howell, A., The FH02 Study Group, RGC teams, Miedzybrodzka, Z., & Murray, A. (2014). The Angelina Jolie effect: How high celebrity profile can have a major impact on provision of cancer related services. *Breast Cancer Research*, *16*(5), 442-447.

Evers, C., Fischer, C., Dikow, N., & Schott, S. (2017). Familial breast cancer: Genetic counseling over time, including patients expectations and initiators considering the Angelina Jolie effect. *PLOS ONE*, *12*(5), e0177893.

Foss, K. A. (2014). *Television and health responsibility in an age of individualism*. Lexington Books.

Fox, J., & Potocki, B. (2016). Lifetime video game consumption, interpersonal aggression, hostile sexism, and rape myth acceptance: A cultivation perspective. *Journal of Interpersonal Violence*, *31*(10), 1912-1931.

Fraser, B. P., & Brown, W. J. (2002). Media, celebrities, and social influence: Identification with Elvis Presley. *Mass Communication & Society*, *5*(2), 183-206.

Gauthier, C. (1999). Television drama and popular film as medical narrative. *Journal of American Culture*, *22*(3), 23-26.

Gerbner, G., & Gross, L. (1976). Living with television: The violence profile. *Journal of Communication*, *26*(2), 172-199.

Giles, D. C., & Close, J. (2008). Exposure to 'lad magazines' and drive for muscularity in dating and non-dating young men. *Personality and Individual Differences*, *44*(7), 1610-1616.

Glantz, S. A. (2003). Smoking in movies: A major problem and a real solution. *The Lancet*, *362*(9380), 258.

Glover, J. K. (2016). Redefining realness?: On Janet Mock, Laverne Cox, TS Madison, and the representation of transgender women of color in media. *Souls*, *18*(2-4), 338-357.

Greitemeyer, T., & Mügge, D. O. (2014). Video games do affect social outcomes: A meta-analytic review of the effects of violent and prosocial video game play. *Personality and Social Psychology Bulletin*, *40*(5), 578-589.

Gutschoven, K., & Van den Bulck, J. (2005). Television viewing and age at smoking initiation: Does a relationship exist between higher levels of television viewing and earlier onset of smoking? *Nicotine & Tobacco Research*, *7*(3), 381-385.

Hammond, E. C., & Horn, D. (1954). The relationship between human smoking habits and death rates: A follow-up study of 187 766 men. *Journal of the American Medical Association*, *155*(15), 1316-1328.

Haninger, K., & Thompson, K. M. (2004). Content and ratings of teen-rated video games. *Jama*, *291*(7), 856-865.

Harris, A. (2018). She founded Me Too. Now she wants to move past the trauma. *The New York Times*. www.nytimes.com/2018/10/15/arts/tarana-burke-metoo-anniversary.html.

Hart, K. P. R. (2000). Representing gay men on American television. *The Journal of Men's Studies*, *9*(1), 59-79.

Hartmann, T., Krakowiak, K. M., & Tsay-Vogel, M. (2014). How violent video games communicate violence: A literature review and content analysis of moral disengagement factors. *Communication Monographs*, *81*(3), 310-332.

Hmielowski, J. D., Feldman, L., Myers, T. A., Leiserowitz, A., & Maibach, E. (2014). An attack on science? Media use, trust in scientists, and perceptions of global warming. *Public Understanding of Science*, *23*(7), 866-883.

Ho, H. K. (2016). The model minority in the zombie apocalypse: Asian-American manhood on AMC's *The Walking Dead*. *Journal of Popular Culture*, *49*(1), 57-76.

Hogue, J. V., & Mills, J. S. (2019). The effects of active social media engagement with peers on body image in young women. *Body Image*, *28*, 1-5.

Holbert, R. L., Kwak, N., & Shah, D. V. (2003). Environmental concern, patterns of television viewing, and pro-environmental behaviors: Integrating models of media consumption and effects. *Journal of Broadcasting & Electronic Media*, *47*(2), 177-196.

Horton, D., & Wohl, R. (1956). Mass communication and para-social interaction: Observations on intimacy at a distance. *Psychiatry*, *19*(3), 215-229.

Hunt, K., & Gruszczynski, M. (2019). The influence of new and traditional media coverage on public attention to social movements: The case of the Dakota Access Pipeline protests. *Information, Communication & Society*, 1-17. https://doi.org/10.1080/1369118X.2019.1670228.

Jain, P., & Slater, M. D. (2013). Provider portrayals and patient—provider communication in drama and reality medical entertainment television shows. *Journal of Health Communication*, *18*(6), 703-722.

Johnson, A., Menefee, K., & Sekaran, R. (2019). Progress in advancing Me Too workplace reforms in #20StatesBy2020. *National Women's Law Center*. https://nwlc-ciw49tixgw5lbab.stackpathdns.com/wp-content/uploads/2019/07/final_2020States_Report-9.4.19-v.pdf.

Jolie, A. (2013). My medical choice. *The New York Times*, *14*(05). www.nytimes.com/2013/05/14/opinion/my-medical-choice.html.

Jung, J. (2011). Advertising images of men: Body size and muscularity of men depicted in *Men's Health* magazine. *Journal of Global Fashion Marketing*, *2*(4), 181-187.

Juthe, R. H., Zaharchuk, A., & Wang, C. (2015). Celebrity disclosures and information seeking: The case of Angelina Jolie. *Genetics in Medicine*, *17*(7), 545-553.

Kahlor, L., & Eastin, M. S. (2011). Television's role in the culture of violence toward women: A study of television viewing and the cultivation of rape myth acceptance in the United States. *Journal of Broadcasting & Electronic Media*, *55*(2), 215-231.

Kahlor, L., & Morrison, D. (2007). Television viewing and rape myth acceptance among college women. *Sex Roles*, *56*(11-12), 729-739.

Karami, A., Webb, F., & Kitzie, V. L. (2018). Characterizing transgender health issues in Twitter. *Proceedings of the Association for*

Information Science and Technology, 55(1), 207-215.

Kata, A. (2012). Anti-vaccine activists, Web 2.0, and the postmodern paradigm—an overview of tactics and tropes used online by the anti-vaccination movement. *Vaccine*, 30(25), 3778-3789.

Ladle, R. J., Malhado, A. C. M., Todd, P. A., & Malhado, A. (2010). Perceptions of Amazonian deforestation in the British and Brazilian media. *Acta Amazonica*, 40(2), 319-324.

Lenahan, P. M. (2009). Intimate partner violence: What do movies have to teach us? *International Review of Psychiatry*, 21(3), 189-199.

Liede, A., Cai, M., Crouter, T. F., Niepel, D., Callaghan, F., & Evans, D. G. (2018). Risk-reducing mastec-tomy rates in the US: A closer examination of the Angelina Jolie effect. *Breast Cancer Research and Treatment*, 171(2), 435-442.

McCombs, M. E., & Shaw, D. L. (1972). The agenda-setting function of mass media. *Public Opinion Quarterly*, 36(2), 176-187.

McLean, S. A., Paxton, S. J., Massey, R., Hay, P. J., Mond, J. M., & Rodgers, B. (2014). Stigmatizing attitudes and beliefs about bulimia nervosa: Gender, age, education and income variability in a community sample. *International Journal of Eating Disorders*, 47(4), 353-361.

Mercado, T., Alvarez, A., & Herranz, J. M. (2014). The fracking debate in the media: The role of citizen plat-forms as sources of information. *ESSACHESS—Journal for Communication Studies*, 7(1), 45-62.

Merken, S., & James, V. (2020). Perpetrating the myth: Exploring media accounts of rape myths on "women's" networks. *Deviant Behavior*, 41(9), 1176-1191.

Nattinger, A. B., Hoffmann, R. G., Howell-Pelz, A., & Goodwin, J. S. (1998). Effect of Nancy Reagan's mastectomy on choice of surgery for breast cancer by US women. *Jama*, 279(10), 762-766.

Østbye, T., Miller, B., & Keller, H. (1997). Throw that epidemiologist out of the emergency room! Using the television series ER as a vehicle for teaching methodologists about medical issues. *Journal of Clinical Epidemiology*, 50(10), 1183-1186.

Park, S., & Hoffner, C. A. (2020). Tweeting about mental health to honor Carrie Fisher: How ♯InHonorOfCarrie reinforced the social influence of celebrity advocacy. *Computers in Human Behavior*. https://doi.org/10.1016/j.chb.2020.106353.

Parrott, S., & Parrott, C. T. (2015). US television's "mean world" for white women: The portrayal of gender and race on fictional crime dramas. *Sex Roles*, 73(1-2), 70-82.

Phua, J., Jin, S. V., & Hahm, J. M. (2018). Celebrity-endorsed e-cigarette brand Instagram advertisements: Effects on young adults' attitudes towards e-cigarettes and smoking intentions. *Journal of Health Psychology*, 23(4), 550-560.

Qin, L., Sun, Q., Wang, Y., Wu, K. F., Chen, M., Shia, B. C., & Wu, S. Y. (2020). Prediction of number of cases of 2019 novel coronavirus (COVID-19) using social media search index. *International Journal of Environmental Research and Public Health*, 17(7), 2365.

Redmond, S. (2003). Thin white women in advertising: Deathly corporeality. *Journal of Consumer Culture*, 3(2), 170-190.

Rider, E. (1994). Media portrayals of people with handicaps: Does accuracy matter? *Studies in Popular Culture*, 16(2), 85-93.

Rodgers, R. F., Paxton, S. J., & McLean, S. A. (2014). A biopsychosocial model of body image concerns and disordered eating in early adolescent girls. *Journal of Youth and Adolescence*, 43(5), 814-823.

Rohlinger, D. A. (2002). Eroticizing men: Cultural influences on advertising and male objectification. *Sex Roles*, 46(3-4), 61-74.

Romer, D., Jamieson, P. E., Bushman, B. J., Bleakley, A., Wang, A., Langleben, D., & Jamieson, K. H. (2014). Parental desensitization to violence and sex in movies. *Pediatrics*, 134(5), 877-884.

Romer, D., Jamieson, P. E., & Jamieson, K. H. (2017). The continuing rise of gun violence in PG-13 movies, 1985 to 2015. *Pediatrics*, 139(2), e20162891.

Rothman, E. L. (1999). *White coat: Becoming a doctor at Harvard Medical School*. Morrow.

Rubin, A. M., & Perse, E. M. (1987). Audience activity and soap opera involvement: A uses and effects investigation. *Human Communication Research*, 14(2), 246-268.

Rubin, R. B., & McHugh, M. P. (1987). Development of parasocial interaction relationships. *Journal of Broadcasting & Electronic Media*, *31*(3), 279-292.

Sanderson, J., & Cheong, P. (2010). Tweeting prayers and communicating grief over Michael Jackson online. *Bulletin of Science, Technology & Society*, *30*(5), 328-340.

Schiappa, E., Gregg, P. B., & Hewes, D. E. (2006). Can one TV show make a difference? *Will & Grace* and the parasocial contact hypothesis. *Journal of Homosexuality*, *51*(4), 15-37.

Schneeweis, A., & Foss, K. A. (2017). "Gypsies, Tramps & Thieves": Examining representations of Roma culture in 70 years of American television. *Journalism & Mass Communication Quarterly*, *94*(4), 1146-1171.

Shiva, V., & Bandyopadhyay, J. (1986). The evolution, structure, and impact of the Chipko movement. *Mountain Research and Development*, *6*(2), 133-142.

Singhal, A., & Rogers, E. M. (1999). *Entertainment-education: A communication strategy for social change*. Routledge.

Slater, A., & Tiggemann, M. (2014). Media matters for boys too! The role of specific magazine types and television programs in the drive for thinness and muscularity in adolescent boys. *Eating Behaviors*, *15*(4), 679-682.

Smith, S. G., Zhang, X., Basile, K. C., Merrick, M. T., Wang, J., Kresnow, M., & Chen, J. (2018). *The national intimate partner and sexual violence survey: 2015 data brief—updated release*. Centers for Disease Control and Prevention. www.cdc.gov/violenceprevention/pdf/2015data-brief508.pdf.

Sood, S. (2012). Birth and spread of the world's national parks. Travel. *BBC*. www.bbc.com/travel/story/20120426-travelwise-birth-and-spread-of-the-worlds-national-parks.

Soulliere, D. M. (2003). Prime-time murder: Presentations of murder on popular television justice pro-grams. *Journal of Criminal Justice and Popular Culture*, *10*(1), 12-38.

Tatangelo, G. L., & Ricciardelli, L. A. (2017). Children's body image and social comparisons with peers and the media. *Journal of Health Psychology*, *22*(6), 776-787.

Taylor, D. B. (2020). George Floyd protests: A timeline. *The New York Times*. www.nytimes.com/article/george-floyd-protests-timeline.html.

Te'eni-Harari, T., & Eyal, K. (2015). Liking them thin: Adolescents' favorite television characters and body image. *Journal of Health Communication*, *20*(5), 607-615.

This Is Us: Season three ratings (2019). *TV series finale*. https://tvseriesfinale.com/tv-show/this-is-us-season-three-ratings/

Truman, J. L., & Morgan, R. E. (2014). *Nonfatal domestic violence*. US Department of Justice, Bureau of Justice Statistics. www.bjs.gov/content/pub/pdf/ndv0312.pdf.

Turow, J. (2010). *Playing doctor: Television, storytelling, and medical power*. University of Michigan Press.

Wheeler, D. (2009). The representation of domestic violence in popular English-language cinema. *New Cinemas: Journal of Contemporary Film*, *7*(2), 155-175.

Winsten, J. A. (1994). Promoting designated drivers: The Harvard alcohol project. *American Journal of Preventive Medicine*, *10*(3), 11-14.

第 20 章
消费广告与健康传播

迈克尔·马克特(Michael Mackert)　蒂娜·坎普(Deena Kemp)
丹妮拉·德·卢卡(Daniela De Luca)　雷切尔·埃丝特·林(Rachel Esther Lim)

健康相关产品或健康相关主题的企业广告不仅可以提升其品牌,潜在地提高其商业价值,还可以影响消费者的健康信念和行为,产生积极和消极的结果。鉴于健康相关产品广告的大量预算,人们遇到的最突出的健康信息就是这些商业广告,因此值得健康传播研究人员、从事公共健康工作的人员和政策制定者关注。

本章对健康广告进行综述,同时还详细介绍了成为活跃研究领域的几个特定语境。本章首先介绍广告法规和指南,然后回顾讯息的特点和效果。接着,对如下问题进行述评:直接面向消费者(DTC)的处方药广告,与健康和营养广告相关的问题,商业品牌实施企业社会责任(CSR)的努力,以及面向儿童和青少年的广告。本章最后指出了未来研究的方向。

第 1 节　广告法规和指南

在美国,广告主要由联邦贸易委员会(FTC)控制。《联邦贸易委员会法案》规定并"禁止在任何媒介上发布不公平或欺骗性的广告。也就是说,广告必须说实话,而不是误导消费者"(Federal Trade Commission, 2000,第 6 页)。在与健康相关的广告中,客观的健康效益陈述必须在发布时得到有力、可靠的科学证据的证实(Federal Trade Commission, 2001)。这是为了保护消费者免受欺骗性广告行为的侵害。尽管有规定,许多公司仍然通过推广未经证实的健康陈述来从事此类欺骗行为。例如,美国联邦贸易委员会曾发起一次投诉,指控 POM Wonderful① 做虚假的、未经证实的陈述,声称其产品可以预防或治疗心脏病、前列腺癌和勃起功能障碍(Mello, 2010)。尽管 POM 公司辩称他们的健康陈述得到了医学研究的支持,但联邦贸易委员会称这些广告通过有选择地强调有利的研究而不公开那些说明其局限性的研究,因此具有误导性(Hatch & Buttrick, 2019)。

如果遗漏了相关信息,或者如果陈述暗示某些不真实的事情,与健康相关的陈述就可能会产生误导(Federal Trade

---

① POM Wonderful 是一家私营公司,销售同名品牌的饮料和水果提取物。它由工业化农业夫妇、亿万富翁斯图尔特(Stewart)和雷尼克(Resnick)于 2002 年创立。2010 年,该公司因虚假健康陈述而受到美国联邦贸易委员会的警告。——译者注

Commission, 2000)。一般来说,有五种不同类型的陈述是真实的,但其含义是错误的且是误导性的(Hastak & Mazis, 2011)。

一、省略实质性事实

与健康相关的陈述可能会因省略有关产品的一个或多个实质性事实而产生误导,例如,未揭示正确陈述必需的限制条件。例如,开瑞坦(Claritin)将其氯雷他定制成液体胶囊,并在广告中写道:"氯雷他定液体胶囊(Claritin Liquigels)是新产品。"然而,该陈述未能说明该活性成分已在市场上销售很长时间的事实(Faerber & Kreling, 2014)。这可能会误导消费者,让他们根据产品的物理外观从一项陈述中得出广泛的推论。

二、由于语义混淆而产生误导

与健康相关的一份声明可能会因在广告中使用令人困惑的语言或符号而产生误导。语义混淆的发生是因为一项促销陈述使用了与更熟悉的词或短语相似的词或短语。例如,一家意大利面品牌将他们的新酱汁介绍为"新鲜意大利",但该酱汁中含有再加工的番茄。

三、属性内误导

一项陈述中的某个特定属性可能导致对同一属性的误导性推断。当消费者推断说标记上的属性对该品牌是独一无二之时,**属性独一无二性**(attribute uniqueness)的陈述就产生了。例如,"品牌 X 不含胆固醇"可以解释为品牌 X 是唯一不含胆固醇的品牌。此外,当消费者推断说该产品比其实际性能好得多时,就会出现一种叫**属性性能**(attribute performance)的陈述。例如,"含有燕麦麸"可以解释为该产品含有大量燕麦麸。

四、属性间误导

关于一个属性的宣称可能会导致对该产品另一个属性的误导性推论。例如,品牌 X 的胆固醇含量低;因此,品牌 X 的脂肪含量很低。这是基于消费者的这种信念,即认为这些属性——胆固醇和脂肪——是相关的。

五、基于来源的误导

通过使用带有偏见的专家或消费者推荐,广告代言可能会产生误导。消费者可能会将专家的代言解读为具有代表性的抽样,但营销人员选择的对象可能只包括支持该主张的人。

尽管联邦贸易委员会主要监管广告,但其指南在实践中往往含糊不清。这给广告商带来了挑战,即他们在做一个可有效销售其产品的商业讯息文案的同时要做出道德决策(Drumwright & Murphy, 2009)。例如,联邦贸易委员会没有提供关于如何传播免责陈述标签的具体指南,即强制性要求免责陈述要澄清广告中可能产生的误导性或欺骗性陈述(Stern & Harmon, 1984)。在模棱两可的指南下,制造商可以合法地但可能不符合伦理地使用免责陈述,这些免责陈述快速传递复杂或负面信息,但消费者却是无法理解的(Herbst et al., 2013)。

同样,联邦贸易委员会依靠酒精行业的自律标准来控制针对未成年人群体的酒精广告内容或展示位置(Federal Trade Commission, 2000)。作为一项自我监管的努力,公司贴上了禁止未成年人饮酒的警告标签,但警告标签的有效性值得怀疑,因为没有关于如何传播这类信息的具体指南。此外,考虑到广告商有权自行决定警示标签讯息和社会责任讯息的制作和摆放方式,这些信息往往仍然可以用于促销品牌及其产品(Smith et al., 2014)。

本节说明了在健康相关广告语境下法规如何运作的一般原则。尽管法规有助于保护消费者免受不公平和欺骗性广告行为的侵害,但仍需要更多研究来了解这些法规的局限性,以及自愿性标准在保护和促进消费者健康方面的有效性。

第 2 节 讯息特征和效果

了解与健康相关的产品广告如何影响品牌和健康结果,一直是讯息特征和效果研究的重点。品牌成果包括:产品认知,如营养价值或健康度;品牌评价,如品牌质量或信誉;消费行为,包括购买意向、产品转换和品牌忠诚度。人们已在个人和人群层面上对健康相关结果进行了检查。个人健康结果可能包括:寻求有关某些健康状况的信息或预约一个健康护理提供者,使用健康产品或停止使用不健康产品的意愿,或执行其他类健康行为,如锻炼或饮食依从性。人口层面的研究着眼于一个社会的某种行为的普遍性,如富含纤维的谷物的销售或对营养补充剂的需求,特别是在广告实践或政策发生变化之后(Rao & Wang, 2017)。有一项著名研究,应用了解释学框架,探索消费者体验和理解健康相关广告的各种方式(参见 Dodds et al., 2008)。批判的文化的视角虽有局限性,但质疑了关于广告对健康产生影响的信念,质疑了检视广告对健康产生影响的常用方法,一些人主张更加关注社会力量(见 Hoek & Gendall, 2006)。尽管如此,本研究主要遵循后实证主义范式,试图预测讯息对消费者态度、意图和行为的影响。

在理想情况下,与健康相关的广告会有积极的品牌和健康结果。一项研究发现,接触他汀类药物广告与增加锻炼之间存在明显关系(Niederdeppe et al., 2017)。然而,品牌和健康结果也可能相悖,因为同一项研究发现,接触这些广告与快餐店访问量的增加密切相关。将一个产品视为健康产品,可能会使品牌受益,尤其是当这种看法增加了产品消费时。但是,如果这种看法不准确或具有误导性,它可能会破坏健康结果。相反,如果将某产品视为健康产品,但使其变得不那么吸引人,那么销售量可能会下降,消费者可能会选择不那么健康的替代品。

广告通常塑造人们对产品健康效益的看法,这是通过在广告中包含有关其产品内容或功能的陈述来实现的。**内容陈述**是指关于一个产品的配方或成分的陈述(例如,营养成分陈述)。内容陈述可能会突出被视为健康的产品属性(例如,抗氧化剂含量高),或者表明一个产品不包含或含有很少的被视作不健康的元素(例如,不含双酚 A,低钠)。**功能性陈述**源自将"功能性食品"定义为具有生理活性功能的食品监管指南(Yamada et al., 2008),此类陈述可能暗示使用某种产品与实现某种健康结果之间的关联。尽管对预防或治疗疾病的陈述有限制,但品牌可以对正常的身体功能做出陈述,例如,宣称"钙可以强健骨骼"(联邦药物管理局,Federal Drug Administration, 2018)。简单地列出已知的、具有某种健康功能的成分可以带来更积极的产品评价(Chrysochou & Grunert, 2014)。

健康陈述也可能产生**光环效应**(halo effect)。通过提及健康成分或自然过程造成的印象,可能会延伸到将产品的其他方面视为健康,即使从逻辑上来说,这样的观点并不合理。已发现很多不健康产品具有光环效应,例如,圣菲达美国自然精神烟草公司(Natural American Spirit Cigarettes)在广告中使用水和植物的景象,以此指向生态友好型过程(Iles et al., 2020)。

工艺陈述尤其可能触发启发式处理——绕过对该产品的批评性分析(Gomez, 2013)。工艺陈述包括诸如非转基因、有机或纯天然等讯息,这些讯息指的是产品如何被生产出来的,而不是它们的内容或功能性健康效益。重复可疑的健康陈述也可能增强消费者认为陈述有效的看法。这种所谓的**真相效应**似乎也受到情感诉求的支持,消费者关注他们的感受而不是系统地处理陈述的有效性(Sundar et al., 2015)。光环效应和真相效应可以部分解释以下发现:不健康产品的电视广告比健康产品的广告更频繁地做出健康陈述(H. J. Yoon et al., 2009)。

尽管已有证据证明,功能陈述和工艺陈述都会积极影响消费者把一个产品视为健康的看法,但关于健康陈述是否对品牌评价具有类似的积极影响,结果却是喜忧参半。在某些情况下,认为"某个产品很健康"的消费者可能会推断出负面属性,并降低购买意愿(Steinhauser et al., 2019)。例如,声称一种产品"糖的卡路里含量为零"可能表明它味道不好,并且有一些"非自然"行为改变了产品的内容。

研究人员已经确定了许多可以提高健康陈述有效性的因素。佩克及其同事(Paek and colleagues, 2011)发现,添加参数框或数字参考百分点,将一个产品的脂肪含量与类似产品中的脂肪含量进行比较,会使消费者认为该产品的脂肪和卡路里含量较低。有参数化讯息的品牌,其评价和购买意愿也更高。健康护理提供者、名人和产品用户的代言,以及第三方的认可印章,也提高了健康陈述的影响力(Mineo, 2019)。

但是,这些策略可能仅适用于某些产品。**匹配假设**(match-up hypothesis)建议消费者评估健康陈述和产品类别的兼容性。尽管无论产品类别如何,健康陈述都会提高人们对健康的感知,但比起陈述与非健康产品搭配,与健康产品搭配似乎更能影响人们对品牌的评估(Choi et al., 2012)。然而,如果健康陈述看起来合理,不健康的产品可能仍会受益。一项针对含糖饮料广告的调查发现,品牌通常将其饮料定位为促进更广泛的健康和幸福目标,如帮助放松(Brownbill et al., 2020)。郑和金(Cheong & Kim, 2011)应用图式一致性理论(schema congruity theory)的研究发现,与完全一致或不一致的陈述相比,稍微不一致的陈述-产品匹配(比如,巧克力的健康陈述或豆浆的口味陈述)得到了更有利的评价。

消费者特征也在调节健康陈述的影响中发挥作用。具有较高健康相关知识水平和健康意识的人可能会更加关注陈述。这些消费者似乎发现陈述更可信,导致他们表达更有利的评价和购买意向,尽管他们也可能对陈述中未涵盖的成分或内容更加挑剔(Paek et al., 2011)。以前对产品的体验和对品牌的积极看法也可以提高可信度和影响力(Choi & Reid, 2018)。在消费者对健康相关广告的反应中发现了明显的文化差异。例如,戈麦斯和托雷利(Gomez & Torelli, 2015)发现,当文化认同突出时,法国消费者对含有营养信息的产品的评价比美国消费者更负面。作者将此归因于文化规范的差异,即关于食物享受方面以及在看待营养信息对健康产生的结果时,聚焦于功利主义。除了文化认同之外,消费者对促进健康效益或预防健康风险的消费关注点各不相同,以及他们对保护自己与保护他人的关注程度也各不相同。广告商有可能根据这些特征,将收益对损失框架以及独立对互相依赖的信息框架进行匹配,以吸引消费者(Lee et al., 2018)。

广告规范不仅影响广告商可以做出的陈述的性质,例如,禁止香烟广告声称吸烟对健康有积极影响(Witkowski, 1991),还可能引入其他因素,这些其他因素影响消费者对健康陈述和健康相关广告的回应方式。许多政府强制要求在某些与健康相关的产品中包含产品警告。作为一种讯息特征,产品警告通常旨在通过降低产品和品牌吸引力来减少消费(Niederdeppe et al., 2019)。然而,警告也可能产生回旋镖①效应(boomerang effects),从而增加消费,并对健康结果产生负面影响(Werle & Cuny, 2012)。

第3节 直接面向消费者的药品广告

只有美国和新西兰允许对直接面向消费者的处方药打广告。2018年,美国直接面向消费者处方药广告支出估计为64.6亿美元(Guttmann, 2019)。据估计,在一年内,美国消费者平均在电视上观看大约16小时的直接面向消费者的药品广告(Mulligan, 2011)。

美国食品药品监督管理局允许直接面向消费者做处方药广告的理由是,"如果做得恰当,处方药广告可以为消费者提供有关新处方和现有处方药新适应证的重要信息,以及提供有关可治疗的疾病和其他病症的信息"("The Impact of", 2005, 第30页)。研究直接面向消费者的广告有两个主要途径:① 研究开处方者和患者如何处理直接面向消费者的广告并做出反应;② 分析不同类型的广告内容以评估直接面向消费者的广告药品内容。

奥顿(Auton, 2004)在一篇广泛的述评中总结道,直接面向消费者做广告的相关研究既揭示了担忧,也揭示了效益。直接面向消费者打广告的潜在好处的例子是,可提高护理质量,减少某些疾病的治疗不足,提高对处方药的依从性,提高消费者对其健康状况的认识,以及教育消费者(Auton, 2004)。潜在的担忧包括:使健康护理成本增加,导致不恰当的过度诊断和处

---

① 回旋镖,出自澳大利亚原住民使用的武器,比喻投出后如击不中目标会飞回原处。——译者注

方，对健康护理提供者与患者的关系产生负面影响，无法关注到受健康差异影响的人群，以及对老龄化常见状况医疗化(Auton, 2004; Kaphingst, Rudd et al., 2004)。

直接面向消费者研究的一个重要领域侧重于健康素养——人们如何获取、理解、使用和传播健康信息(Berkman et al., 2010)。在对电视广告的研究中，卡芬斯特、德容及其同事(Kaphingst, Dejong et al., 2004)发现，与风险相比，消费者有更多时间来处理有关收益的信息；此外，大多数广告混合了医疗和非专业语言以及难以阅读的文字。旨在补充电视广告的书面材料通常高于八年级阅读水平，尽管八年级是面向普通公众的推荐水平(Kaphingst, Rudd et al., 2004)。卡芬斯特等人(Kaphingst et al., 2005)专门研究了文化程度低的成年人如何处理电视广告，结果发现，参与者在回答阅读理解问题时只对了59%。

直接面向消费者打广告为一系列健康传播研究提供了重要语境，例如，直接面向消费者打广告如何启动信息搜索(Jiang, 2018)，如何启动框架陈述与消费者对风险陈述的解释之间的联系(Aikin et al., 2020)，以及如何启动广告中不同数量的量化信息的差异效果(Sullivan et al., 2019)。在考虑这一更广泛的文献系列时，重要的是要认识到消费者不了解有关直接面向消费者打广告的规定；大多数人认为广告必须事先获得政府批准，43%的人认为只有"完全安全"的药物才可以做广告，21%的人认为只有"极其有效"的药物才可以做广告(Bell et al., 2000)。对直接面向消费者打广告进行持续研究尤为重要，既可以指导直接面向消费者打处方药广告的政策制定，也可以作为一种方法，去指导将来直接面向消费者的、复杂的健康产品(例如，遗传基因检测服务和手术植入医疗设备)的广告行为(Mackert et al., 2013)。

第4节 减肥、营养和身份

在对减肥和营养做广告时，重要的是要考虑受众如何处理陈述。根据科斯凯拉(Koskela, 2014)的说法，鼓励消费者减肥的广告在很大程度上依赖于外表与健康的重要性。同时，鼓励使用减肥产品(例如，运动器材、膳食补充剂)的广告诉诸易用性和短期产品功效。这些广告可以减轻消费者对饮食的负罪感，对配方安全性的怀疑以及对价格的担忧。

对广告与身体形象之间的关系的研究由来已久，因为人们持续表现出对身体外观的关注(Holland & Tiggemann, 2016)。在过去的30年中，研究发现男性对身体的不满意率正在上升(参见Pope et al., 2017)，这使得他们与女性一样容易对身体产生不满(Ralph-Nearman & Filik, 2018)。理想化的身体形象随着时间的推移而演变，最近它更倾向于健身而不是瘦身(Peng et al., 2019)。因此，年轻人经常从事增肌活动，通过食用膳食补充剂来获得理想的体形(Stanford & McCabe, 2005)。

有两家实体机构负责监管膳食补充剂。联邦贸易委员会对广告实施管辖权，美国食品药品监督管理局处理标签陈述。1994年，《膳食补充剂健康和教育法案》(Dietary Supplement Health and Education Act, DSHEA)的颁布导致广告业发生变化(DeLorme et al., 2012)。为了改善对补充剂信息的访问，美国食品药品监督管理局扩大了膳食补充剂的法律定义，撤销了制造商在为产品做广告之前证明安全性的义务，并宣布美国食品药品监督管理局是确定产品是否不安全的责任实体。它允许公司添加免责陈述，即宣称产品未经美国食品药品监督管理局批准(DeLorme et al., 2012)，这导致了补充剂生产商及其广告的增加。

鉴于这些变化，阿莫司和斯皮尔斯(Amos & Spears, 2010)研究了减肥广告中本能线索(visceral cues)的影响。通过操纵这些因素，如前后对比照片和起效迅速程度，他们发现这些线索会影响个体对广告和产品的态度、购买冲动和购买意愿，但这些影响的大小会因个体对于体重的重视程度而变化。阿莫司和格劳(Amos & Grau, 2011)调查了怀疑论的作用，发现怀疑论对于个人购买冲动的本能线索的影响不太大。德洛姆及其同事(DeLorme et al., 2012)认为，服用膳食补充剂的消费者更有可能相信他们知道如何对其进行评估，但许多人缺乏批判性的评估技能，并且对广告的怀疑不够。

减肥广告中常见的另一个因素是代言人的存在，无论是名人还是领域专家。名人代言人比健康专家更能影响广告的受欢迎程度和可信度(Wu et al., 2012)。在男性中,运动员代言人的可信度与个体身体形象之间存在反比关系(Pickett & Brison, 2019),这表明面向那些对身体自我认知消极的人群做减肥产品广告,将运动员名人包括在内是一种行之有效的方式。身体形象问题与长时间接触此类广告有关。诺布洛赫-韦斯特维克和罗梅罗(Knobloch-Westerwick & Romero, 2011)认为,人们要么避免进行威胁性比较,要么重新解释信息以避免自我气馁效果。然而,当研究人员操纵身体改善的可达性时,对身体不满意的参与者会长时间观看理想的身体图像。这些发现表明,个人倾向于将自己与广告模特进行比较,如果目标看起来可以实现,个人将体验到情感上鼓舞人心的效果,从而增加他们接触广告的欲望。然而,如果他们认为无法达到标准,情绪结果将是自我气馁效果——回避(Knobloch-Westerwick & Romero, 2011)。

食用健康食品和补充剂以及购买运动装备,其原因通常是社会、心理和经济因素的结合(Conner et al., 2003)。广告实践试图通过突出内在和外在奖励来吸引人们做出这些行为。一些广告诉诸人们不费吹灰之力就可以对自己的身体感到满意,而另一些广告则涉及社会认可。描述性(descriptive)和强制性规范(injunctive)(参见计划行为理论;Ajzen, 1991)在个人对减肥和健康产品的兴趣中起着关键作用。描述性规范指的是那些看似典型的行为,而强制性规范指的是个人认为该行为是他们所期望的行为(Lim et al., 2020)。林及其同事(Lim et al., 2020)调查了在广告中诉诸这些规范的有效性,发现描述性规范强化了第三人效应(参见 Lim et al., 2008)。这些发现表明,个体认为诉诸描述性规范的广告策略对他人的影响大于对自己的影响。然而,强制性规范的存在实际上对参与者自身产生了更大的影响。在社交媒介语境下,意见领袖通过这些社会规范在影响减肥产品的购买意向方面发挥着重要作用(Raghupathi & Fogel, 2013)。

现在,人们可以轻松获取营养信息,并开始意识到一种健康生活方式的重要性。尽管这导致健康食品选择广告的增长,但也带来了一个特殊的挑战——健康与口味陈述。崔和斯普林斯顿(Choi & Springston, 2014)评估了广告中健康与口味吸引力的有效性,发现人们倾向于认为美味的食物不健康。然而,当广告显示两种健康诉求时,广告消费者认为该广告食品比那些包含口味陈述的广告食品更健康。同样,比亚尔科娃等人(Bialkova et al., 2016)评估了营养陈述如何影响评估和产品选择。他们发现味道陈述影响了实际的口味体验,尽管健康陈述并没有增加消费者对健康的看法。那些接触过健康效益陈述的人对产品的口味评价更差,购买意愿也更低。

第 5 节 企业社会责任

企业社会责任(corporate social responsibility)是企业做出的一种改善社会幸福的承诺,是通过自主经营实践以及将企业资源贡献出来以造福休戚相关的社会来实现的(Kotler & Lee, 2005)。近来,对公司解决社会健康和幸福问题的需求不断增加(BSR, 2013),公司越来越多地通过企业社会责任做出回应(Barata-Cavalcanti et al., 2020)。事实上,市场研究表明,90%的受访中层市场高管表示他们的企业履行了企业社会责任,其中近一半表示他们的企业支持社区健康和幸福事业(RSM, 2018)。此外,德勤(Deloitte, 2019)表示,98%的受访公司报告称,他们重新制定了部分产品组合,以符合健康和幸福政策。这些例子表明,健康问题正在成为企业社会责任议程的一部分。

企业社会责任受到商界和学术界的关注,不仅因为它可以增进利益相关者的幸福和健康,还因为它可以产生积极的商业利益(Du et al., 2010)。事实上,消费者对担负企业社会责任的公司表现出良好的态度(Chernev & Blair, 2015)。这些积极反应通常会转移到他们对促进中的健康行为的评估中(Du et al., 2008)。鉴于此,本文献讨论了消费者对企业社会责任活动做出明显反应的关键心理过程,这些社会责任活动有助于公司实现商业和社会双重目标。

消费者如何归因一个公司的企业社会责任动机,通常会影响他们随后对该公司及其社会倡议的判断(Ellen et al., 2006)。理想情况是,消费者认为公司是出于利他的原因发出一种社会倡议(Sen & Bhattacharya, 2001)。当消费者感知到企业社会责任中的公益动机时,他们通常会做出积极回应(Chernev & Blair, 2015)。然而,消费者意识到营利性公司的存在就是为了赚取利润,因此,当消费者找到理由质疑企业社会责任行为背后的动机时,他们通常不会做出积极评价(Y. Yoon et al.,2006)。当他们注意到自私动机时,他们会对公司的企业社会责任做出进一步的负面反应(Wagner et al.,2009)。因此,公司理解影响消费者对公司社会责任动机归因的因素是至关重要的。

契合度是促使消费者对公司的企业社会责任倡议做出反应的另一个关键因素。当该公司与其支持的社会事业高度一致时,消费者通常认为该社会倡议是恰当的;然后,消费者会积极评价该社会倡议(Becker-Olsen et al.,2006)。相反,当消费者认为公司与其社会倡议不一致时,他们通常会更孜孜不倦地质疑该公司在其企业社会责任背后的动机。这些想法反过来会对公司的企业社会责任倡议产生负面评价(Rifon et al.,2004)。

此外,消费者经常质疑有争议的公司(如烟草和酒类公司)的企业社会责任倡议的真实性。有争议的行业经营的业务与健康等社会价值观的冲突较大(Kotchen & Moon,2012)。他们的企业社会责任倡议通常被认为是矛盾的,其动机侧重于纠正他们不负责任的行为(Palazzo & Richter,2005)。例如,消费者通常不愿意积极响应烟草公司的企业社会责任健康倡议,因为这类公司的核心业务对健康有负面影响。事实上,当菲利普·莫里斯(Philip Morris)发起反吸烟运动时,反吸烟活动家严厉批评该公司在宣扬这一信息的同时仍在世界各地销售令人上瘾和致命的产品(Waa et al.,2020)。世界卫生组织(WHO)将烟草公司的企业社会责任行为称为"内在矛盾"(World Health Organization,2004)。

同样,公众对酒类行业的企业的社会责任举措表现出高度怀疑,因为饮酒与健康和社会问题密切相关(Babor & Robaina,2013)。该行业的企业在社会责任方面的努力,如赞助科学研究和促进自愿自律标准,都被视为管理酒精相关健康问题与改善其公众形象的一种工具(Babor & Robaina,2013)。此外,作为企业社会责任议程的一部分,该行业致力于向消费者传播负责任的饮酒信息。然而,"理性饮酒"信息的有效性受到质疑和批评,因为其含糊不清的信息通常用于推广产品而不是保护公众(Smith et al.,2014)。研究人员对策略性模棱两可的"责任"信息表示担忧,这种信息可能对企业信誉产生负面影响(Torres et al.,2007)。

第6节 面向儿童和青少年的广告

机构投资于针对儿童和青少年的广告,因为他们在购物上花费数十亿美元并对家庭采购决策有重大影响(Lapierre et al.,2017)。然而,这是一个值得关注的问题,因为面向儿童和青少年的广告经常会引起不健康的饮食行为(Boyland et al.,2016)。

斯多瑞和弗朗奇(Story & French,2004)认为,在电视广告、学校营销、产品摆位、互联网以及针对青年人的促销活动中,高糖和高脂肪的食物被推销给儿童。尽管由于2014年颁布了《儿童食品和饮料广告倡议》(CFBAI),此类广告有所减少,但埃尔西和哈里斯(Elsey & Harris,2016)认为品牌曝光度仍然过高,并且在真人秀节目中更为常见,这比传统电视广告更有效地影响儿童和青少年(Harris et al.,2009)。

埃利奥特(Elliot,2009)认为,交叉销售是影响儿童食物选择的一种有效工具(例如,广告中的超级英雄),因为决定的基础是产品的美学以及它看起来是否美味。孩子们很难将幻想与现实区分开来,也很难理解广告中的劝服意图(Calvert,2008)。随着孩子年龄的增长,广告商会根据孩子的理解水平需求调整技巧。例如,广告可能不再使用卡通,而是展示名人代言人(Boyland et al.,2012)。青少年在青春期之前就开始对广告中出现的其他因素表现出兴趣。例如,迪克松及其同事(Dixon et al.,2014)发现,青春期前男性和女性儿童都喜欢广告把产品说成是高营养的,只有男性对由男性体育名人代言的产品感兴趣,而奖券销售不会影响男性或女性青少年对产品的偏好。

提恩尼-哈拉里和艾亚尔(Te'Eni-Harari & Eyal,2020)认为,针对青少年的食品广告会产生额外的间接影响。他们认为广告通常展示推销不健康食品的苗条模特,因此研究了青少年对食品广告的看法。他们发现,尽管许多收看广告者表现出对广告的怀疑态度,但大多数人已经内化了以瘦为理想以及满足食用垃圾食品这种社会期待。布朗和威瑟斯彭(Brown & Witherspoon, 2002)认为广告会导致某种理想外貌的内化,鉴于研究把以瘦为美与对身体的不满联系起来,这种内化令人担忧(Rice et al., 2016)。

随着社交媒介的出现,品牌植入在针对儿童和青少年的广告中变得越来越普遍(Van Reijmersdal et al., 2017)。品牌植入是指将品牌产品嵌入大众媒介中(Karrh, 1998)。随着青少年在社交网站和游戏上花费的时间越来越多,品牌植入也适应了在线环境(Van Reijmersdal et al., 2010)。根据埃尔南德斯和查帕(Hernandez & Chapa, 2010)的说法,喜欢广告游戏(比如,专门围绕产品或服务设计的旨在促销产品的游戏)的青少年更有可能识别和记住品牌。同样,赞助信息披露似乎并没有削弱广告的劝服力,而是实际上增加了青少年的品牌记忆(Van Reijmersdal et al., 2017)。此外,青少年更有可能在网上分享个人信息(Walrave & Heirman, 2013)并喜欢广告个性化(Walrave et al., 2018),只有当广告看起来具有欺骗性或干扰他们的社交媒介互动时,他们才会关心隐私(Youn & Shin, 2019)。

第 7 节 未来研究与本章结论

健康相关产品和服务的广告是消费者每天都会接触到的大量健康信息的来源,这使得它们成为健康传播研究的一种丰富语境。可以吸取的教训可能不仅适用于品牌或产品广告,还需要研究人员和政策制定者理解并区分在研究健康相关广告时,利润动机在更广泛影响中扮演的角色。

纵观与健康相关的广告研究文献,仍有机遇将这一领域推进到一般和特定专业范围内。例如,尽管一些研究聚焦于制作与健康相关广告的广告专业人士(Mackert, 2011),但仍有大量机会可以更好地理解广告从业人士用来创建讯息的过程,随后这些讯息被研究人员大量用于研究健康传播和公共健康。例如,这有助于更好地了解与健康相关的广告法规如何影响广告从业人员的工作。这种理解可能有助于衡量有意和无意的广告效果,可以指导未来政策和法规的改进。还有机会更好地了解广告如何导致种族差异,例如,在种族媒介上出现或不出现的那些产品广告类型——烟草、酒精、加工食品等——以及缺乏针对一些族群的健康产品广告(Henderson & Kelly, 2005)。同样,对跨文化语境的进一步研究,将有助于理解各国之间广告政策和实践差异的交汇面,以及与消费和健康相关的文化认同的影响力。技术进步使有针对性的广告、识别技术和视觉见证成为可能,这些技术为智能手机应用程序做广告,为私人教练和营养师在线订阅做广告(Barnes et al., 2019)。据我们所知,很少有研究评估这种类型的广告。这项技术带来了新的广告机会,例如,"健身灵感"("fitspiration")这类社交媒介上的有影响力的人的作用,这些人可能正在推广健康相关产品。需要更多地了解这些有影响力的人在促销什么,以及消费者如何看待他们所做的代言。

丰富对儿童广告的研究存在大量机会,可以纳入更多与食品和饮料无关的健康相关广告,比如运动服装和装备广告,或膳食补充剂和日常复合维生素广告。为补充这些研究,需要更多地了解广告如何影响人际关系,尤其是围绕健康展开的家庭和社会互动。

许多研究调查了企业社会责任在商业利益方面的作用,但很少有人研究其对健康结果的影响。随着健康价值观成为企业社会责任议程不可或缺的一部分以及公众对健康问题的兴趣增加(Barata-Cavalcanti et al., 2020),研究应侧重于企业赞助的健康倡议如何促进健康改善以及疾病预防行为。

健康相关产品和服务广告是一个丰富多样的研究语境,部分原因在于它的普及性:这些广告无处不在,有劝服力的讯息可以影响人们的健康决定和行为。这是未来研究的一个特别令人兴奋的领域,因为它有机会立足于广告和健康传播双重学术领域,并为之做出贡献。

参考文献

Aikin, K. J., Betts, K. R., Boudewyns, V., Johnson, M., & Davis, C. N. (2020). Consumer responses to framing statements preceding the major risk statement in prescription drug DTC TV ads. *Research in Social and Administrative Pharmacy*, 16(9), 1237-1247.

Ajzen, I. (1991). The theory of planned behavior. *Organizational Behavior and Human Decision Processes*, 50(2), 179-211.

Amos, C., & Grau, S. L. (2011). Does consumer scepticism negate the effects of visceral cues in weight loss advertising? *International Journal of Advertising*, 30(4), 693-719.

Amos, C., & Spears, N. (2010). Generating a visceral response: The effects of visceral cues in weight loss advertising. *Journal of Advertising*, 39(3), 25-38.

Auton, F. (2004). The advertising of pharmaceuticals direct to consumers: A critical review of the literature and debate. *International Journal of Advertising*, 23(1), 5-52.

Babor, T. F., & Robaina, K. (2013). Public health, academic medicine, and the alcohol industry's corporate social responsibility activities. *American Journal of Public Health*, 103(2), 206-214.

Barata-Cavalcanti, O., Costa, S. A., Ferris, E., Guillermin, M., Palmedo, C., Crossley, R., & Huang, T. T. K. (2020). Benchmarking food and beverage company investment in healthful eating and active living initiatives. *Corporate Social Responsibility and Environmental Management*, 27(2), 1051-1068.

Barnes, K., Beach, B., Ball, L., & Desbrow, B. (2019). Clients expect nutrition care to be provided by personal trainers in Australia. *Nutrition and Dietetics*, 76(4), 421-427.

Becker-Olsen, K. L., Cudmore, B. A., & Hill, R. P. (2006). The impact of perceived corporate social responsibility on consumer behavior. *Journal of Business Research*, 59(1), 46-53.

Bell, R. A., Wilkes, M. S., & Kravitz, R. L. (2000). The educational value of consumer-targeted prescription drug print advertising. *Journal of Family Practice*, 49(12), 1092-1098.

Berkman, N. D., Davis, T. C., & McCormack, L. (2010). Health literacy: What is it? *Journal of Health Communication*, 15(S2), 9-19.

Bialkova, S., Sasse, L., & Fenko, A. (2016). The role of nutrition labels and advertising claims in altering consumers' evaluation and choice. *Appetite*, 96, 38-46.

Boyland, E. J., Harrold, J. A., Kirkham, T. C., & Halford, J. C. G. (2012). Persuasive techniques used in television advertisements to market foods to UK children. *Appetite*, 58(2), 658-664.

Boyland, E. J., Nolan, S., Kelly, B., Tudur-Smith, C., Jones, A., Halford, J. C. G., & Robinson, E. (2016). Advertising as a cue to consume: A systematic review and meta-analysis of the effects of acute exposure to nhealthy food and nonalcoholic beverage advertising on intake in children and adults. *American Journal of Clinical Nutrition*, 103(2), 519-533.

Brown, J. D., & Witherspoon, E. M. (2002). The mass media and American adolescents' health. *Journal of Adolescent Health*, 31(6S), 153-170.

Brownbill, A. L., Miller, C. L., Smithers, L. G., & Braunack-Mayer, A. J. (2020). Selling function: The advertising of sugar-containing beverages on Australian television. *Health Promotion International*, 1-12.

BSR (2013). *A new CSR frontier: Business and population health*. www.bsr.org/reports/BSR_A_New_CSR_Frontier_Business_and_Population_Health.pdf.

Calvert, S. L. (2008). Children as consumers: Advertising and marketing. *Future of Children*, 18(1), 205-234.

Cheong, Y., & Kim, K. (2011). The interplay between advertising claims and product categories in food advertising: A schema congruity perspective. *Journal of Applied Communication Research*, 39(1), 55-74.

Chernev, A., & Blair, S. (2015). Doing well by doing good: The benevolent halo of corporate social responsibility. *Journal of Consumer Research*, 41(6), 1412-1425.

Choi, H., Paek, H. J., & Whitehill King, K. (2012). Are nutrient-content claims always effective? Match-up effects between product type and claim type in food advertising. *International Journal of Advertising*, 31(2), 421-443.

Choi, H., & Reid, L. N. (2018). Promoting healthy menu choices in fast food restaurant advertising: Influence of perceived brand healthiness, brand commitment, and health consciousness. *Journal of Health Communication*, 23(4), 387-398.

Choi, H., & Springston, J. K. (2014). How to use health and nutrition-related claims correctly on food advertising: Comparison of benefit-seeking, risk-avoidance, and taste appeals on different food categories. *Journal of Health Communication*, 19(9), 1047-1063.

Chrysochou, P., & Grunert, K. G. (2014). Health-related ad information and health motivation effects on product evaluations. *Journal of Business Research*, 67(6), 1209-1217.

Conner, M., Kirk, S. F. L., Cade, J. E., & Barrett, J. H. (2003). Environmental influences: Factors influencing a woman's decision to use dietary supplements. *Journal of Nutrition*, 133(6), 1978-1982.

Deloitte (2019). *Health & wellness progress report*. https://www2.deloitte.com/content/dam/Deloitte/au/Documents/consumer-industrial-products/deloitte-au-health-wellness-progress-report-2019-120319.pdf.

DeLorme, D. E., Huh, J., Reid, L. N., & An, S. (2012). Dietary supplement advertising in the US: A review and research agenda. *International Journal of Advertising*, 31(3), 547-577.

Dixon, H., Scully, M., Niven, P., Kelly, B., Chapman, K., Donovan, R., Martin, J., Baur, L. A., Crawford, D., & Wakefield, M. (2014). Effects of nutrient content claims, sports celebrity endorsements and premium offers on pre-adolescent children's food preferences: Experimental research. *Pediatric Obesity*, 9(2), e47-e57.

Dodds, R. E., Tseëon, E., & Weitkamp, E. L. (2008). Making sense of scientific claims in advertising. A study of scientifically aware consumers. *Public Understanding of Science*, 17(2), 211-230.

Drumwright, M. E. O., & Murphy, P. E. (2009). The current state of advertising ethics: Industry and academic perspectives. *Journal of Advertising*, 38(1), 83-108.

Du, S., Bhattacharya, C. B., & Sen, S. (2010). Maximizing business returns to corporate social responsibility (CSR): The role of CSR communication. *International Journal of Management Reviews*, 12(1), 8-19.

Du, S., Sen, S., & Bhattacharya, C. B. (2008). Exploring the social and business returns of a corporate oral health initiative aimed at disadvantaged Hispanic families. *Journal of Consumer Research*, 35(3), 483-494.

Ellen, P. S., Webb, D. J., & Mohr, L. A. (2006). Building corporate associations: Consumer attributions for corporate socially responsible programs. *Journal of the Academy of Marketing Science*, 34(2), 147-157.

Elliott, C. D. (2009). Healthy food looks serious: How children interpret packaged food products. *Canadian Journal of Communication*, 34(3), 359-380.

Elsey, J. W. B., & Harris, J. L. (2016). Trends in food and beverage television brand appearances viewed by children and adolescents from 2009 to 2014 in the USA. *Public Health Nutrition*, 19(11), 1928-1933.

Faerber, A. E., & Kreling, D. H. (2014). Content analysis of false and misleading claims in television advertising for prescription and nonprescription drugs. *Journal of General Internal Medicine*, 29(1), 110-118.

Federal Drug Administration (2018). *Label claims for food & dietary supplements*. www.fda.gov/food/food-labeling-nutrition/label-claims-conventional-foods-and-dietary-supplements.

Federal Trade Commission (2000). *Advertising and marketing on the internet: Rules of the road*. www.ftc.gov/system/files/documents/plain-language/bus28-advertising-and-marketing-internet-rules-road2018.pdf.

Federal Trade Commission (2001). *Dietary supplements: An advertising guide for industry*. www.ftc.gov/system/files/documents/plain-language/bus09-dietary-supplements-advertising-guide-industry.pdf.

Gomez, P. (2013). Common biases and heuristics in nutritional quality judgments: A qualitative exploration. *International Journal of Consumer*

Studies, *37*(2), 152-158.

Gomez, P., & Torelli, C. J. (2015). It's not just numbers: Cultural identities influence how nutrition information influences the valuation of foods. *Journal of Consumer Psychology*, *25*(3), 404-415.

Guttmann, A. (2019). *Pharma DTC ad spend in the U.S. 2018*. Statistsa.

Harris, J. L., Brownell, K. D., & Bargh, J. A. (2009). The food marketing defense model: Integrating psychological research to protect youth and inform public policy. *Social Issues and Policy Review*, *3*(1), 211-271.

Hastak, M., & Mazis, M. B. (2011). Deception by implication: A typology of truthful but misleading advertising and labeling claims. *Journal of Public Policy & Marketing*, *30*(2), 157-167.

Hatch, C. D., & Buttrick, H. (2019). The impact of qualified health claims on advertising evaluations: The cases of POM wonderful and minute maid. *Journal of Consumer Policy*, *42*(2), 285-301.

Henderson, V. R., & Kelly, B. (2005). Food advertising in the age of obesity: Content analysis of food advertising on general market and African American television. *Journal of Nutrition Education and Behavior*, *37*(4), 191-196.

Herbst, K. C., Hannah, S. T., & Allan, D. (2013). Advertisement disclaimer speed and corporate social responsibility:"Costs" to consumer comprehension and effects on brand trust and purchase intention. *Journal of Business Ethics*, *117*(2), 297-311.

Hernandez, M. D., & Chapa, S. (2010). Adolescents, advergames and snack foods: Effects of positive affect and experience on memory and choice. *Journal of Marketing Communications*, *16*(1-2), 59-68.

Hoek, J., & Gendall, P. (2006). Advertising and obesity: A behavioral perspective. *Journal of Health Communication*, *11*(4), 409-423.

Holland, G., & Tiggemann, M. (2016). A systematic review of the impact of the use of social networking sites on body image and disordered eating outcomes. *Body Image*, *17*, 100-110.

Iles, I. A., Pearson, J. L., Lindblom, E., & Moran, M. B. (2020). "Tobacco and water": Testing the health halo effect of Natural American Spirit Cigarette ads and its relationship with perceived absolute harm and use intentions. *Health Communication*, 1-12.

Jiang, P. (2018). Asking a doctor versus referring to the Internet: A comparison study on consumers' reactions to DTC (direct-to-consumer) prescription drug advertising. *Health Marketing Quarterly*, *35*(3), 209-226.

Kaphingst, K. A., Dejong, W., Rudd, R. E., & Daltroy, L. H. (2004). A content analysis of direct-to-consumer television prescription drug advertisements. *Journal of Health Communication*, *9*(6), 515-528.

Kaphingst, K. A., Rudd, R. E., DeJong, W., & Daltroy, L. H. (2004). Literacy demands of product information intended to supplement television direct-to-consumer prescription drug advertisements. *Patient Education and Counseling*, *55*(2), 293-300.

Kaphingst, K. A., Rudd, R. E., Dejong, W., & Daltroy, L. H. (2005). Comprehension of information in three direct-to-consumer television prescription drug advertisements among adults with limited literacy. *Journal of Health Communication*, *10*(7), 609-619.

Karrh, J. A. (1998). Brand placement: A review. *Journal of Current Issues & Research in Advertising*, *20*(2), 31-49.

Knobloch-Westerwick, S., & Romero, J. P. (2011). Body ideals in the media: Perceived attainability and social comparison choices. *Media Psychology*, *14*(1), 27-48.

Koskela, J. (2014). Promotion of dieting: Discourse analysis of diet advertising in contemporary western culture. *Kulutustutkimus*, *Nyt*, (2), 29-46.

Kotchen, M., & Moon, J. J. (2012). Corporate social responsibility for irresponsibility. *The B. E. Journal of Economic Analysis & Policy*, *12*(1).

Kotler, P., & Lee, N. (2005). Best of breed: When it comes to gaining a market edge while supporting a social cause, "corporate social marketing" leads the pack. *Social Marketing Quarterly*, *11*(3-4), 91-103.

Lapierre, M. A., Fleming-Milici, F., Rozendaal, E., McAlister, A. R., & Castonguay, J. (2017, November). The effect of advertising on children and adolescents. *Pediatrics*, *140*, S152-S156.

Lee, H. C., Liu, S. F., & Cheng, Y. C. (2018). Positive or negative? The influence of message framing, regulatory focus, and product type. *International Journal of Communication*, *12*, 788-805.

Lim, J. S., Chock, T. M., & Golan, G. J. (2020). Consumer perceptions of online advertising of weight loss products: The role of social norms and perceived deception. *Journal of Marketing Communications*, *26*(2), 145-165.

Mackert, M. (2011). Health literacy knowledge among direct-to-consumer pharmaceutical advertising professionals. *Health Communication*, *26*(6), 525-533.

Mackert, M., Guadagno, M., Mabry, A., & Chilek, L. (2013). DTC drug advertising ethics: Laboratory for medical marketing. *International Journal of Pharmaceutical and Healthcare Marketing*, *7*(4), 374-390.

Mello, M. M. (2010). Federal trade commission regulation of food advertising to children: Possibilities for a reinvigorated role. *Journal of Health Politics, Policy and Law*, *35*(2), 227-276.

Mineo, K. (2019). The effects of a third-party certification seal in advertising: The role of need for cognition. In E. Bigne & S. Rosengren (Eds.), *Advances in advertising research X: Multiple touchpoints in brand communication* (pp. 147-159). Springer Gabler.

Mulligan, L. (2011). You can't say that on television: Constitutional analysis of a direct-to-consumer pharmaceutical advertising ban. *American Journal of Law and Medicine*, *37*(2-3), 444-467.

Niederdeppe, J., Avery, R. J., Kellogg, M. D., & Mathios, A. (2017). Mixed messages, mixed outcomes: Exposure to direct-to-consumer advertising for statin drugs is associated with more frequent visits to fast food restaurants and exercise. *Health Communication*, *32*(7), 845-856.

Niederdeppe, J., Kemp, D., Jesch, E., Scolere, L., Greiner Safi, A., Porticella, N., Avery, R. J., Dorf, M. C., Mathios, A. D., & Byrne, S. (2019). Using graphic warning labels to counter effects of social cues and brand imagery in cigarette advertising. *Health Education Research*, *34*(1), 38-49.

Paek, H. J., Yoon, H. J., & Hove, T. (2011). Not all nutrition claims are perceived equal: Anchoring effects and moderating mechanisms in food advertising. *Health Communication*, *26*(2), 159-170.

Palazzo, G., & Richter, U. (2005). CSR business as usual? The case of the tobacco industry. *Journal of Business Ethics*, *61*(4), 387-401.

Peng, C. T., Wu, T. Y., Chen, Y., & Atkin, D. J. (2019). Comparing and modeling via social media: The social influences of fitspiration on male Instagram users' work out intention. *Computers in Human Behavior*, *99*, 156-167.

Pickett, A. C., & Brison, N. T. (2019). Lose like a man: Body image and celebrity endorsement effects of weight loss product purchase intentions. *International Journal of Advertising*, *38*(8), 1098-1115.

Pope, H. G., Khalsa, J. H., & Bhasin, S. (2017). Body image disorders and abuse of anabolic-androgenic steroids among men. *JAMA*, *317*(1), 23-24.

Raghupathi, V., & Fogel, J. (2013). Facebook advertisements and purchase of weight-loss products. *Journal of Medical Marketing*, *13*(4), 201-211.

Ralph-Nearman, C., & Filik, R. (2018). New body scales reveal body dissatisfaction, thin-ideal, and muscularity-ideal in males. *American Journal of Men's Health*, *12*(4), 740-750.

Rao, A., & Wang, E. (2017). Demand for "healthy" products: False claims and FTC regulation. *Journal of Marketing Research*, *54*(6), 968-989.

Rice, K., Prichard, I., Tiggemann, M., & Slater, A. (2016). Exposure to Barbie: Effects on thin-ideal internalisation, body esteem, and body dissatisfaction among young girls. *Body Image*, *19*, 142-149.

Rifon, N. J., Choi, S. M., Trimble, C. S., & Li, H. (2004). Congruence effects in sponsorship: The mediating role of sponsor credibility and consumer attributions of sponsor motive. *Journal of Advertising*, *33*(1), 30-42.

RSM (2018). *RSM middle market business index: Corporate social responsibility, diversity & inclusion special report*. RSM.

Sen, S., & Bhattacharya, C. B. (2001). Does doing good always lead to doing better? Consumer reactions to corporate social responsibility. *Journal of Marketing Research*, *38*(2), 225-243.

Smith, K. C., Cukier, S., & Jernigan, D. H. (2014). Regulating alcohol advertising: Content analysis of the adequacy of federal and self-regulation of magazine advertisements, 2008-2010. *American Journal of Public Health*, *104*(10), 1901-1911.

Stanford, J. N., & McCabe, M. P. (2005). Sociocultural influences on adolescent boys' body image and body change strategies. *Body Image*, *2*(2), 105-113.

Steinhauser, J., Janssen, M., & Hamm, U. (2019). Consumers' purchase decisions for products with nutrition and health claims: What role do product category and gaze duration on claims play? *Appetite*, *141*, 104337.

Stern, B. L., & Harmon, R. R. (1984). The incidence and characteristics of disclaimers in children's television advertising. *Journal of Advertising*, *13*(2), 12-16.

Story, M., & French, S. (2004). Food advertising and marketing directed at children and adolescents in the US. *International Journal of Behavioral Nutrition and Physical Activity*, *1*(3).

Sullivan, H. W., O'Donoghue, A. C., Lynch, M., Johnson, M., Davis, C., & Rupert, D. J. (2019). The effect of including quantitative information on multiple endpoints in direct-to-consumer prescription drug television advertisements. *Medical Decision Making*, *39*(8), 975-985.

Sun, Y., Pan, Z., & Shen, L. (2008). Understanding the third-person perception: Evidence from a meta-analysis. *Journal of Communication*, *58*(2), 280-300.

Sundar, A., Kardes, F. R., & Wright, S. A. (2015). The influence of repetitive health messages and sensitivity to fluency on the truth effect in advertising. *Journal of Advertising*, *44*(4), 375-387.

Te'Eni-Harari, T., & Eyal, K. (2020). The role of food advertising in adolescents' nutritional health socialization. *Health Communication*, *35*(7), 882-893.

The impact of direct-to-consumer drug advertising on seniors' health and health care costs, 109th Cong (2005). www.aging.senate.gov/hearings/the-impact-of-direct-to-consumer-drug-advertising-on-seniors-health-and-health-care-costs.

Torres, I. M., Sierra, J. J., & Heiser, R. S. (2007). The effects of warning-label placement in print ads: A social contract perspective. *Journal of Advertising*, *36*(2), 49-62.

Van Reijmersdal, E. A., Boerman, S. C., Buijzen, M., & Rozendaal, E. (2017). This is advertising! Effects of disclosing television brand placement on adolescents. *Journal of Youth and Adolescence*, *46*(2), 328-342.

Van Reijmersdal, E. A., Jansz, J., Peters, O., & Van Noort, G. (2010). The effects of interactive brand placements in online games on children's cognitive, affective, and conative brand responses. *Computers in Human Behavior*, *26*(6), 1787-1794.

Waa, A., Maddox, R., & Nez Henderson, P. (2020). Big tobacco using Trojan horse tactics to exploit Indigenous peoples. *Tobacco Control*, *29*, e132-e133.

Wagner, T., Lutz, R. J., & Weitz, B. A. (2009). Corporate hypocrisy: Overcoming the threat of inconsistent corporate social responsibility perceptions. *Journal of Marketing*, *73*(6), 77-91.

Walrave, M., & Heirman, W. (2013). Adolescents, online marketing and privacy: Predicting adolescents' willingness to disclose personal information for marketing purposes. *Children and Society*, *27*(6), 434-447.

Walrave, M., Poels, K., Antheunis, M. L., Van den Broeck, E., & van Noort, G. (2018). Like or dislike? Adolescents' responses to personalized social network site advertising. *Journal of Marketing Communications*, *24*(6), 599-616.

Werle, C. O. C., & Cuny, C. (2012). The boomerang effect of mandatory sanitary messages to prevent obesity. *Marketing Letters*, *23*(3), 883-891.

Witkowski, T. H. (1991). Promise them anything: A cultural history of cigarette advertising health claims. *Current Issues and Research in*

Advertising, *13*(1-2), 393-409.

World Health Organization (2004). *Behind the scenes: The inherent contradiction behind big tobacco's corporate social responsibility*. WHO.

Wu, W. Y., Linn, C. T., Fu, C. S., & Sukoco, B. M. (2012). The role of endorsers, framing, and rewards on the effectiveness of dietary supplement advertisements. *Journal of Health Communication*, *17*(1), 54-75.

Yamada, K., Sato-Mito, N., Nagata, J., & Umegaki, K. (2008). Health claim evidence requirements in Japan. *The Journal of Nutrition*, *138*(6), 1192S-1198S.

Yoon, H. J., Paek, H., & Ahn, H. (2009). Are food ads healthy? Examination of television food advertising on health claims and persuasion strategies. *Health Communication Research*, *1*(1), 65-90.

Yoon, Y., Gürhan-Canli, Z., & Schwarz, N. (2006). The effect of corporate social responsibility (CSR) activities on companies with bad reputations. *Journal of Consumer Psychology*, *16*(4), 377-390.

Youn, S., & Shin, W. (2019). Teens' responses to Facebook newsfeed advertising: The effects of cognitive appraisal and social influence on privacy concerns and coping strategies. *Telematics and Informatics*, *38*, 30-45.

第 21 章
社交媒介与健康

田严（Yan Tian）　詹姆斯·D. 罗宾逊（James D. Robinson）

社交媒介一词用于指代"建立在 Web2.0 的意识形态和技术基础上的因特网应用程序,这些程序使创建和交换用户生成的内容成为现实"(Kaplan & Haenlein, 2010,第 61 页)。迄今为止,社交媒介包括社交网站、内容社区、协作项目、博客、虚拟社交世界、虚拟游戏世界以及评级网站(Edwards, 2011; Kaplan & Haenlein, 2010)。社交媒介不仅为用户提供了访问内容的便捷途径,还为他们提供了创建和散播内容的机会(Zeng et al., 2010)。该技术允许用户访问大量受众,并为内容创建者提供与受众同步和异步互动的机会。例如,制作有关社交距离视频的一个"油管主"(You Tuber),可以与那些对其视频发表评论的观众进行互动并观看他们分享的视频。显然,社交媒介改变的不仅仅是内容创作的技术限制,也不仅仅是面向大众的机会。

全球有 39.6 亿社交媒介用户,占全球人口的 51%(Kemp, 2020)。2005 年,只有 5%的美国成年人使用社交媒介,而在 2019 年,超过 70%的美国人是社交媒介用户(Pew Research Center, 2019a)。在澳大利亚、韩国和以色列等这样的发达国家,三分之二或更多的成年人使用社交媒介(Poushter et al., 2018)。社交媒介的使用在发展中国家也越来越受欢迎。例如,2018 年,约旦 75%的成人是社交媒介用户(Poushter et al., 2018)。研究表明,社交媒介正在影响患者与提供者的沟通以及人们获得医疗服务的方式,可以促进互动,鼓励在线健康社区的发展,并为健康运动提供新平台以及为社交支持提供新机会。

在本章中,我们将在这些语境中讨论社交媒介:① 健康信息与健康服务;② 支持传播;③ 危机传播;④ 健康运动;⑤ 心理幸福和精神健康;⑥ 健康传播的研究方法。之后,我们总结了社交媒介在健康传播中的积极和消极作用,并讨论了未来研究的方向。本章涉及的大部分研究都是从社会科学的角度出发的。重要的是要记住,尽管本章中我们引用了可得的最新数据,但自数据发布以来,如果考虑到社交媒介不断变化的性质以及还处于新冠病毒大流行之际的话,许多事情可能多半已经发生了变化。

第 1 节　社交媒介、健康信息与健康服务

社交媒介正在改变人们获取健康信息和健康服务的方式。传统的健康传播模式——从一个权威机构(例如,健康组织、记者)到公众——已经转变为这样一种模式:每个人都可以使用社交媒介技术成为健康内容创建者和传播者(McNab, 2009)。2019 年健康信息全国趋势调查(Health Information National Trends Survey, HINTS)数据显示,25.3%的美国成年人

在过去六个月中从社交媒介或互联网了解到了政府对体育锻炼的建议,36.7%观看过一部与健康相关的油管视频,以及14.4%的人在过去一年内在社交媒介网站上分享了健康信息(National Cancer Institute, 2019)。对健康信息全国趋势2018年调查数据的分析表明,患者与提供者之间可感知到的传播质量与在油管上观看健康相关视频呈负相关。换句话说,当个人觉得与提供者的传播不能满足他们的需求时,他们更有可能在社交媒介上寻求健康信息(Langford & Loeb, 2019)。

其他研究也提供了个人如何使用社交媒介获取健康信息和健康服务的见解。澳大利亚的一项焦点小组研究表明,人们使用博客、脸书、维基百科和油管来寻找和提供健康信息,但在社交媒介上进行观察(如阅读健康信息)比做出贡献(如发布健康信息)更为普遍(Benetoli et al., 2017)。这一发现与早期研究一致,都表明用于健康信息使用的社交媒介,其社交功能可能未得到充分利用(Thackeray et al., 2013),尽管健康信息生产者和消费者之间的界限由于社交媒介的双向传播而变得模糊(Tian, 2010)。

对于那些迫切需要健康信息或健康服务的人来说,社交媒介可能更为重要。一项针对德国癌症患者的调查表明,93.7%的患者使用互联网获取癌症信息,80.2%的患者使用社交媒介就癌症话题与人联系。同一项调查还显示,虽然49.2%的患者是社交媒介上癌症信息的被动阅读者,但19%的患者撰写并分享了自己的文章,而42.5%的患者由于首次诊断出癌症而在社交媒介上变得活跃(Braun et al., 2019)。同样,一项针对皇家墨尔本医院门诊部脑肿瘤患者的调查显示,84.5%的就诊者使用互联网,其中70.6%使用社交媒介。患者使用社交媒介获取信息并就脑肿瘤相关问题进行传播互动。使用社交网站的患者报告说,接收新信息和参与社交活动等方面有所改善(McAlpine et al., 2020)。

社交媒介为患者提供不受时间或地理限制的健康信息访问,让患者和提供者有机会更频繁和平等地传播互动,并可以增加患者对发起的互动的舒适度(Hawn, 2009; Smailhodzic et al., 2016)。颇为有趣的是,超过40%的受访者表示,社交媒介信息会影响他们的健康决定和健康行为(Health Research Institute at PwC, 2012)。然而,患者并没有使用社交媒介来代替健康护理专业人员;相反,他们使用社交媒介来补充专业服务,以满足他们未满足的需求(Smailhodzic et al., 2016)。这进一步支持了健康传播过程中媒介互补性的观念(Tian & Robinson, 2008)。

通过社交媒介传播的信息未经同行评审,因此始终存在传播不准确、误导性或虚假健康信息的风险(Chan et al., 2020; Chou et al., 2018;另见本书第22章)。这些风险包括:① 具体语境资源的误用;② 回音壁效应——个人只与持有相似态度和信仰的人传播互动;③ 个人只接触与他们自己持有的某类偏好一致的信息;④ 个人没有足够的来源信息来评估信息的有效性(Chan et al., 2020)。此外,社交媒介信息可能会强化刻板印象并使患有某些健康状况的人蒙受污名化(Robinson et al., 2019),甚至可能助长不健康的行为(Myslin et al., 2013)。在新冠病毒大流行期间,不健康行为的增长越来越明显。例如,美国(Romer & Jamieson, 2020)和英国(Allington et al., 2020)的研究都发现,社交媒介的使用与对流行病阴谋论的信念呈正相关,而持有阴谋论信念则与预想的健康保护行为呈负相关。

可以通过许多社会和人口统计变量来预测用于健康传播的社交媒介。例如,女性,年轻人,患有慢性病,有正规的健康护理提供者以及居住在城市/郊区,这些因素都会增加个人这种可能性:在咨询医生、医院和药物或医疗治疗时,按照在线排名来选择(Thackeray et al., 2013)。此外,女性,年轻人,有固定医疗健康提供者,这些因素会增加使用社交媒介进行健康相关活动的可能性(Thackeray et al., 2013)。同样,年轻人和女性会增加使用与健康相关的社交网站的可能性,以及增加撰写有关健康主题的博客的可能性(Prestin et al., 2015)。有必要对社交媒介中特定健康传播行为的预测因子进行更多研究,以洞察如何找到减少健康信息获取和健康传播差异的途径。

第2节 社交媒介、支持传播与在线健康社区

社交媒介为个人提供了讨论健康问题、参与支持传播和发展健康相关社区的新机会。由于社交媒介可以增加个人社交

网络的广度和多样性,因此,社交媒介可以帮助具有不同背景的人与具有相似健康经历的人建立联系并相互支持(Gage-Bouchard et al.,2017a,2017b)。支持传播是指"影响提供者和接受者如何看待自己、自己的处境、他人以及彼此关系的口头和非口头行为,是个人在寻求支持和给予支持的相会中协调其行动的主要过程"(Albrecht et al.,1994,第421页;另请参见本书第10章)。库特罗纳和罗素(Cutrona & Russell,1990)指出,社交支持是一个多维结构,分为六种不同类型:情感支持、尊重支持、有形支持、信息支持、社会融合、他人支持。所有类型的社交支持都可以通过社交媒介进行传播和实施,类似的社交支持术语也被用于与健康相关的社交媒介研究。

社交支持会影响个人管理健康状况的方式,并会带来积极的健康结果(Turner et al.,2013)。有一项研究对健康护理中社交媒介使用的实证研究成果进行了系统评述,该评述把社交支持确定为患者使用社交媒介的最常见原因,并发现患者使用社交媒介以获得情感、尊重、信息和网络支持(Smailhodzic et al.,2016)。社交媒介有助于为患者赋权(例如,增加主观幸福感和改善自我管理;Smailhodzic et al.,2016)。此外,调查数据表明,对健康担忧与在脸书上寻求与健康相关的社交支持有关,反之,这又与感知到的评价、尊重、情感和有形支持有关;然而,只有感知到的情感支持与健康自我效能感呈正相关(Oh et al.,2013)。这一发现支持最佳匹配理论(Cutrona & Russell,1990),因为情感支持是最常寻求的社交支持类型,也是健康的自我效能感的唯一重要预测指标(Oh et al.,2013)。

研究表明,个人使用社交媒介,为各种不同的健康状况提供和接受社交支持,包括哮喘(Koufopoulos et al.,2016)、癌症(Valle et al.,2013)、怀孕(Hether et al.,2014)、肥胖(Napolitano et al.,2013)和精神疾病(Naslund et al.,2014)。有一项研究分析了19个自认为患有精神疾病(即精神分裂症、分裂情感障碍,或双相情感障碍)的个体发布的油管视频以及贴在视频下面的3 000多条评论,结果表明,油管用户通过以下方式互相提供同伴支持:①"尽量减少孤立感并提供希望";②"通过同伴交流和互惠寻求支持";③"分享应对严重精神疾病日常挑战的策略";④"从药物使用和寻求精神健康护理的共同经验中学习"(Naslund et al.,2014,第1页)。这些发现表明,油管可能有助于被诊断为患有精神疾病的个人分享经验、相互学习并培养一种社区意识(Naslund et al.,2014)。同样,患有慢性病的青少年和年轻人更喜欢在线支持小组而不是面对面的传播互动,他们通过在线讨论与被诊断出患有相同疾病的其他人建立联系,他们指出,即便那些没有在论坛上发帖的人,阅读评论也是有益的(Low & Manias,2019)。

同时,护理者还使用社交媒介进行支持传播和社区参与。对患有急性淋巴细胞白血病儿童的父母的脸书页面进行的一项内容分析表明,护理者不仅使用脸书页面来记录孩子的癌症历程、分享与护理有关的情绪困扰、提高癌症意识和筹集资金,而且还调动支持并对支持表示感谢(Gage-Bouchard et al.,2017a)。癌症护理者通过脸书相互传播与健康相关的专业信息(例如,关于医疗服务使用、治疗方案的信息),并交换量身定制的情感支持(例如,提供同理心,提供希望)(Gage-Bouchard et al.,2017b)。对年轻的成年癌症护理者的采访结果显示出类似的模式。护理者认为,社交媒介上关于癌症患者的帖子更新比面对面的讯息更新更让人轻松、压力更小,在社交媒介上分享癌症经历有助于护理者与人建立联系,获得量身定制的支持并回馈在线社区(Warner et al.,2020)。

然而,患者和护理者都面临着使用社交媒介进行支持传播而产生负面后果的可能性。出于各种原因,存在的风险是他们可能会收到不支持和/或让他们感到不舒服的信息(Warner et al.,2020)。社交媒介上有限的社交线索和有限的互动,对在线支持传播的管理提出了挑战(Warner et al.,2020)。个人还可能担心错误信息、隐私风险、安全、被评判和被批评等问题,这可能会阻止他们分享自己的健康经历(Hawn,2009;Warner et al.,2020)。社交媒介和传播一样,并不是万灵药。

人口统计和健康变量可以预示在线健康相关支持小组的参与情况。对十年健康信息全国趋势调查数据的分析表明,在互联网用户中,居住在城市地区、拥有大学学位以及个人或家庭有患癌经历的人,更有可能参与与健康相关的在线支持小组(Prestin et al.,2015)。对社交网站上社交支持研究的一项新近元分析表明,社交网站上的女性给予和获得的社交支持比男性多(Tifferet,2020)。然而,健康信息全国趋势调查数据表明,支持小组参与的传统性别差异可能正在改变,因为男性与女性一样有可能参与在线支持小组,在线传播的匿名性可能使男性更愿意在网上寻求支持(Prestin et al.,2015)。由于社交媒介可能正在改变支持传播和在线健康社区的性别动态,因此可以合理地假设,使用社交媒介进行健康经验分享、支持传播和社区发展的人数将会增加。随着越来越多的人出于与健康相关的目的使用社交媒介,社交媒介也正在成为危机管理及其传播的重要平台。

第3节 公共健康中的社交媒介与危机传播

社交媒介有能力在公共健康危机中充当传播和教育工具(Sharma et al., 2017)。社交媒介不仅是风险和危机传播的重要信息来源,也是公众讨论风险和危机相关问题的平台(Oh et al., 2020)。一些研究调查了使用社交媒介传播公共危机信息的情况,例如,洪水(Sutton et al., 2015)、野火(Sutton et al., 2014)、禽流感病毒暴发(Vos和Buckner, 2016)、中东呼吸系统疾病综合征冠状病毒(MERS-CoV)暴发(Oh et al., 2020),以及新冠病毒大流行(Chan et al., 2020)。

越来越清楚的是,社交媒介可以促进有关传染病的危机传播。随着疫情的迅速蔓延并危及生命的暴发,需要及时有效的传播来控制危机。在最近的传染病流行期间,社交媒介已被用作公众接收和交换与疾病相关的信息的主要渠道(Oh et al., 2020)。具体而言,疾病控制与预防中心使用社交媒介散播有关寨卡病毒、埃博拉病毒和新冠病毒等传染病暴发的信息。

社交媒介可以帮助个人理解一场危机。有一项对2013年禽流感暴发的25 598条推文的内容分析表明,88.3%的推文通过将危机置于一个框架中来包含对病毒进行理解的信息,让个人了解正在发生的事情,适应意外情况,识别模式并建议互动(Vos & Buckner, 2016)。此外,一项针对2015年韩国中东呼吸综合征冠状病毒(MERS-CoV)暴发的研究发现,在社交媒介上接触风险信息与恐惧和愤怒呈正相关,而恐惧和愤怒又与个人在个体层面上的风险感知呈正相关,这种个体层面上的风险感知与预防行为呈正相关(Oh et al., 2020)。换句话说,社交媒介通过恐惧和愤怒等情绪塑造个人的风险认知和预防行为(Oh et al., 2020)。

最近一项关于使用社交媒介传播有关新冠病毒大流行的信息的研究,也说明了社交媒介在大流行期间促进信息及时传播的力量。香港威尔士亲王医院开发了一个信息图表,阐述气道管理原则,有助于在新冠病毒大流行期间控制感染并保护员工和患者安全(Chan et al., 2020)。该信息图是通过社交媒介平台(推特和微信)和该组织的网站传播的。国际社会迅速有效地响应了这种信息散播方法,在十天内转化成了多种当地语言(如意大利语、波兰语、土耳其语、日语)并提供给用户。该信息图也经过编辑以适应当地做法。在信息图首次发布后的一个月内,它在推特上获得了63 440次展示,世界上许多著名的卫生组织(例如,澳大利亚和新西兰麻醉师学院,巴西麻醉学会)都把该信息图用作他们自己社区的一种来源(Chan et al., 2020)。

尽管社交媒介可以促进公共健康危机管理中的传播,但社交媒介上有关健康危机的信息可能具有误导性或不充分。例如,尽管包含寨卡病毒准确信息的脸书帖子引发了大量脸书用户就这场健康危机进行传播,但延续阴谋论和毫无根据的谣言的误导性帖子比传达准确信息的帖子更受欢迎(Sharma et al., 2017)。此外,对有关禽流感疫情的推文的内容分析显示,尽管大多数推文都包含对该病毒进行理解的信息,但只有不到2%的推文涵盖了功效信息(例如,旅行限制,洗手),这表明在帮助人们恰当应对流行病方面,推特讯息具有局限性(Vos & Buckner, 2016)。与所有太多的信息运动努力一样,人们对社交媒介讯息的开发和传播功效的重要性关注太少。

第4节 社交媒介与健康运动

社交媒介越来越多地用于健康运动和健康教育项目(Capurro et al., 2014; Gold et al., 2011;另见本书第23章)。运动设计师就像他们的传统大众媒介同行一样,开发讯息以提高受众意识(Platt et al.,2013),提供教育和指导(James et al.,2013),并最终劝服受众改变他们的态度和行为(Laranjo et al.,2015)。证据表明,在多种语境中,社交媒介运动和干预措施可以增加实时互动(Owen & Humphrey, 2009),动员人们多参与(Paek et al.,2013),并影响健康行为(Laranjo et al.,2015)。传统教育和运动项目中经常使用的理论(例如,扩展平行过程模型,计划行为理论)可以应用于基于社交媒介的教育和运动项目中,并且可以将社交媒介的社交和传播功能整合到运动和教育研究中(例如,Emery et al., 2014; Namkoong et al., 2017)。美国食品药品监督管理局健康信息全国趋势调查 2015 年和 2017 年的数据表明,大约 30% 的美国成人在过去 30 天内从社交媒介上看过、听过或阅读过有关烟草使用对健康有何影响的讯息(NCI, 2015, 2017),因此,在本节中,我们关注社交媒介与禁烟运动,以说明社交媒介在传播健康运动讯息中的作用。

推特对于向公众传播运动讯息特别有用,因为其内置的传播工具包括用户重复或转发他人讯息的机会(Boyd et al.,2010)。钟(Chung, 2016)报告说,在疾病控制与预防中心开展的"戒烟者贴士"运动的推文中,有 40% 是由个人发布的,30% 来自非营利组织。这表明,政府发起的运动讯息要取得成功,社交媒介个人用户和非营利组织具有重要性。同时,70%的推文被转发并包含主题标签这一事实表明,推特可以轻松地以有效的方式帮助散播运动讯息(Chung, 2016)。

在受众接受度方面,艾美瑞及其同事(Emery et al., 2014)分析了与提示运动相关的推文,发现大多数推文表示接受运动讯息。这与另一个研究结论一致,该研究表明,这场运动使戒烟尝试增加了 12%,并可能由于生活质量的调整使美国人口的寿命大增(McAfee et al., 2013)。艾美瑞等人(Emery et al., 2014)进一步指出,运动中使用的"强冲击"或图形讯息传递方法产生的恐惧反应,可能有助于改变受众的态度和信念,由此可能会影响观众的行为。对来自贴士运动的油管视频的分析还表明,对视频的评论更带有积极情绪,而不是消极情绪,并且大多数评论都支持该运动事业(Chung, 2015)。

南宫及其同事(Namkoong et al., 2017)调查了互动传播在社交媒介反吸烟运动中的影响。他们发现互动社交媒介活动增加了在线搜索信息行为,减少了对吸烟的描述性和主观性规范。他们还发现,描述性规范调节了互动运动对吸烟意向的影响,并且,从互联网上寻求进一步信息,调节了运动对吸烟态度的影响。该研究强调了社交互动在社交媒介运动中的重要性(Namkoong et al., 2017)。

本节讨论的研究揭示,社交媒介在散播健康运动讯息方面的积极作用。尽管双向传播有限,但用户通常对社交媒介平台上发布的运动讯息响应积极(Chung, 2016)。重要的是,鼓励社交媒介用户为运动做出贡献,让他们发布相关讯息并参与相关讨论,以追求积极的行为改变(Namkoong et al., 2017)。同样重要的是,要认识到,在内容创作方面,社交媒介之无孔不入是如何成为不准确健康信息的一种来源的,并意识到出现了可能与现实相符或不符的规范。

第 5 节　社交媒介、心理幸福与精神健康

社交媒介可以影响个人的心理幸福和精神健康,这一点已经得到很好的论证。由于年轻人和青少年更有可能经常使用社交媒介,因此,他们也更有可能经受社交媒介使用的负面后果。社会比较理论、社会认知理论和物化理论等理论已被应用于研究社交媒介使用与心理幸福和精神健康之间的关系(McCrory et al., 2020)。一项系统的叙事研究述评提供了关于社交媒介对青少年幸福影响的利弊不一的证据(Best et al., 2014)。一方面,社交媒介的使用可以帮助提高青少年的自尊、对社交支持的感知、社会资本、自我披露的机会以及身份实验;另一方面,社交媒介的使用也可能对青少年产生负面影响,包括增加社会孤立、抑郁、受伤害和网络欺凌(Best et al., 2014)。最近一项针对视觉社交媒介(包括脸书、Snapchat 和 Instagram)的研究回顾显示,2010 年 1 月至 2019 年 3 月期间发表的大部分研究发现,社交媒介的使用与年轻人的精神健康之间存在负面关系(例如,孤独感和抑郁增加,自尊心下降;McCrory et al., 2020)。只有少数研究确认了社交媒介的使用对年轻人的积极影响(例如,增强社交联系,促进对他人的同理心表达),尽管这些积极影响在那些同一研究中也有其消极对应面(McCrory et al., 2020)。

　　许多实证研究表明,社交媒介对年轻人的心理幸福和精神健康有负面影响。例如,一项针对加拿大渥太华753名初、高中生的代表性样本的调查表明,每天使用社交网站超过两个小时与如下问题有关:报告说心理健康状况不佳,精神健康支持需求得不到满足,心理困扰,以及自杀意念(Sampasa-Kanyinga & Lewis, 2015)。此外,一项针对美国386名大学生的研究表明,花在社交媒介上的时间与害怕错过(一种可能错过同龄人正在做的事情的感觉)的心理有关,并且害怕错过的心理与抑郁症状和身体症状(如头痛、胸痛)成正相关,并且与专注力负相关(Baker et al., 2016)。

　　另一项重要的研究重点是社交媒介对身体形象的影响。有限数量的研究报告了社交媒介使用与身体形象之间的正相关关系。例如,研究人员发现拍摄及发布自拍与自信(Boursier & Manna, 2018)及身体满意度(Cohen et al., 2018)有关。然而,更常见的是,社交媒介的使用一如对传统大众媒介的使用,与负面的身体形象相关联。法杜利和瓦尔塔尼安(Fardouly & Vartanian, 2016)发现,相关研究普遍表明,社交媒介的使用与瘦身驱动力、瘦身理想的内化、身体监管的增加、身体不满和自我物化有关。纵向研究表明,社交媒介使用与负面身体形象之间的关系似乎随着时间的推移而加强;而实验研究表明,如果接触时间很短,社交媒介对身体形象的影响可能有限(Fardouly & Vartanian, 2016)。

　　最近有一项研究,对社交媒介使用、身体形象和食物选择之间关系的相关研究进行了文献回顾。该回顾发现,在社交媒介上接触或参与与形象相关的内容,与对身体不满、节食/限制食物、暴饮暴食和选择健康食品有关(Rounsefell et al., 2020)。同时,一项质化分析确定了五个主题——"社交媒介鼓励用户之间的比较""比较增强了对身体的感觉""年轻人修正他们的外表以描绘一个理想的形象""年轻人意识到社交媒介对身体形象和食物选择的影响""通过社交媒介寻求外部验证"(Rounsefell et al., 2020, 第19—20页)。调查在社交媒介上修改照片行为的研究,也普遍发现照片处理与身体形象之间存在负面关系(McCrory et al., 2020)。

　　鉴于社交媒介的使用与负面身体形象之间的关系,研究人员已经确定了可能有助于减轻社交媒介对身体形象影响的调节因素。例如,坦普林及其同事(Tamplin et al., 2018)发现,虽然在社交媒介上接触理想外表图像会对年轻女性和男性的身体满意度产生负面影响,但商业社交媒介素养——衡量对商业产出的社交媒介的内容的批判性思维——对身体满意度有保护作用:对于商业社交媒介素养高的女性来说,接触理想外表图像不会显著改变身体满意度,而商业社交媒介素养低的女性身体满意度显著下降。此类研究为设计教育和干预项目提供了重要见解,以减少社交媒介使用对总体心理幸福,尤其是身体形象的负面影响。这就需要进行能够控制因果关系方向的实验研究。

　　社交媒介还为人们提供了讨论精神健康问题和获得社交支持的机会。"社交媒介正在改变人们自我识别正在遭受某种失序痛苦的方式,以及他们与有类似经历的人传播的方式,他们会经常询问治疗的副作用,或分享应对技巧,从而感受到少一些孤立感或污名"(Gkotsis et al., 2017, 第1页)。正如本章前面所讨论的,自认为患有精神疾病的个人使用油管来分享经验及应对策略,减少孤立感并互相支持(Naslund et al., 2014)。

　　社交媒介用户在脸书、推特和红迪网(Reddit)等平台上表达与精神健康相关的感受、想法和行为,这为研究人员提供了一个了解社交媒介用户精神生活的窗口,研究人员可以通过分析这些非侵入性的自然数据来调查个人和人群的精神健康(Conway & O'Connor, 2016; DeChoudhury et al., 2016)。例如,一项调查分娩对新妈妈情绪和行为变化的影响的研究表明,新妈妈在分娩前后发布的推文有助于预测她们患产后抑郁症的风险(DeChoudhury et al., 2013)。同样,迪-乔杜里及其同事(DeChoudhury et al., 2016)研究了来自精神健康和自杀支持子版块的数据,以确定参与红迪网上精神健康讨论的个人转向自杀意念的可能性。他们开发了诸如自我注意力集中度增加和语言连贯性变差等标记来帮助识别这些转变。研究社交媒介上与精神健康相关的内容,有助于我们从患者自身而非健康护理提供者的角度来了解患者的担忧,也有助于我们识别精神健康状况的潜在机制(Gkotsis et al., 2017)。

　　然而,社交媒介上的信息也会误导用户。对与五种精神健康状况(自闭症、抑郁症、饮食失调、强迫症以及精神分裂症)和五种身体状况(艾滋病毒/艾滋病、哮喘、癌症、糖尿病和癫痫)相关的13 000条推文的分析显示,与身体状况相比,精神健康状况明显更加被污名化和琐碎化,精神分裂症是污名化程度最高的状况,而强迫症是最琐碎的状况(Robinson et al., 2019)。因此,重要的是在社交媒介上讨论精神状况时增加事实信息,以减少污名化和误解(Robinson et al., 2019)。还有一点也重要:鼓励社交媒介交流的参与者提供其主张的证据,并更正不准确的信息。

第6节 健康传播中的社交媒介及其研究方法

从方法论的角度来看,社交媒介正在为健康传播研究人员提供令人兴奋的机会。尽管自我报告、他人报告和现实生活观察仍然是健康传播研究中的重要测量技术,但社交媒介使研究人员能够以前所未有的方式接触研究样本并使用更有创意的办法。康威和奥康纳(Conway & O'Connor, 2016)指出,推特已被用于各种健康研究语境,包括流感监测、疫苗接种讨论的情绪分析、对新型烟草产品的态度分析以及物质滥用调查。脸书和油管等其他社交媒介平台也允许研究人员收集自然数据并进行质化和量化研究。

研究人员可以使用各种研究途径和方法来研究社交媒介和健康传播。他们可以进行内容分析,以研究社交媒介上健康传播的内容和模式,本章讨论的许多研究都证明了这一点。研究人员还可以进行数字化观察,观察社交媒介上与健康相关的支持小组中的同伴传播。此外,研究人员可以使用社交媒介提供的数据来衡量自变量和因变量。例如,与健康相关的脸书帖子收到的点赞数可能是衡量对帖子中健康信息的态度的因变量。同样,推特账户拥有的追随者数量可以作为一个独立变量,潜在地预测该推特账户传播的特定健康信息的影响。这些类型的测量可以补充传统的测量技术,并且它们可以对重要健康传播结构进行更全面、更准确的测量。此外,研究人员一直在使用大数据方法来研究健康传播。正如本章上一节所讨论的,使用大数据方法分析社交媒介内容,可以有助于以一种非侵入方式来识别精神健康问题,例如,抑郁症和自杀意念(DeChoudhury et al., 2013, 2016)。

第7节 未来研究方向

社交媒介正在改变人们获取健康信息、联系健康护理提供者以及与家人和朋友互动的方式。此外,社交媒介可以增加获得健康护理服务的机会,提供给予和接受社交支持的途径,并扩大对新出现的健康危机的意识。社交媒介还可以以前所未有的方式在追踪疾病方面发挥重要作用。此外,社交媒介可用于与那种出了名就难以接近的社会阶层人员分享健康信息。就像滚雪球样本可以为研究人员提供一组具有特定特征的人群一样,一个人可以告知或通知一个或多个原本无法接触到的追随者,然后使用社交媒介或面对面的互动来传播这些内容。

尽管社交媒介可以帮助人们融入社会,但它们也可能成为一种负担,对人们的身心健康产生负面影响。摩尔黑德及其同事(Moorhead et al., 2013)得出的结论是:使用社交媒介进行健康传播有很多好处,包括:改善互动,提供更有望成功、共享和量身定制的信息,增加获得健康信息的机会,促进支持,提供公共健康监测,潜在地影响健康政策。然而,使用社交媒介进行健康传播也有许多缺点,包括:错误信息,信息过载,保密性和隐私担忧,在线自我披露的潜在风险,以及负面的健康行为及其结果(Moorhead et al., 2013)。从健康护理的角度来看,与传统的传播渠道相比,社交媒介可以促进患者赋权,促进患者与健康护理专业人员之间更多的由患者发起的传播;但使用社交媒介也会产生负面影响,例如,降低用户的主观幸福,以及社交媒介成瘾的风险(Hawn, 2009; Smailhodzic et al., 2016)。

随着社交媒介在健康传播中变得越来越重要,需要进行研究以帮助弥合数字媒介、移动媒介和社交媒介之间的鸿沟。尽管大多数美国人都在使用社交媒介,但最近的一项调查发现,仍有19%的美国人没有智能手机,以及超过四分之一的美国成年人仍未使用社交媒介(Pew Research Center, 2019a, 2019b)。在新兴发展区域经济体中,2013—2014 年只有 24% 的人报告说拥有智能手机,尽管这一比例在 2017—2018 年增加到 42%,但大多数人仍然没有智能手机(Poushter et al., 2018)。将社交媒介用于健康相关目的的使用仍然有限,尤其是在老年人中;并且,在使用社交媒介进行支持传播和在线社区参与方面,可能仍然存在性别差异。健康传播研究人员需要探索帮助弥合这些鸿沟和减少健康差异的方法(见本书第 29 章)。他们可能将社交媒介视为传递针对年轻人的讯息(例如,关于物质滥用或性健康的讯息)的有效渠道,并用传统渠道补充社交媒介平台,以传达针对老年人口的讯息(例如,关于结直肠癌筛查的信息;Prestin et al., 2015)。同时,他们可能会考虑与年轻人合作,以便年轻人可以将该信息传递给他们社交网络中的老年人(Prestin et al., 2015)。

健康传播研究人员需要注意社交媒介使用的光明面和黑暗面。迫切需要的研究有助于我们更好地理解如下问题:为什么不准确的健康信息在社交媒介上流行,以及如何克服回音壁效应。研究人员需要与健康组织和健康职业人士一道,在散播健康信息时负责任地使用社交媒介,进一步研究提高信息传输准确性和透明度的方法,并及时有效地纠正社交媒介中的错误信息(Chan et al., 2020)。最近,对试图纠正错误信息的研究进行的一项元分析表明,诉诸一致性比事实核查或诉诸可信度更有效,反驳比预警更有效(Walter & Murphy, 2018)。因此,健康传播研究人员需要进一步考察不同矫正策略对不同健康预警的有效性,在这些语境中,个人可能有不同程度的偏见和误解。传统媒介效果理论和传统健康传播理论在这一过程中的作用,也值得在社交媒介语境中做进一步检验。

同时,对于健康传播研究人员来说,重要的是确定有效的机制来教育普罗大众,以帮助个人成为更具有批判能力的社交媒介用户。对健康信息作批判性处理,在最大化社交媒介的积极影响和最小化负面影响方面起着关键作用。因此,研究人员需要研究创新方法(例如,使用娱乐教育或互动游戏)来帮助社交媒介用户提高社交媒介素养,包括商业和同伴社交媒介素养,以减轻社交媒介使用对个人健康和行为的负面影响(Tamplin et al., 2018)。就隐私和安全等问题对公众进行教育,对于负责任地使用社交媒介也至关重要。此外,由于社交媒介的社交和传播功能仍未得到充分利用,研究人员需要研究可以增加双向传播和互惠的机制,以促进重要健康话题的传播。

最后,健康传播研究人员可以利用社交媒介数据的非侵入性来创新传播研究方法(例如,文本挖掘、数字民族志),并用社交媒介激活的新标尺来补充传统的社会科学测量技术。这也为使用社交媒介中的自然数据做更多解释性和批判性文化研究提供了空间。研究人员可以将社交媒介作为研究和教育平台,更好地了解用户,识别身心问题,传播重要的健康信息,帮助用户将健康讨论和健康知识转化为健康行为。

哲学家乔治·桑塔亚纳(George Santayana, 1955)曾言之凿凿地说,那些不记得过去的人注定要重蹈覆辙,这些话用在这里尤为合适。每当新技术出现时,人们就会热衷于崇拜这项创新,并认为它将解决世界弊病。几乎与此同时,又有一种急切的潮流,把新技术谴责为恶魔的杰作。各种社交媒介渠道是更好地理解和实践通常的传播,尤其是健康传播的机会。然而,重要的是认识到,有关社交媒介,我们将揭示的大多数事项与我们对大众媒介和面对面传播已有的知识相当一致。真正的问题是,如何驾驭这项技术来改善公众健康?让我们拭目以待。

参考文献

Albrecht, T. L., Burleson, B. R., & Goldsmith, D. (1994). Supportive communication. In M. Knapp & G. Miller (Eds.), *Handbook of interpersonal communication* (pp. 419-459). Sage.

Allington, D., Duffy, B., Wessely, S., Dhavan, N., & Rubin, J. (2020). Health-protective behaviour, social media usage and conspiracy belief during the COVID-19 public health emergency. *Psychological Medicine*, 1-7.

Baker, Z. G., Krieger, H., & LeRoy, A. S. (2016). Fear of missing out: Relationships with depression, mindfulness, and physical symptoms. *Translational Issues in Psychological Science*, 2(3), 275-282.

Benetoli, A., Chen, T. F., & Aslani, P. (2017). Consumer health-related activities on social media: Exploratory study. *Journal of Medical Internet Research*, *19*(10), e352.

Best, P., Manktelow, R., & Taylor, B. (2014). Online communication, social media and adolescent wellbeing: A systematic narrative review. *Children and Youth Services Review*, *41*, 27-36.

Boursier, V., & Manna, V. (2018). Selfie expectancies among adolescents: Construction and validation of an instrument to assess expectancies toward selfies among boys and girls. *Frontiers in Psychology*, *9*, Article 839.

Boyd, D., Golder, S., & Lotan, G. (2010). Tweet, tweet, retweet: Conversational aspects of retweeting on Twitter. In R. H. Sprague, Jr. (Ed.), *Proceedings from the 43rd Hawaii international conference on system sciences (HICSS)* (pp. 1-10). IEEE Press.

Braun, L. A., Zomorodbakhsch, B., Keinki, C., & Huebner, J. (2019). Information needs, communication and usage of social media by cancer patients and their relatives. *Journal of Cancer Research and Clinical Oncology*, *145*, 1865-1875.

Capurro, D., Cole, K., Echavarría, M. I., Joe, J., Neogi, T., & Turner, A. M. (2014). The use of social networking sites for public health practice and research: A systematic review. *Journal of Medical Internet Research*, *16*, e79.

Chan, A. K. M., Nickson, C. P., Rudolph, J. W., Lee, A., & Joynt, G. M. (2020). Social media for rapid knowledge dissemination: Early experience from the COVID-19 pandemic. *Anaesthesia*, *75*(12), 1579-1582.

Chou, W.-Y. S., Oh, A., & Klein, W. M. P. (2018). Addressing health-related misinformation on social media. *Journal of American Medical Association*, *320*(23), 2417-2418.

Chung, J. E. (2015). Antismoking campaign videos on YouTube and audience response: Application of social media assessment metric. *Computers in Human Behavior*, *51*, 114-121.

Chung, J. E. (2016). A smoking cessation campaign on Twitter: Understanding the use of twitter and identifying major players in a health campaign. *Journal of Health Communication*, *21*(5), 517-526.

Cohen, R., Newton-John, T., & Slater, A. (2018). 'Selfie'-objectification: The role of selfies in 530 self-objectification and disordered eating in young women. *Computers in Human Behavior*, *79*, 68-74.

Conway, M., & O'Connor, D. (2016). Social media, big data, and mental health: Current advances and ethical implications. *Current Opinion in Psychology*, *9*, 77-82.

Cutrona, C., & Russell, D. (1990). Type of social support and specific stress: Toward a theory of optimal matching. In B. Sarason, I. Sarason, & G. Pierce (Eds.), *Social support: An interactional view* (pp. 319-366). John Wiley & Sons.

De Choudhury, M., Counts, S., & Horvitz, E. (2013). Predicting postpartum changes in emotion and behavior via social media. *Proceedings of the SIGCHI conference on human factors in computing systems* (pp. 3267-3276), Association for Computing Machinery.

De Choudhury, M., Kiciman, E., Dredze, M., Coppersmith, G., & Kumar, M. (2016). Discovering shifts to suicidal ideation from mental health content in social media. *Proceedings of the 2016 CHI conference on human factors in computing systems* (pp. 2098-2110), Association for Computing Machinery.

Edwards, S. M. (2011). A social media mindset. *Journal of Interactive Advertising*, *12*(1), 1-3.

Emery, S. L., Szczypka, G., Abril, E. P., Kim, Y., & Vera, L. (2014). Are you scared yet? Evaluating fear appeal messages in tweets about the Tips campaign. *Journal of Communication*, *64*(2), 278-295.

Fardouly, J., & Vartanian, L. R. (2016). Social media and body image concerns: Current research and future directions. *Current Opinion in Psychology*, *9*, 1-5.

Gage-Bouchard, E. A., LaValley, S., Mollica, M., & Beaupin, L. K. (2017a). Cancer communication on social media: Examining how cancer caregivers use Facebook for cancer-related communication. *Cancer Nursing*, *40*(4), 332-338.

Gage-Bouchard, E. A., LaValley, S, Mollicam, M., & Beaupin, L. K. (2017b). Communication and exchange of specialized health-related support among people with experiential similarity on Facebook. *Health Communication*, *32*(10), 1233-1240.

Gkotsis, G., Oellrich, A., Velupillai, S., Liakata, M., Hubbard, T. J. P., Dobson, R. J. B., & Dutta, R. (2017). Characterisation of mental health conditions in social media using informed deep learning. *Scientific Reports*, 7, 45141.

Gold, J., Pedrana, A. E., Sacks-Davis, R., Hellard, M. E., Chang, S., Howard, S., Keogh, L., Hocking, J. S., & Stoove, M. A. (2011). A systematic examination of the use of online social networking sites for sexual health promotion. *BMC Public Health*, 11, 583.

Hawn, C. (2009). Report from the field: Take two aspirin and tweet me in the morning: How Twitter, Facebook, and other social media are reshaping health care. *Health Affairs*, 28(2), 361-368.

Health Research Institute at PwC (2012, April 17). *Social media "likes" healthcare: From marketing to social business*. Retrieved June 28, 2020, from www.pwc.com/us/en/industries/health-industries/library/health-care-social-media.html.

Hether, H. J., Murphy, S. T., & Valente, T. W. (2014). It's better to give than to receive: The role of social support, trust, and participation on health-related social networking sites. *Journal of Health Communication*, 19(12), 1424-1439.

James, K. J., Albrecht, J. A., Litchfield, R. E., & Weishaar, C. A. (2013). A summative evaluation of a food safety social marketing campaign "4-day throw-away" using traditional and social media. *Journal of Food Science Education*, 12, 48-55.

Kaplan, A., & Haenlein, M. (2010). Users of the world, unite! The challenges and opportunities of social media. *Business Horizons*, 53(1), 59-68.

Kemp, S. (2020). *More than half of the people on earth now use social media*. Retrieved August 16, 2020, from https://datareportal.com/reports/more-than-half-the-world-now-uses-social-media.

Koufopoulos, J. T., Conner, M. T., Gardner, P. H., & Kellar, I. (2016). A web-based and mobile health social support intervention to promote adherence to inhaled asthma medications: Randomized controlled trial. *Journal of Medical Internet Research*, 18(6), e122.

Langford, A., & Loeb, S. (2019). Perceived patient-provider communication quality and sociodemographic factors associated with watching health-related videos on YouTube: A cross-sectional analysis. *Journal of Medical Internet Research*, 21(5), e13512.

Laranjo, L., Arguel, A., Neves, A. L., Gallagher, A. M., Kaplan, R., Mortimer, N., Mendes, G. A., & Lau, A. Y. S. (2014). The influence of social networking sites on health behavior change: A systematic review and meta-analysis. *Journal of the American Medical Informatics Association*, 22, 243-256.

Low, J. K., & Manias, E. (2019). Use of technology-based tools to support adolescents and young adults with chronic disease: Systematic review and meta-analysis. *JMIR Mhealth Uhealth*, 7(7), e12042.

McAfee, T., Davis, K. C., Alexander, R. L., Pechacek, T. F., & Bunnell, R. (2013). Effect of the first federally funded US antismoking national media campaign. *The Lancet*, 382, 2003-2011.

McAlpine, H., Sejka, M., & Drummond, K. J. (2020). Brain tumour patients' use of social media for disease management: Current practices and implications for the future. *Patient Education and Counseling*, 28, S0738-3991(20)30385-2.

McCrory, A., Best, P., & Maddock, A. (2020). The relationship between highly visual social media and young people's mental health: A scoping review. *Children and Youth Services Review*, 11, 105053.

McNab, C. (2009). What social media offers to health professionals and citizens. *Bulletin of the World Health Organization*, 87(8), 566.

Moorhead, S. A., Hazlett, D. E., Harrison, L., Carroll, J. K., Irwin, A., & Hoving, C. (2013). A new dimension of health care: Systematic review of the uses, benefits, and limitations of social media for health communication. *Journal of Medical Internet Research*, 15(4), e85.

Myslin, M., Zhu, S.-H., Chapman, W., & Conway, M. (2013). Using Twitter to examine smoking behavior and perceptions of emerging tobacco products. *Journal of Medical Internet Research*, 15(8), e174.

Namkoong, K., Seungahn, N., Record, R. A., & Van Stee, S. K. (2017). Communication, reasoning, and planned behaviors: Unveiling the effect of interactive communication in an anti-smoking social media campaign. *Health Communication*, 32(1), 41-50.

Napolitano, M. A., Hayes, S., Bennett, G. G., Ives, A. K., & Foster, G. D. (2013). Using Facebook and text messaging to deliver a weight loss program to college students. *Obesity*, *21*(1), 25-31.

Naslund, J. A., Grande, S. W., Aschbrenner, K. A., & Elwyn, G. (2014). Naturally occurring peer support through social media: The experiences of individuals with severe mental illness using YouTube. *PLOS ONE*, *9*(10), e110171.

National Cancer Institute. (2015, 2017, 2019). *Health information national trends survey*. Retrieved June 11, 2020, from https://hints.cancer.gov/view-questions-topics/all-hints-questions.aspx.

Oh, H. J., Lauckner, C., Boehmer, J., Fewins-Bliss, R., & Li, K. (2013). Facebooking for health: An examination into the solicitation and effects of health-related social support on social networking sites. *Computers in Human Behavior*, *29*, 2072-2080.

Oh, S. H., Lee, S. Y., & Han, C. (2020). The effects of social media use on preventive behaviors during infectious disease outbreaks: The mediating role of self-relevant emotions and public risk perception. *Health Communication*, *36*(8), 972-981.

Owen, R., & Humphrey, P. (2009). The structure of online marketing communication channels. *Journal of Management and Marketing Research*, *2*, 54-62.

Paek, H. J., Hove, T., Jung, Y., & Cole, R. T. (2013). Engagement across three social media platforms: An exploratory study of a cause-related PR campaign. *Public Relations Review*, *39*(5), 526-533.

Pew Research Center (2019b). *Mobile fact sheet*. Retrieved June 22, 2020, from www.pewresearch.org/internet/fact-sheet/mobile/

Pew Research Center (2019a). *Social media fact sheet*. Retrieved April 2, 2020, from www.pewresearch.org/internet/fact-sheet/social-media/

Platt, J. E., Platt, T., Thiel, D., & Kardia, S. L. R. (2013). 'Born in Michigan? You're in the biobank': Engaging population biobank participants through Facebook advertisements. *Public Health Genomics*, *16*, 145-158.

Poushter, J., Bishop, C., & Chwe, H. (2018). *Social media use continues to rise in developing countries but plateaus across developed ones*. Retrieved June 22, 2020, from www.pewresearch.org/global/2018/06/19/social-media-use-continues-to-rise-in-developing-countries-but-plateaus-across-developed-ones/

Prestin, A., Vieux, S. N., & Chou, W. Y. (2015). Is online health activity alive and well or flatlining? Findings from 10 years of the health information national trends survey. *Journal of Health Communication*, *20*(7), 790-798.

Robinson, P., Turk, D., Jilka, S., & Cella, M. (2019). Measuring attitudes towards mental health using social media: Investigating stigma and trivialisation. *Social Psychiatry and Psychiatric Epidemiology*, *54*(1), 51-58.

Romer, D., & Jamieson, K. H. (2020). Conspiracy theories as barriers to controlling the spread of COVID-19 in the U.S. *Social Science & Medicine*, *263*, 113356.

Rounsefell, K., Gibson, S., McLean, S., Blair, M., Molenaar, A., Brennan, L., Truby, H., & McCaffrey, T. A. (2020). Social media, body image and food choices in healthy young adults: A mixed methods systematic review. *Nutrition & Dietetics*, *77*, 19-40.

Sampasa-Kanyinga, H., & Lewis, R. F. (2015). Frequent use of social networking sites is associated with poor psychological functioning among children and adolescents. *Cyberpsychology, Behavior, and Social Networking*, *18*(7), 380-385.

Santayana, G. (1955). *Life of reason*. Charles Scribner's Sons.

Sharma, M., Yadav, K., Yadav, N., & Ferdinand, K. C. (2017). Zika virus pandemic—analysis of Facebook as a social media health information platform. *American Journal of Infection Control*, *45*(3), 301-302.

Smailhodzic, E., Hooijsma, W., Boonstra, A., & Langley, D. J. (2016). Social media use in healthcare: A systematic review of effects on patients and on their relationship with healthcare professionals. *BMC Health Services Research*, *16*, 442.

Sutton, J., League, C., Sellnow, T. L., & Sellnow, D. D. (2015). Terse messaging and public health in the midst of natural disasters: The case of the Boulder floods. *Health Communication*, *30*(2), 135-143.

Sutton, J., Spiro, E. S., Johnson, B., Fitzhugh, S., Gibson, B., & Butts, C. T. (2014). Warning tweets: Serial transmission of messages during the warning phase of a disaster event. *Information, Communication & Society*, *17*(6), 765-787.

Tamplin, N. C., McLean, S. A., & Paxton, S. J. (2018). Social media literacy protects against the negative impact of exposure to appearance ideal social media images in young adult women but not men. *Body Image*, 26, 29-37.

Thackeray, R., Crookston, B. T., & West, J. H. (2013). Correlates of health-related social media use among adults. *Journal of Medical Internet Research*, 15(1), e21.

Tian, Y. (2010). Organ donation on Web 2.0: Content and audience analysis of organ donation videos on YouTube. *Health Communication*, 25(3), 238-246.

Tian, Y., Robinson, J. D. (2008). Media use and health information seeking: An empirical test of complementarity theory. *Health Communication*, 23(2), 184-190.

Tifferet, S. (2020). Gender differences in social support on social network sites: A meta-analysis. *Cyberpsychology, Behavior, and Social Networking*, 23(4), 199-209.

Turner, J. W., Robinson, J. D., Tian, Y., Neustadtl, A., Angelus, P., Russell, M., Mun, S. K., & Levine, B. (2013). Can messages make a difference? Association between e-mail messages and health outcomes in diabetes patients. *Human Communication Research*, 39(2), 252-268.

Valle, C. G., Tate, D. F., Mayer, D. K., Allicock, M., & Cai, J. (2013). A randomized trial of a Facebook-based physical activity intervention for young adult cancer survivors. *Journal of Cancer Survivorship*, 7, 355-368.

Vos, S. C., Buckner, M. M. (2016). Social media messages in an emerging health crisis: Tweeting bird flu. *Journal of Health Communication*, 21(3), 301-308.

Walter, N., & Murphy, S. T. (2018). How to unring the bell: A meta-analytic approach to correction of misinformation. *Communication Monographs*, 85(3), 423-441.

Warner, E. L., Kirchhoff, A. C., Ellington, L., Waters, A. R., Sun, Y., Wilson, A., & Cloyes, K. G. (2020). Young adult cancer caregivers' use of social media for social support. *Psycho-Oncology*, 29(7), 1185-1192.

Zeng, D., Chen, H., Lusch, R., & Li, S.-H. (2010). Social media analytics and intelligence. *IEEE Intelligent Systems*, 25(6), 13-16.

第 22 章
健康错误信息

南小丽（Xiaoli Nan）　王源（Yuan Wan）　凯瑟琳·蒂尔（Kathryn Thier）

可靠的健康信息对于做出有关个人健康的周全决定,至关重要。因为我们大多数人都不是医学专家,所以我们求助于拥有可靠健康信息的专业人士。事实上,当涉及健康信息来源时,美国人最信任医生或健康护理专业人员,其次是政府健康机构(Jackson et al.,2019)。然而,当被问及"最近一次您查找有关健康或医学主题的信息时,您首先去了哪里",超过72%的美国人报告说是"互联网"(Health Information National Trends Survey,2019)。此外,64%的美国成年人表示"部分"或"非常"信任作为一种健康信息来源的互联网(HINTS,2018)。鉴于在线健康错误信息的普遍存在,互联网被用作一种健康信息来源的频率,以及人们对该来源的信任程度令人不安(Southwell & Thorson,2015)。

斯怀尔-汤普森和拉泽(Swire-Thompson & Lazer,2020)将错误信息定义为"与科学界对某种现象的认知共识相悖的信息"(第434页)。健康错误信息是一种特定类型的错误信息,其中包含一个或多个与科学共识不一致的健康相关陈述。自从互联网出现以来,人们越来越关注在线健康错误信息及其对互联网用户的潜在影响(Oravec,2000)。近年来,面对反疫苗运动激进地利用互联网和社交媒介传播疫苗错误信息和反疫苗情绪,人们的担忧加剧了(Kata,2012)。2016年的美国总统大选受困于政治错误信息以及外国通过社交媒介的干预,据称开启了"后真相"时代,在这样的时代,甚至健康信息也被外国实体操纵,引发社会失序和两极分化。例如,俄罗斯的推特机器人不仅放大了反疫苗讯息,还放大了支持疫苗的内容,在一个关键的公共健康问题上播下了社会失序的种子(Broniatowski et al.,2018)。

互联网和社交媒介并不是健康错误信息的唯一来源。许多健康错误信息源自传统媒体的报道,然后在万维网上被放大。在本章中,我们对健康错误信息的主要来源——包括在线和离线来源——做一个概览。接着,回顾有关不同环境中健康错误信息普遍存在的证据。然后,与准确或科学的信息相比,我们在内容和传播特征方面描述了健康错误信息的关键特征。最后,我们对有关健康错误信息对其接收者造成的影响证据作述评,并对传播策略在减轻健康错误信息影响方面的有效性作述评。

第 1 节　健康错误信息的来源

健康错误信息有许多来源,包括媒体、行业、政府和政治家、健康护理提供者本身以及社会/人际群体或社区网络。在媒介内部,互联网的出现从根本上改变了健康错误信息的产生和传播方式,权力转移到非专家手中(Mahoney et al.,2015)。

接下来,我们将解释传播健康错误信息如何从每一个来源散播出来。

一、媒体

也许,最常见的健康错误信息来源是媒体。当记者为受众重新包装科学并坚持"平衡"的新闻原则时,新闻媒体可能会通过过度简化、歪曲和过度戏剧化来传播健康错误信息(Lewandowsky et al., 2012,第110页;Thomas et al., 2017)。例如,大众媒体通过把相关性混淆成因果关系、利用初步研究并引用非科学家(如名人和健身专业人士)的话,为公众错误地提供有关营养的信息(Ayoob et al., 2002)。电视报道通过实施监控等核心功能并通过吸引公众注意力以赢得广告商,就可能会过度强调或耸人听闻地报道新型但罕见的疾病,如西尼罗河病毒等,最终超出实际风险,增加公众威胁感(Gollust et al., 2019)。制作和市场的压力,以及资源的减少,可能会导致电视记者过度简化健康研究,正如他们通过电视台社交媒介账号强调短故事叙述一样(Gollust et al., 2019)。

在将健康错误信息报道为新闻时,传统新闻媒体就散布了虚假信息,而这些虚假信息又被互联网新闻及其用户传播出去。在美国前众议员米歇尔·巴赫曼(Michele Bachman)在《今日秀》上错误地宣称人乳头瘤病毒疫苗会导致智力低下之后,越来越多的谷歌新闻和推特文章包含了她的不准确陈述,尽管一些推特用户纠正了它(Mahoney et al., 2015)。继意大利法院判令对所谓的麻疹疫苗诱发自闭症进行赔偿的新闻报道后,有关疫苗与自闭症之间错误联系的谷歌搜索、推文和脸书帖子增多,传播了错误信息和反疫苗接种情绪(Carrieri et al., 2019)。

人们通过搜索、内容生成和使用移动健康应用程序,在网上每每会遇到健康错误信息(Swire-Thompson & Lazer, 2020)。有时,在线药物信息汇编(Randhawa et al., 2016)和在线癌症风险计算器(Levy et al., 2008)等数字工具包含错误信息,即使它们旨在帮助健康护理提供者、患者或健康信息消费者。互联网尽管取得了诸如为患者赋权等积极成果(Kata, 2012),但也为非专家传播错误信息提供了空间,当他们于在线健康论坛或社区为患有特定疾病或健康问题的人创建新内容时(例如,Bakke, 2019)。此外,社交媒介可以促进"数字疫情",即医学上的不准确信息在线上广泛散播,包括反疫苗活动家利用互动和用户生成的内容来散布忧虑、歧义和疑虑(Seymour et al., 2015,第517页)。

最后,娱乐媒体一直是健康错误信息的来源。例如,黄金时段的网络电视节目和恐怖电影,传达了不准确的信息并助长了对精神疾病的刻板印象(Goodwin, 2014)。此外,融合事实和娱乐的医疗电视谈话节目仅在30%—50%的时间内提供了准确的建议(Thomas et al., 2018)。

二、行业

烟草业通过长达数十年的运动——旨在隐瞒有关吸烟危害的信息以及对科学混淆视听——为行业传播健康错误信息设定了标准(Cappella et al., 2015)。作为对法律和政府制裁的回应,烟草业破坏了简朴包装规则,将禁用词("温和"和"淡味")替换为其他误导性词语("光滑"),并为品牌名称选择较浅颜色以强化人们的错误认知,即"淡味"香烟的危害较小(Evans-Reeves et al., 2019)。全球工业化食品行业采用了烟草业早期的策略,面向儿童播出无营养食品的广告,推广脂肪和糖的相互矛盾的数据,并使用诸如"天然"和"清淡"等误导性词语来创制没有科学依据的健康陈述(Hindin et al., 2004)。同样,在直接面向消费者的医药广告中,有关复杂、微妙主题(如基因检测和专门的癌症中心治疗)的信息承载甚少,这可能会导致误解(Hlubocky et al., 2020)。

三、政府和政治家

眼下,围绕利用疫苗观点的莫衷一是,已成为民粹主义政治话语武器库的一部分。俄罗斯政府资助的推特巨魔发起辩论以破坏2016年美国大选(Broniatowski et al., 2020),当波兰右翼政客构建一种民族主义及民粹主义叙事时,他们与反疫苗社会活动者结盟(Zuk et al., 2019)。在美国,包括美国前总统唐纳德·特朗普在内的右翼政客散布有关口服避孕药的错误信息,以攻击平价医疗法案(Affordable Care Act)(Hogue et al.,2017)、疫苗(Mahoney et al.,2015)以及新冠病毒大流行的紧急性和可能的治疗方法(Jaiswal et al.,2020)。

四、健康护理提供者

包括医生、护士、牙科保健员、医学生和药剂师在内的提供者,以各种方式向患者传播错误信息。例如,他们可能知识不足(例如,Clovis et al.,2012)。他们也可能坚持在其专业领域中普遍存在的错误看法,例如,有证据表明,抗抑郁药会让身体产生依赖性和明显、常见的脱瘾症状,但精神病学家对此却轻描淡写(Hengartner & Plöderl, 2018)。此外,当关于精神分裂症患者吸烟率高的研究被过度引用时(尽管该人口群的吸烟率是平均水平),一些提供者可能依赖不可靠的临床证据(Ioannidis et al.,2017)或者那些被引用偏好污染的文献(Chapman et al.,2009)。从业者与非专业人士一样,也会通过社交媒介传播和消费错误信息(Chua & Banerjee, 2018)。

五、非正式群体/社区网络

在具有医疗不信任史的社区中,非正式网络、群体内态度和谣言经常成为健康错误信息的来源(DiFonzo et al.,2012)。阴谋论在"不平等驱动的不信任"的情况下会盛行(Jaiswal et al.,2020,第1页),例如,一些非裔美国人关于艾滋病毒/艾滋病的阴谋论(Heller, 2015)。由于社会局限性,谣言往往通过在族裔或种族子群体之间建立的"信任和知识网络"得以传播(Heller, 2015,第43页)。几项研究论证了发展中国家或低收入的妇女如何从人际谣言中了解到健康错误信息,包括在印度、尼泊尔和尼日利亚妇女中的避孕信息(Diamond-Smith et al.,2012)。对口耳相传和非正式网络的文化依赖,也可能产生健康错误信息,出现在如下人群中:非裔美国癌症患者(Matthews et al.,2002)、对麻疹疫苗狐疑的索马里裔美国人(Bahta & Ashkir, 2015),以及关注性健康的拉丁美洲人(Cashman et al.,2011)。

六、小结

健康错误信息的来源与一般错误信息来源在很大程度上相似。非专家通过在线用户生成的内容以及社交媒介创建、传播错误信息的能力正在改变健康错误信息来源的格局。非正式群体和社区网络——如源自种族、族裔和性别认同的群体和社区网络——可能是错误信息的来源,需要进行更系统的调查;离线和在线网络之间的相互作用也要做出调查。

第2节 健康错误信息的普遍性

我们之所以担心健康错误信息,因为我们认为它很普遍并且有可能影响到大量受众。那么,根据过去的研究,健康错误信息有多普遍?在什么样的传播环境中,健康错误信息更普遍?许多研究考察了健康错误信息在多个语境中的普遍性,例如,烟草产品(Evans-Reeves et al.,2019)、癌症(Chen et al.,2018)、免疫接种(Goodyear-Smith et al.,2007;Thomas et al.,2017),以及传染病(Kouzy et al.,2020)。这些研究洞察到,在人际关系和媒介化传播环境中普遍存在着健康错误信息。

一、人际关系环境

人们通常依赖非正式的、家庭口耳相传的渠道来获得健康建议,尤其是在不信任诸如医学界等正式信息来源时(DiFonzo et al.,2012)。安德森等人(Anderson et al.,2014)采访了不同的女性样本,了解她们如何在社交网络中与他人传播有关避孕药具的信息。参与者报告说,在与朋友和家人的传播互动中,有关避孕方法的消极面信息(通常是不正确的)比积极面信息更普遍、更令人难忘。在另一项关于癌症错误信息的研究中,迪冯佐等人(DiFonzo et al.,2012)让参与者回忆他们从一种非医学来源听到的关于癌症的说法。结果显示,这些说法中约有83%是谣言(比如,流传中的未经证实的说法),而85%的谣言来自朋友或家人。这些发现表明,健康错误信息在人际交往中可能非常普遍,尤其是在与紧密社交关系的传播中。

健康错误信息也发生在患者与提供者的传播中。威尔金森等人(Wilkinson et al., 2012)有一项研究对药剂师与青少年就紧急避孕话题传播的错误信息及其普遍性做了评估,他们假扮成17岁的青少年,给美国五个城市的759家药店打电话。他们发现,大约五分之一的药店散布有关谁可以服用紧急避孕药的错误信息,几乎一半的药店向来电者传播了错误的年龄指南。在桑德斯特伦等人(Sundstrom et al., 2018)的一项关于患者产后避孕观念的研究中,他们发现,尽管参与者总体上表现出对健康护理提供者提出的建议是信任的,但一些患者还提到从提供者那里收到了关于避孕风险的相互矛盾的建议和错误信息。提供者的建议属于患者在做出健康决定时最重要的参考信息(Anderson et al., 2014)。因此,无论普遍性程度如何,在患者与提供者的传播中流传的任何健康错误信息都会引起严重问题。

二、媒介化环境

尽管错误信息确实会发生,并且在非中介的人际传播中相当普遍,但错误信息通常被认为是一种大众传播现象(Southwell & Thorson, 2015)。对大众媒体中错误信息的恐惧,可能源于人们认为大众媒体具有快速、广泛传播错误信息的能力。总的来说,研究表明错误信息在大众媒体中很普遍,包括传统媒体,尤其是网络媒体。

传统媒体的记者发挥着守门人的作用,但研究发现,错误信息仍然是传统媒体的一个严重问题。古德伊尔-史密斯等人(Goodyear-Smith et al., 2007)在一项关于媒体报道中疫苗错误信息普遍存在的研究中,分析了2001年和2003年新西兰全国400份国家出版物的内容。他们发现17%的文章包含反免疫信息,这些信息很少得到科学证据的支持。在另一项研究中,托马斯等人(Thomas et al., 2017)对新闻和公共事务文章如何报道虚假陈述"人乳头瘤病毒疫苗导致智力低下"做了考察,他们发现,这些文章中大约有一半包含该虚假陈述,且没有明确指出该主张是错误的。

社交媒介作为寻求和分享健康信息的场所,越来越受欢迎,这加剧了社交媒介上健康错误信息的普遍化(Southwell & Thorson, 2015)。库兹等人(Kouzy et al., 2020)在一项关于推特上与新冠病毒大流行有关的医学错误信息的研究中,检查了673条与该病毒相关的推文;他们发现153条推文(24.8%)包含错误信息,107条推文(17.4%)包含与大流行相关的无法证实的信息。在另一项关于油管上与银屑病相关的错误信息的研究中,齐等人(Qi et al., 2016)分析了47个视频的内容,发现其中21%的视频具有误导性,根据现有证据包含不准确或未经证实的有关银屑病的信息。研究还发现,健康错误信息在其他社交媒介平台上也普遍存在,包括脸书(Jamison et al., 2020)、WhatsApp(AlKhaja et al., 2018)和微博(Chen et al., 2018)。这些发现强调了遏制社交媒介上健康错误信息散播的重要性。

三、小结

大量研究调查了各种传播环境中健康错误信息的普遍性。尽管错误信息的具体比例因健康语境和沟通环境而异,但总体而言,在人际传播和媒介化传播中,健康错误信息似乎相当普遍。

第3节 健康错误信息的特征

尽管关于健康错误信息普遍存在的证据越来越多,但人们对健康错误信息的特征知之甚少。一种新兴趋势是就内容特征(Moran et al., 2016; Zollo et al., 2015)和扩散模式(Chen et al., 2018; Kouzy et al., 2020)来考察健康错误信息与科学信息的区别。

一、内容特征

健康错误信息的内容特征与典型的科学信息特征之别在哪里？目前的研究表明至少在两个方面存在差异——情绪和证据。此外，健康错误信息依赖于反科学的修辞，往往具有误导性，而不是表面上的错误。

就情绪而言，健康错误信息的语气往往比科学信息更消极。许和郭(Xu and Guo, 2018)考察了赞成疫苗和反对疫苗的在线文章标题在词语使用和情感方面的差异，他们发现，与支持疫苗的标题相比，反疫苗标题使用与负面情绪(包括恐惧、愤怒和悲伤)相关的词语的可能性高1.3倍。另一项由佐罗等人(Zollo et al., 2015)完成的研究，分析了脸书上一系列阴谋论帖子的情绪和科学新闻帖子的情绪，得出了类似的结论：他们发现54%的阴谋论帖子使用负面情绪，是科学帖子的两倍。

关于讯息陈述背后的证据，健康错误信息通常基于轶事和个人故事，而科学讯息通常有事实和统计数据做支撑(Teoh, 2019)。例如，在一项对反疫苗网站所做的内容分析中，莫兰等人(Moran et al., 2016)发现，这些网站中有66.9%使用伪科学证据(例如，把相关性混淆为因果关系)，其中30.6%使用轶事证据来支持他们的说法。这些网站没有强调科学证据，而是通过将反疫苗行为与各种价值观(如选择权、个体性和自由)联系起来来推广反疫苗主张。在另一项关于疫苗错误信息的研究中，格兰特等人(Grant et al., 2015)分析了两个支持疫苗和两个怀疑疫苗网站的内容；他们发现，支持疫苗的网站侧重于传播关于疫苗的循证科学研究，而怀疑疫苗的网站更侧重于创建受疫苗相关做法影响的人群社区。

关于修辞策略，研究表明，健康错误信息经常使用反科学的叙事。在一项针对社交媒介上疫苗错误信息的研究中，史蒂芬等人(Steffens et al., 2019)发现，反疫苗活动家传播错误信息的特点是，对主流专业知识进行抵制以及对科学证据持怀疑态度。在另一项关于反疫苗运动的研究中，卡塔(Kata, 2012)确定了反疫苗活动家用来反对疫苗接种的三种策略：歪曲科学，改变假设，以及攻击批评者。作者得出结论说，尽管这些策略缺乏科学支持，却使疫苗错误信息看起来很有劝服力。

此外，错误信息并不总是容易辨别。过去的研究倾向于关注明显错误的信息，而现实世界中的错误信息可能会以一种微妙的方式产生误导，误导完全来自暗示、框架、词语选择和各种信息的相对位置(Ecker et al., 2014)。埃尔·哈雅(Al Khaja et al., 2018)在对社交媒介上与毒品有关的讯息进行内容分析时，发现潜在的误导性陈述(比如，省略有关药物的重要事实，使用质量差的临床证据作为科学支持，或夸大质量差的证据的临床重要性)构成了大部分信息(59.1%)，是直接与证据相矛盾或缺乏任何支持证据的错误主张的数量(27.3%)的两倍多。总之，现实环境中最突出的错误信息类型可能是误导性主张，而不是明显的错误。

二、扩散模式

谎言是否像人们哀叹的那样比真相跑得更快？在沃苏吉等人(Vosoughi et al., 2018)进行的一项研究中确实如此。他分析了2006年至2017年在推特上传播的126 000条新闻报道，发现错误信息明显比准确信息传播得更远、更快、更深、更广。作者认为错误信息比事实传播得更广，因为它会引发更多的高激发情绪，例如厌恶、恐惧和惊讶，从而促使接收者分享错误信息。在特定的健康语境下，许和郭(Xu and Guo, 2018)发现，反疫苗信息比支持疫苗的信息更容易被分享、评论和点赞。

然而，其他研究提供了相反的证据。在最近一项对推特上新冠病毒大流行中医疗失误信息的分析中，库兹等人(Kouzy et al., 2020)发现，与科学主张相比，无论虚假主张还是无法验证的信息获得的点赞和转发量都不会有显著差异，这表明错误信息与真实信息一样容易传播。在对癌症相关错误信息的网络分析中，陈等人(Chen et al., 2018)分析了微博上与癌症相关错误信息的扩散模式，他们发现，尽管有几条虚假推文非常受欢迎并得到了大量转发，但大多数虚假推文收到的转发和评论少于真实推文；此外，就转发推文的网络范围和病毒式传播来说，真实的推文表现出更好的扩散性能。这些发现表明，尽管一些错误信息可能具有极强的病毒式扩散性，但科学信息总体来说可能有更好的扩散性能。

三、小结

健康错误信息的特点是负面情绪、轶事证据和反科学叙事。它通常是微妙的误导而不是明显的错误。关于健康错误信息是否比科学信息传播得更广泛,有不同的研究结果。我们需要在更多样化的健康和媒介平台语境下进行更多研究,以进一步评估错误信息与准确信息的扩散特征。

第 4 节　健康错误信息的影响

尽管错误信息一直是人类传播的一个重要组成部分,但近年来,一般错误信息和健康错误信息空前泛滥,尤其是在社交媒介和其他形式的在线和传统媒体上的错误信息,引起了有良知的公民、科学家和政府官员的严重担忧(Chou et al., 2018; Southwell & Thorson, 2015)。这些担忧基于以下假设:错误信息有可能显著影响人们对沾染上错误信息的问题的思考、感受和行为方式,破坏民主的完整性并危害公众健康。例如,在政治领域,人们认为俄罗斯巨魔宣传的在线错误信息影响了2016年美国总统大选的结果(Jamieson, 2018)。在公共健康领域,美国最近爆发的麻疹疫情被归因于疫苗安全性方面的错误信息(CDC, 2019)。

尽管人们高度关注在线错误信息及其潜在影响,但关于错误信息影响的经验证据仍然有限。在一项关于2016年总统大选期间登记选民在推特上分享假新闻的研究中,格林伯格等人(Grinberg et al., 2019)发现,登记选民与假新闻来源接触极其密集;仅有1%的人曝光了80%的假新闻源,而0.1%的人分享了近80%的假新闻源。跟踪对假新闻网站的访问,格斯等人(Guess et al., 2020a)表明,这些网站只占人们信息"食量"平均数的一小部分,并且使用者主要是对持支持态度的信息有强烈偏好的一部分美国人。这些发现表明,假新闻或政治错误信息对选举结果的影响可能比之前假设的要小。有关政治环境中接触错误信息造成的影响,已有一些相关的实证证据,格斯等人(Guess et al., 2020b)基于这些证据总结说:假新闻除了增加对虚假主张的信念之外,其效果可能有限;并且,有关接触假新闻的效果的诸多主张可能都言过其实了。

健康错误信息状况又如何呢?人们的健康信念、态度甚至他们的行为在多大程度上受到健康错误信息的影响?鉴于人们普遍担心健康错误信息的潜在有害影响(Swire-Thompson & Lazer, 2020),直接检验这种影响的研究就显得惊人的有限,而且迄今为止可用的证据似乎各执一词。谭等人(Tan et al., 2015)做了一项纵向研究,调查了年轻人接触有关癌症相关风险的错误信息(例如,室内晒黑,使用电子烟,塑料瓶的重复使用,以及使用人造甜味剂)与相关信念、意图和行为之间的滞后关系。研究发现,接触错误信息只会预示被考察的四种错误认知的一种;那些报告说接触过较多虚假陈述——如重复使用塑料瓶会导致癌症——的人更可能相信这个虚假陈述是真的。然而,相信这种虚假陈述与所报告的意图或行为关联不大。

在疫苗接种方面,史密斯等人(Smith et al., 2008)发现,继1998年《柳叶刀》杂志发表将麻疹疫苗接种与儿童自闭症联系起来的文章后,新闻媒体对麻疹-自闭症争议的报道与美国选择不接种麻疹疫苗(除麻疹以外接受了所有儿童常规免疫接种的状况)的比率无关。这一发现表明,新闻媒体对疫苗错误信息的报道,可能对父母为孩子接种疫苗的决定影响有限,但不能排除在社交媒介等其他媒介平台上散发的疫苗错误信息的潜在影响。埃德尔斯坦(Edelstein et al., 2020)检视了英国的儿童疫苗覆盖率和推特上的反疫苗接种情绪。他们发现,自2012年至2013年以来,儿童的疫苗接种覆盖率一直在下降,尽管推特上的反疫苗接种讯息比例有所下降。这些发现表明,在线反疫苗接种讯息可能对疫苗接种行为的影响有限。作者警告说,夸大反疫苗运动的潜在影响可能会把注意力更多地引向反疫苗讯息,健康职业人士希望父母们首先要避免的就是这些反疫苗信息。

有关健康错误信息的影响,实验研究可以得到更有说服力的证据,从而得出因果推论。例如,在一项关于烟草错误信息的实验研究中,格莱特尔(Gratale et al., 2019)让当前和以前吸烟的人接触包含误导性陈述的香烟广告(例如,"100%不上瘾,美国种植——不含化学物质、调味剂或防腐剂",第44页)。接触到带有误导性词语(例如,"不上瘾"或"无化学物质",第44页)广告的那些参与者报告说,他们对烟草产品的误解更强烈,并且当前吸烟者报告说更想吸这种烟——比起那些看过一条删除了误导性词语的类似广告的参与者来说。这些发现表明,错误信息会导致错误认知,使行为意图发生改变。

在另一项实验调查中,里昂(Lyons et al., 2019)让参与者在有或没有阴谋论的情况下阅读有关寨卡病毒的信息(比如,寨卡病毒疫情是一家制药公司释放转基因蚊子的结果,该公司将从寨卡疫苗的需求中获利)。他们发现,接触包含阴谋论的信息会显著增加参与者的阴谋信念。他们还测试了阴谋线索明确性的影响(比如,阴谋论是被明确陈述的还是只是暗示的),发现带有明确阴谋线索的错误信息会导致更大的阴谋信念。然而,错误信息并未对行为意图(即接种寨卡疫苗的意图)产生明显影响。

总体而言,健康错误信息会显著影响健康信念,通常会导致误解。关于接触健康错误信息对其他结果变量(如态度、行为意图或行为)的影响,其证据有限,而且研究者们对研究结果往往各执一词。

第5节 减轻健康错误信息的影响

在过去的几年里,由于人们对错误信息的潜在负面影响忧心如焚,我们看到有关减轻错误信息对健康和其他语境的影响的研究迅速扩张。出现的许多研究探讨了纠正性讯息在减少一般误解(有关评论,请参见 Walter & Murphy, 2018;Walter & Tukachinsky, 2020),尤其是减少健康误解(Bode & Vraga, 2018;Lee et al., 2020)方面的功效。其他研究探讨了抵制错误信息的方法,可以通过预警(Cook et al., 2017)和创新教育(Roozenbeek & vanderLinden, 2019)等预先干预措施。

一、错误认知纠正

鉴于社交媒介空间中疫苗错误信息的普遍存在,多项研究检验了纠正性信息在改变疫苗误解方面的有效性。例如,奈汉等人(Nyhan et al., 2014)研究了全国取样的父母们,并让他们随机接触支持麻疹疫苗的信息或根本没有信息。在支持麻疹疫苗的信息中,有一条纠正信息提供了揭穿疫苗与自闭症之间存在联系的科学证据。作者发现,纠正信息成功地降低了人们对疫苗与自闭症之间联系的信念,但并未影响对麻疹腮腺炎疫苗的副作用的整体关注。这个纠正信息并没有改变父母给未来孩子接种麻疹腮腺炎疫苗的意愿。在最初对疫苗持最不赞同态度的父母中,纠正信息实际上适得其反,降低了这些父母为孩子接种疫苗的意愿。同样,有一项关于流感疫苗接种的研究,观察到这种适得其反的现象或回旋镖效应,其中高度关注疫苗副作用的参与者在看到一条揭穿流感疫苗迷思(即流感疫苗让人得流感;Nyhan & Reifler, 2015)的讯息后,降低了他们接种流感疫苗的意愿。尽管揭穿讯息对疫苗接种意愿产生适得其反的影响这一点令人不安,但未来的研究需要检查这种现象在不同健康行为中的程度。最近的一项研究考察了在各种政治问题背景下,揭穿讯息对信仰变化所产生的适得其反现象,这表明适得其反现象可能是一个例外,而不是一条法则(Wood & Porter, 2019)。

在错误信息揭穿和错误认知纠正方面,受到广泛关注的其他健康语境包括烟草产品(Sangalang et al., 2019)和寨卡病毒及传染病(Bode & Vraga, 2018;Lyons et al., 2019)。研究不仅考察了纠正讯息的一般效果,还评估了作为一种函数的纠正讯息的效果,即讯息类型(Sangalang et al., 2019)、讯息来源(Pluviano et al., 2020;Vraga & Bode, 2017)和受众特征(Nyhan et al., 2014)。

在讯息类型方面,维拉加(Vraga et al., 2019)比较了基于逻辑和基于幽默的纠正性信息在改变对三个科学或政治主题(气候变化、枪支管制和人乳头瘤病毒疫苗接种)的错误认知方面的功效。作者发现,基于逻辑的纠正信息在各个主题中始终有效,而基于幽默的纠正信息仅在纠正对人乳头瘤病毒疫苗接种的错误认知方面有效。对于人乳头瘤病毒疫苗接种,基于逻辑的讯息在纠正错误认知方面也比基于幽默的讯息表现更好。

在信息来源方面,维拉加和博德(Vraga & Bode, 2017)发现,与未知用户发布的信息相比,由一个已知可靠来源(例如,疾病控制和预防中心)发布的纠正信息在减少对寨卡病毒的认知误区方面更有效。普鲁维恩欧等人(Pluviano et al., 2020)的研究进一步表明,在纠正健康认知误区(例如,相信疫苗与多动症之间存在一种谣传的联系)时,来源可信度比来源专业度更重要;研究发现,可信度高的来源在减少推理中使用错误信息方面更有效,而来源专业度并没有产生影响。

在健康认知误区纠正研究中,也许最常见的受众特征是个人对错误信息的最初信念。因为个人更容易接受认知上一致的信息,而更怀疑不一致的信息——这种现象称为动机化推理,即(为得出特定结论的)动机通过依赖一组有偏见的认知过程,从而影响了推理(Kunda, 1990)——有理由相信这一点:最初相信错误信息的人越多,纠正信息的效果就越差。然而,经验证据往往各执一词(Lewandowsky et al., 2012)。在健康领域,纠正信息要么对初始认知误区高和低的人的信念产生相似影响(Nyhan et al., 2014,; Nyhan & Reifler, 2015),要么往往对那些初始认知误区高的人更有效(Vraga & Bode, 2017)。在后一种情况下,之所以对那些最初认知误区较少的人缺乏效果,可能是由于一种地板效应,即纠正信息进一步减少认知误区的能力可能减弱。

二、预先干预

通过一项元分析,沃尔特和墨菲(Walter & Murphy, 2018)发现,一般来说,在减轻错误信息的影响方面,预警不如揭穿真相或纠正认知误区有效。然而,研究表明,预警可能是一种有用的补充策略。例如,库克等人(Cook et al., 2017)发现在气候变化的语境中,先发制人地解释虚假平衡的媒体报道可能产生误导性影响,抑或先发制人地传达科学共识,可以有效地纠偏错误信息对气候变化认知的负面影响。此外,诸如"假新闻游戏"之类的创新教育工具可以增强对在线错误信息的心理抵抗力(Roozenbeek & vanderLinden, 2019)。

三、小结

总之,一些重要的研究正在开展,以评估纠正性信息和预先干预措施在打击健康错误信息方面的功效。好讯息是,纠正性信息往往能很好地减少对健康的认知误区,至少在短期内是这样。由于缺乏纵向研究,这种影响是否会持久尚不清楚。我们还知道,纠正性讯息的功效,可能会因作为一种函数的讯息来源、格式和接收者的类型而异。此外,对疫苗持有两可态度的父母来说,纠正疫苗认知误区的讯息似乎会对给孩子接种疫苗的意愿产生适得其反的影响,这令人讨厌。需要更多的研究来评估在其他健康预警中潜在的适得其反的影响。最后,预先干预是减轻健康错误信息影响的可期策略,尽管这方面的研究很少。

第6节 结 论

健康错误信息是对公众健康的一种严重威胁,需要对其来源、普遍化程度、特征、影响和缓解措施进行系统研究。尽管目前关于健康错误信息的研究主要是描述性的,但最近的研究已经开始使用实验方法来论证健康错误信息的影响及其缓解方法。总的来说,研究人员已采取一种主要是经验的实证方法来考察健康错误信息的各个方面。未来的研究可以纳入更多解释性的、批判性的文化视角,以更全面地理解像健康语境中的错误信息这类复杂现象。

根据健康错误信息文献的现状,可以得出一些总结论。首先,健康错误信息有很多来源,包括个人社交网络、行业、政府和政治家,甚至提供者本身。然而,也许最常见的来源是媒体。通过传统新闻媒体报道的健康错误信息被在线和社交媒介放大,健康错误信息越来越多地通过用户生成的内容得以散播。

其次,健康错误信息在我们的信息环境中普遍存在,无论是在人际关系还是媒介化环境中。健康错误信息的普遍存在,不仅对消费者获取准确有用的健康信息提出了重大挑战,也对提供者与被误导的患者之间进行互动提出了重大挑战。

再次,健康错误信息的特点是负面情绪、轶事证据和反科学叙事。它通常是微妙的误导而不是明显的错误,因此很难监测或抵消。尽管人们担心错误信息可能比准确或科学信息影响到更多人,但只有非常有限的证据表明健康错误信息比科学信息扩散得更广。

最后,虽然健康错误信息已被证明会导致健康认知误区,但关于接触健康错误信息对其他结果变量(如态度、行为意图或行为)的影响,证据有限且各执一词。通过纠正性讯息来减轻健康错误信息的影响的努力正在大刀阔斧地进行中。纠正性讯息往往能很好地减少对健康的认知误区,至少在短期内如此。然而,它们的长期效果和对行为的影响却鲜为人知。

第 7 节　未来研究方向

未来的研究应该继续监测健康错误信息的来源。在线和社交媒介中用户生成的内容正在成为健康错误信息的一种常见且令人不安的来源。此类内容可能来自个人或有组织的团体(例如,反疫苗活动家)。随着对数字和移动信息源的访问增加,需要更多研究来调查在线用户如何创建和传播健康错误信息,包括用于增加影响力和覆盖性的技术。另一个需要更多关注的领域是食品、酒类和烟草行业的误导性广告和营销。"关于错误信息和吸烟的下一个前沿领域"是最近出现的雾化电子烟和一般电子烟的使用,准确的信息受到各种阻挠,如各种冲突的安全观、不一致的法规以及令人质疑的油管视频和社交媒介广告(Krishna & Thompson, 2021,第 8 页)。

需要更多的研究来了解健康错误信息的接触和消费。哪些类型的人更有可能接触和消费健康错误信息,因此更容易受到其有害影响? 例如,老年人或媒介素养较低的人可能会消费更多的健康错误信息,或者是误导性健康信息的重点瞄准目标(例如,在线直接面向消费者的药品广告)。识别弱势群体将为未来的干预措施提供决策依据,以减少对健康错误信息的接触和消费。

未来的研究应该继续调查由健康错误信息的其他方面限定的内容和扩散特征。例如,虽然负面情绪经常被用于健康错误信息中(Xu & Guo, 2018; Zollo et al., 2015),但在某些健康背景下(例如,电子烟; Martinez et al., 2018),正面情绪倾向更常见。此外,内容特征可能因来源而异。例如,活动家经常使用个人故事和反科学叙事来支持他们的错误主张(Steffens et al., 2019),而行业更有可能以一种微妙的方式呈现错误信息,通常是通过省略重要事实或对其产品功效夸大其词(AlKhaja et al., 2018)来实现。此外,未来研究的一个富有成果的途径是,检查错误信息的内容/来源与扩散特征之间的联系。错误信息的某些特征是否使其更具病毒传播性? 来自某些来源的错误信息是否比其他来源的传播得更广? 研究发现,那些具有争议性、唤起情感以及人们熟悉的健康信息更容易传播开来(Kim, 2015);然而,尚不清楚这是否也适用于健康错误信息的病毒式传播。

最后,未来研究的一个重要方向是论证健康错误信息的影响。到目前为止,经验证据表明,健康错误信息会影响健康信念和认知误区,但其对态度和行为结果的影响尚不清楚。除了简单地灌输不良观念之外,健康错误信息在多大程度上会导致实际伤害? 假设不良观念或信念最终会导致有害行为,这似乎是直觉性的。然而,在有更多的经验证据支持这种联系之前,这仍然没有定论。另一方面,人们日益有兴趣评估纠正性信息在减轻健康错误信息影响方面的功效。研究表明,纠正性信息的功效因其信息的特征而大相径庭(例如,预伪造-揭穿,事实核查-替代性解释)。需要更多的研究来确定加强或削弱纠正性信息效果的因素。最后,正如没有强有力的证据表明健康错误信息会导致有害行为一样,减轻健康错误信息影响的努力也没有从经验上看出能够减少有害行为。显然,我们需要更多的研究来调查接触健康错误信息或纠正性信息与行为结果之间的关系。

参考文献

Al Khaja, K. A. J., AlKhaja, A. K., & Sequeira, R. P. (2018). Drug information, misinformation, and disinformation on social media: A content analysis-study. *Journal of Public Health Policy*, *39*(3), 343-357.

Anderson, N., Steinauer, J., Valente, T., Koblentz, J., & Dehlendorf, C. (2014). Women's social communication about IUDs: A qualitative analysis. *Perspectives on Sexual and Reproductive Health*, *46*(3), 141-148.

Ayoob, K. T., Duyff, R. L., & Quagliani, D. (2002). Position of the American dietetic association: Food and nutrition misinformation. *Journal of the American Dietetic Association*, *102*(2), 260-266.

Bahta, L., & Ashkir, A. (2015). Addressing MMR vaccine resistance in Minnesota's Somali community. *Minnesota Medicine*, *98*(10), 33-36.

Bakke, A. (2019). Trust-building in a patient forum: The interplay of professional and personal expertise. *Journal of Technical Writing & Communication*, *49*(2), 156-182.

Bode, L., & Vraga, E. K. (2018). See something, say something: Correction of global health misinformation on social media. *Health Communication*, *33*(9), 1131-1140.

Broniatowski, D. A., Jamison, A. M., Qi, S., AlKulaib, L., Chen, T., Benton, A., Quinn, S. C., & Dredze, M. (2018). Weaponized health communication: Twitter bots and Russian trolls amplify the vaccine debate. *American Journal of Public Health*, *108*(10), 1378-1384.

Broniatowski, D. A., Quinn, S. C., Dredze, M., & Jamison, A. M. (2020). Vaccine communication as weaponized identity politics. *American Journal of Public Health*, *110*(5), 617-618.

Cappella, J. N., Maloney, E., Ophir, Y., & Brennan, E. (2015). Interventions to correct misinformation about tobacco products. *Tobacco Regulatory Science*, *1*(2), 186-197.

Carrieri, V., Madio, L., & Principe, F. (2019). Vaccine hesitancy and (fake) news: Quasi-experimental evidence from Italy. *Health Economics*, *28*(11), 1377-1382.

Cashman, R., Eng, E., Simán, F., & Rhodes, S. D. (2011). Exploring the sexual health priorities and needs of immigrant Latinas in the southeastern United States: A community-based participatory research approach. *AIDS Education & Prevention*, *23*(3), 236-248.

Centers for Disease Control and Prevention (2019, April 26). *CDC media statement: Measles cases in the U.S. are highest since measles was eliminated in 2000*. www.cdc.gov/media/releases/2019/s0424-highest-measles-cases-since-elimination.html.

Chapman, S., Ragg, M., & McGeechan, K. (2009). Citation bias in reported smoking prevalence in people with schizophrenia. *Australian & New Zealand Journal of Psychiatry*, *43*(3), 277-282.

Chen, L., Wang, X., & Peng, T. Q. (2018). Nature and diffusion of gynecologic cancer—related misinformation on social media: Analysis of tweets. *Journal of Medical Internet Research*, *20*(10), e11515.

Chou, W. Y. S., Oh, A., & Klein, W. M. (2018). Addressing health-related misinformation on social media. *JAMA: Journal of the American Medical Association*, *320*(23), 2417-2418.

Chua, A. Y. K., & Banerjee, S. (2018). Intentions to trust and share online health rumors: An experiment with medical professionals. *Computers in Human Behavior*, *87*, 1-9.

Clovis, J. B., Horowitz, A. M., Kleinman, D. V., Wang, M. Q., & Massey, M. (2012). Maryland dental hygienists' knowledge, opinions and practices regarding dental caries prevention and early detection. *Journal of Dental Hygiene*, *86*(4), 292-305.

Cook, J., Lewandowsky, S., & Ecker, U. K. (2017). Neutralizing misinformation through inoculation: Exposing misleading argumentation techniques reduces their influence. *PLOS ONE*, *12*(5), e0175799.

Diamond-Smith, N., Campbell, M., & Madan, S. (2012). Misinformation and fear of side-effects of family planning. *Culture, Health & Sexuality*, *14*(4), 421-433.

DiFonzo, N., Robinson, N. M., Suls, J. M., & Rini, C. (2012). Rumors about cancer: Content, sources, coping, transmission, and belief. *Journal of Health Communication*, *17*(9), 1099-1115.

Ecker, U. K., Lewandowsky, S., Chang, E. P., & Pillai, R. (2014). The effects of subtle misinformation in news headlines. *Journal of Experimental Psychology: Applied*, *20*(4), 323-325.

Edelstein, M., Müller, M., Ladhani, S., Yarwood, J., Salathé, M., & Ramsay, M. (2020). Keep calm and carry on vaccinating: Is anti-vaccination sentiment contributing to declining vaccine coverage in England? *Vaccine*, *38*(33), 5297-5304.

Evans-Reeves, K. A., Hiscock, R., Lauber, K., & Gilmore, A. B. (2019). Prospective longitudinal study of tobacco company adaptation to standardised packaging in the UK: Identifying circumventions and closing loopholes. *BMJ Open*, *9*(9), e028506.

Gollust, S. E., Fowler, E. F., & Niederdeppe, J. (2019). Television news coverage of public health issues and implications for public health policy and practice. *Annual Review of Public Health*, *40*, 167-185.

Goodwin, J. (2014). The horror of stigma: Psychosis and mental health care environments in twenty-first-century horror film (part II). *Perspectives in Psychiatric Care*, *50*(4), 224-234.

Goodyear-Smith, F., Petousis-Harris, H., Vanlaar, C., Turner, N., & Ram, S. (2007). Immunization in the print media—perspectives presented by the press. *Journal of Health Communication*, *12*(8), 759-770.

Grant, L., Hausman, B. L., Cashion, M., Lucchesi, N., Patel, K., & Roberts, J. (2015). Vaccination persuasion online: A qualitative study of two pro-vaccine and two vaccine-skeptical websites. *Journal of Medical Internet Research*, *17*(5), e133.

Gratale, S. K., Maloney, E. K., & Cappella, J. N. (2019). Regulating language, not inference: An examination of the potential effectiveness of Natural American Spirit advertising restrictions. *Tobacco Control*, *28*(e1), e43-e48.

Grinberg, N., Joseph, K., Friedland, L., Swire-Thompson, B., & Lazer, D. (2019). Fake news on Twitter during the 2016 US presidential election. *Science*, *363*(6425), 374-378.

Guess, A. M., Lockett, D., Lyons, B., Montgomery, J. M., Nyhan, B., & Reifler, J. (2020b). "Fake news" may have limited effects beyond increasing beliefs in false claims. *Harvard Kennedy School Misinformation Review*, *1*(1), 1-12.

Guess, A. M., Nyhan, B., & Reifler, J. (2020a). Exposure to untrustworthy websites in the 2016 US election. *Nature Human Behaviour*, *4*(5), 472-480.

Health Information National Trends Survey (2018). *HINTS briefs*. https://hints.cancer.gov/docs/Briefs/HINTS_Brief_39.pdf.

Health Information National Trends Survey (2019). *HINTS response*. https://hints.cancer.gov/view-questions-topics/question details.aspx?PK_Cycle=12&qid=688.

Heller, J. (2015). Rumors and realities: Making sense of HIV/AIDS conspiracy narratives and contemporary legends. *American Journal of Public Health*, *105*(1), e43-e50.

Hengartner, M. P., & Plöderl, M. (2018). False beliefs in academic psychiatry: The case of antidepressant drugs. *Ethical Human Psychology & Psychiatry*, *20*(1), 6-16.

Hindin, T. J., Contento, I. R., & Gussow, J. D. (2004). A media literacy nutrition education curriculum for head start parents about the effects of television advertising on their children's food requests. *Journal of the American Dietetic Association*, *104*(2), 192-198.

Hlubocky, F. J., McFarland, D. F., Spears, P. A., Smith, L., Patten, B., Peppercorn, J., & Holcombe, R. (2020). Direct-to-consumer advertising for cancer centers and institutes: Ethical dilemmas and practical implications. *American Society of Clinical Oncology Educational Book*, *40*, e207-e217.

Hogue, C. J., Hall, K. S., & Kottke, M. (2017). Hormonal contraceptives improve women's health and should continue to be covered by health insurance plans. *Annals of Internal Medicine*, *167*(9), 666-667.

Ioannidis, J. P. A., Stuart, M. E., Brownlee, S., & Strite, S. A. (2017). How to survive the medical misinformation mess. *European Journal of Clinical Investigation*, *47*(11), 795-802.

Jackson, D. N., Peterson, E. B., Blake, K. D., Coa, K., & Chou, W.-Y. S. (2019). Americans' trust in health information sources: Trends and sociodemographic predictors. *American Journal of Health Promotion*, *33*(8), 1187-1193.

Jaiswal, J., LoSchiavo, C., & Perlman, D. C. (2020). Disinformation, misinformation and inequality-driven mistrust in the time of COVID-19: Lessons unlearned from AIDS denialism. *AIDS and Behavior*, *24*, 2776-2780.

Jamieson, K. H. (2018). *Cyberwar: How Russian hackers and trolls helped elect a president: What we don't, can't, and do know*. Oxford University Press.

Jamison, A. M., Broniatowski, D. A., Dredze, M., Wood-Doughty, Z., Khan, D., & Quinn, S. C. (2020). Vaccine-related advertising in the Facebook Ad Archive. *Vaccine*, *38*(3), 512-520.

Kata, A. (2012). Anti-vaccine activists, Web 2.0, and the postmodern paradigm—An overview of tactics and tropes used online by the anti-vaccination movement. *Vaccine*, *30*(25), 3778-3789.

Kim, H. S. (2015). Attracting views and going viral: How message features and news-sharing channels affect health news diffusion. *Journal of Communication*, *65*(3), 512-534.

Kouzy, R., Abi Jaoude, J., Kraitem, A., El Alam, M. B., Karam, B., Adib, E., Zarka, J., Traboulsi, C., Akl, E. W., & Baddour, K. (2020). Coronavirus goes viral: Quantifying the COVID-19 misinformation epidemic on Twitter. *Cureus*, *12*(3), e7255.

Krishna, A., & Thompson, T. L. (2021). Misinformation about health: A review of health communication and misinformation scholarship. *American Behavioral Scientist*, *65*(2), 316-332.

Kunda, Z. (1990). The case for motivated reasoning. *Psychological Bulletin*, *108*(3), 480-498.

Lee, S. J., Sanders-Jackson, A., & Tan, A. S. L. (2020). Effects of current and enhanced tobacco corrective messages on smokers' intention to quit smoking and intention to purchase cigarettes. *Nicotine & Tobacco Research*, *22*(4), 569-575.

Levy, A. G., Sonnad, S. S., Kurichi, J. E., Sherman, M., & Armstrong, K. (2008). Making sense of cancer risk calculators on the Web. *JGIM: Journal of General Internal Medicine*, *23*(3), 229-235.

Lewandowsky, S., Ecker, U. K. H., Seifert, C. M., Schwarz, N., & Cook, J. (2012). Misinformation and its correction: Continued influence and successful debiasing. *Psychological Science in the Public Interest*, *13*(3), 106-131.

Lyons, B., Merola, V., & Reifler, J. (2019). Not just asking questions: Effects of implicit and explicit conspiracy information about vaccines and genetic modification. *Health Communication*, *34*(14), 1741-1750.

Mahoney, L. M., Tang, T., Ji, K., & Ulrich-Schad, J. (2015). The digital distribution of public health news surrounding the human papillomavirus vaccination: A longitudinal infodemiology study. *JMIR Public Health and Surveillance*, *1*(1), e2.

Martinez, L. S., Hughes, S., Walsh-Buhi, E. R., & Tsou, M. H. (2018). "Okay, we get it. You vape": An analysis of geocoded content, context, and sentiment regarding e-cigarettes on Twitter. *Journal of Health Communication*, *23*(6), 550-562.

Matthews, A. K., Sellergren, S. A., Manfredi, C., & Williams, M. (2002). Factors influencing medical information seeking among African American cancer patients. *Journal of Health Communication*, *7*(3), 205-219.

Moran, M. B., Lucas, M., Everhart, K., Morgan, A., & Prickett, E. (2016). What makes anti-vaccine websites persuasive? A content analysis of techniques used by anti-vaccine websites to engender anti-vaccine sentiment. *Journal of Communication in Healthcare*, *9*(3), 151-163.

Nyhan, B., & Reifler, J. (2015). Does correcting myths about the flu vaccine work? An experimental evaluation of the effects of corrective information. *Vaccine*, *33*(3), 459-464.

Nyhan, B., Reifler, J., Richey, S., & Freed, G. L. (2014). Effective messages in vaccine promotion: A randomized trial. *Pediatrics*, *133*(4), e835-e842.

Oravec, J. A. (2000). Online medical information and service delivery: Implications for health education. *Journal of Health Education*, *31*(2), 105-110.

Pluviano, S., Della Sala, S., & Watt, C. (2020). The effects of source expertise and trustworthiness on recollection: The case of vaccine misinformation. *Cognitive Processing*, *21*(3), 321-330.

Qi, J., Trang, T., Doong, J., Kang, S., & Chien, A. L. (2016). Misinformation is prevalent in psoriasis-related YouTube videos. *Dermatology Online Journal*, *22*(11).

Randhawa, A. S., Babalola, O., Henney, Z., Miller, M., Nelson, T., Oza, M., Patel, C., Randhawa, A. S., Riley, J., Snyder, S., & So, S. (2016). A collaborative assessment among 11 pharmaceutical companies of misinformation in commonly used online drug information compendia. *The Annals of Pharmacotherapy*, *50*(5), 352-359.

Roozenbeek, J., & van der Linden, S. (2019). Fake news game confers psychological resistance against online misinformation. *Palgrave Communications*, *5*(1), 1-10.

Sangalang, A., Ophir, Y., & Cappella, J. N. (2019). The potential for narrative correctives to combat misinformation. *Journal of Communication*, *69*(3), 298-319.

Seymour, B., Getman, R., Saraf, A., Zhang, L. H., & Kalenderian, E. (2015). When advocacy obscures accuracy online: Digital pandemics of public health misinformation through an antifluoride case study. *American Journal of Public Health*, *105*(3), 517-523.

Smith, M. J., Ellenberg, S. S., Bell, L. M., & Rubin, D. M. (2008). Media coverage of the measles-mumps-rubella vaccine and autism controversy and its relationship to MMR immunization rates in the United States. *Pediatrics*, *121*(4), e836-e843.

Southwell, B. G., & Thorson, E. A. (2015). The prevalence, consequence, and remedy of misinformation in mass media systems. *Journal of Communication*, *65*(4), 589-595.

Steffens, M. S., Dunn, A. G., Wiley, K. E., & Leask, J. (2019). How organizations promoting vaccination respond to misinformation on social media: A qualitative investigation. *BMC Public Health*, *19*(1), 1-12.

Sundstrom, B., Szabo, C., & Dempsey, A. (2018). "My body. My choice": A qualitative study of the influence of trust and locus of control on postpartum contraceptive choice. *Journal of Health Communication*, *23*(2), 162-169.

Swire-Thompson, B., & Lazer, D. (2020). Public health and online misinformation: Challenges and recommendations. *Annual Review of Public Health*, *41*, 433-451.

Tan, A. S. L., Lee, C., & Chae, J. (2015). Exposure to health (mis)information: Lagged effects on young adults' health behaviors and potential pathways. *Journal of Communication*, *65*(4), 674-698.

Teoh, D. (2019). The power of social media for HPV vaccination—not fake news! *American Society of Clinical Oncology Educational Book*, *39*, 75-78.

Thomas, J., Peterson, G. M., Walker, E., Christenson, J. K., Cowley, M., Kosari, S., Baby, K. E., & Naunton, M. (2018). Fake news: Medicines misinformation by the media. *Clinical Pharmacology and Therapeutics*, *104*(6), 1059-1061.

Thomas, R. J., Tandoc, E. C., & Hinnant, A. (2017). False balance in public health reporting? Michele Bachmann, the HPV vaccine, and "mental retardation." *Health Communication*, *32*(2), 152-160.

Vosoughi, S., Roy, D., & Aral, S. (2018). The spread of true and false news online. *Science*, *359*(6380), 1146-1151.

Vraga, E. K., & Bode, L. (2017). Using expert sources to correct health misinformation in social media. *Science Communication*, *39*(5), 621-645.

Vraga, E. K., Kim, S. C., & Cook, J. (2019). Testing logic-based and humor-based corrections for science, health, and political misinformation on social media. *Journal of Broadcasting & Electronic Media*, *63*(3), 393-414.

Walter, N., & Murphy, S. T. (2018). How to unring the bell: A meta-analytic approach to correction of misinformation. *Communication Monographs*, *85*(3), 423-441.

Walter, N., & Tukachinsky, R. (2020). A meta-analytic examination of the continued influence of misinformation in the face of correction: How powerful is it, why does it happen, and how to stop it? *Communication Research*, *47*(2), 155-177.

Wilkinson, T. A., Fahey, N., Shields, C., Suther, E., Cabral, H. J., & Silverstein, M. (2012). Pharmacy communication to adolescents and their physicians regarding access to emergency contraception. *Pediatrics*, *129*(4), 624-629.

Wood, T., & Porter, E. (2019). The elusive backfire effect: Mass attitudes' steadfast factual adherence. *Political Behavior*, *41*(1), 135-163.

Xu, Z., & Guo, H. (2018). Using text mining to compare online pro- and anti-vaccine headlines: Word usage, sentiments, and online popularity. *Communication Studies*, *69*(1), 103-122.

Zollo, F., Novak, P. K., Del Vicario, M., Bessi, A., Mozetič, I., Scala, A., Caldarelli, G., & Quattrociocchi, W. (2015). Emotional dynamics in the age of misinformation. *PLOS ONE*, *10*(9), e0138740.

Żuk, P., Żuk, P., & Lisiewicz-Jakubaszko, J. (2019). The anti-vaccine movement in Poland: The socio-cultural conditions of the opposition to vaccination and threats to public health. *Vaccine*, *37*(11), 1491-1494.

第 6 部分
运动、干预和技术运用

第 23 章
公共健康传播运动

卡米·希尔克(Kami J. Silk)　塔拉·史密斯(Tara L. Smith)
查尔斯·T. 萨蒙(Charles T. Salmon)　布兰登·D. H. 托马斯(Brandon D. H. Thomas)
塔农旺·普里萨(Thanomwong Poorisat)

"美国,戴上口罩吧""不要传播病毒""面对它,戴上口罩对抗新冠病毒肺炎"——这些分别是由纽约州、新罕布什尔州和田纳西州组织的运动的主题,目的是在新冠病毒肺炎疫情期间对公众进行有关拯救生命的健康协议的教育。目前尚不清楚在讯息创建过程中进行了何种类型的形成性研究(formative research),以及采取了哪些措施来评估其效能,但显而易见,这些公共健康讯息对于影响戴口罩的行为结果以降低疾病接触和扩散的风险,是必要的。从事新冠病毒肺炎媒体接触调查研究的健康传播研究者或许能够捕捉到一些影响,但对不同运动进行有计划的评估,将有助于确定个人**是否**接触到"口罩"或"社交距离"的讯息建议,他们**在哪里**或**如何**接触到这些建议(如社交媒介、电视、广播、广告牌等),以及他们**怎样**回应风险降低讯息(如改变态度、意图或行为)。除了新冠病毒肺炎疫情运动(该运动在全球范围内说明了健康信息对于公共利益的重要性)以外,还有数以千计的传播运动,它们针对地方、区域、国家和全球层面的不同受众所面临的健康和环境的大量问题。

罗杰斯和斯多瑞(Rogers & Storey, 1987)在其对传播运动的综述中,从林林总总的定义中提取了四个基本要素,这些要素在几十年后的今天仍然有效。这些运动要素包括:旨在产生结果或效果;在相对大量的个体中展开;通常在特定时间段内;通过一套有组织的传播活动。作为实现社会变革的工具和促进公共健康的手段(Hornik, 2002; Salmon & Poorisat, 2020),各种运动有着悠久、成熟和受人尊敬的传统(Paisley & Atkin, 2013; World Health Organization, 2009)。健康运动研究和课程通常遵循运动制定、实施和评估的社会科学过程,但也存在着其他方法,它们甚至对社会科学方法提出了挑战。例如,杜塔-伯格曼(Dutta-Bergman, 2005)讨论了健康传播运动的常见理论方法,然后为运动的理论和决策提供依据,以便使边缘化群体在运动过程中始终处于中心地位。杜塔和德苏萨(Dutta & deSouza, 2008)还对健康传播运动的批判的文化方法做了出色的概述和例示,并说明在考虑结构、责任中心、知识政治、文化和媒介在健康传播运动中的作用时,反思性(reflexivity)是必要的。在本章中,我们从社会科学的角度讨论了健康传播运动的基本组成部分,包括形成性研究、劝服性讯息策略、渠道和来源选择、传播决策和效果评估。

第 1 节　走近运动设计

在一个由技术颠覆(technological disruption)所塑造的全球世界中,跟上不断变化的内容平台、媒介消费习惯和健康行为的发展,已经成为传播策略家、健康传播从业者和负责设计公共健康运动的研究者的"新常态"。跟上发展的步伐需要灵活的定位和对传播理论的基本了解,以便做出关于受众评估、讯息内容和评价策略的明智决策。高质量的运动涉及系统的方法,后者需要运动规划者和利益攸关方进行全面的情况分析,制定务实的战略计划,并根据有效媒介运动和社会营销实践的原则来生成和发送讯息(O'Sullivan et al., 2003)。为了最大限度地提高运动效力并减少潜在的负面后果,必须将运动决策奠定于形成性研究的基础上。这种类型的前期制作研究涉及为受众研究、概念开发、讯息测试和确定最佳渠道而收集数据(Atkin & Freimuth, 2013)。

规划的第一步是对情景进行概念分析,以了解健康问题的行为方面,并确定哪些人应该采取哪些行为来改善健康结果(O'Sullivan et al., 2003)。运动团队需要指定其健康相关行为将被改变的焦点细分人群,以及运动最终试图影响的焦点行为底线(Atkin & Rice, 2013)。下一步是从焦点行为向后追溯,以确定近端和远端的决定因子,然后通过态度、信念、知识、社会影响和环境力量来创建影响途径的**模型**。例如,出于减少新生儿神经管缺陷的需要,运动策略家可能会决定育龄女性是一个主要的焦点细分群体,而且他们可能会发现,这些女性需要增加每日叶酸摄入量,以防止这种缺陷,即使她们不想怀孕,也是如此。

再下一步是从传播的角度评估这个模型,并明确**目标受众**以及可以直接受到运动信息影响的**预期反应**。随后可以设计传播运动来影响最有希望的途径,再后来就可以创建可测量的运动目标,为进一步的规划、实施和后期效果评估提供信息。例如,为了让育龄妇女服用叶酸,研究者会将她们首选为目标受众,然后,他们会制定目标和运动信息,来提升每日服用含有医生推荐的叶酸量的多种维生素的便利性和吸引力,从而减少神经管缺陷(Lindsey et al., 2009)。一个全面的计划是必要的,这样才能对不同的运动组成部分做出战略决策。

一个现实的考虑是为运动分配资源,策略家面临一系列需要考虑的问题。这场运动是应该寻求改变基本行为,还是应该消除那些更易改变的行为?应该优先考虑谁和针对谁?是最有抵抗力的受众群还是最有接受力的受众群应该成为这场运动的焦点?应该将多大比例的资源用于影响焦点细分群体的直接和间接的途径?意识讯息、指导性讯息和劝服性讯息的最佳组合是什么?有多少讯息应该用来攻击**对手**(不健康的行为),又有多少讯息应该用来推广健康选择?运动讯息应该被安排集中发布还是分散发布?

形成性研究有助于回答这些问题,并解决运动利益相关者之间的意见分歧,如资助者、健康专家、传播策略家和伦理学家。例如,来自受众研究的反馈可以揭示讯息的语气是否过于正式,建议是否过于极端,讯息是否具有文化冒犯性,或者讯息的执行是否太任性了(例如,就像"冰毒,我们在行动"的案例那样,使创意和风格压倒实质性的内容;Zaveri, 2019)。特别是,研究可以有助于弥补健康专家之间的差距,这些专家在知识、价值观、优选事项和参与程度等方面与其目标受众有很大差异。

随着讯息概念的设计和完善,应通过访谈或焦点小组测试来评估对讯息概念的定性反应(Pace et al., 2016),而量化评级应该在讯息测试实验室或在线实验测试中进行评估(Lee, 2018)。在最终制作和传播运动讯息之前进行的预测试反馈特别有助于以下评估,即受众是否认为内容和风格是有信息量的、可信的、鼓舞人心的、有说服力的、有用的、切中目标的和令人愉快的,而不是过于说教的、令人不安的、令人困惑的、令人恼火的或令人乏味的。测试讯息概念的焦点小组方法是常见和有用的,因为它们是优先让受众提供关于潜在讯息概念的深度反馈(Stewart & Shamdasani, 2017)的一种易用方法。例如,美国疾病控制与预防中心(CDC)在其"生命筛查:全国结直肠癌行动运动"中广泛使用了焦点小组方法。自1999年以来,来自美国数十个城市、超过225个不同民族/种族背景的老年男女的焦点小组数据已经得到了收集(CDC, 2020b)。这项针对目标受众的形成性研究有助于了解受众对结直肠癌的认知和行为,以及他们对运动讯息的反应。

运动策略家或许要考虑如何将PESO①(付费、胜出、共享、自有)媒介模型运用于战术和讯息的选择,以便有效地吸引预期目标受众(Robinson, 2016),这是因为,在说服发生之前必须提高意识水平。例如,如果受众的认知水平低,那么在运动中

---

① PESO,是paid、earned、shared、owned几个英文词汇首字母的合写词。——译者注

所使用的媒介渠道组合或许与用来说服受众的渠道大相径庭。付费媒介——例如,社交媒介和移动广告,电视和印刷广告,直邮,搜索引擎和电子邮件营销等——在运动早期阶段会更有效吗？哪一个媒介胜出策略——例如,媒介和博客的关系或伙伴关系——可以有利于在复杂问题上提供可信度？共享媒介活动——例如,有影响力的人的参与度和有机社交媒介帖子——是否拥有足够的受众范围？在诸如内容营销、网络研讨会、播客、白皮书、社交媒介帖子、用户生成的内容和移动应用程序等自媒体中,哪些自媒体对组织发展来说可行？规划阶段中强有力的形成性研究为这些问题提供了依据。

策略家们必须预测受众对运动讯息的反应,而且他们不应该低估让受众做出反应的代价。在对运动刺激做出反应时,个体要经历接触和处理的基本阶段,然后才能在学习、让步和行动层面上实现运动效果(McGuire, 2013)。**接触**既包括对运动讯息的最初接受,也包括对运动讯息的关注程度,随后由运动引发的进一步的讯息寻求,或对其他相关媒介讯息的敏感度可能会放大这一点。**处理**包括心理理解、解释性认知、赞成和反对的论点、认知联系和由运动讯息产生的情绪反应,以及随后对其他相关刺激的解释(例如,对相反讯息的抵制)。受众倾向在决定对运动讯息的反应方面发挥着至关重要的作用。

第 2 节 目 标 受 众

严重依赖传统媒体的公共健康运动可能会按年龄、性别、种族、改变意愿、易感性、自我效能、价值观、个性特征、社交语境或媒体使用变量等来细分人群(Rodgers et al., 2009)。这些维度中的每一个都具有多个层面,后者最终可能会创建数千个潜在亚群,而它们可能又是特定的目标。例如,美国疾病控制与预防中心的全民"体育活动——关节炎止痛药"运动,通过其"你好,关节炎"(Buenos días, artitis)的运动讯息,鼓励说西班牙语的关节炎患者亚群将锻炼作为管理疼痛的一种手段(CDC, 2020a)。细分群体有两大战略优势。第一,如果根据谁最需要改变,最易接受影响的标准来确定受众细分群体的优先等级,那么讯息效能就可能达到最大化;第二,如果讯息的内容、形式和风格能够针对不同亚群的倾向和能力,那么则可以提高有效性(Atkin & Freimuth, 2013)。按照心理图形、人口统计、地理位置和其他相关理论结构和变量来定义和细分受众,提高了运动策略家可以针对主要受众和次要受众的需求来发送讯息的能力(关于受众细分群体策略的述评,参见 Slater, 1996)。重要的是,由于社交媒介在健康运动讯息中的持续使用,以及它所提供的接触范围和频率,基于数字行为的细分已经有了显著的增长(Evans et al., 2019)。

运动策略家可以选择收集有关受众偏好、渠道使用和其他必要信息的背景数据,或者,他们可以选择使用通过人口统计和心理变量的标准清单收集的可用数据,来推进运动的发展。例如,美国"健康信息全国趋势调查"提供免费访问来自美国公民的全国代表性数据。该调查定期跟踪健康信息模式、癌症风险认知、渠道使用和人口统计信息(National Cancer Institute, 2020)。诸如"健康信息全国趋势调查"等研究项目帮助运动策略家通过相关变量对其受众进行细分,以便根据受众的特征来定制讯息。虽然"健康信息全国趋势调查"数据集支持强大的目标定位方法,但技术进步已经如此显著,以至于有可能为了健康行为改变的目的而使个体层面的定制达到最大化。克鲁特等人(Kreuter et al., 2013)为利用技术在个体层面上定制讯息提供了一个令人信服的案例和方法。此外,计算机用户在浏览互联网时留下的被动数据被收集起来,可以用来了解个体对于讯息定制的偏好。许多数据挖掘工具(例如,Tweet Binder, Monkey Learn, Google Alert & Mentalytics)可用来访问用户的社交媒介数据。出于社交倾听的目的,这些工具可以用于收集和分析在线公众评论,例如,将其分类为积极、消极或中立的情绪。用户身份、经常被访问的网站、社交媒介上的帖子、兴趣和其他个人和媒介使用数据的独特数字足迹,为意图在线发布定制健康信息的运动策略家提供了丰富的信息(有关社交媒介、技术干预和分析的更多信息,参见本书第 21、25、26、37 章)。

健康运动可以针对三种基本类型的受众。第一,讯息可以直接针对其行为将被改变的焦点细分群体;第二,健康运动可以针对那些能够影响焦点细分群体的个体;第三,讯息可以集中在那些能够制定政策,以改变健康策略得以产生的环境的决策者。例如,运动领导者在警告风险的反电子烟的运动中可能会直接针对青少年,会教育父母,让他们知道越来越多的青少年想通过吸电子烟来增加父母(对他们)的关注意识,并/或侧重于立法者,以增加对相关烟草教育的资助。健康问题的本质决定了受影响的焦点受众的广泛参数。一方面,运动通常集中在容易接受或有好感的受众,因为他们已经做好了被影响的准备(Prochaska & DiClemente, 1983),而这将增加健康运动产生某种影响的可能性。不那么容易接受、但又很重要的目标受众是由"高危"人群组成的,他们可能会在不久的将来尝试不健康的行为,例如,也许会试试香味电子烟的青少年。另一方面,那些养成不健康习惯的人并不容易受到直接针对他们的运动的影响(Webhe et al., 2017)。所以,将资源大量投入到让成年吸烟者立即戒烟的问题上,可能会产生边际收益。运动策略家还需要考虑其他基于人口、社会和心理的亚群,例如高收入和低收入群体或高感觉寻求者和低感觉寻求者。要影响这些不同的细分人群,需要将狭义定制的讯息和广义定制的讯息、广泛适用的讯息和多目标的讯息复杂地组合起来,这些讯息使用了对亚群需求敏感的多样化诉求手段。

第3节 预期反应

运动的设计应该具有可测量的目标,以确定优先受众成员的预期反应。在健康传播运动中,焦点行为通常是一种特定的行为实践或离散行为(discrete action),例如,"每周150分钟中等强度的运动"或"开车时系好安全带"。健康运动的两个基本方法是促进健康行为(例如,多运动,涂防晒霜,充足睡眠),或减少和预防不健康行为(例如,含糖饮料消费,吸烟,室内晒黑)。支持"调节焦点理论"(the regulatory focus theory, Higgins, 1997)的研究已经表明,以促进为重点的框架对于关注改善其健康的受众更有成效,而以预防为重点的框架对于关注避免疾病的受众更有成效(Keller, 2006;Latimer et al., 2008)。

有诸多中间反应(例如,意识、知识、突出的优先事项、信念、期望、价值观和态度)可能成为目标,从而有助于行为改变。社交媒介上的传播反应——例如,评论、提及、分享和点赞的数量——也被列为预期反应(Shi et al., 2018)。对于政策制定者和其他决策者来说,应对措施可能是优先考虑并发起政策讨论,制定新政策,或提高采纳或遵守法律法规的意识(BouKarroum et al., 2017)。

健康传播运动领导者往往通过威胁实施被禁止行为的可怕后果来攻击对手。作为一种替代,运动可以提供短期挑战和长期优势的平衡讯息,以便选择更健康的生活方式。例如,"真相倡议"(Truth Initiative)组织的"这就是戒烟"的反电子烟的运动包括一个基于免费短信的程序,用户可以在上面分享文本和视频讯息,这些讯息"显示了戒烟的真实方面,既有好的一面,也有坏的一面,以利于年轻人能够在整个戒烟过程中感受到激励、鼓舞和支持"(This is Quitting, 未注明日期)。这场运动还在视频共享社交网络服务 TikTok 上与社交媒介影响力人物合作,以创建带有"戒烟"标签(#Thisis-Quitting)的视频(Ducharme, 2020)。尽管如果处理熟练的话,威胁可能是有效的,但对于负面抨击的严重依赖往往会限制战略武器库(the strategic arsenal)。一种更温和的策略是低估这种不健康行为的可感知的好处,例如,说吸烟并不能真正给同龄人留下什么深刻印象。

在直接向焦点细分群体推广积极产品的运动讯息中,可以明确建议采用一系列预期目标反应。受众对于这些行为的接受程度各不相同,这主要基于执行这种行为所需的努力和牺牲,以及经济上的花费。使用较小或较温和的产品可以克服各种障碍,这些产品对投资的需求较小,产生的缺点也较少。提倡相当程度的改变可能没有成效,例如,要求重度吸烟者戒烟,因为它超出了受众的可接受范围(Sherif et al., 1965);不过,要求吸烟者减少吸烟的循序渐进的"入门策略"可能对有抵制情绪的受众更有成效(Freedman & Fraser, 1966)。

预防运动的一个主要挑战是,积极的产品或结果实际上"可有可无"。例如,在美国,"无毒品生活方式"和"禁欲"等术语和意象,在酒精、烟草和毒品领域中并不是绝对有效的,因为"不使用"不是一种有吸引力的选择,在这些情况下,有创意的标签和包装是必不可少的。相反,一些运动可能会推广要求适度的产品,例如,预先行为(pre-behaviors)(如签署保证卡、公开陈述意图、佩戴红丝带)或有限形式的弃权(如一周内不吸毒、推迟使用)。例如,"不在妈妈的厨房里"(NIMK)的运动有效地将保证卡作为减少佐治亚州非裔美国居民接触二手烟(SHS)的承诺策略(VanGeest & Welch, 2008)。再次强调,对预期运动反应的现实期待,是从关于焦点行为和优先受众细分群体的强有力的形成性研究中发展出来的。

第4节 讯息类型

意识讯息、指导性讯息和劝服性讯息是用来影响目标受众的三种基本讯息类型。意识讯息(awareness message)告知人们该做什么,指定谁该去做,并给出应该何时何地去做的提示。指导性讯息(instructional message)提供"如何做到"的信息。劝服性讯息(persuasive message)以令人信服的理由为特点,即说明受众为什么应该采取受到提倡的行为或应该避免被禁止的行为。对于有意向性的受众来说,运动的说服任务更加容易,即强化积极的态度,推进受到建议的行为,并随时间的推移鼓励人们将行为保持下去。对这三类讯息的相对重视程度,在运动的不同阶段和不同的目标受众中会有所不同,因为产生影响的途径取决于受众的现有知识模式和态度。

一、劝服性讯息策略

健康传播运动最核心和最基本的要素是单个讯息的内容、形式和风格。复杂的讯息设计包括对实质材料的战略性选择、讯息组件的系统构建和文体特征的创造性表现。除了关注劝服性讯息中的激励因素这一核心需求以外,对于大多数影响途径来说,几个附加讯息的特质也能够提高有效性。可信度(Credibility),即讯息内容被认为准确有效的程度,主要通过信源的声誉和能力,以及提供令人信服的证据来传达(Hample & Hample, 2014)。无论是迈克尔·J. 福克斯(Michael J. Fox)治疗帕金森病,还是美国糖尿病协会治疗糖尿病,或是安东尼·福奇(Anthony Fauci)博士治疗新冠病毒肺炎,对信源可信度的看法都会影响讯息的可信度和影响力。健康传播运动讯息可以通过使用表面上有吸引力和娱乐性的风格特征(或不太讨人喜欢但引人注目或令人耳目一新的风格特征),并包括有趣、精神刺激或情感激发的实质性内容,来形成吸引力(engaging)。为了影响行为,这种呈现必须涉及(involving)个体并具有相关性(relevant),这样,接收者就会认为该建议适用于他们的情况和需要。最后,讯息的可理解性(understandability)有助于接收者的处理和学习。总之,这些讯息应该是简单的、明确的、足够详细的、全面的和易懂的(关于"健康素养"的内容,参见本书第28章)。

1. 诉诸激励

健康传播运动中使用的方法通常包括积极的诉诸激励或消极的诉诸激励(positive or negative incentive appeals)。将期望的健康行为与积极激励联系起来的讯息内容,如有价值的属性或结果(或具有消极激励的不健康行为),有助于使受众成员更接近推荐或期望的行为(Smith et al., 2020)。健康信息中的经典激励策略建立在目标受众的现有价值的基础上,并提供一系列支持或反对特定行为的实质性论据,它们由可信的证据或信源断言(source assertions)所支撑。高参与度健康行为的讯息往往强调激励,提出有说服力并得到可靠信源和证据支持的论点,以推动受众采取一系列输出步骤,如关注、态度改变和行动等(McGuire, 2013)。

有几个广为使用的框架(合理行动理论、保护动机理论、社会规范和健康信念模型)都运用一个基本的期望值机制,其中,态度和行为反应取决于个体对于健康传播运动讯息所倡导的不同结果的评估。诉诸手段可以强调结果发生的主观概率,或那个结果的正价或负价的程度(脆弱性×严重性)。主要的传播策略是,要么改变关于概率成分的信念,要么通过强调负面后果、正面收益或参与推荐行为的已有显著优势,来强化讯息效价(the valence of the message)。例如,通过引用八分之一的女性将在有生之年被诊断为乳腺癌的统计数据,乳腺癌预防运动的讯息可能会努力增加女性的感知脆弱性;同样的讯息可以通过关注以下事实来解决严重性的问题,即采用乳房X光进行早期检测可以提高存活率,而晚期发现则可能导致死亡。

激励措施可以集中在身体健康、时间/精力、经济、心理和社会等维度上,其中每一个维度都具有与其相关的负值和正值。最频繁使用的维度是身体健康,在此,对死亡、疾病和受伤等不健康结果的负面评价比正面强化更常见。我们有必要使消极激励策略多样化,以包括与身体健康本身并不直接相关的那些诉诸手段(例如,反肥胖讯息中的悔恨或社会排斥),并更加重视以奖励为导向的激励(有价值的状态或后果,如幸福感、利他主义和作为锻炼回报的吸引力)。

2. 诉诸负面因素

健康传播运动非常依赖"损失框架的讯息"(loss-framed message),这种讯息旨在通过以开始或继续某个不健康行为的有害结果威胁受众的途径,来激发行为改变。除了诉诸强烈恐惧以外,讯息还可能包括性质不那么严重的威胁和身体健康领域之外的负面激励措施。许多健康主题都最好选择极有可能的、效价适中的激励措施。例如,在戒毒运动中,轻微的负面身体激励可能是耐力下降或体重增加,而负面的社会激励可能包括看起来不酷、朋友疏远、招致同行反对、失去父母的信任或偏离社会规范等。心理激励措施可能包括:降低集中注意力的能力,成绩差,感到倦怠和没有动力,失去控制,做出糟糕的决定,以及对于被抓住或经历伤害、内疚或失去自尊的焦虑。最后,讯息可能会强调对违反法律和政策的处罚,如监禁、吊销驾照或休学。

3. 诉诸积极因素

健康传播运动应该通过提供一定比例的获益框架激励措施来达到多样化(关于某种元分析的评价,参见 O'Keefe & Jensen, 2006)。对于执行建议行为的大部分负面结果(如没有足够的时间锻炼)来说,通常都会有一个相对应的积极结果,它可推进健康替代方案的执行(如锻炼有助于延长寿命)。在身体健康方面,讯息可以提供从改善情绪到提高运动成绩的激励措施。同样,社会激励可能包括:看起来很酷,获得认可和尊重,建立更深厚的友谊,与父母建立信任关系,做一个好榜样等;而心理激励可能带来如下结果:控制自己的生活,获得积极的自我形象,实现自己的目标,感到安全等。通过与之相关的奖励来激励受众成员,就可以产生很好的激励作用。

4. 诉诸多重因素

数十种说服诉诸手段可能是有效的,其效力程度在许多情况下都大致相等。在运动的一系列讯息中使用多种诉诸手段来影响目标受众的不同部分(尤其是在难以准确定位的渠道中),为个体提供依从理由,重复核心讯息,这些都是有利的做法(Backer et al., 1992)。在选择激励措施时,关键标准是承诺的结果或威胁结果的显著性,关于可能经历这些结果的信念的可塑性,以及可提出论点的潜在说服力。对于熟悉的健康主题讯息来说,重要的是包括新的诉求因素,以补充标准论据。例如,因为吸烟者经常会注意肺气肿和肺癌等健康风险,所以新方法可能会关注吸烟如何导致吸烟者做出令人厌恶的行为,例如,在很想吸烟的时候拿起别人吸了一半的烟(南达科他州卫生部,South Dakota Department of Health, 2020)。关于说服诉诸手段有效性的全面且新近的研究包括:对健康广告(参见本书第 20 章)和健康运动(Hornik et al., 2016)的评价,对社会规范的一项元分析(Rhodes et al., 2020),以及关于诉诸恐惧因素(fear appeals)的现有证据的文章(Ruiter et al., 2014)。

5. 证据

通常需要提供证据来支持健康传播运动讯息中的主张(Hample & Hample, 2014),特别是当信念的形成是一个核心机制,以及信源可信度不高的时候。一个例外是保守的受众,他们不太可能按照新证据来改变自己的信念(Pennybrook et al., 2020)。证据的类型因受众而异,如同研究表明的那样,个体主观地解释不同类型的证明,通常包含多种类型的证据最为有益(Perrault & Silk, 2014; VanStee, 2018)。统计性证据比叙事性证据更可能影响信念和态度,而叙事性证据更有可能影响意图(Zebregs, 2014)。个人相关性或参与度也会影响证据的有效性(Petty & Cacioppo, 1984)。讯息应该说明证据如何与目标受众所经历的情景相关,特别应该注意极端主张的出现(罕见案例、难以置信的统计数据、对于结果的太过戏剧性的描述),以及有偏见和误导性的讯息。① 这些因素可能导致轻信,引发受众成员的反驳,并在反驳讯息中受到批评者的质疑。雷纳德

---

① 例如,2020 年,与新冠病毒肺炎和政治问题相关的错误信息和虚假信息激增,有意图且戏剧性地以消极的方式影响了受众成员的信念、态度和随后的行为。

(Reinard,1988)的著作是关于证据文献的一本经典而可靠的入门读物。

6. 一面理内容与两面理内容

当受众察觉到障碍、缺点和被抛弃的选择时,对运动讯息建议的依从性就会受到阻碍。需要处理不利情况的策略家可以考虑"一面理"讯息(one-sided messages)和"两面理"讯息(two-sided message)的潜在有效性(关于这些效果的评价,参见O'Keefe,1999)。"一面理"讯息策略只呈现有利于期望行为的情况,而忽略缺点。在"两面理"讯息中,相反情况的要素被战略性地提出并打了折扣,为的是应对当前和未来的挑战。对付缺点的三个基本技巧是**反驳、缩小**和**战术让步**。第一,所谓的不健康行为的优点或受提倡行为的缺点,是可以被相反证据或情绪攻击所直接驳倒的。换句话说,讯息可以承认竞争方具有某些吸引人的东西,然后又论证说,每个看上去是正面的结果要么不太可能发生,要么不那么正面,要么相对来说不重要。第二,焦点行为的缺点可以被提及,然后通过论证"相较于有益的特征,这些因素相对不重要"来缩小它们。第三,作为一种提高可信度的策略,可以简单地承认从事推荐行为的微小缺点,这又可以增加整体讯息的可信度。

如果受众熟悉这个主题,倾向于反对正在推出的观点,警惕操纵意图,并且已经意识到正面论点或即将接触到它们,那么,"两面理"讯息就更有说服力。此外,"两面理"讯息通常被认为比"一面理"的内容更可信(O'Keefe,1999)。"两面理"讯息陈述的主要弱点在于,它可能会使某些缺点更加突出,而受众成员在权衡他们的决定时可能并没有考虑到这些缺点。

二、意识与指导性策略

除了诉诸激励性以外,传播运动通常包括意识和指导性讯息,它们强调健康问题和解决方案,触发适当行为,并传授应对技巧。

1. 意识讯息

意识讯息的设计旨在如下目标:为大部分公众创建对主题或实践的**认知**;在有好感的受众(favorably predisposed audiences)中触发**启动**;利用人际影响或环境力量作为**依从**的动机;鼓励对主题做进一步的**信息寻求**;使个体对随后接触的讯息保持**敏感**。鼓励信息寻求(参见本书第27章)是意识讯息的一项特别重要的功能,因为覆盖面最广的宣传运动并不适合精心细分的受众群体,而且内容通常肤浅。因此,意识讯息的目的在于激发兴趣,并鼓励受众成员积极地从其他来源寻求进一步的信息,如网站、热线电话、咨询师、家长和意见领袖。在大众媒体和社交媒介中,新闻故事、广告、娱乐形象、在线刺激和/或其他公共服务运动都会呈现与运动目标相一致的内容。同样,个人可能没有意识到与焦点行为相关的社会规范、人际影响、行为模式或社会条件。因此,一些运动讯息可使受众注意到与运动主题相关的其他刺激。在社交媒介时代,对某个主题的一次点击或一次搜索就会创建连贯一致的相关广告、文章和信息流。

2. 指导性讯息

在许多健康传播运动中,都需要提供能够获得知识和技能的信息。如果行为组件是精细或复杂的,那么,讯息就可以通过给出详细的蓝图来教育受众。如果焦点细分群体受到同伴压力或接触到不健康的媒体形象,那么指导性讯息可以传授**同伴抵制**以及**媒介素养**的技能。讯息可以提供鼓励或培训,以增强**个人效能**。考虑到商业广告、娱乐媒体形象和低可信度在线来源对健康的潜在有害影响,或许明智的做法是,将适度比例的健康传播运动讯息用于为观众和听众"打预防针",以便抵制可能破坏运动的那些影响。例如,2018年美国麻疹暴发期间,当俄亥俄州青少年伊桑·林登伯格在社交新闻聚合网站Reddit上寻求关于接种疫苗的建议时,引起了全国媒体的关注,尽管他的母亲相信受到驳斥的疫苗阴谋论(Epstein,2019)。当被要求在2019年参议院委员会关于可预防疾病暴发的听证会上作证时,他表示支持全国性的媒体运动,以打击有关疫苗的错误讯息的散布(Johnson,2019)。在未来几年中,推广新冠病毒肺炎疫苗接种的努力可能会面临类似甚或更大的挑战,因为与支持疫苗接种的观点相比,反疫苗接种的观点更容易在网上传播(Johnson et al.,2020)。

三、有影响力的源信使

信使(messenger),即传递信息(information)、展示行为或提供证明的讯息(message)模型或角色,它与机构发起人和讯息创建者不同。阿特金(Atkin,1994)详细讨论了各种信使的长处和短处:通过参与、可信度和相关性来强化讯息内容;通过吸引眼球来增加曝光率;通过对推荐行为的个性化或建模来促进理解;通过讯息评估来引发积极的认知反应;通过识别和传递情感(从信使到讯息内容)来提高情绪的激发;通过令人难忘的途径来增加讯息的保留率。

来源选择的五个关键维度是专业知识和可信度(来源可信度),以及目标受众的熟悉度、相似性和好感度(吸引力的各个方面)。专业知识和可信度都有助于讯息的说服力,并在兴趣变量的基础上产生不同的效果(Yoon et al., 1998)。此外,当受众认为信使真诚或无私(Hunt & Frewer, 1999)时,可信度是有效的。当熟悉的来源是可信的和/或是专家时,熟悉度——通过以前的接触产生对来源的现有认识——是有用的。相似性通常基于目标受众的人口统计数据、共有态度和共同经历,当有必要为讯息推荐的东西进行建模或证明结果时,相似性可被用作一种策略。例如,同伴模型(peer models)对年轻人、少数群体和其他非主流受众来说很重要,因为它们可以增加对运动的认同和参与(Moran et al., 2012)。最后,当论点薄弱或当目标反应被认为没有吸引力时,好感度似乎是一个影响因素。

八种类型的信使经常出现在各种运动中:名人、公职人员、专家(如医生/研究者)、组织领导(如医院管理人员)、专业表演者(如模特/演员)、普通人(如蓝领工作者),尤其是阅历丰富的人(如受害者/幸存者)和独特的角色(如动画/服装角色)。信使的选择取决于目标受众的倾向、策略背后的说服机制和讯息类型。意识讯息可能包括名人、角色或公职人员,而指导性讯息往往依赖专家,劝服性讯息可能以普通人和组织领导人为特征。专业人士出现在所有类型的讯息中。每种来源都有其优点和缺点。

例如,医学权威或科学家会强化讯息的专业知识层面,但由于诉诸手段中往往存在依赖特定专业知识的复杂讯息,因此可能不那么吸引人。① 相比之下,以众所周知的名人为主角的讯息可以激发人们对健康运动讯息的极大兴趣,特别是当这位名人在健康问题上具有特殊的能力或相关经验,比如作为受害者或幸存者。例如,作为说唱歌手、演员和活动家的康芒(Common)在访谈和2019年的回忆录中透露了他与心理健康问题的斗争,有助于揭示黑人社区中心理健康的污名(现象)。许多名人在广泛的主题上都受到高度尊重并被认为是值得信赖的人;然而,一些名人可能会引起怀疑,分散对讯息内容的注意力,黯然失色或被视为不健康的角色模型。社交媒介中有影响力的人(拥有大量追随者的"微名人";Carter, 2016)也已经成为有效的信使,他们可以扩大运动的范围和参与度(Kostygina et al., 2020)。尽管存在某些缺点,但与在没有明确信使相比,源人物(a source figure)的个性化、可信度和吸引人的品质具有更明显的优势。在某些情况下,多个信使可以增加成功的概率,但这种策略可能会导致讯息过载的危险,并破坏各种讯息执行之间的连续性。

第5节 选择适当的渠道和格式

根据对"健康信息全国趋势调查"数据的分析,约75%的美国成年人上网首先寻求健康信息(Rutten et al., 2019)。在讯息散播过程中,媒体运动设计师应该考虑整合营销的方法,它既包括数字媒介(如社交媒介、移动应用程序和电子邮件),也包括传统大众媒体(如电视、广播和报纸)。最近的研究表明,通过社交媒介传播的运动讯息越来越多(Kostygina et al., 2020)。即便存在无数机会利用媒介分析和创建个性化数字内容,但如果有以下补充的话,运动还是可以获益的:辅助渠道和工具(如广告牌、海报、影院幻灯片)、娱乐教育材料(如歌曲、节目插页、漫画)和交互式技术(如博客、网

---

① 基于循证的诉诸手段依赖于可信权威的专业知识,并依赖于可信的证据基础,这与基于"照我说的做"方法的诉诸专制(authoritaran)的手段不同。

站、移动应用程序)。电子邮件还可以扩展运动的人际关系的组成部分,如数字英雄运动(Digital Heroes Campaign,简称DHC; Rhodes et al., 2006),智能手机也非常适合提供定制的、影响广泛的、互动和持续不断的运动干预措施。尽管渠道选择是由使用模式所决定的,但有限的资源仍然发挥着务实和关键的作用,因为公共传播运动没有商业广告活动的巨额预算。

在评估传达运动讯息的每个选项时,运动策略家可以沿着以下传播维度考虑优势和劣势:

- 覆盖(接触讯息的社区比例);
- 专业化(覆盖特定亚群的针对性);
- 侵入性(克服选择性和控制注意力的能力);
- 安全性(避免"回旋镖"或刺激的风险);
- 参与(处理刺激时积极接收者的参与);
- 意义模态(用于传达意义的一系列感觉);
- 个性化(来源-接收者互动的人际关系性质);
- 可解码性(处理刺激所需的脑力劳动);
- 深度(用于传送详细和复杂内容的渠道容量);
- 可信度(所传递材料值得信任的程度);
- 议程设置(提高问题显著优先级的渠道潜能);
- 可访问性(将讯息置于某个渠道的便易性);
- 经济性(生产和传播刺激的低成本);
- 效力(安排制作和传播的简单性)。

阿特金(Atkin, 1994)分析了与上述各个传播维度相关联的主要优劣势。

关于社交媒介特征对积极健康结果的影响的研究有限,但表明了让用户参与数字行为改变干预措施的潜在好处(Elaheebocus et al., 2018)。无论目标行为如何,埃拉赫博库塞等人(Elaheebocus et al., 2018)评价了许多干预措施,包括社交媒介特征,例如,传播(通过聊天室、电子邮件或用"竖起大拇指"或"点赞"表示赞同进行交流),同伴分组(参与者按年龄、地理位置或兴趣分成小组),活动数据查看(参与者可以通过通知或排行榜来访问同伴的活动数据)和数据共享(干预措施的参与者共享有关活动或目标的数据)。

信息性媒介中出现的讯息往往比使用广告格式的打包讯息具有更大的可信度,这有助于形成与健康结果有关的信念,也有助于接受被推荐的行为。置于主流和社交媒介上的讯息可以吸引关键的非正式但有影响力的人的注意,他们可以对焦点个体施加间接影响。媒体关注的健康问题可以受益于议程设置效应(例如,美国肥胖症的流行),从而使问题和解决方案被认为是更加紧迫和重要的事情。这在针对意见领袖和决策者的媒体倡导战略中尤为重要。

娱乐教育是将与健康相关的材料嵌入娱乐节目,或将娱乐节目作为健康教育的工具的活动,吸引了大量观众,它以相关和可信的方式传递信息。这种方法在促进全球健康方面已经获得了巨大成功。本书第19章更深入地探讨了这一策略。

成千上万的网站和数字媒介资源提供了各种各样的健康材料,许多传播运动利用了这些渠道。除了提供预先打包的页面和流媒体视频外,这些技术还具有交互能力,因此优于标准媒体。筛选问卷可以评估每一位个体的能力、改变的准备阶段、风格品味、知识水平和当前信念,然后引导个体接受量身定制的讯息。这种方法不仅增加了学习和说服的可能性,还降低了意外影响的可能性(有关意外影响的讨论,参见Cho & Salmon, 2007)。此外,如游戏和其他基于技术方法的娱乐互动形式,特别适合年轻的焦点细分群体(参见本书第25章和第26章)。

第6节 有影响力的人和健康环境

对于传播运动来说,通过影响其他目标受众来补充直接的方法(教育和说服焦点细分群体)通常是很有价值的,这些目标受众可以产生人际影响,或帮助改变构成目标细分人群行为的环境条件。整合了一系列媒介的健康传播运动,极有可能对国家和社区层面的机构和群体产生效果,并激励有影响力的个人与焦点细分群体中的个人密切接触。这些有影响力的人可以提供积极的强化和消极的强化,(通过制定规则、监控行为和强化后果)实施控制,塑造机遇,在适当的时刻借助提醒来促进行为,并充当榜样。而且,有影响力的人可以根据个体的独特需求和价值观对其讯息予以用户化。

一、人际影响力人物

健康传播运动的一个重要目标是通过激励、推进和为能够产生影响的人赋权来激发人际影响力。例如,各种同伴和权威人士,即父母、兄弟姐妹、朋友、同事、老板、老师、俱乐部领导者、教练、医务人员和警察能够亲自教育、说服或控制青少年。社交媒介上有影响力的人也可以施加人际影响,就像"妈咪博主"("mommy bloggers")向关注者分享降低乳腺癌风险的讯息所展示的那样(Wright et al., 2019)。有影响力的人可能会对诉诸负面情绪的讯息做出反应,以免对目标人群造成有害结果。因此,应该设计一些运动讯息,以激励推动者和执行者直接采取行动。

二、社会政策制定者

相当程度上,个体关于健康实践的决定是由其社会环境中的制约因素和机会所构成的,例如,货币支出、法律、娱乐和社交媒介榜样、商业讯息、社会力量和社区服务。通过政府、企业、教育、医疗、媒体、宗教和社区组织的干预,这些影响因素中的许多因素可以被设计成增加健康选择的可能性,或阻止不健康的做法(例如,禁止在公共场所吸烟)。这些举措包括直接提供服务、限制广告和营销活动以及税收。更基本的长远方法可能会寻求通过减少贫困、改善学校、扩大健康护理系统的准入和增加就业机会,来调整基本的社会经济条件。

第7节 评 估

在过去几十年中,研究者已经采用调查和实验设计评估了基于媒体的健康运动的影响。阿特金(Atkin, 2001)和巴克尔等人(Backer, 1992)的文献综述,以及斯奈德和拉克鲁瓦(Snyder & LaCroix, 2013)的元元分析(meta-meta-analysis)总结了一系列研究结果。大量证据表明,借助中介的运动对大多数健康行为的直接影响通常是有限的。具体而言,数据表明,尽管运动能够对认知结果产生较大的影响,但它们对态度结果的影响较小,对行为结果的影响也较小。进而,传统观点认为,行为结果更有可能与诸如信息量、运动行为持续时间、大众传播系统和人际传播系统的整合以及社会变革战略(执法、教育、工程)的整合等因素成比例地发生。社交媒介分析可以为理解剂量-反应关系(does-response relationship)提供更多数据。此外还发现,将免费或低价保健品与中介渠道配对的运动也会产生更大的效果(Robinson et al., 2014)。

尽管如此,健康传播运动并非总是能够影响它们的目标受众。从接触到行为实施,在反应的每个阶段都会出现受众阻力障碍。也许最大挑战是抵达受众并获得他们的关注,这是因为,随着媒体渠道的激增,受众碎片化已经发生(Franklin et al., 2005)。其他关键性障碍包括、对负面后果易感性的误解,说服性诉诸的偏向,否定自我适用性,拒绝没有吸引力的建议以及习惯性的懒散。考虑到将个人从最初接触引导到持续行为变化所需的效果链中的诸多环节(McGuire, 2013),人们对运动效果的期望值已经变得不高,也就不足为奇了。

除了预期结果以外,运动还能够产生意想不到和不受欢迎的结果(Cho & Salmon, 2007)。例如,经济学家塞缪尔·佩尔兹曼(Samuel Peltzman, 1975)在其关于"抵消效应"(offsetting effect)的研究中发现,尽管安全带挽救了驾车者的生命,但由于无意中提高了鲁莽驾驶的比率,安全带可能会增加行人的死亡。在对"全国青少年禁毒媒体运动"的综合评估中,霍尼克等人(Hornik et al., 2008)报告称发现了"不利的影响",其中,该运动可能导致开始吸食大麻人数的增加而非减少。最近,艾尔斯等人(Iles et al., 2015)发现,关于饮食失调的公共服务公告会导致人们对饮食失调的人的不良态度。尽管显而易见的补救办法似乎是进行更广泛的预测试,也尽管有最好的意图和最先进的做法,但各种类型和规模的意外影响仍会发生。依据定义,广大受众是异质的,充满了寻求感官刺激的人和规避风险者、前思考者(precontemplators)和思考者、健康狂热者和健康抵制者(Pirrone et al., 2020),所有这些人都可能对运动做出反应。

运动的效果通常是以相对而非绝对的术语来定义的。如果一场运动达到了策划者设定的目标,那么它就被贴上了"有效"的标签;如果没有达到,那么它就会被贴上"无效"的标签。提高运动有效性的方法经常包括建议运动策划者设定容易实现的目标和目的(Fishbein, 1996)。降低门槛不会提高运动本身的绩效,但会降低预期,从而增加运动之被视为成功的可能性。例如,两场运动可以引起相同程度的行为改变,但根据为每个运动设定的特殊目标和目的,一场运动可能被判定为有效,另一场运动则被判定为无效(参见 Salmon & Murray Johnson, 2013)。此外,大多数已发表的运动效果评估几乎没有提供相关的有用讯息,即运动的哪些组成部分对效果测试作出了贡献。例如,典型的实地实验设计就不允许对"有效的东西"进行检查和隔离。

第 8 节 结 论

在吸收、利用这一大批学术成果时,显而易见的是,由于资源匮乏、概念化程度不足和战略方法的狭窄,许多公共健康传播运动的影响都非常有限。明智的做法是抱有现实的期望,利用媒介的可扩展性,使其能够以边际成本接触大量受众。我们应做好长期运动的准备,因为许多运动需要数年才能产生重大影响(Snyder & LaCroix, 2013)。我们应通过瞄准更易接受的焦点细分群体,并通过创造或推广更具成本效益比的受欢迎的积极产品,且对相对容易达到的效果投以更多的关注。传播运动应借助传授新知识(例如,电视广告告知人们电子烟的风险),提高知名度(例如,新闻宣传强调新冠病毒肺炎疫情期间社会距离的重要性),提供指导(例如,描述保护性的性行为的网站),触发行为(例如,提醒听众开车时不要发短信的广播通知),以及刺激讯息搜索(例如,链接到网站的 Facebook 广告)等途径,来发挥大众媒体渠道和社交媒介渠道的明显优势。应该通过经由课堂教学、医生建议、社会影响和环境约束所达到的补充教育、说服和控制,来增强通过媒介传递的运动讯息,并利用媒介运动来塑造和激发这些力量。这些方法的使用提高了运动效力的可能性。

特别是随着传播渠道迅速发展到包括广泛的社交媒介的多种可能性,健康运动研究者已经有了很多机会来扩展有关运动过程和效果的理论和应用文献。未来的研究将有助于我们更好地理解决定运动效果的各种因素的复杂组合。安克尔等人(Anker et al., 2016)新近提供了一项关于运动效果的元分析评价。与狭隘地关注讯息变量相比,运动层次分析仍然是一个优选。研究者应探讨不同数量的运动讯息的影响(例如,讯息总量收益递减点、特定讯息重复的损耗点),运动过程中各种讯息的最佳激励组合(例如,身体健康与非健康的维度,收益与损失框架),直接与间接途径的适当比例(例如,简单行为反应与复杂行为反应,有潜在影响力的人的意愿与冷漠),以及直接传播关键运动讯息的渠道和模式的不同组合的相对影响。在每种情况下,都必须注意以受众细分群体的特点和倾向为依据的不同效果。

我们需要不断进行研究,以跟上快速发展的技术格局,评估新技术在加强健康运动方面不断变化的潜力。调查人员可以确定最有效的方法,利用传统媒体和新兴媒介,将主要受众引入以丰富的信息内容、个性化定制的讯息或设定行为的即时机会为特色的网站。此外,运动策略家有希望进一步利用社交媒介连接,以激发人际影响过程。最后,研究者应该继续追求互动娱乐形式,来促进与健康相关的学习和行为实施。

参考文献

Anker, A., Feeley, T. H., McCracken, B., & Lagoe, C. A. (2016). Measuring the effectiveness of mass-mediated health campaigns through meta-analysis. *Journal of Health Communication*, 21(4), 439-456.

Atkin, C. (1994). Designing persuasive health messages. In L. Sechrest, T. Backer, E. Rogers, T. Campbell, & M. Grady (Eds.), *Effective dissemination of clinical health information* (AHCPR Publication No. 95-0015, pp. 99-110). U.S. Public Health Service, Agency for Health Care Policy and Research.

Atkin, C. (2001). *Impact of public service advertising: Research evidence and effective strategies*. Report to Kaiser Family Foundation. https://www.kff.org/other/report/impact-of-public-service-advertising-by-charles/

Atkin, C., & Freimuth, V. (2013). Guidelines for formative evaluation research in campaign design. In R. E. Rice & C. K. Atkin (Eds.), *Public communication campaigns* (4th ed., pp. 53-68). Sage.

Atkin, C., & Rice, E. R. (2013). Theory and principles of public communication campaigns. In R. E. Rice & C. K. Atkin (Eds.), *Public communication campaigns* (4th ed., pp. 3-19). Sage.

Backer, T., Rogers, E., & Sopory, P. (1992). *Designing health communication campaigns: What works?* Sage.

Bou-Karroum, L., El-Jardali, F., Hemadi, N., Faraj, Y., Ojha, U., Shahrour, M., Darzi, A., Ali, M., Doumit, C., Langlois, E. V., Melki, J., AbouHaidar, G. H., & Akl, E. A. (2017). Using media to impact health policymaking: An integrative systematic review. *Implementation Science*, 12, Article 52.

Carter, D. (2016). Hustle and brand: The sociotechnical shaping of influence. *Social Media + Society*, 2(3), 1-12.

Centers for Disease Control and Prevention (2020a, July 30). *Buenos días, artritis*. https://www.cdc.gov/arthritis/interventions/campaigns/hispanic/index.htm.

Centers for Disease Control and Prevention (2020b, July 30). *Screen for life campaign research*. https://www.cdc.gov/cancer/colorectal/sfl/research.htm.

Cho, H., & Salmon, C. (2007). Unintended effects of health communication campaigns. *Journal of Communication*, 57(2), 293-317.

Ducharme, J. (2020). *Teens are turning to TikTok and Instagram to swear off Juul*. https://time.com/5762430/vaping-juul-tiktok-instagram/

Dutta, M. J., & De Souza, R. (2008). The past, present, and future of health development campaigns: The reflexivity and the critical-cultural approach. *Health Communication*, 23(4), 326-339.

Dutta-Bergman, M. J. (2005). Theory and practice in health communication campaigns: A critical interrogation. *Health Communication*, 18(2), 103-122.

Elaheebocus, S. M. R., Weal, M., Morrison, L., & Yardley, L. (2018). Peer-based social media features in behavior change interventions: Systematic review. *Journal of Medical Internet Research*, 20(2), e20.

Epstein, K. (2019, March 5). This teen got vaccinated against his mother's wishes. Now, he'll testify before Congress. *Washington Post*. https://www.washingtonpost.com/health/2019/03/03/teen-got-vaccinated-against-his-parents-wishes-now-hell-testify-before-congress/

Evans, D. W., Thomas, C. N., Favatas, D., Smyser, J., & Briggs, J. (2019). Digital segmentation of priority populations in public health. *Health Education & Behavior*, 46(2S), 81-89.

Fishbein, M. (1996). Editorial: Great expectations, or do we ask too much from community-level interventions? *American Journal of Public Health*, 86(8, Part 1), 1075-1976.

Franklin, B., Hamer, M., Hanna, M., Kinsey, M., & Richardson, J. E. (2005). *Key concepts in journalism studies*. Sage.

Freedman, J. L., & Fraser, S. C. (1966). Compliance without pressure: The foot-in-the-door technique. *Journal of Personality and Social Psychology*, 4(2), 195-202.

Hample, D., & Hample, J. M. (2014). Persuasion about health risks: Evidence, credibility, scientific flourishes, and risk perceptions. *Argumentation & Advocacy*, 51(1), 17-29.

Higgins, E. (1997). Beyond pleasure and pain. *American Psychologist*, 52(12), 1281-1300.

Hornik, J., Ofir, C., & Rachamim, M. (2016). Quantitative evaluation of persuasive appeals using comparative meta-analysis. *The Communication Review*, 19(3), 192-222.

Hornik, R., Jacobsohn, L., Orwin, R., Piesse, A., & Kalton, G. (2008). Effects of the national youth anti-drug media campaign on youths. *American Journal of Public Health*, 98(12), 2229-2236.

Hornik, R. C. (2002). *Public health communication: Evidence for behavior change*. Erlbaum.

Hunt, S., & Frewer, L. J. (1999). Public trust in sources of information about radiation risks in the UK. *Journal of Risk Research*, 2(2), 167-180.

Iles, I. A., Atwell Seate, A., & Waks, L. (2015). Stigmatizing the other: An exploratory study of unintended consequences of eating disorder public service announcements. *Journal of Health Psychology*, 22(1), 120-131.

Johnson, N. F., Velásquez, N. Restrep, N. J., Leahy, R., Gabriel, N., El Oud, S., Zheng, M., Manrique, P., Wuchty, S., & Lupu, Yu. (2020). The online competition between pro- and anti-vaccination views. *Nature*, 582(1), 230-233.

Johnson, S. (2019, March 5). *Could a government ad campaign combat anti-vax claims?* www.modernhealthcare.com/government/could-government-ad-campaign-combat-anti-vax-claims.

Keller, P. A. (2006). Regulatory focus and efficacy of health messages. *Journal of Consumer Research*, 33(1), 109-114.

Kostygina, G., Tran, H., Binns, S., Szczypka, G., Emery, S., Vallone, D., & Hair, E. (2020). Boosting health campaign reach and engagement through use of social media influencers and memes. *Social Media + Society*, 6(2), 1-12.

Kreuter, M. W., Farrell, D. W., Olevitch, L. R., & Brennan, L. K. (2013). *Tailoring health messages: Customizing communication with computer technology*. Routledge.

Latimer, A. E., Rivers, S. E., Rench, T. A., Katulak, N. A., Hicks, A., Hodorowski, J. K., Higgins, E. T., & Salovey, P. (2008). A field experiment testing the utility of regulatory fit messages for promoting physical activity. *Journal of Experimental Social Psychology*, 44(3), 826-832.

Lee, S. J. (2018). Testing the replication and extension of why-quit and how-to-quit antismoking health messages. *Journal of Health Communication*, 23(7), 597-605.

Lindsey, L. L. M., Silk, K., Von Friederichs-Fitzwater, M. M., Hamner, H. C., Prue, C. E., & Boster, F. J. (2009). Developing effective campaign messages to prevent neural tube defects: A qualitative assessment of women's reactions to messages. *Journal of Health Communication*, 14(2), 131-159.

McGuire, W. (2013). McGuire's classic input-output framework for constructing persuasive messages. In R. E. Rice & C. K. Atkin (Eds.), *Public communication campaigns* (4th ed., pp. 133-145). Sage.

Moran, M. B., Murphy, S., & Sussman, S. (2012). Campaign and cliques: Variations in effectiveness of an antismoking campaign as a function of adolescent peer group identity. *Journal of Health Communication*, 17(10), 1215-1231.

National Cancer Institute (2020). *Health information national trends survey*. https://hints.cancer.gov/about-hints/learn-more-about-hints.aspx.

O'Keefe, D. J. (1999). How to handle opposing arguments in persuasive messages: A meta-analytic review of the effects of one-sided and two-sided messages. *Communication Yearbook*, 22(1), 209-249.

O'Keefe, D. J., & Jensen, J. D. (2006). The advantages of compliance or the disadvantages of noncompliance? A meta-analytic review of the relative persuasive effectiveness of gain-framed and loss-framed messages. *Communication Yearbook*, 30, 1-43.

O'Sullivan, G. A., Yonkler, J. A., Morgan, W., & Merritt, A. P. (2003). *A field guide to designing a health communication strategy*. Johns Hopkins Bloomberg School of Public Health/Center for Communication Programs.

Pace, K., Silk, K. J., Nazione, S., Fournier, L., & Collins-Eaglin, J. (2016). Promoting mental health help-seeking behavior among first-year college students. *Health Communication*, 33(2), 102-110.

Paisley, W. I., & Atkin, C. (2013). Public communication campaigns: The American experience. In R. E. Rice & C. K. Atkin (Eds.), *Public communication campaigns* (4th ed., pp. 21-34). Sage.

Peltzman, S. (1975). The effects of automobile safety regulation. *Journal of Political Economy*, 83(4), 677-726.

Pennycook, G., Cheyne, J. A., Koehler, D. J., & Fugelsang, J. A. (2020). On the belief that beliefs should change according to evidence: Implications for conspiratorial, moral, paranormal, political, religious, and science beliefs. *Judgment and Decision Making*, 15(4), 476-498.

Perrault, E. K., & Silk, K. J. (2014). Testing the effects of the addition of videos to a website promoting environmental breast cancer risk reduction practices: Are videos worth it? *Journal of Applied Communication Research*, 42(1), 20-40.

Petty, R. E., & Cacioppo, J. T. (1984). The effects of involvement on responses to argument quantity and quality: Central and peripheral routes to persuasion. *Journal of Personality and Social Psychology*, 46(1), 69-81.

Pirrone, C., Platania, S. M., Castellano, S., Hrabovsky, S., Caponnetto, P., & Commodari, E. (2020). The role played by health resistance, coping response, and smoke damage perceptions in smoking threat appeal campaigns. *Health Psychology Research*, 8(1), 8652.

Prochaska, J. O., & DiClemente, C. C. (1983). Stages and processes of self-change of smoking: Toward an integrative model. *Journal of Consulting and Clinical Psychology*, 1(Supplement), 390-395.

Reinard, J. (1988). The empirical study of the persuasive effects of evidence: The status after fifty years of research. *Human Communication Research*, 15(1), 3-59.

Rhodes, J., Spencer, R., Saito, R., & Sipe, C. (2006). Online mentoring: The promise and challenges of an emerging approach to youth development. *The Journal of Primary Prevention*, 27(5), 493-513.

Rhodes, N., Shulman, H. C., & McClaran, N. (2020). Changing norms: A meta-analytic integration of research on social norms appeals. *Human Communication Research*, 46(2/3), 161-191.

Robinson, M. N., Tansil, K. A., Elder, R. W., Soler, R. E., Labre, M. P., Mercer, S. L., Eroglu, D., Baur, C., Lyon-Daniel, K., Fridinger, F., Sokler, L. A., Green, L. W., Miller, T., Dearing, J. W., Evans, W. D., Snyder, L. B., Kasisomayajula Viswanath, K., Beistle, D. M., Chervin, D. D., ... Rimer, B. K. (2014). Mass media health communication campaigns combined with health-related product distribution: A community guide systematic review. *American Journal of Preventive Medicine*, 47(3), 360-371.

Robinson, S. (2016, November 2). *What is the PESO model for marketing?* https://iterativemarketing.net/peso-model-marketing/

Rodgers, S., Chen, Q., Duffy, M., & Fleming, K. (2009). Media usage as health segmentation variables. *Journal of Health Communication*, 12(2), 105-119.

Rogers, E. M., & Storey, J. D. (1987). Communication campaigns. In C. R. Berger & S. H. Chaffee (Eds.), *Handbook of communication science* (pp. 817-846). Sage.

Ruiter, R. A. C., Kessels, L. T. E., Petres, G. Y., & Kok, G. (2014). Sixty years of fear appeal research: Current state of the evidence. *International Journal of Psychology*, 49(2), 63-70.

Rutten, L. J. F., Blake, K. D., Greenberg-Worisek, A. J., Allen, S. V., Moser, R. P., & Hesse, B. W. (2019). Online health information seeking among US adults: Measuring progress toward a healthy people 2020 objective. *Public Health Reports*, 134(6), 617-625.

Salmon, C., & Murray-Johnson, L. (2013). Communication campaign effectiveness and effects: Some critical distinctions. In R. E. Rice &

C. K. Atkin (Eds.), *Public communication campaigns* (4th ed., pp. 99-112). Sage.

Salmon, C. T., & Poorisat, T. (2020). The rise and development of public health communication. *Health Communication*, 35(13), 1666-1677.

Sherif, M., Sherif, C., & Nebergall, R. (1965). *Attitude and attitude change: The social judgment-involvement approach*. W. B. Saunders.

Shi, J., Poorisat, T., & Salmon, C. T. (2018). The use of social networking sites (SNSs) in health communication campaigns: Review and recommendations. *Health Communication*, 33(1), 49-56.

Slater, M. (1996). Theory and method in health audience segmentation. *Journal of Health Communication*, 1(3), 267-283.

Smith, R. A., Fink, E. L., Romano, A., & M'Ikanatha, N. M. (2020). Precise persuasion: Investigating incentive appeals for the promotion of antibiotic stewardship with message-induced transitions. *Journal of Health Communication*, 25(5), 430-443.

Snyder, L., & LaCroix, J. M. (2013). How effective are mediated health campaigns? A synthesis of meta-analyses. In R. E. Rice & C. K. Atkin (Eds.), *Public communication campaigns* (4th ed., pp. 113-132). Sage.

South Dakota Department of Health (2020, July 30). *Addicted ashtray*. https://www.youtube.com/watch?v=kdz0aH3rElY.

Stewart, D. W., & Shamdasani, P. (2017). Online focus groups. *Journal of Advertising*, 46(1), 48-60.

This is Quitting. (n.d.). https://truthinitiative.org/thisisquitting.

VanGeest, J. B., & Welch, V. L. (2008). Evaluating "Not in Mama's Kitchen" second-hand smoke campaign in Georgia. *Journal of Health Disparities Research and Practice*, 2(3), 73-87.

Van Stee, S. K. (2018). Meta-analysis of the persuasive effects of metaphorical vs. literal messages. *Communication Studies*, 69(5), 545-566.

Wehbe, M. S., Basil, M., & Basil, D. (2017). Reactance and coping responses to tobacco counter-advertisements. *Journal of Health Communication*, 22(7), 576-583.

World Health Organization (2009). *Public health campaigns: Getting the message across*. www.who.int/about/history/publications/9789240560277/en/

Wright, K., Fisher, C., Rising, C., Burke-García, A., Afanaseva, D., & Cai, X. (2019). Partnering with mommy bloggers to disseminate breast cancer risk information: Social media intervention. *Journal of Medical Internet Research*, 21(3), e12441.

Yoon, K., Kim, C. H., & Kim, M. (1998). A cross cultural comparison of the effects of source credibility on attitudes and behavioral intentions. *Mass Communication and Society*, 1(3-4), 153-173.

Zaveri, M. (2019, November 18). "Meth. We're on it": South Dakota's antimeth campaign raises eyebrows. *The New York Times*. https://www.nytimes.com/2019/11/18/us/south-dakota-meth.html.

Zebregs, S., van den Putte, B., Neijens, P., & de Graff, A. (2015). The differential impact of statistical and narrative evidence on beliefs, attitude, and intention: A meta-analysis. *Health Communication*, 30(3), 282-289.

第 24 章
基于社区的健康干预

泰勒·古尔伯恩（Taylor Goulborne）　查尔斯·R. 森泰奥（Charles R. Senteio）
凯瑟琳·格林（Kathryn Greene）　伊扎克·亚诺维茨基（Itzhak Yanovitzky）

基于社区的干预措施包括一系列模型，它们既反映了对干预目标的不同概念，也反映了对社区所有权和参与程度的不同概念。一般而言，基于社区的干预措施的**四个概念**来自公共健康和健康传播的文献，即作为背景的社区、作为目标的社区、作为资源的社区和作为代理的社区（McLeoy et al., 2003）。**作为背景的社区**（community as setting）的方法将社区视为实施干预的场所或空间。这类干预的目标是改变社区成员的健康行为，以此来降低人口患病风险。**作为目标的社区**（community as target）策略旨在通过广泛的公共政策结构变化，和/或物质、经济或社会环境的改变，来创造健康的社区环境。**作为资源的社区**（community as resource）模型旨在动员社区组织和部门之间的社区内部资源或资产，以便从战略上优先考虑和促进公共健康目标。最后，**作为代理的社区**（community as agent）概念侧重于建立和支持社区的自然适应能力、支持能力和发展能力。

本章的重点是应用健康传播战略和工具，建立和支持社区应对或处理公共健康挑战的能力。健康传播运动通常被用来促进个体健康行为的改变，以努力解决健康差异，因此，它们自然而然地将社区视为一种背景的干预措施。在促使社区关注健康的社会决定因素和倡导集体行动方面，健康传播运动也发挥着重要作用（Niederdeppe et al., 2008；另参见本书第23章）。与此同时，作为健康促进干预措施和人群层面的健康结果之间的重要中介变量，传播可以支持社区的能力，而健康传播学者对于传播的这一作用越来越感兴趣（Viswanath & Emmons, 2006；Wilkin, 2013；Yanovitzky & Weber, 2019）。这种健康传播方法与将社区视为目标、资源或代理的干预措施更为一致，并值得在健康传播文献中进行更系统的论述。我们首先概述为缩小社区在获取和/或利用重要健康信息方面的差距而实施的干预措施类型。然后，我们开始对传播能力建设的干预措施也采取同样的做法，这些干预措施旨在建立、利用或加强社区传播基础设施，并借此来改善关键的健康信息的流动和交换。限于篇幅，我们的目标是展示推动这项工作的理论方法和干预模型，并评估它们在促进健康传播学术和实践方面的潜力。

第 1 节　健康信息技术干预

特定社会群体或社区在试图获取重要健康信息方面遇到的障碍，是不同健康结果的重要决定因素（Viswanath & Ackerson, 2011）。信息丰富的环境提供了大量信息的便捷获取途径，这些信息可被用于改善社区对冲击和压力源的准备、应对和恢复。相比之下，信息匮乏的环境阻碍了对于重要健康信息的获取；这些障碍还会削弱社区有效应对挑战的能力

(Goulding，2001)。文献中很好地记录了不同群体在健康信息的多样性、质量、获取和可信度方面存在的系统性不平等(Friedland et al.，2012)。本章的重点是那些旨在改善健康信息获取的干预措施。

一、理论基础与方法

健康信息技术(health information technology，HIT)通过提供跟踪、管理和解释个人健康指标的工具，而具有使个体参与自己健康管理的巨大潜力。通过赋予个体以提出问题、交流担忧、确定和评估备选方案、反思进步并改变其健康行为的权利，此类工具有助于克服获取和使用重要健康信息方面的障碍。不过，健康信息技术在服务不足的群体中的覆盖面仍然有限。试图改善社区获得和/或利用健康信息的干预措施采用了一系列理论和框架，来开发和测试那些解释信息行为的模型(Gray & Sockolow，2016)。

"社区参与和参与性设计"(participatory design)越来越被认为是有效的健康信息技术干预措施的基础，特别是那些旨在改善服务不足群体获得和使用健康信息的干预措施(Unertl et al.，2015)。20多年来，"基于社区的参与性研究"(CBPR)已被用于开发和实施健康信息技术干预，部分原因是，这种方法已被证明更适合于通过社区的直接投入来解决健康不平等问题(Lucero et al.，2016)。"基于社区的参与性研究"方法非常适合指导这类干预措施，因为它需要社区成员参与研究过程的每个阶段。这种参与包括：识别和完善干预重点，以及内容创建、干预开发和初步实施；研究设计和数据分析；更广泛的干预传播；政策倡导和制定(Belone et al.，2014)。社区投入至关重要，以便能够选择、完善和参与以文化为中心的方法(Dutta，2007)。"基于社区的参与性研究"更好地定位了调查，以描述和解决各种影响健康结果的已知障碍(如健康的社会决定因素)，并定义了不同人群和临床条件下的健康不平等。这种方法将继续得到完善，以清楚地阐明特定的过程和结果之间的联系(Hicks et al.，2012)。一般来说，"基于社区的参与性研究"和类似方法(如以用户为中心的设计和参与性设计)为健康信息技术干预措施的制定和实施带来了许多重要的好处：更相关的研究，更广泛的影响，干预措施与目标受益人之间的更好匹配，更有效地招募和留住不同的人群，更高的内部效度，更迅速地将研究转化为行动，以及人的进一步发展(例如，社区健康工作者转向更高级别的研究职位；Unertl et al.，2015)。

二、健康信息技术干预措施示例

对健康信息技术干预措施进行分类的一种有用方法是按功能分类(参见 Finkelstein et al.，2012)，其中之一是促进患者中心护理。例如，电子健康记录和健身追踪应用程序等护理管理工具，旨在指导和支持患者的自我护理；远程保健和远程医疗旨在增加健康护理受限的患者及时获得服务的机会；患者门户网站可以提高护理的协调性，并改善患者教育资源的提供；共享决策工具的开发可以促进患者的参与以及参与性的医疗决策。

针对社区的健康信息技术干预通常具有内置的社区参与成分。例如，马加西及其同事(Magasi et al.，2019)设计了一个社区知情的移动健康(community-informed mHealth)工具，用于同伴支持和信息共享，以满足癌症患者和残疾人士的需求。通过让这个群体参与进来，他们创建了一个工具(the WeCanConnect app，"我们能够连接在一起"的应用程序)，旨在利用该社区的现有优势，促进连接以及情感支持。不过，社区参与可以扩大到社区患者以外的成员。例如，在森泰奥(Senteio，2019)的研究中，一组患有糖尿病的非裔美国老年人和与他们有联系的年轻人，通过家族或自然产生的社交网络与研究者合作，以进行关于自我管理健康教育干预的设计，后者利用代际信息交流来克服这个群体中的数字素养障碍。

第2节 基于社区规范的健康传播干预

第二组基于社区的健康传播干预措施侧重于影响社区文化。社区文化源于社区成员的共同经历、价值观和愿望。因此，它是一面巨大的棱镜,通过它,群体或社区成员可以了解健康信息,形成关于他们个人行为的规范性期望(normative expectations)。这种类型干预的主要目标是:影响或利用社区文化,以促进个体和群体健康。

一、理论基础与方法

文化经常被用作健康传播干预中的一个受众细分群体变量,特别是用于确定健康信息的目标或对信息进行定制(Kreuter & McClure, 2004)。确定目标涉及:传递与特定文化群体的需求相关并对这种需求作出回应的健康信息。克鲁特等人(Kreuter et al., 1999)将"定制"(tailoring)定义为:"任何旨在接触到某个具体的人的信息组合或改变策略,它以那个人的独有特征为基础,与兴趣结果相关,并源自个人的评估。"(第277页)这些干预措施部分(当然不是很多)借鉴了社区成员及其在制定干预/讯息方面的经验。在设计此类干预措施时,如果缺乏社区参与,可能会破坏讯息的接收,部分由于受文化驱动的怀疑和不信任(Benkert et al., 2019)。

规范性影响(normative influence)为健康传播干预措施纳入社区文化提供了另一种机制。社会规范营销活动就是这种方法的一个常见例子(DeJong, 2010)。它们基于这样一个前提:个体误解(即低估或高估)了其群体或社区关于某种健康行为或实践的规范,而纠正这些误解会给个体施加压力,以使他们的行为符合真正的群体规范。在这个语境中,两种类型的规范似乎尤其相关:**强制性规范**(injunctive norms),或他人对某一行为的认可;以及**描述性规范**(descriptive norms),或关于他人参与行为的看法(Lapinski & Rimal, 2005)。纠正误解的另一个策略是使特定规范更加突出,从而临时增加其从记忆中的可访问性,以促进这种规范对于行为的影响(Rhodes & Ewoldsen, 2009)。然而,这两种策略似乎都无法在整个社区内改变行为(Dempsey et al., 2018)。

除了基于文化的定制和规范方法以外,基于接种的策略(inoculation-based strategies)为以社区规范为重点的干预措施提供了第三个机制。这些策略的主要目的是培养个体和社区对于潜在有害文化影响的抵御能力,后者是通过广告、社交媒介和其他类似渠道而传播的。该策略的重点在于影响群体或社区成员集体拒绝可能有害的做法或规范。基于媒介素养的干预是这一战略的常见例子(Austin & Pinkleton, 2016; Banerjee & Greene, 2007)。小群体成员(通常是年轻人)首先受到关于酒精和烟草等物质广告中使用操纵手法的教育(预先警告),然后为他们提供抵制这些广告影响的策略或技巧。例如,通过培养社区成员检测和删除来源不明的信息的能力,我们可以采用类似策略来减少健康错误信息和虚假信息在社区内的扩散与有害影响(Swire-Thompson & Lazer, 2020)。

二、基于社区的干预措施示例

我们提供了三个预防药物使用的干预措施的例子,这些措施试图让社区成员集中参与其设计和实施。选择这些例子是因为,与目标受众成员的互动具有多个阶段或反复,而这最适合于制定有效的基于社区的干预措施(Senteio, 2019)。前两项干预措施(YMD 和 REAL media)的作用是提高信息素养和培养抵制药物使用广告影响的技能。第三个干预措施(kiR)侧重于培养对于药物使用优惠的抵抗力,这是改善个体和社区层面上的结果的关键。

1. 青年讯息开发

青年讯息开发(Youth Message Development, YMD; Greene et al., 2016)是一种面对面的、积极参与的媒介素养干预措施,旨在防止初、高中早期的青年饮酒。这项适应青年讯息开发课程的形成性研究包括两年内的三个不同的组成部分,而该项研究是由一个州的青年领导力项目和另一个州的公立学校合作进行的。首先,一项仅在测试后进行的试点研究比较了两个版本的初级课程:一个版本使用分析和评论来支持和反对酒精广告的策略;另一个版本也对广告进行了分析和评论,但随后让年轻人参与制定关于禁酒海报的计划。项目开发人员从参与的学生和陪同学生参加项目并观看干预的成年人那里获得了书面和口头反馈。青年讯息开发的第二个组成部分包括对另一群高中生的访谈,以协助广告的选择和其他课程的改进。第三个组成部分由焦点小组和另一批高中生和教师组成,以征求对课程修订版和相关材料的反馈意见(参见 Greene et al.,

2016)。三四个月后,**青年讯息开发**课程的最终测试产生了预期的结果,例如,年轻人报告与朋友和家人更多地谈论了课程和媒介素养,还报告自我效能感更强,能够对广告进行反驳(Banerjee et al., 2015)。这项干预措施被认定为"是有效的",并被列入药物滥用和心理健康服务管理局(SAMHSA)的"全国循证方案和实践注册中心"(NREPP)的报告之中。尽管**青年讯息开发**项目的适应性是一个反反复复的过程,并涉及多个利益相关者,但研究者并没有就项目开发或确定问题/焦点等方面与社区合作。该项目也没有导致不断发展和可持续的社区关系的建立。

2. "实时媒介"项目

"实时媒介"(REAL media)是"青年讯息开发"的扩展电子学习版本,与美国最大的积极青少年发展项目之一的全国社区合作伙伴4-H(头、心脏、手和健康①)一起反复开发和调整。实时媒介建立在积极参与理论的基础上(TAI; Greene, 2013; Greene & Hecht, 2013; Green et al., 2017),并注重个体对干预本身的参与(参见 Greene et al., 2021; Ray et al., 2020)。这个项目的目标定位策略包括一些表面特征(标识、4-H图像),但示例、格式和功能是与跨越两个州的4-H合作伙伴联合开发的。开发过程的参与者(参见 Ray et al., 2019)包括4-H员工、4-H俱乐部领导人和目标年龄范围内的4-H俱乐部成员。迭代性包括几轮访谈、焦点小组和可用性测试,以便分阶段修改内容,(但不是开发,这是最理想的)目标是4-H青年。该在线计划草案随后在目标年龄4-H俱乐部成员(以及几位4-H领导人)中进行试点,获得可用性反馈,以进一步完善干预措施并确保最大限度的社区参与。在这样的项目中存在着定制的机会,例如,用活动的个人得分使项目"游戏化",但"实时媒介"的有限定制包括项目路径选择(可选深度)、活动反馈以及终极挑战。对美国九个州"实时媒介"的一项测试表明,该项目的使用提高了青少年自我效能感和药物使用规范(Greene et al., 2020),而且该项目既与州层面上的4-H建立了持续的关系,又与国家层面上的4-H建立了持续的关系(迄今已超过七年),包括多份由4-H领导的出版物。

3. "保持真实"项目

"保持真实"(Keepin'it REAL, kiR)②是一种基于学校的药物使用的预防干预措施,已经过多年的反复完善。这个计划跨越了数十年,并以多种形式在全球范围内传播,参与其中的社区包括多个州的学校/教职员工和青少年,以及作为合作伙伴的"抗药物滥用预防教育"(D. A. R. E.)。"保持真实"课程基于"从孩子到孩子"的原则(Kreiger et al., 2013; MillerDay & Hecht, 2013)。这种观点认为,如果故事源于人们的经历,那么最能引起人们的共鸣,产生更大的影响(Lee et al., 2011; Miller-Day & Hecht, 2013)。例如,在预防药物滥用的语境下,如果药物的故事是一个使用者变得成熟、富有冒险精神和受欢迎的故事(Miller-Day et al., 2000),那么其目的可能是提供关于不使用药物的"积极反叙事"(positive counter-narratives)。干预社会影响的策略以传授"抵抗技能"或抵抗负面同伴影响的技能为基础(Miller Rassulo et al., 2000),从而在不暗示"每个人都这样做"(即有危险的行为)的情况下,提倡有能力的抵抗,同时也赋予了抗药规范。目标受众成员的参与在讯息生成(例如,使讯息基于叙述)和讯息生产(即让孩子创建讯息)的过程中都至关重要。最终,这些丰富的叙事产生了被标记为REAL(拒绝、解释、回避、离开)的抵抗策略,而这些策略类型已经跨越年龄、种族、性别和地区的差异而得到复制(Colby et al., 2013; MillerDay et al., 2013)。

第3节 传播能力建设的干预措施

如果仅仅改善社区成员对于重要健康信息的获取,那么很少能够引起人口层面上的改善,除非它能刺激社区成员之间的、可以导致集体行为的社会互动(Fox, 2011)。因此,社区的传播基础设施提供了知识获取和行动之间的关键桥梁。传播

---

① 四个H是:head、heart、hands、health。——译者注
② REAL,是以下四个单词的首字母组合——refuse(拒绝)、explain(解释)、avoid(回避)、leave(离开),构成了该干预项目的行动步骤和过程。——译者注

基础设施是指社会群体成员或社区成员可以用来进行互动、交流和讨论健康信息的正式和非正式的传播渠道与网络(Goulbourne & Yanovitzky, 2021)。一般来说,社区的传播基础设施具有三个重要功能：① 使社区的所有成员都能够及时访问、分享和交流相关且准确的健康信息；② 促进社区成员通过社会互动有意义地参与健康信息；③ 推动社区成员之间的更大程度的社会融合,以创建集体效能和参与集体行动的能力。拥有强大传播基础设施的社区更有可能认识到真正的问题,制定解决方案,并融入那些利益相关者,后者与研究团队合作,就这些解决方案的应用和评估而与团队进行协调。(Hossain & Kuti, 2010; Wilkin, 2013)。

一、理论基础与方法

传播能力建设的干预措施在发展传播学中有着丰富的历史(Hornik, 1993),并特别重视建设或支持交流平台,以便通过诸如扩散、社会营销和娱乐教育等策略而有效地传播健康信息(Melkote, 2003)。尽管这些干预措施的主要关注点是通过实现个体行为改变的目标来改善人群健康,但是,诸如传播基础设施理论(Kim et al., 2006; Wilkin, 2013)、传播的结构影响模型(Ackerson & Viswanath, 2009; Viswanath & Emmons, 2006)和知识中介的传播理论等新的理论贡献(Yanovitzky & Weber, 2019),则侧重于构建或利用社区的传播基础设施,并将之作为改善知识流动和将知识转化为行动的手段。

传播基础设施理论(Kim et al., 2006)提出,居民区拥有独特的多级传播基础设施,会影响居民的健康能力。这些传播结构在理论上以"讲故事网络"著称,由社区组织、地缘民族媒体(针对特定地理区域或文化群体的媒体)和居民(Kim et al., 2006)组成,可以促进或阻碍传播的邻里因素,例如,人们可以集会和讨论社区问题的空间,从而构成了传播行为的语境。当传播行为语境促进了强大的讲故事网络时,无论是作为个体的人,还是作为整体的社区,都更有可能体验到积极的健康结果。这个理论对于建设社区能力的工作来说,具有两个重要的现实意义(Wilkin, 2013)：第一,在一个社区中绘制讲故事的网络,可以为实施更有针对性的战略提供讯息,以接触和吸引居民,特别是那些尚未通过常规渠道而被接触的群体；第二,为居民和社区组织创造交流信息,讨论如何应对他(它)们的健康问题的空间和机会,可以提高有效应对健康挑战所需的集体效能和公民参与水平。

传播的结构影响模型(Viswanath & Emmons, 2006)假设,传播不平等至少部分地调节了社会决定因素和健康结果的作用。传播不平等被定义为"社会群体中生成、操纵和分配信息的差异,以及下述几方面的差异：① 获取和使用；② 关注；③ 保留；④ 个体对相关信息采取行动的能力"(Viswanath & Emmons, 2006, p.242)。按照这个模型,社会经济地位和社区资源等结构性前因变量既影响讯息环境,也影响可供群体消费的资源,因此,不成比例地使一些社区和群体处于不利地位,而使其他社区和群体获益(Viswanath & Ackerson, 2011)。通过旨在创建社会弱势社区和群体获取与理解重要健康信息的能力的干预措施,同时确保提供的信息不那么笼统或通用,而是更能反映这个群体在健康问题或压力源方面的经历,传播和信息不平等现象就有可能得到解决。

另一个理论贡献集中于建设社区中介机构或知识经纪人的能力,以改善健康信息在个体、群体和社区机构之间的流动。根据知识中介传播理论(knowledge brokering, Yanovitzky & Weber, 2019),诸如当地新闻机构和基于社区的组织等知识经纪人,通过履行以下五项职能而在改善知识流动方面发挥着至关重要的作用：**意识**(提请对相关健康信息的注意)；**可访问性**(使用户更容易获取和理解健康信息)；**参与**(将健康信息与社区面临的独特问题和挑战连接起来)；**联系**(连接和协调社区中的讯息传播活动)；**动员**(根据现有的健康信息推动具体的个体和集体的行动)。因此,无论是通过传播技能培训、技术援助,还是通过合作工具,创建和支持中介机构履行这五项关键职能的能力,都有望改善个体和社区层面的知识获取、转移和动员,进而改善个体、群体和社区的健康结果。

这些理论以社区参与、赋权和行动的原则为中心,但是,对于社区参与传播能力建设的理想范围和性质的问题,它们没有进行明确的理论阐述。也就是说,它们有意回避了将社区参与作为手段的干预与将以社区参与作为目的的干预之间的一般区别(Melkote, 2003),而倾向于将社区参与更宽松地定义为社区参与能力和参与意愿的职能。此外,它们没有规定建立传播能力的单一策略,而是设想了一系列可能的干预措施。这些干预措施包括创建社区尚未存在的能力,利用现存的能力以支持关键能力的可持续性。能力建设、利用和/或支持的干预措施也可根据每个社区的独特环境进行定制。出于这个原因,我们按照目标(创建、利用或增加传播能力)选择将传播能力建设干预措施的例子组织起来,并认识到:社区对于这些干预措施的设计和实施的参与程度因干预理念和社区环境的不同而不同。

二、建设社区传播能力的干预措施

属于这一类别的干预措施通常寻求建设社区能力的方式或机制,以生产和传播超本地的健康信息,或生产和传播为定义明确的社区量身定制、并能够回应社区成员关切的相关讯息(Napoli et al.,2017)。这个类型中的一种干预措施旨在建设当地社区规划和评估讯息需求的能力,并确定接触不同群体的最佳渠道(参见 Wilkin et al.,2011)。例如,"2010 年社区健康种族和族裔方法(REACH):查尔斯顿和乔治敦糖尿病联盟"项目包括社区组织、公共图书馆和社区健康顾问之间的合作关系,它(他)们收集和分析来自黑人社区成员的调查和焦点小组数据,以确认传播需求和资产。这个小组随后制定了一项行动计划,从而增加糖尿病讯息面向这一人群的传播(Carlson et al.,2006)。

这个类型中的第二种干预措施侧重于生产无法从其他来源获得的超本地化(hyperlocal)的讯息。例如,研究者创办并运营了 Ozioma,这是一家癌症讯息新闻服务机构,它编辑向黑人周报发送的社区和种族特定的癌症新闻稿(Caburnay et al.,2012)。国家癌症研究所随后创建了"多元文化媒体"拓展项目,为当地族裔媒体机构提供可用于广泛社区传播的定制和随时可用的循证癌症教育讯息(Alexander et al.,2013)。

第三个总体战略是建设社区主要中介机构的能力。例如,在许多社区,一些地方新闻机构是超本地化的健康信息的重要而可靠的来源(Napoli et al.,2017)。许多当地记者缺乏健康报道技能;向他们提供有关如何为非专业受众获取、评估和解释健康信息的培训,可以提高在社区中传播健康信息的质量和相关性(Friedman et al.,2014)。不幸的是,对当地新闻的系统性撤资(Walker,2019)破坏了当地新闻媒体市场,造成了许多新闻沙漠,尤其是在农村地区(Grieco,2019)。尽管这种情况需要结构性的干预措施,例如,为了资助当地新闻机构,在新泽西州成立了一个由国家资助的非营利实体(公民讯息联盟)(Nossel & Vilk,2020)。这类干预措施可能会试图提高社区争取资源和公共投资的能力(Kim & Ball-Rokeach,2006)。

三、利用现有社区传播能力的干预措施

这类干预措施试图利用,而不是建设社区内现有的传播能力。最常见的干预措施是,利用社区中现有空间和事件作为传播健康信息的替代渠道,特别是对主流渠道无法有效接触到的群体或与健康护理系统接触有限的群体而言。公共图书馆(Whitney et al.,2017)、理发店和美容院(Linnan et al.,2014)以及礼拜场所(Campbell et al.,2007)都是为此目的而使用的替代渠道的例子。除了改善健康传播的推广活动以外,与经常出现在这些空间的其他社区成员保持定期联系的机会,对于建立传播社会资本(即通过社区网络获取讯息和知识)、社区整合和应对健康压力的集体效能来说,也是必不可少的(Matsaganis & Wilkin,2015)。

第二类干预措施致力于推动关于健康问题的社区对话,并以此促进广泛的社区参与、包容性和多重视角,为有关公共健康挑战的地方解决方案的集体决策提供信息。这种形式的社区对话对于改善健康信息在社区中的流动和交换至关重要,也是培养集体信任和应对挑战的集体效能的必要条件。例如,关于阿片类药物的市政厅会议为影响政策的官员和公共健康专家提供了一种机会,使他们不仅能够对居民进行社区阿片类药物成瘾问题的教育,以及如何防止这种成瘾的教育,而且也倾听并直接了解居民们关心的问题和信息需求(Bejarano,2019)。社区对话也能通过利用那些社区故事讲述者——如地缘种族媒体和当地活动家——而获得支持,以制作和分享能够成为社区对话主题的真实故事(Brown et al.,2018),从而使居民接受教育并参与其中。

还有一类干预措施注重改善社区部门和组织之间的联系,以利用其汇集的资源和与居民的现有关系来更好地协调传播

工作,促进社区拓展。此类干预措施的重点是在社区内建立伙伴关系,为不同的居民群体提供必要的资源和信息,特别是在公共健康的应急情况下。例如,明尼苏达州的"应急社区健康拓展"(the Emergency Community Health Outreach, ECHO)网与一家公共电视台建立了独特的合作伙伴关系,就家庭防灾计划和危机咨询等一系列主题,定期播放由该州少数族裔难民和移民群体代表提供的短片节目(Andrulis et al., 2007)。

四、增强社区传播能力的干预措施

这类干预措施旨在通过引入循证实践并将其制度化的途径,来提高社区传播能力。为了高效和有效,社区传播者和故事讲述者可以从基于研究的见解中受益——无论来自传播学研究,还是来自公共健康研究,以便在传播策略方面做出明智选择:传播什么、对谁传播、如何传播、何时传播、何地传播。这一想法不是简单地让社区传播者及故事讲述者接触可以有效传播健康信息的一般指导方针和最佳做法,而是要建设他们的能力,以便定期收集和分析数据,后者可以为地方战略传播决策提供讯息,并允许采用协调传播的方法,尤其是在几乎不可能的时间限制内。这类干预在建立一体化应急准备系统的工作语境下最为常见,因为在灾难发生之前、期间和之后,向多元文化的受众有效传播广泛的健康素养(知识),是任何准备工作的关键组成部分(Institute of Medicine & National Research Council, 2005)。

增强传播者通过数据可视化工具来有效展示研究结果的能力,是一种旨在扩大现有社区传播能力的干预措施的实例。随着国家和地方监测系统被越来越多地用于跟踪人群健康指标,也有了编辑此类超地方信息以及与社区成员共享的良机,以此促进对风险的准确评估。诸如信息图形和交互式数据仪表板等工具提高了向不同受众群体传播讯息的能力。例如,Connect2HealthFCC 平台(www.fcc.gov/health/maps)允许传播者生成定制地图,它们能够显示美国每个州和每个县(包括城市和农村)的宽带接入、采用和速度以及各项健康指标(如肥胖、糖尿病和就医)。这类地图不仅可以用于促进居民对健康风险的理解,也可以用于支持政策宣传工作。

一种类似的干预措施包括建立监测信息流行病学(infodemiology)的系统,以跟踪居民获取、理解和使用健康信息的变化。它的目标是找出居民对健康信息的认识、获取和参与方面的差距,并发现改进传播的机会。原则上,信息流行病学类似于跟踪和监测疾病、状况和其他相关因素的流行病学,目的是跟踪和监测不同群体的信息需求,评估可用信息满足需求和处理健康信息能力的程度,并就如何提高拓展和参与度提出见解(Eysenbach, 2009)。

最后,就进一步增强地方官员、公共健康专业人士和社区组织通过证据导向的受众分析和讯息设计而更有效地传播健康信息的能力而言,社区伙伴关系研究提供了另一片天地。社区伙伴关系研究是研究者和社区利益相关者之间的长期合作,其重点是解决实践问题(Green et al., 2001)。它们的目的是通过收集和分析相关社会和行为数据来支持当地知识网络,以用于环境分析(例如,社区氛围和准备情况),鼓励社区利益相关者共享想法和观点、协调活动和调动社区资源(O'Hair et al., 2010)。例如,这类合作已被证明可以将社会营销运动和社区利益相关者的努力有效地组合起来,以收集居民家中存储的未曾使用的阿片类药物,并以此降低社区中药物成瘾的风险(Yanovitzky, 2017)。

第4节 讨 论

获取重要的健康信息,是改善所有人的积极健康结果的关键(Viswanath & Ackerson, 2011);而保持丰富多样和包容性的信息流,让具有公开讨论机制和机会的社区能够更好地认识健康问题、制定解决方案、采取集体行动(Hossain & Kuti, 2010)。传播提供了健康信息得以交换和解释的基础设施和基本机制(Rimal & Lapinski, 2009);不过,许多基于传播的干预措施只是把社区当作健康信息传播的背景或场所。尽管社区成员身份可能是受众细分群体的有用维度,也是随后针对不同社会群体确定目标和定制健康信息的有用维度(Kreuter & Wray, 2003),但是,本章基于社区的健康干预概述指出:在建设社区本身获取和传播健康信息的能力方面,基于传播的干预措施能够发挥更大的作用。通过这种方式,社区转变为变革的推动力(McLeoy et al.,2003),因为社区具有利用本地传播网络的能力,具有使知识本地化的能力,具有更高地应对健康风险的能力和应对健康压力源的韧性和集体高效能。

在过去二十年中,健康传播和健康信息流行病学学者越来越对结构性的传播干预措施的潜力感兴趣,这种潜力在于:在具有各种信息需求、环境和能力的社区中,改善对于相关、可信和有用的健康信息的获取和利用。因此,在构建实证有效的理论方面已经取得了很大进展,这些理论可以解释这样的问题,即如何以及在什么情况下构建、利用或增强社区的信息和传播基础设施,能够促进健康信息的流动和交换,有助于社会整合和集体效用,促进利益相关者之间的协调,并动员居民和社区组织采取行动。这对有关传播对健康的作用的旧观念提出了挑战,并引入了健康传播的新视角。尽管如此,我们注意到,检测此类干预措施效果的研究相对较少。众所周知,针对传播生态变化的干预措施在实施和评估方面具有挑战性(Houston et al.,2014),但相比忽视社区传播基础设施的干预措施,这些干预措施也更适合促进更健康的行为和生活方式的复杂情况,而且能够更有效地帮助居民应对他们在社区中遇到的健康挑战。信息和传播技术日益普及,传播生态研究理论和方法论也在进步,我们完全有希望看到,随着健康传播领域的发展,这类干预措施的使用会越来越多。

着眼于发展稳健的基于社区的传播和信息干预措施,要看到,对如何建立和维持与社区的关系、如何界定伙伴关系的性质和范围、伙伴关系的结果带来了哪些新知识等问题的详尽描述,在目前的文献中是明显缺失的。如果没有这些信息,就很难构建一个概括性的知识体系,后者有助于扩大这些类型的干预措施,也可以通过建立通用的影响指标来促进对于这些干预措施的评估。在这方面,重要的是认识到,社区参与具有不同的规模和形式,它们可以被组织在一个连续体上,从被动的社区参与(如知情的社区)到全面的伙伴关系模式。未来的挑战是更好地认识以下问题,即如何选择和实施能够与每个社区的具体环境和现存能力达到最佳匹配的特定社区参与模式。

基于社区的健康干预措施具有重大潜力,它们可以通过改善不同群体和社区对健康相关信息的参与,并动员主要利益相关者和机构采取行动,来改善健康结果。思考以下问题即如何最有效和最有成果地参与社区,以获取、理解、评估、管理可获得的健康信息,并根据这些信息而采取行动——可能会对健康传播领域带来变革。特别是,它提供了一个机会,可以使我们从对传播的传统关注——在此,传播作为讯息传输和翻译工具——转向对以下问题更深入的思考,即传播机制和过程对于建设组织能力、协调能力和集体推动各种类型的社会与结构变革(这些变革是消除现存健康不平等的必要因素)能力方面的作用。正如我们在本章中所展示的那样,一个理论知识丰富的学术团体已经存在,可以为这一系列研究提供信息,但是检验这些理论的实证研究仍然滞后。随着这项工作在未来几年的持续发展,我们完全可以预计,它将显著扩展目前关于传播在健康的社会决定因素框架内对公共健康传播结果的贡献的有限理解。

参考文献

Ackerson, L. K., & Viswanath, K. (2009). The social context of interpersonal communication and health. *Journal of Health Communication*, 14(sup 1), 5-17.

Alexander, J., Kwon, H. T., Strecher, R., & Bartholomew, J. (2013). Multicultural media outreach: Increasing cancer information coverage in minority communities. *Journal of Cancer Education*, 28(4), 744-747.

Andrulis, D. P., Siddiqui, N. J., & Gantner, J. L. (2007). Preparing racially and ethnically diverse communities for public health emergencies. *Health Affairs*, 26(5), 1269-1279.

Austin, E. W., & Pinkleton, B. E. (2016). The viability of media literacy in reducing the influence of misleading media messages on young people's decision-making concerning alcohol, tobacco, and other substances. *Current Addiction Reports*, 3(2), 175-181.

Banerjee, S. C., & Greene, K. (2007). Antismoking initiatives: Effects of analysis versus production media literacy interventions on smoking-related attitude, norm, and behavioral intention. *Health Communication*, 22(1), 37-48.

Banerjee, S. C., Greene, K., Magsamen-Conrad, K., Elek, E., & Hecht, M. L. (2015). Interpersonal communication outcomes of a media literacy alcohol prevention curriculum. *Translational Behavioral Medicine*, 5(4), 425-432.

Bejarano, W. A. (2019). Analyzing town hall meetings to identify information gaps in the opioid crisis. *Drug and Alcohol Dependence*, 197, 164-167.

Belone, L., Lucero, J. E., Duran, B., Tafoya, G., Baker, E. A., Chan, D., Chang, C., Greene-Moton, E., Kelley, M., & Wallerstein, N. (2014). Community-based participatory research conceptual model: Community partner consultation and face validity. *Qualitative Health Research*, 26(1), 117-135.

Benkert, R., Cuevas, A., Thompson, H. S., Dove-Meadows, E., & Knuckles, D. (2019). Ubiquitous yet unclear: A systematic review of medical mistrust. *Behavioral Medicine*, 45(2), 86-101.

Brown, L. D., Berryhill, J. C., & Jones, E. C. (2018). Integrating journalism into health promotion: Creating and disseminating community narratives. *Health Promotion Practice*, 20(4), 513-519.

Caburnay, C. A., Luke, D. A., Cameron, G. T., Cohen, E. L., Fu, Q., Lai, C. L., Stemmle, J. T., Paulen, M., Jackson, L., & Kreuter, M. W. (2012). Evaluating the Ozioma cancer news service: A community randomized trial in 24 U. S. cities. *Preventive Medicine*, 54(6), 425-430.

Campbell, M. K., Hudson, M. A., Resnicow, K., Blakeney, N., Paxton, A., & Baskin, M. (2007). Church-based health promotion interventions: Evidence and lessons learned. *Annual Review of Public Health*, 28(1), 213-234.

Carlson, B. A., Neal, D., Magwood, G., Jenkins, C., King, M. G., & Hossler, C. L. (2006). A community-based participatory health information needs assessment to help eliminate diabetes information disparities. *Health Promotion Practice*, 7(3_suppl), 213S-222S.

Colby, M., Hecht, M. L., Miller-Day, M., Krieger, J. R., Syverstsen, A. K., Graham, J. W., & Pettigrew, J. (2013). Adapting school-based substance use prevention curriculum through cultural grounding: An exemplar of adaptation processes for rural schools. *American Journal of Community Psychology*, 51(1-2), 190-205.

DeJong, W. (2010). Social norms marketing campaigns to reduce campus alcohol problems. *Health Communication*, 25(6-7), 615-616.

Dempsey, R. C., McAlaney, J., & Bewick, B. M. (2018). A critical appraisal of the social norms approach as an interventional strategy for health-related behavior and attitude change. *Frontiers in Psychology*, 9(2180).

Dutta, M. J. (2007). Communicating about culture and health: Theorizing culture-centered and cultural sensitivity approaches. *Communication Theory*, 17(3), 304-328.

Eysenbach, G. (2009). Infodemiology and infoveillance: Framework for an emerging set of public health informatics methods to analyze search, communication and publication behavior on the internet. *Journal of Medical Internet Research*, 11(1), e11.

Finkelstein, J., Knight, A., Marinopoulos, S., Gibbons, M. C., Berger, Z., Aboumatar, H., Wilson, R. F., Lau, B. D., Sharma, R., & Bass, E. B. (2012). Enabling patient-centered care through health information technology. *Evidence Report/ Technology Assessment*, 206, 1-1531.

Fox, S. (2011). *The social life of health information*, 2011. Pew Internet & American Life Project.

Friedland, L., Napoli, P., Ognyanova, K., Weil, C., & Wilson, E. J., III. (2012). *Review of the literature regarding critical information needs of the American public*. Unpublished manuscript submitted to the Federal Communications Commission. https://transition.fcc.gov/bureaus/ocbo/Final_Literature_Review.pdf.

Friedman, D. B., Tanner, A., & Rose, I. D. (2014). Health journalists' perceptions of their communities and implications for the delivery of health information in the news. *Journal of Community Health*, 39(2), 378-385.

Goulbourne, T., & Yanovitzky, I. (2021). The communication infrastructure as a social determinant of health: Implications for health policymaking and practice. *The Milbank Quarterly*. https://doi.org/10.1111/1468-0009.12496.

Goulding, A. (2001). Information poverty or overload? *Journal of Librarianship and Information Science*, *33*(3), 109-111.

Gray, K., & Sockolow, P. (2016). Conceptual models in health informatics research: A literature review and suggestions for development. *JMIR Medical Informatics*, *4*(1), e7.

Green, L., Daniel, M., & Novick, L. (2001). Partnerships and coalitions for community-based research. *Public Health Reports*, *116*(Suppl 1), 20-31.

Greene, K. (2013). The theory of active involvement: Processes underlying interventions that engage adolescents in message planning and/or production. *Health Communication*, *28*(7), 644-656.

Greene, K., Banerjee, S. C., Ray, A. E., & Hecht, M. L. (2017). Active involvement interventions in health and risk messaging. In R. L. Parrott (Ed.), *Oxford encyclopedia of health and risk message design and processing* (pp. 1-36). Oxford University Press.

Greene, K., Catona, D., Elek, E., Magsamen-Conrad, K., Banerjee, S. C., & Hecht, M. L. (2016). Improving prevention curricula: Lessons learned through formative research on the youth message development curriculum. *Journal of Health Communication*, *21*(10), 1071-1078.

Greene, K., Choi, H. J., Glenn, S. D., Ray, A. E., & Hecht, M. L. (2021). The role of engagement in effective, digital prevention interventions: The function of engagement in the REAL media substance use prevention curriculum. *Prevention Science*, *22*, 247-258.

Greene, K., & Hecht, M. L. (2013). Introduction for symposium on engaging youth in prevention message creation: The theory and practice of active involvement interventions. *Health Communication*, *28*(7), 641-643.

Greene, K., Ray, A. E., Choi, H. J., Glenn, S. D., Lyons, R. E., & Hecht, M. L. (2020). Short-term effects of the REAL media e-learning media literacy substance prevention curriculum: An RCT of adolescents disseminated through a community organization. *Drug and Alcohol Dependence*, *214*. https://doi.org/10.1016/j.drugalcdep.2020.108170

Grieco, E. (2019). *For many rural residents in U.S., local news media mostly don't cover the area where they live*. www.pewresearch.org/fact-tank/2019/04/12/for-many-rural-residents-in-u-s-local-news-media-mostly-dont-cover-the-area-where-they-live/

Hicks, S., Duran, B., Wallerstein, N., Avila, M., Belone, L., Lucero, J., Magarati, M., Mainer, E., Martin, D., Muhammad, M., Oetzel, J., Pearson, C., Sahota, P., Simonds, V., Sussman, A., Tafoya, G., & Hat, E. W. (2012). Evaluating community-based participatory research to improve community-partnered science and community health. *Progress in Community Health Partnerships: Research, Education, and Action*, *6*(3), 289-299.

Hornik, R. C. (1993). *Development communication: Information, agriculture, and nutrition in the third world*. University Press of America.

Hossain, L., & Kuti, M. (2010). Disaster response preparedness coordination through social networks. *Disasters*, *34*(3), 755-786.

Houston, J. B., Spialek, M. L., Cox, J., Greenwood, M. M., & First, J. (2014). The centrality of communication and media in fostering community resilience: A framework for assessment and intervention. *American Behavioral Scientist*, *59*(2), 270-283.

Institute of Medicine, & National Research Council (2005). *Public health risks of disasters: Communication, infrastructure, and preparedness: Workshop summary*. The National Academies Press.

Kim, Y. C., & Ball-Rokeach, S. J. (2006). Civic engagement from a communication infrastructure perspective. *Communication Theory*, *16*(2), 173-197.

Kim, Y. C., Jung, J. Y., & Ball-Rokeach, S. J. (2006). "Geo-ethnicity" and neighborhood engagement: A communication infrastructure perspective. *Political Communication*, *23*(4), 421-441.

Kreuter, M. W., & McClure, S. M. (2004). The role of culture in health communication. *Annual Review of Public Health*, *25*, 439-455.

Kreuter, M. W., Stretcher, V. J., & Glassman, B. (1999). One size does not fit all: The case for tailoring print materials. *Annals of Behavioral Medicine*, *21*(4), 276-283.

Kreuter, M. W., & Wray, R. J. (2003). Tailored and targeted health communication: Strategies for enhancing information relevance. *American Journal of Health Behavior*, *27*(1), S227-S232.

Lapinski, M. K., & Rimal, R. N. (2005). An explication of social norms. *Communication Theory*, *15*(2), 127-147.

Lee, J. K., Hecht, M. L., Miller-Day, M., & Elek, E. (2011). Evaluating mediated perception of narrative health messages: The perception of narrative performance scale. *Communication Methods and Measures*, *5*(2), 126-145.

Linnan, L. A., D'Angelo, H., & Harrington, C. B. (2014). A literature synthesis of health promotion research in salons and barbershops. *American Journal of Preventive Medicine*, *47*(1), 77-85.

Lucero, J., Wallerstein, N., Duran, B., Alegria, M., Greene-Moton, E., Israel, B., Kastelic, S., Magarati, M., Oetzel, J., Pearson, C., Schulz, A., Villegas, M., & White Hat, E. R. (2016). Development of a mixed methods investigation of process and outcomes of community-based participatory research. *Journal of Mixed Methods Research*, *12*(1), 55-74.

Magasi, S., Banas, J., Horowitz, B., Reis, J. P., The, K., Wilson, T., & Victoson, D. (2019). Wecanconnect: Development of a community-informed mhealth tool for people with disabilities and cancer. *Progress in Community Health Partnerships: Research, Education, and Action*, *13*(5), 49-59.

Matsaganis, M. D., & Wilkin, H. A. (2015). Communicative social capital and collective efficacy as determinants of access to health-enhancing resources in residential communities. *Journal of Health Communication*, *20*(4), 377-386.

McLeroy, K. R., Norton, B. L., Kegler, M. C., Burdine, J. N., & Sumaya, C. V. (2003). Community-based interventions. *American Journal of Public Health*, *93*(4), 529-533.

Melkote, S. (2003). Theories of development communication. In B. Mody (Ed.), *International and development communication: A 21st-century perspective* (pp. 129-146). Sage.

Miller-Day, M., & Hecht, M. L. (2013). Narrative means to preventative ends: A narrative engagement approach to adolescent substance use prevention. *Health Communication*, *28*(7), 657-670.

Miller-Day, M., Pettigrew, J., Hecht, M. L., Shin, Y., Graham, J., & Krieger, J. (2013). How prevention curricula are taught under real-world conditions: Types of and reasons for teacher curriculum adaptations. *Health Education*, *113*(4), 324-344.

Napoli, P. M., Stonbely, S., McCollough, K., & Renninger, B. (2017). Local journalism and the information needs of local communities: Toward a scalable assessment approach. *Journalism Practice*, *11*(4), 373-395.

Niederdeppe, J., Bu, L. Q., Borah, P., Kindig, D. A., & Robert, S. A. (2008). Message design strategies to raise public awareness of social determinants of health and population health disparities. *The Milbank Quarterly*, *86*(3), 481-513.

Nossel, S., & Vilk, V. (2020). As we confront a pandemic, U.S. State and federal government must support local news. *Slate*. https://slate.com/technology/2020/03/coronavirus-local-news-funding.html.

O'Hair, H. D., Kelley, K. M., & Williams, K. L. (2010). Managing community risks through a community-communication infrastructure approach. In H. E. Canary & R. D. McPhee (Eds.), *Communication and organizational knowledge: Contemporary issues for theory and practice* (pp. 223-243). Taylor and Francis.

Ray, A. E., Greene, K., Hecht, M. L., Barriage, S. C., Miller-Day, M., Glenn, S. D., & Banerjee, S. C. (2019). An e-learning adaptation of an evidence-based media literacy curriculum to prevent youth substance use in community groups: Development and feasibility of REAL media. *JMIR Formative Research*, *3*(2), e12132.

Ray, A. E., Greene, K., Pristavec, T., Miller-Day, M. A., Banerjee, S. C., & Hecht, M. L. (2020). Exploring indicators of engagement in online learning as applied to adolescent health prevention: A pilot study of REAL media. *Educational Technology Research and Development*, *68*(6), 3143-3163.

Rhodes, N., & Ewoldsen, D. R. (2009). Attitude and norm accessibility and cigarette smoking. *Journal of Applied Social Psychology*, *39*(10), 2355-2372.

Rimal, R. N., & Lapinski, M. K. (2009). Why health communication is important in public health. *Bulletin of the World Health Organization*, *87*(4), 247.

Senteio, C. R. (2019). Promoting access to health information: A method to support older African Americans with diabetes. *Aslib Journal of Information Management*, 71(6), 806-820.

Swire-Thompson, B., & Lazer, D. (2020). Public health and online misinformation: Challenges and recommendations. *Annual Review of Public Health*, 41(1), 433-451.

Unertl, K. M., Schaefbauer, C. L., Campbell, T. R., Senteio, C., Siek, K. A., Bakken, S., & Veinot, T. C. (2015). Integrating community-based participatory research and informatics approaches to improve the engagement and health of underserved populations. *Journal of the American Medical Informatics Association*, 23(1), 60-73.

Viswanath, K., & Ackerson, L. K. (2011). Race, ethnicity, language, social class, and health communication inequalities: A nationally-representative cross-sectional study. *PLOS ONE*, 6(1), e14550.

Viswanath, K., & Emmons, K. M. (2006). Message effects and social determinants of health: Its application to cancer disparities. *Journal of Communication*, 56(suppl_1), S238-S264.

Walker, M. (2019). *Who pays for local news in the U.S.?* www.pewresearch.org/fact-tank/2019/09/12/who-pays-for-local-news-in-the-u-s/

Whitney, W., Keselman, A., & Humphreys, B. (2017). Libraries and librarians: Key partners for progress in health literacy research and practice. *Information Services & Use*, 240, 415-432.

Wilkin, H. A. (2013). Exploring the potential of communication infrastructure theory for informing efforts to reduce health disparities. *Journal of Communication*, 63(1), 181-200.

Wilkin, H. A., Stringer, K. A., O'Quin, K., Montgomery, S. A., & Hunt, K. (2011). Using communication infrastructure theory to formulate a strategy to locate "hard-to-reach" research participants. *Journal of Applied Communication Research*, 39(2), 201-213.

Yanovitzky, I. (2017). A multiyear assessment of public response to a statewide drug take-back and disposal campaign, 2010 to 2012. *Health Education & Behavior*, 44(4), 590-597.

Yanovitzky, I., & Weber, M. S. (2019). News media as knowledge brokers in public policymaking processes. *Communication Theory*, 29(2), 191-212.

第 25 章
基于技术的健康促进、疾病预防与治疗的干预措施

杰西卡·菲茨·威洛比(Jessica Fitts Willoughby)

随着技术的不断进步和变化,向受众传播健康内容和提供干预材料的机会也在增加。基于技术的健康促进、疾病预防和治疗的干预措施可以有各种各样的名称。电子健康(eHealth)是包括使用电子设备传播健康信息的一个广泛类别;它涵盖各种各样的健康应用程序,从在线社区使用的干预措施到为疾病管理和护理而设计的干预措施(Noar & Harrington, 2012)。移动健康(Mobile health,或 mHealth)是指使用移动设备和应用程序收集健康相关数据和/或提供移动干预(Cameron et al., 2017)。这可能涉及各种应用程序,从可在移动设备上发送的短信等基本应用(例如,Willoughby, 2015),到包括生物传感器的更加复杂的干预(例如,Liao & Schembre, 2018),或在需要时为参与者提供定制支持的"实时适应性干预"(JITAI)(例如,Graham & Bond, 2015)。

在本章中,我将讨论基于技术的健康促进、疾病管理和治疗的干预措施,并提供该领域的概述,包括实践示例和对理论作用的描述。我还将概述各种局限和未来可能的研究方向。如前所述,基于技术的干预有多种名称[电子健康、移动健康、数字干预、健康应用程序、"基于互联网的干预"(IBIs),等等;参见本书第 26 章],它们范围广泛且经常变化,部分原因是技术不断变化的本质。因此,本章并非要涵盖与基于技术的干预措施相关的所有可用信息;相反,它旨在提供一个概述,让读者了解基于技术的干预措施可以提供什么,以及用于各种主题领域的健康传播工作的示例。还应该注意的是,基于技术的健康干预措施的大量研究——包括本章提供的大部分信息——往往来自后实证主义的范式。然而,其他研究从不同的框架出发(例如,批判的现实主义框架;Wall et al., 2019)也探讨了基于技术的干预措施。

第 1 节 基于技术的干预措施的综述和重要考量

对于健康促进、疾病预防和治疗来说,存在着许多基于技术的干预措施。如前所述,若干名称已经被用来指代此类干预措施。这些干预措施可以跨渠道进行,并通过短信、社交媒介、网站、在线游戏、移动应用程序(apps)和其他数字空间进行分发。各种评价涵盖了针对特定主题领域的基于电子健康技术的干预措施(例如,艾滋病毒预防;Noar & Willoughby, 2012)。萨玛(Sama et al., 2014)描述了苹果 iTunes 商店里的健康和保健类别中的各种移动应用程序,并对这些应用程序的不同用途和功能进行了分类。例如,一些应用程序旨在影响参与者体验干预的环境(例如,冥想应用程序中包含令人放松的音乐),或允许跟踪和自我监控行为(例如,记录膳食和计算卡路里消耗量的跟踪器)。

提供干预措施的不同技术具有不同的用途,从而会影响用户对于技术和干预措施的体验。技术可供性是用户参与技术时可以采取行动和获得机会的可能性(Faraj & Azad, 2012)。例如,在通过 Instagram(一种基于图像的社交网络,允许用户关注他人并与他人互动)进行干预时,用户面临的机会就可能不同于使用短信干预的参与者的可用机会,在后者那里,一条讯息直接从组织或个体推送到用户。在本章中,我将一起讨论不同类型的干预措施,在适当情况下详细阐述制定干预措施的渠道,并强调作为干预措施组成部分的、可能影响干预成功的具体特征和(或)可供性。

尽管经常有证据表明,基于技术的健康促进、疾病管理和治疗的干预措施可能是有效的(例如,Marcolino et al., 2018; Seiler et al., 2017; Yang & VanStee, 2019),但关于使得干预达到最佳效果的那些机制仍有许多未知的东西。新的测试方法有助于深入理解特定干预功能的效果(例如,Guastaferro & Collins, 2019),而研究者和开发人员可以通过遵循健康传播和讯息开发研究的最佳实践,来设计有效的干预措施(例如,Noar, 2006)。例如,使用形成性研究——包括收集目标受众的信息,以了解他们的行为或行动体验、他们的讯息偏好以及用于获取这些讯息的渠道——有助于制定成功的干预措施(Noar, 2006)。

在开发基于技术的健康传播干预措施时,研究者可以结合使用形成性研究技巧,包括预测试(例如,在讯息开发过程中从参与者那里获得反馈)、试点(例如,包括在平台上传递预期使用讯息的小规模测试)和/或可用性测试(例如,收集潜在参与者或目标受众对技术和系统的反馈)。诸如此类的反馈在向开发人员提供的信息方面各有不同。例如,预测试可能会影响内容研究者介入干预的计划,而可用性测试可能会影响平台的内置功能,如互动性的程度。在本章中,我将讨论进行此类研究的一些更常见的方法。

成功干预的另一个重要考虑是理论的运用(Noar, 2006)。先前的研究已经指出,一般来说,基于技术的干预措施可能缺乏对于理论的运用(例如,Bull & Ezeanochie, 2016)。不过,最近的工作已经发现,在干预研究中,关于理论的讨论越来越多(例如,Yang & VanStee, 2019)。最明显的可能是与行为改变理论相关的社会心理结构,它们被用于干预开发过程之中(Bull & Ezeanochie, 2016)。这样的理论可以提供关于参与者何时,以及如何可能受到鼓励而参与某项行为的信息。行为改变理论可以为干预措施的开发提供信息,它的一个例子是"改变阶段"(stages of change),后者来自跨理论模型;该框架描述了个体在改变某项行为之前,将如何经历一系列阶段[例如,前思考期(precontemplation)、思考期(contemplation),Prochaska & Norcross, 2001]。在本章中,我不会深入探讨所有可以为干预开发提供信息的不同理论;其他研究已详尽描述了各种可能与干预开发相关的健康行为理论及其相关结构(例如,Glanz et al., 2015)。相反,我将重点阐述那种试图将不同理论纳入进一步开展基于技术的健康促进、疾病预防和治疗努力的工作。

随着对基于技术的干预措施的研究的不断增加,足够的证据已被积累起来,因此研究者可以对各种研究中的趋势进行探讨。元分析、系统性评价(systematic reviews)和概括性评价(scoping reviews)的进行,都是为了进一步描述此类干预措施的影响,并思考干预措施可能产生作用的机制。元分析是量化研究的综合,它探讨研究中的效果的大小。系统性评价是使用一套预定标准和系统的过程来收集研究的评估,这些研究被包括在对一系列探索的审视之中。概括性评价是另一种类型的研究综合,旨在探讨关于特定主题的研究,并确定研究中的机会和差距;它们不同于系统性评价,因为它们有更广泛的范围,纳入标准的限制性也更少(关于系统性评价和概括性评价之间的差异的更详尽的讨论,参见 Munn et al.)。

在下一节中,我会讨论关于将技术用于健康促进、疾病预防和治疗工作有关的元分析、系统性评价以及概括性评价的某些研究结果。我从这些评价中获益匪浅,并思考所有研究的结果,以指出这些结果的相似之处和差异,同时也强调指出这项研究的局限性。

第 2 节 基于技术的干预措施的有效性

有关基于技术的健康促进和/或疾病预防的干预措施的系统评价和元分析发现了疗效的证据,并通常指出了小到中等的效果(例如,Marcolino et al., 2018; Seiler et al., 2017; Yang & VanStee, 2019)。在关于64项研究的元分析中,杨和范斯蒂(Yang and VanStee, 2019)指出,与对照干预或对照组相比,移动健康(mHealth)的干预措施更加有效,效果较小但显著($d = 0.31$)。在一项关于JITAIs(一种在特定时间点上提供定制支持的干预措施)的元分析中,研究者发现,在他们所评价的33项实证研究中,与对照组或非JITAI干预措施相比,干预措施具有中等至较大的效果(Wang & Miller, 2020)。在一项关于移动健康(mHealth)干预措施的系统性评价的系统性评价(systematic review of systematic reviews)中,马科利诺等人(Marcolino et al., 2018)发现,移动健康在许多主题领域中都有影响,例如,慢性病管理、HIV病毒载量以及某些治疗的到院率和依从率。包括症状自我报告和自我保健建议在内的干预措施,对化疗相关症状没有显著影响。基于学校环境的电子健康干预(包括互联网、计算机、移动设备和远程医疗)的相关研究,发现了针对体育活动、屏幕时间、水果和蔬菜摄入量等干预措施的效果很小;不过,当后续评估可用时,这些效果并没有随着时间的推移而持续(Champion et al., 2019)。

尽管研究者发现了基于技术的干预措施的积极效果,但应该注意的是,作者经常会根据可用数据的质量提到他们的评价和元分析的局限性。例如,马科利诺等人(Marcolino et al., 2018)指出,在他们分析的23篇系统性评价中,有10篇被评为"低质量",7篇被评为"中等质量",只有6篇被评为"高质量"(有关如何在系统性评价中评估研究质量的更多讨论,参见Marcolino et al., 2018)。这些作者不得不得出结论说,移动健康干预有效性的证据有限。这在一定程度上是由于结果的混合性质(即在一些内容领域发现了积极的效果,而在其他领域则没有发现),以及原始研究的方法论局限。

电子健康干预措施对特定目标的受众或健康问题的效果也很明显。例如,塞勒等人(Seiler et al., 2017)发现,电子健康干预对管理与癌症相关的疲劳是有效的。哈奇森等人(Hutcheson et al., 2015)报告称,电子健康干预在某些方面作为肥胖的治疗选择,可能是有用的,但在维持减肥(成果)或预防体重增加方面,针对电子健康干预措施的效果证据不足。贝内特等人(Bennett et al., 2020)在一项关于电子健康如何用于心理治疗的评价和元分析中断定:电子健康干预措施可以改善抑郁、焦虑、与酒精相关的问题和一般的心理问题,尽管他们在比较某些方法类型(即引导式干预和非引导式干预)时,确实注意到了混合效果。

在研究传送干预措施的具体技术渠道时,也会出现诸如此类的相似性和差异性。一项针对体育活动短信干预的系统性评价和元分析发现,这种干预会导致更多的体育活动(即干预后增加每天步数;Smith et al., 2020)。在一篇评价中,研究者观察了短信改善抗结核治疗的随机对照试验和准实验研究,发现与患者通常接受的护理(即"护理标准"; Gashu et al., 2020)相比,手机短信导致治疗成功率略有增加。在另一篇关于随机对照试验的评价和元分析中,研究者发现,短信干预措施确实明显改善了患有慢性病的成年人对于药物的依从性(Thakkar et al., 2016)。

某种程度上,此类评价和元分析中的一些差异可能归因于干预措施本身的差异。马科利诺等人(Marcolino et al., 2018)的评价注意到,各种类型的干预措施都得到了使用,其中短信干预措施最为频繁。不过,他们也报告称,短信被用于各种目的,如用于教学的提示。例如,威洛比和莫德罗(Willoughby & Muldrow, 2017)只关注短信渠道和性健康的内容领域,就描述了不同类型的短信干预措施。一些基于性健康短信的干预措施是用户驱动的,需要用户向个人(例如,Willoughby, 2015)或自动系统(例如,Levine et al., 2008)发送短信,以接收特定主题的讯息。或者,也有的干预措施定期提供性健康信息,它们会向注册接收该讯息的人推送讯息(例如,Sheoran et al., 2014)。即使只是在这个单一渠道和主题的例子中,人们仍然可以看到干预措施在构成、干预提供和用户体验的参与度方面可能存在的差异。

总体而言,元分析和系统性评价似乎强调,电子健康和移动健康干预措施可以有效地影响重要的结果,但还需要做更多的工作来进一步区分技术的类型和技术的用途,因为它们与干预措施的效果有关。杨和范斯蒂(Yang & VanStee, 2019)的元分析被他们认为是"迄今为止最全面的元分析,因为它考察了移动健康干预措施在健康主题中的整体有效性",它也是"第一项对调节因子进行统计测试的研究",在这个元分析中,研究者注意到移动健康干预的小效果,包括理论、参与、干预渠道和随访时间调节效应。例如,在渠道方面,与只使用手机的干预措施相比,将手机与另一种媒体一起使用会导致更大的干预效果。此外,与只使用短信或只使用移动应用程序的干预措施相比,当与移动应用程序结合使用时,使用短信会产生更大的效果。

作者研究了八种类型因素的参与,发现改变个人环境(例如,包括用于调解的舒缓声音)和强化跟踪(例如,基于用户数据提供强化的应用程序)是导致显著更强的干预效果的调节因素。

此类研究强调一个事实,即技术是传播的平台,依据干预和干预内容中的特征,它可以被用来产生更大的效果。的确,最近针对美国性传播感染(STI)的流行,美国国家科学、工程和医学研究院的一份报告也提出了类似的观点,该报告指出,"技术本身只是一个平台/工具,因此没有利弊,但如何使用的技术是影响 STI 获取、预防和控制的要素"(美国国家科学、工程和医学研究院,National Academies of Sciences, Engineering, and Medicine, 2021,第 285 页)。为了进一步探讨这个思想,我在下一节中将讨论已被发现会影响干预效果的、基于技术的干预措施的各种因素。

第 3 节 影响干预效果的各种因素

基于技术的健康促进、疾病预防和治疗的干预措施有益于健康传播工作,这通常归因于平台的互动性和可以内置于技术中的若干功能。诺尔和哈林顿 (Noar & Harrington, 2012)指出,电子健康系统的优点包括具有匿名性、自动数据收集、吸引力、便利性、灵活性,有助于增加对讯息的访问、交互性,基于网络的交付系统的使用、低成本,拥有多媒体平台、可联网性、模拟环境和定制潜力。虽然诸如此类的可供性可以被认为是该技术的优势,但研究并没有连贯一致地发现某些可供性会导致健康结果的改善。奇布和林(Chib and Lin, 2018)在其对移动健康应用程序的系统性评价中注意到,那种可以导致移动健康效果的机制的证据很少。此外,布尔(Bull, 2018,第 18 页)也指出:

> 我们在数字健康领域面临的另一个挑战是,不了解有效项目的具体要素是否以及如何发挥作用。我们的研究太过频繁地从整体上探讨干预的结果,而不考虑人们是否以及如何参与特定的项目要素,也没有考虑增加参与度或该项目是否会带来更高的效率。

一、定制

在某些领域,研究者们正在探讨哪些因素可以调节移动干预措施效果的问题,他们可能会发现研究结果令人困惑或相互矛盾。以基于短信的健康干预和定制领域为例。在一项有关基于短信的健康促进干预措施的元分析中,赫德等人(Head et al., 2013)发现,讯息定制和个性化与更强的干预效果相关。或者,一项针对预防性健康行为的、关于短信干预的元分析并没有发现基于讯息定制、定向或个性化的效果差异(Armasco et al., 2017)。在促进体育活动方面,与非定制的干预措施相比,定制讯息与更强效果值相关,但并不显著(Smith et al., 2020)。在一个针对 2 型糖尿病的定制短信干预措施的评价中,一项元分析发现,此类干预措施对糖化血红蛋白(HbA1C)值(即关于约三个月内血糖如何得到很好控制的测量;Sahin et al., 2019)有中度、积极和显著的效果。这些评价中的研究结果的差异,以及关于定制对于干预效果的作用的元分析研究结果的差异,可能部分地归因于原始研究中不够充分的研究设计。研究者已经注意到了与方法差异、选择和随机化偏差相关的问题(Taylor et al., 2019)。其他人则呼吁进行额外的广泛和控制良好的研究,它们具有更强的设计,有助于短信干预的元分析解释(Smith et al., 2020)。为了获得更清晰、更明确的结论,一种选择是在评价和元分析中只包括那些控制和操作良好的设计的研究。

除了用来告知元分析结果和解释的基本研究可能存在的局限性以外,干预措施还会在定制应用方面有所不同。在一项对于使用实验或准实验设计的移动健康干预措施定制的系统性评价中,刘(Liu, 2018)发现,干预措施往往最为经常地针对主题、风险因素和行为理论结构所特有的健康习惯而进行定制。刘注意到,跨理论模型和/或变化的阶段是讯息定制中经常使用的理论。然而，人们通常**不太清楚**的是，这些理论是**如何**被用来为定制提供讯息的，而且更广义的健康传播研究已经指出，不仅需要根据健康行为理论来进行定制，而且需要根据讯息设计理论来进行定制(Noar et al.，2009)。由于主要关注健康行为理论，干预措施的开发者可能缺少其他可作为他们工作基础的讯息理论。事实上，尽管不是特别针对定制工作，但在其关于64项移动健康干预研究的元分析中，杨和范斯蒂(Yang & VanStee，2019)发现，相比只使用一种理论(认知理论或行为理论)或不使用理论，基于认知理论和行为理论之结合的移动健康干预措施具有更强的效果。

除了定制工作中使用的那类理论所带来的局限以外，基于定制干预的方法和定制内容的时间安排，关于定制干预有效性的研究结果也有可能出现差异。在刘(2018)的评价中，移动干预通常使用基线评估来从事定制工作，而不是进一步利用数字平台收集数据和动态定制干预内容的能力。动态定制包括为干预措施提供对结构的积极评估，而这又可以为持续更新的定制反馈提供基础(Krebs et al.，2010)。与建立在单一评估基础上的定制干预措施相比，动态定制的干预措施会随着时间的推移而增加效力(Krebs et al.，2010)。同样，由于基于参与者反馈的干预措施的适应性，王和米勒的JITAI的元分析研究与动态定制干预措施有相似之处，而这个研究结果(Wang and Miller，2020)也表明：无论基于最初的一次性**特征**评估而定制的干预措施，还是包括因**状态**(state)而异(即个体在某个时间点正在经历的事情)的定制反馈，都具有更强的效果。这一发现表明了根据干预目标适当调整内容的重要性(例如，关键结果是否不同，是否需要在特定时间点上加以解决)，从而实现最大的效果。

二、交互性

交互性(interactivity)可以被认为是在中介环境中允许相互交流的属性(Bucy & Tao，2007)。露丝特里亚(Lustria，2007)发现，交互性可以影响对于健康网站的理解和态度。一项关于网络交互性(不仅仅关注健康)的元分析包括63个研究，它发现，交互性与用户享受、积极态度和行为意图显著相关(Yang & Shen，2018)。在性健康的主题区域中，斯旺顿等人(Swanton et al.，2015)通过元分析发现，如果增加基于技术的干预措施的互动成分，会导致显著效果。不过，另一项研究基于技术的性健康干预措施的元分析并没有发现交互性程度对于性传播感染(STIS)和意外怀孕的影响(Widman et al.，2018)。

研究结果的这些差异可能部分地归因于交互性的不同概念(关于交互性不同解释的讨论，参见Bucy & Tao，2007)。在一项关于网络交互性的元分析中，杨和沈(Yang & Shen，2018)发现了基于交互性类型的差异，相比源交互性(source interactivity)(即该技术如何使用户成为信息主要来源或信息把关人；Sundar et al.，2012)或讯息交互性(即用户可以与系统交互传播的可用程度；Oh & Sundar，2015)，模态交互性(modality interactivity)(即可用于通过界面与讯息交互的工具；Oh & Sundar，2015)更加有效。此外，研究者发现，感知交互性比客观交互性具有更显著的效果(Yang & Shen，2018)。威洛比和恩格尔(Willoughby & L'Engle，2015)也关注性健康和数字技术，他们发现青少年对性健康短信服务的感知交互性与服务使用的增加相关，也与对该项服务的更积极的态度相关，尽管健康效果并没有得到评估。

这里指出的差异突出了几件事。第一，对基于技术的健康促进、疾病管理和治疗干预的研究将受益于对正在评估的结构的清晰讨论。这将使研究者能够更有效地进行各种研究的比较，并检查效果。有些工作提出了与干预报告相关的指导方针，并强调了关于应该被包括的内容、语境和技术特征的讯息(参见Agarwal et al.，2016)。第二，导致效果的机制还没有得到充分的研究和理解。研究可以受益于对这些机制的探讨，这样开发者就可以专注于将这些要素纳入干预措施设计之中(更多讨论参见本章"未来的方向"部分)。第三，某些要素(如定制、交互性)可以在某些情况下生效，这个事实再次突出了技术本身是一种工具的思想，通过这种工具，干预措施开发者可以向目标受众提供潜在有效的内容。因此，我们的工作需要继续侧重于制作有效的干预内容，但它也能够从考虑技术的可供性中获益，这样，从业者就可以利用技术所提供的东西来提升干预效果。

第 4 节　有效健康传播的相关原则

尽管前面部分已讨论了基于技术的健康干预的一些可增加吸引力和提升效果的因素，但更广泛地说，健康传播研究也可以为基于技术的健康促进、疾病预防与治疗工作提供信息。例如，诺尔（Noar, 2006）指出，使用形成性研究（formative research）和理论来为倡导运动提供信息，可能会增加倡导运动的成功率。形成性研究的相同原则也可以应用于开发基于技术的干预措施。在下一节中，我将简要讨论与基于技术的健康干预措施相关的形成性研究和理论。

一、形成性研究在基于技术的健康干预开发中的使用

形成性研究在许多方面都有助于以技术为基础的干预措施的开发，它既影响干预措施的内容，也影响干预措施的交付。预测试是形成性研究的一个组成部分，它可以告知关于干预内容开发的信息，但在一项有关基于短信的健康行为改变干预措施的系统性评价中，威洛比和弗伯（Willoughby & Furberg, 2015）发现目前形成性研究尚不足。的确，作者们发现，在稿件中很少有关于预测试的描述，而在少数几篇讨论预测试的文章中，大多数方法都包括通过焦点小组或深度访谈收集定性数据。作者们无法确定有没有提出预测试的描述或者进行干预内容的预测试。不过，他们提出了四点建议：① 内容开发者应尽可能地使用和修改现有的和经过测试的内容；② 讯息应该与目标受众成员一起预测试；③ 应该进行试点测试，以提供来自潜在受众成员关于讯息和讯息时间的反馈；④ 这些预测试和试点测试的结果应该在描述干预效果的独立文章和稿件中得到报告，并尽可能共享干预内容。①

尽管威洛比和弗伯（Willoughby & Furberg, 2015）在其系统性评价中指出，传统方法往往被用于开发基于短信的干预措施，但有些研究已探索了预测试内容的替代方法。莱文等人（Levine et al., 2011）以同步和异步的方式在社交媒体上进行焦点小组讨论，以便开发互联网的干预措施。这些研究者发现，异步焦点小组可以允许与难以接触的人群进行更多的交互。威洛比和弗伯（Willoughby & Furberg, 2020）提出了一种生态瞬时评估式移动方法（ecological momentary assessment-style mobile approach）来预测试移动健康的干预内容（生态瞬时评估法是一种通过重复评估而近乎实时地调查参与者的方法；Shiffman et al., 2008）。作者们使用了一种方法来预测试短信干预内容，在此，参与者每天在其移动设备上多次接收干预内容，回答有关每条讯息的简短问题。参与者认为这个方法是可以接受的，其中的大多数更喜欢在一周内的一整天评估多条讯息，以完成传统的长表格调查的方法。

为内容开发提供讯息的形成性研究并不是干预设计倾向于依赖更传统方法的唯一方面。事实上，马兰巴等人（Maramba et al., 2019）对电子健康系统可用性测试的范围评价发现，在他们调查的 133 篇文章中，有 105 篇报告称使用了问卷。作者得出的结论是，此类方法虽然常见，但不能为如何做出改变以完善基于技术的干预工作提出明确的方向。定性方法可以提供有助于修改干预措施的反馈，但这些方法比较少。具体而言，133 篇文章中只有 13 篇在可用性测试中使用了焦点小组，也只有 37 篇表示使用了访谈，有 47 篇提到了有声思维技术（think-aloud technique）的使用。马兰巴等人得出的结论是：需要做进一步的研究，以帮助提炼出哪些方法最适合于不同应用程序和目标受众的可用性测试。

二、理论在基于技术的健康干预中的使用

如上所述，杨和范斯蒂（Yang & VanStee, 2019）的元分析表明，行为理论和认知理论的结合运用与提升移动健康干预的

---

① 一些期刊可能对发表独立的预测试文章不太感兴趣，因此需要考虑特定的出路。作者们或许也要寻找其他方法来分享此类讯息，例如，通过使用在线补充材料，作为推动更开放的传播科学实践的组成部分。

效果相关。这一发现不仅支持了将理论运用于基于技术的健康干预的重要性，也强调了使用某些类型的理论的重要性。杨和范斯蒂发现，64项移动干预措施中有47项至少包括以下理论之一：社会认知理论、跨理论模型、自决理论、健康信念模型、理性行为理论或计划行为相关理论，以及自我调节理论。尽管这个评价强调的观点是：理论可能以某种形式被纳入移动健康干预措施的开发和/或评估中，但先前的研究已经发现，这种纳入理论的情况很少。例如，在对已发表的移动健康文章的评价中，布尔和埃泽阿诺奇（Bull & Ezeanochie, 2016）发现，只有10%的文章报告称在干预设计、实施或分析中使用了理论。关于特定主题领域（例如，糖尿病和其他慢性疾病）的移动健康研究也注意到了缺乏理论基础的问题（Bashi et al., 2018; Sahin et al., 2019）。这种差异可能是由于，随时间的推移，理论在干预中的使用和描述的变化以及/或抽样策略的差异。

尽管健康行为理论似乎正被用于告知某些移动健康工作的信息，但在将其他类型的理论——特别是传播理论——纳入基于技术的健康促进努力方面，还可以做更多的工作。布尔和埃泽阿诺奇（Bull & Ezeanochie, 2016）提出了一个移动健康的整合理论，它将健康传播、社交网络和心理社会理论和结构结合起来。这个框架始于访问和参与。访问方面的考虑探讨了此类干预措施所带来的附加值，以及要接触的受众类型。参与方面的考虑包括运用可增强用户参与的理论和框架[例如，讯息框架、精细加工可能性模型（the elaboration likelihood model）]，而且应该在制定干预措施时考虑这些理论和框架。然后，这个框架指定了与行为改变相关的概念，它们是干预措施开发中值得考虑的概念，诸如社交支持；该框架还建议关注社交网络共享，因为网络有助于干预措施的采用和规模。

与之相关，帕特尔和艾莉亚（Patel & Arya, 2017）提出了BUS框架，它将健康应用程序开发中的**行为**(behavior)改变理论、**以用户为中心**(user-centered)的设计和**社会营销**(social marketing)的原则结合起来。作者得出的结论是，使用BUS框架，可以帮助人们最有效地利用技术来改变行为，改善人们的健康。在关于JITAIs的讨论中，纳胡姆-沙尼等人（Nahum-Shani et al., 2018）指出，这项工作的一个局限性是缺乏动态理论。他们还论证说，对学科孤岛（silos）的依赖是影响干预措施开发的一个局限。作者鼓励更多的跨学科合作，以便在构建JITAIs时有助于适当理论的运用。

第5节　差距与基于技术的健康传播

值得注意的是，尽管基于技术的健康促进、疾病预防与治疗的干预措施可能会产生积极的效果，并接触到广大受众，但仍然存在差距和不平等现象（参见本书第24章和第29章）。事实上，在某些情况下，它们可能会因技术的使用而加剧。一个问题与技术的获取相关。在对一项关于使用智能手机展示结核病药物依从性影响的研究数据的二次分析中，博马坎蒂等人（Bommakanti et al., 2020）探讨了此类移动健康干预措施是否会使基于智能手机所有权不平等的健康差距长期存在的问题。他们发现，大约三分之一的可能目标受众在初始研究之前没有智能手机；这些人年纪较大，更有可能是男性，收入较低，受教育程度较低。这个发现得到了皮尤研究中心（Pew Research Center, 2019）的统计数据的支持，该中心发现，尽管96%的美国人拥有手机，但只有81%的人拥有智能手机，老年人、生活在农村地区的人、收入较低的人以及受教育程度较低的人的拥有率更低。此类数据强调了数字鸿沟问题的重要性，以及移动健康干预如何将相当一部分目标人群排除在外的问题。

传统上，数字鸿沟被认为是能够接触传播技术的人和不能够接触传播技术的人之间的差距，但研究工作也已转向思考人们是否拥有驾驭数字技术的必要技能的问题（VanDijk, 2017）。皮尤研究中心发现，除了可能因人口统计资料而不同的身体访问之外，数字知识因教育程度和年龄而异，相比教育程度较低或年龄较大的人，受教育程度较高的人或更年轻的人拥有更多的数字知识（Vogels & Anderson, 2019）。史密斯和马格纳尼（Smith & Magnani, 2019）指出，随着技术在健康方面的使用持续激增，数字健康素养方面的限制可能会进一步扩大差距。作者们建议采用一种基于普遍预防措施的方法来设计电子健康工作，以帮助所有人群都可以获得无障碍的服务。

尽管基于技术的健康干预措施在进一步扩大健康差距方面的局限性和潜力值得关注，但研究也探讨了技术是否能够帮助解决健康差距的问题。例如,亚科埃利等人(Iacoelli et al., 2018)注意到,相比非西班牙裔的白人患者,拉丁裔乳腺癌患者报告了更严重的症状负担和更差的健康相关生活质量,他们开发了一项干预措施,以提高这些女性的健康素养与生活质量。这个开发过程采用了以社区为中心的方法,研究者以此建议为服务不足人群开发基于技术的干预措施。吉诺萨和尼尔森(Ginossar & Nelson, 2010)为低收入西班牙裔社区进行的干预措施开发工作,也强调了基于社区参与性的研究如何有助于创建电子健康干预措施的问题,从而缩小技术获取和健康信息方面的差距。性健康领域的工作发现,旨在提高媒介素养、STI/怀孕预防和性传播的移动健康干预措施,对社区大学的大龄青少年——传统上难以接触到的人群——的性健康结果有着积极的影响(Scull et al., 2018)。这些努力强调了技术通过针对特定人群或特定的技能,可在解决潜在差距方面发挥作用。不过,数字干预措施已经因为仍有很大改进空间而受到批评,这样它们的内容和交付就可以被设计得更有利于解决差距问题(Bull, 2018)。

第6节　与基于技术的健康干预措施相关的其他局限

基于技术的健康促进、疾病管理和治疗的干预措施的一些局限已经在全章中进行了讨论。例如,如果缺乏基于理论的工作,或只强调健康行为理论(例如,Bull & Ezeanochie, 2016),基于技术的干预措施就有可能会增加差距带来的困难(例如,Bommakanti et al., 2020),以及造成基于技术的干预研究的方法局限(例如,Marcolino et al., 2018)。不过,还存在许多其他潜在的局限,其中许多与本章前面提出的一些观点相关。

例如,基于技术的健康干预领域的另一个局限是技术的扩散,这些技术在开发时并未包含与强有力的干预设计相关的要素。在有关性教育的应用程序的评价中,卡尔克等人(Kalke et al., 2018)发现,就所包括的性教育内容而言,很少有应用程序是全面的,而且应用程序设计缺少重要的可供性(例如,它们的交互式组件有限)。此类研究突出了开发方面的潜在问题,但也具有与研究相关的影响。例如,缺少专门探讨某些设计特征如何可能影响干预效果的研究,这意味着很难评估干预措施达到最有效的作用机制。

第7节　研究和实践的未来方向

基于技术的健康促进、疾病管理和治疗的干预措施具有某些局限,这些局限可以促使我们认识到该领域可能继续发展的方面。它将有助于研究者进一步描述理论和形成性研究在干预措施开发中的使用,并使研究中得到评估的结构变得具有操作性,由此可以在研究和干预措施之间进行清晰准确的比较,制定干预措施。此外,在描述干预措施的开发时,关于技术创新的内在功能和可供性的更明确的信息会很有帮助(例如,创作者如何将交互性概念化并运用于他们的工作)。这有利于我们从发现这种干预措施的有效性(例如,Yang & VanStee, 2019),进入到理解干预措施的成功问题。

未来的工作还将受益于更多地关注那些可能影响干预措施的效力和效果的机制。在这方面,一个已经发展起来的研究领域是"多阶段优化策略"(the multiphase optimization strategy, MOST),它在其(随机对照试验)有效性评估之前,"插入干预的优化阶段,优化是指确定干预措施的过程,该干预措施可在关键约束条件下产生最佳预期效果"(Guastaferro & Collins, 2019, p. S128)。斯布灵等人(Spring et al., 2020)使用多阶段优化策略(MOST)创建了一种基于技术的减肥干预措施,并使用这个方法帮助告知干预措施开发的信息,删除那些价格昂贵但不能促进减肥的组件(即额外的辅导电话)。对于基于技术的干预措施的哪些要素可以产生更强效果的问题的进一步理解,可以帮助我们创建更具成本效益的干预措施,以及通过删除潜在不必要组件而产生更大效果的干预措施。

除了审视不同的干预设计和有效性评估策略之外,未来的研究还可以继续侧重于进一步利用技术可供性来创建更有效的干预措施。见于 JITAI 中的更大有效性突出了在参与者反馈的基础上定制干预讯息的潜在效益。研究已经发现,包括移动设备在内的技术可以用于收集数据。林等人(Lim et al., 2010)注意到,基于技术的数据收集是大多数参与者的首选,因为短信日志尽管有时不完整,但不太可能延迟提交。其他研究也发现,基于短信的调查被认为是可以接受的(Willoughby et al., 2018),虽然作者们注意到,调查需要保持简短,而且具有其他方法可能没有的局限——其中包括与收集调查反馈的平台功能相关的可能局限。对这种可接受性的了解,进一步增加了干预措施要求参与者提供数据的潜力,这些数据可以被用于定制干预措施的内容。在对 JITAI 的评价中,纳胡姆-沙尼等人(Nahum-Shani et al., 2018)描述了如何不仅根据参与者输入的信息,也根据很少需要或不需要参与者信息的被动评估来定制此类干预措施的问题。被动评估的一个例子是使用基于位置的数据定制干预内容,尽管这种做法可能需要顾及伦理问题(参见本书第 34 章)。考虑到情绪、认知和人类行为的动态性质,进一步推进我们针对个体需求而定制的干预措施,将会是大有裨益的。

随着技术的不断发展,基于技术的健康促进、疾病预防和治疗的干预机会也越来越多。尽管人们已经发现这些干预措施对健康有影响,但导致最大效果的具体特征还没有得到清楚的确定。通过关注那些推动干预措施在开发和实施两个方面都走向成功的因素,不仅能让这一领域继续获益,也能让我们利用技术来促进人口健康。

参考文献

Agarwal, S., LeFevre, A. E., Lee, J., L'Engle, K., Mehl, G., Sinha, C., & Labrique, A. (2016). Guidelines for reporting of health interventions using mobile phones: Mobile health (mHealth) evidence reporting and assessment (mERA) checklist. *BMJ*, *352*, i1174.

Armanasco, A. A., Miller, Y. D., Fjeldsoe, B. S., & Marshall, A. L. (2017). Preventive health behavior change text message interventions: A meta-analysis. *American Journal of Preventive Medicine*, *52*(3), 391-402.

Bashi, N., Fatehi, F., Fallah, M., Walters, D., & Karunanithi, M. (2018). Self-management education through mHealth: Review of strategies and structures. *JMIR Mhealth Uhealth*, *6*(10), e10771.

Bennett, C. B., Ruggero, C. J., Sever, A. C., & Yanouri, L. (2020). eHealth to redress psychotherapy access barriers both new and old: A review of reviews and meta-analyses. *Journal of Psychotherapy Integration*, *30*(2), 188-207.

Bommakanti, K. K., Smith, L. L., Liu, L., Do, D., Cuevas-Mota, J., Collins, K., Munoz, F., Rodwell, T. C., & Garfein, R. S. (2020). Requiring smartphone ownership for mHealth interventions: Who could be left out? *BMC Public Health*, *20*(1).

Bucy, E. P., & Tao, C.-C. (2007). The mediation moderation model of interactivity. *Media Psychology*, *9*(3), 647-672.

Bull, S., & Ezeanochie, N. (2016). From Foucault to Freire through Facebook: Toward an integrated theory of mHealth. *Health Education & Behavior*, *43*(4), 399-411.

Bull, S. S. (2018). Sexual assertiveness skills and decision-making in adolescent girls: Moving to replication, scale and digital health impact. *American Journal of Public Health*, *108*(1), 18-19.

Cameron, J. D., Ramaprasad, A., & Syn, T. (2017). An ontology of and roadmap for mHealth research. *International Journal of Medical Informatics*, *100*, 16-25.

Champion, K. E., Parmenter, B., McGowan, C., Spring, B., Wafford, Q. E., Gardner, L. A., Thornton, L., McBride, N., Barrett, E. L., Teesson, M., Newton, C., & The Health4Life team (2019). Effectiveness of school-based eHealth interventions to prevent multiple lifestyle risk behaviours among adolescents: A systematic review and meta-analysis. *Lancet Digital Health*, *1*, e206-e221.

Chib, A., & Lin, S. H. (2018). Theoretical advancements in mhealth: A systematic review of mobile apps. *Journal of Health Communication*, *23*(10-11), 909-955.

Faraj, S., & Azad, B. (2012). The materiality of technology: An affordance perspective. In P. M. Leonardi, B. Narid, & J. Kallinikos

(Eds.), *Materiality and organizing: Social interaction in a technological world* (pp. 237-258). Oxford University Press.

Gashu, K. D., Gelaye, K. A., Mekonnen, Z. A., Lester, R., & Tilahun, B. (2020). Does phone messaging improve tuberculosis treatment success? A systematic review and meta-analysis. *BMC Infectious Diseases*, 20(1), 42.

Ginossar, T., & Nelson, S. (2010). Reducing the health and digital divides: A model for using community-based participatory research approach to e-health interventions in low-income Hispanic communities. *Journal of Computer-Mediated Communication*, 15(4), 530-551.

Glanz, K., Rimer, B. K., & Viswanath, K. (Eds.). (2015). *Health behavior: Theory, research, and practice* (5th ed.). John Wiley & Sons.

Graham, J. G., & Bond, D. S. (2015). Behavioral response to a just-in-time adaptive intervention (JITAI) to reduce sedentary behavior in obese adults: Implications for JITAI optimization. *Health Psychology*, 34(0), 1261-1267.

Guastaferro, K., & Collins, L. M. (2019). Achieving the goals of translational science in public health intervention research: The multiphase optimization strategy (MOST). *American Journal of Public Health*, 109(S2), S128-S129.

Head, K. J., Noar, S. M., Iannarino, N. T., & Harrington, N. G. (2013). Efficacy of text messaging-based interventions for health promotion: A meta-analysis. *Social Science & Medicine*, 97, 41-48.

Hutchesson, M. J., Rollo, M. E., Krukowski, R., Harvey, J., Morgan, P. J., Callister, R., Plotnikoff, R., & Collins, C. E. (2015). eHealth interventions for the prevention and treatment of overweight and obesity in adults: A systematic review with meta-analysis. *Obesity Review*, 16(5), 376-392.

Iacobelli, F., Adler, R. F., Buitrago, D., Buscemi, J., Corden, M. E., Perez-Tamayo, A., Penedo, F. J., Rodriguez, M., & Yanez, B. R. (2018). Designing an mHealth application to bridge health disparities in Latina breast cancer survivors: A community-supported design approach. *Design Health*, 2(1), 58-76.

Kalke, K. M., Ginossar, T., Shah, S. F. A., & West, A. J. (2018). Sex ed to go: A content analysis of comprehensive sexual education apps. *Health Education & Behavior*, 45(4), 581-590.

Krebs, P., Prochaska, J. O., & Rossi, J. S. (2010). A meta-analysis of computer-tailored interventions for health behavior change. *Preventive Medicine*, 51(3-4), 214-221.

Levine, D., Madsen, A., Wright, E., Barar, R. E., Santelli, J., & Bull, S. (2011). Formative research on MySpace: Online methods to engage hard-to-reach populations. *Journal of Health Communication*, 16(4), 448-454.

Levine, D., McCright, J., Dobkin, L., Woodruff, A. J., & Klausner, J. D. (2008). SEXINFO: A sexual health text messaging service for San Francisco youth. *American Journal of Public Health*, 98(3), 393-395.

Liao, Y., & Schembre, S. (2018). Acceptability of continuous glucose monitoring in free-living healthy individuals: Implications for the use of wearable biosensors in diet and physical activity research. *JMIR Mhealth and Uhealth*, 6(10), e11181.

Lim, M. S. C., Sacks-Davis, R., Aitken, C. K., Hocking, J. S., & Hellard, M. E. (2010). Randomized controlled trail of paper, online and SMS diaries for collecting sexual behavior information from young people. *Journal of Epidemiology and Community Health*, 64(10), 885-889.

Liu, S. (2018). *The role of theory and interactivity of tailored messages on health risk decision-making* (Publication number 10787586) [Doctoral dissertation, Washington State University]. ProQuest Dissertations and Theses Global.

Lustria, M. L. A. (2007). Can interactivity make a difference? Effects of interactivity on the comprehension of and attitudes toward online health content. *Journal of the American Society for Information Science and Technology*, 58(6), 766-776.

Maramba, I., Chatterjee, A., & Newman, C. (2019). Methods of usability testing in the development of eHealth applications: A scoping review. *International Journal of Medical Informatics*, 126, 95-104.

Marcolino, M. S., Oliveira, J. A. Q., D'Agostino, M., Ribeiro, A. L., Alkmim, M. B. M., & Novillo-Ortiz, D. (2018). The impact of mHealth interventions: Systematic review of systematic reviews. *JMIR mHealth and uHealth*, 6(1), e23.

Munn, Z., Peters, M. D. J., Stern, C., Tufanaru, C., McArthur, A., & Aromataris, E. (2018). Systematic review or scoping review?

Guidance for authors when choosing between a systematic or scoping review approach. *BMC Medical Research Methodology*, *18*, 143.

Nahum-Shani, I., Smith, S. N., Spring, B. J., Collins, L. M., Witkiewitz, K., Tewari, A., Murphy, S. A. (2018). Just-in-time adaptive interventions (JITAIs) in mobile health: Key components and design principles for ongoing health behavior support. *Annals of Behavioral Medicine*, *52*(6), 446-462.

National Academies of Sciences, Engineering, and Medicine (2021). *Sexually transmitted infections: Adopting a sexual health paradigm*. National Academies Press.

Noar, S. M. (2006). A 10-year retrospective of research in health mass media campaigns: Where do we go from here? *Journal of Health Communication*, *11*(1), 21-42.

Noar, S. M., & Harrington, N. G. (2012). eHealth applications: An introduction and overview. In S. M. Noar & N. G. Harrington (Eds.), *eHealth applications: Promising strategies for behavior change* (pp. 3-16). Routledge.

Noar, S. M., Palmgreen, P., Chabot, M., Dobransky, N., & Zimmerman, R. S. (2009). A 10-year systematic review of HIV/AIDS mass communication campaigns: Have we made progress? *Journal of Health Communication*, *14*(1), 15-42.

Noar, S. M., & Willoughby, J. F. (2012). eHealth interventions for HIV prevention. *AIDS Care*, *24*(8), 945-952.

Oh, J., & Sundar, S. S. (2015). How does interactivity persuade? An experimental test of interactivity on cognitive absorption, elaboration, and attitudes. *Journal of Communication*, *65*(2), 213-236.

Patel, S., & Arya, M. (2017). The BUS framework: A comprehensive tool in creating an mHealth app utilizing behavior change theories, user-centered design, and social marketing. *Journal of Mobile Technology in Medicine*, *6*(1), 39-45.

Pew Research Center (2019). *Mobile fact sheet*. Retrieved January 29, 2021, from www.pewresearch.org/internet/fact-sheet/mobile/

Prochaska, J. O., & Norcross, J. C. (2001). Stages of change. *Psychotherapy: Theory, Research, Practice, Training*, *38*(4), 443-448.

Sahin, C., Courtney, K. L., Naylor, P. J., & Rhodes, R. E. (2019). Tailored mobile text messaging interventions targeting type 2 diabetes self-management: A systematic review and a meta-analysis. *Digital Health*, *5*, 2055207619845279.

Sama, P. R., Eapen, Z. J., Weinfurt, K. P., Shah, B. R., & Schulman, K. A. (2014). An evaluation of mobile health application tools. *JMIR Mhealth and Uhealth*, *2*(2), e19.

Scull, T. M., Kupersmidt, J. B., Malik, C. V., & Keefe, E. M. (2018). Examining the efficacy of an mHealth media literacy education program for sexual health promotion in older adolescents attending community college. *Journal of American College Health*, *66*(3), 165-177.

Seiler, A., Klaas, V., Tröter, G., & Fagundes, C. P. (2017). eHealth and mHealth interventions in the treatment of fatigued cancer survivors: A systematic review and meta-analysis. *Psycho-Oncology*, *26*(9), 1239-1253.

Sheoran, B., Braun, R. A., Gaarde, J. P., & Levine, D. K. (2014). The hookup: Collaborative evaluation of a youth sexual health program using text messaging technology. *JMIR Mhealth Uhealth*, *2*(4), e51.

Shiffman, S., Stone, A. A., & Hufford, M. R. (2008). Ecological momentary assessment. *Annual Review of Clinical Psychology*, *4*(1), 1-32.

Smith, B., & Magnani, J. W. (2019). New technologies, new disparities: The intersection of electronic health and digital health literacy. *International Journal of Cardiology*, *292*, 280-282.

Smith, D. M., Duque, L., Huffman, J. C., Healy, B. C., & Celano, C. M. (2020). Text message interventions for physical activity: A systematic review and meta-analysis. *American Journal of Preventive Medicine*, *58*(1), 141-151.

Spring, B., Pfammatter, A. F., Marchese, S. H., Stump, T., Pellegrini, C., McFadden, H. G., Hedeker, D., Siddique, J., Jordan, N., & Collins, L. M. (2020). A factorial experiment to optimize remotely delivered behavioral treatment for obesity: Results of the opt-IN study. *Obesity*, *28*(9), 1652-1662.

Sundar, S. S., Oh, J., Bellur, S., Jia, H., & Kim, H. S. (2012, May 5-10). *Interactivity as self-expression: A field experiment with customization and blogging*. CHI12.

Swanton, R., Allom, V., & Mullan, B. (2015). A meta-analysis of the effect of new-media interventions on sexual-health behaviors. *Sexually Transmitted Infections*, 91(1), 14-20.

Taylor, D., Lunny, C., Lolic, P., Warje, O., Geldman, J., Wong, T., Gilbert, M., Lester, R., & Ogilvie, G. (2019). Effectiveness of text messaging interventions on prevention, detection, treatment, and knowledge outcomes for sexually transmitted infections (STIs)/HIV: A systematic review and meta-analysis. *BMC Systematic Reviews*, 8(1), 12.

Thakkar, J., Kurup, R., Laba, T. L., Santo, K., Thiagalingam, A., Rodgers, A., Woodward, M., Redfern, J., & Chow, C. K. (2016). Mobile telephone text messaging for medication adherence in chronic disease: A meta-analysis. *JAMA Internal Medicine*, 176(3), 340-349.

Van Dijk, J. A. (2017). Digital divide: Impact of access. *The international encyclopedia of media effects* (pp. 1-11). Wiley-Blackwell.

Vogels, E. A., & Anderson, M. (2019). *American and digital knowledge*. Pew Research Center. Retrieved January 29, 2021, from www.pewresearch.org/internet/2019/10/09/americans-and-digital-knowledge/

Wall, P. J., Lewis, D., & Hederman, L. (2019). Identifying generative mechanisms in a mobile health (mHealth) project in Sierra Leone: A critical realist framework for retroduction. In P. Nielsen & H. Kimaro (Eds.), *Information and communication technologies for development. Strengthening Southern-Driven cooperation as a catalyst for ICT4D* (Vol. 552). IFIP Advances in Information and Communication Technology, Springer.

Wang, L., & Miller, L. C. (2020). Just-in-the-moment adaptive interventions (JITAI): A meta-analytical review. *Health Communication*, 35(12), 1531-1544.

Widman, L., Nesi, J., Kamke, K., Choukas-Bradley, S., & Stewart, J. L. (2018). Technology-based interventions to reduce sexually transmitted infections and unintended pregnancy among youth. *Journal of Adolescent Health*, 62(6), 651-660.

Willoughby, J. F. (2015). BrdsNBz: Sexually experienced teens more likely to use sexual health text message service. *Health Education & Behavior*, 42(6), 752-758.

Willoughby, J. F., & Brickman, J. (2020). Adding to the message testing tool belt: Assessing the feasibility and acceptability of an EMA-style, mobile approach to pretesting mHealth interventions. *Health Communication*. Advance online publication.

Willoughby, J. F., & Furberg, R. (2015). Underdeveloped or underreported? Coverage of pretesting practices and recommendations for design of text message-based health behavior change interventions. *Journal of Health Communication*, 20(4), 472-478.

Willoughby, J. F., & L'Engle, K. L. (2015). Influence of perceived interactivity of a sexual health text message service on young people's attitudes, satisfaction and repeat use. *Health Education Research*, 30(6), 996-1003.

Willoughby, J. F., L'Engle, K. L., Jackson, K., & Brickman, J. (2018). Using text message surveys to evaluate a mobile sexual health question-and-answer service. *Health Promotion Practice*, 19(1), 103-109.

Willoughby, J. F., & Muldrow, A. (2017). SMS for sexual health: A comparison of service types and recommendations for sexual health text message service providers. *Health Education Journal*, 76(2), 231-243.

Yang, F., & Shen, F. (2018). Effects of web interactivity: A meta-analysis. *Communication Research*, 45(5), 635-658.

Yang, Q., & Van Stee, S. K. (2019). The comparative effectiveness of mobile phone interventions in improving health outcomes: Meta-analytic review. *JMIR Mhealth Uhealth*, 7(4), e11244.

第 26 章
技术在健康传播中的作用——趋势和轨迹

罗纳德·E. 赖斯(Ronald E. Rice)　S. 夏姆·桑达尔(S. Shyam Sundar)
金香淑(Hyang-Sook Kim)

人们正在以前所未有的速度使用在线媒介和互联网技术来满足他们的健康传播需求,这是一个已经酝酿了20多年的现实,并在新冠病毒肺炎危机期间得到了加剧。最新的美国"健康信息全国趋势调查"(HINTS, 2019)报告称,在过去12个月内,71.9%的美国成年人使用互联网为自己查找健康相关信息,47.4%的人在平板电脑或智能手机上拥有一个或多个与健康和保健相关的应用程序,26.7%的人使用了电子可穿戴设备,14.4%的人在社交网站上共享健康信息,36.7%的人在YouTube上观看健康相关视频,36.5%的人向医生或其他健康护理专业人士发送短信或从他们那里收到短信。本章概述了关于数字和在线健康传播技术研究的轨迹和重要趋势。由于这一领域有大量的文献,所以我们只能根据主题,选择最新的出版物来进行概述。本章中的评价和研究具有强烈的社会科学和科学主义视角,因此很少提供解释性或批判性的文化研究。不过,其他来源如内托和弗林(Neto & Flynn, 2019)编辑的关于巴西语境下的信息和传播技术与健康的全面评价等,确实采用了定性方法和批判的视角。

健康传播技术可以通过多种方式进行分类。医学未来学家研究所(The Medical Futurist Institute, 2020)讨论了3D打印、人工智能、增强现实、基因组学、健康传感器、医疗机器人、纳米技术设备、社交媒介和智能手机以及虚拟现实等健康创新、应用和贡献的示例。瑞斯林等人(Risling et al., 2017)根据目的进行分类:单向离散(提醒/公告),双向离散(评估/问答、咨询),单向持续(参考物质),以及双向持续(社区建设、知识共享、参与/协调扩展健康护理团队)。我们的文献综述表明,有三大类相互重叠的健康传播技术:电子媒介[或**电子健康**(eHealth),三者中最广泛的一类,侧重于传统的基于网络的技术和更通用的制度和社会系统];移动媒介[或**移动健康**(mHealth),依赖于智能手机、平板电脑及其应用程序];环境媒介(ambient)[或**环境健康**(aHealth),例如,会话代理、可穿戴设备和游戏等技术]。

第 1 节　电　子　健　康

一、定义与使用

世纪之交,计算机和互联网的广泛扩散导致了"电子健康"(eHealth)的诞生,它指的是"通过互联网和相关技术提供或增强的健康服务与讯息"(Eysenbach, 2001, 第2页)。电子健康的早期定义已经扩展到既包括电子健康的平台,也包括电子健康的用户体验,例如,"从应用程序、网站、在线讨论组之类的干预措施或服务,到现实生活中通过使用可穿戴设备等的医疗数据收集"(Boogerd et al., 2015, 第2页)。最近的分类包括电子健康的三个实用性领域:用户行为(即监测、跟踪和告知健康状况)、交互可供性(即患者和健康护理提供者之间的互动)和大数据分析(即收集、管理和使用健康数据;Shaw et al., 2017)。哈尔达尔等人(Haldar et al., 2020)将见于文献的60个电子健康定义归纳为三个层次(概念、实证与指标)和14个主题(例如,使用移动的、数字的/电子的方法,加强健康护理,组织数据和活动),并强调电子健康涉及技术和社会之间的互动。

电子健康的一个主要关注点是患者赋能(patient empowerment)。除了通过调整讯息内容来定制健康媒介(参见下文)以外,允许用户定制健康网站的模式(视听、文本、视觉的模式),可以改善对于控制、相关性、参与度和认知负荷的感知(Nguyen et al., 2020)。阿基尔和蒙迪(Akeel & Mundy, 2019)确定了赋能电子健康技术的五种类型:针对自主患者的个性化技术;针对自信患者的辅助性技术;针对参与性患者的参与技术;针对知情患者的以知识为基础的技术;连接患者的访问技术。

各种技术涵盖了从活动跟踪器和交互式语音应答功能到智能手机或平板电脑应用程序、社交媒介及短信,等等(Nouri et al., 2020),它们提供了一系列与自我监测、药物管理、症状跟踪、应对技能和预约通知相关的效益(Inside Digital health, 2020)。一项关于随机对照试验的元分析显示,以各种健康传播技术(如网站、智能手机、可穿戴技术)为特色的干预项目在短期内改善了久坐行为(Stephenson et al., 2017)。随着许多国家人口老龄化,诸如视频咨询等技术解决方案,可以通过提高成本效益比和为患者与健康护理提供者提供更多选择来应对挑战(ECDC, 2019)。对于行动受限的老龄人群来说,电子健康承诺维护其独立性(Verloo et al., 2020),他们的非正式护理人员会优先考虑日常生活支持、跌倒和位置检测,而专业护理人员则重视所有利益相关者之间的系统整合。

二、健康网站

健康网站是一个提供各种健康资源的在线平台。不过,用户应该是持怀疑态度的。例如,一项对197个为早产儿父母提供信息的网站进行的评估发现,其在可靠性、治疗和总体质量方面的得分中等,不到八分之一的网站获得了网络健康代码的批准(Dol et al., 2019)。帕帕等人(Papa et al., 2020)分析了五个欧洲国家针对老年人非正式护理人员的138个应用程序和86个网站的特征,发现只有17%明确面向这些护理人员,由于对这些资源的认知程度低、使用应用程序和网站的技能低以及对内容可靠性的担忧,焦点小组显示的接受率也很低。

基于网络的心理健康疗法的一个核心问题是,它们能在多大程度上复制面对面的疗法。当然也有一些好处,诸如可访问性、日程安排和成本等。不过,没有多少研究考虑过它们在日常心理健康护理中的使用,而是将重点更多地放在了健康专业人士对障碍和促进因素的评估上。戴维斯等人(Davies et al., 2020)的系统性评价考虑了六个因素:治疗的用途和类型、组织和系统因素、患者因素、健康专业因素、治疗关系以及护理模式(例如,单独或组合、自我指导或引导、监测和支持)。他们得出的结论是,适当而成功地提供日常心理健康治疗,应该是整合、支持系统的一部分,包括工作实践、技术、保密和管理支持。

三、社交媒介网站

在过去的十年中,如 Twitter、Facebook、Instgram、YouTube 等社交媒介的使用量显著增加,扩大了公众可获得的健康信息和支持的形式(参见本书第21章)。社交媒介在世界各地广大人群中的大规模扩散也吸引了健康护理提供者,他们不仅传播信息,而且实施改善人群健康的干预措施(关于各种评价,参见 Huo & Turner, 2019; Shi et al., 2018;以及本书第25章)。穆尔黑德等人(Moorhead et al., 2013)评价了社交媒介用于健康传播的六大好处,包括定制信息、公共健康监测以及影响健康政策的潜力。然而,他们也注意到十二个与讯息过载和可信度、个人隐私的丧失以及潜在的负面健康行为有关的局限。的确,在过去十年的后半期,特别是在新冠病毒肺炎疫情期间,由于关于疫苗接种效果和感染轨迹等一些有争议的健康问题的错误信息危害,社交媒介遭遇了信誉危机(参见本书第22章)。这一挑战引发了主流医学期刊的评论(例如,Chou et al.,

2018；Trethewey，2020)，它们敦促医学专业人士保持警惕，并在传播可信的健康信息、对社交媒介帖子进行事实核查、战略性地渗透在线回音室以及发起反击等方面保持积极主动。弗拉加和博德(Vraga & Bode, 2018)已经展示了令人鼓舞的实验结果，表明由 Facebook 算法和其他平台用户生成的纠正讯息非常有效地减少了健康误解，即便在高度相信阴谋论的个体中，也是如此。

YouTube 是无数健康话题视频的来源，它们或是由普通大众、特定健康状况的人、专业人士、供应商所创作，或是由机构和代理所创作。那些视频还为健康研究提供了大量资源，包括对其健康内容质量的评估和用户对这些视频的评论。对这类视频进行的 2 型糖尿病自我管理评估(Gimenez Perez et al., 2020)显示，只有不到一半的视频与"AADE7 自我护理行为"™[一套标准的七项以患者为中心的糖尿病自我管理(self-care diabetes self-management)行为标准]相关，并经常会出现误导和替代性的药物信息。朱利安等人(Julian et al., 2020)评估了 YouTube 上关于防晒霜的 111 个热门视频。相比终端用户，健康护理提供者给出的建议略多些，其中四分之一的人由于担心化学成分而对防晒霜持有否定态度；总的来说，这些视频并没有涵盖关键性的建议。

第 2 节 移 动 健 康

一、定义与使用

移动健康(mobile health, mHealth)技术被定义为，"旨在被患者或健康护理提供者为监测健康状况或改善健康结果而穿着、佩戴或访问的无线设备和传感器"(Choi et al., 2020, 第 939 页)。手机和移动健康应用程序模糊了大众传播和人际传播之间的界限，促进网络互动，有时，还会将个人使用与社区共享或参与相结合，或与基于计算机的干预措施和互动相结合(Chib & Lin, 2018)。

智能手机集移动性、计算能力、数据存储、摄像头、麦克风、GPS、传感器和连通性于一体，为健康传播应用程序提供了一个集成平台(integrated platform)。带有传感器的智能手机应用程序现在可以评估神经认知状况，对患者和健康护理提供者都提供了有用的讯息(Templeton et al., 2020)。它们可以在一定程度上弥补某些地区健康护理服务的缺失。例如，一个带有临床算法的应用程序(peek 社区筛查应用程序)被肯尼亚的社区志愿者用于识别和转诊眼疾患者(Rono et al., 2020)。在对 2014 年美国健康信息全国趋势调查第 4 周期第 4 项癌症患者和幸存者的数据分析中，姜等人(Jiang et al., 2017)报告称，与普通成年人群相比，尽管使用这种技术的好处显而易见，但癌症幸存者使用移动应用程序进行自我管理的比率相对较低，尤其是在农村地区。一项研究综述表明，从短信到患者讯息门户，再到智能手机应用程序，各种移动技术已被广泛用于监测癌症患者治疗后的状态(Osborn et al., 2020)。古兹曼-帕拉等人(Guzman-Parra et al., 2020)关于 1086 对痴呆患者和他们的护理人员的研究分析了参与者如何使用智能手机、平板电脑或应用程序来支持他们的记忆。

二、移动应用程序与功能

截至 2017 年年中，共有超过 32.5 万个可下载的移动健康应用程序，它们都是"数字健康生态系统的组成部分"(Magrabi et al., 2019, p.4)。移动健康应用程序可以提供广泛的用途和功能(features)，包括锻炼指导或建模、绩效反馈、目标设置、计划、社交支持、自我监测、对体育活动的支持、体重评估、对健康饮食的支持、激励策略和个性化反馈。在一般情况下，移动健康应用程序强调信息、建议、沟通、测量、监测和激励。

学者们已经记录了移动健康对于一系列健康议题，包括癌症(如 Osborn et al., 2020)、心理健康(如 Firth et al., 2017)、怀孕(如 Feroz et al., 2017)和体育活动(如 Mateo et al., 2015)的益处。古达和鲁奇(Qudah & Luetsch, 2019)对 37 篇关于患

者对与医生进行移动传播的看法的文章进行了评价,得出的结论是,患者愿意采用移动技术与其医生沟通,而这种做法为他们提供了合作医疗决策的自主权。不过,他们也发现,医务人员对积极采用移动技术有抵触情绪。

一项关于243款针对抑郁症的智能手机应用程序的评价和内容分析表明,约三分之一的应用程序主要用于提供治疗,另外三分之一用于心理教育,用于医疗评估、多种目的、情绪或抑郁跟踪以及正面肯定的百分比较小(Shen et al., 2015)。一项关注糖尿病和高血压自我管理的移动健康研究评价确定了三个主要功能或应用——患者自我管理(提醒、数据输入、反馈、教育)、临床决策(解释措施、超过阈值的警报、预约急诊)和共享决策(共享报告、就事项安排进行沟通、交流支持和解决方案)(Choi et al., 2020)。这个评价发现,总体上,移动健康的使用对健康结果产生了积极的影响(例如,生物标志和依从性的改善)。在分析前两个应用程序商店中的30个热门移动健康和生活方式应用程序(体育活动、饮食、睡眠)时,安特萨纳等人(Antezana et al., 2020)得出结论说,移动健康应用程序并不是由行为改变技术和理论明确驱动的,尽管不同却比例很小的行为控制理论也出现在不同类型的应用程序之中。

三、移动健康的结果

移动健康可以提供许多健康的好处。传统的移动健康应用程序(例如,通过手机发送短信或语音讯息)在产前护理和产后护理服务中最受欢迎,它们的主要目的是教育孕妇和产后妇女(Feroz et al., 2017)。移动应用程序可以促进与体重指数变化相关的体育活动(Mateo et al., 2015)。加西亚等人(García et al., 2019)的为期一个月的研究提供了每日四条短信,并要求自我报告健康指标,该研究表明自我报告的抑郁症显著下降。在针对大学生饮食健康的短信干预措施中,以视觉元素补充文本的做法,与对收益和损失框架的短信的态度和意愿都呈正相关(Niu et al., 2020)。

随着移动应用程序在布局和采用方面的增长,新技术也正在将它们整合为更集成的健康技术的组成部分。例如,2020年消费类电子产品展览会推出了几种可以挂在颈绳上的健康设备,结合了人工智能(AI)、麦克风和视频,带来了各种各样的好处。例如,允许听力受损者识别谁在人群中说话的助听器,采用可穿戴面料的婴儿呼吸监测仪,可跟踪孩子的发育并提供特定年龄护理建议的智能手机应用程序(MobiHealthNews, 2020)。

用户通过移动健康的连接感,可以增强他们对健康决策的控制感(例如,Qudah & Luetsch, 2019),同时可以增强移动健康的有效性。在分析8项针对1型糖尿病患者的基于移动干预措施的研究时,王等人(Wang et al., 2019)得出的结论是,移动技术的交互性通过创建社会连接感,显著降低了糖化血红蛋白的水平。拉扎德等人(Lazard et al., 2020)发现,在三个不同的健康话题(健康饮食、体育活动和吸烟)中,引发成为会话的一部分(即问候语)或属于某个社区的感觉(即"基于像你这样的人的提示和策略";第139页)的简单治疗,显著增加了社会存在感、对应用程序的信任、有用性感知和用户意图。随着移动健康应用程序越来越复杂,它们很有可能会演变成一个由灵活、移动的互联技术构成的更大电子健康生态系统。

第3节 环境健康

虽然网站和移动设备要求用户有目的地访问健康信息和服务,但下一代技术通过在用户自然或有中介的环境中的呈现,将有望带来更健康的生活,例如,会话代理(conversation agents)、健康可穿戴设备和数字游戏在健康传播中正越来越多地使用。我们将这称为**环境健康**(aHealth)。

一、会话代理

在过去十年中,使用会话代理进行健康传播的情况显著增加。尽管计算机治疗师的原型已经存在了几十年[魏岑鲍姆(Weizenbaum)的ELIZA,1966],但它们现在正以聊天机器人(Cameron et al., 2017)和智能扬声器或助手(Motalebi et al.,

2019)的形式而得到有效利用。医生们将聊天机器人视为非医学护理人员的"代理人",后者除了精简组织的任务以外,还"支持、激励和指导患者"(Palanica et al.,2019,第1页)。以会话的形式提供治疗,尽管是通过机器,但似乎不仅在成本方面,而且在健康结果方面都具有明显的优势。例如,菲茨帕特里克等人(Fitzpatrick et al.,2017)发现,相比从电子书格式获得同样讯息的参与者,与基于文本对话的聊天机器人(Woebot)互动的研究参与者的抑郁症状显著更低。然而,一项由阿卜杜·阿拉扎克等人(Abd-Alrazaq et al.,2020)对聊天机器人使用的研究指出,聊天机器人能够改善一些心理健康状况(如抑郁、压力),但不能改善主观心理健康。提供社交支持的聊天机器人在日常生活语境中也很有用。莫塔莱比等人(Motalebi et al.,2019)表明,智能扬声器的"嗯""是的""继续"和"我明白了"等随机表达,可以让用户感到机器人正在注意倾听他们说话,因而能够提供情感支持。关于 Replika(https:// replika.ai/)——一个伴侣聊天机器人——的用户访谈,揭示了来自聊天机器人社交支持的六大主题:信息(劝告)、情感(信任、积极影响)、陪伴(孤独)和评价(内省、技能培养)、负面体验(恐怖谷效应、荒谬的或重复的),以及没有/不确定影响(Ta et al.,2020),其中陪伴是最常见的主题。用于健康目的的社交机器人和数字助理的文献内容广泛,但不在本章的论述范围之内。

二、健康可穿戴设备

在过去十年中,健康可穿戴设备的采用率有了增长(Vogels,2020),引起了健康干预主义者的注意。截至2017年上半年,已有340多个消费者采用可穿戴设备(Choi et al.,2020)。传感器数据(运动、位置、高度、身体机能)可以与自我报告的数据(意识、身体、心理)相结合(Pardamean et al.,2020)。可穿戴设备的使用已经从健身和获取自我讯息("量化的自我"运动;Pardamean et al.,2020),发展到管理和监测人们的健康、生活方式、体育活动以及心理健康,并发展到团体和健康护理提供者的更加广泛的用途(Lorenzo,2019)。无源传感器(passive sensors)(例如,物联网设备、智能手机位置历史记录和生理监测器)可以和参与者提供的输入相结合。不过,健康可穿戴设备或许还不具备高度的准确性或有效性(Pardamean et al.,2020)。

例如,"无处不在的认知评估工具"(UbiCAT)是作为智能手表中的一款应用程序而被开发的,用于评估患者的实地认知表现(Hafiz & Bardram,2020)。"远程口腔行为评估系统"(ROBAS)连接电子牙刷和智能手机,以收集刷牙数据并向用户提供反馈,如改变设置或提供指导(Shetty et al.,2020),并表明它们有希望促进预防性保健行为。"WearIT 原型"是一款智能手机应用程序,提供自适应性、低负担与个性化的干预和监测,同时平衡实时被动输入和主动输入(Brick et al.,2020)。一项关于使用可穿戴技术提供体育活动的客观反馈的随机对照试验的元分析,也揭示出对于行为的积极影响(Braakhuis et al.,2019)。

三、健康游戏

健康游戏现在已经成为"严肃游戏"(serious games)类型的主要组成部分,因为个体的内在动机来自他们的娱乐体验。利伯曼(Lieberman,2015)区分了三个主要类型的严肃(干预)健康游戏:自我护理健康游戏(鼓励和支持个人健康行为的改变,如健康的生活方式或疾病自我管理);积极的健康游戏(要求体育运动,如健身游戏、锻炼、物理治疗、活动水平或生理反应等);提供健康护理的健康游戏(如诊断、治疗、培训或管理)。一项关于以健康为导向的严肃游戏中叙事使用的元分析得出的结论是,叙事与知识、行为、享受和自我效能的变化呈正相关,尽管其中有些关系受到类型、合作游戏和用户年龄的影响(Zhou et al.,2020)。

对健康应用程序的系统性评价评估了17款口腔健康护理教育应用程序,在多大程度上包括了游戏化方面,以及反映出最佳的牙科诊疗(Fijačko et al.,2020)。作者还对每项关于使用和行为改变的研究结果进行了评分。虽然平均而言,在31个游戏化功能中,这些应用程序只包含了6.9个游戏化功能,但最常见的功能是时间压力、虚拟角色和幻想。除了一款应用程序以外,所有其他应用程序都正确地包含了刷牙时间,使用和行为改变的得分都足够高。德克森等人(Derksen et al.,

2020)评价了14个严肃健康游戏中的验证元素如何与吸烟行为和影响(如态度、自我效能或感知风险)的改变相关。24个要素被分组为5个类别(叙事和身份、社交、操纵和控制、奖励和惩罚,以及呈现)。这些游戏在24个要素中平均值为5.5,而最常见的类别是奖励和惩罚,以及叙事和身份。

第4节 在线健康的使用模式

除了个体层面的信息寻求,在线健康技术也提供了与他人交流的机会,尤其是同伴和医疗专业人士之间的交流。(由于篇幅有限,我们不讨论健康传播技术的重要而有趣、但不太明显的形式和使用,特别是医院背景下的医生/健康护理提供者中的在线健康技术应用的形式和用途。有关健康护理提供者和患者传播技能培训的内容,参见本书第14章;有关医患沟通和结果的内容,参见本书第15章;有关跨专业交流的内容,参见本书第17章。)

一项对于43个有关在线支持小组研究的元分析显示出大范围的效果量,即通常对压力、抑郁、生活质量、处理健康问题的自我效能感和身体健康具有的积极效果(Yang, 2018)。正如赖特(Wright, 2015)对通过计算机媒介提供健康结果支持的研究概述所指出的,这类干预措施的一个重要功能是,提供者的资源和寻求者的需求之间的"最佳匹配"。基于小组的在线支持特别有益于带有污名健康状况的患者和那些缺少离线支持资源的人。不过,这也意味着在线支持和讨论小组可能强化和分享非健康和危险行为的信息(例如,Park, 2020)。

贝克和沃森(Baker & Watson, 2020)表明,在线健康信息的使用与患者跟健康专业人士的沟通行为有关(如披露意愿、传播能力和传播焦虑)。医生和护士报告了对患者使用在线健康信息的不同看法。积极因素包括:准备、跟进、澄清或获取在医生咨询中提供的更多信息;更加熟悉健康信息;赋权和参与;自我评估以确定是否有必要与医生会面和减少焦虑。负面因素包括:用户将不相关的、不恰当的或自相矛盾的信息带入咨询之中;对医学专业知识的认知挑战;对准确性和可靠性的担忧;对患者发现的在线健康信息进行解释的额外工作。在线评价可以提供广泛而自然的评估内容,例如,患者在Yelp上对其妇产科医生的评论(Peuchaud, 2019)。

第5节 技术的特点和可供性

用于健康传播的数字媒体和技术的广泛扩散,产生了对其使用、效果和有效性的大量研究。尽管大多数早期研究都倾向于将这些媒体视为技术客体,但新兴研究侧重于可能与健康和幸福结果直接相关的特定技术功能(specific features)(或"可供性")。例如,移动应用程序提供了多种可实施和可跟踪的饮食和健康计划选择,每种计划都有大量的功能,它们和定制某人的简历、发布某人里程碑式成就的照片、与其他用户建立网络连接等方面相关,并且已被证明可以预测用户对健康养生法的依从性(Molina & Sundar, 2020)。诸如此类的功能迎合了各种用户需求:意识、监测、自我护理、自主性、连通性、自我效能、行为改变和健康生活方式。这样的需求通过越来越多的与交互性、定制(即个性化和用户化)、移动性、社区和普遍性相关的技术功能而得到满足。这里,我们阐述两个核心的功能:交互性和定制。

一、交互性

交互性也许是数字媒介最基本的功能。桑达尔(Sundar, 2007)将其概括为一种技术可供性,这种可供性能够使用户通过三种不同方式来体验中介化的内容(mediated content):通过使用各种交互技术——如点击、滑动、轻敲和缩放等——在界面上进行操作(模态交互性);通过与媒介和借助媒介交换高度不确定的讯息(讯息交换性);通过定制、管理和创建内容(源交互性)。在一系列关于反吸烟网站的研究中,欧及其同事展示了简单的交互工具如何能够说服在线用户的问题:以滑块和动画等工具为形式的模态交互性可以增加"感知带宽"(Oh & Sundar, 2015)和远程呈现,因此在自我效能感较低或中等的吸烟者中,防御性处理减少,戒烟意愿增强(Oh & Jin, 2018);以不确定讯息交换为形式的讯息交互性可以促进人们对于讯息的更加专注的参与,特别是那些不太关心健康话题的人(Oh & Sundar, 2015);以点赞、评论和分享按钮为形式的源交互性似乎提供了更强的个人能动性,并促进了对于健康信息的更系统的处理(Oh et al., 2020)。

二、定制

当在线健康系统根据每个用户的需求、偏好和系统行为**主动地**定制内容时,用户-系统交互性的不确定性就得到了最好的实现。定制是根据健康状况中的突出特点且以个体为目标的行为,并有可能以一种比面对面的健康传播更可行、更有效的方式提供**个性化**服务。元分析已经不可否认地证实了定制对健康的积极影响(例如,Lustria et al., 2013)。

随着个性化技术的最新发展,定制已经变得非常复杂。这些技术由机器学习算法所驱动,后者能够非常精确地跟踪个体用户在系统上的行为;算法基于用户行为设计、选择并提供高度个性化的相关讯息。例如,拉比等人(Rabbi et al., 2017)已经表明,一个移动应用程序(MyBehavior)以易于遵循的行动项(它以跟踪某人的饮食和体育活动为基础)的形式提供个性化建议,这个应用程序可以非常有效地促进预防性健康行为。不过,基于个性化的定制带来了对个人隐私的潜在威胁和对监视的恐惧。

定制的另一种形式是**用户化**(customization),在此,是用户而不是系统进行定制工作。在大多数现代健康系统中,用户都会有机会表明自己的偏好,包括自我报告他们的健康活动,并设置隐私选项。这种用户化通过"激励技术模型"而得以构成理论(Sundar et al., 2012),以便为用户提供自主意识。该模型还假设,诸如交互性和导航性等其他技术可供性,分别为用户提供与他人建立联系和获得胜任感的机会。而且,在自决理论(Ryan & Deci, 2000)的基础上满足对自主性、关联性和胜任力的需求,有助于增强参与健康系统的内在动机,并因此获得幸福。例如,莫利纳和桑达尔(Molina & Sundar, 2020)展示了针对健美运动员和举重运动员的社交媒介应用程序的各种功能如何反映了三个需求——自主性(选择不同的锻炼计划,以及自我披露),胜任力(上传和展示图片)与关联性(关注者和被关注者的数量,以及把他人说成是有感召力的人,或被他人说成是有感召力的人)。这些功能的使用与行为结果(例如,实现体重目标、跟踪训练和举起的重量等)有不同的关联。

第6节 概念挑战和理论机遇

越来越广泛的数字和在线技术在寻求、接收和生成健康传播方面发挥着日益重要的整合作用,要求学者们重新审视既定的传播概念,例如,信源和可信度,以及诸如质量、隐私和访问等许多其他问题,并更多地关注媒体技术的可供性,如交互性和定制。

一、来源、开源与源分层

发送者或来源(source)是传播的发起者,它是任何关于用户接收中介化讯息的思考核心。当我们通过传统媒体接收讯息时,来源是显而易见的,而在网络媒介中,它是相当模糊的(Sundar & Nass, 2000)。除了"原始源"(original source)(即提供新讯息的人),各种"选择源"(selecting sources)通过互联网来编辑、传播、标记、评级、转发、"锐推"(或"转发推特",retweet)、搜索、汇总和反对讯息。在在线选择来源的分类研究中,桑达尔和纳斯(Sundar & Nass, 2000)区分了**可见源**(visible sources,那些被视为正在传递讯息的来源,如医生或医疗组织)、**技术源**(technological sources,用户从心理上将其视为来源的一种或多种媒介,例如,Facebook 或 Twitter,甚至互联网)和**接收者源**(receiver sources,用户自己,无论是个人还是集体——你在 Facebook

上发帖的朋友或在线支持小组的其他成员)。根据这些来源在传播过程中的显著程度,在线用户可能会对内容有不同认知,因为当他们接触不同来源时,会运用不同的决策规则(此外,不同平台中获得的可供性可能会与源差异相互作用)。

一些研究表明,社交网站(SNS)上的健康倡导运动掩盖了可见源,这或许是基于"SNS的受众可能较少依赖可见源来评估讯息"的看法(Shi et al.,2018,第50页)。不过,即便在社交媒介中,突出显示可靠确定的健康信息来源都可能极有价值。例如,林等人(Lin et al.,2016)发现,权威提示(即与疾病控制与预防中心等合法来源相关)增加了对Twitter上健康信息的积极评价,如果也有包括"跟风"(bandwagon①)[即回复和"锐推"(转发推特)的数量]在内的其他提示时,这种效果就更加明显了。

尽管每个来源都可以按顺序排列在任何一个维度(如专业把关水平或医学专业知识)上,但**源分层**(source layering)能够产生组合效果。例如,李和桑达尔(Lee & Sundar,2013)发现,医生的推文比医生的转推更可信,而相比外行关于健康问题的原始推文,外行的转推被认为是更可信的。考虑到健康信息常常通过不同的聚合器网站或者源分层而传递,因此有必要认识到用户对某个网站的信任可能部分地取决于相关网站的感知可信度。史等人(Shi et al.,2018)将源分层的概念扩展到社交媒介讯息影响的双重性:最初的接收者/受众有可能会通过转发、链接、转帖和推荐等产生巨大影响。

二、可信度

自互联网产生以来,就一直存在健康信息可信度的问题(关于健康信息可信度评估和实验的早期评价,参见Rice,2001)。一个关于197个网站的内容分析使用了帮助个体评估在线文字健康信息质量的DISCERN工具,该内容分析发现,与治疗相关的信息和普通健康信息的总体可靠性和质量一般,尽管很少有网站(12.2%)得到可提供此类健康信息的认证(即网络健康代码批准;Dol et al.,2019)。随着提供健康信息的会话代理(例如,Siri,Alexa和谷歌助手)的普及,人们开始重新关注这种信息的质量。

学者们已确定了人们倾向于通过搜索引擎(如Google)而用于在线健康信息可信度评估的一系列策略(如品牌可信度、信源可信度),并将其与用户对搜索结果的评估相关联(例如,触发权威机构或专业知识启发式的站点名称;提示机器启发式的搜索排名)。在精明的互联网用户中,健康信息的点对点来源、网站的外观和作者的可信度在确定健康信息的感知可信度方面,发挥着重要的作用(Klawitter & Hargittai,2018)。实验环境下的真实用户搜索数据以及访谈数据显示,人们通常使用五种启发式策略来寻求健康信息:声誉、认可、一致性、预期违背和说服意图(另参见本书第27章)。

根据"交互媒体效果理论"(TIME),这种用于评估在线信息可信度的、基于启发式的方法有赖于媒体界面上清晰可见的提示,该理论受到社会心理学中的双重过程模型的启发(Sundar et al.,2015)。它的基本机制是,这样的提示触发了相关的认知启发式[或经验法则(rules of thumb)],例如,"专家的陈述是可信的"和"如果有那么多人喜欢它,那么它一定是真实的",这反过来又塑造了基本内容的感知可信度。带有医生或记者标签的帖子可能会触发"专业知识启发式",而提醒消费者——健康网站的其他用户将之评为最重要的项目或有大量"点赞",可能会导致"跟风"启发式的应用(Sundar,2008)。《时代》杂志将此称为通向用户感知的"提示路径"(cue route),并将其与更需要努力和更加复杂的"行动路径"(action route)区分开来,后者基于用户对于媒体可供性的参与,并通过扩展其信息处理、代理和自决而实现上述交互性和定制效果。

三、隐私、质量与访问

如果不突出重大担忧问题的话,就不可能完成对于健康技术的评价,而这种担忧近年来随着隐私问题而出现——尤其是当它涉及敏感的个人健康信息时,也伴随与质量和访问相关的问题。

选择使用与网络连接的健康可穿戴设备需要在风险(如隐私)和回报(如疼痛管理)之间进行权衡。罗宾逊(Robinson,

---

① 跟风或"乐队花车"。——译者注

2019)列出了21种个人敏感的可识别数据(personally sensitive identifiable data),并指出其中哪些数据是由五种监控慢性疼痛可穿戴设备所收集的。由健康可穿戴设备和传感器收集的信息,如果不与受HIPAA和其他法规管辖的医疗信息系统相连接,那么通常不会受到保护。一般来说,健康设备佩戴者都担心此类敏感的个人身份讯息的隐私和安全,但他们不太了解收集的内容、使用方式以及他们的数据受到保护的程度(Cilliers, 2020; Robinson, 2019)。已投入使用的精神病人工智能护理提供者(AI care providers, AICPs)存在着伦理问题。按照声誉良好的健康组织所制定的指南,AICPs的总体质量已经确立,但患者隐私仍然是一个令人非常担忧的问题(Luxton, 2014)。

特芮丝和罗伯特(Torous & Roberts, 2017)对移动应用程序在心理健康问题方面的使用深为关切,因为与用户共享的数据缺乏透明度和可靠性。由移动应用程序(如药物剂量计算器)发送的未经证实的讯息,可能会导致致命后果。虽然已经开始了一项避免极端危害的倡议活动(例如,苹果公司不允许使用未经证实的应用程序,并为与健康相关的应用程序制定指南),但市场将如何有效利用适当可行的方法来建立移动应用程序可信度的问题,尚不确定(Torous & Roberts, 2017)。鉴于语音通话和聊天的移动应用程序很容易访问,数字心理治疗已经变得流行起来(Martinez-Martin & Kreitmair, 2018)。直接面向消费者的数字心理治疗以"同伴咨询"而著称(第2页),它不需要经过认证的咨询师。后果就是这种疗法的质量无法验证,因此这类咨询对于用户来说可能是不安全的。

学者们一直指出,低社会经济人群、种族和性别少数人群、农村地区人群以及残疾人群(他们也往往以老年人为主;Anderson & Perrin, 2017)获得电子健康技术的机会有限,尤其在新冠病毒肺炎的语境下(Khilnani et al., 2020;另外,关于健康差距的内容参见本书第29章,关于边缘化群体的内容参见本书第35章)。因此,本章所描述的许多新技术的优势可能不适合这些群体,或不可为他们所使用。例如,在对2000年至2016年的文章进行评价时,韦尔霍克斯等人(Verhoeks et al., 2019)概括了女性使用电子健康治疗的障碍和期望。出于羞耻感和日程安排等问题,相比面对面治疗,使用电子健康治疗的障碍要少,尽管女性更喜欢通过面对面支持来补充她们的电子健康治疗。确保不同人群平等地访问电子健康,仍然是一个重要的政策目标(Rajkomar et al., 2018)。边缘化群体访问电子健康的机会之所以有限,也可能是由于缺乏技术设计的多样性。一项关于2010年至2014年发表的74个研究的系统性评价发现,在线查找和访问适当的健康信息的难点,主要与在线健康信息的可读性和可用性相关。由于包括语言障碍在内的低水平健康素养(参见本书第28章),许多人仍然无法在线找到或处理他们需要的信息。在这个意义上,移动应用程序(移动健康)可以通过更实用的方式提供定制服务,来满足低水平健康素养人群的一些需求(Kim & Xie, 2017)。

四、未来的研究方向

由于我们社会中的边缘化群体和发展中世界的大部分人口都无法利用或受益于在线健康资源和服务格局,所以改善准入和公平仍然是电子健康研究和发展的重要领域。移动健康服务的快速扩散一定程度上解决了这个问题,但增加其使用量的策略仍在以说服(如说服用户寻求护理、服药、遵循养生之道等)的方式为重点而继续发展。对于环境健康应用程序来说,最大的挑战是留住用户。尽管可穿戴设备、会话代理和健康游戏得到了广泛的采用,但在新奇感消失后,它们就一直费力地想留住用户。因此,对支持或反对持续依从性的动机进行探讨,便成了未来研究和设计的关键优先事项。

随着健康技术数量的不断增加,各种包含人工智能媒体的参与度越来越高,新技术的可供性在影响健康结果方面发挥的作用,将继续吸引研究的关注。例如,借助智能手机应用程序、智能音箱和智能手表的布局,源信号会变得比我们在网络媒体上接触的信号更加模糊,这将激发更多关于源分层和可信度的研究。现有关于健康信息来源的效果研究大多集中在网站和社交媒介上,但未来的研究可能会关注在从各种新技术那里接收健康信息时的源分层效果的问题。同样,随着基于人工智能技术的日益普及,与交互性和定制相关的技术可供性的范围和规模也将扩大,不仅为用户提供各种决策线索,而且还为用户提供一系列行动来共同塑造他们的健康结果。这些可供性如何赋予消费者得到可信的定制信息的权利,又如何利用错误信息来削弱消费者的权利,是未来研究的沃土。最后,考虑到个人健康信息的敏感性,未来的研究将有助于解决隐私和安全担忧问题,随着技术的日益网络化、普及化和嵌入化,这些问题总是会出现的。

第 7 节　结　论

我们对电子健康、移动健康和环境健康技术的评价表明,就在过去的一二十年内,这个领域已经有了巨大的发展,在各种新的和充满挑战的领域中对这些技术的研究也是如此。不过,大部分研究都与那些往往(一般通过假设)将技术概念化为对象或媒介载体的评价有关。当我们展望未来时,非常需要进行关于阐释和分析技术的具体功能或可供性,并系统探讨它们对于健康结果的作用的研究,因为技术未来将有更强大和更复杂的功能,如基于人工智能的自动化技术;这些技术不仅会提供便利(如个性化),还会带来风险(如侵犯隐私、错误)。当用户试图使其利益最大化、并将其风险降到最低时,他们如何参与这些新兴技术的具体功能或可供性的问题,将大大推动我们对于技术在促进个人和公众的健康与幸福方面的作用的理解。

参考文献

Abd-Alrazaq, A. A., Rababeh, A., Alajlani, M., Bewick, B. M., & Househ, M. (2020). Effectiveness and safety of using chatbots to improve mental health: Systematic review and meta-analysis. *Journal of Medical Internet Research*, 22(7), e16021.

Akeel, A. U., & Mundy, D. (2019). Re-thinking technology and its growing role in enabling patient empowerment. *Health Informatics Journal*, 25(4), 1278-1289.

Anderson, M., & Perrin, A. (2017). *Disabled Americans are less likely to use technology*. https://www.pewresearch.org/fact-tank/2017/04/07/disabled-americans-are-less-likely-to-use-technology/

Antezana, G., Venning, A., Blake, V., Smith, D., Winsall, M., Orlowski, S., & Bidargaddi, N. (2020). An evaluation of behaviour change techniques in health and lifestyle mobile applications. *Health Informatics Journal*, 26(1), 104-113.

Baker, S. C., & Watson, B. M. (2020). Investigating the association between Internet health information use and patient willingness to communicate with health care providers. *Health Communication*, 35(6), 716-725.

Boogerd, E. A., Arts, T., Engelen, L. J., & Belt, T. H. Van De. (2015). "What is eHealth": Time for an update? *JMIR Research Protocols*, 4(1), e29.

Braakhuis, H. E. M., Berger, M. A. M., & Bussmann, J. B. J. (2019). Effectiveness of healthcare interventions using objective feedback on physical activity: A systematic review and meta-analysis. *Journal of Rehabilitation Medicine*, 51(3), 151-159.

Brick, T. R., Mundie, J., Weaver, J., Fraleigh, R., & Oravecz, Z. (2020). Low-burden mobile monitoring, intervention, and real-time analysis using the Wear-IT Framework: Example and usability study. *Journal of Medical Internet Research Formative Research*, 4(6), e16072.

Cameron, G., Cameron, D., Megaw, G., Bond, R., Mulvenna, M., O'Neill, S., Armour, C., & McTear, M. (2017). Towards a chatbot for digital counselling. In *Proceedings of the 31st International BCS Human Computer Interaction Conference (HCI 2017)* (pp. 1-7).

Chib, A., & Lin, S. H. (2018). Theoretical advancements in mhealth: A systematic review of mobile apps. *Journal of Health Communication*, 23(10-11), 909-955.

Choi, W., Wang, S., Lee, Y., Oh, H., & Zheng, Z. (2020). A systematic review of mobile health technologies to support self-management of concurrent diabetes and hypertension. *Journal of the American Medical Informatics Association*, 27(6), 939-945.

Chou, W-Y., Oh, A., & Klein, W. M. P. (2018). Addressing health-related misinformation on social media. *Journal of the American Medical Association*, 320(23), 2417-2418.

Cilliers, L. (2020). Wearable devices in healthcare: Privacy and information security issues. *Health Information Management Journal*, 49(2-

3), 150-156.

Davies, F., Shepherd, H. L., Beatty, L., Clark, B., Butow, P., & Shaw, J. (2020). Implementing web-based therapy in routine mental health care: Systematic review of health professionals' perspectives. *Journal of Medical Internet Research*, 22(7), e17362.

Derksen, M. E., van Strijp, S., Kunst, A. E., Daams, J. G., Jaspers, M. W. M., & Fransen, M. P. (2020). Serious games for smoking prevention and cessation: A systematic review of game elements and game effects. *Journal of the American Medical Informatics Association*, 27(5), 818-833.

Dol, J., Richardson, B., Boates, T., & Campbell-Yeo, M. (2019). Learning to parent from Google? Evaluation of available online health evidence for parents of preterm infants requiring neonatal intensive care. *Health Informatics Journal*, 25(4), 1265-1277.

ECDC (European Centre for Disease Prevention and Control). (2019). *What is health communication?* https://www.ecdc.europa.eu/en/health-communication/facts.

Eysenbach, G. (2001). What is e-health? *Journal of Medical Internet Research*, 3(2), e20.

Feroz, A., Perveen, S., & Aftab, W. (2017). Role of mHealth applications for improving antenatal and postnatal care in low and middle income countries: A systematic review. *BMC Health Services Research*, 17(1), 1-11.

Fijačko, N., Gosak, L., Cilar, L., Novšak, A., Creber, R. M., Skok, P., & Štiglic, G. (2020). The effects of gamification and oral self-care on oral hygiene in children: Systematic search in app stores and evaluation of apps. *Journal of Medical Internet Research mHealth and uHealth*, 8(7), e16365.

Firth, J., Torous, J., Nicholas, J., Carney, R., Rosenbaum, S., & Sarris, J. (2017). Can smartphone mental health interventions reduce symptoms of anxiety? A meta-analysis of randomized controlled trials. *Journal of Affective Disorders*, 218(March), 15-22.

Fitzpatrick, K. K., Darcy, A., Vierhile, M., & Darcy, A. (2017). Delivering cognitive behavior therapy to young adults with symptoms of depression and anxiety using a fully automated conversational agent (Woebot): A randomized controlled trial. *JMIR Mental Health*, 4(2), e19.

García, Y., Ferrás, C., Rocha, Á., & Aguilera, A. (2019). Design and acceptability of a psychosocial text messaging intervention for victims of gender-based violence. *Health Informatics Journal*, 25(4), 1588-1594.

Gimenez-Perez, G., Robert-Vila, N., Tomé-Guerreiro, M., Castells, I., & Mauricio, D. (2020). Are YouTube videos useful for patient self-education in type 2 diabetes? *Health Informatics Journal*, 26(1), 45-55.

Guzman-Parra, J., Barnestein-Fonseca, P., Guerrero-Pertiñz, G., Anderberg, P., Jimenez-Fernandez, L., Valero-Moreno, E., Goodman-Casanova, J. M., Cuesta-Vargas, A., Garolera, M., Quintana, M., García-Betances, R. I., Lemmens, E., Sanmartin Berglund, J., & Mayoral-Cleries, F. (2020). Attitudes and use of information and communication technologies in older adults with mild cognitive impairment or early stages of dementia and their caregivers: Cross-sectional study. *Journal of Medical Internet Research*, 22(6), e17253.

Hafiz, P., & Bardram, J. E. (2020). The ubiquitous cognitive assessment tool for smartwatches: Design, implementation, and evaluation study. *Journal of Medical Internet Research mHealth and uHealth*, 8(6), e17506.

Haldar, S., Mishra, S. R., Kim, Y., Hartzler, A., Pollack, A. H., & Pratt, W. (2020). Use and impact of an online community for hospital patients. *Journal of the American Medical Informatics Association*, 27(4), 549-557.

Health Information National Trends Survey. (2019). *HINTS5, Cycle 5 survey (May 2019)*. https://hints.cancer.gov/data/default.aspx.

Huo, J., & Turner, K. (2019). Social media in health communication. In J. Bian, Y. Guo, Z. He, & X. Hu (Eds.), *Social web and health research* (pp. 53-82). Springer.

Inside Digitalhealth. (2020). https://www.idigitalhealth.com/population-health.

Jiang, Y., West, B. T., Barton, D. L., & Harris, M. R. (2017). Acceptance and use of eHealth/mHealth applications for self-management among cancer survivors. *Studies in Health Technology and Informatics*, 245, 131-135.

Julian, A. K., Welch, J., Bean, M. M., Shaheed, S., & Perna, F. M. (2020). Information about sunscreen on YouTube and considerations for sun safety promotion: Content analysis. *Journal of Medical Internet Research Dermatology*, 3(1), e14411.

Khilnani, A., Schulz, J., & Robinson, L. (2020). The COVID-19 pandemic: New concerns and connections between eHealth and digital inequalities. *Journal of Information, Communication and Ethics in Society*, 18(3), 393-403.

Kim, H., & Xie, B. (2017). Health literacy in the eHealth era: A systematic review of the literature. *Patient Education and Counseling*, 100(6), 1073-1082.

Klawitter, E., & Hargittai, E. (2018). "I went home to Google": How users assess the credibility of online health information. In T. M. Hale, W.-Y. S. Chou, S. R. Cotten, & A. Khilnani (Eds.), *eHealth: Current evidence, promises, perils and future directions* (pp. 11-41). Emerald Publishing.

Lazard, A. J., Brennen, J. S., Troutman Adams, E., & Love, B. (2020). Cues for increasing social presence for mobile health app adoption. *Journal of Health Communication*, 25(2), 136-149.

Lee, J. Y., & Sundar, S. S. (2013). To tweet or to retweet? That is the question for health professionals on Twitter. *Health Communication*, 28(5), 509-524.

Lieberman, D. A. (2015). Using digital games to promote health behavior change. In S. Sundar (Ed.), *The handbook of the psychology of communication technology* (pp. 507-527). Wiley-Blackwell.

Lin, X., Spence, P. R., & Lachlan, K. A. (2016). Social media and credibility indicators: The effect of influence cues. *Computers in Human Behavior*, 63, 264-271.

Lorenzo, G. (2019, May 31). Beyond mobile health apps. *Forbes Magazine*. https://www.forbes.com/sites/nextavenue/2019/05/31/beyond-mobile-health-apps/#efbe81f190e6.

Lustria, M. L. A., Noar, S. M., Cortese, J., Van Stee, S. K., Glueckauf, R. L., & Lee, J. (2013). A meta-analysis of web-delivered tailored health behavior change interventions. *Journal of Health Communication*, 18(9), 1039-1069.

Luxton, D. D. (2014). Recommendations for the ethical use and design of artificial intelligent care providers. *Artificial Intelligence in Medicine*, 62(1), 1-10.

Magrabi, F., Habli, I., Sujan, M., Wong, D., Thimbleby, H., Baker, M., & Coiera, E. (2019). Why is it so difficult to govern mobile apps in healthcare? *BMJ Health & Care Informatics*, 26, e100006, 1-5.

Martinez-Martin, N., & Kreitmair, K. (2018). Ethical issues for direct-to-consumer digital psychotherapy apps: Addressing accountability, data protection, and consent. *Journal of Medical Internet Research*, 20(4), e32.

Mateo, G. F., Granado-Font, E., Ferré-Grau, C., & Montaña-Carreras, X. (2015). Mobile phone apps to promote weight loss and increase physical activity: A systematic review and meta-analysis. *Journal of Medical Internet Research*, 17(11), 1-11.

MobiHealthNews. (2020, January 6). *The devices, software and other health tech headlines of CES 2020*. https://www.mobihealthnews.com/news/devices-software-and-other-health-tech-headlines-ces-2020.

Molina, M. D., & Sundar, S. S. (2020). Can mobile apps motivate fitness tracking? A study of technological affordances and workout behaviors. *Health Communication*, 35(1), 65-74.

Moorhead, S. A., Hazlett, D. E., Harrison, L., Carroll, J. K., Irwin, A., & Hoving, C. (2013). A new dimension of health care: Systematic review of the uses, benefits and limitations of social media for health communication. *Journal of Medical Internet Research*, 14(4), e85.

Motalebi, N., Cho, E., Sundar, S. S., & Abdullah, S. (2019). Can Alexa be your therapist? How back-channeling transforms smart-speakers to be active listeners. In *CSCW'19: Conference Companion Publication of the 2019 conference on Computer Supported Cooperative Work and Social Computing* (pp. 309-313).

Neto, A. P., & Flynn, M. B. (Eds.). (2019). *The Internet and health in Brazil: Challenges and trends*. Springer.

Nguyen, M. H., Bol, N., & Lustria, M. L. A. (2020). Perceived active control over online health information: Underlying mechanisms of mode tailoring effects on website attitude and information recall. *Journal of Health Communication*, 25(4), 271-282.

Niu, Z., Jeong, D. C., Brickman, J., Nam, Y., Liu, S., & Stapleton, J. L. (2020). A picture worth a thousand texts? Investigating the influences of visual appeals in a text message-based health intervention. *Journal of Health Communication*, 25(3), 204-213.

Nouri, S. S., Adler-Milstein, J., Thao, C., Acharya, P., Barr-Walker, J., Sarkar, U., & Lyles, C. (2020). Patient characteristics associated with objective measures of digital health tool use in the United States: A literature review. *Journal of the American Medical Informatics Association*, 27(5), 834-841.

Oh, J., & Jin, E. J. (2018). Interactivity benefits low self-efficacy smokers more: The combinatory effects of interactivity and self-efficacy on defensive response and quitting intention. *Journal of Interactive Advertising*, 18(2), 110-124.

Oh, J., Kang, H., Sudarshan, S., & Lee, J. (2020). Can liking, commenting, and sharing enhance persuasion? The interaction effect between modality interactivity and social media plugins on smokers' quitting intentions. *Health Communication*, 35(13), 1593-1604.

Oh, J., & Sundar, S. S. (2015). How does interactivity persuade? Effects of interactivity on cognitive absorption, elaboration, and attitudes. *Journal of Communication*, 65(2), 213-236.

Osborn, J., Ajakaiye, A., Cooksley, T., & Subbe, C. P. (2020). Do mHealth applications improve clinical outcomes of patients with cancer? A critical appraisal of the peer-reviewed literature. *Supportive Care in Cancer*, 28(3), 1469-1479.

Palanica, A., Flaschner, P., Thommandram, A., Li, M., & Fossat, Y. (2019). Physicians' perceptions of chatbots in health care: Cross-sectional web-based survey. *Journal of Medical Internet Research*, 21(4), e12887.

Papa, R., Efthymiou, A., Lamura, G., Piccinini, F., Onorati, G., Papastavrou, E., Tsitsi, T., Casu, G., Boccaletti, L., Manattini, A., Seneca, R., Vaz de Carvalho, C., Durão, R., Barbabella, F., Andréasson, F., Magnusson, L., & Hanson, E. (2020). Review and selection of online resources for carers of frail adults or older people in five European countries: Mixed-methods study. *Journal of Medical Internet Research mHealth and uHealth*, 8(6), e14618.

Pardamean, B., Soeparno, H., Budiarto, A., Mahesworo, B., & Baurley, J. (2020). Quantified self-using consumer wearable device: Predicting physical and mental health. *Healthcare Informatics Research*, 26(2), 83-92.

Park, M. (2020). How smoking advocates are connected online: An examination of online social relationships supporting smoking behaviors. *Journal of Health Communication*, 25(1), 82-90.

Peuchaud, S. R. (2019). Respected as a client, cared for as a patient: Evidence of heuristic decision-making from Yelp reviews of obstetrician-gynecologists. *Health Communication*, 35(7), 842-848.

Qudah, B., & Luetsch, K. (2019). The influence of mobile health applications on patient-healthcare provider relationships: A systematic, narrative review. *Patient Education and Counseling*, 102(6), 1080-1089.

Rabbi, M., Aung, M. H., & Choudhury, T. (2017). Towards health recommendation systems: An approach for providing automated personalized health feedback from mobile data. In J. Rehg, S. Murphy, & S. Kumar (Eds.), *Mobile health* (pp. 1-24). Springer.

Rajkomar, A., Hardt, M., Howell, M. D., Coorado, G., & Chin, M. H. (2018). Ensuring fairness in machine learning to advance health equity. *Annals of Internal Medicine*, 169(12), 866-872.

Rice, R. E. (2001). The Internet and health communication: A framework of experiences. In R. E. Rice & J. E. Katz (Eds.), *The internet and health communication: Expectations and experiences* (pp. 5-46). Sage.

Risling, T., Risling, D., & Holtslander, L. (2017). Creating a social media assessment tool for family nursing. *Journal of Family Nursing*, 23(1), 13-33.

Robinson, S. C. (2019). No exchange, same pain, no gain: Risk-reward of wearable healthcare disclosure of health personally identifiable information for enhanced pain treatment. *Health Informatics Journal*, 25(4), 1675-1691.

Rono, H., Bastawrous, A., Macleod, D., Bunywera, C., Mamboleo, R., Wanjala, E., & Burton, M. (2020). Smartphone-guided algorithms for use by community volunteers to screen and refer people with eye problems in Trans Nzoia County, Kenya: Development and validation study. *Journal of Medical Internet Research mHealth and uHealth*, 8(6), e16345.

Ryan, R. M., & Deci, E. L. (2000). Self-determination theory and the facilitation of intrinsic motivation, social development, and well-being. *American Psychologist*, 55(1), 68-78.

Shaw, T., McGregor, D., Brunner, M., Keep, M., Janssen, A., & Barnet, S. (2017). What is eHealth (6)? Development of a conceptual model for eHealth: Qualitative study with key informants. *Journal of Medical Internet Research*, 19(10), e324.

Shen, N., Levitan, M. J., Johnson, A., Bender, J. L., Hamilton-Page, M., Jadad, A. A. R., & Wiljer, D. (2015). Finding a depression app: A review and content analysis of the depression app marketplace. *Journal of Medical Internet Research mHealth and uHealth*, 3(1), e16.

Shetty, V., Morrison, D., Belin, T., Hnat, T., & Kumar, S. (2020). A scalable system for passively monitoring oral health behaviors using electronic toothbrushes in the home setting: Development and feasibility study. *Journal of Medical Internet Research mHealth and uHealth*, 8(6), e17347.

Shi, J., Poorisat, T., & Salmon, C. T. (2018). The use of social networking sites (SNSs) in health communication campaigns: Review and recommendations. *Health Communication*, 33(1), 49-56.

Stephenson, A., McDonough, S. M., Murphy, M. H., Nugent, C. D., & Mair, J. L. (2017). Using computer, mobile and wearable technology enhanced interventions to reduce sedentary behaviour: A systematic review and meta-analysis. *International Journal of Behavioral Nutrition and Physical Activity*, 14(1), 105-132.

Sundar, S. S. (2007). Social psychology of interactivity in human-website interaction. In A. N. Joinson, K. Y. A. McKenna, T. Postmes, & U.-D. Reips (Eds.), *The Oxford handbook of Internet psychology* (pp. 89-104). Oxford University Press.

Sundar, S. S. (2008). The MAIN model: A heuristic approach to understanding technology effects on credibility. In M. J. Metzger & A. J. Flanagin (Eds.), *Digital media, youth, and credibility* (pp. 72-100). The MIT Press.

Sundar, S. S., Bellur, S., & Jia, H. (2012). Motivational technologies: A theoretical framework for designing preventive health applications. In M. Bang & E. L. Ragnemalm (Eds.), *Proceedings of the 7th International Conference on Persuasive Technology (PERSUASIVE 2012), Lecture Notes in Computer Science*, 7284 (pp. 112-122).

Sundar, S. S., Jia, H., Waddell, T. F., & Huang, Y. (2015). Toward a theory of interactive media effects (TIME): Four models for explaining how interface features affect user psychology. In S. S. Sundar (Ed.), *The handbook of the psychology of communication technology* (pp. 47-86). Wiley-Blackwell.

Sundar, S. S., & Nass, C. (2000). Source orientation in human-computer interaction. *Communication Research*, 27(6), 683-703.

Ta, V., Griffith, C., Boatfield, C., Wang, X., Civitello, M., Bader, H., DeCero, E., & Loggarakis, A. (2020). User experiences of social support from companion chatbots in everyday contexts: Thematic analysis. *Journal of Medical Internet Research*, 22(3), e16235.

Templeton, J. M., Poellabauer, C., & Schneider, S. (2020). Enhancement of neurocognitive assessments using smartphone capabilities: Systematic review. *Journal of Medical Internet Research mHealth and uHealth*, 8(6), e15517.

The Medical Futurist Institute. (2020). https://medicalfuturist.com/digital-health-ever-done-for-us/.

Torous, J., & Roberts, L. W. (2017). Needed innovation in digital health and smartphone applications for mental health transparency and trust. *Journal of the American Medical Association Psychiatry*, 74(5), 437-438.

Trethewey, S. P. (2020). Strategies to combat medical misinformation on social media. *Postgraduate Medical Journal*, 96(1131), 4-6.

Verhoeks, C., Teunissen, D., van der Stelt-Steenbergen, A., & Lagro-Janssen, A. (2019). Women's expectations and experiences regarding e-health treatment: A systematic review. *Health Informatics Journal*, 25(3), 771-787.

Verloo, H., Kampel, T., Vidal, N., & Pereira, F. (2020). Perceptions about technologies that help community-dwelling older adults remain at home: Qualitative study. *Journal of Medical Internet Research*, 22(6), e17930.

Vogels, E. A. (2020). *About one-in-five Americans use a smart watch or fitness tracker*. https://www.pewresearch.org/fact-tank/2020/01/09/

about-one-in-five-americans-use-a-smart-watch-or-fitness-tracker/

Vraga, E. K., & Bode, L. (2018). I do not believe you: How providing a source corrects health misperceptions across social media platforms. *Information, Communication & Society*, 21(10), 1337-1353.

Wang, Z., Shu, W., Du, J., Du, M., Wang, P., Xue, M., Zheng, H., Jiang, Y., Yin, S., Liang, D., Wang, R., & Hou, L. (2019). Mobile health in the management of type 1 diabetes: A systematic review and meta-analysis. *BMC Endocrine Disorders*, 19, 21.

Weizenbaum, J. (1966). ELIZA—a computer program for the study of natural language communication between man and machine. *Communications of the ACM*, 9(1), 36-45.

Wright, K. B. (2015). Computer-mediated support for health outcomes: Psychological influences on support processes. In S. S. Sundar (Ed.), *The handbook of the psychology of communication technology* (pp. 488-506). Wiley-Blackwell.

Yang, Q. (2018). Understanding computer-mediated support groups: A revisit using a meta-analytic approach. *Health Communication*, 35(2), 209-221.

Zhou, C., Occa, A., Kim, S., & Morgan, S. (2020). A meta-analysis of narrative game-based interventions for promoting healthy behaviors. *Journal of Health Communication*, 25(1), 54-65.

第 7 部分
健康传播中的主要问题

第 27 章
健康信息寻求

内哈马·刘易斯(Nehama Lewis)　南希·谢克特-波拉特(Nancy Shekter-Porat)
胡达·纳西尔(Huda Nasir)

自2019年末起新型冠状病毒感染(COVID-19)迅速发展成为全球流行病。2020年1月,新冠病毒感染成为新闻媒体报道、社交媒介和传统媒体(电视、印刷报纸和广播)的焦点话题。仅在17年前,当另一种冠状病毒严重急性呼吸综合征(SARS)暴发时,世界面临着类似的威胁,2002年11月至2003年7月期间,774人死亡,8 098人感染(World Health Organization, 2020a)。对这些疫情的比较表明,我们的信息环境这期间发生的技术变革深刻地改变了。这些发展也影响了个人寻求健康信息的方式及其获取信息的来源。在本章中,我们定义了健康信息寻求(health information seeking, HIS),并评价了用于研究HIS的理论框架和方法,及其对认知和行为结果的影响。然后,我们讨论了HIS研究的挑战和机遇。

这个时期发生的最重大的变化之一是,人们开始将在线和社交媒介平台作为健康信息的重要来源。2003年,在SARS暴发期间,使用社交媒介平台的公众比例显著偏低,互联网还没有像今天这样成为健康信息的一个主要来源。根据皮尤研究中心2003年3月的一项调查,66%的美国互联网用户或7 700万美国成年人报告曾上网查找健康或医疗讯息(Pew Research Center, 2003)。同样,对2003年SARS大流行期间加拿大公众进行的一项调查发现,传统大众媒体是关于病毒讯息的最常用来源,只有四分之一的受访者报告从互联网上寻求信息(Jardine et al., 2015)。

相比之下,许多人现在通过在线、移动讯息、传播技术(ICT)以及社交媒介渠道的全球网络连接在一起,而且他们可以获得大量的健康信息(Zimmerman & Shaw, 2020)。在不受限制地访问互联网和社交媒介的国家,对这些新渠道的访问使健康信息寻求(HIS)更加普及。2017年美国"健康信息全国趋势调查"(HINTS; National Cancer Institute, 2020)的结果发现,80.2%的美国成年人(估计1.65亿成年人)报告在网上寻求健康信息。这与2003年"健康信息全国趋势调查"(National Cancer Institute, 2020)关于6 600万美国成年人在线寻求健康信息的估计相比,有了大幅增加。今天,随着包括例如WhatsApp、YouTube和微博等网站的社交媒介的广泛使用,控制讯息扩散或确保讯息传播准确无误,变得越来越具有挑战性(参见本书第22章)。不过,即便有人试图控制新闻界,公众也可以更容易地获取讯息。

第1节　健康信息寻求的定义

"健康信息寻求"已经以各种方式被定义和测度(Lambert & Loiselle, 2007),但大多数定义表明,信息寻求的动机是一个人的信息需求,一种旨在满足这些需求的有意行为(Case,2012)。信息寻求是指利用任何来源积极获取有关特定主题的所需信息,它发生在日常人际传播模式或一般媒体使用之外(Case, 2012; Griffin et al., 1999; Lewis, 2017; Niederdeppe et al., 2007)。健康信息寻求行为(HISB)的定义与它们的触发、渠道、来源、搜索、策略、信息寻求的类型和结果有关(Galarce et al., 2011)。

在传播学研究和其他学科中,健康信息寻求是一个越来越受到科学关注和重视的课题。健康信息寻求(HIS)的最初概念之一是由兰伯特和洛伊塞尔(Lambert & Loiselle, 2007)提出的,他们对健康信息寻求行为(HISB)进行了全面分析,并提供了对其关键组成部分的见解,包括前因、特征和后果。通过健康相关信息寻求的类型和数量、为获取信息而采取的具体行动和用以获取信息的来源,兰伯特和洛伊塞尔描述了 HISB 的特征(第 1013 页)。自此以后,由于我们环境中健康信息量的快速增长,以及从患者-临床医生互动的家长式模式到共享决策模式的持续转变,HIS 研究有了显著的发展(Légaré & Witteman, 2013)。

健康信息寻求(HIS)的重要性也得到了研究的支持,由这些研究提供的证据表明,信息寻求会影响行为以及其他结果。人们已经发现,健康信息寻求能够预测结果,例如,情绪健康,疾病管理和癌症患者的行为(Tan et al., 2012),水果和蔬菜消费,不健康零食和含糖饮料消费(Beaudoin & Hong, 2011; Lewis et al., 2012),以及某些癌症筛查和预防行为(Ramírez et al., 2013)。在本章中,我们将考察 HIS 是如何在传播理论和研究中得以概念化的,我们将概述 HIS 研究受到技术影响的一些方式。然后,我们将讨论 HIS 研究的新方向。

第 2 节　健康信息寻求研究的最新科学评价(2010—2020)

在本章中,我们将考察 HIS 在数字时代的变化方式,以及这些变化是如何反映在业已发表的研究之中的。为了评估 HIS 研究中理论框架和方法的广度和多样性,我们对已发表的研究进行了评价。我们的评价探讨了如下方面：① 用于研究 HIS 的理论；② HIS 得以考察的语境(健康行为或主题)；③ 接受研究的人群；④ 使用的研究方法和测量手段；⑤ 考察的渠道。

样本包括 2010 年 1 月 1 日至 2019 年 12 月 31 日期间发表在五种最有影响的期刊上的研究：两种专门针对健康传播的期刊(《健康传播》和《健康传播杂志》),三种来自更广义的传播学领域的期刊(《传播研究》、《传播学刊》和《新媒体与社会》)。本次分析的入选标准改编自兰伯特和洛伊塞尔(Lambert & Loiselle, 2007)与齐默尔曼和肖(Zimmerman & Shaw, 2020)的评价,如下所示。

- 这些学术成果于 2010 年 1 月 1 日至 2019 年 12 月 31 日期间以英文形式发表在一份选定的同行评审期刊上。我们收录了那些印刷之前在网上发表(并可以访问)的文章,即便印刷出版的日期是在 2020 年 1 月 1 日之后。
- 这项研究的重点是个体在寻求健康信息时的实际行为。
- "健康信息寻求"一词必须出现在标题或摘要中,或出现在主要研究措施或核心理论框架之中。

我们在每个期刊网站上搜索文章,也通过科学网、MEDLINE 和 PubMed 数据库搜索文章。进行搜索时使用了"健康信息寻求"的语词,并使用了谷歌搜索来补充期刊数据库的结果。出于我们最终分析的目的,有 170 篇期刊文章符合入选标准,其中 92 篇发表在《健康传播杂志》上,69 篇发表在《健康传播》上,5 篇发表在《传播研究》上,3 篇发表在《传播学刊》上,1 篇发表在《新媒体与社会》上。两位作者仔细阅读了每一篇文章,并对其进行编码,以确定以下六个要素。

- 用于研究健康信息寻求的理论框架或结构。
- 从事该研究的语境(健康行为或主题)。
- 被研究的样本或人群。
- 用于研究健康信息的方法。

- 用于测量健康信息寻求的方法。
- 研究中所考察的健康信息渠道和来源。

我们的评价并不是要对这个主题进行详尽的内容分析,它只包括关于健康信息寻求(HIS)已发表研究的一小部分样本。更确切地说,我们的目的是描述理论和研究的最新趋势,并确定已经用于研究该主题的新方向和方法。大多数研究都使用了量化方法,同时运用了科学范式的视角。不过,一些研究使用了其他的视角,例如,科森科等人(Kosenko et al., 2014)对携带人乳头瘤病毒的女性患者进行了定性深度访谈,杜塔等人(Dutta et al., 2018)对新加坡成年人中的意义建构和健康信息寻求主题采用了一种批判的文化分析的方法。

第 3 节 理 论

我们的评价确定了用于研究 HIS 主题的理论框架。样本研究中最普遍的理论框架是结构影响模型(SIM;Viswanath et al., 2007),计划风险信息寻求模型(PRISM;Kahler, 2010),不确定性管理理论(UMT;Brashers, 2001, 2007),媒体互补理论(Dutta-Bergman, 2004),信息寻求综合模型(CMIS;Johnson, 1997;Johnson & Meischke, 1993),风险信息寻求和处理模型(RISP;Griffin et al., 1999),以及激励信息管理理论(TMIM;Afifi & Weiner, 2004)。我们样本中的其他研究采纳了传播学研究中更广泛地使用的理论,例如,使用和满足理论(Katz et al., 1973;Rubin, 1994),创新扩散理论(Rogers, 1962),麦奎尔的传播说服模型(McGuire, 1989),斯莱特的增强式螺旋模型(Slater, 2007),以及扩展的平行过程模型(EPPM;Witte, 1992)。

我们还注意到,越来越多的研究都使用心理学理论来探讨健康信息寻求(HIS)的主题,例如,自我肯定理论(Steele, 1988)、计划行为理论(TPB;Ajzen & Fishbein, 1980)、行为预测的综合模型(IMBP;Fishbein & Ajzen, 2011)和自决理论(SDT;Ryan & Deci, 2000;Deci & Ryan, 2008)。我们的评价也确认了应用健康行为模型考察 HIS 的研究,例如,健康信念模型(HBM;Rosenstock, 1974),以及应用信息行为考察 HIS 的研究,例如,威尔逊的信息行为模型(Wilson, 1999)。除了应用这些理论的研究以外,还有许多研究将 HIS 作为焦点结构来考察(例如,Lewis et al., 2012),或与信息扫描相结合(例如,Waters et al., 2016)。

第 4 节 语 境

我们的评价显示,大量的信息寻求研究都是在癌症语境下探讨 HIS 主题的。这与癌症为全球死亡第二大原因的事实相吻合,估计 2018 年死亡人数为 960 万,即每六个死亡人数中就有一个人死于癌症(World Health Organization, 2020b)。癌症也是美国第二大致死原因,位于冠心病之后(Xu et al., 2020)。对癌症的关注还与公共研究基金的分配趋势相关。例如,2018 年,美国国立卫生研究院(NIH)为癌症相关研究拨款最多(U.S. Department of Health and Human Services, 2020)。

尽管癌症(乳腺癌、脑癌、前列腺癌等)是最常见的健康语境,但 HIS 研究的其他语境包括吸烟(Noh et al., 2016)、非医疗药物使用(Cheng et al., 2017)、精神疾病(Francis, 2018;Lee, 2019)、囊性纤维化(Dillard et al., 2010)、生殖健康(Zimmerman, 2018)、糖尿病(YomTov et al., 2016;Zhang et al., 2020)、体育活动(Valle et al., 2015),等等。此外,许多研究关注信息寻求的心理社会和情绪的相关因素,例如,担忧(Lee & Hawkins, 2016)、后悔(Ahn & Kahler, 2020)、信任(Lee et al., 2018;Mendes et al., 2017),以及宿命论信念(Valera et al., 2018)。其他研究探讨了健康素养与信息寻求之间的关系(如 Kim et al., 2015)。因此,我们的评价揭示了 HIS 研究的多种语境,包括探讨信息寻求对于行为的效果问题。

第 5 节 人 群

我们的评价也显示,越来越多的研究探讨了不同人群中健康信息寻求(HIS)的问题。这一趋势反映出,健康传播学者日益意识到社会决定因素对于构建信息寻求行为的作用,以及健康与数字差距。例如,有的研究考察了女性(Chae & Quick, 2015; Zimmerman, 2018)和男性(Francis, 2018; Pask & Rawlins, 2016)、老年人(Hall et al., 2015)和年轻人群(例如,Cheng et al., 2017)、不同种族背景的人(例如,Geana et al., 2011)以及移民社区(例如,Nguyen et al., 2010; Oh et al., 2012)中的 HIS 问题。

对不同人群和研究差距的关注在"结构影响模型"(SIM; Viswanath et al., 2007)中也很明显,这是一个广泛运用于 HIS 研究中的理论,探讨社会决定因素对于信息寻求过程的影响。SIM 声称,健康结果和健康差距是社会人口统计学的结果(即年龄、性别、种族/族裔、教育和社会经济地位;Galarce et al., 2011; Viswanath et al., 2007)。自 2010 年以来,健康传播学者已运用这一理论框架来考察不同语境和人群中的 HIS。例如,比格斯比和霍维克(Bigsby & Hovick, 2018)采用了 SIM,以研究风险行为语境中的寻求行为和扫描行为。SIM 也已被用于探讨癌症幸存者的癌症信息差距(Blanch-Hartigan & Viswanath, 2015)。这一研究主体提供了关于包括种族和族裔在内的个体层面因素如何影响信息寻求行为的重要见解,以及这些因素又如何共同塑造了健康信念和行为的重要见解。

对 HIS 中差距的关注,也反映在越来越多地支持那些关于使用技术来减少健康信息寻求差距的研究上。美国国立卫生研究院目前的拨款(National Institutes of Health, 2020)包括许多旨在使健康信息更易获得,并培训专业人士帮助信息寻求者的资助计划。这些计划针对边缘化人群的 HIS 研究,包括非裔美国人和西班牙裔人群、低收入人群和身体有问题(即年老的、身体虚弱的、听力受损的、残疾的)的人群。此外,这些项目还包括检测方法的研究,目的是使电子健康素养较低的人群更容易理解健康信息,例如,基于人工智能(AI)的信息图形和聊天机器人。

第 6 节 研 究 方 法

我们的评价表明,用于研究 HIS 的方法在过去十年中已经有了显著的扩展。样本中的大多数研究都使用了观察的方法。它们包括对通过国家癌症研究所健康信息全国趋势调查收集的 HIS 数据进行分析的几项研究(例如,Kim & Kwon, 2010; Nan et al., 2012)。其他研究分析了通过安南伯格全国健康传播调查数据库收集的数据(例如,Hovick & Bigsby, 2016; Yang et al., 2017)。这些数据集是学者们的重要资源,而分析这些数据的研究为探讨 HIS 提供了宝贵的见解。不过,横截面数据的使用限制了推断信息寻求和其他结构之间的因果关系的可能性。例如,HIS 可能由个人对特定健康主题或行为的兴趣所驱动[如电子烟(vaping)],这随后就有可能激励他们寻找关于同一主题的信息。因此,关于下述问题还无法确定:HIS 与行为之间观察到的联系是由健康行为驱动的,还是由信息寻求驱动的,或者有可能是双向的?

在我们的样本中,有几项研究采用纵向分析来证明 HIS 和包括健康行为在内的结果(例如,Lewis et al., 2012; Ramírez et al., 2013; Yang et al., 2019)以及情绪结果(Mello et al., 2013)之间的滞后因果关系。根据这一方法,在控制基线的相同行为的情况下,HIS 因果效应的证据肯定显示基线(baseline)信息寻求与后续行为结果之间的显著关联。此外,观察到的关联必须考虑潜在混杂因子的影响(Shadish et al., 2002)。例如,杨等人(Yang et al., 2019)发现,如果控制基线吸烟、电子烟状态、对电子烟的意向和人口统计因素,基线的关于电子烟的信息寻求与六个月后更高的电子烟可能性相关。

测试滞后效果的研究使用了不同的分析策略,包括普通的最小平方回归模型、逻辑回归分析和交叉滞后结构方程模型。

此外，测试纵向模型的研究使用了敏感性分析来测试与假设方向相反的关联(例如，Yang et al., 2019)，以及倾向性评分法(例如，Lewis et al., 2012)。倾向性评分法旨在通过为参与者创建倾向性评分来复制实验设计中的随机条件，以评估他们在混杂因子条件下寻求信息的概率(Rosenbaum & Rubin, 1983)。这些研究的结果为增强对时间顺序要求的信心，降低观察到的可能归因于混杂变量影响的可能性，提供了证据。然而，即便使用了纵向数据和倾向性评分法，这些研究也使用了观察方法，而不是随机控制的实验设计。因此，它们无法提供信息寻求对行为的因果影响的确凿证据。

尽管样本中的大多数研究都使用了观察方法，但其他研究通过访谈(例如，Kosenko et al., 2014)、网络跟踪(Neuberger & Silk, 2016)和内容分析(Merten et al., 2020)，也探讨了健康信息寻求行为(HISB)。我们还注意到，越来越多的研究使用实验方法来测试与个人因素和理论构建相关的因果关系，这些因素可能会预测信息寻求行为或受到其影响。例如，李和霍金斯(Lee & Hawkins, 2010)采用了一项随机对照试验，以理解被诊断为乳腺癌患者的未被满足的信息寻求如何影响与健康相关的互联网使用模式。古道尔和里德(Goodall & Reed, 2013)测试了有关臭虫的印刷新闻媒体报道对参与者在EPPM框架内寻求有关该主题信息的意图的影响(Witte, 1992)。康宁汉等人(Cunningham et al., 2014)使用离散选择实验方法，并使用来自TPB的结构，来模拟心理健康信息寻求的过程(Ajzen & Fishbein, 1980)。一项由德米特里兹和沃尔特(Demetrides & Walter, 2016)进行的研究，使用纵向(三波)在线实验设计，来测试自我肯定是否会随时间的推移影响信息寻求和节水行为。这一研究设计在方法上优于截断面观察设计，因为考虑到了潜在的混杂因子，它将高内在效度的好处与多个时间点的测量结合起来。

第7节 健康信息寻求行为的测量

样本中的大多数研究都使用自我报告测量法来测量健康信息寻求行为(HISB)，这些方法能够方便地适应不同语境和人群。不过，由于信息寻求的自我报告测量法依赖于参与者的回忆，所以它们可能是寻求行为实际频率的不准确反映，或是被寻求信息的来源的不准确反映(参见Lewis, 2017)。为了解决这些问题，学者们试图在癌症(Kelly et al., 2010)和药物使用(Lewis et al., 2017)的语境下验证HISB的测量方法。这些研究采用纵向队列研究，来测试这些测量方法的区分效度、法理效度和重测效度，并提供信息寻求有效指标的证据。不过，还需要更多的研究来验证这些测量方法在其他语境中的有效性。

改进测量的另一种方法是，采用新技术作为HISB自我报告测量法的替代物。例如，研究者使用了眼动追踪法(Kessler & Zillich, 2019)、有声思维报告软件(Macias et al., 2018)、网络跟踪(例如，Lee & Hawkins, 2016; Neuberger & Silk, 2016; YomTov et al., 2016)和网络分析(Himelboim & Han, 2014)来评估HISB。这些方法可以为HIS提供新见解，同时解决自我报告法带来的某些方法论挑战。

包括功能性核磁共振成像(fMRI)和软件跟踪技术等新测量方法的使用，得到了诸如NIH等大型基金机构的研究资助，以支持跨学科的研究。这些计划得益于一个多学科的研究团队，该团队拥有数据科学、心理学、神经科学、统计学和其他领域研究者的补充性专业知识。跨学科合作也有助于使用多种方法和测量手段来研究HIS。例如，最近在德国大学生中进行的一项关于HIS的研究使用了一种综合方法，它采用计算机眼动追踪法来跟踪参与者关于在线疫苗接种的信息寻求行为，并采用内容分析法对在线信息进行研究(Kessler & Zillich, 2019)。

第8节 渠 道

在20世纪，健康信息渠道分为人际渠道(家庭、朋友、同事、健康护理提供者)和媒介渠道(报纸、广播、电视)。然而，互联网对这种分类提出了挑战,随后当社交媒介平台(例如,Facebook、Twitter 和 WhatsApp)发展起来时,这种分类变得更加复杂了。媒介景观的这些变化已经促使学者们扩大研究范围,以反映个人寻求健康信息的新方法。这一趋势在我们对研究的评价中是显而易见的,后者揭示出越来越多的健康信息寻求(HIS)渠道得到了研究(从 2010 年到 2020 年)。最近的研究注重来自社交媒介平台的 HIS,如脸书(Facebook, Syn & Kim, 2016)、推特(Twitter, Himelboim & Han, 2014; Lee & Oh, 2013)、照片墙(Instagram, Wilson et al., 2019)、红迪网(Reddit, Record et al., 2018)和拼趣(Pinterest, Merten et al., 2020)。我们还注意到越来越多的国际研究,以及那些从非西方国家——特别是中国——流行的渠道来探讨 HIS 的研究。例如,我们的样本包括来自中国微信平台的 HIS 研究(例如,Zhang & Jung, 2019),以及来自(中国)微博网站——新浪微博的研究(Yang & Wu, 2019)。

对于健康传播文献来说,尽管关于 HIS 渠道研究的扩展是一个积极而必要的进步,但它也对研究者带来了方法和概念上的挑战。例如,媒介环境的发展速度可能会超过科学研究和出版的缓慢而审慎的过程。因此,如果渠道或来源逐渐过时,从流行于某个时间点的渠道来研究 HIS 可能也会很快变得不合时宜(例如,Myspace)。

此外,随着人们从更广泛的渠道获取健康信息,关于自我报告的信息寻求行为的测量就更容易受到不准确回忆的影响,因此变得不那么可靠了。在一个互联的信息环境中,人们可以(而且确实)同时访问多个渠道,从而使得这一测量挑战变得更加严峻。例如,从在线搜索引擎中寻求健康信息的个人可以在论坛、新闻网站或社交媒介平台上继续他们的在线搜索。在这种情况下,被要求回忆并报告他们使用哪一个渠道来寻求健康信息的研究参与者,就可能无法清楚地对渠道进行区分。

第 9 节 健康信息寻求的方法论发展:机会和挑战

HIS 研究新方法的发展,为研究者提供了进行创新的跨学科研究的新机会,有助于推进健康传播领域的发展。这些方法还能够使学者在不同语境下探索 HIS,检验新的假设和研究问题。然而,许多新的研究方法都需要大数据分析和/或计算方法的专业知识。对于这些方法的价值和使用这些方法所需的专业知识,在职业生涯早期阶段的学者,与处于更高阶段的学者可能会有截然不同的看法。

对于新方法,一些研究者可能不愿意投入时间和精力。紧跟新的研究方法所需的数字"学习曲线"可能很陡峭,对那些周旋于竞争性的研究和专业需求之间的学者来说,尤其如此。有时,学者们发现更新的方法很快出现,让正在学习的方法过时了,这令人沮丧。

相比之下,那些处于职业生涯早期阶段的研究者往往处于这些方法进步的前沿,他们也可能对获取新方法持有更加开放的态度。国际传播协会新成立的传播与技术部(CAT)也证明人们对于这些方法越来越感兴趣,该部门推动了信息传播技术在人类传播过程中的作用的研究。处于职业生涯不同阶段的学者们对于新方法的观点差异或许很难弥合。不过,这种方法论的变革过程是重要机制,借助于这种机制,一般的研究领域,确切地说关于 HIS 的研究可以向前发展。

第 10 节 健康信息寻求的概念挑战和理论

我们的评价表明,用于研究健康信息寻求(HIS)的理论和概念也需要重新审视。用于研究 HIS 的许多理论,包括最常使用的一些理论,都早于互联网和社交媒介渠道的广泛采用。应该对人们如何,以及为何寻求健康信息的假设进行重新思考,因为它们是这些理论的基础。如果 HIS 的理论和模型要继续有用,就必须适用于这样的媒介环境,即有助于交互性和用户生成内容,并可以通过手机和社交媒介渠道快速获取信息。

此外,一些理论或许在特定语境中很有效,但在其他语境中却不那么适用。例如,CMIS 等理论(Johnson, 1997;

Johnson & Meischke,1993)关注癌症语境中的信息寻求,但或许不太适用于在其他语境。此外,关于有争议或敏感的健康主题或风险行为的信息寻求,可能通过不同渠道,由不同因素所驱动,产生不同的效果。

我们的评价显示,对 HIS 的研究开始思考健康信息寻求可能具有的负面效果,而不仅仅是对正面效果。这种观点挑战了以下假设,即寻求信息的个体将会获取关于推荐行为的正面信息,并将更有可能采纳这些行为。信息寻求也可能导致负面后果的观点,是由约翰逊和凯斯(Johnson & Case, 2012)提出的,他们认为,由健康保护以外的动机驱使的健康寻求,可能会导致不同的结果。他们论证说,"这并不是说人们不收集信息或不学习知识,而是说他们往往出于错误的原因从错误的来源收集错误的信息"(第 133 页)。

另一个可能影响 HIS 行为效果的因素,是信息寻求者可获信息的效价和多样性。对于癌症筛查之类的主题来说,公众传播环境可能会提供大量支持这种行为的信息。然而,对于吸毒或电子烟等其他主题,寻求信息的个体可能会接触更加多种多样的信息,包括支持这些行为的信息。这与科学证据基础存在争议的主题尤其相关,类似大麻或其他药物的非医疗使用。例如,在以色列和美国大学生中进行的关于非医疗大麻和苯丙胺使用的信息寻求的研究发现,信息寻求的动机往往是好奇心,而学生们报告从不同来源获取了毒品相关主题的相互矛盾的信息(Cheng et al., 2017; Lewis et al., 2016)。

这一研究主体表明的初步证据是:在某些情况下,HIS 可能会激发人们对于风险行为的好奇心,并推动更多的信息寻求或强化采取这些行为的意图(Yang et al., 2019)。这一过程类似于人们所认为的 HIS 对于推荐行为的效果机制(例如,Lee & Kim, 2015)。最近的研究还发现,在年轻人中,对于电子烟的信息寻求和吸电子烟的意图及行为之间存在着横截面和纵向相关性(Yang et al., 2019)。其他研究发现,在以色列大学生中,关于大麻和苯丙胺的信息寻求和使用这些毒品的意图之间存在着横向相关性(Martinez & Lewis, 2016),以及大麻使用的信息寻求滞后效应(Lewis & Martinez, 2020)。未来研究应该继续思考 HIS 的正面结果和负面结果,以及可能改变与调节这些结果的理论和个人因素。

健康信息寻求(HIS)研究在过去十年中发生了重大变化,并将不断适应新技术的发展和采用。例如,个性化健康信息的趋势可能会影响我们寻求健康信息的方式。在未来几年里,信息寻求行为有可能通过根据用户的搜索词(可能还有潜在的信息需求)定制的信息来增强。例如,信息寻求可以通过聊天机器人得到调解,而聊天机器人被编程为回应人工查询并提供交互式定制的健康信息。比博等人(Bibault et al., 2019)最近考虑了这种方法,他们研究了如何使用聊天机器人对乳腺癌患者提供个性化健康信息的问题。健康信息寻求也能通过使用可用于监测健康症状以及信息寻求行为的移动应用程序来促进。例如,谢尔和戈林(Scherr & Goering, 2020)研究了智能手机应用程序对抑郁症患者提供监测和促进改善的 HIS 功效。最后,随着社交媒介日益成为健康信息的重要来源,我们预计,与传统媒体渠道相比,更多的研究将从这个渠道来关注 HIS 问题。

第 11 节 结 论

这篇评价表明,在我们领先的健康传播期刊中,健康信息寻求(HIS)已被大量而多样的研究所探讨,仍然是健康传播学术的一个重要主题。不过,我们的研究结果也提出,对 HIS 的兴趣并不限于健康传播学术界。我们看到了发表于旨在吸引更多普通受众的主流传播学期刊上的 HIS 研究,数量虽少,但日益增加。我们期望这一趋势将继续下去,尤其是因为新冠病毒肺炎疫情突出了健康传播研究的总体价值,以及 HIS 在解决差距和影响公众态度及健康行为方面的作用。

参考文献

Afifi, W. A., & Weiner, J. L. (2004). Toward a theory of motivated information management. *Communication Theory*, 14(2), 167-190.

Ahn, J., & Kahlor, L. A. (2020). No regrets when it comes to your health: Anticipated regret, subjective norms, information insufficiency and intent to seek health information from multiple sources. *Health Communication*, *25*(10), 1295-1302.

Ajzen, I., & Fishbein, M. (1980). *Understanding attitudes and predicting social behavior*. Prentice-Hall.

Beaudoin, C. E., & Hong, T. (2011). Health information seeking, diet and physical activity: An empirical assessment by medium and critical demographics. *International Journal of Medical Informatics*, *80*(8), 586-595.

Bibault, J. E., Chaix, B., Guillemassé, A., Cousin, S., Escande, A., Perrin, M., Delamon, G., Nectoux, P., & Brouard, B. (2019). A chatbot versus physicians to provide information for patients with breast cancer: Blind, randomized controlled noninferiority trial. *Journal of Medical Internet Research*, *21*(11), e15787.

Bigsby, E., & Hovick, S. R. (2018). Understanding associations between information seeking and scanning and health risk behaviors: An early test of the structural influence model. *Health Communication*, *33*(3), 315-325.

Blanch-Hartigan, D., & Viswanath, K. (2015). Socioeconomic and sociodemographic predictors of cancerrelated information sources used by cancer survivors. *Journal of Health Communication*, *20*(2), 204-210.

Brashers, D. E. (2001). Communication and uncertainty management. *Journal of Communication*, *51*(3), 477-497.

Brashers, D. E. (2007). A theory of communication and uncertainty management. In B. Whaley & W. Samter (Eds.), *Explaining communication theory* (pp. 201-218). Erlbaum.

Case, D. (2012). *Looking for information: A survey of research on information seeking, needs and behavior*. Emerald.

Chae, J., & Quick, B. L. (2015). An examination of the relationship between health information use and health orientation in Korean mothers: Focusing on the type of health information. *Journal of Health Communication*, *20*(3), 275-284.

Cheng, Y., Ahn, J., Lewis, N., & Martinez, L. S. (2017). A cross-comparative survey of information seeking and scanning about drug-related sources and topics among US and Israeli college students. *Journal of Health Communication*, *22*(8), 692-701.

Cunningham, C. E., Walker, J. R., Eastwood, J. D., Westra, H., Rimas, H., Chen, Y., Marcus, M., Swinson, R. P., Bracken, K., & The Mobilizing Minds Research Group. (2014). Modeling mental health information preferences during the early adult years: A discrete choice conjoint experiment. *Journal of Health Communication*, *19*(4), 413-440.

Deci, E. L., & Ryan, R. M. (2008). Self-determination theory: A macrotheory of human motivation, development, and health. *Canadian Psychology/ Psychologie Canadienne*, *49*(3), 182-185.

Demetriades, S. Z., & Walter, N. (2016). You should know better: Can self-affirmation facilitate information-seeking behavior and interpersonal discussion? *Journal of Health Communication*, *21*(11), 1131-1140.

Dillard, J. P., Shen, L., Robinson, J. D., & Farrell, P. M. (2010). Parental information seeking following a positive newborn screening for cystic fibrosis. *Journal of Health Communication*, *15*(8), 880-894.

Dutta, M. J., Kaur, S., Luk, P., Lin, J., & Lee, S. T. (2018). Health information seeking among Singaporeans: Roles and collective contexts. *Health Communication*, *33*(4), 433-442.

Dutta-Bergman, M. J. (2004). Interpersonal communication after 9/11 via telephone and Internet: A theory of channel complementarity. *New Media and Society*, *6*(5), 659-673.

Emery, S. L., Vera, L., Huang, J., & Szczypka, G. (2014). Wanna know about vaping? Patterns of message exposure, seeking and sharing information about e-cigarettes across media platforms. *Tobacco Control*, *23*(Suppl 3), iii17-iii25.

Fishbein, M., & Ajzen, I. (2011). *Predicting and changing behavior: The reasoned action approach*. Taylor & Francis.

Francis, D. B. (2018). Young Black men's information seeking following celebrity depression disclosure: Implications for mental health communication. *Journal of Health Communication*, *23*(7), 687-694.

Galarce, E. M., Ramanadhan, S., & Viswanath, K. (2011). Health information seeking. In T. L. Thompson, R. Parrott, & J. F. Nussbaum (Eds.), *The Routledge handbook of health communication* (2nd ed., pp. 167-180). Routledge.

Geana, M. V., Kimminau, K. S., & Greiner, K. A. (2011). Sources of health information in a multiethnic, underserved, urban community: Does ethnicity matter? *Journal of Health Communication*, *16*(6), 583-594.

Goodall, C. E., & Reed, P. (2013). Threat and efficacy uncertainty in news coverage about bed bugs as unique predictors of information seeking and avoidance: An extension of the EPPM. *Health Communication*, *28*(1), 63-71.

Griffin, R. J., Dunwoody, S., & Neuwirth, K. (1999). Proposed model of the relationship of risk information seeking and processing to the development of preventive behaviors. *Environmental Research*, *80*(2), S230-S245.

Hall, A. K., Bernhardt, J. M., & Dodd, V. (2015). Older adults' use of online and offline sources of health information and constructs of reliance and self-efficacy for medical decision making. *Journal of Health Communication*, *20*(7), 751-758.

Himelboim, I., & Han, J. Y. (2014). Cancer talk on twitter: Community structure and information sources in breast and prostate cancer social networks. *Journal of Health Communication*, *19*(2), 210-225.

Hovick, S. R., & Bigsby, E. (2016). Heart disease and colon cancer prevention beliefs and their association with information seeking and scanning. *Journal of Health Communication*, *21*(1), 76-84.

Jardine, C. G., Boerner, F. U., Boyd, A. D., & Driedger, S. M. (2015). The more the better? A comparison of the information sources used by the public during two infectious disease outbreaks. *PLOS ONE*, *10*(10), e0140028.

Johnson, J. D. (1997). *Cancer-related information seeking*. Hampton Press.

Johnson, J. D., & Case, D. O. (2012). *Health information seeking*. Peter Lang.

Johnson, J. D., & Meischke, H. (1993). A comprehensive model of cancer-related information seeking applied to magazines. *Human Communication Research*, *19*(3), 343-367.

Kahlor, L. (2010). PRISM: A planned risk information seeking model. *Health Communication*, *25*(4), 345-356.

Katz, E., Blumler, J. G., & Gurevitch, M. (1973). Uses and gratifications research. *Public Opinion Quarterly*, *37*(4), 509-523.

Kelly, B., Hornik, R., Romantan, A., Schwartz, J. S., Armstrong, K., DeMichele, A., Fishbein, M., Gray, S., Hull, S., Kim, A., Nagler, R., Niederdeppe, J., Ramierez, A. S., Smith-McLallen, A., & Wong, N. (2010). Cancer information scanning and seeking in the general population. *Journal of Health Communication*, *15*(7), 734-753.

Kessler, S. H., & Zillich, A. F. (2019). Searching online for information about vaccination: Assessing the influence of user-specific cognitive factors using eye-tracking. *Health Communication*, *34*(10), 1150-1158.

Kim, K., & Kwon, N. (2010). Profile of e-patients: Analysis of their cancer information seeking from a national survey. *Journal of Health Communication*, *15*(7), 712-733.

Kim, Y. C., Lim, J. Y., & Park, K. (2015). Effects of health literacy and social capital on health information behavior. *Journal of Health Communication*, *20*(9), 1084-1094.

Kosenko, K. A., Harvey-Knowles, J., & Hurley, R. J. (2014). The information management processes of women living with HPV. *Journal of Health Communication*, *19*(7), 813-824.

Lambert, S. D., & Loiselle, C. G. (2007). Health information-seeking behavior. *Qualitative Health Research*, *17*(8), 1006-1019.

Lee, E. J., & Oh, S. Y. (2013). Seek and you shall find? How need for orientation moderates knowledge gain from Twitter use. *Journal of Communication*, *63*(4), 745-765.

Lee, H. O., & Kim, S. (2015). Linking health information seeking to behavioral outcomes: Antecedents and outcomes of childhood vaccination information seeking in South Korea. *Journal of Health Communication*, *20*(3), 285-296.

Lee, J. (2019). "Self" takes it all in mental illness: Examining the dynamic role of health consciousness, negative emotions, and efficacy in information seeking. *Health Communication*, *34*(8), 848-858.

Lee, S. T., Dutta, M. J., Lin, J., Luk, P., & Kaur-Gill, S. (2018). Trust ecologies and channel complementarity for information seeking in cancer prevention. *Journal of Health Communication*, *23*(3), 254-263.

Lee, S. Y., & Hawkins, R. P. (2010). Why do patients seek an alternative channel? The effects of unmet needs on patients' health-related Internet use. *Journal of Health Communication*, *15*(2), 152-166.

Lee, S. Y., & Hawkins, R. P. (2016). Worry as an uncertainty-associated emotion: Exploring the role of worry in health information seeking. *Health Communication*, *31*(8), 926-933.

Légaré, F., & Witteman, H. O. (2013). Shared decision making: Examining key elements and barriers to adoption into routine clinical practice. *Health Affairs*, *32*(2), 276-284.

Lewis, N. (2017). Information seeking and scanning (2017). In P. Rösler (Ed.), *The Wiley-Blackwell international encyclopedia of media effects* (pp. 745-754). Blackwell & the International Communication Association (ICA).

Lewis, N., & Martinez, L. S. (2020). Information seeking as a predictor of risk behavior: Testing a behavior and risk information engagement model (BRIE). *Journal of Health Communication*, *25*(6), 474-483.

Lewis, N., Martinez, L. S., Agbarya, A., & Piatok-Vaisman, T. (2016). Examining patterns and motivations for drug-related information seeking and scanning behavior: A cross-national comparison of American and Israeli college students. *Communication Quarterly*, *64*(2), 145-172.

Lewis, N., Martinez, L. S., & Carmel, O. (2017). Measures of information seeking: A validation study in the context of nonmedical drug use behaviors. *Communication Methods and Measures*, *11*(4), 266-288.

Lewis, N., Martinez, L. S., Freres, D. R., Schwartz, J. S., Armstrong, K., Gray, S. W., Fraze, T., Nagler, R., Bourgoin, A., & Hornik, R. C. (2012). Seeking cancer-related information from media and family/friends increases fruit and vegetable consumption among cancer patients. *Health Communication*, *27*(4), 380-388.

Macias, W., Lee, M., & Cunningham, N. (2018). Inside the mind of the online health information searcher using think-aloud protocol. *Health Communication*, *33*(12), 1482-1493.

Martinez, L. S., & Lewis, N. (2016). A mediation model to explain the effects of information seeking from media and interpersonal sources on young adults' intention to use marijuana. *International Journal of Communication*, *10*, 1809-1832.

McGuire, W. J. (1989). Theoretical foundations of campaigns. In R. Rice & C. Atkin (Eds.), *Public communication campaigns* (pp. 43-65). Sage.

Mello, S., Tan, A. S., Armstrong, K., Sanford Schwartz, J., & Hornik, R. C. (2013). Anxiety and depression among cancer survivors: The role of engagement with sources of emotional support information. *Health Communication*, *28*(4), 389-396.

Mendes, Á., Abreu, L., Vilar-Correia, M. R., & Borlido-Santos, J. (2017). "That should be left to doctors, that's what they are there for!"—exploring the reflexivity and trust of young adults when seeking health information. *Health Communication*, *32*(9), 1076-1081.

Merten, J. W., Roberts, K. J., King, J. L., & McKenzie, L. B. (2020). Pinterest homemade sunscreens: A recipe for sunburn. *Health Communication*, *35*(9), 1123-1128.

Nan, X., Underhill, J., Jiang, H., Shen, H., & Kuch, B. (2012). Risk, efficacy, and seeking of general, breast, and prostate cancer information. *Journal of Health Communication*, *17*(2), 199-211.

National Cancer Institute (2020). *Health information national trends survey*. https://hints.cancer.gov/view-questions-topics/question-details.aspx?PK_Cycle=9&qid=757.

National Institutes of Health. (2020, February 24). *Estimates of funding for various research, condition, and disease categories (RCDC)*. U.S. Department of Health and Human Services, National Institutes of Health.

Neuberger, L., & Silk, K. J. (2016). Uncertainty and information-seeking patterns: A test of competing hypotheses in the context of health care reform. *Health Communication*, *31*(7), 892-902.

Nguyen, G. T., Shungu, N. P., Niederdeppe, J., Barg, F. K., Holmes, J. H., Armstrong, K., & Hornik, R. C. (2010). Cancer-related information seeking and scanning behavior of older Vietnamese immigrants. *Journal of Health Communication*, *15*(7), 754-768.

Niederdeppe, J., Hornik, R. C., Kelly, B. J., Frosch, D. L., Romantan, A., Stevens, R. S., & Schwartz, J. S. (2007). Examining the dimensions of cancer-related information seeking and scanning behavior. *Health Communication*, *22*(2), 153-167.

Noh, G. Y., Lee, S. Y., & Choi, J. (2016). Exploring factors influencing smokers' information seeking for smoking cessation. *Journal of Health Communication*, *21*(8), 845-854.

Oh, K. M., Kreps, G. L., Jun, J., Chong, E., & Ramsey, L. (2012). Examining the health information—seeking behaviors of Korean Americans. *Journal of Health Communication*, *17*(7), 779-801.

Pask, E. B., & Rawlins, S. T. (2016). Men's intentions to engage in behaviors to protect against human papillomavirus (HPV): Testing the risk perception attitude framework. *Health Communication*, *31*(2), 139-149.

Pew Research Center (2003). *Internet health resources*. https://www.pewresearch.org/internet/2003/07/16/part-1-internet-health-resources.

Ramírez, A. S., Freres, D., Martinez, L. S., Lewis, N., Bourgoin, A., Kelly, B. J., Lee, C., Nagler, R., Schwartz, J. S., & Hornik, R. C. (2013). Information seeking from media and family/friends increases the likelihood of engaging in healthy lifestyle behaviors. *Journal of Health Communication*, *18*(5), 527-542.

Record, R. A., Silberman, W. R., Santiago, J. E., & Ham, T. (2018). I sought it, I Reddit: Examining health information engagement behaviors among Reddit users. *Journal of Health Communication*, *23*(5), 470-476.

Rogers, E. M. (1962). *Diffusion of innovations*. Free Press.

Rosenbaum, P. R., & Rubin, D. B. (1983). The central role of the propensity score in observational studies for causal effects. *Biometrika*, *70*(1), 41-55.

Rosenstock, I. M. (1974). Historical origins of the health belief model. *Health Education Monographs*, *2*(4), 328-335.

Rubin, A. M. (1994). Media uses and effects: A uses-and-gratifications perspective. In J. Bryant & D. Zillmann (Eds.), *Media effects: Advances in theory and research* (pp. 417-436). Lawrence Erlbaum Associates, Inc.

Ryan, R. M., & Deci, E. L. (2000). Self-determination theory and the facilitation of intrinsic motivation, social development, and well-being. *American Psychologist*, *55*(1), 68-78.

Scherr, S., & Goering, M. (2020). Is a self-monitoring app for depression a good place for additional mental health information? Ecological momentary assessment of mental help information seeking among smartphone users. *Health Communication*, *35*(8), 1004-1012.

Shadish, W. R., Cook, T. D., & Campbell, D. T. (2002). *Experimental and quasi-experimental designs for generalized causal inference*. Houghton Mifflin.

Slater, M. D. (2007). Reinforcing spirals: The mutual influence of media selectivity and media effects and their impact on individual behavior and social identity. *Communication Theory*, *17*(3), 281-303.

Steele, C. M. (1988). The psychology of self-affirmation: Sustaining the integrity of the self. In L. Berkowitz (Ed.), *Social psychology studies of the self: Perspectives and programs* (pp. 261-230). Academic Press.

Syn, S. Y., & Kim, S. U. (2016). College students' health information activities on Facebook: Investigating the impacts of health topic sensitivity, information sources, and demographics. *Journal of Health Communication*, *21*(7), 743-754.

Tan, A. S., Mello, S., & Hornik, R. C. (2012). A longitudinal study on engagement with dieting information as a predictor of dieting behavior among adults diagnosed with cancer. *Patient Education and Counseling*, *88*(2), 305-310.

U.S. Department of Health and Human Services (2020). *NIH research portfolio online reporting tools*. https://projectreporter.nih.gov/

Valera, P., Lian, Z., Brotzman, L., & Reid, A. (2018). Fatalistic cancer beliefs and information seeking in formerly incarcerated African-American and Hispanic men: Implications for cancer health communication and research. *Health Communication*, *33*(5), 576-584.

Valle, C. G., Tate, D. F., Mayer, D. K., Allicock, M., Cai, J., & Campbell, M. K. (2015). Physical activity in young adults: A signal detection analysis of Health Information National Trends Survey (HINTS) 2007 data. *Journal of Health Communication*, *20*(2), 134-146.

Viswanath, K., Ramanadhan, S., & Kontos, E. Z. (2007). Mass media. In D. Demeters & K. Viswanath (Eds.), *Macrosocial determinants of population health* (pp. 275-294). Springer.

Waters, E. A., Wheeler, C., & Hamilton, J. G. (2016). How are information seeking, scanning, and processing related to beliefs about the roles of genetics and behavior in cancer causation? *Journal of Health Communication*, *21*(2), 6-15.

Wilson, B., Knobloch-Westerwick, S., & Robinson, M. J. (2019). Picture yourself healthy—how users select mediated images to shape health intentions and behaviors. *Health Communication*, *34*(8), 838-847.

Wilson, T. D. (1999). Models in information behaviour research. *Journal of Documentation*, *55*(3), 249-270.

Witte, K. (1992). Putting the fear back into fear appeals: The extended parallel process model. *Communication Monographs*, *59*(4), 329-349.

World Health Organization. (2020a). *SARS (Severe acute respiratory syndrome)*. https://www.who.int/ith/diseases/sars/en/

World Health Organization. (2020b). *Cancer*. https://www.who.int/health-topics/cancer#tab=tab_1.

Xu, J. Q., Murphy, S. L., Kochanek, K. D., & Arias, E. (January, 2020). *Mortality in the United States, 2018*. NCHS Data Brief, no. 355. www.cdc.gov/nchs/products/databriefs/db355.htm.

Yang, Q., Chen, Y., & Wendorf Muhamad, J. (2017). Social support, trust in health information, and health information-seeking behaviors (HISBs): A study using the 2012 Annenberg National Health Communication Survey (ANHCS). *Health Communication*, *32*(9), 1142-1150.

Yang, Q., Liu, J., Lochbuehler, K., & Hornik, R. (2019). Does seeking e-cigarette information lead to vaping? Evidence from a national longitudinal survey of youth and young adults. *Health Communication*, *34*(3), 298-305.

Yang, Q., & Wu, S. (2019). How social media exposure to health information influences Chinese people's health protective behavior during air pollution: A theory of planned behavior perspective. *Health Communication*. *36*(3), 324-333.

Yom-Tov, E., Marino, B., Pai, J., Harris, D., & Wolf, M. (2016). The effect of limited health literacy on how internet users learn about diabetes. *Journal of Health Communication*, *21*(10), 1107-1114.

Zhang, L., & Jung, E. H. (2019). WeChatting for health: An examination of the relationship between motivations and active engagement. *Health Communication*, *34*(14), 1764-1774.

Zhang, X., Foo, S., Majid, S., Chang, Y. K., Dumaual, H. T. J., & Suri, V. R. (2020). Self-care and health-information-seeking behaviors of diabetic patients in Singapore. *Health Communication*, *35*(8), 994-1003.

Zimmerman, M. S. (2018). Assessing the reproductive health-related information-seeking behavior of low-income women: Describing a two-step information-seeking process. *Journal of Health Communication*, *23*(1), 72-79.

Zimmerman, M. S., & Shaw Jr, G. (2020). Health information seeking behaviour: A concept analysis. *Health Information and Libraries Journal*, *37*(3), 173-191.

第 28 章
进入健康决策：健康素养在健康传播中的作用

莎拉·A. 阿加扎德（Sarah A. Aghazadeh）　　琳达·奥尔多里（Linda Aldoory）

健康传播研究者和从业者努力提高健康决策和积极的健康行为，而且在过去十年里，许多人都已认识到健康素养在其中的核心作用。如果人们健康素养不足，他们的健康结果就会受损，社区的健康系统也会不堪重负。几项研究已证明了健康素养低与药物依从性较低（Zhang et al., 2014）、疾病管理知识较少（AlSayah et al., 2013; Fransen et al., 2012）、健康状况较差（Berkman et al., 2010）、医疗费用较高（Morrison et al., 2013）等之间的关系。因此，健康素养已成为定制健康信息和设计运动的关键考虑因素，因为传播可以帮助那些健康素养低的人更好地做出健康决策。的确，在某些情况下，如果信息是定制的和具有文化契合性的话，那么传播实际上可以提高健康素养水平。

传统的健康素养研究可以见于医学领域，并将重点置于患者如何理解处方、出院指示和医患沟通形式。许多早期研究都对筛选、评分和测试患者健康素养水平的不同方法进行了检验。尽管这类研究仍然很普遍，但健康传播研究已经以更广泛的方式探讨了健康素养问题。例如，研究者已将非患者的受众纳入，探讨了医疗语境之外的健康素养问题，如社区、学校和网络。本章回顾了健康素养的一些传统概念，随后描述了健康传播中健康素养研究的不同语境，以及在健康传播中探讨健康素养及其在积极健康结果中重要作用的机会。

在本章的开始，我们评价了健康素养的定义、学术研究领地（territorial questions for scholarship）问题和常见范式。然后，我们描述了受到特别关注的人群以及用于健康素养研究的、经过充分检验的测量方法。接下来，我们介绍了健康素养的一些适用模型，并提供一个代表这些模型的案例，以及一种基于社区的健康素养运动的方法。最后，我们对未来的研究提出了建议。

第 1 节　健康素养的定义

健康素养最常见的定义之一是"个体能够获得、处理和理解为做出适当健康决策所需的基本健康信息和服务的程度"（Institute of Medicine, 2004; Ratzan & Parker, 2000, 第 vi 页）。世界卫生组织（WHO）已将健康素养确定为健康本身的决定因素（Kutcher et al., 2016; WHO, 2013）。虽然素养（literacy）和健康素养（health literacy）是相互关联的，但它们并非同义词。事实上，许多现有的健康素养研究都探讨了普通素养和健康素养之间的相同与差异（Ishikawa and Kiuchi, 2010）。例如，素养和健康素养都包括基于技能和应用的组成部分，都要求将这些技能应用于各种情况（Nutbam, 2000; Nutbam et al.,

2017)。不过,研究已经提出,(通过阅读、写作、算术而获得的)普通素养并不能保证足够的健康素养(van der Heide et al.,2013)。尽管人们的阅读、算术、写作技能确实会影响其健康素养,但对大多数人来说,健康语境通常是陌生和复杂的[Centers for Disease Control and Prevention(CCDC),2019]。这意味着普通素养高的人仍有可能健康素养低[Office of Disease Prevention and Health Promotion(ODPHP),2020]。

健康素养需要一系列传播技能。纳比姆(Nutbeam,2018)将其概念化为"一套可观察的技能,它们可以通过有效传播和教育而得到发展和提高"(第4页)。这将健康素养与传播紧密联系起来,而伯克曼等人(Berkman et al.,2010)对健康素养的定义做了以下修改:"个体可以获取、处理、理解和**交流传播**为做出明智健康决策所需的健康相关信息的程度"。虽然帕克和拉赞(Park & Ratzan,2019)认为,为了可靠性和一致性,他们的定义应该用于不同的语境和研究,但他们也赞同,现在是时候探讨媒体和数字传播在人们获取、分享和理解信息方面的作用了。

除了阅读和传播方面的技能以外,许多研究者已发现,健康素养还包括自我效能感和感知健康状况的组成部分(Aldoory,2016;Squiers et al.,2012)。换句话说,健康素养高的人相信自己身体健康,并能够保持和改善其健康的行为。其他因素如情绪状态、焦虑程度、获得健康护理的机会以及批判性思维能力等,可以作为健康素养与健康结果之间的中介(Squiers et al.,2012)。

除了单纯的阅读技能之外,一个人的健康素养水平还包括多种因素。这些因素包括大量的传播技能,例如,倾听和口语传播技能、自我效能感、计算能力、批判性思维能力和一定程度的技术能力。

第2节　学科侵入和领地问题

尽管健康素养已开始被认为是自己的"领域"(field)或"学科"(discipline)(Paasche-Orlow et al.,2017,第e14页),但关于领地(territory)的争论仍在继续,这或许因为健康素养是一个全新的学术领域(domain)。我们发现,虽然大多数声称从事健康素养研究的研究者都来自医学院,但健康素养却被当作健康教育领域的一个分支学科。同时,由于人们认识到健康素养高度依赖强大的沟通技巧,所以健康传播与健康素养之间的纽带正在加强(Nutbeam,2000)。如同拉赞(Ratzan,2001)所论证的那样,存在着利用传播来提高健康素养的有意义的机会,包括"整合营销传播、教育、谈判和社会资本"(第211页)。

健康教育已被定义为旨在帮助个体和社区获得做出良好健康决策所需的知识和技能的学习经历,涵盖了鼓励人们采取健康行为的有条理的努力(Sharma,2017)。学者们已经提出,健康素养调节普通教育与健康之间的关系(van der Heide et al.,2013),而且健康素养是健康教育的一个成功产物(Nutbam,2008;Werts & HuttonRogers,2013)。健康教育有限与健康素养水平低相关(Ratzan,2001)。此外,由于健康护理系统随时间推移变得越来越复杂,人们需要更多的健康教育才能够成功地应对它。

与任何新学科一样,健康素养及其不断增长的知识体系伴随着领地的争论。健康素养最初是医学领域的一个概念,在那里,诸如出院指示、药物标签和治疗计划等沟通行为是被作为干预措施来研究的,阅读和理解也是那里主要的衡量标准。这些医学方面的研究仍在进行,并构成了健康素养的主要方法。然而,提供者-患者沟通已成为医疗语境和健康传播语境之间的一座有用的桥梁。对于健康素养在非医学语境下作用的理解也很重要,并且也是健康传播研究可以做出贡献的空间。例如,基于社区的健康素养倡导运动、社交媒介上的健康信息和短信运动是健康素养努力的例子,这些努力不属于医学领域,但对改善健康结果仍然很重要。

有效和精心策划的健康传播、健康教育和医疗信息可以提高个体和社会团体的健康素养。传播和教育不仅是以意义为中心的人类过程,也是使用证据和针对性方法、以策略性的方式影响健康素养的工具(Alle et al.,2017)。传播和教育都能够使人们改变健康行为。因此,随着时间的推移,传播促进了正规的、战略性的和累积性的教育和推广工作,从而培养个体技能,为提高健康素养提供语境背景。

第3节 健康素养范式

在考虑学者们通过健康传播、教育和医学研究来审视健康素养的方式时,我们注意到,已经出现了两种范式来理解健康素养以及对健康结果影响。第一种是临床范式,它侧重于提供者-患者沟通,并寻找机会提高个体健康素养和/或满足缺乏健康素养个体的需求。第二种范式源于公共健康,它考虑现存的社会和卫生系统,并试图赋予人们权利,以面对不利的社会决定因素。

一、临床范式:赤字视角

在美国,对健康素养的关切,"帮助医生更好地传达他们的处方,并帮助患者更好地理解和依从治疗方案"(Pleasant & Kuruvilla, 2008,第152页)。从临床视角来看,医生应该通过有效的医患沟通来解决健康素养低的问题。临床视角通常以某种赤字观(deficit view)为框架,其中健康素养是一个需要解决的问题,该观点优先考虑处理健康素养不足问题的流程和材料的适应性(Aldoory, 2016; McCormack et al., 2016; Pleasant & Kuruvilla, 2008)。该临床视角还意味着,从业者承担的传播责任是提供适合于特定人群的健康信息(Aldoory, 2016),而很少强调提高患者或人群理解复杂健康信息的能力。

当健康护理提供者考虑个体患者的结果时,临床视角也是至关重要的;它诞生于医学和临床医学快速评估和筛查患者风险的需要(Nutbeam, 2008)。对临床和个性化的健康素养概念的关注,也与健康素养研究的第一个十年相关,该研究主要对健康素养不足进行确认和编目(Parker & Ratzan, 2010)。然而,无论个体技能多么有趣和重要,系统和环境都对那些技能的发展和运用既提供了机会,也提供了限制。随着学术进步和健康素养研究进入2000年代和2010年代,研究者和从业者开始将健康素养不仅看作个体健康问题,也看作一个系统的、政治的和健康公平的挑战(Parker & Ratzan, 2010)。

二、公共健康范式:参与性视角

第二种范式源于根本不同的健康世界观,其中,系统和结构是关注焦点,因为它们影响人们如何与健康信息互动,并根据健康信息而采取行动。人们不仅必须发展自己的能力,还必须拥有资产和熟练程度,以提高对环境需求的适应能力(Parker & Ratzan, 2010)。从这个视角来看,健康传播可以激发人们建立一种控制自己健康的意识,而健康素养可以帮助他们做到这一点(Nutbeam, 2008)。公共健康范式也基于健康素养的参与方法,在这种方法中,信息是定制的、有用的,并与日常生活相关(Aldoory, 2016)。

公共健康视角假设,健康素养不足,不仅是社会弱势群体的问题或风险因素,也是与其他各种社会决定因素交织在一起的更大结构性问题的征兆(Rüegg & Abel, 2019)。不过,这种视角也将健康素养看成一种解决方案(Pleasant et al., 2015)。赋权是这一视角的关键组成部分,而健康信息和材料必须与人们的能力水平相一致,才会是有用的(Aldoory, 2016; Schulz & Nakamoto, 2013)。

健康素养的临床范式和公共健康范式有助于定义这一领域。两者虽然看起来相互对立,但也能够互补。例如,或许健康传播研究的第一步是概述不同目标人群的传播和健康素养之间缺失的环节。然后,可以探讨参与策略、技能培养和社区资产——例如,当地卫生诊所、支持性服务组织和健康食品选项,以了解它们对健康素养的影响。无论从哪一个视角来看,研究的当务之急都不仅要考虑低健康素养的负担,而且要证明健康素养改善个体和集体健康方面的力量(Pleasant et al., 2015)。特别是,研究应该重视更容易受到低健康素养和不良健康结果影响的人群。

第 4 节　受到特别关注的人群

健康素养与健康结果之间的关系表明,面临巨大健康差距的人群可能会特别受益于健康素养的干预措施。因此,这些人群已经成为健康素养研究者特别关注的人群。在本节中,我们强调有必要解决其中四个人群的健康素养问题:老年人、健康服务不足人群、农村人群和儿童。

一、老年人

健康素养最显著的决定因素之一是年龄(Cutilli, 2007; KeeneWoods & Chesser, 2017)。诸如听力和视力丧失等与年龄相关的身体损伤,会影响处理信息的能力(Chesser et al., 2016),进而危及健康素养。相比年轻人,65岁以上的人通常与健康护理人员有更多的互动关系,因为老年人要管理与衰老相关的健康问题。而且,随着越来越多的健康信息以数字方式共享,并需要更多的、往往为老年人所缺少的数字素养技能,老年人面临着挑战(Tsai et al., 2017)。老年人将会继续吸引健康素养研究者和从业者,因为他们试图适应和满足老龄人群的需求(Bongue et al., 2016; Chesser et al., 2016)。

二、健康服务不足人群

健康服务不足人群在健康素养研究中受到了关注,因为这些群体往往经历由社会决定因素造成的较差的健康结果。"服务不足"(underserved)一词用于描述缺乏健康护理、因而与其他群体相比无法获取公平的健康服务和医疗质量的群体。尽管健康素养对任何人来说都可能是一个挑战,但那些来自低社会经济地位、少数种族和族裔的人以及生活在农村地区的人,被认为是健康服务最为不足的人群。

1. 社会经济地位

低社会经济地位(socioeconomic status, SES)与缺乏健康服务机会(Baker, 2014)、较低健康素养和较差健康状况相关。收入、教育程度和健康素养之间存在着正相关关系(Rikard et al., 2016)。此外,意想不到的健康挑战可能会增加较低SES家庭的经济负担和护理责任,这些家庭缺乏资源来"缓冲"健康危机的不利后果(Leonard et al., 2017, p.125)。

2. 种族和族裔

健康素养水平的差异影响着种族和族裔少数群体,因此非白人人群的健康素养显著低于白人人群(Dunn-Navarra et al., 2012; Kutner et al., 2006; Rikard et al., 2016)。特别是黑人/非裔美国人、西班牙裔/拉丁裔、美洲原住民和移民社区,显示了最低的健康素养水平(Dunn-Navarra et al., 2012; Kutner et al., 2006)。各种个体、身体、环境和社会的决定因素相互关联,可能导致特定群体的健康和健康素养水平的下降(Neuhauser, 2017)。

3. 农村人群

与生活在非农村地区的人相比,生活在农村地区的人要努力应对不同的健康挑战。尽管"农村"一词可以在语境基础上以各种方式来定义,但它通常用于指涉"地理隔离"和/或人口密度差异(United States Department of Agriculture, 2019,第1段)。农村人群在健康素养研究中已经受到了关注,因为他们更有可能由于较低健康素养而导致不好的健康状况(CDC, 2017)。扎恩德等人(Zahnd et al., 2009)发现,生活在农村地区的人的健康素养较低。农村地区的卫生资源可能较少,其居住者培养健康素养的机会也比较少。

4. 儿童

在儿童时期培养的健康素养可以改善成年后的健康状况(Borzekowski, 2009)。因此,研究者、管理人员和决策者都在关注儿童的健康素养问题(Borzekowski, 2009; Fairbrother et al., 2016)。孩子们每天都在为自己的健康做决定,早期对其灌输健康素养可以帮助他们随年龄的增长而适应复杂的健康环境(Borzekowski,2009;Manganello,2008)。而且,儿童和青少年越来越多地从线上和学校系统来源获得健康信息。对基于学校的幼儿干预的初步研究表明,干预措施有望提高他们的健康素养。此外,将干预措施整合到现有课程之中,可以满足儿童的需求。它还使学校系统满足他们因现有课程无法改变而产生的学习需求(Rajan et al.,2017)。

第5节 健康素养测量

健康素养方面的大多数研究都已重视测量和标度的创建。一些作者声称,测量健康素养的能力将提高它作为医学和公共健康的一个研究领域的合法性(Pleasant et al.,2015)。然而,批评者认为,由于专注于测量,这个领域形成了一种短视的观点,阻碍了将全面和文化敏感的框架应用于健康素养(Guzys et al.,2015)。

几十项已经发表的研究采用了各种测量方法,但有三种方法仍然最受欢迎,也最经得起检验(Cameron et al.,2010)。这些测量评估适用于医疗语境的功能性素养和基本素养技能。卡梅伦等人(Cameron et al.,2010)解释了"成人医学素养快速评估"(REALM)和"成人功能性健康素养测试"(TOFHLA)如何得到广泛运用,以及这些测量方法如何彼此紧密关联的问题。REALM采用66个医学术语的调查来测量健康词汇;受访者被要求大声朗读术语列表(Davis et al.,1993)。TOFHLA测量通过要求受访者在句子中填写缺失的医学术语来测量阅读理解(Parker et al.,1995)。最新生命体征(NVS)是另一种流行的健康素养测量方法,被运用于日常语境,而不是医疗语境。它只有6个问题,以阅读和分析冰激凌盒上的营养标签为依据(Weiss et al.,2005)。它作为一种相对快速、有效和可靠的测量方法,在各种语境中都得到了支持(Hoffman et al.,2013)。NVS融合了阅读、计算和信息导航(Hoffman et al.,2013;Weiss et al.,2005)。

医学研究者创建这些方法,是为了测量对医学术语的阅读理解。有多种因素可以导致某人具有高水平的健康素养,而试图捕捉这些因素的尝试有限。在这部手册的前一版中,卡梅伦等人(Cameron et al.,2010)所写的章节,概述了健康素养测量方法与健康结果相吻合的问题。当前的健康环境要求的不仅仅是阅读特定健康信息的能力,批评人士已经对现有健康素养测量方法的局限性提出了质疑(Ormshaw et al.,2013;Pleasant et al.,2011)。最常用的健康素养测量方法有赖于筛选参与者,而不是开发健康素养的多层面结构(Nutbeam et al.,2017;Ormshaw et al.,2013)。

普勒仁提等人(Pleasant et al.,2011)提出了改进健康素养测量的指南。这些指南包括要确保健康素养的测量方法与概念框架相一致,并阐述健康素养的多维性。不过,作为多维结构,健康素养仍然面临测量挑战。尽管如此,一个适当的可操作定义是至关重要的,可以为跨越学科界限的健康素养研究铺平道路。

第6节 适用的健康素养模型

各种学者已经开发了概念模型和框架,以解释健康素养和促成健康素养的因素(Manganello,2008;Nutbam,2000;Sørensen et al.,2012;Squiers et al.,2012)。然而,许多健康素养模型未能连接临床健康范式和公共健康范式,或未能整合关于健康素养的各种各样的概念,如自我效能、动机和传播(Sørensen et al.,2012;Squiers et al.,2012)。索伦森等人(Sørensen et al.,2012)评价了为解释健康素养而开发的12个模型,并发现纳提比姆的模型(Nutbeam,2000)和曼加内罗(Manganello,2008)的模型是最全面和最具启发性的。这里简要地描述这两种模型。然后,对索伦森等人提出的整合模型进行解释。

一、纳提比姆的健康素养模型

纳提比姆(Nutbeam, 2000)的健康素养模型区分了不同类型的健康结果,有助于建立健康干预措施及其目标之间的联系。在这一模型中,健康素养被分为三个不同的层次。功能性健康素养(functional health literacy)包括将基本技能应用于不同的健康语境。传播性健康素养(communicative health literacy)包括收集健康信息,并在动态情境和互动时获取该信息的意义。批判性健康素养(critical health literacy)是指人们对授权的健康决策进行评估和比较(Ishikawa & Kiuchi, 2010; Nutbeam, 2000)。大多数关于健康素养的研究都是在功能性层面上检测变量和语境,而被测量的技能通常是在医院环境下,或是在观察医患沟通的时候进行的(Aldoory, 2016)。传播性健康素养对于健康传播学者来说具有决定性的意义,因为正是在这一层次上,战略性设计的信息和媒介宣传运动被用于增强人们对健康素养的认识,并减少健康素养的障碍。批判性健康素养是最难实现的素养,因为它需要自我效能感的发展,需要为人们自己的健康进行辩护并做出明智选择的能动性。根据纳提比姆(Nutbeam, 2000)的说法,随着人们从功能性健康素养进入批判性健康素养,他们就可以对自己的健康施加更大的影响。

二、曼加内罗的健康素养模型

曼加内罗(Manganello, 2008)在其青少年工作的基础上,创建了一个健康素养的综合模式。她从生态学方法入手,认为人们的健康素养面临着不同层次的影响:① 个体特征的影响,如年龄、种族和性别等;② 同伴和父母的影响,例如家庭价值观和同伴支持;③ 各种系统的影响,包括健康护理、教育和媒体。

个体特质、同伴和父母以及系统,综合起来影响了一个人的健康素养。然而,曼加内罗(Manganello, 2008)认为,系统对健康素养具有直接的影响,并可能阻碍或帮助健康素养的提高。当健康和积极的时候,每一层次中的因素都可以支持和促进高健康素养。因此,健康素养测量应该评估系统和家庭对个人健康决策等的影响。

三、健康素养的整合模型

由于缺少可用的综合模型,索伦森等人(Sørensen et al., 2012)提出了一个整合模型,以便推动健康素养的更加完整的概念化。该模型既包括个体层面的思考,也包括群体层面的思考。索伦森等人提出了四种能力:获取、了解、评估和应用健康信息(另参见 Massey et al., 2017)。这些能力属于健康护理、疾病预防和健康促进的领域(Massey et al., 2017; Sørensen et al., 2012)。

健康素养还是一个成熟的理论发展领域,健康传播学者完全有能力为这个知识体系做出贡献。然而,除非学者和从业者制定出有意义和全面的健康素养理论模型,这种知识才有可能超越统计关联和个体层面的阅读理解测量(Reading Comprehension measures)(Rüegg & Abel, 2019)。当然,还是有一些健康干预措施采用了更加综合和基于社区的方法,我们将提供一个这样的例子。

第7节 健康素养倡导运动案例

在本章中,我们就应该如何定义健康素养,以及健康传播研究者应该如何研究健康素养的问题,提出了几个论点:第一,健康素养不仅是阅读和理解文本的能力,而且是一个综合性概念,包括若干传播要素、自我效能和批判性思维;第二,健康素养不仅关乎个体技能,还涉及家庭语境、社会团体支持和中介环境;第三,健康素养研究应侧重于弱势健康人群;第四,如同前面描述的模型所建议的那样,基于社区的方法将对健康素养产生更大的影响。

用以解决健康素养问题的、基于社区的参与性工作,通常得不到资助或严格的评估。的确,我们在学术文献中几乎很少发现这样的案例(关于基于社区的健康干预,参见本书第24章)。就某个社会团体为其自身开展的健康素养倡导运动而言,我们也无法找到公开的案例。但是,这里提供了一个由我们所参与的资助项目案例,以说明我们在本章中提出的健康素养原则,以及它们如何指导当地开展的健康素养运动的问题。

一个当地卫生部门获得了美国疾病控制与预防中心的基金,以便在医疗服务不足的社区开设五家新的初级护理诊所。本章第二位作者在资助申请中是当地卫生部门的合作伙伴。作为这一结构性转变的组成部分,我们以健康传播研究者的身份,负责开展一场"实地"健康素养倡导运动,从而不仅增加居民去新诊所的机会,而且增加他们知道何时去、问什么问题,以及怎么知道何时获得第二种意见的机会。这是一个健康素养水平低、治疗依从率低和健康负担重的社区。因此,令人担心的是他们不会利用新诊所,或不会利用健康护理选项。诊所的开发项目被称为"健康企业区"(Health Enterprise Zone, HEZ),而我们的运动就是"健康企业区健康素养运动"。

本章概述的关键要素被用于设计该社区健康素养运动的讯息和行为。首先,我们邀请了居民、社区组织和当地宗教与商业领袖,创建一个告知传播工作的决策者指导委员会。多年来,这个委员会经常开会,与我们建立信任关系,不仅理解社区层面的健康素养,而且也理解为什么形成性研究、运动材料和评估是这一过程的关键要素。重要的是,委员会成员接受了健康素养技能培训,并成为居民参加活动和后续培训的招募者。我们与指导委员会讨论了健康素养的传播要素,以及自我效能、批判性思维和技术技能等问题。我们解释了什么是自我效能的问题,还为那些有需要的人提供技术技能培训。指导委员会想出了一种以居民为访员的挨家挨户的居民调查方法,来收集关于健康素养水平的反馈意见,以及用于这场运动的最佳讯息。

根据居民调查反馈,指导委员会决定了哪些讯息和传播策略在他们的生活经历和社区语境下最有效。例如,他们开发了一本"适合女性钱包"的小册子和一款手机应用程序。他们举办了教会会议和全县范围的健康素养展销会,与居民交谈并分发材料。重要的是,社区编写的材料侧重于健康素养技能发展、自我效能和批判性思维。例如,小册子提供了关于如何向健康护理提供者提问,提什么样的问题,如何面对迷茫困惑,到哪里寻求帮助以了解新的健康诊所等方面的信息。居民们被拍下的照片成为小册子的图片,对当地社区来说就更加个性化和突出。这本小册子留有与健康护理提供者交谈时填写信息的空白,还包括一份社区卫生资源的清单。

社区居民也是对呈现动态健康素养内容的移动应用程序进行试点测试的对象。重要的是,这种内容并不依赖于阅读理解。事实上,鉴于这一目标社区的低素养水平,它没有把阅读作为健康素养所需的基本技能。相反,它强调口头传播和使用技术来记录医患互动关系。这个应用程序还提供了帮助解决低健康素养问题的资源,如术语表。

用于形成健康素养运动的、基于社区的参与过程,得到了居民和卫生部门双方的积极认可。反馈表明,必须与传播研究者和医疗诊所工作人员建立信任关系,投入时间与居民建立伙伴关系,重视融入材料和讯息中的社区反馈,并鼓励积极参与和使用传播工具。最后,这场运动显示出满足目标社区健康素养需求的前景。当地社区组织、教会和社区卫生工作者要求提供数百份小册子。卫生部门向居民分发了10 000份小册子。居民报告了关于提问和获得第二次意见的信心水平,而此前他们并没有这类信心。此外,指导委员会决定在资助项目的时间框架之外继续召开会议,以推进社区居民健康素养项目(Trivedi & Aldoory, 2018; Trivedi et al., 2017)。

第8节 未来的研究方向

尽管健康素养研究超越功能性健康素养有一段时间了,仍然存在要做的工作,以确保此类探索发展出可靠的理论和概念化的成果。我们提出未来研究的三个领域。具体而言,应该更多地关注批判性的健康素养、基于社区的方法以及数字媒介在健康素养中的作用。

一、批判性的健康素养

研究者必须超越对健康素养的功能性描述,关注在健康素养探讨中缺失了什么,谁享有健康素养的特权,以及需要改变的是什么。批判性的健康素养可以激发社会变革(Chinn, 2011)。秦(Chinn, 2011)将批判性的健康素养分为三个部分。第一,不仅要对健康信息所传达的内容进行批判性分析,而且要对不可见之物和失声的人进行批判性分析。第二,需要审视和承认那些可能正在影响健康素养的社会决定因素。第三,秦相信目标人群、卫生专业人士和其他可能影响健康素养和健康状况的人的集体行动和参与的重要性。

对批判性健康素养问题的探讨,会使研究者质疑赋予富裕人群特权的制度。白人人群、社会经济地位(SES)高的社区和其他享有健康特权的人群可以得到最好的健康护理,并具有最高的健康素养水平。批判性的健康素养表明,研究者和从业者可以采取行动来解决 SES 较低、来自不同种族/族裔背景和其他边缘化身份、健康素养较低的人中存在的不平等问题。

二、基于社区的方法

本章描述了一个研究健康素养倡导运动的、基于社区的方法示例,尽管这些类型的健康素养运动仍然很少。基于社区的参与方法,使社区利益相关者在健康传播研究、讯息和健康传播策略中发挥着积极的作用。

重要的是,基于社区的方法扩展了健康素养的定义和测量。它们认识到,健康素养不仅仅是由阅读等单一技能测量的个体水平结构;相反,健康素养成为一个社区概念,一个需要解决的社区问题,以及一套帮助人们理解健康信息并做出更好的健康决策的能力建设资源(Neuhauser, 2017)。基于社区的参与式方法可以减少调查研究中参与者的流失,生成更可持续的健康干预措施,并提高讯息的文化敏感性(Minkler, 2005)。研究者还可以采用基于社区的方法来解决批判性健康素养的问题,因为此类方法与某种赋权模式相吻合,并将传播干预措施置于人们的日常生活经历之中(de Wit et al., 2018)。

三、数字媒介

医学专业人士曾经是几乎每个人的健康信息的主要来源,但正如我们所知,对许多人群来说,情况已经不再如此(Ishikawa & Kiuchi, 2010)。尽管互联网已使健康信息变得易于获取,但信息仍然难以理解,而且不同来源的讯息可能会相互冲突。专家们已经概述了数字媒介作为健康素养资产的问题,特别是通过视频和其他数字技术吸引受众,以非传统的方式进行传播,并接触到各种群体(Roberts et al., 2017)。

尽管健康信息的普及可能会提高健康素养,但个体必须在评估来源、审核健康信息和比较相互矛盾的信息方面发挥越来越积极的作用。电子健康素养已经被定义为许多技能,对于搜索、获取、评估和使用电子信息以做出健康决策来说,它们是必不可少的(Norman & Skinner, 2006; Paige et al., 2017)。诺曼和斯金纳(Norman & Skinner, 2006)提出了一个电子健康素养模型,其中包括以下一系列素养:传统素养、计算机素养、媒介素养、科学素养、信息素养和健康素养。虽然电子和在线形式的健康传播已在某些方面改善了获取健康信息的途径,但研究者发现,这些形式的信息仍然对电子健康素养低的人和不相信在线健康信息的人构成了挑战(Paige et al., 2017)。此外,在线健康信息可能会出现确认偏差,例如,人们只会搜索或接受已经与其信念相一致的信息(Meppelink et al., 2019)。因此,随着越来越多的健康信息转向电子和数字格式,了解人们如何评估和使用在线健康信息来做出健康决策,成了至关重要的事情。不过,社交媒介可以通过传播与疫苗接种、未经治疗的精神疾病和许多其他健康问题的错误信息,危及健康素养(Gold et al., 2019;另参见本书第 21 章和第 22 章)。由于数字媒介环境的复杂性,健康、教育和传播领域必须共同努力,积累经验教训,优化新媒介的优势,应对媒介对新形式健康素养提出的挑战(Gold et al., 2019)。

第9节 结 论

本章提出了关于健康素养的几个论点。第一,健康素养不仅是阅读和理解文本的能力,而且是一个综合性的概念,它包括若干传播要素、自我效能和批判性思维。第二,健康素养不仅关乎个体技能,还关乎家庭语境、社区支持和中介环境。第三,健康素养研究应侧重于需要更多支持和更清晰沟通的弱势健康人群,以帮助他们做出健康决策。第四,健康素养模型表明,基于社区的方法对健康素养将产生更大的影响,并最终对社区居民的健康状况产生更大的影响。

由于健康素养受到传播的影响,并可影响人们如何就自己的健康进行传播,所以,健康素养在健康传播研究中已经发挥了核心的作用。本章概述了健康素养的定义、模型和主要研究领域。它评价了一种应用的健康素养干预措施,并提出了未来的研究方向。我们预测,随着健康信息环境和健康系统的日益数字化,健康素养将继续挑战传播学研究者。不过,我们也可预测,作为一种使人们能够做出健康决策的多维资产,投入健康素养的时间和精力是值得的,将对人们的健康状况带来有意义的变化。

参考文献

Aldoory, L. (2016). The status of health literacy research in health communication and opportunities for future scholarship. *Health Communication*, 32(2), 211-218.

Allen, M., Auld, E., Logan, R., Montes, J. H., & Rosen, S. (2017). Improving collaboration among health communication, health education, and health literacy. *Perspectives: Expert Voices in Health & Health Care*. National Academy of Sciences. https://nam.edu/wp-content/uploads/2017/07/Improving-Collaboration-Among-Health-Communication-Health-Education-and-Health-Literacy.pdf.

Al Sayah, F., Majumdar, S. R., Williams, B., Robertson, S., & Johnson, J. A. (2013). Health literacy and health outcomes in diabetes: A systematic review. *Journal of General Internal Medicine*, 28(3), 444-452.

Baker, E. H. (2014). Socioeconomic status, definition. In W. C. Cockerham, R. Dingwall, & Quah (Eds.), *The Wiley Blackwell encyclopedia of health, illness, behavior, and society* (pp. 2210-2214).

Berkman, N. D., Davis, T. C., & McCormack, L. (2010). Health literacy: What is it? *Journal of Health Communication*, 15(Sup 2), 9-19.

Bongue, B., Colvez, A., Amsallem, E., Gerbaud, L., & Sass, C. (2016). Assessment of health inequalities among older people using the EPICES score: A composite index of social deprivation. *The Journal of Frailty & Aging*, 5(3), 168-173.

Borzekowski, D. L. G. (2009). Considering children and health literacy: A theoretical approach. *Pediatrics*, 124(Sup 3), s282-s288.

Cameron, K. A., Wolf, M. S., & Baker, D. W. (2010). Integrating health literacy in health communication. In T. L. Thompson, R. Parrott, & J. F. Nussbaum (Eds.), *The Routledge handbook of health communication* (2nd ed., pp. 306-319). Routledge.

Centers for Disease Control and Prevention (CDC). (2017, August 2). *About rural health*. https://www.cdc.gov/ruralhealth/about.html.

Centers for Disease Control and Prevention (CDC). (2019, October 22). *Understanding health literacy*. https://www.cdc.gov/healthliteracy/learn/Understanding.html.

Chesser, A. K., Keene Woods, N., Smothers, K., & Rogers, N. (2016). Health literacy and older adults: A systematic review. *Gerontology & Geriatric Medicine*, 2, 1-13.

Chinn, D. (2011). Critical health literacy: A review and critical analysis. *Social Science & Medicine*, 73(1), 60-67.

Cutilli, C. C. (2007). Health literacy in geriatric patients: An integrative review of the literature. *Orthopaedic Nursing*, 26(1), 43-48.

Davis, T. C., Long, S. W., Jackson, R. H., Mayeaux, E. J., George, R. B., Murphy, P. W., & Crouch, M. A. (1993). Rapid estimate of adult literacy in medicine: A shortened screening instrument. *Family Medicine*, 25(6), 391-395.

de Wit, L., Fenenga, C., Giammarchi, C., di Furia, L., Hutter, I., de Winter, A., & Meijering, L. (2018). Community-based initiatives improving critical health literacy: A systematic review and meta-synthesis of qualitative evidence. *BMC Public Health*, 18(1), Article 40.

Dunn-Navarra, A.-M., Stockwell, M. S., Meyer, D., & Larson, E. (2012). Parental health literacy, knowledge and beliefs regarding upper respiratory infections (URI) in an urban Latino immigrant population. *Journal of Urban Health: Bulletin of the New York Academy of Medicine*, 89(5), 848-860.

Fairbrother, H., Curtis, P., & Goyder, E. (2016). Making health information meaningful: Children's health literacy practices. *SSM—Population Health*, 2, 476-484.

Fransen, M. P., von Wagner, C., & Essink-Bot, M. L. (2012). Diabetes self-management in patients with low health literacy: Findings from literature in a health literacy framework. *Patient Education & Counseling*, 88(1), 44-53.

Gold, R. S., Auld, M. E., Abroms, L. C., Smyser, J., Yom-Tov, E., & Allegrante, J. P. (2019). Digital health communication common agenda 2.0: An updated consensus for the public and private sectors to advance public health. *Health Education & Behavior*, 46(Sup 2), 124-128.

Guzys, D., Kenny, A., Dickson-Swift, V., & Threlkeld, G. (2015). A critical review of population health literacy assessment. *BioMed Central Public Health*, 15, 215-221.

Hoffman, S., Trout, A. L., Nelson, T. D., Huscroft-D'Angelo, J., Sullivan, J., Epstein, M. H., & Gibbons, C. (2013). A psychometric assessment of health literacy measures among youth in a residential treatment setting. *Journal of Studies in Social Sciences*, 5(2), 288-300. https://infinitypress.info/index.php/jsss/article/view/517/228.

Institute of Medicine. (2004). *Health literacy: A prescription to end confusion*. The National Academies Press.

Ishikawa, H., & Kiuchi, T. (2010). Health literacy and health communication. *Biopsychosocial Medicine*, 4, Article 18.

Keene Woods, N., & Chesser, A. K. (2017). Validation of a single question health literacy screening tool for older adults. *Gerontology & Geriatric Medicine*, 3, 1-4.

Kutcher, S., Wei, Y., & Coniglio, C. (2016). Mental health literacy: Past, present, and future. *Canadian Journal of Psychiatry*, 61(3), 154-158.

Kutner, M., Greenberg, E., Jin, Y., & Paulsen, C. (2006). *The health literacy of America's adults: Results from the 2003 National Assessment of Adult Literacy* (NCES 2006-483). U.S. Department of Education. National Center for Education Statistics. https://nces.ed.gov/pubs2006/2006483.pdf.

Leonard, T., Hughes, A. E., & Pruitt, S. L. (2017). Understanding how low-socioeconomic status households cope with health shocks: An analysis of multi-sector linked data. *The Annals of the American Academy of Political and Social Science*, 669(1), 125-145.

Manganello, J. A. (2008). Health literacy and adolescents: A framework and agenda for future research. *Health Education Research*, 23(5), 840-847.

Massey, P. M., Kim, M. C., Dalrymple, P. W., Rogers, M. L., Hawthorne, K. H., & Manganello, J. A. (2017). Visualizing patterns and trends of 25 years of published health literacy research. *HLRP: Health Literacy Research and Practice*, 1(4), e182-e191.

McCormack, L. A., McBride, C. M., & Paasche-Orlow, M. K. (2016). Shifting away from a deficit model of health literacy. *Journal of Health Communication*, 21(Sup 2), 4-5.

Meppelink, C. S., Smit, E. G., Fransen, M. L., & Diviani, N. (2019). "I was right about vaccination": Confirmation bias and health literacy in online health information seeking. *Journal of Health Communication*, 24(2), 129-140.

Minkler, M. (2005). Community-based research partnerships: Challenges and opportunities. *Journal of Urban Health: Bulletin of the New*

York Academy of Medicine, 82(Sup 2), ii3-ii12.

Morrison, A. K., Myrvik, M. P., Brousseau, D. C., Hoffman, R. G., & Stanley, R. M. (2013). The relationship between parent health literacy and pediatric emergency department utilization: A systematic review. *Academy of Pediatrics*, 13(5), 421-429.

Neuhauser, L. (2017). Integrating participatory design and health literacy to improve research and interventions. *Information Services and Use*, 37(2), 153-176.

Norman, C. D., & Skinner, H. A. (2006). eHealth literacy: Essential skills for consumer health in a networked world. *Journal of Medical Internet Research*, 8(2), Article 9. https://www.jmir.org/2006/2/e9/

Nutbeam, D. (2000). Health literacy as a public health goal: A challenge for contemporary health education and communication strategies into the 21st century. *Health Promotion International*, 15(3), 259-267.

Nutbeam, D. (2008). The evolving concept of health literacy. *Social Science & Medicine*, 67(12), 2072-2078.

Nutbeam, D. (2018). Health education and health promotion revisited. *Health Education Journal*, 78(6), 705-709.

Nutbeam, D., McGill, B., & Premkumar, P. (2017). Improving health literacy in community populations: A review of progress. *Health Promotion International*, 33(5), 901-911.

Office of Disease Prevention and Health Promotion. (2020). Health literacy. In *Healthy people 2020*. https://www.healthypeople.gov/2020/topics-objectives/topic/social-determinants-health/interventions-resources/health-literacy.

Ormshaw, M. J., Paakkari, L. T., & Kannas, L. K. (2013). Measuring child and adolescent health literacy: A systematic review of literature. *Health Education*, 113(5), 433-455.

Paasche-Orlow, M. K., Baur, C., & Cabral, H. (2017). Welcome to the journal HLRP: Health literacy research and practice. *HLRP: Health Literacy Research and Practice*, 1(1), e14-e15.

Paige, S., Krieger, J., & Stellefson, M. (2017). The influence of e-Health literacy on perceived trust in online health communication channels and sources. *Journal of Health Communication*, 22(1), 53-65.

Parker, R., Baker, D. W., Williams, M. V., & Nurss, J. R. (1995). The Test of Functional Health Literacy in Adults: A new instrument for measuring patients' literacy skills. *Journal of General Internal Medicine*, 10(10), 537-541.

Parker, R., & Ratzan, S. (2010). Health literacy: A second decade of distinction for Americans. *Journal of Health Communication*, 15(Sup 2), 20-33.

Parker, R., & Ratzan, S. (2019). Re-enforce, not re-define health literacy—moving forward with health literacy 2.0. *Journal of Health Communication*, 24(12), 923-925.

Pleasant, A., Cabe, J., Patel, K., Cosenz, J., & Carmona, R. (2015). Health literacy research and practice: A needed paradigm shift. *Health Communication*, 30, 1176-1180.

Pleasant, A., & Kuruvilla, S. (2008). A tale of two health literacies: Public health and clinical approaches to health literacy. *Health Promotion International*, 23(2), 152-159.

Pleasant, A., McKinney, J., & Rikard, R. V. (2011). Health literacy measurement: A proposed research agenda. *Journal of Health Communication*, 16(Sup 3), 11-21.

Rajan, S., Roberts, K. J., Guerra, L., Pirsch, M., & Morrell, E. (2017). Integrating health education in core curriculum classrooms: Successes, challenges, and implications for urban middle schools. *Journal of School Health*, 87(12), 949-957.

Ratzan, S. C. (2001). Health literacy: Communication for the public good. *Health Promotion International*, 16(2), 207-214.

Ratzan, S. C., & Parker, R. M. (2000). Introduction. In C. R. Selden, M. Xorn, S. C. Ratzan, & R. M. Parker (Eds.), *National Library of Medicine current bibliographies in medicine: Health literacy*. NLM Pub. No. CMB 2000-1. National Institutes of Health, U.S. Department of Health and Human Services.

Rikard, R. V., Thompson, M. S., McKinney, J., & Beauchamp, A. (2016). Examining health literacy disparities in the United States: A third look at the National Assessment of Adult Literacy (NAAL). *BMC Public Health*, *16*, Article 975.

Roberts, M., Callahan, L., & O'Leary, C. (2017). Social media: A path to health literacy. *Information Services & Use*, *37*(2), 177-187.

Rüegg, R., & Abel, T. (2019). The relationship between health literacy and health outcomes among male young adults: Exploring confounding effects using decomposition analysis. *International Journal of Public Health*, *64*(4), 535-545.

Schulz, P. J., & Nakamoto, K. (2013). Health literacy and patient empowerment in health communication: The importance of separating conjoined twins. *Patient Education and Counseling*, *90*(1), 4-11.

Sharma, M. (2017). *Theoretical foundations of health education and health promotion* (3rd ed.). Jones & Bartlett Learning.

Søensen, K., Van den Broucke, S., Fullam, J., Doyle, G., Pelikan, J. M., Slonska, Z., Brand, H., & (HLS-EU) Consortium Health Literacy Project European (2012). Health literacy and public health: A systematic review and integration of definitions and models. *BMC Public Health*, *12*, Article 80.

Squiers, L., Peinado, S., Berkman, N., Boudewyns, V., & McCormack, L. (2012). The health literacy skills framework. *Journal of Health Communication*, *17*(Sup 3), 30-54.

Trivedi, N., & Aldoory, L. (2018, November). *Community based participatory research in Prince George's County Health Enterprise Zone (HEZ): Creation of a health literacy booklet*. Presented to the American Public Health Association Annual Meeting, San Diego, CA.

Trivedi, N., Aldoory, L., & Carter, E. (2017, April). *Community-based participatory research to develop a health literacy dialogic aid for a medically underserved community*. D. C. Health Communication Conference, Fairfax, VA.

Tsai, H-Y. S., Shillair, R., & Cotton, S. R. (2017). Social support and "playing around": An examination of how older adults acquire digital literacy with tablet computers. *Journal of Applied Gerontology*, *36*(1), 29-55.

United States Department of Agriculture. (2019, October 23). *What is rural?* https://www.ers.usda.gov/topics/rural-economy-population/rural-classifications/what-is-rural/

van der Heide, I., Wang, J., Droomers, M., Spreeuwenberg, P., Rademakers, J., & Uiters, E. (2013). The relationship between health, education, and health literacy: Results from the Dutch Adult Literacy and Life Skills survey. *Journal of Health Communication*, *18*(Sup 1), 172-184.

Weiss, B. D., Mays, M. Z., Martz, W., Castro, K. M., DeWalt, D. A., Pignone, M. P., Mockbee, J., & Hale, F. A. (2005). Quick assessment of literacy in primary care: The Newest Vital Sign. *Annals of Family Medicine*, *3*(6), 514-522.

Werts, N., & Hutton-Rogers, L. (2013). Barriers to achieving e-health literacy. *American Journal of Health Sciences (AJHS)*, *4*(3), 115-120.

World Health Organization. (2013). *Health literacy: The solid facts*. WHO Regional Office for Europe. https://www.euro.who.int/_data/assets/pdf_file/0008/190655/e96854.pdf.

Zahnd, W. E., Scaife, S. L., & Francis, M. L. (2009). Health literacy skills in rural and urban populations. *American Journal of Health Behavior*, *33*(5), 550-557.

Zhang, N. J., Terry, A., & McHorney, C. A. (2014). Impact of health literacy on medication adherence: A systematic review and meta-analysis. *Annals of Pharmacotherapy*, *48*(6), 741-751.

第 29 章
传播、健康和平等：结构的影响

卡西索玛雅茹拉·维斯瓦纳特（Kasisomayajula Viswanath）
雷切尔·F. 麦克劳德（Rachel F. McCloud） 梅斯芬·A. 贝卡鲁（Mesfin A. Bekalu）

人口群体之间的健康差距持续而顽固地存在，这可以说是关于人群和个体健康的文献记录最为完整的现象。在各种疾病条件下，这些不平等沿着性别、年龄、阶级、种族和族裔以及地理的断层线表现出来，并贯穿从预防、生存和生命终结的整个健康护理区间。一些模型和框架试图提供这种差距背后的原因，并提出以下问题，即关于健康的"社会决定因素"（social determinants of health, SDOH）如何通过财政、社会和健康资源分配不均而可能直接地促成了不平等的健康结果，或者，如何通过压力或种族主义等生物和心理社会因素而可能间接地促成了不平等的健康结果（Krieger, 2011；Williams et al., 2019）。

虽然对社会决定因素的关注是适当的，但诸如传播等作为导致不同健康结果的一个因素，以及弥合这些差距的有希望的变革力量，却没有得到足够的重视。在关于健康不平等的辩论中，沟通的重要性尚未被提出，这在某种程度上令人费解，因为信息和通信技术（ICTs）已经彻底地改变了我们社会生活，对我们的生活方式、娱乐方式和工作方式产生了变革性的影响，并对健康和健康不平等产生了深远的影响。而且，更重要的是，人们对于传播不平等现象的关注度要少得多，这种不平等体现在个体、社会群体和组织在获取、处理和使用信息以改善人们的健康和幸福方面的差异（Viswanath et al., 2013）。我们认为，传播不平等是一种社会决定因素，它比其他社会决定因素（SDOH）更容易被发现。

因此，问题是我们如何阐明传播与健康之间的关系，而且特别要关注传播，尤其是传播不平等如何加深健康差距，以及弥合传播不平等是否可以有助于缩小健康差距。我们主张，在多个层面上探讨大量的传播因素及其与健康相关结果的相互作用，需要超越关于实证或批判性理论传统的辩论，以便通过清晰的理论框架和关于社会权力的基本问题，来探讨一系列更广泛的因素。本章的目的是讨论不同层次上选定的传播因素如何促成健康和健康差距，讨论研究中的分歧，并强调，为何更好地理解传播在健康中的作用，对于政策和实践至关重要。

第 1 节 不平等的社会驱动因素：概要

在几乎任何风险因素、疾病状况或健康结果方面，对发病率和死亡率的不利影响都不成比例地由某些社会群体所承担；这些群体包括社会经济地位（socioeconomic positions, SEP）较低的群体、种族和族裔少数群体、不同性别以及不同地理位置

(如农村居住者或社区内的邻里)的群体(Meyer et al., 2013)。相比白人,非西班牙裔黑人和西班牙裔人患大多数慢性病的概率更高,死于大多数慢性病的概率更高,收入和教育也存在差距(Meyer et al., 2013)。同样重要的是,当人们共有多种社会地位类别时,如种族或族裔和性别,或性别和社会经济地位时,这些差距会更加明显,这是一种被称为**交叉性**(intersectionality)的众所周知的现象(Crenshaw, 2017)。

至目前为止,在**社会流行病学**的大旗下,公共健康、健康传播和社会科学做出了大量贡献,提供了框架、模型和理论来解释这些有据可查的健康差异(Berkman & Kawachi, 2015; Krieger, 2011)。简言之,这一系列工作确立了关于社会决定因素与健康之间关系的几个原则:

- 为医学领域之外的那些因素提供文献证据,或为那些影响个体和群体健康的、更突出的社会决定因素提供文献证据(Braveman et al., 2011);
- 将社会决定因素(SDOH)分为下游因素和上游因素。下游因素包括在个体层面上衡量的特征,如种族和族裔、性别、收入、就业、医疗保险和教育。上游因素包括结构层面上的社会决定因素,如邻里贫困程度("集聚度")、"食品沙漠"(缺乏获取健康食品的选择)、污染或空气质量、种族或族裔所造成的居住隔离、社会公正和社会风险(缺乏群体和社区一级的教育、就业和住房),等等;
- 认为在导致健康状况的因果路径中,这些上游因素可能会影响下游社会决定因素,包括健康状况因果路径中的知识、信仰和健康行为,并鼓励制定政策来解决社会决定因素(SDOH)的问题。

还有几点值得注意。第一,比起其他途径,一些连接上游 SDOH 和下游 SDOH 的因果路径得到了更好的文献记录,这表明通往健康的途径是**复杂的、累积性的和多层面的**,包括社会、个体和生物层面。第二,因果因素是相互作用的,在这些社会决定因素的交叉点上,关于人群和个体健康的认识得到了更好的解释。第三,探讨社会决定因素(SDOH)的问题,需要在结构层面以政策和实践变革的形式提出解决方案,这为传播在倡导活动和议程设置中发挥作用、进而为实现这些变革提供了机会。

第 2 节 生态影响、健康传播和不平等

与其他复杂现象一样,健康不平等是多个层面和长期发展的产物。这些不平等现象比它们表现出来的时间要早得多。尽管社会决定因素的清单里包括个体层面的因素,如一个人的种族或教育程度,但也很明显的是,这些可变因素对于健康的影响会因更高层面的因素而减缓或加剧;例如,种族主义或性别歧视等文化影响,税收或分区等决策。对个体和人群健康的最终影响是多层面的,而且不同层面的因素相互作用——正是这种认识促使学者们关注生态框架或模型(Golden & Earp, 2012)。

由于研究者或是受到其所处学科的限制,或是受到传播实践性质的限制,所以对于疾病、健康的驱动因素以及随后促进健康和幸福的干预措施的关注,通常都集中在了一个层面上。然而,生态学视角要求关注的问题是,人们如何与更大的社会、结构和文化力量互动,对之做出反应和进行协商,以及个体机构如何面对社会结构。萨利斯和欧文(Sallis & Owen, 2015)在对生态模型的一篇评价中,提出了一些原则,这些原则与阐明传播在健康和健康差距中的作用息息相关。

第一,所有层面上的变量都是重要的,尽管每一层面的影响**程度**和产生影响的条件都需要更详细的说明。例如,在传播中,虽然接触健康信息可能是个体基于偏好、背景和经历的选择,但也受到诸如社交网络的影响、特定市场中媒体渠道的可用性以及信息资源获取等环境因素的驱动。第二,个体健康传播行为受到**多**层面和**跨**层面变量的影响。保持健康饮食的动机是维系健康的一个重要因素,但也受到诸多因素的影响,例如推广含糖饮料消费的定向广告,一个人的社交网络中的规范性

影响,健康食品选择的可用性、可获得性和可负担性,决定食品杂货店选址的地方分区法,等等(Gortmaker et al.,2015)。第三,更大的社会和文化语境是健康行为的重要决定因素,可能导致健康差距。

在图29.1中,我们提出了一个途径,通过该途径,这些多层面因素可能与传播不平等相互作用,从而影响健康和幸福方面的不平等。在这一章中,我们将说明上游社会力量(如文化、政策和社区层面上的贫困集中,以及社交网络和个体因素的影响)如何决定谁能够获取、参与、处理健康信息并从中受益。

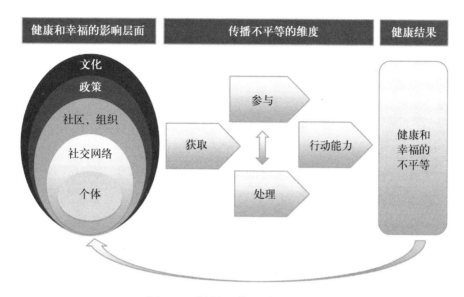

图29.1 传播与平等:结构影响模型

获取信息是传播过程中关键的第一步,它取决于地方、经济和政策之间的关系,在宽带可用性的作用下更是如此。复杂的多层面力量可能会影响对健康相关信息的参与(例如,关注或积极寻求健康信息)和处理健康相关信息(例如,了解健康讯息发送的内容,或应对信息泛滥)。此外,并非所有讯息接收者都有能力根据讯息中呈现的信息采取行动;社区资源的缺乏、社会规范施加的压力或竞争优先级的压力等障碍,可能会影响受众执行传播运动中提倡的健康行为的能力。因此,经过传播的健康信息也许不会为所有群体带来增加知识或健康行为的平等好处,并可能会加剧健康和幸福结果的不平等。这种完全不同的信息流往往为将更多有害讯息更顺利地传递给弱势群体提供了机会。例如,烟草广告通常针对少数种族,如针对黑人的薄荷醇广告(National Cancer Institute,2008),并导致这一群体更大量地消费薄荷醇香烟。电影中的吸烟形象在全球范围内仍然是一个强大的影响者,特别是在低收入和中等收入国家中(Bekalu & Viswanath,2018;Viswanath et al.,2010)。在社区层面上,低收入地区烟草零售店的较高密度导致了人群对于烟草广告和产品的更多接触,从而增加了这些地区的烟草消费(Lee et al.,2020;National Cancer Institute,2017)。

然而,多层面语境与健康结果之间的联系并非单向关系;大量研究已经表明,健康方面的不平等与生态影响水平相互作用,既有助于加剧不平等,也有助于促进社区动员或做出其他努力,以应对这些截然不同的结果,从而加速变革。例如,随着时间的推移,个体关于吸烟的知识、信念和行为方面的变化,已经为更严格的烟草管制政策提供了支持,并为更严格地监管和限制烟草业的业务、战略和策略设置了环境。著名的"真相"运动(truth campaign)提高了人们对烟草行业欺骗行为的意识,从而减少了吸烟的年轻人的数量(Farrelly et al.,2002)。

以下各节探讨了一些生态因素,它们可能会影响传播不平等,从而导致健康不平等。尽管社区/组织层面的因素没有在其自己的章节中得到讨论,但这些影响的含义——诸如贫困或教育质量,以及汇集社区投入和支持的重要性——贯穿始终,也展示了这些层面在对传播产生影响时如何相互关联、又如何可能受到传播影响的问题。

第3节 文化和传播如何影响健康和不平等

文化包含社会群体的一系列独特特征,如精神、物质和情感特征,这些特征反映在该群体的价值观、信仰、规范和实践之中(Kreuter & McClure, 2004)。文化认同、关系和文化赋权的相互作用,将文化置于个体对健康的认知和行为如何被上游因素所构建和定义的联系之中(Iwelunmr et al., 2014),如本章前面提到的那些因素。任何群体的文化特征,包括价值观和信仰,都可能直接或间接地与健康相关的优先事项、决策和行为相关联(Kreuter & McClure, 2004; Tan & Cho, 2019)。

健康传播信息通常依赖于受众的文化特征来报告讯息定制过程(Kreuter & McClure, 2004)。语言是注重文化的健康传播项目和策略中的一个关键特征;正规语言(如英语、西班牙语)、当地语言的使用,以及在该文化中使用规范言语风格形成信息的方式,都会对接触和理解这些项目和策略的能力产生重要影响(Bonvillain, 2011)。除了页面上的文字,将文化作为一种方式来为某个群体的健康素养(理解、评估和传播健康信息的能力;参见本书第28章)设置语境和加以理解,特别是理解文化如何塑造对健康问题的反应,并通过使研究者更全面地认识他们试图接触的人群的素养水平,可能有助于缓解健康差距(Mantwill et al., 2015)。

我们还需要考虑文化的"深层结构",它被定义为文化价值观、传统和文化认同,以及可能会影响人群在公共健康项目规划和实施中健康行为的历史和社会环境(Tan & Cho, 2019)。如果健康传播没有考虑到受众的生活状况,例如他们的文化信仰和习俗,那么信息也许就是无效的;这一问题经常因试图针对边缘化人群的讯息而被放大(Neuhauser, 2017)。如果不能正确识别文化,例如,将文化与种族和族裔相混淆,或强调某些有损健康的文化信念和行为,并基于这些假设来制定干预措施;那么,可能会导致无效的干预措施,后者由于其狭隘和定义不当的重点,无法消除健康差距,或在某些情况下还会加剧健康差距(Kagawa Singer, 2012; Kreuter & McClure, 2004)。相比之下,关注健康传播研究和实践领域中的深层文化结构,或许是解决健康差距的一个途径。例如,有证据表明,深层结构的组成部分与信息的中央处理相关,并影响了对健康传播的理解和解释(Singelis et al., 2018),因为在以少数群体为目标的传播干预中,注重深层文化结构的量身定制对说服有更大的影响(Huang & Shen, 2016)。除了考虑文化信仰外,基于文化的健康讯息还应考虑依据信息而采取行动的能力——特别是由于该文化中可能存在的结构或社会障碍(Viswanath et al., 2013),并将文化定制的讯息与如何获取可用资源(如附近的免费诊所等)联系起来(Chen et al., 2018)。

深层结构的另一个组成部分是文化规范(Huang & Shen, 2016),它是"社会协商和强制执行的行为规则,用以维持集体秩序"(Rimal & Lapinski, 2015,第404页),并通常作为判定社会认可的准则。文化规范可以将个体信仰和行为与更大的社会语境联系起来,同时为个体对其他群体成员行为的看法提供指导(Rimal & Lapinski, 2015)。传播行为是这一过程的核心部分,因为它是社会群体成员理解、协商和接受这些规范的方式(Rimal & Lapinski, 2015)。规范与传播不平等之间的直接联系尚未得到充分研究。然而,学者们现在正在整合规范的力量,将其作为解决差距的更大系统性变革的一种方式,为个体在其文化中拥有代理权和影响力提供更多的机会,并转变规范,为健康信息和传播运动提供更强大的力量(Yamin et al., 2019)。这突出了动员服务不足社区的过程中的一个关键因素:通过不仅关注健康资源的可用性,而且关注支持这些变革的规范,健康差距问题将会得到最为成功地解决(Thompson et al., 2016)。

我们迫切需要更多的研究来探讨结构、文化和种族主义相关因素的影响,以创建从生态学角度解决问题的健康传播研究和实践(Tan & Cho, 2019)。除了将文化视为一种独特的影响之外,诸如国际旅行和全球媒体等也创造了一个环境,后者可能会导致个体认同多种文化,而文化认同的水平可能会在生命历程中发生变化(Tan & Cho, 2019)。鉴于文化对于健康的影响,世界卫生组织呼吁更加关注文化的流动性及其与社会经济地位、年龄、性取向和性别等因素的交叉(Napier et al., 2017)。

从结构层次上理解文化及其与健康差距的相互作用,可以使得到适当定义的文化成为健康传播的桥梁,以应对健康决定因素中更多变的组成部分。

第 4 节　社会建构的危害：种族主义

健康和传播不平等的重要社会建构驱动因素包括种族主义、性别歧视和异性恋等,所有这些因素往往将人们分为优等群体和劣等群体,借助于这种区分,不公正的待遇通过社会不平等产生反响,直至生物物理损伤,这些驱动因素也是需要思考的核心概念(Krieger, 2019)。此类概念虽然与信仰、社会和文化规范紧密交织,但也植根于历史以及现实世界中权力和财产的冲突。这些信念的结构性含义——例如,隔离和有限地获取商品、服务与信息——以及对心理和身体健康方面的影响,对多个层面的传播都产生了影响(参见图 29.1)。

一个说明历史、结构、文化和传播力量之间相互作用的重要例子是种族主义及其对传播和健康的影响。种族主义是一个有组织的制度,它往往导致个体和机构对各种群体的负面态度、信念和刻板成见的发展(Williams & Mohammed, 2013a)。种族主义借助多种途径影响健康和传播不平等。其中包括几个上游渠道,通过它们,种族主义的内在含义既建构了社会,也构成了讯息,所以会影响接收和处理健康信息的能力,以及根据健康信息而采取行动的能力。制度性的种族主义有助于减少结构层次上的资源实际可用性,限制有利于健康的基本需求的可用性(Bailey et al., 2017；Williams & Mohammed, 2013a)。隔离城镇的历史建筑导致了"食品沙漠"的出现,从而限制了部分人群对健康食品的获取。这些现象在低收入黑人街区更为普遍,由此削弱了他们根据食品和营养的健康讯息而采取行动的能力。长期以来,广告公司一直针对黑人等弱势群体投放烟草和酒的信息,利用的正是这些人群面临的压力源而以有害物质的形式提供补救措施(Krieger, 2019；Lee et al., 2020；McCloud et al., 2017)。

传播会以某些形式直接加剧或缓解文化种族主义,因为流行文化中的种族表现或许会对主导群体和从属群体的思想、情感和行为都产生影响(Krieger, 2019；Williams & Mohammed, 2013a)。特别是大众媒体在增加或减少偏见、刻板印象和歧视方面发挥了作用,而且通常是大规模的作用,因为几项研究表明,电视具有积极或消极改变根深蒂固的种族文化信仰的力量(Williams & Mohammed, 2013b)。反之,当有关种族主义信仰的传播将这种讯息内化时,也会影响目标社会群体的态度和行为(Krieger, 2019)。在个体层面上,这种内化的种族主义或自我刻板印象会导致较低自尊和幸福感(Williams & Mohammed, 2013a),而积极应对和提高警惕等行为以及自我刻板印象引发的紧张情绪会对健康产生负面影响(Viruell-Fuentes et al., 2012)。

歧视和刻板印象威胁(stereotype threat)造成的压力、焦虑和决策障碍的影响,对处理健康信息的能力和根据健康信息而行事的能力有着深远的作用。例如,长期以来,传播研究一直显示情绪在影响信息处理、讯息接收或拒绝以及信息回忆方面的作用(Nabi, 1999)。然而,尽管关于信息处理、讯息接收或拒绝中的情绪研究通常集中在由个体参与的媒介讯息所提供的情绪体验上,但它们几乎没有考虑到任何其他影响个体处理特定信息的外部或远处的刺激或压力源。这些刺激或压力源可能包括直接或间接影响个人如何处理、理解和回应某个特定信息的社会、经济或环境的因素。

例如,穆莱纳森和沙菲尔(Mullainathan & Shafir, 2013)假定,无论在什么时候,匮乏都会加重思想负担或偷走心智能力。他们认为,如果人们的大脑专注于一件事,比如饥饿或者贫穷,那么,包括注意力在内的其他能力就会受到影响。尽管这种影响可能会根据人们所经历的匮乏的类型和程度而有所不同,但从根本上来说,匮乏减少了人们能够分配给处理和破译某条特定信息的认知资源。这一解释为阐述诸如种族主义或贫穷等压力源如何可能影响对传播讯息的关注和处理、并导致健康不平等的问题,提供了一条有趣的途径。

第 5 节　政策、不平等与健康传播

不平等并非不可避免,而是由社会建构的,是社会结构设计、组织和运作的一个直接结果。例如,健康领域最一致的发现之一是学校("教育")至关重要。无论任何疾病状况或健康连续体的任何阶段如何,教育和健康之间的联系都可以说是文献中最有力的发现之一(Glymour et al., 2014)。传播中的各种测量方法也与学校教育高度相关(Viswanath, 2005)。

然而,这些相关性的根本原因并没有得到广泛的认可。提供教育的学校质量主要取决于结构性因素,例如,财富、邻里贫困和居住隔离等(Duncan & Murnane, 2011)。以美国为例,比起相对贫穷地区的儿童,财产税确保了富裕学区的学生在教育方面享有更多的特权。类似这样的发现已经促使研究者和活动家更加关注社会政策及其在健康差距方面的作用。例如,桑顿等人(Thornton et al., 2016)在其评价中指出,针对幼儿教育、社区发展、住房、较低收入水平和就业的政策干预措施,可能会缩小社会群体之间的分裂,及其对健康的不利影响。

传播不平等也始于社会结构设计中的优势(参见图29.1)。一个特定系统的传播政策会影响宽带和其他电信服务的可用性和可负担性等问题,从而影响对基于互联网的健康信息的访问(Viswanath et al., 2013)。例如,最近报告显示,相比城市或郊区的成年人,美国农村人不太可能拥有家庭宽带或自己的智能手机,尽管一般说来,在过去的十年里,他们在采用数字技术方面已经获得了巨大的进步(Perrin, 2019)。同样,除其他因素外,互联网使用也受到服务的连贯性和可靠性、对设备访问和定价的影响,所有这些都可能导致区别和差距(difference and disparities)。例如,尽管接入互联网的设备已经变得更加便宜,并使得大多数人都能够进行一次性投资,但用于数据使用等经常性的支出,可能会使某些来自较低社会经济地位(SES)的群体无法获得数字服务(Viswanath et al., 2012)。

但是,宽带互联网的接入和使用是结构层面和个体行为层面上的传播与社会政策之间的一种多层面的互惠现象(参见图29.1)。在对美国人口普查局当前人口调查和美国国家宽带地图的分析中,惠塔克雷等人(Whitacre et al., 2015)试图解释城市和农村地区之间宽带采用率的差距。他们报告称,供需双方都会影响宽带的采用。尽管基础设施的可用性解释了超过三分之一的差异,但诸如教育、收入、种族和年龄等其他因素也促成了宽带的采用或缺乏。由此得出的推论是关注这两组因素来推动宽带的采用。这一简要评价表明,传播和社会政策都有助于弥合传播不平等和健康差距,尽管个体的能动性也很重要。

第 6 节　社交网络、人际传播和健康不平等

社交网络与健康之间的联系早已确立;人们是相互联系的,他们的健康也是如此(Smith & Christakis, 2008)。关于社交网络的研究已经注意到网络提供宝贵资源的能力(Dimaggio & Garip, 2012)。社交网络能够使个体和社区形成和维持社会资本,从而使个体可以利用来自其他网络成员的信息和社交支持等资源(Viswanath, 2008)。作为特定社交网络成员的个体因其网络成员资格或社会关系,可以访问信息、社交支持和其他资源,如其他网络成员的技能和知识。这种对资源的访问反过来又与各种积极的社会结果相关联,例如,会产生更好健康结果的信任和互惠(Nieminen et al., 2013)。在健康传播领域,社交网络效应或许是指当网络成员(如专家)传播健康信息时产生的社会学习效应,这些信息增加了新行为的效用和收益,或降低了其成本或风险。社交网络也可能通过对来自网络同伴的健康或不健康行为或生活方式建模的途径,来对健康行为产生更加直接的影响。

不幸的是,社交网络影响健康的说法意味着属于不同社交网络的个体可能会有不同的健康结果,这取决于他们各自网络提供的资源。例如,低社会经济地位群体的个体不太可能会从其同质化社交网络上获取相关的健康信息和资源。因此,研究

者认为,同质化社交网络可能会潜在地加剧基于社会经济的健康差距。例如,潘佩尔等人(Pampel et al., 2010)认为,由于高社会经济地位的个体采取健康的行为,并与其他高社会经济地位的个体相联系,所以他们的社交支持、影响和参与网络促进了健康并扩大了差距。同样,弗里斯和路特菲(Freese & Lutfey, 2011)认为,网络效应(包括传播)可能有助于增加高收入个体利用医学进步的能力,并导致这种进步扩大而不是减少健康结果的差距(Dimaggio & Garip, 2012)。

尽管大多数关于社交网络对于健康作用的证据都来自"线下"社交网络研究,但研究者现在认为,在线社交网络也有可能增加形成和维持线下社会资本的机会(Ellison et al., 2007; Nabi et al., 2013)。例如,埃里森(Ellison)及其同事发现,除了社会资本(在群体内的)连接和(在群体之间)桥梁的形式以外,在线社交网络工具能够使个体在物理上与社交网络断开连接后仍然与之保持联系,从而受益于"维持性社会资本的"。美国一项最新研究也发现,社交媒介网络可能有助于促进社会和心理健康,同时也提醒人们注意,与社交媒介网站的情感联系会对健康和幸福产生有害影响(Bekalu et al., 2019)。这项研究还表明,与社交媒介使用相关的好处和危害——如对心理健康的正面或负面影响——可能会以人口、社会经济和种族/族裔的身份为模式。尽管在老年、低教育程度和少数种族/族裔群体中,社交媒介使用的相关危害似乎更大,但是,其好处在较年轻、较高教育程度以及白人种族/族裔的群体中似乎更加普遍。不过,这个领域总体上没有定论,尤其是关于在线社交网络是否,以及如何与健康差距相关的问题,还研究甚少。

关于健康信息的社交网络和人际来源的健康传播研究探讨了健康行家(health mavens)(Hayashi et al., 2020; Kontos et al., 2011)和健康电子行家(health e-mavens)的作用(Sun et al., 2016)。健康(电子)行家是对某个健康主题普遍感兴趣的个体,以及那些积极参与线下和线上社交网络中健康信息交流的人(Hayashi et al., 2020)。健康行家已被证明是健康知识的重要经纪人,而且已经有建议说他们可以作为一个理想的干预点,从而尝试使得健康信息的披露达到最大化,并改变社区或社交网络中的看法和信念。不过,就在一些健康相关主题上保持信念的正确性而言,低社会经济地位(SES)和少数群体中的专家已被证明与非专家没有什么区别(Kontos et al., 2011)。

第7节 生态影响在个体层面上的呈现

在个体层面上,主要的健康传播结果(outcomes)包括个体的健康相关认知、信念和行为,它们都被认为会影响健康。健康促进和疾病预防项目通常借助传播干预来针对这些因素(factors)。从历史上看,大多数健康传播方面的研究和干预措施主要集中于这些因素,而很少或根本没有强调社会和环境因素(Viswanath & Emmons, 2006; Viswanath et al., 2007)。传播对健康差距的影响,可以通过健康信息参与度、提供健康信息的平台和渠道、处理信息的方式和传播效果等方面的传播不平等而得到研究(参见图29.1)。

健康信息的披露、关注、寻求或规避,及其处理和使用等,作为传播的前因,或许会对健康差距路径上的下游因素产生影响,如知识、信念和行为。例如,"知识沟"假说研究项目已经明确指出,社会阶层和社区结构是以下发现的核心解释:信息向某个系统的流动,通常是扩大而不是缩小社会群体中的健康"知识沟"。自其最初构想(Tichenor et al., 1970; Viswanath & Finnegan, 1996)以来,许多研究已经确定了个体层面(关心、注意、显著性和参与)和结构层次(如社区界限和社区冲突)的不同因素,它们可能是造成知识差距现象的原因(Viswanath & Finnegan, 1996)。

第8节 访问和参与健康信息及其平台

我们可以根据对不同社会经济、种族和族裔以及地理群体之间对传播渠道的差异参与,来做出对健康差距的部分解释

(参见图29.1)。诸如获取、不同媒介的使用和使用时间、健康信息寻求和健康信息规避等,因不同社会群体的参与形式而异。研究文献已证明:相比社会经济地位高的个体,社会经济地位低的个体从任何来源中寻求健康信息的可能性更小,即便他们被诊断患有严重的健康问题(McCloud et al.,2016)。

此外,越来越多的证据表明,除了接入之外,基于社会经济的差距也存在于个体使用互联网的行为之中。尽管最近的报告显示,互联网接入呈现增长趋势,即90%的美国成年人出于各种目的使用互联网(Anderson et al.,2018),但在人们"如何"使用互联网、而不是人们"是否"使用互联网的差距方面,重要问题仍然存在。虽然其影响的整体程度还不知道,但新冠病毒肺炎疫情更清楚地表明,数字鸿沟的确是不同社会经济地位和不同地理位置的人之间的一条长期存在和尚未弥合的鸿沟(Gross & Opalka,2020;Viswanath et al.,2020)。

某种程度上,数字鸿沟的解释在于更大的结构性因素,例如,影响特定地理位置中宽带普及率的通信政策等,但也是因为个体做出的选择。这些选择反过来又受到那些跨层次特征的影响,如教育、收入和种族/族裔(Whitacre et al.,2015)。来自皮尤研究中心的数据(Pew Research Center,2014)也强调了这一点。比起教育程度低的人,教育程度较高的人通常更有可能看到互联网带来的积极效益,尽管许多国家的大多数人都看到了互联网总体上的积极效益。然而,这不仅仅是对其效益的一种感知。我们自己关于探讨数字鸿沟的研究(即"点击连接计划")反复记录了来自较低社会经济地位的那些人面临的其他挑战:时间限制、家庭动态和设备冲突、缺乏社会和技术支持,连接问题、可用性问题、信息搜索受挫和技术援助问题等都已成为关键因素(McCloud et al.,2016)。

第9节 传播差距:一种多层次的现象

在某些方面,考虑到需要付出多少努力才能解决阶级、地方或种族和族裔的问题,因此健康的"社会决定因素"标签是不幸的,因为它传播的东西缺乏可变性。显而易见,某些类型的决定因素是更容易对付的,而另一些决定因素则更费力。无论如何,应对结构层面上的变化,不管是传播变化、社会或健康政策变化,还是法规变化,都需要公众的支持。任何变化都将产生社会成本或财务成本,而这些成本可能会由不同群体或机构所承担。例如,提高税收以均衡教育机会,可能会遭到那些被加税的人的反对。舆论的重要性和公众对政策改变的支持怎么强调都不为过(Lynch & Gollust,2010)。舆论和传播对健康有着直接影响,这从支持和反对医疗改革中可以明显看出来(Soroka et al.,2013)。

重要的是思考这种差距状况是否被定义为一个社会问题,并确定可以用来描述差距之所以存在的归因。根据定义,社会问题被认为是不公正和不可接受的(Mauss,1975)。如果归因于个体责任,那么解决方案也可能在个体层面上予以提供。例如,在我们的项目IMPACTD[在癌症与烟草问题上,影响媒体和公共议程差距的因素(*Influencing the Media and Public Agenda on Cancer and Tobacco Disparities*)]的一份调查中,当受试者被要求排列出一些人比其他人健康状况更差的原因时,"个人健康行为"排在第一,其次是诸如保险和环境等社会因素。考虑到新闻媒体对于健康的报道,这就并不令人奇怪了。一份对当地新闻媒体健康报道的考察表明,在650篇新闻报道中,只有3.2%的报道讨论了健康差距的问题(Nagler et al.,2016)。此外,大部分讨论都集中在健康差距的个体原因上,例如,"不良饮食习惯",而不是诸如食品选择的可供性等社会语境。这样,无论是借助政府、学术、媒体的倡导,还是借助基层的倡导,都面临一个关键问题,即如何通过让公众意识到社会群体之间的健康差距来获得他们的支持(Niederdeppe et al.,2013)。

使用生态框架进行的传播首先注重社会、结构和文化传播的驱动因素,其优势在于阐明了导致差距的因素以及应对它们的潜力。这些驱动因素使得采用人群层面上的策略成为可能,而不仅仅是个体层面上的策略;人群层面上的策略比个体层面上的策略更加具有可持续性。不过,除了少数情况——如烟草控制或基于学校的体育活动——以外,由于设计和执行所需的时间和资源,多层面的干预措施是罕见的(Golden & Earp,2012)。人群层面上的策略尽管拓展了范围,但也表明,某些群体不能从健康促进策略和政策中获得同等好处。事实上,它们有可能导致更加不同的结果。这说明了理解层面之间复杂的相互作用的重要性。最后,与此相关的是,考虑到当前涵盖大众媒体、人际媒介和社交媒介渠道及其相互作用的媒介生态,最近对研究健康行为的复杂系统建模的关注,也适用于健康传播(Kaplan et al., 2017)。

这就是转化性传播(translational communication)的重要性所在(另参见本书第3章)。转化性传播是一种研究和实践,即来自受控环境的研究如何转化为公共消费,以便影响政策和实践。这个定义可能意味着从专家到消费者的传播是线性的,但实际上,成功的转化性传播是一个互惠和参与的过程,而公众、政策制定者和媒体通过这个过程相互影响。这样,集体动员取决于有关差距的信息如何建构和传播,以建立对社会变革的支持(Bigman, 2014)。这一过程积极吸引某个文化或群体的成员参与进来,以了解他们的传统、习俗和信仰,以及如何将他们纳入传播策略、研究和实践(Butel & Braun, 2019)。反之,超越卫生部门寻求合作伙伴,并鼓励生态模式的各级利益相关者的社会参与和赋权,或许是更系统的变革机制的杠杆(Levy et al., 2020)。

第10节 结　　论

在更广泛的健康社会决定因素的讨论中,沟通如何融入其中,这一点由于我们的方法和理论的不足而难以得到清晰的阐释。例如,传播得以将诸如教育、住房或种族主义等方面的社会或经济政策的更强力量连接起来,以便在不同层面上影响个体和人群健康的那些途径,这需要更多的理论整合和完善。尽管本章选择性引用的现有研究,在增进传播对健康结果影响的认识方面已经做了许多努力,但还有大量工作有待完成,还存在着许多方法论的挑战。其中之一是数据缺失(data absenteeism, Lee & Viswanath, 2020),即在大多数实验(实地实验或实验室实验)、大规模调查和大数据中都缺乏服务不足群体的代表性。代表性不足的问题往往被视为接触服务不足群体的一个挑战而不予考虑,因为他们"难以被接触"。然而,鉴于我们不愿意投入资源招募他们或将之留在我们的研究中,这些群体"难以被接触"(Nagler et al., 2013)。因此,从这些样本不足的研究中得出的任何推论都是不充分和片面的,并为我们对健康差距的理解和试图解决这些差距的努力设置了严重障碍。

另一个需要考虑的问题是我们如何定义健康。《1948年世界卫生组织章程》并不是将健康定义为没有疾病,而是定义为身体、心理和社会幸福的完整状态。不过,健康传播的许多研究都集中在疾病和风险因素上,而不是幸福和促进幸福的有利条件上。传播在更广泛的幸福中扮演何种角色的问题还有待探索。

迄今为止,关于更大的社会因素如何塑造个体和人群健康,以及传播在加剧或弥合健康不平等方面的作用的评价表明,理解传播在多个层面上的影响是至关重要的问题,因为传播是解决分歧的强大力量。此外,我们认为,解决作为更需要解决的社会因素之一的传播不平等的问题,为公平健康提供了巨大的希望。鉴于全球日益加剧的不平等,传播学学者"极其迫切地"需要通过理论、政策和实践探讨来解决它们。

参考文献

Anderson, M., Perrin, A., & Jiang, J. (2018). *11% of Americans don't use the internet. Who are they?* Pew Research Center. https://www.pewresearch.org/fact-tank/2018/03/05/some-americans-dont-use-the-internet-who-are-they/

Bailey, Z. D., Krieger, N., Agénor, M., Graves, J., Linos, N., & Bassett, M. T. (2017). Structural racism and health inequities in the USA: Evidence and interventions. *The Lancet, America: Equity and Equality in Health Series*, 389(10077), 1453-1463.

Bekalu, M. A., McCloud, R. F., & Viswanath, K. (2019). Association of social media use with social well-being, positive mental health, and self-rated health: Disentangling routine use from emotional connection to use. *Health Education and Behavior*, 46(2), 69S-80S.

Bekalu, M. A., & Viswanath, K. (2018). Smoking portrayal in Ethiopian movies: A A theory-based content analysis. *Health Promotion International*, 34(4), 687-696.

Berkman, L., & Kawachi, I. (2015). A historical framework for social epidemiology. In L. Berkman, I. Kawachi, & M. M. Glymour (Eds.), *Social epidemiology*. Oxford University Press.

Bigman, C. A. (2014). Social comparison framing in health news and its effect on perceptions of group risk. *Health Communication*, 29(3), 267-280.

Bonvillain, N. (2011). *Language, culture and communication: The meaning of messages*. Pearson.

Braveman, P., Egerter, S., & Williams, D. R. (2011). The social determinants of health: Coming of age. *Annual Review of Public Health*, 32, 381-398.

Butel, J., & Braun, K. L. (2019). The role of collective efficacy in reducing health disparities: A systematic review. *Family and Community Health*, 42(1), 8-19.

Chen, N. N. T., Moran, M. B., Frank, L. B., Ball-Rokeach, S. J., & Murphy, S. T. (2018). Understanding cervical cancer screening among Latinas through the lens of structure, culture, psychology and communication. *Journal of Health Communication*, 23(7), 661-669.

Crenshaw, K. (2017). *On intersectionality: Essential writings*. The New Press.

Dimaggio, P., & Garip, F. (2012). Network effects and social inequality. *Annual Review of Sociology*, 38, 93-118.

Duncan, G. J., & Murnane, R. J. (2011). *Whither opportunity? Rising inequality, schools, and children's life chances*. Russell Sage Foundation.

Ellison, N. B., Steinfield, C., & Lampe, C. (2007). The benefits of Facebook '"friends:"' Social capital and college students' use of online social network sites. *Journal of Computer-Mediated Communication*, 12, 1143-1168.

Farrelly, M. C., Healton, C. G., Davis, K. C., Messeri, P., Hersey, J. C., & Haviland, M. L. (2002). Getting to the truth: Evaluating national tobacco countermarketing campaigns. *American Journal of Public Health*, 92(6), 901-907.

Freese, J., & Lutfey, K. (2011). Fundamental causality: Challenges of an animating concept for medical sociology. In B. Pescosolido, J. Martin, J. McLeod, & A. Rogers (Eds.), *Handbook of the sociology of health, illness, and healing*. (pp. 67-81) Springer.

Glymour, M. M., Avendano, M., & Kawachi, I. (2014). Socioeconomic status and health. In L. Berkman, I. Kawachi, & M. M. Glymour (Eds.), *Social epidemiology* (pp. 17-62). Oxford University Press.

Golden, S. D., & Earp, J. A. L. (2012). Social ecological approaches to individuals and their contexts: Twenty years of *Health Education & Behavior* health promotion interventions. *Health Education and Behavior*, 39(3), 364-372.

Gortmaker, S. L., Long, M. W., Resch, S. C., Ward, Z. J., Cradock, A. L., Barrett, J. L., Wright, D. R., Sonneville, K. R., Giles, C. M., Carter, R. C., Moodie, M. L., Sacks, G., Swinburn, B. A., Hsiao, A., Vine, S., Barendregt, J., Vos, T., & Wang, Y. C. (2015). Cost effectiveness of childhood obesity interventions: Evidence and methods for CHOICES. *American Journal of Preventive Medicine*, 49(1), 102-111.

Gross, B., & Opalka, A. (2020). *Too many schools leave learning to chance during the pandemic*. https://eric.ed.gov/?id=ED605576.

Hayashi, H., Tan, A., Kawachi, I., Ishikawa, Y., Kondo, K., Kondo, N., Tsuboya, T., & Viswanath, K. (2020). Interpersonal diffusion of health information: Health information mavenism among people age 65 and over in Japan. *Health Communication*, 35(7), 804-814.

Huang, Y., & Shen, F. (2016). Effects of cultural tailoring on persuasion in cancer communication: A meta-analysis. *Journal of Communication*, 66(4), 694-715.

Iwelunmor, J., Newsome, V., & Airhihenbuwa, C. O. (2014). Framing the impact of culture on health: A systematic review of the PEN-3 cultural model and its application in public health research and interventions. *Ethnicity and Health*, 19(1), 20-46.

Kagawa Singer, M. (2012). Applying the concept of culture to reduce health disparities through health behavior research. *Preventive Medicine*,

55(5), 356-361.

Kaplan, G., Diez Roux, A. V., Simon, C., & Galea, S. (Eds.). (2017). *Growing inequality: Bridging complex systems, population health, and health disparities*. Westphalia Press.

Kontos, E. Z., Emmons, K. M., Puleo, E., & Viswanath, K. (2011). Determinants and beliefs of health information mavens among a lower-socioeconomic position and minority population. *Social Science & Medicine*, 73(1), 22-32.

Kreuter, M. W., & McClure, S. M. (2004). The role of culture in health communication. *Annual Review of Public Health*, 25, 439-455.

Krieger, N. (2011). Epidemiology and the people's health: Theory and context. *International Journal of Epidemiology*, 40(2), 1130-1132.

Krieger, N. (2019). Measures of racism, sexism, heterosexism, and gender binarism for health equity research: From structural injustice to embodied harm—An ecosocial analysis. *Annual Review of Public Health*, 41, 37-62.

Lee, E. W. J., Bekalu, M. A., McCloud, R., Vallone, D., Arya, M., Osgood, O., Li, X., Minsky, S., & Viswanath, K. (2020). The potential of smartphone apps in informing protobacco and antitobacco messaging efforts among underserved communities: Longitudinal observational study. *Journal of Medical Internet Research*, 22(7), e17451.

Lee, E. W. J., & Viswanath, K. (2020). Big data in context: Addressing the twin perils of data absenteeism and chauvinism in the context of health disparities research. *Journal of Medical Internet Research*, 22(1), e16377.

Levy, J. K., Darmstadt, G. L., Ashby, C., Quandt, M., Halsey, E., Nagar, A., & Greene, M. E. (2020). Characteristics of successful programmes targeting gender inequality and restrictive gender norms for the health and wellbeing of children, adolescents, and young adults: A systematic review. *The Lancet Global Health*, 8(2), E225-E236.

Lynch, J., & Gollust, S. E. (2010). Playing fair: Fairness beliefs and health policy preferences in the United States. *Journal of Health Politics, Policy and Law*, 35(6), 849-887.

Mantwill, S., Monestel-Umaña, S., & Schulz, P. J. (2015). The relationship between health literacy and health disparities: A systematic review. *PLOS ONE*, 10(12), e0145455.

Mauss, A. L. (1975). *Social problems as social movements*. J. B. Lippincott Company.

McCloud, R. F., Kohler, R. E., & Viswanath, K. (2017). Cancer risk—promoting information: The communication environment of young adults. *American Journal of Preventive Medicine*, 53(3S1), S63-S72.

McCloud, R. F., Okechukwu, C. A., Sorensen, G., & Viswanath, K. (2016). Beyond access: Barriers to internet health information seeking among the urban poor. *Journal of the American Medical Informatics Association*, 23(6), 1053-1059.

Meyer, P. A., Yoon, P. W., & Kaufmann, R. B. (2013). CDC health disparities and inequalities report. *Morbidity and Mortality Weekly Report*, 62(Suppl 3).

Mullainathan, S., & Shafir, E. (2013). *Scarcity: Why having too little means so much*. Henry Holt and Company.

Nabi, R. L. (1999). A cognitive-functional model for the effects of discrete negative emotions on information processing, attitude change, and recall. *Communication Theory*, 9(3), 292-320.

Nabi, R. L., Prestin, A., & So, J. (2013). Facebook friends with (health) benefits? Exploring social network site use and perceptions of social support, stress, and well-being. *Cyberpsychology, Behavior, and Social Networking*, 16(10), 721-727.

Nagler, R. H., Bigman, C. A., Ramanadhan, S., Ramamurthi, D., & Viswanath, K. (2016). Prevalence and framing of health disparities in local print news: Implications for multilevel interventions to address cancer inequalities. *Cancer Epidemiology Biomarkers and Prevention*, 25(4), 603-612.

Nagler, R. H., Ramanadhan, S., Minsky, S., & Viswanath, K. (2013). Recruitment and retention for community-based ehealth interventions with populations of low socioeconomic position: Strategies and challenges. *The Journal of Communication*, 63(1), 201-220.

Napier, D., Depledge, M., Knipper, M., Lovell, R., Ponarin, E., Sanabria, E., & Thomas, F. (2017). Cultural contexts of health and well-being, culture matters: Using a cultural contexts of health approach to enhance policy-making. *WHO Policy Brief 1*. ISBN 978 92 890

5233 7.

National Cancer Institute. (2008). Role of entertainment media in promoting or discouraging tobacco use. Tobacco control monograph No. 19. *The Role of the Media in Promoting and Reducing Tobacco Use*, 357-428.

National Cancer Institute. (2017). Monograph 22: A socioecological approach to addressing tobacco-related health disparities | BRP | DCCPS/ NCI/ NIH. In *National Cancer Institute Tobacco Control Monograph 22. NIH Publication No. 17-CA-8035A*.

Neuhauser, L. (2017). Integrating participatory design and health literacy to improve research and interventions. *Information Services & Use*, 37(2), 153-176.

Niederdeppe, J., Bigman, C. A., Gonzales, A. L., & Gollust, S. E. (2013). Communication about health disparities in the mass media. *Journal of Communication*, 63(1), 8-30.

Nieminen, T., Prättälä, R., Martelin, T., Härkänen, T., Hyyppä, M. T., Alanen, E., & Koskinen, S. (2013). Social capital, health behaviours and health: A population-based associational study. *BMC Public Health*, 13(1), 1-11.

Pampel, F. C., Krueger, P. M., & Denney, J. T. (2010). Socioeconomic disparities in health behaviors. *Annual Review of Sociology*, 36, 349-370.

Perrin, A. (2019). *Digital gap between rural and nonrural America persists*. Pew Research Center. https://www.pewresearch.org/fact-tank/2018/10/19/5-charts-on-global-views-of-china/

Pew Research Center. (2014). *Spring global attitude survey*. https://www.pewresearch.org/global/dataset/2014-spring-global-attitudes/

Rimal, R. N., & Lapinski, M. K. (2015). A Re-explication of social norms, ten years later. *Communication Theory*, 25(4), 393-409.

Sallis, J. F., & Owen, N. (2015). Ecological models of health behavior. In K. Glanz, B. Rimer, & K. Viswanath (Eds.), *Health behavior: Theory, research, and practice*. (4th ed., pp. 43-64). Jossey-Bass.

Singelis, T. M., García, R. I., Barker, J. C., & Davis, R. E. (2018). An experimental test of the two-dimensional theory of cultural sensitivity in health communication. *Journal of Health Communication*, 23(4), 321-328.

Smith, K. P., & Christakis, N. A. (2008). Social networks and health. *Annual Review of Sociology*, 34, 405-429.

Soroka, S., Maioni, A., & Martin, P. (2013). What moves public opinion on health care? Individual experiences, system performance, and media framing. *Journal of Health Politics, Policy and Law*, 38(5), 893-920.

Sun, Y., Liu, M., & Krakow, M. (2016). Health e-mavens: Identifying active online health information users. *Health Expectations: An International Journal of Public Participation in Health Care and Health Policy*, 19(5), 1071-1083.

Tan, N. Q. P., & Cho, H. (2019). Cultural appropriateness in health communication: A review and a revised framework. *Journal of Health Communication*, 24(5), 492-502.

Thompson, B., Molina, Y., Viswanath, K., Warnecke, R., & Prelip, M. L. (2016). Strategies to empower communities to reduce health disparities. *Health Affairs*, 35(8), 1424-1428.

Thornton, R. L. J., Glover, C. M., Cené, C. W., Glik, D. C., Henderson, J. A., & Williams, D. R. (2016). Evaluating strategies for reducing health disparities by addressing the social determinants of health. *Health Affairs*, 35(8), 1416-1423.

Tichenor, P. J., Donohue, G. A., & Olien, C. N. (1970). Mass media flow and differential growth in knowledge. *Public Opinion Quarterly*, 34(2), 159-170.

Viruell-Fuentes, E. A., Miranda, P. Y., & Abdulrahim, S. (2012). More than culture: Structural racism, intersectionality theory, and immigrant health. *Social Science & Medicine*, 75(12), 2099-2106.

Viswanath, K. (2005). Science and society: The communications revolution and cancer control. *Nature Reviews Cancer*, 5(10), 828-835.

Viswanath, K. (2008). Social capital and health communications. In I. Kawachi, S. Subramanian, & D. Kim (Eds.), *Social capital and health* (pp. 259-271). Springer.

Viswanath, K., Ackerson, L. K., Sorensen, G., & Gupta, P. C. (2010). Movies and TV influence tobacco use in India: Findings from a national survey. *PLOS ONE*, *5*(6), e11365.

Viswanath, K., & Emmons, K. M. (2006). Message effects and social determinants of health: Its application to cancer disparities. *Journal of Communication*, *56*(s1), S238-S264.

Viswanath, K., & Finnegan, J. R. (1996). The knowledge gap hypothesis: Twenty-five years later. *Annals of the International Communication Association*, *19*(1), 187-228.

Viswanath, K., Lee, E., & Pinnamaneni, R. (2020). We need the lens of equity in COVID-19 communication. *Health Communication*, *35*(14), 1743-1746.

Viswanath, K., Mccloud, R., Minsky, S., Puleo, E., Kontos, E., Bigman-galimore, C., Rudd, R., & Emmons, K. M. (2013). Internet use, browsing, and the urban poor: Implications for cancer control. *Journal of the National Cancer Institute—Monographs*, *47*, 199-205.

Viswanath, K., Nagler, R. H., Bigman-Galimore, C. A., McCauley, M. P., Jung, M., & Ramanadhan, S. (2012). The communications revolution and health inequalities in the 21st century: Implications for cancer control. *Cancer Epidemiology Biomarkers and Prevention*, *21*(10), 1701-1708.

Viswanath, K., Ramanadhan, S., & Kontos, E. (2007). Mass media. In S. Galea (Ed.), *Macrosocial determinants of population health*. (pp. 275-294). Springer.

Whitacre, B., Strover, S., & Gallardo, R. (2015). How much does broadband infrastructure matter? Decomposing the metro-non-metro adoption gap with the help of the National Broadband Map. *Government Information Quarterly*, *32*(3), 261-269.

Williams, D. R., Lawrence, J. A., & Davis, B. A. (2019). Racism and health: Evidence and needed research. *Annual Review of Public Health*, *40*, 105-125.

Williams, D. R., & Mohammed, S. A. (2013a). Racism and health I: Pathways and scientific evidence. *American Behavioral Scientist*, *57*(8), 1152-1173.

Williams, D. R., & Mohammed, S. A. (2013b). Racism and health II: A needed research agenda for effective interventions. *American Behavioral Scientist*, *57*(8), 1200-1226.

Yamin, P., Fei, M., Lahlou, S., & Levy, S. (2019). Using social norms to change behavior and increase sustainability in the real world: A systematic review of the literature. *Sustainability*, *11*(20), 5847.

第 30 章
跨文化健康传播：健康传播中的文化反思

伊莲·谢（Elaine Hsieh）

在健康护理环境中，文化是塑造个体认知和行为的重要因素。传统上，健康传播(研究)在很大程度上受到西方学术的影响，将文化视为一记重要警钟(an important caveat)，并指出许多研究结果对于来自非西方文化的个体和组织来说可能是无效或不适用的。文化何以成为一个重要的语境因素，但同时又能充当"警钟"——一个在可观察的模式中制造噪音的异物(outlier)？更重要的是，这种对待健康传播中的文化的方法也没有考虑到文化在西方的作用、功能和影响。这体现在缺乏以下系统的讨论和概念阐述上，即作为一种语境因素的文化如何在以下方面运作，包括：充当个体健康行为的资源和产物；影响社区对一些人提供支持，而对另一些人的痛苦保持沉默的反应；形成强化差距或最大限度减少不公正现象的体制结构和政策。换句话说，在基于 WEIRD 文献(即依赖于压倒性多数来自西方的、受过教育，和来自工业化、富裕与民主国家的参与者的研究，Henrich et al., 2010)中，文化变得不可见了。如果西方、现代和工业化社会受到文化的影响，那么，我们如何将文化理论化——不是对非西方人的一记警钟或语境因素，而是对**所有人**的警钟或语境因素——以解释我们对健康和疾病的认识和行为？

第 1 节 健康语境中的文化概念化

不同学科的学者思考和谈论文化的方式不同。一些人将文化视为一套相对固定或稳定的信仰、价值观和行为模式，通常以国家或民族界限来划分。其他人则认为文化是一个不断更新的过程，并将来自外部环境和本土经验的新信息整合在一起。在本章中，我将评价文化概念化的四种主要方式：① 作为群体的文化；② 作为言语社区的文化；③ 作为世界观的文化；④ 作为一种生活过程的文化。通过将社会互动概念化为跨文化相遇(intercultural encounters)的途径，我将探索健康传播中文化概念化的多样化和流动方法所拓展的新领域，并将探索跨文化健康传播的转变前景。

一、作为群体的文化

将文化概念化为群体的途径假设，被识别的群体具有所有群体成员共有特征。占文献主导地位的是那些通过种族和(或)族裔群体的社会互动来对跨文化传播进行概念化的研究。个体性别或少数/高危状况(minority/risk status)(如"彩虹"人群和无家可归者)也能够被概念化为社会群体，并塑造个体的健康和疾病体验。

1. 人口统计学的一致性

一些研究已经提出,医生和患者之间的人口统计学一致性,对提供者-患者互动和医疗质量具有积极效果。例如,非洲裔美国人、亚裔美国人和西班牙裔美国人患者在与其医生的种族相同时,会对他们的医生、健康护理和总体满意度给出更高的评分(LaVeist & NuruJeter,2002)。相比种族不一致的患者,处于种族一致的提供者-患者互动关系中的患者被发现能够接收更多信息,并且在提供者-患者沟通中变得更加积极(Gordon et al.,2006)。尽管在一项调查中,只有10%的患者报告更喜欢他们自己种族的医生,但实际上,少数群体患者似乎都积极寻求来自种族一致的医生的治疗:四分之一的黑人和西班牙裔及近一半的亚裔报告与其医生的种族/族裔相同(Saha et al.,2003)。患者与他们的医生的性别一致,对癌症筛查也有积极影响(Malhotra et al.,2017)。一项关于医疗相遇中性别一致性效果的评价发现,这种效果是真实存在的,但通常"幅值较小"(Street,2002,p. 205)。

尽管患者和医生之间的人口统计学一致性具有积极效果,但研究者们也发现,以患者为中心的沟通方式对缩小提供者-患者之间的种族和文化差异具有显著效果:"所有移民的种族/族裔群体都喜欢那些愿意倾听、花费足够时间并清楚解释问题的健康护理提供者"(Chu et al.,2019,第5页)。萨哈等人(Saha et al.,2003)发现,患者的健康素养对提供者-患者互动的质量、患者满意度和健康服务的使用具有积极的促进作用;相比之下,"医-患种族一致性与更好的医-患互动没有相关性,或与更高的医生文化敏感性没有相关性"(第1716页)。然而,一项对2003—2010年间一次大规模全国调查的评价发现了一个令人不安的现象:相比被非西班牙裔健康护理提供者治疗的西班牙裔患者,被西班牙裔健康护理提供者治疗的西班牙裔患者接受乳腺癌和结直肠癌筛查的比率显著偏低(Malhotra et al.,2017)。由于认识到性别影响存在于社会文化和人际语境之中,斯特雷特(Street,2002)论证说,"性别可能会影响提供者与患者之间的互动,以至于使其能够与'互动者'的目标、技能、认知、情绪以及参与者适应其伙伴传播的方式相关联"(第201页)。简言之,人口统计学一致性的影响有可能通过各种因素被减缓,包括参与者的沟通技巧和目标。

2. 作为文化存在的提供者

从历史角度来说,医学文献假定临床医生是中立的专业人士,他们接受的培养使之遵守基于客观的、循证的生物医学指南,不受其自身的个人变量和偏见的影响。跨文化医疗相遇的概念化通常以患者作为文化他者的中心。然而,在美国和加拿大,四分之一的医生是国际医学的毕业生(IMG,即在美国或加拿大境外接受医学院教育的医生;Ranasinghe,2015)。IMG的主要来源国家包括印度、菲律宾、巴基斯坦和墨西哥。这还不包括在国外接受医学教育的美国公民。超过2 000万美国人居住在至少一半医生是IMG的地区(美国移民委员会,2018)。

文献表明,医生的种族和族裔可能会导致不同的临床实践和传播行为。医生关于临终关怀的做法,反映了他们所认同的族裔或种族群体的偏好(Mebane et al.,1999)。美国亚裔初级护理(primary care)居民医治宫颈癌的可能性最小,而非裔美国居民医治宫颈癌的可能性最大(Arredondo et al.,2003)。一项针对初级护理医生的全国性调查发现,医生的种族/族裔导致了抑郁症、焦虑症和医学上无法解释的症状等治疗建议方面的显著差异(Lawrence et al.,2015)。

有几项研究确定,性别是影响医生沟通方式的因素之一。一项针对日本初级护理医生的研究发现,女性医生根据患者性别大幅改变了她们的沟通行为,而男性医生则没有(Noro et al.,2018)。一项元分析发现,与男性医生相比,女性医生更多地采用患者中心的沟通方式,包括更多的合作行为、心理咨询以及注重情感的谈话(Roter et al.,2002)。另一项元分析发现,患者与男性医生和女性医生的互动方式不同(Hall & Roter,2002)。具体而言,患者与女医生交谈得更多(例如,披露更多的生物医学和心理社会信息),面对女性医生更自信,并更有可能打断她们。

二、作为言语社区的文化

甘佩兹(Gumperz,1968/2009)认为,言语社区是由(社区内)"所使用的言语变体"来定义的,"因为它们与一套社会规范相关"(第67页)。换句话说,将文化概念化为"言语社区"的做法,意味着一个文化群体可以根据其传播习惯来分类:"言语的用法,言语的起源,以及言语与它们所反映的社会行为之间的关系"(Gumperz, 1968/2009,第67页)。

1. **语言障碍**

当将文化差异概念化为言语社区中的差异时,传统文献就依赖于提供者-患者的语言不一致(language discordance)(即提供者和患者不共用相同的语言)来说明跨文化健康护理所面临的挑战。相比普通人群,语言不一致的患者面临着低健康素养的风险。例如,美国的一项调查发现,44.9%英语水平有限的患者报告了低健康素养,而只有13.8%的以英语为母语的人做出了同样的报告(Sentell & Braun, 2012)。森特尔和布劳恩(Sentell & Braun, 2012)发现,语言障碍的影响取代了低健康素养对于不良健康结果的影响。在一篇范围广泛的评述中,特莉(Terui, 2017)解释,通过影响患者**获得**护理、提供者-患者互动**过程**和健康护理服务**结果**的直接和间接的途径,语言不一致可能导致患者产生健康差距的体验。例如,语言不一致也许会促使患者推迟寻求帮助/护理的行为(Karliner et al., 2012)。患者或许也会对自己的健康护理质量以及与提供者的互动不太满意(Harmsen et al., 2008)。他们也更有可能经历有问题的结果,例如,从急诊室(emergency department, ED)出院后又在72小时内进行非计划的急诊(Ngai et al., 2016)。

现在,许多医学院都要求对提供者进行文化和语言水平的能力培训(Vela et al., 2015)。通过仅仅十周的医学西班牙语(培训),提供者就能够减少他们对翻译的使用,而且数据显示出患者满意度有所增加(Mazor et al., 2002)。不过,这种培训往往采用生物医学的视角,强调医生的信息需求,并注重为临床决策收集信息。当相互之间的理解不顺畅时,语言不一致的患者就有可能会因提供者对传播内容和过程越来越多的控制而陷入沉默(Meeuwesen et al., 2007)。相比语言一致互动中的提供者,语言不一致互动中的提供者可能会将更多时间直接用于向患者提出建议,而将更少的时间用于让他们参与决策过程(Butow et al., 2011)。因此,尽管提供者可能因为信息需求得到满足而感到满意,但他们也许无法满足患者的信息和情感需求。戴蒙德和雅各布斯(Diamond & Jacobs, 2010)总结道,"如果临床医生开始对患者不恰当地使用这些非英语语言技能,那么讲授'医学西班牙语'或相关课程实际上就可能会导致健康护理的差距"(第189页)。尽管许多研究都已经注意到,语言一致的健康护理会带来患者的满意度、依从性和感知性的医疗质量的较高评分,但这种效果或许是一种融洽关系的功能,而不是优质护理的指标(Hsieh, 2016)。

传统上,翻译被视为健康护理背景下的语言和文化障碍的解决方案。戴蒙德等人(Diamond et al., 2019)的一项综合评价发现,当为英语水平有限的患者配备翻译——包括专业和未经培训的翻译——时,这些患者可能会在患者报告的测度(如对诊断的满意度和理解)和客观的健康测度(如血糖控制和血压)中有更好的结果。在双语健康传播模型中,谢(Hsieh, 2016)提出,以翻译为中介的医疗相遇是目标导向的传播活动,需要提供者、患者和翻译积极协商他们的任务、身份和关系目标,以达到健康护理的质量和平等。为了制定相互认可的有效策略以实现最佳护理的合作目标,提供者、患者和翻译彼此共同进步:他们学会认识彼此的优点和缺点,通过协商达成他们各自的观点,并适应他人的需求。例如,冈茨维勒等人(Guntzviller et al., 2017)发现,当双语儿童为以西班牙语为母语的父母担任翻译时,他们采用**团队合作模式**(team-effort model),利用双方的优势,弥补合作伙伴的局限性,获得双方都满意的结果。双语儿童积极干预,从而提高父母的自我效能感,而父母则协助提高他们的孩子的健康素养。当他们的孩子认为父母和孩子一起分担翻译任务和责任时,说西班牙语的母亲报告称较少出现抑郁症状,即使当她们对翻译活动是否是一项共同任务/责任的问题感到不置可否时,也是如此(Kam et al., 2017)。事实上,说西班牙语的母亲支持其孩子担任家庭口译员,是防止这些低收入的双语青少年陷入抑郁的一个保护因素(Guntzviller & Wang, 2019)。当父母和孩子相互协调和合作以实现共同的目标时,他们就**一起**取得了进步。

最后,语言障碍的体验是在社会文化语境中产生的。谢(Hsieh, 2018)认为:① 语言不一致性是一种社会现象,这种现象也许在不同国家具有不同的含义和体验;② 处于语言不一致互动关系中的患者可能不会有相似的经历,即便他们身处同一国家也是如此;③ 语言一致性的差异可能会与东道国社会特有的其他差异和文化特征相混淆。例如,在美国,不一致的语言健康护理通常意味着患者的英语水平有限(而不是使用第二语言的医生);相比之下,在日本,不一致语言的健康护理也许意味着患者和医生都用他们的第二语言交流(如英语;Terui, 2017)。此外,根据患者的族裔和(或)原籍国,处于语言不一致互动中的患者可能会在东道国社会受到优待(如来自法国的说英语的白人患者)或潜在歧视(如来自津巴布韦的说班图语的黑人患者),即使两者都会参与语言不一致的交流。

2. 信息管理偏好

一项综合性评述发现,来自盎格鲁-撒克逊文化的医生大多认为,患者应该被告知他们的终末期疾病;相比之下,大多数来自非盎格鲁-撒克逊国家的医生不太可能明确地给出预后不良的信息(Hancock et al., 2007)。帕森斯等人(Parsons et al., 2007)确认了显著的文化差异:尽管65%的美国医生报告称他们总是将癌症诊断告知患病儿童,但只有9.5%的日本医生报告了这样的情况。事实上,只有不到1%的美国医生报告称很少或从不将癌症诊断告知患病儿童;相比之下,34.5%的日本医生报告称这样做了。当被要求找到一种方法来实现家人保护患者免受坏消息影响的愿望和对临终患者说实话的平衡时,一位美国医生回答:"当我在医学院时,我们深刻意识到自主性是一个至关重要的概念。你正在摧毁我的道德观。"(Solomon, 1997,第90页)对医生来说,信息披露不仅仅关乎患者的自主性,而且是对医生品德的要求。

在西班牙、意大利、希腊和许多其他集体文化(如沙特阿拉伯、埃及、日本和中国)中,医生通常在告知患者之前向家人披露预后不良的情况,听从家人的信息管理要求,而不是直接向患者披露坏消息(Mystakidou et al., 2004)。即便当患者希望了解他们的诊断时,文化背景也可能导致患者偏好仅仅获取基本(而非广泛)的信息,接收委婉的消息(以减轻打击),从特定的人(如医生、护士或家庭成员)那里听到消息,并保持希望(Mystakidou et al., 2004)。换句话说,疾病披露的信息管理取决于适当的地点、时间、过程(如谁应该披露)和目的(如保持希望或尊重患者的自主性)的文化考虑。

值得注意的是,这些传播模式具有文化背景,并受制度规范的驱动,反映了相应的信仰、道德和价值观。美国的父母和医生并不总是赞同这样的披露做法。在1960年之前,美国的父母和医生都认为孩子不应该被告知其癌症诊断(Chesler et al., 1986)。美国医生和父母的态度转变进一步突出了提供者-患者互动的社会建构性。换言之,西方生物医学中的那种看似普遍的价值观(如患者的知情权),实际上是美国文化中新近出现的一种社会结构。

3. 基于言语社区的规范信念

语言障碍和文化差异是跨文化护理中最明显的挑战。然而,由言语社区差异而造成的健康差距不一定关乎说不同语言的人。例如,关于男女不同传播方式的性别刻板印象和性别角色期望,可能会导致损害女性护理质量的疾病诊断和治疗差距。

例如,尽管女性比男性更有可能死于心脏病发作,但比起男性患者,女性患者报告生活压力事件时,医生不太会将症状归因于可能的心脏原因。换句话说,当患者报告压力时,只有女性(而非男性)患者的心脏症状被误解或低估,即从冠心病的诊断转向心因性障碍(Chiaramonte & Friend, 2006)。由于男性对疼痛的报告是基于他们的性别刻板印象(如"坚忍的男人"和"勇敢的男人"),所以男性的疼痛报告得到了重视,并更有可能导致额外的实验室检测(Samulowitz et al., 2018)。当男性在管理他们的疼痛时表现得沮丧或愤怒时,他们肯定疼得厉害;如果他们表现得坚忍,那么他们的抱怨也同样是真实的,因为这正是他们说话的方式(Dusenbery, 2018)。相比之下,女性对其疼痛的报告是通过性别刻板印象和社会规范(如"情绪化"或"歇斯底里"的爱哭女人)来得到解释的。因此,如果她们表现得情绪化(如哭泣或表达愤怒/沮丧),那她们只是女性化而已,不会被认为是正在经历极度的疼痛;但如果她们以一种客观的方式冷静地讨论自己的疼痛,那么她们就肯定没有遭受那么厉害的疼痛(Dusenbery, 2018; Samulowitz et al., 2018)。性别偏见是如此普遍和标准化,以至于当一个孩子被说成是男孩而不是女孩时,成人们更有可能相信他的疼痛更厉害,即使是相同的行为和环境,也是如此(Earp et al., 2019)。

由于女性的疾病报告更有可能归因于心理问题,而且医生也认为她们的症状报告不如男性的症状报告可靠,所以女性也面临诊断和治疗方面的差距。例如,利拉佐普洛斯等人(Lyratzopoulos et al., 2013)发现,女性在被专科医生诊断为膀胱癌之前,需要三次或三次以上的转诊前去看全科医生(primary physicians)的可能性显著增加了一倍。对于肾癌,女性需要三次或三次以上转诊前就诊的概率也几乎是男性的两倍。与男性相比,女性在各种疾病中都经历了延迟诊断(即从症状的首次出现到正式诊断的持续时间更长)(Dusenbery, 2018)。

传统上,跨文化护理研究通常集中在特定群体由于其独特特征和条件导致的健康差距经历上。然而,这条研究思路表明,健康差距的探讨不仅限于解决特定群体的"问题"(如健康素养低或英语水平有限)。更确切地说,社会的规范性信念有可能导致偏见和歧视,进而导致个体的不必要和可避免的痛苦。

第2节 作为世界观的文化

世界观不仅仅是言语实践或社会行为。世界观是"一群人对事物本质做出的认知、情感和评价的基本预设,也是他们用来安排自己生活的预设",换句话说,世界观是"一个社区中的人所认为的既定现实,是他们用来生活的现实地图"(Hiebert, 2008,第15页)。世界观使文化参与者能够适应他们的社会世界,并理解发生在他们的现实中的事件(Note et al., 2008)。也就是说,世界观发挥着指南针的作用,并创建了正确、真理、真实、伦理和道德的界限。这些路标起到了灯塔的作用,让文化参与者能够理解他们在日常生活中的经历。

一、作为文化的医学

一些研究者认为,提供者-患者沟通应该被视为跨文化的相遇,因为作为医学专家的提供者和作为外行的患者并不拥有相同的世界观(Ruben, 2016)。在交往行为理论中,哈贝马斯(1981/1985)提出,个体对世界的理解并不是建立在工具主义或客观主义术语的基础上的,而是通过交往行为而构建的。由于强调生活世界中的人类交往与系统之间的紧张关系,哈贝马斯注意到,这两种交往模式是由不同类型的合理性所驱动的。在哈贝马斯看来,生活世界中的交往是对语境敏感的交往行为,以相互理解为导向,并通过协商产生协调一致的行为。相比之下,系统强加一种经过计算的、非个人的、有目的的合理性,它没有情感和道德。系统的世界涉及对社会世界有目的的、工具性的理解。

米什勒(Mishler, 1984)借鉴哈贝马斯的概念并将其应用于医学领域,提出**生活世界之声**(the voice of the lifeworld)和**医学之声**(the voice of medicine)的概念。"生活世界之声"认识到患者的健康和疾病经历如何始终以他们的日常生活为背景,包括他们独特的视角和理解(Lo & Bahar, 2013)。他们的生活世界浸泡在其文化信念、社会经历和民间意识形态之中。相比之下,"医学之声"以生物医学框架为导向和框架。"医学之声"涉及对健康和疾病的技术理解,这种理解限定和控制了提供者的工作范围。医生通过"医学之声"积极地为患者的疾病叙事及主观体验构建和重构(frame and reframe)框架。

医生的培养过程通常把他们社会化为该系统的执行者,即作为"医学之声"来发言。例如,当医学院学生在晨间报告中陈述病例时,他们就被社会化,以显示一种职业身份。当学生偏离了生物医学框架,纳入生活世界的声音时,教职员工往往通过强化"医学之声"来回应,即告诉学生"纯粹依据技术证据、而不是患者提供的信息来考虑诊断"(Apker & Eggly, 2004,第422页)。某些领域的医学专家基本上不接触患者(如放射科和病理科),或与患者仅有短暂接触(如外科、麻醉科和急诊医学科)。换句话说,患者的生活世界可能对这些医学专家的业务没什么影响。法迪曼(Fadiman, 1997)观察了一位急诊医生,他曾为一位有生命危险的患者连续进行了12个多小时的治疗,都没有意识到这位患者是个女孩。法迪曼得出的结论是,"这是美国医学最糟的时期和最好的时期:患者从一个女孩变成了一组可分析的症状,医生因此能够集中精力,成功地让她活下来"(第147页)。

二、作为世界观的宗教

尽管宗教和灵性(spirituality)通常不被认为是跨文化的健康传播,但它们可以对个体的健康信念和健康行为产生显著影响,并影响护理过程和质量(Pitaloka & Hsieh, 2015)。当人们的宗教世界观相互碰撞时,就有可能产生紧张和冲突,并导致护理过程和质量的差异。

良心拒绝(conscientious refusal)被定义为：健康护理提供者出于其宗教、道德、哲学或伦理信念的原因，拒绝提供医疗服务或商品，包括药物和信息。在临终关怀中，比起其他医生，无宗教信仰的医生"更有可能报告称一直给予深度镇静直至死亡，并做出了他们期望或部分打算结束生命的决定，他们还与被判定具有参与能力的患者讨论了这些决定"(Seale, 2010, 第677 页)。反之，相比宗教信仰强度较低的医生，宗教信仰强度较高的医生反对医生协助自杀的可能性要高出4.2倍，反对末期镇静的可能性要高出2.6倍(Curlin et al., 2008)。与持有其他宗教信仰的医生相比，天主教医生反对撤除生命支持的可能性高出2.8倍，这也许反映了天主教禁止缩短生命的教义(Curlin et al., 2008)。宗教强度是医生认为他们去做自己认为错误的事情的最强预测因素，而天主教和东正教医生最有可能持有这样的信念(Lawrence & Curlin, 2009)。比起宗教信仰最不虔诚的医生，最虔诚的医生更有可能拒绝满足患者的请求(Brauer et al., 2016)。事实上，比起患者调度(deposition)(如年龄和偏好；Frush et al., 2018)，医生宗教信仰的强度是晚期癌症治疗建议的一个更强有力的预测因素。

作为一种世界观的宗教可以在制度乃至国家层面上盛行，并影响公众获得护理的机会和过程。宗教自由对于美国身份和文化如此重要，以至于它被纳入了宪法。保护个体宗教自由的愿望如此强烈，所以44个州和华盛顿特区对儿童强制性疫苗接种要求也实行了宗教豁免，尽管这可能会危及当地社区的健康(全国州立法机构会议，National Conference of State Legislatures, 2021；加利福尼亚州、康涅狄格州、缅因州、密西西比州、纽约州和西弗吉尼亚州除外)。自21世纪初以来，随着宗教和哲学(即非医学)豁免的急剧增加，研究者也发现，在高豁免率的地区，可预防疾病的暴发有所增加(Bradford & Mandich, 2015)。最近，雇主依据宗教豁免来拒绝为员工提供某些医疗保险(例如，避孕；Gasper, 2015)。2020年7月，特朗普政府提议，允许无家可归者收容所将跨性别者拒于单性设施之外，以便更适应"收容所提供者的宗教信仰"(Cameron, 2020)。一项研究发现，尽管在受调查的30家非天主教医院中，没有一家医院禁止员工与强奸受害者讨论紧急避孕措施，但在被研究的28家天主教医院中，有12家医院有这样的政策，天主教医院中有7家医院也禁止医生开紧急避孕处方，即便患者有这样的要求，也是如此(Smugar & Spina, 2000)。患者也许没有意识到由于医院的宗教信仰隶属关系，他们得到的健康护理也是受到限制的(Takahashi et al., 2019)。

三、敌对的生存环境

最后，个体的生活经历可能会使他们持有特定的世界观，从而塑造他们的规范信念和健康行为。少数群体压力理论认为，少数群体成员经历着健康差距，因为他们在日常生活中受到永久和(或)独特的压力，后者来自更大社会中的污名、偏见和歧视(Meyer, 2003)。米勒等人(Miller et al., 2007)解释道："从儿童早期到成年晚期，慢性压力伴随着健康状况的恶化，这种效应的程度是巨大的：在某些情况下，暴露于慢性压力之下会使不良医疗结果的概率增加三倍或四倍"(第25页)。反复接触和目睹导致黑人致命伤害的侵犯性警务行为和法律体系的不公正，会触发许多黑人的创伤性反应，其累积性的集体效应可能会代代相传(Bryant-Davis et al., 2017)。这样的经历引导少数群体对他们的生活现实持有独特的世界观，由此促成了他们的健康差距。

与此相关，医疗不信任(即对医务人员和组织的不信任)是造成健康差距的一个众所周知的因素，并导致了预防性护理使用的减少，治疗依从性差和患者满意度降低(Williamson & Bigman, 2018)。在一项全国性调查中，研究者发现，非裔、西班牙裔和亚裔移民比白人更有可能意识到：① 如果属于不同的种族/族裔群体，那他们会获得更好的健康护理；② 医务人员根据种族/族裔和英语口语水平对他们做出不公正的评判，或不尊重他们(Johnson et al., 2004)。少数群体对政府和医务人员的不信任，不仅反映了他们在社会中被边缘化的地位，而且往往反映了他们与主流群体共同经历的长期斗争和动荡历史(例如，1932—1972年塔斯克吉梅毒研究，以及20世纪初至20世纪80年代美国的强制绝育法；Hsieh & Kramer, 2021)。

与白人对政府健康倡导运动或健康护理提供者的假定可信度的期望相反，少数群体和移民从过去的经验中**得知**：健康干预措施和政府批准的医疗计划可能对他们的利益和幸福构成严重的威胁。对于来自这些少数群体和(或)边缘人群的受害者、幸存的亲属甚至整个社区来说，当总统致歉或达成法庭和解时，这些事件不会被简单地遗忘和原谅。申布里和加达

(Schembri & Ghaddar, 2018)解释说：

> 西班牙裔消费者高度依赖与朋友和家人的信任关系,整个社区交织着一个强大的家庭网络。西班牙裔社区中的西班牙裔的专业人士是值得信赖的专业人士,许多当地专业人士都是朋友和家人,所以成为特别值得信赖的人。
>
> （第150页）

某种程度上,少数群体经历过的与健康护理机构和政府打交道的不愉快历史,有助于解释他们对健康决策的不同信息来源的偏好。

四、作为一种生活过程的文化

研究者越来越认识到,文化既不是静止的,也不是依附于特定人群的固定"东西"。相反,文化是一个生活过程,承载着各种各样的意义和观点,这些意义和观点存在于语境之中,并与更大的社区共同发展。因此,文化和文化观念不断通过动态交互和泛进化(pan-evolutions,即一个方面／要素／成员的变化会导致系统中其他方面的变化)而被演绎、协商、争议和调和。

1. 知情同意

文化作为生活过程的一个例子是知情同意(informed consent)。知情同意是西方医学中的一个基本要素。通过将知情同意作为个体对于患者自主权和自我决定权的行使,西方医学已将个人主义嵌入其最佳实践的愿景之中(Hsieh & Kramer, 2021)。知情同意的实践越来越严谨,因为它体现了医学伦理哲学、健康护理服务实践指南和事故索赔的法律诉讼(Maclean, 2009)。然而,作为一种文化实践,知情同意可能被利用、质疑和抵制。

例如,知情同意可能以某种方式被利用,从而强化医学方面的家长式作风,并对患者的自主性构成直接的威胁。医生也许会有意增加手术风险的披露,以操纵患者的决策(Hsieh et al., 2016)。同样,最近各州崛起的关于健康护理提供者对寻求堕胎的患者的披露规定,也是通过知情同意的概念来表达的。例如,南达科他州目前要求医生做出这样的陈述:堕胎将"终止一个完整的、独立的、唯一的、活生生的人的生命"(S.D.成文法,S.D. Codified Laws, 2019)。俄克拉何马州法律禁止健康护理提供者进行堕胎手术,除非他或她首先进行超声波检查,"显示超声波图像,让孕妇可以观看",并提供其口头描述(Okla. Stat. tit. 63, 2019)。《宾夕法尼亚州堕胎控制法》(1982/1989)要求医生在进行堕胎手术前至少24小时内获得患者签署的知情同意书。除了告知患者"手术的性质,堕胎和分娩的健康风险,以及未出生婴儿的大概胎龄",医生还必须披露:

> 由该州出版的印刷材料的可获得性,这些材料对胎儿进行描述,并提供分娩医疗援助的信息,来自父亲的有关子女抚养费的信息,以及提供收养和诸如堕胎替代选择的服务机构的名单。
>
> （宾夕法尼亚州东南部计划生育协会诉凯西案,*Planned Parenthood of Southeastern Pennsylvania v. Casey*,1992,第881页）

尽管这些强制性的披露法规通过知情同意程序声称其合法性,但许多研究者、健康护理提供者和法律专业人士已经表示了对披露强制性的担忧。美国最高法院大法官布莱克门(Blackmun)在其协同意见书(concurring opinion)中,将此类要求比拟为强制"切除阑尾手术的视觉预览",他认为,这"对医生获得阑尾切除术知情同意不起任何作用",并且也"没有建设性地告知"医疗决策(*Planned Parenthood of Southeastern Pennsylvania v. Casey*,1992,第937页)。

作为回应,健康护理提供者可以制定创见性的策略来抵制关于信息披露的组织政策。如前所述,由于美国对于宗教豁免的文化偏好(或尊重),通过明确禁止医生讨论或为强奸受害者开紧急避孕处方的途径,一些天主教医院规避了知情同意的做法(Smugar & Spina, 2000)。不过,在这些医院里,医生"告诉受害者他们有一项禁止讨论紧急避孕的政策",将受害者转介绍给另一个可以提供信息的机构,邀请强奸方面的顾问到急诊室提供此类信息,或尽管有医院的政策,也要讨论这种信息(Smugar & Spina, 2000,第1373页)。从这个角度来看,健康护理提供者通过有策略的行为,积极地解释和协调不同文化观念之间的紧张关系(即他们作为健康护理提供者的职业责任,他们关于患者自主性的个人信念,以及禁止某些披露的制度性政策)。

2. 文化融合与会话空间

克莱默(Kramer, 2013)的维度积累和分离理论主张,当个体遇到不同的文化,他们就积累了不同的体验,这使得他们能够创建文化观念的新融合,而这是一种**整合性的融合**世界观。谢和克莱默(Hsieh & Kramer, 2021)认为,整体融合方法(integral fusion)致力于维护会话空间,以保护、促进、协商和调和不同的思想和观点。会话空间是具有不同观点和兴趣的人,本着**理解**"他者"和**愿意改变的目的**而彼此交流的地方。这一过程的本质是开放性地倾听他人,并受他人的影响,甘冒自己解释学视野的风险,这样我们就可以在情感、修辞和认知上共同进步(Kramer, 2000)。以"彩虹"运动为例,谢和克雷麦探讨了彩虹群体如何并不被动地接受污名化的标签,而是积极地重新定义群体的内部和外部界限,从而挑战由更大社会强加的现有框架。彩虹群体并不关注他们的污名化地位,而是致力于促进更大社会的**泛进化**。通过把握文化融合的机会和保护盟友,彩虹群体为自己争取平等权利(Obergefell v. Hodges, 2015),为他人发声[例如,"黑人命贵"(Black Lives Matter)],并使更大的社区发生转变,以支持甚至庆祝他们的独特性(例如,"骄傲月"和"骄傲游行")。

从这个角度出发,整体融合方法与罗尔斯(Rawls, 2001)提出的"公平即正义"的概念是一致的。罗尔斯认为,一个由不同文化群体和价值观组成的社会,要创造并持续维持跨代的正义,关键在于社群成员相信制度结构和社会习俗是公正的,因为这些制度和习俗是在充分吸纳他们的意见后建立的。如果他们相信这些共同认可的原则是公正的,并且能够合理预期其他人也会遵守这些原则,他们就会愿意并准备好履行自己的角色,遵循这些安排。

同样,杜塔(Dutta, 2008)提出了以文化为中心的方法(the culture-centered approach, CCA)来探求边缘化人群的健康差距问题。相比主流群体成员,这些边缘化群体的成员更有可能属于不同的言语社区,并经历恶劣的生存环境。CCA致力于倾听和包容边缘化人群的声音,同时批判性和反思性地质疑人们的偏见和假设。CCA已被广泛应用在基于社区的干预措施之中(参见 Sastry et al., 2019)。CCA邀请边缘化社区的成员、从业者和大社会(the larger society)来参与对话,以挑战现存社会结构,解决历史上的社会不公正问题。对话空间是所有成员合作和共同创建其共享社区的结构和知识的必要条件。换句话说,CCA"试图在底层社区建立对话空间,从而以具有当地意义和情境化的方式来审视、理论化和制定参与式沟通方式,进而提出健康和幸福的底层理论"(Dutta, 2018,第240页)。由于结构性污名化和结构性歧视是边缘化人群经历不公正和不平等的基础,所以只有当边缘化人群的声音不仅被倾听,而且也被融入大社会的结构和文化取向中的时候,才可能出现有意义和有效的解决方案。

第3节 未来的研究方向

只有当遇到差异时,我们才能认识到自己的文化视角和局限性。当认识到健康传播中文化概念化的多样且流动的方法时,我们不仅可以更深入地理解"他者",也可以更深入地理解我们自己。跨文化健康传播领域正在以下列方式发生转变和扩展。

首先,我们需要超越基于群体的方法来对文化进行概念化。研究者已经警告说,采用不同方法来对文化进行概念化和对群体进行分类,也许会在我们识别问题和制定解决方案的能力上形成盲点(Epstein, 2007)。当干预措施是为特定的基于人群的标签而设计时,我们可能忽略了未被命名的人群。例如,通过关注种族/族裔的"他者",我们可能无意中助长了种族主义,并对美国贫困白人的痛苦保持缄默(Kawachi et al., 2005)。同样,通过将特定特征、特质或行为凸显为风险因素,我们可能会无意中将这些变量病态化,而忽略了深层的社会文化问题,这些问题会与那些差距相互作用,甚至会加剧那些差距。例如,通过将性别视为一个风险因素,而不承认我们对言语性别差异的规范信念和文化偏见,我们会继续助长女性在疼痛管理、诊断和治疗方面的健康差距。

其次,我们需要认识到,文化不仅仅关乎模式化行为(patterned behaviors)的差异。更确切地说,健康行为和规范信念是以将道德结构强加于其文化参与者的价值体系为背景的。天主教医生的宗教信仰强度掩盖了其患者的治疗偏好,或即便患者有要求,天主教医院也禁止医生讨论或开具紧急避孕处方,而除非我们能够认识到以下方面,否则这些医生和医院的行为是无法得到真正理解的,这包括:① 宗教信仰在塑造他们的健康护理服务的道德指南针方面的重要性;② 宗教自由在塑造美国健康护理和法律体系方面的显著作用。我们并不是将低健康素养归因于边缘化人群对于政府和卫生当局的不信任,而是需要理解不公正的历史和代际创伤在塑造他们的健康行为方面扮演的角色。看似有风险或无教养的行为(如吸烟和吸毒)可能是为边缘化人群提供身份和关系的宝贵资源,以至于他们在充满敌意的生存环境中建立了韧性,并生存了下来(Factor et al.,2011)。我们不仅必须理解,而且也要重视的问题是:这种健康行为和规范信念对文化"他者"是如何赋予意义和价值的。当我们与"他者"对话时,目的不是强求一致或同化。对话空间代表着与"他人"合作和共同发展的承诺,即在所有相关方合理共识的基础上改变和发展公平公正制度的意愿。

最后,跨文化健康传播不应局限于识别、理解和解决文化"他者"的差异和差距。相反,随着对"他者"**和**自己有了更多的认识,我们应该致力于建设能够确保可持续正义的基础设施和社会政策。有些文化政策不再适合于我们信奉的基本文化价值观,而我们需要警惕对它们的利用和操纵。如果认识到某些人的文化价值观有可能将不公平的负担强加给其他人,我们就有道德义务去寻求解决方案和协调措施,以便使我们社区的**所有**人都是自由平等的。平等和正义是公共健康问题。考虑到弱势人群的痛苦和差距是不能为所有人维持正义和公平制度的病态社会症状(symptoms)的事实,如果不解决系统和制度中结构性不公正的问题,我们就会继续将文化"他者"视为社会的异类和弊病。

参考文献

American Immigration Council. (2018). *Foreign-trained doctors are critical to serving many U. S. communities*. https://www.americanimmigrationcouncil.org/sites/default/files/research/foreign-trained_doctors_are_critical_to_serving_many_us_communities.pdf.

Apker, J., & Eggly, S. (2004). Communicating professional identity in medical socialization: Considering the ideological discourse of morning report. *Qualitative Health Research*, 14(3), 411-429.

Arredondo, E. M., Pollak, K. I., Costanzo, P., McNeilly, M., & Myers, E. (2003). Primary care residents' characteristics and motives for providing differential medical treatment of cervical cancer screening. *Journal of the National Medical Association*, 95(7), 576-584.

Bradford, W. D., & Mandich, A. (2015). Some state vaccination laws contribute to greater exemption rates and disease outbreaks in the United States. *Health Affairs*, 34(8), 1383-1390.

Brauer, S. G., Yoon, J. D., & Curlin, F. A. (2016). US primary care physicians' opinions about conscientious refusal: A national vignette experiment. *Journal of Medical Ethics*, 42(2), 80-84.

Bryant-Davis, T., Adams, T., Alejandre, A., & Gray, A. A. (2017). The trauma lens of police violence against racial and ethnic minorities. *Journal of Social Issues*, 73(4), 852-871.

Butow, P. N., Bell, M., Goldstein, D., Sze, M., Aldridge, L., Abdo, S., Mikhail, M., Dong, S., Iedema, R., Ashgari, R., Hui, R., & Eisenbruch, M. (2011). Grappling with cultural differences: Communication between oncologists and immigrant cancer patients with and without interpreters. *Patient Education and Counseling*, 84(3), 398-405.

Cameron, C. (2020, July 1). HUD rule would dismantle protections for homeless transgender people. *The New York Times*. https://www.nytimes.com/2020/07/01/us/politics/hud-transgender.html.

Chesler, M. A., Paris, J., & Barbarin, O. A. (1986). "Telling" the child with cancer: Parental choices to share information with ill children. *Journal of Pediatric Psychology*, 11(4), 497-516.

Chiaramonte, G. R., & Friend, R. (2006). Medical students' and residents' gender bias in the diagnosis, treatment, and interpretation of coronary heart disease symptoms. *Health Psychology*, 25(3), 255-266.

Chu, J., Wang, N., Choi, Y. S., & Roby, D. H. (2019). The effect of patient-centered communication and racial concordant care on care satisfaction among U.S. immigrants. *Medical Care Research and Review*. https://doi.org/10.1177/1077558719890988.

Curlin, F. A., Nwodim, C., Vance, J. L., Chin, M. H., & Lantos, J. D. (2008). To die, to sleep: US physicians' religious and other objections to physician-assisted suicide, terminal sedation, and withdrawal of life support. *American Journal of Hospice and Palliative Medicine*, 25(2), 112-120.

Diamond, L., Izquierdo, K., Canfield, D., Matsoukas, K., & Gany, F. (2019). A systematic review of the impact of patient—physician non-English language concordance on quality of care and outcomes. *Journal of General Internal Medicine*, 34(8), 1591-1606.

Diamond, L. C., & Jacobs, E. A. (2010). Let's not contribute to disparities: The best methods for teaching clinicians how to overcome language barriers to health care. *Journal of General Internal Medicine*, 25(Suppl. 2), S189-S193.

Dusenbery, M. (2018). *Doing harm: The truth about how bad medicine and lazy science leave women dismissed, misdiagnosed, and sick*. HarperOne.

Dutta, M. J. (2008). *Communicating health: A culture-centered approach*. Polity Press.

Dutta, M. J. (2018). Culture-centered approach in addressing health disparities: Communication infrastructures for subaltern voices. *Communication Methods and Measures*, 12(4), 239-259.

Earp, B. D., Monrad, J. T., LaFrance, M., Bargh, J. A., Cohen, L. L., & Richeson, J. A. (2019). Gender bias in pediatric pain assessment. *Journal of Pediatric Psychology*, 44(4), 403-414.

Epstein, S. (2007). *Inclusion: The politics of difference in medical research*. University of Chicago Press.

Factor, R., Kawachi, I., & Williams, D. R. (2011). Understanding high-risk behavior among non-dominant minorities: A social resistance framework. *Social Science & Medicine*, 73(9), 1292-1301.

Fadiman, A. (1997). *The spirit catches you and you fall down: A Hmong child, her American doctors, and the collision of two cultures*. Farrar, Straus and Giroux.

Frush, B. W., Brauer, S. G., Yoon, J. D., & Curlin, F. A. (2018). Physician decision-making in the setting of advanced illness: An examination of patient disposition and physician religiousness. *Journal of Pain and Symptom Management*, 55(3), 906-912.

Gasper, T. (2015). A religious right to discriminate: Hobby Lobby and "religious freedom" as a threat to the LGBT community. *Texas A&M Law Review*, 3(2), 395-416.

Gordon, H. S., Street, R. L., Jr., Sharf, B. F., & Souchek, J. (2006). Racial differences in doctors' information-giving and patients' participation. *Cancer*, 107(6), 1313-1320.

Gumperz, J. J. (2009). The speech community. In A. Duranti (Ed.), *Linguistic anthropology: A reader* (2nd ed., pp. 66-73). Wiley-Blackwell. (Original work published 1968)

Guntzviller, L. M., Jensen, J. D., & Carreno, L. M. (2017). Latino children's ability to interpret in health settings: A parent-child dyadic perspective on child health literacy. *Communication Monographs*, 84(2), 143-163.

Guntzviller, L. M., & Wang, N. (2019). Mother-adolescent communication in low-income, Latino families during language brokering: Examining the theory of resilience and relational load. *Journal of Family Communication*, 19(3), 228-242.

Habermas, J. (1985). *The theory of communicative action: Lifeworld and system, a critique of functionalist reason* (T. McCarthy, Trans.; 3rd ed., Vol. 2). Beacon. (Original work published 1981)

Hall, J. A., & Roter, D. L. (2002). Do patients talk differently to male and female physicians?: A meta-analytic review. *Patient Education and Counseling*, 48(3), 217-224.

Hancock, K., Clayton, J. M., Parker, S. M., Walder, S., Butow, P. N., Carrick, S., Currow, D., Ghersi, D., Glare, P., Hagerty, R., & Tattersall, M. H. (2007). Truth-telling in discussing prognosis in advanced life-limiting illnesses: A systematic review. *Palliative Medicine*, 21(6), 507-517.

Harmsen, J. A. M., Bernsen, R. M. D., Bruijnzeels, M. A., & Meeuwesen, L. (2008). Patients' evaluation of quality of care in general practice: What are the cultural and linguistic barriers? *Patient Education and Counseling*, 72(1), 155-162.

Henrich, J., Heine, S. J., & Norenzayan, A. (2010). The weirdest people in the world? *Behavioral and Brain Sciences*, 33(2-3), 61-83.

Hiebert, P. G. (2008). *Transforming worldviews: An anthropological understanding of how people change*. Baker Academic.

Hsieh, E. (2016). *Bilingual health communication: Working with interpreters in cross-cultural care*. Routledge.

Hsieh, E., Bruscella, J., Zanin, A., & Kramer, E. M. (2016). "It's not like you need to live 10 or 20 years": Challenges to patient-centered care in gynecologic oncologist-patient interactions. *Qualitative Health Research*, 26(9), 1191-1202.

Hsieh, E., & Kramer, E. M. (2021). *Rethinking culture in health communication: Social interactions as intercultural encounters*. Wiley-Blackwell.

Johnson, R. L., Saha, S., Arbelaez, J. J., Beach, M. C., & Cooper, L. A. (2004). Racial and ethnic differences in patient perceptions of bias and cultural competence in health care. *Journal of General Internal Medicine*, 19(2), 101-110.

Kam, J. A., Basinger, E. D., & Guntzviller, L. M. (2017). Communal coping among Spanish-speaking mother—child dyads engaging in language brokering: A latent class analysis. *Communication Research*, 44(5), 743-769.

Karliner, L. S., Ma, L., Hofmann, M., & Kerlikowske, K. (2012). Language barriers, location of care, and delays in follow-up of abnormal mammograms. *Medical Care*, 50(2), 171-178.

Kawachi, I., Daniels, N., & Robinson, D. E. (2005). Health disparities by race and class: Why both matter. *Health Affairs*, 24(2), 343-352.

Kramer, E. M. (2000). Cultural fusion and the defense of difference. In M. K. Asante & J. E. Min (Eds.), *Sociocultural conflict between African and Korean Americans* (pp. 182-223). University Press of America.

Kramer, E. M. (2013). Dimensional accrual and dissociation: An introduction. In J. Grace & E. M. Kramer (Eds.), *Communication, comparative cultures, and civilizations* (Vol. 3, pp. 123-184). Hampton.

LaVeist, T. A., & Nuru-Jeter, A. (2002). Is doctor-patient race concordance associated with greater satisfaction with care? *Journal of Health and Social Behavior*, 43(3), 296-306.

Lawrence, R. E., & Curlin, F. A. (2009). Physicians' beliefs about conscience in medicine: A national survey. *Academic Medicine*, 84(9), 1276-1282.

Lawrence, R. E., Rasinski, K. A., Yoon, J. D., & Curlin, F. A. (2015). Physician race and treatment preferences for depression, anxiety, and medically unexplained symptoms. *Ethnicity & Health*, 20(4), 354-364.

Lo, M.-C. M., & Bahar, R. (2013). Resisting the colonization of the lifeworld? Immigrant patients' experiences with co-ethnic healthcare workers. *Social Science & Medicine*, 87(Suppl. C), 68-76.

Lyratzopoulos, G., Abel, G. A., McPhail, S., Neal, R. D., & Rubin, G. P. (2013). Gender inequalities in the promptness of diagnosis of bladder and renal cancer after symptomatic presentation: Evidence from secondary analysis of an English primary care audit survey. *BMJ Open*, 3(6), e002861.

Maclean, A. (2009). *Autonomy, informed consent and medical law: A relational challenge*. Cambridge University Press.

Malhotra, J., Rotter, D., Tsui, J., Llanos, A. A. M., Balasubramanian, B. A., & Demissie, K. (2017). Impact of patient—provider race, ethnicity, and gender concordance on cancer screening: Findings from Medical Expenditure Panel Survey. *Cancer Epidemiology Biomarkers & Prevention*, 26(12), 1804-1811.

Mazor, S. S., Hampers, L. C., Chande, V. T., & Krug, S. E. (2002). Teaching Spanish to pediatric emergency physicians: Effects on patient satisfaction. *Archives of Pediatrics & Adolescent Medicine*, 156(7), 693-695.

Mebane, E. W., Oman, R. F., Kroonen, L. T., & Goldstein, M. K. (1999). The influence of physician race, age, and gender on physician attitudes toward advance care directives and preferences for end-of-life decision-making. *Journal of the American Geriatrics Society*, *47*(5), 579-591.

Meeuwesen, L., Tromp, F., Schouten, B. C., & Harmsen, J. A. M. (2007). Cultural differences in managing information during medical interaction: How does the physician get a clue? *Patient Education and Counseling*, *67*(1-2), 183-190.

Meyer, I. H. (2003). Prejudice, social stress, and mental health in lesbian, gay, and bisexual populations: Conceptual issues and research evidence. *Psychological Bulletin*, *129*(5), 674-697.

Miller, G. E., Chen, E., & Zhou, E. S. (2007). If it goes up, must it come down? Chronic stress and the hypothalamic-pituitary-adrenocortical axis in humans. *Psychological Bulletin*, *133*(1), 25-45.

Mishler, E. G. (1984). *The discourse of medicine: Dialectics of medical interviews*. Ablex.

Mystakidou, K., Parpa, E., Tsilika, E., Katsouda, E., & Vlahos, L. (2004). Cancer information disclosure in different cultural contexts. *Supportive Care in Cancer*, *12*(3), 147-154.

National Conference of State Legislatures. (2021, July 1). *State with religious and philosophical exemptions from school immunization requirements*. https://www.ncsl.org/research/health/school-immunization-exemption-state-laws.aspx.

Ngai, K. M., Grudzen, C. R., Lee, R., Tong, V. Y., Richardson, L. D., & Fernandez, A. (2016). The association between limited English proficiency and unplanned emergency department revisit within 72 hours. *Annals of Emergency Medicine*, *68*(2), 213-221.

Noro, I., Roter, D. L., Kurosawa, S., Miura, Y., & Ishizaki, M. (2018). The impact of gender on medical visit communication and patient satisfaction within the Japanese primary care context. *Patient Education and Counseling*, *101*(2), 227-232.

Note, N., Fornet-Betancourt, R., Estermann, J., & Aerts, D. (2008). Worldviews and cultures: Philosophical reflections from an intercultural perspective. An introduction. In N. Note, R. Fornet-Betancourt, J. Estermann, & D. Aerts (Eds.), *Worldviews and cultures: Philosophical reflections from an intercultural perspective* (pp. 1-9). Springer Netherlands.

Obergefell v. Hodges, 576 U.S. ___ (2015). https://www.oyez.org/cases/2014/14-556.

Okla. Stat. tit. 63, § 1-738.3d. (2019). https://law.justia.com/codes/oklahoma/2019/title-63/section-63-1-738-3d/

Parsons, S. K., Saiki-Craighill, S., Mayer, D. K., Sullivan, A. M., Jeruss, S., Terrin, N., Tighiouart, H., Nakagawa, K., Iwata, Y., Hara, J., Grier, H. E., & Block, S. (2007). Telling children and adolescents about their cancer diagnosis: Cross-cultural comparisons between pediatric oncologists in the US and Japan. *Psycho-Oncology*, *16*(1), 60-68.

Pennsylvania Abortion Control Act, 18 Pa. Cons. Stat. § 3205 (1982 & rev. 1989). https://law.justia.com/codes/pennsylvania/2019/title-18/chapter-32/section-3205/

Pitaloka, D., & Hsieh, E. (2015). Health as submission and social responsibilities: Embodied experiences of Javanese women with type II diabetes. *Qualitative Health Research*, *25*(8), 1155-1165.

Planned Parenthood of Southeastern Pennsylvania v. Casey, 505 U.S. 833 (1992). https://www.oyez.org/cases/1991/91-744.

Ranasinghe, P. D. (2015). International medical graduates in the US physician workforce. *The Journal of the American Osteopathic Association*, *115*(4), 236-241.

Rawls, J. (2001). *Justice as fairness: A restatement* (E. Kelly, Ed., 2nd ed.). Harvard University Press.

Roter, D. L., Hall, J. A., & Aoki, Y. (2002). Physician gender effects in medical communication: A meta-analytic review. *JAMA*, *288*(6), 756-764.

Ruben, B. D. (2016). Communication theory and health communication practice: The more things change, the more they stay the same. *Health Communication*, *31*(1), 1-11.

Saha, S., Arbelaez, J. J., & Cooper, L. A. (2003). Patient—physician relationships and racial disparities in the quality of health care. *American Journal of Public Health*, *93*(10), 1713-1719.

Samulowitz, A., Gremyr, I., Eriksson, E., & Hensing, G. (2018). "Brave men" and "emotional women": A the-ory-guided literature review on gender bias in health care and gendered norms towards patients with chronic pain. *Pain Research and Management*, *2018*, Article 6358624. https://doi.org/10.1155/2018/6358624.

Sastry, S., Stephenson, M., Dillon, P., & Carter, A. (2019). A meta-theoretical systematic review of the culture-centered approach to health communication: Toward a refined, "nested" model. *Communication Theory*. https://doi.org/10.1093/ct/qtz024.

Schembri, S., & Ghaddar, S. (2018). The Affordable Care Act, the Medicaid coverage gap, and Hispanic consumers: A phenomenology of Obamacare. *Journal of Consumer Affairs*, *52*(1), 138-165.

S.D. Codified Law § 34-23A-10.1 (2019). https://law.justia.com/codes/south-dakota/2019/title-34/chapter-23a/section-34-23a-10-1/

Seale, C. (2010). The role of doctors' religious faith and ethnicity in taking ethically controversial decisions during end-of-life care. *Journal of Medical Ethics*, *36*(11), 677-682.

Sentell, T., & Braun, K. L. (2012). Low health literacy, limited English proficiency, and health status in Asians, Latinos, and other racial/ethnic groups in California. *Journal of Health Communication*, *17*(Sup 3), 82-99.

Smugar, S., & Spina, B. J. (2000). Informed consent for emergency contraception: Variability in hospital care of rape victims. *American Journal of Public Health*, *90*(9), 1372-1376.

Solomon, M. Z. (1997). From what's neutral to what's meaningful: Reflections on a study of medical interpreters. *Journal of Clinical Ethics*, *8*(1), 88-93.

Street, R. L. (2002). Gender differences in health care provider—patient communication: Are they due to style, stereotypes, or accommodation? *Patient Education and Counseling*, *48*(3), 201-206.

Takahashi, J., Cher, A., Sheeder, J., Teal, S., & Guiahi, M. (2019). Disclosure of religious identity and health care practices on Catholic hospital websites. *JAMA*, *321*(11), 1103-1104.

Terui, S. (2017). Conceptualizing the pathways and processes between language barriers and health disparities: Review, synthesis, and extension. *Journal of Immigrant and Minority Health*, *19*(1), 215-224.

Vela, M., Fritz, C., & Jacobs, E. (2015). Establishing medical students' cultural and linguistic competence for the care of Spanish-speaking limited English proficient patients. *Journal of Racial and Ethnic Health Disparities*, *3*(3), 484-488.

Williamson, L. D., & Bigman, C. A. (2018). A systematic review of medical mistrust measures. *Patient Education and Counseling*, *101*(10), 1786-1794.

第 31 章
全球健康传播

J.道格拉斯·斯托里(J. Douglas Storey)

"全球健康传播"一词涉及一个庞大的研究和实践领域。如果对其进行分解的话,那么世界卫生组织从整体的角度将健康定义为"不仅是没有疾病或羸弱,而且是精神、身体和社交幸福的一种完整状态"(Callahan, 1973,第77页),由此向研究者和从业人员展示了一个充满机遇和责任的世界。全球健康使之变得更加复杂了。它的特点包括以下各种不同因素:① 基于数据和证据(生命统计、监测和疫情调查、实验室科学)的决策;② 关注人群而非个体;③ 社会正义和平等的目标;④ 强调预防而非可治愈护理。它不仅仅关注影响中低收入国家(low-and middle-income countries, LMICs)的健康问题,也不仅仅关注真正跨越国界的传染病;更确切地说,它指的是"任何涉及许多国家或受跨国决定因素影响的健康问题"(Koplan et al., 2009,第1993页)。

正如本书读者所知,传播也是一个广泛、多层次和多学科的领域。关于合并传播和全球健康这两个如此复杂的学科的想法是令人惭愧的。那些选择全球健康工作的传播学学者和从业人员,不仅必须解决社会生态区间各个层面上广泛的健康问题和方法(本书其他部分做了描述),他们还必须考虑并适应世界各地人们和社区的语境及生活经历中近乎无限的变化,正是这些变化影响当地的健康和关于健康的传播,包括许多社区的可以增进健康,促进社会变革的价值观和能力(Airhihenbuwa et al., 2009; Sen, 1999),以及结构性不平等、全球化、气候变化、制度性种族主义和我们现在认识到的对健康结果带来有害影响的其他社会决定因素。不说别的,50多年来,全球健康传播领域已经成为一个关于研究和实践的手段与目的的多层次激烈对话的舞台;这种对话深刻地影响了整个传播学学科。

应对所有这些挑战的任务超出了本章的范围,因此,本章将侧重于一些更高层次的主题,它们可以为研究和实践提供信息,并可能为这一领域提供富有成效的未来方向,这些主题是:① 全球健康传播的优先事项和差距;② 跨国理论和比较研究的机遇,包括捐助机构的作用;③ 对大规模影响力的追求。除此以外,我们还提供了两个简短的案例研究来说明这些主题的各个方面。

第 1 节 优先事项和鸿沟

尽管存在大量证据表明健康传播在全球北方和全球南方能够取得成果(全球社会和行为变化联盟,Global Alliance for Social and Behavior Change, 2021),但那种证据分散在许多代表传播和非传播专业的学术期刊上。而且,来自低收入和中等收入国家的许多有价值的证据存在于灰色文献中,这在国际学术和专业网络中是无法广泛获取的,特别是在全球南方国家。当访问不受订阅费或有限技术的限制时,从北方——即来自西方、开化、工业化、富裕和民主的国家——流向南方的文献经常有充分的理由被批评为太过"怪异"(Henrich et al., 2010),因此,也被批评为在文化、政治或伦理上太令人怀疑、麻木不仁或不恰当。可以肯定的是,南方的一些(尽管不是全部)健康传播正在变得越来越有参与性和以文化为中心(Airhihenbuwa & Dutta, 2012),但南南和南北交流的有限机会阻碍了对话和真正的全球健康传播领域的发展(Storey & Sood, 2013)。

一、文献概览

虽然人们在过去十年中已经系统地评价了全球健康传播的各个方面,但还没有人尝试过从总体上研究这一领域。近年来,系统而全面的评价关注了特定的理论方法,诸如以文化为中心的方法(Sastry et al., 2019)、健康信念模型(Green et al., 2020)和健康素养(Altin et al., 2014; Sheridan et al., 2011; Sørensen et al., 2012)。其他评价关注了特定的健康主题,诸如女性生殖器切割(Berg & Denison, 2013)、暴力侵害儿童(Edberg et al., 2015; Sood et al., 2021)、营养和儿童媒介接触(Borzekowski & Pires, 2018)、常规疫苗接种(Cairns et al., 2012; Thomas et al., 2010)和经期卫生管理(Sumpter & Torondel, 2013; van Eijk et al., 2016)。

还有一些评价关注了特定技术或渠道的使用,例如,人工智能(Ismail & Kumar, 2021),发展中国家使用短信服务进行疾病控制(Déglise et al., 2012),社区媒体和参与式的讲故事(Granger et al., 2018),促进儿童生存的大众媒体(Naugle & Hornik, 2014),社交媒介在健康和医学方面的使用(Giustini et al., 2018,这本身是对38篇系统性评价的系统性评价)或应对埃博拉疫情(Fung et al., 2016),一般的移动健康干预措施(Braun et al., 2013; Gurman et al., 2012),以及更具体地关于慢性疾病的预防干预(Beratarrechea et al., 2014; Nimkar & Gilles, 2018),成人体育活动的干预(Davis et al., 2020),母亲和新生儿的护理干预(Sondaal et al., 2016)。不过,还有其他人则关注干预的方法,例如,娱乐教育(Riley, Sood, & Robichaud, 2017; Riley, Sood, Mazumdar et al., 2017; Shen & Han, 2014; Sood et al., 2017),美洲全球健康教育(Mendes et al., 2020),新冠病毒肺炎风险传播(Porat et al., 2020),女性赋权小额信贷战略(Vaessen et al., 2014),以及社交媒介中关于新冠病毒肺炎的叙事性证据的使用(Gesser-Edelberg, 2021)。

世界各地关于健康传播的研究也见于非传播学科的文献之中。例如,正像前面提到的那样,自2019年以来,全球社会和行为改变联盟正在进行的倡导活动是建立一个可搜索的传播干预评估研究数据库,后者汇编了"联合国可持续发展目标"的影响证据(SDGs; The United Nations, 2021)。截至完成本文撰写之时,关于可持续发展目标之5(性别平等)、可持续发展目标之13(气候行动)和可持续发展目标之16(和平、正义和强大机构)的干预研究的评价都已经完成。在这三个被评价领域中的203项研究中,有15%的干预措施涉及与环境、性别或和平与正义相关的健康问题。

再往前追溯一点,2011年,美国比尔及梅琳达·盖茨基金会委托开展了一项"全球社会和行为改变传播"(SBCC)景观美化工作(Storey et al., 2011)。它评价了2000—2010年期间在高、中、低收入国家进行的625项独特的同行评审项目评估、干预研究探讨以及社会和行为改变干预措施的随机对照试验,涉及生殖、孕产妇、新生儿和儿童健康及营养领域。代表健康传播、健康教育和健康促进等相关领域的传播干预方法包括:多种形式的面对面和人际传播的策略,基于群体的方法,基于社区的参与性方法和社会营销方法,它们又涉及倡导、社交媒介、在线,以及电子健康干预等等。

在那十年中,研究最多的健康传播干预主题是生殖健康和艾滋病毒/艾滋病,随后依次为:① 营养(高收入国家比低收入国家多得多);② 新生儿健康;③ 孕产妇健康;④ 儿童健康。关于新生儿健康的大部分传播工作都与母乳喂养的开始和持续时间有关。在低收入国家和高收入国家中,出生一年后的儿童的健康都是一个相对被忽视的研究领域。很少有针对非传染性疾病的干预措施。

尽管许多干预措施采用了多种传播策略,但直到目前为止,研究最多的干预方法是人际传播,尤其是咨询,这在较高收入国家中特别明显。相比于较高收入国家,在中低收入国家中,采用基于社区的方法的研究相对较多。成功的基于社区的方法的主要特点是重视社区成员的参与和资源的调动。很少有基于社区的干预研究测量人群层次对健康行为结果的影响,而多是关注本地化的社会决定因素(如获取优质服务)和社会过程(如包容性项目规划或公平服务提供)的改进,它们被认为可以提高健康成果的可持续性。到目前为止,人际传播方法受到了最多的研究关注,而这类研究声称能够将信息个性化并根据患者/客户需求对信息进行定制。成功的提供者至少要经过某种培训,涉及咨询技术和行为科学,致力于以客户为中心的实践、共情,并获得高质量的工作辅助工具,包括印刷材料、电子评估工具,以及类似动机访谈那样的基于科学的过程。基于群体的方法往往强调社会结构因素、规范和规范观念的作用,以及社会资源(社会资本)的可用性和公平分配的程度。当社会压力强化了期望的行为时,社交网络方法的效果最好,而当试图进行社会环境的结构性变化(如准入、公平),而不仅仅是行为改变时,社会资本干预的效果最好。大众媒体和社会营销方法使用了广泛的媒介技术,从大型(如国家电视台)到小型(如社区广播),从一对一技术(如短信发送)到一对多技术(如电视、脸书)。媒介通常以多渠道的整合方式得到使用,而多种渠道旨在产生互补和强化的效果。这些方法的主要优势之一是,使大量人员很快就能够获取一致的高质量信息,尽管这通常是以牺牲讯息的个性化为代价的。

在盖茨研究的时代,行为经济学(BE)是一种相对较新的干预方法,但几乎看不到与传播有关的研究。这些研究主要集中在行为决策如何受到预期收益或损失影响的讯息传递的含义上,这可能是真实的金融活动,比如,获得服务使用补贴或代金券,也可能是主观的,如地位或自尊的获得或丧失。此后,相关文献迅速增加,人们进行了几项关于行为经济学和健康传播的元分析,包括营养教育研究(Guthrie, 2017)、计划生育和生殖健康研究(Hutchinson et al., 2018)、非传染性疾病和生活方式风险研究(Blaga et al., 2018)、新冠病毒肺炎研究(Soofi et al., 2020)以及生活方式干预中助推和提示(nudges[①] and prompts)的使用研究(Ledderer et al., 2020)。尽管行为经济学可能被一些人视为一种新的操纵性说服形式,但它也可能被看作是理解和尊重特定背景中影响个人选择的独特的非理性力量和内生性偏好(endogenous preferences)的一种方式(Rice, 2013)。在一些应用中,这可能会赋权,甚至会导致更大的个人能动性(Akbas et al., 2016)。

最近,世界卫生组织的一项对全球"社会、行为和社区参与"(SBCE)工作的评价,也在孕产妇、儿童和新生儿健康的广阔领域中,使用了"儿童健康与营养研究倡议"(CHNRI)的方法来优先考虑 SBCE 研究主题(Chan et al., 2020)。作者在世界各地招募了 310 名研究者、健康专业人士和政策制定者,以确定文献中的差距,并优先考虑未来奖学金的特定领域。得到确定的优先事项包括以下研究问题:加强家庭和社区自我保健作用、家庭护理和服务利用行为。实现这些目标的途径包括将 SBCE 更多地纳入基于设施和社区的健康服务之中,更加重视母乳喂养和儿童营养,并强化国家层次上的利益相关者对这些目标的承诺。

最后,正如新冠病毒感染疫情的最新经验表明的那样,国家封锁和社会隔离已经引起对以下问题的全球关注,即人们可以获得的信息资源的重要性和可靠性,以及它是如何影响他们的健康和应对健康危机的(Ihm & Lee, 2021)。虽然数字和在线技术的获取远非公平(Watts, 2020),但许多社区和个体,即便是在偏远和边缘化地区,都确实至少可以定期使用移动电话技术,并通过该技术接入互联网(Islam et al., 2019)。

第 2 节 跨国理论研究和比较研究

从这一研究概览中得出的一个重要结论是,尽管研究和实践涵盖全球健康传播的许多方面和语境,但仍然需要进行比较研究和理论综合。依据定义来看,全球健康传播要求我们跨越语境、文化和民族进行思考,确定从这些比较中吸取的经验、教

[①] 助推理论(Nudge Theory),为《助推》(Nudge)一书所提出。这本书的作者是著名经济学家、2017 年诺贝尔经济学奖得主理查德·塞勒(Richard Thaler)和著名法学家凯斯·R. 桑斯坦(Cass R. Sunstein),于 2008 年发表。Nudge 一词的英文原意是"用手肘轻推",在该理论中就是运用适度诱因或鼓励、提醒等方式,在不限制个人选择自由的情况下改变人的决定。——译者注

训,并将这些经验、教训引入新的复制和测试环境。这并不意味着忽视或淡化当地社区或文化的独有特征。相反,它意味着尊重这些差异,同时试图理解它们之间可能具有的共同点。

世界各地的学者和从业人员通常在他们接受训练的学术传统范围内工作;许多人不知道或不熟悉来自其他学术传统的观点,或者在截然不同的社会文化背景下进行研究产生的观点。全球健康传播作为一个领域,可能有助于鼓励多层次、多文化的对话,以便能够缩小这些差距。问题在于,"可移植"的理论和方法如何——并非严格意义上可推广的,而是适应性的——超越其产生的语境。文化(包括研究文化)不是一成不变的;在认知人类学中,文化是群体成员体验和表达的世界之动态的和社会建构的版本(Goodenough, 1981)。从批判的角度来看,在学术精英交流之间通过辩论来达到文化融合,似乎是一件不可能的事情。但巴贝罗(Barbero, 2009)在撰写关于数字体验全球化的文章时断言,这种融合可以通过真正的连接和文化互动而产生。如果我们承认学术网络的局限性和偏见,那么,随着学者和从业者走出自己的世界,浸染在当地文化之中,反思他们的范式,并在不同类型的社区之间发挥桥梁或弱连接的作用,全球健康传播领域的工作就可能有助于促进联系(Granovetter, 1973)。

一、捐助者的作用

20世纪40年代,为实现国家/全球、社会和政治目标而对传播的工具性使用,首次作为学术研究和项目实践的一个领域而出现。健康传播是发展传播(学)的早期重点;从历史上看,很难将两者分开。联合国教科文组织(UNESCO)是早期的机构参与者,它于20世纪五六十年代,在印度、巴基斯坦和缅甸对面向大众的农村广播试点研究进行了一系列投资,这引起了人们对传播在边缘化社区中作用的关注(Mathur & Neurath, 1959; Schramm, 1964)。

除联合国教科文组织外,首批大规模健康传播的资助者之一是美国国际开发署(USAID),它在20世纪六七十年代,支持了美属萨摩亚、萨尔瓦多和墨西哥的一系列基于媒体的教育研究(Mayo et al., 1974; Ray et al., 1978)。但是,到了20世纪70年代中期,部分地是为了回应新马克思主义论辩——它来自拉美学者,如保罗·弗莱雷(Paolo Freire)、胡安·迪亚兹·博德纳夫(Juan Díaz Bordenave)和卢里斯·拉米罗·贝尔特兰(Luis Ramiro Beltrán)等人,也来自联合国教科文组织支持的厄瓜多尔的CIESPAL(国际拉美传播高等研究中心)等团体,重点转向以需求为导向、源于内生、自力更生、生态良好和结构式转型等方法(McAnany, 2012)。

虽然这场辩论催生并强化了关于基层传播的规划性重点,但美国国际开发署等国际捐助机构开始资助集中计划的实验,特别是利用传播促进健康的实验,例如,洪都拉斯、秘鲁、厄瓜多尔、冈比亚和斯威士兰的"大众媒体和健康实践"计划(1978—1983)(Foote et al., 1985; Green, 1985; Miller, 1987)。该计划与"人口信息计划"(1972—1992)相重叠,后者旨在使全球实验社区能够广泛获取人口和生殖健康方面的信息。紧随其后的是"人口传播服务"项目(1990—2002)、"健康传播合作伙伴"项目(2002—2007)、"C-变革项目"(2007—2012)、"健康传播能力协作"计划(2012—2017)和"突破行动"计划(2017—2022)。所有这些长期投资的目的都是向东道国机构和组织提供以下技术援助:健康传播和其他发展倡议运动的设计、实施和评估,包括一些性别、环境、民主和治理方面的努力。这些计划的多年时间框架及其覆盖的国家数量,使得不同寻常的持续努力、共享研究工具、参与战略、地方能力建设以及跨越国界的经验教训成为可能。同一时代的其他计划试验了解决其他社会问题的传播策略(例如,AIDSCOM,1987—1993艾滋病预防;GreenCom I & II,1993—2006环境资源管理)。

尽管这些全球努力往往在其制定和测试的策略中包括参与性、基层和社区倡导的要素,但通常主要强调的是大众传播(某种程度上超过了人际传播或基于社区的传播),以及改变与健康相关的行为和其他对个体/家庭带来好处的行为,而不是改变最先削弱健康和限制发展进步的基本社会、经济与政治决定因素和差距。

对这一趋势的批评,在两次重要的全球会议上得到了强调:洛克菲勒基金会资助的"贝拉吉奥传播与社会变革会议"(1997),以及世界银行和联合国粮食及农业组织资助的"发展传播世界大会"(2006)。相隔十年的两次会议都强调了关注**社会**而不(仅仅)是行为的改变。《贝拉吉奥原则宣言》对行为改变的传播(BCC)采取了特别强硬的立场,认为它过于狭隘和具有内在操纵性,并偏向将这个领域贴上"社会变革的传播"的标签。十年以后,在世界大会结束时签署的《罗马共识》描述了许多与《贝拉吉奥原则宣言》相同的原则,但又重新使用了"传播促进发展"的标签。

2003年,传播与发展领域中混乱和紧张的一个新根源随美国批准了"总统艾滋病紧急救援计划"(PEPFAR)而出现。自此以后,艾滋病毒/艾滋病预防、治疗和护理已经获得850多亿美元的拨款(PEPFAR, 2021),大部分是从人口和妇幼保健预算中调拨的。这一授权下的项目管理越来越多地落在美国疾病控制与预防中心的肩上,该中心优先考虑了对艾滋病毒/艾滋病威胁的生物医学解决方案,从而以传播有效降低疾病负担的"软"证据为由,淡化并减少了对包括传播在内的行为解决方案的资助。

二、全球理论主流化

大多数这些努力的基本概念框架都包括一定程度的参与和基于社区的方法,但大规模的、基于人群的计划仍然主要由西方的行为改变式的传播的心理社会理论构成。这些理论中缺少许多其他文化传统中的传播哲学和实践的重要概念。

例如,金凯德(Kincaid, 2013)在其编辑的《传播理论:东方视角与西方视角》一书中描述了早在公元前551年的佛教、儒家、道家和印度教哲学如何反映了人类传播本质的观点。亚洲的理论多种多样,但都有一个基本的观点,那就是相信跨越空间和时间的社会关系的相互联系,以及同情心、情感、集体反应和精神宁静的概念,因为它们都与传播过程有关。其中,有些概念已经在实证研究中被证明是有用的。例如,卡帕迪亚·昆杜(Kapadia-Kundu, 1994)在一项关于印度马哈拉施特拉邦的排便卫生行为的传播研究中,测试了来自萨哈拉尼卡兰的印度教信条的同情心和集体反应的印度概念。最近,她在印度北方邦的一项基于学校的青春期少女月经卫生和营养干预的集群随机对照试验中,使用了同情心、情感健康和社区反应等概念(Kapadia-Kundu et al., 2014)。

非洲的传播传统也反映了遍布广阔大陆的文化价值观和实践活动的多样而复杂的混合。相关文献仍然有限(Okigbo, 1987),但重要的关键概念反复出现在研究之中,包括文化认同、规范、社会制度,以及口头媒介(如讲故事、跳舞、城镇叫卖者)。以这些传统为基础的最新模式对"赤字"和"需要"的视角发起了挑战,转而推广"价值"的方法,在此,社区的优势得到识别和认可,特别是在社会关系和期望、文化赋权和文化认同等方面(Airhihenbuwa & Dutta, 2012)。

拉丁美洲的视角为传播在社会变革中的作用和批判性评价的传统提供了自己的见解。这些视角引入了"实践"或"行动"的概念,这对转型目标来说至关重要,并倡导关注参与以及传播作为对话的本质(Beltrán, 1980; Díaz Bordenave, 1998)。而且,随着参与者和媒体积极地投入变革、抵抗和转型的过程之中,弗赖恩(Freirean)的"意识化"(批判性意识)概念理所当然地已经成为传播学术的试金石,从而导致了对于作为传播实践中心的自决权、地方所有权以及赋权的强调(Freire, 1970)。

最后,尽管欧美传播理论在全球文献中的代表性超出了比例,并经常被批评为过于关注个人主义、理性主义和非政治性的传播和社会概念,但"西方"理论的起源也是极其多样而丰富的:古希腊哲学、修辞学和说服理论、控制论、社会建构主义的传播与移情理论、文学理论、扩散的复杂系统观、法国社会结构理论以及法兰克福和伯明翰学派关于文化工业和权力的理论。自20世纪70年代以来,拉丁美洲的批判理论开始以权力、公平、透明度、合法性和传播行为等相关概念的形式渗透西方传播研究。与所有其他理论一样,"西方理论"也是以综合与累积的方式发展的,而不是作为一系列范式上的胜利,一个接一个地发展的(Neuman & Guggenheim, 2011)。

这里要强调的是,如上一节所述,全球捐助者对国际健康传播的参与,鼓励了这些概念的辩论,使得全球视角随着各国政府、民间社会组织、国际非政府组织(NGOs)、当地社区和学者与研究者涉入社会变革计划(有许多计划与健康有关)之中而出现。通过这个过程,理论之间相互碰撞,动机受到质疑和辩论,各种方法也得到了测试、改进、调整,有时被放弃。如果不注意捐助机构在鼓励综合性甚至批判性思维以及理论和方法的可移植性方面发挥的作用,那么,很难想象全球健康传播的出现和发展。

三、比较研究与交流

国际和区域会议是进行理论综合与全球对话的另一种方式。例如,从1989年到2012年的22年时间里,五次国际娱乐教育(EE)系列会议在美国(加利福尼亚州的洛杉矶和俄亥俄州的阿森斯)、荷兰、南非和印度召开,并得到美国国际开发署、比尔与梅琳达·盖茨基金会、联合国儿童基金会(UNICEF)以及其他国际和国家一级的合作伙伴的资助。第六届国际娱乐教育会议与"2018年印度尼西亚国际社会与行为变化峰会"合并(传播项目中心,Center for Communication Programs, 2018)。娱乐教育本身是传播研究和实践的一个广泛的综合领域,它已经对西方健康视角投入了巨大的历史关注,对此,有些人感到失望,有些人则予以赞美。例如,1989年召开的第一次EE会议重点关注人口和生殖健康的问题。更广泛地说,一项对这五次会议的分析(Storey & Sood, 2013)表明,在前三次会议上提出的65%—75%的项目和研究来自全球南方,但在接下来的10年中,这一比例上升到2011年的95%。同样,理论视角的范围也多样化,从主要关注以西方为导向的心理社会理论,转向叙事和话语理论、移情和情绪反应理论、文化中心理论、文化话语理论、表演理论、基于弗赖恩对话原则的赋权方法、关于颠覆和震撼幽默作用的讨论、符号学分析和跨媒体理论等。

除了定期的国际娱乐教育会议外,其他国际联合会——例如,国际传播协会(ICA,它设有一个庞大且不断发展的健康传播部门)、国际媒体与传播研究协会(IAMCR,它设有一个健康传播工作组)——每年在世界各地转换会场,并提供全球学术研究和实践经验交流的基础,以及综合、比较分析和范式对话的机会,而这可能会促进全球健康传播理论的出现(Storey & Figueroa, 2012)。

第3节 规模影响的追求

如果不在一定程度上关注规模和可持续性的问题,任何关于捐赠者参与、理论发展或比较研究的讨论都是不完整的。本章的这一部分将考虑这个问题的两个方面:使用整合传播策略来提高项目的效率和影响力,以及提高能力、可持续性和问责制的努力。

一、整合项目

整合项目设计(integrated programming)的建议出于可持续发展目标(WHO, 2008)。它指的是在一个项目中解决多个健康问题的努力,其途径通常是制定一个考虑多个主题或行为如何相互关联的统一策略。这个策略可以通过几项工作而在实践中联系起来,即分阶段性实施(随时间推移依次解决每个主题)、共享品牌的使用、公共服务交付点的协调或公共服务方法的使用,如在一次会议中解决多个健康问题的咨询活动(Center for Communication Programs, 2017)。关于整合项目设计的研究已经发现,它可以有效地结合下述方面:艾滋病毒预防、检测、咨询、外联以及为与男性发生性关系的男性提供法律支持(Firestone et al., 2014);妇幼保健和计划生育(Hess et al., 2012);儿童健康、营养和认知发展(Yousafzai et al., 2014);以及对健康、营养和农业可能有用的东西,尽管还需要更好的指标来评估整合本身在这一领域中的影响(Masters et al., 2014)。

整合的一个例子是在一个设施上同时提供艾滋病病毒和结核病(TB)诊疗等服务,这样患者就能够在一次问诊时,获得这两方面状况的信息、咨询和治疗。整合服务还可能需要与公众就组合服务区、效益和行为如何相关联的问题进行整合和协调的沟通。整合服务在媒体、人际传播和咨询中的推广可以是策略的组成部分,一些用于服务管理、服务提供者培训、政策支持和监管,以及某些情况下倡导犹豫不决的项目负责人和健康行家采纳整合方法的其他形式的传播,也是如此(WHO, 2008)。其他整合传播策略包括健康能力方法(Pollock & Storey, 2012; Storey & Figueroa, 2012; Storey et al., 2008),关注的是加强基础能力,例如,促进多种健康行为的健康素养或信息寻求,以及入门行为方法,后者注重推广那些一旦建立起来就会有利于多种后续行为的早期阶段行为。例如,鼓励配偶就家庭健康问题进行沟通和及时利用产前护理的行为,已经被证明有助于日后的一系列产后、新生儿、儿童营养和免疫行为(Schwandt et al., 2015)。

整合项目增加了价值,因为它们可以通过协调使用服务于不同受众细分群体的多种渠道,来扩大覆盖面。它们还可以为参与多种渠道并从多个来源获取类似信息的人们增强讯息效果。整合讯息过程也可以利用行为之间的相似性,例如,坚持艾滋病毒的抗逆转录病毒治疗和结核病的多种药物治疗。掌握了某种技能的患者会发现,如果这些技能在健康的讯息化过程中被策略性地联系起来,那么就更容易制定其他类似的行为。

与规模相关的整合的另一个方面是方法论的。研究、监测和评估整合项目通常需要多种数据收集技术和数据源,不仅要了解每个健康目标的过程和效果,还要测量整合本身的附加效果(FHI 360, 2016; Masters et al., 2014)。例如,除了测量个体层面上的心理社会变量,例如、态度、自我效能、感知规范以及接触有关行为改变的信息,评估者还必须制定和衡量特别用于整合本身的指标:协调过程、整合的类型和程度、信息与服务的一致性和品牌化、相关服务之间的任务转移和资源共享,以及成本效益。数据源可能包括以下方面的组合:家庭调查、基于设施的观察和访谈、服务统计分析、政策和流程监测以及诸如"结果收获"(outcome harvesting, Gurman et al., 2018)等各种复杂度感知方法(Britt & Patsalides, 2013),其中涉及与利益相关者进行定性的、回顾性的、参与性的项目审查。对于监测与评估具有多种组成部分与扩展的因果效应链的长期项目来说,复杂度感知方法通常比随机试验或干预后调查更加合适。跨越多个数据源的三角测量法往往需要讲述一个关于什么有效,以及为什么有效的完整故事。

当然,全球健康传播的视角增加了这些挑战的复杂性,因为整合方法必须针对每个健康系统的独特环境,以及如何能够被设计得满足当地利益相关者和社区的需求来定制。任何文化定制(cultural tailoring)(Kreuter et al., 2005; Noar et al., 2007)的重要性都比不上在其当地语境中设计能够同时满足利益相关者的多种需求的项目了。尽管每个当地解决方案都必须是唯一的,但整合项目方法是可移植的,并可以大规模地部署,以提高人口水平对公共健康的影响(Center for Communication Programs, 2017)。

二、可持续性

规模的另一个方面是项目的可持续性。捐助者的投资在扩大对这一问题的关注方面发挥了关键作用。过去十年中的三项全球投资堪称典范:由比尔与梅琳达·盖茨基金会支持的"塑造需求与实践"(SDP)计划,由美国国际开发署(USAID)资助的"健康传播能力合作"(HC3)计划,同样由美国国际开发署资助的"突破行动"计划。如同后文将要论述的那样,这些多年的多国投资不仅使当地获得了有效健康传播的能力,而且也为跨国分享经验和比较研究提供了非同寻常的机会。

2010年,比尔与梅琳达·盖茨基金会资助了"塑造需求与实践"计划,以改善印度比哈尔邦的生殖、孕产妇、新生儿和儿童的健康以及营养服务的使用和效果(注意整合目标)。在这个五年期(2010—2015)4 000万美元拨款的招标中,基金会授权实现以下目标:① 影响知识、态度和实践,以促成行为改变和重要的家庭健康干预措施与方法的采纳;② 从基金会过去的投资中吸取经验教训;③ 通过"国家农村卫生计划"(NRHM)和"儿童综合发展服务"(ICDS)项目中留下的传播产品、工具和方法,以及广泛的有能力和积极参与的媒体和私营部门,来维持赠款成果。

与"塑造需求与实践"项目在时间上相重叠,美国国际开发署继续为可追溯到20世纪80年代的健康传播提供一贯的支持,1.13亿美元的"健康传播能力合作"计划合作协议(2013—2018)具有以下任务:① 提高原住民组织(indigenous organizations)的设计、实施、管理和评估循证健康传播干预措施的能力;② 建立成熟的健康传播职业发展体系。截至2018年年底,"健康传播能力合作"项目已在南亚、东南亚、中东、撒哈拉以南非洲、拉丁美洲和加勒比地区的34个国家开展,以支持当地政府、民间社会组织和社区设计、实施和评估健康项目,包括计划生育、生殖健康、妇幼保健、艾滋病毒、结核病、疟疾以及(在那段时间暴发的)埃博拉和寨卡等项目。

美国国际开发署最近的全球健康传播投资是"突破行动"计划(2017—2022),这是一项3亿美元的努力,它继续关注可持续性和以下目标：① 提高东道主国的政府和当地健康与发展项目实施者展示的社会和行为改变(SBC)能力；② 制定和应用策略,以改善社会和行为改变项目、服务交付和开发项目实施者之间的协调和整合；③ 在全球和区域层面上开发与部署多机构的平台,用于围绕社会和行为改变面临的挑战进行分担和协调；④ 影响为解决优先差距和机会而制定的全球、区域与国家社会和行为改变项目与投资议程(Center for Communication Programs, 2021)。截至本文撰写完成之时,"突破行动"计划仍在为社会和行为改变活动(主要是健康主题)提供技术援助。这些计划提高了地方能力,并使得大量的跨国比较研究成为可能。

第4节 两个案例研究

这一部分概述了健康传播研究和实践的两个例子,它们说明了本章的主题,即差距与优先事项、跨国理论与捐助者的参与以及规模影响。

一、案例研究1：印度尼西亚的"改进避孕方法组合"

印度尼西亚的"改进避孕方法组合"(ICMM)计划始于2012年10月,2016年11月结束(Wahyuningrum & Harlan, 2017)。它涉及多个捐助组织以及国家、地区和当地实体的协调。它由美国国际开发署、澳大利亚外交与贸易部(DFAT)和约翰·霍普金斯大学盖茨研究所联合资助。项目的实施是由当地非政府组织[整合式创新基金会(the Cipta Cara Padu Foundation)]、印度尼西亚卫生部(MOH)家庭卫生司、国家计划生育协调委员会组成的合作伙伴,以及地区和社区一级的卫生办公室和非政府组织提供的。研究活动由印度尼西亚大学"健康研究中心"领导。约翰·霍普金斯传播项目中心的印度尼西亚办事处的当地员工提供了技术援助。

尽管印度尼西亚曾被视为计划生育(FP)的成功典范,但自21世纪初政府将健康基础设施权力下放,并将政策和资金的决策权留给地方一级以来,进展就已经停滞不前了。基线(baseline)数据显示,超过一半的希望中止生育,而不仅仅是为下次生育留出间隔的印度尼西亚夫妇仍在依赖口服避孕药和注射剂等短效方法,有时长达十年或更长时间。这种方法与生育意愿的不匹配表明：那些需要长效避孕方法的人缺乏这种方法,也不熟悉这种方法。循证倡导(evidence-based advocacy)——如通过"改进避孕方法组合"而应用的倡导——可能有助于克服权力下放的影响,并确保计划生育项目在全国范围内都具有说服力。"改进避孕方法组合"计划旨在通过由当地决策者和当地外联小组进行的定点区级倡导活动来解决这个问题,以振兴地方倡导和健康促进活动,并为增加计划生育预算和增加长效避孕方法的可用性、培训与沟通提出了理由。

1. "改进避孕方法组合"的途径

威尔金斯(Wilkins, 2014)认为,倡导传播(advocacy communication)几乎总是具有政治维度,因为它的目的是支持带有个人或公共价值的特定事业,以及为追求这些价值而分配物质和非物质资源。在更广泛的发展传播的语境下,雅各布森(Jacobson, 2016)描述了经济学家阿马蒂亚·森(Amartya Sen)的社会选择理论,在这个理论中,发展等同于人们选择自己看重的东西[发挥功能(functionings)]的自由,以及实现自己看重的东西的能力[能力(capabilities); Sen, 1999]。

ICMM计划的倡导活动反映了这些原则,并以早期"促进计划生育"(AFP)倡导活动的方法为蓝本(比尔与梅琳达·盖茨研究所,Bill & Melinda Gates Institute, 2020)。AFP始于2009年,它是一项全球性的循证倡导活动,旨在通过增加财政资源,减少政策障碍和提高全球、区域、国家和国家以下各级决策者对计划生育重要性的认识,来改善计划生育服务、信息与供应品的获取和使用。该方法利用当地收集的数据和证据开展倡导活动,从而(通过规划和确定知识需求)为知识交流活动提供了信息。然后,一套倡导方案得以制定,以便在服务不足的地区扩大对计划生育相关资源和活动的动员。

ICMM首先在省和地区层次上确定了多部门计划生育的"拥护者"(现有发言人、倡导者和利益相关者),他们被认为拥有支持计划生育项目实施的资源和网络。这些拥护者被邀参加倡导计划工作坊,在那里,参加者形成了关于项目的共同愿景,达成了一致承诺,讨论了避孕选择和赋予夫妇管理其生育的权利如何可能会对多部门的问题(如教育、劳工、健康、妇女赋权、人力资源)产生影响,并确定了当地财务和政府单位需要解决的制约因素(如财务、规划、预算和投资),以及强有力的当地计划生育项目能够带来的好处。

在国家层面上,ICMM团队在来自国家级以下的利益相关者投入的基础上设计和开展倡导活动。现有的地区工作组(DWGs)得到了振兴,或在计划区域成立了新的工作组,并由计划生育专家"核心工作组"(CWG)提供全面的技术指导。总体目标是创造一个有利的环境:开发或修订政策/法规以支持计划生育,促进官方授权书,使健康保险服务得以顺利实施,并确保由当地利益相关者和合作伙伴管理的资源(人力、网络、设备、设施)分配。

倡导传播旨在鼓励区域和地区层面上的立法和政策协议,以允许利益相关者分配资源并参与活动,并应对他们自己确定的计划生育挑战。倡导传播活动还特别在社区层次上,提出了资源分配的理由,以资助和支持计划生育服务、商品采购和外联/健康促进活动。这些倡导工作具有精心的时间安排,以便与规划和融资周期相匹配,也将目标指向负责计划生育和村庄发展的决策者和利益团体。东爪哇省的三个区[克迪里、图班和卢马江(Kediri、Tuban and Lumajang)]和西努沙登加拉省的三个区[松巴哇、东龙目和西龙目(Sumbawa, East Lombok, and West Lombok)]被选为治疗地点,每个省的六个比较/对照区也被选入。

需要多个数据源来记录项目结果。横截面干预前和干预后的家庭调查(干预点 n 为 13 127 人,控制点 n 为 13 137 人)评估了社区对当地外联和传播活动的接触情况,以及与计划生育用途相关的知识、态度和实践。服务统计数据采自对照区与干预区的卫生设施,涉及避孕用品供应和分配、人员配置水平、客户数量和服务交付结果。区级工作组仔细记录倡导、外联和传播活动的数量和类型,以及倡导活动的直接结果,包括公布和颁布的政策、提供的授权书以及地区和社区层面上的资金分配详情。

2. "改进避孕方法组合"的结果

这是首批论证倡导传播、政治承诺(就社区分配给计划生育的资金和其他资源的数量而言)、当地健康传播活动以及长效避孕方法的越来越多的使用之间因果关系的研究之一。在实施"改进避孕方法组合"的六个治疗区中,地区层次上的计划生育传播活动和社区外联的预算拨款从2013年的平均9.85亿卢比(7.4万美元)增加到了2016年的13亿卢比(10万美元)。这种倡导方法在次地区和村庄层次上吸引利益相关者参与计划生育工作组方面也很有效,并有助于在去中心化的语境下实施有效的计划生育项目。在"改进避孕方法组合"支持的地区,2012至2015年间,用于计划生育的村庄预算拨款增加到300%以上,即从22亿卢比(165 000美元)增至67亿卢比(503 000美元)。这些不是外部资金,它们是来自当地可自行支配预算的拨款,并反映了当地对于作为个人和公共健康需要的计划生育的承诺。相比干预之前,妇女在干预之后显著有可能接触和使用有关长效避孕方法的信息。这项研究表明,已婚女性使用长效方法的概率更高,从东爪哇的高出12%到西努沙登加拉岛的高出31%。在对照区,则没有显著变化。这些结果表明,循证倡导可以有效提升计划生育项目效果,扩大该方法组合,在规模上更充分地满足了计划生育的需求;但是,需要从国家层面到当地社区组织和家庭的多层次整合才能使这个项目发挥作用。

二、案例研究2:新冠病毒感染的传播研究与疫情反应

自2020年年初以来,对新冠病毒感染的担忧一直困扰着全世界,而相比任何其他健康主题,新冠流行的第一年可能会进行关于这个病毒的更多传播研究。这个案例研究描述了全球反应的一个方面,它再次说明了关于差距和优先事项、捐助者参与和整合以及规模影响等主题。

2005年,世界卫生组织开始组织"全球健康安全议程"(GHSA),该议程现在是一个69个国家的联盟,它们联合起来"解决建设和改善国家在预防、早期发现及有效应对传染病威胁方面的能力和领导作用的优先事项和差距问题"(GHSA, 2021,

第 2 段)。"全球健康安全议程"倡议之一是支持国家层面上的"联合外部评估"活动,以评估国家能力并促进对传染病暴发的有效反应(WHO,2018)。这包括"以国家为导向的风险传播与社区参与"(RCCE)工作组。这些小组由每个参与国中的国家和民间社会实体组成,其成立的目的是帮助规划和支持这些传播工作。自从 2020 年 1 月疫情开始暴发以来,它们在新冠病毒感染的传播反应中已经发挥了积极作用,其活动得到了国家资金来源以及国际捐助组织的支持。

其他组织也发挥了全球作用。2020 年初,"脸书"的"公益倡议数据"(Facebook,2021)与世界卫生组织、麻省理工学院、约翰·霍普金斯大学和"全球疫情警报与反应网络"(GOARN)合作,资助开展了一系列全球新冠病毒感染预防性调查。从 2020 年 7 月 6 日开始,在 67 个国家的活跃成年"脸书"用户被随机邀请参与。其中,23 个国家是多波次国家,大约每隔一周收集数据。其余国家接受了三次调查(2020 年 7 月;2020 年 11 月;2021 年 3 月)。样本量因国家而异,通常有 3 000—6 500 名参与者。为了部分补偿与在线访问差异相关的潜在偏差,样本被加权以匹配国家的社会经济概况。截至 2021 年 3 月下旬,19 波数据收集工作得以完成,近 200 万人参加了调查。所有国家(被翻译成主要国家语言)的调查问题都是一样的,涵盖了以下主题:新冠病毒感染预防行为,关于新冠病毒的信息来源和对来源的可信度,疫苗接受度,控制点,自我报告的健康状况,性别,就业,风险和效能认知,以及对社会规范的认知。

这些数据可应要求公开获取。一个主要用途是支持全世界的"以国家为导向的风险传播与社区参与"(RCCE)工作组,以制定新冠病毒传播预防策略。一种交互式的 KAP(知识、态度和实践)新冠病毒数据仪表盘(Babalola et al.,2020)允许用户探索一段时间内的发展趋势,并探索多波次国家的心理社会、人口统计、传播与横向及随时间推移的行为变量之间的关系,并在大多数国家的国家层面和两个大国——美国和印度——的州(邦)层面上,研究受众细分群体策略。截至 2021 年 3 月下旬,已有超过 57 000 名用户访问了这个数据仪表盘。

不过,收集数据并通过仪表盘使之能够公开获取,这只是第一步。公共健康学者和专业人士还需要进行培训,以了解如何使用针对风险传播规划的理论和循证数据。为了满足这一需求,八个国家的 RCCE 任务组,以及来自联合国儿童基金会、世界卫生组织、红十字会和美国国际开发署的工作组主办了网络研讨会,会议由美国国际开发署通过"突破行动"计划资助,以教会用户如何浏览仪表盘并分析其数据。这项全球技术援助的目标是,根据调查数据揭示的国家和地区层面预防行为的人口统计学、心理社会学和媒体使用预测因子的独特模式,为针对各国的传播策略提出建议。尽管这项调查在所有受调查国家中都采用了标准化的问题形式,但对这些问题的回答清楚地代表了对基本结构的不同取向,例如,感知规范(perceived norms)以及规范在一个国家与另一个国家相比意味着什么。

当注意力开始转向接种新冠病毒感染疫苗时,疫苗接受度成了分析这些数据的一个主要焦点,并为这次调查增加了其他问题,以支持疫苗接种推广传播策略。2021 年 4 月,KAP(知识、态度和实践)新冠病毒调查与另一项得到"脸书"支持的全球"新冠病毒感染症状调查"合并(Facebook,2021),由约翰·霍普金斯大学、麻省理工学院、卡内基梅隆大学和马里兰大学共同管理,以进一步支持全球协调应对这次疫情。带有交互式数据可视化的 KAP 新冠病毒仪表盘得以更新,以涵盖新的内容。

第 5 节 担忧和争议

新冠病毒感染疫情暴露了我们应对全球健康问题能力方面的许多差距(Strathdee et al.,2021)。国际捐助者投资并不是解决所有健康挑战的办法,但全球健康与发展的历史表明,它确实为以下方面提供了无与伦比的机会:跨国比较研究,随时间推移连续性越强的更长的项目时间表,以及规模化的干预措施,后者可以在人口层面上对健康和发展的结果产生显著的影响。

在国际环境中,学术研究和应用研究之间仍然存在着脱节。学术研究资助通常支持具有学术议程,但规模相对有限的独立研究者。由此产生的出版物往往会在会议和期刊上传播,但没有在中低收入国家得到广泛披露。捐助者资助的南半球计划通常考虑到实用的公共健康卫生利益,并在更大的范围内运作,但是,它们有时追求目标的方式并不总是与当地的价值观和优先事项相一致,也不总是能够得到当地利益相关者的充分参与。这些努力的成果往往在政府机构和执行合作伙伴组织之间传播,但在学术网络中传播较少。通过国际会议和国际捐助者资助的计划之间的交流,这些差距得到了某种程度的解决,但还需要更多有意识的努力来建立真正的全球多层次的对话和综合。

2021年,有一些迹象表明,在之前的10年中,众所周知的种族民族主义、民粹主义和威权主义的趋势或许正在消退,但是,如果这些趋势继续下去,它们将对健康传播中的国际合作和投资构成挑战。在世界上的许多地区,对于反种族主义政策的日益关注和支持表明,关于种族、性别和年龄差距以及支撑这些差距的结构性力量的分析越来越开放了。如果对导致差距长期存在的那些社会决定因素视而不见,那将会继续干扰全球健康传播努力实现社会正义和公平的目标(它们就体现在世界卫生组织对于全球健康的定义中),除非我们能够设计更好的传播方式来解决这些问题(参见本书第29章和第35章)。

第6节 未来的研究方向

如本章前面所述,我们可能需要继续进行跨国比较研究,以制定更细致的理论框架来解释传播过程中的文化差异。存在着大量以文化为中心的理论文献,但更多的时候是西方理论被运用于非西方背景之中。相对较少的研究探讨了非西方概念——例如,慈悲(compassion)或人的完整性(the wholeness of a person)——如何可能适合于广泛使用的理论,或被纳入其中,从而形成更加细致的全球理论。

多国比较研究也有助于确定哪些地方的传播资源和项目关注还不足以满足需求,以及哪些国家的,其至地区性的利益相关者群体需要量身定制的传播策略,以确保更好、更公平的健康结果。本章的前几部分确定了一些研究不足的健康领域,特别是针对非传染性疾病和生活方式疾病的传播,以及影响某些人口学细分群体(如五岁以上的儿童和老年人)的问题。

精神健康是传播学研究的另一个相对受到忽视的领域(参见本书第5章)。2014年至2016年暴发的埃博拉疫情引起了人们对大流行性疾病导致的精神健康问题的关注,而新冠病毒感染时代再次揭示了隔离、社会混乱和获取测试、疫苗、医疗和信息方面的不平等如何导致焦虑、抑郁、家庭暴力以及老年痴呆症的大量增加。传播的各种应用可以通过改善信息流动和社会连接而有助于解决这些问题(Amsalem et al., 2021),但需要更多的研究来理解这些现象。

最后,社会决定因素和结构性不平等带来的挑战,以及如何通过传播来应对这些挑战,值得更多的研究关注。不平等的根本原因是众所周知的:歧视、贫困、种姓、地理位置等。但它们在世界各地的表现和解决方式各有不同,特别是当它们可能适用于追求不平等的健康和个人代理的时候。无论在哪里工作,我们通常都会假设社会类别中有太多的同质性,但往往多种不平等的制度会影响个人的生活体验。全球健康传播研究可以发展更好的理论,包括传播和差距理论、传播结构和机构理论,以及对传播从业者具有实际意义的循证指南。传播如何可能有效解决差距问题,而不会使这个问题更加恶化?

全球健康传播的挑战是巨大的,但应对这些挑战的前景也是巨大的。相比大多数传播研究和实践领域,如果我们自己能够迎接这一挑战,那么,全球健康传播的广度和视野就会为影响人群层次的社会变革提供机会,并为促进传播学科的发展提供机会。

参考文献

Airhihenbuwa, C. O., & Dutta, M. J. (2012). New perspectives on global health communication: Affirming spaces for rights, equity, and voices. In R. Obregon & S. Waisbord (Eds.), *The handbook of global health communication* (pp. 34-15). Wiley-Blackwell.

Airhihenbuwa, C. O., Okoror, T. A., Shefer, T., Brown, D., Iwelunmor, J., Smith, E., Adam, M., Simbayi, L., Zungu, N.,

Dlakulu, R., & Shisana, O. (2009). Stigma, culture, and HIV and AIDS in the Western Cape, South Africa: An application of the PEN-3 cultural model for community-based research. *Journal of Black Psychology*, 35(4), 407-432.

Akbas, M., Ariely, D., Robalino, D. A., & Weber, M. (2016). *How to help the poor to save a bit: Evidence from a field experiment in Kenya*. IZA Discussion Papers, No. 10024, Institute for the Study of Labor (IZA), Bonn.

Altin, S. V., Finke, I., Kautz-Freimuth, S., & Stock, S. (2014). The evolution of health literacy assessment tools: A systematic review. *BMC Public Health*, 14(1), 1-13.

Amsalem, D., Dixon, L. B., & Neria, Y. (2021). The coronavirus disease 2019 (COVID-19) outbreak and mental health: Current risks and recommended actions. *JAMA Psychiatry*, 78(1), 9-10.

Babalola, S., Krenn, S., Rimal, R., Serlemitsos, E., Shaivitz, M., Shattuck, D., & Storey, D. (2020). *KAP COVID dashboard*. Johns Hopkins Center for Communication Programs, Massachusetts Institute of Technology, Global Outbreak Alert and Response Network, Facebook Data for Good. https://ccp.jhu.edu/kap-covid/ Accessed October 15, 2020.

Barbero, J. M. (Margaret Schwartz, Trans.). (2009). Digital convergence in cultural communication, *Popular Communication*, 7(3), 147-157.

Beltrán, S. L. R. (1980). A farewell to Aristotle: Horizontal communication. *Communication*, 5(1), 5-41.

Beratarrechea, A., Lee, A. G., Willner, J. M., Jahangir, E., Ciapponi, A., & Rubinstein, A. (2014). The impact of mobile health interventions on chronic disease outcomes in developing countries: A systematic review. *Telemedicine e-Health*, 20(1), 75-82.

Berg, R. C., & Denison, E. (2013). A tradition in transition: Factors perpetuating and hindering the continuance of female genital mutilation/cutting (FGM/C) summarized in a systematic review. *Health Care for Women International*, 34(10), 837-859.

Bill & Melinda Gates Institute. (2020). *Advance family planning annual report 2019-2020*. Johns Hopkins University. www.gatesinstitute.org/sites/default/files/AFP%20Annual%20Report_Year8_Partners_Web.pdf.

Blaga, O. M., Vasilescu, L., & Chereches, R. M. (2018). Use and effectiveness of behavioral economics in interventions for lifestyle risk factors of non-communicable diseases: A systematic review with policy implications. *Perspectives in Public Health*, 138(2), 100-110.

Borzekowski, D. L., & Pires, P. P. (2018). A six country study of young children's media exposure, logo recognition, and dietary preferences. *Journal of Children and Media*, 12(2), 143-158.

Braun, R., Catalani, C., Wimbush, J., & Israelski, D. (2013). Community health workers and mobile technology: A systematic review of the literature. *PLOS ONE*, 8(6), e65772.

Britt, H., & Patsalides, M. (2013). Complexity-aware monitoring. *Discussion Note, Monitoring and Evaluation Series*. USAID.

Cairns, G., MacDonald, L., Angus, K., Walker, L., Cairns-Haylor, T., & Bowdler, T. (2012). *Systematic literature review of the evidence for effective national immunization schedule promotional communications*. European Centre for Disease Prevention and Control (ECDC). https://dspace.stir.ac.uk/handle/1893/10782#.YF5FeOYpD0o.

Callahan, D. (1973). The WHO definition of "health". *The Hastings Center Studies*, 1(3), 77-87.

Center for Communication Programs. (2017). *Integrated social and behavior change communication programs implementation kit*. Johns Hopkins University. https://healthcommcapacity.org/hc3resources/integrated-sbcc-programs-implementation-kit/.

Center for Communication Programs. (2018). *Shifting norms, changing behavior, amplifying voices: What works?* 2018 International SBCC Summit Report. Johns Hopkins University. https://ccp.jhu.edu/2018/12/17/2018-international-sbcc-summit-publishes-report/.

Center for Communication Programs. (2021). *Breakthrough ACTION project*. https://ccp.jhu.edu/projects/breakthrough-action/.

Chan, G. C., Storey, J. D., Das, M. K., Sacks, E., Johri, M., Kabakian-Khasholian, T., Paudel, D., Yoshida, S., & Portela, A. (2020). Global research priorities for social, behavioral and community engagement interventions for maternal, newborn and child health. *Health Research Policy and Systems*, 18, Article 97.

Davis, A., Sweigart, R., & Ellis, R. (2020). A systematic review of tailored mHealth interventions for physical activity promotion among adults. *Translational Behavioral Medicine*, *10*(5), 1221-1232.

Déglise, C., Suggs, L. S., & Odermatt, P. (2012). SMS for disease control in developing countries: A systematic review of mobile health applications. *Journal of Telemedicine and Telecare*, *18*(5), 273-281.

Díaz Bordenave, J. (1998). Relation of communication with community mobilization processes for health. In L. R. Beltrán & S. F. González (Eds.), *Community mobilization for health: Multidisciplinary dialogue* (pp. 94-98). Johns Hopkins University and Save the Children.

Edberg, M., Shaikh, H., Thurman, S., & Rimal, R. (2015). *Background literature on violence against children in South Africa: Foundation for a phased communication for development (C4D) strategy*. George Washington University Center for Social Well-Being and Development. https://hsrc.himmelfarb.gwu.edu/cgi/viewcontent.cgi?article=1002&context=sphhs_centers_cswd.

Facebook. (2021, March 22). *Data for good*. https://dataforgood.fb.com/.

FHI 360. (2016). *Guidance for evaluating integrated global development programs*. Technical report. www.fhi360.org/resource/guidance-evaluating-integrated-global-development-programs.

Firestone, R., Rivas, J., Lungo, S., Cabrera, A., Ruether, S., Wheeler, J., & Vu, L. (2014). Effectiveness of a combination prevention strategy for HIV risk reduction with men who have sex with men in Central America: A mid-term evaluation. *BMC Public Health*, *14*(1), 1-15.

Foote, D. R., Martorell, R., McDivitt, J. A., & Snyder, L. (1985). *The mass media and health practices evaluation*. Applied Communication Technology. https://pdf.usaid.gov/pdf_docs/pdaaz609.pdf. Accessed March 23, 2021.

Fox, E. (2012). Rethinking health communication in aid and development. In R. Obregon & S. Waisbord (Eds.), *The handbook of global health communication* (pp. 52-69). Wiley-Blackwell.

Freire, P. (1970). *Pedagogy of the oppressed*. Herder and Herder.

Fung, I. C. H., Duke, C. H., Finch, K. C., Snook, K. R., Tseng, P. L., Hernandez, A. C., Gambhir, M., Fu, K. W., & Tse, Z. T. H. (2016). Ebola virus disease and social media: A systematic review. *American Journal of Infection Control*, *44*(12), 1660-1671.

Gesser-Edelsburg, A. (2021). Using narrative evidence to convey health information on social media: The case of COVID-19. *Journal of Medical Internet Research*, *23*(3), e24948.

Giustini, D., Ali, S. M., Fraser, M., & Boulos, M. K. (2018). Effective uses of social media in public health and medicine: A systematic review of systematic reviews. *Online Journal of Public Health Informatics*, *10*(2), e215.

Global Alliance for Social and Behavior Change. (2021, March 22). *Evidence for impact cluster*. www.globalalliancesbc.org/node/25.

Global Health Security Agenda. (2021, March 23). *About the GHSA*. https://ghsagenda.org/.

Goodenough, W. H. (1981). *Culture, language, and society* (2nd ed.). Benjamin/Cummings.

Granger, K., Koniz-Booher, P., Cunningham, S., Cotes, G., & Nicholson, J. (2018). Community media for social and behavior change: The power and principles of participatory storytelling. *The Journal of Development Communication*, *29*(1), 36-51.

Granovetter, M. S. (1973). The strength of weak ties. *American Journal of Sociology*, *78*(6), 1360-1380.

Green, E. C. (1985). Traditional healers, mothers and childhood diarrheal disease in Swaziland: The interface of anthropology and health education. *Social Science & Medicine*, *20*(3), 277-285.

Green, E. C., Murphy, E. M., & Gryboski, K. (2020). The health belief model. In K. Sweeny, M. L. Robbins, & L. M. Cohen (Eds.), *The Wiley encyclopedia of health psychology* (pp. 211-214). John Wiley & Sons, Inc.

Gurman, T. A., Awantang, G., & Leslie, L. T. (2018). Evaluating capacity strengthening for social and behaviour change communication through outcome harvesting. *The Journal of Development Communication*, *29*(2), 45-61.

Gurman, T. A., Rubin, S. E., & Roess, A. A. (2012). Effectiveness of mHealth behavior change communication interventions in developing countries: A systematic review of the literature. *Journal of Health Communication*, *17*(Suppl 1), 82-104.

Guthrie, J. F. (2017). Integrating behavioral economics into nutrition education research and practice. *Journal of Nutrition Education and*

Behavior, *49*(8), 700-705.

Henrich, J., Heine, S. J., & Norenzayan, A. (2010). The weirdest people in the world? *Behavioral and Brain Sciences*, *33*(2-3), 61-83.

Hess, R., Meekers, D. M., & Storey, J. D. (2012). Egypt's *Mabrouk!* initiative: A communication strategy for maternal/child health and family planning integration. In R. Obregon & S. Waisbord (Eds.), *The handbook of global health communication* (pp. 374-407). Wiley-Blackwell.

Hutchinson, P., Schoop, J., Andrinopoulos, K., & Do, M. (2018). *Assessment report for the Hewlett Foundation's strategy to apply behavioral economics (BE) to improve family planning and reproductive health (FP/RH) service delivery*. Hewlett Foundation. https://hewlett.org/wp-content/uploads/2020/11/Hewlett-Foundation-IRH-Strategy-Behavioral-Economics-Assessment-Report_30NOV18.pdf.

Ihm, J., & Lee, C. J. (2021). Toward more effective public health interventions during the COVID-19 pandemic: Suggesting audience segmentation based on social and media resources. *Health Communication*, *36*(1), 98-108.

Islam, S. H. S., Tabassum, R., Liu, Y., Chen, S., Redfern, J., Kim, S. Y., Ball, K., Maddison, R., & Chow, C. K. (2019). The role of social media in preventing and managing non-communicable diseases in low-and-middle income countries: Hope or hype? *Health Policy and Technology*, *8*(1), 96-101.

Ismail, A., & Kumar, N. (2021, May 8-13). AI in global health: The view from the front lines. In *CHI Conference on Human Factors in Computing Systems (CHI'21)*, Yokohama, Japan.

Jacobson, T. L. (2016). Amartya Sen's capabilities approach and communication for development and social change. *Journal of Communication*, *66*(5), 789-810.

Kapadia-Kundu, N. (1994). *An empirical test of the Sadharanikaran theory of communication to defecation hygiene behavior: An evaluation of a child-to-community intervention in Maharashtra, India* [Unpublished doctoral dissertation, Johns Hopkins Bloomberg School of Public Health].

Kapadia-Kundu, N., Storey, J. D., Safi, B., Trivedi, G., Tupe, R., & Narayana, G. (2014). Seeds of prevention: The impact on health behaviors of young adolescent girls in Uttar Pradesh, India, a cluster randomized control trial. *Social Science & Medicine*, *120*, 169-179.

Kincaid, D. L. (Ed.). (2013). *Communication theory: Eastern and Western perspectives*. Academic Press.

Koplan, J. P., Bond, T. C., Merson, M. H., Reddy, K. S., Rodriguez, M. H., Sewankambo, N. K., & Wasserheit, J. N. (2009). Towards a common definition of global health. *The Lancet*, *373*(9679), 1993-1995.

Kreuter, M. W., Sugg-Skinner, C., Holt, C. L., Clark, E. M., Haire-Joshu, D., Fu, Q., Booker, A. C., Steger-May, K., & Bucholtz, D. (2005). Cultural tailoring for mammography and fruit and vegetable intake among low income African-American women in urban public health centers. *Preventive Medicine*, *41*(1), 53-62.

Ledderer, L., Kjær, M., Madsen, E. K., Busch, J., & Fage-Butler, A. (2020). Nudging in public health lifestyle interventions: A systematic literature review and metasynthesis. *Health Education & Behavior*, *47*(5), 749-764.

Masters, W. A., Webb, P., Griffiths, J. K., & Deckelbaum, R. J. (2014). Agriculture, nutrition, and health in global development: Typology and metrics for integrated interventions and research. *Annals of the New York Academy of Sciences*, *1331*(1), 258-269.

Mathur, J. C., & Neurath, P. (1959). *An Indian experiment in farm radio forum*. UNESCO.

Mayo, J. K., McAnany, E. G., & Klees, S. J. (1974). *The Mexican Telesecundaria: A cost-effectiveness analysis*. Technical report. Institute for Communication Research, Stanford University, Stanford, CA.

McAnany, E. G. (2012). *Saving the world: A brief history of communication for development and social change*. University of Illinois Press.

Mendes, I., Ventura, C., Queiroz, A., & de Sousa, Á. (2020). Global health education programs in the Americas: A scoping review. *Annals of Global Health*, *86*(1), 42.

Miller, D. (1987). *An evaluation of the factors of sustainability in the Gambia Mass Media and Health Practices Project*. Applied Communication Technologies. http://citeseerx.ist.psu.edu/viewdoc/download?doi=10.1.1.492.9442&rep=rep1&type=pdf.

Naugle, D. A., & Hornik, R. C. (2014). Systematic review of the effectiveness of mass media interventions for child survival in low-and middle-income countries. *Journal of Health Communication: International Perspectives*, 19(1), 190-215.

Neuman, W. R., & Guggenheim, L. (2011). The evolution of media effects theory: A six-stage model of cumulative research. *Communication Theory*, 21(2), 169-196.

Nimkar, S., & Gilles, E. E. (2018). Improving global health with smartphone technology: A decade in review of mHealth initiatives. *International Journal of E-Health and Medical Communications (IJEHMC)*, 9(3), 1-19.

Noar, S. M., Benac, C. N., & Harris, M. S. (2007). Does tailoring matter? Meta-analytic review of tailored print health behavior change interventions. *Psychological Bulletin*, 133(4), 673-693.

Okigbo, C. (1987). American communication theories and African communication research: Need for a philosophy of African communication. *Africa Media Review*, 1(2), 18-31.

PEPFAR (2021). The United States President's emergency plan for AIDS relief. *2011 Annual Report to Congress*. U. S. Department of State. www.state.gov/wp-content/uploads/2021/02/PEPFAR2021AnnualReportto-Congress.pdf. Accessed March 22, 2021.

Pollock, J. C., & Storey, J. D. (2012). Comparing health communication. In R. Esser & T. Hanitzsch (Eds.), *Handbook of comparative communication research* (pp. 161-182). Taylor & Francis.

Porat, T., Nyrup, R., Calvo, R. A., Paudyal, P., & Ford, E. (2020). Public health and risk communication during COVID-19— Enhancing psychological needs to promote sustainable behavior change. *Frontiers Public Health*, 8, 637.

Ray, H. E., Klees, S. J., & Wells, S. J. (1978). *The basic village education project (Guatemala)*. Final Technical Report. Academy for Educational Development.

Rice, T. (2013). The behavioral economics of health and health care. *Annual Review of Public Health*, 34(1), 431-447.

Riley, A. H., Sood, S., Mazumdar, P. D., Choudary, N. N., Malhotra, A., & Sahba, N. (2017). Encoded exposure and social norms in entertainment-education. *Journal of Health Communication*, 22(1), 66-74.

Riley, A. H., Sood, S., & Robichaud, M. (2017). Participatory methods for entertainment—education: Analysis of best practices. *Journal of Creative Communications*, 12(1), 62-76.

Sastry, S., Stephenson, M., Dillon, P., & Carter, A. (2019). A meta-theoretical systematic review of the culture-centered approach to health communication: Toward a refined, "nested" model. *Communication Theory*, 00, 1-42.

Schramm, W. (1964). *Mass media and national development: The role of information in developing countries*. Stanford University Press and UNESCO Press.

Schwandt, H. M., Skinner, J., Takruri, A., & Storey, D. (2015). The integrated gateway model: A catalytic approach to behavior change. *International Journal of Gynecology & Obstetrics*, 130, E62-E68.

Sen, A. (1999). *Development as freedom*. Knopf.

Shen, F., & Han, J. (2014). Effectiveness of entertainment education in communicating health information: A systematic review. *Asian Journal of Communication*, 24(6), 605-616.

Sheridan, S. L., Halpern, D. J., Viera, A. J., Berkman, N. D., Donahue, K. E., & Crotty, K. (2011). Interventions for individuals with low health literacy: A systematic review. *Journal of Health Communication*, 16(Suppl 3), 30-54.

Sondaal, S. F. V., Browne, J. L., Amoakoh-Coleman, M., Borgstein, A., Miltenburg, A. S., Verwijs, M., & Klipstein-Grobusch, K. (2016). Assessing the effect of mHealth interventions in improving maternal and neonatal care in low-and middle-income countries: A systematic review. *PLOS ONE*, 11(5), e0154664.

Sood, S., Kostizak, K., Mertz, N., Stevens, S., Rodrigues, F., & Hauer, M. (2021, March). What works to address violence against children (VAC) in and around schools. *Trauma, Violence, & Abuse*, 1524838021998309. https://doi.org/10.1177/1524838021998309.

Sood, S., Riley, A. H., & Alarcon, K. C. (2017). Entertainment-education and health and risk messaging. In J. Nussbaum (Ed.), *Oxford research encyclopedia of communication*. Oxford University Press.

Soofi, M., Najafi, F., & Karami-Matin, B. (2020). Using insights from behavioral economics to mitigate the spread of COVID-19. *Applied Health Economics and Health Policy*, *18*(3), 345-350.

Sørensen, K., Van den Broucke, S., Fullam, J., Doyle, G., Pelikan, J., Slonska, Z., & Brand, H. (2012). Health literacy and public health: A systematic review and integration of definitions and models. *BMC Public Health*, *12*(1), 1-13.

Storey, J. D., & Figueroa, M. E. (2012). Toward a global theory of health behavior and social change. In R. Obregon & S. Waisbord (Eds.), *The handbook of global health communication* (pp. 70-94). Wiley-Blackwell.

Storey, J. D., Kaggwa, E., & Harbour, C. (2008, May 22-26). *Communication pathways to health competence: Testing a model of sustainable health improvement in Egypt and South Africa*. Paper presentation. International Communication Association 2008 Conference, Montreal, Quebec, Canada. http://ccp.jhu.edu/documents/StoreyKaggwaHarbour.pdf.

Storey, J. D., Lee, K., Blake, C., Lee, P., Lee, H. Y., & DePasqualie, N. (2011). *Social & behavior change interventions landscaping study: A global review*. Bill & Melinda Gates Foundation. www.researchgate.net/profile/Nicole-Depasquale-3/publication/271706961_Social_and_Behavior_Change_Interventions_Landscaping_Study_A_Global_Review/links/54d049f70cf298d656665d83/Social-and-Behavior-Change-Interventions-Landscaping-Study-A-Global-Review.pdf.

Storey, J. D., & Sood, S. (2013). Increasing equity, affirming the power of narrative and expanding dialogue: The evolution of entertainment-education over two decades. *Critical Arts*, *27*(1), 9-35.

Strathdee, S. A., Martin, N. K., Pitpitan, E. V., Stockman, J. K., & Smith, D. M. (2021). What the HIV pandemic experience can teach the United States about the COVID-19 response. *Journal of Acquired Immune Deficiency Syndromes (1999)*, *86*(1), 1-10.

Sumpter, C., & Torondel, B. (2013). A systematic review of the health and social effects of menstrual hygiene management. *PLOS ONE*, *8*(4), Article e62004.

The United Nations. (2021, March). *The 17 goals*. United Nations Department of Economic and Social Affairs, Sustainable Development. https://sdgs.un.org/goals.

Thomas, R. E., Russell, M. L., & Lorenzetti, D. L. (2010). Systematic review of interventions to increase influenza vaccination rates of those 60 years and older. *Vaccine*, *28*(7), 1684-1701.

Vaessen, J., Rivas, A., Duvendack, M., Palmer Jones, R., Leeuw, F. L., Van Gils, G., Lukach, R., Holvoet, N., Bastiaensen, J., Hombrados, J. G., & Waddington, H. (2014). The effects of microcredit on women's control over household spending in developing countries: A systematic review and meta-analysis. *Campbell Systematic Reviews*, *10*(1), 1-205.

van Eijk, A. M., Sivakami, M., Thakkar, M. B., Bauman, A., Laserson, K. F., Coates, S., & Phillips-Howard, P. A. (2016). Menstrual hygiene management among adolescent girls in India: A systematic review and meta-analysis. *BMJ Open*, *6*(3), e010290.

Wahyuningrum, Y., & Harlan, S. (2017). *Improving contraceptive method mix (ICMM) in East Java and West Nusa Tenggara, Indonesia: Final technical report*. Johns Hopkins Center for Communication Programs, Baltimore, MD and Jakarta, Indonesia.

Watts, G. (2020). COVID-19 and the digital divide in the UK. *The Lancet Digital Health*, *2*(8), e395-e396.

Wilkins, K. G. (2014). Advocacy communication for and about women. In T. Askanius & L. Øtergaard (Eds.), *Reclaiming the public sphere: Communication, power and social change* (pp. 47-63). Springer.

World Health Organization. (2008). *Integrated health services—What and why? Technical Brief No. 1*. WHO Department of Health System Governance and Service Delivery. Retrieved March 23, 2021, www.who.int/healthsystems/technical_brief_final.pdf.

World Health Organization. (2018). *Joint external evaluation tool: International Health Regulations (2005)* (2nd ed.). World Health Organization. Retrieved March 23, 2021, www.who.int/ihr/publications/WHO_HSE_GCR_2018_2/en/.

Yousafzai, A., Rasheed, M., Rizvi, A., Armstrong, R., & Bhutta, Z. (2014). Effect of integrated responsive stimulation and nutrition interventions in the lady health worker program in Pakistan on child development, growth, and health outcomes: A cluster-randomized factorial effectiveness trial. *Lancet*, *384*(9950), 1282-1293.

第 32 章
公共健康危机

林赛·纽伯格(Lindsay Neuberger)　安·内维尔·米勒(Ann Neville Miller)

在公共健康危机中,不同的利益相关者必须理解威胁,并知道如何采取行动,以降低风险并减轻负面后果。公共健康危机期间的有效传播(即在正确时间来自正确来源的正确讯息)通过为个体和组织提供做出安全和负责任的决策所需的信息来挽救生命。

在2001年美国发生与炭疽有关的生物恐怖主义事件,以及2002年暴发严重急性呼吸综合征(SARS)以后,关于公共健康危机的研究在全球范围内变得突出起来。当时,美国疾病控制与预防中心(CDC)建立了"公共健康应急准备"(PHEP)合作协议,与当地利益相关者合作指导美国公共健康危机应对工作(CDC, 2005)。在全球舞台上,人们制定了《国际卫生条例》,它将"国际关注的突发公共卫生事件"(public health emergency of international concern, PHEIC)定义为一种严重、突发、异常或意外事件,其影响超越了国家边界,可能需要采取国际行动进行有效管理(WHO, 2005)。自SARS暴发以来,世界卫生组织已经又宣布了五种突发公共卫生事件:猪流感、脊髓灰质炎、埃博拉病毒、寨卡病毒和新冠病毒感染。

世界卫生组织的加姆赫瓦格(Gamhewage, 2014)提出的四腿板凳方法,(four-legged stool approach)将健康传播者和健康传播学者确定为有效的公共健康危机准备、反应和管理的重要组成部分。该模型提出,公共健康危机的准备与反应需要四个同样强大的组成部分。第一条腿由社会科学家、健康教育工作者和行为改变专家组成,他们能够在社区开展外联活动。第二条腿由媒体(包括社交媒介)专家、传播专业人士和协助传播讯息的发言人构成。第三条腿是健康系统的专家,他们利用政策、计划、程序和管理来帮助强化基本健康系统。那些提出证据和技术指导的运筹学专家构成了第四条腿。板凳的这四条腿相互依赖才能发挥最佳效果,它们还必须得到一个更广泛网络的支持,该网络随时准备并愿意在必要时参与危机局势。

本章首先概括了公共健康危机传播研究的现状,然后描述了公共健康危机的主要类型,概述了危机和风险传播的重要理论,并为以传播为重点的关于公共健康危机工作的未来方向提供了洞见。

第1节　公共健康危机传播研究的现状

健康和风险传播研究已经日益融入国家和国际对公共健康危机的准备、应对和恢复之中。尽管公共健康危机研究仍然落后于那些更经常地得到研究的健康传播问题,例如癌症和烟草,但它是一个稳健的研究领域(Nazione et al., 2013)。这篇文献的特点是具有强烈的科学视角,而我们已经将评价的重点放在了这项工作上。不过,一些关于贫困、文化或种族对危机的不同影响的研究采用了批判-文化的视角(例如，Balaji，2011；Kim & Dutta，2009)。由于每一次危机都是独一无二的，所以案例研究是研究危机传播最常用的方法(Veil，2011)。探讨这个领域的量化方法，包括调查(Yang，2015)、实验(Smith，2012)、桌面演练(tabletop exercises)(Zhou et al.，2015)、项目评估(Nakano et al.，2019)和内容分析(Ihekweazu，2017；Sutton et al.，2015)。质化研究同样丰富多彩，包括访谈(Stephens，2020)、批判的话语分析(Solman & Henderson，2019)、令人难忘的信息考察(Miczo et al.，2013)和叙事分析(Su，2012)等。

随后，我们评价了这种广泛的研究方法产生的关于公共健康危机传播和危机信息传递中组织问题的证据。我们的概述主要借鉴世界卫生组织最近委托进行的一系列系统性评价(2017)。这些评价由一个国际专家机构进行，目的是调查公共健康危机传播主要话题领域中的认识现状。

一、危机传播中的组织因素

公共健康危机千差万别，从飓风到流感再到石油泄漏。它们可以像龙卷风那样高度本地化，像干旱那样具有广泛的破坏力，像新冠病毒感染那样国际化，或像气候变化那样成为全球问题。不同的范围需要不同层次的准备和反应。然而，在所有层次上，机构内和机构间的协调与信息共享、员工能力建设和组织信任都是至关重要的问题。研究表明，应急风险传播应该在全球和国家层面应急准备和反应领导小组方面发挥战略作用(Jha et al.，2018)。组织网络必须跨越地域和学科界限，并在适当的情况下跨越国界。这样的传播规划必须提前进行，并且是一个持续不断的过程，而其重点是准备和反应(Toppenberg-Pejcic et al.，2019)。

利益相关者是与面临公众健康危机的社区有联系的个体或组织(Sopory et al.，2019)。对于确保有效的准备、应对和恢复工作来说，不同利益相关者之间的紧密合作伙伴关系和开放式传播是至关重要的；最好是在公共健康危机发生之前，而不是危机期间或之后建立这些合作伙伴关系(Jha et al.，2018)。利益相关者群体因不同语境而区别，在公共健康危机中常见的利益相关者包括：居民、商业/社区/政治领袖、学校、社区团体、文化和基于信仰的组织、工会或劳工组织、媒体、联邦和地方政府机构、健康护理提供者和非营利组织。

尽管社区参与在公共健康危机中经常被称赞为是有价值的，但系统的评价表明，它还很少得到清晰明确的研究(Novak et al.，2019)。现有研究指出，传播规划在其对利益相关者的需求敏感时、在具有参与性时、在体现了来自受影响群体的反馈时，是最有效的。因此，建议国际机构确定那些受社区信任的人，并远在任何危机事件发生之前就与他们建立联系。让这些人参与决策可以促进合作性的、适合具体语境的和社区拥有的干预措施；它还可以促进跨部门的信息自由流动(Toppenberg-Pejcic et al.，2019)。

虽然关于公共健康危机传播的学术研究充满活力，但有效的能力建设和培训的具体细节方面的实证证据还不充分。几乎没有证据表明，应该定期组织人员的准备和培训，并注重机构之间的传播协调工作(Miller et al.，2017)。培训和桌面演练(即关键的应急管理人员聚集在一起，讨论对模拟紧急情况的反应的活动)可能有助于实现这一目标(Jha et al.，2018)。不过，由于文献中基本上没有对培训效果的严谨调查，所以人们还不能有把握地断定应该强调哪些培训因素(Miller et al.，2017)。

二、讯息传播渠道与特征

公共健康危机中的传播必须包含清晰易懂的信息，后者为不同受众而定制并通过可信的来源和渠道呈现(Sopory et al.，2019)。在众多可用选项中，大众媒体运动(如地震防备讯息)、媒体外联/倡导活动(如与媒体组织协调来宣传有关传染病的故事)、社交媒介(如飓风轨迹状态更新)、人际传播(如与某人谈论枪支暴力)以及结合多种策略的整合方法等，是公共健康危机中最常用的策略。

有效的社交媒介参与已成为危机传播中的一个核心问题。社交媒介通常用于应急风险传播的目的，但其效果各异

(Eckert et al., 2018)。因此,它们不应完全取代传统的传播方式(Toppenberg-Pejcic et al., 2019)。相反,社交媒介和传统媒体可以作为与其他传播形式相结合的整合策略的一部分,以实现经过验证的准确信息的融合。社交媒介可用于吸引公众,促进同伴传播,创造情境意识,回应谣言,监测公众反应和担忧的问题,推动地方一级的反应等(Sopory et al., 2019)。受众首先通过社交媒介获得灾难性事件的警报,然后,他们通常转向传统媒体寻求深度解释。

最近,关于自然灾害发生前、发生中和发生后的社交媒介使用研究,深入探讨了各种组织向公众传播基本健康和安全信息的方式,以及市民如何使用社交媒介的细节。在关于科罗拉多州洪水信息的探讨中,萨顿及其同事(Sutton et al., 2015)发现,简洁的社交媒介讯息可以传递命令性/指导性和陈述性/解释性的信息,这两种信息在危机情形中都是有益的。斯彭斯及其同事(Spence et al., 2015)考察了飓风"桑迪"来袭之前推特的使用情况,并发现最常见的使用是信息和情感的表达,不过也有幽默、侮辱和垃圾邮件。实际上,随着这场风暴的发展,关于推荐行为的可用信息变得更加难以确定。

就讯息内容而言,研究表明,有效的传播有如下特征:与正常运行和可获得的服务相关;透明、及时且易于理解的;承认不确定性;针对受影响人群;促进自我效能(Reynolds & Seeger, 2005)。如果在公共健康危机之前、期间和之后对讯息传播进行相关受众的预测试,并随危机发展而进行评估和编辑,那么这种讯息传播就可以恰当地适应文化的语境。

此外,强有力的证据表明,用技术术语解释风险并不会促进风险缓解行为。在危机时期,相比更笼统的讯息,促使人们采取具体而现实的行动保护自己的讯息,更有可能导致风险缓解行为。讯息的准确性和语调都很重要。讯息需要表达同情和担忧(Sellnow et al., 2019)。它们需要提高自我效能(Toppenberg-Pejcic et al., 2019)。它们应该出现在疫情暴发初期(Reynolds & Seeger, 2005),它们还应该来自不同的信源,但要保持一致(Sellnow & Seeger, 2013)。对于指导方针发生变化的情况来说,变化的原因必须得到解释,令人困惑的因素也必须得到澄清(Toppenberg-Pejcic et al., 2019)。重要的是,应该承认公共健康危机中固有的不确定性,并进行有效沟通,而不是规避(Reynolds & Seeger, 2005; Sopory et al., 2019)。当局向公众的传播应该包括关于特定时间内已知和未知的风险、事件与干预措施的明确信息。无论公共健康危机的类型如何,都是如此。

第 2 节 公共健康危机的类型

健康传播学者经常研究的三种主要公共健康危机是:传染病[如甲型流感(H1N1、埃博拉、寨卡、新冠病毒感染)]、自然灾害(如飓风、地震、龙卷风、洪水)和人为灾害(如气候变化、辐射、火灾、枪支暴力、石油泄漏)。在这些应急风险传播语境中,对传染病的研究最为常见(参见 Eckert et al., 2018)。本节概述了公共健康危机的每一个主要类型,最后列举了该领域的健康传播学术成果的例子,并确认了现有文献中的各种主题。

一、传染病

传染病由细菌或病毒引起,通常在人与人之间传播,或由动物传染给人类。当传染病极具传染性时,它们的问题就尤其严重,而《国际卫生条例》明确指出,传播是应对此类危机的公共健康的核心部分(WHO, 2005)。越来越多的健康和免疫接种措施被认为可以大大降低传染病风险;然而,现代高度传染性疾病——包括 SARS、H1N1、埃博拉、寨卡和新冠病毒感染——需要保持警惕,且需要与公众和组织之间的有效沟通(Holmes, 2008)。

传染病语境下的健康传播研究集中于以下主题:污名化(Smith & Hughes, 2014)、文化差异(H. Oh et al., 2012)、功效讯息(Evensen & Clarke, 2012)、媒体描述(Jerit et al., 2018)和倡导运动(Poehlman et al., 2019)。例如,萨斯特里和洛瑞(Sastry & Lovari, 2017)研究了世界卫生组织和疾控中心 Facebook 页面上的埃博拉叙述,并发现有证据表明,随着 2014 年埃博拉疫情的发展,西方视角和叙事发展的三个阶段(抑制,国际担忧,对美国的影响)清晰可辨。传染病语境下健康传播研究的另一个例子是,对美国人进行的关于他们对政府和发言人在H1N1疫情信息传递方面信任度的纵向调查(Freimuth et al.,2014)。新出现的新冠病毒感染研究(例如,Ma & Miller,2020)表明,健康传播研究在这一领域继续发挥作用。

二、自然灾害

全球气候中的自然灾害差异很大,包括从飓风、海啸和龙卷风到洪水和干旱等水事件的环境破坏,以及极端的冬季天气、地震、山体滑坡,甚至火山爆发。这些自然灾害有不同的预警期,从几秒到几个月不等,因此,在这些广泛语境下,一个以传播为重点的多样化文献体系已经出现。近年来,自然灾害的报道有了增加,其影响(如对人类、环境和经济的影响)也随着时间的推移而强化(Guha-Sapir et al., 2004)。气候变化也有可能增加极端自然事件的数量,所以这项工作仍然至关重要(参见本书第33章)。

不同类型的自然灾害之间存在着实质性的差异。例如,飓风往往进展缓慢而清晰,这就有足够的时间来进行准备,而地震和海啸的发展速度则要快得多。由于这种差异,案例研究方法在文献中很常见(Zhou et al., 2015)。例如,巴拉吉(Balaji,2011)分析了2010年海地地震之后的媒体报道,并揭示出反映种族群体之间存在权力关系的怜悯性问题话语。斯蒂芬斯(Stephens, 2020)收集了飓风"哈维"过后休斯敦居民的故事,并发现疏散方面的说服性传播不够充分。他非常简单地建议说,在自然灾害的准备和恢复工作中,"传播有可能带来变化"(第527页)。

三、人为灾害

尽管有些公共健康危机是不可避免的,但许多危机是人类影响的直接后果。这些危机范围很广,从全球性和长期性的危机(如气候变化)到局部和短期的危机(如水质、枪支暴力),它们也与工业(例如,核事故和化学事故)、监管(例如,食品安全)和政治动机(例如,生物恐怖主义)等因素相关。健康传播研究可以在这些语境下为政府、组织和公众提供有价值的分析和建议。几十年来,围绕气候变化问题而专注于有效传播的研究一直见于健康传播的文献之中,其范围从诉诸恐惧和幽默的手法的探讨到确认媒体对于气候变化的叙述(Anderson, 1991; Chadwick, 2016)。

有关枪支暴力之类的人为危机的传播学术研究正在增长。对几起枪支暴力事件的报纸报道的内容分析揭示了不同的框架,从支持枪支控制和反对枪支控制的争论到心理健康问题、学校/工作场所安全,甚至作为公共健康问题的明确的框架设置过程(DeFoster & Swalve, 2018)。人为公共健康危机语境下的另一个健康传播研究的例子是:在福岛核事故之后,以辐射为重点的健康素养储备的系统开发、修订和测试(Goto et al., 2018)。

第3节 理解公共健康危机的理论基础

危机理论在很大程度上是由实践驱动的。危机发生以后,从业者往往会反思机构的表现,并往往通过事后报告,寻求制定能够帮助他们更有效地应对未来危机的模型。然后,这些研究结果便被用于随后的危机培训中。最终,积累起来的经验教训具体化为理论性和系统性的研究项目(Sellnow & Seeger, 2013)。这种以从业者为中心的出发点导致从同样广泛的学科视角中产生了多元的理论。此外,许多理论已经通过案例研究方法发展起来,以帮助人们理解特定类型的危机。鉴于这种多样的背景以及篇幅限制,我们在本章中不可能给出一个全面的理论概述。因此,我们将自己的研究限制在与公共健康传播特别相关的三类危机理论之中:① 危机的阶段模型;② 危机反应理论;③ 作为危机结果的组织学习。对于每一个类别,我们都会讨论两到三个具体理论,并指出它们在理解公共健康危机方面的应用。对广泛的健康传播理论——包括与危机传播有关的那些理论——感兴趣的读者,应该参考汤普森和舒尔茨的论述(Thompson & Schulz, 2021)。

一、危机的阶段模型

公共健康危机不仅颠覆了个体生活,也扰乱经济,改变生态系统,使人群流离失所,扰乱了社会结构(Sellnow & Seeger, 2013)。危机的特征之一被定义为失序,由此出发,一种经典的理论方法已经确定了不同危机类型的常见事件集群(clusters of events)(例如,Fink, 1986)。顾名思义,阶段模型(stage models)试图通过识别危机发展过程中的一系列离散阶段来帮助从业者理解危机事件。

阶段模型假设,如果在早期阶段未能快速果断地做出反应,便可能会导致后续阶段的延伸。决策者通常必须迅速采取行动,以减少危机的威胁,而且可能没有时间收集有关原因的完整信息,或公共健康组织和利益相关者的互联系统将如何运作的完整信息。因此,早期反应很有可能不仅无法降低危机的严重程度,而且会加剧危害。例如,在新冠病毒感染大流行期间,与戴口罩相关的转变行为的建议,可能降低了某些公共部门中的公共健康来源的可信度,并助长对于这种做法的抵制。

目前存在着许多阶段模型。根据韦尔(Veil, 2011)的论述,最常用的是三阶段模型,该模型假定了危机前阶段、危机中阶段和危机后阶段。危机前阶段是威胁正在酝酿和增长的时期。这个阶段的最大问题是准备工作。危机中阶段是实际的触发事件。危机通常是戏剧性的。旨在缓解潜在危机的系统往往会失败,必须制定新的反应模式。在危机后阶段,威胁解除了,人们感到了宽慰。危机后阶段的特点是对事件进行意义构建、分析和评估。其他阶段模型强调这个主题的变化。例如,雅克(Jacques, 2007)不关注顺序步骤,而是提出了四大组相关问题,它们在危机的每个阶段都会发挥作用。黑尔等人(Hale et al., 2005)提出了一种螺旋而非线性的模型,在这一模型中,行动者对潜在行动进行快速和基于判断的评估,然后当他们评估反应效果时纠正路线。米特罗夫(Mitroff, 1994)、库姆斯和霍拉迪(Coombs & Holladay, 2002)分别将危机前阶段划分为:初始信号阶段或预防阶段,在此,预警信号可以得到检测;然后是测试或准备阶段,在此,组织寻找风险因素,并试图减轻它们。

对于公共健康危机来说,最具体的阶段模型是"危机和应急风险传播"(the crisis and emergency risk communication, CERC)模型(Reynolds & Seeger, 2005)。它由美国疾病控制与预防中心(CDC)在2001年炭疽危机之后制定,是建设公共健康组织能力的综合努力的组成部分(Miller et al., 2021; U. S. Department of Health and Human Services and CDC, 2018; Veil et al., 2008)。这个模型将公共健康危机分为五个阶段,并制定了每一个节点所实施的传播策略。在**危机前**阶段中,传播活动应关注风险信息,诸如敦促公众做好准备工作,建立机构间的伙伴关系,以防止已被识别的威胁演变成危机事件。当**起始事件**发生时,向受危机影响的公众和个体传达的讯息应该旨在减少不确定性,增强信心,培养自我效能。在**相持**阶段中,随着危机的展开,讯息的功能应与危机爆发时的功能相类似,但也应提供关于危机的更多信息,并纠正公众持有的任何误解。在危机得到处理之后的**解决**阶段,面向受影响的公众和个体的传播需要优先考虑恢复工作和重建工作,并如实报告危机诱发因素的调查结果。最后,在**评估**阶段,公共健康从业者应该反思和总结经验教训,为今后此类危机提出行动建议。通过美国各地的面对面课堂和基于计算机的教育,美国疾病控制与预防中心为数万名公共健康职业人士提供了"危机和应急风险传播"培训。"危机和应急风险传播"的原则已被用于应对诸如埃博拉(Kieh et al., 2017)、禽流感(Vos & Buckner, 2016)、贫铀暴露(Cicognani & Zani, 2015)、冬季风暴(Rice & Spence, 2016)和化学品泄漏等各种不同的公共健康危机中(Thomas et al., 2016)。

二、危机反应理论

在本节中,我们重点讨论两个已在公共健康危机反应研究中具有影响力的理论视角:混沌理论(chaos theory)与社区韧性(community resilience)理论。混沌理论的核心是危机的不可预测性,而社区韧性理论则强调社区在减轻灾害方面的整体作用。它们中的每一个都提供了危机反应的重要视角。

源于物理学的混沌理论认为,系统以非线性的方式运作,它们的行为取决于周围环境。这个理论的几个原则与危机中的人类系统特别相关(Murphy, 1996)。**对初始条件的敏感依赖**原则通常被称为蝴蝶效应,它主张,像蝴蝶扇动翅膀这样看似微小的事情可以引发一连串的、导致巨大后果的事件。微小的传播错误、疏忽和误解已经造成了一系列著名危机,从珍珠港事件到挑战者号航天飞机灾难(Seeger, 2002)。**分岔**原则是系统方向或结构的突然变化,伴随着由危机引发的意义建构的崩溃。当分岔发生时,直到人们和组织放弃既定常规,并进行创新,干预措施才能够成功(Freimuth, 2006)。**奇异吸引子**(strange attractors)是系统中的元素,它们帮助系统找到新的秩序并开始从分岔中浮现出来(Murphy, 1996)。在公共健康危机中,这些可能是家庭、特定社区领导人或组织、经济资源等元素(Seeger, 2002)。最后,**自组织**(self-organization)是系统走向稳定的节点。混沌理论已被运用于理解几种类型的公共健康危机,包括洪水(Seeger, 2002)、H1N1 流感(Speakman, 2010)、水污染(Getchell, 2018)、SARS(Nicholas et al., 2008)和飓风(Vanderford et al., 2007)。

"社区韧性理论"侧重于来自社区本身的反应,而不是公共健康组织的反应。"**韧性**"(resilience)一词是源自物理学和数学的隐喻,指的是材料在受到干扰之后恢复平衡的能力(Norris et al., 2008)。有韧性的材料在受力时会弯曲并反弹;它们不会断裂。危机面前的社区韧性是社区利用自身资源来恢复的能力(Cutter et al., 2010);它是应对、度过和适应危机的能力(Sellnow & Seeger, 2013)。的确,朋友、邻居和家人通常是危机的第一反应者,并在解决社区问题时通常都极有创新性。通过具体的干预措施,韧性可以得到提高(例如,Aldrich & Kyota, 2017)。

一般情况下,影响社区韧性的因素可被分为两类:① 社区的特征(如资源数量、培训、部署资源的速度);② 灾难事件的特征(如破坏的程度、采取的具体形式、突发性)。例如,"地震工程研究多学科中心"(MCEER)以及科罗拉多州立大学"自然灾害中心"的 4R 理论提出如下重要社区特征:① 系统的稳健性或强度,及其对故障和功能丧失的抵抗力;② 冗余,或创建备份系统或替代品的能力;③ 应变力,或为危机反应调动资源(物质、财政、人力)的能力;④ 快速性,即反应和恢复的速度。诺里斯等人(Norris et al., 2008)提出类似的特性,但也强调压力源(stressors)和资源之间的相互作用。如果压力源太大或资源不足,社区就会受到破坏。社区韧性理论已经被应用于公共健康突发事件,例如,大肠杆菌疫情(Lisnyj & Dickson-Anderson, 2018)、密歇根州弗林特市水危机(Fortenberry et al., 2018)、地震(Nian et al., 2019)和难民危机(Alameddine et al., 2019)。

三、作为危机结果的组织学习

最后,我们转向关于危机结果的理论分析。在最佳状态下,危机可以成为改变组织看待自己、使命及其受众的方式的催化剂(Seeger, 2002)。也就是说,它们是组织学习的机会。简单地说,当组织发现了错误,并以政策、程序和结构方面的改变作为回应时,学习就发生了(Veil, 2011)。组织学习已被用于各种主题,例如,城市、州、联邦和非营利组织对于达拉斯埃博拉危机的反应(Keyes & Benavides, 2018)、中国政府对于非典(SARS)和婴儿配方奶粉污染危机的反应(Zhang, 2009)、HIV/AIDS(Ferlie & Bennett, 1992)、医院内部沟通(Simonsson & Heide, 2018)和炭疽危机(Veil & Sellnow, 2008),等等。尽管组织性的学习可以通过系统化过程持续进行,但有时需要危机的冲击,才能带来新的理解和对变革的开放态度(Roux-Dufort, 2007)。对于政府组织来说,危机可以通过克服官僚主义和政治考虑的惰性来促进学习(Zhang, 2009)。在本节中,我们将广泛了解组织学习以及"高可靠性组织"理论。

危机的一个标志是,它们最初对一个系统的冲击如此之大,以至于个体和组织都经历了意义建构的崩溃。不仅熟悉有序的系统崩溃了,而且应对危机的机制也已崩溃。成员们感到困惑、模棱两可和迷失方向。维克(Weick, 1993)将此称为"宇宙学事件"(cosmology episode)。他用"准备、开火、瞄准"来描述对于"宇宙学事件"的必要反应(Weick, 2001,第 177 页)。也就是说,在一场危机中,组织通常别无选择,只能先采取行动,然后再审视后果。它们越早放弃对现状的依赖,转向新的理解方式,就越有机会度过危机。它们可以分三个阶段来发展这种认识:颁布(法令法规)(即回顾采取的行动),选择(即解释哪些行为才有效以及为什么有效),以及保留(即随后将新的意义保存在组织记忆之中)。意义构建已被用于检查组织对与健康相关危机的反应,例如,密歇根州弗林特市(Nowling & Seeger, 2020)和安大略省沃克顿的水危机(Mullen et al., 2006),飓风"卡特里娜"(Castor & Bartesaghi, 2016)和法国南特大教堂仓库火灾(Roux-Dufort & Vidaillet, 2003),等等。

然而,经验的意义建构是不够的,除非它能转化为有意义的长期变化。变化的形式也许是结构要素的转变,例如,使命、一般做法或组织层级(Seeger, 2002),但它也可能涉及态度改变。组织必须努力克服危机才能痊愈。这意味着超越愤怒、焦虑、不安全感和悲伤,再次变得积极和自信。不幸的是,目前尚不清楚大多数组织如何以这种方式处理危机的结果。优先考虑尽快恢复现状,或让公众相信组织没有做错任何事,则要容易得多(Roux-Dufort, 2000)。

了解有效学习和变革的组织特征的一种方法是研究所谓的**高可靠性组织**(high reliability organizations, HROs),它指的是在高风险和潜在危险环境中运作,但几乎没有错误的组织(Roberts, 1989)。维克和萨克利夫(Weick & Sutcliffe, 2011)通过研究核潜艇、飞行甲板操作和空中交通管制中的紧密耦合与复杂系统后做出断言,五个关键原则将高可靠性组织与其他风险水平较低的组织区分开来。第一,高可靠性组织认识到,即使是出现问题的小事也常常是早期预警信号。也就是说,它们一心一意地想着失败。第二,它们将小的失败视为麻烦的标志,从而洞察整个系统。它们抵制简单化的做法,注重细微差别。第三,它们关注实际发生的事情,而不是员工想做或打算要做的事,在此意义上,它们对操作很敏感。第四,高可靠性组织快速纠正已经发生的事件,而且,即便在面临严重挫折时也要继续学习。第五,它们在应对危机时谨慎地服从专业知识。通常情况下,并不是高层人士,而是有实践经验的员工懂得最多。高可靠性组织模型要求组织的各个层面都要保持正念。这些品质可以有目的地进行培养,尽管这个过程既不快速也不容易,而且缺少有据可查的蓝图来提供指导(Tolk et al., 2015)。

总之,危机传播的理论来源于广泛的领域,包括传播学、公共健康、应急管理、社会学、营销学、地质学、气象学、农业研究、组织行为学、媒体研究和修辞学。它们以从业者为中心,并往往是从特定危机或危机类型中有机地产生出来的。鉴于重大危机的复杂性和多部门性,这并不令人奇怪,但可能会为理解公共健康危机中传播方式的问题带来一系列令人困惑的选择。我们还注意到,与更广义的危机传播研究相类似,迄今为止,探讨危机传播的理论主要来自西方国家,特别是来自美国(Eckert et al., 2018; Miller et al., 2017; Sopory et al., 2019)。以文化为中心的方法承载着明确的价值观,它不仅承认而且重视健康意义在文化中的嵌入方式,这种方法应该得到更广泛的运用(参见 Dutta, 2008)。最近的研究采用了以文化为中心的方法来探讨公共健康危机的问题,例如,中国如何应对苯暴露(E. L. Tan & Dutta, 2019)。这样的方法被用于非西方语境是一件令人鼓舞的事情,但如果危机应对要达到最佳效果的话,就有必要从这些相同的语境中进行文化适应性的理论探讨。

第4节 未来的研究

鉴于现有文献的长处和短处,以及全球健康的趋势,下述主题范围作为该领域未来研究的重点就显得尤为重要。

一、文化/不平等

在公共健康危机中,种族、族裔和社会经济群体之间的传播不平等现象并非罕见。高危人群在公共健康危机中经历了复杂的不确定性,那只会加剧他们日常生活中的困难。例如,随着时间的推移(如1918年的流感大流行),传染病的不同影响已经得到了很好的记录,并且由于持续存在的不平等社会规范(参见 Roberts & Tehrani, 2020),这种影响持续至今(例如,新冠病毒感染)。"中东呼吸综合征"(MERS)暴发的证据表明,受教育程度较低和收入较低的个体,以及来自边缘化群体的个体不太可能知道过去大流行病的有用信息(Lin et al., 2016)。

在自然灾害的语境下,传播不平等的现象也一直存在。飓风"卡特里娜"(Taylor-Clark et al., 2010)和2010年海地地震(Balaji, 2011)之后的研究表明,在准备、反应、媒体报道和公众认知方面,存在着明显的种族和政治不公正。即便存在大量关于自然灾害中有效应急风险传播的知识,也并非总是能够被需要它的人群及时获得。不过,情况很复杂。尽管少数族裔人群经常对公共健康官员持有不信任的态度(例如,Shoff & Yang, 2012),但弗赖穆特及其同事(Freimuth et al., 2014)对甲流危机期间关于美国人对政府建议的信任度的代表性研究发现,比起白人来,黑人和拉美裔参与者报告了对于政府和发言人的更高的信任度。作者认为,这种与先前调查结果不一致的情况可能反映了在奥巴马政府早期,黑人和拉美裔中的信任度暂时上升,但他们也指出,在这项研究中,由人口统计学变量解释的信任度的总方差仅为4%。他们论证说,研究者需要超越人口统计学来理解在突发公共健康事件中影响政府信任度的各种因素。

二、社交媒介

在公共健康危机中或任何时候接触社交媒介,并非全球所有公民都享有的特权,尽管注意到这一点很重要,但社交媒介还是频繁地用于公共健康危机的传播之中(Eckert et al., 2018)。如果能够得到有效利用,在危机时期,社交媒介可以既用于向利益相关者和公众传达信息,又可以用于与他们建立有意义的联系。在公共健康危机的整体语境下,关于社交媒介影响的新兴研究正在出现(参见 S. Oh et al., 2020;另参见本书第21章)。在对来自世界各国卫生部的推文的研究中,吉德里及其同事(Guidry et al., 2019)发现,各种传染病经常在社交媒介上得到强调,但国家之间的协调和与公众的双向传播都还不多。

有证据表明,社交媒介可以在公共健康危机中产生有意义的效果,但由埃克特及其同事(Eckert et al., 2018)进行的系统性评价指出,社交媒介工具并没有得到充分利用,特别是没有被政府机构充分利用。关于社交媒介在公共健康危机中作用的未来研究,应该继续分析可通过平台获得的大型数据集,并寻求更好地理解社交媒介在人类体验中的使用动机。就是说,只有当人们参与进来时,社交媒介才是真正社会性的;目前,这一领域的最具实质性的研究都集中在内容分析上,而没有审视参与这些过程的那些人。

三、错误信息

内容创建的日益便捷和潜在社交媒介渠道的快速增长,已经导致了错误信息的危机(参见本书第22章)。简单地说,错误信息就是任何明显虚假,或被专家一致认为是不正确的东西(A. S. Tan et al., 2015)。错误信息可能导致"困惑、沮丧、冷漠、信息过载或对循证健康建议的抵制"(A. S. Tan et al., 2015,第675页),它代表公共健康危机传播中的一个主要问题。想一想个体在知情(或不知情)的情况下分享关于即将来临的风暴或传染病治疗方案的虚假信息的潜在影响,健康方面的错误信息的影响可能是有害的,甚至是致命的。

抵制错误信息的潜在负面影响至关重要,幸运的是,有新的证据表明,反驳虚假信息、详细说明事实和使信息具有可靠来源等,可能会解决这些问题(van der Meer & Jin, 2020)。重要的是,当进行强有力的解释而不仅仅是反驳时,对错误信息的纠正就更加有效(van der Meer & Jin, 2020)。例如,某种声称在疫苗和自闭症之间没有关联的直接反驳也许会在一定程度上纠正错误认知,但出自可信来源的清晰、正确的事实信息可能会导致更强大和更持久的效果。

第5节 结 论

最后,应该注意的是,作为一个相对年轻的传播学研究领域,公共健康主题中的危机传播工作中尚存在一些空白。针对社区参与和传播培训的研究还相对稀少,理论仍然分散。然而,这一领域的快速发展表明,这些差距与其被看作弱点,不如被看作机遇。对于有效的公共健康危机的准备、反应和管理的"四腿板凳"(the four-legged stool)来说,采用严谨的、基于理论的方法来研究危机传播的健康传播学者的工作是至关重要的。最关键的是,在健康相关危机的"宇宙学事件"中,通过为个体和组织提供做出安全负责的决策所需的信息,健康传播者就能够拯救生命。

参考文献

Alameddine, M., Fouad, F., Diaconu, K., Jamal, Z., Lough, G., Witter, S., & Ager, A. (2019). Resilience capacities of health systems: Accommodating the needs of Palestinian refugees from Syria. *Social Science & Medicine*, 220, 22-30.

Aldrich, D. P., & Kyota, E. (2017). Creating community resilience through elder-led physical and social infrastructure. *Disaster Medicine and Public Health Preparedness*, 11(1), 120-126.

Anderson, A. (1991). Source strategies and the communication of environmental affairs. *Media, Culture & Society*, 13(4), 459-476.

Balaji, M. (2011). Racializing pity: The Haiti earthquake and the plight of "Others". *Critical Studies in Media Communication*, 28(1), 50-67.

Castor, T., & Bartesaghi, M. (2016). Metacommunication during disaster response: "Reporting" and the constitution of problems in Hurricane Katrina teleconferences. *Management Communication Quarterly*, 30(4), 472-502.

Centers for Disease Control and Prevention. (2005). *PHEP cooperative agreement*. Retrieved November 26, 2020, www.cdc.gov/cpr/readiness/phep.htm.

Chadwick, A. E. (2016). Climate change, health, and communication: A primer. *Health Communication*, 31(6), 782-785.

Cicognani, E., & Zani, B. (2015). Communication of health risks from exposure to depleted uranium (DU) in Italy: A case study. *Journal of Risk Research*, 18(6), 771-788.

Coombs, W. T., & Holladay, S. J. (2002). Helping crisis managers protect reputational assets: Initial tests of the situational crisis communication theory. *Management Communication Quarterly*, 16(2), 165-186.

Cutter, S. L. Burton, L. G., & Emrich, C. T. (2010). Disaster resilience indicators for benchmarking baseline conditions. *Journal of Homeland Security and Emergency Management*, 7(1), 1-22.

DeFoster, R., & Swalve, N. (2018). Guns, culture or mental health? Framing mass shootings as a public health crisis. *Health Communication*, 33(10), 1211-1222.

Dutta, M. J. (2008). *Communicating health: A culture-centered approach*. Polity Press.

Eckert, S., Sopory, P., Day, A., Wilkins, L., Padgett, D., Novak, J., Noyes, J., Allen, T., Alexander, N., Vanderford, M., & Gamhewage, G. (2018). Health-related disaster communication and social media: Mixed-method systematic review. *Health Communication*, 33(12), 1389-1400.

Evensen, D. T., & Clarke, C. E. (2012). Efficacy information in media coverage of infectious disease risks: An ill predicament? *Science Communication*, 34(3), 392-418.

Ferlie, W., & Bennett, C. (1992). Patterns of strategic change in health care: District health authorities respond to AIDS. *British Journal of Management*, 3(1), 21-37.

Fink, S. (1986). *Crisis management: Planning for the inevitable*. American Management Association.

Fortenberry, G. Z., Reynolds, P., Burrer, S. L., Johnson-Lawrence, V., Wang, A., Schnall, A., Pullins, P., Kieszak, S., Bayleyegn, T., & Wolkin, A. (2018). Assessment of behavioral health concerns in the community affected by the Flint water crisis—Michigan (USA) 2016. *Prehospital and Disaster Medicine*, 33(3), 256-265.

Freimuth, V. S. (2006). Order out of chaos: The self-organization of communication following the anthrax attacks. *Health Communication*, 20(2), 144-148.

Freimuth, V. S., Musa, D., Hilyard, K., Quinn, S. C., & Kim, K. (2014). Trust during the early stages of the 2009 H1N1 pandemic. *Journal of Health Communication*, 19(3), 321-339.

Gamhewage, G. M. (2014). Complex, confused, and challenging: Communicating risk in the modern world. *Journal of Communication in Healthcare*, 7(4), 252-254.

Getchell, M. C. (2018). Chaos theory and emergent behavior in the West Virginia water crisis. *Journal of International Crisis and Risk*

Communication Research, *1*(2), 173-200.

Goto, A., Lai, A. Y., Kumagai, A., Koizumi, S., Yoshida, K., Yamawaki, K., & Rudd, R. E. (2018). Collaborative processes of developing a health literacy toolkit: A case from Fukushima after the nuclear accident. *Journal of Health Communication*, *23*(2), 200-206.

Guha-Sapir, D., Hargitt, D., & Hoyois, P. (2004). *Thirty years of natural disasters 1974–2003: The numbers*. Presses Universitaires de Louvain.

Guidry, J. P., Meganck, S. L., Lovari, A., Messner, M., Medina-Messner, V., Sherman, S., & Adams, J. (2019). Tweeting about #diseases and #publichealth: Communicating global health issues across nations. *Health Communication*, *35*(9), 1137-1145.

Hale, J. E., Dulek, R. E., & Hale, D. P. (2005). Crisis response communication challenges: Building theory from qualitative data. *Journal of Business Communication*, *42*(2), 112-134.

Holmes, B. J. (2008). Communicating about emerging infectious disease: The importance of research. *Health, Risk and Society*, *10*(4), 349-360.

Ihekweazu, C. (2017). Ebola in prime time: A content analysis of sensationalism and efficacy information in US nightly news coverage of the Ebola outbreaks. *Health Communication*, *32*(6), 741-748.

Jacques, T. (2007). Issue management and crisis management: An integrated, non-linear relational construct. *Public Relations Review*, *33*(2), 147-157.

Jerit, J., Zhao, Y., Tan, M., & Wheeler, M. (2018). Differences between national and local media in news coverage of the Zika virus. *Health Communication*, *34*(14), 1816-1823.

Jha, A., Lin, L., Short, S. M., Argentini, G., Gamhewage, G., & Savoia, E. (2018). Integrating emergency risk communication (ERC) into the public health system response: Systematic review of literature to aid formulation of the 2017 WHO Guideline for ERC policy and practice. *PLOS ONE*, *13*(10), e0205555.

Keyes, L. M., & Benavides, A. D. (2018). Chaos theory, uncertainty, and organizational learning. *International Journal of Organization Theory & Behavior*, *21*(4), 226-241.

Kieh, M. D., Cho, E. M., & Myles, I. A. (2017). Contrasting academic and lay press print coverage of the 2013-2016 Ebola virus disease outbreak. *PLOS ONE*, *12*(6), 1-33.

Kim, I., & Dutta, M. J. (2009). Studying crisis communication from the subaltern studies framework: Grassroots activism in the wake of Hurricane Katrina. *Journal of Public Relations Research*, *21*(2), 142-164.

Lin, L., McCloud, R. F., Bigman, C. A., & Viswanath, K. (2016). Tuning in and catching on? Examining the relationship between pandemic communication and awareness and knowledge of MERS in the USA. *Journal of Public Health*, *39*(2), 282-289.

Lisnyji, K. T., & Dickson-Anderson, S. E. (2018). Community resilience in Walkerton, Canada: Sixteen years post-outbreak. *International Journal of Disaster Risk Reduction*, *31*, 196-202.

Ma, H., & Miller, C. (2020). Trapped in a double bind: Chinese overseas student anxiety during the COVID-19 pandemic. *Health Communication*. Published online 12 June 2020.

Miczo, N., Danhour, E., Lester, K. E., & Bryant, J. (2013). Memorable messages and the H1N1 flu virus. *Western Journal of Communication*, *77*(5), 625-644.

Miller, A. M., Collins, C., Neuberger, L., Todd, A., Sellnow, T. L., & Boutemen, L. (2021). Being first, being right, and being credible since 2002: A systematic review of crisis and emergency risk communication (CERC) research. *Journal of International Crisis and Risk Communication*, *4*(1), 1-28.

Miller, A. N., Sellnow, T., Neuberger, L., Todd, A., Freihaut, R., Noyes, J., Allen, T., Alexander, N., Vanderford, M., & Gamhewage, G. (2017). A systematic review of literature on effectiveness of training in emergency risk communication. *Journal of Health Communication*, *22*(7), 612-629.

Mitroff, I. I. (1994). Crisis management and environmentalism: A natural fit. *California Management Review*, 36(2), 101-113.

Mullen, J., Vladi, N., & Mills, A. J. (2006). Making sense of the Walkerton crisis. *Culture & Organization*, 12(3), 207-220.

Murphy, P. (1996). Chaos theory as a model for managing issues and crises. *Public Relations Review*, 22(2), 13-95.

Nakano, G., Ramírez-Herrera, M. T., & Corona, N. (2019). Effects of decontextualized tsunami disaster education: A case study of schools in Acapulco, Mexico. *Journal of Natural Disaster Science*, 39(2), 19-33.

Nazione, S., Pace, K., Russell, J., & Silk, K. (2013). A 10-year content analysis of original research articles published in *Health Communication* and *Journal of Health Communication* (2000-2009). *Journal of Health Communication*, 18(2), 223-240.

Nian, S., Zhang, J., Zhang, H., Zhang, J., Li, D., Wu, K., Chen, X., & Yang, L. (2019). Two sides of a coin: A crisis response perspective on tourist community participation in a post-disaster environment. *International Journal of Environmental Research and Public Health*, 16(12), 1-19.

Nicholas, D. B., Gearing, R. E., Koller, D., Salter, R., & Selkirk, E. K. (2008). Pediatric epidemic crisis: Lessons for policy and practice development. *Health Policy*, 88(2-3), 200-208.

Norris, F. H. Stevens, S. P., Pfefferbaum, B., Wyche, K. F., & Pfefferbaum, R. L. (2008). Community resilience as a metaphor, theory, set of capacities, and strategy for disaster readiness. *American Journal of Community Psychology*, 41(1-2), 127-150.

Novak, J. M., Day, A. M., Sopory, P., Wilkins, L., Padgett, D. R., Eckert, S., Noyes, J., Allen, T., Alexander, N., Venderford, M., & Gamhewage, G. (2019). Engaging communities in emergency risk and crisis communication: Mixed-method systematic review and evidence synthesis. *Journal of International Crisis and Risk Communication Research*, 2(1), 61-96.

Nowling, W. D., & Seeger, M. W. (2020). Sensemaking and crisis revisited: The failure of sensemaking during the Flint water crisis. *Journal of Applied Communication Research*, 48(2), 270-289.

Oh, H., Hove, T., Paek, H. J., Lee, B., Lee, H., & Kyu Song, S. (2012). Attention cycles and the H1N1 pandemic: A cross-national study of US and Korean newspaper coverage. *Asian Journal of Communication*, 22(2), 214-232.

Oh, S., Lee, S., & Han, C. (2020). The effects of social media use on preventive behaviors during infectious disease outbreaks: The mediating role of self-relevant emotions and public risk perception. *Health Communication*. Published online 16 February 2020.

Poehlman, J., Sidibe, T., Jimenez-Magdaleno, K., Vazquez, N., Ray, S., Mitchell, E., & Squiers, L. (2019). Developing and testing the Detén El Zika campaign in Puerto Rico. *Journal of Health Communication*, 24(12), 900-911.

Reynolds, B., & Seeger, M. W. (2005). Crisis and emergency risk communication as an integrative model. *Journal of Health Communication*, 10(1), 43-55.

Rice, R. G., & Spence, P. R. (2016). Thor visits Lexington: Exploration of the knowledge-sharing gap and risk management learning in social media during multiple winter storms. *Computers in Human Behavior*, 65, 612-618.

Roberts, J. D., & Tehrani, S. O. (2020). Environments, behaviors, and inequalities: Reflecting on the impacts of the influenza and coronavirus pandemics in the United States. *International Journal of Environmental Research and Public Health*, 17(12), 4484-4511.

Roberts, K. G. (1989). New challenges in organizational research: High reliability organizations. *Organization & Environment*, 3(2), 111-125.

Roux-Dufort, C. (2000). Why organizations don't learn from crises: The perverse power of normalization. *Review of Business*, 21(3-4), 25-30.

Roux-Dufort, C. (2007). Is crisis management (only) a management of exceptions?. *Journal of Contingencies and Crisis Management*, 15(2), 105-114.

Roux-Dufort, C., & Vidaillet, B. (2003). The difficulties of improvising in a crisis situation: A case study. *International Studies of Management and Organization*, 33(1), 86-118.

Sastry, S., & Lovari, A. (2017). Communicating the ontological narrative of Ebola: An emerging disease in the time of "epidemic 2.0".

Health Communication, 32(3), 329-338.

Seeger, M. W. (2002). Chaos and crisis: Propositions for a general theory of crisis communication. *Public Relations Review*, 28(4), 329-337.

Sellnow, D. D., Johansson, B., Sellnow, T. L., & Lane, D. R. (2019). Toward a global understanding of the effects of the IDEA model for designing instructional risk and crisis messages: A food contamination experiment in Sweden. *Journal of Contingencies and Crisis Management*, 27(2), 102-115.

Sellnow, T. L., & Seeger, M. W. (2013). *Theorizing crisis communication*. Wiley-Blackwell.

Shoff, C., & Yang, T.-C. (2012). Untangling the associations among distrust, face, and neighborhood social environment: A social disorganization perspective. *Social Science & Medicine*, 74(9), 1342-1352.

Simonsson, C., & Heide, M. (2018). How focusing positively on errors can help organizations become more communicative. *Journal of Communication Management*, 22(2), 179-196.

Smith, R. A. (2012). An experimental test of stigma communication content with a hypothetical infectious disease alert. *Communication Monographs*, 79(4), 522-538.

Smith, R. A., & Hughes, D. (2014). Infectious disease stigmas: Maladaptive in modern society. *Communication Studies*, 65(2), 132-138.

Solman, P., & Henderson, L. (2019). Flood disasters in the United Kingdom and India: A critical discourse analysis of media reporting. *Journalism*, 20(12), 1648-1664.

Sopory, P., Day, A. M., Novak, J. M., Eckert, K., Wilkins, L., Padgett, D. R., Noyes, J., Barakji, F., Liu, J., Fowler, B., Guzman-Barcenas, J. B., Nagayko, A., Nickell, J., Donahue, D., Daniels, K., Allen, T., Alexander, N., Venderford, M., & Gamhewage, G. (2019). Communicating uncertainty during public health emergency events: A systematic review. *Review of Communication Research*, 7, 67-108.

Speakman, M. K. (2010). *The AH1N1 Influenza crisis in Mexico: A critique of contemporary tourism crisis and disaster management models and frameworks* [Doctoral dissertation, University of Central Lancashire].

Spence, P. R., Lachlan, K. A., Lin, X., & del Greco, M. (2015). Variability in Twitter content across the stages of a natural disaster: Implications for crisis communication. *Communication Quarterly*, 63(2), 171-186.

Stephens, K. (2020). Jumping in and out of the dirty water... Learning from stories while doing social science. *Health Communication*, 35(4), 524-527.

Su, C. (2012). One earthquake, two tales: Narrative analysis of the tenth anniversary coverage of the 1921 earthquake in Taiwan. *Media, Culture & Society*, 34(3), 280-295.

Sutton, J., League, C., Sellnow, T. L., & Sellnow, D. D. (2015). Terse messaging and public health in the midst of natural disasters: The case of the Boulder floods. *Health Communication*, 30(2), 135-143.

Tan, A. S., Lee, C. J., & Chae, J. (2015). Exposure to health (mis)information: Lagged effects on young adults' health behaviors and potential pathways. *Journal of Communication*, 65(4), 674-698.

Tan, E. L., & Dutta, M. J. (2019). Inequalities and workplace injuries: How Chinese workers cope with serious diseases caused by Benzene poisoning. In M. Dutta & D. Zapata (Eds.), *Communicating for social change* (pp. 359-381). Palgrave Macmillan.

Taylor-Clark, K. A., Viswanath, K., & Blendon, R. J. (2010). Communication inequalities during public health disasters: Katrina's wake. *Health Communication*, 25(3), 221-229.

Thomas, T. L., Kannaley, K., Friedman, D. B., Tanner, A. H., Brandt, H. M., & Spencer, S. M. (2016). Media coverage of the 2014 West Virginia Elk River chemical spill: A mixed-methods study examining news coverage of a public health disaster. *Science Communication*, 38(5), 574-600.

Thompson, T. L., & Schulz, P. (2021). *Health communication theories*. Wiley-Blackwell.

Tolk, J. N., Cantu, J., & Beruvides, M. (2015). High reliability organization research: A literature review for health care. *Engineering Management Journal*, 27(4), 218-237.

Toppenberg-Pejcic, D., Noyes, J., Allen, T., Alexander, N., Vanderford, M., & Gamhewage, G. (2019). Emergency risk communication: Lessons learned from a rapid review of recent gray literature on Ebola, Zika, and Yellow Fever. *Health Communication*, 34(4), 437-455.

U. S. Department of Health and Humans Services and Centers for Disease Control and Prevention. (2018). *CERC: Crisis + emergency risk communication*. https://emergency.cdc.gov/cerc/ppt/CERC_Introduction.pdf.

Vanderford, M. L., Nastoff, T., Telfer, J. L., & Bonzo, S. E. (2007). Emergency communication challenges in response to Hurricane Katrina: Lessons from the Centers for Disease Control and Prevention. *Journal of Applied Communication Research*, 35(1), 9-25.

van der Meer, T., & Jin, Y. (2020). Seeking formula for misinformation treatment in public health crises: The effects of corrective information type and source. *Health Communication*, 35(5), 560-575.

Veil, S. R. (2011). Mindful learning in crisis management. *International Journal of Business Communication*, 48(2), 116-147.

Veil, S. R., Reynolds, B., Sellnow, T. L., & Seeger, M. W. (2008). CERC as a theoretical framework for research and practice. *Health Promotion Practice*, 9(4), 26S-34S.

Veil, S. R., & Sellnow, T. L. (2008). Organizational learning in a high-risk environment: Responding to an anthrax outbreak. *Journal of Applied Communication*, 92(1-2), 75-93.

Vos, S. C., & Buckner, M. M. (2016). Social media messages in an emerging health crisis: Tweeting bird flu. *Journal of Health Communication*, 21(3), 301-308.

Weick, K. E. (1993). The collapse of sensemaking in organization: The Mann Gulch disasters. *Administrative Science Quarterly*, 38, 628-652.

Weick, K. E. (2001). *Making sense of the organization*. Blackwell Scientific.

Weick, K. E., & Sutcliffe, K. M. (2011). *Managing the unexpected: Resilient performance in an age of uncertainty*. John Wiley & Sons.

World Health Organization. (2005). *Fifty-eighth World Health assembly. Revision of the international health regulations*. Author.

World Health Organization. (2017). *Communicating risk in public health emergencies: A WHO guideline for emergency risk communication (ERC) policy and practice*. Author.

Yang, Z. J. (2015). Predicting young adults' intentions to get the H1N1 vaccine: An integrated model. *Journal of Health Communication*, 20(1), 69-79.

Zhang, J. (2009, November). *Organizational learning and barriers in public health crises: A comparative case analysis*. Paper presented at the National Communication Association Annual Conference, Chicago.

Zhou, B., Sun, G., Zhang, X., Xu, J., Lai, J., Du, X., Hosokawa, M., Hayaski, H., Kimura, R., & Sakurada, Y. (2015). Development of web-based tabletop emergency earthquake exercise system. *Journal of Disaster Research*, 10(2), 217-224.

第 33 章
关于环境和健康的传播

艾米·E. 查德威克（Amy E. Chadwick）

环境与人类健康通过我们接触有毒化学物品，空气、水和地面污染，气候变化，采掘业和能源业，受污染食品，以及自然灾害而联系在了一起。环境健康传播的理论、问题和研究领域与健康传播领域有许多相似之处。相比个体行为和人际行为，环境健康传播更强调社区和社会层面的行为，这是它与健康传播之间的一个重要区别。健康传播理论家、研究者和从业人员可以在解决环境问题及其对健康影响方面发挥重要的作用(Chadwick, 2016)。

本章讨论了将环境和健康问题联系起来的传播学文献，具体有以下几个方面：环境与健康的社会结构，包括媒体报道和媒体框架构建；影响公众对于环境健康问题反应的因素，包括政治意识形态、风险与收益认知以及社交支持；环境健康素养；说服和讯息设计，包括讯息策略和信息寻求；组织传播，包括非政府组织、政府组织、行业和卫生组织；环境健康、环境正义和气候正义运动。研究环境健康传播的方法包括人文修辞分析、批判性文化分析、解释性的质化研究以及社会科学量化调查和实验。本章还确定了环境健康传播的未来方向。

第 1 节　环境和健康的社会建构

媒体如何报道和框定环境问题及其与健康的关系，在构建公众对环境、健康和风险的认知方面发挥着重要的作用。传播研究者经常对媒体进行主题或内容分析，以确定环境健康风险的内容报道和框架。理解什么样的主题和框架主导着媒体，对于了解公众对环境健康问题的认识、态度和信念来说，是至关重要的。不过，几乎所有这些研究或论文都假设，而不是检验各种主题和框架对公众的理解、态度、信念或行为的效果。

一、媒体报道

媒体报道的研究评估了媒体是否将环境风险与健康联系起来。其他研究则考察媒体报道是否代表了对风险的科学理解。内容分析调查了社会政治语境对媒体报道的效果。最后，传播学研究还描述了新闻端口（news outlet）的特征对媒体报道的效果。

总的来说，将环境问题与健康风险联系起来的媒体报道很少，但正在增加。对美国西部四个州的内容分析显示，水问题的报道很少提及与水相关的健康风险(Mayeda et al., 2019)。五个国家（加拿大、中国、印度、英国和美国）增加了将热浪和山火与气候变化联系起来的报道。尽管报道数量有所增加,但不同国家的媒体在报道热浪或山火时提及气候变化的频率是不同的。值得注意的是,尽管热浪降低了生活水平,但印度的媒体行业往往并没有将热浪和气候变化联系起来(Hopke, 2020)。美国五家报纸对气候变化的报道在过去四年中有所下降;不过,对气候变化影响公共健康的重视程度有所增加(Weathers & Kendall, 2016)。

媒体报道经常不能完全代表对环境健康风险的科学理解。一项内容分析显示,尽管有关产前和儿童环境健康方面的信息有可能被新妈妈和待产妈妈接触,但环境健康的报道主题并不在被美国环境保护局认为的"令人担忧"的几个问题中(Mello, 2015)。同样,当美国报纸提到与水有关的健康风险时,只是报道短期的局部风险。考虑到由基础设施老化、耐氯性和生物膜相关病原体以及其他因素导致的水传播疾病的健康负担(Collier et al., 2021),准确的媒体报道对关于水质现在和将来的公共决策都很重要。媒体报道将气候变化和干旱等长期健康危害与居住在其他国家或全球的人口联系起来,这并不能准确反映这些风险的分布(Mayeda et al., 2019)。

一些研究表明了国家政治语境对媒体报道的效果。在美国和加拿大的报纸上,关于水力压裂的报道主要是关于水质的。加拿大新闻报道聚焦于经济效益、水力压裂禁令和能源独立,美国的新闻报道则含有更加混杂的讯息,涉及水污染、经济效益、能源独立和对野生动物的危害(Olive & Delshad, 2017)。美国和加拿大的报纸都利用科学来源对双酚A(BPA)进行报道,但美国的报纸更有可能引用行业来源。加拿大报纸则比美国报纸更显著地强调双酚A对健康的威胁(Brewer et al., 2014)。政治语境也会影响新闻媒体对气候变化的报道,以至于相比英国新闻媒体,美国新闻媒体更加强调气候变化的不确定性(M. T. Boykoff & J. M. Boykoff, 2007)。

媒体报道也取决于新闻行业自身的特点。媒体端口的意识形态影响了它们对气候变化的报道。在英国十年的报纸报道中,研究者识别出关于气候变化的五种支配性话语。哪些话语在特定报纸中占有支配性地位,取决于报纸的意识形态、社会和政治因素以及引起人们关注气候变化的重要事件(Doulton & Brown, 2009)。在美国,福克斯新闻更有可能忽视气候变化,而且与CNN或微软-全国广播公司(MSNBC)相比,采访否认气候变化的人的比例更高(Feldman et al., 2012)。与之相似,媒体报道气候变化的方式既反映了区域媒体体制,也反映了对气候变化的相关性、责任和区域权力的文化认知(Eskjær, 2013)。在媒体行业缩小规模、削减专业报道的时代,毋庸讳言,配有专职环境和气候记者与编辑的媒体更有可能在极端天气事件和气候变化之间建立联系(Hopke, 2020)。

二、媒体框架

框架理论指出,信息被呈现或被框架建构的方式会影响人们处理信息的方式,以及使用信息的方式(Entman, 1993)。媒体可以通过强调环境健康问题的某些视角或方面,不强调或忽略其他视角和方面来为信息制定框架。传播学研究已经探讨了环境健康问题的框架、媒体行业或类型的框架差异、框架和意识形态之间的相互作用、框架对认知和行为的影响,以及如何抵消框架的影响等问题。

框架可以影响我们对于某个问题及其解决方案的理解。媒体对城市社区的报道通常只根据问题来描述它们(Ettema & Peer, 1996)。这种"城市病理学"的框架会给读者一种城市问题无法解决的感觉,也会让读者觉得这些社区没有资产或优势。在描述密歇根州弗林特市的水危机时,《华尔街日报》和《纽约时报》频繁使用城市病理学语言,却很少援引当地居民的话作为信息来源(Carey & Lichtenwalter, 2020)。当媒体援引居民的话时,引用的重点是指责和愤怒,而不是社区组织、环境正义或社区优势。关于弗林特的文章也忽视了系统性的不公正(Carey & Lichtenwalter, 2020)。

和媒体报道一样,框架也可能取决于新闻端口的特点。在新加坡的雾霾危机期间,传统新闻媒体更有可能提供关于政府努力减少雾霾的积极信息,并倾向于引用政府信息来源。相比之下,新加坡的社交媒介呈现出市民对于雾霾的负面看法,并对政府的反应持批评态度(Lin, 2019)。与之相似,主流报纸对萨尔瓦多金矿开采的报道与国家和保守派观点相一致,即着眼于矿井的经济效益,并且直到天主教会参与反对矿井的时候,才有了包括支持环保的框架。相比之下,其他媒体提供了挑战矿井经济利益的框架,并引发了对于社区权利、公民健康和环境保护的担忧(Hopke,2012)。

框架可以与意识形态相互作用,但无法克服意识形态的影响。新闻媒体已经以各种方式为气候变化设置了框架,包括将其框定为一个公共健康、经济、国家安全、环境、道德或政治冲突的问题。公共健康框架导致自由民主党和温和的无党派人士更有可能选择阅读气候变化的新闻。然而,保守的共和党人对新闻的选择不受框架的影响(Feldman & Hart, 2018)。与之相似,当接触不同框架(环境风险框架和经济效益框架)内的水力压裂图像时,反对水力压裂的人更有可能表达对于环境的担忧,无论对他们显示的图像框架是什么,都是如此。与水力压裂的支持者相比,无论图像如何,在水力压裂问题上未做决定的人和反对者都更有可能表达对人类健康的担忧,这说明图像框架设置无法克服意识形态的影响(Krause & Bucy, 2018)。

框架研究假设(但很少检验)框架对认知和行为的效果。梅洛和谭(Mello & Tan, 2016)的一项分析却是例外,它将媒体框架、媒体消费和责任归属的效果联系起来。研究揭示,媒体源(media resources)最为频繁地将儿童环境化学物品暴露的责任归咎于父母。网站更加强调父母的责任,一般新闻则偏重政府机构和制造商的责任。这些框架直接影响母亲的责任认知。阅读网站与个人责任感相关,浏览一般新闻则与政府和制造商的责任感相关(Mello & Tan, 2016)。

干预措施可以抵消框架的效果。几项研究探讨了如何通过成本效益分析(如 Kahneman & Tversky, 1984; Tversky & Kahneman, 1981)、小组讨论(如 Druckman & Nelson, 2003)或接触其他框架(如 Druckman, 2004)来调节框架效应的问题。这些干预措施往往需要大量时间和努力来缓解框架效应。一项实验表明,一种简单描述是什么框架,并突出显示讯息框架的替代性方法缓解或消除了框架效应(Baumer et al., 2017)。尽管意识形态与框架建构相互作用,但是,突出显示技术并没有加剧对立的意识形态观点之间的两极分化。

第 2 节　影响公众对环境和健康问题反应的因素

环境健康传播适合更大的科学传播和风险传播领域。环境健康传播方面的大量研究描述并确定了影响风险认知的因素。确定影响公众对环境健康问题反应的因素,可以帮助传播从业者设计适当的讯息和干预措施,帮助他们为不同类型的讯息有效地细分受众群体。传播研究者已经考察了意识形态、风险和效益感知的影响,以及对公众的环境和健康问题反应的社交支持。

一、政治意识形态

传播研究者进行了调查和实验,以评估政治意识形态对于环境和健康风险认知的影响。绝大部分研究都是在美国政党和意识形态分歧的语境下进行的。研究表明,意识形态影响了人们对风险的关注和对解决风险的政策的支持。政治意识形态与框架建构、语词选择和社会认同相互作用,从而影响风险认知。此外,意识形态还影响人们处理环境和健康信息的方式。

政治意识形态会影响人们对气候变化的关注,以及对解决气候变化的政策措施的支持。随着政治意识形态从更自由走向更保守,对气候变化的担忧减少了,对应对气候变化的措施的支持也减少了(Asim & Todd, 2010)。政治意识形态和政党认同预测了对科学共识的看法、对气候变化时间的看法、对人类是气候变化原因的看法,以及对气候变化的严重性和威胁的看法(McCright et al., 2014)。大学教育通常与对气候变化的更深担忧有关(Lee et al., 2015);不过,教育与意识形态相互作用,所以受过大学教育并不会增加保守派人士对气候变化的担忧(Asim & Todd, 2010)。

政治意识形态与框架建构以及词语选择相互作用。例如,比起相信"全球变暖"的存在,保守派人士更有可能相信"气候变化"的存在(Baumer et al., 2017; Schuldt et al., 2011)。保守派人士也更有可能认为政府应对"全球变暖"的责任比应对"气候变化"的责任要小(Baumer et al., 2017; Hart, 2011)。

政治意识形态也与社会身份认同相互作用。环保团体隶属关系(environmental group affiliation)会影响人们对环境的态度,进而又影响人们对水力压裂有健康风险的看法。党派关系和意识形态对环境风险的看法具有直接影响,共和党人和保守派人士不太可能认为水力压裂会带来环境和健康风险。党派关系和意识形态也通过党派媒体对风险认知产生间接影响(Veenstra et al., 2016)。

政治意识形态对人们处理信息的方式具有强大的影响。动机性推理(motivated reasoning)往往以支持先前存在的信念的方式来解释信息(Kunda, 1990)。基于政治意识形态的动机性推理在气候变化证据的解释中尤为普遍(例如,McCright et al., 2014; Zia & Todd, 2010),但它也广泛存在于其他环境健康风险的解释之中(Veenstra et al., 2016)。因此,传播者需要考虑意识形态和动机性推理对于讯息的潜在影响。

二、风险与效益认知

风险与效益认知(risk and benefit perceptions)会影响各种各样的环境和健康态度、信念与行为。理论驱动的(theory-driven)调查评估了风险和效益认知在预测环境健康问题反应中的作用。调查还研究了风险认知与媒体使用的关联方式。

对风险与效益的认知会影响人们如何对环境健康问题做出反应。对科学权威的尊重和对转基因(GE)蚊子的好处的认知已经极大地影响了对转基因蚊子的支持,从而能够防止寨卡病毒的传播(Lull et al., 2019)。大多数美国人认为含有转基因生物(GMOs)的食品是危险的。认为转基因生物只会让制造商获益,是反常的,并会导致过敏和疾病,这些看法是排斥转基因食品的最强预测因子(Rose et al., 2020)。自我效能和主观规范是基于植物的饮食意向的最强预测因子。基于植物的饮食的最大认知好处是健康和幸福,而最大的障碍是对改变当前饮食习惯的挑战(Urbanovich & Bevan, 2020)。

媒体可以强烈影响风险认知。北卡罗来纳州的非白人农村居民的认知风险与客观风险或人口统计学不相关。相反,媒体的使用会影响风险认知和效能信念,所以观看当地电视新闻与风险认知的增加相关,而全国电视新闻和报纸消费与自我效能的增加相关。风险暴露、风险认知和自我效能不能预测信息寻求行为(Watson et al., 2013)。

三、社交支持

社交支持可以成为应对环境危害的重要资源。不过,相比于地震或龙卷风等短期危害,环境危害往往进展缓慢,并对健康产生长期影响,可能需要不同形式的社交支持。针对蒙大拿州利比市(在那里,一座被石棉污染的蛭石矿造成了环境和健康灾难)的一项关于社交支持需求的质化研究确认了信息、情感和工具支持需求(Cline et al., 2015)。利比市的居民为了解决石棉相关疾病的不确定性问题,需要已知情况的信息(即使有许多未知情况)以及前后一致的风险信息。情感支持需求包括寻找正常状态的愿望,以及看着家人遭受痛苦和死亡的独特情感负担,因为他们知道自己也可能会有同样的经历。工具性支持需求包括帮助维持日常活动,协助承担照顾患有石棉相关疾病的人的经济费用,以及帮助管理人们自己的石棉相关疾病(Cline et al., 2015)。

第3节 环境健康素养

环境健康传播日益发展的一个领域是环境健康素养。环境健康素养(environmental health literacy, EHL)侧重于获取、理解、评估和使用环境健康信息所需的知识和技能。这些技能包括了解环境如何影响健康,以及如何管理环境健康风险接触(Finn & O'Fallon, 2017, 2018)。环境健康素养与环境正义密切相关,因为环境健康不平等的社区往往环境健康素养较低。传播学者描述了EHL干预措施的结构和内容,评估了EHL的干预效果,并评价了可能影响EHL的信息质量。

EHL的干预措施需要多种方法。西蒙兹等人(Simonds et al., 2019)使用纳提比姆的健康素养模式的三层框架(three-level framework)(Nutbeam, 2008),来评价建设环境健康素养的复杂性。三层框架由功能性EHL(即读、写、说、算技能以及运用这些技能的能力)、交互性EHL(即根据信息和知识采取行动的能力)和批判性EHL(即变革的协作行动;Simonds et al.,

2019)。美国印第安人部落保留地与水有关的环境健康案例表明,伙伴关系和专业知识共享对于增进社区成员理解科学证据具有重要意义,对于增进科学家理解社区文化和需要也具有重要意义。实践教育、培训和参与式研究对于协作技能建设非常重要。理解与环境健康问题相关的法律、法规和政策是批判性素养的关键需求(Simonds et al., 2019)。

EHL 干预措施可以改善与素养和环境健康都相关的结果。一个 EHL 项目使用了"培训培训师"的代际方法,培训高中生使用交互式地图,对波士顿唐人街的交通污染进行可视化处理。年轻人随后培训了年长的唐人街居民。这种干预措施增加了老年人的知识、使用地图的效果和对环保主义的积极态度(Wong et al., 2019)。

信息质量是提高环境健康素养的一个重要方面。一项关于空气污染的公共信息分析表明,信息质量差,信息覆盖率就低(Ramírez et al., 2019)。空气污染信息难以理解、模糊不清,要么过于简单(例如,"空气质量差"),要么太专业而无法使用。有关空气污染的讯息缺乏关于减少风险行为的建议信息,也缺乏关于环境暴露对健康长期影响的信息。此外,用于传播空气污染信息的渠道不太可能到达最脆弱的人群(Ramírez et al., 2019)。传播研究者和从业人员的一个至关重要的任务是,设计可理解的、能提高素养的环境健康信息。讯息设计应以理论为导向,遵循传播学方法,包括形成、过程和评估研究(Silk & Totzkay, 2018)。

第 4 节 说服与讯息设计

在环境健康传播中,说服与讯息设计领域受到的关注有限。一些研究正在确定和运用最有效的讯息策略(如诉诸类型、视觉效果、渠道、来源等),以鼓励人们参与环境健康问题。此外,研究者还考察了风险信息寻求的预测因子。了解如何影响有说服力的结果,使传播者能设计讯息、开展活动,从而有效地鼓励降低环境健康风险的态度、信念和行为。

一、讯息策略

尽管讯息设计研究是健康传播的一个重要领域,但在环境健康传播中,讯息设计研究相对较少。研究者探究了如何创建清晰且具有文化适应性的风险讯息。在气候变化的语境下,学者们评估了讯息框架建构和情感诉求对于各种说服结果的影响(参见 Chadwick, 2017a)。

环境健康讯息需要以一种可理解的、文化适应的方式来传达环境与健康之间的复杂互动关系。一项系统性文献综述研究了与土著人口有效沟通环境健康风险的策略,确认了与有效风险传播相关的因素,包括词汇和语言、讯息设计和渠道因素(Boyd & Furgal, 2019)。词汇和语言对于确保风险讯息的可理解性很重要,因为土著语言(the indigenous language)中可能没有表示危险的词汇(Charley et al., 2004; Furgal et al., 2005)。环境风险讯息的首选语言可能取决于讯息受众是哪代人。老一辈的母语可能更流利,而年轻一代的母语也许不那么流利,却可能更流利地使用其他常用语言,如英语、法语或西班牙语(Furgal et al., 2005)。其他重要的讯息特征可能是文化水平和视觉效果。在孟加拉国,语言简单、图片丰富的横幅有效地提高了不同社会阶层对砷中毒的认识(Hossain et al., 2003)。

传播研究者分析了讯息框架和情感诉求对说服结果的影响。不确定性和(积极或负面的)讯息框架相互作用,从而影响气候保护行动的可能性(Morton et al., 2011)。当高不确定性讯息与积极框架相结合时,参与者参与气候保护行为的意愿更强,而当高不确定性讯息与负面框架相结合的时候,采取行动的意愿明显更低(Morton et al., 2011)。同样,研究表明,与损失框架(loss frames)相比,收益框架(gain frames)会导致人们对减缓气候变化持更积极的态度,并对气候影响的严重性有更多的认识(Spence & Pidgeon, 2010)。

就像框架研究一样,情感诉求效果的研究表明,对于环境健康风险来说,积极的情感诉求比消极的情感诉求更加有效。尽管恐惧诉求有可能吸引注意力(O'Neill & Nicholson-Cole, 2009),但往往适得其反,导致不适应的态度和行为,如否认、贬低信源,选择性接触和麻木(Swim et al., 2009)。相比之下,希望诉求显示出鼓励参与气候变化的前景(Chadwick, 2015, 2017b; Swim et al., 2009)。希望诉求增加了对气候变化信息的关注(Chadwick, 2015),并增加人们的缓解行为和采取缓解行为的意图(Chadwick, 2010)。此外,希望感增加了人们对气候变化保护的兴趣(Chadwick, 2015),并与环保行为和对气候变化政策的支持呈正相关(Lorenzoni et al., 2007)。

二、信息寻求

在环境健康传播领域,大量研究集中于那些能够对环境和健康风险的信息寻求做出预测的因素上。有两种模型很普遍,"风险信息寻求与处理模型"(RISP; Griffin et al., 1999)和"计划风险信息寻求模型"(PRISM; Kahlor, 2010)。RISP 模型通过七个因素预测信息寻求行为:个体特征、对危险的认知、情感反应、社会压力、信息充分性、学习能力和关于信息有用性的信念(Griffin et al., 1999)。PRISM 模型建立在 RISP 和"计划行为理论"(the theory of planned behavior, TPB)的基础上(Fishbein & Ajzen, 1975)。它使用一系列态度变量来预测风险信息寻求,包括对信息寻求的态度、信息寻求的主观规范、认知的信息寻求控制、风险认知、对于风险的情感反应(焦虑和希望)、认知知识充足性阈值。PRISM 比单独的 RISP 或 TPB 具有更大的解释力(Kahlor, 2010)。

通过使用"风险信息寻求与处理模型",研究者断言不确定性在信息寻求行为中——而不是在预防性行为中——发挥强大作用。对子孙后代的威胁的认知、对个人的控制程度和对政府的信任程度的认知,影响了食用五大湖污染鱼类风险的不确定性。担忧和愤怒也预示着风险的不确定性。不确定性会影响对信息不足的认知,进而预测信息寻求行为(Fung et al., 2018)。

研究者使用了"风险信息寻求与处理模型"来调查情感在风险信息寻求中的作用。那些认为水质有问题的人感到焦虑和绝望。焦虑增加信息寻求的意图,而绝望使人们不太可能寻求信息(Hmielowski et al., 2019)。此外,反应效能会调节问题认知和绝望之间的路径,使得反应效能低的人随着对问题认知的增加而感到更加绝望(Hmielowski et al., 2019)。

"计划风险信息寻求模型"还指导了关于情绪和其他变量在预测信息寻求中的作用的研究。除了对信息寻求的态度以外,PRISM 的所有变量都直接或间接地预测了关于碳捕获和储存的风险与效益的信息寻求。希望和认知收益作为该模型的两个补充,都能显著预测信息寻求意图(Kahlor et al., 2020)。研究者既使用 RISP,又使用 PRISM,从而确定:信息不足、负面影响、信息寻求态度和信息收集的自我效能与中国人关于空气污染的信息寻求呈正相关。知识水平高、风险认知高的人更有可能想要更多的空气污染信息(Yang & Huang, 2019)。

与其他行为一样,效能在风险信息寻求和公民参与中发挥着强大的作用。有关气候变化的风险信息寻求是通过对高风险和效能的认知来预测的(Mead et al., 2012)。然而,低效能认知会阻碍信息寻求。尽管大多数中国公民都相信,他们所在社区的新核电站会导致健康、安全和环境风险,但很少有人积极参与这一问题的解决。效能认知在信息寻求、讨论利弊、与决策者沟通、动员集体行动等在线行为中,发挥着重要的作用。参与者的内部效能感较低(例如,认为自己懂得不多,是简单的人)、外部效能感较低(例如,不相信政府会对这个问题做出反应),以及集体效能感较低(例如,相信并不存在什么能够抵抗政府的集体团结;Qiu et al., 2018)。

第 5 节 组 织 传 播

组织在环境和健康的传播方面发挥着关键的作用。非政府组织倡导个体和社会变革,以减少环境和健康风险。政府组织通常有权解决环境健康风险,并就这些风险进行沟通。对风险负有责任的行业也有助于就这些风险进行沟通。最后,卫生组织可以有助于将环境风险与健康问题联系起来。

一、非政府组织

非政府组织面临着传播环境健康风险方面的诸多挑战。组织在选择其倡导活动目标时必须考虑社会政治语境。组织必须在推动实质性变革以完成其使命和冒着被视为极端的风险之间做出战略决策,或在推动实质性变革和推动为更广泛的受众所接受的更温和的变革之间做出战略决策(Laestadius et al., 2016)。非政府组织倾向于提倡少肉或草饲动物的肉的饮食,而不是提倡无肉饮食。研究表明,提倡无肉饮食将违背非政府组织的经济和政治利益(Lerner et al., 2013),是不受欢迎的(Bristow, 2011),或挑战了文化规范(Freeman, 2010)。由于担心疏远支持者或提出过高要求,非政府组织将重点放在小幅减少肉类消费上,或转向更环保的肉类。提倡无肉饮食也可能与非政府组织的其他环境和健康目标相冲突(如支持草饲肉类生产)。非政府组织工作人员的观点和行为也会影响他们的讯息处理选择,因此食用肉类的员工不太愿意推广无肉饮食讯息(Laestadius et al., 2016)。

二、政府组织

政府组织经常参与信息传播,并与公众进行参与性交流。这些任务可能会发生冲突。阿拉斯加地震中心开发了一个社区论坛,其中包含科学信息,并使人们能够对地震发表评论。在地震活动较少的时候,该论坛为人们提供了寻求小地震的验证、查找特定地震的科学信息、获取阿拉斯加地震的一般信息、表达情感、获得支持、讲述地震故事的方式(Lambert, 2020)。成为"地震国"成员的感觉,让人们建立了社区论坛。然而,在大地震期间,社区成员的帖子遮蔽了阿拉斯加地震中心试图向公众提供的重要健康和安全信息。

三、行业

美国化石燃料行业对环境健康的公共传播产生了重大影响。行业参与者共同努力,传播关于环境风险的科学不确定性的讯息,尤其是与气候变化和"水力压裂"(hydraulic fracturing or fracking)相关的风险(Hoggan & Littlemore, 2009; Matz & Renfrew, 2015; Oreskes & Conway, 2010)。特别是,行业参与者巧妙地操纵了用于描述环境风险的语言(Hoggan & Littlemore, 2009)。一场关于马塞勒斯页岩水力压裂的行业公关运动设定了水力压裂是安全和环保的框架。这一运动使用了环境图像,声称该行业正在保护环境,并诉诸爱国主义和经济社会进步。该运动还利用了科学的权威和形象,以及材料和标题,使信息看起来以科学和事实为基础(Matz & Renfrew, 2015)。一场类似的支持水力压裂的运动强调经济增长,将就业和经济与环境对立,并通过诉诸自豪感和爱国责任,将与采掘业相关的地区身份浪漫化(Rich, 2016)。

行业的传播努力试图推迟或停止可能解决环境健康风险的政策或法规。特别是对科学不确定性的诉诸,推迟了政策制定者和公众解决环境健康风险的行动(Oreskes & Conway, 2010)。行业行动者和保守派的沟通通过挑战环境健康科学与政策的合法性而鼓励非决策(non-decision-making)(McCright & Dunlap, 2010a, 2010b)。此外,行业传播通过将活动家描绘成非理性和蓄意阻挠者,将科学家描绘成利己主义者精英,来诋毁那些质疑或反对采掘业的人(Matz & Renfrew, 2015; Oreskes & Conway, 2010)。

行业传播随着时间的推移而发展。在一项化石燃料行业如何就气候变化进行传播的 38 项研究的元分析中,施利希廷(Schlichting, 2013)提出了行业传播的三个阶段。首先,科学的不确定性主导了行业传播。其次,行业重点关注减排和法规的社会经济后果。最后,话语集中在气候保护的行业领导力上,这是当今世界的主导性框架(Schlichting, 2013)。

四、健康组织

健康组织在环境和健康的传播方面可以发挥作用。几位研究者探讨了公共健康和健康护理提供者在应对气候变化方面的作用。迈巴赫等人(Maibach et al., 2008)在评估公共健康系统应对气候变化的准备情况后指出：公共健康部门需要围绕气候变化问题开展更多的活动。其他研究者调查了健康护理提供者在气候变化对健康影响的传播活动中的潜在作用(Villagran et al., 2010)。

第6节 环境健康与正义运动

对环境健康风险的担忧引发了应对这些风险的社会运动。环境健康运动的重点是减轻接触有毒化学品或环境中的其他危害对健康的影响。环境正义运动关注公民权利,特别是低收入人群、黑人、土著人和有色人种在环境和健康负担方面的不平等。气候正义运动试图解决气候变化因果分配方面的全球不平等问题。

一、环境健康运动

环境健康运动兴起于20世纪70年代,以回应人们对危害健康的有毒物质暴露的担忧。路易斯·吉布斯(Lois Gibbs)是一位环保活动家,她组织了美国"洛夫运河业主委员会",抗议在他们的家和学校下面倾倒有毒化学品对健康的影响,因此通常被认为是这场运动的发起人。环境健康运动中的倡导传播通常源于环境毒素对健康影响的第一手经验。例如,生态学家和癌症幸存者桑德拉·斯坦格拉伯(Sandra Steingraber)利用她的经历和专业知识描述了我们日常环境中的毒素及其对健康的影响(Steingraber, 2010)。传记体的健康叙事帮助社区成员就俄亥俄州西南部一家塑料厂的减排问题进行谈判(Zoller, 2012)。这些叙事反驳了风险的传统定义、归因和传播,并使社区的声音能够在倡导减少化学物质排放方面发挥有效作用(Zoller, 2012)。对环境健康运动的批评是,它经常关注与白人中产阶级相关的问题。环境正义运动是对这一批评的回应。

二、环境正义

黑人、土著人、有色人种和社会经济地位低下的人不成比例地面临着环境和健康危害(美国审计局, US General Accounting Office, 1983)。环境正义运动的根子在美国民权运动,起源于对有毒污染物的抗议。环境正义方面的传播研究通常包括关于倡导运动设计和功能的定性或修辞性的案例研究。

环境正义的案例研究通常描述社区和学术的伙伴关系,以解决环境正义的问题。一个为期四年的学术界和土著社区之间的多州社区项目,试图解决风险管理中的研究不平等和环境不公正的问题(Quigley et al., 2000)。该项目的目标是建设土著社区管理核污染健康风险的能力。通过提供资源(如共享资金、研究、培训),拥有社区控制权和共同领导权,创造积极的研究体验,参与双向交流,共同制定灾害管理计划等工作,打造本土社区环境健康基础设施,并提高社区解决环境健康问题的能力(Quigley et al., 2000)。

环境正义运动和组织经常面临挑战,因为它们破坏了规范,并需要建立跨越差异的合作关系。"地球的女性之声"(The Women's Voice for the Earth, WVE)主张,组织在针对清洁用品、美发美甲店、女性护理产品和香水带来的环境和健康风险的倡导活动中,必须跨越差异,挑战规范(Zoller, 2016)。WVE拥有强大的女性领导力,这挑战了男性对化学和环境问题的理解规范。该组织诉诸女性作为接触有毒物质的工人和消费者的共同经历,这种共同经历使得女性能够弥合阶级差异。WVE关注环境卫生的交叉性,以帮助弥合种族、阶级和性别差异,并诉诸妇女和少数群体的集体身份认同,因为这些人的健康、风险和声音往往被忽视。这些方法结合在一起,帮助人们跨越分歧开展倡导运动,与其他健康和环境团体建立更广泛的联盟(Zoller, 2016)。

三、气候正义

气候正义运动对气候变化的影响和解决方案采取了一种人权的方法。气候变化的影响将不成比例地由发展中国家、岛国、女性和青年来承担。目前,大多数关于气候正义运动的研究都发表在社会学和政治学期刊上。一个例外是对澳大利亚媒体关于气候正义报道的审视,以及对来自小岛屿发展中国家代表确认首选媒体主题的参与过程的审视(Dreher & Voyer, 2015)。总体而言,公众参与理论在气候正义运动中的应用相对较少。这个领域为更多研究提供了理解公民如何参与气候变化和正义问题的机会。

第7节 未来的方向

尽管环境健康、风险传播和健康传播的相关领域已经确认,但环境健康传播相对来说刚起步。为了蓬勃发展,这个领域需要增加文献中有代表性的学者和语境的多样性;需要更多地依靠理论来推动学术研究和实践;并在理论、研究和实践中以种族、阶级和国家问题为中心。此外,媒体效应、气候变化和说服力也为发展提供了机会。

环境健康传播需要增加代表学者和语境的多样性。发表在传播期刊上的大部分有关环境健康的研究都来自美国、英国、澳大利亚和加拿大的学者。因此,大多数环境健康传播文献都研究这些国家。正如我们在健康传播领域中看到的那样,理论、研究和实践可以受益于研究不同语境的学者的多样性(参见本书第35章)。

对于环境健康传播领域的蓬勃发展来说,更大程度地依赖理论来指导研究和实践是至关重要的。团体、组织、政治和社会层面的传播理论可以为组织传播、媒体内容和报道的效果以及学术-社区伙伴关系的研究提供信息,以解决环境健康素养、环境正义、社会运动等问题。学者们可能需要修改现有理论或开发新理论,以便充分解释和预测环境健康传播的各个方面。

与种族、阶级和国家有关的不平等应该是所有环境健康问题研究的中心。鉴于环境和健康风险的负担不成比例,环境健康传播的所有领域——而不仅仅是与环境和气候正义相关的研究和实践——都应该解决与种族、阶级和国家相关的不平等问题。学术-社区伙伴关系尤其有助于理解和减轻不平等现象。

尽管对媒体报道和框架的描述性研究很重要,但环境健康传播的研究者应该将媒体报道与结果联系起来。媒体报道和框架可能会影响个体、组织和政府的认知、态度、信念和行为。目前,大多数媒体研究都假设而不是评估报道和框架的效果。

气候变化对健康有明显影响。随着国家和社区在交通、土地使用、能源生产、食品和产品消费以及其他领域做出的改变,学者和从业者有机会参与和研究社区、国家和国际谈判、决策、公共沟通和政策支持,有机会帮助制定和评估保护健康的气候解决方案。气候变化传播也是媒体和说服研究的一个富有成效的领域。

与健康传播相比,环境健康传播对于说服与讯息设计方面的探讨还很有限。尽管健康传播的一些理论和研究可能适用于环境健康语境,但大部分可能都不适用。与许多健康问题不同,环境健康风险的原因和解决方案往往超出个体的控制范围。因此,环境健康传播领域有机会识别出最有效的策略,以影响个人、组织和政府的态度、信仰和行为。

参考文献

Asim, Z., & Todd, A. M. (2010). Evaluating the effects of ideology on public understanding of climate change science: How to improve communication across ideological divides? *Public Understanding of Science*, 19(6), 743-761.

Baumer, E. P. S., Polletta, F., Pierski, N., & Gay, G. K. (2017). A simple intervention to reduce framing effects in perceptions of global climate change. *Environmental Communication*, 11(3), 289-310.

Boyd, A. D., & Furgal, C. M. (2019). Communicating environmental health risks with indigenous populations: A systematic literature review of current research and recommendations for future studies. *Health Communication*, 34(13), 1564-1574.

Boykoff, M. T., & Boykoff, J. M. (2007). Climate change and journalistic norms: A case-study of US mass-media coverage. *Geoforum*, 38(6), 1190-1204.

Brewer, P. R., Wise, D., & Ley, B. L. (2014). Chemical controversy: Canadian and US news coverage of the scientific debate about Bisphenol A. *Environmental Communication*, 8(1), 21-38.

Bristow, E. (2011). Global climate change and the industrial animal agriculture link: The construction of risk. *Society & Animals*, 19(3), 205-224.

Carey, M. C., & Lichtenwalter, J. (2020). "Flint can't get in the hearing": The language of urban pathology in coverage of an American public health crisis. *Journal of Communication Inquiry*, 44(1), 26-47.

Chadwick, A. E. (2010). *Persuasive hope theory and hope appeals in messages about climate change mitigation and seasonal influenza prevention* [Dissertation]. The Pennsylvania State University.

Chadwick, A. E. (2015). Toward a theory of persuasive hope: Effects of cognitive appraisals, hope appeals, and hope in the context of climate change. *Health Communication*, 30(6), 598-611.

Chadwick, A. E. (2016). Climate change, health, and communication: A primer. *Health Communication*, 31(6), 782-785.

Chadwick, A. E. (2017a). Climate change communication. In J. Nussbaum (Ed.), *Oxford research encyclopedia of communication*. Oxford University Press.

Chadwick, A. E. (2017b). Hope and health risk messaging. In R. L. Parrott (Ed.), *The Oxford encyclopedia of health and risk message design and processing*. Oxford University Press.

Charley, P. H., Dawson, S. E., Madsen, G. E., & Spykerman, B. R. (2004). Navajo uranium education programs: The search for environmental justice. *Applied Environmental Education & Communication*, 3(2), 101-108.

Chen, S. (2018). Exploring the formation of the "leave-it-to-experts" storyline during the initial outbreak of the 2013 smog hazard in Beijing. *Chinese Journal of Communication*, 11(4), 385-399.

Cline, R. J. W., Orom, H., Child, J. T., Hernandez, T., & Black, B. (2015). Social support functions during a slowly-evolving environmental disaster: The case of amphibole asbestos exposure in Libby, Montana. *Health Communication*, 30(11), 1135-1148.

Collier, S. A., Deng, L., Adam, E. A., Benedict, K. M., Beshearse, E. M., Blackstock, A. J., Bruce, B. B., Derado, G., Edens, C., Fullerton, K. E., Gargano, J. W., Geissler, A. L., Hall, A. J., Havelaar, A. H., Hill, V. R., Hoekstra, R. M., Reddy, S. C., Scallan, E., Stokes, E. K., ... Beach, M. J. (2021). Estimate of burden and direct healthcare cost of infectious waterborne disease in the United States. *Emerging Infectious Diseases*, 27(1), 140-149.

Doulton, H., & Brown, K. (2009). Ten years to prevent catastrophe? Discourses of climate change and international development in the UK press. *Global Environmental Change*, 19(2), 191-202.

Dreher, T., & Voyer, M. (2015). Climate refugees or migrants? Contesting media frames on climate justice in the Pacific. *Environmental Communication*, 9(1), 58-76.

Druckman, J. N. (2004). Political preference formation: Competition, deliberation, and the (ir)relevance of framing effects. *American Political Science Review*, 98(4), 671-686.

Druckman, J. N., & Nelson, K. R. (2003). Framing and deliberation: How citizens' conversations limit elite influence. *American Journal of Political Science*, 47(4), 729-745.

Entman, R. M. (1993). Framing: Toward clarification of a fractured paradigm. *Journal of Communication*, 43(4), 51-58.

Eskjær, M. (2013). The regional dimension: How regional media systems condition global climate-change communication. *Journal of International & Intercultural Communication*, 6(1), 61-81.

Ettema, J. S., & Peer, L. (1996). Good news from a bad neighborhood: Toward an alternative to the discourse of urban pathology. *Journalism & Mass Communication Quarterly*, 73(4), 835-856.

Feldman, L., & Hart, P. S. (2018). Broadening exposure to climate change news? How framing and political orientation interact to influence selective exposure. *Journal of Communication*, 68(3), 503-524.

Feldman, L., Maibach, E. W., Roser-Renouf, C., & Leiserowitz, A. (2012). Climate on cable: The nature and impact of global warming coverage on Fox News, CNN, and MSNBC. *International Journal of Press/Politics*, 17(1), 3-31.

Finn, S., & O'Fallon, L. O. (2017). The emergence of environmental health literacy—from its roots to its future potential. *Environmental Health Perspectives*, 125(4), 495-501.

Finn, S., & O'Fallon, L. R. (2018). *Environmental health literacy*. Springer.

Fishbein, M., & Ajzen, I. (1975). *Belief, attitude, intention and behavior: An introduction to theory and research*. Addison-Wesley.

Freeman, C. P. (2010). Meat's place on the campaign menu: How US environmental discourse negotiates vegetarianism. *Environmental Communication*, 4(3), 255-276.

Fung, T. K. F., Griffin, R. J., & Dunwoody, S. (2018). Testing links among uncertainty, affect, and attitude toward a health behavior. *Science Communication*, 40(1), 33-62.

Furgal, C. M., Powell, S., & Myers, H. (2005). Digesting the message about contaminants and country foods in the Canadian North: A review and recommendations for future research and action. *Arctic*, 58(2), 103-114.

Griffin, R. J., Dunwoody, S., & Neuwirth, K. (1999). Proposed model of the relationship of risk information seeking and processing to the development of preventive behaviors. *Environmental Research*, 80(2), S230-S245.

Hart, P. S. (2011). One or many? The influence of episodic and thematic climate change frames on policy preferences and individual behavior change. *Science Communication*, 33(2), 28-51.

Hmielowski, J. D., Donaway, R., & Wang, M. Y. (2019). Environmental risk information seeking: The differential roles of anxiety and hopelessness. *Environmental Communication*, 13(7), 894-908.

Hoggan, J., & Littlemore, R. (2009). *Climate cover-up: The crusade to deny global warming*. Greystone Books.

Hopke, J. E. (2012). Water gives life: Framing an environmental justice movement in the mainstream and alternative Salvadoran press. *Environmental Communication*, 6(3), 365-382.

Hopke, J. E. (2020). Connecting extreme heat events to climate change: Media coverage of heat waves and wildfires. *Environmental Communication*, 14(4), 492-508.

Hossain, Z., Quaiyum, M., & Jakariya, M. (2003). Using IEC materials for mass communication: Experiences of an arsenic mitigation project in Bangladesh. *Bangladesh Journal of Communication & Publishing*, 2(1), 11-18.

Kahlor, L. A. (2010). PRISM: A planned risk information seeking model. *Health Communication*, 25(4), 345-356.

Kahlor, L. A., Yang, J., Li, X., Wang, W., Olson, H. C., & Atkinson, L. (2020). Environmental risk (and benefit) information seeking intentions: The case of carbon capture and storage in Southeast Texas. *Environmental Communication*, 14(4), 555-572.

Kahneman, D., & Tversky, A. (1984). Choices, values, and frames. *American Psychologist*, 39(4), 341-350.

Krause, A., & Bucy, E. P. (2018). Interpreting images of fracking: How visual frames and standing attitudes shape perceptions of environmental risk and economic benefit. *Environmental Communication*, 12(3), 322-343.

Kunda, Z. (1990). The case for motivated reasoning. *Psychological Bulletin*, 108(3), 480-498.

Laestadius, L. I., Neff, R. A., Barry, C. L., & Frattaroli, S. (2016). No meat, less meat, or better meat: Understanding NGO messaging choices intended to alter meat consumption in light of climate change. *Environmental Communication*, 10(1), 84-103.

Lambert, C. E. (2020). Earthquake country: A qualitative analysis of risk communication via Facebook. *Environmental Communication*, 14(6), 744-757.

Lee, T. M., Markowitz, E. M., Howe, P. D., Ko, C. Y., & Leiserowitz, A. A. (2015). Predictors of public climate change awareness and risk perception around the world. *Nature Climate Change*, 5, 1014-1020.

Lerner, H., Algers, B., Gunnarsson, S., & Nordgren, A. (2013). Stakeholders on meat production, meat consumption and mitigation of climate change: Sweden as a case. *Journal of Agricultural and Environmental Ethics*, 26(3), 663-678.

Lin, T. T. C. (2019). Communicating haze crisis online: Comparing traditional media news and new media perspectives in Singapore. *Environmental Communication*, 13(7), 864-878.

Lorenzoni, I., Nicholson-Cole, S., & Whitmarsh, L. (2007). Barriers perceived to engaging with climate change among the UK public and their policy implications. *Global Environmental Change*, 17(3-4), 445-459.

Lull, R. B., Akin, H., Hallman, W. K., Brossard, D., & Jamieson, K. H. (2019). Modeling risk perceptions, benefit perceptions, and approval of releasing genetically engineered mosquitoes as a response to Zika virus. *Environmental Communication*, 14(7), 933-953.

Maibach, E. W., Chadwick, A., McBride, D., Chuk, M., Ebi, K. L., & Balbus, J. (2008). Climate change and local public health in the United States: Preparedness, programs and perceptions of local public health department directors. *PLOS ONE*, 3(7), e2838.

Matz, J., & Renfrew, D. (2015). Selling "fracking": Energy in depth and the Marcellus shale. *Environmental Communication*, 9(3), 288-306.

Mayeda, A. M., Boyd, A. D., Paveglio, T. B., & Flint, C. G. (2019). Media representations of water issues as health risks. *Environmental Communication*, 13(7), 926-942.

McCright, A. M., & Dunlap, R. E. (2010a). Anti-reflexivity: The American conservative movement's success in undermining climate science and policy. *Theory, Culture and Society*, 27(2-3), 100-133.

McCright, A. M., & Dunlap, R. E. (2010b). Climate change denial: Sources, actors, and strategies. In C. Lever-Tracy (Ed.), *Routledge handbook of climate change and society* (pp. 240-259). Routledge.

McCright, A. M., Dunlap, R. E., & Xiao, C. (2014). Increasing influence of party identification on perceived scientific agreement and support for government action on climate change in the United States, 2006-12. *Weather, Climate & Society*, 6(2), 194-201.

Mead, E., Roser-Renouf, C., Rimal, R. N., Flora, J. A., Maibach, E. W., & Leiserowitz, A. (2012). Information seeking about global climate change among adolescents: The role of risk perceptions, efficacy beliefs, and parental influences. *Atlantic Journal of Communication*, 20(1), 31-52.

Mello, S. (2015). Media coverage of toxic risks: A content analysis of pediatric environmental health information available to new and expecting mothers. *Health Communication*, 30(12), 1245-1255.

Mello, S., & Tan, A. S. L. (2016). Who's responsible? Media framing of pediatric environmental health and mothers' perceptions of accountability. *Journal of Health Communication*, 21(12), 1217-1226.

Morton, T. A., Rabinovich, A., Marshall, D., & Bretschneider, P. (2011). The future that may (or may not) come: How framing changes responses to uncertainty in climate change communications. *Global Environmental Change*, 21(1), 103-109.

Nutbeam, D. (2008). The evolving concept of health literacy. *Social Science & Medicine*, 67(12), 2072-2078.

Olive, A., & Delshad, A. B. (2017). Fracking and framing: A comparative analysis of media coverage of hydraulic fracturing in Canadian and US newspapers. *Environmental Communication*, 11(6), 784-799.

O'Neill, S., & Nicholson-Cole, S. (2009). "Fear won't do it": Promoting positive engagement with climate change through visual and iconic representations. *Science Communication*, 30(3), 355-379.

Oreskes, N., & Conway, E. M. (2010). *Merchants of doubt: How a handful of scientists obscured the truth on issues from tobacco smoke to global warming*. Bloomsbury Press.

Qiu, H., Weng, S., & Du, K. (2018). Nuclear risk perception, political efficacy, and Internet use for civic engagement in China. *Chinese Journal of Communication*, 11(2), 218-235.

Quigley, D., Sanchez, V., Handy, D., Goble, R., & George, P. (2000). Participatory research strategies in nuclear risk management for native communities. *Journal of Health Communication*, 5(4), 305-331.

Ramírez, A. S., Ramondt, S., Van Bogart, K., & Perez-Zuniga, R. (2019). Public awareness of air pollution and health threats: Challenges and opportunities for communication strategies to improve environmental health literacy. *Journal of Health Communication*, 24(1), 75-83.

Rich, J. L. (2016). Drilling is just the beginning: Romanticizing rust belt identities in the campaign for shale gas. *Environmental Communication*, 10(3), 292-304.

Rose, K. M., Brossard, D., & Scheufele, D. A. (2020). Of society, nature, and health: How perceptions of specific risks and benefits of genetically engineered foods shape public rejection. *Environmental Communication*, 14(7), 1017-1031.

Schlichting, I. (2013). Strategic framing of climate change by industry actors: A meta-analysis. *Environmental Communication*, 7(4), 493-511.

Schuldt, J. P., Konrath, S. H., & Schwarz, N. (2011). "Global warming" or "climate change"? Whether the planet is warming depends on question wording. *Public Opinion Quarterly*, 75(1), 115-124.

Silk, K. J., & Totzkay, D. (2018). Communication research in the environmental health sciences. In S. Finn & L. R. O'Fallon (Eds.), *Environmental health literacy* (pp. 45-64). Springer.

Simonds, V. W., Margetts, M., & Rudd, R. E. (2019). Expanding environmental health literacy—a focus on water quality and tribal lands. *Journal of Health Communication*, 24(3), 236-243.

Spence, A., & Pidgeon, N. (2010). Framing and communicating climate change: The effects of distance and outcome frame manipulations. *Global Environmental Change*, 20(4), 656-667.

Steingraber, S. (2010). *Living downstream: An ecologist's personal investigation of cancer and the environment* (2nd ed.). Da Capo.

Swim, J. K., Clayton, S., Doherty, T. J., Gifford, R., Howard, G. S., Reser, J. P., Stern, P. C., & Weber, E. U. (2009). *Psychology and global climate change: Addressing a multi-faceted phenomenon and set of challenges*. American Psychological Association. www.apa.org/science/about/publications/climate-change.

Tversky, A., & Kahneman, D. (1981). The framing of decisions and the psychology of choice. *Science*, 211(4481), 453-458.

Urbanovich, T., & Bevan, J. L. (2020). Promoting environmental behaviors: Applying the health belief model to diet change. *Environmental Communication*, 14(5), 657-671.

US General Accounting Office (1983). *Siting of hazardous waste landfills and their correlation with racial and economic status of surrounding communities* (RCED-83-168). United States General Accounting Office. www.gao.gov/products/RCED-83-168.

Veenstra, A. S., Lyons, B. A., & Fowler-Dawson, A. (2016). Conservatism vs conservationism: Differential influences of social identities on beliefs about fracking. *Environmental Communication*, 10(3), 322-336.

Villagran, M., Weathers, M., Keefe, B., & Sparks, L. (2010). Medical providers as global warming and climate change health educators: A health literacy approach. *Communication Education*, 59(3), 312-327.

Watson, B. R., Riffe, D., Smithson-Stanley, L., & Ogilvie, E. (2013). Mass media and perceived and objective environmental risk: Race and place of residence. *Howard Journal of Communications*, 24(2), 134-153.

Weathers, M. R., & Kendall, B. E. (2016). Developments in the framing of climate change as a public health issue in US newspapers. *Environmental Communication*, 10(5), 593-611.

Wong, C., Wu, H. C., Cleary, E. G., Patton, A. P., Xie, A., Grinstein, G., Koch-Weser, S., & Brugge, D. (2019). Visualizing air pollution: Communication of environmental health information in a Chinese immigrant community. *Journal of Health Communication*, 24(4), 339-358.

Yang, J. Z., & Huang, J. (2019). Seeking for your own sake: Chinese citizens' motivations for information seeking about air pollution.

Environmental Communication, 13(5), 603-616.

Zia, A., & Todd, A. M. (2010). Evaluating the effects of ideology on public understanding of climate change science: How to improve communication across ideological divides? *Public Understanding of Science*, 19(6), 743-761.

Zoller, H. M. (2012). Communicating health: Political risk narratives in an environmental health campaign. *Journal of Applied Communication Research*, 40(1), 20-43.

Zoller, H. M. (2016). Women's health activism targeting corporate health risks: Women's Voices for the Earth. *Women & Language*, 39(1), 97-119.

第 8 部分
健康传播研究和实践的挑战及其语境

第 34 章
临床与数字环境和健康传播运动中的健康传播伦理问题

努里特·古特曼（Nurit Guttman） 埃米·列夫（Eimi Lev） 马拉姆·哈森（Maram Khazen）

健康传播本质上会引发伦理问题，因为它涉及人们的私生活，以及人们应该知道什么或应该做什么，以便避免与健康相关的风险或采取与健康相关的做法。本章主要目的是介绍各种环境下健康传播出现的伦理问题。第1节概述了几种伦理方法和指导原则，它们可以指导我们思考健康传播的伦理问题。第2节介绍了临床环境中的几个伦理问题。由于健康传播越来越多地通过互联网和数字信息技术而进行，所以第3节集中讨论数字和社交媒介语境下健康传播的伦理问题。第4节重点关注健康传播运动和社会营销中的道德问题。本章最后强调了在各种健康传播语境中识别和关注伦理问题的重要性，并指出对倡导运动的影响。

第 1 节 伦理路径和指导原则

国际人权宣言可以为审视健康传播中的伦理问题提供依据。特别是，联合国《世界人权宣言》为健康干预必须促进自主性和公平性的论点提供了基础（Gordon et al., 2016）。关于健康护理伦理的讨论通常以生物伦理学家采用原则主义方法阐述的伦理义务（obligations）为指导，其中最著名的生物伦理学家是博尚和柴尔德里斯（Beauchamp & Childress, 2009）。这些原则涉及基本伦理义务，从避免伤害——无论是身体、心理还是社会伤害——的义务开始，到帮助职业"行善"（善行）的基本信条。言下之意，关于健康的传播应该旨在帮助人们促进健康，避免与健康相关的风险，但我们也必须考虑这种传播如何造成意外伤害的问题（如引发焦虑或污名化）。

另一项核心义务是**尊重自主性**，前提是人们具有行使自由意志的内在权利，在不伤害他人的情况下，可以决定自己要做的事项。这一义务植根于西方自由主义传统和民主理论，它们高度重视政治生活和个人发展中的自主选择。它也是尊重个体隐私义务的基础，是患者权利、知情同意和保密原则等医疗保障法规的基础。尊重自主性是诚实义务的基础，是在就健康进行沟通时保持真实，避免欺骗性或操纵性说服策略的义务的基础。然而，对自主性的突出强调也被批评为基于西方个人主义的假设，而且不能反映道德推理中的文化多元性（Carrese & Rhodes, 1995）。集体主义文化之中有不同的自主性或公平概念（Cortese, 1990），根据这些概念，人与人之间是相互依存的，一个人通过他人成为一个人，一个人的幸福与家庭和社区息息相关（Metz, 2010）。对于联系和关怀的强调也见于女性主义文学中的关怀伦理学（the ethics of care; Tong, 1998）和社群主义方法，它们都强调共同的目标感和传统，并优先考虑慷慨、同情、团结、怜悯和互惠等价值观（Bouman & Brown, 2010）。因此,在强调公共义务的文化中,主要关注个人自主性的讯息可能会被认为是不合适的。

还有一项核心原则(precept)是公平和义务,以促进资源、接近权、机会、利益及风险在人群内部和人群之间的公正和公平的分配。这项原则(principle)包括为那些处于不利地位、易受伤害、被边缘化或有特殊需求的人提供帮助的义务。与公平相关的一个有争议的问题是关于道德相对主义与遵守普遍原则的义务之间的讨论。例如,当人们就健康问题进行传播时,是否应该尊重关于性别角色规范的文化价值观,从而避免使用挑战这些规范的信息或图像?也就是说,当针对具有传统性别角色的社团成员时,健康传播者是否应在传播中不涉及性别平等的材料,只描述与传统女性性别角色(如烹饪或育儿)相关的女性实践行为,并只显示与男性性别角色相关的男性角色?另一个指导原则与**实用性**和有效性相关,按照这个原则,应该选择让最大多数人获得最大利益的方法,尤其是在资源有限的情况下。例如,人们是否应该因其流行而选择一个特定的数字平台来传播健康信息,尽管某些群体无法访问它?

传播伦理学文献展示了与尊重自主性相关的指导性伦理原则,它们规定了传播者提供信息的真实性、正确性、可靠性、真诚性和可理解性的义务。它们还增加了让相关个体和群体参与制定和传播旨在影响并说服他们的信息的义务(Johannesen et al., 2008),这可能与自主性和公平都相关。在广告作品中也能够看到类似的原则,正如在一个名为TARES的框架中可以看到的那样,该框架强调了讯息**真实性**(truthfulness),说服者的**真诚性**(authenticity),**尊重**(respect)你想说服的人,说服诉诸的**公平性**(equity)以及对共同利益的**社会责任**(social responsibility)等义务(Baker & Martinson, 2001)。社交营销中的伦理学文献增加了避免模仿不当或不良行为、不冒犯和避免刻板印象的义务(Donovan & Henley, 2010; Smith, 2001)。这些原则和义务可以帮助健康传播者在临床环境或数字平台进行传播时,以及在为信息倡导运动制定说服性诉求手段时,识别伦理关切问题。

第 2 节 临 床 环 境

医务人员和患者在临床环境中的沟通引发了一系列伦理问题。本节重点讨论诊断中的真相告知和传达不确定性、敏感问题的沟通(另参见本书第13章),以及跨越职业角色界限和举报等方面的困境。

一、诊断不确定性的真相告知与沟通

诚实作为传播伦理学的核心道德信条(tenet),与尊重人们的自主性和向人们提供尽可能真实的信息的义务相关(Johannesen et al., 2008)。然而,诚实的义务在健康护理语境下引发了道德困境,例如,当医务人员认为向患者提供完整信息在道德上是不正确的时候。其中,一个困境是,是否披露昂贵的治疗选择方案不在患者的保险范围之内,以保护那些收入有限的患者的感受,他们可能会因无力支付这些治疗而感到耻辱或沮丧(Iezzoni et al., 2012; Marcus, 2007)。另一个困境涉及披露不利的诊断。当代"患者权利"法案强调个体有权知道自己的诊断和预后,这与过去医生决定披露什么形成对比。隐藏或歪曲已知的诊断结果,即使健康护理提供者也认为这是出于正当理由(例如,不想让患者感到不安),但仍然侵犯了对患者自主性的尊重。不过,批评者认为,对患者自主性的关注表明了西方医学的文化偏见,并与某些患者及其家人的价值观相矛盾(Blackhall et al., 1995)。例如,有些人不想听到负面的预后,在一些文化中,向老年家庭成员披露负面的预后不符合习俗。因此,在某些情况下,健康护理提供者面临一个困境,即他们的道德义务是向患者披露预后,还是尊重患者家人的意愿,不向患者披露?(Rising, 2017)。

一个相关困境是如何与患者沟通不确定的诊断。不确定性是疾病不可分割的部分。诊断的不确定性可能是由未发展的症状或有关疾病进展的信息不足造成的。然而,披露诊断的不确定性可能会让前来寻求病情不严重(如持续性头痛)保证的患者感到痛苦和不知所措。健康护理提供者需要决定如何沟通并承认诊断的不确定性,不会因制造焦虑而对患者造成伤害

(Heritage & McArthur, 2019)。一个相关的担忧是,一些患者可能倾向于要求各种诊断测试以减少不确定性,而这些测试可能成本高昂、具有侵入性或产生令人担忧的"假阳性"反应。为了解决这些困境,建议健康护理提供者接受培训和获得工具,从而与患者讨论诊断不确定性的问题(Stacey et al., 2017)。

二、敏感话题的沟通

关于健康问题的讨论必然会引发敏感话题,因为它们涉及人们的身体以及私人和亲密的行为。一些话题(如精神疾病、家庭和亲密伴侣暴力、死亡)被认为是高度敏感的,甚至是禁忌,很难讨论(Ferdous et al., 2018)。当健康护理提供者认为讨论这些敏感话题是他们促进患者幸福的义务的一部分时,他们面临着如何与不同人群的成员讨论这些敏感话题的困境。不过,如果他们试图这么做,那就可能导致患者一方的不适甚至抵抗。一个例子是讨论临终医疗的选择(参见本书第9章)。使用的侵入性医疗技术可以延长生命,却未必能够提高生命质量,所以患者有表达他们对临终时使用此类技术的选择权利。当需要做出实际决策时,人们可能无法表达自己的选择,因此,需要通过完成"预先指令"或指定代理人的途径来提前确定他们的自主决策。这被认为是一个难以讨论的话题,所以在医学接触中很少提到它。这样,许多处于临终状态的患者就被剥夺了实现自己选择的机会。这给健康护理提供者带来了一个困境:是否、何时以及如何提出对临终治疗的选择问题,即便人们希望避免思考和谈论与死亡相关的问题(Olson et al., 2020)。

另一个与生命终结有关的敏感问题是与家属就死者器官捐赠的问题进行沟通。器官移植可以使重症患者受益匪浅,并拯救生命,但在各个国家,相比有需要的患者,可供移植的器官不足。为了最大限度地获得用于移植的器官,按照惯例,受过训练的健康护理提供者会接近刚刚去世者的近亲,询问他们是否同意捐献死者的器官,并传达这一艰难决定的紧迫性。这个要求通常是在失去家人的痛苦相对突然,且家属正陷入悲痛时提出的,因此引发了道德担忧。一些家庭接受器官捐赠请求,因为这符合他们的价值观或死者的意愿;而其他人会觉得这增加了他们的痛苦,或是对他们信仰的不尊重(Siminoff et al., 2011)。此外,为了帮助其他患者,健康护理提供者接受了使用说服性传播技能以鼓励家属同意捐赠的培训,而说服性方法会引发伦理方面的担忧。员工培训需要包括注重与来自不同背景的悲痛家庭讨论器官捐赠相关话题的道德问题。

对健康话题的敏感度因个体、年龄和文化而异,每一种话题都会引发伦理担忧。例如,对许多人来说,特别是对于生活在传统文化中的个体,包括青少年、老年人或男同性恋者、女同性恋者、双性恋或跨性别恋者来说,谈论与性有关的问题可能就很困难。一些个体会觉得,谈论性行为冒犯或侵犯了他们的隐私。一项研究表明,在传统文化中,一些未婚女性避免就(可能与性行为有关的)尿路感染问题咨询医生,因为她们担心自己会被判定为不道德的人(Khazen & Guttman, 2021)。一些研究发现,跨性别恋人群中也有类似的犹豫,因为健康护理提供人员可能不知道如何解决跨性别问题,例如,弄清楚跨性别患者喜欢被作为男性来治疗,还是被作为女性来治疗,或者他们想如何谈论自己的身体(Vincent, 2020)。与此同时,健康护理提供者面临的困境是,如何在尊重其隐私的情况下,鼓励不同群体中的个体谈论敏感话题,以及如何应对挑战,突破将这些话题与恐惧或耻辱联系在一起的文化禁忌(Alexander et al., 2020)。

三、跨越临床环境中的边界

由于健康护理提供者具备专业知识,临床环境中的关系强烈地向他们倾斜。健康护理机构的组织结构以及作为医疗和药物守门人的从业者享有的法律或行政权力,也使得这种现象长期存在。然而,从业者在与患者沟通时发现自己处于模糊的职业界限,从而引发伦理困境。选择通过披露自身的个人健康经历来向患者表达同理心,就是这样一个例子(Arroll & Allen, 2015)。因此,专业人士可能会面临如下困境:他们与患者的沟通应该以专业规范为指导,还是应该以他们如何帮助患者的个人信念为指导。

在集体主义取向的社会环境中,社区环境存在模糊的个人界限和职业界限,会优先考虑与其他成员的联系和忠诚价值观。属于这个社会并与患者/客户有私人关系的从业者报告称,他们感受到了相互冲突的义务的压力(专业与关系),不得同意客户的药物和治疗请求(例如,社区药剂师在没有处方的情况下提供抗生素;Khazen, 2019)。为了解决与职业界限相关的伦理困境,学者们建议为从业者提供培训和工具(Chen et al., 2018)。

四、吹哨

健康护理机构中总是会发生不安全、不道德或非法的行为(Gagnon & Perron, 2020)。尽管职业道德标准通常要求报告此类行为,但健康护理提供者面临着是否报告的困境:他们不想辜负同事的信任,也害怕给自己带来负面后果。因此,即使健康护理职业人士认为揭露工作场所的不当行为是他们的道德责任,许多人也不愿意就此进行沟通。但是,许多人也认为揭露不当行为很重要。这种关于组织环境中不当行为的报告就被称为"吹哨"(whistleblowing)。吹哨需要道德勇气和力量来做正确的事情,因为吹哨者可能会成为受害者,或被描绘成制造麻烦的人;的确,在这种情况下,他们面临着巨大的压力(Mannion & Davies, 2015)。鼓励举报不当行为的建议包括:为敢于举报更高职位者不当行为的人提供支持和保护,为接受调查的健康护理提供者提供支持,并向患者和组织强调此类举报的积极结果(Gagnon & Perron, 2020)。

第3节 数字媒介和社交媒介平台中的健康传播伦理问题

互联网和数字传播平台日益成为健康信息的中心和重要资源(Millar et al., 2020),它们已成为健康护理实践和交付不可或缺的一部分[它们被称为电子健康(eHealth);有关评价参见本书第26章]。这些平台包括:信息"搜索引擎",可以帮助获取大量与健康相关的信息;远程医疗,它能够实现医务人员和患者之间的远程沟通;与健康相关的智能手机应用程序激增,涵盖了各种用途(如疾病监测,提供激励支持;Tokgöz et al., 2019);数字社交媒介,可以服务于广泛的与健康相关的功能(如同伴支持;Partridge et al., 2018)。这些技术增加了健康护理提供者和患者沟通的机会,提高了健康护理服务供给的效力,并且促进了健康讯息的个性化。它们还引发了广泛的道德问题。这一节重点关注与公平、自主性和隐私,以及健康护理质量和潜在危害有关的问题。

一、公平方面的担忧

对于由数字技术提供的与健康相关的机会,一个突出的担忧是数字不平等,这主要与访问各种数字平台和数字素养技能相关(关于健康公平和数字鸿沟的讨论,参见本书第29章)。互联网加剧健康不平等,因为即使在高收入国家,也有某些人群(例如,生活在农村地区的人、老年人、语言和文化少数群体、弱势或边缘化人群)因无法使用互联网、数字信息和健康护理相关资源而遭受"数字排斥",这是由无数的技术、经济、认知、语言、社会和文化问题造成的(Hargittai & Hsieh, 2013; Watts, 2020)。由这些技术提供的机会(例如,获取相关的健康信息,与健康护理专家远程沟通,就如何保持健康或管理疾病的问题定制资源)有助于做出明智的健康护理决策(Kreps, 2020),但对这些人来说不那么容易获得。此外,对具有特定社会文化背景的人给予特权的做法,也被纳入技术的发展之中,而且这些做法往往不太容易被发现(Terrasse et al., 2019)。

日益使用远程医疗的例子表明,数字技术的使用如何加剧了人们对健康传播和不平等的担忧。远程医疗已成为健康护理领域中的一个突出现象,最近的H1N1和新冠病毒感染等流行病则加速了这一趋势。健康护理机构通过增加和鼓励使用远程医疗服务(Olayiwola et al., 2020),满足了保持社会距离的要求。远程医疗有可能增加居住在偏远地区的人们远程获得一般和专业健康护理服务的机会,它还可以为安排预约提供更大的灵活性,节省旅行时间并降低成本(Kruse et al., 2018)。然而,这也引发了人们对于公平的担忧。对互联网连接有限,语言和数字素养有限的人群来说,远程医疗并不容易获得(Kaplan, 2020)。此外,它限制了面对面的互动,而这样的互动对不同文化群体的成员尤为重要,对他们而言,这样的联系对于保持信任是重要的,也能够让他们传递自己的担忧。为了解决公平问题,重要的是确保用来与患者沟通的技术能够尊重他们的需求,而不是排斥那些对使用它们感到不舒服的人(Skär & Söderberg, 2018),并为那些不愿使用的人提供与健康护理系统进行沟通的替代性手段(Terrasse et al., 2019)。

与健康相关的智能手机应用程序的使用同样引发了对公平问题的担忧。应用程序已经被证明是有益的(例如,与营养、体育活动、药物管理、应对技能相关),但如果人们无法轻松获取使用这些应用程序所需的昂贵技术,那么应用程序的可用性就会降低(关于基于社交媒介的干预措施,参见本书第25章)。除了智能手机本身的成本外,许多应用程序都不是免费的,无法做到公平和平等地使用(Tokgöz et al., 2019),而且内容也不太适合边缘化人群的社会文化需要(Denecke et al., 2015)。研究者提出,为了解决与数字信息技术相关的健康不平等问题,这些技术的设计就不应要求潜在用户拥有专业知识或技能才能从中受益。如果需要某些技能,那么应该为那些需要它们的人提供培训和帮助,或提供其他聚合点(venues),如印刷材料或电话帮助热线。

二、自主性与隐私担忧

健康传播数字平台的使用引发了伦理问题:此类使用在多大程度上侵犯了人们做出与健康相关的自主、知情选择的能力,并威胁到他们的隐私。所有平台都是如此。例如,健康护理提供的一个核心原则是给予患者知情同意的机会。使用远程医疗技术可能会危及这一原则,因为数字平台可能会限制某些可传达其犹豫态度的非语言信号,或者一些患者可能不太愿意通过这一技术来表达自己。因此,患者担忧的重要问题可能会被忽视,或者他们的价值观可能被误解,从而损害知情同意的过程。学者们补充说,当患者与健康护理提供者之间进行远距离沟通时,通过远程医疗渠道进行的沟通就引发了对于决策过程中意见分歧的伦理担忧。他们提出,临床接触能够发展关系,使健康护理提供者和患者可以在涉及道德考量的医疗决策中成为合作者。这是通过对话、肢体语言和触摸而发生的。在这个过程中,健康护理提供者可以了解患者的个人价值观、担忧、焦虑和偏好(Cheshire, 2017)。研究者引用了哲学家莱维纳斯(Lévinas, 2005)的观点,认为人与人之间的会面是必要的,以获得伦理方面的尊重、责任和信任。这些被认为是在健康护理中做出道德决策的关键。由于远程医疗中健康护理提供者和患者的面对面互动更加有限,所以这可能会影响知情同意和决策的过程(Skär & Söderberg, 2018)。研究者还担心,随着电子健康或远程医疗涉及的信息结构越来越复杂,患者可能会发现更难以做出明智的决定了。伦理问题也与在隐私选择有限的拥挤空间进行的远程咨询相关。这引发了人们对侵犯自主性的担忧,出于管理或经济方面的考虑,患者在与健康护理提供者沟通时,不得不求助于不太合意的渠道。这些担忧也与公平有关,因为使用远程咨询时缺乏隐私的问题更有可能发生在弱势群体中的个体身上,他们进入私人环境的机会更加有限(Kruse et al., 2018)。

隐私是将数字平台用于健康传播相关目的的核心问题。一个重要的方面是,这些平台(如网站、应用程序)必须获得用户的同意,才能监控他们的活动,收集和使用他们的个人信息。尽管用户经常被要求同意这些隐私政策——其中一些是法律规定的,但大多数用户通常很难理解它们。这就引发了对于自主性和隐私的伦理担忧,因为个体可能并不清楚组织或公司为了与健康护理相关或无关的目的收集、使用或出售数据的方式(Kaplan, 2020)。此外,尽管公司做出了声明,但个人健康数据仍存在可能被泄露给提供广告等服务的其他个体或第三方的风险(Parker et al., 2019)。为了解决这些担忧的问题,潜在用户在将数字平台用于与健康相关的目的时,需要获得有关流程、可能的替代方案以及他们个人数据风险等明确而相关的信息(Stanberry, 2001)。这种信息应该得到调整,以满足各种文化和语言差异的需求(Skär & Söderberg, 2018)。

对自主性和隐私的担忧也是社交媒介平台的关注中心,因为许多个体在这些平台上分享与健康有关的信息(Denecke et al., 2015)。这得益于社交媒介平台(如脸书)本身的设计,它们旨在激励用户披露和分享个人信息与内容。尽管用户通常认为他们分享的信息的隐私在群内受到保护,但指导封闭群组在线活动的规则并不能保证在线群内披露的个人或健康信息不会在群外共享(Miller et al., 2016)。甚至健康护理提供者在社交媒介平台上在线描述匿名医疗案例时,也可能会侵犯患者的隐私,因为如果有足够的细节被分享,那么即使是匿名的,患者也可以识别出他们自己或其他人(Terrasse et al., 2019)。

三、关于健康护理质量与潜在危害的担忧

新冠病毒感染疫情加快了数字健康相关技术在患者-健康护理提供者中得到日益广泛的使用(Watts, 2020),从而引发了人们对错过相关信号的担忧,这种担忧会降低健康护理交付的质量(Cheshire, 2017),并损害健康护理提供者与患者的治疗关系(Terrasse et al., 2019)。一个相关的担忧是,在健康护理服务的交付中更多地使用数字应用程序意味着人类社交互动更少,这可能会导致患者,尤其是更脆弱的患者的社会隔离(Denecke et al., 2015)。

对质量和准确性的担忧也与各种在线健康信息的广泛可用性相关。就在线来源和内容的低劣质量的检测而言,互联网用户的技能往往是有限的,这会使他们面临使用不正确或不完整信息的风险(Linn et al., 2020)。此外,包括流行的社交媒介在内的互联网是在线虚假健康信息的沃土(Smaldone et al., 2020),或是由散布虚假事实或声明的个体或群体传播"虚假新闻"的沃土(Klein & Wueller, 2017;另参见本书第 22 章)。社交媒介平台的传播方法是自动推荐与用户假定兴趣相似的内容,以促进用户参与度,从而达到其付费广告主的商业目标,而这有可能会加剧上述情况。此类推荐可能会导致对反健康主张的关注度过高(Terrasse et al., 2019)。接触不准确或不完整的信息,或接触表现偏见或歪曲事实的错误信息和虚假信息,可能会导致负面后果,包括焦虑、不正确的自我治疗(Tan & Goonawardine, 2017)、避免接种疫苗或不采取缓解措施(如疫情期间不戴防护口罩)。为了应对在数字渠道中传播的潜在有害的健康信息的挑战,学者们建议帮助人们培养电子健康素养技能,以便使他们能够批判性地评估在线健康信息,并做出适当的健康决策(Quinn et al., 2017;另参见本书第 28 章)。

第 4 节 信息倡导运动和社会营销中的伦理规范

健康传播运动是劝服性的传播倡导活动,旨在影响人们与健康相关的选择和行为(参见本书第 23 章)。因此,它们引发了与侵犯人们自主性和公平相关的伦理担忧。此外,通过采用借鉴商业营销策略的社会营销方法,包括针对目标人群的特定细分部分,确认与采用健康相关行为有关的成本、障碍和收益,这些策略也引发了伦理担忧问题(Lee & Kotler, 2015)。在健康运动中关注伦理担忧问题具有实用意义,因为出于道德担忧而被仔细审查的讯息更符合人们的价值观,不太可能因冒犯而被拒绝,也更有可能产生长期的影响(ten Have et al., 2011)。以下几节说明了如何能够在健康传播运动的不同方面和方法中发现伦理问题。

一、主题选择与细分人群

健康主题的选择本身充满了伦理问题,因为它可能有助于使与特定主题相关的实践具有道德意义。例如,有规律的体育活动可以与美德和良好品格联系在一起,而不参加锻炼则可能被定性为懒惰(这将在后面关于诉诸责任的章节中做进一步的阐述)。主题选择也引发了对公平的担忧,因为某些主题对某些群体来说更相关或更有益。例如,关于重视推进体育活动的选择可能会对那些有资源和时间参加体育活动的个体更有益(如有安全和光线充足的跑道或锻炼设施)。在选择具有特定特征的群体作为倡导运动的目标人群(被称为细分人群)时,也会产生伦理担忧。这一方法基于的假设是:相比针对更大人群,与特定群体的文化价值观和规范相适应的做法会更加有效。采用这种基于效用(成本效益)的基本原理,涉及选择最有可能采纳推荐行为的细分群体(如计划戒烟的吸烟者而不是所有吸烟者),这引发了关于公平的担忧(其他群体不太可能从该倡导运动中受益)。其中一个相关担忧是:这一倡导运动何时将以那些最不可能采纳这些建议的人为目标(如不打算戒烟的低收入的重度吸烟者)。尽管这项决定的思考基础是帮助那些最需要帮助的人,但它引发了人们对公共资源支出效率低下的担忧。李和科特勒(Lee & Kotler, 2015)提出,解决这种细分群体困境的一种方法是,制定一个长远计划,以覆盖那些未被纳入传播/社交营销倡议活动第一阶段的群体。

二、贴标签与污名化

当健康问题与道德上不可接受的负面刻板印象或行为相关时（另参见本书第6章），以特定群体为目标的战略也引起了人们对刻板印象和污名化的担忧。一个例子是对吸烟的父亲的研究，他们报告称已经将自己作为父亲的负面形象内在化了（Greaves et al., 2010）。尽管污名化引发了伦理担忧，但一些人认为，借助"去正常化"（de-normalizing）不健康/危险行为的方法（例如，将吸烟描述为"异常行为"或羞辱酒后驾驶），污名化可能是一种有效的、道德上合理的做法。反对者认为，故意对人们进行污名化的行为不仅不道德，而且从功利的角度来看，很可能是无效的。首先，那些行为被污名化的人将拒绝这一讯息（Bayer & Fairchild, 2016; Thompson & Kumar, 2011）。其次，污名化信息并没有涉及导致健康/风险问题的条件（Puhl et al., 2013）。例如，那些饮酒且不克制自己开车的男性之所以这么做，是因为他们的文化鼓励外出时"朋友"之间的酗酒。酒精行业的广告强化了这一点。因此，如果关于酒后驾车的男性的污名化讯息不涉及社会文化和经济因素，那么这些讯息就不太可能是有效的。

三、风险讯息、"诉诸恐惧"与挑衅性策略

关于健康危害（如来自吸烟、缺乏体育活动和疫情的危害）的信息传播涉及告知人们风险的道德义务，以确保他们了解其严重性，并激励他们采取保护措施。传播具有严重风险的信息的义务涉及与自主性和避免伤害相关的伦理担忧问题。一个困境是：如何让人们在不受操纵的情况下认真对待或担心健康相关危险的潜在可怕后果，在诉诸手段强调情感呼唤时，就有可能发生操纵的情况。关于使用旨在唤起强烈负面情绪反应（如焦虑、恐惧、苦恼、厌恶）的传播策略来履行这些义务的伦理规范和有效性的问题，目前正在进行辩论。支持者认为，至关重要的是，使用强烈的威胁或负面情绪诉诸手段来激励那些处于危险中的人改变其行为（Bayer & Fairchild, 2016）。批评者认为，尽管这种手段引起了人们的关注，会令人难忘，但它们的长期影响是有限的。此外，许多人对威胁性讯息的反应是不屑一顾，认为被威胁的结果不会发生在他们身上（Ruiter et al., 2003）。当接触它们的人——尤其是弱势群体——经历焦虑和痛苦、无助感，甚至宿命感时，此类威胁性的风险讯息也可能会产生意想不到的负面后果（Hastings et al., 2004）。不过，存在着不同的呈现风险的方法，尽管它们可以被统称为"诉诸恐惧"。因此，可以使用其他的方法来解释吸烟对肺部的损害。例如，一种方法是利用病变肺部的图形、图像，而另一种方法是利用抽象插图来显示潜在的损伤，以及当人们戒烟后肺部可能经历一个修复过程的事实。由于有关风险的信息很可能会使人感到不安，所以学者们认为，从道德上讲，风险讯息必须避免夸大其词；此外，这些讯息应包括如何成功应对威胁的要素，并且应该强化目标人群的自我效能感或集体效能感（Stolow et al., 2020）。

正如其名称所示，挑衅性策略也被用来引发强烈的负面情绪反应。使用这种策略的理由包括：提出一个在公共议程中没有得到足够关注的问题，对一个问题强行提出另一种观点，或在"饱和的"媒介环境中获得注意力（Vezina & Paul, 1997）。为此，各种倡导运动使用被视为淫秽或冒犯性的图像或语言，以便通过挑战人们的道德观念或社会规范与禁忌来产生震惊效果或制造愤怒感。根据定义，挑衅性讯息会引发伦理担忧，因为它们试图让人们感到不舒服（如通过使用会引起厌恶的图像或死亡的图像）。此外，人们可能会对挑衅做出愤怒、退缩、内疚和沮丧的反应，而不是觉得自己有权采取促进健康的行为（Lupton, 2015）。另一个令人担忧的问题是，挑衅造成的强烈情绪印象可能会掩盖关于社会规范和价值观的更深入的讨论，以及关于需要怎样做才能创造有意义的变革，以推进健康实践的更深入的讨论（Brown et al., 2010）。因此，我们需要仔细地审视风险讯息、诉诸恐惧或挑衅性策略的问题，因为这些做法会侵犯人们的自主性（如情绪操纵）、公平性（如主要恐吓弱势群体）和效用（如冒犯、引发焦虑）。

四、叙事与娱乐策略

一些运动采用娱乐性叙事（如故事、戏剧）来影响人们促进健康的信念和行为。这种策略的成功很大程度上基于人们的

享受,以及叙事通过将人们引入故事情节来吸引其兴趣的能力(Singhal et al.,2004)。该方法可以让人们思考他们不愿面对的健康相关问题(如癌症、性行为、心理健康、计划生育和家庭暴力),并为他们呈现健康相关问题的不同视角(Moyer-Guse,2008)。例如,这可能会使他们认为,试图阻止朋友酒后驾车是自己的责任。由于这种方法以激发情感参与为基础,所以它引发了对于操纵行为的伦理担忧。支持者认为,叙事可以通过描绘目标人群真实生活中的各种人物、视角和困境而引发伦理思考,并且可以通过描绘积极的榜样来强化自我效能感。作为一种策略性的传播方法,叙事的制作需要仔细思考伦理担忧问题,包括(如在描述医疗状况或治疗时)提供误导性信息和使用刻板印象(Asbeek et al.,2015)。学者们建议在编写叙事时采用参与式方法,以确保其内容反映与目标人群相关的问题,这可以帮助解决自主性和公平的担忧问题(关于健康传播娱乐方法中伦理担忧问题的详尽阐述,参见 Bouman & Brown,2010)。

五、诉诸责任

诉诸个人责任通常被用作鼓励人们采取促进健康和减少风险的行为的手段。一条常见的讯息强调,人们应该对自己的健康负责(如吃更健康的食物,进行早期检测)。这有助于人的自主性意识,并符合"行动者"或人有能力做出选择的观念。然而,这也引发了人们的担忧:如果他们未能采纳推荐的做法而生病,可能会被归咎于个人责任(认为是"他们的错"),尽管实际上有其他因素阻碍了他们这么做(如心理的、法律的、社会经济的因素)。在那些无法做出被建议的改变的人当中,对个人责任的关注也会加剧自责、无助和自我形象低下的感觉,从而造成伤害(如减肥;Carter et al.,2011)。它也可以用来指责、羞辱或污名化整个群体,特别是那些没有社交支持或资源来采纳推荐做法的弱势群体成员。研究表明,来自弱势群体的人对自己的疾病感到更加明显的自责(Chapple et al.,2004)。对个人责任的诉诸也可能强化性别角色或文化刻板印象。例如,敦促女性为家人烹饪更健康的食物,或在道路安全运动中鼓励女性充当"天使",防止男性司机冒险(Guttman,2014)。因此,即使采用诉诸积极的社会规范手段时,这些手段也应该得到仔细的审视,以避免个体独自承担责任,避免性别角色的刻板印象。

与健康运动中强调个人责任相关的另一个担忧是,强调个人责任的话语会让人觉得个体可以控制自己的健康状况。当各种倡导运动强调通过选择更健康的食物和参加体育活动而选择更健康的生活方式的责任时,就可以看到这一点。这就将焦点从对人们的健康相关行为产生重大影响的结构、环境和社会的条件上转移开来了。让人们对自己的健康状况承担道德责任的做法,也可以服务于某些政策,后者采纳这个论点,来避免为故意行为造成的健康状况提供保险(Voigt,2013),或采纳这个论点来减少对健康护理资源的资金投入(Gordon et al.,2016)。因此,在健康传播中,将个人责任作为一种激励因素来诉诸的做法,需要辅之以资源,来确保目标人群拥有公平的机会追求更健康的行为,并有能力做出明智的选择。

六、诉诸积极的社会价值观

与诉诸责任相关的是对人们积极的社会价值观的诉诸。其中包括诉诸团结、互惠和关爱他人。诸如此类的诉诸手段已被用来鼓励人们在流行病等危机情况下帮助他人(如戴口罩以保护他人免受病毒感染;Dawson & Verwij,2012),或鼓励人们从事亲社会行为,如献血或器官捐献(Siminoff et al.,2011)。它们的使用可以通过代表人类基本价值观的行为而获得证明。跨文化社会价值观的研究者发现,人们一贯认为仁慈(benevolence)是人类最重要的价值观之一(Schwartz & Bardi,2001)。不过,运用诉诸积极社会价值观的做法引发了伦理担忧。尽管支持者认为它们反映了人们努力生活于其中的社会类型,但一些人认为亲社会诉求不如自利诉求(self-benefit appeals)有效(如减少消费以保护环境)。另一个令人担忧的问题是,类似于强调个人责任,强调团结(如人们在流行病期间帮助有需要的人)可能会弱化对当局确保健康促进政策和资源义务的强调。

七、剥夺

健康传播运动中经常被忽视的一个伦理问题是:遭到劝阻的行为可能在某种意义上对受众成员来说很重要。例如,也许这种行为给目标人群的成员带来了他们生活中为数不多的快乐之一(例如,与伙伴们一起工作了一整天,然后喝了酒,再开车回家),或者它也许具有重要的社会文化功能(例如,为传统节日准备的高热量脂肪和高糖食物;作为节日传统的一部分送给孩子的糖果)。因此,试图影响社会和经济上被边缘化的社区的做法,引发了人们对公平和意外伤害的担忧。例如,避免食用营养价值低的食物的建议可能需要某些人群放弃被认为具有文化意义或高度愉悦感的饮食消费习惯。这些做法通常是人们日常生活和社会关系的一部分,而且可以为他们提供情感满足和社会凝聚力,或者作为一种应对压力的手段(例如,作为社交场合一部分的与他人见面时的吸烟行为)。但是,经济能力有限的人无法轻易找到替代此类行为的方法(MacAskill et al., 2002)。于是,健康传播运动可能会在不经意间对弱势群体产生负面影响,因为它在不提供有利于健康的其他替代方法的情况下,督促个体放弃某种做法。这提出了一个伦理挑战:健康传播专业人士应该提供令人满意的替代品,以取代人们被要求放弃的不健康行为。

第5节 结论和挑战

健康传播的每一种环境都会带来与伦理问题相关的挑战,无论是它正在履行尊重人们自主性和避免操纵性策略的义务,正在避免造成伤害,正在避免加剧社会和健康不平等,还是正在有效地利用健康护理资源造福于公共幸福,都是如此。因此,健康传播者应该仔细审视健康传播过程中每个阶段的伦理担忧问题。这需要让利益相关者参与该过程,包括健康护理提供者、患者和他们的家人,以及社区成员,并需要特别努力地将最弱势和处境最不利的人包括在内。这项义务与人们经常提起的主题相呼应:健康传播应该被作为对话过程,而不是单向方法来进行。通过识别和关注对患者或目标人群重要的问题和价值观,参与和协商的方法也有助于解决家长式作风的伦理担忧问题,以及与公平相关的担忧问题。为了避免在针对目标人群时造成意外伤害,旨在促进亲-健康行为的传播倡导运动需要考虑采纳这些做法的阻碍,提出解决它们的方法,并倡导政策解决方案(例如,制定减少商业讯息影响的政策、以减轻充满商业讯息的媒体环境对健康的不利影响)。

鉴于健康护理日益依赖数字传播技术,健康传播者还必须适应与之相关的伦理挑战,因为在国家内部和国家之间都可以发现数字不公平。需要进行倡导运动,以确保这些技术能够被不同人群有效使用,特别是那些受到经济、文化、社会和语言阻碍的人群。对于健康护理提供者、用户和组织来说,与健康相关的技术的加速发展,以及互联网作为一种健康信息资源的普及先于道德行为准则的制定。最近的疫情说明了关注与隐私和自主性相关的伦理担忧问题的重要性,因为各国都采用了前所未有的监测手段(Eck & Hatz, 2020),以及一系列作为国家减灾努力组成部分的说服策略(Stolow et al., 2020)。言下之意,健康传播者应该是倡导运动的组成部分,以便从健康传播的角度,识别和解决数字与非数字语境下的伦理困境和挑战的细微差别及复杂性。

参考文献

Alexander, L. L., LaRosa, J. H., Bader, H., & Alexander, W. (2020). *New dimensions in women's health*. Jones & Bartlett Publishers.

Arroll, B., & Allen, E. C. F. (2015). To self-disclose or not self-disclose? A systematic review of clinical self-disclosure in primary care. *British Journal of General Practice*, 65(638), e609-e616.

Asbeek, E. D., Fransen, M. L., & Smit, E. (2015). Educational storylines in entertainment television: Audience reactions toward always open or honest with patients. *Health Affairs*, 31(2), 383-391.

Johannesen, R. L., Valde, K. S., & Whedbee, K. E. (2008). *Ethics in human communication* (6th ed.). Waveland Press.

Kaplan, B. (2020). Revisiting health information technology: Ethical, legal, and social issues and eEvaluation: Telehealth/telemedicine and COVID-19. *International Journal of Medical Informatics*, 143, 104239.

Khazen, M. (2019). *The role of culture, personal relations, normative conceptions, and institutional factors in self-initiated use of antibiotics in the Arab minority society in Israel from the perspective of pharmacists, physicians and community members* [Unpublished dissertation]. Tel Aviv University.

Khazen, M., & Guttman, N. (2021). "Nesef doctora"—when mothers are considered to be "half-doctors": Self-medication with antibiotics and gender roles in the Arab society in Israel. *Sociology of Health & Illness*, 43(2), 408-402.

Klein, D., & Wueller, J. (2017). Fake news: A legal perspective. *Journal of Internet Law*, 20(10), 1-13.

Kreps, G. L. (2020). The value of health communication scholarship: New directions for health communication inquiry. *International Journal of Nursing Sciences*, 7(1), S4-S7.

Kruse, S. C., Karem, P., Shifflett, K., Vegi, L., Ravi, K., & Brooks, M. (2018). Evaluating barriers to adopting telemedicine worldwide: A systematic review. *Journal of Telemedicine and Telecare*, 24(1), 4-12.

Lee, N. R., & Kotler, P. A. (2015). *Social marketing: Changing behaviors for good* (5th ed.). Sage.

Lévinas, E. (2005). *Humanism of the other*. University of Illinois Press.

Linn, A. J., Schouten, B. C., Sanders, R., van Weert, J. C., & Bylund, C. L. (2020). Talking about Dr. Google: Communication strategies used by nurse practitioners and patients with inflammatory bowel disease in the Netherlands to discuss online health information. *Patient Education and Counseling*, 103(6), 1216-1222.

Lupton, D. (2015). The pedagogy of disgust: The ethical, moral and political implications of using disgust in public health campaigns. *Critical Public Health*, 25(1), 4-14.

MacAskill, S., Stead, M., MacKintosh, A. M., & Hastings, G. (2002). "You cannae just take cigarettes away from somebody and no'gie them something back": Can social marketing help solve the problem of low-income smoking? *Social Marketing Quarterly*, 8(1), 19-34.

Mannion, R., & Davies, H. T. (2015). Cultures of silence and cultures of voice: The role of whistleblowing in healthcare organisations. *International Journal of Health Policy and Management*, 4(8), 503-505.

Marcus, R. (2007). Should you tell patients about beneficial treatments that they cannot have? Yes. *British Medical Journal*, 334(7598), 826.

Metz, T. (2010). African and Western moral theories in a bioethical context. *Developing World Bioethics*, 10(1), 49-58.

Millar, R. J., Sahoo, S., Yamashita, T., & Cummins, P. A. (2020). Literacy skills, language use, and online health information seeking among Hispanic adults in the United States. *Patient Education and Counseling*, 103(8), 1595-1600.

Miller, J. H., Danielson, C., Parcell, E. S., Nicolini, K., & Boucher, T. (2016). Blurred lines: Privacy management, family relationships, and Facebook. *Iowa Journal of Communication*, 48(1), 4-22.

Moyer-Guse, E. (2008). Toward a theory of entertainment persuasion: Explaining the persuasive effects of entertainment-education messages. *Communication Theory*, 18(3), 407-425.

Olayiwola, J. N., Magaña, C., Harmon, A., Nair, S., Esposito, E., Harsh, C., Forrest, L. A., & Wexler, R. (2020). Telehealth as a bright spot of the COVID-19 pandemic: Recommendations from the virtual front-lines ("Frontweb"). *JMIR Public Health and Surveillance*, 6(2), e19045.

Olson, R. E., Smith, A., Good, P., Neate, E., Hughes, C., & Hardy, J. (2020, March). Emotionally reflexive labour in end-of-life communication. *Social Science & Medicine*, 14, 112928.

Parker, L., Halter, V., Karliychuk, T., & Grundy, Q. (2019, May-June). How private is your mental health app data? An empirical study of mental health app privacy policies and practices. *International Journal of Law and Psychiatry*, 64, 198-204.

Partridge, S. R., Gallagher, P., Freeman, B., & Gallagher, R. (2018). Facebook groups for the management of chronic diseases. *Journal of Medical Internet Research*, *20*(1), e21.

Puhl, R., Peterson, J. L., & Luedicke, J. (2013). Fighting obesity or obese persons? Public perceptions of obesity-related health messages. *International Journal of Obesity*, *37*(6), 774-782.

Quinn, S., Bond, R., & Nugent, C. (2017). Quantifying health literacy and eHealth literacy using existing instruments and browser-based software for tracking online health information seeking behavior. *Computers in Human Behavior*, *69*, 256-267.

Rising, M. L. (2017). Truth telling as an element of culturally competent care at end of life. *Journal of Transcultural Nursing*, *28*(1), 48-55.

Ruiter, R. A., Verplanken, B., Kok, G., & Werrij, M. Q. (2003). Do we need threat information? *Journal of Health Psychology*, *8*(4), 465-474.

Schwartz, S. H., & Bardi, A. (2001). Value hierarchies across cultures: Taking a similarities perspective. *Journal of Cross-Cultural Psychology*, *32*(3), 268-290.

Siminoff, L. A., Traino, H. M., & Gordon, N. H. (2011). An exploratory study of relational, persuasive, and nonverbal communication in requests for tissue donation. *Journal of Health Communication*, *16*(9), 955-976.

Singhal, A., Cody, M. J, Rogers, E. M., & Sabido, M. (Eds.), (2004). *Entertainment-education and social change: History, research, and practice* (pp. 159-174). Lawrence Erlbum Associates.

Skär, L., & Söderberg, S. (2018). The importance of ethical aspects when implementing eHealth services in healthcare: A discussion paper. *Journal of Advanced Nursing*, *74*(5), 1043-1050.

Smaldone, F., Ippolito, A., & Ruberto, M. (2020). The shadows know me: Exploring the dark side of social media in the healthcare field. *European Management Journal*, *38*(1), 19-32.

Smith, W. A. (2001). Ethics and the social marketer: A framework for practitioners. In A. R. Andreasen (Ed.), *Ethics in social marketing* (pp. 1-16). Georgetown University Press.

Stacey, D., Légaré, F., Lewis, K., Barry, M. J., Bennett, C. L., Eden, K. B., Holmes-Rovner, M., Llewellyn Thomas, H., Lyddiatt, A., Thomson, R., & Trevena, L. (2017). Decision aids for people facing health treatment or screening decisions. *Cochrane Database of Systematic Reviews*, *4*(4), 1-288.

Stanberry, B. (2001). Legal ethical and risk issues in telemedicine. *Computer Methods and Programs in Biomedicine*, *64*(3), 225-233.

Stolow, J. A., Moses, L. M., Lederer, A. M., & Carter, R. (2020). How fear appeal approaches in COVID-19 health communication may be harming the global community. *Health Education & Behavior*, *47*(4), 531-535.

Tan, S. S. L., & Goonawardene, N. (2017). Internet health information seeking and the patient-physician relationship: A systematic review. *Journal of Medical Internet Research*, *19*(1), e9.

ten Have, M, de Beufort, I. D., Teixeira, P. J., Mackenbach, J. P., & van der Heide, A. (2011). Ethics and prevention of overweight and obesity: An inventory. *Obesity Review*, *12*, 669-679.

Terrasse, M., Gorin, M., & Sisti, D. (2019). Social media, e-health, and medical ethics. *Hastings Center Report*, *49*(1), 24-33.

Thompson, L., & Kumar, A. (2011). Responses to health promotion campaigns: Resistance, denial and othering. *Critical Public Health*, *21*(1), 105-117.

Tokgöz, P., Eger, H., Funke, S. S., Gutjar, A., Nguyen-Thi, T., & Dockweiler, C. (2019). Development and presentation of an ethical framework for health and medical apps. *Journal of the International Society for Telemedicine and eHealth*, *7*(1-8), e15.

Tong, R. (1998). The ethics of care: A feminist virtue ethics of care for healthcare practitioners. *Journal of Medicine and Philosophy*, *23*(2), 131-152.

Vezina, R., & Paul, O. (1997). Provocation in advertising: A conceptualization and an empirical assessment. *International Journal of Research* in Marketing, *14*(2), 177-192.

Vincent, B. (2020). *Non-binary genders: Navigating communities, identities, and healthcare*. Policy Press.

Voigt, K. (2013). Appeals to individual responsibility for health: Reconsidering the luck egalitarian perspective. *Cambridge Quarterly of Healthcare Ethics*, *22*(2), 146-158.

Watts, G. (2020). COVID-19 and the digital divide in the UK. *The Lancet Digital Health*, *2*(8), e395-e396.

第 35 章
通过健康传播再思权力失衡：学者、从业人士和活动家面临的挑战

安吉拉·库克-杰克逊（Angela Cooke-Jackson）　安德鲁·斯皮尔登纳（Andrew Spieldenner）
妮可·胡达克（Nicole Hudak）　克里斯托·本（Crystal Ben）

2020年，世界各地都感受到新冠病毒感染对健康的影响。同年，乔治·弗洛伊德（George Floyd）、艾哈迈德·阿贝里（Ahmaud Arbery）、布雷娜·泰勒（Breonna Taylor）、多米尼克·克莱顿（Dominique Clayton）、埃里克·雷森（Eric Reason）和其他许多非洲裔美国人因警察暴行而丧生。这些无端杀戮造成的巨大悲痛以及新冠病毒感染对美国有色人种社区的影响，说明了更大的系统性问题，这些问题需要在健康传播领域中得到承认和定位，尤其当我们谈论历史上处于边缘地带的人群时，更是如此。本章旨在描述美国现存的这些压迫制度，然后，再探讨我们社区中普遍存在的健康差距。通过这样做，我们希望提出一个论点，以鼓励健康传播学者理解、挑战并承担自己作为从业者和教育工作者的责任。通过承认学术本身的形式和过程中的现存权力结构，我们旨在凸显和承认黑人、土著人与其他有色人种以及被认定为"彩虹人"和残疾人的真相与经历。

随着美国各地疫情死亡人数的不断上升，影响人们健康的社会与种族动态成为关注的焦点。研究表明，美国黑人和棕色人种经历的不同健康结果与其面临的系统性种族不平等之间存在着直接的相关性（美国国家研究委员会，2004）。洛杉矶县公共健康部主任芭芭拉·费雷尔（Barbara Ferrer）表示：

> 我们知道，相比其他群体，美国黑人几乎在所有健康状况指标上的表现都要差，将此归咎为个人行为已经变得太常见了，而事实上，科学是清楚的。健康不平等的根本原因是系统性的种族主义和歧视，以及它如何限制我们每个人获得最佳健康和幸福所需的机会和资源。
>
> （南加州公共健康联盟，Public Health Alliance of Southern California，2020，第5段）

美国疾病控制与预防中心承认，在一系列健康状况（如艾滋病病毒、哮喘、糖尿病、婴儿死亡率和预期寿命）中存在着严重的种族差异（CDC, 2020），这对边缘化的、弱势的群体产生了深刻的影响。

美国有色人种和"彩虹"群体多种多样，健康状况的影响和语境也有巨大差别。由于这些群体不符合主流文化范式，他们往往被加以区别对待（Ford & Yep, 2003）。例如，在美国定居者殖民体系中，黑人和土著人面临着其他少数群体可能不会遇到的特殊挑战。反黑人情绪在美国制度和社会语境中持续存在，并贬低黑人的贡献、社区、生活和文化（Andrade & Cooper, 2019）。土著社区尽管是这个国家的原居民，但仍面临着持续的消失，公共机构的忽视以及持久不断的差距（Jolivette, 2016）。

拉丁裔、亚太裔和穆斯林个体或被认为是"穆斯林"的人经常被框定在美国的"移民"叙事之中，以及同时存在的反移民政策、信仰和做法之中（Beydoun，2019；Chavez，2013）。我们摆出了这些事实，是因为强调不同边缘群体的语境（contextual）现实非常重要（Ndiaye et al.，2011）。

对于所有有色人种和其他被边缘化的群体来说，这些健康差距是由结构性歧视和社区资源不足造成的。此外，黑色、棕色人种和其他边缘化群体总是被定位在虚假陈述的修辞中：服务不足的、边缘化的和弱势的。它是这个国家历史结构的一部分。这些术语就像它们所代表的人一样，已经被问题化了，并被有意归入由种族歧视压力造成的健康护理系统方法的术语之中。对黑人、土著人、拉丁裔和其他有色人种的压迫和剥削历史深广，超出了本章的范围。然而，如果不承认它们，我们就会极度轻视和遗忘那些继续侵蚀着这个国家的霸权、特权和权力的普遍控制。

本章具有颠覆性。它要求健康传播领域考虑我们与被边缘化群体的关系。它要求健康传播学者承认，我们对健康的认识方式在历史上一直被"嵌入我们想当然的某些假设之中：关于健康意味着什么，关于生病意味着什么，关于我们如何对待疾病"（Dutta，2008，第2页）。因此，我们提供了一些健康传播专家的健康主题汇编，这些专家享有边缘化群体的成员身份。透过他们的生活经历，作者们讨论了传播在美国语境下对黑人、拉丁裔（a/o）、原住民/先民（Native/First）、"彩虹"人群以及残疾个体健康的作用。通过在他们研究的社区中公开其成员身份，研究者"对更大情境身份意识和相对权力的感知"做出了回应（Angrosino，2005，第734页），同时也强调了将研究者的语境（种族、族裔、性别、阶级等）视为叙事分析一部分的价值。

在过去十年中，残疾问题得到了迫切的关注。大多数健康传播研究和课程在概念化身体、社区和传播的方法中都对"体格健全"（able-bodiedness）做出了假设：什么是"正常的"，社区是如何构建的，甚至是如何获得共识的（Kattari，2019）。批判性的残疾问题研究使人们开始关注这些"体格健全"规范的制度是如何变得不可见和不被注意的。以残疾问题为中心，可以让我们对不同的人、人群与地区的预期寿命与能力等问题展开更广泛的讨论（Spieldenner & Anadolis，2017）。然而，许多残疾问题的研究在很大程度上没有去种族化，导致这个领域的白人化现象长期存在：该现象可能会使残疾更容易被白人健康传播研究者和学生接受（Bell，2010）。

本章讨论了健康传播语境下的"差异"问题，它在白人主导的权力结构中会导致健康差距。某些差距是种族主义等压迫性框架的产物，另一些差距则是资本主义的产物。对于一些社区和地区来说，劳动力、军队或警察干预的持续压力，或社交支持和医疗服务的减少会导致残疾或虚弱，这一过程的"作用不是不完全性死亡，或对生命的意外袭击，而是最终造成了双重的永久性残疾"（Puar，2015，第11页）。在这种语境下，我们认为健康差距是边缘化的预期产物，因此我们将探讨特定的身份与重要的健康差距的问题。

由于作者们无法解决差异、边缘化或身份认同的每一个方面，所以本章重点关注特定社区，并强调弱势群体之中或周围的某些健康问题和语境。每一节都将从对身份和术语的解释开始，并认识到与社区合作和在社区中工作的过程需要至少能够直呼我们自己的名字。然后，我们探讨了具体的健康差距，以及引导它们的文化和社会语境。再接下来，我们简要概述了特定的挑战，最后，我们邀请"致力于培养和维护与被剥夺权利和财产的社区保持道德关系的研究者和从业人士，以及与所有因研究策略可能有的隐性成本——它将整个社区都置于"被耗尽"的框架之中——而困扰的人来面对这种有问题的结构，并努力改变这种范式（Tuck，2009，第409页）。

第1节 非裔美国人和健康传播

一、身份与术语

种族标签为黑人提供了一个独特的位置标记。从奴隶制到黑鬼、有色人种、美国黑人（Afro American）、黑人（Black）和非裔美国人(African American),这种词汇讲述了我们的核心个人身份、部落关系、亲属关系、语言和其他文化属性的丧失(Smith, 1995)。因此,当黑人作为奴隶被带到北美时,诸如被边缘化、被忽视、代表性不足之类的术语就和用于他们身上的历史描述一样有问题。简·尼德林·彼得斯(Jan Nedereen Pieterse, 1992)说,这些术语道出了"等级制度的悲哀"(第51页)。当现有等级制度受到挑战、不平等现象减少时,这些刻板印象的术语得到了准确的重建和重申。它们被用来羞辱、贬低和损伤边缘地区的人群。

这意味着,美国对健康的书写将非裔美国人排除在外,使改革的努力出现问题,使黑人的健康差距隐而不见(Smith, 1995)。许多历史学家仔细研究了种族主义和种族隔离过去通过何种方式限制了对于健康服务和社会福利机构的准入的问题(Smith, 1995)。当我们开始寻找黑人及其社区中反复出现的健康差距时,了解这些低效现象是至关重要的事情。例如,在南北战争前的美国,南方白人的主要信念是:黑人和白人天生的种族差异造就了黑人和白人的健康差距,并让黑人适合于成为奴隶(Smith, 1995)。反过来说,许多人认为,如果黑人生病了,那是因为天生体质较弱,而并非不健康的生活和工作条件的结果。大多数白人医生都可以接受这个前提,他们认为,相比白人,非裔美国人更不可能患上疟疾或黄热病等某些疾病,这使他们更适合于从事田间劳动(Krieger, 1987)。

二、关注非裔美国人的健康问题

美国的非裔美国人社区在一系列健康问题上经历了与白人健康结果相关的健康差异。本节提请读者注意两个担忧:新冠病毒感染和2型糖尿病,后者是一种持续和长期的疾病,并由于新冠病毒感染疫情而加剧。

1. 新冠病毒感染

作为一种新疾病的新冠病毒感染已在非裔美国人社区广泛传播(CDC, 2020)。非裔美国人的病毒检测呈阳性的比率高于白人、拉丁裔和亚裔美国人。在撰写本章时,非裔美国人死于新冠病毒感染的死亡率为每10万人69.7例,而白人为30.2例,拉丁裔为33.8例,亚裔美国人为29.3例[公共媒体(APM研究实验室, 2020)]。美国黑人新冠病毒感染的死亡率仍为最高,年龄调整还将使黑人和白人之间的死亡率差距从2.3倍扩大到3.8倍(APM研究实验室, 2020)。

黑人社区的基础病数量已经相对较高,如心脏病、肺病、哮喘、糖尿病和肥胖症,等等(CDC, 2020)。这些健康差距是疫情前的现实结果。此外,我们知道存在着加剧新冠病毒感染致命风险的社会经济条件。非裔美国人在基本工作岗位中的比例过高,这增加了他们接触病毒的可能性(Gould & Wilson, 2020),并且他们更有可能住在几代同堂的房子里(CDC, 2020)。这对黑人来说是雪上加霜,导致美国不同城市的黑人社区在新冠病毒感染和死亡方面受到了不成比例的影响(Godoy & Wood, 2020)。在此期间,我们还目睹了支持条件的缺乏,错失了与黑人社区就如何预防新冠病毒感染的问题进行沟通的机会(Godoy & Wood, 2020)。

报告显示,社区领导人和当地医生恳求州政府和联邦政府发送教育信息,发放测试用品,以查明谁在黑人社区死去(Godoy & Wood, 2020)。然而,在许多情况下,州和联邦官员没有注意社区活动家和当地卫生官员的呼吁,后者当新冠病毒感染扩散时恳求州和联邦官员提供支持。在新冠病毒感染疫情暴发的最初几个月里,贫穷的黑人社区经历了该疫情以惊人的速度造成的死亡和失业的影响(Gould & Wilson, 2020)。

2. 2型糖尿病

2型糖尿病(T2DM)是一种身体不能分泌足够胰岛素或不能很好地使用胰岛素的疾病,它严重地影响了非裔美国人。随着时间的推移,它会导致其他健康问题,如心脏病、神经损伤、眼部问题和肾脏疾病(CDC, 2020)。虽然每个人都有感染新冠病毒的风险,但低估2型糖尿病等慢性健康问题可能会使非裔美国人更容易感染病毒。如果感染了,那么他们更有可能经历严重的疾病、长期并发症和死亡。

在美国,糖尿病在许多种族群体中增速惊人,但非裔美国人的死亡率风险因素显著高于白人(CDC, 2020)。事实上,自有记载以来,美国黑人的预期寿命就大大低于美国白人的预期寿命。非裔美国人有许多风险因素,并患有高比例的糖尿病并发症(Office of Minority Health, 2019)。更令人担忧的是,父母患有 2 型糖尿病的个体中的家庭风险因素——如肥胖和心脏病——在非裔美国人中更为普遍(CDC, 2020)。

黑人儿童和青少年中 T2DM(历史上称为迟发型糖尿病)诊断率增长速度惊人(Temneanu et al., 2016)。这一增长已经导致黑人儿童和青少年患有多种终身并发症的比例更高,生活质量急剧下降。长期的健康护理费用和缺乏获得护理机会(CDC, 2014),以及许多贫穷的黑人年轻人生活在父母一方或双方都患有 T2DM 的家庭中,社区缺乏获得优质食品的途径,缺乏安全的生活环境和可供锻炼的开放空间(NIH, 2017),如此等等,都加剧了问题。

尽管生活方式的改变已被证明可以有效地预防或延缓高危个体的 T2DM 发病,但恶劣的生活环境、低于中位数的收入和食品不安全都可能会阻碍人们做出改变的能力。鉴于 2 型糖尿病与老年、肥胖、糖尿病家族史、妊娠期糖尿病病史、糖耐量受损和缺乏运动有关,T2DM 使边缘化的种族群体陷入了可怕的境地,尤其是考虑到通过适当的饮食和锻炼计划来保持适当的血糖水平、减肥或遵循药物治疗方案等期望时,就更是如此了(CDC, 2020)。

三、健康学者、从业人士与活动家面临的挑战

健康传播在提供健康护理和促进公共健康方面发挥着核心作用(Kreps, 2006)。作为健康传播研究者,我们必须努力应对这样一个现实:当美国有色人种社区遭受系统性攻击时,如果我们无法解决占主导地位的问题,那么就只会加剧系统性种族主义和不公平及不平等结构的根本问题。可以理解的是,分析权力和特权在研究关系中的作用需要付出极大的努力,但研究者必须理解和质疑他们的特权地位。不这样做的话,就只会使某种政策和法律的历史结构永久化,并且不能给予这种结构以足够的关注,而正是该结构创造并维持了某些群体的边缘化状态。

除此之外,我们必须承认,黑人社区中制度性种族主义的影响加剧了非裔美国人对某些结构(医疗系统、警务和银行等)和监督这些结构的人(医生等;Smith, 1995)的深度不信任。只有在这一点上,我们才能考虑以人为中心或以社区为中心的不同研究视角是否有用。二十多年来,"基于社区的参与性研究"(CBPR)已成为一种被认为可有效消除制度性种族主义和压迫的影响的研究方法(Ford & Yep, 2003)。沃勒斯坦和杜兰(Wallerstein & Duran, 2006)认为,"基于社区的参与性研究"是有用的,因为它从对社区成员来说很重要的研究主题开始,并寻求将他们关于社会变革的独特观点结合起来,从而改善社区的健康状况并消除健康差距。其他以文化为中心的方法或文化谦逊(cultural humility)等模式,也很有用(Dutta, 2008; Fisher-Borne et al., 2014)。健康学者必须明白,消除这些不公正将是"非常困难的",因为只有在主流文化了解其集体犯下的罪行,并承担废除这些种族主义、压迫和霸权制度的责任之后,才能够做到这一点(Rothstein, 2017,第 217 页)。

第 2 节 拉美裔和健康传播

一、身份与术语

在美国,关于拉美裔(Latinx)社区的术语不断变化。例如,在美国的大部分地区,流行话语都将拉美裔和墨西哥人混为一谈,这一简化掩盖了不同人群之间的差异和问题(Chavez, 2013)。随着时间的推移,各种各样的语词已经用来识别来自南美洲、中美洲和讲西班牙语的加勒比地区的人:伊比利亚人、西班牙裔(hispanic)、拉丁美洲人(Latino/a)、奇卡诺人、其他特定种族(ethnic-specific)的术语和拉丁裔。每个术语都包括特定的历史和政治(Rinderle & Montoya, 2008)。例如,伊比利亚指的是伊比利亚半岛,是西班牙和葡萄牙所在的陆地,所以直接与西班牙和葡萄牙的殖民根源联系在一起。其他术语植根于不同的社会历史和政治语境,并因移民身份、地区背景和个人身份的不同而区分不同的拉美裔人。

西班牙裔表示与西班牙语有关的事或人。在美国,这个词带有不同的政治价值观。一些族群,如波多黎各人,将西班牙裔作为可行的自我参照,而其他人则认为西班牙裔与殖民主义直接关联。根据地区、族群和世代的不同,西班牙裔的使用包括从有用到排斥的多种含义(Rinderle & Montoya, 2008)。

拉丁裔美国人指的是拉丁美洲美国人,具体指向该地区。尽管这个词在美国对于将拉丁裔美国人塑造成一种政治和文化身份方面很有用,但它也排除了讲西班牙语的加勒比人。拉丁裔美国人是形成于美国的一种泛种族身份,旨在将那些在接触教育、政府和健康护理等机构时遇到类似问题和挑战的人组织起来。

在拉丁美洲和整个西班牙语世界,种族认同是首要的,而种族特定的术语更为常见。它反映了历史、文化和语言的细微差别,这些都是社区和冲突的根源。种族特定的术语对于新移民来说也更为重要,他们试图找到像他们一样的人,或者将自己置于其所遇到的拉美裔社区的关系之中(Magaña, 2020)。想知道种族特定术语什么时候更加合适,需要研究者和健康从业者了解当地社区的历史和社会语境。例如,洛杉矶的萨尔瓦多大社区可能会抵制将拉丁裔美国人作为一个类别,因为它在社会话语中与墨西哥身份混为一谈;萨尔瓦多人的移民历史和政治语境与墨西哥的叙述不同(Chavez, 2013; Magaña, 2020)。

对于确定受众和吸引社区来说,西班牙裔、拉丁裔和拉美裔之间复杂的相互关系很重要。在本章中,我们使用拉美裔,因为它不像其他西班牙术语那样具有性别特征,所以为身份范围之内的所有性别表达的人提供了空间。随着术语的演变,我们必须注意使用哪些术语来吸引拉美裔社区,以便健康传播能够有效地研究和干预健康差距。

二、关注拉美裔的健康问题

美国的拉美裔社区在一系列健康问题上都存在着健康差距。在这里,我们将重点关注儿童肥胖和梅毒,因为这两种疾病体现了拉美裔与白人在传播、社区和家庭文化建设方面的重要差异。我们将概述影响这些特定健康差距的文化语境,以及制定干预措施的思考因素。

1. 儿童肥胖

拉美裔社区儿童的肥胖率很高。根据美国疾病控制与预防中心的数据,2015—2016年,美国12—19岁青少年的肥胖率为18.5%,而该年龄段的拉美裔青少年的肥胖率则为25.8%(Hales et al., 2017)。在美国关于肥胖的讨论中,人们将重点放在个体行为上(Niederdeppe et al., 2014)。公共健康干预措施和媒体讯息考虑的不是控制体重的结构性障碍,而是关注个体的选择和行为:人们吃多少,锻炼多少和节食多少。结构性障碍持续存在,对拉美裔青少年的肥胖产生了有害影响。这些障碍包括食物成本,获得更有营养食物选择所需时间和其他资源,劳动力和学校的影响,适当的预防性健康教育的缺乏,文化和社会价值观以及影响学校和其他机构食物供应的政策(Holub et al., 2013; Ramirez et al., 2011)。

针对拉美裔青少年肥胖的干预措施已经认识到解决文化和结构性障碍的重要性。基于文化的干预措施已评估、利用并试图使拉美种族的特定食物、身体和健康担忧问题发生变化(如饮食、糖尿病;Holub et al., 2013; Ramirez et al., 2011)。其他干预措施推动了社区对组织和政府政策的宣传倡导,以努力使菜单标签、食品供应、固定环境和娱乐区发生变化,从而更好地适应学校、社区和工作场所中的拉美裔社区(Holub et al., 2013; Ramirez et al., 2011)。一些干预措施将父母和其他利益相关者聚集在一起,集中精力应对拉美裔青少年肥胖的挑战,并通过这一途径来探索社区建设的问题(Holub et al., 2013; Ramirez et al., 2011)。

在美国,肥胖仍然是一种被污名化的疾病。当看到肥胖者时,某些话语——如懒惰和厌恶——就会被援引并指向那个人。肥胖的拉美裔年轻人和他们的父母卷入了这些话语,因年轻人的体重而受到指责,就好像这是一个仅因他们的个人选择而造成的问题(Greenhalgh & Carney, 2014)。研究健康传播和开展干预措施必须认识肥胖发生的社会文化语境,并为适应这个语境而进行调整,才能对拉美裔社区产生效果。

2. 梅毒

即使在美国有大规模的健康和性教育举措以及公共健康诊所,性传播感染(sexually transmitted infections, STI)在美国持续存在。与其他健康结果一样,在性传播感染率方面也存在着种族和族裔差异。例如,在拉美裔男性中,2018年梅毒发病率为每10万人中144例,而同年白人男性的梅毒发病率则为每10万人中80例(CDC, 2019)。梅毒是在接触活动性梅毒感染的基础上直接在人与人之间传播的。随着感染的发展,在这些溃疡逐渐扩散到整个系统之前,它与暴露部位出现的下疳相关。只要临床服务是可获得的、适当的和可接受的,梅毒就可以通过适当的药物得到治疗。

在美国,大多数梅毒诊断都出现在与男性发生性关系的男性(MSM)之中,其中黑人和拉美裔同性恋和双性恋男性受到不成比例的影响(CDC, 2017)。对同性性行为的恐惧阻碍了公众对于性健康(包括性传播感染)的有效讨论。就拉美裔男性而言,仍然缺乏文化和语言上合适的性健康干预措施(Ayala et al., 2009)。目前,美国针对有色人种同性恋和双性恋男性的大多数性健康干预措施都是有关HIV暴露前预防(PrEP)措施,而且都是由制药行业和政府机构资助的(Spieldenner & Hawkins, 2020)。

如果不考虑结构性和文化因素,美国梅毒发病率的差距将继续存在。基于学校的健康促进计划如果不考虑"彩虹"群体的性健康,其影响可能有限。然而,在美国所有种族/族裔群体中,拉美裔社区的高中毕业率最低,因此限制了对学校课程的接触(Beckles & Truman, 2013)。围绕性和性取向的语言和文化价值观必须被纳入为拉美裔同性恋和双性恋男性而设计的研究和干预措施之中。

三、健康学者、从业人士与活动家面临的挑战

与其他被边缘化群体一样,在开展健康研究和采取干预措施时,拉美裔社区受益于对历史、文化价值观以及社会和结构性语境的认识和思考。通过干预来研究、讨论和传播问题的方式往往会重复和强化关于知识、文化、社区和身体的论述,从而限制对健康问题的有效理解。在拉美裔社区中,这些话语包括历史和政治基础上的特定归属和排斥概念。各种话语具有实质性影响,因为拉美裔社区经常被排挤出教育系统及其附带的社会和经济利益。最后,有效传播不仅仅是使用西班牙语、英语或葡萄牙语;它也是关于一个社区围绕健康、疾病、治愈、社区、性、关系和家庭的文化建构的理解。

第3节 原住民、土著人、美洲印第安人/阿拉斯加原住民及其健康传播

一、身份与术语

作为现在美国的第一批居民,原住民在美国社会中具有独特的地位。近2%的美国人声称拥有原住民血统,520万人报告称拥有部分美洲印第安人/阿拉斯加原住民(American Indian/Alaskan Native, AI/AN)遗产,290万人报告只拥有AI/AN遗产(Norris et al., 2012)。他们不仅经常被归类为单一的种族化少数群体,也是574个联邦承认的部落的成员,且作为美国公民及其主权部落国家公民,保持着独特的法律和政治地位。原住民在这些土地上的存在是定居者殖民国家(colonial states)形成的核心,而他们与联邦政府签订的条约确保了一定程度的主权,即可以参与政府与政府之间的关系。尽管这些部落公民有资格享受联邦条款,例如,通过美国宪法、条约、法庭判决和联邦法规获得土地、教育和基本健康护理,但几百个非联邦承认的部落不包括在这些联邦义务之中(美国印第安人全国大会,National Congress of American Indians, 2021)。

鉴于这些民族社会、历史和语言的多样性,随着时间推移,我们用来称呼不同地区和部落的土著群体的术语发生了变化,并继续处于流变之中。美洲原住民(Native American)这一通用术语常常用于描述AI/AN,以及夏威夷原住民和加拿大第一民族。土著(Indigenous)一词的使用更经常地指向受殖民化影响的原始人群,并将跨越国际边界的共同经历和斗争联系起

来。尽管大多数术语仍然可以互换使用,但许多 AI/AN 民族更愿意首先通过其特定的部落名称得到识别,而不是通过 AI/AN、原住民、美洲原住民或土著人等泛种族的术语得到识别。

美洲印第安人和阿拉斯加原住民是用来描述"起源于北美洲和南美洲(包括中美洲)的任何原始民族的人"的官方术语,而根据美国管理预算办公室的说法,还用来描述"保持部落附属关系或社区依恋关系"的人(Norris et al., 2012,第 2 页)。AI/AN 民族是联邦政府通过使用血量子或 AI/AN 祖先算法来计算——基于人们具有的"印第安血统"的百分比——成员资格的唯一群体。这种做法一直存在争议,因为许多原住民将以下做法视为一种强加制度,即在 20 世纪初使用了不精确的人口普查名册来记录"纯血"原住民。由于异族通婚和其他形式的土著灭绝,使用血量子的方法可能会减少部落成员资格,从而减少联邦政府的强制性保护。

用于对土著人进行分类的术语有很多,它们迫使健康传播研究者解决使用汇总类别和较小部落的特定分析单位之间的权衡问题(Blankenau et al., 2010)。根据原住民可能认为的政治和法律类别,对用来指代原住民的术语进行质疑,便框定了当前的健康问题、潜在干预措施和可用资源。尽管某些对原住民健康的概述研究是有价值的,但健康传播研究者必须认识到,如果仅从总体层面进行概念化,研究就有可能被扭曲。

二、关注土著人健康问题

殖民化对土著人群健康的影响怎么强调都不为过。边疆时代的传染性疾病和战争以及后来试图通过同化政策——它们旨在消除土著人的身体、土地、语言和文化——进行的文化种族灭绝,是原住民目前经历的一系列健康差距的基础。尽管登记在册的部落公民有资格通过印第安人卫生局(HIS)——这是健康和人类服务部的一个机构——享受健康护理,但高质量健康护理的获得仍然充满挑战。长期资金不足的 IHS 设施主要位于部落保留地或保留地附近,要么就是农村地区,而居住在保留地外或城市社区的大多数原住民人群经常无法获得免费的卫生资源。此外,高贫困率、土地流失、对传统食品系统的破坏和环境污染等其他暴行的巨大影响,留下了一代又一代的历史创伤,这些创伤仍然是原住民的许多持续而负面的健康结果的基础和原因。

与其他美国人相比,美国土著人在获得健康护理方面存在着巨大差距,由糖尿病、癌症和其他心血管疾病导致的过早死亡率很高(Sancar et al., 2018)。本节提请读者注意两个此类担忧:新冠病毒感染与癌症。这里将概括影响这些健康差距的文化语境,也会提到干预措施。

1. 新冠病毒感染

新冠病毒感染已经对土著社区产生了毁灭性的影响,并引起了人们对于印第安地区(Indian Country)现有健康差距的关注。与新冠感染相关的死亡率为每 10 万人中 60.5 例,而土著美国人的死亡率则是白人死亡率的 3.5 倍(APM Research Lab Staff, 2020)。糟糕的健康护理、不足的基础设施和世代贫困导致了更严重的疾病和更高的死亡率。1918 年流感大流行和 2009 年 H1N1 流感大流行已经表明,这些部落的人特别容易患呼吸道传染病,死亡率是美国平均水平的四到五倍(CDC, 2009)。此外,更大比例的原住民具有潜在的健康问题(如慢性肝病、肝硬化、慢性下呼吸道疾病和糖尿病),从而使他们更容易感染和死于新冠病毒。

规定的洗手、戴口罩和与他人保持物理距离的大流行预防措施对纳瓦霍族来说,已被证明是困难的,该民族尤其受到新冠病毒感染疫情的冲击。由于他们的保留地住房严重短缺,大约一半的居民居住在过度拥挤的几代同堂的房子里,造成了严重的病毒传播风险。这片面积约等于西弗吉尼亚州的广袤保留地也缺乏水利基础设施,约 15% 的房屋没有自来水。此外,企业倒闭影响了部落税收基础以及许多家庭的财务偿付能力。针对这种情况,部落和公共健康官员正在运营替代性医疗点,患病的部落成员可以在远离家人的地方得到康复。专为发展中国家设计的洗手台已经部署在整个保留地。健康传播已被证明是传达重要讯息的关键所在,但健康护理工作者数量少,医疗资源和器械有限,都加剧了这个系统中的现有漏洞。

2. 癌症

据报道,20世纪初,癌症在AI/AN人群中还很少见,尽管如此,现在它却是美国印第安人和阿拉斯加原住民的第二大死因,这与美国普通人群中的数据一致(Rhoades,2001)。不幸的是,就癌症死亡率上升幅度而言,AI/AN人群高于白人人群,而原住民癌症患者在确诊后的寿命也比白人短(CDC,2020)。在北部平原、南部平原、太平洋海岸和阿拉斯加地区,AI/AN男性的肺癌和结直肠癌发病率几乎是白人发病率的2.5倍,AI/AN女性的发病率则是白人发病率的近三倍(Melkonian et al.,2019)。肺癌、女性乳腺癌和肝癌的差距正在扩大。研究者将高发病率归因于社会和环境因素的变化,它们导致肥胖、缺乏运动、饮酒和吸烟方面的人群差异(Cobb et al.,2014)。资源紧张和缺乏文化适应的癌症治疗也造成了癌症发病率方面的差距(Joe,2003)。

三、健康学者、从业者与活动家面临的挑战

土著人对研究界的不信任由来已久,臭名昭著的虐待事件比比皆是(Deloria,1980)。正如毛利学者琳达·图希瓦伊·史密斯(Linda Tuhiwai Smith)指出的那样:"'研究'这个词本身就可能是土著世界词汇中最肮脏的语词之一";她认为研究"与欧洲帝国主义和殖民主义密不可分"(Smith,2012,第30页)。为了避免研究者与研究对象之间权力失衡的再现,土著学者呼吁**以愿望为中心**(desire-centered)而不是**以损害为中心**(damage-centered)的研究(Tuck,2009)。这种方法允许原住民来指导工作,而不是让外来人员简单地记录原住民的痛苦。即使外来人员的意图可能是让当权者为其压迫负责,但他们的方法仍然经常会对被研究人群造成额外的伤害。在印第安地区从事研究,需要将土著人的"目标和愿望"视为"我们理论探讨与分析的方法与形式的来源"(Simpson,2007,第68页)。

基于社区的参与性研究被倡导为一种"去殖民化的方法"(decolonizing methodology),它通过绕开曾占主导地位的抽取式研究模式而更充分地承认了研究中的权力动态(Smith,2012;另参见本书第24章)。然而,"基于社区的参与性研究"通常由外部研究者发起,并旨在促进土著人的参与或伙伴关系(Peterson,2010)。为了将"基于社区的参与性研究"更推进一步,部落越来越多地涉入由部落驱动的参与性研究(TDPR),这确保了部落政府保留设置自己的研究议程的权力,而该议程与部落民族构建相一致(Mariella et al.,2012)。这使它们能够行使主权和自决权,因而重塑了外来健康研究者的作用,使其成为部落民族内部能力建设目标的重要贡献者。

第4节 "彩虹"群体和健康传播

边缘化发生在各处,包括性取向和性别认同。这特别影响了健康传播,并限制了我们能够进行的关于性别认同、性伴侣、陪伴和亲密关系的对话、政策和话语的种类。性取向和性别认同并非独立于种族而存在;事实上,在这些交叉身份相遇的地方,权力以不同的方式发挥作用。在本节中,我们将探讨性取向以及性取向和性别认同在健康传播中影响"彩虹"群体的方式。

一、身份与术语

性和性别身份不断变化,超越了同性恋/异性恋或反式/顺式的二元结构。"彩虹"(LGBTQ+)代表女同性恋、男同性恋、双性恋、跨性别者、酷儿和其他不同性身份,包括泛性、无性和那些仍在进化的身份。这个缩略词代表那些没有被严格的性别和性定义所界定的人,也涵盖了那些因性别和性身份而经历边缘化和歧视的人。长期以来,美国将不符合规定的异性恋和异性恋标准的性取向和性别视为犯罪和病态(Mogul et al.,2012)。从监禁到强制治疗,再到失业和流离失所,被认定为"彩虹"的人总是付出了代价。"彩虹"的权利一直并将继续处于不稳定状态,并有待讨论。即使在"彩虹"人群中,一些人也因缺

乏资源(社会经济、就业、教育),不知道交叉身份(包括种族、阶级、性别认同和能力)如何融合,以及与围绕种族、性别和阶级的"彩虹"群体规范的距离而承受更多的歧视和边缘化(相对于白人、顺式和中产阶级;Ferguson, 2019)。

异性恋不是,也从来都不是一个稳定静态的身份类别。相反,"彩虹"个体和行为已经存在于不同的社区、地区和时间(Ferguson, 2019)。人和文化之所以发展语言是为了解释经历,而这些语言是处于社会历史环境之中的。即使语言在"彩虹"个体之间发展,并用于其相关描述中,历史也是规范性的记录——一种压制"彩虹"诸种可能性的规范(Snorton, 2017)。这对健康传播产生了特别的影响,尤其是对社会上已被边缘化的群体来说。临床医生、研究者和学生也许不熟悉移民、有色人种社区、穷人和残疾人等群体中存在的"彩虹"。

跨性别是一个总称,用于描述那些非顺性别(cisgender)的性别身份。顺性别是指那些认同自己出生便被赋予的性别身份的人。例如,如果你出生时被标记为女性,并认同女性性别,那意味着你是顺性别的。人们可能会错误地认为,跨性别者的身份需要身体的医学转变。然而,跨性别者包括那些可能会,或可能不会改变其外表以反映他们的性别身份认同的人。具有跨性别经历的人通常被包括在"彩虹"首字母缩写之中,但服务提供者(service provider)、研究者和社区中心对他们的服务仍然不足,这些人和机构关注的是男同性恋和女同性恋者(Ferguson, 2019)。

"酷儿"(queer)一词有多种含义,它捕捉到了顺性别和异性恋身份之外的性别和性身份的各个方面。在这种语境下,我们用"酷儿"来表示那些认同性别和性二元之外的身份的人。"酷儿"在文学中有时被用于涵盖"彩虹"首字母缩略词的整个范围;不过,研究者应该认识到"酷儿"可以有多种含义,并需要明确他们在学术工作中对这个术语的使用。

"彩虹"首字母缩略词往往会混淆性别和性身份。与具有不同性身份者相关的健康问题未必就是具有不同性别身份者同样面临的问题,尽管可能存在一些共性。例如,当寻求医疗干预时,"酷儿"性身份与跨性别身份在健康环境中的披露体验可能会大不相同。出于这个原因,文献中关于性别和性身份的主体往往是分开的。在谈论"彩虹"健康时,重要的是要注意,是否正在讨论所有的身份与经历,或者是否只关注性别或性身份。

二、关注健康问题

《健康人2020》将"酷儿"列为一个不同的健康群体,以解释多种健康问题。这里,我们将重点关注性传播感染/艾滋病毒(STIs/HIV)和心理健康问题。《健康人2020》将这些健康差距列为对这个人群的担忧问题,而且目前关于"彩虹"健康的大部分文献都集中在这些主题上(ODPHP, 2020)。

1. 性传播感染/艾滋病毒

性传播感染(sexually transmitted infections, STIs)和艾滋病毒往往是"酷儿"健康的焦点。《健康人2020》报告称,男同性恋(尤其是有色人种社区中的男同性恋)和跨性别者(transgender individuals)具有更高的STIs/HIV的风险和患病率(ODPHP, 2020)。尽管这些问题很重要,但当健康文献和干预措施主要关注它们时,"酷儿"健康的其他因素仍未得到解决。此外,可能适用于由"彩虹"(LGBTQ+)首字母缩略词涵盖的某些群体的研究结果,也许会被误认为适用于所有的人。在一项关于健康护理的异性恋的研究中,同性恋参与者描述了一些事件,在那里,健康护理提供者不仅只是基于他们的性身份就假定其患有性传播感染病或艾滋病,而且也经常在患者不知情或不同意的情况下进行STIs/HIV检测甚至治疗(Hudak, 2016)。

健康护理提供者和研究者强调并关注"彩虹"人群中的性传播感染/艾滋病毒的原因之一是:医学教育延续了异性恋至上主义。通过假设所有患者都是异性恋者(除非另有证明),健康护理提供者和研究者可能忽视关键的健康指标和干预措施。此外,医学院不需要任何关于"酷儿"健康问题的培训,而那些一定要解决"酷儿"健康问题的医学院平均提供五个小时的相关培训(Obedin-Maliver et al., 2011)。即使是医学教科书也常常忽略"酷儿"身份,在教材中只讨论异性恋者(Murphy, 2016; Zuzelo, 2014)。当研究者在健康语境中讨论"酷儿"身份时,它变成了要么是关于性传播感染/艾滋病病毒的讨论(Robertson, 2017),要么将"酷儿性"(queerness)作为一个"特殊话题"讨论,该讨论然后将"彩虹"身份标记为某种异国情调的东西(Murphy,2016)。医学教育通常不将"彩虹"身份包括在日常健康接触中,比如"彩虹"家庭可能会带他们的孩子去的家庭医疗诊所(Murphy,2016)。因此,如果健康护理提供者的教育不包括对"彩虹"健康问题的平衡接触的话,那么当他们在问诊"酷儿"患者时,就只能根据 STI/HIV 健康模式来操作。

最后,性行为和性认同是有区别的。一个人的性行为可能与他们的身份不相匹配,这就是为什么在医学文献中常常有关于与男性发生性关系的男性和男同性恋/双性恋/泛性恋男性身份的讨论。由于这种区别,我们不能假设性行为是健康语境下唯一重要的事情(Hudak,2020)。不过,在将性行为医学化的过程中,存在着一种认为性身份在健康护理互动中并不重要,并将其置于一边的倾向。不幸的是,这样的做法让健康护理提供者在治疗"酷儿"个体时可能就看不到"整体的人"了(Bjorkman & Malterud,2007),因此就不能遵循以患者为中心的传播的核心原则。

2. 精神健康

在讨论"酷儿"群体的精神健康问题时,必须考虑历史和当前的因素。首先,不同性别和性身份的"医学化"在塑造健康护理和"酷儿者"(queer folk)之间的关系方面,是有问题的。作为美国精神病学协会的权威出版物,《精神障碍诊断和统计手册》(DSM)最初将同性恋列为一种精神障碍。即使 1973 年将同性恋移出了 DSM,但这种病态的"酷儿"史仍然影响着护理(Carmack,2014)。

对于跨性别群体来说,DSM 仍然可以被用来将跨性别身份标记为某种医学上不正常的东西,同时它也可以作为授权健康保险范围的一个资源(Redfern & Sinclair,2014)。在 DSM 中将性别错位列为精神健康障碍,这既是必要的,也是成问题的。问题在于,它将跨性别身份定义为一种需要治疗的疾病,而这并不是跨性别者认同的观点。不过,DSM 列表也是必要的,因为它为那些认为"性别变体(gender variance)不是精神病"的人提供了一个将外科手术和医疗干预纳入健康保险的论据。"这是一种人类变异,它在某些情况下需要健康护理"(Whalen, n.d.,第 4 段)。

在研究"酷儿"人群的心理健康统计数据时,必须认识到"酷儿"身份不会导致心理健康障碍。一个人可能是"酷儿",并有单独的心理健康问题,如抑郁症(例如,源于家庭照顾者对孩子的出柜有不好的反应;Ryan et al.,2020)。还有可能的是,少数群体压力等因素(Rogers et al.,2017),也有可能影响"彩虹"个体的抑郁和焦虑程度。

三、健康学者、从业人士与活动家面临的挑战

与"酷儿"人群有关的健康传播挑战,不是要降低性传播感染/艾滋病毒的发病率,让女同性恋者减轻体重或减少饮酒,而是要解决导致这些健康问题的系统性歧视。医学教育需要改进,以考虑医疗空间中的所有人。

在研究和干预措施中,"酷儿"群体的许多重要健康话题的代表性都显著不足。第一,我们忽视了对歧视的恐惧如何阻止"酷儿"和跨性别者寻求医疗服务的问题(Bjorkman & Malterud,2007)。第二,虽然在文献中可以看到对"彩虹"身份的协商性披露(Venetis et al.,2017),但研究者仍在试图理解健康护理提供者应该如何发起对话的问题。对于跨性别群体来说,健康护理提供者不仅需要有关医疗转换(medical transitioning)细微差别方面的医学教育,而且需要有关为跨性别者提供其是否正在经历转换的确证方面的医学教育。总之,就"酷儿"的健康问题而言,我们需要更多的重视权力体系如何造成和维持健康差距的研究和教育。

第 5 节 对健康传播未来的启示

健康传播可以成为解决种族之间的健康差距和其他边缘化问题的有力干预措施。在本章中,我们探讨了美国不同社区如何理解与经历特定的健康差距。我们将讨论集中在美国社区文化和关于社区及其健康状况的表达方式之中,以便挖掘健康传播研究中可能被忽略的社会语境,而当研究者仅仅关注健康状况,而不是正在经历这种状况的社区的时候,就会发生上

述忽略。关于社区和个体如何就健康和疾病进行传播的探讨,可以为公共健康和由社区驱动的行为与政策提供重要的见解。然而,健康传播和其他相关领域面临着有色人种社区和其他边缘化群体的挑战,他们将自己所在的社区定义为"难以接触""脆弱"或"处于危险之中",而不是具有文化和生活的繁荣社区。美国公共健康协会(APHA)主席卡马拉·菲利斯·琼斯(Camara Phyllis Jones, 2016)博士断言:

> 为了在这个悲伤和危险的时代向前迈进,我们需要克服无助,克服恐惧,克服面对需要时的无所作为。我们必须组织起来,制定政策,采取行动废除这一制度,并代之以一个所有人都能了解并充分发挥其潜力的制度。不再无助!不再害怕!面对需要不再无所作为。
>
> (第1717页)

在美国的健康传播中,"向前迈进"将包括集中于有色人种和其他被边缘化群体的有意义的参与(如作为研究伙伴)及其发声(voices),以便关注社区的需求和优势。我们正在给研究和卫生服务领域的同事分配任务,让他们着眼于社区咨询委员会之外的机制;我们要求研究和健康服务领域不仅记录健康差距,还要审视影响健康差距的政策和结构性变化。例如,美国普遍和制度化的跨性别恐惧症及其与种族主义、性别歧视和污名化的交叉会导致社会经济和教育机会的减少,对健康产生不利的影响,并加剧了对经历跨性别的个体的刑事定罪(Redfern & Sinclair, 2014)。

在研究中,文化和社会历史语境是理解应该提出什么问题以及在哪里进行干预的关键。研究往往会成为证实研究者关于健康状况的假设的一种方式。为了便于分析,数据点的范围被缩小;来自研究过程的数据可能被视为无关紧要的东西,而不是理解现象的中心。例如,在观察人际关系动态时,可能会考虑更大的结构性问题(如贫困、制度化),但那些数据往往被排除在外,而不是被定于中心。

我们为健康传播和被边缘化的美国社区提供了三个关键点。首先,旨在解决黑人、土著人和拉美裔有色人种的特定健康差距问题的、由文化驱动的干预措施至关重要,这些干预措施应该适合其社区的社会和文化语境(Liburd, 2010)。其次,社会语境很重要。例如,旨在解决"彩虹"健康差距问题的研究必须超越被困于简化视角中的异性恋规范模型(heteronormative models)和期望。最后,健康差距不能通过"修复"社区来解决:必须考虑政策和其他结构性条件。干预措施必须采取交叉方法(Crenshaw, 1989),同时考虑健康的社会决定因素,但更重要的是,理解历史不公正应该被看作是一项使命,因为正是这种历史不公正设立了人们如何看待被边缘化群体的框架。

参考文献

Andrade, L. M., & Cooper, D. (2019). The imperative of dissecting anti-Black and anti-indigenous meritocracy in communication studies and beyond. *Departures in Critical Qualitative Research*, 8(4), 23-29.

Angrosino, M. V. (2005). Recontextualizing observation: Ethnography, pedagogy, and the prospects for a progressive political agenda. In N. K. Denzin & Y. S. Lincoln (Eds.), *The Sage handbook of qualitative research* (pp. 729-745). Sage.

APM Research Lab Staff (2020, July). *The color of coronavirus: COVID deaths by race and ethnicity in the U.S.* APM Research Lab. www.apmresearchlab.org/covid/deaths-by-race.

Ayala, G., Cortez, J., & Hebert, P. (2009). Where there's querer: Knowledge production and the praxis of HIV prevention. In M. Asencio (Ed.), *Latina/o sexualities: Probing powers, passions, practices and policies* (pp. 150-172). Rutgers University Press.

Beckles, G. L., & Truman, B. I. (2013). Education and income—United States, 2009 and 2011. *Morbidity and Mortality Weekly Report*, 62(3), 9-19.

Bell, C. (2010). Is disability studies actually white disability studies? In L. J. Davis (Ed.), *The disability studies reader* (pp. 406-415). Taylor & Francis Group.

Beydoun, K. A. (2019). *American Islamophobia: Understanding the roots and rise of fear*. University of California Press.

Bjorkman, M., & Malterud, K. (2007). Being lesbian—does the doctor need to know? A qualitative study about the significance of disclosure in general practice. *Scandinavian Journal of Primary Health Care*, 25(1), 58-62.

Blankenau, J., Comer, J., Nitzke, J., & Stabler, W. (2010). The role of tribal experiences in shaping native American health. *Social Work in Public Health*, 25(5), 237-423.

Carmack, H. J. (2014). Medicalization. In T. Thompson (Ed.), *Encyclopedia of health communication* (pp. 845-846). Sage.

Centers for Disease Control and Prevention (CDC) (2009). *CDC H1N1 flu: Key facts about 2009 H1N1-realated deaths in American Indians and Alaska natives*. www.cdc.gov/h1n1flu/statelocal/h1n1_deaths.htm.

Centers for Disease Control and Prevention (CDC) (2014). *National diabetes statistics report: Estimates of diabetes and its burden in the United States, 2014*. U.S. Department of Health and Human Services. www.cdc.gov/diabetes/pdfs/data/2014-report-estimates-of-diabetes-and-its-burden-in-the-united-states.pdf.

Centers for Disease Control and Prevention (CDC) (2017). *Syphilis and MSM (men who have sex with men)— CDC fact sheet*. District of Columbia, Department of Health and Human Services. www.cdc.gov/std/syphilis/syphilismsm-2019.pdf.

Centers for Disease Control and Prevention (CDC) (2019). *Primary and secondary syphilis: Ratios by race/Hispanic ethnicity, and region, United States, 2018*. District of Columbia, Department of Health and Human Services. www.cdc.gov/std/stats18/figures/x.htm.

Centers for Disease Control and Prevention (CDC) (2020). *Health equity considerations and racial and ethnic minority groups*. www.cdc.gov/coronavirus/2019-ncov/community/health-equity/race-ethnicity.html#anchor_1595551060069.

Chavez, L. R. (2013). *The Latino threat: Constructing immigrants, citizens, and the nation*. Stanford University Press.

Cobb, N., Espey, D., & King, J. (2014). Health behaviors and risk factors among American Indians and Alaska natives, 2000-2010. *American Journal of Public Health*, 104(Suppl 3), S481-S489.

Crenshaw, K. (1989). Demarginalizing the intersection of race and sex: A black feminist critique of antidis-crimination doctrine, feminist theory, and anti-racist politics. *University of Chicago Legal Forum*, 1, 139-167.

Deloria, V. (1980). Our new research society: Some warnings for social scientists. *Social Problems*, 27(3), 265-271.

Dutta, M. J. (2008). *Communicating health: A culture-centered approach*. Polity Press.

Ferguson, R. A. (2019). *One-dimensional queer*. Polity Press.

Fisher-Borne, M., Cain, J. M., & Martin, S. L. (2014). From mastery to accountability: Cultural humility as an alternative to cultural competence. *Social Work Education: The International Journal*, 34(2), 165-181.

Ford, L. A., & Yep, G. A. (2003). Working along the margins: Developing community-based strategies for communication about health with marginalized groups. In T. L. Thompson, A. M. Dorsey, K. I. Miller, & R. Parrott (Eds.), *The handbook of health communication* (pp. 241-261). Routledge.

Godoy, M., & Wood, D. (2020, May 30). *What do coronavirus racial disparities look like state by state?* www.npr.org/sections/health-shots/2020/05/30/865413079/what-do-coronavirus-racial-disparities-look-like-state-by-state.

Gould, E., & Wilson, V. (2020). *Black workers face two of the most lethal preexisting conditions for coronavirus—racism and economic inequality*. Washington, DC: Economic Policy Institute. https://files.epi.org/pdf/193246.pdf.

Greenhalgh, S., & Carney, M. A. (2014). Bad biocitizens? Latinos and the U.S. "obesity epidemic". *Human Organization*, 73(3), 267-276.

Hales, C. M., Carroll, M. D., Fryar, C. D., & Ogden, C. L. (2017). *Prevalence of obesity among adults and youth: United States, 2015-2016*. NCHS Data Brief, 288. National Center for Health Statistics.

Holub, C. K., Elder, J. P., Arredondo, E. M., Barquera, S., Eisenberg, C. M., Sanchez Romero, L. M., Rivera, J., Lobelo, F., & Simones, E. J. (2013). Obesity control in Latin American and U.S. Latinos: A systematic review. *American Journal of Preventive Medicine*, *44*(5), 529–537.

Hudak, N. (2016, November). *"Do you have to ask me one more time?": Communicating heterosexism in healthcare* [Conference Presentation]. National Communication Association.

Hudak, N. (2020). Navigating critical health communication research as a marginalized, young scholar. *Frontiers in Communication*, *5*(38), 1–5.

Joe, J. R. (2003). The rationing of healthcare and health disparity for the American Indians/Alaska natives. In B. D. Smedley, A. Y. Stith, & A. R. Nelson (Eds.), *Unequal treatment: Confronting racial and ethnic disparities in health care*. National Academies Press.

Jolivette, A. J. (2016). *Indian blood: HIV and colonial trauma in San Francisco's two-spirit community*. University of Washington Press.

Jones, C. P. (2016). Overcoming helplessness, overcoming fear, overcoming inaction in the face of need. *American Journal of Public Health*, *106*(10), 1717.

Kattari, S. (2019). Troubling binaries, boxes, and spectrums: A galactic approach to queerness and cripness. *QED: A Journal in GLBTQ Worldmaking*, *6*(3), 136–142.

Kreps, G. L. (2006). Communication and racial inequities in health care. *American Behavioral Scientist*, *49*(6), 760–774.

Krieger, N. (1987). Shades of difference: Theoretical underpinnings of the medical controversy on Black/White differences in the United States, 1830–1870. *International Journal of Health Services*, *17*(2), 259–278.

Liburd, L. C. (2010). *Diabetes and health disparities: Community-based approaches for racial and ethnic populations*. Springer Publishing Company.

Magaña, D. (2020). Local voice on health care communication issues and insights on Latino cultural constructs. *Hispanic Journal of Behavioral Sciences*, *14*(3), 300–323.

Mariella, P., Brown, E., Carter, M., & Verri, V. (2012). Tribally-driven participatory research: State of the practice and potential strategies for the future. *Journal of Health Disparities Research and Practice*, *3*(2), Article 4.

Melkonian, S. C., Jim, M. A., Haverkamp, D., Wiggins, C. L., McCollum, J., White, M. C., Kaur, J. S., & Espey, D. K. (2019). Disparities in cancer incidence and trends among American Indians and Alaska natives in the United States, 2010–2015. *Cancer Epidemiology, Biomarkers & Prevention: A Publication of the American Association for Cancer Research, Cosponsored by the American Society of Preventive Oncology*, *28*(10), 1604–1611.

Mogul, J. L., Ritchie, A. J., & Whitlock, K. (2012). *Queer (in)justice: The criminalization of LGBT people in the United States*. Beacon Press.

Murphy, M. (2016). Hiding in plain sight: The production of heteronormativity in medical education. *Journal of Contemporary Ethnography*, *45*(3), 256–289.

National Congress of American Indians (2021). *Federal recognition*. www.ncai.org/policy-issues/tribal-governance/federal-recognition.

National Institutions of Health (NIH) (2017, April). *Rates of new diagnosed cases of type 1 and type 2 diabetes on the rise among children, teens*. www.nih.gov/news-events/news-releases/rates-new-diagnosed-cases-type-1-type-2-diabetes-rise-among-children-teens.

National Research Council. (2004). *Measuring racial discrimination*. The National Academies Press. https://doi.org/10.17226/10887.

Ndiaye, K., Krieger, J. L., Warren, J. R., & Hecht, M. L. (2011). Communication and health disparities. In T. L. Thompson, R. Parrott, & J. F. Nussbaum (Eds.), *The Routledge handbook of health communication* (2nd ed., pp. 469–481). Routledge.

Niederdeppe, J., Sharpiro, M. A., Kim, H. K., Bartolo, D., & Porticella, N. (2014). Narrative persuasion, causality, complex integration, and support for obesity policy. *Health Communication*, *29*(5), 431–444.

Norris, T., Vines, P. T., & Hoeffel, E. M. (2012). *The American Indian and Alaska native population: 2010*. U.S. Census Bureau. www.census.gov/library/publications/2012/dec/c2010br-10.html.

Obedin-Maliver, J., Goldsmith, E. S., Stewart, L., White, W., Tran, E., Brenman, S., Wells, M., Fetterman, D. M., García, G., & Lunn, M. R. (2011). Lesbian, gay, bisexual, and transgender-related content in under-graduate medical education. *Jama*, *306*(9), 971–977.

Office of Disease Prevention and Health Promotion (ODPHP) (2020). Lesbian, gay, bisexual, and transgender health. *Healthy People 2020*. www.healthypeople.gov/2020/topics-objectives/topic/lesbian-gay-bisexual-and-transgender-health.

Office of Minority Health (2019). *Diabetes and African Americans*. https://minorityhealth.hhs.gov/omh/browse.aspx?lvl=4&lvlid=18.

Peterson, J. C. (2010). CBPR in Indian country: Tensions and implications for health communication. *Health Communication*, *25*(1), 50–60.

Pieterse, J. N. (1992). *White on Black: Images of Blacks in Western popular culture*. Yale University Press.

Puar, J. K. (2015). The "right" to maim: Disablement and inhumanist biopolitics in Palestine. *Borderlands*, *14*(1), 1–27.

Public Health Alliance of Southern California (2020). *Racism is a public health crisis: Alliance team statement*. https://phasocal.org/racism-is-a-public-health-crisis-alliance-team-statement/

Ramirez, A. G., Chalela, P., Gallion, K. J., Green, L. W., & Ottoson, J. (2011). Salud America!: Developing a national Latino childhood obesity research agenda. *Health Education & Behavior*, *38*(3), 251–260.

Redfern, J. S., & Sinclair, B. (2014). Improving health care encounters and communication with transgender patients. *Journal of Health Communication*, *7*(1), 25–40.

Rhoades, E. R. (2001). *American Indian health: Innovations in health care, promotion, and policy*. Johns Hopkins University Press.

Rinderle, S., & Montoya, D. (2008). Hispanic/Latino identity labels: An examination of cultural values and personal experiences. *Howard Journal of Communications*, *19*(2), 144–164.

Robertson, W. J. (2017). The irrelevance narrative: Queer (in)visibility in medical education and practice. *Medical Anthropology Quarterly*, *31*(2), 159–176.

Rogers, A. H., Seager, I., Haines, N., Hahn, H., Aldao, A., & Ahn, W. Y. (2017). The indirect effect of emotion regulation on minority stress and problematic substance use in lesbian, gay, and bisexual individuals. *Frontiers in Psychology*, *8*(1881), 1–8.

Rothstein, R. (2017). *The color of law: A forgotten history of how our government segregated America*. Liveright Publishing Corporation.

Ryan, C., Toomey, R. B., Diaz, R. M., & Russell, S. T. (2020). Parent-initiated sexual orientation change efforts with LGBT adolescents: Implications for young adult mental health and adjustment. *Journal of Homosexuality*, *67*(2), 159–173.

Sancar, F., Abbasi, J., & Bucher, K. (2018). Mortality among American Indians and Alaska natives. *Jama*, *319*(2), 112.

Simpson, A. (2007). On ethnographic refusal: Indigeneity, "voice" and colonial citizenship. *Junctures: The Journal for Thematic Dialogue*, *9*, 67–80.

Smith, L. T. (2012). *Decolonizing methodologies: Research and indigenous peoples* (2nd ed.). Zed Books, University of Otago Press.

Smith, S. L. (1995). *Sick and tired of being sick and tired: Black women's health activism in American, 1890–1950*. University of Pennsylvania Press.

Snorton, C. R. (2017). *Black on both sides: A racial history of trans identity*. University of Minnesota Press.

Spieldenner, A. R., & Anadolis, E. (2017). Bodies of dis-ease: Towards the re-conception of "health" in health communication. In M. S. Jeffress (Ed.), *Pedagogy, disability and communication: Applying disability studies in the classroom* (pp. 97–110). Routledge.

Spieldenner, A. R., & Hawkins, D. (2020). Queerying race, culture and sex: Examining HIV Pre-Exposure Prophylaxis (PrEP) discourses for Black and Latino gay and bisexual men. In S. Eguchi & B. Calafell (Eds.), *Queer intercultural communication: The intersectional politics of belonging in and across differences* (pp. 195–215). Rowman & Littlefield.

Temneanu, O. R., Trandafir, L. M., & Purcarea, M. R. (2016). Type 2 diabetes mellitus in children and adolescents: A relatively new clinical problem within pediatric practice. *Journal of Medicine and Life*, *9*(3), 235–239.

Tuck, E. (2009). Suspending damage: A letter to communities. *Harvard Educational Review*, 79(3), 409-427.

Venetis, M. K., Meyerson, B. E., Friley, L. B., Gillespie, A., Ohmit, A., & Shields, C. G. (2017). Characterizing sexual orientation disclosure to health care providers: Lesbian, gay, and bisexual perspectives. *Health Communication*, 32(5), 578-586.

Wallerstein, N. B., & Duran, B. (2006). Using community-based participatory research to address health disparities. *Health Promotion Practice*, 7(3), 312-323.

Whalen, K. (n.d.). (*In*)*validating transgender identities: Progress and trouble in the DSM-5*. www.thetaskforce.org/invalidating-transgender-identities-progress-and-trouble-in-the-dsm-5/

Zuzelo, P. R. (2014). Improving nursing care for lesbian, bisexual, and transgender women. *Journal of Obstetric, Gynecological & Neonatal Nursing*, 43(4), 520-530.

第 36 章
会话分析和健康传播

克里斯黛拉·蒙蒂格尔（Kristella Montiegel） 杰弗里·D. 罗宾逊（Jeffrey D. Robinson）

至少 30 年来，专注于健康护理提供者与患者互动的健康传播研究始终在与一个令人烦恼的事实作斗争：就诊的音频或录像带中记录的具体传播行为（例如，患者询问偏头痛的适当治疗方法或健康护理提供者关于改变饮食的治疗建议）很少与健康护理提供者和患者就诊后的对此类具体行为发生的自我报告显著相关；在许多情况下，这些相关性接近于零（Beckett et al., 2009; DiMatteo et al., 2003）。鉴于就机构审查委员会的要求而言，收集和分析与健康相关的音频或录像带相对昂贵和耗时，而且程序复杂，也鉴于患者对于传播行为的自我报告通常**是**与健康结果相关的（Roter & Hall, 2006），因此，一些研究者利用上述令人烦恼的事实来支持这样的观点："成功的……沟通事件是患者认为已经发生的事件，而不仅仅是一个受过训练的观察者可以说在技术上发生了的事件"（Beckett et al., 2009, 第 1746 页）。然而，在我们看来，这种规避对具体行为进行分析的辩解是错误的。首先，正如我们在本章中展示的那样，具体的传播行为与健康结果**是**相关的。其次，了解此类行为是**如何**与健康结果相关或不相关的，对于以下两者都是至关重要的：准确理解行为-认知的联系和非联系（因为认知也很重要）；有效培训健康护理提供者和患者改善其健康护理沟通以达到更好的结果。

考虑到对具体行为的分析是必要的，本章评价了社会互动分析的主流的、当代的、理论的和方法论的框架——会话分析（conversation analysis，以下简称 CA; Heritage, 2009; Sidnell & Stivers, 2013）——如何从几个方面对医患互动的研究做出了贡献。会话分析是一种自然的、归纳的、定性的方法，用于研究可推广的相互作用模式。在整个这一领域，研究者追求多种视角，例如，比较会话分析（Sidnell, 2009）、女权主义会话分析（Kitzinger, 2000）和应用会话分析（Antaki, 2011）。一般来说，CA 研究有两个主要焦点：普通/平凡的会话（如朋友、家人之间的会话）和在医疗环境等社会机构中的会话。对 CA 文献中关于健康护理提供者与患者互动的内容做出全面的评价，超出了本章的范围；因此，我们将自己的评价限制在符合疾病控制与预防中心（2020）提供的关于健康传播完整定义的 CA 研究领域之内："研究和使用传播策略，以告知和影响改善健康的决策和行动"（第 1 段）。换言之，我们不是在健康护理提供者-患者互动语境下评价会话分析的全部质化研究结果（有关这些评价，参见 Leydon & Barnes, 2020; Maynard & Heritage, 2005），而是将我们的评价限于那些最终被量化的研究结果，目的是证明它们与健康结果的系统性关联。即使是这篇评价也是有选择性的。

本章分为两节。第 1 节评价了 CA 的一些纯粹定性的研究结果，强调 CA 视角的各个要素，将其与几个用来分析互动关系的可供替代的方法区分开来，例如，使用预先存在的编码模式（例如，Roter & Larson, 2002）。第 2 节评价这些定性的研究结果如何与健康结果相关，又如何被转化为影响健康护理提供者行为的成功的干预措施（例如，以随机对照试验的形式）。

第1节 通过选择质化研究成果的会话分析的贡献

在这一节中,我们使用选择的定性会话分析研究成果来评价会话分析对健康护理提供者-患者互动分析的三个贡献:① 行为议程;② 序列结构;③ 行为相对于医疗活动的位置。

一、行为议程

会话分析有力地证明了两点:第一,人们主要从"社会行为"而不是"信息"的角度来产生和理解互动(Schegloff, 1995);第二,不同的行为以微妙的不同方式限制了随后的谈话(后一点将在下节"序列结构"中进一步展开)。CA 的行为概念不同于语法形式,也远远超出了"信息寻求"和"信息提供"。这是 CA 和许多用于编码交互的预先存在模式之间的一个重要区别(例如,Roter & Larson, 2002)。与将健康护理提供者概念化为"提问"的做法不同,更准确的做法是将其概念化为执行医疗行为,例如,询问(solicit)患者主要担忧的医疗问题,记录患者的病史等。这些动作都可以通过类似的语法格式来进行,如一个疑问句(或通俗地说,一个"问题"),不过,每个动作的理解和反应都非常不同(如后所示)。其他类型的社会行为包括提供诊断和治疗建议。这些行为都可以通过陈述性语法格式来进行(例如,"我认为你患了鼻窦炎,我想给你服用抗生素"),但人们对它们的理解和反应也非常不同。

关于健康护理提供者与患者互动的纯粹定性的 CA 研究的主要目标是描述和解释行为格式,即处于语境中的所有动作(如单词、声音、手势),它们为产生可识别的行为和正确理解他人的行为所需。这代表了 CA 与其他用预先存在格式对互动进行编码的方法的另一个重要区别,也就是说,CA 试图首先发现并描述与参与者的生活世界相关的行为(Mishler, 1984)。这与许多预先存在的模式构成了对比,后者体现了一种值得怀疑的分析假设:它们的有限代码类别表示一份详尽的列表,并且是在参与者看来很重要的行为的描述(Patton, 1989)。结果是,许多编码格式排除了重要的行为,并经常歪曲它们旨在捕获的行为(Sandvik et al., 2002; Stiles & Putnam, 1995)。

这些观点因一个事实而得到了缓解,即行为的性质很少能够凭直觉显而易见,正如以下三个例子表明的那样:① 询问患者主要担忧的医疗问题;② 建议父母为孩子接种疫苗;③ 提供治疗建议。

1. 询问患者主要担忧的医疗问题

一个关键的医疗目标是询问患者主要担忧的医疗问题,包括他们的情况、症状等。考虑下面摘录的对话中的三个问题(加粗)。

摘录1(改编自 Heritage & Robinson, 2006,第92页)
01 医生:今天我能为你做什么?
02　　　(0.5)
03 患者:嗯-(0.4)我觉得(.)有点
04　　　我的肋骨下面有点不对劲。

摘录2(改编自 Clemente et al., 2008,第8—9页)
01 医生:从你的角度告诉我一些
02　　　看法(.7)发生了什么事?
03　　　(0.7)
04 患者:嗯,(0.3)嗯(0.5)自我十二

05　　　 岁以来我-(0.2)长了-(.)嗯(0.2)
06　　　 长了卵巢囊肿,所以我(0.2)
07　医生:嗯,好吧,
08　患者:那个疼……哦哦,然后(.)有点
09　　　 失控了,他们做了腹腔镜检查……

摘录3(改编自Robinson,2006,第33页)
01 医生:[今天]你感觉怎么样?
02 患者:[哦,哦]哦,好一些,
03 医生:你的鼻窦炎呢?

许多编码格式往往都根据语法形式操作编码类别,从而将语法形式和行为混为一谈,这些格式会有效(但非正确)地将上述三个问题描述为完成"相同"的行为;也就是说,它们被编码为旨在寻求医疗信息的"开放式问题"。不过,罗宾逊(Robinson,1999)证明,这些问题构成了有微妙区别的行为,因此对患者的反应产生了截然不同的影响。摘录1中的问题是一个Wh-疑问句,它的第一要务是鼓励患者提出他们最担忧的问题。此外,如其设计的那样,这个问题默认医生缺乏患者担忧的信息,从而鼓励扩大问题的呈现范围。

与摘录1相比,尽管摘录2中的问题以类似的Wh-疑问格式结束(例如,"发生了什么事"),它被打包在"告诉我"格式中(以之为开头),特别鼓励患者进行叙述(Clemente et al.,2008)。定性证据表明,与摘录1中的标准问题陈述相比,叙事更长了,也更详细了,从而导致了更多的医疗语境、症状等(Halkowski,2006)。

常识可能表明:摘录3中的问题格式"[今天]你感觉怎么样?"是"开放"的和具有心理社会敏感的。然而,罗宾逊(Robinson,1999)(也许与直觉相反地)证明了这个格式执行的行为是,作为第一要务,询问对特定的、接收者拥有的、当前经历状况的评估,这种状况是说话者已知的,通常与身体健康相关。因此,"[今天]你感觉怎么样?"实际上是狭义的,针对患者就其已经接受过治疗的问题进行随访的情况,从生物医学的角度突出重点,量身定制。正如预期的那样,患者的回答是"好一些"(第2行),这是一个关于特定和持续健康状况改善的报告,因此是对该状况的积极评估。赫里蒂奇和罗宾逊(Heritage & Robinson,2006)发现,与类似摘录1中的问题("今天我能为你做什么?")相比,"[今天]你感觉怎么样?"实际上产生了更短、更简单的医学问题陈述。

我们刚刚看到了"[今天]你感觉怎么样?"的提问格式操作起来更像是一个封闭的问题,而不是一个开放的问题。赫里蒂奇和罗宾逊(Heritage & Robinson,2006)还发现真正的封闭格式(用于询问主要的担忧问题)——如摘录4中的格式——甚至更具限制性。

摘录4(改编自Heritage & Robinson,2006,第95页)
01 医生:你从六月份开始就有膝盖问题了?
02 患者:是的。
03 医生:好吧,你为此做了什么?从那时起

这个问题格式("你从六月份开始就有膝盖问题了?")是一种确认请求,它鼓励患者作为第一要务,出示要么确认,要么不确认(而不是对实际医疗担忧问题的陈述)的证明,患者会这样做:"是的"(第2行)。此外,正如其所设计的那样,这个问题默认医生已经掌握了关于患者担忧问题的信息,而这阻碍了扩展问题的出现。轮流说话的规则(Sacks et al.,1974)在患者确

认或不确认之后,立即为医生提供说话的正式机会,这可能导致患者失去按照自己的议程提出问题的机会。这就是第3行发生的事情,此时医生开始进行病史记录。

2. 建议父母为孩子接种疫苗

儿科医生的一个重要医疗目标是确保儿童充分接种疫苗,因此,(至少)在儿科健康访视期间,一个常规的医疗行为是寻求疫苗接种的依从性。欧贝儿等人(Opel et al., 2013)发现,这种行为可以通过至少两种不同的方式进行设计(并且因此可能有所不同),以摘录5—6为代表。

摘录5[GS01]
01 医生:所以他今天有点事要做?
02　　(0.2)
03 妈妈:太好了。

摘录6[P2MB02]
01 医生:你今天有什么计划?(回答:打疫苗)
02 妈妈:[.嗯]嗯,我不知道。

在摘录5中,医生的"所以他今天有点事要做?"体现了一种**假定格式**(presumptive format),或者一种在语言上假定依从,并鼓励作为第一要务的患者要么接受疫苗接种提议,要么拒绝疫苗接种提议的形式。要不就是,在摘录6中,医生使用了一种**参与格式**(participatory format),在这种情况下是一个开放式的 Wh-问句,它不是假设依从,是询问母亲关于疫苗接种的意愿(而不是她接受疫苗接种提议或拒绝疫苗接种提议)。定性证据表明,相比参与格式(它可能更以患者为中心;Opel et al., 2012),假定格式导致疫苗接种率增加(Opel et al., 2015)。

3. 建议治疗

医疗行为细微差别的另一个例子是斯蒂弗斯(Stivers et al., 2018)在初级护理治疗建议方面的研究。根据美国和英国的大量数据,作者确认了五种不同类型的治疗建议行为:声明、建议、方案、提议、断言。尽管所有这些行为通常都被理解为可能的治疗建议,但一个关键区别涉及它们传播的道义医学权威(deontic medical authority)的数量(Stevanovic & Peräkylä, 2012),或医生声称能够强制执行治疗建议的权力和合法性的程度。在美国语境下,治疗建议最经常地以**声明**(pronouncements)的形式而出现,强调医生治疗建议上的权威和能动作用。因此,声明阻止患者的抗拒,并尽量减少他们参与治疗决策的机会。例如,见摘录7(由斯蒂弗斯等在2018年做了更详细的分析):

摘录7(改编自 Stivers et al., 2018,第1337页)
01 医生:我想我们必须检查你是否患有贫血。
02　　(0.3)
03 患者:好吧:是吗?
04 医生:我将开始用补铁片给你治疗。
05 患者:好的。好吗?=

在对患者进行诊断后,"我想我们必须检查你是否患有贫血"(第1行),医生的声明——"我将开始用补铁片给你治疗"呈现了已经确定的治疗决定。因此,患者的反应是简单地同意并接受:"好的。好吗?"(第5行)。

与**声明**相反,**断言**(assertions)旨在**暗示**治疗建议,而不是指导患者遵循一个行动过程。图林(Toerien, 2018)以英国神经病学为语境,表明治疗无须立即接受/拒绝便可存在,强调患者选择权的途径,以此证明,有时称为选项列表(Chappell et al., 2018)的断言是作为极其谨慎的治疗建议而被提出和理解的。例如,参见摘录8。

摘录8(改编自 Toerien, 2018,第1359页)
01 医生:嗯,也是考虑到你的疼痛嗯(0.2)
02 (你-/你可-)(0.7).服.嗯嗯(0.2)一片药( )
03 被询问<我们经常使用几种药片=
04 [有一种叫作(.)加巴喷丁。[嗯嗯嗯=和( )
05 患者:[(轻轻点头)]
06 医生:有一种是抗癫痫药物,但
07 (0.3)它对治疗神经性疼痛很有效。
08 =.嗯嗯嗯,有一种叫作阿米替林=
09 患者:[呃
10 医生:=这是一种(0.2)老式的抗抑郁药
11 (0.2)但它对,嗯,
12 神经性疼痛很有用
13 (0.1)
14 患者:好的。

患者的反应是在第5行点头,在第9行发出连续声(Schegloff, 1982),并在第14行表示同意(相对于接受),所有这些,与其说是将医生的断言视为治疗建议本身,不如说是视为仅仅提供信息。相比于治疗声明,治疗断言——至少以选项列表的形式,如摘录8所示——被认为在治疗决策中为患者提供了更多的发言机会(Chappell et al., 2018; Toerien, 2018)。

治疗建议行为的例子提醒我们,反应/回答也是行为,对随后的互动有其自身的级联后果。例如,在儿科神经学的语境下,斯蒂弗斯和蒂默曼斯(Stivers & Timmermans, 2020)发现,父母对治疗建议的不同反应体现了不同类型和不同层次的抗拒,这促使医生采用不同方法来继续探讨他们的治疗建议。例如,一种类型的抗拒是基于**偏好**的抗拒(即父母个人希望或觉得对孩子来说是最好的;如反药物意识形态)。正如斯蒂弗斯和蒂默曼斯指出的那样,"临床医生将此看作抗拒的最成问题的基础,因为它直接挑战了他们权威的道义和认知基础"(第5页)。医生往往通过**迫使**父母接受建议来推进基于**偏好**的抗拒(以斜体表示)。我们在摘录9中看到了这一点,该摘录遵循了医生的建议,即孩子开始服用第二种药物:

摘录9(改编自 Stivers & Timmermans, 2020,第65页)
03 妈妈:我们只是-我们想-我们-我们最终希望她的药物是免费的。
04 医生:好的。
05 妈妈:是的♯我们不想让她一辈子都靠
06 处方药生活♯

07 医生：问题是[一些点(.)<为了留住她
08 妈妈：[(.嗯嗯嗯嗯)
09 医生：癫痫不发作了,我们可能需要像你|你知道的那样|添加-某种
10   药物,或在上面再加点什么_
11   .嗯嗯[来以确保我们得到更好的控制。
12 妈妈：[好的。

在第7—11行,医生向母亲施压,要求她同意服用第二种药物,"为了使她的癫痫不发作",并"确保我们得到更好的控制"。

另一类抗拒是基于经验的抗拒(即基于父母对其孩子治疗方案的具体经验的证据,例如,药物的副作用或与用量改变相关的症状)。在这里,"父母采取的立场是,在讨论治疗时,他们的知识应该与临床医生不相上下"(第12页)。医生倾向于通过**适应**(如放弃最初的建议,做出让步,提供替代性治疗)来推进基于**经验**的抗拒。我们在摘录10中看到了这一点,该摘录遵循了医生的建议,即停止服用某种特定药物(双丙戊酸钠)。

摘录10(改编自 Stivers & Timmermans,2020,第72页)
01 妈妈：是的,他-每次我们都试图降低双丙戊酸钠剂量?
02 医生：嗯,嗯。
03 妈妈：他就突然发作了。
04 医生：嗯∷=

·
·
·

31 医生：嗯,因为我的意思是,还有增加的空间
32   利必通？所以♯n,你知道那是(.)通常好像是100
33   毫克,一天两次,有点像初始剂量吗?
34 妈妈：嗯嗯。
35 医生：所以∷我们可以试着再加一点∷然后试试
36   再停掉它。
37 妈妈：好的。

在第31—36行,医生放弃了降低双丙戊酸钠剂量的建议,相反,他建议增加孩子已经在服用和能够忍受的药物(利必通)剂量。

不同行为会导致不同反应,而这些反应本身又会导致不同结果,这一事实使分析问题变得复杂了：什么是合适的观察单位(对于 X 语境、Y 参与者、Z 结果等等)？在某些情况下,它可能是一个单独的行为(或是医生的行为,或是患者的行为),但在其他情况下,它可能是一个行为-反应序列。

二、序列结构

会话分析已经证明,要求回答的行为之间存在着差异,因此会启动一系列行为——例如,询问患者的主要担忧问题("今

天我能为你做什么?")和治疗建议("我想让你服用一个疗程的泼尼松"),以及行为本身就是回答(如表示担忧或接受建议)。这些序列结构差异之一涉及条件相关性(conditional relevance)的概念(Schegloff, 1968):主动发起行为以使特定回答的产生成为可能。上一节关于"行为议程"的各种选择涉及序列结构,因为微妙的不同行为需要微妙的不同类型的回答。显示条件相关性有多重要的另一个例子是,用条件相关回答以外或附加的回答来回应,可以从根本上改变回答作为一种行为的"意义"。斯蒂弗斯(Stivers, 2002)通过分析父母对儿科医生关于儿童主要担忧问题的提示的反应,论证了上述观点。这样的提示使具体症状的呈现作为某种此时此刻的经历而具有了条件相关性(Robinson & Heritage, 2005)。这就是发生在摘录 11 中的情况,其中,父母只呈现"症状":

摘录 11(改编自 Stivers, 2002,第 305 页)
01 医生:那么:她一直在烦恼什么?
02   (0.4)
03 妈妈:呃:她咳嗽了吗?,和塞住了-鼻子
04   塞住了,然后昨天下午她
05   开始变得眼泪汪汪,

不过,斯蒂弗斯(Stivers, 2002)注意到,父母有时会额外呈现候选诊断,这些诊断与条件不相关,如摘录 12:

摘录 12(改编自 Stivers, 2002,第 308—309 页)
01 医生:((提示妈妈呈现担忧问题))
02   (1.2)
03 妈妈:只是(.)我上周三才想到,所以
04   她可能已经得了这个(0.2)
05 医生:嗯_
06 妈妈:(好像)超过-四天?
07   (1.0)
08 妈妈:她一直在抱怨头疼。
09   (.)
10 **妈妈:所以我想她感染了鼻窦炎=**
11 医生:嗯嗯嗯
12 妈妈:呃=什么的=
13 医生:=不一定:基本上嗯,这是呃病毒
14   基本上是:,嗯=就是哦:.嗯嗯(.)那么头痛似乎是嗯
15   =呃(0.5)很厉害:一开始是一点点痛。

斯蒂弗斯论证说,儿科医生认为父母的候选诊断是施加开抗生素处方的压力。这由以下事实所支持,即儿科医生的反应是不同意,"不一定"(第 13 行),然后通过断言"这是呃病毒",不能被抗生素有效治疗(第 13 行),来证明他的不同意是合理的。

另一个序列结构差异涉及偏好结构的概念(有关评价,参见 Pillet Shore, 2017)。除了做出本身具有社会责任感的回答

以外(Robinson, 2016),主动发起行为往往更喜欢某些类型的回答,而非其他类型的回答。赫里蒂奇等人(Heritage et al., 2007)进行了一项关于偏好结构的对照研究。大多数因急诊问题(如最近被蜘蛛咬伤)而就诊于初级护理医生的美国成年患者至少也有一个额外的、明显的担忧问题(如阴道干燥)。不过,这些额外担忧通常得不到解决(Robinson & Heritage, 2016),导致患者带着"未解决的"问题而离开。赫里蒂奇等人研究了医生之间在以两种细微不同的方式,实际上又是同样的转折格式(即有效地执行相同行为的肯定疑问句)而询问额外担忧问题上的差异:该问题要么包括语词"任何"(any)(摘录13),要么包括语词"一些"(some)(摘录14)。

摘录13[MC.18]
01 医生:你今天还有
02　　什么想和我谈谈的吗?
03 患者:没有了,就是这些。
04 医生:好的。

摘录14[MC.14.09]
01 医生:你还有什么其他问题想讨论吗?
02 患者:嗯:我确实有一些家族史
03　　也想和你讨论
04 医生:哦:好的

尽管询问医疗担忧问题的行为(即摘录13和14中的问题)偏好于担忧问题的呈现,但研究已经表明,这种偏好可以通过分别包含语词"任何"或语词"一些"而被削弱或强化(Heritage & Robinson, 2011)。与之相应,赫里蒂奇等人(Heritage et al., 2007)观察到,与"一些"形式的问题相比,"任何"形式的问题不太可能导致额外担忧问题的呈现(我们稍后在"结果"部分会对这项研究发表更多的评论。)

偏好结构的另一个例子涉及特定治疗的建议行为。尽管接受和拒绝都是条件相关的(conditionally relevant)回答,但相比于拒绝,接受要更加可取(Koenig, 2011; Stivers, 2005a, 2005b)。偏好结构是社会性的,与说话者个人或心理的偏好不同;事实上,后者通常被认为是基于前者的扬声器。例如,医生可能希望患者拒绝某种特定的处方药,甚至对其安全性持个人保留意见,但是,提出治疗方案的行为更容易使处方药被患者接受而不是拒绝(Stivers, 2005a)。例如,在摘录15中,患者立即以"好的"来表示接受。

摘录15[改编自Stivers, 2006,第300页]
01 医生:.嗯嗯,所以他需要一些抗生素来治疗,
02 患者:好的。

理解这种偏好结构,对于理解医生和患者如何应对治疗抗拒是至关重要的,因为任何不构成接受的偏好性回答——例如,"好""好的""那很好""让我们这样做"等等——都会在传播的意义上预示着非偏好性的否定回答。抗拒可以是被动的,以连续音的形式(Schegloff, 1982)存在,例如,"嗯哼",独自点头,甚至是小停顿,或者更积极地以问题的形式(如"哪种奶油?")和明确拒绝的形式(如"我不想这么做")。即使是消极的抗拒也被理解为拒绝(完全)接受(Koenig, 2011; Stivers, 2005b)。例如,参见摘录16:

摘录16(改编自Stivers,2006,第284页)

01 医生:我认为你不需要抗生素?
02 患者:嗯,嗯
03 医生:我(过去没有/现在没有)看到任何迹象。它表示(.)
04   你知道-(.)呃:对于[抗生素来说。
05 患者: [♯嘿嘿♯(咳嗽)]
06 患者:嗯[好吧,
07 医生:[。嗯( )嗯,你可能需要一些强效咳嗽
08   药……

在回答医生第1行的治疗建议时,患者以连续音被动地进行抗拒(Schegloff, 1982):"嗯,嗯(Mmhm)"(第2行)。这方面的证据是,医生以证据确凿的方式寻求完全相同的建议,从"认为你不"(第1行)到"(过去没有/现在没有)看到任何迹象。它表示"(第3—4行)。在患者接受("嗯,好吧",第6行)之后,医生转向新的治疗建议(第7—8行)。

三、行为相对于医疗活动的位置

与普通互动不同,机构互动的一个决定性特征是参与者围绕特定和反复出现的目标而组织起来(Drew & Heritage, 1992)。这种目标导向的一个效果是,医疗互动的特征是被结构化为目标清晰、任务导向的标准基组与序列,它包括大规模的医疗活动。例如,围绕处理急诊医疗问题(如新皮疹、新流感等)而组织的美国初级健康护理就诊,通常由六项有序活动组成:① 开始就诊;② 提出问题;③ 收集信息(即病史采集和体检);④ 诊断;⑤ 治疗;⑥ 结束就诊(Robinson, 2003)。在许多情况下,这种规范性活动结构的存在和性质既为医生和患者所理解,也提供了一类语境,该语境在整个互动过程中塑造对行为的理解。

1. 询问患者主要担忧问题的定位

开放的初级护理就诊活动是围绕询问患者主要担忧问题的目标而组织的(Robinson, 1998)。实现这一目标,涉及从非共同参与或缺乏共同参与,过渡到谈论患者的担忧问题的协商谈判。开放是通过完成各种任务(社会的、互动的和官僚主义的)而建构的,这种任务能够使医生和患者做好解决患者担忧问题的充分的准备,包括:① 问候;② 准备工作具体化;③ 保护患者姓名的安全;④ 检索和审查病历;⑤ 初步了解患者的担忧问题(Robinson, 1998)。任务1—4是处理患者担忧问题的准备工作,开场的结构符合规范,这样,在处理患者的担忧问题之前完成任务1—4(Robinson, 1999)。这种规范结构的一个结果是:依据其在开场中的位置,患者可以对完全相同的医生的问题做出不同的理解,也就是说,患者可以采取截然不同的行为。例如,"你好吗?"这个问题在美国和英国就诊中极其常见(Rogers & Todd, 2010)。当医生在完成开场任务1—4前问"你好吗?"时,通常不会得到医学意义的理解(即作为对患者情况的询问),而是得到"社会意义的"解释(即作为对患者当前和一般生存状态的询问;Sacks, 1975)。这可以见于摘录17。

摘录17(改编自Robinson, 1999,第93—94页)

01 医生:嗨。
02   (.)
03 医生:[鲍德]温[先]生,
04 患者:[你好。]
05 患者:我是(鲍德温)。

06 医生：嗨。我是穆拉德医生,我是一名实习医生
07   这里?
08   (.)
09 患者：〈好的,〉
10   (1.1)
11 医生：*你今天怎么样?((*关门))
12 患者：好的,
13   (1.7)
14 医生：好。我能问问你今天
15   为什么来吗?
16   (.)
17 患者：噢。我乳房里有肿块:

医生开门后,和患者打招呼(第1—4行),然后确认其姓名(第3—5行)。当医生自我介绍后(第6—7行),他关上门。关上门后,医生问"你今天怎么样?"(第11行)。尽管医生已经向患者打了招呼,确认了病人的名字,并介绍了他自己,但他站在房间的桌子和椅子对面,所以还没有准备好处理患者的担忧问题。由于医生既没有坐下来,也没有阅读病例,所以他还没有做好充分准备来处理患者的担忧问题。请注意,尽管存在着患者因为"我乳房里有肿块"(第17行)的潜在癌症风险而正在向医生问诊的事实,但患者的回答还是"好的"(第12行)。因此,患者面向医生的问题"你今天怎么样?"并将其作为对他当前和一般状态的评估,而不是关于他的医疗担忧问题的询问。

相比之下,当医生在完成任务1—4**后**问"你怎么样?"时,它通常在医学的意义上被理解为对主要担忧的一种询问。例如,参见摘录18。

摘录18(改编自Robinson,1999,第67—68页)
01 患者:((敲门,敲门,敲门))
02 医生:请进。
03   (1.7)
04 医生:你好:请进。
05   (0.6)
06 医生:霍尔先生?
07   (0.5)
08 患者:是的,脚步声((沙沙声))
09   (0.2)
10 患者:嗯嗯((清清喉咙))
11   (1.9)
12 医生:请坐
13 (2.4)((医生阅读病历;患者坐下))
14 医生:我是马斯特斯医生[嗯。
15 患者: [嗯,我想是的。

16 医生：你好吗。
17 患者：嗯嗯嗯嗯,我来是想要一些嗯：:(m)(0.6)
18　　　布雷定-嗯：(名字说错了)药片：融水药片。

在医生说出"你好吗?"(第16行)之前,患者已经进入房间并坐下(第13行),而医生已经向患者打招呼(第4行),确认了他的姓名(第6—8行),阅读他的病历(第13行),并自我介绍。当医生问:"你好吗?"时,他正凝视着患者。此时此刻,医生和患者都已经采取了典型的初步开场行为,因此为处理患者的担忧做好了充分的准备。总之,由于其在开场白活动中的定位,完全相同的问题"你好吗"完成了一个截然不同的行为。例如,社交性地谈论问题和医学性地谈论问题的"你好吗"之间的区别,通常不能被传统的编码模式捕获,其代码类别相当程度上仅是根据内容来操作的。

2. 对询问其他担忧问题的定位

在美国急诊护理实践中,医生往往在就诊的"后期",即在收集信息活动之后采取询问患者其他担忧问题的行为(如在病史采集和体检之后;Robinson et al., 2016)。例如,在摘录19中,医生在完成治疗行为之后询问其他担忧问题。

摘录19(改编自 Robinson et al., 2016,第719页)
语境：在医生一完成治疗讨论之后
01 医生：还有其他医疗问题吗?
02 患者：没有了。

正如摘录19所述,当医生在这个点上采取这一行为时,患者几乎总是避免说出其他担忧问题(Robinson et al., 2016)。其中一个原因是,患者明白治疗活动是结束这次就诊的预设,而这可能会使医生的询问行为显得敷衍了事(Robinson, 2001)。

相比其在就诊中的后期定位,当医生在早期询问其他担忧问题时——例如,当患者一说出他们的主要担忧问题之后,那么,患者更有可能说出其他的担忧问题,正如摘录20所示。其中一个原因是,患者将这一行为理解为询问活动的延续(Robinson & Heritage, 2005)。

摘录20(改编自 Robinson et al., 2016,第719页)
语境：在患者一说出主要担忧问题之后
01 医生：其他情况如何? 还有其他问题吗?
02 患者：我很好,我对流感疫苗有轻微的反应,
03 　　　你知道嘛,我醒来时喉咙有点痛。

总之,同样的询问患者其他担忧问题的行为,并以几乎同样的方式得到表达[例如,"还有任何其他(担忧的/医疗问题)吗?"],但由于在就诊中的不同定位,患者对它的理解和反应就不同。

3. 对其他行为的定位

就医疗活动规范结构内的行为定位对此类行为意义的影响而言,空间是进行全面评价的阻碍(例如,参见 Stivers, 2007,回溯"诊断行为")。尽管前面两个例子涉及医生的行为,但医疗活动结构也会影响患者的行为。例如,斯蒂弗斯(Stivers, 2002)的研究发现,父母在陈述孩子的上呼吸道问题时也包括了候选诊断(如鼻窦炎),而此时医生会认为他们是在游说医生使用抗生素。这在很大程度上是因为诊断活动在治疗服务中进行(Robinson, 2003),而诊断活动又通常是由医生在就诊后期进行的,因此患者的"早期"自我诊断被理解成基本上是在暗示可能的治疗方法。

第 2 节　从互动到结果

上一节评价了会话分析对医患互动研究的一些质化贡献。这些质化研究结果提出了三个问题：① 鉴于质化研究结果有时被批评为轶事，对于概率性索赔的辩护来说，由量化证据支持的不同医生行为的拟议传播过程结果是否更具传统价值？② 如果特定行为或行为-反应序列可以被转化成传播过程变量，那么，它们是否可能与互动外的医疗结果相关，例如，患者对医生或医疗意图的互动后评估？③ 如果对①或②的回答为"是"，那么，会话分析横断面的调查结果是否可以用于医疗行为的干预，以改善健康结果，例如，通过培训医生在就诊中的特定位置以特定形式执行某些操作？

一、就诊内外的行为结果

尽管本章对一些用于分析医患互动的编码模式提出了批评，尽管会话分析基本上是一种归纳的和质化的研究方法，但会话分析的一个核心分支，即被称为应用会话分析(applied CA)的分支(Antaki，2011)，利用尖端的社会科学方法，将行为编码或转换为变量，以进行统计关联和概率建模(Kendrick，2017；Robinson，2007；Stivers，2015)。这种转换涉及牺牲对 CA 细节的度量，以便获得跨越个别案例的更大的互动特征，同时也为统计学分析假设而牺牲了一些会话分析方法和理论的假设(例如，参见 Stivers，2015；另参见 Heritage，2009；Schegloff，1993)。应用会话分析的一个标志是，它涉及有限数量行为(或行为序列)的编码，这与早期用来为健康护理相遇(encounters)中的每一个点都进行编码的图式形成了对比。从 CA 的角度来看，后者要求系统地理解每一种可能的医疗行为类型；研究尚未给我们提供这一点，但它又是健康背景下的基本会话分析的核心目标。这种应用的会话分析哲学为更当代的图式提供了依据，例如，克拉维茨等人(Kravitz et al.，1999)的图式，仅仅关注患者(对信息和服务)的需求，以及斯特里特和米莱(Street & Millay，2001)的图式，仅仅关注患者的参与。以下小节评价了一些应用会话分析的研究结果，尤其是当它们与上一节中介绍的数据资料相关时。

赫里蒂奇和罗宾逊(Heritage & Robinson，2006)发现，当医生询问患者的主要医疗担忧问题时，与封闭式确认请求(回溯上面摘录4："你从六月份开始就有膝盖问题了？")相比，对医疗担忧问题的开放式询问本身(回溯摘录1："今天我能为你做什么？")会导致患者花费更多的时间来陈述他们的担忧(例如，M 长度 = 27.10 秒与 M 长度 = 15.72 秒)。开放式格式也导致患者在其陈述中表现出显著更多的症状。最后，开放式格式与患者在就诊一结束便对医生的就诊传播进行显著更积极的评价相关(例如，医生的倾听和情感/关系行为；Robinson & Heritage，2006)。

在一系列研究中，欧贝尔及其同事(Opel et al.，2013，2015，2018，2020)发现，当儿科医生寻求父母在孩子接种疫苗方面的依从性时，与参与格式(参见摘录6："你今天有什么计划？")相比，假定格式(回溯摘录5："所以他今天有点事要做？")会导致显著更高的疫苗接种率。在一项针对儿童两个月、四个月和六个月就诊的纵向研究中，欧贝尔等人(Opel et al.，2018)发现，重复使用(与参与格式相对的)假定格式与儿童接受更多的免疫接种显著相关。欧贝尔等人(Opel et al.，2015)确实发现有证据表明，相比接受假定格式的父母，接受参与格式的父母报告称，他们的就诊体验有显著更高的满意度。不过，所有患者的满意度得分都非常高(即上限效果)，因此，假定格式本身似乎没有引起不满。

查佩尔等人(Chappell et al.，2018)在神经学的语境下发现，当医生将他们的治疗建议以选项列表的形式(参见摘录8："考虑到你的疼痛……我们经常使用几种药片，有一种叫作加巴喷丁。")格式化为断言时，相比医生的建议被格式化为声明(参见摘录7："我将开始用补铁片给你治疗")，患者赞同神经学家治疗建议的可能性显著更低，或反对或拒绝医生建议的可能性显著更高。不过，神经科医生和患者在就诊后都报告(并且更可能都同意)称，选项列表提供了显著更多的治疗选择。这些研究结果反映了欧贝尔等人的研究发现(Opel et al.，2015)，就不同的转换格式而言，治疗依从性和治疗经验(如就诊经验、选择认知)之间可能存在着权衡。

二、干预医疗行为

赫里蒂奇等人(Heritage et al., 2007)的研究涉及美国两个州(加利福尼亚州和宾夕法尼亚州)的20名医生。在见过对照组患者之后(即在接受培训之前),医生们观看了一段五分钟的视频,该视频培训他们:① 采用开放式询问的方式了解患者的主要医疗担忧(回溯摘录1:"今天我能为你做什么?");② 或是以偏好弱化任何问题(即实验条件1,回溯摘录13:"你今天还有什么想和我谈谈的吗?")的方式,或是以偏好强化某些问题(即实验条件2,回溯摘录14:"你还有什么其他问题想讨论吗?")的方式,来询问其他的担忧。在就诊之前,患者填写了一份问卷,其中包括一个开放式问题,即要求他们列出"今天就诊的原因,包括你想和医生交谈的问题和担忧"。这些问题针对患者想要陈述的医疗担忧问题而编码,而就诊录像带是为患者实际陈述的医疗担忧问题而编码的,从而使得赫里蒂奇等人能够确定患者带着未得到解决的担忧问题离开就诊的程度。医生在75%的时间里正确实施了干预。询问强化偏好的**一些**问题,显著降低了患者带着未得到解决的担忧问题而离开的发生率(即通过询问更多的担忧问题)。医生不愿寻求更多担忧问题的主要原因是:这样做既会增加就诊时间,又会鼓励患者提出更适合于在另一次就诊时解决的担忧问题。在这一点上,**一些**问题并没有显著增加就诊时间,或患者提出与他们就诊时想要处理的问题完全无关的担忧的可能性。最后,与之前关于如何通过在就诊中定位塑造行为的讨论相关,罗宾逊等人(Robinson et al., 2016)发现,与就诊一开始就定位这些类型的议程设置问题相比(正如赫里蒂奇等人研究中的情况那样,Heritage et al., 2007),在就诊结束时对它们进行定位,显著降低了患者对其他担忧问题做出反应的可能性。

一项"围绕呼吸疾病治疗"(DART)方案的对话(Kronman et al., 2020)的随机对照试验,测试基于会话分析的干预措施,以便减少一般的抗生素处方,并特别减少不恰当的抗生素处方。为期十一个月的时间里,在临床医生层面分三个模块进行了干预,包括循证在线教学、网络研讨会、增强型视频片断会议和个性化抗生素处方反馈报告。干预涉及临床医生:① 通过评价体检结果进入治疗阶段,即在诊断上预测"没有问题"(例如,"他的耳朵看起来很好,肺部也很好,听起来不错,所以没有耳朵感染或肺炎症状。虽然他的鼻子塞得厉害,喉咙也有点红,但与链球菌无关";基于以下研究结果:Hersh et al., 2013;Shulman et al., 2012));② 提出了一个由两部分组成的治疗建议,该建议首先排除了对抗生素的需求(例如,"这只是感冒,抗生素还用不上"),然后提供可操作的治疗步骤(例如,"抬起她的床头,有助于她睡觉时鼻子引流,这样她就不会咳得太厉害了";基于以下研究结果:Mangione-Smith et al., 2006, 2015;Stivers, 2005a);③ 提供应急计划(例如,"如果她开始发高烧或呼吸困难,一定要给我打电话")。在美国9个州超过70 000例急性呼吸道感染(ARTI)就诊的一份样本中,"围绕呼吸病治疗"(DART)的干预措施显著降低了抗生素处方的总体占比,以及不当的处方率(例如,为病毒感染开抗生素处方)。

欧贝尔等人提出的询问疫苗接种依从性的(相对于参与格式的)假定格式(回溯摘录5—6),是登普西等人(Dempsey et al., 2018)的随机对照试验的核心部分,该试验测试了一种旨在提高青少年HPV(人乳头瘤病毒)疫苗接种率和完成率的传播干预措施。此外,医疗专业人员还接受了关于HPV及其疫苗接种的培训,并接受了关于对在假定格式反应中拒绝疫苗接种的父母使用动机式访谈法的培训。72.2%—90.0%的医学专业人员在培训后使用了传播干预措施。在(丹佛、科罗拉多、大都会地区)16个诊所的43 132名患者中,相比对照组的患者,干预组的患者显著更有可能开始和完成HPV疫苗接种系列。欧贝尔等人(Opel et al., 2020)目前正处于一项为期五年的随机对照试验的第三年,该试验测试一项类似的传播干预,目的是在美国两个州(华盛顿和科罗拉多州)24个初级护理儿科诊所中,提高其父母对疫苗持犹豫态度的儿童总体免疫状况。简而言之,上述研究已经表明,就某些行为及其特定格式而言,基于对话分析的研究结果可以为旨在改善健康结果的健康护理传播干预提供有意义的信息。

第3节 结　　论

本章的目的是评价会话分析对健康传播领域的一般贡献,以及对医-患互动研究的特殊贡献。CA证明,医疗相遇是围绕医生和患者对于社会行为的生产和理解而构建的。这些过程本身是由相互作用的语境形式构成的,例如,序列结构的不同要素(如偏好结构)和产生行为的大规模医疗活动的性质(如问题陈述、病史采集、诊断等)。与分析提供者-患者互动的其他方法(例如,使用理论上和演绎地假设特定社会行为的存在及其与参与者相关性的预先存在的编码模式)相比,会话分析从定性地(例如,自然地、归纳地和对语境敏感地)确定对提供者和患者有意义(以及它们如何有意义)的社会行为开始。然后,应用会话分析以模式化结果将互动结构转换为可量化的变量,以实现将它们与健康护理结果联系起来的目标。这些互动结构可以传授给提供者,并已被纳入医疗干预措施的随机对照试验之中,这反过来又带来了积极的结果。

附录:转录约定

以下转录约定基于杰斐逊(Jefferson, 2004)的转录符号词汇表,并略有改编。注意:会话分析转录通常包括非标准的正字法,以便捕捉参与者实际产生的声音和话语。

1. 时间和序列关系

[　左括号表示重叠语音(speech)的开始的点

] 　右括号表示重叠语句的结束的点

= 　等号表示锁定语音(谈话之间没有中断或间隙)

(0.5) 　静音表示为十分之一秒的停顿

(.) 　括号中的句点表示可听见的微暂停(小于十分之二秒)

2. 言语发送方面

。 　句号表示降调

, 　逗号表示连续语调

? 　问号表示升调

_ 　下划线表示平调

: 　冒号表示前一个音的拉长(冒号越多,长度越长)

ye- 　连字符表示突然中断的声音(发音意义上,是声门停止);yes下划线表示通过增加振幅或音调表示重音或强调,或YES的大写字母表示语音明显变大

°yes° 　度数符号表示明显安静或说话柔和

^ 　插入符号表示音调急剧上升

>yes< 　表示谈话明显快于周围的谈话

<yes> 　表示谈话明显慢于周围的谈话

hh 　字母"h"表示可以听得到的吸气声(吸气越多,呼吸越长)

.hh 　字母"h"之前的句点表示可听见的吸气声(吸气越多,呼吸越长)

y(h)es 　单词的括号内的(h)表示"像笑一样"的声音

£ yes £ 　英镑符号,表示微笑的声音

3. 其他符号装置

(guess) （猜测）单括号内的词表示可能听到了该词

((cougus)) （（咳嗽））双括号中的信息表示转录者对事件的描述，而不是对事件的直接呈现

( )　空括号表示可听到，但无法理解的谈话

参考文献

Antaki, C. (Ed.). (2011). *Applied conversation analysis: Intervention and change in institutional talk*. Springer.

Beckett, M. K., Elliott, M. N., Richardson, A., & Mangione-Smith, R. (2009). Outpatient satisfaction: The role of nominal versus perceived communication. *Health Services Research*, 44(5 part 1), 1735-1749.

Centers for Disease Control and Prevention (2020, January 22). *Health communication basics*. www.cdc.gov/healthcommunication/healthbasics/WhatIsHC.html.

Chappell, P., Toerien, M., Jackson, C., & Reuber, M. (2018). Following the patient's orders? Recommending vs. offering choice in neurology outpatient consultations. *Social Science & Medicine*, 205, 8-16.

Clemente, I., Lee, S. H., & Heritage, J. (2008). Children in chronic pain: Promoting pediatric patients' symptom accounts in tertiary care. *Social Science & Medicine*, 66(6), 1418-1428.

Dempsey, A. F., Pyrznawoski, J., Lockhart, S., Barnard, J., Campagna, E. J., Garrett, K., Fisher, A., Dickinson, M., & O'Leary, S. T. (2018). Effect of a health care professional communication training intervention on adolescent human papillomavirus vaccination: A cluster randomized clinical trial. *Jama Pediatrics*, 172(5), e180016.

DiMatteo, M. R., Robinson, J. D., Heritage, J., Tabbarah, M., Tabbarah, M., & Fox, S. A. (2003). Correspondence among patients' self-reports, chart records, and audio/videotapes of medical visits. *Health Communication*, 15(4), 393-413.

Drew, P., & Heritage, J. (1992). *Talk at work: Interaction in institutional settings*. Cambridge University Press.

Halkowski, T. (2006). Realizing the illness: Patients' narratives of symptom discovery. In J. Heritage & D. W. Maynard (Eds.), *Communication in medical care: Interaction between primary care physicians and patients* (pp. 86-114). Cambridge University Press.

Heritage, J. (2009). Conversation analysis as social theory. In B. S. Turner (Ed.), *The new Blackwell companion to social theory* (pp. 300-320). Wiley-Blackwell.

Heritage, J., & Robinson, J. D. (2006). The structure of patients' presenting concerns: Physicians' opening questions. *Health Communication*, 19(2), 89-102.

Heritage, J., & Robinson, J. D. (2011). "Some" versus "any" medical issues: Encouraging patients to reveal their unmet concerns. In C. Antaki (Ed.), *Applied conversation analysis: Intervention and change in institutional talk* (pp. 15-31). Palgrave Macmillan.

Heritage, J., Robinson, J. D., Elliott, M. N., Beckett, M., & Wilkes, M. (2007). Reducing patients' unmet concerns in primary care: The difference one word can make. *Journal of General Internal Medicine*, 22(10), 1429-1433.

Hersh, A. L., Jackson, M. A., Hicks, L. A., & the Committee on Infectious Diseases. (2013). Principles of judicious antibiotic prescribing for upper respiratory tract infections in pediatrics. *Pediatrics*, 132(6), 1146-1154.

Jefferson, G. (2004). Glossary of transcript symbols with an introduction. In G. H. Lerner (Ed.), *Conversation analysis: Studies from the first generation* (pp. 13-31). John Benjamins.

Kendrick, K. H. (2017). Using conversation analysis in the lab. *Research on Language and Social Interaction*, 50(1), 1-11.

Kitzinger, C. (2000). Doing feminist conversation analysis. *Feminism & Psychology*, 10(2), 163-193.

Koenig, C. J. (2011). Patient resistance as agency in treatment decisions. *Social Science & Medicine*, 72(7), 1105-1114.

Kravitz, R. L., Bell, R. A., & Franz, C. E. (1999). A taxonomy of requests by patients (TORP): A new system for understanding clinical negotiation in office practice. *Journal of Family Practice*, *48*(11), 872-878.

Kronman, M. P., Gerber, J. S., Grundmeier, R. W., Zhou, C., Robinson, J. D., Heritage, J., Stout, J., Burges, D., Hedrick, B., Warren, L., Shalowitz, M., Shone, L. P., Steffes, J., Wright, M., Fiks, A. G., & Mangione-Smith, R. (2020). The dialogue around respiratory illness treatment (DART) program to reduce antibiotic prescribing. *Pediatrics*, *146*(3).

Leydon, G. M., & Barnes, R. K. (2020). Conversation analysis. In C. Pope & N. Mays (Eds.), *Qualitative research in health care* (pp. 135-150). John Wiley & Sons.

Mangione-Smith, R., Elliott, M. N., Stivers, T., McDonald, L. L., & Heritage, J. (2006). Ruling out the need for antibiotics: Are we sending the right message? *Archives of Pediatrics and Adolescent Medicine*, *160*(9), 945-952.

Mangione-Smith, R., Zhou, C., Robinson, J. D., Taylor, J. A., Elliott, M. N., & Heritage, J. (2015). Communication practices and antibiotic use for acute respiratory tract infections in children. *The Annals of Family Medicine*, *13*(3), 221-227.

Maynard, D. W., & Heritage, J. (2005). Conversation analysis, doctor—patient interaction and medical communication. *Medical Education*, *39*(4), 428-435.

Mishler, E. (1984). *The discourse of medicine: Dialectics of medical interviews*. Ablex.

Opel, D. J., Heritage, J., Taylor, J. A., Mangione-Smith, R., Salas, H. S., DeVere, V., Zhou, C., & Robinson, J. D. (2013). The architecture of provider-parent vaccine discussions at health supervision visits. *Pediatrics*, *132*(6), 1037-1046.

Opel, D. J., Mangione-Smith, R., Robinson, J. D., Heritage, J., DeVere, V., Salas, H. S., Zhou, C., & Taylor, J. A. (2015). The influence of provider communication behaviors on parental vaccine acceptance and visit experience. *American Journal of Public Health*, *105*(10), 1998-2004.

Opel, D. J., Robinson, J. D., Heritage, J., Korfiatis, C., Taylor, J. A., & Mangione-Smith, R. (2012). Characterizing providers' immunization communication practices during health supervision visits with vaccine-hesitant parents: A pilot study. *Vaccine*, *30*(7), 1269-1275.

Opel, D., Robinson, J. D., Spielvogle, H., Spina, C., Garrett, K., Dempsey, A., Perriera, C., Dickinson, M., Zhou, C., Pahud, B., Taylor, J., & O'Leary, S. (2020). "Presumptively initiating vaccines and optimizing talk with motivational interviewing" (PIVOT with MI) trial: A protocol for a cluster randomized controlled trial of a clinician vaccine communication intervention. *BMJ Open*, *10*(8), e039299.

Opel, D. J., Zhou, C., Robinson, J. D., Henrikson, N., Lepere, K., Mangione-Smith, R., & Taylor, J. A. (2018). Impact of childhood vaccine discussion format over time on immunization status. *Academic Pediatrics*, *18*(4), 430-436.

Patton, M. J. (1989). Problems with and alternatives to the use of coding schemes in research on counseling. *The Counseling Psychologist*, *17*(3), 490-506.

Pillet-Shore, D. M. (2017). Preference organization. In J. Nussbaum (Ed.), *The Oxford research encyclopedia of communication*. Oxford University Press.

Robinson, J. D. (1998). Getting down to business: Talk, gaze, and body orientation during openings of doctor-patient consultations. *Human Communication Research*, *25*(1), 97-123.

Robinson, J. D. (1999). *The organization of action and activity in general-practice, doctor-patient consultations* [Unpublished doctoral dissertation]. University of California.

Robinson, J. D. (2001). Closing medical encounters: Two physician practices and their implications for the expression of patients' unstated concerns. *Social Science & Medicine*, *53*(5), 639-656.

Robinson, J. D. (2003). An interactional structure of medical activities during acute visits and its implications for patients' participation. *Health Communication*, *15*(1), 27-59.

Robinson, J. D. (2006). Soliciting patients' presenting concerns. In J. Heritage & D. Maynard (Eds.), *Communication in medical care: Interaction between physicians and patients* (pp. 22-47). Cambridge University Press.

Robinson, J. D. (2007). The role of numbers and statistics within conversation analysis. *Communication Methods and Measures*, 1(1), 65-75.

Robinson, J. D. (2016). *Accountability in social interaction*. Oxford University Press.

Robinson, J. D., & Heritage, J. (2005). The structure of patients' presenting concerns: The completion relevance of current symptoms. *Social Science & Medicine*, 61(2), 481-493.

Robinson, J. D., & Heritage, J. (2006). Physicians' opening questions and patients' satisfaction. *Patient Education and Counseling*, 60(3), 279-285.

Robinson, J. D., & Heritage, J. (2016). How patients understand physicians' solicitations of additional concerns: Implications for up-front agenda setting in primary care. *Health Communication*, 31(4), 1-11.

Robinson, J. D., Tate, A., & Heritage, J. (2016). Agenda-setting revisited: When and how do primary-care physicians solicit patients' additional concerns? *Patient Education and Counseling*, 99(5), 718-723.

Rogers, M. S., & Todd, C. (2010). Can cancer patients influence the pain agenda in oncology outpatient consultations? *Journal of Pain and Symptom Management*, 39(2), 268-282.

Roter, D., & Hall, J. A. (2006). *Doctors talking with patients/ patients talking with doctors: Improving communication in medical visits*. Greenwood Publishing Group.

Roter, D., & Larson, S. (2002). The Roter interaction analysis system (RIAS): Utility and flexibility for analysis of medical interactions. *Patient Education and Counseling*, 46(4), 243-251.

Sacks, H. (1975). Everyone has to lie. In B. Blount & M. Sanches (Eds.), *Sociocultural dimensions of language use* (pp. 57-80). Academic Press.

Sacks, H., Schegloff, E. A., & Jefferson, G. (1974). A simplest systematics for the organization of turn taking for conversation. *Language*, 50(4), 696-735.

Sandvik, M., Eide, H., Lind, M., Graugaard, P. K., Torper, J., & Finset, A. (2002). Analyzing medical dialogues: Strength and weakness of Roter's interaction analysis system (RIAS). *Patient Education and Counseling*, 46(4), 235-241.

Schegloff, E. A. (1968). Sequencing in conversational openings. *American Anthropologist*, 70(6), 1075-1095.

Schegloff, E. A. (1982). Discourse as an interactional achievement: Some uses of "uh huh" and other things that come between sentences. In D. Tannen (Ed.), *Analyzing discourse: Text and talk* (pp. 71-93). Georgetown University Press.

Schegloff, E. A. (1993). Reflections on quantification in the study of conversation. *Research on Language and Social Interaction*, 26(1), 99-128.

Schegloff, E. A. (1995). Discourse as an interactional achievement III: The omnirelevance of action. *Research on Language and Social Interaction*, 28(3), 185-211.

Shulman, S. T., Bisno, A. L., Clegg, H. W., Gerber, M. A., Kaplan, E. L., Lee, G., Martin, J. M., & Van Beneden, C. (2012). Clinical practice guideline for the diagnosis and management of group A streptococcal pharyngitis: 2012 update by the infectious diseases society of America. *Clinical Infectious Diseases*, 55(10), e86-e102.

Sidnell, J. (Ed.). (2009). *Conversation analysis: Comparative perspectives*. Cambridge University Press.

Sidnell, J., & Stivers, T. (Eds.). (2013). *The handbook of conversation analysis*. John Wiley & Sons.

Stevanovic, M., & Peräkylä, A. (2012). Deontic authority in interaction: The right to announce, propose, and decide. *Research on Language & Social Interaction*, 45(3), 297-321.

Stiles, W. B., & Putnam, S. M. (1995). Coding categories for investigating medical interviews: A metaclassification. In M. Lipkin Jr., S. M. Putnam, & A. Lazare (Eds.), *The medical interview: Clinical care, education and research* (pp. 489-494). Springer-Verlag.

Stivers, T. (2002). Presenting the problem in pediatric encounters: "Symptoms only" versus "candidate diagnosis" presentations. *Health Communication*, *14*(3), 299-338.

Stivers, T. (2005a). Non-antibiotic treatment recommendations: Delivery formats and implications for parent resistance. *Social Science & Medicine*, *60*(5), 949-964.

Stivers, T. (2005b). Parent resistance to physicians' treatment recommendations: One resource for initiating a negotiation of the treatment decision. *Health Communication*, *18*(1), 41-74.

Stivers, T. (2006). Treatment decisions: Negotiations between doctors and parents in acute care encounters. In J. Heritage & D. W. Maynard (Eds.), *Communication in medical care: Interaction between primary care physicians and patients* (pp. 279-312). Cambridge University Press.

Stivers, T. (2007). *Prescribing under pressure: Parent-physician conversations and antibiotics*. Oxford University Press.

Stivers, T. (2015). Coding social interaction: A heretical approach in conversation analysis? *Research on Language and Social Interaction*, *48*(1), 1-19.

Stivers, T., Heritage, J., Barnes, R. K., McCabe, R., Thompson, L., & Toerien, M. (2018). Treatment recommendations as actions. *Health Communication*, *33*(11), 1335-1344.

Stivers, T., & Timmermans, S. (2020). Medical authority under siege: How clinicians transform patient resistance into acceptance. *Journal of Health and Social Behavior*, *61*(1), 60-78.

Street, R. L., Jr., & Millay, B. (2001). Analyzing patient participation in medical encounters. *Health Communication*, *13*(1), 61-73.

Toerien, M. (2018). Deferring the decision point: Treatment assertions in neurology outpatient consultations. *Health Communication*, *33*(11), 1355-1365.

第 37 章
促进健康传播研究：研究设计和数据分析中的问题和争议

伊洛娜·弗里德曼（Ilona Fridman）　布莱恩·G. 索斯韦尔（Brian G. Southwell）
马可·伊泽（Marco Yzer）　迈克尔·T. 史蒂芬森（Michael T. Stephenson）

我们已经看到健康传播文献数量的显著增长。最近在这一领域的两份主要期刊——《健康传播》和《健康传播杂志》的编辑经历说明了这一点。《健康传播》于1989年开始年发行4期；该期刊现在每年出版14期，并增加了期刊的实际规模，以便每期能够收入更多的文章。1996年，《健康传播杂志》每合订本（卷）只有4期；现在它每年出版12期。尽管有所增加，但采用率仍然很低。例如，《健康传播》的期刊工作人员接受大约13%的投稿。与过去几十年相比，越来越多的研究者正试图为健康传播文献做出贡献，并且比以往任何时候都更有可能将其工作标记为与"健康传播"相关，新冠病毒感染疫情等全球健康突发事件将进一步扩大这一趋势。

可以预计，新的健康传播研究者只需了解数量有限的基本研究工具，就能开展他们的工作；大部分行为都将在理论发展方面取得微妙的进步。不过，健康传播文献的增长和数据量的增加使研究者对于先进的统计工具更关注，这些工具为复杂数据的分析提供了有用的资源，但坦率地说，在不发展理论或不规划研究问题的情况下，运用新方法有时也是没有效益的诱惑。

当然，健康传播学者采用的一系列日益复杂的方法不仅仅是研究者努力创新的结果。例如，健康传播研究者正越来越多地在跨学科团队中工作，而不仅仅专注于"传播"项目，正如本书其他部分讨论的那样，这可能意味着引入生成或分析数据的新方法。健康传播研究者和评论者在跟上统计和方法创新方面经常面临着挑战，而这些创新是近期文献的特点。例如，我们看到了机器学习的应用（例如，Musaev et al., 2019），而它只是直到最近才得到广泛使用的。统计方面的发展为传播研究者逐渐采用的新规范和新标准提供了信息。例如，考虑使用多层建模来评估对倡导运动和政治意识形态的接触（Hanitzsch et al., 2016; Southwell, 2005），或使用自抽样法（bootsrap methods，或自举法）进行中介分析（Hayes, 2017）。反过来，科学期刊也正在建立新的数据报告规范，以通过要求研究者预先登记研究和统计分析计划（Munafò et al., 2017）、进行先验功率计算（Anderson et al., 2017），以及除了统计显著性水平之外还要报告效应大小和置信区间（Schmidt, 2016），来确保科学的可复制性和透明度。所有这些创新都因偏离了以往的健康传播文献而值得注意，但是，作为单独的方法论工具和建议，如果此类创新与我们提出正确问题的持续努力相结合的话，那它们就会成为提高健康传播研究水平的适当策略的组成部分。

第1节 本章概述

在本章中,我们将健康传播解释为一个建构过程,通过这个过程,个体或受众直接或间接地参与可能影响健康相关信息的信念和行为,无论该信息是否旨在影响健康结果,都是如此。我们讨论了近年来对健康传播研究者来说特别重要的四个主题,即与关键变量相关的测量问题、机器学习和自然语言处理、模型开发和测试问题以及具有挑战性的统计问题,并且我们认为它们与可预见的未来具有相关性。

第2节 与关键变量相关的测量问题

许多关键变量——如信息披露、信念、总结性认知(如态度与规范)和与健康相关的行为——的测量,在历史上一直很薄弱,从而限制了我们对迄今为止基于使用此类测量而得出的结论的信任度。在任何方法论创新研究中,重要的问题都是这些根本和持续的测量问题的解决方案,或者至少是讨论潜在的解决方案。

一、与信息接触相关的自变量

长期以来,信息接触的难以捉摸性使健康传播研究变得复杂。我们知道,在一些研究中,测量接触量既对评估至关重要,也经常没有被充分地认为是错误和复杂性的来源(Hornik, 2002; Slater, 2004)。人们倾向于选择性地接触信息(见 Kim et al., 2016)。此外,大多数自我报告的接触测量都容易受到人类记忆的动态影响(Niederdeppe, 2016; Southwell, 2005)。因此,理解信息对不同群体的健康行为或信息寻求模式的影响,往往取决于我们准确测量并随后利用接触差异的能力。如果健康传播研究项目未能在人群中产生接触的差异,就很难检测出任何个体层面上的项目影响(Hornik & Kelly, 2007; Scharkow, 2019)。此外,如果不去测量实际发生的接触,那么,除了一些从未真正接触材料和讯息的情况以外,我们对项目影响的问题不会有更多的了解。

我们能够做些什么来改进对于(信息)接触的研究?一种改进接触评估的方法是,用研究者控制的方法取代常用的自我报告方法,即随机将人们分配到接触或控制条件下。例如,金等人(Kim et al., 2019)操纵了关于戒烟的三种不同讯息之一的接触。对讯息接触的这种操纵使得金等人能够证明:查看量身定制的讯息的吸烟者对该讯息持有更积极的评价,戒烟意愿也更加强烈。

纵向设计也提供了一种有用的替代方案,因为它们给出了随时间推移的个体或社区内的接触差异,这可以让人们无需策划实验设计就能得出因果推论。例如,伊泽尔等人(Yzer et al., 2000)对荷兰性传播疾病(STD)干预运动的运动信息接触水平进行了模拟,并发现,在最终观察时参与预防行为的可能性,是前几年进行的不同运动的累积和不同接触的函数。在另一个例子中,绍斯韦尔等人(Southwell et al., 2018)使用了时间序列法来证明"阿司匹林问答"(Ask About Aspirin)倡导运动对患者使用在线心脏健康信息工具的效果。

潜增长模型为健康传播研究者提供了更多的纵向分析的选择。潜增长模型的思想基础是,随着时间的推移,个体具有独特的成长轨迹。换言之,对于不同的人来说,个体如何随时间推移而变化的方式是不同的。这种随时间推移而发生的变化很重要,而且是可以预测的。潜增长模型不仅使研究者能够识别个体的成长轨迹,还可以将其解释为一组个体内和个体间变量的函数,包括对健康讯息的接触(T. E. Duncan & S. C. Duncan, 2009; McArdle, 1998)。

二、接触测量的有效性问题与某些创造性的解决方案

健康研究者往往有兴趣研究讯息如何被用于健康干预工作之中。为此，他们设计了接触测量，以识别对感兴趣的确切健康讯息的接触和参与。然而，这种只关注接触旨在为某个运动或干预而设计的健康讯息这一事实的做法，并不总是最佳的。我们知道，毕竟随着时间的推移，媒体市场上——在此，一个人的生活是他或她参与相关讯息的重要（即便是明显的）预测因素——可用内容和这些相关信息的整体消费(the overall diet)远不止包括一个特定讯息的接触实例(Southwell, 2005)。霍尼克(Hornik, 2002)已经解释说，对于公共健康干预措施的评估常常失败，这证明干预的成功并不一定是因为接触测量本身存在缺陷，而是因为基础干预措施无法产生对下述讯息相关的足够额外接触，即人们每天从广告、娱乐媒介、新闻参考或其他个人经历中获得的成千上万条健康讯息。今天，随着社交媒介平台的激增，压倒性的讯息环境问题变得更加突出，而那些平台可能会向一些人大量发送内容、准确性和长度都千差万别的讯息。我们关注的测量问题不仅应该包括任何特定接触的事实，还应该包括那些相对于我们想要比较的受众的局部接触程度。

一些研究已经集中在并非为公共健康运动本身而策划的媒介信息效果上，如食品广告和媒体对食品的描述（例如，Greenberg et al., 2009）。这种研究努力的一种方式是询问人们在娱乐媒介中看到健康相关信息的频率。然而，从测量有效性的观点来看，我们应该关注这样的可能性：由于记忆问题或其他各种偏差的影响，对相关健康信息接触的自我报告有可能无法准确反映信息接触。

一种既认识到复杂媒介消费(media diets)的现实，也认识到与回忆接触测量相关的有效性问题的方法是：获取有关群体接触可能性的非自我报告的指标。这类指标包括广告购买、电视节目收视率以及内容分析数据等方面的总评分点估计。这些数据可用于验证自我报告的测量，以生成对特定群体接触可能性的估计值。研究者可以比较可能或多或少接触过关键内容的群体。

一些研究者已经创造性地将对人们使用的媒体类型的主观评估与关于这些媒介的健康相关内容的独立、客观的评估整合起来。在其对青少年接触媒介中的性内容的研究中，帕顿等人(Pardun et al., 2005)为这种方法提供了一个理由。他们认为，尽管有关接触不同媒介的自我报告数据有效地表明了青少年媒介消费的总体模式，但此类频率使用数据并不是最佳信息，因为它们无法与青少年所接触到的那种信息对话。相反，这些作者已经证明，与要么是一般媒介使用，要么是仅仅报告对性内容的接触的简单自我报告相比，以特定媒介包含性内容的程度来衡量媒介使用，提供了对性行为的更强有力的预测。同样，梅吉亚等人(Mejia et al., 2016)询问青少年看过哪些电影，然后通过在单独的内容分析中获得的这些电影里酒精参考值的客观数据来加权估计他们的反应。诸如此类的研究表明，将媒介使用和媒介内容数据相结合，可以为测量方面的挑战提供创造性的解决方案。

三、源自重要的健康结果的因变量

许多健康传播计划的"金标准"(gold standard)结果是行为，无论是改变还是维护，都是如此。争论的焦点通常是传播事件（例如讯息、非语言行为、言语互动）是否影响行为。例如，哈里森等人(Harrison et al., 2010)评估了有多少人由于媒介接触而登记为器官捐献者。主要因变量是行为。行为结果至关重要，因为许多健康干预措施的目标都是为了促进行为改变，而行为反应可以说是健康担忧问题最直接的前因，例如，肥胖、性传播疾病和某些形式的癌症。

尽管行为结果在健康传播研究中具有明显的意义，但行为通常无法测量，也不总是适合于测量。可行性问题源于前瞻性分析的必要性（因为行为效果相对于其原因来说是滞后的），也包括缺乏纵向数据收集的资金或资源。同样，在实验研究中，有时更关注影响效果层级中较早的变量机制，这是有用的，例如，与家人或朋友交流的时间（例如，Stephenson et al., 2009）、信念、态度、效能和行为意图（例如，Sheeran et al., 2016）。

健康传播研究者可以考虑效果层级(hierarchy of effects)，而不仅仅关注行为。效果层级模型提出了健康信息最终影响

行为的机制。其理念是,健康信息不会直接改变行为,而是改变行为的决定因素,这些决定因素反过来又影响行为(例如,Stephenson et al., 2010, van Koningsbruggen et al., 2018)。这种思路对各种方法产生了影响。例如,在使用艾滋病毒项目作为例子时,伊泽尔等人(Yzer et al., 2008)论证说:

> 行为理论通过识别相关行为的重要预测因素为艾滋病毒预防项目提供信息。从理论上说,由项目讯息带来的这些预测因素的改变,应该转换成为行为改变。不过,项目评估可能仅仅考察讯息接触是否与行为改变相关,并假设如果人们改变了他们的行为,干预措施就一定会有效地改变那些决定因素。这种做法模糊了干预项目在实地的运作方式。
>
> (第456页)

伊泽尔等人(Yzer et al., 2008)重新分析了来自艾滋病社区示范项目的安全套使用数据,并表明,该项目对安全套使用的影响——它以前曾作为唯一因变量发表——实际上可以根据项目对自我效能的影响来得到解释。如果我们要加深对传播项目**如何**发挥作用的问题的理解,而不仅仅是得出**关于**它们是有效的结论,那么,上述解释性的研究结果就更有意义了。

理解传播过程需要既考察行为前因,也考察实际行为。就传播过程的研究而言,对行为决定因素的单一关注没有多大帮助。以行为意向模型为例,认为对影响意向的传播过程的测试就足够了,这不是很有说服力,因为意向应该在某个时候会导致行为。尽管我们愿意承认许多研究者遇到了预算、时间和其他资源的限制,但在基于前瞻性设计开展研究时,关于传播对健康行为产生效果的主张最具说服力。这并不意味着横断面分析毫无用处,而是在提醒我们要认真对待基于横断面工作得出的结论的局限性。

健康传播研究中与因变量相关的第二个问题涉及结构效度。尽管我们教育学生考虑结构效度,但文献在这里为再次做出一个呼吁给出了很好的理由,即考虑一下依赖测量是不是兴趣概念的有效指标的问题。例如,在对感知信息有效性文献的评价中,伊泽尔等人(Yzer et al., 2015)发现,感知有效性的可操作性在不同研究中存在很大差异。当对一个概念的有效测量没有达成共识时(因为还没有进行严格的验证工作),这一概念的操作性选择应该在理论上得到明确的证明。尽管如此,发表在健康传播期刊上的相关研究通常还不包括这些论点。

元分析对测量验证可能是有用的,尤其在预测效度(predictive validity)方面更是如此。如果一个变量被理论化得能够预测另一个变量,并且如果在许多研究中那个变量事实上与标准变量相关,即便这个预测变量被以不同的方式操作,人们也可能会论证说,不同的操作选定了相同的结构。不过,我们提出两个警示。第一,由于元分析是一种加权平均法,因此对所有可用研究的分析都会遮蔽研究之间有意义的差异。探讨不同操作的预测标准关联的元分析研究可能会发现,有些操作比其他操作效果更好,这表明并非所有的操作都表现得同样好。第二,正如高可靠性系数并不意味着我们必须要测量自己认为正在测量的东西一样,两组不同的测量方法之间的关联也不足以得出这样的结论,即在任何一种情况下,我们实际上都在测量感兴趣的结构。

第3节 机器学习和自然语言处理方法

在线传播的最新进展为文本数据分析带来了新机会。行为研究者和计算机科学家共同开发了与健康传播研究进展相关的机器学习工具——包括"自然语言处理"(NLP),以收集、组织和解释文本传播。这些工具使得研究者能够探索大量数据,测试人群内部和人群之间的理论假设,并促进研究结果的普遍性。在传播科学中,机器学习方法现在已被用于收集数据(Marres & Weltevrede, 2013),审视公众认知(Surian et al., 2016),评估健康传播运动(Ayers et al., 2016),以及跟踪健康状况和行为(Meng, 2016)。

在本节中,我们将概述有助于分析健康讯息和健康传播的机器学习法。在当前的讨论中,我们关注三类机器学习工具:基于规则的方法、分类和主题建模。

基于规则的方法是最直观的文本分析方法,因为典型的结果具有表面效度,并且对研究者和评论者来说是清晰的。在这项工作中,一个理论结构是通过一本与该结构相关的单词词典来操作的。在该词典详细说明了结构的可操作性的意义上,这种方法提供了测量的清晰度。结构测量可以建立在给定传播中来自词典的单词频率的基础上。这种方法可以在一个或多个文本数据源中测试假设或探索预定义概念。不过,也可以探索性地使用这种方法,以识别和收集有关目标概念的数据。

在一个例子中,凯利等人(Kelly et al., 2014)使用基于规则的方法来测量患者在临床对话中接触情绪解释和认知解释的影响。在分析BRCA(乳腺癌基因)相关的遗传咨讯时,研究者计算了健康护理提供者解释中与情绪和认知相关的语词。他们的分析研究表明,情绪化的语词与较高的患者痛苦相关,而与认知相关的语词与较低的患者痛苦相关。

在另一项研究中,法斯等人(Faasse et al., 2016)辨识脸书上支持疫苗和反对疫苗的评论。他们使用基于规则的方法,计算了与分析思维、情绪、健康、社会关系和家庭相关的语词频率。他们发现,反对疫苗接种的小组使用了与分析思维和健康相关的语词,而支持接种疫苗的小组更多地使用了与焦虑和家庭相关的语词。这些发现凸显了支持疫苗组和反对疫苗组的主要担忧问题,并给未来的目标干预措施提供了见解。

正如基于规则的方法一样,分类模型需要研究者定义他们想要探讨的结构、态度或行为。不过,与基于规则的方法不同,分类方法不需要研究者在研究开始之前明确地操作这些结构。相反,分类算法可以从预先标注数据的小子集中学习。分类法的主要优点是可扩展性。在对小子集数据进行编码之后,研究者可以很容易地以相对较高的精度将大量数据分类到预先标记的箱中。而且在某些情况下,这个语料库的规模超过了人类编码员能够单独轻松处理的范围。

由于大型文本数据集的机遇和困境,分类算法经常引起传播研究者的注意。例如,在考查推特数据时,墨菲等人(Murphy et al., 2019)对人们接触到的电子烟信息以及人们对电子烟的态度都使用分类算法进行了测量。结果表明,参与者朋友中的电子烟营销人员百分比与对电子烟表达的积极态度相关。

另一种方法是主题建模,它允许研究者检测主题并识别多文本文档的主题结构。这方面最流行的算法之一是"潜在狄利克雷分配(模型)"(Latent Dirichlet Allocation; Blei, 2012)。主题建模的核心假设是,每个文档都由多个主题组成,每个文档中的每个语词都来自一个特定的主题。与分类不同,主题建模不要求研究者识别类别,而是通过探索多个文档中的语词共现来识别数据中的现有模式。在多个文档中出现在一起或彼此相近的语词被分组到一个主题之中(Blei et al., 2003)。

研究者在注释文本数据时可以使用主题建模方法,否则,由于数量、时间或资源的限制,处理这些数据的成本可能会很高。健康传播研究者已经使用这种方法来测量在一场倡导运动中对于特定主题的接触,识别健康信息的内容,并探索社交互动中的主题。例如,哈里曼等人(Hariman et al., 2018)使用主题建模方法探索了《纽约时报》自1970年以来对癌症的新闻报道。分析表明,与其他类型癌症相关的主题相比,与乳腺癌相关的主题出现频率更高。这项工作使研究者能够报告观测统计数据和检验假设。例如,研究者可以将文档中的主题外观映射到时间轴上,并注意某些主题出现概率更高的时间。

还有一种可能性是将主题建模数据与其他变量联系起来。邓恩等人(Dunn et al., 2017)收集与人乳头瘤病毒疫苗相关的推文,并使用主题建模来识别这些推文中出现了哪些主题。然后,他们从推特配置文件以及各州HPV疫苗总体接种情况中收集有关个体地理位置的数据。结果显示,各州接种HPV疫苗与接触推特——包含安全问题、错误信息和阴谋——之间呈负相关关系。

基于规则的方法、分类和主题建模的示例证明了机器学习和自然文本处理在分析大量用户生成数据方面的巨大潜力。机器学习的一个重要优势是:它有可能将健康传播研究扩展到个体信息和行为的探索之外,并调查群体和人群的行为(Rains, 2020)。对推特等社交网络的分析为探索人们如何感知和表达健康信息,他们的表达又如何影响他人的问题提供了机遇。

此外,机器学习的方法是可扩展和有效的。在一项质化手动编码和主题建模的比较分析中,布莱特和奥康纳(Bright &

O'Connor，2007)发现，10名编码人员花了30到40个小时在200个开放式回答中搜索主题，而计算机算法在几秒钟内就检测出质量相当的主题。此外，一旦开发出来，机器学习算法就可以应用于不同来源的不同数据集。这反过来又增加了健康传播研究的可复制性和可推广性。

研究者还可以利用机器学习算法将健康传播与行为联系起来。例如，黄等人(Huang et al.，2019)发现，发推文谈论流感疫苗的个体和美国疾病控制与预防中心的疫苗接种数据之间存在相关性。另一组研究者通过显示那些生活在有更多愉快的交流行为和更多相关体育活动推文的地区的人肥胖率较低，而将肥胖和个体的推特交流联系起来(Nguyen et al.，2017)。这些例子说明研究者可以使用新的机器学习方法，以探索传播如何与疾病流行和健康行为相关。

尽管机器学习方法很有吸引力，但也可能导致欺骗性的结果。先进的方法论不能替代定义明确的研究问题和理论。机器学习方法不能消除对于方法有效性的担忧，也不能消除详尽解释结果的需要。采用先进的方法而发现的有趣，但理论盲目的结果，可能不容易在各种任务或人群中推广(Iliev et al.，2015)。例如，迪尔迈尔及其同事(Diermeier et al.，2011)使用分类算法识别政治派别的准确率高达92%。不过，在这个样本中，他们发现某些意想不到的语词，例如，"鲶鱼"(catfish)和"放牧"(grazing)等，它们强烈地预测了保守主义，而"渔业"和"湖"等语词则预测了自由主义。这些结果因其难以解释和概括而带来了理论和实践上的挑战。

机器学习方法的另一个问题是，数据可能包含不容易通过探索或可视化来识别的系统错误(部分原因是数据量)。例如，奥尔森及其同事(Olson et al.，2013)已经提出，一些凭借谷歌搜索查询来预测流感暴发的地点和规模的算法使用，已经导致了错误预测的发生，因为算法没有考虑那些生成搜索查询的人的季节性、地理异质性以及年龄分布。有时候，数据可能过多代表了某些人群，而未充分代表其他人群，而这对于审稿人来说可能并不明显。

在收集文本数据时，研究者需要意识到文本数据经常反映日常人类文化，包括话语中嵌入的刻板印象，这意味着被识别出的模式可能无法反映关于如何处理这些模式的伦理或规范的思考。为了解决这个问题，研究者可以招募多学科团队，或与下述各种人员——参与创建数据的人、在相关领域工作的人以及打算使用该研究结果的人——一起验证计划的不同阶段。

尽管仍需要更先进的算法来使得研究者能够探索和记录"不清晰"的分析部分，但研究者现在可以采取某些步骤。例如，对数据收集和分析进行详细注释、仔细的数据探索(以及对评审员的解释)，并在可能的情况下对数据进行可视化等，都可以减少不清晰的问题。即使存在现有的挑战，机器学习方法仍然为处理大型数据提供了便利方法，并可能以新的和有价值的证据建立理论。

第4节 模型开发和测试中的问题

一、作为一个过程的传播

传播研究中新方法的新颖性有可能会遮蔽原来的问题，并将研究者的注意力从为他们的发现提供理论基础上转移开了。识别数据中的有趣关联只是研究的一部分，真正的理论贡献需要确定这些观察结果的前因。

斯蒂芬森等人(Stephenson et al.，2006)认为，由于传播本质上是一个过程，所以我们应该注意，任何传播实例都有前因，也有随传播而来的结果，我们则应该将这个现象建模为一系列事件。人们如何阅读、解释、理解讯息，然后在接收讯息后采取行动，是人类传播过程的重要组成部分。例如，斯蒂芬森(Stephenson，2003)认为，一个被称为感觉寻求的前因变量随后会影响个体对反大麻电视广告的反应方式。反过来，对这种传播的认知和情感反应随后会影响他们对大麻的态度。尽管有横断面数据，研究者还是确保了这一假设过程——对感觉的需求会影响个体对这个广告的认知和情感反应方式，而这些反应反过来又会影响反大麻的态度——在分析中得到了反映。他为高感觉寻求者和低感觉寻求者设计了两个结构方程模型，以探索对大麻的态度不同前因的路径。未来的工作可能会从经验上挑战这些假设;尽管如此,关键是研究者测试了有关过程的正式阐明的假设。

二、作为中介的传播

如果我们认为传播是一个过程,那么传播涉及多个变量,而方法决策对于评估这些变量的序列关联方式来说,是至关重要的。例如,如果一条讯息旨在引发最终导致特定结果的一系列过程,那么,对于这些结构的测量就必须以与过程一致的方式进行。谨慎的方法选择是必要的。

一项旨在捕捉接触和效果过程的研究通常必须以如下方式设计:在结果变量之前评估先行变量。例如,我们可能对健康讯息的评估是否告知人们对特定健康行为的态度的问题感兴趣。为此,我们可以展示健康讯息,然后询问受众对该讯息的反应,接着是关于对讯息中提到的特定健康行为态度的问题。这个问题的序列很有意义。

研究者就最佳评估调解的研究方法进行了辩论。例如,横断面调查基本上同时测量前因变量和结果变量。这种方法不允许研究者基于数据收集的时间序列而完全弄清楚中介者是否会导致结果的改变,反之亦然(Maxwell et al., 2011)。实验或纵向方法可以补充横断面调查,以确定变量之间的因果关系。

此外,数据收集可能需要在多级层面上进行(另参见下文关于作为一种分析思考因素的多级建模的讨论)。汉纳瓦(Hannawa, 2009)描述了一个三步模型,说明医生如何披露错误。外生变量,即医生的防御力,与医生披露能力呈负相关,这反过来又影响了医生和患者的有益结果。汉纳瓦注意到,在这种情况下,医生的防御能力可在个体层面上进行测量,而结果变量应在二元层次上进行评估,并且应该综合患者的反应。

将传播解释为一个过程的做法,也应该对分析性选择产生影响。例如,一条媒介健康讯息可能不会直接改变行为,但它可能会通过首先影响对该讯息的信念来间接改变行为,然后影响关于特定健康行为的信念。这些健康行为信念的改变可能会改变行为。本例中的理论过程是中介效果之一。因此,有一种分析研究讯息接触对信息信念、健康行为信念和健康行为本身同时具有直接影响,它与我们关于中介性效果的理论观点不相符合,因为它假设讯息接触会直接影响所有三个因变量。

三、多元回归、结构方程模型、时间序列分析与多级模型

至少有两种方法可以同时评估一组变量之间关系的整体面貌(Stephenson et al., 2006)。我们可以通过普通最小二乘回归的路径分析,或通过结构方程建模来探讨多个兴趣变量之间的关系,它使用大量估计器,最常见的是最大似然估计(maximum likelihood)。在用户友好的"结构方程建模"(SEM)软件可用之前,基于回归的路径分析过去(现在仍然)是一种公认的分析方程系统的方法。根据模型的复杂性,路径分析包括对模型中的每个因变量进行回归分析。大多数研究者在运行回归方程后停止,尽管下一个适当的步骤是将预测的回归系数与观察到的相关矩阵进行比较,以确定模型的拟合度。相反,"结构方程建模"同时考察整个方程系统。由于结构方程建模以协方差——而不是相关性——以及不同的评估者为基础,所以 SEM 程序可以用来确定模型的拟合度。

健康传播学者越来越将时间段看作是一个分析单位,并将与健康相关的信念和行为的纵向变化视为可用的媒体内容和倡导运动工作的函数。一些研究者不是以横断面方式将个体层面的变量关联起来,而是成功地展示了我们如何看待媒体的内容趋势,并将其与相关信念或行为的趋势联系起来。这一举动引起了迄今为止的很多讨论的共鸣,因为它往往允许(媒体)接触充分的变化,并反映了作为展开过程一部分的传播动态。这种方法的缺点包括需要聚合数据以生成每个时间段的数据点,以及难以寻找可追溯到时间上的适当纵向数据。采用时间系列法的成功研究必须评估结果,例如,媒体内容趋势在解释戒除大麻之类的结果方面的预测能力(Stryker, 2003),或使用一个在线程序来促进体育活动(Van't Riet et al., 2010)和搜索寨卡病毒信息(Southwell et al., 2016)。

如果没有对于多级建模的进一步评论,我们对新方法论方向的讨论就会是不全面的。绍斯韦尔(Southwell, 2005)已经

为传播研究的多级建模的特殊理论效用问题做了论证。他注意到,我们对媒体效果的许多概念化,无论隐性还是显性,都涉及不仅仅涉及一个分析层面的简单的二元关系,而是常常暗示跨层次的相互作用。多级模型允许以某种方式同时对不同分析级别的方程式进行评估:使关键结果的差异成为宏观和微观层次预测因素的函数,而这些预测因素是可以相互作用的。

第5节 其他统计学挑战

一、缺失的数据

随着机器学习方法使研究者能够从事大规模数据集的数据挖掘,来自某些参与者或实体的数据将不可避免地缺失。在努力实现数据的完成性(completeness)、准确性和完整性(integrity)的同时,研究者必须处理各种错误,包括缺失信息。因此,关键在于如何处理这个问题。

量化研究者往往避免提及缺失的数据,或使用简单的列表删除、成对删除或单一插补程序进行处理。然而,此类方法之所以不可取,是因为使用它们会改变数据的统计特性(Dong & Peng, 2013; Harel et al., 2008)。如果任何变量包含缺失的数据,那么列表删除只是简单地省略了所有分析案例。成对删除与之类似,但仅删除包含缺失变量的分析的数据案例。问题是研究者每次分析都有不同的数据集。当研究者计算变量平均值,并用平均值替换所有缺失值的时候,就会出现一种被称为均值替代(法)的单一插补方法。与第一个程序类似,第二个单一插补程序使用基于回归的方法来估计缺失值,然后用回归分析获得的估计值来替代缺失值。

鉴于前面描述的解决方案的局限性,研究者设计了"多重插补"(multiple imputation, MI)程序,以便在不损害数据集统计特性的情况下替换缺失值。有几种可用的多重插补程序,包括k最近邻法(K-nearest neighbor; Beretta et al., 2016),随机森林(random forest; Tang, & Ishwaran, 2017)以及R语言中的链式方程(MICE)的多重插补(He et al., 2010)。这些解决方案可以很好地处理复杂的数据集和非正态分布变量。SAS和MATLAB提供了用于多重插补的软件;此外,研究者还可以下载R语言的免费软件包。

二、非线性关系

当非线性关系和非正态分布在理论上相关并存在于数据之中时,许多健康传播研究者仍然依赖线性统计。这种趋势的一种表现是:当曲线关系在理论上是可能的并对评估很重要时,使用简单的线性相关性。想想一条讯息引发的恐惧与随后的保护性反应的关系。最初的研究提出了一种线性关系,其中恐惧的增加与保护反应的减弱相关(Janis & Feshbach, 1953)。然而,其他研究表明了一种积极关系,恐惧的增加使保护性反应持续增强(Leventhal & Watts, 1966)。鉴于这些结果,旧的观点随后被某种曲线解释替代,在新的模型中,恐惧的增加会产生健康的反应,直到恐惧变得过于强烈,之后我们应该看到保护性反应的减少(Janis, 1967)。单独使用线性统计来检验此类关系会忽略这种理论上的细微差别。

另一个相关问题是往往忽视因变量的分布和违反正态假设的可能性。我们已经看到广泛采用逻辑回归来解决二分结果变量的实例。不那么普遍的是承认与相对罕见的结果相关的问题,以及零聚类数据的问题。例如,想一想相对罕见的健康主题的家庭对话,比方说室内晒黑(Friedenberg et al., 2009)。对于这些情况,研究者可以使用允许零聚类因变量的模型,如Tobit回归(tobit regression)。如果研究者想测量多个家庭之间关于室内晒黑的对话频率,那他们可能会有一个包括少量计数和大量的零的因变量,这表明此类讨论的缺乏。如前所述,比起OLS回归,Tobit回归更适合零聚类数据(例如,Shen & Dillard, 2009)。

机器学习的最新进展有助于从不同视角解决数据中的非线性和相互作用的问题。例如,基于决策树数学的分类算法允许研究者分析具有不同分布的多个参数,并说明参数之间的相互作用(例如,Wang et al.,2019)。因此,机器学习方法通常需要研究者具备高级编程技能,并拥有可用于分析和验证的大量数据。

第6节 结 论

在发表学术成果的领域日益拥挤的情况下,新方法提供了一种使自己的研究脱颖而出的途径。然而,仅仅因为方法流行就接受它们,可能会分散学者对基本理论思考的注意力,甚至可能掩盖最初的研究问题。我们有时不会明确地提出我们想通过这个研究回答什么问题。

我们已经评价了健康传播学者面临的一系列与方法相关的挑战。一些已发表的成果受到限制,而最近的其他成果则显示了有益的前进道路。据我们估计,最有用的工作是运用了统计模型,这些模型与所讨论的明示或暗示的理论命题相匹配,承认传播是一个随着时间推移而展开的过程,并反映了一个事实:人们在不同层次的分析中,都会使用不同的分析单位来提出重要的问题。在理想状态下,我们论文中的方法部分应该读起来有说服力,并且应该产生研究问题和理论辩论,而不仅仅是对细节的平淡叙述。

想一想没有路线图的本能驾驶:这可能很有趣或刺激,但我们真的不知道要去哪里,或许不知道如何最终重现这段旅程。理论应该是假想的地图。诸如本章描述的那些方法和统计程序可以成为我们新的望远镜和指南针,以探索21世纪的传播和健康。它们是非常有用的方法,但也有适用性,这取决于人们想要测量和分析什么。

我们通过新方法推进健康传播研究的下一步需要由理论优先事项(theoretical priorities)来驱动。尽管理论问题是方法论的基础,因此应该先于方法论来思考这一前提的观点绝非什么新观点,但研究者仅仅使用已知和首选技术的趋势仍然存在,这在某种程度上出自一些出版产出的压力,而不是为了通过共同努力来解决重要的问题。因此,当我们大量撰写讲述相同故事的论文,却只是做出少量的新贡献时,至关重要的健康传播问题可能仍未得到解决。如果不首先提出创新的概念性想法,那么,仅靠方法论的进步并不能导致对健康传播相关问题的深入理解。

参考文献

Anderson, S. F., Kelley, K., & Maxwell, S. E. (2017). Sample-size planning for more accurate statistical power: A method adjusting sample effect sizes for publication bias and uncertainty. *Psychological Science*, 28(11), 1547-1562.

Ayers, J. W., Westmaas, J. L., Leas, E. C., Benton, A., Chen, Y., Dredze, M., & Althouse, B. M. (2016). Leveraging big data to improve health awareness campaigns: A novel evaluation of the great American smokeout. *JMIR Public Health and Surveillance*, 2(1), e16.

Beretta, L., & Santaniello, A. (2016). Nearest neighbor imputation algorithms: A critical evaluation. *BMC Medical Informatics and Decision Making*, 16(3), 197-208.

Blei, D. M. (2012). Probabilistic topic models. *Communications of the ACM*, 55(4), 77-84.

Blei, D. M., Ng, A. Y., & Jordan, M. I. (2003, January). Latent dirichlet allocation. *Journal of Machine Learning Research*, 3, 993-1022.

Bright, M. A., & O'Connor, D. (2007). Qualitative data analysis: Comparison between traditional and computerized text analysis. *The Osprey Journal of Ideas and Inquiry*, 6, 21-33.

Diermeier, D., Godbout, J. F., Yu, B., & Kaufmann, S. (2011). Language and ideology in congress. *British Journal of Political Science*, 42(1), 31-55.

Dong, Y., & Peng, C. Y. J. (2013). Principled missing data methods for researchers. *SpringerPlus*, 2(1), 1-17.

Duncan, T. E., & Duncan, S. C. (2009). The ABC's of LGM: An introductory guide to latent variable growth curve modeling. *Social and Personality Psychology Compass*, *3*(6), 979-991.

Dunn, A. G., Surian, D., Leask, J., Dey, A., Mandl, K. D., & Coiera, E. (2017). Mapping information exposure on social media to explain differences in HPV vaccine coverage in the United States. *Vaccine*, *35*(23), 3033-3040.

Faasse, K., Chatman, C. J., & Martin, L. R. (2016). A comparison of language use in pro-and anti-vaccination comments in response to a high profile Facebook post. *Vaccine*, *34*(47), 5808-5814.

Friedenberg, L. M., Wang, Y., Choi, T. C. K., Southwell, B. G., & Lazovich, D. (2009, November). *Family communication constraints as health intervention challenge: Parent-child conversation about indoor tanning*. Paper presented at the American Public Health Association Annual Meeting.

Greenberg, B. S., Rosaen, S. F., Worrell, T. R., Salmon, C. T., & Volkman, J. E. (2009). A portrait of food and drink in commercial TV series. *Health Communication*, *24*(4), 295-303.

Hanitzsch, T., Hanusch, F., & Lauerer, C. (2016). Setting the agenda, influencing public opinion, and advocating for social change: Determinants of journalistic interventionism in 21 countries. *Journalism Studies*, *17*(1), 1-20.

Hannawa, A. F. (2009). Negotiating medical virtues: Toward the development of a physician mistake disclosure model. *Health Communication*, *24*(5), 391-399.

Harel, O., Zimmerman, R., & Dekhtyar, O. (2008). Approaches to the handling of missing data in communication research. In A. F. Hayes, M. D. Slater, & L. B. Snyder (Eds.), *The Sage sourcebook of advanced data analysis methods for communication research* (pp. 349-372). Sage.

Hariman, N., de Vries, M., & Smeets, I. (2018). Topic modeling for exploring cancer-related coverage in journalistic texts. In M. Atzmueller & W. Duivestejin (Eds.), *Benelux conference on artificial intelligence* (pp. 43-51). Springer Nature.

Harrison, T. R., Morgan, S. E., King, A. J., Di Corcia, M. J., Williams, E. A., Ivic, R. K., & Hopeck, P. (2010). Promoting the Michigan organ donor registry: Evaluating the impact of a multifaceted intervention utilizing media priming and communication design. *Health Communication*, *25*(8), 700-708.

Hayes, A. F. (2017). *Introduction to mediation, moderation, and conditional process analysis: A regression-based approach*. Guilford Publications.

He, Y., Zaslavsky, A. M., Landrum, M. B., Harrington, D. P., & Catalano, P. (2010). Multiple imputation in a large-scale complex survey: A practical guide. *Statistical Methods in Medical Research*, *19*(6), 653-670.

Hornik, R. C. (2002). Exposure: Theory and evidence about all the ways it matters. *Social Marketing Quarterly*, *8*(3), 30-37.

Hornik, R. C., & Kelly, B. (2007). Communication and diet: An overview of experience and principles. *Journal of Nutrition Education and Behavior*, *39*(Suppl 2), S5-S12.

Huang, X., Smith, M. C., Jamison, A. M., Dredze, M., Quinn, S. C., Cai, J., & Paul, M. J. (2019). Can online self-reports assist in real-time identification of influenza vaccination uptake? A cross-sectional study of influenza vaccine-related tweets in the USA, 2013-2017. *BMJ Open*, *9*(1), e024018.

Iliev, R., Dehghani, M., & Sagi, E. (2015). Automated text analysis in psychology: Methods, applications, and future developments. *Language and Cognition*, *7*(2), 265-290.

Janis, I. L. (1967). Effects of fear arousal on attitude change: Recent developments in theory and experimental research. *Advances in Experimental Social Psychology*, *3*, 167-225.

Janis, I. L., & Feshbach, S. (1953). Effects of fear-arousing communications. *Journal of Abnormal and Social Psychology*, *48*(1), 78-92.

Kelly, K. M., Ellington, L., Schoenberg, N., Agarwal, P., Jackson, T., Dickinson, S., Abraham, J., Paskett, E. D., Leventhal, H., & Andrykowski, M. (2014). Linking genetic counseling content to short-term outcomes in individuals at elevated breast cancer risk. *Journal of Genetic Counseling*, *23*(5), 838-848.

Kim, H. S., Forquer, H., Rusko, J., Hornik, R. C., & Cappella, J. N. (2016). Selective exposure to health information: The role of headline features in the choice of health newsletter articles. *Media Psychology*, 19(4), 614-637.

Kim, H. S., Yang, S., Kim, M., Hemenway, B., Ungar, L., & Cappella, J. N. (2019). An experimental study of recommendation algorithms for tailored health communication. *Computational Communication Research*, 1(1), 103-129.

Leventhal, H., & Watts, J. C. (1966). Sources of resistance to fear-arousing communications on smoking and lung cancer. *Journal of Personality*, 34(2), 155-175.

Marres, N., & Weltevrede, E. (2013). Scraping the social? *Journal of Cultural Economy*, 6(3), 313-335.

Maxwell, S. E., Cole, D. A., & Mitchell, M. A. (2011). Bias in cross-sectional analyses of longitudinal mediation: Partial and complete mediation under an autoregressive model. *Multivariate Behavioral Research*, 46(5), 816-841.

McArdle, J. J. (1998). Modeling longitudinal data by latent growth curve methods. In G. A. Marcou-lides (Ed.), *Modern methods for business research* (pp. 359-406). Erlbaum.

Mejia, R., Perez, A., Abad-Vivero, E. N., Kollath-Cattano, C., Barrientos-Gutierrez, I., Thrasher, J. F., & Sargent, J. D. (2016). Exposure to alcohol use in motion pictures and teen drinking in Latin America. *Alcoholism: Clinical and Experimental Research*, 40(3), 631-637.

Meng, J. (2016). Your health buddies matter: Preferential selection and social influence on weight management in an online health social network. *Health Communication*, 31(12), 1460-1471.

Munafò, M. R., Nosek, B. A., Bishop, D. V., Button, K. S., Chambers, C. D., du Sert, N. P., Simonsohn, U., Wagenmakers, E. J., Ware, J. J., & Loannidis, J. P. A. (2017). A manifesto for reproducible science. *Nature Human Behaviour*, 1(1), 1-9.

Murphy, J., Hsieh, Y. P., Wenger, M., Kim, A. E., & Chew, R. (2019). Supplementing a survey with respondent Twitter data to measure e-cigarette information exposure. *Information, Communication & Society*, 22(5), 622-636.

Musaev, A., Britt, R. K., Hayes, J., Britt, B. C., Maddox, J., & Sheinidashtegol, P. (2019). Study of Twitter communications on cardiovascular disease by state health departments. In J. Miller, E. Stroulia, K. Lee, & L. J. Zhang (Eds.), *International conference on web services [proceedings]* (pp. 181-189). Springer.

Nguyen, Q. C., Brunisholz, K. D., Yu, W., McCullough, M., Hanson, H. A., Litchman, M. L., Li, F., Wan, Y., VanDersslice, J. A., Wen, M., & Smith, K. R. (2017). Twitter-derived neighborhood characteristics associated with obesity and diabetes. *Scientific Reports*, 7(1), 1-10.

Niederdeppe, J. (2016). Meeting the challenge of measuring communication exposure in the digital age. *Communication Methods and Measures*, 10(2-3), 170-172.

Olson, D. R., Konty, K. J., Paladini, M., Viboud, C., & Simonsen, L. (2013). Reassessing Google flu trends data for detection of seasonal and pandemic influenza: A comparative epidemiological study at three geographic scales. *PLoS Computational Biology*, 9(10), e1003256.

Pardun, C. J., L'Engle, K. L., & Brown, J. D. (2005). Linking exposure to outcomes: Early adolescents' consumption of sexual content in six media. *Mass Communication & Society*, 8(2), 75-91.

Rains, S. A. (2020). Big data, computational social science, and health communication: A review and agenda for advancing theory. *Health Communication*, 35(1), 26-34.

Scharkow, M. (2019). The reliability and temporal stability of self-reported media exposure: A meta-analysis. *Communication Methods and Measures*, 13(3), 198-211.

Schmidt, F. L. (2016). Statistical significance testing and cumulative knowledge in psychology: Implications for training of researchers. In A. E. Kazdin (Ed.), *Methodological issues and strategies in clinical research* (pp. 285-300). American Psychological Association.

Sheeran, P., Maki, A., Montanaro, E., Avishai-Yitshak, A., Bryan, A., Klein, W. M. P., Miles, E., & Rothman, A. J. (2016). The impact of changing attitudes, norms, and self-efficacy on health-related intentions and behavior: A meta-analysis. *Health Psychology*, 35(11), 1178-1188.

Shen, L., & Dillard, J. P. (2009). Message frames interact with motivational systems to determine depth of message processing. *Health Communication*, 24(6), 504-514.

Slater, M. D. (2004). Operationalizing and analyzing exposure: The foundation of media effects research. *Journalism and Mass Communication Quarterly*, 81(1), 168-183.

Southwell, B. G. (2005). Between messages and people: A multilevel model of memory for television content. *Communication Research*, 32(1), 112-140.

Southwell, B. G., Dolina, S., Jimenez-Magdaleno, K., Squiers, L. B., & Kelly, B. J. (2016). Zika virus-related news coverage and online behavior, United States, Guatemala, and Brazil. *Emerging Infectious Diseases*, 22(7), 1320-1321.

Southwell, B. G., Eder, M., Finnegan, J., Hirsch, A. T., Luepker, R. V., Duval, S., Russell, C., & O'Byrne, S. (2018). The utility of online promotion to encourage patient awareness of aspirin use to prevent heart attack and stroke. *Journal of Epidemiology and Community Health*, 72(11), 1059-1063.

Stephenson, M. T. (2003). Examining adolescents' responses to antimarijuana PSAs. *Human Communication Research*, 29(3), 343-369.

Stephenson, M. T., Holbert, R. L., & Zimmerman, R. S. (2006). On the use of structural equation modeling in health communication research. *Health Communication*, 20(2), 159-167.

Stephenson, M. T., Quick, B. L., & Hirsch, H. A. (2010). Evidence in support of a strategy to target authoritarian and permissive parents in anti-drug media campaigns. *Communication Research*, 37(1), 73-104.

Stephenson, M. T., Quick, B. L., Witte, K., Vaught, C., Booth-Butterfield, S., & Patel, D. (2009). Conversations among coal miners in a campaign that promotes hearing protection. *Journal of Applied Communication Research*, 37(3), 317-337.

Stryker, J. E. (2003). Media and marijuana: A longitudinal analysis of news media effects on adolescents' marijuana use and related outcomes, 1977-1999. *Journal of Health Communication*, 8(4), 305-328.

Surian, D., Nguyen, D. Q., Kennedy, G., Johnson, M., Coiera, E., & Dunn, A. G. (2016). Characterizing Twitter discussions about HPV vaccines using topic modeling and community detection. *Journal of Medical Internet Research*, 18, e232.

Tang, F., & Ishwaran, H. (2017). Random forest missing data algorithms. *Statistical Analysis and Data Mining: The ASA Data Science Journal*, 10(6), 363-377.

van Koningsbruggen, G. M., Miles, E., & Harris, P. R. (2018). Self-affirmation and self-control: Counteracting defensive processing of health information and facilitating health-behavior change. In D. de Ridder, M. Adriaanse, & K. Fujita (Eds.), *The Routledge international handbook of self-control in health and well-being* (pp. 495-507). Routledge.

Van't Riet, J., Crutzen, R., & De Vries, H. (2010). Investigating predictors of visiting, using, and revisiting an online health-communication program: A longitudinal study. *Journal of Medical Internet Research*, 12(3), e37.

Wang, X., Zhao, K., Cha, S., Michael, S., Amato, M. S., Cohns, A. M., Pearson, J. L., Papandonatos, G. D., & Graham, A. L. (2019, January). Mining user-generated content in an online smoking cessation community to identify smoking status: A machine learning approach. *Decision Support Systems*, 116, 26-34.

Yzer, M., Fishbein, M., & Hennessy, M. (2008). HIV interventions affect behavior indirectly: Results from the AIDS community demonstration projects. *AIDS Care*, 20(4), 456-461.

Yzer, M., LoRusso, S., & Nagler, R. H. (2015). On the conceptual ambiguity surrounding perceived message effectiveness. *Health Communication*, 30(2), 125-134.

Yzer, M., Siero, F. W., & Buunk, B. P. (2000). Can public campaigns effectively change psychological determinants of safer sex? An evaluation of three Dutch safer sex campaigns. *Health Education Research*, 15(3), 339-352.

第 38 章
政府、基金会、公共政策和非政府组织层面的健康传播研究与实践①

布拉德福德·W. 黑塞（Bradford W. Hesse）

在一篇受邀发表的评论中，北卡罗来纳大学教堂山分校公共健康学院院长芭芭拉·里默（Barbara Rimer）将公共服务的特征描述为"变革的力量"（Rimer，2016，第 2 页）。正如她所说的那样，"政府领导人协调一致的战略努力可以促进知识的快速增长，并将这些知识应用于公共利益"（Rimer，2016，第 1 页）。她的话对健康传播研究者和从业者来说尤其切中要害，他们清楚地记得科学和私人利益营销之间的持续斗争，这场斗争围绕着 20 世纪最大的公共健康挑战之一，即减少烟草成瘾的挑战。

1964 年，在美国卫生部公布了关于吸烟与致命慢性肺病和心脏病之间的联系的报告（美国卫生、教育和福利部，U.S. Department of Health, Education, and Welfare, 1964）后，大约 44% 的成年人报告称每天都会吸烟（U.S. Department of Health and Human Services, 2014）。经过多年的公共健康宣传工作，截至 2008 年，这一数字已降至 20% 左右，然后，随着美国食品和药物管理局行使其新被授予的烟草监管权力，这一比例的下降幅度甚至更大了（Cole & Fiore, 2014）。在经历了新一轮加速下降之后，截至 2015 年，全国成人吸烟率降至 15.3% 的低点（Fiore, 2016）。不过，根据美国卫生部长的说法，吸烟仍然是美国可预防的主要死亡原因（U.S. Department of Health and Human Services, 2014）。尽管如此，与健康传播相关的资金和政策努力引发的变革性工作导致了几十年来记录在案的可预防烟草死亡人数的下降（NCI, 2008）。诸如此类的观察结果将促使美国国立卫生研究院（NIH）的领导人认识到，在利用健康传播科学以实现国家降低死亡率的目标方面，存在着"绝佳机会"（NCI, 2001，第 37 页；Kreps & Viswanath, 2001）。

第 1 节 健康传播的绝佳机会

里默特别适合就政府和公共部门基金会在转变公共健康事业方面的作用发表评论。20 世纪 90 年代中期，美国国立卫生研究院（NIH）中最大的研究所——美国国家癌症研究所（NCI）——的主任将她召入公共服务机构，以成立一个新的组织实体，重点关注癌症控制和人口科学。作为联邦科研体系内基础科学研究的一个分支，新成立的国家癌症研究所旨在补充美国疾病控制与预防中心的广泛的监测和疾病控制部门，并与之合作。里默如何被招募到公共服务机构的故事，以及她建立的通过健康传播研究减轻疾病负担的平台，为任何希望利用联邦政府或非政府组织的最佳讲坛来实现持久变革的人，提供了宝贵的经验教训。

要理解里默应召服务的背景,重要的是注意到,尽管1971年通过了《国家癌症法案》,以加速对抗20世纪的最大杀手之一(《国家癌症法案》,The National Cancer Act,1971),但该疾病导致的经年龄调整的死亡人数持续上升,一直到20世纪90年代初。整个20世纪后半叶,所谓的抗癌战争似乎无法取胜(Whelan & Cunningham,2020)。然后,在20世纪90年代初,流行病学家开始注意到,死亡率统计数据出现了渐近线,这在很大程度上归因于肺癌和支气管癌的下降。这些下降在由美国癌症协会(ACS)每年编制的全国统计数据和图38.1的描绘中,尤其引人注目(ACS,2020)。(注意:图38.1中的统计数字是为男性编制的,他们的吸烟率历来高于女性;在同一时间段内为女性编制的图表显示了一条衰减、相似的曲线。)重要的是认识到,这种下降代表着对旨在减少接触烟草致癌物的不懈公共健康努力的反应效果。健康传播和行为科学作为更基础的生物科学的伙伴,对达到这个人口数量起到了关键的作用。

2020年,肺癌和支气管癌占癌症死亡人数的大部分,预计全年会有135 720人死于这些部位的癌症(ACS,2020)。尽管如此,烟草控制并不是健康传播工作能够在国家层面产生影响的唯一领域。据对2020年的预测,除肺和支气管外,导致死亡的第二大常见癌症部位为:结肠、胰腺、乳腺和前列腺。其中,结肠癌、乳腺癌和前列腺癌的死亡率可以通过筛查检测而大大降低。推进对筛查建议的依从性需要有效的健康传播努力(Zapka et al.,2004);事实上,过去几十年里,通过美国癌症协会、苏珊·G. 科曼(Susan G. Komen)基金会和其他机构支持的运动,筛查一直是癌症认识工作的目标。的确,20世纪90年代,电视记者凯蒂·库利克(Katie Couric)对结肠癌症筛查率产生了前所未有的影响,以至于流行病学家有理由在统计学意义上将其称为"凯蒂·库利克效应"(Cram et al.,2003)。

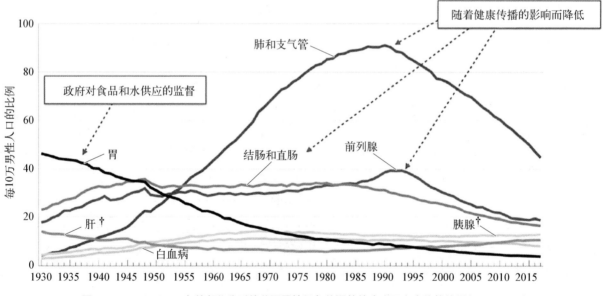

图38.1 1930—2017年按部位分列的美国男性经年龄调整的癌症死亡率趋势结果(NCI,2008)

美国国家研究所领导层还出于另一个原因考虑传播在癌症控制和预防中的作用问题。到20世纪90年代中期,美国国家科学基金会对构成备受期待的"信息高速公路"技术的投入正在促成对万维网的投机性投资的激增(Eng & Gustafson,1999;Kreps,2002)。传播学者的早期研究表明,几乎一半的在线搜索查询可追溯到健康和医学主题(Rice & Katz,2001)。同样,美国疾病控制与预防中心的项目评估显示,与管理人员的预期相反,对该机构新推出网站的高达66%的访问直接来自公众,而不仅仅来自健康专业人士(Hesse et al.,2002)。据传,肿瘤学家遇到了一些按预约来诊所的患者,他们在讨论自己已诊断的癌症治疗方案之前,带着"来自网络的打印件"(NCI,2000)。芭芭拉·里默本人的研究强调了在线留言板和讨论小组的重要性,它们能够为癌症患者及其家属提供社交支持(Meier et al.,2007;Rimer et al.,2005)。

正是在这种语境下,NCI主任招募了芭芭拉·里默以领导新成立的癌症控制和人口科学部,里默是一位在将行为理论应用于实现人口健康增益目标方面享有盛誉的人(例如,Glanz et al.,2015)。在该部门中,里默创建了一个致力于行为研究的研究计划,其中,她委托了一个分支机构负责健康传播和信息学研究(Hesse,2009;Klein et al.,2014)。NCI在向美国总统递交的其年度分流预算(bypass budget)中声称,对健康传播研究的投资中存在一个"绝佳机会",能够减轻国家的癌症负担。通过这样的途径,NCI领导层强化了上面那些决策。预算序言如下。

> 很少有与健康相关的干预措施具有交互式健康沟通的潜力,以改善健康结果,降低成本并提高消费者的满意度。事实上,从初级预防到生存,有效传播是癌症护理的核心。今天,我们正处于一场传播革命之中。专家们正在创造越来越精细的健康传播方法,信息的作用和可访问性的变化正在改变健康护理实践、医患关系以及消费者获取和使用信息的方式。我们需要改进和应用这些进展,以改善癌症预防、早期检测、治疗和存活率的结果。
>
> (NCI,2001,第8—9页)

一、建立一个影响平台

当里默接手新成立的癌症控制和人口科学部时,她借鉴了其他政府实体、基金会和非政府组织的经验,以获得关于如何最好地进行组织工作以产生影响的指导。她和副主任罗伯特·希亚特(Robert Hiatt)设计的模型借鉴于加拿大国家癌症研究所[癌症控制咨询委员会(加拿大国家癌症研究所),Advisory Committee on Cancer Control (National Cancer Institute of Canada),1994]。重要的是认识到,大多数政府和非政府公共服务组织之所以存在的理由是为了实现一个公认的、至关重要的目标。就NCI而言,其共同目标是通过个人、经济和社区指标来降低全国癌症负担。这是加拿大框架的首要目标。为了实现这一目标,该模型需要在基础研究、干预研究、监督和项目交付(通常称为"实施")方面进行构成要素投资。然后,组织内的项目管理者有责任与受资助者、公众、机构外的科学家/从业人员协同工作,以综合研究结果,并在这些投资中传播知识。与此同步的是,采用这个模型的组织实体可以开始实现为产生影响所需的变革动力(Hiatt & Rimer,1999)。

该框架的实用性在于,它可以被应用于许多语境领域和思考层次。在其最广泛的层面上,任何希望减少目标疾病影响的政府实体都将需要预留资金,用于生物医学的基础研究,以创建为产生有效疗法所需的知识库(the knowledge base)。然后,需要一条干预管道,以便通过临床试验从这种科学认识中提炼出治疗方法。试验将从随机对照的疗效演示开始,转向基于试验的安全性评估,一旦公众可以获得治疗药物,就进行上市后监测。要想知道这些干预措施总体上是否有效,需要一个监督机构来评估公共健康努力在减轻负担并确定进一步干预的目标方面的有效性。需要加大公共健康项目的力度,以确保公平可靠地复制循证方法。需要可靠的信息交换中心来综合知识,并为专业人士和公众提供可靠的结论,以便协调一致地减轻特定疾病或健康状况的负担。在理想情况下,健康传播专家将与为落实信息交换中心的建议而制定的项目携手合作,从而确保所有当事方对某一特定疾病造成的风险有可靠的陈述,并有明确的行动方案来降低这种风险。

在这个最广义的框架中,我们可以从一个联盟学科的视角来思考健康传播问题,这为确保基础生物医学可靠地转化为广泛的公众影响力所必需。里默和她的同事指出,借助数字媒体的发展前景,这个领域将能够加快努力,以制定它自己的可持续的干预措施。因此,这些早期政府领导人着手通过以下方式为癌症传播研究建立一个催化项目:① 促进这个领域的跨学科性和综合性;② 培育由调查者发起的强大的研究组合;③ 参与癌症传播重要目标的积极监测研究;④ 促进提高知识综合和传播能力。下一步将探讨这些目标中的每一个目标,以及为实现它们而采取的行动。

1. 促进跨学科性与综合性

1971年《国家癌症法案》第408条授权NCI建立国家癌症研究和示范中心,以便将高质量的科学、干预开发、监督和临床项目设计等要素联系起来。立法精神体现在NCI享有盛誉的"综合癌症中心项目"中,该项目使用NIH P-30(癌症中心拨款)机制鼓励科学家和医生协同工作。通过P-30机制得到资助的受助方进行基础实验室研究,他们通过临床试验调查干预措施,他们共同研究癌症在各种人群中的模式、原因和控制。许多健康传播科学家通过项目的以下要求而获得资金:综合中心参与社区外联,并且负责中心及社区内的预防工作。健康传播被视为一种跨学科的需求,以便在NCI资助网络中最负盛名的机构获得综合地位。

可以肯定的是,芭芭拉·里默和她招募来加入NCI新成立的癌症控制和人口科学部的许多卓有成就的科学家,都是以这种跨学科背景来到该研究所的;也就是说,他们与临床工作人员和基础生物学研究者一起,在公共健康和人口科学领域中开展工作。现在他们已经被提升到国家管理职位,而他们为自己设定的第一批任务之一,是将联邦政府的召集权用作一种手段,以便将健康传播和行为科学领域的顶级专家召集在一起,为其新成立的部门制定癌症传播议程。会议的战略性评论发表在1999年《国家癌症研究所杂志》的一期特刊上。会议和随后评论的一个焦点是,健康传播领域如何推进跨学科行动,才能在地方和国家层面减轻疾病负担方面产生实质性的影响。它需要来自传播学、新闻学和行为科学学院的理论家为21世纪的健康传播理论建立新的知识基础,这些观点需要与预防医学和临床肿瘤学的互补理解密不可分地结合起来,以产生可扩展的干预措施;需要生物统计学家和流行病学家在不同人群中公平地监督干预措施的效果;需要健康信息技术人员(又称医学信息学家)进一步扩大在互联网非中介环境中迅速得到部署的项目的覆盖范围。

因此,2003年,里默和她的同事宣布了一个项目——使用NIH的P-50(临床研究中心)机制来实现与癌症中心相似的目标,以便在癌症传播中促进跨学科和全面关注。该项目的名称是"癌症传播研究卓越中心"(the Centers of Excellence in Cancer Communication Research, CECCR)。这个P-50机制要求:成功的申请人通过对4个研究项目类型计划(即R01)的评价,表现出高水平的健康传播能力;展示跨学科的健康传播方法;在方法和传播等领域保持跨项目的连接技术的核心竞争力;促进早期职业调查员的培训;通过试点项目计划推动创新;参与跨中心的知识综合活动。四所大学在2003年至2008年该倡议的第一个周期内获得了资助。2009年至2014年第二周期期间,该项目被扩大到包括一个基于健康护理的研究小组的参与。

对每一笔同行评议的CECCR赠款所做工作的专题报道,都是21世纪第一个10年健康传播领域工作的缩影。在公共健康信息方面开展了工作,以了解如何在一个超越20世纪的"广播"世界(一对多)的环境中提高健康传播的覆盖面和有效性,通过点对点社交网络接受信息的病毒式传播,并通过"窄播"提供受众定制的内容(Smith et al., 2013)。在这方面应用的前沿方法包括:补充使用复杂的眼动追踪技术来阐明公共服务公告中的行动要点(Kang et al., 2009),旨在更多了解信息接收背后神经处理的功能性磁共振成像术(fMRI; Falk et al., 2015),以及由调查专家进行的"信息流行病"(infodemiological)的研究(Eysenbach, 2009),这些专家正在将监控范围扩大到网络媒体和"大数据"领域(Shah et al., 2015)。在干预方面,各中心进行了开拓性的努力,以通过定制的电子健康应用程序提高动机访谈技术的可移植性(Strecher et al., 2005; Woolford et al., 2012),同时研究者与一所新闻学院合作创建了一个电子平台,而社区可以通过该平台将科学发现转化成当地社区可以理解的语言(Caburnay et al., 2012)。在医院方面,就关于健康信息技术如何能够在整个医疗系统中得到战略性的部署,以确保至关重要的患者与医生的沟通不会中断的演示而言,CECCR资助的研究者遥遥领先(Dubenske et al., 2008)。通过慢性护理模式的视角而组织起来的跨学科工作(Wagner, 2004)展示了如何能够设计医务人员的工作流程,以创建一个对授权患者的行为做出反应的系统(Hesse et al., 2010)。

2. 扶持由调查者发起的研究组合

CECCR倡议持续了两个5年周期,它旨在作为催化剂来加速健康传播科学在减少疾病痛苦方面的影响。这种专门的资金项目只是政府项目官员培育健康传播知识和成功所需工作的一种方式。在任何给定年份中,美国国立卫生研究院的大部分资金都通过各种研究人员发起的资助机制而授予研究人员。表38.1概述了一些更常用的资助工具,它们通常可在NIH的多个机构中获得。

表 38.1　美国 NIH 提供的资助机制

机　制	标题　注释
R01	NIH 研究计划资助项目(R01) • 用于支持离散的、特定的、限定的研究计划 • NIH 最常用的资助项目 • 任何年份需要 500 000 美元或以上(直接费用)都需要提前获得许可 • 一般授予三至五年
R03	NIH 小额资助项目(R03) • 在短期内提供有限资金,以支持各种类型的计划(例如,试点或可行性) • 限两年资助 • 直接成本通常每年高达 50 000 美元 • 不可更新
R13	NIH 对会议和科学会议的支持(R13 和 U13) • 支持与 NIH 科学使命与公共健康相关的高质量会议/科学会议 • 需要获得资助机构的事先许可 • 外国机构没有资格申请
R15	NIH 学术研究提升奖(AREA) • 支持非美国国立卫生研究院研究资助主要接受者的高等教育机构的本科生和/或研究生以及教职员工在生物医学和行为科学领域开展的小型研究项目 • 资格有限 • 总直接成本限制在 300 000 美元以内 • 项目期限为三年
R21	NIH 探索/发展研究资助奖(R21) • 通过为计划开发早期阶段提供支持而鼓励新的、探索性的和发展性的研究计划;有时用于试点和可行性研究 • 最长两年的资助 • 两年计划期直接成本的合并预算通常不得超过 275 000 美元 • 一般不需要初步数据
R41/R42	小企业技术转让(STTR) • 旨在通过小企业(SBC)和研究机构(RIs)之间合作研究/研发(R/R & D)来激励科技创新 • 促进小企业和研究机构之间的技术转让,并扶持小企业和研究创新技术商业化的社区 • 三相结构: 　Ⅰ——确定拟议的研究/研发工作的科学/技术优势的可行性研究 　(一般六个月,150 000 美元) 　Ⅱ——第一阶段启动的全部研发工作(两年,100 万美元) 　Ⅲ——商业化阶段(不能使用 STTR 资金)
R43/R44	小企业创新研究(SBIR) • 旨在通过支持营利机构对具有商业化潜力的想法的研究/研发而促进私营部门的技术创新 • 协助小企业研究团体将创新技术商业化 • 三相结构: 　Ⅰ——确定拟议研发工作的科学/技术优势的可行性研究 　(一般为六个月,150 000 美元) 　Ⅱ——充分的研究或研发工作(两年,100 万美元) 　Ⅲ——商业化阶段(不能使用 SBIR 资金)

续 表

机 制	标题 注释
K99/R00	NIH通路独立(PI)奖(K99/R00) • 提供长达五年的支持,包括两个阶段 • 第一阶段将为极具潜力的博士后研究科学家提供一至两年的指导支持 • 第二阶段将根据获得独立研究职位的情况提供长达三年独立支持 • 在获得职业转型奖期间,获奖者将有望成功竞争美国国立卫生研究院独立的R01支持 • 符合条件的主要研究者包括具有最终临床或研究博士学位和不超过四年博士后研究培养的优秀博士后候选人
P01	研究项目计划赠款 • 支持由一些共享知识和公共资源的调查人员参与的综合多项目研究计划 • 每个计划都有助于或直接相关于整个研究工作的共同主题,从而形成一个研究活动和计划的体系,以实现明确的研究项目的目标
U01	研究计划合作协议 • 支持调查者在代表其特定兴趣和能力的领域进行的离散、特定和限定的计划 • 当预计颁奖机构和中心之间会有大量项目参与时使用

* 摘自 https://grants.nih.gov/grants/funding/funding_program.htm

拉米雷斯和她的同事(Ramirez et al., 2013)分析了从2000年(NCI"非凡机会"公告的开始)到2012年健康传播领域向NCI提交的申请数量的数据。数据显示,最常用的资助申请机制是R01,在此期间有870份申请,其次是有660份申请的R21机制,299份申请R03机制,294份申请"其他"类别,U(合作中心)机制是215份,K(职业培训)奖是189份,小企业创新研究(SBIR)资助是171份,P(中心)资助是162份。项目总监通常可以通过预留资金的特殊"申请要求"、有或无重点审查的特殊"项目公告"以及最近的"特殊利益通知"(NOSI)来引导优先事项。通过美国国立卫生研究院,所有申请都按照科学贡献的高标准进行同行评审。当有可自由支配资金时,NIH项目官员将提出"例外资助"的请求,以支持达到有竞争力的分数,但不低于一般资助既定阈值的资助(分数越低,意味着资助质量越高)。

除了NIH之外,健康传播科学家还可以从其他政府机构和非政府组织中获得基金。举个例子,美国"食品和药物管理局"已经建立了一个强大的资助平台,用于资助与烟草使用相关的风险传播研究。其中一些资助机制反映了中心的倡议以及NCI在千禧年之际运用的其他专门项目。与之类似,公共部门"以患者为中心的预后研究所"(PCORI)资助旨在改善患者预后的工作,并重视健康传播科学家作为实现这一目的之手段的贡献。其他著名的公共部门组织包括罗伯特·伍德·约翰逊(the Robert Wood Johnson)基金会、盖茨国际努力基金会(the Gates Foundation for international efforts)、世界卫生组织以及许多以疾病为重点的组织,例如,美国癌症协会、苏珊·G. 科曼基金会、美国心脏协会、美国疾病控制与预防中心、美国药物滥用与心理健康服务局(SAMHSA)、美国农业部(USDA)以及国防部(DOD)和退伍军人管理局(VA)的分支机构,上述所有机构也每年为健康传播资金捐款。尽管众所周知,资助者在传播科学知识的方法上是分散的,但已经出现了一些值得注意的努力,以创建跨组织,甚至跨部门的合作团队。举个例子,在2010年初,私营部门利益集团和多个政府机构通过外部的美国国立卫生研究院基金会提供了资源,主办了一些迄今为止在移动医学方面比较有影响的科学会议。在这些会议的后续行动中,NIH和美国国家科学基金会通过其开创性的"智能互联健康"倡议,整合了它们对移动健康研究的资助。

3. 监控研究

希亚特和里默的公共健康影响模型的另一个重要方面是使用监测机制来监视疾病控制和预防的进展。图38.1显示的死亡率趋势提供了一个例子,说明了国家癌症登记系统在指导优先事项方面向"国家癌症计划"(这个词用来指代所有与减少疾病有利害关系的人,从医院到政策制定者再到科学家)所有成员提供反馈的重要性。准确了解随时间推移在人口层面上取得了什么进展,促使国家癌症咨询委员会将行为终点确定为减少总体疾病负担的关键杠杆,正是这一点也促使人们认识到,健康传播是千禧年之际一项有价值的战略投资目标。自 19 世纪的现代开始以来,在宏观层面上识别模式一直是公共健康的核心能力。正如有个故事叙述的那样,流行病学家约翰·斯诺(John Snow)怀疑 1854 年伦敦市中心暴发的霍乱并非由于有毒蒸汽(即传统上认为的"瘴气"),而是由于这座城市的苏豪区的供水受到污染。为了说服该市的管理人员,斯诺精心编制了一张病例分布图,该地图使用数据来证明病例在区域分布上是如何聚集在受污染的水井周围的。一旦城市管理人员解决了污染问题,霍乱病例数量就减少了。

伦敦霍乱事件的一个重要启示是,不仅说明监控数据对于解决公共健康问题来说有多么重要,而且也说明那些数据的传播对影响国家格局来说有多么重要。在几篇发表于《国家癌症研究所杂志》1999 年专题系列的受邀论文中,健康传播学者重申了这一主题。正如一位学者解释的那样,风险传播是公共健康官员和健康护理专业人士必须经常参与的一项重要活动;不过,风险传播很难(Fischhoff, 1999)。它需要对受众需求有充分的了解,并掌握风险的数量和质量方面,以支持有效的传播。在个人层面,它意味着了解自我监管过程,通过这个过程,危险(即风险)评估被转化为减少危险的战略和行动计划(Leventhal et al., 1999)。在人口层面,它意味着克服新闻业的商业利益(出售论文、推动网站流量)和学术界的结构性激励("出版或灭亡"的压力,即使是对早期或异常的研究发现来说,也是如此)之间相互竞争的紧张关系,以获得可信和有说服力的公共健康信息(Levine, 1999; Nelson et al., 2009; Viswanath et al., 2008)。

2001 年,NCI 启动了自己的监测项目,以便在总体传播环境发生巨大变化的时候,监督为减少癌症和其他疾病必需的知识、态度和行为结果(Nelson et al., 2004)。该项目被称为"健康信息全国趋势调查",英文缩写为 HINTS,它是作为一项针对 18 岁及以上非住院成年人的一般人口调查而启动的。它最初的范围是每两年进行一次调查,但在 2009 年《经济与临床健康信息技术法案》和 2010 年《患者保护和平价医疗法案》通过后,改为每年一次的管理(Finney-Rutten et al., 2012),以便更快地监测变化。"健康信息全国趋势调查"数据传统上由 NIH 保存大约六个月,其间它们被清洗和识别。在初始期之后,数据会发布到网上,供政策、科学和公共团体使用。遵循这种开放的科学精神(Hesse, 2018; Nosek et al., 2015),"健康信息全国趋势调查"项目已经产生了 450 多份同行评审的出版物、42 份数据简报、4 份技术报告和两期《健康传播杂志》特刊,并(在撰写本章时)已经提供了 40 000 多名志愿参与者的数据。该项目为跨机构"健康人"计划(Hesse et al., 2014)以及 NCI、美国疾病控制与预防中心,甚至一些国际政府计划阐述的健康传播目标的进展提供了衡量标准(Finney Rutten et al., 2020; Hesse et al., 2013)。

监测领域的"大数据"技术的发展要继续支持健康传播科学家的工作。正如沙阿及其同事(Shah et al., 2015)观察到的那样,结构化和非结构化数据源的"容量、速度和可变性"(第 6 页)呈指数级增长,需要计算方法的演变,以提取知识并通过新的传播基础设施进行干预。参与电子健康和移动健康干预措施开发的传播学家已经采用了他们的方法和理论,以根据通过工程科学提炼的技术提供实时、自适应的反馈(Riley et al., 2011)。从人工智能(AI)领域来看,机器学习技术可以被应用于太字节(terabytes)和拍字节(petabytes)的非结构化数据,从而对传播模式产生新见解。大多数信息学家(如受过医学信息学培训的个人)都认识到,对于将来自"电子健康记录"(EHR)、远程医疗传感器、药物跟踪设备和可穿戴身体监测仪的快速增长的数据转化为可操作的决策支持架构来说,这类人工智能技术是必不可少的(Hesse, 2016)。许多此类由人工智能支持的工具将采用会话代理的形式。公共健康官员和健康传播专家需要进行协商,以确保这些技术不会无意中引入结构性偏见,由此产生的决策架构对所有用户来说都是可用和可理解的,这些技术是安全的,并且这些工具总体上改善了个人和人群健康(McGreevey et al., 2020)。

大数据架构不仅仅是未来的幻想,也主导着对谷歌信息搜索的反应,渗入脸书的社交互动,并通过亚马逊塑造消费者的选择。在一部关于"监控经济"的精心研究的巨著中,祖博夫(Zuboff, 2019)揭示了大数据技术在获取在线和离线行为以得到个性化广告中的目标机会方面是多么普遍。为了推广新的商业模式,大型社交平台正在创建吸引注意力的架构,并鼓励所有参与者贡献内容。使用这些数字平台的个人越多,数据工程师就越成功地挖掘在线互动的"行为消耗"(behavioral exhaust) (Zuboff, 2019, 第 68 页),以便为了追求数字广告收入而进行包装和销售。诚然,许多这样的交易型交换都是无害的:当零售商找到更好的方式来定制其产品以满足个人需求时,消费者可以从中受益。不过,有许多意想不到的后果应该引起健康传播界的关注。毒品、酒精和烟草供应商可以利用不受监管的电子传播渠道绕开政府监管(Abroms, 2019)。阴谋论者可以利用社交媒介迅速而广泛地传播健康方面的错误信息,而诸如敌对政府的"巨魔屋"(the troll house)等不良行为者则通过医疗虚假信息播下了不健康、不和谐的种子(Chou et al., 2018)。公众需要公共服务的可信度,需要职业科学家与专业非营利组织合作,将这些违规行为公之于众,并通过循证医学建议来纠正有关记录。

4. 知识综合

在一个充斥着来自相互冲突来源的数据的信息环境中,美国人对健康组织投以信任,以理解他们周围不和谐的信息(Eysenbach, 2007)。对于在联邦架构内工作的健康传播科学家来说,这是一项沉重且常常被低估的职责:理解该机构资助的大量研究和其他来源的结果,以便将这些研究结果用于指导国家决策。特别是在健康传播领域,这种知识综合的结果如果管理不当,可能会造成生死攸关的后果。

随着信息系统的出现,理解科学知识库中某一特定领域的成果,已经成为一个既容易又复杂的挑战。从1971年到1997年,美国国立医学图书馆(NLM)向各机构提供了一个名为"医学文献联机"(MEDLINE)的数据库,作为促进医学知识获取和综合的一种方式。1996年,NLM通过名为PubMed的网站发布了一个免费的、可搜索的MEDLINE数据库的界面。截至2020年1月27日,PubMed界面提供了超过3 000万次引用和摘要的访问,这些引用和摘要可以完全追溯到1966年,也可以选择性地追溯到1865年。面对"免付费墙"获取纳税人资助的研究的需求,美国于2013年发布了一项总统行政令,指示研发支出超过1亿美元的联邦机构制定计划,以通过开放获取(open access)向公众提供由联邦资助的研究成果(Holdren, 2013)。作为回应,美国国立卫生研究院要求所有联邦资助的研究出版物都必须在出版后一年内免费提供,这使出版社和专业协会有时间从其策展服务中获取价值(National Institutes of Health, 2016)。数据共享要求针对的是每年直接费用超过50万美元的资助。

随着如此之多的数据和对出版物的访问向公众开放,健康传播从业者现在面临的一个大问题正是,如何以赋予个人和社区权力的方式来最好地传播科学。记者戴维·申克(David Shenk)表达了他的担忧:一个不受约束、开放访问数据的环境,尽管对科学合作来说是重要的,但可能会让许多普通公众在面对充斥着"数据烟雾"的传播环境现实时(Shenk, 1997),因优柔寡断而崩溃。美国国家科学、工程和医学研究院是通过语用学思考如何向公众有效传播科学知识的科学联盟。这个非营利科学组织定期召集科学界领军人物在一个公开论坛上非正式地讨论一个国家的人感兴趣的话题,并通过这些会议达成科学共识报告,以指导政策制定。其中一个系列明确聚焦于"传播科学"。基于科学共识的2017年研究议程可以从它们的网站下载(国家科学和医学研究院,National Academies of Sciences and Medicine, 2017)。

另一种方法是由"健康护理质量研究机构"(AHRQ)资助的美国预防工作小组采取的方法。如同这个工作小组所评价的那样,表38.2详细说明了由目标实践——如结直肠癌症筛查——的证据得出的净收益结论的等级含义。确定性水平反映了对科学文献现有临床证据的评估,高水平的确定性表示可用的证据流,后者始终指向相关实践的净收益。低水平的确定性反映了同行评审的医学文献中缺乏此类证据。就结直肠癌症筛查来说,美国预防工作小组为50—75岁的成年人提供"A"级建议,为76—85岁的成年人提供"C"级建议。患者沟通可以相应地被调整。

表38.2 关于证据水平的USPSTF的含义

等级	定 义	对实践的意义
A	美国预防工作小组推荐该服务。高确定净收益可观。	提供或给予此项服务。
B	美国预防工作小组推荐该服务。高确定净收益中等,或者提供或给予这项服务,中度确定净收益从中等到可观。	提供或给予此项服务。

续表

等级	定　　义	对实践的意义
C	美国预防工作小组建议在专业判断和患者偏好的基础上,有选择地向个体患者提供此项服务,至少可以中度确定净收益为小。	基于个体环境为入选患者提供或给予此项服务。
D	美国预防工作小组建议不要使用该服务。中度或高度确定该服务没有净收益,或弊大于利。	不鼓励使用该服务。
I	美国预防工作小组认为,由于证据缺乏、质量差或相互冲突,该服务利弊平衡无法得到确定。	如果提供该服务,患者应该了解利弊平衡的确定性。

第 2 节　结论：服务召唤

健康传播作为 21 世纪科学努力和实践的一个领域是多方面的。它涵盖了传统的公共健康运动,通过这些运动,精心制作的讯息可以提高人们的危险意识,激发动机,并使个人行为清晰明确。在人口层面上,这些广泛的倡导运动有可能使讯息迅速惠及大量人口,这在 2020 年新型冠状病毒 2(SARS-CoV2)大流行期间是必要的;它们还可以降低慢性病死亡的风险,正如在烟草控制工作中投入大量时间的情况一样。在临床层面上,以患者为中心的健康传播框架已经出现,以支持传递信息、支持决策、培养疗愈关系、实现患者自我管理、管理不确定性和应对情绪等不可或缺的功能(Epstein & Street, 2007)。在语境层面上,健康传播技术的进步已经通过以下途径扩大了健康传播干预措施的覆盖面和成本效益：及时的适应性干预;始终可用的移动通信反应系统;结构化决策支持架构;用于本地定向讯息化的基于社区的平台(Hale et al., 2018; Hesse et al., 2020; Noar & Harrington, 2012)。

为了实现这项工作的前景,这一领域已经扩大了跨学科范围。传播学院通过打造与其他学院的知识联盟而拓展了其影响力,包括心理学学院、计算机技术学院、公共健康学院、医学院、社会学学院、人类学学院、社会工作学院,甚至商学院。学术理论家通过识别路径,通过由假设驱动的发现进行测试,从而在受众和人群中获得认知、内化和付诸行动,并为这一过程做出贡献。方法论者和监测研究者对不同公共健康干预措施的有效性和效果的证据做出了贡献,有助于走上更连贯的传播自我纠正路径。干预主义者承担着将理论认识和循证方法转化为有效和可复制项目的不可或缺的责任。现在,健康传播的专业机会从大学覆盖到私营部门,再到政府内部,以及非政府基金会和非营利组织内部。

我认为,将所有这些努力统一起来的是一种相互感受到的服务召唤。健康传播是某种必不可少的途径,通过它,生物医学基于证据的研究结果转化为现实人的实际利益(Hesse, 2019)。这条道路上的障碍——例如,与健康相关的信号被充斥着广告的市场噪声淹没,或当某些人无法像其他人一样获得对临床外展服务的忠诚度时——会在每个人心中唤起社会正义的共鸣。解决这些障碍,需要我们所有人的努力。这需要为基础科学、有效干预措施的开发、人口趋势的监测、可靠的机构和项目的构想等提供资助,从而将这些努力的最佳方面纳入保护公共健康的服务之中。更重要的是,它将需要协调工作,以使公共健康引擎内的所有活塞都以相同的效率启动起来。政府和非政府资助机构非常适合作为平台,通过它们,健康传播科学家和从业者的努力可以获得更大的动力,并共同实现可持续的影响。

参考文献

Abroms, L. C. (2019). Public health in the era of social media. *American Journal of Public Health*, 109(S2), S130-S131.

Advisory Committee on Cancer Control (National Cancer Institute of Canada) (1994). Bridging research to action: A framework and decision-making process for cancer control. *Canadian Medical Association Journal*, *151*, 1141-1146.

American Cancer Society (2020). *Cancer facts & figures 2020*. American Cancer Society.

Caburnay, C. A., Luke, D. A., Cameron, G. T., Cohen, E. L., Fu, Q., Lai, C. L., Stemmle, J. T., Paulen, M., Jackson, L., & Kreuter, M. W. (2012). Evaluating the Oziorna cancer news service: A community randomized trial in 24 U. S. cities. *Preventive Medicine*, *54*(6), 425-430.

Chou, W. S., Oh, A., & Klein, W. M. P. (2018). Addressing health-related misinformation on social media. *Jama*, *320*(23), 2417-2418.

Cole, H. M., & Fiore, M. C. (2014). The war against tobacco: 50 years and counting. *Jama*, *311*(2), 131-132.

Cram, P., Fendrick, A. M., Inadomi, J., Cowen, M. E., Carpenter, D., & Vijan, S. (2003). The impact of a celebrity promotional campaign on the use of colon cancer screening: The Katie Couric effect. *Archives of Internal Medicine*, *163*(13), 1601-1605.

Dubenske, L. L., Chih, M. Y., Dinauer, S., Gustafson, D. H., & Cleary, J. F. (2008). Development and implementation of a clinician reporting system for advanced stage cancer: Initial lessons learned. *Journal of the American Medical Informatics Association*, *15*(5), 679-686.

Eng, T. R., & Gustafson, D. H. (Eds.). (1999, April). *Wired for health and well-being: The emergence of interactive health communication*. Science Panel on Interactive Communication and Health, Office of Disease Prevention and Health Promotion, U. S. Department of Health and Human Services. http://ww.ehealthstrategies.com/files/eng_gustafson_1999.pdf.

Epstein, R., & Street, R. J. (2007). *Patient-centered communication in cancer care: Promoting healing and reducing suffering* (NIH Publication No. 07-6225). U. S. Department of Health and Human Services, National Institutes of Health.

Eysenbach, G. (2007). From intermediation to disintermediation and apomediation: New models for consumers to access and assess the credibility of health information in the age of Web2.0. *Studies in Health Technology and Informatics*, *129*(part 1), 162-166.

Eysenbach, G. (2009). Infodemiology and infoveillance: Framework for an emerging set of public health informatics methods to analyze search, communication and publication behavior on the Internet. *Journal of Medical Internet Research*, *11*(1), e11.

Falk, E. B., O'Donnell, M. B., Cascio, C. N., Tinney, F., Kang, Y., Lieberman, M. D., Taylor, S. E., An, L., Resnicow, K., & Strecher, V. J. (2015). Self-affirmation alters the brain's response to health messages and subsequent behavior change. *Proceedings of the National Academy of Sciences USA*, *112*(7), 1977-1982.

Finney Rutten, L. J., Blake, K. D., Skolnick, V. G., Davis, T., Moser, R. P., & Hesse, B. W. (2020). Data resource profile: The national cancer institute's health information national trends survey (HINTS). *International Journal of Epidemiology*, *49*(1), 17-17j.

Finney Rutten, L. J., Davis, T., Beckjord, E. B., Blake, K., Moser, R. P., & Hesse, B. W. (2012). Picking up the pace: Changes in method and frame for the health information national trends survey (2011-2014). *Journal of Health Communication*, *17*(7), 979-989.

Fiore, M. C. (2016). Tobacco control in the Obama era—substantial progress, remaining challenges. *New England Journal of Medicine*, *375*(15), 1410-1412.

Fischhoff, B. (1999). Why (cancer) risk communication can be hard. *Journal of the National Cancer Institute Monographs*, *25*, 7-13.

Glanz, K., Rimer, B. K., & Viswanath, K. (2015). *Health behavior: Theory, research, and practice* (5th ed.). Jossey-Bass.

Hale, T. M., Chou, W. Y. S., Cotten, S. R., & Khilnani, A. (2018). *eHealth: Current evidence, promises, perils, and future directions*. Emerald Publishing.

Hesse, B. W. (2009). Cancer communication: Status and future directions. *Journal of Health Communication*, *14*(Suppl 1), 109-127.

Hesse, B. W. (2016). Decision architectures. In M. A. Dieffenbach, S. M. Miller, & D. Bowen (Eds.), *Handbook of health decision science* (pp. 15-28). Springer Verlag.

Hesse, B. W. (2018). Can psychology walk the walk of open science? *American Psychologist*, *73*(2), 126-137.

Hesse, B. W. (2019). Role of the Internet in solving the last mile problem in medicine. *Journal of Medical Internet Research*, *21*(10), e16385.

Hesse, B. W., Ahern, D. K., & Ellison, M. (2020). Barn-raising on the digital frontier: The L.A.U.N.C.H. Collaborative. *Journal of Appalachian Health*, 2(1), 6-20.

Hesse, B. W., Gaysynsky, A., Vieux, S., Ottenbacher, A. J., Moser, R. P., Blake, K. D., Chou, W. Y. S., & Beckjord, E. B. (2014). Meeting the healthy people 2020 goals: Using the health information national trends survey to monitor progress on health communication objectives. *Journal of Health Communication*, 19(12), 1497-1509.

Hesse, B. W., Johnson, L. E., & Davis, K. L. (2010). Extending the reach, effectiveness, and efficiency of communication: Evidence from the centers of excellence in cancer communication research. *Patient Education and Counseling*, 81(Suppl), S1-S5.

Hesse, B. W., Nelson, D. E., Moser, R. P., Blake, K. D., Chou, W. Y. S., Finney Rutten, L. J., & Beckjord, E. B. (2013). National health communication surveillance systems. In D. K. Kim, A. Singhal, & G. L. Kreps (Eds.), *Global health communication strategies in the 21st century: Design, implementation, and evaluation* (pp. 317-334). Peter Lang.

Hesse, B. W., Shaikh, A. R., Toward, J. I., & Edgar, T. (2002). *Final report of the CDC main web site evaluation*. Centers for Disease Control and Prevention.

Hiatt, R. A., & Rimer, B. K. (1999). A new strategy for cancer control research. *Cancer Epidemiology, Biomarkers & Prevention*, 8(11), 957-964.

Holdren, J. P. (2013, February 22). *Memorandum for the heads of executive departments and agencies*. Executive Office of the President, Office of Science and Technology Policy. www.science.gov/docs/ostp_public_access_memo_2013.pdf.

Kang, Y., Cappella, J. N., Strasser, A. A., & Lerman, C. (2009). The effect of smoking cues in antismoking advertisements on smoking urge and psychophysiological reactions. *Nicotine & Tobacco Resesarch*, 11(3), 254-261.

Klein, W. M., Bloch, M., Hesse, B. W., McDonald, P. G., Nebeling, L., O'Connell, M. E., Riley, W. T., Taplin, S. H., & Tesauro, G. (2014). Behavioral research in cancer prevention and control: A look to the future. *American Journal of Preventive Medicine*, 46(3), 303-311.

Kreps, G. L. (2002). Evaluating new health information technologies: Expanding the frontiers of health care delivery and health promotion. *Studies in Health Technology and Informatics*, 80, 205-212.

Kreps, G. L., & Viswanath, K. (2001). Communication interventions and cancer control: A review of the national cancer institute's health communication intervention research initiative. *Family & Community Health*, 24(3), ix-xiii.

Leventhal, H., Kelly, K., & Leventhal, E. A. (1999). Population risk, actual risk, perceived risk, and cancer control: A discussion. *Journal of the National Cancer Institute Monographs*, 25, 81-85.

Levine, J. (1999). Risky business-communicating scientific findings to the public. *Journal of the National Cancer Institute Monographs*, 25, 163-166.

McGreevey, J. D., III, Hanson, C. W., III, & Koppel, R. (2020). Clinical, legal, and ethical aspects of artificial intelligence-assisted conversational agents in health care. *Jama*, 324(6), 552-553.

Meier, A., Lyons, E. J., Frydman, G., Forlenza, M., & Rimer, B. K. (2007). How cancer survivors provide support on cancer-related Internet mailing lists. *Journal of Medical Internet Research*, 9(2), e12.

National Academies of Sciences and Medicine (2017). *Communicating science effectively: A research agenda*. The National Academies Press.

The National Cancer Act of 1971, S. 1828, 92nd Cong (1971). www.govtrack.us/congress/bills/92/s1828/text.

National Cancer Institute (2000). *The nation's investment in cancer research: A budget proposal for fiscal year 2001* (NIH Publication No. 00-4373). U.S. Department of Health and Human Services, National Institutes of Health.

National Cancer Institute (2001). *The nation's investment in cancer research: A budget proposal for fiscal year 2002* (NIH Publication No. 02-4373). National Cancer Institute.

National Cancer Institute (2008). *The role of the media in promoting and reducing tobacco use: Tobacco control monograph no. 19* (NIH Pub.

No. 07-6242). Tobacco Control Monographs, Issue. NIOH. U. S. Department of Health and Human Services, National Cancer Institute.

National Institutes of Health (2016). *NIH public access policy details*. U. S. Department of Health & Human Services. Retrieved July 19, 2017, from https:// publicaccess. nih. gov/ policy. htm.

Nelson, D. E., Hesse, B. W., & Croyle, R. T. (2009). *Making data talk: Communicating health data to the public, policy, and the press*. Oxford University Press.

Nelson, D. E., Kreps, G. L., Hesse, B. W., Croyle, R. T., Willis, G., Arora, N. K., Rimer, B. K., Viswanath, K. V., Weinstein, N., & Alden, S. (2004). The health information national trends survey (HINTS): Development, design, and dissemination. *Journal of Health Communication*, 9(5), 443-460, 481-484.

Noar, S. M., & Harrington, N. G. (2012). *eHealth applications: Promising strategies for health behavior change*. Routledge.

Nosek, B. A., Alter, G., Banks, G. C., Borsboom, D., Bowman, S. D., Breckler, S. J., Buck, S., Chambers, C. D., Chin, G., Christensen, G., Contestabile, M., Dafoe, A., Eich, E., Freese, J., Glennerster, R., Goroff, D., Green, D. P., Hesse, B., Humphreys, M., ... Yarkoni, T. (2015). Promoting an open research culture. *Science*, 348(6242), 1422-1425.

Ramirez, A. S., Galica, K., Blake, K. D., Chou, W. Y., & Hesse, B. W. (2013). Cancer communication science funding trends, 2000-2012. *Journal of the National Cancer Institute*, 2013(47), 133-139. doi: 10.1093/ jncimonographs/ lgt030.

Rice, R. E., & Katz, J. E. (2001). *The Internet and health communication: Experiences and expectations*. Sage.

Riley, W. T., Rivera, D. E., Atienza, A. A., Nilsen, W., Allison, S. M., & Mermelstein, R. (2011). Health behavior models in the age of mobile interventions: Are our theories up to the task? *Translational Behavioral Medicine*, 1(1), 53-71.

Rimer, B. K. (2016). Government service as a public and personal good. *Health Education and Behavior*, 43(3), 241-245.

Rimer, B. K., Lyons, E. J., Ribisl, K. M., Bowling, J. M., Golin, C. E., Forlenza, M. J., & Meier, A. (2005). How new subscribers use cancer-related online mailing lists. *Journal of Medical Internet Research*, 7(3), e32.

Shah, D., Cappella, J. N., & Neuman, W. R. (2015, May). Big data, digital media, and computational social science: Possibilities and perils. *The Annals of the American Academy of Political and Social Science*, 659, 6-13.

Shenk, D. (1997). *Data smog: Surviving the information glut*. Harper Edge.

Smith, K. C., Niederdeppe, J., Blake, K. D., & Cappella, J. N. (2013). Advancing cancer control research in an emerging news media environment. *Journal of the National Cancer Institute Monographs*, 2013(47), 175-181.

Strecher, V. J., Marcus, A., Bishop, K., Fleisher, L., Stengle, W., Levinson, A., Fairclough, D. L., Wolfe, P., Morra, M., Davis, S., Warnecke, R., Heimendinger, J., & Nowak, M. (2005). A randomized controlled trial of multiple tailored messages for smoking cessation among callers to the cancer information service. *Journal of Health Communication*, 10(Suppl 1), 105-118.

U. S. Department of Health and Human Services (2014). *The health consequences of smoking—50 years of progress: A report of the surgeon general*. www. ncbi. nlm. nih. gov/ books/ NBK179276/ pdf/ Bookshelf_NBK179276. pdf.

U. S. Department of Health, Education, and Welfare (1964). *Smoking and health: Report of the advisory committee to the surgeon general of the public health service* (PHS Publication No. 1103). www. govinfo. gov / content / pkg / GPO-SMOKINGANDHEALTH / pdf / GPO-SMOKINGANDHEALTH. pdf.

Viswanath, K., Blake, K. D., Meissner, H. I., Saiontz, N. G., Mull, C., Freeman, C. S., Hesse, B., & Croyle, R. T. (2008). Occupational practices and the making of health news: A national survey of US health and medical science journalists. *Journal of Health Communication*, 13(8), 759-777.

Wagner, E. H. (2004). Chronic disease care. *British Medical Journal*, 328(7433), 177-178.

Whelan, C. J., & Cunningham, J. J. (2020). Resistance is not the end: Lessons from pest management. *Cancer Control*, 27(1).

Woolford, S. J., Clark, S. J., Strecher, V. J., & Resnicow, K. (2012). Tailored mobile phone text messages as an adjunct to obesity treatment for adolescents. *Journal of Telemedicine and Telecare*, 16(8), 458-461.

Zapka, J. G., Puleo, E., Taplin, S. H., Goins, K. V., Ulcickas Yood, M., Mouchawar, J., Somkin, C., & Manos, M. M. (2004). Processes of care in cervical and breast cancer screening and follow-up-the importance of communication. *Preventive Medicine*, 39(1), 81-90.

Zuboff, S. (2019). *The age of surveillance capitalism: The fight for a human future at the new frontier of power*. PublicAffairs.

第 39 章
开展健康传播研究面临的挑战

艾米·科尔伯（Amy Koerber）　　阿维纳什·汤布雷（Avinash Thombre）

任何学科的研究，就其本质而言都具有挑战性。当我们从事学术研究时，无论学科如何，我们都拒绝将公认的知识或常识信念作为任何主题的最终结论；这项任务将不可避免地带来一些挑战。尽管我们承认，无论研究者的学科是什么，他们都会面临挑战，但我们最后一章的目的是，思考健康传播研究者最有可能面临的一些特殊挑战。除了通过研究中的例子来强调这些挑战以外，我们还总结了最近关于研究挑战的相关文献，并指出了帮助我们克服这些挑战的解决方案或资源。

本章围绕健康传播研究者可能面临的不同类别的挑战而组织：获取对参与者的访问权限，在社区中工作，在国际上工作，处理"机构审查委员会"（Institutional Review Board，IRB）的担忧问题，紧跟科学知识生产的步伐。这些挑战是多种多样的，个体研究者可能会在多大程度上面临其中的挑战，将取决于其研究的主题、地理位置和方法。不过，尽管存在这种差异，在我们对潜在挑战的讨论和对可能的解决方案的介绍中，都出现了一些关键的主题，这将在我们的结论中予以论述。

第 1 节　获取对参与者和背景的访问权限

作为健康传播研究者，我们可能面临的最具挑战性的情况之一是获取我们想要研究的传播形式的访问权限。特别是，发生健康传播的最重要场所之一是患者与提供者的互动。尽管人们承认需要改善患者与提供者之间的沟通，但这是一种受到高度保护的互动形式，很难获得对这种形式的健康传播进行第一手观察所需的许可。无论是研究临床背景下的患者和提供者，还是研究不同背景下的其他人群，几位健康传播研究者都写下了他们在获取健康传播访问权限时面临的困难和障碍。这些困难和障碍可能来自几个不同的方向和不同的原因。

一些研究者已经探讨了对特定人群的访问权限的问题。例如，曼森等人（Manson et al., 2004）研究了在美国印第安人和阿拉斯加原住民社区进行临床研究时产生的复杂情况。挑战是多方面的，许多这样的社区实际上都有自己的监管机构，就像一个机构审查委员会。这不仅会导致访问人群的问题，即能否将社区成员作为研究参与者，也会导致知识产权和能否发布从此类站点收集的数据等问题。然而，作者也指出，将这些社区排除在临床研究之外是多么有害。他们指出了一些研究严重不足的具体例子，因为研究者无法从那些经常被边缘化的社区招募参与者，或无法完成某项研究。这些作者传达的明确信息是，如果希望我们的研究能够涵盖所有人群，那么就必须找到克服这些挑战的方法。

健康传播学者也为我们理解健康学科研究的核心概念揭示了细微的差别。例如，"知情同意"通常被视为患者或其他研究对象参与任何健康研究的道德基础。但正如比文斯(Bivens, 2017)所做的那样,从健康传播的角度进入知情同意的问题,可以开辟对这一概念的新理解,例如"微量撤回同意"(micro withdrawals of consent)。如同比文斯观察到的那样,我们通常倾向于将"知情同意"视为要么是,要么否:一个人同意某项特定的治疗或参与研究,或者他们不同意。但是,当我们采用修辞的视角,特别是强调倾听时,我们就会意识到,在某些情境下,以前同意参加研究的人可能会逐渐开始撤回其全部或部分同意。例如,比文斯的研究包括对新生儿重症监护室(NICU)背景下父母和婴儿与医生之间互动的观察。在观察过程中,她有几次注意到案例的参与者变得不舒服。在这种情况下,她意识到是她离开现场的时候了,并停止了对那个特定患者-提供者互动的观察。对于研究者来说,这可能是一个艰难的决定,因为我们常常要克服重重障碍,才能获得对某个场所的访问权限。但是,与允许我们对其研究场所进行访问的组织和个体保持信任关系的一个重要注意点是:我们还必须知道什么时候停止,或什么时候退出。

安杰利(Angeli, 2018)是另一位健康传播学者,她为了自己的博士论文想要访问一些场所,但在访问这些场所时碰到了各种困难,她将之写了下来。具体说来,她想研究急救健康护理语境下的患者与提供者的互动。她最终还是获得了访问权限,但她不得不放弃最初的研究计划。她甚至接受了护理人员培训,这样她就可以和急救健康护理提供者一起工作,而不是作为一个有潜在破坏性的局外人。与比文斯(Bivens, 2017)的论点相呼应,安杰利叙述的重要结论是,如果我们想要研究患者和提供者之间的交流,特别是在高度敏感的情况下,那么,第一步是与那些可以授予访问权限的人建立信任关系。而且一旦建立了信任关系,我们就必须尽一切努力来维护这份信任。

尽管可能存在障碍,但健康传播研究者通常成功地获得了对患者与提供者互动的访问权限,而事实上,我们的学科中的某些最重要的研究之所以有价值,正是因为研究者能够获得直接的访问权限。例如,艾伦·巴顿(Ellen Barton)关于肿瘤学家和患者之间沟通的研究提供了非常丰富的见解,但如果她不能与医生和患者直接互动,根本就不可能产生那些丰富的见解(Barton, 2001, 2004)。克里斯塔·泰斯顿(Christa Teston)关于来自不同学科的癌症专家之间对话的研究,也具有独特的价值,因为她能够在这些医生相互交流,讨论具体病例的时候,从自然背景中观察这些医生(Teston, 2009, 2012)。

最后,即便是在似乎不太需要密切参与医生-患者互动的健康传播研究中,我们仍然必须仔细考虑研究者与参与者关系的权力维度,注意如何理解参与此类研究的可能风险。例如,泰斯顿等人(Teston et al., 2019)讨论了不稳定的公众(precarious publics)——我们社会中被边缘化的个体——参与调查的风险问题。他们提醒使用调查方法的健康传播研究者不要不加批判地这么做,也不要太快地假设参与调查对所有人群来说都是无害和无风险的。

总之,就像几乎所有涉及人类受试者的研究一样,成功的健康传播研究很大程度上取决于研究者建立关系和信任的能力。由于健康护理相遇的受保护性和私密性,健康传播研究尤其面临着一些挑战。然而,当我们将自己的研究视为建立关系时,就会逐渐认识到与我们打算进行研究的社区建立和保持信任的重要性。建立这种关系的一个关键组成部分是知道什么时候退一步,或什么时候考虑一种不同于我们最初认为理想的方法。尤其是在直接观察患者和医生的情况下,我们必须保持灵活性,并意识到何时最好后退一步,寻找一种替代方法,后者仍然能够使我们在保持关系的同时解决研究问题。当然,在涉及外部资金实体时,建立和维护关系的挑战可能会变得更加复杂,因为这往往意味着我们对寻求建立和维护的关系的更少控制。

第 2 节　在 社 区 工 作

有效的公共健康研究取决于社区的伙伴关系以及与孤立且难以接触的人群进行的研究合作。在回顾从事基于社区的参与性研究中遇到的挑战时,弗里曼等人(Freeman et al., 2006)强调,需要创造性地思考我们如何进行研究,并更广泛地让不同的个体群体参与研究过程。一个名为"为科学吐槽"("Spit for Science")的计划,通过向学生提供研究机会、提高认识和理解研究背后的人为因素,最后通过向学生提供来自不同计划的普遍反馈,为这一方向提供了重要的资源。因为利益相关者希望研究能够解决健康服务中的结构性和文化挑战的问题(例如,缺乏全面的、以患者为中心的、文化安全的护理),所以对于健康职业人士沟通技能的培养就应该与消费者合作设计,并应该关注弱势群体的需求。

以这种方式进行的研究需要投入大量的时间和资源,并对我们的研究工具进行微调。此外,当今的健康传播学者大多驻扎在城市学术中心,缺乏建立社区联系的文化、语言以及种族见解方面的专业知识。不过,在过去几十年中,健康传播学者在与难以接触的社区建立伙伴关系方面取得了长足的进步。例如,最近的研究已经涉及了解加拿大因纽特人和梅蒂斯人的健康观点,他们面临着令人担忧的健康不平等,获得健康护理的机会不足,以及不连续的文化服务(Jaworsky, 2018)。

尽管基于社区的研究面临多重挑战,但潜在的好处包括,提高人们对健康传播研究领域和发现的认识,创造一个与研究的联系更加紧密并更加意识到研究重要性的公众,为学生创造机会,提高研究参与率。通过创造性地思考我们如何开展研究,并让不同的个体、群体参与研究,我们就可以显著扩大健康传播和一般科学的范围并增进影响(Dick, 2017)。

如前所述,研究者在与社区合作时遇到的首要问题之一与建立信任关系相关。考虑到健康传播研究者(他们受过学术研究的训练)和社区成员(他们缺少同样的训练)之间的不一致性,建立信任关系可能就很困难了。社区成员方法研究根据个人经历及其日常生活的现实来进行。不过,研究者往往必须从满足研究机构和研究时间表的要求的角度来进行研究。例如,研究者找到一名患有DVT(深静脉血栓)的患者,以了解她的应对经历。患者很乐意分享她的经历,认为在这个过程中她会得到帮助,即得到应对DVT的建议;然而,研究者并没有做出这样的承诺(Elbahey & Thombre, 2020)。鉴于对这些结果最终以何种方式返回社区,并以何种方式可能影响社区抱有不同的期望,双方之间信任关系的建立进一步受阻。

如果传播研究者和社区成员来自不同的种族和语言背景,那么这些与建立信任有关的传播问题就特别具有挑战性,从而进一步扩大了交谈、思考和感知方式之间的差距。不同的语言模式,加上研究过程概念化的差异,影响了双方的互动和交流,为建立信任打造了一个富有挑战性的环境。然而,尽管存在这些挑战,社区伙伴关系还是带来了各种好处。建立初步信任关系和克服沟通方面的挑战的方法之一是借助知识转换、传播策略和工具。在计划开始之前,赢得社区合作伙伴的信任需要通过打下适当的基础,并投入足够的时间就研究目的进行沟通来实现。询问社区成员他们认为的问题是什么,以确保研究议程符合他们的自我认同的需求,也是有益处的。

基于社区的合作无论跨越了不同的地理区域,还是发生在同一座城市,成功地建立关系和信任都需要时间。因此,这个过程的良好开端是进行更多的人与人或面对面的接触(Suarez-Balcazar et al., 2005)。即便这很难实现,但是当群体成员的职业资格和证书不同时,研究者应该努力争取对这些资格和证书的平等承认,并实现资源和权力的均衡分配(Cochran et al., 2008; Maiter et al., 2008)。研究者和社区成员之间的信任和互惠将促进有意义的参与行为,并增加成功的可能性(Christopher et al., 2008)。

为了建立对这一成功来说至关重要的牢固关系,使用共同语言讨论研究的各个组成部分的方法是第一步(Suarez-Balcazar et al., 2005)。第二步应该开始评估合作者和最终用户的文化程度(Minkler & Wallerstein, 2008)。吸引当地专业人士和意见领袖参与社区工作等措施至关重要,这些人包括健康护理提供者和教师。诸如此类的个体有助于促进研究者和当地居民之间的理解。这些传播努力可以促进所有研究合作伙伴和参与者对研究过程、方法、结果和解释的相互理解。例如,关于哪些媒体渠道(如社区演示或时事通讯)最能抵达目标人群的评估有助于增强成功的传播(Smylie et al., 2004)。为包括统计资料在内的传播研究结果确定最佳方法,可能特别重要:有证据表明,普通公众的统计知识水平较低(Maiter et al., 2008)。以增加可访问性和透明度的方式呈现统计结果,可能有助于防止传播失误,并促进相互理解。有效的知识转换和传播工具将帮助合作者确定哪些结果最有意义,以及哪些策略最有效地将结果传达给最终用户。

研究合作伙伴应讨论合作的总体目标,并在任何协议的开头都包括一份目标声明,这为解释协议提供了语境(Parry et al., 2015)。各方还应讨论他们对研究的期望(包括收益、捐款和时间表),并确保协议条款与对期望的共同理解相一致。协议应包括文件中使用的定义列表。这一过程将有助于就各种可能的问题展开交流,并提供合作伙伴书面文件,来帮助防止日后出现的传播方面的挑战。尽管当我们召集并维持大批调查者队伍时,围绕社区能力的建设存在着紧张关系,但就项目方向、财务、期望和其他方面,进行公开而坦率的讨论以及透明的前期流程是必要的。正如下一节将要阐述的那样,当处理国际空间中进行的复杂研究时,这些考虑因素可能尤为重要。

第 3 节 在国际上开展工作

辛诺特等人(Synnot et al., 2018)对患者、护理人员、消费者代表、健康专业人士、政策制定者和研究者进行了一项国际调查,以确定健康传播研究的优先事项。他们发现,针对健康服务中结构性和文化的挑战(例如,缺乏全面的、以患者为中心的、文化安全的护理),以及培养健康职业人士的传播技能的研究,被认为是最紧迫的需求。他们建议,应该与消费者合作制定解决方案,并关注弱势群体的需求。通过开展涉及国际合作的研究,这些目标有可能得到实现。

在设计和开展国际合作方面,健康传播研究可以产生知识,增加其他地方完成的研究的外部有效性,扩展现有研究的适用范围,发展有助于解决全球问题的互利关系。当这种合作发挥作用时,它会产生协同效应,并形成解决研究问题的方法,将现有研究扩展到其他人群,构建意义。这也意味着双方都要优化资源的使用,并为棘手的问题找到解决方案。此外,这类研究应该与跨国界的利益相关者互惠互利,同时促进世界问题的可持续解决。

寻找合作者是一个有机的过程,时机要正确。合作机会可能几年内都不会出现。不过,国际会议提供了一个很好的机会,可以建立网络和交流思想,促进国际合作。各大洲共享思想和数据的健康传播学者可以通过电子邮件交流进行合作,最终由从未见过面的合作者们撰写一篇学术论文(Bennett & Gadlin, 2012)。

国际合作带来了一系列挑战,有时也会带来不便。一些合作可能易于适应;其他合作可能会把某个计划搞得一团糟。例如,习惯另一个国家的工作文化可能相对简单;不过,跨时区工作需要改变工作时间表,这可能会很麻烦。另一个需要考虑的重要因素是研究者使用不同语言,这可能会导致沟通问题。不同的通用语言会造成同事之间的沟通障碍,工作可能必须缓慢进行。临时翻译和转录可以解决这些挑战。

研究者需要意识到,鉴于上述差异,进行国际研究的确需要更长的时间。简而言之,尽管国际工作的挑战可能看起来令人生畏,但是,对难以接触的人群的健康质量做出真正的改变,所获得的回报非常值得。

第 4 节 解决机构审查委员会的担忧问题

当我们试图访问发生健康传播的研究场所时,经常面临的首要挑战之一是获得"机构审查委员会"的批准。金等人(King et al., 2018)将此类挑战定义为"不可通约性"问题。具体来说,他们认为,健康传播研究者通常从不同于医学专家假设的传播定义开始,而医学专家可以获准进入我们想要从事研究的场所。这种情况会从一开始就造成独特的挑战,要求我们用一种语言来解释我们研究的价值,而这种语言对于从不同假设出发的个人来说,应该是可理解的和有说服力的。当健康传播研究者试图在医疗背景下获得研究患者-医生沟通的权限时,这种不可通约性可能会加剧,因为在联邦指南最近发生的一些变化之前,这一研究通常需要两个不同机构的批准:一个隶属于研究者所在的机构,另一个隶属于他们打算进行研究的健康组织。

2018 年 1 月生效的联邦机构审查委员会指南发生了显著的变化,这有助于解决健康传播研究者曾经遇到的某些困难。具体地说,《联邦人类受试者保护政策》文件也被称为"共同规则",它于 2017 年被修订,以应对最近发生在人类受试者研究性质上的几个变化。这些变化对社会和行为科学研究产生了更广泛的影响,对健康传播研究者也具有特殊的意义。首先,豁免研究的类别已经得到了修订和扩大。其次,也是与健康传播研究者最相关的一点,放松了对健康传播研究者经常施加的研究限制,包括访谈、调查和焦点小组。这些研究形式包括"对成年受试者的良性行为干预,其中,受试者预先同意干预和信息收集"(Riley & Akbar, 2017,第6段)。尽管这种研究中的大部分都曾经需要快速审查,但它们现在通常被认为是可以豁免的。另一个显著变化是,授权使用单一的 IRB 作为在多个场所进行研究的许可,而不是要求研究者在每个场所都要获得独立的 IRB 批准(Riley & Akbar, 2017)。

人们希望,这些变化将平息长期以来针对"机构审查委员会"(IRBs)的激烈批评,特别是来自社会和行为科学家的批评。这些科学家已经让人们注意到,机构审查委员会基于生物医学模型的理解和科学家的理解之间存在不兼容之处(例如,White, 2007)。尽管如此,作为健康传播研究者,我们应该仍将预期:我们在自己的机构和希望进行研究的机构与 IRB 实体的互动中,都将面临挑战。因为 IRB 原则最初是在生物医学研究的语境下制定的(Grady, 2015),我们就不能总是希望自己的研究方案能够很容易地按照这些原则得到评估。此外,根据 IRB 在我们机构中的构造方式,我们也不能总是期望审查研究方案的专家会拥有通常用于健康护理语境下研究传播的社会科学方法的专业知识。事实上,我们需要记住,或许专家运用的传播定义与我们的假设大相径庭。当以这种意识来应对 IRB 审查的挑战时,我们可以将 IRB 流程视为一个与从不同角度进行沟通的专家相接触的机会,而我们可以利用这个机会扩大自己的理解,并提高对我们学科的认识。

第5节 紧跟科学知识生产的步伐

新冠病毒感染疫情已经造成了这样一种局面:健康信息(有时是错误信息)在全球范围内的传播速度与病毒一样快,因此,传播在健康护理中的重要性比以往任何时候都更加明显了。有人认为,这场疫情可能会永远改变科学传播的机制,例如,由于对快速科学进步的强烈需求,导致预印本文章数量的激增,以及对这种预印本的研究结果的更大依赖(Koerber, 2020)。沿着这些路线,健康传播研究者需要意识到的一个关键发展态势是开放科学(open science, OS)运动的兴起。与软件开发中的开源运动非常相像,开放科学运动促进了科学家之间在共享研究数据、实验报告和其他研究过程方面的合作和贡献,使其能够根据条款免费使用,从而使研究及其基础数据和方法能够重复使用、重新分发和复制(Vicente-Saez & Martinez-Fuentes, 2018)。

2020年2月18日发表在《柳叶刀》上的声明——《支持中国抗击新冠病毒疾病的科学家、公共卫生专业人士及医疗专业人员的声明》——使得开放科学在新冠病毒感染语境下的重要性变得清楚了(Calisher et al., 2020)。

这份声明呼吁全球科学界停止阴谋论的散布,团结起来支持中国科学家,他们正在努力工作,确保以多种格式(formates)提供最优质的信息,而这些格式保证了此类信息是可信的、可访问的和有效的。正如该声明所说,

> 关于这次疫情的快速、公开和清楚的数据共享,现在正受到围绕其起源的谣言和错误信息的威胁。我们站在一起强烈地谴责阴谋论,后者认为新型冠状病毒感染没有自然起源。来自多个国家的科学家已经发表并分析了病原体、严重急性呼吸系统综合征冠状病毒2(SARS-CoV-2)的基因组,他们压倒性地得出结论,这种冠状病毒像其他很多新发病原体一样,起源于野生动物。
>
> (第3段)

正如这一声明陈述的那样,面对一场传播如此之远,速度如此之快,甚至难以处理的疫情,全球各地的科学家越来越清楚地意识到,他们需要同样快速有效地传播他们的发现,以便跟上步伐。作为回应,不仅科学家们在研究方面进展迅速,希望找到一些答案,而且信息也正比以往任何时候都更快、更高效地传播,部分原因是预印本服务器的激增使得科学发现的提前发

布成为可能,部分原因是社交媒介渠道的便捷,例如,使用推特可以与全球受众分享这些发现。

健康传播研究者特别感兴趣的问题是,第一份允许广泛获取病毒基因组序列的出版物出现在一个名为 bioRxiv("生物学预印本服务器")的网站上。如其"关于"页面所述,这个网站允许科学研究结果的预印本出版,这使得作者能够"将他们的发现立即提供给科学界,并在提交给期刊之前收到对稿件草稿的反馈"(bioRxiv, n. d.,第 1 段)。新冠病毒感染基因组序列由一个致力于确定这种病毒生物学起源的团队编写,它作为一篇预印本文章发表在 2020 年 11 月 2 日的生物学预印本服务器上(Gorbalenya et al., 2020)。

但是,这种强调快速共享对该病毒及其传播所需科学信息的了解的另一面是,在某些情况下,不准确或不完整的信息被当成真实可信的信息而得到处理和传播。而且,与科学家之间有效、高效、准确的沟通同样重要的是,科学家与普通公众之间的沟通问题。开放科学运动是为了满足生物医学研究快速传播的需要而发起的。然而,在健康传播领域,当我们考虑"信息流行病学"(infodemiology)和科学传播时,这一场运动同样至关重要。胡等人(Hu et al., 2020)在 2020 年 2 月发表的一份预印本中首次使用了"信息流行病的"①术语,以此来描述早在科学界就其正确名称达成一致之前就出现的病毒假名的传播。在 2021 年春季撰写本章时,关于信息流行病的文章已经发表在该领域的旗舰期刊《健康传播》上。

的确,最近的新冠病毒感染危机从几个角度凸显了有效健康传播的重要性。这场疫情带来的一个重要挑战是,在好信息和坏信息都可以如此广泛和迅速传播的时代,我们越来越意识到,不能假设健康信息的传播与产生是分开的。整个知识生产过程都被压缩了,所以我们面临的情况是,本身可能是准确的,或至少部分准确的科学数据的花边新闻可以很容易地得到传播,并被理解为"福音真理"。有时候,这种快速扩散会涉及传播专业人员,但它经常发生在没有任何传播专业知识的人参与的情况下。

因此,健康传播专家需要与科学家一起工作,提供专业知识,以确保将最新的科学成果高效、有力、准确和合乎道德地传播给许多可以从中受益的受众。当前的疫情可能会对我们的工作产生持久的影响,因为它提醒我们,无论是在现在的公共健康危机中,还是在未来的公共健康危机中,研究结果的有效和合乎道德的传播,都与科学家在实验室和诊所里的工作同等重要。

一、驾驭复杂与不断演变的出版流程

研究结果的出版工作提出了一系列挑战,跨学科的研究者也都意识到了这些挑战。沿着这些思路,当我们创作并提交作品在学术期刊上发表时,上一节概述的科学知识生产中的一些变化也可能会对健康传播研究者带来新的挑战。随着在线出版物可用性的日益增加,以及开放存取出版模式的兴起,21 世纪学术出版正在以前所未有的速度发生变化,以至于很难确定为健康传播学者提供的最佳建议是什么。事实上,从内容起草到印刷之间,这样的建议很可能就过时了。

在过去十年里,出版界的发展超出了任何人的预见。在这个新的出版世界中,传统的印刷媒体正日益被电子媒体取代。期刊越来越多地通过订阅套餐(subscription packages)而不是个人订阅来获取。此外,健康研究资助机构和专业协会越来越多地倡导免费向公众提供科学出版物。我们面临的挑战是保护学术出版的完整性,即便学者们适应了新技术、新环境和新需求,也是如此。

大学和学术界曾习惯于图书馆订阅(library subscriptions),这是一个主要的收入来源,并可支付出版学术刊物的费用。然而,随着向开放获取的转变,期刊的新趋势是越来越多地通过向被接受发表的论文的作者收取费用,来为其业务运营提供资金。被命名为"金色开放获取"(gold open access)的模式作为新模式的一大优势,是可以让任何想要的读者免费获得研究(结果)。然而,要求作者付费出版的制度已经造成了许多意想不到的负面影响。尽管过去出版期刊是一项非常大的商业冒险,但现在有了在线出版,开启一项新的学术出版业务的门槛变低了。任何人都很容易快速而廉价地创办一本新期刊或一套

---

① infodemic,也译"信息疫情的""信疫的"。——译者注

期刊,而随着新期刊的迅速扩散,对于读者、作者和科学记者来说日益困难的是,将合法的科学出版物与那些出版作品仅仅是因为作者能够支付出版费的出版物区分开来(Richtig et al., 2018)。

传统上,大多数健康传播研究是基于"绿色开放获取"(green open access)的模式而发表的,该模式在版权法的严格规则和限制下,提供对于作者发表内容的访问权限。在这一制度下,作者必须与出版期刊签订一份关于作品的使用和重复使用的法律合同,后者因不同的出版社而异。尽管该制度确保了严格的审查流程和质量控制,但它的缺点是可访问性较差,因为大多数访问费用都高得令人难以置信。不过,这种"绿色开放获取"正在迅速转变为"金色开放获取"系统(这意味着出版成本由作者支付)。

正如不同学科的研究者越来越意识到的那样,学术出版中这些变化的一个意想不到,但重要的副作用是所谓掠夺性出版(predatory publishing)的兴起。我们现在习惯于收到电子邮件,发件人邀请我们向离我们自己很远的某一学科的期刊投稿,并承诺快速进行同行评审和快速发表。我们还收到电子邮件,邀请我们在某些会议上担任特邀演讲嘉宾,而那些会议听起来很有声望,但注册费用极高。其中许多电子邮件很容易被识别为垃圾邮件,而当认为的确如此时,我们便习惯于点击"删除"按钮。但事实是,许多作者每天都会向他们后来发现有可能被贴上"掠夺性"标签的期刊投稿,这意味着期刊出版商只对向作者收取费用并接受他们的投稿感兴趣,但根本不关心印刷品的质量(Pyne, 2017)。

掠夺性期刊带来了几个问题。最值得注意的是,此类期刊模仿了某些开放获取期刊采用的向作者收取出版费的做法。此外,尽管它们以可能看似合法的学术论文的格式发表作者的投稿,但在发表前没有进行同行评审;因此,学术严谨性受到损害。基本上,轻松创收的前景迫使这些不诚实的出版商绕过标准的同行评审,发表未经审核的研究结果,尽管这些期刊经常把自己标榜为合法的学术出版物。此外,出版的压力使一些研究者绝望,因此更有可能被这些掠夺性期刊欺骗。这种做法已经导致了许多论文的不道德发表,它们是不科学的,也是本不该得到发表的(Ferris & Winker, 2017)。(当然,也可能有一些高质量的研究成果发表在掠夺性期刊上;然而,这对这类研究的作者来说也是成问题的,如果这种期刊被认定为掠夺性期刊,那么他们的学术声誉后来可能会受到质疑。)不幸的是,最近的研究已经表明,由于后续研究者并不总是能够发现这些出版物的欺诈性质,问题变得更加复杂了,这些文章随后被引用,从而有可能降低后续科学研究的质量("How to Spot", 2020)。利用掠夺性期刊,任何人都可以发表看似科学的文章,而这类文章经常被收录在诸如"谷歌学术"™等学术索引中。

学者们目前面临的另一个挑战是,发表的学术论文的数量呈指数增长,这使得他们更难跟上当前研究。考虑到出版量,现在需要更多时间来过滤掉不相关和低质量的论文,从而使学者们更难跟得上关于任何特定主题的大量合法研究。美国国家科学院、工程院和医学院 2017 年的一份报告认识到这些欺诈性行为构成的威胁的严重性,并将掠夺性期刊确定为当前威胁研究完整性的"新形式的有害研究行为"之一(NASEM, 2017,第 2 页)。然而,对于开放式获取出版作为一种可持续的出版模式的内在价值,甚至如何定义**掠夺性**问题,专家们并没有达成一致意见(Roberts, 2017; Teixeira da Silva et al., 2019; Van Noorden, 2014)。一些团体正在就定义达成共识(例如,COPE Council, 2019; Grudniewicz et al., 2019),而另一些团体则主张完全放弃这个术语,用另一个术语代替它,例如**欺骗的**(deceptive)(Anderson, 2019)。

一些学者已经接受了最初由杰弗里·比尔(Jeffrey Beall)发起的行动,他在 2008 年发布了一份掠夺性出版商和期刊的名单,但在 2017 年因争议巨大而将其下线。之所以产生争议,是因为许多人,包括被列入他的名单的期刊主编,质疑他用来区分掠夺性期刊和那些合法期刊的方法的合法性和可靠性(Beall, 2017)。一些人声称根据比尔最初的工作发布了更新后的名单(例如,"Stop Predatory Journals", n. d.),而其他人则采取了相反的方法,制定名单,其中仅包括那些符合其指定标准的期刊或出版商,而不同名单之间的差异可能很大(Koerber et al., 2020; Neylon, 2017; Roberts, 2017)。其他组织几十年来一直在监测期刊,但是,近年来随着掠夺性出版行为日益受到关注,这些组织的知名度有了提高。例如,"卡贝尔斯学术分析"(Cabells Scholarly Analytic, CSA)至少三十年来一直提供基于收费的期刊名单的访问服务。这些名单以前被称为"期刊黑名单"和"期刊白名单"(CSA, 2017),但最近已被更名为"掠夺性报告"和"期刊分析"(CSA, 2020)。不过,另一种方法已经避开了期刊名单,代之以提供标准,而作者们可以在投稿之前用这些标准来评估期刊的合法性和质量。其中最突出的一个是"思考,检查,提交"网站,该网站为研究者提供了一系列易于遵循的指南,例如,"你或你的同事知道这份期刊吗?"和"你能轻松辨识并联系出版者吗?"。然后,它建议研究者"只有当你能对我们列表上的问题回答'是'时,你才能向给定期刊投稿(《思考,检查,投稿》,"Think. Check. Submit",n.d.,第1段)。

除了掠夺性期刊的兴起,我们还看到了"虚荣出版商"(the vanity press)的复兴。这种类型的出版商要求作者付费才能出版他们的作品,通常还要他们放弃作者出版权。在出版流程中,出版商不承诺同行评审,也不进行质量控制。"虚荣出版商"通常不提供编辑服务,而所有的格式和拼写检查都由作者自己完成。他们的作品随后出版,他们书刊的纸质版本价格高得离谱。作者当然不会从销售中获得任何收入。"虚荣出版商"通常针对没有经验的年轻人,例如,刚刚完成硕士论文的那些人。此外,如果作者希望之后以学术论文的形式发表他们的研究,通常因为与"虚荣出版商"签订了法律合同而不被允许。"掠夺性出版商"虚假地声称有同行评审程序,而"虚荣出版商"甚至没有声称有同行评审流程。因此,它们通常是完全合法的企业。

最后,还出现了"劫持性期刊"(hijacked journals)。整个流程由某个创建假冒网站的人来实施,该网站假装是合法学术期刊网站。然后,网站创建者为劫持性的期刊征求稿件,把钱收入囊中。在某些情况下,期刊的合法版本仅以印刷形式出版,而且可能没有网站。

驾驭21世纪的出版业可能很困难。由于有那么多不同的可用资源,而且有时关于识别掠夺性期刊的最佳方式的信息相互矛盾,因此,健康传播研究者必须保持警惕,以便就在何处发表我们的作品的问题做出合理的决定。不过,作为传播研究者,我们也可以在教育更大的科学研究团体方面发挥重要作用。例如,第一作者目前正在监督一个由美国国家科学基金会资助的计划,该计划致力于从多重视角认识掠夺性出版行为。"STEM出版实践伦理培训"(STEPP)计划最终将提供一个全面的培训项目,旨在向STEM学科的研究者和利害相关者(如科学记者等)传授出版实践伦理的知识,这些利害相关者依赖于向不同受众准确及时地传播科学发现。这项资助的项目网站提供了一些初步数据,包括资源汇编,它们目前可用于帮助健康传播和其他学科的作者驾驭21世纪复杂的学术出版局面(STEM Training, n.d.)。

鼓励健康传播研究者培养学术出版素养技能,以识别和避开掠夺性出版商。他们不应该再认为所有学术期刊都是值得信赖的,必须防范掠夺性出版商的风险。有关掠夺性出版的信息应成为研究生、研究者、博士后以及青年教师的定期指导的组成部分。健康传播学者可以拒绝在掠夺性出版商的编辑委员会中任职,这些出版商试图通过与声誉良好的学术机构的学者建立联系来提高自己的名声。与此同时,作为传播研究者,我们还可以利用专业知识教育健康护理专业人员、消费者和患者,让他们了解和识别欺诈性科学出版物。

二、经验教训

尽管我们在本章中讨论了各种各样的挑战,但并非所有这些挑战都有显而易见的解决方案,在这最后一小节中,根据每位作者从其自己的健康传播研究工作得出的经验教训,我们为他们提供一些实用建议。我们学到的经验教训集中在一些关键主题上,它们贯穿在本章已讨论过的所有挑战之中。

1. 研究是一个依赖于与参与者和其他利益相关者建立关系和信任的过程,因此,我们需要人道

我们已经知道,人道不仅仅意味着获得IRB的批准和遵守制度要求。它意味着永远记住,我们的研究对象是人,他们需要被视为个体,而不仅仅是研究对象。招募不同的参与者对于进行高质量研究至关重要,但同时也有义务站在参与者的立场上与之见面,成为一个有效的倾听者,愿意当场适应,即使这也许看起来会迫使我们降低期望值和目标。沿着这些思路,我们在讨论健康传播研究中的挑战时强调的最重要主题之一是,有效的研究需要建立有效的关系。无论我们进行调查、访谈、实地观察,还是开展焦点小组访谈,第一步也是最重要的一步是与我们的参与者和其他利益相关者建立信任关系。一旦信任关系被建立起来了,研究者就必须通过信守职业承诺、尊重他人而小心地维护这些积极的关系。

2. 研究是一项需要解决问题并具有适应能力的活动,因此,我们要灵活些

第一作者目前正在学习一个关于灵活性的课程,该计划本应虚拟采访和面对面采访相结合。当2020年初新冠病毒感染危机暴发时,研究团队被迫完全转向虚拟采访。在某些方面,这是有益的,因为它促进了从全球招募参与者而不需要研究团

队出差。但由于互联网带宽问题和音频质量波动,它也带来了挑战。研究团队通过学习使用不同的平台,来适应对每个参与者最有效的方式,并通过使用至少两种不同的记录工具来捕捉每次采访,从而得到了调整;这是因为我们已经知道,相比其他一些工具,有些工具能够产生更高质量的文件。正如这一例子所示,研究者在其最初方案中所说的东西几乎从来都不是真正的研究在实践中的结果。卡普兰(Kaplan, 1964)在他对"使用中的逻辑"(或科学探究被用来检验假设的过程)以及"重建逻辑"(或发展假说的智力工作)的区分中,有效地捕捉到了这一点。为了让这两种形式的科学探究相互借鉴,而不是造成限制,我们必须清楚了解两者之间的区别。此外,我们必须保持灵活并愿意理解:好的研究几乎总是涉及一定程度的适应、解决问题和重新定位我们最初的关注点。用卡普兰的话说就是,我们必须愿意继续接受重建我们的逻辑过程,不拘泥于我们原有的思路,同时承认先前知识的重要性。

3. 研究需要一种从不同视角理解世界的心态,因此,我们必须接受并寻求多种视角

作为质化研究者,两位作者都知道,最有效的健康传播研究是承认对问题的许多不同视角的研究成果。这可以通过有效的采样方法来完成(Koerber & McMichael, 2008),还可以通过额外付出必要努力来招募国际参与者,并获得对健康相关主题的全球理解,即使我们正在研究一种最初似乎位于我们自己社区的情况。

4. 研究是一项取决于地理位置和其他语境因素的伦理努力,因此,我们在研究的每一个阶段都必须注意伦理问题

伦理问题在整个研究过程中都是不可或缺的,从参与者的选择和治疗开始,一直延伸到研究计划结束时发表我们的研究结果。随着学术出版业的快速增长,以及互联网出版带来的日益便利的访问,研究者可能会越来越倾向于使用不太可信的出版来源,尤其是当期刊编辑向渴望将其成果传播给广大受众的作者承诺快速评审和高知名度时。学术出版的挑战与日俱增,其程度超出我们已应对的任何其他挑战,因为期刊数量继续激增,也因为出版业通过掠夺性招揽找到了说服不知情作者的新方法。我们尽管已经展示了一些现有的资源,但还是鼓励健康传播研究者继续了解新发展,并接受 21 世纪学术出版的政治和伦理教育。

参考文献

Anderson, R. (2019). Deceptive publishing. *OSI Issue Briefs*, 3(1.1). http://osiglobal.org/2019/03/19/osi-brief-deceptive-publishing/

Angeli, E. L. (2018). *Rhetorical work in emergency medical services: Communicating in the unpredictable workplace*. Routledge.

Barton, E. (2001). Design in observational research on the discourse of medicine: Toward disciplined interdisciplinarity. *Journal of Business and Technical Communication*, 15(3), 309-332.

Barton, E. (2004). Discourse methods and critical practice in professional communication: The front-stage and back-stage discourse of prognosis in medicine. *Journal of Business and Technical Communication*, 18(1), 67-111.

Beall, J. (2017). What I learned from predatory publishers. *Biochemia Medica*, 27(2), 273-278.

Bennett, L. M., & Gadlin, H. (2012). Collaboration and team science: From theory to practice. *Journal of Investigative Medicine: The official Publication of the American Federation for Clinical Research*, 60(5), 768-775.

bioRxiv (n.d.). *About*. www.biorxiv.org/about-biorxiv.

Bivens, K. M. (2017). Rhetorically listening for microwithdrawals of consent in research practice. In L. Meloncon & J. B. Scott (Eds.), *Methodologies for the rhetoric of health & medicine* (pp. 138-156). Routledge.

Cabells Scholarly Analytics (CSA) (2017). *The journal blacklist*. https://www2.cabells.com/about-blacklist.

Cabells Scholarly Analytics (CSA) (2020, June 8). *Announcement regarding brand-wide language changes effective immediately*. https://blog.cabells.com/2020/06/08/announcement/

Calisher, C., Carroll, D., Colwell, R., Corley, R. B., Daszak, P., Drosten, C., Enjuanes, L., Farrar, J., Field, H., Golding, J., Gorbalenya, A., Haagmans, B., Hughes, J. M., Karesh, W. B., Keusch, G. T., Lam, S. K., Lubroth, J., Mackenzie, J. S.,

Madoff, L ... Turner, M. (2020). Statement in support of the scientists, public health professionals, and medical professionals of China combatting COVID-19. *The Lancet*, *395*(10226), e42–e43.

Christopher, S., Watts, V., McCormick, A. K. H. G., & Young, S. (2008). Building and maintaining trust in a community-based participatory research partnership. *American Journal of Public Health*, *98*(8), 1398–1406.

Cochran, P. A. L., Marshall, C. A., García-Downing, C., Kendall, E., Cook, D., McCubbin, L., & Gover, R. M. S. (2008). Indigenous ways of knowing: Implications for participatory research and community. *American Journal of Public Health*, *98*(1), 22–27.

COPE Council (2019, November). *COPE discussion document: Predatory publishing*. https://publicationethics.org/predatory-publishing-discussion-document.

Dick, D. M. (2017). Rethinking the way we do research: The benefits of community-engaged, citizen science approaches and nontraditional collaborators. *Alcohol Clinical and Experimental Research*, *41*(11), 1849–1856.

Elbahey, R., & Thombre, A. (2020, November 19–22). *Little lightning and thunderstorm do not seem bad: Examining personal transformation after experiencing deep vein thrombosis (DVT)* [Paper presentation]. National Communication Association 106th Annual Convention.

Ferris, L. E., & Winker, M. A. (2017). Ethical issues in publishing in predatory journals. *Biochemia Medica*, *27*(2), 279–284.

Freeman, E. R., Brugge, D., Bennett-Bradley, W. M., Levy, J. I., & Carrasco, E. R. (2006). Challenges of conducting community-based participatory research in Boston's neighborhoods to reduce disparities in asthma. *Journal of Urban Health*, *83*(6), 1013–1021.

Gorbalenya, A. E., Baker, S. C., Baric, R. S., de Groot, R. J., Drosten, C., Gulyaeva, A. A., Haagmans, B. L., Lauber, C., Leontovich, A. M., Neuman, B. W., Penzar, D., Perlman, S., Poon, L. L. M., Samborskiy, D., Sidorov, I. A., Sola, I., & Ziebuhr, J. (2020). Severe acute respiratory syndrome-related coronavirus: The species and its viruses—a statement of the Coronavirus study group. *bioRxiv*. https://doi.org/10.1101/2020.02.07.937862.

Grady, C. (2015). Institutional review boards: Purpose and challenges. *Chest*, *148*(5), 1148–1155.

Grudniewicz, A., Moher, D., Cobey, K. D., Bryson, G. L., Cukier, S., Allen, K., & Lalu, M. M. (2019). Predatory journals: No definition, no defense. *Nature*, *576*, 210–212.

How to Spot Dodgy Academic Journals (2020, May 30). *The Economist*. www.economist.com/graphic-detail/2020/05/30/how-to-spot-dodgy-academic-journals.

Hu, Z., Yang, Z., Li, Q., Zhang, A., & Huang, Y. (2020). *Infodemiological study on COVID-19 epidemic and COVID-19 infodemic*. www.preprints.org/manuscript/202002.0380/v3.

Jaworsky, D. (2018). A settler physician perspective on Indigenous health, truth, and reconciliation. *Canadian Medical Education Journal*, *9*(3), e101–e106.

Kaplan, A. (1964). *The conduct of inquiry*. Chandler.

King, C. S. T., Bivens, K. M., Pumroy, E., Rauch, S., & Koerber, A. (2018). IRB problems and solutions in health communication research. *Health Communication*, *33*(7), 907–916.

Koerber, A. (2020). Is it fake news or is it open science? Science communication in the COVID-19 pandemic. *Journal of Business and Technical Communication*, *35*, 22–27.

Koerber, A., & McMichael, L. (2008). Qualitative sampling methods: A primer for technical communicators. *Journal of Business and Technical Communication*, *22*(4), 454–473.

Koerber, A., Starkey, J. C., Ardon-Dryer, K., Cummins, R. G., Eko, L., & Kee, K. F. (2020). A qualitative content analysis of watchlists vs safelists: How do they address the issue of predatory publishing? *The Journal of Academic Librarianship*, *46*(6), 1–10.

Maiter, S., Simich, L., Jacobson, N., & Wise, J. (2008). Reciprocity: An ethic for community-based participatory action research. *Action Research*, *6*(3), 305–325.

Manson, S. M., Garroutte, E., Goins, R. T., & Henderson, P. N. (2004). Access, relevance, and control in the research process. *Journal *of Aging and Health*, *16*(Suppl 5), 58S-77S.

Minkler, M., & Wallerstein, N. (2008). *Community-based participatory research for health: From process to outcomes*. John Wiley and Sons.

National Academies of Sciences, Engineering, and Medicine (NASEM) (2017). *Fostering integrity in research*. The National Academies Press. https://doi.org/10.17226/21896.

Neylon, C. (2017, January 29). Blacklists are technically infeasible, practically unreliable and unethical. *Period* [Web log message]. https://blogs.lse.ac.uk/impactofsocialsciences/2017/02/21/blacklists-are-technically-infeasible-practically-unreliable-and-unethical-period/

Parry, D., Salsberg, J., & Macaulay, A. C. (2015). *A guide to researcher and knowledge-user collaboration in health research*. Canadian Institutes of Health Research. https://cihr-irsc.gc.ca/e/44954.html#s2.

Pyne, D. (2017). The rewards of predatory publications at a small business school. *Journal of Scholarly Publishing*, *48*(3), 137-160.

Richtig, G., Berger, M., Lange-Asschenfeldt, B., Aberer, W., & Richtig, E. (2018). Problems and challenges of predatory journals. *Journal of the European Academy of Dermatology and Venereology*, *32*(9), 1441-1449.

Riley, W. T., & Akbar, F. (2017, April 28). Revision to the common rule: Implications for behavioral and social science research. *Observer*. www.psychologicalscience.org/observer/revisions-to-the-common-rule-implications-for-behavioral-and-social-sciences-research.

Roberts, J. (2017). The scourge of illegitimate journals: Becoming better informed in a post-Beall era. *Editorial Office News* (*EON*). https://cdn.ymaws.com/www.ismte.org/resource/resmgr/eon_shared_articles/The_Scourge_of_Illegitimate_.pdf.

Smylie, J., Martin, C. M., Kaplan-Myrth, N., Steele, L., Tait, C., & Hogg, W. (2004). Knowledge translation and indigenous knowledge. *International Journal of Circumpolar Health*, *63*(Suppl 2), 139-143.

Spit for Science (n.d.). Retrieved October 29, 2020, https://cobe.vcu.edu/research/spit-for-science/

STEM training in ethics of publication practices (*STEPP*) (n.d.). www.depts.ttu.edu/comc/research/grants/stepp/

Stop Predatory Journals (n.d.). https://predatoryjournals.com/about/

Suarez-Balcazar, Y., Harper, G. W., & Lewis, R. (2005). An interactive and contextual model of community—university collaborations for research and action. *Health Education Behavior*, *32*(1), 84-101.

Synnot, A., Bragge, P., Lowe, D., Nunn, J. S., O'Sullivan, M., Horvat, L., Tong, A., Kay, D., Ghersi, D., McDonald, S., Poole, N., Bourke, N., Lannin, N., Vadasz, D., Oliver, S., Carey, K., & Hill, S. J. (2018). Research priorities in health communication and participation: International survey of consumers and other stakeholders. *BMJ Open*, *8*(5), 1-10.

Teixeira da Silva, J. A., Dobránszki, J., Tsigaris, P., & Al-Khatib, A. (2019). Predatory and exploitative behavior in academic publishing: An assessment. *The Journal of Academic Librarianship*, *45*(6), 781-792.

Teston, C. B. (2009). A grounded investigation of gendered guidelines in cancer care deliberations. *Written Communication*, *26*(3), 320-348.

Teston, C. B. (2012). Moving from artifact to action: A grounded investigation of visual displays of evidence during medical deliberations. *Technical Communication Quarterly*, *21*(3), 187-209.

Teston, C. B., Gonzales, L., Bivens, K. M., & Whitney, K. (2019). Surveying precarious publics. *Rhetoric of Health & Medicine*, *2*(3), 321-351.

Think. Check. Submit. (n.d.). *Check: Reference this list for your chosen journal to check it is trusted*. https://thinkchecksubmit.org/sample-page/check/

Van Noorden, R. (2014, August). Open-access website gets tough. *Nature: International Weekly Journal of Science*, *512*(7512).

Vicente-Saez, R., & Martinez-Fuentes, C. (2018). Open science now: A systematic literature review for an integrated definition. *Journal of Business Research*, *88*, 428-436.

White, R. F. (2007). Institutional review board mission creep: The common rule, social science, and the nanny state. *The Independent Review*, *11*(4), 547-564.

图书在版编目(CIP)数据

劳特利奇健康传播研究手册:第三版/(美)特蕾莎·L.汤普森,(美)南希·格兰特·哈灵顿主编;胡春阳,殷晓蓉译.--上海:复旦大学出版社,2025. 5.--(复旦新闻与传播学译库).--ISBN 978-7-309-17826-5

Ⅰ.R193

中国国家版本馆CIP数据核字第2025U8A146号

The Routledge Handbook of Health Communication, 3rd Edition / by Teresa L. Thompson and Nancy Grant Harrington / ISBN: 978-0-367-48895-6
Copyright © 2022 by Routledge
Authorized translation from English language edition published by Routledge, part of Taylor & Francis Group LLC; All Rights Reserved. 本书原版由Taylor & Francis出版集团旗下Routledge出版公司出版,并经其授权翻译出版。版权所有,侵权必究。
Fudan University Press is authorized to publish and distribute exclusively the Chinese (Simplified Characters) language edition. This edition is authorized for sale throughout Mainland of China. No part of the publication may be reproduced or distributed by any means, or stored in a database or retrieval system, without the prior written permission of the publisher. 本书中文简体翻译版授权由复旦大学出版社独家出版并仅限在中国大陆地区销售,未经出版者书面许可,不得以任何方式复制或发行本书的任何部分。
Copies of this book sold without a Taylor & Francis sticker on the cover are unauthorized and illegal. 本书贴有Taylor & Francis公司防伪标签,无标签者不得销售。
上海市版权局著作权合同登记号 图字09-2018-117

劳特利奇健康传播研究手册(第三版)
[美]特蕾莎·L.汤普森 [美]南希·格兰特·哈灵顿 主编
胡春阳 殷晓蓉 译
责任编辑/章永宏

复旦大学出版社有限公司出版发行
上海市国权路579号 邮编:200433
网址:fupnet@fudanpress.com http://www.fudanpress.com
门市零售:86-21-65102580   团体订购:86-21-65104505
出版部电话:86-21-65642845
上海盛通时代印刷有限公司

开本 890毫米×1240毫米 1/12 印张47 字数1 136千字
2025年5月第1版
2025年5月第1版第1次印刷

ISBN 978-7-309-17826-5/G·2660
定价:268.00元

如有印装质量问题,请向复旦大学出版社有限公司出版部调换。
版权所有   侵权必究